FUNDAMENTOS DE GEOGRAFIA FÍSICA

Dados Internacionais de Catalogação na Publicação (CIP)
(Câmara Brasileira do Livro, SP, Brasil)

Petersen, James F.
 Fundamentos de geografia física / James F. Petersen, Dorothy Sack, Robert E. Gabler ; tradução Thiago Humberto Nascimento ; revisão técnica Marina Vicente Vieira. – São Paulo : Cengage Learning, 2019.

 1. reimpr. da 1. ed. brasileira de 2014.
 Título original: Fundamentals of physical geography.
 Bibliografia
 ISBN 978-85-221-1160-2

 1. Geografia física I. Sack, Dorothy. II. Gabler, Robert E. III. Título.

14-01474 CDD-910.02

Índice para catálogo sistemático:
1. Geografia física 910.02

FUNDAMENTOS DE GEOGRAFIA FÍSICA

James F. Petersen
Texas State University — San Marcos

Dorothy Sack
Ohio University, Athens

Robert E. Gabler
Western Illinois University, Macomb

Tradução da 1ª edição norte-americana

Tradução
Solange Aparecida Visconti
Thiago Humberto Nascimento

Revisão Técnica
Marina Vicente Vieira

Meteorologista formada pelo Instituto de Astronomia,
Geofísica e Ciências Atmosféricas da Universidade de São Paulo.
Atualmente coordena o Serviço de Meteorologia da Defesa Civil do Estado de São Paulo.

CENGAGE

Austrália • Brasil • México • Cingapura • Reino Unido • Estados Unidos

CENGAGE

Fundamentos de geografia física
Tradução da 1ª edição norte-americana
James F. Petersen, Dorothy Sack, Robert E. Gabler

Gerente editorial: Noelma Brocanelli

Editoras de desenvolvimento: Marileide Gomes e Salete Del Guerra

Supervisora de produção gráfica: Fabiana Alencar Albuquerque

Título original: Fundamentals of physical geography

ISBN 13: 978-0-538-73658-9

ISBN 10: 0-538-73658-5

Tradução: Solange Aparecida Visconti e Thiago Humberto Nascimento

Revisão técnica: Marina Vicente Vieira

Copidesque: Maria Dolores D. Sierra Mata

Revisão: Viviam Moreira e Vero Verbo Serviços Editoriais

Diagramação: ERJ Composição Editorial

Analista de conteúdo e pesquisa: Javier Muniain

Pesquisa iconográfica: Mário Coelho

Capa: Ale Gustavo / Blenderhead Ideias Visuais

Imagens da capa: CoolR/Shutterstock (mar/rochas), Publio Furbino/Shutterstock (deserto/montanha), Panom/Shutterstock (vulcão), sittitap/Shutterstock (floresta)

Indexação: Casa Editorial Maluhy & Co.

© 2011 Brooks/Cole, Cengage Learning
© 2015 Cengage Learning Edições Ltda.

TODOS OS DIREITOS RESERVADOS. Nenhuma parte deste livro poderá ser reproduzida, sejam quais forem os meios empregados, sem a permissão, por escrito, da Editora. Aos infratores aplicam-se as sanções previstas nos artigos 102, 104, 106, 107 da Lei nº 9.610, de 19 de fevereiro de 1998.

Esta Editora empenhou-se em contatar os responsáveis pelos direitos autorais de todas as imagens e de outros materiais utilizados neste livro. Se porventura for constatada a omissão involuntária na identificação de algum deles, dispomo-nos a efetuar, futuramente, os possíveis acertos.

A Editora não se responsabiliza pelo funcionamento dos links contidos neste livro que possam estar suspensos.

Para informações sobre nossos produtos,
entre em contato pelo telefone **0800 11 19 39**

Para permissão de uso de material desta obra,
envie seu pedido para **direitosautorais@cengage.com**

© 2015 Cengage Learning. Todos os direitos reservados.

ISBN 13 : 978-85-221-1160-2

ISBN 10 : 85-221-1160-X

Cengage Learning
Condomínio E-Business Park
Rua Werner Siemens, 111 – Prédio 11 – Torre A – Conjunto 12
Lapa de Baixo – CEP 05069-900 – São Paulo –SP
Tel.: (11) 3665-9900 Fax: 3665-9901
SAC: 0800 11 19 39

Para suas soluções de curso e aprendizado, visite **www.cengage.com.br**

Impresso no Brasil
Printed in Brazil
1. reimpr. – 2019

Prefácio

Nosso lar natural, o planeta Terra, é um sistema complexo de componentes que interagem, como atmosfera, organismos e suas comunidades, água, relevo e solos. Nossas escolhas de hoje podem afetar o meio ambiente de modo benéfico ou colocar em risco tanto a nossa geração como as futuras. Mais do que nunca, as pessoas querem e precisam conhecer os efeitos de suas ações sobre o meio ambiente, tanto locais quanto em escala global. Compreender a geografia física, ou seja, as características de nosso *habitat* na superfície da Terra, como funciona e como varia no espaço e no tempo é muito importante para tomarmos decisões seguras sobre o manejo e a preservação do meio ambiente e de seus recursos naturais. Quanto mais conhecermos o meio ambiente da Terra, mais seremos capazes de trabalhar em prol da preservação, do manejo e da sustentabilidade dele.

Fundamentos de geografia física foi concebido com o objetivo de oferecer aos estudantes de qualquer curso superior um conhecimento funcional básico sobre os sistemas naturais da Terra e de seus *habitats*, para que possam entender melhor as consequências das ações humanas no meio ambiente. Assim, este texto tem como foco apresentar o conteúdo num estilo claro e objetivo, que é um formato adequado para os cursos semestrais ou anuais.

Em todo o mundo, a geografia é um campo bastante apreciado de investigação. O reconhecimento da sua importância pela sociedade vem crescendo na mesma medida da preocupação com o meio ambiente. Conhecimentos, habilidades e técnicas no campo da geografia são cada vez mais valorizados no local de trabalho. Os geógrafos físicos profissionais usam as mais recentes tecnologias de observação, mapeamento e mensuração da superfície da Terra e da atmosfera para modelar respostas ambientais e suas interações. Esses profissionais, em seus locais de trabalho, usam imagens de satélite, sistema de posicionamento global (GPS), cartografia assistida por computador, ciência da informação geográfica (CIG) e outras ferramentas de análise e resolução de problemas. Na universidade, a geografia física é um dos cursos de ciências ideal para qualquer estudante que queira tomar decisões fundamentadas e que levem em conta os limites e as possibilidades ambientais, bem como as necessidades e os desejos das pessoas.

Fundamentos de geografia física enfatiza a valorização da geografia como disciplina digna de estudo continuado. Esse foco é apoiado na definição de geografia, nas explicações de ferramentas e metodologias úteis, nas aplicações práticas, bem como na utilidade do pensamento espacial e análise de sistemas.

Características

Visão abrangente do sistema terrestre
Fundamentos de geografia física apresenta todos os principais aspectos do sistema terrestre, identificando fenômenos físicos e processos naturais e enfatizando suas características, relações, interações e distribuições. O texto abrange uma vasta gama de tópicos, incluindo o clima e a atmosfera, a água, a terra e os componentes vivos do nosso planeta. Em 17 capítulos, *Fundamentos de geografia física* proporciona aos estudantes uma introdução completa ao conteúdo essencial da geografia física, que pode ser facilmente visto em um único curso.

Gráficos incríveis
O estudo da geografia é bastante facilitado com recursos visuais, por isso o livro inclui uma série de ilustrações e fotografias que dá vida aos conceitos. As imagens escolhidas acompanham um mapa com a localização para estabelecer contexto espacial e auxiliar os estudantes a identificar a posição geográfica da característica estudada na Terra. Diagramas simples e claros explicam conceitos difíceis, e ilustrações do sistema ambiental ao longo do texto fornecem uma visão ampla de recursos, entradas e saídas de um sistema completo, como tempestades, geleiras, lençóis freáticos, ou o sistema das placas tectônicas.

Explicações claras
O texto emprega estilo narrativo de fácil compreensão para explicar processos, características físicas e eventos que ocorrem dentro, sobre ou acima da superfície terrestre. O estilo de escrita facilita a compreensão rápida e torna o estudo da geografia física significativo e agradável.

Introdução aos recursos tecnológicos mais utilizados pelos geógrafos na atualidade
A tecnologia digital revolucionou nossas habilidades para estudar os ambientes e processos naturais na superfície da Terra. Um capítulo inteiro é dedicado a mapas, imagens digitais e outros dados utilizados pelos geógrafos. As ilustrações incluem mapas e imagens, com interpretações dos atributos ambientais exibidos nas cenas. Há também discussões introdutórias de diversas técnicas que os geógrafos empregam para exibir e analisar características ambientais e de processos, incluindo sensoriamento remoto, cartografia e sistemas de posicionamento global e de informação geográfica.

Ênfase na interação do aluno
O texto incentiva os alunos a pensarem, conceberem conceitos e hipóteses

e interagirem com a matéria da geografia física. As atividades, no final de cada capítulo, podem ser feitas individualmente ou em grupo. Elas foram criadas para envolver os alunos e promover um aprendizado ativo. As questões para revisão reforçam os conceitos e preparam os estudantes para as provas. As aplicações práticas exigem soluções ativas, como desenhar diagramas, fazer cálculos ou explorar características geográficas utilizando o Google Earth. As questões que seguem muitas das legendas das figuras fazem o estudante refletir mais profundamente, ou usar mapa, gráfico, diagrama, ou imagem, para prestar mais atenção ao tema. Os objetivos de aprendizagem detalhados no início de cada capítulo são um modo para medir a abrangência do material.

Três perspectivas únicas Este livro também apresenta seletivamente características que ilustram as perspectivas científicas importantes da geografia física. Por meio de uma **perspectiva espacial**, a geografia física tenta compreender e explicar a localização, a distribuição e as interações espaciais dos fenômenos naturais. A geografia física também emprega uma **perspectiva da ciência física**, que aplica os conhecimentos e métodos das ciências físicas e naturais usando o método científico e a análise de sistemas. No que concerne a uma **perspectiva ambiental**, geógrafos físicos consideram os impactos, as influências e as interações entre os componentes humanos e naturais do meio ambiente, ou seja, como o meio ambiente influencia a vida humana e como os seres humanos afetam o meio ambiente.

Seção de interpretação de mapas Pelo fato de o aprendizado de habilidades de interpretação de mapas ser de fundamental importância em geografia física, o presente texto inclui muitas atividades envolvendo o uso de mapas impressos em escala original. Eles auxiliam os estudantes a desenvolver valiosas habilidades interpretativas enquanto reforçam os tópicos apresentados. Os recursos de interpretação podem ser utilizados em práticas de laboratório e ajudar a estabelecer conexão entre palestras, textos e trabalhos em laboratórios.

Fundamentos de geografia física – Os quatro objetivos principais

Atender às necessidades acadêmicas do estudante O livro *Fundamentos de geografia física*, tanto no que concerne ao conteúdo como no estilo, foi concebido especificamente para atender às necessidades dos estudantes, seus usuários finais. Os alunos podem usar o conhecimento e o entendimento adquiridos com este livro e com as atividades propostas para ajudá-los a tomar decisões fundamentadas que envolvam o meio ambiente em escala local, regional e global.

Esta obra considera as necessidades dos estudantes iniciantes, com pouca ou nenhuma experiência no estudo da geografia física ou de outras ciências da Terra. Exemplos de todo o mundo ilustram conceitos importantes e ajudam os estudantes a preencher a lacuna existente entre teoria e aplicação prática.

Integrar ilustrações com o texto Fotografias, mapas, imagens de satélite, modelos científicos, diagramas em bloco, gráficos e desenhos ilustram de forma clara os conceitos importantes da geografia física. As discussões do livro estão fortemente ligadas às ilustrações, incentivando os estudantes a examinar formatos gráficos e a visualizar processos e fenômenos físicos. Alguns exemplos de temas são explicitados pela integração visual com texto que incluem mapas e interpretação de imagens (Capítulo 2), estações do ano (Capítulo 3), balanço energético da Terra (Capítulo 3), sistemas de vento (Capítulo 4), condições de tempo (Capítulo 6), solos (Capítulo 9), placas tectônicas (Capítulo 10), rios (Capítulo 14), geleiras (Capítulo 16) e processos costeiros (Capítulo 17).

Comunicar a natureza da geografia A natureza da geografia física e suas três principais perspectivas científicas (espacial, física e ambiental) são discutidas no Capítulo 1, sendo enfatizadas nos capítulos seguintes. Por exemplo, localização é um tema dominante no Capítulo 2 e continua a ser abordado em todo o livro. Distribuições espaciais são enfatizadas quando os elementos de tempo e clima são discutidos nos Capítulos 4 a 6. O sistema terrestre em constante mudança é o escopo do livro e é apresentado nos Capítulos 1 e 8. As características das regiões climáticas e seus ambientes correspondentes são apresentados nos Capítulos 7 e 8. As interações espaciais são demonstradas nas discussões sobre sistemas meteorológicos (Capítulo 6), solos (Capítulo 9) e atividade vulcânica e tectônica (Capítulo 11).

Satisfazer os requisitos dos cursos de introdução às ciências físicas *Fundamentos de geografia física* oferece um capítulo inteiro sobre o instrumental científico e os métodos empregados na geografia física. A Terra, como sistema, e os processos físicos que afetam os fenômenos físicos abaixo, acima e na superfície terrestre são examinados em detalhes. O livro concentra-se no método científico e nas explicações. As questões no final de cada capítulo incluem interpretação de gráficos com dados ambientais (ou representação gráfica de dados para estudo), análise quantitativa, classificação, cálculo de variáveis ambientais e exercícios práticos de interpretação de mapa. Modelos e sistemas são frequentemente citados em discussões de conceitos importantes, e a classificação científica é apresentada em vários capítulos. Alguns desses tópicos incluem massas de ar, tornados e furacões (Capítulo 6), climas (Capítulos 7 e 8), biogeografia e solos (Capítulo 9), recursos hídricos (Capítulo 13), rios (Capítulo 14) e costas (Capítulo 17).

A geografia física desempenha um papel central na compreensão dos aspectos e das questões ambientais, das interações humano-ambientais e nas abordagens que visam resolver problemas ambientais. Os estudantes iniciantes neste curso podem ser os geógrafos profissionais ou os cientistas ambientais de amanhã. Divulgar a mensagem sobre a importância, a relevância e o potencial de um conhecimento aprofundado sobre geografia física no mundo de hoje é essencial para dar força à disciplina nos cursos superiores. *Fundamentos de geografia física* visa reforçar essa mensagem.

Material de apoio para professores e alunos

Para o professor, estão disponíveis *slides* em Power Point® que poderão auxiliá-lo em sala de aula, além do manual do professor. O manual do professor está disponível em inglês. Estão disponíveis, também para professores e alunos, todas as imagens do livro em cores.

Agradecimentos

A obra *Fundamentos de geografia física* não teria sido possível sem o encorajamento e a assistência dos editores, amigos e colegas. Profundo reconhecimento é estendido a Martha, Emily, Hannah e Petersen; Greg Nadon e Sarah Gabler, pela paciência, compreensão e pelo apoio.

Agradecimento especial aos incríveis *freelancers* e membros da equipe da Brooks/Cole Cengage Learning. Dentre os quais Yolanda Cossio, editora; Laura Pople, editora sênior de aquisições; Amy Collins, editora de desenvolvimento; Samantha Arvin, editora assistente; Alexandria Brady, editor adjunto de mídia; Hal Humphrey, gerente de projetos de produção; ilustradores da Accurate Art, Precision Graphics, Rolin Graphics e Pre-Press PMG, Katy Gabel, gerente de projetos da Pre-Press PMG; Jaime Jankowski, pesquisa de imagens da Pre-Press PMG; Jeanne Platt, assistente editorial.

Fotos cortesia de: Rainer Duttmann, Universidade de Kiel; Parv Sethi; Martha Moran, Floresta Nacional White River; Mark Muir, Floresta Nacional Fishlake; Mark Reid, USGS; Dawn Endico; Gary P. Fleming, Programa do Patrimônio Natural de Virgínia; Tessy Shirakawa, Mesa Verde National Park; Bill Case, Chris Wilkerson e Michael Vanden Berg, Utah Geological Survey; Center for Cave e Karst Studies, Western Kentucky University; L. Michael Trapasso, Western Kentucky University; Hari Eswaran, USDA Natural Resources Conservation Service; Richard Hackney, Western Kentucky University; David Hansen, University of Minnesota; Susan Jones, Nashville, Tennessee; Bob Jorstad, Eastern Illinois University; Carter Keairns, Texas State University; Parris Lyew-Ayee, Oxford University, Reino Unido; L. Elliot Jones, U.S. Geological Survey; Anthony G. Taranto Jr., Palisades Interstate Park-New Jersey Section; Justin Wilkinson, Earth Sciences, NASA Johnson Space Center; Hajo Eicken, Alfred Wegener Institute for Polar and Marine Research; U.S. Fish and Wildlife Service; Loxahatchee National Wildlife Refuge; Philippe Rekacewicz, UNEP/GRID-Arendal *World Atlas of Desertification*. Greg Nadon, Ohio University, L. Michael Trapasso, Western Kentucky University.

Colegas que revisaram este livro e as correspondentes edições de geografia física: Peter Blanken, University of Colorado; J. Michael Daniels, University of Wyoming; James Doerner, University of Northern Colorado; Greg Gaston, University of North Alabama; Chris Houser, University of West Florida; Debra Morimoto, Merced College; Peter Siska, Austin Peay State University; Richard W. Smith, Harford Community College; Paul Hudson, University of Texas; Alan Paul Price, University of Wisconsin; e Richard Earl e Mark Fonstad, ambos da Texas State University.

Os comentários e as sugestões de todas essas pessoas foram fundamentais no desenvolvimento deste livro. Diversas outras pessoas, conhecidas ou não, merecem nossos sinceros agradecimentos pelo interesse e apoio ao longo dos anos. Apesar dos esforços diligentes dos revisores, sempre haverá questões de conteúdo, abordagem e opiniões quanto ao livro. Os autores assumem plena responsabilidade por tudo o que foi incluído em *Fundamentos de geografia física*.

James F. Petersen
Dorothy Sack
Robert E. Gabler

Sumário

1 Geografia física: ambientes e sistemas terrestres 1

O estudo da geografia 2
   Geografia física 3
   Tecnologia, ferramentas e métodos 4
Principais perspectivas da geografia física 5
   A perspectiva espacial 5
   :: **Perspectiva espacial da geografia: regiões naturais 6**
   A perspectiva da ciência física 8
   A perspectiva ambiental 9
:: **Perspectiva ambiental da geografia: interações humano-ambientais 10**
Modelos e sistemas 14
   Análise de sistemas 14
   Como funcionam os sistemas 15
   O equilíbrio nos sistemas terrestres 15
A Terra no espaço 17
   Movimentos da Terra 17
A geografia física e você 19

2 Representações da Terra 21

Mapas e localização na Terra 22
   Forma e dimensão da Terra 22
   Os globos e os grandes círculos 23
   Latitude e longitude 24
A coordenada geográfica 25
   Paralelos e meridianos 26
   Longitude e tempo 27
   A Linha Internacional de Data 27
   O Sistema de Pesquisa de Terras Públicas dos Estados Unidos 28
   O sistema de posicionamento global 28
Mapas e projeções cartográficas 29
   Vantagens dos mapas 29
   Limitações dos mapas 30
   Exemplos de projeções cartográficas 31
   Propriedades das projeções cartográficas 32
   Fundamentos sobre mapas 33
   Mapas temáticos 35
:: **Perspectiva espacial da geografia: utilizando exagero vertical para retratar a topografia 36**
   Mapas topográficos 36
Cartografia moderna 38
   Sistema de informações geográficas 38
Sensoriamento remoto do ambiente 41
   Digitalização de imagem e fotografia 41
   Sensoriamento remoto especializado 42
Interpretação de mapa: mapas topográficos 46

3 Energia solar e aquecimento atmosférico 48

O sistema Terra-Sol 49
:: **A perspectiva ambiental da geografia: energia solar passiva 50**
   Ângulo do Sol, duração e insolação 51
   As estações do ano 52
   Linhas de latitude que demarcam a energia solar 54
   Variações de insolação conforme a latitude 55
Características da atmosfera 55
   Composição da atmosfera 55
   Camadas verticais da atmosfera 59
   Efeitos atmosféricos sobre a radiação solar 60
   Água e energia térmica 61
Aquecimento da atmosfera 61
   Processos de transferência de energia térmica 61
   Balanço energético da Terra 62
Temperatura do ar 63
   Temperatura e calor 63
   Escalas de temperatura 63
   Variações de curto prazo na temperatura 64
   Distribuição vertical da temperatura 66

Fatores que controlam a temperatura de superfície da Terra 67
Distribuição de temperatura na superfície da Terra 71
Variação anual da temperatura 72

4 Pressão atmosférica, ventos e circulação 75

Variações na pressão atmosférica 76
   Pressão atmosférica e altitude 77
   Células de alta e baixa pressão 77
   Variações horizontais de pressão 77
   Mapeando a distribuição de pressão 78
Vento 78
   Gradientes de pressão e vento 78
   Terminologia do vento 79
   O efeito Coriolis e o vento 80
   Ciclones, anticiclones e direção do vento 80
Pressão global e sistemas de vento 81
   Um modelo de pressão global 81
   Variações sazonais na distribuição de pressão 82
   Um modelo de circulação do ar 84
   Condições dentro das zonas latitudinais 85
   Migração latitudinal com as estações 86
   Variação longitudinal de pressão e vento 87
Ventos de camadas da alta atmosfera e correntes de jato 88
Sistemas de ventos regionais e locais 89
   Ventos de monções 89
   Ventos locais 90
:: **Perspectiva espacial da geografia: os ventos Santa Ana e os incêndios** 91
Interações oceano-atmosfera 93
   Correntes marítimas 93
   El Niño 94
   Oscilação do Atlântico Norte 95

5 Umidade, condensação e precipitação 99

O ciclo hidrológico 102
A água na atmosfera 103

O balanço hídrico 103
Temperatura de saturação e ponto de orvalho 103
Umidade 104
Fontes de umidade atmosférica 105
   Taxas de evaporação 105
   Evapotranspiração potencial 106
Condensação, neblina e nuvens 107
   Núcleos de condensação 107
   Neblina 107
   Orvalho e geada 109
   Nuvens 109
Aquecimento e resfriamento adiabático 110
   Instabilidade e estabilidade 111
Processos de precipitação 111
   Formas de precipitação 113
   Fatores necessários para a precipitação 114
:: **Perspectiva científica da geografia física: o Nível de Condensação por Levantamento (NCL)** 116
Distribuição da precipitação 116
Variabilidade da precipitação 120

6 Massas de ar e sistemas meteorológicos 123

Massas de ar 124
   Modificação e estabilidade das massas de ar 124
   Massas de ar da América do Norte 126
Frentes 127
   Frentes frias 127
   Frentes quentes 128
   Frentes estacionárias e oclusas 128
Distúrbios atmosféricos 129
   Anticiclones e ciclones 129
   Ciclones das latitudes médias 130
   Furacões 134
:: **Perspectiva espacial da geografia: caminhos dos furacões e mapas de probabilidade de trajetória** 137
   Tempestades de neve e nevascas 138
   Temporais 139
   Tornados 140
Previsão do tempo 142
Interpretação de mapa: mapas meteorológicos 144

7 Classificação climática: regiões de clima tropical, árido e mesotérmico 146

Classificando climas 147
   O sistema de Thornthwaite 148
   O sistema de Köppen 149
   Regiões climáticas 151
   Climogramas 151
   Clima e vegetação 154
Regiões de clima tropical úmido 155
   Clima tropical equatorial e de monção 155
   Clima tropical de savana 162
Regiões de clima árido 164
   Climas desérticos 164
   :: Perspectiva ambiental da geografia: desertificação 166
   Climas de estepe 169
Regiões de clima mesotérmico 171
   Clima mediterrâneo 172
   Clima subtropical úmido 174
   Clima oceânico 176

8 Regiões de clima microtérmico, polar e de altitude; mudança climática 182

Regiões de clima microtérmico 183
   Generalizações microtérmicas úmidas 184
   Climas continentais úmidos 185
   Clima subártico 188
Regiões de clima polar 191
   A tundra 191
   Clima de calota polar 192
   Atividade humana em regiões polares 194
Regiões de clima de altitude 195
   A natureza dos climas de montanha 196
   Adaptação a climas de alta montanha 197
Mudança climática 198
   Climas do passado 198
   Pesquisas atuais 198
   :: Perspectiva espacial da geografia: mudança climática e seus impactos no litoral 199
   Mudança climática rápida 200
   Causas múltiplas 201
Climas futuros 204
   Prevendo o futuro 205
   Aquecimento global 205

9 Biogeografia e solos 209

Ecossistemas 210
   Componentes principais 210
   Estrutura trófica 211
   Fluxo de energia e biomassa 212
   Produtividade 212
   Nicho ecológico 215
Sucessão e comunidades clímax 215
   Sucessão 215
   Comunidade clímax 216
Controles ambientais 217
   :: Perspectiva ambiental da geografia: a teoria de biogeografia de ilhas 218
   Fatores climáticos 220
   Solo e topografia 222
   Catástrofes naturais 222
   Fatores bióticos 223
   Impacto humano nos ecossistemas 224
Solos e desenvolvimento do solo 224
   Principais componentes do solo 224
   Características do solo 227
   Desenvolvimento de horizontes de solo 230
Fatores que afetam a formação do solo 231
   Material de origem 231
   Atividade orgânica 231
   Clima 233
   Superfície terrestre 233
   Tempo 233
Regimes de formação de solo e classificação 233
   Laterização 234
   Podzolização 234
   Calcificação 234

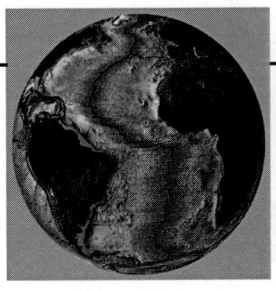

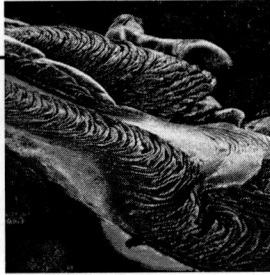

Regimes de importância local 235
Classificação do solo 236
Ecossistemas e solos: recursos naturais críticos 236

10 Material da Terra e tectônica das placas 238

Estrutura planetária da Terra 239
  Núcleo da Terra 240
  Manto da Terra 241
  Crosta terrestre 241
Minerais e rochas 242
  Minerais 242
  Rochas 243
Tectônica 251
  Expansão oceânica e correntes de convecção 253
  Movimento das placas tectônicas 254
  Hotspots no manto 257
:: **Perspectiva científica da geografia física: isostasia – equilíbrio da litosfera da Terra** 258
Crescimento dos continentes 259
Paleogeografia 260

11 Formas de relevo e processos vulcânicos e tectônicos 263

Formas de relevo e geomorfologia 264
Processos ígneos e formas de relevo 266
  Erupções vulcânicas 266
  Formas de revelo vulcânicas 267
  Plutonismo e intrusões 272
Forças tectônicas, estrutura de rocha e formas de relevo 274
  Forças tectônicas compressivas 275
  Forças tectônicas tensionais 276
  Forças tectônicas cisalhantes 278
  Relações entre estruturas de rocha e topografia 279

Terremotos 279
:: **Perspectiva ambiental da geografia: mapeando a distribuição da intensidade dos terremotos** 280
  Medindo o tamanho do terremoto 280
  Riscos de terremotos 282
Interpretação de mapa: formas de relevo vulcânicas 286

12 Intemperismo e instabilidade gravitacional 288

Natureza dos processos exógenos 289
Intemperismo 290
  Intemperismo físico 291
  Intemperismo químico 294
Variabilidade no intemperismo 295
  Clima 295
  Tipos de rocha 296
  Fraqueza estrutural 297
  Topografia relacionada a intemperismo e erosões diferenciais 299
Instabilidade gravitacional 300
  Classificação de instabilidade gravitacional 301
  Instabilidade gravitacional lenta 302
  Instabilidade gravitacional rápida 303
:: **Perspectiva ambiental da geografia: o deslizamento Frank** 307
Intemperismo, instabilidade gravitacional e a paisagem 309

13 Recursos hídricos e relevo cárstico 311

A natureza da água subterrânea 312
  Zonas de águas subsuperfície e lençol freático 313
  Distribuição e disponibilidade de águas subterrâneas 315
Uso da água subterrânea 315
  Poços 316
  Sistemas artesianos 317

:: Perspectiva científica da geografia física: drenagem ácida da mina 318
Qualidade da água subterrânea 319
Desenvolvimento de relevo pela água de subsuperfície e dissolução 319
   Relevos e relevos cársticos 320
   Características das cavernas e cavernas de calcário 323
Água geotérmica 325
   Interpretação de mapa: topografia cárstica 328

14 Processos e relevos fluviais 330

Escoamento de superfície 331
Sistema fluvial 333
   Bacias de drenagem 334
:: Perspectiva espacial da geografia: bacias de drenagem como regiões naturais críticas 336
   Densidade e padrões de drenagem 337
Vazão fluvial 337
Energia fluvial 339
Processos fluviais 341
   Erosão fluvial 341
   Transporte fluvial 341
   Deposição fluvial 342
Padrões de canais 343
Escultura de terrenos por rios 344
   Características do curso superior 345
   Características do curso médio 346
   Características do curso inferior 346
Deltas 348
Mudanças de nível-base e tectonismo 349
Perigos fluviais 350
A importância das águas de superfície 352
Geomorfologia fluvial quantitativa 354
   Interpretação de mapa: relevo fluvial 356

15 Formas de relevo de regiões áridas e sistemas eólicos 358

Escoamento de superfície no deserto 359

Água como agente geomórfico em terras áridas 362
   Formas de relevo de erosão fluvial de regiões áridas 362
   Formas de relevo de deposição fluvial em regiões áridas 365
Vento como agente geomórfico 368
   Transporte pelo vento e erosão 369
   Deposição pelo vento 371
   Proteção das dunas 375
   Depósitos de loess 375
:: Perspectiva ambiental da geografia: impacto de veículos off-road em paisagens desérticas 376
Desenvolvimento de paisagens em desertos 377
   Interpretação de mapa: formas de relevo eólico 380

16 Sistemas glaciais e acidente geográfico 382

Formação das geleiras e ciclo hidrológico 383
:: Perspectiva científica da geografia física: o gelo glacial é azul 384
Tipos de geleiras 385
Como as geleiras se movimentam? 387
Geleiras como agentes geomórficos 388
Geleiras alpinas 388
   Equilíbrio e reserva glacial 390
   Acidentes geográficos erosivos da glaciação alpina 390
   Acidentes geográficos deposicionais da glaciação alpina 392
Geleiras continentais 394
   Geleiras continentais existentes 394
   Glaciação do Pleistoceno 394
   As geleiras continentais e os acidentes geográficos erosivos 397
   As geleiras continentais e os acidentes geográficos sedimentares 397
Lagos glaciais 400
Paisagens periglaciais 401
   Interpretação de mapa: glaciação alpina 404

17 Processos costeiros e formas de relevo 406

A zona costeira 407
Origem e natureza das ondas 407
    Marés 408
:: **Perspectiva científica da geografia física: previsões e alertas de *tsunamis* 410**
    Tsunamis 410
    Ondas oceânicas de superfície 412
Quebra das ondas 413
Refração da onda e deriva litorânea 414
Erosão costeira 415
    Formas de relevo de erosão costeiras 416
Deposição costeira 418
    Formas de relevo de deposição costeiras 418
Tipos de costas 420
Ilhas e recifes de corais 423
    Interpretação de mapa: margem continental passiva 428

Apêndice A 430
Apêndice B Mapas topográficos 432
Apêndice C Sistema de classificação climática de Köppen-Geiger 434
Apêndice D Classificação dos solos em 12 ordens do Serviço de Conservação dos Recursos Naturais dos Estados Unidos 437
Apêndice E Entendendo e reconhecendo algumas rochas comuns 440
Glossário 447
Índice 467

Sobre os Autores

James F. Petersen   Professor de Geografia da Texas State University, em San Marcos, no Texas, tem especialização em geografia física, com foco em geomorfologia e educação na área de Ciências da Terra. Escreve sobre temas relacionados à geografia física para o público leigo, especialmente interpretação ambiental, e é autor de um guia para o parque *Enchanted Rock State Natural Area* na região central do Texas, Estados Unidos, e de uma série de guias de trabalho de campo. Petersen é incansável defensor da educação em geografia e foi presidente da NCGE (*National Centre for Entrepreneurship in Education*) em 2000, depois de mais de 15 anos de serviços prestados a essa organização. Foi consultor sênior e autor de material didático publicado nacionalmente para ensino médio e superior e ministrou várias oficinas para professores de geografia. Recentemente contribuiu com o capítulo de abertura de uma obra sobre a história ambiental de San Antonio, que explica a configuração geográfica física da região central do Texas.

Dorothy Sack   Professora de Geografia da Ohio University, em Atenas (EUA), em Ohio, é geógrafa física especializada em geomorfologia. Sua pesquisa enfatiza o relevo de regiões áridas, incluindo evidências geomórficas de paleolagos, o que contribui para a reconstrução de paleoclimas. Publicou *papers* em uma variedade de revistas profissionais, obras acadêmicas e relatórios para o departamento de geologia de Utah. Em seus interesses de pesquisa e publicações também incluem a história da geomorfologia e o impacto de veículos *off-road*. Seu trabalho foi financiado pela National Geographic Society (NSF), Association of American Geographers (AAG), American Chemical Society, além de outras organizações. Participa ativamente de associações profissionais, tendo atuado como presidente do *Geomorphology Specialty Group* da AAG e em diversos outros escritórios da mesma entidade, da Geologycal Society of America e da *History of Earth Sciences Society*. Seu trabalho é focado em ensino e pesquisa e recebeu o prêmio Professor Destaque conferido pela Faculdade de Artes e Ciências da Ohio University.

Robert E. Gabler   Com quase cinco décadas de experiência profissional, foi professor de Geografia nas Hunter College, Cidade de Nova York, Columbia University e Western Illinois University, além de ter lecionado por cinco anos em escolas públicas de ensino fundamental e médio. Foi chefe do Departamento de Geografia e Geologia na Universidade Western Illinois do Departamento de Geografia, e pró-reitor de programas internacionais. Recebeu três vezes o prêmio *University Presidential Citations for Teaching Excellence and University Service*, exerceu dois mandatos como chefe do Conselho Docente, foi editor do Boletim da Sociedade Geográfica de Illinois e autor de inúmeros artigos em periódicos nacionais e estaduais. Gabler foi presidente da Sociedade Geográfica de Illinois, diretor de Coordenadoria, presidente do Conselho Nacional de Educação Geográfica e recebeu o prêmio *George J. Miller Distinguished Service*, conferido pelo NCGE.

Geografia física: ambientes e sistemas terrestres

1

:: Apresentação

O estudo da geografia

Principais perspectivas da geografia física

Modelos e sistemas

A Terra no espaço

A geografia física e você

A incrível diversidade ambiental da Terra: um oásis de vida na imensidão do espaço.

NASA

2 FUNDAMENTOS DE GEOGRAFIA FÍSICA

:: Objetivos

Ao terminar de estudar este capítulo, você será capaz de:

- Discutir sobre a geografia física como disciplina e profissão, que considera tanto o mundo natural quanto sua relação humana.
- Entender como as informações e as técnicas em geografia podem ser aplicadas a outras profissões.
- Descrever as três principais perspectivas da geografia física: a espacial, a da ciência física e a ambiental.
- Entender a Terra como um sistema composto de partes que interagem tanto com os processos naturais quanto com os desencadeados pelo ser humano.
- Explicar as vantagens e os riscos da interação humana com o ambiente.
- Reconhecer como o conhecimento da geografia física permite entender melhor o meio ambiente.

Vista de uma distância suficiente que possibilite observar um hemisfério todo, a Terra é, ao mesmo tempo, bela e intrigante. Com base nessa perspectiva, começamos a apreciar o quadro geral da geografia física do planeta. Se olharmos mais de perto, poderemos reconhecer padrões geográficos que foram moldados por processos que dão ao nosso mundo características dinâmicas e em constante mutação, como as dos mares, da atmosfera, dos continentes e a evidência de vida, que é revelada pelas regiões com vegetação.

Em uma perspectiva humana, a Terra pode parecer imensa e quase ilimitada. Em contrapartida, numa visão geral encontramos nela uma natureza frágil – uma ilha esférica de vida envolta pelo vasto e escuro vazio do espaço. Exceto pela energia proveniente do Sol, nosso planeta é um sistema fechado que possui todos os requisitos para abrigar a vida. A natureza do planeta Terra e seus meios ambientes permitem a existência de sistemas de suporte à vida para todas as criaturas. É importante compreender o planeta em que vivemos, aprender sobre seus componentes e os processos que operam para alterar ou regular seu sistema. Aprender a perguntar é um passo crucial na descoberta de respostas e explicações. Entender como as características e os processos da Terra interagem para desenvolver a diversidade ambiental do planeta é o objetivo deste curso de geografia física.

O estudo da geografia

A **geografia** refere-se ao estudo, à descrição e à explicação da Terra – a diversidade de um lugar para o outro, suas características e mudanças com o tempo e os processos responsáveis por essas variações. A geografia é geralmente considerada uma **ciência espacial** (a ciência do espaço locacional) porque inclui e análise e a explicação de locais, distribuições, padrões, semelhanças ou diferenças entre os fenômenos sobre a superfície da Terra.

Os geógrafos estudam os processos que influenciaram as paisagens terrestres no passado, como eles continuam a afetá-las e como essas paisagens podem mudar no futuro, bem como a importância e os impactos provocados pelas mudanças. A geografia distingue-se de outras ciências em razão de sua definição e seu objetivo central e pode incluir o estudo de qualquer tópico relacionado à análise científica dos processos naturais ou humanos na Terra (■ Figura 1.1).

Os geógrafos também se interessam pela questão de como dividir áreas em **regiões** significativas, ou seja, regiões que possam ser identificadas por características que as distingam de seus arredores. Fatores físicos, humanos ou uma combinação de

■ **FIGURA 1.1** Ao realizar pesquisa ou examinar um dos muitos problemas da sociedade, os geógrafos estão preparados para considerar qualquer informação ou aspecto de um tópico que se relaciona com seus estudos.
Que vantagem pode ter um geógrafo ao trabalhar com outros cientistas físicos na busca de soluções para um problema?

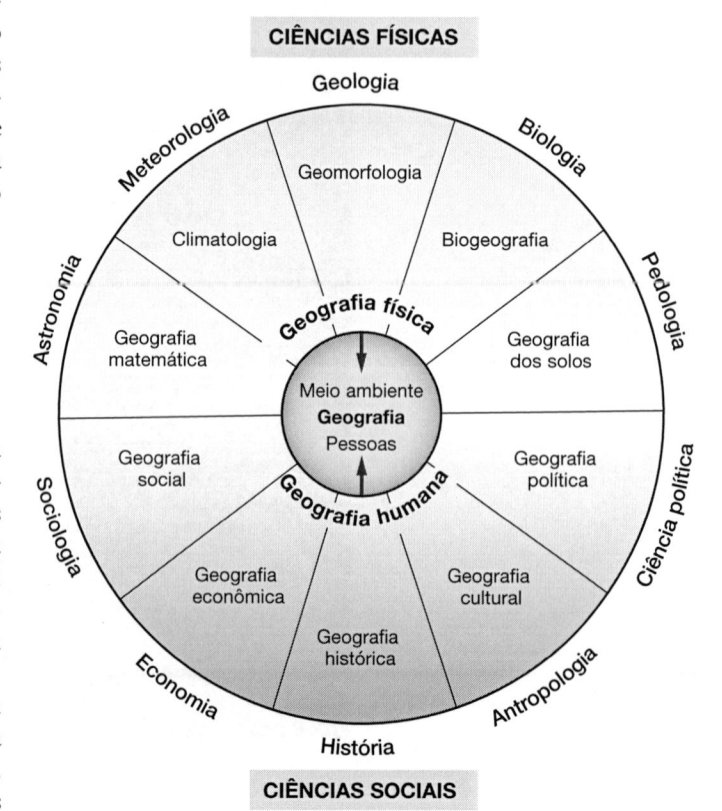

ambos podem definir uma região. A *geografia regional* concentra-se nas características de uma região (ou de diversas regiões).

Geografia física

A **geografia física** estuda os processos e as características de formação da Terra, incluindo as atividades humanas que causam interferência no meio ambiente. Os geógrafos, em geral, usam uma **abordagem holística**, ou seja, eles consideram tanto fenômenos naturais quanto humanos que sejam relevantes para a compreensão do nosso planeta. Esses profissionais têm como objeto de estudo quase todos os aspectos da Terra e olham para a natureza em sua integralidade, da mesma maneira que seu funcionamento como unidade (■ Figura 1.2). Além disso, a maior parte dos geógrafos físicos especializa-se em um ou dois campos de atuação. Por exemplo, alguns geógrafos trabalham com *meteorologia* e *climatologia*[1]. Os meteorologistas estudam os processos que afetam o tempo diariamente e fazem previsões das condições meteorológicas. Os climatologistas interessam-se pelas condições de clima regionais, como os valores médios e extremos das condições meteorológicas em longo prazo, o entendimento das mudanças climáticas e dos desastres naturais e o impacto do clima nas atividades humanas e no meio ambiente.

Outro campo de especialização é a *geomorfologia*, que estuda a natureza e o desenvolvimento das formas do relevo. Os geomorfologistas buscam compreender as variações de relevo e os processos que afetam a superfície terrestre. Os *biogeógrafos* estudam a fauna, a flora e o meio ambiente, examinando os processos que influenciam, limitam ou facilitam suas características, distribuição e mudança ao longo do tempo. Alguns geógrafos especializam-se em *pedologia*, mapeando e analisando tipos de solo, estudando sua adequação a usos específicos e a conservação e o manejo desses recursos.

Os geógrafos também estão amplamente envolvidos no estudo de massas de água e recursos hídricos, incluindo seus processos, movimentos, impactos, qualidade e demais características, dedicando-se ao estudo da *hidrologia, oceanografia* ou *glaciologia*. Outros geógrafos atuam como *gestores de recursos hídricos*, visando garantir que lagos, mananciais, lençóis freáticos e bacias hidrográficas existam em quantidade e qualidade adequadas para satisfazer às necessidades humanas e ambientais.

De forma análoga a outros cientistas, os geógrafos físicos geralmente empregam o **método científico** em sua busca de melhor compreensão da Terra em todos os seus aspectos. O método científico busca respostas a questionamentos,

■ **FIGURA 1.2** Os geógrafos físicos estudam os elementos e os processos que afetam os ambientes naturais, o que inclui estruturas rochosas, acidentes geográficos, solos, vegetação, clima, tempo e impactos humanos. Floresta Nacional de White River, no estado americano do Colorado.
Quais são as características da geografia física encontradas nesta cena?

Copyrights e fotografia de Dr. Parvinder S. Sethi

---

[1] Em alguns estados americanos e em outros países, há meteorologistas e climatologistas com formação em geografia. No Brasil, em razão da diferença de sistema de ensino e legislação, isso não se aplica, pois meteorologia é uma graduação. Embora existam geógrafos que trabalham com climatologia na própria geografia ou utilizem conhecimentos meteorológicos na análise de uma região/situação, eles não podem atuar como meteorologistas. Mesmo climatologistas formados em geografia são raros, por causa das diferenças de formação. (NRT)

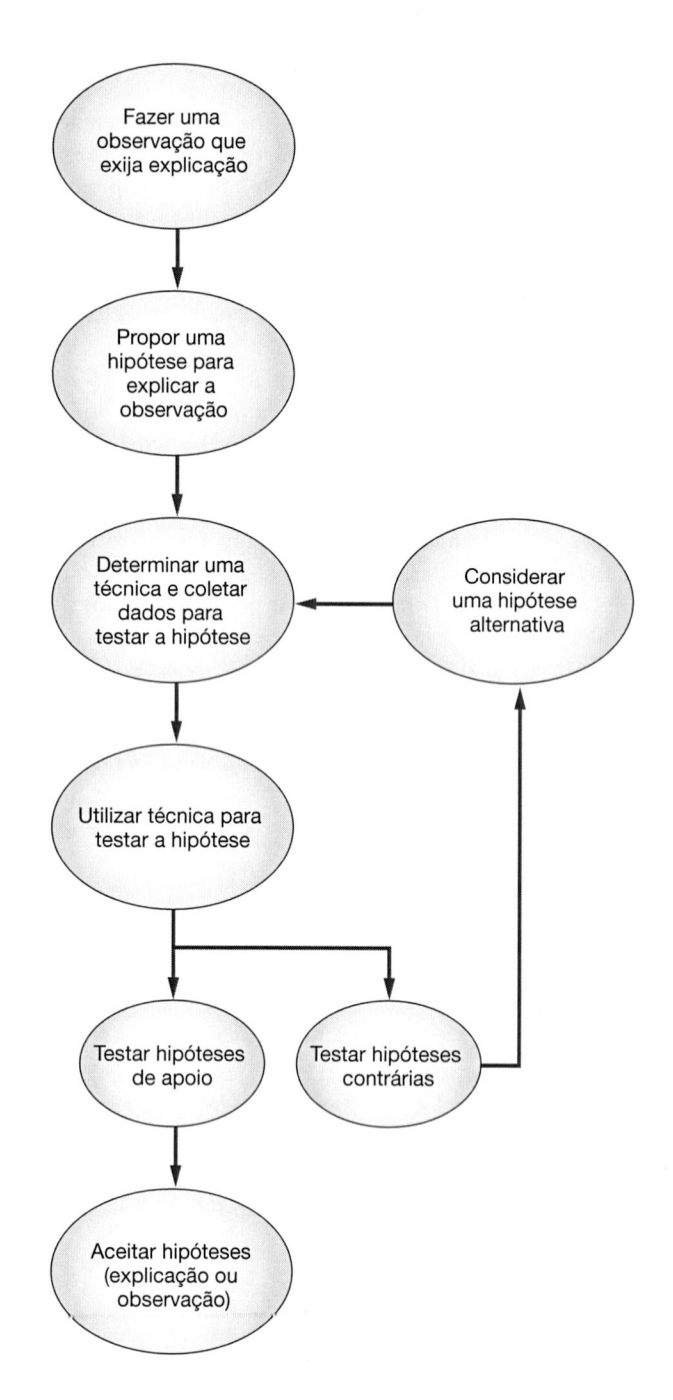

determinando a validade de novas ideias e testando de modo objetivo todas as evidências pertinentes e os fatos que afetam a questão em estudo (■ Figura 1.3). Usando o método científico, as novas ideias ou as respostas sugeridas para as perguntas feitas serão aceitas apenas como válidas quando forem indubitavelmente corroboradas pelas evidências.

Tecnologia, ferramentas e métodos

As tecnologias empregadas para entender melhor a geografia física de nosso planeta estão em franca evolução. A capacidade dos computadores de coletar, processar, modelar e exibir dados espaciais – funções agora executadas em um simples computador pessoal – não passava de sonho 30 anos atrás. Hoje, a internet permite acessar informações e imagens basicamente sobre qualquer assunto. O mapeamento contínuo da superfície da Terra por satélites nos últimos 30 anos nos permitiu ter uma perspectiva mais abrangente das mudanças ambientais. Com diferentes tipos de energia para produzir imagens do espaço, somos capazes de ver, mensurar, monitorar e mapear os efeitos de determinados processos na Terra, incluindo alguns invisíveis a olho nu. Gráficos de dados e informações ambientais estão se tornando mais surpreendentes como resultados de métodos sofisticados de processamento de dados e representação. A potência de processamento cada vez maior dos computadores possibilita imagens em alta resolução, representações em três dimensões e animações do globo terrestre com suas características, mudanças e processos (■ Figura 1.4).

A tecnologia de satélites é usada para determinar a localização exata de receptores de posicionamento global na superfície do planeta, com boas aplicações na geografia e no mapeamento de regiões. Atualmente, a confecção e a análise da maioria dos mapas (*cartografia*) são feitas com o auxílio de computadores, embora a capacidade de interpretar visualmente um mapa, uma paisagem ou a imagem de um dado ambiente continue sendo uma técnica geográfica importante.

Os geógrafos físicos devem ser capazes de fazer observações e coletar dados em campo, como também se manter atualizados com as novas tecnologias que auxiliam e facilitam o trabalho tradicional. A tecnologia pode fornecer mapas, imagens e dados,

■ **FIGURA 1.3** O método científico, amplamente empregado na geografia física, envolve essas etapas mostradas.

1. **Fazer uma observação que exija uma explicação.** Em uma viagem às montanhas, você percebe que a temperatura diminui conforme aumenta a altitude. Trata-se somente de um resultado das condições locais no dia em que você estava lá ou é uma correlação universal?
2. **Reafirmar a observação na forma de hipótese.** Eis um exemplo: Quanto maior for a elevação, menor a temperatura. (A resposta pode parecer óbvia, mas, ao mesmo tempo em que isso pode ser verdade, há exceções, dependendo das condições ambientais que serão discutidas nos próximos capítulos.)
3. **Determinar uma técnica para testar a hipótese e coletar os dados necessários.** O próximo passo é encontrar uma técnica para avaliar os dados (informação numérica) e ou fatos que se relacionam com a hipótese. Neste caso, seria necessário coletar informações de elevação e de temperatura (mensuradas aproximadamente ao mesmo tempo em todos os pontos) da área de estudo.
4. **Aplicar a técnica ou estratégia para testar a validade da hipótese.** Nesta etapa, descobrimos se a hipótese é corroborada por evidência adequada, coletada em condições semelhantes para minimizar o viés. A técnica vai recomendar a aceitação ou a refutação da hipótese. Se a hipótese for refutada, podemos testar uma hipótese alternativa ou, então, podemos apenas descobrir que a correlação teorizada não é válida.

mas um indivíduo com conhecimento sobre os aspectos geográficos do assunto estudado é essencial no processo de análise e resolução de problemas. Muitos geógrafos estão hoje empregados em funções que fazem uso da tecnologia para entender nosso planeta e o meio ambiente, e esse número deve crescer ainda mais no futuro (■ Figura 1.5).

■ **FIGURA 1.4** Modelo complexo da Terra gerado por computador, com base em dados coletados por satélite.
Como é que esta imagem se compara à imagem da Terra que está na abertura do capítulo?

■ **FIGURA 1.5** Um geógrafo utiliza tecnologia computacional para analisar mapas e imagens.
De que forma são gerados por computador os mapas e as imagens de paisagem, úteis ao estudo da geografia física?

Principais perspectivas da geografia física

Este livro descreverá as três perspectivas principais da geografia física: como uma ciência espacial, uma ciência física e uma ciência ambiental. Embora o foco de cada uma dessas perspectivas possa variar conforme o capítulo, observe como uma perspectiva se relaciona à natureza única da geografia como disciplina.

A perspectiva espacial

Um tema central na geografia é ilustrado por sua definição de *ciência espacial*. Os geógrafos físicos têm interesses diversos, embora compartilhem o objetivo comum de entender e explicar as variações espaciais da superfície da Terra. Os cinco exemplos a seguir ilustram os fatores espaciais que os geógrafos normalmente consideram e os problemas com que lidam.

Localização
Os estudos em geografia normalmente começam com informações sobre localização. Recursos são localizados usando-se um dos dois métodos a seguir: **localização absoluta**, expressa por um sistema de coordenadas (ou endereço), ou **localização relativa**, que identifica onde existe um recurso com relação a algo, geralmente um local bem conhecido. Por exemplo, o Pico Pikes, nas Montanhas Rochosas do Colorado, com elevação de 4.302 metros (14.115 pés), é localizado na latitude 38°51' norte e longitude 105°03' oeste. Esse é um exemplo de localização absoluta. No entanto, também é possível dizer que o Pico Pikes encontra-se a 36 quilômetros (22 milhas) a oeste da Colorado Springs (■ Figura 1.6). Esse é um exemplo de localização relativa.

Características dos locais
Os geógrafos físicos estudam as características ambientais e os processos que tornam um local único, além das características compartilhadas ou semelhantes entre esses locais. Por exemplo, quais características físicas da geografia das Montanhas Rochosas são responsáveis pela sua aparência? Além disso, como os Montes Apalaches diferem das Montanhas Rochosas e quais características são compartilhadas? Outro aspecto da característica dos locais é a análise das vantagens e desvantagens ambientais existentes.

Distribuição e padrão espaciais
A **distribuição espacial** é a característica locacional que faz referência à extensão das áreas em que um recurso existe. Por exemplo, onde, na Terra, estão localizadas as florestas tropicais? Qual é a distribuição de chuva nos Estados Unidos em um dia específico? Onde, na Terra, acontecem os maiores terremotos? **Padrão espacial** faz referência a como os recursos estão distribuídos no espaço. Eles são uniformes ou aleatórios, agrupados ou dispersos? A distribuição populacional pode ser tanto densa quanto esparsa (■ Figura 1.7). O padrão espacial dos terremotos pode ser alinhado em um mapa porque as falhas tectônicas exibem padrões lineares semelhantes.

PERSPECTIVA ESPACIAL DA GEOGRAFIA
:: REGIÕES NATURAIS

O termo *região* tem significado preciso e significância espacial para os geógrafos. De modo simples, uma região é uma área definida por características compartilhadas (ou um conjunto de características) existentes dentro de seus limites. O conceito de região serve de instrumental para pensar e analisar divisas lógicas de áreas com base em suas características físicas. Os geógrafos não só estudam e explicam regiões, incluindo sua localização e características, mas também trabalham para delimitá-las – desenhando seus limites em um mapa. Podem-se criar ilimitadas regiões para cada um dos quatro maiores subsistemas terrestres.

As regiões nos permitem entender a distribuição e a natureza das áreas no Planeta. Elas também podem ser divididas em sub-regiões. Por exemplo, a América do Norte é uma região, que pode ser subdividida em muitas sub-regiões. Exemplos de sub-regiões baseadas em características estadunidenses são a planície litorânea do Atlântico (semelhança de acidentes geográficos, geologia e localização), as pradarias (tipo ecológico), o deserto de Sonora (clima, ecologia e localização), a região noroeste do Pacífico (localização geral) e a Tornado Alley[2] (região com alto potencial de tornados).

Há três pontos importantes que devem ser lembrados sobre as regiões. Cada um desses pontos tem aplicações intermináveis e contribui consideravelmente às perguntas que o processo de definição de uma região com base em características espaciais busca responder.

[2] Há referências em português a essa região como beco dos tornados, corredor dos tornados ou simplesmente região dos tornados, mas não há uma tradução oficial para o termo. (NRT)

- **Regiões naturais podem mudar de tamanho e formato ao longo do tempo em respostas às mudanças ambientais.** Um exemplo é a *desertificação*, a expansão de regiões desérticas que vem ocorrendo nos últimos anos. Usando imagens de satélite, é possível ver e monitorar essas mudanças na área coberta por desertos, assim como em regiões de outra natureza.
- **As fronteiras entre diferentes regiões tendem a ser indistintas ou gradativas, em vez de abruptas e claras.** Por exemplo, no mapa climático, linhas que separam áreas desérticas de não desérticas não querem dizer que as condições extremamente áridas aparecem como mágica, ao cruzar a linha. Se viajarmos em direção a um deserto, é provável que a paisagem se torne gradativamente mais árida conforme nos aproximamos do destino.
- **Regiões são modelos espaciais criados pelo homem para fins de análise geográfica, estudo e compreensão.** As regiões são modelos conceituais que nos ajudam a entender e organizar as relações espaciais e as distribuições geográficas. Estudar geografia é um convite para pensar de modo espacial, e as regiões oferecem um arcabouço conceitual extremamente útil e essencial nesse processo.

Entender as regiões, por meio de uma percepção de como essas áreas podem ser divididas em unidades geograficamente lógicas e por que essa divisão é útil e fundamental na geografia. As regiões nos auxiliam a compreender, pensar e dar sentido aos aspectos espaciais do mundo.

A Grande Bacia no oeste dos Estados Unidos é uma região claramente definida com base em uma característica geográfica física importante. Nenhum rio corre para o oceano dessa região montanhosa árida e semiárida e de bacias topográficas. Os rios e os cursos de água que existem fluem em direção a bacias fechadas, onde a água evapora de lagos temporários, ou correm para dentro de lagos, como o Great Salt Lake, que não tem saída para o mar. As características topográficas chamadas divisórias de águas (serras) formam as bordas externas da Grande Bacia, definindo e englobando essa região natural.

Pico Pikes   Colorado Springs

■ **FIGURA 1.6** Modelo tridimensional digital com a localização relativa do Pico Pikes, em Colorado Springs, Colorado. Por ser uma perspectiva, a distância de 36 quilômetros parece ser mais curta que a sua distância real no solo.
Que características da geografia física podem ser extraídas do local da imagem?

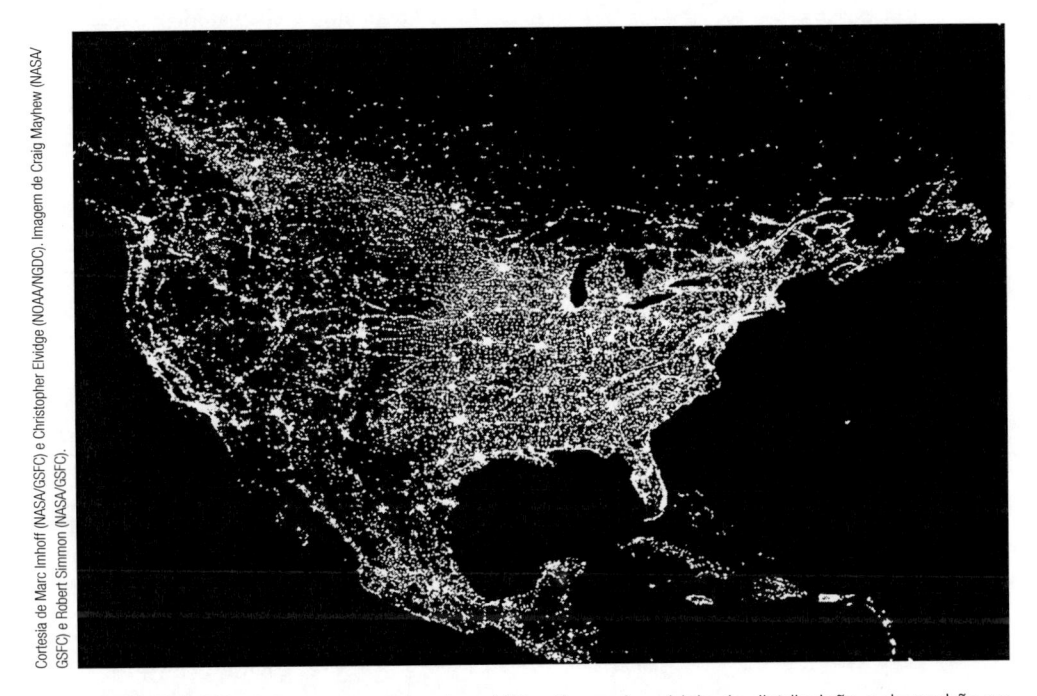

■ **FIGURA 1.7** A imagem noturna de satélite dá uma boa ideia de distribuição e de padrão na maior parte da América do Norte. A distribuição espacial é onde os recursos estão localizados (ou talvez ausentes). O padrão espacial refere-se à disposição desses recursos. Os geógrafos buscam explicações para essas correlações espaciais.
Você consegue localizar e propor explicações plausíveis para os dois padrões e para as duas distribuições desta cena?

Interação espacial Poucos processos na Terra acontecem isoladamente, uma vez que todas as áreas do Planeta estão interconectadas. Um evento, ocorrência ou processo, em um local geralmente tem impactos em outros. Infelizmente, a natureza exata da **interação espacial** – se um evento de fato leva a outro – é ainda difícil de determinar.

Exemplos observados de interação espacial são o aquecimento incomum nas águas do Pacífico da costa oeste da

América do Sul à região equatorial (fenômeno conhecido como *El Niño*) e alterações nas condições de tempo em diversas outras partes do mundo. O desmatamento de áreas de floresta tropical também pode causar impactos no clima mundial. Os geógrafos tentam entender as relações espaciais, suas interações e o impacto causado em escala local, regional e mundial.

A Terra em constante mudança

As características e as paisagens da Terra estão em contínua mudança em um contexto espacial. Cartas sinóticas mostram onde e como as condições de tempo mudam dia a dia, por meio das estações e de ano para ano. Tempestades, terremotos, deslizamentos de terra e processos fluviais modificam a geografia. A faixa litorânea pode mudar de posição por conta de ressacas, *tsunamis* ou alterações no nível do mar. Áreas outrora recobertas por florestas foram desmatadas, alterando a natureza do meio ambiente daquela região. Características desérticas parecem estar se expandindo em regiões áridas de todo o mundo. A cobertura de gelo nos oceanos polares se expandiu e se contraiu ao longo da história.

Os climas do mundo também mudaram, causando alterações nas distribuições de fauna e flora. Atualmente, as alterações climáticas e ambientais são agravadas pela atividade humana. A maioria das geleiras vem encolhendo em resposta ao aquecimento global (■ Figura 1.8). A Terra e seus ambientes estão em constante mudança, mas em escalas de tempo diversas, de modo que o impacto e a direção de algumas alterações são difíceis de determinar.

A perspectiva da ciência física

Os geógrafos físicos observam fenômenos, compilam dados e buscam soluções para os problemas ou respostas às perguntas que também perfazem o repertório dos pesquisadores de outras ciências físicas. Contudo, os geógrafos físicos contribuem com pontos de vista distintos ao estudo científico – em uma visão holística e espacial. Olhando para fatores, características e processos que influenciam o meio ambiente e como esses elementos interagem, é possível compreender melhor a dinâmica da geografia física de nosso planeta. Além disso, podemos apreciar a importância de ver a Terra como um sistema sempre em movimento.

O sistema chamado Terra

Um **sistema** é uma entidade composta por partes inter-relacionadas. Nosso planeta, o **sistema terrestre**, baseia-se em inter-relações de uma gama de fatores que permitem a vida. Os componentes individuais de um sistema, chamados **variáveis**, mudam conforme as interações com uma ou outra parte da unidade.

Por exemplo, a presença de montanhas influencia a distribuição de chuva, e as variações de precipitação afetam a densidade, tipo e variedade da flora. A vegetação, a umidade e as rochas subjacentes afetam a composição do solo formado na região. As características vegetais e os solos influenciam o escoamento da água na terra, levando ao fechamento do ciclo, porque a quantidade de água escoada é um fator preponderante na erosão de cursos de água, que eventualmente reduzem a altura das montanhas.

Os sistemas podem ser divididos em **subsistemas**, unidades funcionais que evidenciam as fortes conexões internas. Por exemplo, o corpo humano é um sistema composto de muitos subsistemas (como respiratório, circulatório e digestório). Examinar o sistema terrestre como um conjunto de subsistemas interdependentes facilita o estudo da geografia física.

Os quatro principais subsistemas terrestres

São quatro os principais subsistemas do sistema terrestre (■ Figura 1.9). A **atmosfera** é a camada gasosa de ar que envolve, protege e isola a Terra. A **litosfera** perfaz a parte sólida do Planeta: acidentes geográficos, rochas, solos e minerais. A **hidrosfera** inclui os corpos de água da Terra: oceanos, lagos, rios e geleiras. A **biosfera** é composta de todas as coisas vivas: seres humanos, animais e plantas.

As características desses subsistemas interagem para criar e permitir as condições necessárias de vida na Terra, mas o

■ **FIGURA 1.8** Fotografias tiradas com diferença de 92 anos no Parque Nacional Glacier, em Montana, mostram que a Geleira Shepard, como outras geleiras no parque, vem diminuindo drasticamente. Essa diminuição é causada pelo aquecimento climático e pelas secas. **Para quais outros tipos de mudanças ambientais precisamos observar e registrar evidências em longo prazo?**

FIGURA 1.9 Os quatro subsistemas principais da Terra. Estudar a Terra como um sistema é fundamental para compreender as mudanças que ocorrem nos ambientes de nosso planeta e para nos adaptar ou aprender a lidar com essas mudanças. A Terra é composta por diversos subsistemas interligados.
Como esses subsistemas se sobrepõem? Por exemplo, como é que a atmosfera se sobrepõe à hidrosfera ou à biosfera?

impacto e a intensidade dessas interações não são iguais em todos os lugares. Essa assimetria permite a diversidade ambiental do nosso planeta e produz uma série de padrões geográficos.

Impactos na Terra Sabemos que a Terra é um sistema *dinâmico*, que responde a mudanças contínuas, e nós podemos observar diretamente algumas dessas mudanças, como estações do ano, marés, terremotos, enchentes e erupções vulcânicas. As interações que alteram nosso Planeta são cíclicas e ocorrem por processos em taxas diversas. Muitos aspectos do nosso planeta podem levar anos, ou até mesmo mais que o tempo de vida de uma geração, para apresentar mudanças perceptíveis por nós. Mudanças em longo prazo em nosso Planeta são, geralmente, difíceis de apreender ou prever. As evidências devem ser estudadas cuidadosa e cientificamente para averiguar o que está acontecendo e suas possíveis consequências. Mudanças desse tipo incluem alterações climáticas, ciclos de seca, expansão de desertos, erosão do litoral e variações significativas nos sistemas fluviais. Ilhas vulcânicas foram formadas há muito tempo (■ Figura 1.10) e uma nova ilha do arquipélago havaiano está se formando neste instante nas águas do oceano Pacífico. As mudanças podem ser desencadeadas naturalmente ou pela ação humana, ou ainda resultar de uma combinação de ambos os fatores. Hoje, muito da preocupação com as mudanças climáticas, como o aquecimento global, centra-se no impacto que as atividades humanas vêm exercendo sobre os sistemas naturais da Terra.

A perspectiva ambiental

Cotidianamente, lemos notícias sobre o meio ambiente que nos deixam preocupados com os danos causados pelas atividades humanas. Também lemos muito sobre desastres motivados pela exposição dos seres humanos a processos naturais violentos, como terremotos, inundações, tornados e tempestades intensas. Exemplos de desastres naturais recentes são o *tsunami* de 2004, no Sul da Ásia, o furacão Katrina em 2005 e o furacão Ike em 2008. Em um sentido mais amplo, nosso **meio ambiente** pode ser definido como aquilo que nos cerca; ele é a soma de todos os aspectos físicos, sociais e culturais do mundo que afetam nosso crescimento, nossa saúde e nosso modo de vida.

Ambientes físicos são sistemas compostos por uma grande variedade de elementos, características e processos que envolvem interconexões entre clima, tempo, solos, rochas, relevo, fauna, flora, água e seres humanos. A abordagem holística da geografia física é bem adequada ao entendimento do meio ambiente, porque se consideram os fatores importantes individualmente e como parte do sistema ambiental.

O estudo das relações entre os organismos e seus meios ambientes é uma ciência conhecida como **ecologia**. As relações ecológicas são

FIGURA 1.10 A Ilha Surtsey, localizada na Islândia, no Atlântico Norte, não existia até cerca de 45 anos atrás, quando erupções formaram essa nova ilha vulcânica. Desde 1960, quando as erupções vulcânicas pararam, a erosão causada pelas ondas e outros processos já reduziu a ilha pela metade de seu tamanho original.
Depois de formada e resfriada, quais outras mudanças ambientais devem começar a acontecer na ilha?

PERSPECTIVA AMBIENTAL DA GEOGRAFIA
:: INTERAÇÕES HUMANO-AMBIENTAIS

As características ambientais da Terra suportam toda a vida do planeta, incluindo nossa existência. Ainda assim, os efeitos das atividades humanas sobre o meio ambiente e aos impactos dos processos ambientais sobre nós são cada vez mais preocupantes. Alguns processos ambientais podem apresentar riscos à vida e aos bens humanos, bem como determinadas atividades humanas ameaçam causar danos profundos e irreversíveis à Terra.

Desastres naturais

O meio ambiente torna-se um risco aos humanos e a outras formas de vida quando um processo natural acontece com intensidade e violência incomuns. Pancadas de chuva podem se tornar torrenciais, persistindo por dias ou semanas, e causar inundações. Algumas tempestades tropicais ganham força e chegam a regiões costeiras como furacões plenamente desenvolvidos, como o Katrina, em 2005. Lavas e gases vindos do fundo da Terra podem mover-se para a superfície e desencadear subitamente grandes erupções capazes de explodir montanhas vulcânicas. O *tsunami* de 2004, que devastou áreas costeiras no oceano Índico, é um exemplo do potencial destrutivo dos processos naturais que excedem a nossa expectativa do que é considerado "normal".

Quando um sistema na Terra atua de forma súbita ou extraordinária trata-se de um evento natural significativo, mas não de um desastre natural se pessoas ou seus bens materiais forem atingidos. Muitos desastres naturais ocorrem porque existem pessoas que vivem em locais onde eventos naturais potencialmente catastróficos podem ocorrer. Quase todas as áreas habitadas do mundo estão sujeitas a algum tipo de desastre natural ou a diversos. Regiões vegetadas estão sujeitas a incêndios; terremotos, deslizamentos de terra e atividades vulcânicas acometem regiões montanhosas; tempestades violentas ameaçam planícies centrais[3]; diversas regiões costeiras vivenciam periodicamente furacões ou tufões (termo usado para os furacões que atingem a Ásia).

> **3** Os autores se referem a um fenômeno observado nas planícies centrais americanas, mas tempestades severas podem ser notadas em outras regiões com diferentes tipos de relevo, dependendo de outros fatores. (NTR)

USGS Western Coastal e Marine Geology

Em dezembro de 2004, um forte terremoto submarino gerou um grande *tsunami*, que devastou muitas áreas costeiras no oceano Índico, especialmente na Tailândia, no Sri Lanka e na Indonésia. Quase 250 mil pessoas morreram, e os lares de aproximadamente 1,7 milhão de pessoas foram destruídos. Nesta foto, uma barcaça enorme foi arrastada para a terra firme pelo *tsunami*, que derrubou prédios e varreu a vegetação das falésias a uma altura de 31 metros. Alguns processos naturais do ambiente como este podem ser prejudiciais aos seres humanos e a seu meio ambiente artificial, porém outros são benéficos.
Você é capaz de citar alguns exemplos de processos naturais que podem afetar a área em que você mora?

Degradação ambiental

Do mesmo modo que a natureza pode ser um risco às pessoas, os seres humanos, por meio de suas atividades, também podem constituir uma séria ameaça ao meio ambiente. Problemas como aquecimento global, chuvas ácidas, desmatamento, extinção de espécies biológicas em áreas tropicais, danos à camada de ozônio da atmosfera e a desertificação ganharam lugar no topo das agendas dos encontros de autoridades mundiais e das conferências internacionais. As preocupações ambientais são assunto recorrente em revistas e artigos de jornais, livros e programas de TV.

Muitos danos ambientais são resultado da poluição da atmosfera associada à industrialização, especialmente nos países ricos e desenvolvidos. Entretanto, conforme a pressão populacional cresce e países em desenvolvimento tentam se industrializar, as atividades humanas estão exigindo mais de seus solos, florestas, ar e água. A degradação ambiental é um problema mundial e as soluções devem envolver cooperação internacional para dar certo. Como cidadãos do país mais rico do mundo, os norte-americanos devem considerar seriamente quais medidas podem ser adotadas para conter as maiores ameaças ao meio ambiente associadas às atividades humanas. Quais são as causas dessas ameaças? Essas ameaças são reais e bem documentadas? O que cada um pode fazer para ajudar a solucionar essas questões ambientais? Com recursos limitados na Terra, o que deixaremos para as gerações futuras?

Examinar de perto essas questões ambientais com a perspectiva do geógrafo físico requer que as características tanto ambientais quanto humanas envolvidas sejam fortemente consideradas. Como ficarão aparentes neste estudo da geografia, os ambientes físicos mudam constantemente, e com frequência as atividades humanas resultam em consequências negativas a eles. Além disso, por todo o planeta pessoas vivem em permanente ameaça de diversos desastres naturais espacialmente distribuídos, como terremotos, incêndios, inundações e tempestades. Os processos naturais envolvidos são diretamente relacionados ao ambiente físico, mas as causas e as soluções subjazem nas interações humano-ambientais que incluem características econômicas, políticas e sociais das culturas envolvidas. O reconhecimento da geografia como uma disciplina holística – que abrange o estudo de todos os fenômenos na Terra – requer que os geógrafos físicos tenham mais participação nas ciências ambientais.

complexas, mas também naturalmente balanceadas "teias de vida". A palavra **ecossistema** (uma contração do termo em inglês para *sistema ecológico*) refere-se a uma comunidade de organismos e suas relações uns com os outros e com o meio ambiente em que vivem (■ Figura 1.11). Um ecossistema é dinâmico, pois suas várias partes estão em constante mudança. Por exemplo, plantas crescem, chuvas caem, animais comem e solos se desenvolvem – tudo isso altera o meio ambiente de um ecossistema. Pelo fato de cada membro do ecossistema pertencer ao meio ambiente das demais partes do sistema, alterações em um deles geralmente afetam o meio ambiente dos demais. O conceito de ecossistema pode ser aplicado em quase todas as escalas, de local, regional, até global, em praticamente qualquer localização geográfica. Seu quintal, a lagoa em uma fazenda, um gramado, um mangue, uma floresta ou uma parte de um deserto podem ser entendidos como um ecossistema. As atividades humanas serão sempre afetadas pelo meio ambiente de alguma forma, mas se compreendermos os fatores e os processos envolvidos poderemos trabalhar para mitigar os impactos negativos.

Um sistema de suporte à vida

O atributo mais crítico e único da Terra é que ele é um **sistema de suporte à vida**, um conjunto de componentes inter-relacionados necessários à existência de organismos vivos. Na Terra, os processos naturais produzem uma quantidade adequada de oxigênio; o Sol interage com a atmosfera, oceanos e superfícies para garantir temperaturas toleráveis; a fotossíntese e outros processos fornecem fontes de alimento para as criaturas vivas. Se uma parte essencial desse sistema de suporte à vida sofrer uma mudança significativa ou deixar de funcionar corretamente, os organismos vivos podem não sobreviver. Com exceção da energia solar, o sistema terrestre fornece os componentes ambientais e as condições necessários para a manutenção da vida como a conhecemos (■ Figura 1.12).

Hoje percebemos que partes essenciais desse sistema de suporte à vida, os **recursos naturais**, podem ser desperdiçados e exauridos, ameaçando potencialmente a capacidade da Terra de

■ **FIGURA 1.11** Os ecossistemas são um aspecto importante dos ambientes naturais, afetados pela interação de muitos processos e componentes.
Como os ecossistemas ilustram as interações no ambiente?

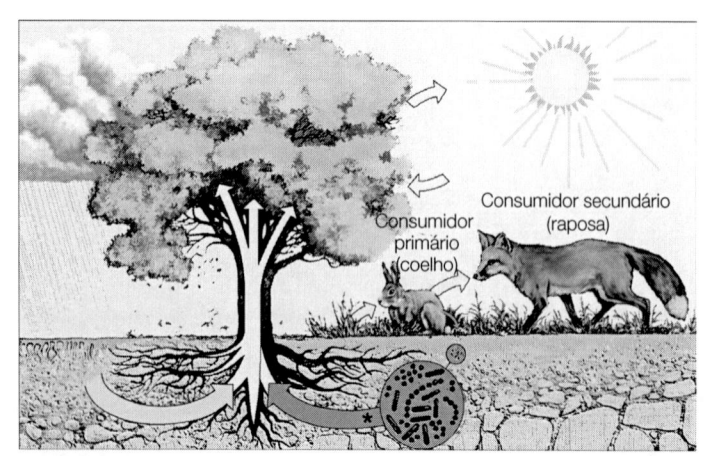

∗ Nutrientes minerais solúveis

■ **FIGURA 1.12** A Estação Espacial Internacional funciona como um sistema de suporte à vida. Os astronautas podem se aventurar em caminhadas no espaço exterior, mas continuam a depender de recursos como ar, água e alimentos, que são enviados da Terra.
O que os recursos limitados a bordo dos veículos espaciais sugerem sobre a nossa situação ambiental na Terra?

sustentar a vida humana. Uma preocupação é que os seres humanos estão acabando rapidamente com recursos naturais não renováveis, como carvão e petróleo, os quais, uma vez exauridos, não serão repostos. Quando recursos não renováveis como os combustíveis minerais acabarem, as fontes de energia alternativas poderão ser menos eficientes ou mais caras.

Além do consumo abusivo dos recursos naturais, as atividades humanas também causam **poluição** e contaminação indesejada e insalubre ao meio ambiente (■ Figura 1.13). Temos consciência de que recursos críticos como ar, água e até mesmo solo podem ser poluídos até o ponto de inutilização ou ser letais a algumas formas de vida. A poluição do ar tornou-se um problema ambiental sério em centros urbanos em todo o mundo. O que muitas pessoas não percebem, contudo, é que os poluentes são geralmente transportados pelos ventos e cursos de água por centenas ou até milhares de quilômetros. O chumbo liberado pelo sistema de exaustão dos veículos já foi encontrado nas geleiras na Antártida, assim como o inseticida DDT. A poluição é um problema global que não se limita às fronteiras políticas ou continentais.

Interações humano-ambientais

A geografia física presta especial atenção às relações ambientais que envolvem as pessoas e suas atividades. As interações entre o ser humano e o meio ambiente são relações de mão dupla, porque o meio ambiente influencia o comportamento humano e as atividades humanas afetam o meio ambiente.

Apesar da riqueza de recursos disponíveis na Terra, a capacidade de nosso planeta em suportar o crescente número de pessoas pode ter um limite

■ **FIGURA 1.13** (a) Denver, Colorado, em um dia de céu claro, com as Montanhas Rochosas visíveis ao fundo. (b) No mesmo local, em um dia com névoa seca, até mesmo os prédios no centro da cidade não são visíveis.
Se você tivesse de escolher entre morar em uma cidade pequena, na zona rural, ou em uma metrópole, o fator poluição afetaria sua decisão?

■ **FIGURA 1.14** (a) Como um curso de água natural, o rio Kissimmee, na Flórida, originalmente fluía por um leito largo, cheio de curvas acentuadas em sua planície de inundação, por 160 quilômetros em direção ao Lago Okeechobee. (b) Na década de 1960 e de 1970, o rio foi retificado artificialmente para dar espaço ao desenvolvimento agrícola e urbano, perturbando o ecossistema existente à custa de plantas, animais e o abastecimento de água de pessoas. Hoje, por conta dos esforços para restaurar esse *habitat*, o rio Kissimmee tenta recuperar sua planície de inundação, o ecossistema dessas áreas e sua calha natural. (c) Um problema enfrentado pelo projeto de recuperação é a invasão de ervas daninhas que ocorre desde a drenagem da planície de inundação, tornando a área propensa a incêndios durante a estação seca. Queimadas controladas são necessárias para evitar incêndios catastróficos e restaurar a vegetação natural.
Que fatores devem ser considerados antes de qualquer tentativa de retornar rios e seus ecossistemas à sua condição original?

populacional. A população mundial em constante crescimento já ultrapassou os 6,8 bilhões, com metade desse contingente vivendo em condições precárias e com a falta de alimentos. Em longo prazo, o tamanho da população mundial não pode exceder os recursos ambientais necessários para sustentá-la.

Enquanto consideramos a importância da manutenção de padrões de vida aceitáveis para as próximas gerações, é importante notar que os meios ambientes não mudam sua natureza para acomodar os humanos. Os humanos é que devem mudar seu comportamento para acomodar os limites e os potenciais dos ambientes e dos recursos da Terra. A geografia tem muito a oferecer para o entendimento dos fatores envolvidos no cumprimento dessa responsabilidade e para auxiliar a aprender mais sobre as mudanças ambientais associadas às atividades humanas. Devemos entender o impacto de nossas ações coletivas e individuais nos complexos sistemas ambientais do planeta.

Embora nosso objetivo atual seja o estudo da geografia física, não devemos ignorar as informações exibidas no mapa-múndi da densidade populacional *(mostrado no final do livro)*. A distribuição populacional é muito irregular – de zonas não habitadas até outras densamente ocupadas, refletindo as capacidades diversas de ambientes distintos de manter populações humanas. Há limitações do espaço adequado à vida na Terra, então devemos usá-lo com cuidado (■ Figura 1.14).

Modelos e sistemas

Os geógrafos físicos, ao se dedicarem a descrever e a explicar as características geralmente complexas do planeta Terra e de seus meios ambientes, baseiam-se – como os demais cientistas o fazem – em representações do mundo real chamadas *modelos*. Um **modelo** simplificação útil de uma realidade mais complexa, que permite fazer previsões, é projetado com um objetivo específico. Por exemplo, mapas e globos terrestres são modelos – representações simplistas que oferecem muita informação útil. Hoje muitos modelos são gerados por computador, uma vez que eles são capazes de lidar com grandes quantidades de dados e executar cálculos matemáticos geralmente necessários para construir e exibir certos tipos de informação.

Existem diversos tipos de modelos (■ Figura 1.15). **Os modelos físicos** são representações tridimensionais sólidas, tais como um globo terrestre ou a réplica de uma montanha. Os **modelos gráficos/pictóricos** incluem imagens, mapas, gráficos, diagramas e desenhos. **Os modelos estatísticos/matemáticos** são usados para fazer previsões de enchentes ou de impacto das mudanças climáticas no tempo. Palavras, idiomas e definições de termos ou ideias também podem ser usados como modelos.

Outro tipo importante é o **modelo conceitual** – a imagem mental que usamos para entender nosso entorno e nossas experiências. Pense por um momento na imagem que a palavra *montanha* (ou *cachoeira*, *nuvem*, *tornado*, *praia*, *floresta*, *deserto*) cria em sua mente. Provavelmente o que você "enxerga" (conceitua) mentalmente é um esboço, em vez de algo detalhado, mas que tem informações suficientes para dar uma ideia do que é uma montanha. Essa imagem é um modelo conceitual. Para os geógrafos, um tipo particularmente importante de modelo conceitual é o **mapa mental**, usado para pensar sobre os lugares, as rotas de viagem e a distribuição de características no espaço. Como poderíamos começar a entender nosso mundo sem os modelos conceituais e, em termos de compreensão espacial, sem os mapas mentais?

Análise de sistemas

Nosso planeta é muito complexo para que um só modelo seja capaz de explicar todos os seus componentes ambientais e como um afeta o outro. Para começar a compreender a Terra como um todo, ou para entender a maioria dos componentes ambientais, os geógrafos físicos empregam uma estratégia chamada **análise de sistemas**, que sugere o seguinte: (1) definir claramente o sistema que se deseja compreender; (2) listar as partes e os processos importantes do sistema; (3) examinar como cada uma dessas partes e processos interagem uns com os outros e como essas interações afetam o funcionamento do sistema.

A análise de sistemas geralmente enfatiza os subsistemas. Exemplos de subsistemas examinados pelos geógrafos físicos são o ciclo da água, as mudanças climáticas, os sistemas de tempestades e fluviais, o aquecimento sistemático da atmosfera e os ecossistemas. Uma grande vantagem da análise de sistemas é que pode ser empregada em ambientes de praticamente qualquer escala, de global a microscópica.

■ **FIGURA 1.15** Modelos nos ajudam a compreender a Terra e seus subsistemas, focando nossa atenção nas características ou nos processos principais. (a) Globos são modelos físicos que demonstram muitas das características da Terra: forma do planeta, as distribuições de massas de terra e oceanos e as relações espaciais. (b) Modelo digital da paisagem do ambiente e do terreno do Parque Nacional de Vulcões do Havaí. Nuvens, sombras e reflexos gerados por computador foram adicionados para dar "realismo" à cena. (c) Este modelo físico funcional do rio Kissimmee é usado para investigar formas de recuperar o meio ambiente. As intervenções propostas podem ser analisadas no modelo antes de realizar qualquer obra no rio (veja a Figura 1.14).

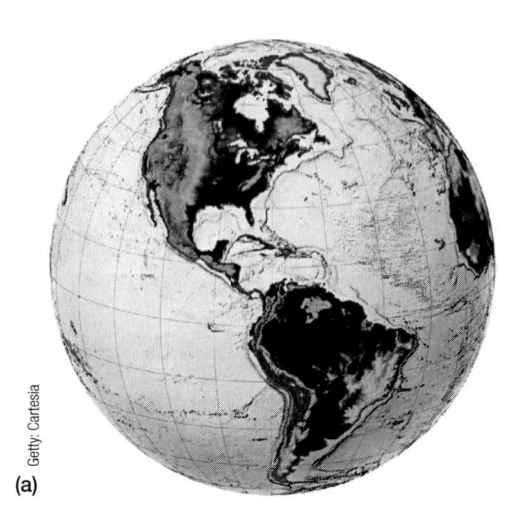

Como funcionam os sistemas

A ■ Figura 1.16 é de um modelo de sistema em que se pode traçar o movimento da energia ou matéria para dentro dele (**entradas**), seu armazenamento e os movimentos para fora dele (**saídas**), bem como as interações entre os componentes internos do sistema.

Um **sistema fechado** é aquele em que nenhuma quantidade substancial de *matéria* cruza suas fronteiras, embora a energia possa entrar e sair de um sistema fechado (■ Figura 1.17a). O planeta Terra é essencialmente um sistema fechado para a entrada ou a saída da matéria, com exceção dos meteoritos que atingem a superfície terrestre, o escape de moléculas de gás da atmosfera e algumas poucas rochas lunares trazidas pelos astronautas

A maioria dos subsistemas terrestres, no entanto, são **sistemas abertos** (■ Figura 1.17b), pois tanto a energia quanto a matéria se movem livremente nas duas direções, por meio de suas das fronteiras. Um curso de água é uma excelente alegoria de um subsistema aberto: matéria e energia na forma de partículas de solo, fragmentos de rocha, energia solar e água das chuvas entram na corrente e água e sedimentos saem do curso de água despejados no oceano ou em algum outro corpo de água.

Quando descrevemos a Terra como um sistema ou um conjunto complexo de sistemas inter-relacionados, fazemos uso de modelos conceituais para auxiliar a organização de nosso pensamento sobre o que observamos. Nos capítulos seguintes, empregaremos o conceito de sistemas, bem como outros tipos de modelos, para nos ajudar a simplificar e a ilustrar características complexas do meio físico.

O equilíbrio nos sistemas terrestres

Muitas vezes ouvimos sobre o "equilíbrio da natureza", que quer dizer que os sistemas naturais têm mecanismos internos que tendem a contrabalançar ou acomodar as mudanças sem afetar o sistema de forma significativa. Se as entradas no sistema são equilibradas pelas saídas, diz-se que o sistema atingiu um estado de **equilíbrio**. A maioria dos sistemas está sempre mudando de uma maneira ou de outra em reação às condições externas. Essa mudança dentro de um intervalo de tolerância é chamada **equilíbrio dinâmico**; ou seja, o equilíbrio não é algo estático, mas um estado em que ocorrem mudanças cumulativas em longo prazo. Um reservatório contido por uma represa é um bom exemplo de equilíbrio em um sistema (■ Figura 1.18).

As interações que causam mudanças ou ajustes entre as partes de um sistema são chamadas *feedback*. Dois tipos de relações de *feedback* operam em um sistema. No *feedback* **negativo**, uma alteração tende a anular a outra, criando um efeito natural

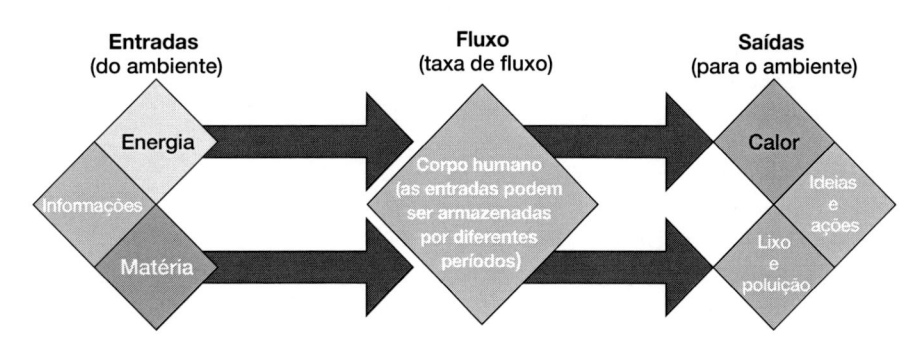

■ **FIGURA 1.16** O corpo humano é um exemplo de um sistema, com entradas de energia e matéria.
Quais características do corpo humano como um sistema assemelham-se ao sistema terrestre?

■ **FIGURA 1.17** (a) Sistemas fechados permitem apenas a entrada e a saída de energia. (b) Sistemas abertos possibilitam a entrada e a saída tanto de energia quanto de matéria. A Terra é basicamente um sistema fechado. A energia solar entra no sistema terrestre (entrada) e se dissipa (saída) para o espaço, principalmente na forma de calor. Entradas externas de matéria são praticamente nulas, principalmente meteoritos, e quase não existe saída de matéria do sistema terrestre. Pelo fato de a Terra ser um sistema fechado, os seres humanos lidam com recursos naturais limitados. Os subsistemas do planeta, no entanto, são abertos, com entrada e saída de energia e matéria. Os processos são movidos por energia.
Pense em um exemplo de sistema aberto, e em algumas formas de matéria e energia que entrem e saiam dele.

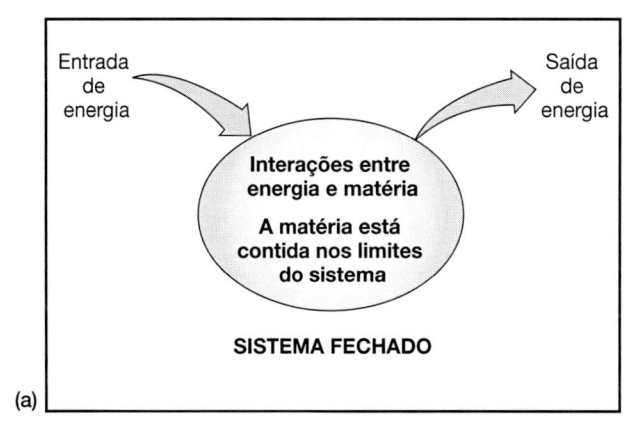

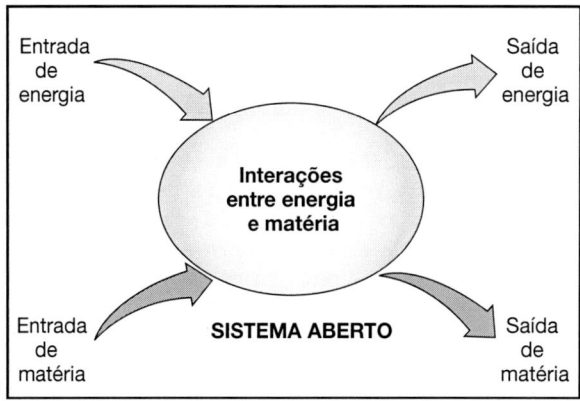

de contraposição que é geralmente benéfico, pois tende a ajudar o sistema a manter o equilíbrio. Os subsistemas da Terra podem ainda apresentar sequências de *feedback* **positivo** por um período, isto é, mudanças que reforçam o sentido de uma mudança inicial. Populações de animais – veados, por exemplo – vão se adaptar naturalmente à quantidade de alimento disponível em seu *habitat*. Se a vegetação em que pastam é escassa por conta de períodos de seca, incêndios, superpopulação ou impacto humano, os veados podem morrer de fome, reduzindo a população. No entanto, a população reduzida de veados pode permitir que a vegetação se recupere e, na estação seguinte, a população volte a aumentar. Esse processo completo é também um exemplo de *loop* **de** *feedback*[4] um conjunto de operações de *feedback* repetido como um ciclo (■ Figura 1.19).

[4] *Feedback* poderia ser traduzido por "resposta" assim como *loop de feedback* poderia ser traduzido por "reação em cadeia", embora o termo *feedback* seja uma espécie de jargão da área. (NRT)

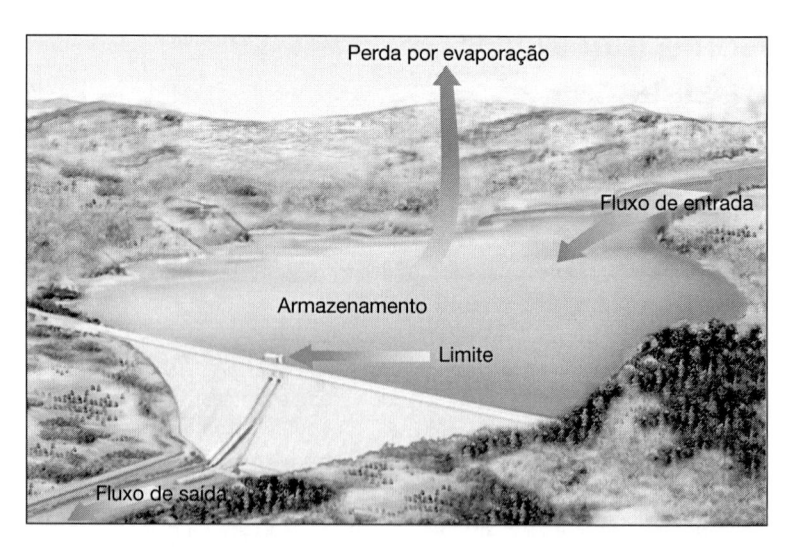

■ **FIGURA 1.18** Um reservatório é um bom exemplo de equilíbrio dinâmico em sistemas. A quantidade de água que entra pode aumentar ou diminuir ao longo do tempo, mas deve ser igual à quantidade de água que sai, ou o nível do lago vai subir ou baixar. Se o equilíbrio entre a entrada e a saída não for mantido, o lago ficará maior ou menor conforme o sistema se ajusta, armazenando mais ou menos água. Um estado de equilíbrio sempre existirá entre a entrada, a saída e o armazenamento no sistema.

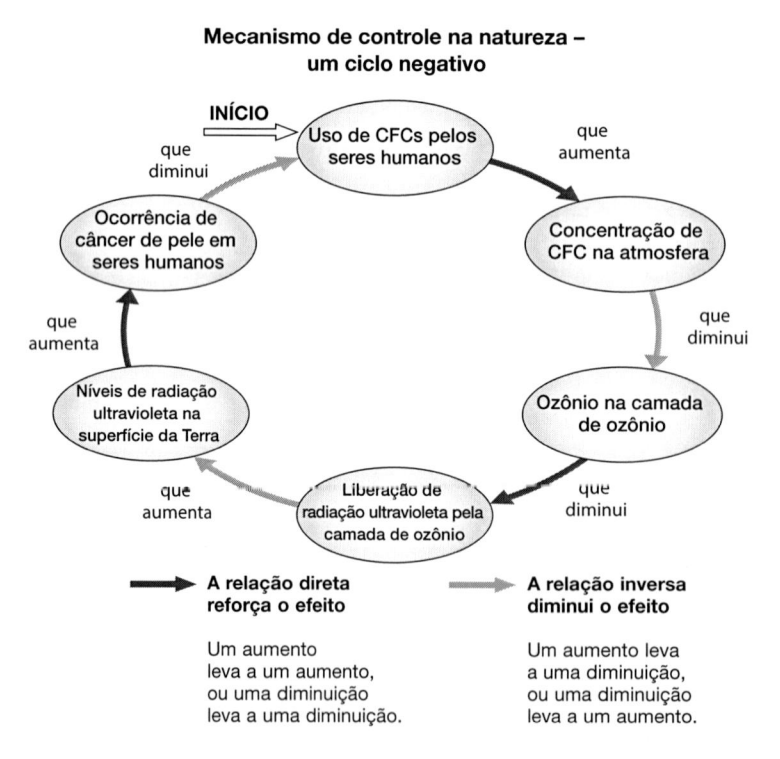

■ **FIGURA 1.19** O *loop* de *feedback* mostra como o *feedback* negativo tende a manter o equilíbrio do sistema. Esse exemplo representa as correlações entre a camada de ozônio, que filtra os raios ultravioleta (UV) prejudiciais (e relacionados a casos de câncer) do Sol, os clorofluorcarbonos (CFCs) e potenciais impactos sobre a vida na Terra. Os CFCs são usados em sistemas de ar-condicionado e refrigeração e se vazarem para a atmosfera podem destruir a camada de ozônio. Uma correlação direta (*feedback* positivo) significa que tanto o aumento quanto a diminuição na primeira variável levarão ao mesmo efeito sobre o seguinte. Correlações inversas (*feedback* negativo) significam que uma mudança numa variável causará uma mudança oposta na outra. Depois de um ciclo de *loop* de *feedback* negativo, todas as mudanças subsequentes no próximo ciclo serão revertidas. Um segundo ciclo de *loop* de *feedback* (invertendo cada interação de aumento ou redução) ilustra como o processo funciona. Uma correlação definitiva entre o câncer de pele e o uso dos CFCs provavelmente incentivaria as pessoas a agirem para reduzir o problema.
Qual poderia ser uma alternativa possível (e extrema) resultante da falta de ações corretivas por parte dos seres humanos?

Um fator importante a considerar na análise de sistemas é a existência de um **limite**, uma condição que, se atingida ou ultrapassada (ou não alcançada), pode causar uma mudança fundamental em um sistema e no modo como se comporta. Por exemplo, os terremotos não ocorrerão até que a tensão acumulada atinja um limite que supere a força das pedras de resistir à quebra. Outro exemplo: fertilizantes ajudam a planta a crescer mais depressa. Contudo, se cada vez mais fertilizante for adicionado, será que essa relação de *feedback* positivo continuará indefinidamente? Fertilizante em excesso pode envenenar a planta e matá-la. Com os sistemas ambientais, a uma questão importante que muitas vezes tentamos responder é quanta mudança um sistema pode tolerar sem se tornar drástica ou irreversivelmente alterado, especialmente se a mudança tem consequências negativas.

A Terra no espaço

No começo deste capítulo, há uma imagem do planeta Terra sozinho na vastidão do espaço. É importante lembrar, no entanto, que a Terra é um componente (ou subsistema) do sistema solar, da galáxia e do universo. Ele é dinâmico e encontra-se em constante mudança – se pudéssemos ver uma animação ou um filme, em vez de uma imagem estática, observaríamos nuvens viajando pela atmosfera, bem como o movimento constante da Terra.

Movimentos da Terra

A Terra realiza três movimentos básicos: *rotação galáctica, rotação* e *translação*. A *rotação galáctica* é o movimento da Terra com o Sol e o resto do sistema solar em uma órbita em torno do centro da Via-Láctea. Esse movimento tem efeito limitado sobre a mudança dos ambientes da Terra e é, geralmente, objeto de estudo dos astrônomos. Os outros dois movimentos da Terra, a *rotação,* em torno do próprio eixo, e a *translação,* ao redor do Sol, são de grande interesse para a geografia física. Os fenômenos do dia e da noite, a mudança das estações e as variações na duração do dia são consequências desses movimentos.

Rotação   O movimento da Terra ao redor do próprio *eixo*, uma linha imaginária que vai do Polo Norte ao Sul, é chamado de **rotação**. A Terra gira em torno de seu eixo a uma velocidade uniforme, completando uma volta em relação ao Sol em 24 horas.

A Terra gira para o leste (■ Figura 1.20), dando a impressão de que o Sol "nasce" a leste, que se move para oeste conforme ascende ao céu e depois baixa para se pôr a oeste. Obviamente é a Terra que se move, não o Sol, girando em direção ao Sol da manhã (ou seja, girando para leste).

A rotação é responsável pela ocorrência de dias e noites. Esse fato pode ser demonstrado incidindo um foco de luz sobre um globo terrestre enquanto ele é girado devagar em direção a leste. Você verá que metade do globo sempre estará iluminada, enquanto a outra metade, não. Também notará que os novos pontos estão sempre se movendo para a seção iluminada do globo (dia), já os outros estão se movendo em direção à seção escura (noite). Isso corresponde ao movimento de rotação da Terra e à energia do Sol que incide sobre a Terra. Enquanto um lado da Terra recebe luz e energia da radiação solar, o outro permanece no escuro. A linha que separa o dia da noite é conhecida como **círculo de iluminação** e se move de leste para oeste (■ Figura 1.21)

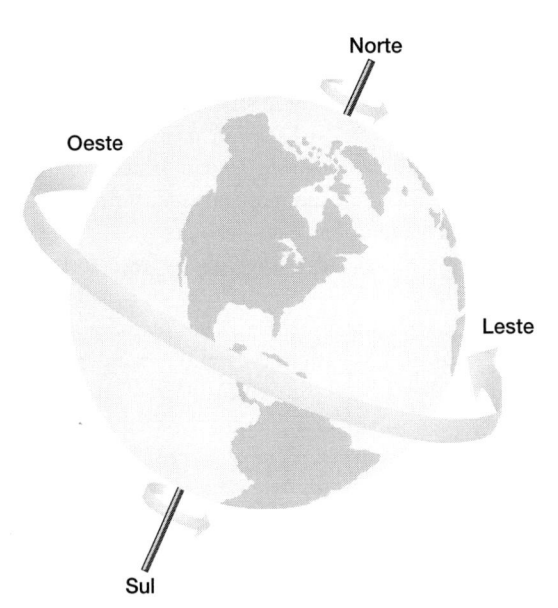

■ **FIGURA 1.20** A Terra gira ao redor de seu eixo inclinado conforme a órbita ao redor do Sol. O movimento de rotação da Terra vai de oeste para leste, dando a impressão de que o Sol, estacionário, parece surgir a leste e se pôr a oeste.

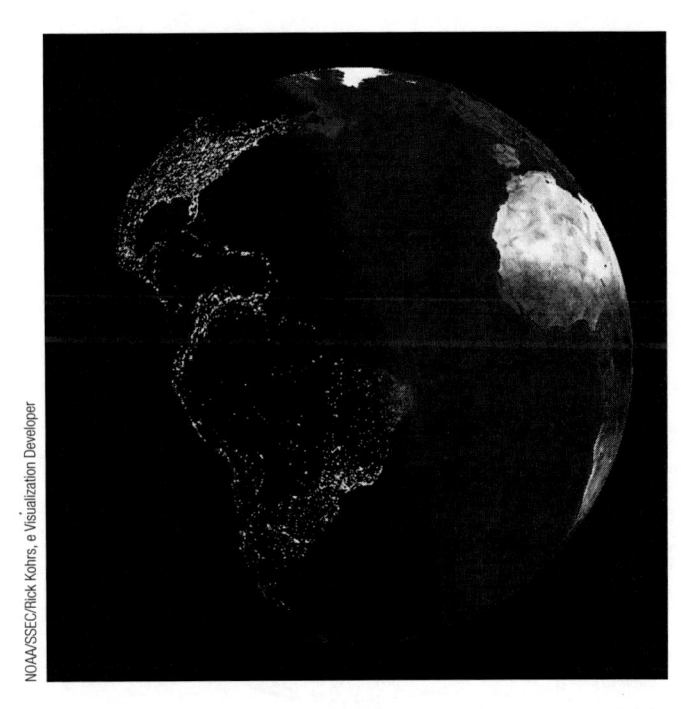

■ **FIGURA 1.21** O círculo de iluminação, que separa o dia da noite, pode ser observado com clareza nesta visualização digital da Terra.

A Terra, por conseguinte, gira em direção oposta ao movimento aparente do Sol, da Lua e das estrelas no céu. Se olharmos para baixo em um globo terrestre estando acima do Polo Norte, a direção da rotação será em sentido anti-horário. Esse movimento em direção ao leste da rotação não somente move as zonas de dia e noite na Terra, mas também ajuda a definir os padrões de circulação na atmosfera e nos oceanos.

A velocidade de rotação da superfície terrestre varia conforme a distância da localidade em relação ao *equador* (o círculo imaginário que divide a Terra em duas metades entre os polos). Cada local na Terra completa uma rotação (360°) em 24 horas, ou 15° por hora. Entretanto, a *velocidade linear* depende da *distância* (não do ângulo) percorrida em 24 horas. A velocidade linear nos polos é zero. Você pode testar isso girando um globo terrestre com um selo colado no Polo Norte. O selo gira 360°, mas não percorre nenhuma distância, portanto não tem velocidade linear. Se você colar o selo em qualquer lugar entre os polos Sul e Norte, por outro lado, ele percorrerá uma distância mensurável durante uma rotação do globo terrestre. A maior velocidade linear da Terra encontra-se no equador, onde ocorre a maior distância percorrida por um ponto em 24 horas. Em Kampala, em Uganda, próximo ao equador, a velocidade é de cerca de 460 metros por segundo, ou aproximadamente 1.660 quilômetros por hora (■ Figura 1.22). Para fins de comparação, em São Petersburgo, na Rússia (latitude 60° N), em que a distância percorrida durante uma rotação completa da Terra é de cerca de metade da do equador, a Terra gira a aproximadamente 830 quilômetros por hora.

Não percebemos a velocidade de rotação porque (1) a velocidade angular é constante em todos os pontos da superfície da Terra; (2) a atmosfera gira com a Terra; e (3) não existem objetos próximos, estacionários nem se movendo a velocidades diferentes da Terra para compararmos o movimento. Sem essas referências, não podemos perceber a velocidade do movimento de rotação.

Translação Enquanto a Terra gira ao redor de seu eixo, ela gira ao redor do Sol perfazendo uma órbita levemente elíptica (■ Figura 1.23), a uma distância média de cerca de 150 milhões de quilômetros. O movimento da Terra ao redor do Sol é chamado **translação** e o tempo que ela leva para completar uma órbita ao redor do Sol determina a duração de um ano. A Terra também realiza 365,25 rotações em torno de seu eixo durante o período que leva para completar uma translação, de modo que um ano tem 365,25 dias. Por conta da dificuldade de lidar com o número fracionário, decidiu-se que cada ano teria 365 dias e a cada quatro anos, o chamado *ano bissexto*, um dia seria adicionado, o dia 29 de fevereiro.

Por volta de 3 de janeiro, a Terra atinge seu ponto mais próximo do Sol e diz-se que ela está no **periélio** (do grego: *peri*, perto de; *helios*, sol); sua distância do Sol é de cerca de 147,5 milhões de quilômetros. Por volta de 4 de julho, a Terra está a cerca de 152,5 milhões de quilômetros do Sol. É quando ela atinge o ponto mais distante do Sol, chamado **afélio** (grego: *ap*, longe; *helios*, sol). Essa distância anual de 5 milhões de quilômetros é relativamente insignificante, influenciando pouco nas estações do ano e com efeitos mínimos na recepção da energia pela Terra (uma diferença de aproximadamente 3,25%).

Plano da eclíptica, paralelismo e inclinação

Em sua órbita ao redor do Sol, a Terra se move em um plano constante, conhecido como **plano da eclíptica**. O equador da Terra está inclinado em um ângulo de 23°30' com relação ao plano da eclíptica, causando uma inclinação de 23°30' no eixo da Terra a partir de uma linha perpendicular ao plano (■ Figura 1.24). Além desse **ângulo de inclinação** constante, o eixo da Terra tem outra característica chamada **paralelismo**. Como a Terra gira ao redor do Sol, o eixo da Terra permanece paralelo às suas posições anteriores. Ou seja, em cada posição da órbita da Terra, o eixo permanece apontado para o mesmo lugar no céu. Para o Polo Norte, esse ponto fica perto da chamada Estrela do Norte ou Estrela Polar.

As características de rotação e translação da Terra podem ser consideradas constantes em nossa discussão atual, mas em longo prazo esses dois movimentos estão sujeitos a mudanças. O eixo da Terra oscila ao longo do tempo e não vai permanecer sempre em um exato ângulo de 23°30' a partir da linha perpendicular ao plano da eclíptica. Além disso, a órbita da Terra em torno do Sol pode mudar de circular para mais elíptica por períodos precisamente determinados. Essas e outras alterações cíclicas foram calculadas e

■ **FIGURA 1.22** A velocidade de rotação da Terra varia conforme a distância do equador.
Quão mais rápido um ponto no equador se move em relação a um ponto na latitude de 60°N?

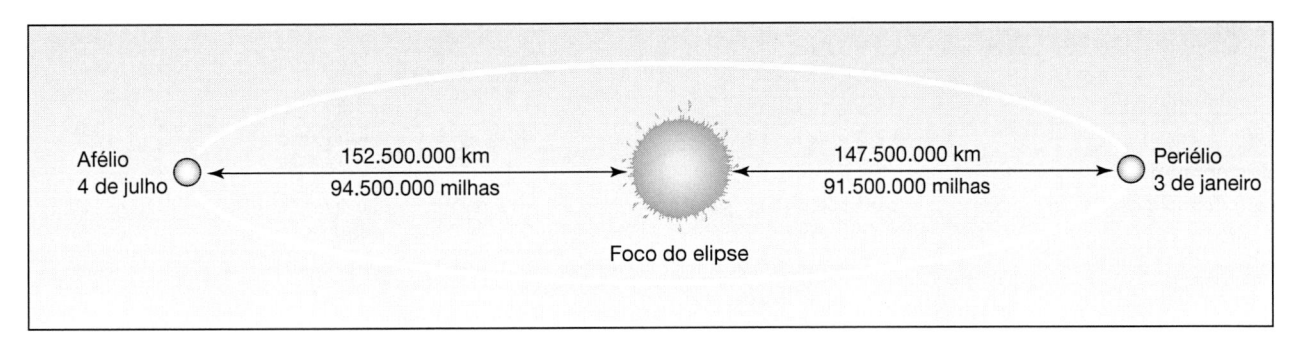

■ **FIGURA 1.23** Vista oblíqua da órbita elíptica da Terra ao redor do Sol. A Terra está mais próxima do Sol no periélio e mais distante no afélio. Note-se que no verão do Hemisfério Norte (em julho) a Terra está mais distante do Sol que em qualquer outra época do ano.
Quando a Terra está mais perto do Sol?

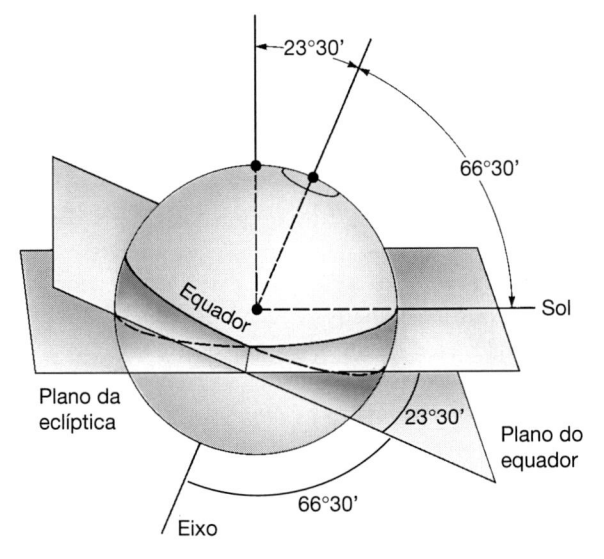

■ **FIGURA 1.24** O plano da eclíptica é definido pela órbita da Terra em torno do Sol. A inclinação de 23°30' do eixo de rotação da Terra faz com que o plano do equador corte através do plano da eclíptica.
Quantos graus o eixo da Terra está inclinado em relação à vertical?

comparadas pelo astrônomo sérvio Milutin Milankovitch, na década de 1940, como uma possível explicação para as eras glaciais. Desde então, os *Ciclos de Milankovitch* têm sido muitas vezes utilizados pelos climatologistas na tentativa de explicar variações climáticas. Essas variações serão discutidas detalhadamente com outras teorias para as mudanças climáticas no capítulo 8.

A geografia física e você

O ambiente físico afeta nosso cotidiano. É evidente, então, que o estudo da geografia física e o conhecimento do ambiente natural que ela proporciona são valiosos para todos nós. Compreender a geografia física nos ajuda a avaliar as condições ambientais, analisar os fatores envolvidos e fazer escolhas conscientes entre possíveis cursos de ação.

Quais são as vantagens e as desvantagens ambientais de uma habitação em particular? Que tipo de impacto ambiental pode-se esperar por conta de uma proposta de desenvolvimento? A quais impactos causados por desastres naturais – inundações, deslizamentos de terra, terremotos, furacões tornados – você deve estar alerta no lugar onde mora? O que você pode fazer para minimizar os possíveis danos a sua casa causados por esses desastres? O que pode ser feito para garantir que você e sua família estejam preparados para os tipos de desastres que podem atingir a região em que você mora e sua casa? O estudo da geografia física vai ajudar a responder a essas perguntas habituais.

Você pode estar se questionando como a geografia física pode contribuir em sua carreira. Aplicando seus conhecimentos, suas habilidades e suas técnicas aos problemas do mundo real, os geógrafos físicos podem fazer contribuições importantes para o bem-estar social e para a gestão ambiental. Uma publicação recente sobre empregos em geografia do Departamento do Trabalho dos Estados Unidos mostrou que pessoas, em qualquer área de atuação profissional, que lidem com mapas, localização, dados espaciais ou com o meio ambiente se beneficiariam com o estudo da geografia.

A geografia é uma forma de olhar o mundo e de observar suas características. Trata-se de fazer perguntas sobre a natureza dos recursos, bem como apreciar sua beleza e complexidade. A geografia o convida a encontrar explicações, coletar informações e usar habilidades, ferramentas e conhecimento geográfico para resolver problemas. Do mesmo modo que você enxerga um quadro com um olhar diferente depois de estudar arte, após este curso, você avistará pores do sol, ondas, tempestades, desertos, vales, rios, florestas, pradarias e montanhas com um "olhar geograficamente treinado". Você vai perceber mais diversidade nas paisagens, pois terá sido treinado para observar a Terra de forma diferente, com mais consciência e compreensão.

:: Termos para revisão

abordagem holística	geografia	padrão espacial
afélio	geografia física	paralelismo
análise de sistemas	hidrosfera	periélio
ângulo de inclinação	interação espacial	plano da eclíptica
atmosfera	limite	poluição
biosfera	litosfera	recursos naturais
ciência espacial	localização absoluta	regiões
círculo de iluminação	localização relativa	rotação
distribuição espacial	*loop* de feedback	saídas
ecologia	mapa mental	sistema
ecossistema	meio ambiente	sistema de suporte à vida
entradas	método científico	sistema fechado
equilíbrio	modelo	sistema terrestre
equilíbrio dinâmico	modelo conceitual	sistemas abertos
feedback	modelo físico	subsistema
feedback negativo	modelo matemático/estatístico	translação
feedback positivo	modelo pictórico/gráfico	variável

:: Questões para revisão

1. Por que a geografia é conhecida como uma ciência espacial? Quais são alguns dos temas que ilustram o papel da geografia como uma ciência espacial?
2. Por que a geografia deve ser considerada uma ciência tanto física quanto social? Quais são alguns dos subcampos da geografia física e o que os geógrafos estudam nessas áreas de especialização?
3. O que significa uma abordagem holística em termos de um problema ambiental?
4. Como as três perspectivas principais da geografia física a tornam única entre as ciências?
5. Quais são as quatro principais divisões do sistema terrestre e como essas divisões interagem?
6. O que significa o aspecto bidirecional das interações humano-ambientais? Por que essas relações interativas estão ficando cada vez mais desequilibradas?
7. Como os sistemas abertos e fechados diferem? Como o *feedback* afeta o equilíbrio dinâmico de um sistema?
8. Como o *feedback* negativo mantém a tendência de equilíbrio em um sistema? O que é um limite em um sistema?
9. Descreva resumidamente como a rotação e a translação da Terra afetam a vida no planeta.
10. Se o Sol encontra-se mais perto da Terra em 3 de janeiro, por que o inverno no Hemisfério Norte não é mais quente que o inverno no Hemisfério Sul?

:: Aplicações práticas

1. Dê exemplos baseados em uma localidade que demonstrem cada um dos cinco tópicos da ciência espacial discutidos no texto (localização, características do lugar, distribuições e padrões espaciais, interação espacial e a Terra em mudança).
2. Liste algumas fontes potenciais de poluição em sua cidade. Como a poluição dessas fontes poderia afetar sua vida? Quais são as soluções possíveis para esses problemas?
3. Como o conhecimento adquirido da geografia física pode beneficiá-lo agora e no futuro? O que você deve fazer se quiser encontrar um emprego como geógrafo físico? Quais vantagens você poderia ter ao se candidatar a um emprego?

Representações da Terra

2

:: Apresentação

Mapas e localização na Terra

A coordenada geográfica

Mapas e projeções cartográficas

Cartografia moderna

Sensoriamento remoto do meio ambiente

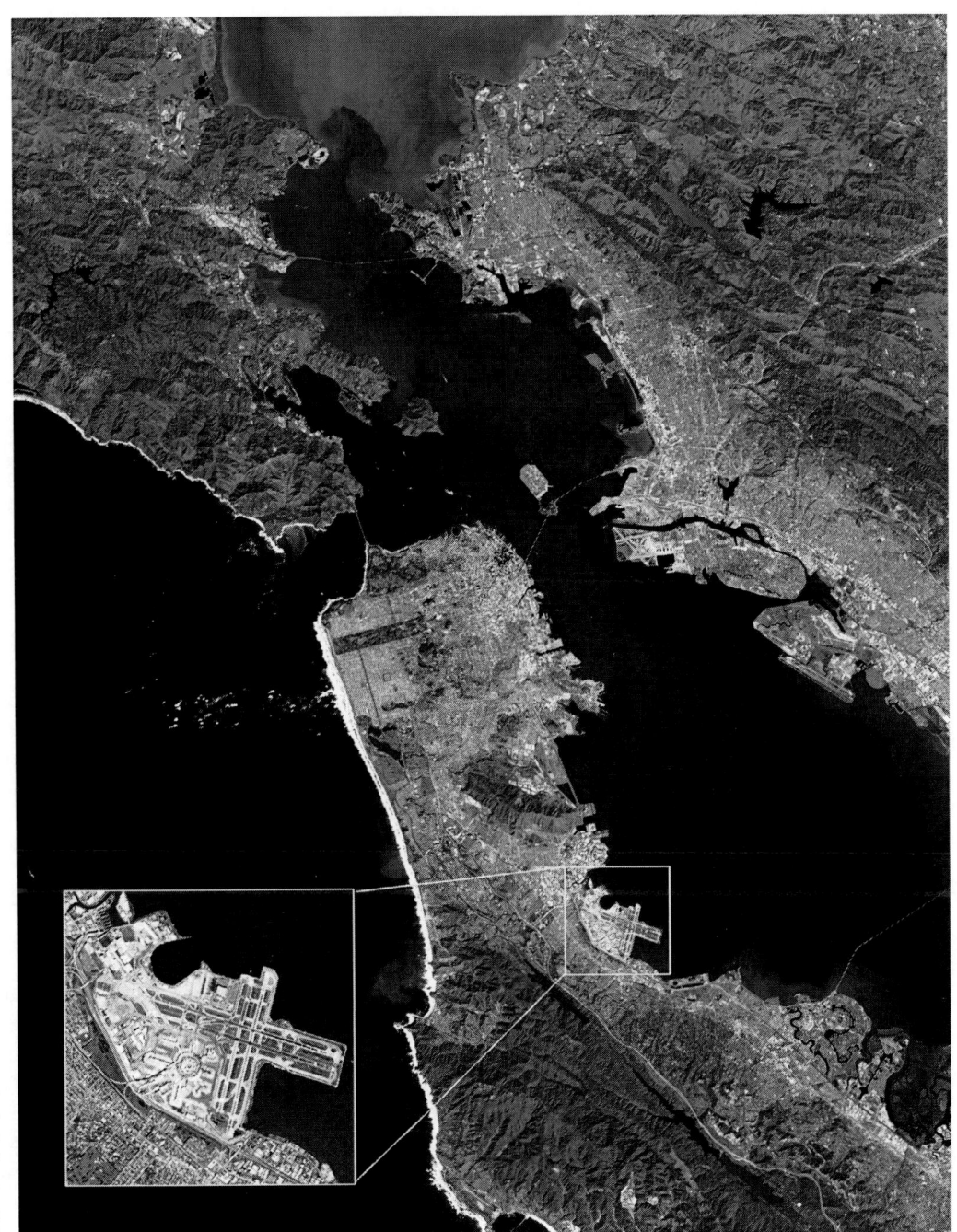

Área da Baía de São Francisco em imagem de satélite com "falsa cor", luz visível e infravermelho próximo. A vegetação saudável aparece em vermelho. Esta imagem é parecida com as tiradas com câmeras digitais. A inserção é uma ampliação do aeroporto e mostra os *pixels* que formam a imagem.

NASA/GSFC/METI/ERSDAC/JAROS e o time Científico ASTER dos EUA/Japão

:: Objetivos

Ao terminar de estudar este capítulo, você será capaz de:

- Explicar como a Terra, suas regiões, cidades e locais podem ser representados em várias mídias visuais – mapas, fotografias aéreas e outras imagens.
- Avaliar a natureza e a importância dos mapas e das apresentações similares do planeta, ou partes da Terra, citando alguns exemplos.
- Encontrar e descrever localidades e cidades utilizando sistemas de coordenadas e mapas topográficos para encontrar elevações e compreender os três tipos de escalas de mapas.
- Demonstrar conhecimento de técnicas que apoiam as investigações geográficas, incluindo mapas, análises espaciais, interpretação de fotos aéreas e de satélites e análise de dados.
- Avaliar as vantagens e as limitações dos diferentes tipos de representação da Terra e suas áreas.
- Entender como técnicas, imagens e mapas apropriados podem ser utilizados para ajudar ao máximo na resolução de problemas geográficos.
- Reconhecer os benefícios das tecnologias espaciais, tais como o sistema de posicionamento global (GPS), o sistema de informação geográfica (GIS) e o sensoriamento remoto.

É possível que, à medida que as pessoas começaram a se comunicar entre si, elas também deram início ao desenvolvimento de uma linguagem de localização, utilizando características físicas como pistas direcionais. Os primeiros mapas conhecidos foram desenhados em rochas, placas de argila, placas de metal, papiro, linho ou seda, ou construídos com gravetos. Os mapas antigos foram fundamentais para a origem da geografia. Embora muitos dos princípios básicos para solucionar problemas locais sejam conhecidos há muitos séculos, as tecnologias aplicadas a essas tarefas estão em rápida evolução e melhoria. Na história, os mapas tornaram-se cada vez mais comuns por causa do surgimento do papel, seguidos da impressora e do computador.

Hoje, os sistemas de computação permitem a criação de mapas complexos e *displays* tridimensionais de características geográficas que seriam praticamente impossíveis ou extremamente demorados de produzir há duas décadas. Os geógrafos utilizam essas tecnologias para ajudá-los a compreender as relações espaciais e facilitar a resolução de problemas de localização. Como os mapas geralmente são utilizados para transmitir informações, é importante que eles também permitam uma leitura e uma interpretação corretas. Um conhecimento de representação espacial informado e a capacidade de transmitir dados de localização são importantes hoje em dia e essenciais ao estudo da geografia física.

Mapas e localização na Terra

Cartografia é a ciência e a profissão de elaborar mapas. Os geógrafos especializados em cartografia desenham mapas e globos para garantir que a informação mapeada e os dados sejam precisos e apresentados eficazmente. A maioria dos cartógrafos concordaria que o primeiro propósito de um mapa é passar informação espacial. Os mapas e os globos transmitem informações espaciais por símbolos gráficos, que repetem eficientemente uma grande quantidade de informações. Os mapas são um recurso essencial em navegação, ciência política, planejamento da comunidade, pesquisa, história, meteorologia, geologia e em muitas outras áreas. Nas notícias televisionadas e nas informações sobre o clima, os mapas contribuem para nossa compreensão dos fatos atuais. Pense em todos os lugares onde você encontra mapas na sua vida cotidiana. eles são utilizados para informar fatos importantes em viagens, recreação, educação, mídia, diversão e negócios.

A tecnologia da computação revolucionou a cartografia. Os mapas que antes eram feitos à mão (■ Figura 2.1) atualmente são digitalizados e impressos rapidamente. O mapeamento computadorizado permite uma revisão rápida, o que era um processo demorado quando os mapas eram feitos manualmente. A informação que era obtida de observações e pesquisas em campo é captada instantaneamente, hoje em dia, por satélites que gravam e enviam essa informação para a Terra na velocidade da luz. Muitas tecnologias de ponta e de mapeamento são divulgadas para uso público com o emprego de computadores pessoais e sistemas de satélites, que exibem as localidades e as direções para utilização em caminhadas, viagens e qualquer meio de transporte virtual.

Forma e dimensão da Terra

Tanto para descrever as localidades globais quanto para mapeamento, necessitamos adquirir conhecimento da forma do nosso planeta e suas características. No ano 540 a.C., os gregos definiram que o nosso planeta era uma esfera. No ano 200 a.C. Eratóstenes, um filósofo geógrafo, estimou a circunferência terrestre de forma coerente e precisa. Geralmente consideramos a Terra como uma esfera que possui uma circunferência equatorial de 39.840 quilômetros (24.900 milhas), mas a força centrífuga causada pela rotação diária da Terra sobressai, dando à região equatorial uma aparência visivelmente abalada e com as regiões polares levemente achatadas, o que cria o formato conhecido como **esferoide oblata** (achatado nos polos). Ainda, numa escala planetária, as diferenças entre a Terra e uma esfera verdadeira são relativamente secundárias. O diâmetro da Terra no equador é de 12.758 quilômetros (7.927 milhas), enquanto de um polo ao outro essa distância mede 12.714 quilômetros (7.900 milhas). Em um globo de 30,5 centímetros (12 polegadas), essa diferença de 44 quilômetros (27 milhas) é tão grande quanto o arame de um clipe de papel. Essa variação da Terra em relação ao formato esférico é menor que um terço de 1% e é imperceptível do espaço (■ Figura 2.2). Entretanto, as pessoas que trabalham com navegação de precisão, pesquisas, aeronáutica e cartografia precisam considerar as variações da Terra em relação a uma esfera perfeita.

DIAGRAMA FISIOGRÁFICO
Erwin Raisz, 1954

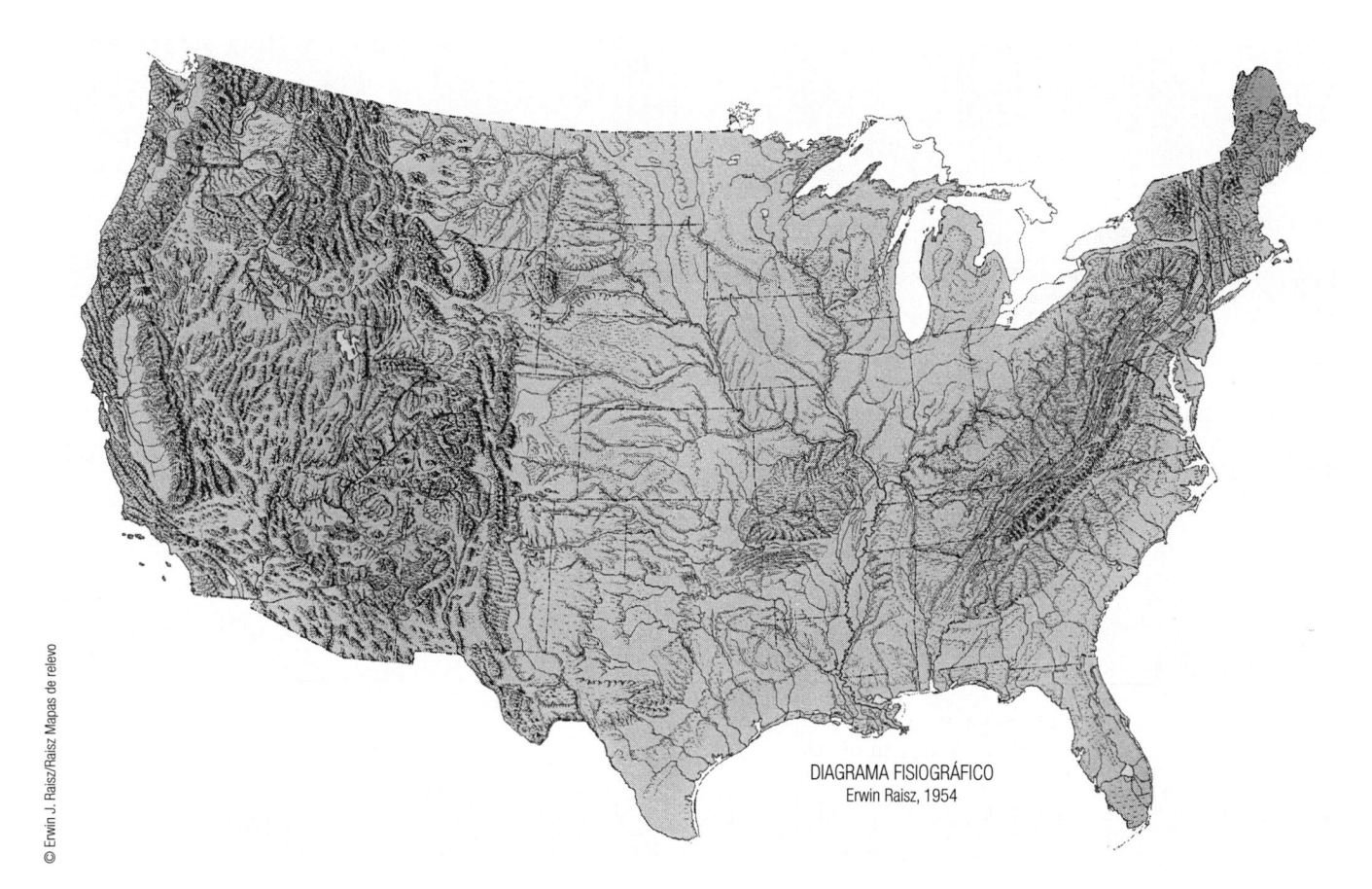

■ **FIGURA 2.1** Quando os mapas eram desenhados manualmente, havia necessidade de talento artístico juntamente com conhecimento de princípios da cartografia. Erwin Raisz, um cartógrafo famoso e talentoso, desenhou este mapa da geografia dos Estados Unidos em 1954 (só havia 48 estados naquela época).
Os mapas como este ainda são válidos para estudos da geografia, ou são obsoletos?

■ **FIGURA 2.2** A Terra, fotografada do espaço pelos astronautas da Apollo 17, mostra a maior parte da África e da Antártida. O formato esférico da Terra é claramente visível; a protuberância das regiões equatoriais é muito pequena para ser visível.
O que isso sugere em relação ao grau de "esfericidade" da Terra?

Os formatos da Terra também causam um distanciamento de uma esfera perfeita. O Monte Everest, no Himalaia, é o ponto mais alto da Terra, atingindo 8.850 metros (29.035 pés) acima do nível do mar. O ponto mais baixo é a Depressão Challenger, localizada na Fossa das Marianas, no oceano Pacífico, a sudoeste de Guam, a 11.033 metros abaixo do nível do mar. A diferença entre essas duas elevações, 19.883 metros, ou 12 milhas, também seria insignificante em um globo padrão.

Os globos e os grandes círculos

Em razão de os globos mundiais possuírem de maneira substancial o mesmo formato geométrico do nosso planeta, eles representam as características geográficas e as relações espaciais praticamente sem distorção. Um globo terrestre exibe corretamente os formatos relativos, tamanhos, áreas comparativas das características terrestres e dos terrenos, massas de água superficiais e distâncias entre lugares. O globo também mantém as direções reais da bússola. Caso queiramos ver o mundo inteiro, um globo nos oferecerá a representação mais precisa. Familiarizar-nos com as características de um globo facilitará nossa compreensão dos mapas e da maneira como eles são feitos.

Um círculo imaginário desenhado em qualquer direção da superfície da Terra e cujo plano passa pelo seu centro é um

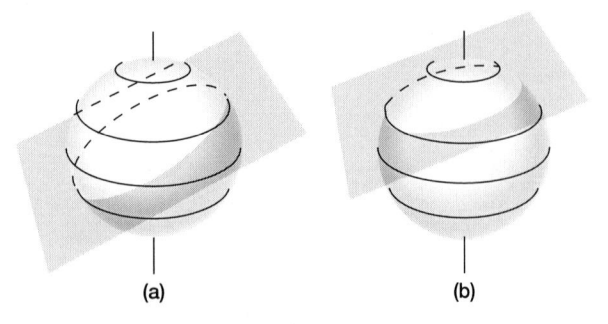

■ **FIGURA 2.3** (a) Um plano geométrico imaginário que corta a Terra ao meio e divide-a em duas partes iguais forma um grande círculo na superfície da Terra. Esse plano pode ser orientado em qualquer direção desde que defina dois hemisférios (iguais). (b) O plano exibido aqui parte o globo em duas partes desiguais, portanto a linha de intersecção com a superfície da terra é um pequeno círculo.

grande círculo (■ Figura 2.3a). É chamado de "grande" porque é o maior círculo que pode ser desenhado ao redor da Terra, que liga dois pontos quaisquer da superfície. Todo grande círculo divide a Terra em metades iguais chamadas **hemisférios**. Um exemplo importante é o *círculo de iluminação*, que divide a Terra em metade clara e metade escura – um hemisfério durante o dia e um hemisfério durante a noite. Qualquer círculo na superfície da Terra que não divide o Planeta em duas metades iguais é chamado de **pequeno círculo** (■ Figura 2.3b).

Os grandes círculos são úteis na navegação, porque o traçado ao longo de qualquer grande círculo marca a rota de viagem mais curta entre duas localidades na superfície terrestre. Ligue quaisquer duplas de cidades, como Pequim e Nova York, São Francisco e Tóquio, Nova Orleans e Paris, ou Kansas e Moscou, esticando um grande elástico de borracha ao redor do globo e fazendo com que ele passe pelas duas cidades e divida o globo ao meio. O elástico de borracha, em seguida, marca a menor distância entre estas duas cidades. Os navegadores desenham *rotas de grandes círculos* para aeronaves e navios porque viajar a menor distância economiza tempo e dinheiro. Quanto maior a distância entre dois pontos na Terra, maior será a economia por distância percorrida, uma vez que seja seguida a rota do grande círculo que liga esses pontos.

Latitude e longitude

Imagine que você queira visitar o Hall da Fama do Futebol em Canton, em Ohio. Utilizando o mapa rodoviário de Ohio, você procura por Canton no índice do mapa e vê que ele está em "G-6." Na caixa G-6, você localiza Canton (■ Figura 2.4). O que você utilizou é chamado **sistema de coordenadas** de linhas que se cruzam, um sistema de quadrícula no mapa. Um sistema de coordenadas precisa basear-se em pontos de referência, mas definir localidades em um planeta esférico é difícil porque a esfera não possui um início ou fins naturais. O sistema de coordenadas de *latitude e longitude* da Terra é baseado em um conjunto de linhas de referência que é definido naturalmente pela *rotação* planetária e outras linhas que foram arbitrariamente definidas por meio de acordo internacional.

Medindo latitude
O **Polo Norte** e o **Polo Sul** nos dão dois pontos de referência naturais porque marcam localidades opostas do *eixo de rotação* da Terra, ao redor do qual ela gira em 24 horas. O **equador**, metade do caminho entre os polos, forma um grande círculo que separa os Hemisférios Norte e Sul. O equador fica na latitude 0º, a linha de referência para medir a **latitude** em grau norte ou grau sul. O Polo Norte (90ºN) e o Polo Sul (90ºS) são as latitudes máximas em cada hemisfério.

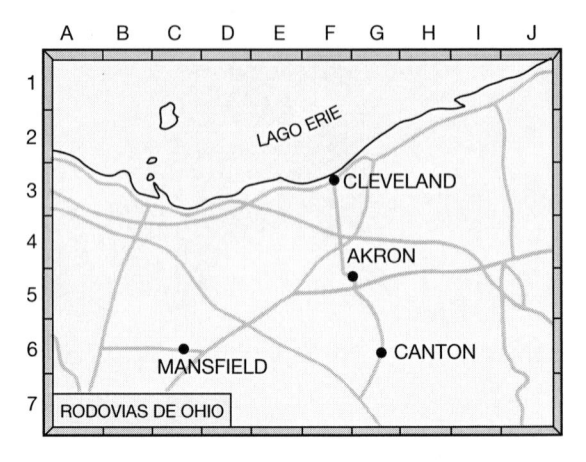

■ **FIGURA 2.4** Sistema retangular simples de coordenadas para localizar a posição. Este mapa emprega um sistema de localização alfanumérico, parecido com o que é utilizado por muitos mapas rodoviários e em *campus* de universidades.
Quais são as coordenadas retangulares de Mansfield? O que está localizado em F-3?

Para localizar a latitude de Los Angeles, imagine duas linhas que irradiam para fora do centro da Terra. Uma vai direto para Los Angeles e a outra vai para o equador, a um ponto ao sul da cidade. Essas duas linhas formam um ângulo de 34º, que é a distância latitudinal (em graus) onde Los Angeles se localiza ao norte do equador, portanto sua latitude é de aproximadamente 34ºN (■ Figura 2.5a). Em razão de a Terra possuir uma circunferência de aproximadamente 40.000 km (25.000 milhas) e de o círculo possuir 360 graus, podemos dividir 40.000 km por 360º) para descobrir que 1º de latitude é igual a aproximadamente 111 km (69 milhas).

Um grau de latitude cobre uma grande distância, portanto também dividimos graus em minutos (') e segundos (") do arco. Há 60 minutos de arco em um grau. Na realidade, Los Angeles está localizada a 34º03'N (34 graus, 3 minutos de latitude norte). Podemos ter mais precisão ainda: 1 minuto é igual a 60 segundos de arco. Podemos localizar diferentes posições à latitude 23º34'12"S, que leríamos como 23 graus, 34 minutos, 12 segundos de latitude sul. Um minuto de latitude é igual a 1,85 km (1,15 milha) e um segundo corresponde a cerca de 31 metros (102 pés). A latitude de uma localidade é, portanto, apenas a metade de seu endereço no globo. Los Angeles fica a aproximadamente 34° ao norte do equador, mas há um número infinito de pontos na mesma linha de latitude.

Medindo longitude

Para descrever precisamente a localização de Los Angeles, é necessário também determinar onde ela está situada na linha de latitude 34°N. Para encontrar uma localização a leste ou a oeste, utilizamos linhas de longitude, que vão de polo a polo, cada uma formando a metade de um grande círculo. A posição no globo da linha de referência leste-oeste para longitude 0° é arbitrária e foi definida por um acordo internacional em 1884 como a linha de longitude que passa por Greenwich, na Inglaterra (próximo a Londres). Este é o **meridiano primário**, ou longitude 0°. A **longitude** é a distância angular a leste ou a oeste do meridiano primário.

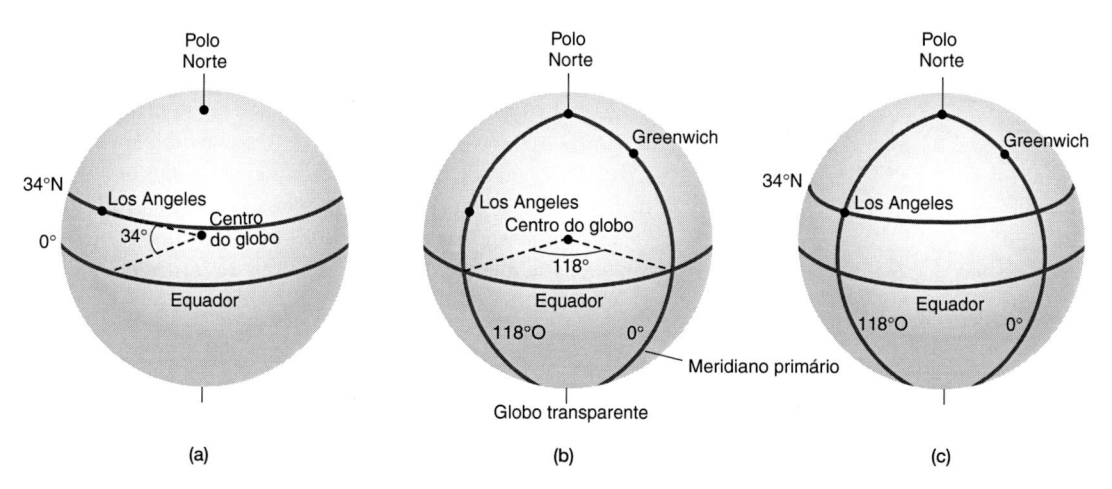

■ **FIGURA 2.5** Encontrando uma localidade pela latitude e pela longitude. (a) A base geométrica para a latitude de Los Angeles, Califórnia. A latitude é a distância angular em graus tanto ao norte quanto ao sul do equador. (b) A base geométrica para a longitude de Los Angeles. A longitude é a distância angular em graus tanto a leste quanto a oeste do meridiano primário, que passa por Greenwich, na Inglaterra. (c) A localização de Los Angeles é 34°N, 118°O.
Qual é a latitude do Polo Norte? Ele possui uma longitude?

A longitude também é medida em graus, minutos e segundos. Imagine uma linha traçada do centro da Terra até o ponto onde correm as linhas de longitude norte-sul que passam por Los Angeles e cruzam o equador. Uma segunda linha imaginária irá do centro da Terra até o ponto onde o meridiano primário cruza o equador (esta localização é 0°L ou O e 0°N ou S). A Figura 2.5b demonstra que essas duas linhas traçadas do centro da Terra definem um *ângulo,* o arco em que está situada a distância de posição de Los Angeles, a oeste do meridiano primário (longitude 118°O). A Figura 2.5c mostra a latitude e a longitude de Los Angeles.

Movendo tanto a leste quanto a oeste do meridiano primário (0°), temos que a longitude aumenta ao máximo 180° no lado oposto do mundo a partir de Greenwich, no meio do Oceano Pacífico. Pelo Meridiano primário (0° L– O) ou meridiano 180°, a designação L– O não interfere e pelo equador (0° N–S), a designação N–S não interfere, e elas não são necessárias para indicar a localização.

Graus decimais

Em vez de minutos e segundos de arco, utilizam-se preferencialmente **graus decimais** de longitude e latitude para descrever a localização de um ponto. Graus decimais representados para diversos lugares decimais são muito precisos para determinar uma localização. Os sistemas computadorizados (GPS, GIS, Google Earth) também lidam muito mais com decimais que graus e segundos, além de alguns sistemas requererem localizações decimais. Muitos sistemas de computador utilizam graus decimais, sem as letras N, S, L, O para indicar as direções cardeais. E as latitudes norte são designadas como números positivos e as sul, como números negativos (com um sinal de menos). Para longitudes, o leste é positivo e o oeste é negativo. Por exemplo, a Estátua da Liberdade em Nova York está localizada a 40.6894, -74.0447. A latitude é sempre registrada primeiro e o símbolo de grau (°) geralmente não é necessário. Os exercícios práticos encontrados no final dos capítulos deste livro algumas vezes utilizam coordenadas decimais.

A coordenada geográfica

Todas as posições na Terra podem ser localizadas por meio da sua latitude norte ou sul do equador e sua longitude leste ou oeste do meridiano primário. Nosso sistema de referência de localização é a coordenada geográfica (■ Figura 2.6), o conjunto de linhas imaginárias que corre de leste a oeste ao redor do globo para marcar a latitude e as linhas que vão de norte a sul de um polo ao outro para indicar a longitude.

FIGURA 2.6 Uma representação da Terra em forma de globo que mostra as coordenadas geográficas com paralelos de latitude e meridianos de longitude a intervalos de 15°.
Como os paralelos e os meridianos se diferem?

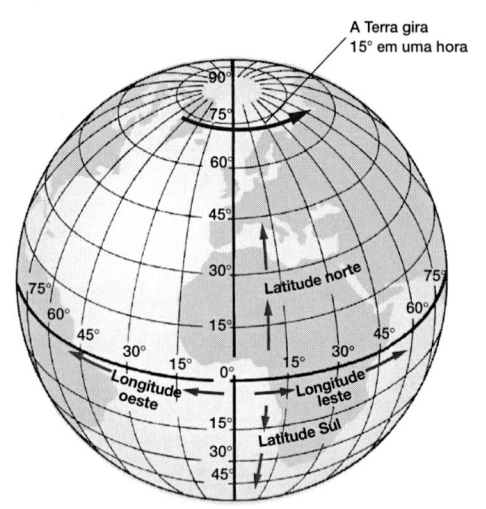

Paralelos e meridianos

As linhas leste-oeste que marcam a latitude e circundam o globo em sua totalidade são espaçadas igualmente e paralelas ao equador e entre si. Por isso, elas são conhecidas como **paralelos**. O equador é o único paralelo que está em um grande círculo; todas as outras linhas de latitude são pequenos círculos. Um grau de latitude é igual a aproximadamente 111 quilômetros em qualquer local da Terra.

Linhas de longitude, as chamadas **meridianos**, correm de norte a sul, convergem nos polos e medem distâncias leste e oeste do meridiano primário. Em razão de os meridianos convergirem nos polos, as linhas de longitude ficam mais próximas umas das outras à medida que elas se direcionam para os polos a partir do equador, onde os meridianos, separados por 1° grau de longitude, distam entre si aproximadamente 111 quilômetros (69 milhas), mas numa latitude de 60°N ou 60°S, eles estão apenas a metade dessa distância um do outro, cerca de 56 quilômetros (35 milhas).

FIGURA 2.7 As zonas de fuso mundiais refletem o fato de que a Terra gira 15° de longitude em uma hora. Assim, as zonas de fuso têm aproximadamente 15° de largura. Fronteiras políticas geralmente evitam que as zonas de fuso sigam um meridiano com perfeição.
Quantas horas de diferença há entre a zona de fuso em que você vive e Greenwich, na Inglaterra? Na Inglaterra é mais cedo ou mais tarde?

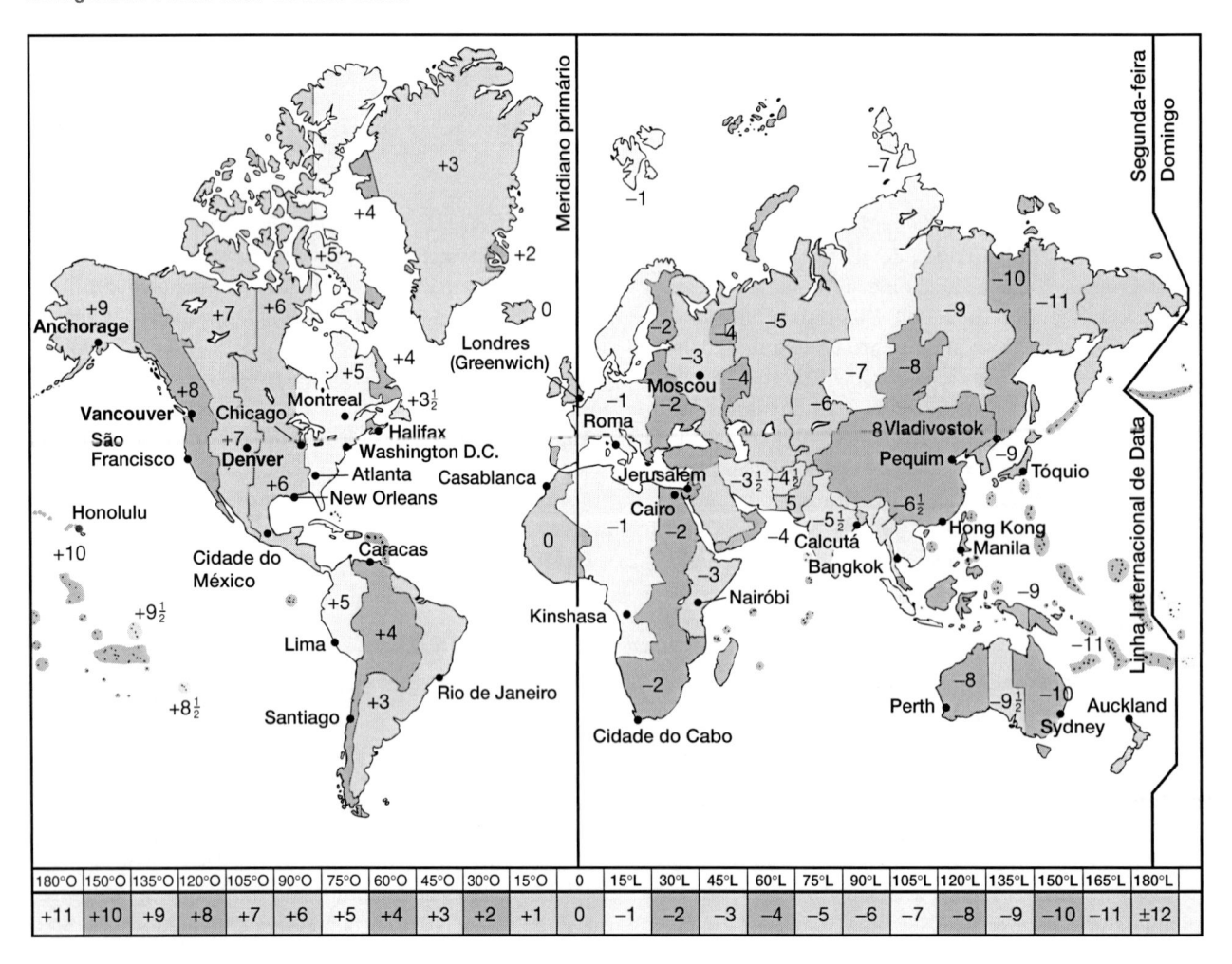

180°O	150°O	135°O	120°O	105°O	90°O	75°O	60°O	45°O	30°O	15°O	0	15°L	30°L	45°L	60°L	75°L	90°L	105°L	120°L	135°L	150°L	165°L	180°L
+11	+10	+9	+8	+7	+6	+5	+4	+3	+2	+1	0	−1	−2	−3	−4	−5	−6	−7	−8	−9	−10	−11	±12

Longitude e tempo

As **áreas de mesmo fuso horário** foram definidas mundialmente com base na relação entre longitude, rotação da Terra e hora. Até cerca de 125 anos atrás, cada cidade ou área utilizava o que era conhecido como hora local. O **Sol do meio-dia** era determinado precisamente pelo momento do dia quando uma estaca vertical projetava sua menor sombra, o que significava que o Sol havia alcançado seu maior ângulo no céu para aquele dia e que a localização – meio-dia – e os relógios locais eram fixados para aquela hora. Por causa da rotação da Terra, o meio-dia ocorre mais cedo em uma cidade localizada a leste; as cidades a oeste terão o meio do dia mais tarde.

O acordo internacional que determinou o meridiano primário como Greenwich (0º de longitude) também fixou a padronização das áreas de mesmo fuso horário. A Terra era dividida em 24 áreas de fuso, uma para cada hora do dia. Inicialmente, cada área de fuso se estendia por 15º de longitude, porque a Terra gira 15º de longitude em uma hora (24 × 15º = 360º). O meridiano primário é o central de seu fuso horário e todo meridiano divisível por 15º é o central de um fuso horário. O momento em que o meio-dia solar ocorre em um meridiano central foi determinado para todos os locais que ficam entre 7º30'L e 7º30'O daquele meridiano. No entanto, conforme a Figura 2.7, as divisas de fuso não seguem os meridianos com exatidão. Nos Estados Unidos, as divisas de fuso horário geralmente seguem as linhas dos Estados. Seria muito inconveniente dividir uma cidade ou vila em dois fusos horários – imagine a confusão que resultaria!

A hora do dia no meridiano primário, conhecida como *greenwich mean time* (GMT, também chamada de Hora Universal, UTC, ou Hora Zulu), é utilizada como referência no mundo. As horas a leste ou a oeste podem ser facilmente determinadas comparando-as com a GMT. Num local a 90ºL do meridiano primário seriam 6 horas mais tarde (90º ÷ 15º por hora), enquanto no fuso horário do Pacífico, dos Estados Unidos e do Canadá, onde o meridiano central é 120ºO, seriam 8 horas mais cedo que a GMT.

Para navegação, a longitude pode ser determinada com um *cronômetro*, um relógio muito preciso. Dois cronômetros são utilizados, um baseado na hora de Greenwich e o outro, no horário local. O número de horas entre eles, mais cedo ou mais tarde, determina a longitude (1 hora = 15º de longitude). Bem antes de o cronômetro ser inventado, uma posição latitudinal era facilmente determinada com um sextante, um instrumento que mede o ângulo entre o horizonte e um corpo celestial, assim como o Sol do meio-dia ou a Estrela Polar (Polaris).

A Linha Internacional de Data

A **Linha Internacional de Data** é a linha que geralmente segue o meridiano 180, exceto por algumas irregularidades para separar o Alasca e a Sibéria e para margear algumas ilhas do Pacífico (■ Figura 2.8). Na Linha Internacional de Data, devemos voltar nosso calendário um dia inteiro se estamos viajando para leste e adiantar um dia se estamos viajando para oeste.

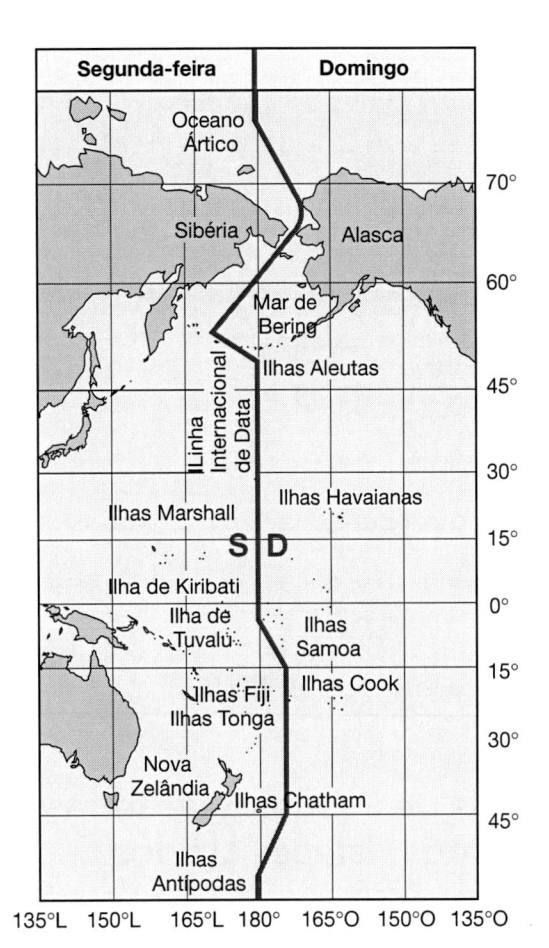

■ **FIGURA 2.8** A Linha Internacional de Data. A oeste da linha é um dia mais tarde que a leste da linha. Os mapas e os globos geralmente possuem "segunda | domingo" ou "s | d", exibidos nos lados opostos da linha para indicar a direção da mudança de dia.

Por que a Linha Internacional de Data afasta-se do meridiano 180º em alguns locais?

Assim, se estamos indo na direção leste, de Tóquio para São Francisco, são 4h30min da tarde de segunda-feira pouco antes de cruzarmos a Linha Internacional de Data e ainda serão 4h30 min da tarde de domingo do outro lado. Se estivermos viajando a oeste do Alasca em direção à Sibéria, às 10h da manhã de quarta-feira, quando atingirmos a Linha Internacional de Data serão 10h da manhã de quinta-feira ao cruzarmos a linha. Para lembrarmos dessa relação, muitos mapas-múndi rotulam segundas e domingos (S | D), nessa ordem, nos lados opostos da Linha Internacional de Data. Para achar o dia correto, você deve apenas substituir o dia atual por segunda ou domingo e utilizar a mesma relação.

A necessidade por essa linha na Terra para ajustar o dia foi descoberta distraidamente pelos tripulantes do Magellan, que, de 1519 a 1521, foram os primeiros a navegar ao redor do mundo. Ao irem do oeste para a Espanha, quando retornavam de sua viagem, eles perceberam que um dia havia sido aparentemente perdido no diário de bordo. O que havia ocorrido, na realidade, era que, ao circum-navegar o mundo rumo a oeste, a

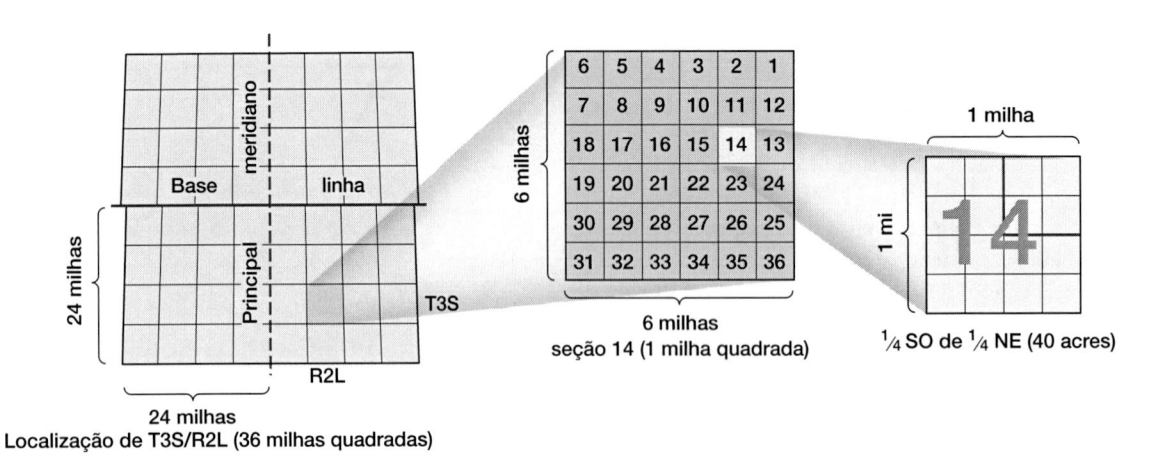

FIGURA 2.9 O método de localização para *áreas* de terra de acordo com o Sistema de Pesquisa de Terras Públicas dos Estados Unidos.
Como você poderia descrever os 40 acres a sudeste da seção 20 no diagrama intermediário?

tripulação tinha experimentado um dia a menos de pôr do sol e de nascer do sol.

O Sistema de Pesquisa de Terras Públicas dos Estados Unidos

O sistema de latitude e longitude localiza *pontos* onde as linhas se cruzam. Um sistema diferente é muito utilizado nos Estados Unidos para definir e localizar áreas o chamado **Sistema de Pesquisa de Terras Públicas dos Estados Unidos**, ou Sistema de Alcance e Municipalidade, desenvolvido para dividir áreas públicas a oeste da Pensilvânia. O Sistema de Alcance e Municipalidade divide áreas em partes com base nas linhas norte-sul conhecidas como meridianos principais e as linhas leste-oeste conhecidas como linhas de base. Os meridianos são perpendiculares a essas linhas de base, mas eles tiveram de ser ajustados (aumentados) ao longo de suas extensões para acomodar a curvatura da Terra. Caso esses ajustes não fossem feitos, as linhas norte-sul tenderiam a convergir e as partes de terra definidas por esse sistema seriam muito menores na região norte dos Estados Unidos.

O Sistema de Alcance e Municipalidade forma uma grade de partes praticamente quadradas, conhecidas como *municipalidades,* distribuídas em séries horizontais ao norte e ao sul das linhas de base e em *colunas* verticais que vão de leste a oeste dos meridianos principais. Uma **municipalidade** é um quadrado de 6 milhas de extensão lateral (36 milhas quadradas ou 93 quilômetros quadrados). As municipalidades são rotuladas primeiramente pelo seu posicionamento norte ou sul (■ Figura 2.9); assim, uma municipalidade na terceira série de uma linha de base será chamada de Municipalidade 3 Sul, abreviada como T3S. Portanto, precisamos também nomear uma municipalidade conforme sua extensão – sua localização leste ou oeste do meridiano principal para a área pesquisada. Então, para o Município 3 Sul na segunda faixa leste do meridiano principal, a localização completa pode ser dada como T3S/R2L (Faixa 2 Leste).

O Sistema de Pesquisa de Terras Públicas divide os municípios em 36 **seções** de 1 milha quadrada, ou 640 acres (2,6 km² ou 259 ha). As seções são designadas por números de 1 a 36, com início na seção mais a nordeste, na seção 1, cruzando várias vezes o município e com fim na extremidade sudeste, na seção 36. As seções são divididas em quatro seções de quarteirões, nomeadas com base em suas localizações na seção: nordeste, noroeste, sudeste e sudoeste, cada uma com 160 acres (65 ha). Os quarteirões são divididos ainda em quatro quartos, a quarta parte da seção, às vezes chamada de quadragésima parte, cada uma com área de 40 acres (16,25 ha). Esses quartos de seções dos quarteirões também são nomeados de acordo com seu posicionamento: a quadragésima parte nordeste, noroeste, sudeste e sudoeste. Assim, podemos descrever a localização da região de 40 acres que está situada na Figura 2.9 como a ¼ SO de ¼ NE da Seção 14 T3S/R2L. A ordem consiste na divisão do menor para o maior e a localização do município é sempre listada antes da faixa (T3S/R2L).

O Sistema de Alcance e Municipalidade possui enorme influência nos cenários do centro-oeste e oeste e dá uma aparência de tabuleiro para essas regiões, se vistas de cima ou do espaço. Os mapas de estradas que utilizam esse sistema de pesquisa refletem fortemente sua grade, porque muitas rodovias seguem fronteiras regulares e angulares entre porções quadradas de terra.

O sistema de posicionamento global

O **sistema de posicionamento global (GPS)** é uma tecnologia para determinar localizações na Terra. Esse sistema de tecnologia de ponta foi criado para uso militar, mas atualmente está sendo adaptado para diversas aplicações públicas, desde pesquisa até navegação. O sistema de posicionamento global utiliza sinais de rádio, transmitidos por meio de redes de satélites em órbita há 17.700 quilômetros (11.000 milhas) acima da Terra (■ Figura 2.10). O GPS se baseia no princípio de *triangulação,* que significa, que, se podemos encontrar a distância até nossa posição medida a partir de três ou mais locais diferentes (neste caso, satélites), conseguimos determinar nossa localização. As distâncias são calculadas com o tempo que um sinal leva, radiodifundido na velocidade da luz a partir de um satélite, para chegar até o receptor. Um receptor de GPS mostra a localização em latitude, longitude e elevação em um mapa. Pequenos receptores de GPS são úteis para quem viaja, faz trilhas ou campistas que precisam acompanhar sua localização (■ Figura 2.11).

Ao fazer trilhas em áreas montanhosas, é possível utilizar o GPS para entender a relação entre as mudanças nas elevações e no ambiente. Os sistemas de GPS baseados em mapas estão cada vez mais populares e são utilizados em veículos, barcos e aeronaves. A aplicabilidade do GPS se estende também à elaboração de mapas com base em dados coletados em campo. Com

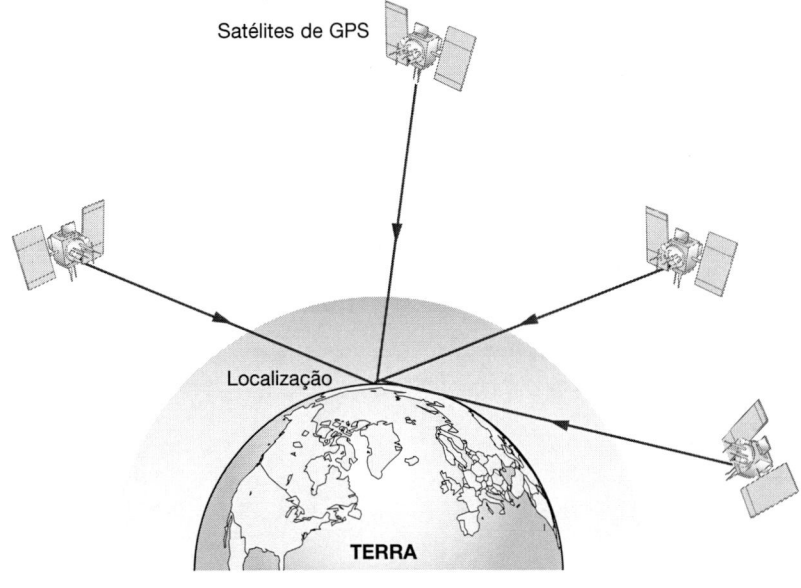

■ **FIGURA 2.10** O sistema de posicionamento global (GPS) utiliza sinais de rede de satélites para determinar uma posição na Terra. Um receptor de GPS no solo calcula as distâncias de diversos satélites (um mínimo de três) para descobrir sua localização pela longitude, latitude e elevação. Com a distância de três satélites, uma posição pode ser localizada no alcance de metros; com mais sinais de satélites e um sistema sofisticado de GPS, a posição pode ser localizada com grande precisão.

■ **FIGURA 2.11** Um receptor de GPS fornece a leitura de sua posição de latitude e longitude com base nos sinais de uma rede de satélites. Pequenas unidades portáteis fornecem uma precisão que é aceitável para muitos usuários e também podem exibir localizações num mapa.
Que outros usos você pode fazer de uma pequena unidade de GPS como esta que exibe sua latitude e longitude à medida que se move de um local para outro?

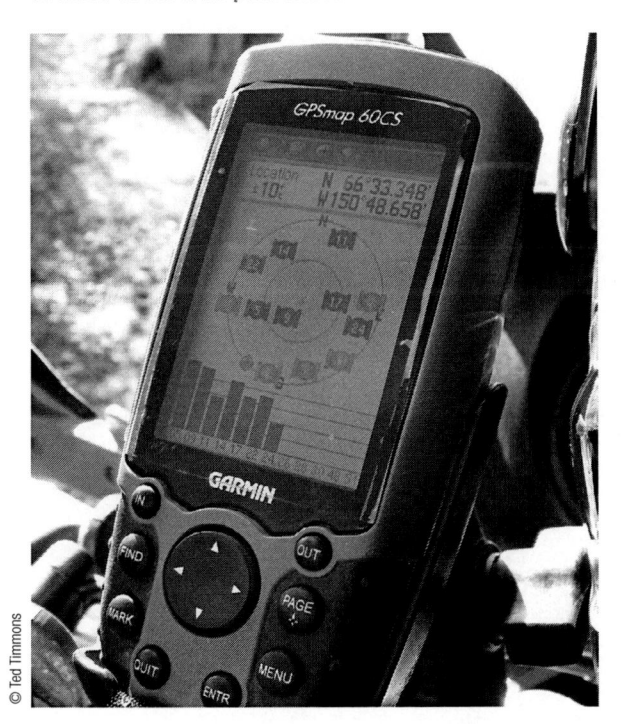

equipamentos sofisticados de GPS e técnicas, podem ser encontradas coordenadas locais em pequenas frações de um metro (■ Figura 2.12).

Mapas e projeções cartográficas

Mapas são extremamente versáteis, podem ser facilmente reproduzidos, pois podem representar todo o planeta Terra ou mostrar uma pequena área detalhadamente. Eles também são fáceis de manusear, transportar e podem ser exibidos em um monitor de computador. Contudo, é impossível que um mapa sirva a todos os usuários. As diversas variedades de mapas possuem qualidades que podem ser tanto vantajosas quanto problemáticas, dependendo da aplicação. Conhecer alguns conceitos básicos sobre mapas e cartografia ajuda na utilização e na seleção do mapa correto para uma tarefa específica.

Vantagens dos mapas

Se um quadro vale mil palavras, um mapa vale um milhão. Uma vez que os mapas são representações gráficas e utilizam linguagem simbólica, eles mostram relações espaciais e retratam informações geográficas com muito mais eficácia. Os mapas fornecem uma quantidade de informações gráficas que necessitaria de várias páginas para descrevê-la (provavelmente com menos sucesso). Imagine ter de dizer a alguém toda a informação contida no mapa da sua cidade, seu estado ou *campus*: dimensões, áreas, distâncias, direções, padrões de ruas, estradas de ferro,

■ **FIGURA 2.12** Um cientista monitora vulcões no estado de Washington, nos Estados Unidos, e utiliza um sistema de GPS profissional para gravar uma localização precisa por longitude, latitude e elevação. Essa é a vista do Monte Santa Helena com outro vulcão, Monte Adams, a distância.

rotas de ônibus, hospitais, escolas, bibliotecas, museus, distritos comerciais, áreas residenciais, centros populacionais, e assim por diante. Os mapas mostram a melhor rota de um local a outro, as formas características da Terra e eles podem ser utilizados para medir distâncias e áreas. Cartógrafos produzem mapas para ilustrar quase todas as relações ambientais. suas aplicações são quase infinitas, mesmo "fora deste mundo", porque os programas espaciais produziram mapas detalhados da Lua e de outros pontos extraterrenos (■ Figura 2.13). Por diversos motivos, em papel, na tela de um computador ou mentalmente, o mapa é a ferramenta mais importante de um geógrafo.

Limitações dos mapas

Em um globo, podemos comparar tamanho, forma e área de pontos na Terra de maneira direta e medir distâncias, rotas mais curtas e direções reais. Contudo, por causa de sua distorção inerente, nunca podemos comparar ou medir todas essas

■ **FIGURA 2.13** Geografia lunar. Um mapa detalhado da Lua mostra a maior cratera, que tem 120 km de diâmetro. Mesmo o lado da Lua que nunca é visto da Terra foi mapeado detalhadamente.
Como foi possível mapear a Lua com tal detalhamento?

propriedades em um único mapa. É impossível representar um planeta esférico em uma superfície plana (bidimensional) e manter precisamente todas as suas propriedades geométricas. Esse processo pode ser relacionado com a tentativa de tornar uma casca de ovo plana.

Em mapas que mostram grandes regiões ou o mundo, a curvatura da Terra causa uma distorção aparente e pronunciada, no entanto, quando um mapa detalha apenas uma pequena área, a distorção poderia ser desconsiderada. Se utilizarmos o mapa de um parque estadual enquanto caminharmos, a distorção será pequena. Para utilizarmos de forma eficiente os mapas, precisamos saber quais propriedades eles detalham com precisão, quais características distorcem e para que fim serve determinado mapa. Conhecendo essas características, podemos fazer comparações e medições precisas em mapas e entender melhor as informações que eles fornecem.

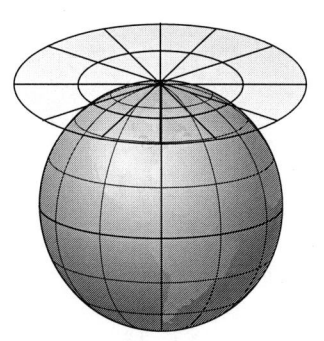

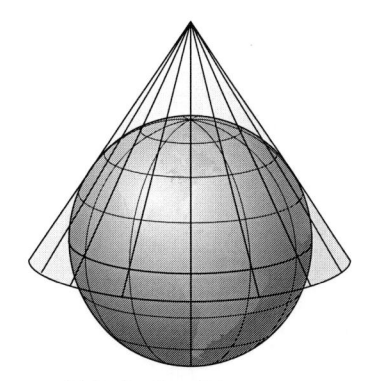

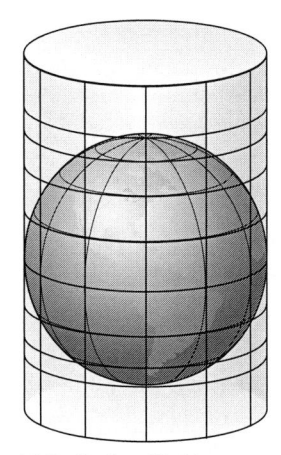

Exemplos de projeções cartográficas

Ao transferir uma grade esférica para uma superfície plana, há a produção de uma **projeção cartográfica**. Embora os mapas não sejam feitos dessa forma atualmente, algumas projeções podem ser demonstradas ao colocar uma luz dentro de um globo transparente para que as linhas da grade sejam projetadas numa superfície (plana), como um cone, um cilindro, ou outras formas geométricas que são planas ou que podem ser cortadas e achatadas (■ Figura 2.14). Hoje, as projeções cartográficas são desenvolvidas matematicamente, com o uso de computadores para encaixar a coordenada geográfica na superfície. As projeções cartográficas sempre distorcerão a forma, a área, a direção ou a distância das características do mapa, ou alguma combinação delas, portanto, é importante que os desenhistas escolham a melhor projeção para efetuar a tarefa.

Projetar as linhas das coordenadas num plano, ou superfície plana, resulta em um mapa chamado *projeção planar* (■ Figura 2.14a). Esses mapas geralmente são utilizados para mostrar as regiões polares, com o polo localizado no centro da representação circular, que exibe um hemisfério.

Os mapas de regiões de médias latitudes, tais como os Estados Unidos, são baseados em projeções cônicas porque retratam essas latitudes com uma distorção mínima. Numa projeção cônica simples, um cone é encaixado num globo com seu topo pontiagudo centralizado sobre um polo ■ Figura 2.14b). Paralelos de latitude numa projeção cônica são arcos que se tornam menores em direção ao polo e os meridianos aparecem como linhas retas que irradiam em direção ao polo.

Um exemplo conhecido de uma projeção cilíndrica (■ Figura 2.14c) é a **projeção de Mercator**, comumente utilizada nas escolas e nos livros didáticos, embora menos frequente nos últimos anos. O mapa-múndi de Mercator é ajustado matematicamente à projeção cilíndrica, cujos meridianos são linhas paralelas, em vez de convergirem aos polos. Obviamente, há uma enorme distorção leste-oeste de áreas de latitudes elevadas, porque as distâncias entre os meridianos são alongadas à mesma largura que

(a) Projeção planar

(b) Projeção cônica

(c) Projeção cilíndrica

■ **FIGURA 2.14** A teoria do desenvolvimento das projeções (a) planar, (b) cônica e (c) cilíndrica. Embora as projeções não sejam produzidas desse modo atualmente, elas podem ser demonstradas projetando-se luz em um globo transparente.
Por que utilizamos diferentes projeções de mapas?

elas possuem no equador (■ Figura 2.15) O espaçamento dos paralelos numa projeção de Mercator também não é igual, como ocorre na Terra. Essa projeção não mostra as áreas com precisão e a distorção no tamanho aumenta próximo aos polos.

Gerardus Mercator inventou esse mapa em 1569 para dar uma propriedade que nenhuma outra projeção no mundo possui. Uma linha reta desenhada em qualquer local de uma projeção de Mercator é de direção periférica real, chamada de linha

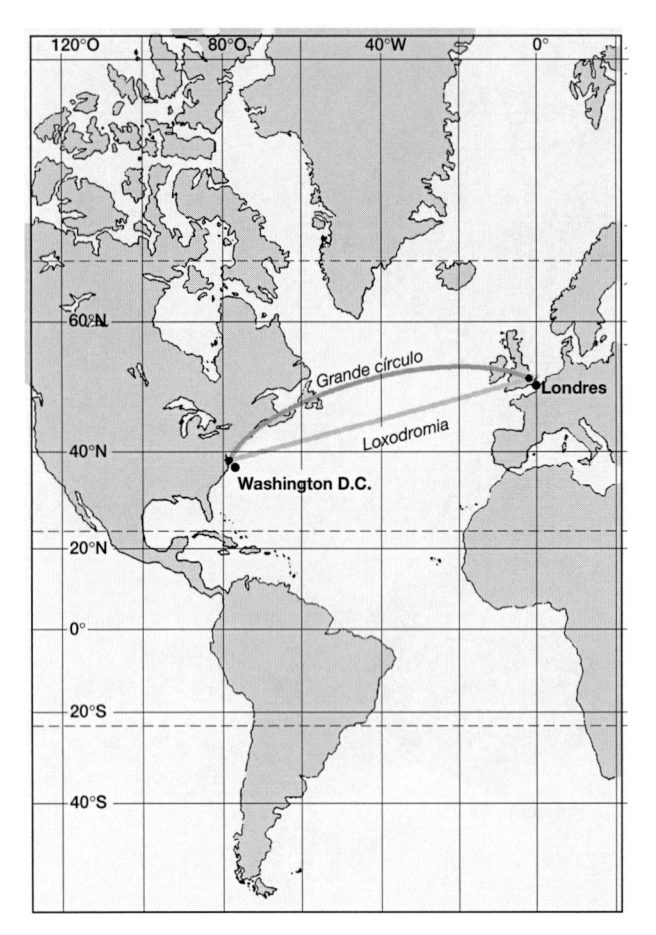

FIGURA 2.15 A projeção de Mercator foi desenhada para navegação, mas tem sido utilizada, como mapas-múndi, para diversos fins. Sua propriedade mais útil é que linhas com um mesmo direcionamento em uma bússola, chamadas loxodromias ou "linhas de rumo" (*rhumb lines*), são retas.
Compare os tamanhos da Groenlândia e da América do Sul neste mapa com suas extensões proporcionais num globo. A distorção é grande ou pequena?

de rumo (*rhumb line* ou loxodromia), que foi muito importante na navegação (veja novamente a Figura 2.15). No mapa de Mercator, os navegadores podiam desenhar uma linha reta entre as localidades e o local aonde queriam ir e depois seguiam uma direção constante de bússola para chegar ao seu destino.

Propriedades das projeções cartográficas

A coordenada geográfica possui quatro propriedades geométricas importantes: (1) Os paralelos de latitude são sempre paralelos, (2) os paralelos são espaçados igualmente, (3) os meridianos de longitude convergem nos polos e (4) os meridianos e os paralelos sempre se cruzam em ângulos retos. Como nenhuma projeção de mapa consegue conter essas quatro propriedades de uma vez, os cartógrafos precisam decidir quais propriedades preservar. Examinar de perto um sistema de coordenadas de um mapa para determinar como essas quatro propriedades são influenciadas ajudará a descobrir áreas de maior e menor distorção.

Área Cartógrafos são capazes de criar um mapa-múndi com relações de área corretas, ou seja, as áreas terão as mesmas proporções de tamanho entre si que possuem na realidade. Portanto, se cobrirmos quaisquer duas partes de um mapa com, por exemplo, um quarto, independentemente de onde esteja situado esse quarto, ele cobrirá áreas equivalentes na Terra. Os mapas desenhados com essa propriedade, chamados **projeção equivalente**, deveriam ser utilizados quando são feitas comparações de dimensões entre duas ou mais áreas. A propriedade de área equivalente é essencial também quando examinamos distribuições espaciais. Desde que o mapa exiba áreas equivalentes e um símbolo represente a mesma quantidade em todo o mapa, temos uma boa noção da distribuição de qualquer característica, como pessoas, igrejas, milharais, criações de porcos ou vulcões. Contudo, mapas de áreas equivalentes distorcem as formas dos itens mapeados (■ Figura 2.16) porque é impossível mostrar áreas equivalentes e formatos reais num mesmo mapa.

Forma Os mapas planos não detalham grandes regiões da Terra sem distorcer a forma ou os tamanhos comparativos de área. No entanto, utilizando a projeção de mapa específica, as formas reais de continentes, regiões, cordilheiras, lagos, ilhas e baías serão retratadas corretamente. Os mapas que conservam as formas reais da Terra são os de **projeção conforme**. Numa projeção conforme, para preservar as formas características da Terra, os meridianos e os paralelos sempre se cruzam em ângulos retos, assim como acontece no globo.

A projeção de Mercator apresenta formas corretas, portanto, é considerada uma projeção conforme, mas as áreas distantes do equador possuem tamanhos exagerados. As distorções da projeção de Mercator levaram gerações de estudantes a acreditar erroneamente que a Groenlândia era quase do mesmo tamanho que a América do Sul (compare a Figura 2.15 com a Figura 2.16), que, na verdade, é cerca de oito vezes maior.

FIGURA 2.16 Uma mapa de projeção mundial equivalente. Este mapa mantém as relações de área, mas distorce o formato dos continentes.
Que mapa-múndi você prefere: um que preserva a área ou a forma? E por quê?

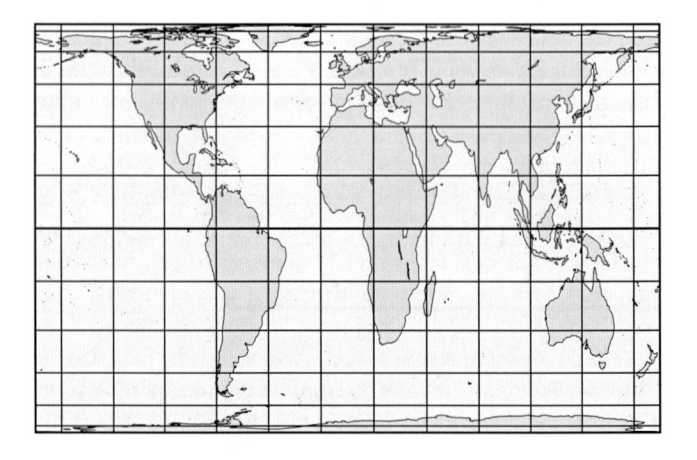

Distância Nenhum mapa plano consegue preservar uma escala de distância constante em toda a superfície da Terra, pois a escala que detalha uma área grande não pode ser aplicada igualmente a todas as suas áreas. Em mapas de pequenas áreas, no entanto, as distorções de distância são menores e a precisão geralmente é suficiente para a maioria das situações. Os mapas podem ser feitos com a propriedade de **equidistância** em casos específicos. Ou seja, em um mapa-múndi, o equador pode ser equidistante (uma escala constante) por toda sua extensão e todos os meridianos podem ser equidistantes, exceto os paralelos. Em outro mapa, todas as linhas retas desenhadas a partir do centro podem ser equidistantes, mas a escala não será constante a não ser que as linhas sejam desenhadas a partir do centro.

Direção Em virtude de as direções de longitude e latitude correrem em linhas retas, nem todos os mapas planos podem mostrar as direções reais como linhas retas. Desse modo, as linhas de latitude ou longitude que se curvam nos mapas não são desenhadas como direções verdadeiras de bússolas. Um exemplo de mapa que mostra direções corretamente é a **projeção azimutal** (■ Figura 2.17), um tipo de projeção planar desenhada com um foco central e todas as linhas retas que passam por esse centro são direções reais da bússola.

Projeções afiláticas Para desenvolver um mapa-múndi, uma estratégia cartográfica usada é a criação de uma representação que mostre tanto a área quanto a forma de maneira satisfatória, ainda que incorretas ambas as propriedades. Esse mapa-múndi é a **projeção afilática**, que não se trata de uma área conforme nem igual, mas um esforço é realizado para equilibrar a distorção e produzir uma "aparência correta" (■ Figura 2.18a). Uma *projeção com interrupções* também pode ser utilizada para reduzir a distorção dos continentes (■ Figura 2.18b) movendo essas distorções para as regiões oceânicas.

■ **FIGURA 2.17** Projeção azimutal, centralizado no Polo Norte. Embora a vista polar seja a orientação convencional do referido mapa, ele poderia estar centralizado em qualquer local na Terra. As projeções azimutais mostram direções reais entre todos os pontos do centro, mas podem exibir apenas um hemisfério.

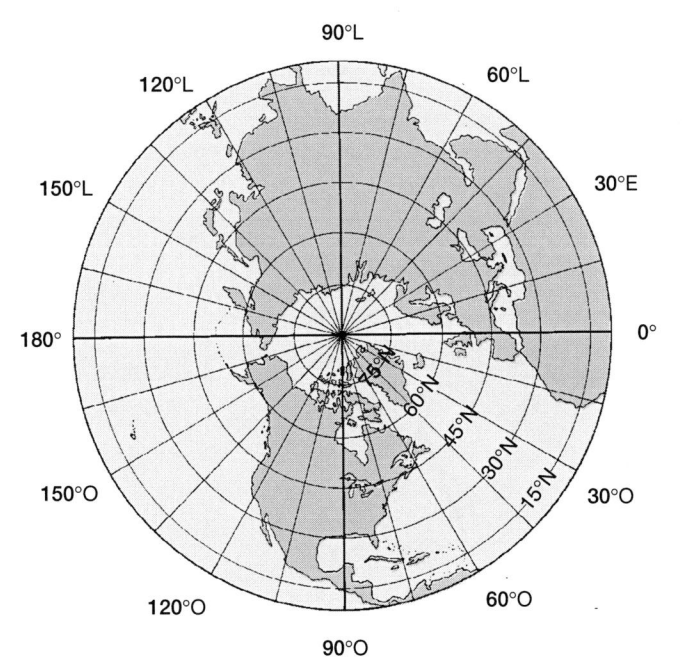

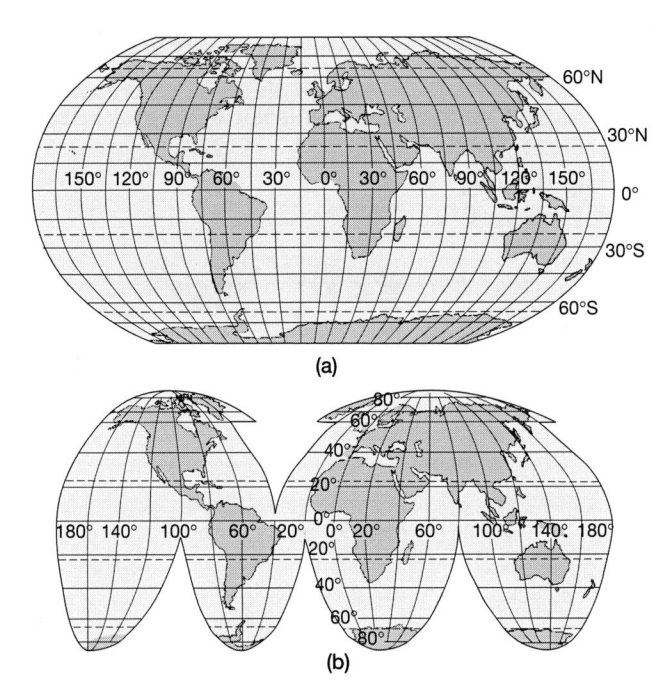

■ **FIGURA 2.18** A projeção de Robinson (a) é afilática, pois ela abre mão da perfeita proporção da área para mostrar melhor a forma dos continentes. As distorções podem ser reduzidas nas projeções pelas interrupções (b) ou seja, seguindo um meridiano central para cada segmento do mapa.
Qual é a desvantagem de utilização da projeção (b)?

Fundamentos sobre mapas

Os mapas não contêm apenas informações espaciais e dados, mas também fornecem conteúdos importantes. Essas informações e algumas características gráficas (geralmente as margens) objetivam facilitar a utilização do mapa. Entre esses itens, encontram-se o título do mapa, a data, a legenda, a escala e sua direção. Um mapa deve possuir um *título* que informe a área detalhada e o assunto relacionado, como "Parque Nacional de Yellowstone: locais de trilhas e acampamento". Também deve indicar informações para que os usuários saibam se elas são atuais ou ultrapassadas, ou se o mapa fornece informações históricas.

Legenda Um mapa deve possuir uma **legenda** – uma chave para símbolos utilizados (veja o Apêndice B). Por exemplo, se um ponto representa 1.000 pessoas ou se o símbolo de um pinheiro representa um parque, a legenda deve explicar essas informações. Se as elevações, as diferentes regiões climáticas ou outros pontos importantes do mapa forem representados por sombreamento colorido, deve-se aplicar uma cor padrão.

Escala Verbal ou Escala Determinada	Uma polegada representa 1,58 milha Um centímetro representa 1 quilômetro
Escala de Fração Representativa (FR)	1:100.000
Escala Gráfica ou Escala de Barras	0 1 2 3 Quilômetros 0 1 2 Milhas

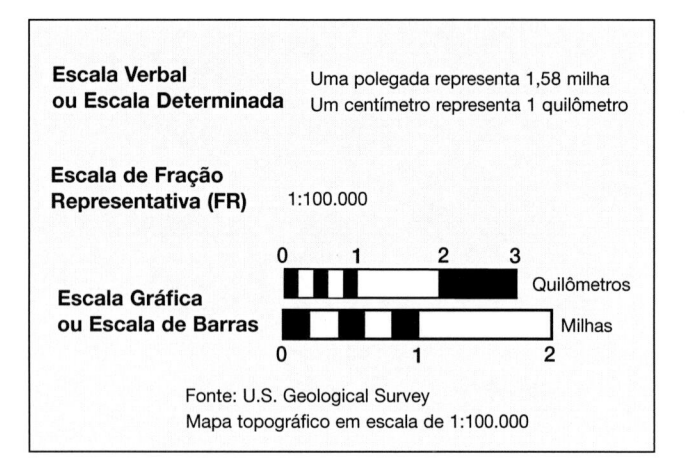

Fonte: U.S. Geological Survey
Mapa topográfico em escala de 1:100.000

■ **FIGURA 2.19** Escalas de mapas. Uma *escala verbal* estabelece a relação entre uma medição de mapa e a distância correspondente que representa na Terra. Esse tipo de escala geralmente mistura unidades (centímetros/quilômetros). Uma escala de fração representativa (FR) é a razão entre uma distância no mapa (1 unidade) e sua medida real no solo (aqui, 100.000 unidades). Uma escala FR necessita que as medidas estejam na mesma unidade tanto no mapa quanto no solo. Uma *escala gráfica* é um artifício utilizado para medir distâncias no mapa em relação às da Terra.

Escala

Obviamente, os mapas detalham as características num tamanho menor que o real. Caso o mapa seja utilizado para medir tamanhos ou distâncias, ou o tamanho da área representada possa ser incerta para quem o utiliza, é essencial indicar sua escala (■ Figura 2.19). Uma **escala** de mapa é a expressão da relação entre a distância na Terra e a mesma distância na representação. Saber a escala do mapa é essencial para medir distâncias e para determinar áreas. As escalas de mapas podem ser representadas de três maneiras básicas.

Uma **escala verbal**, ou uma escala determinada, é uma definição no mapa que indica, por exemplo, "1 centímetro para 100 quilômetros" (1 cm no mapa representa 100 km na Terra). Determinar uma escala verbal é o modo mais comum. A escala verbal escrita no mapa não terá validade se ele, o mapa original, for ampliado ou reduzido. Ao definir uma escala verbal, é aceitável usar diferentes unidades no mapa (centímetros, polegadas) para representar outra medida do comprimento real (quilômetros, milhas).

Uma **escala de fração representativa (FR)** é a razão entre a unidade de distância no mapa e a que essa unidade representa na realidade (expressa nas mesmas grandezas). Como essa razão também é uma fração, as unidades de medida, quando são iguais no numerador e no denominador, anulam-se mutuamente. Uma escala FR é, portanto, livre de unidades de medida e pode ser utilizada com qualquer unidade de medida linear – metros, centímetros, pés, polegadas –, contanto que a mesma unidade seja utilizada em ambos os lados da proporção. Por exemplo, em um mapa com uma escala de FR de 1:63.360, que também pode ser representada por 1/63.360, pode significar que 1 polegada no mapa represente 63.360 polegadas na Terra. O que também significa que 1 cm são 63.360 cm na Terra. Sabendo que 1 polegada no mapa representa 63.360 polegadas na Terra, para facilitar o entendimento, 63.360 polegadas correspondem a uma milha. Desse modo, a fração representativa 1:63.360 significa que o mapa possui uma escala verbal de 1 polegada para 1 milha.

Uma **escala gráfica**, ou **escala de barras**, é utilizada para medir a distância em um mapa. A escala gráfica são linhas graduadas (ou barras) marcadas com distâncias de mapas que são proporcionais às da Terra. Para utilizar uma escala gráfica, pegue a extremidade retilínea de um pedaço de papel e marque a distância entre quaisquer dois pontos no mapa. Depois utilize a escala para encontrar a distância equivalente na superfície terrestre. Esse tipo de escala gráfica possui duas grandes vantagens:

1. Facilita a determinação de distâncias no mapa, porque pode ser utilizada como régua para medições.
2. É útil mesmo se o mapa for reduzido ou ampliado, porque a escala (no mapa) também será alterada proporcionalmente. O mapa e a escala gráfica, entretanto, necessitam ser ampliados ou reduzidos na mesma proporção para que a escala gráfica seja precisa.

Direção

A orientação e a geometria da coordenada geográfica apresentam a indicação de direção, porque os paralelos de latitude são linhas leste-oeste e os meridianos de longitude correm diretamente na direção norte-sul. Muitos mapas possuem uma flecha que aponta para o norte. Uma flecha para o norte pode indicar tanto *norte verdadeiro* quanto o *norte magnético* – ou pode haver duas flechas norte, uma para o norte verdadeiro (geográfico) e a outra para o norte magnético.

A Terra possui um campo magnético que faz com que o planeta funcione como uma barra magnética gigante, com polos norte e sul magnéticos, cada um com cargas opostas. Embora os polos magnéticos alterem a posição levemente ao longo do tempo, eles estão localizados nas regiões Ártica e Antártida e não coincidem com os polos geográficos. A agulha de uma bússola aponta para o polo norte magnético, não para o polo norte geográfico. Se soubermos a **declinação magnética**, a diferença angular entre o norte magnético e o norte geográfico, podemos

■ **FIGURA 2.20** O mapa com o norte verdadeiro, simbolizado por uma estrela, a Estrela Polar (*Polaris*), e com o norte magnético, simbolizado por uma flecha. O exemplo indica 20°L de declinação magnética.
Em que circunstâncias precisaríamos saber a declinação magnética da nossa localização?

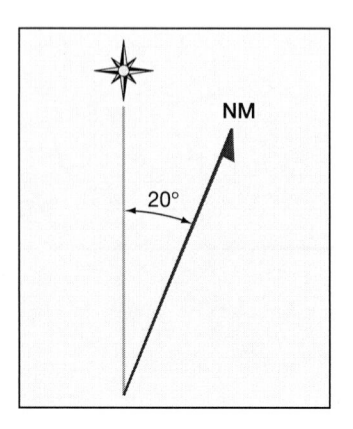

compensar essa diferença (■ Figura 2.20). Então, se nossa bússola aponta para o norte e a declinação magnética para nossa localidade é 20ºL, podemos ajustar nosso curso sabendo que nossa bússola está apontando 20ºL do norte verdadeiro. Para tanto, deveríamos girar 20ºO a partir da direção indicada em nossa bússola para olharmos o norte verdadeiro. A declinação magnética varia de lugar para lugar e também muda com o tempo. Por esse motivo, os mapas de declinação magnética são revisados periodicamente e utilizar um mapa atual é muito importante. Apesar da existência de sistemas eletrônicos de localização, as bússolas magnéticas continuam sendo importantes para encontrar direções em áreas isoladas, porque elas não precisam de baterias e não possuem partes eletrônicas que podem falhar.

Mapas temáticos

Os mapas desenhados com foco na extensão espacial e na distribuição de uma característica (ou algumas relacionadas) são chamados **temáticos**. Alguns exemplos são mapas de clima, vegetação, solos, epicentros de terremotos, ou tornados. Há dois tipos importantes de dados espaciais *discretos* e *contínuos* (■ Figura 2.21).

Dados discretos significam que a característica está localizada em um lugar particular ou não – por exemplo, fontes termais, florestas tropicais, rios, rotas de tornados, ou falhas geológicas. Esses dados são representados em mapas por pontos, área, ou símbolos de linhas que mostram suas localizações e distribuições (Figura 2.21a-c). As localizações, suas distribuições e os padrões de características discretas são importantes para a compreensão das relações espaciais. *Regiões* são áreas que mostram uma característica comum ou um conjunto de características dentro de seus limites e geralmente são representadas por cores ou sombras diferentes. As regiões geográficas físicas incluem áreas de solo, clima, vegetação, geografias ou outras características similares (veja os mapas-múndi ou regionais deste livro).

■ **FIGURA 2.21** Dados espaciais discretos e contínuos (variáveis). *Variáveis discretas* representam características que estão presentes em alguns locais, mas que não existem por toda parte. As variáveis discretas podem ser (a) pontos como exibidos por algumas localidades de grandes terremotos no Havaí (ou que são atingidas por raios ou locais de fontes poluidoras de água), (b) linhas como o caminho do Furacão Rita (ou por canais de rios, passagens de tornados, falhas geológicas), (c) áreas como uma terra que foi queimada por um incêndio (ou cortes claros na floresta, ou uma área onde aconteceu um terremoto). *Uma variável contínua* significa que todos os locais possuem certa característica mensurável; por exemplo, todo local na Terra possui uma elevação, mesmo que ela seja zero (ao nível do mar) ou abaixo (um valor negativo). (d) O mapa mostra uma distribuição contínua de variação de temperatura na parte ocidental (leste) da América do Norte. As mudanças numa variável contínua em determinada área podem ser representadas por isolinhas, sombreamento, cores ou uma forma 3D.
Você pode citar outros exemplos do meio ambiente de variáveis contínuas ou discretas?

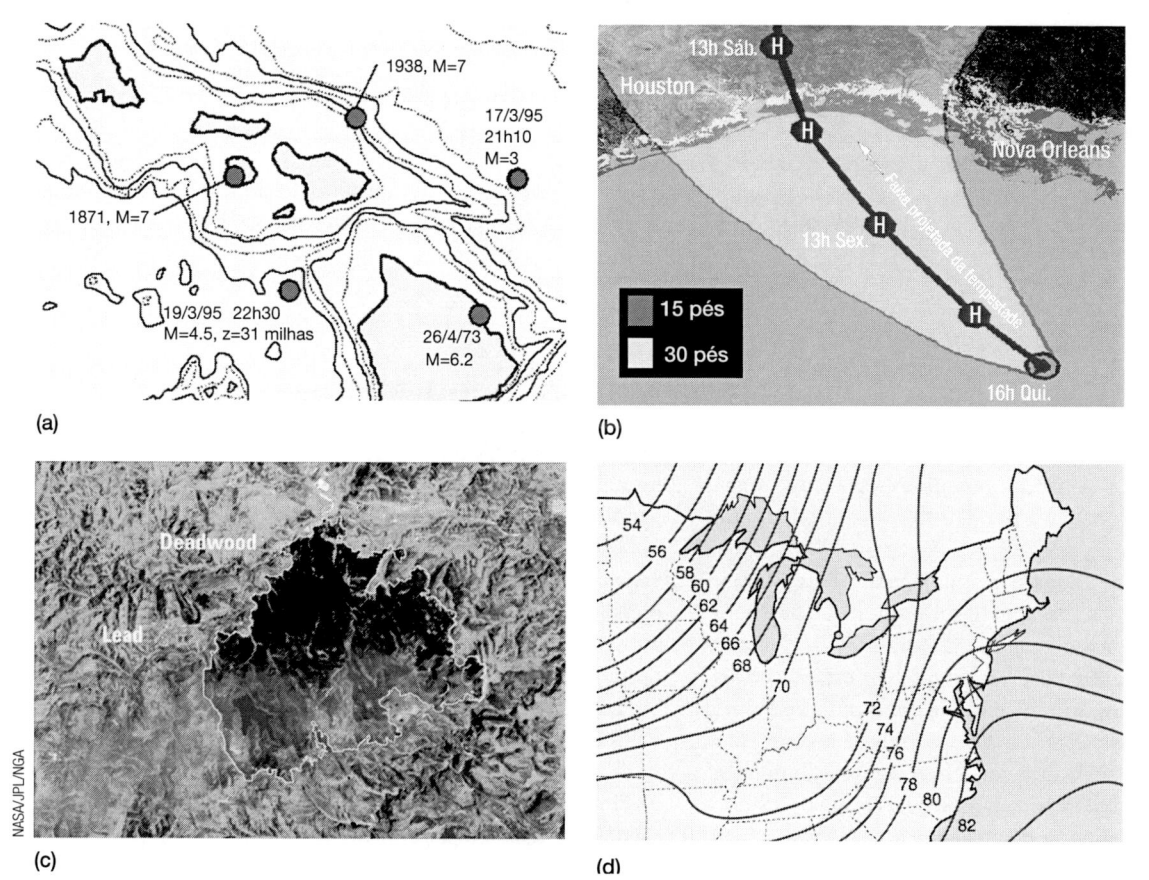

PERSPECTIVA ESPACIAL DA GEOGRAFIA
:: UTILIZANDO EXAGERO VERTICAL PARA RETRATAR A TOPOGRAFIA

A maior parte dos mapas apresenta uma paisagem como se fosse vista de cima para baixo. Essa perspectiva é chamada *visualização de mapa* ou *visualização plana* (como plantas arquitetônicas de casas). Ilustrar o terreno em um mapa plano e mostrar as diferenças de elevação requer alguns símbolos

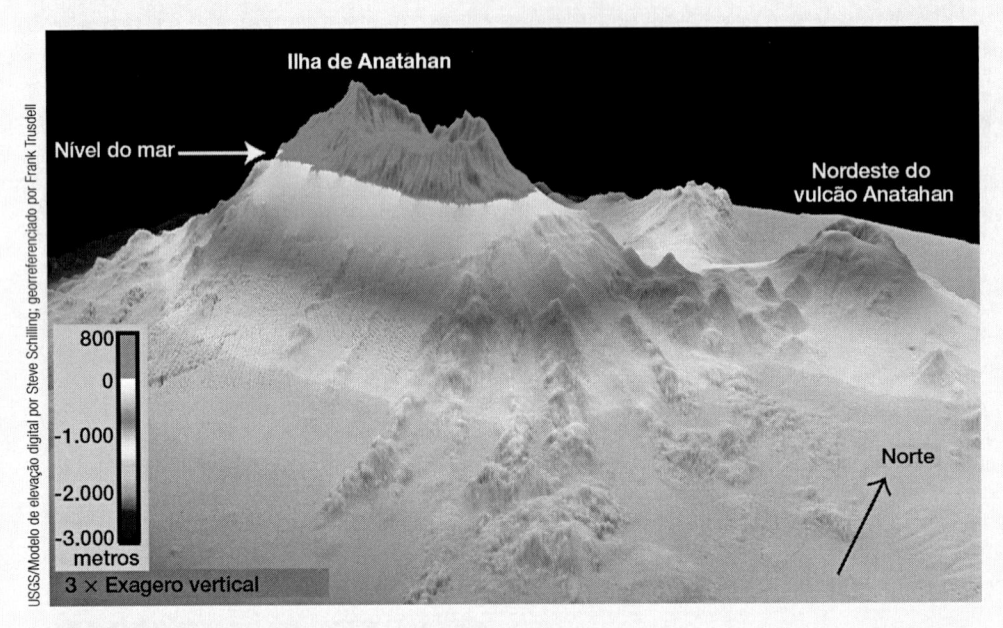

Este modelo de elevação digital (DEM) com a Ilha Anathan (145°40' L, 16°22" N) e o fundo do oceano Pacífico das áreas adjacentes está exibido em 3D e colorido de acordo com a elevação e a profundidade do fundo oceânico relativos ao nível do mar (imagem em cores disponível na página deste livro no site da Cengage). Essa imagem de Anathan possui um exagero vertical triplicado, em que a escala vertical foi aumentada três vezes, se comparada à escala horizontal.

A barra de escala vertical representa uma distância de 3.800 metros. Considerando-se o exagero vertical, que distância horizontal seria representada em metros pela mesma escala?

Dados contínuos significam que um valor numérico mensurável existe em todo lugar da Terra (ou em uma área de interesse exibida) para uma característica específica – por exemplo, toda localização possui uma elevação mensurável (ou temperatura, ou pressão do ar, ou densidade demográfica).

A distribuição de dados contínuos geralmente é mostrada com **isolinhas** – linhas que ligam pontos que possuem o mesmo valor numérico num mapa (Figura 2.21d). Os tipos de isolinhas são as *curvas isotérmicas*, que conectam pontos de mesma temperatura; as *isóbaras*, que conectam pontos de mesma pressão barométrica; as *isóbatas* (também chamadas contornos batimétricos), que conectam pontos de mesma profundidade na água; e as *isoietas*, que conectam pontos que possuem a mesma incidência de precipitação.

Mapas topográficos

Os mapas topográficos retratam a superfície dos terrenos e as informações de relevo, juntamente com algumas características de panoramas naturais e culturais importantes. **As curvas de nível** são isolinhas que conectam pontos que estão a uma mesma elevação acima do nível do mar (ou abaixo do nível do mar, como é o caso do Vale da Morte, na Califórnia). Por exemplo, se andássemos ao redor de uma colina seguindo uma linha de contorno de 1.200 pés em um mapa, nós sempre manteríamos uma elevação constante de 1.200 pés e andaríamos em uma curva de nível. Essas linhas de contorno são excelentes para mostrar mudanças na elevação e na superfície terrestre num mapa. Os espaçamentos e as formas desses contornos dão ao leitor do mapa uma imagem mental do terreno (■ Figura 2.22).

para exibi-las. Os mapas topográficos utilizam linhas de contorno que podem ser enfatizadas também por sombreamento de relevo (veja a Interpretação do Mapa no capítulo 11, Formas geográficas vulcânicas, por exemplo).

Por muitas razões, tanto uma visualização lateral (em corte) como uma visualização oblíqua (em perspectiva) do terreno nos ajudam a visualizar a paisagem. Diagramas de terreno, que são modelos 3D da superfície da Terra mostram a topografia em perspectiva e informações sobre a subsuperfície podem ser incluídas. Eles fornecem uma perspectiva com a qual a maioria de nós está familiarizada, como se olhássemos da janela de um avião ou de um ponto de observação alto. Contudo esses diagramas nem sempre têm o objetivo de fazer medições precisas e muitos deles representam paisagens hipotéticas ou estilizadas, em vez de paisagens reais.

Um perfil topográfico (veja novamente a Figura 2.23) ilustra a forma de uma superfície terrestre como se vista da lateral. Perfis são gráficos das mudanças de elevação sobre a distância de uma seção transversal. As informações de elevação e distância coletadas de um mapa topográfico ou de outra fonte de informações podem ser utilizadas como um perfil topográfico para mostrar o terreno. Caso a geologia em subsuperfície também esteja representada, esses perfis são chamados de *cortes geológicos*.

Os diagramas de terreno, as seções verticais e os cortes transversais geralmente são desenhados com um exagero vertical, que enfatiza modificações na elevação. Isso faz com que as montanhas pareçam mais altas, os vales mais profundos, os declives mais íngremes e os terrenos mais planos. O exagero vertical é utilizado para fazer com que mudanças súbitas do terreno sejam mais perceptíveis. A maioria dos contornos e dos diagramas de terreno deveria indicar quanto uma representação vertical foi ampliada, para não haver equívoco. Um exagero vertical triplicado significa que as características apresentadas parecem ser três vezes maiores do que realmente são, mas a escala horizontal está correta.

USGS/ Modelo de elevação digital por Steve Schilling; georreferenciado por Frank Trusdell

Ilha de Anatahan

Nível do mar

nordeste do vulcão Anatahan

800
0
-1000
-2000
-3000
metros

Norte

Compare o modelo de elevação exagerada com esta versão de escala natural (não exagerada verticalmente). É assim que a ilha e o fundo do mar geralmente se parecem em termos de declividade e relevo.

A Figura 2.23 ilustra como as linhas de contorno retratam a superfície terrestre. A parte inferior do diagrama é um mapa de curvas de nível de uma colina assimétrica. Note que a diferença na elevação entre as linhas de contorno adjacentes neste mapa é de 20 pés. A diferença constante na elevação entre linhas de contorno adjacentes é chamada **intervalo de contorno**. Se escalássemos do ponto A, até o ponto B, que tipo de terreno cobriríamos? Iniciamos do nível do mar, no ponto A e imediatamente começamos a escalar. Nós cruzaríamos a linha de contorno de 20 pés, depois a de 40 pés, a de 60 pés e, próximo ao cume da nossa colina, a de nível de contorno de 80 pés. Após um cume relativamente largo que se encontra a mais de 80 pés, mas não tão alto quanto a 100 pés (ou nós estaríamos cruzando outra linha de contorno), mais uma vez nós cruzaríamos a linha de contorno de 80 pés, o que significa que deveríamos estar começando a descida. Durante a descida, cruzaríamos cada uma das curvas de nível inferiores até chegarmos novamente ao nível do mar (ponto B).

Na parte superior da Figura 2.23, um **corte** (vista lateral) nos ajuda a visualizar a topografia que cobriríamos em nossa caminhada. Nós podemos ver porque a subida ao topo da montanha foi mais difícil que a descida. As linhas de contorno com espaçamentos pequenos próximas ao ponto A representam um declive mais acentuado que o das linhas de contorno mais espaçadas próximas ao ponto B. Na verdade, descobrimos algo que é comum a todos os mapas de isolinhas: quanto mais próximas estiverem as linhas de um mapa, mais acentuado o **gradiente** (maior taxa de variação por unidade de distância horizontal).

Os mapas topográficos utilizam símbolos para mostrar muitas outras características juntamente com as elevações (ver

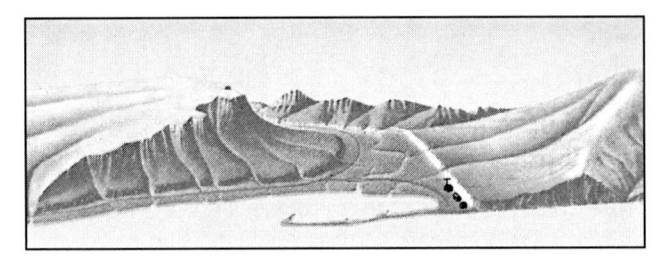

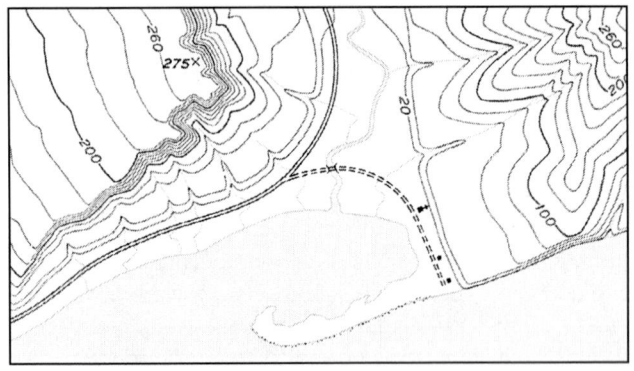

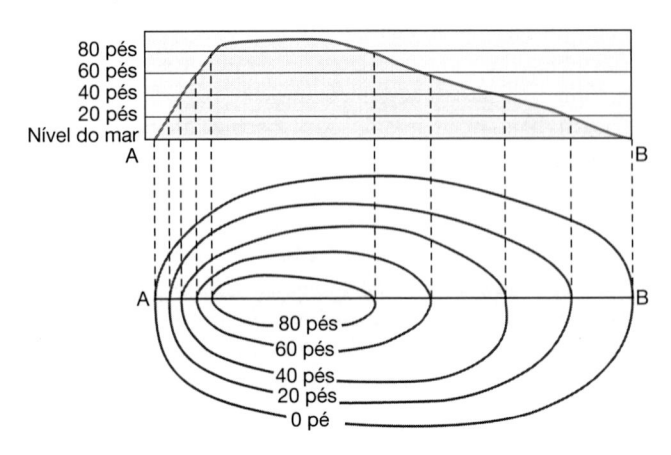

Apêndice B), por exemplo, corpos de água, como riachos, lagos, rios e oceanos ou características culturais, como cidades, municípios, pontes e ferrovias. O USGS (*U.S. Geological Survey*) produz os mapas topográficos dos Estados Unidos em diversas escalas (ver Apêndice B). Muitos desses mapas utilizam unidades inglesas para seus intervalos de contorno, e só os mais recentes são feitos com unidades métricas. Os mapas de contorno que mostram a topografia submarina são chamados *cartas batimétricas*, produzidos nos Estados Unidos pelo Serviço Oceânico Nacional.

Cartografia moderna

Atualmente, muitos fabricantes de mapas utilizam tecnologias computadorizadas. Para projetos de mapeamento, os sistemas computacionais são mais rápidos, mais eficazes e mais baratos que as técnicas cartográficas desenhadas à mão. As informações espaciais que representam elevações, profundidades, temperaturas ou populações podem ser armazenadas em uma base de informação digital, acessada e exibida em um mapa. O banco de dados para um mapa inclui informações de costas, fronteiras políticas, localização de cidades, sistemas fluviais, projeções cartográficass e sistemas de coordenadas. No formato digital, os mapas podem ser facilmente revisados, pois eles não precisam ser redesenhados manualmente a cada modificação significativa. A revisão computadorizada de mapas é essencial para atualizar fenômenos de mudança rápida, como clima, poluição do ar, correntes oceânicas, erupções vulcânicas e incêndios florestais. Os mapas digitais podem ser disseminados instantaneamente e divulgados pela internet. Entretanto, ainda é importante entender os princípios cartográficos básicos para elaborar um bom mapa, pois um sistema computadorizado de elaboração de mapas desenhará apenas aquilo que for instruído pelo operador.

Sistema de informações geográficas

O **sistema de informações geográficas** (**SIG** ou, como ele é mais conhecido, **GIS**) é uma inovação versátil que armazena informações geográficas, auxilia análises de informações espaciais e facilita a produção de mapas digitais. O GIS é uma tecnologia computacional que auxilia o usuário em registro, análise, manipulação e exibição de informações geográficas provenientes da combinação entre qualquer número digital de *camadas de mapa*, cada uma composta de um *mapa temático* específico (■ Figura 2.24). O GIS pode ser utilizado para fazer a escala e a projeção dessas camadas idênticas de mapas, permitindo que as informações dessas diversas camadas sejam combinadas em representações mais complexas. O GIS é muito útil para geógrafos à medida que seja necessário resolver problemas com grandes quantidades de informações espaciais de uma variedade de fontes.

Função do GIS Imagine que você esteja em uma biblioteca cartográfica gigante, com centenas de mapas de papel, todos da mesma área, mas cada um com um aspecto diferente de um mesmo local: um mapa mostra estradas, outro rodovias, outro trilhas, outro rios (ou solos, ou vegetação, ou saliências, ou quedas-d'água, e assim por diante). Os mapas foram produzidos originalmente em

■ **FIGURA 2.22** (Alto) Vista do vale de um rio e das montanhas que o circundam exibida num diagrama em relevo sombreado. Perceba que o rio corre para uma baía que é coberta em parte por uma península de areia. A montanha do lado direito possui um formato arredondado, mas a que está à esquerda forma um despenhadeiro ao longo da borda de um planalto inclinado, porém plano. (Inferior) As mesmas características representadas num mapa de curvas de nível.
Se possuísse apenas um mapa topográfico, você visualizaria o terreno exibido no diagrama em relevo sombreado?

■ **FIGURA 2.23** Um perfil topográfico e respectivas curvas de nível. Contornos topográficos ligam pontos de elevação relativa ao nível médio do mar. A parte superior da figura mostra características topográficas (vista lateral) de uma ilha. Linhas horizontais marcam intervalos de 20 pés de elevação acima do nível do mar. A parte mais baixa da figura mostra como essas linhas de contorno aparecem no mapa.
Qual é a relação entre o espaçamento das linhas de contorno e a inclinação do declive?

tamanhos diferentes, escalas e projeções (incluindo alguns mapas que não preservaram a forma ou a área). Esses fatores cartográficos tornam muito difícil sobrepor e comparar visualmente as informações espaciais entre os mapas diferentes. Também há modelos digitais de terrenos diferentes e imagens de satélite que você poderá querer comparar com os mapas. Além disso, em razão de poucos aspectos do meio ambiente envolverem apenas um fator ou existirem em isolamento espacial, você deseja combinar uma seleção desses aspectos em um único mapa composto. No entanto, você possui um problema geográfico-espacial e, para resolvê-lo, precisa de um meio para fazer várias representações de uma parte da Terra que possa ser comparável. O que você necessita é de um GIS e o conhecimento de como utilizar esse sistema.

Cada mapa é escaneado digitalmente e armazenado como uma camada de informação espacial que representa uma camada de mapa temático individual como um arquivo digital isolado (veja novamente a Figura 2.24). Um GIS pode mostrar uma camada ou qualquer combinação de camadas, geometricamente registradas (ajustadas), a qualquer projeção de mapa e em qualquer escala. Com esse sistema, os mapas, as imagens e os conjuntos de informações podem ser diretamente comparados na mesma dimensão, com base na mesma projeção de mapa e escala. Um GIS pode *sobrepor* digitalmente qualquer conjunto de camadas de mapas temáticos que for necessário. Se desejar ver a localização de *casas* numa *zona sujeita a inundações* de um *rio*, um GIS pode ser utilizado para fornecer um mapa imediatamente, recuperando, combinando e exibindo simultaneamente as camadas de mapas das *casas* e da zona *sujeita à inundação*. Caso você queira ver *falhas geológicas* e *áreas de aterro artificiais* relacionadas às *estações de corpos de bombeiros* e *postos policiais,* esse mapa composto precisará de quatro camadas, mas isso não é problema para um GIS exibir. E caso pretenda exibir uma nova informação em seu mapa, como as localizações de terremotos que cada estação recebeu, isso pode ser feito facilmente com a criação de uma nova camada utilizando ferramentas de *software*.

Muitos geógrafos estão empregados em carreiras que aplicam a tecnologia GIS. A capacidade de um GIS integrar e analisar uma grande variedade de informações geográficas, desde informações de censo até as características de terrenos, torna-o útil tanto para as pessoas quanto para os geógrafos físicos. Com uma infinidade de aplicações a outras disciplinas, o GIS continuará sendo uma ferramenta importante para análises espaciais.

Visualizações tridimensionais (3D) de informações de elevação geradas por computadores, chamadas **modelos digitais de elevação (DEM**s), geralmente são úteis para exibir topografia (■ Figura 2.25a). As informações digitais de elevação, quando inseridas como uma camada num GIS, podem ser utilizadas para exibir quaisquer tipos de terrenos e mapas, incluindo de relevo sombreado e de curvas de nível, que também podem possuir cores entre os contornos. Os **modelos de visualização** (*visualizações*) criados com a tecnologia GIS ou outra tecnologia digital de imagens geradas por computador para ilustrar e explicar processos e características complexas. Muitas visualizações são apresentadas como imagens tridimensionais e/ou como animações, com base em informações ambientais e de satélite ou fotos aéreas. Um exemplo é mostrado na Figura 2.25c, em que DEM e uma imagem de satélite foram combinados em um GIS para produzir um modelo de cenário 3D da frente das Montanhas Rochosas, na cidade de Salt Lake, com base em informações de elevação atuais. Esse processo é chamado de *draping* (do inglês *drap*, cobrir com tecido um objeto). Esses modelos nos ajudam a entender e conceituar muitos fenômenos e características ambientais. O detalhe representado pela mudança na elevação pode ser enfatizado com o aumento da altura das partes mais salientes, utilizando uma técnica chamada **exagero vertical** (ilustrada no boxe deste capítulo).

Na verdade, qualquer fator geográfico representado por dados contínuos pode ser exibido tanto num mapa de contorno bidimensional quanto numa superfície 3D para melhorar a visibilidade da variação espacial que ele transmite (■ Figura 2.26). Atualmente, os produtos e as técnicas de cartografia são muito diferentes dos existentes no passado, mas o objetivo de representar a Terra continua o mesmo: informar visualmente, de maneira real, o conhecimento geográfico e espacial.

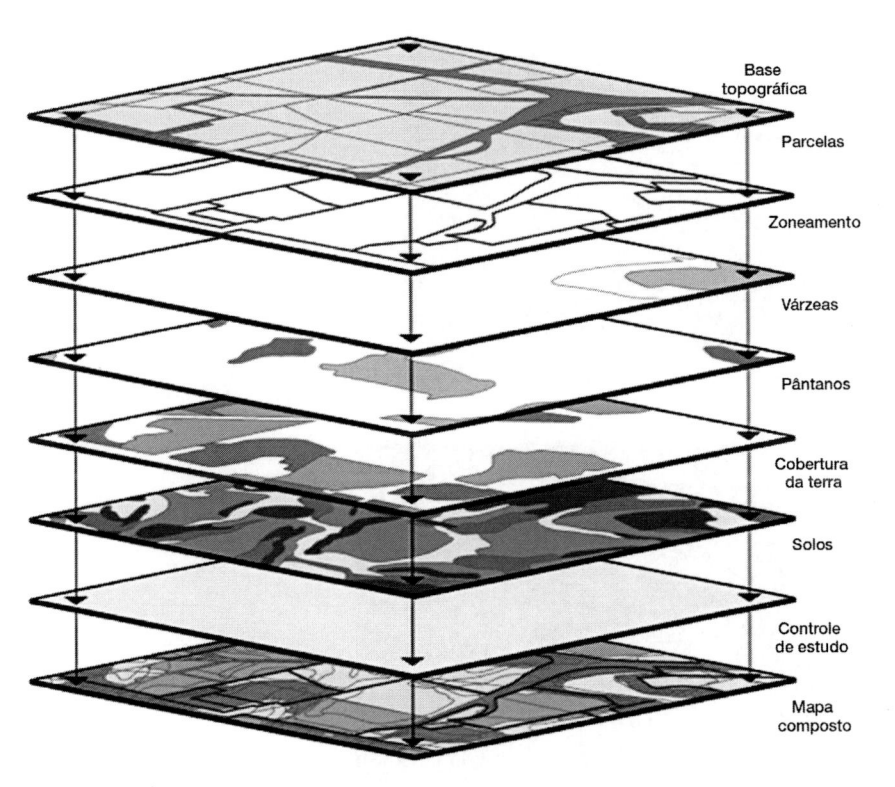

■ **FIGURA 2.24** Os sistemas de informações geográficas armazenam dados diferentes e muito como se fossem camadas de mapas individuais. A tecnologia GIS é muito utilizada em estudos geográficos e ambientais nos quais diversas variáveis necessitam ser avaliadas e comparadas espacialmente para resolver um problema.
Você consegue pensar em outras aplicações de sistemas de informações geográficas?

40 FUNDAMENTOS DE GEOGRAFIA FÍSICA

■ **FIGURA 2.25** (a) Um modelo digital de elevação (DEM) da cidade de Salt Lake, em Utah, e elevações das Montanhas Rochosas exibidas em uma grade de aparência tridimensional. (b) Uma imagem digital por satélite da mesma área. (c) Essas duas "camadas" de informação podem ser combinadas em um GIS para produzir um modelo digital 3D da paisagem da cidade de Salt Lake. Os modelos de paisagens são úteis para estudar muitos aspectos do meio ambiente. Os exemplos aqui são ampliados para mostrar os *pixels* de resolução.

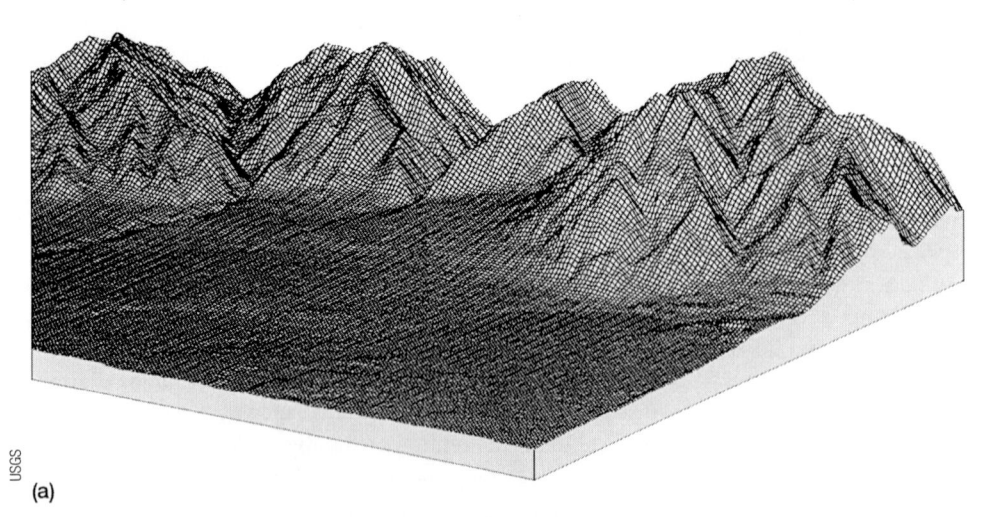

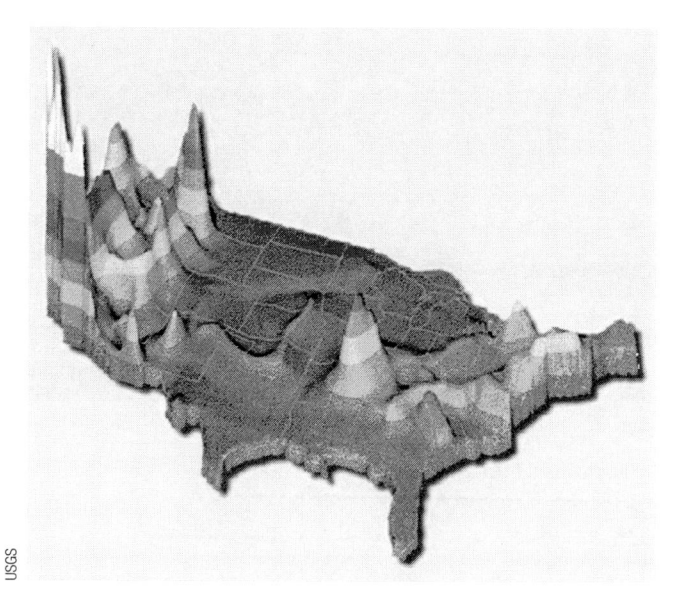

■ **FIGURA 2.26** Risco de terremoto próximo aos Estados Unidos: uma variável contínua mostrada como uma superfície 3D em perspectiva facilita o entendimento de como um risco potencial de terremoto varia em relação ao espaço nesta área estadunidense. **Além dos locais onde você esperaria um alto risco de terremotos, há locais com essa característica que surpreendem?**

Sensoriamento remoto do ambiente

O **sensoriamento remoto** é a coleção de informações e dados de objetos ou ambientes distantes, geralmente de imagens espaciais e aéreas que possuem muitas qualidades semelhantes aos mapas. Com o uso de sistemas de sensoriamento remoto, conseguimos detectar objetos e cenas que não são visíveis aos olhos humanos e podemos exibi-las como imagens.

Digitalização de imagem e fotografia

Em termos técnicos, uma *foto* é tirada com uma câmera ou *filme*. As câmeras digitais ou escâneres de imagens produzem uma **imagem digital** – que é convertida em dados numéricos. Uma imagem digital se assemelha a um mosaico, constituído de uma grade de células com variações de cores ou tons. A maioria das imagens que vêm do espaço é digital, porque os dados digitais podem ser facilmente transmitidos para a Terra. Imagens digitais também oferecem vantagens de processamento de dados computacionalmente assistidos, melhora na qualidade e no compartilhamento e podem fornecer uma camada temática em GIS. As imagens digitais são constituídas de **pixels**, que é a abreviação de *picture element* (elemento de imagem), a menor área de resolução numa imagem digital (assim como se observa na inserção ampliada do Aeroporto Internacional de São Francisco, na imagem de abertura deste capítulo). Um fator crucial nas imagens digitais é a **resolução espacial**, expressa como a quantidade de área representada por cada *pixel*. Por exemplo, a imagem satélite da área da Baía de São Francisco (abertura do capítulo) possui uma resolução em que o lado de cada *pixel* representa 15 metros na Terra. Se o tamanho do *pixel* é pequeno o suficiente na imagem final, o efeito de mosaico será pouco perceptível ou invisível ao olho humano. Os satélites que mostram a imagem de um hemisfério inteiro, ou grandes áreas continentais, utilizam resoluções grosseiras para produzir uma cena mais ampla.

Mesmo antes da invenção do avião, as fotos aéreas nos forneciam vistas do nosso meio ambiente por meio de pipas e balões. Tanto as fotos aéreas quanto as imagens digitais podem ser *oblíquas* (■ Figura 2.27a), o que significa que elas são tiradas num ângulo não perpendicular à superfície da Terra, ou *vertical* (Figura 2.27b), olhando para baixo. Os intérpretes utilizam fotos aéreas e imagens digitais para analisar relações

■ **FIGURA 2.27** (a) Fotos oblíquas fornecem uma "vista natural", como se estivéssemos olhando da janela de um avião. Esta foto oblíqua aérea mostra fazendas, o interior e florestas. (b) As fotos verticais fornecem uma vista semelhante aos mapas (como a da Baía de Tampa, na Flórida). **Quais são os benefícios de uma visualização oblíqua comparada a uma visualização vertical?**

■ **FIGURA 2.28** Fotos aéreas para comparar. (a) Uma foto aérea com cor natural. (b) A mesma vista com a falsa cor do infravermelho próximo. Os tons vermelhos indicam vegetação; azul-escuro, águas profundas e límpidas e azul-claro, águas rasas ou barrentas. Essa é uma área de pântanos na costa da Louisiana.
Se alguém pedisse para você fazer um mapa de vegetação ou de características de águas, que imagem preferiria utilizar e por quê?

entre objetos na superfície da Terra. Um *estereoscópio* permite a sobreposição de pares de imagens (tipicamente de fotos aéreas) tiradas de diferentes posições para a visualização de características em três dimensões.

A energia de **infravermelho próximo (IVP** ou **NIR)**, energia da luz em comprimento de ondas que são muito longas para serem vistas por nossos olhos, atravessa a camada atmosférica melhor que a luz visível. Uma noção incorreta, mas amplamente divulgada, que temos das técnicas de IVP é a de que elas retratam o calor ou as variações de temperatura. A energia de infravermelho próximo é, na verdade, a luz que é refletida das superfícies, e não energia térmica irradiada. Fotografias de cores normais tiradas de lugares muito altos ou do espaço tendem a possuir baixo contraste e não ser nítidas (■ Figura 2.28a). As fotografias de infravermelho próximo e as imagens digitais tendem a ser nítidas quando tiradas de locais altos ou do espaço. As fotografias e imagens digitais de IVP coloridas algumas vezes são chamadas fotos de "cor falsa", porque no IVP gramas sadias, árvores e a maioria das plantas têm coloração vermelho-vivo, em vez de verde (Figura 2.28b e veja novamente a imagem de satélite da abertura deste capítulo; na página deste livro no site da Cengage estão disponíveis as imagens coloridas). As fotografias e as imagens de infravermelho próximo possuem muitas aplicações para estudos ambientais, particularmente para recursos hídricos, vegetações e safras.

Sensoriamento remoto especializado

Há diversos sistemas de sensoriamento remoto, cada um designado para aplicações de visualização específicas. O sensoriamento remoto pode utilizar luz ultravioleta, luz visível, infravermelho próximo, infravermelho térmico (calor) e micro-ondas para produzir imagens.

Infravermelho térmico As imagens de **infravermelho térmico (IVT** ou **TIR)** mostram padrões de aquecimento e temperatura, em vez de luz, e podem ser tiradas tanto de dia quanto de noite. Os sensores térmicos convertem padrões de calor em imagem digital. As imagens IVT gravam diferenças de temperatura – objetos quentes aparecem com cores claras, e objetos frios, com tons escuros. Geralmente, um computador é utilizado para colorir as diferenças de calor. Imagens térmicas são úteis para encontrar pontos quentes de vulcões e locais geotérmicos e localizar incêndios florestais pela fumaça densa.

Satélites meteorológicos utilizam imagens de infravermelho térmico. Todos nós já vimos essas imagens IVT na televisão quando o meteorologista diz "Vamos ver o que o satélite do tempo mostra e as nuvens são detalhadas em preto porque elas são mais frias que a superfície da Terra, que está abaixo. Geralmente, por não gostarmos de nuvens negras, os tons das imagens são invertidos, como um negativo de foto, e elas aparentam ser brancas. Essas imagens também podem ser coloridas para mostrar a altitude das nuvens, porque as nuvens são progressivamente mais frias quanto maior as altitudes (■ Figura 2.29).

Radar O **radar** (*radio detection and ranging*) transmite ondas de rádio e produz uma imagem dos sinais de energia que são refletidos de volta. Os sistemas de radar podem operar de dia ou de noite. O **radar meteorológico** utiliza sistemas instalados no solo para monitorar e rastrear tempestades, furacões ou tornados. O radar penetra na maioria das nuvens (dia ou noite), mas reflete nas gotas de chuva e em outros tipos de precipitação, produzindo imagens de padrões de precipitação similares a mapas (■ Figura 2.30). Há também diversos tipos de sistemas de radares que produzem imagens semelhantes às dos mapas de superfície (topografia, rocha, água, gelo, dunas de areia etc.).

Sonar O **sonar** (*sound navigation and ranging*) utiliza o reflexo das ondas sonoras emitidas para investigar as profundezas oceânicas. Muito da compreensão da topografia do fundo do mar e seu mapeamento resultou da utilização de sonares.

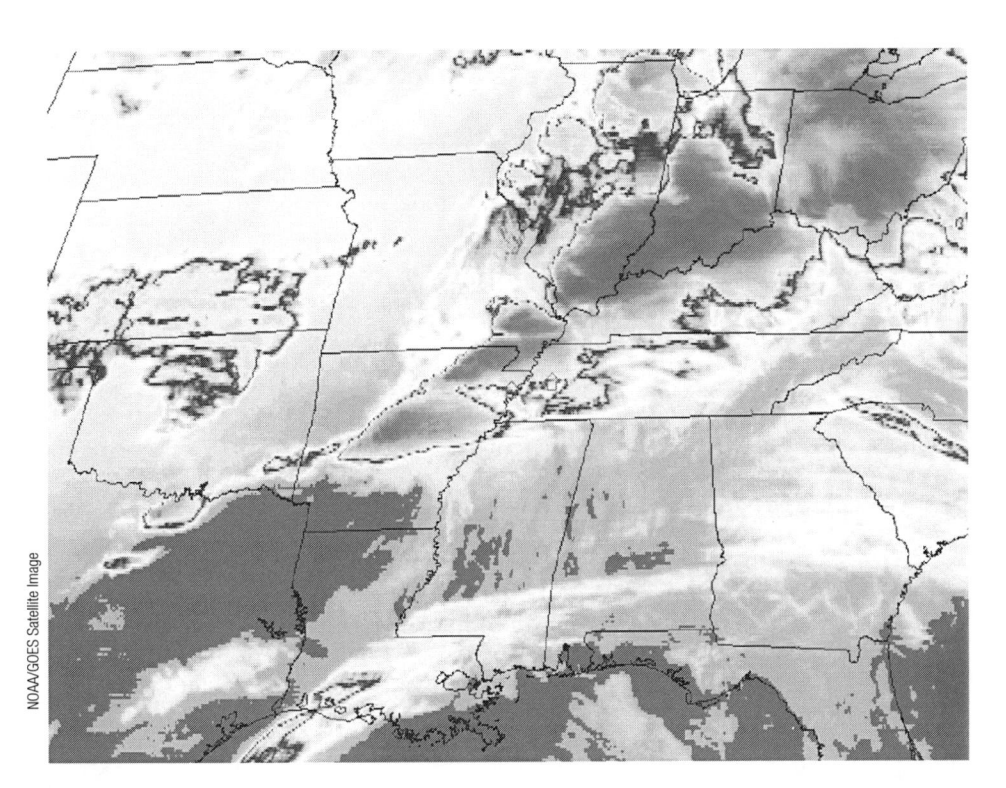

■ **FIGURA 2.29** As imagens meteorológicas de infravermelho térmico mostram padrões de frio e de calor. Nesta imagem, observamos parte do sudeste dos Estados Unidos transmitida de um satélite meteorológico norte-americano.
Por que os padrões de tempestades nas imagens meteorológicas térmicas são importantes para nós?

Sensoriamento remoto multiespectral Este tipo de sensoriamento utiliza e compara mais de um tipo de imagem do mesmo local, por exemplo, radar e imagens de IVT, ou IVP e fotos de coloração normal. Comuns nos satélites, escâneres *multiespectrais* detectam muitos tipos de energia simultaneamente e transmitem-nas para as estações receptoras na forma de imagens digitais separadas. Cada parte do espectro de energia produz informações diferentes sobre aspectos do meio ambiente. As imagens separadas, como as camadas dos mapas temáticos em um GIS, podem ser combinadas, dependendo de quais delas são necessárias para análise.

As tecnologias digitais para mapeamento, modelagem e visualização das características do nosso planeta continuam a nos fornecer dados e informações que contribuem para nossa compreensão do sistema terrestre e nos ajudam na abordagem de questões ambientais. Por intermédio de monitoramento contínuo, as mudanças globais, regionais e até mesmo locais podem ser detectadas e mapeadas. O mapeamento digital, GPS, GIS e o sensoriamento remoto revolucionaram a geografia, mas os princípios fundamentais relacionados aos mapas e à cartografia permanecem basicamente inalterados. Estejam no papel, exibidos em um monitor de computador, desenhados à mão no campo ou armazenados como uma imagem mental, os mapas e os vários tipos de representações da Terra continuam sendo ferramentas essenciais para geógrafos e outros cientistas. Muitos geógrafos estão empregados em funções lucrativas que utilizam tecnologias espaciais para compreender nosso planeta e seus meios físicos; e certamente lucrarão mais no futuro.

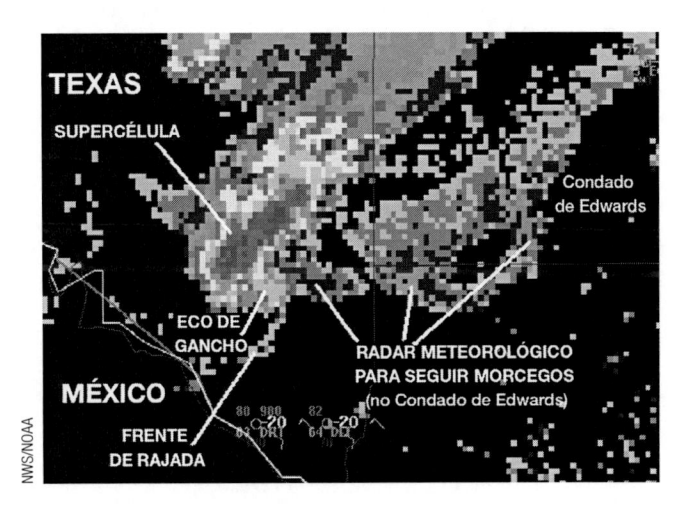

■ **FIGURA 2.30** O radar meteorológico mostra uma tempestade severa com o padrão de gancho associado a tornados. O radar também pegou reflexos de grandes grupos de morcegos que voavam entre as milhares de espécies que vivem nessa região.
Como é que as imagens de radar ajudam em situações meteorológicas de risco?

:: Termos para revisão

cartografia
coordenada geográfica
corte
curvas de nível
dados contínuos
dados discretos
declinação magnética
equador
escala
escala de fração representativa (FR)
escala gráfica (barra)
escala verbal
esferoide oblata
exagero vertical
fuso horário
gradiente
grande círculo
grau decimal
hemisfério
imagem digital
infravermelho próximo (IVP/NIR)
infravermelho térmico (IVT/TIR)
intervalo de contorno
isolinha
latitude
legenda
Linha Internacional de Data
longitude
mapa temático
mapa topográfico
meio-dia solar
meridiano
meridiano primário
modelo de elevação digital (DEM)
modelo de visualização
Municipalidade
paralelo
pequeno círculo
pixel
Polo Norte
Polo Sul
projeção afilática
projeção azimutal
projeção conforme
projeção de mapa
projeção de Mercator
projeção equidistante
projeção equivalente
radar
radar meteorológico
resolução espacial
seção
sensoriamento remoto
sensoriamento remoto multiespectral
sistema de coordenadas
Sistema de Pesquisa de Terras Públicas dos Estados Unidos
sistema de posicionamento global (GPS)
sistema geográfico de informação (GIS)
sonar

:: Questões para revisão

1. Por que os grandes círculos são úteis na navegação?
2. Por que as zonas de fuso horário foram criadas e geralmente são centradas nos 15 meridianos iguais?
3. Se você cruzar o Pacífico, voando dos Estados Unidos até o Japão, como a Linha Internacional de Data afetará a mudança do dia?
4. Com relação a tipos de localizações descritos, em que a latitude e a longitude diferem do Sistema de Pesquisa de Terras Públicas dos Estados Unidos?
5. Por que é impossível que mapas forneçam uma representação precisa da superfície terrestre? Qual é a diferença entre uma projeção conforme e uma projeção equivalente?
6. Qual é a diferença entre uma escala FR (fração representativa) e uma escala verbal de mapa?
7. O que o conceito de camadas de mapas temáticos significa num sistema geográfico de informações?
8. Quais vantagens específicas são oferecidas pelos computadores para o processo de mapeamento?
9. Qual é a diferença entre uma fotografia e uma imagem digital?
10. O que é exibido pela imagem de um radar meteorológico para nos ajudar a entender as condições de tempo?

:: Aplicações práticas

1. Selecione um local nos Estados Unidos que você gostaria muito de visitar nas férias. Você possui um mapa rodoviário, um mapa topográfico USGS e uma imagem satélite da área. Que tipos de informação você teria de uma dessas fontes que não são exibidas nas outras duas fontes? Que informações espaciais elas oferecem (visíveis nas três)?
2. Se você fosse um geógrafo de campo e quisesse o sistema de informações geográficas para criar um banco de dados ambientais de um parque ecológico (escolha um parque estadual ou nacional próximo a você), quais seriam as cinco camadas de informações mapeadas mais importantes que gostaria de obter? Quais combinações de duas ou mais camadas seriam particularmente importantes para a sua necessidade?
3. Se forem 2 horas da manhã de terça-feira em Nova York (horário da costa leste), que dia e hora serão na Califórnia (horário do Pacífico)? Que horas em Londres (GMT)? Qual é o dia e a hora em Sidney, na Austrália (151º Leste)?
4. Se 10 centímetros num mapa são iguais a 1 quilômetro no solo, qual é a escala de FR do mapa? Você pode arredondar a resposta para o milhar mais próximo. Esta é a fórmula para utilizar em conversões de escalas deste tipo: Distância no Mapa (DM) / Distância na Terra (DT) = 1 / denominador da fração representativa

5. Utilizando a janela de busca no Google Earth, vá até o coração das seguintes cidades e identifique a latitude e a longitude. Meça a latitude e a longitude utilizando graus decimais com duas casas decimais (ex.: 41,89N em oposição a 41°88'54"N). Certifique-se de que você anotou corretamente se a latitude está ao norte (N) ou ao sul (S) do equador e se a longitude está a Leste (L) ou a oeste (O) do meridiano primário.
   a. Londres, Inglaterra
   b. Paris, França
   c. Cidade de Nova York
   d. São Francisco, Califórnia
   e. Buenos Aires, Argentina
   f. Cidade do Cabo, África do Sul
   g. Moscou, Rússia
   h. Pequim, China
   i. Sidney, Austrália
   j. Sua cidade natal

Insira as seguintes coordenadas no Google Earth para identificar os locais. Vá até suas preferências no Google Earth e selecione graus decimais. Relembrando: a latitude é sempre registrada primeiro e, caso não haja nenhuma designação para N, S, L, O, os números positivos significam N ou L e os números negativos S ou O.
   a. 41.89N, 12.492L
   b. 33.857S, 151.215L
   c. 29.975N, 31.135L
   d. 90.0, 0
   e. −90.0, −90.0
   f. 27.175, 78.042
   g. 27.99 N, 86.92L
   h. 40.822N, 14.425L
   i. 48.858N, 2.295L

INTERPRETAÇÃO DE MAPA

MAPAS TOPOGRÁFICOS

O mapa

Um mapa topográfico é amplamente utilizado para descrever graficamente variações na elevação de uma área. Cada linha de contorno liga pontos de mesma elevação acima de algum dado de referência, geralmente o nível do mar. Uma grande quantidade de informações sobre relevos e terrenos pode ser interpretada com a compreensão de espaçamento e padrões das linhas de contorno dos mapas. Por exemplo, as elevações de montanhas e vales, declives íngremes e ladeiras e a direção do curso de um rio podem ser determinados por meio do estudo de um mapa topográfico. Juntamente com as linhas de contorno, muitos símbolos padronizados são utilizados em mapas topográficos para representar características de mapas, dados e informações (um guia desses símbolos está no Apêndice B).

A diferença na elevação representada pelas linhas de contorno adjacentes depende da escala do mapa e do relevo da área, que é chamada de *intervalo de contorno*. Os intervalos de contornos nos mapas topográficos geralmente são divisíveis por dez em medições de elevações. Em áreas montanhosas, intervalos maiores são necessários para evitar que os contornos fiquem muito aglomerados e se fundam visualmente. Um local mais plano pode precisar de um intervalo de contorno menor para exibir características súbitas de relevo. É uma boa prática perceber tanto a escala do mapa quanto o intervalo de contorno ao examinar um mapa topográfico desse tipo.

Lembre-se das várias regras importantes quando estiver interpretando contornos:

- Um contorno com pouco espaçamento indica um declive íngreme e os contornos espaçados indicam um declive suave.
- Contornos com espaçamentos regulares indicam um declive uniforme.
- Linhas de contorno fechadas representam uma montanha ou uma depressão.
- Linhas de contorno nunca cruzam, mas podem convergir em um despenhadeiro vertical.
- Uma linha de contorno se curvará rio acima quando cruzar um vale.

Interpretando um mapa

1. Qual é o intervalo de contorno neste mapa?
2. A escala do mapa é 1:24.000. Quantos pés são representados na superfície da terra por uma polegada?
3. Qual é a elevação mais alta no mapa? Onde está localizada?
4. Qual é a elevação mais baixa no mapa? Onde está localizada?
5. Note a cordilheira entre o Cânion Boat e o Cânion Esmeralda (C-4). Ela é mais íngreme do lado leste ou do lado oeste? Como chegou a essa conclusão?
6. Em que direção a corrente flui no Cânion Boat? Como chegou a essa conclusão?
7. A foto aérea abaixo detalha uma parte do mapa geográfico da página oposta. Qual área da foto é detalhada pelo mapa? Quão bem representadas pelos contornos estão as características físicas vistas na foto aérea?
8. Identifique algumas características culturais no mapa. Descreva os símbolos utilizados para detalhar essas características. O mapa exibido é mais antigo que a foto aérea. Você consegue identificar algumas características culturais na foto aérea não detalhadas no mapa de contorno?

Você também pode comparar este mapa topográfico com a representação da área do Google Earth. Encontre a área do mapa dando *zoom* nas coordenadas 33.565556N, 117.803889O.

Foto aérea da costa de Laguna Beach, Califórnia.

Oposto:
Laguna Beach, Califórnia
Escala 1:24.000
Intervalo de contorno = 20 pés
USGS

Grid labels

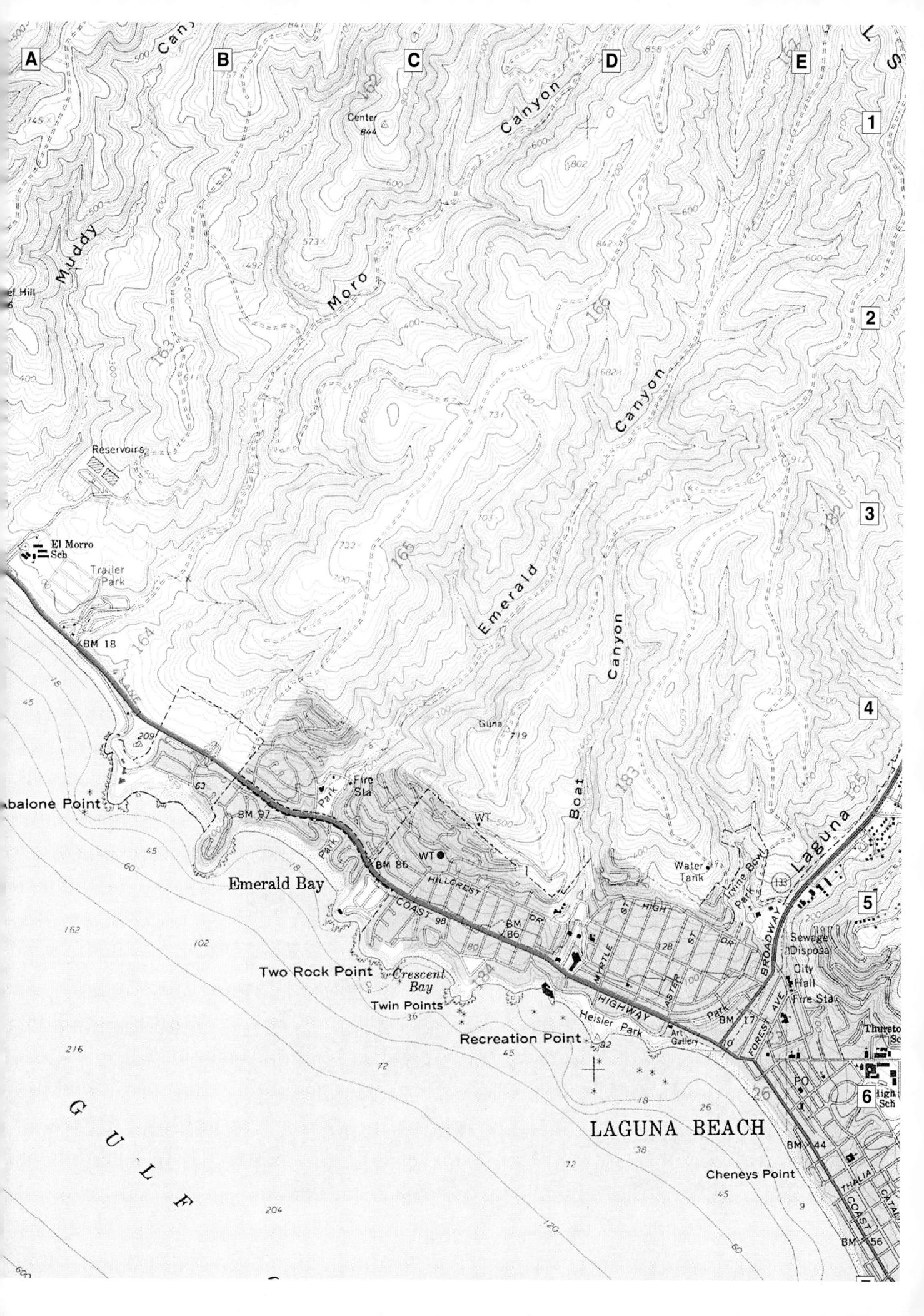

| A | B | C | D | E |

Rows: 1, 2, 3, 4, 5, 6

Map labels

- Muddy Canyon
- Moro Canyon
- Emerald Canyon
- Boat Canyon
- Laguna Canyon
- Reservoirs
- El Morro Sch
- Trailer Park
- BM 18
- Center 844
- 745
- 573
- 492
- 611
- 682
- 703
- 733
- 731
- 842
- 858
- 912
- 802
- 719 Guna
- 723
- Abalone Point
- Emerald Bay
- Two Rock Point
- Crescent Bay
- Twin Points
- Recreation Point
- Heisler Park
- Art Gallery
- Fire Sta
- Park
- BM 97
- BM 86
- WT
- Water Tank
- Irvine Bowl Park
- HILLCREST DR
- COAST HIGHWAY
- MYRTLE ST
- ASTER ST
- BROADWAY
- FOREST AVE
- City Hall
- Fire Sta
- Sewage Disposal
- PO
- High Sch
- Thurston Sch
- BM 17
- BM 23
- BM 44
- BM 56
- LAGUNA BEACH
- Cheneys Point
- THALIA
- COAST
- CATALINA
- GULF
- 133
- 163, 164, 165, 183, 185

Energia solar e aquecimento atmosférico

3

:: **Apresentação**

O sistema Terra-Sol

Características da atmosfera

Aquecimento da atmosfera

Temperatura do ar

Nosso Sol, a derradeira fonte de energia para os sistemas Terra-atmosfera.

Cortesia de SOHO/[instrument] consortium. SOHO é um projeto de cooperação internacional entre a ESA e a NASA.

:: Objetivos

Ao terminar de estudar este capítulo, você será capaz de:

- Descrever como a recepção e a distribuição de energia solar na Terra são afetadas pela relação da Terra com o Sol.
- Rever os principais gases encontrados na atmosfera.
- Conceituar como a recepção de energia solar na Terra é usada e afetada pelos principais gases atmosféricos.
- Discutir como a energia solar que chega até a superfície da Terra é transferida para a atmosfera.
- Explicar por que a água desempenha um papel tão importante na transferência de energia térmica.
- Listar as características das camadas verticais de temperatura atmosférica.
- Descrever os controles sobre a distribuição horizontal das temperaturas na superfície da Terra.

Neste capítulo, estudaremos os sistemas atmosféricos que produzem as condições ambientais conhecidas como *tempo* e *clima*. Ambos são termos familiares, no entanto, em geografia física, devemos distingui-los cuidadosamente. O **tempo** se refere às condições de elementos atmosféricos em determinado momento para uma área específica. Essa área pode ser tão grande quanto a região metropolitana de Chicago ou tão pequena e específica como uma estação de observação meteorológica. O estudo do tempo e das mudanças nas condições atmosféricas é a ciência da **meteorologia**.

Examinar as observações meteorológicas que ocorreram em um lugar há 30 anos ou mais nos dá uma boa ideia do seu clima. Frequentemente, o **clima** descreve as condições meteorológicas médias de uma área ao longo das estações do ano, considerando as variações em relação à norma ou média que são prováveis de ocorrer e sua razão. O clima também considera eventos meteorológicos extremos que podem afetar um lugar ou uma região. Por exemplo, as temperaturas médias e a precipitação ao longo das estações podem descrever o clima do sudeste dos Estados Unidos, mas também devem incluir a probabilidade de eventos, como furacões ou tempestades de neve e quando estes podem ocorrer. A **climatologia** é o estudo das variedades de climas tanto do passado quanto do presente e dos processos que produzem os diferentes climas da Terra. Ela também lida com a classificação dos tipos de climas, suas características meteorológicas sazonais, sua distribuição e a extensão das regiões climáticas.

Cinco *elementos* atmosféricos básicos são os "ingredientes" de tempo e do clima: (1) energia solar (*insolação*); (2) temperatura; (3) pressão; (4) vento; e (5) precipitação. As previsões meteorológicas geralmente incluem a temperatura do momento, a variação provável de temperatura, uma descrição da nebulosidade, a possibilidade de precipitação, a pressão atmosférica e a velocidade e direção do vento. Todos esses elementos são importantes para a compreensão e a classificação do tempo e do clima.

A energia solar impulsiona os sistemas atmosféricos de modo que a *insolação* que um lugar recebe seja o fator mais importante, porque os outros quatro elementos dependem, em parte, da intensidade e da duração da energia solar. Vamos primeiro focar nossa atenção nas relações entre a Terra e o Sol e na temperatura, que é o produto inicial da insolação. Os outros três elementos serão analisados nos próximos capítulos.

O sistema Terra-Sol

A energia do Sol origina-se da fusão (reação termonuclear) que ocorre sob pressão extremamente alta e com temperaturas superiores a 15.000.000 ºC (27.000.000 ºF). Dois átomos de hidrogênio se fundem para formar um átomo de hélio em um processo semelhante à explosão de uma bomba de hidrogênio (■ Figura 3.1). A energia deixa o Sol na forma de **energia eletromagnética**, que viaja pelo espaço vazio na velocidade da luz em

■ **FIGURA 3.1** (a) A explosão de uma bomba de hidrogênio é criada por fusão termonuclear. (b) Essa mesma reação alimenta o Sol.
Que elementos controlam uma reação de fusão?

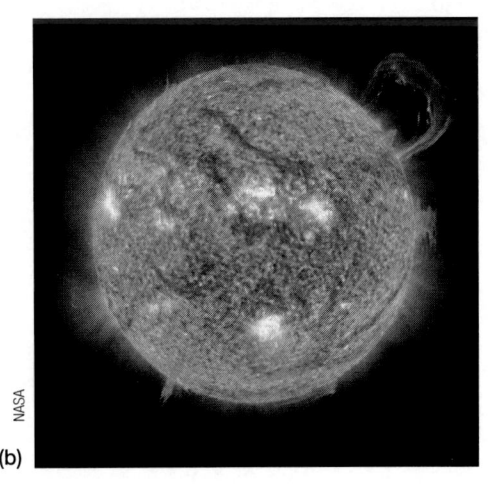

PERSPECTIVA AMBIENTAL DA GEOGRAFIA
:: ENERGIA SOLAR PASSIVA

Quando pensamos em usar a energia solar para aquecer edifícios ou gerar eletricidade, muitas vezes nos defrontamos com tecnologias complexas. Muito antes de as células fotovoltaicas serem inventadas, as pessoas tentavam regular a temperatura de suas casas com estratégias chamadas de uso passivo da energia solar. Hoje, essas estratégias ainda são importantes para a economia de energia. Nos edifícios, é essencial saber para qual direção cardinal cada lado da estrutura está virado e como os ângulos solares diários e sazonais iluminam essa estrutura.

O conceito é muito simples. Em princípio, a luz do Sol deve inundar sua casa com energia solar no inverno, adicionando mais calor durante a estação fria. Depois, deve-se limitar a quantidade de insolação que entra na casa durante o verão para manter o interior mais fresco durante os meses mais quentes, permitindo ainda que a luz do Sol ilumine o ambiente. Arquitetos ambientalmente conscientes fazem isso ajustando a quantidade e a dimensão das janelas de uma casa, considerando a direção de cada uma delas projetando beirais de telhado adequados nos lados que recebem luz solar direta. A ideia é permitir que a luz solar direta incida pelas janelas quando ele estiver mais baixo no céu durante o inverno e sombrear as mesmas janelas quando o Sol estiver mais alto no céu durante o verão. Nas latitudes médias do Hemisfério Norte, as janelas de face sul e oeste são as que precisam de mais sombreamento no verão.

Conhecer tanto a latitude da habitação ou prédio quanto a forma como o ângulo de incidência da luz solar mudará ao longo do ano naquele local é o primeiro passo. A Figura 1 mostra os ângulos máximo e mínimo do Sol em um local na latitude 40°N.

No sudoeste, os primeiros nativos norte-americanos, como muitas culturas ancestrais, conheciam os benefícios do projeto solar passivo em suas moradias. O Palácio Cliff, em Mesa Verde, no estado norte-americano do Colorado, é um exemplo incrível de penhasco-moradia de 800 anos de idade. Lá, o teto da caverna e os beirais naturais funcionam do mesmo modo que no projeto de casa ambientalmente consciente. A luz direta do Sol adentra as estruturas durante o inverno e a saliência do penhasco fornece sombra para a habitação durante o verão.

Usando esse conhecimento, podemos fazer algumas coisas simples para economizar dinheiro com aquecimento e refrigeração dos ambientes. Considerando os princípios solares passivos, o uso de cortinas, persianas ou venezianas pode fazer grande diferença na conservação e na economia de energia.

Projetos modernos de moradias contemplam mudanças sazonais do ângulo do Sol. O diagrama mostra os ângulos máximo e mínimo do Sol ao meio-dia na latitude 40° N. No verão, quando o Sol encontra-se alto, a janela fica na sombra, mas a luz incide diretamente dentro da casa quando ele está mais baixo.

O Palácio Cliff no Parque Nacional Mesa Verde, no Colorado, Estados Unidos, mostra que os indígenas usavam a energia solar passiva nas construções de suas moradias sob penhascos naturais.

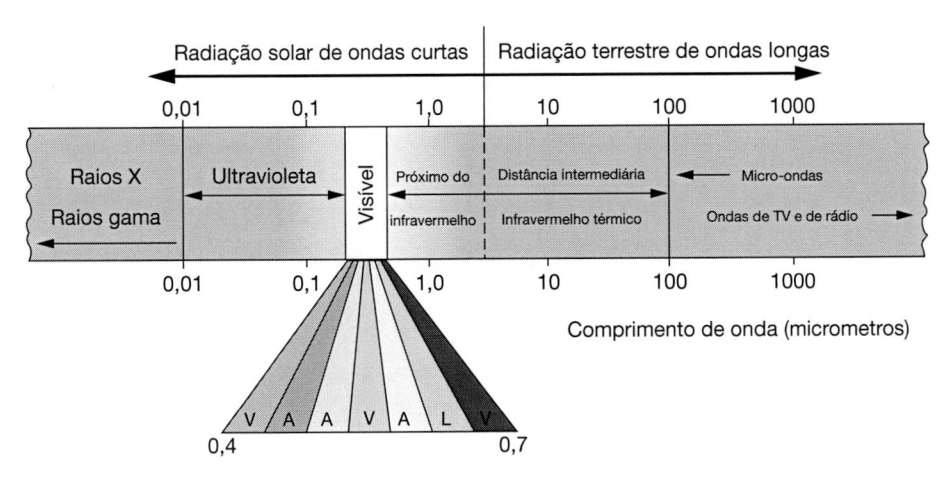

■ **FIGURA 3.2** A radiação solar viaja em direção a Terra em um amplo espectro de comprimentos de onda, que são medidos em micrômetros (μm). Um μm é um milionésimo de metro. O olho humano vê comprimentos de onda entre 0,4 e 0,7 micrômetros (luz visível). A radiação solar é em ondas curtas (luz), enquanto a radiação terrestre (Terra) está em comprimentos de onda longas (calor ou infravermelho térmico).
Os sinais de rádio são considerados radiação de ondas longas ou curtas?

diferentes comprimentos de onda (■ Figura 3.2). A luz do Sol leva cerca de 8,3 minutos para chegar à Terra. Aproximadamente 9% da energia solar é composta por *raios gama, raios X* e *radiação ultravioleta*, que têm comprimento de onda menor que a luz visível. Esses comprimentos de onda invisíveis podem afetar os tecidos do corpo humano. A absorção de muitos raios X pode ser perigosa e a exposição excessiva à luz ultravioleta pode provocar queimaduras de Sol, sendo a principal causa de câncer de pele. Por volta de 41% do espectro solar chega na forma de luz visível aos humanos, e cada cor é diferenciada por uma faixa de comprimento de onda. Em torno de 49% da energia irradiada pelo Sol são comprimentos de onda maiores que os da luz visível; desses, os comprimentos de onda menores são conhecidos como *luz no infravermelho próximo*. A energia emitida em ondas muito mais compridas, também chamada de *infravermelho térmico*, é sentida como calor. O último 1% da radiação solar cai na faixa dos comprimentos das micro-ondas, das ondas de TV e de rádio.

Juntos, raios gama, raios X, ultravioleta, luz visível e infravermelha próxima são muitas vezes chamados de **radiação de ondas curtas**. A partir do infravermelho térmico, os comprimentos mais longos de energia são chamados de **radiação de ondas longas**. Com os avanços tecnológicos, aprendemos a aproveitar algumas faixas de frequência de onda eletromagnética para benefício próprio. Nas comunicações, empregamos ondas de rádio, de micro-ondas e de TV; na saúde, usamos os raios X. No monitoramento remoto e na defesa nacional, a luz visível é necessária para fotografia e imagens de satélite feitas no espectro visível. Os radares usam as micro-ondas para detectar padrões atmosféricos, monitorar aeronaves e diversos outros objetos. Sensores de infravermelho térmico nos ajudam a detectar diferenças de temperatura causadas por incêndios florestais (mesmo através da fumaça), temperatura da atmosfera e dos oceanos, atividade vulcânica e outras variações ambientais relacionadas a diferenças de temperatura.

O Sol irradia energia para o espaço a uma taxa quase constante. Na sua borda externa, a atmosfera terrestre captura pouco menos de 2 calorias por centímetro quadrado por minuto da energia solar. Uma **caloria** é a energia necessária para elevar a temperatura de 1 grama de água em 1 °C. Podemos expressar essa noção também em unidades de potência – no caso, cerca de 1.370 *watts* por metro quadrado. A taxa de energia solar recebida pela Terra é conhecida como **constante solar** e foi medida fora da atmosfera da Terra por satélites. A atmosfera afeta a quantidade de radiação solar que chega à superfície da Terra porque as nuvens absorvem parte dessa energia, então a outra parte é refletida de volta ao espaço e uma porcentagem é difundida em direção e para longe da Terra. Se a Terra não tivesse atmosfera, a energia solar recebida em um local e um período específicos teria um valor constante determinado pela latitude.

Ângulo do Sol, duração e insolação

Reconhecer a uniformidade da constante solar nos leva diretamente a uma discussão sobre por que a intensidade dos raios do Sol varia de um lugar para outro e conforme as estações do ano. Variações sazonais de temperatura são causadas primariamente por diferenças na quantidade e na intensidade da radiação solar recebida pelos vários pontos na Terra, chamada **insolação** (radiação solar recebida). A insolação não é a mesma em todos os pontos da Terra por muitas razões, mas duas importantes influências resultam dos movimentos da Terra de *rotação* ao redor do seu eixo e de *translação* ao redor do Sol, que afetam a duração do dia e o ângulo de incidência dos raios solares. A duração do dia controla a duração da incidência da radiação solar, e o ângulo de incidência dos raios do Sol afeta a intensidade da radiação solar recebida. Juntas, a intensidade e a duração de radiação são os principais fatores que afetam a insolação recebida em qualquer local na superfície da Terra.

Desse modo, a insolação em dado local será maior se (1) o Sol brilhar mais diretamente; (2) o Sol brilhar por mais tempo; ou (3) ambos. A intensidade da radiação solar recebida em dado momento varia de lugar para lugar porque a Terra apresenta uma superfície esférica à insolação. Portanto, somente uma linha de latitude na superfície da Terra em rotação pode receber radiação em ângulos retos, enquanto o resto recebe insolação em ângulo menor que 90º. Conforme a ■ Figura 3.3, a energia solar que incide em um local quase verticalmente é mais intensa e se espalha melhor em uma área menor quando comparada à mesma quantidade que incide na superfície em um ângulo oblíquo. Além disso, os gases atmosféricos interagem com a energia solar e diminuem a insolação que atinge a superfície. Os raios oblíquos têm de atravessar uma distância maior de atmosfera que os raios verticais, causando a perda de mais insolação no processo. A ■ Figura 3.4 mostra a intensidade da energia solar total em latitudes diferentes quando a radiação mais direta (com ângulos maiores que 90º) incide na linha do Equador.

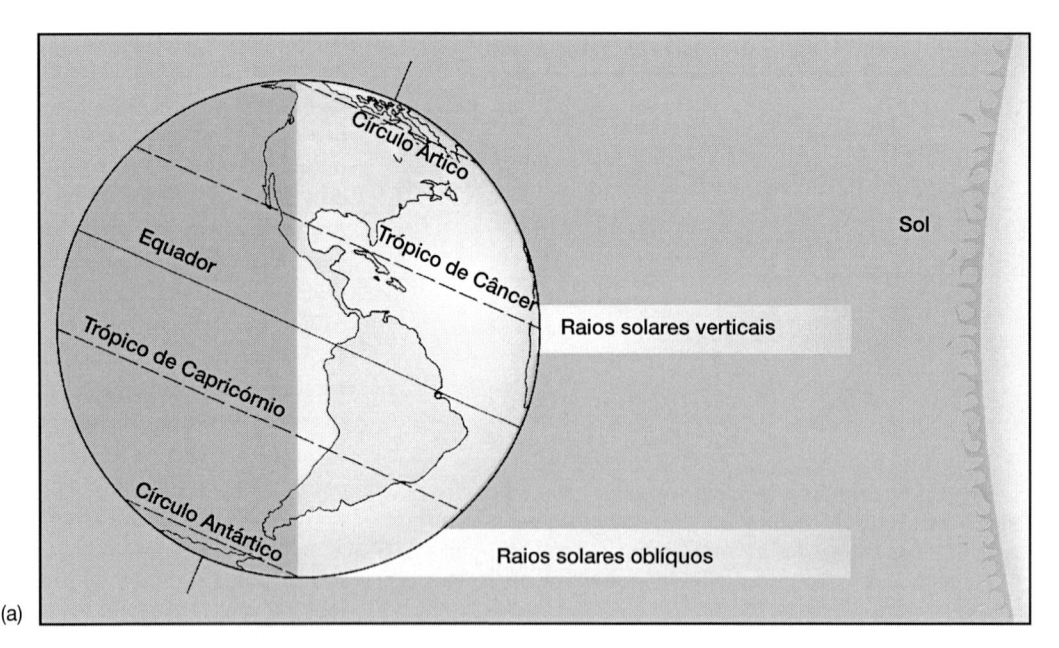

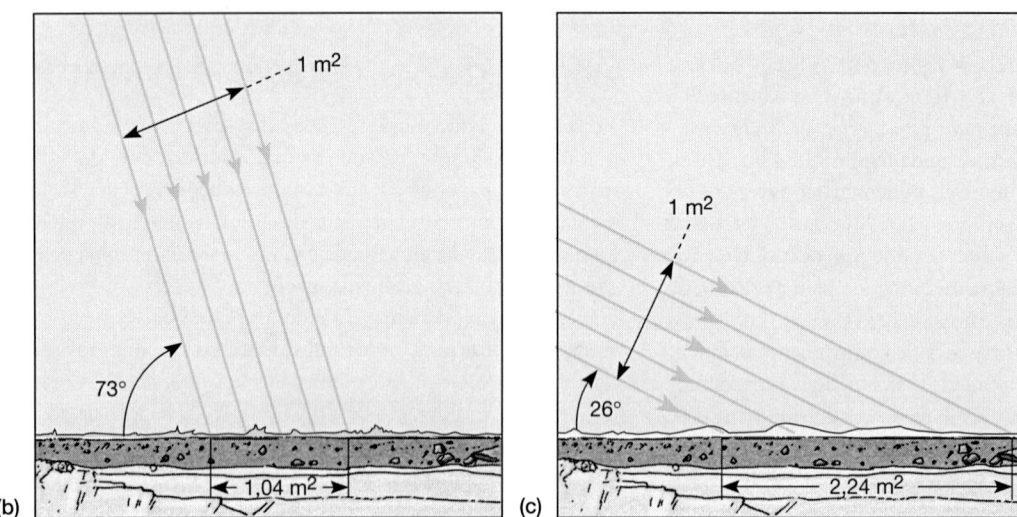

■ **FIGURA 3.3** (a) O ângulo em que os raios do Sol incidem na superfície da Terra determina a quantidade de energia solar recebida por unidade de área. Essa quantidade, por sua vez, afeta as estações do ano. O diagrama representa a situação em junho, quando a radiação solar atinge a superfície perpendicularmente na latitude 23°30' norte, criando condições de verão no Hemisfério Norte. No Hemisfério Sul, os raios do Sol são mais oblíquos e se espalham por áreas maiores, recebendo menos energia por unidade de área, características do inverno. Raios do Sol no verão (b) e no inverno (c). No verão, o Sol aparece alto no céu e seus raios atingem a Terra mais diretamente, espalhando-se menos. No inverno, o Sol está mais baixo no céu e seus raios se espalham por uma área muito maior, tornando-se menos eficazes no aquecimento do solo.

Nenhuma insolação é recebida durante a noite e a duração da energia solar está relacionada à quantidade de horas de luz do Sol recebida nos vários pontos da Terra (Tabela 3.1). Obviamente, quanto maior o período de luz do dia, maior será a quantidade de radiação solar recebida no local. A duração do período de luz do dia varia conforme a estação do ano, bem como de lugar.

As estações do ano

À medida que entramos na discussão das estações do ano, recomendamos que você leia a seção de revisão *Plano da eclíptica,* *paralelismo e ângulo de inclinação* no capítulo 1. Como veremos em breve, as estações do ano são causadas pela inclinação de 23°30' da linha do equador da Terra em relação ao plano da eclíptica (veja a Figura 1.24) e pelo paralelismo do eixo mantido conforme a Terra gira ao redor do Sol. Por volta de 21 de junho, a Terra encontra-se numa posição orbital em que o eixo polar norte está inclinado em direção ao Sol num ângulo de 23°30'. Nessa data, ao meio-dia, na latitude 23°30' N, os raios do Sol estarão exatamente sobre nossa cabeça e incidirão sobre a superfície num ângulo de 90°. No Hemisfério Norte, esse dia do ano é chamado de **solstício** de verão. Note, na posição A mostrada na ■ Figura 3.5, que os Hemisférios Norte e Sul recebem

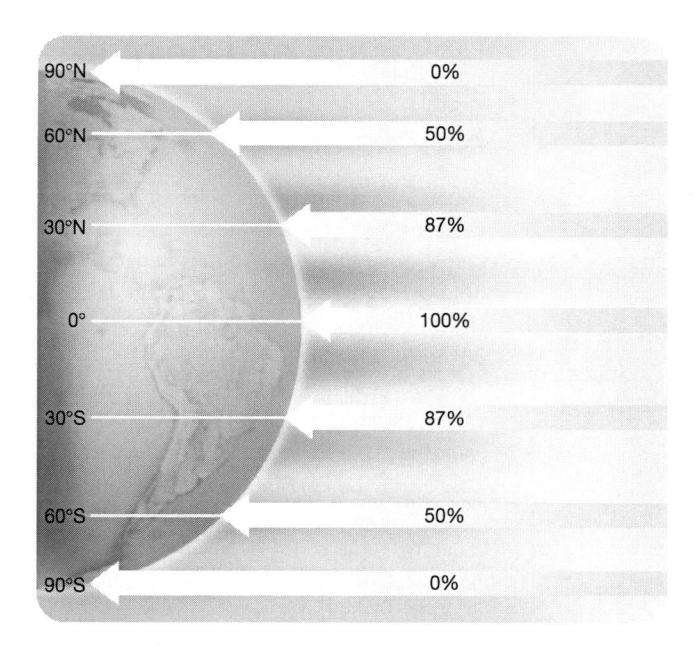

■ **FIGURA 3.4** O percentual de radiação solar (insolação) que atinge as várias latitudes, enquanto os raios diretos incidem no equador.
Qual a diferença de energia solar recebida na latitude 60° em relação à recebida no equador?

chamado solstício de inverno no Hemisfério Sul. Dessa forma, 21 de junho é o dia mais longo do ano no Hemisfério Norte (com os maiores ângulos de raios solares) e o dia mais curto no Hemisfério Sul (e com os menores ângulos de incidência dos raios solares no ano).

Imagine a Terra se deslocando de sua posição no solstício de junho em direção à sua posição três meses mais tarde, em setembro. Conforme a Terra se dirige à nova posição, pense nas mudanças que estarão ocorrendo nessas três cidades. Na Baía de Repulse, as noites se tornarão mais longas, passando por julho, agosto e setembro. Em Nova York, o pôr do sol acontecerá mais cedo. Em Buenos Aires, a situação será oposta: segundo a Terra se move em direção à sua posição de setembro, a duração do dia no Hemisfério Sul vai começar a ficar mais longa e as noites mais curtas.

Por volta de 22 de setembro, a Terra atingirá a posição conhecida como **equinócio** (do latim: *aequus*, igual; *nox*, noite). Nessa data (equinócio de outono no Hemisfério Norte), o dia e a noite terão a mesma duração em todos os pontos na Terra. Assim, no equinócio, as condições são idênticas nos dois hemisférios. Como pode ser visto na ■ Figura 3.6, posição B, o eixo da Terra não aponta nem para o Sol nem se distancia dele (imagine que o eixo esteja apontado para o leitor); o círculo de iluminação passa por ambos os polos e corta a Terra na metade, ao longo de seu eixo.

Imagine novamente a translação e a rotação da Terra ao mover-se da posição em 22 de setembro para uma nova posição uns três meses depois, em dezembro. Veremos que, na Baía de Repulse a duração das noites ficará ainda maior, até que no solstício de inverno, que ocorre por volta de 21 de dezembro, essa cidade, localizada no extremo norte, terá 24 horas de noite (Figura 3.5, posição C). A única luz natural que Baía de Repulse verá será um tênue brilho ao meio-dia refletido do Sol logo abaixo da linha do horizonte. Em Nova York, de modo semelhante, os dias se tornarão mais curtos, e o Sol se porá mais cedo. Mais uma vez, veremos que, em Buenos Aires, a situação é inversa. Por volta de 21 de

quantidades desiguais de luz do Sol, porque, conforme a Terra gira nessas condições, uma parcela maior do Hemisfério Norte recebe luz do dia. Por outro lado, uma parcela maior do Hemisfério Sul permanece no escuro. Assim, a Baía de Repulse, no Canadá, ao norte do Círculo Polar Ártico, experimenta um total de 24 horas de luz do dia no solstício, em junho. No mesmo dia, uma pessoa na cidade de Nova York tem mais horas com luz do dia que horas de noite. No entanto, a cidade de Buenos Aires, na Argentina, passa a ter mais horas de noite que de dia nessa data. Esse dia é

TABELA 3.1
Duração do dia em algumas latitudes

	Duração do dia (Hemisfério Norte) (leia abaixo)		
LATITUDE (EM GRAUS)	**20 MAR. / 22 SET.**	**21 JUN.**	**21. DEZ.**
0,0	12 h	12 h	12 h
10,0	12 h	12 h 35 min	11 h 25 min
20,0	12 h	13 h 12 min	10 h 48 min
23,5	12 h	13 h 35 min	10 h 41 min
30,0	12 h	13 h 56 min	10 h 4 min
40,0	12 h	14 h 52 min	9 h 8 min
50,0	12 h	16 h 18 min	7 h 42 min
60,0	12 h	18 h 27 min	5 h 33 min
66,5	12 h	24 h	0 h
70,0	12 h	24 h	0 h
80,0	12 h	24 h	0 h
90,0	12 h	24 h	0 h
LATITUDE	**20 MAR. / 22 SET.**	**21 DEZ.**	**21 JUN.**
Duração do dia (Hemisfério Sul) (leia acima)			

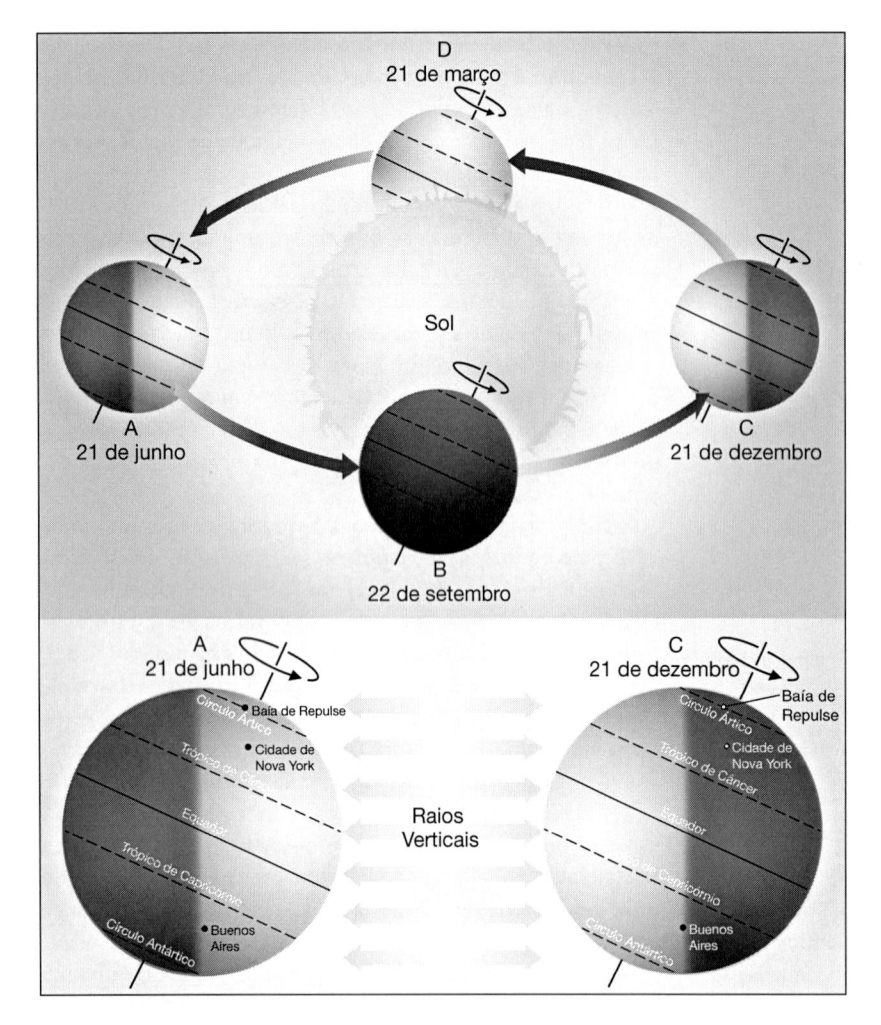

FIGURA 3.5 Relações geométricas entre a Terra e o Sol durante os solstícios, em junho e dezembro. Observe a variação da duração do dia nos solstícios de verão e de inverno nos Hemisférios Sul e Norte.

Linhas de latitude que demarcam a energia solar

Olhando os diagramas da Terra em suas várias posições, conforme gira ao redor do Sol, podemos notar que o ângulo de inclinação é importante. Em 21 de junho, o plano da eclíptica encontra-se diretamente sobre a latitude 23°30'N. Os raios do Sol chegam a 23°30' além do Polo Norte, banhando-o em luz solar. O Círculo Polar Ártico, a linha imaginária traçada em torno da latitude 23°30' a partir do Polo Norte (ou em 66,5° ao norte da linha do equador), marca esse limite. Podemos ver nos diagramas que todos os pontos sobre ou ao norte do **Círculo Polar Ártico** não terão noite no solstício de junho e que todos os pontos ao sul do Círculo Polar Ártico terão alguma escuridão nesse dia. O **Círculo Polar Antártico** no Hemisfério Sul (23°30' ao norte do Polo Sul, ou 66°30' ao sul da linha do equador) marca um limite parecido.

Além disso, podemos observar nos diagramas que os **raios verticais (diretos)** do Sol (que incidem sobre a superfície terrestre em ângulo reto) mudam de posição em relação aos polos e ao equador conforme a Terra gira ao seu redor. Na época do solstício de junho, os raios do Sol estão verticais, ou diretamente sobre nossa cabeça, ao meio-dia, na latitude 23°30' ao norte da linha do equador. Essa linha imaginária ao redor da Terra marca a posição mais ao norte, em que os raios solares estarão diretamente em cima da nossa cabeça durante uma translação completa do nosso planeta ao redor do Sol. A linha imaginária que demarca esse limite é o **Trópico de Câncer** (latitude 23°30'N). Seis meses mais tarde, no solstício de dezembro, os raios solares estarão verticais e o Sol do meio-dia se apresentará exatamente acima de nossa cabeça na latitude 23,5° ao sul da linha do equador. A linha imaginária que demarca esse limite é o **Trópico de Capricórnio** (latitude 23°30'S). Nos equinócios de março e de setembro, os raios solares verticais incidirão diretamente sobre o equador; o Sol do meio-dia estará exatamente em cima da nossa cabeça e em todos os pontos dessa linha (latitude 0°).

Note também que, em qualquer dia do ano, os raios do Sol incidirão sobre a Terra num ângulo de 90° em apenas uma posição latitudinal, sobre ou entre as duas linhas dos trópicos. Nesse dia, todas as outras posições receberão os raios do Sol num ângulo menor que 90° (ou podem não receber nenhuma luz solar). A latitude em que o Sol do meio-dia se encontra exatamente sobre nossa cabeça é conhecida como **declinação** do Sol. A ■ Figura 3.7 é um exemplo de um *analema*, um gráfico em forma de número 8 assimétrico, geralmente desenhado sobre globos para mostrar a declinação do Sol ao longo do ano.

dezembro, a cidade terá seu solstício de verão e as condições serão bem parecidas com as da cidade de Nova York em junho.

Do final de dezembro até o final de março, a Baía de Repulse vai ganhando dias mais longos, assim como Nova York, enquanto em Buenos Aires as noites se tornarão mais longas. Então, por volta 21 de março, a Terra estará novamente numa posição de equinócio (da primavera no Hemisfério Norte) semelhante à de setembro (Figura 3.6, posição D). Mais uma vez, os dias e as noites terão duração igual em toda a Terra (12 horas cada).

Por fim, passando-se mais três meses até o solstício de junho, onde começamos, a Baía de Repulse e a cidade de Nova York terão dias mais longos que as noites. O Sol se põe mais cedo em Buenos Aires até ou por volta de 21 de junho. A Baía de Repulse e Nova York terão seu dia mais longo do ano e Buenos Aires, o menos longo. Além disso, podemos ver que, por volta de 21 de junho, um ponto no Círculo Polar Antártico, no Hemisfério Sul, terá seu solstício de inverno semelhante ao da Baía de Repulse, em 21 de dezembro (Figura 3.5, posição A). Não haverá luz do dia em 24 horas, exceto a que aparece ao meio-dia como um fraco brilho do crepúsculo no céu.

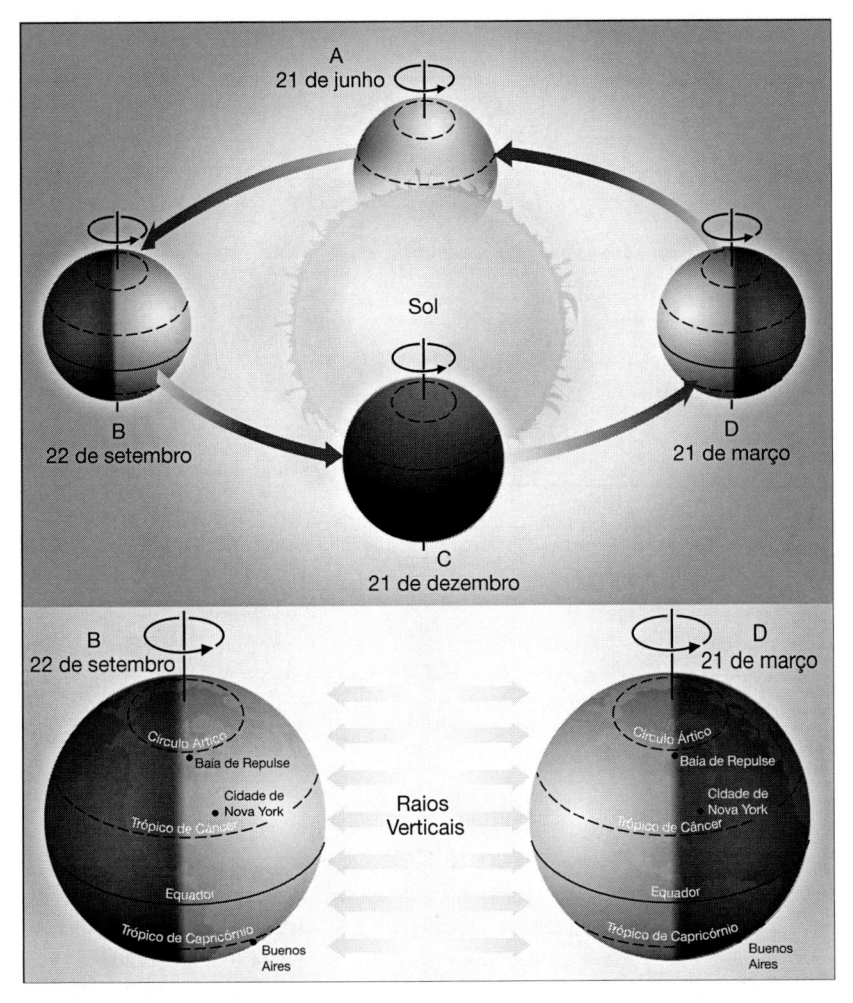

■ **FIGURA 3.6** Relações geométricas entre a Terra e o Sol nos equinócios de março e de setembro. A duração do dia e da noite é de 12 horas em todos os lugares porque o círculo de iluminação cruza o equador em ângulos retos e atravessa ambos os polos.
Se o eixo da Terra não fosse inclinado, ainda assim existiriam variações latitudinais de temperatura? Haveria estações do ano?

No Hemisfério Norte, tomamos o Trópico de Câncer e o Círculo Polar Ártico como linhas divisórias de três dessas zonas distintivas. A área entre a linha do equador e o Trópico de Câncer pode ser chamada *zona tropical norte*. Nessa área, a insolação é sempre alta, mas é maior quando o Sol encontra-se exatamente sobre nossa cabeça ao meio-dia. Isso ocorre duas vezes ao ano e essas datas variam de acordo com a latitude (veja novamente a Figura 3.7). A *zona de latitudes médias norte* (ou zona temperada) é a faixa entre o Trópico de Câncer e o Círculo Polar Ártico. Nesse cinturão, a insolação é maior no solstício de junho, quando o Sol atinge seu ângulo mais alto ao meio-dia e o período em que o dia é mais longo. A insolação é menor no solstício de dezembro, quando o Sol encontra-se no ponto mais baixo no céu e a duração do dia é mais curta. A *zona polar norte*, ou *zona polar ártica*, estende-se desde o Círculo Polar Ártico até o polo. Nessa região, a insolação é maior no solstício de junho, mas cessa durante o período em que os raios do Sol são bloqueados completamente pela inclinação do eixo da Terra. Esse período tem a duração de seis meses no Polo Norte, mas é tão curta quanto a duração de um único dia no Círculo Polar Ártico.

Da mesma forma, existem uma *zona tropical sul*, uma *zona de latitudes médias sul* e uma *zona polar sul*, ou *zona polar antártica*, todas separadas pelo Trópico de Capricórnio e pelo Círculo Polar Antártico, no Hemisfério Sul. Essas áreas recebem seus períodos de maior insolação nas épocas do ano exatamente opostas às de suas contrapartes do Hemisfério Norte.

Variações de insolação conforme a latitude

Ignorando por ora a influência da atmosfera na variação da insolação em um período de 24 horas, a quantidade de energia recebida começa após o amanhecer e aumenta à medida que a Terra gira em direção ao meio-dia solar. Um lugar receberá sua maior insolação ao meio-dia solar, quando o Sol atingiu seu zênite, ou ponto mais alto no céu, naquele dia. A insolação então diminui conforme o ângulo do Sol baixa em direção ao período da noite. Obviamente, em qualquer local, nenhuma insolação é recebida durante a noite.

Três padrões distintos ocorrem na distribuição latitudinal do recebimento sazonal da energia solar em cada hemisfério. Esses padrões servem de base para o reconhecimento de seis zonas latitudinais ou faixas de insolação e de temperatura que circundam a Terra (■ Figura 3.8).

Características da atmosfera

A atmosfera tem um profundo efeito sobre a quantidade de energia solar recebida para aquecer a Terra e fornecê-la a seus sistemas ambientais. Conhecer a estrutura e a composição da atmosfera nos ajudará a entender os processos de interação da insolação com o ar e a superfície da Terra.

Composição da atmosfera

A atmosfera se estende até cerca de 480 km (300 milhas) acima da superfície da Terra. Sua densidade diminui rapidamente conforme a altitude aumenta; na verdade, 97% do ar encontra-se concentrado aproximadamente nos primeiros 25 km (16 milhas). A atmosfera é composta por diversos gases (Tabela 3.2). A maior parte desses gases permanece na mesma proporção,

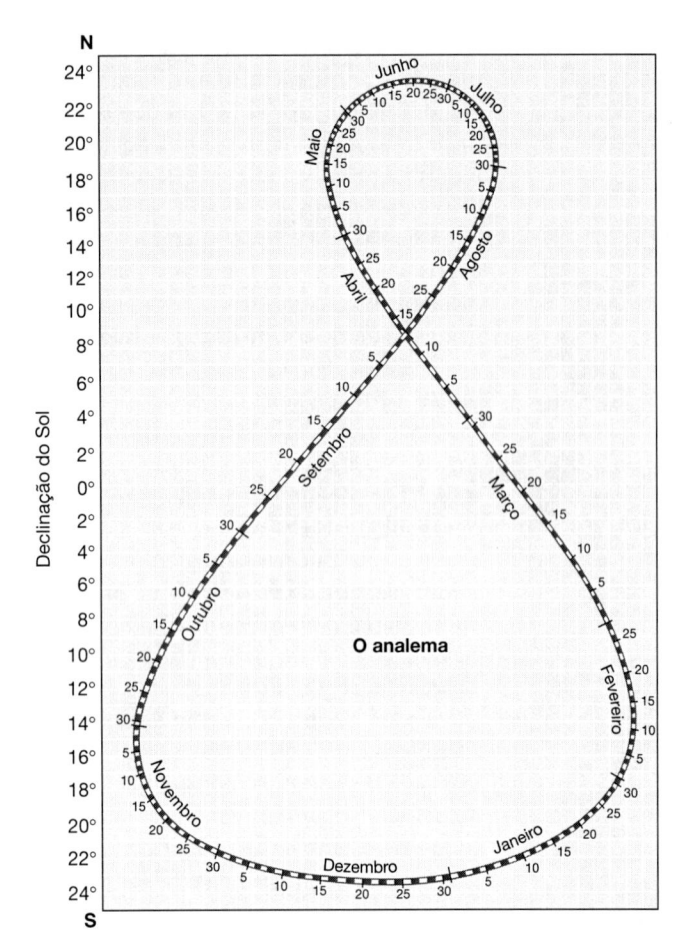

■ **FIGURA 3.7** Um analema é usado para localizar a declinação solar (posição latitudinal) vertical do meio-dia em cada dia do ano.
Qual é a declinação do Sol em 30 de outubro?

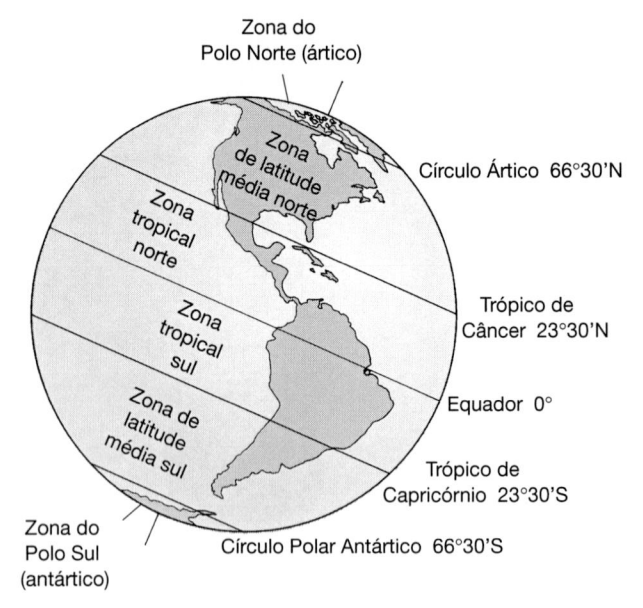

■ **FIGURA 3.8** O equador, os Trópicos de Câncer e de Capricórnio e os Círculos Polares Ártico e Antártico definem seis zonas latitudinais com características distintas de insolação.
Que zona(s) teria(m) a menor variação anual em insolação? Por quê?

Gases abundantes

Dos gases presentes na atmosfera, o nitrogênio (N_a) representa a maior parte do ar. Ele tem suma importância no crescimento das plantas. Além disso, alguns dos outros gases atmosféricos são vitais para o desenvolvimento e a manutenção da vida. Um dos mais importantes entre esses gases é o oxigênio (O_2), que os seres humanos e todos os animais usam na respiração e na oxidação (queima) dos alimentos que consomem. A *oxidação*, a combinação química do oxigênio com outras substâncias para gerar novos produtos, também ocorre além da vida animal. A rápida oxidação acontece quando queimamos combustíveis fósseis ou madeira, o que libera grandes quantidades de energia térmica. São exemplos de oxidação lenta a degradação de certas rochas ou detritos orgânicos e o desenvolvimento da ferrugem. Todos esses processos dependem da presença do oxigênio na atmosfera. O terceiro gás mais abundante na nossa atmosfera é o argônio (Ar). Trata-se de um gás inerte que, portanto, nem ajuda nem atrapalha a vida na Terra.

independentemente da densidade atmosférica. Um pouco mais de 78% do volume da atmosfera é composto por nitrogênio e aproximadamente 21% é de oxigênio. O argônio compreende a maior parte do 1% restante. A porcentagem de dióxido de carbono na atmosfera vem aumentando ao longo do tempo, mas ainda representa pouco menos de 0,04% do volume. Existem traços de outros gases, como ozônio, hidrogênio, neônio, xenônio, hélio, metano e óxido nitroso.

TABELA 3.2
Composição da atmosfera próxima à superfície da Terra

Gases constantes			Gases e partículas	
Gás	Símbolo	Percentual (por volume) de ar seco	Gases (e partículas)	Símbolo
Nitrogênio	N_2	78,08	Vapor de água	H_2O
Oxigênio	O_2	20,95	Dióxido de carbono	CO_2
Argônio	Ar	0,93	Metano	CH_2
Neônio	Ne	0,0018	Óxido nitroso	N_2O
Hélio	He	0,0005	Ozônio	O_3
Hidrogênio	H_2	0,0006	Partículas (poeira, fuligem etc.)	
Xenônio	X_2	0,000009	Clorofluorcarbonetos	

Água, materiais particulados e aerossóis

A água no estado de vapor é o gás que mais alterna na atmosfera. Sua presença varia de 0,02% em climas frios e secos até mais de 4% nos trópicos úmidos. Modos de expressar a quantidade de vapor de água na atmosfera serão discutidos na seção sobre umidade, mas é importante notar que as variações desse percentual ao longo do tempo e em diferentes localidades são uma importante consideração na análise e na comparação de climas.

O vapor de água também absorve calor na baixa atmosfera, retardando a rápida perda de calor pela Terra, e desempenha um importante papel no isolamento da atmosfera. Além de vapor de água, existem água líquida na atmosfera, na forma de chuva, gotículas nas nuvens, névoa e nevoeiro. A água sólida existe na atmosfera como cristais de gelo, neve, granizo e saraivada.

Os *materiais particulados* são partículas sólidas em suspensão na atmosfera. Os *aerossóis* são materiais sólidos ou líquidos em suspensão na atmosfera, que incluem partículas sólidas gotículas de líquidos e/ou cristais de gelo compostos de outros produtos químicos e de água. Por exemplo, cristais de dióxido de enxofre (SO_2) são aerossóis atmosféricos. Os materiais particulados podem ser considerados aerossóis, mas nem todos os aerossóis são necessariamente materiais particulados. Ambos podem ser poluentes oriundos das atividades de transporte e das indústrias, mas em sua maioria são substâncias que existem naturalmente em nossa atmosfera (■ Figura 3.9). Os materiais particulados, como poeira, fumaça, pólen e esporos, emissões vulcânicas, bactérias e sais provenientes da maresia, podem desempenhar um papel importante na absorção de energia e na formação de gotas de chuva.

Dióxido de carbono

Excluindo-se o vapor de água, o dióxido de carbono é o quarto gás mais abundante na atmosfera. O papel dele no sistema conhecido como *ciclo do carbono* vem sendo estudado há várias gerações. As plantas, por meio de um processo conhecido como **fotossíntese**, usam luz solar (radiação ultravioleta, principalmente) como a força motriz para combinar o dióxido de carbono com a água para produzir carboidratos (açúcares e amidos), em que a energia, derivada originalmente do Sol, é armazenada e utilizada pelos vegetais (■ Figura 3.10). O oxigênio é produzido como um subproduto desse processo. Os animais, então, usam o oxigênio para oxidar os carboidratos, liberando a energia armazenada. Um subproduto desse processo nos animais é a liberação de dióxido de carbono, o que completa o ciclo quando este é usado pelas plantas na fotossíntese.

Nos últimos anos, os geocientistas correlacionaram o dióxido de carbono às mudanças de longo prazo na temperatura atmosférica

■ **FIGURA 3.9** As erupções vulcânicas, como esta no Monte Etna, na Itália, adicionam uma diversidade de gases, partículas, aerossóis e vapor de água na atmosfera. Esta imagem foi obtida pelos astronautas da Estação Espacial Internacional.
De que outras formas as partículas são adicionadas à atmosfera?

da Terra e em seus climas. Os cientistas estão preocupados com a relação entre o dióxido de carbono e as temperaturas na Terra por conta de mudanças no **efeito estufa**, que também é a principal razão da existência de temperaturas amenas na Terra. Uma estufa (estrutura de vidro que abriga plantas) funciona de forma semelhante a um veículo com os vidros das janelas fechados e estacionado ao Sol (■ Figura 3.11). A insolação (radiação de onda curta) atravessa o teto e as paredes de vidro transparente da estufa e ajuda as plantas a se desenvolverem, mesmo quando o ambiente externo está frio. Depois de ser absorvida pelos materiais na estufa, a energia de onda curta é outra vez irradiada como calor de onda longa, que não consegue escapar rapidamente, resultando no aquecimento do interior da estufa.

Como um vidro de uma estufa ou como um veículo com as janelas fechadas ao Sol, o dióxido de carbono e o vapor de água (e outros gases de efeito estufa) na atmosfera são praticamente transparentes à radiação solar recebida, mas são capazes de barrar a fuga da radiação de onda longa, absorvendo-a e irradiando-a de volta à Terra. Por exemplo, o dióxido de carbono emite cerca de metade da energia absorvida em

■ **FIGURA 3.10** A equação da fotossíntese mostra como a energia solar (radiação UV, principalmente) é usada pelas plantas para sintetizar os açúcares e os amidos a partir do dióxido de carbono e da água presentes na atmosfera, liberando oxigênio no processo. A energia do alimento armazenada é então ingerida pelos animais, que também respiram o oxigênio liberado pela fotossíntese.

| Luz do Sol (ultravioleta) | + | Água H_2O | + | Dióxido de carbono CO_2 | = | Carboidratos (açúcar e amido) CH_2O | + | Gás oxigênio O_2 |

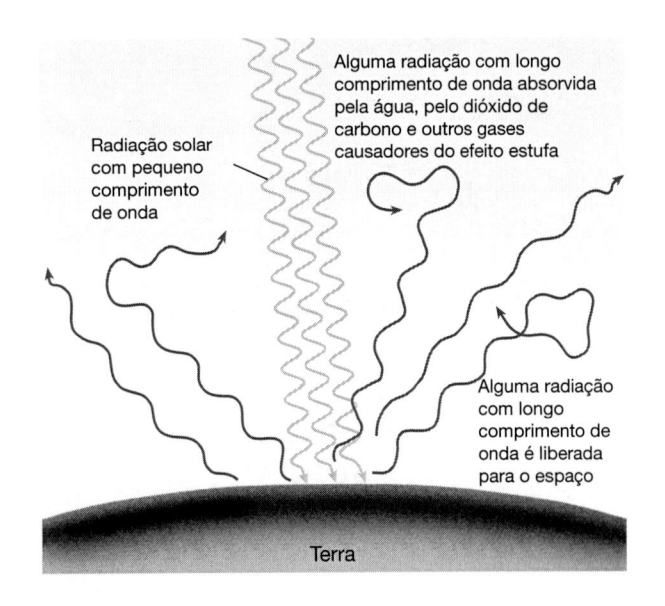

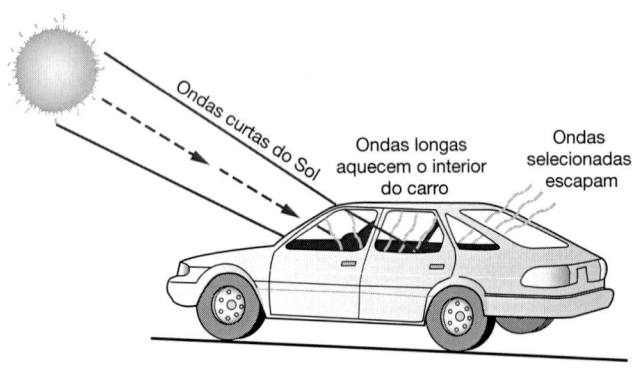

■ **FIGURA 3.11** (a) Gases de efeito estufa na nossa atmosfera permitem que as ondas de radiação solar de comprimento menor (luz solar) possam penetrar na atmosfera da Terra de modo relativamente desimpedido, enquanto parte da radiação de onda maior (calor) é bloqueada de escapar para o espaço exterior. (b) Um tipo semelhante de acúmulo de calor ocorre em um carro fechado. A energia da luz entra pelas janelas do carro e aquece seu interior, mas o vidro impede que parte da radiação na forma de calor escape.
Como se pode evitar que o interior do carro fique tão quente em um dia de verão?

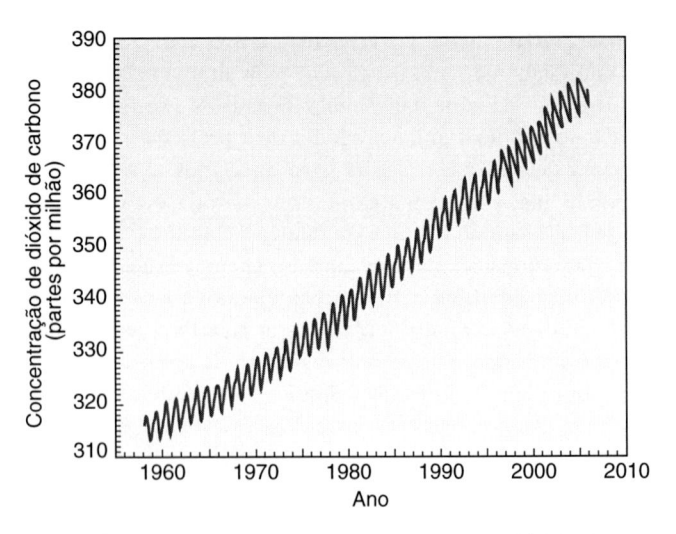

■ **FIGURA 3.12** Desde 1958, as medições de dióxido de carbono atmosférico registradas em Mauna Loa, no Havaí, mostram uma tendência ascendente.
Por que a linha apresenta variações para cima e para baixo todo ano?

forma de calor de volta à superfície da Terra. É claro que, embora os resultados sejam semelhantes, os processos que envolvem um carro fechado ou uma estufa e a atmosfera são relativamente distintos. O calor de um carro com as janelas fechadas, ou uma estufa, aumenta porque o ar é aprisionado e não consegue escapar para o meio externo. Nossa atmosfera tem uma circulação livre, mas é seletiva quanto aos comprimentos de onda que ela transmite. O efeito estufa na atmosfera da Terra não é um fenômeno ruim, pois, se nenhum gás de efeito estufa existisse na atmosfera, a superfície da Terra seria muito fria para sustentar a vida humana. O efeito estufa ajuda a manter o calor do Planeta e é um dos fatores no *balanço energético* da Terra (que será apresentado mais à frente neste capítulo).

No entanto, um problema ambiental grave surge quando concentrações crescentes de gases de efeito estufa causam aumento mensurável nas temperaturas em todo o mundo. Desde a Revolução Industrial, os humanos vêm adicionando quantidades cada vez maiores de dióxido de carbono à atmosfera com a queima de combustíveis fósseis. Ao mesmo tempo, a Terra passou por maciço *desmatamento* (remoção de florestas) para o desenvolvimento urbano, agrícola, comercial e industrial. A vegetação usa grandes quantidades de dióxido de carbono na fotossíntese, então a remoção da vegetação permite que mais dióxido de carbono permaneça na atmosfera. A ■ Figura 3.12 mostra como essas duas atividades humanas se combinaram para aumentar o dióxido de carbono na atmosfera ao longo do tempo. O dióxido de carbono absorve a energia térmica de onda longa irradiada da superfície da Terra, barrando seu escape para o espaço, de modo que, ao aumentar a quantidade de dióxido de carbono na atmosfera, eleva o efeito estufa e, as temperaturas no mundo. Essa questão será discutida com mais detalhes no capítulo 8.

Ozônio
Outro gás vital existente na atmosfera da Terra é o **ozônio**. A molécula do ozônio (O_3) está relacionada à molécula de oxigênio (O_2), exceto pelo fato de que ela é composta por três átomos de oxigênio, enquanto o oxigênio molecular é constituído por apenas dois. O ozônio forma-se na atmosfera superior da Terra quando uma molécula de oxigênio é dividida em dois átomos de oxigênio (O) pela radiação ultravioleta do Sol.

Na baixa atmosfera, o ozônio é formado por descargas elétricas (de linhas de transmissão em alta tensão e por raios), bem como pela radiação solar de onda curta. É um poluente atmosférico tóxico e um dos principais componentes da poluição urbana, podendo causar ardor e lacrimejar dos olhos, dor de garganta e sinusites, além de dificuldades na respiração. Próximo à superfície terrestre, o ozônio é perigoso e pode causar danos às formas de vida. No entanto, na atmosfera superior, o ozônio é essencial aos organismos vivos, pois absorve grandes quantidades de radiação UV do Sol, que, de outra forma, atingiriam diretamente a superfície da Terra.

Sem a camada de ozônio na atmosfera superior, a grande quantidade de radiação UV que atinge a Terra poderia queimar a pele humana, aumentar a incidência de câncer de pele e cataratas, destruir certas formas microscópicas de vida marinha e danificar plantas. A radiação UV também é responsável por queimaduras solares dolorosas e pelo bronzeado quando você vai à praia, dependendo da tolerância individual de pele e da duração da exposição.

Já há muito tempo existe evidência de que as atividades humanas, especialmente a adição de clorofluorcarbonetos (CFCs) e óxidos de nitrogênio (NO_X) na atmosfera, podem danificar a frágil camada de ozônio da Terra. Quando os CFCs e os óxidos de nitrogênio chegam à atmosfera superior, produzem reações químicas que atacam a camada de ozônio e reduzem a quantidade desse gás que age como um filtro UV natural.

Os cientistas estão cada vez mais preocupados com o chamado "buraco" da camada de ozônio sobre a Antártida. Podem-se encontrar traços de ozônio desde a superfície da Terra até a exosfera, de modo que o chamado "buraco" é na verdade uma região em que o nível de ozônio é considerado abaixo do que deveria ser (■ Figura 3.13).

Evidências de danos à camada de ozônio estão bem documentadas. Os níveis de ozônio atmosférico são mensurados em Unidades Dobson (DU), criadas por G. M. B. Dobson, juntamente com seu espectrômetro Dobson, em fins da década de 1920. Uma espessura de 300 DU a 400 DU indica quantidade suficiente de ozônio para proteger as formas de vida da Terra. Para entender melhor essas unidades, imagine que 100 DU equivalem a 1 milímetro de espessura que o ozônio teria ao nível do mar. O ozônio medido dentro do "buraco" teve uma redução acentuada a níveis tão baixos quanto 95 DU nos últimos anos, e a área com défice de ozônio da atmosfera (uma descrição mais precisa que "buraco") ultrapassou o tamanho da América do Norte.

Camadas verticais da atmosfera

Existem vários sistemas usados para dividir a atmosfera em camadas verticais. Um sistema é o baseado na função de proteção que as camadas conferem à Terra. Um exemplo de uma camada nesse sistema é a *ozonosfera*, outro nome para a camada de ozônio. Outro sistema muitas vezes utilizado por químicos e físicos divide a atmosfera em camadas com base na sua composição química. Um terceiro sistema, empregado mais por meteorologistas e climatologistas, identifica quatro camadas divididas de acordo com as diferenças de temperatura e sua taxa de variação (■ Figura 3.14).

No sistema baseado nas características de temperatura, a camada mais baixa é a **troposfera** (do grego: *tropo*, girar, zona de mistura). A troposfera se estende de cerca de 8 km a 16 km (5 a 10 milhas) acima da superfície. Sua espessura, que tende a variar sazonalmente, é menor nos polos e maior na linha do equador. Praticamente todos os eventos climáticos e atmosféricos da Terra acontecem na troposfera.

■ **FIGURA 3.13** Durante décadas, os sensores de satélites produziram imagens do "buraco" de ozônio (mostrado em roxo) sobre a Antártida. Nesta imagem podemos ver a extensão do buraco na camada de ozônio em setembro de 2007.
Quais são os efeitos potenciais da destruição do ozônio para toda a população humana?

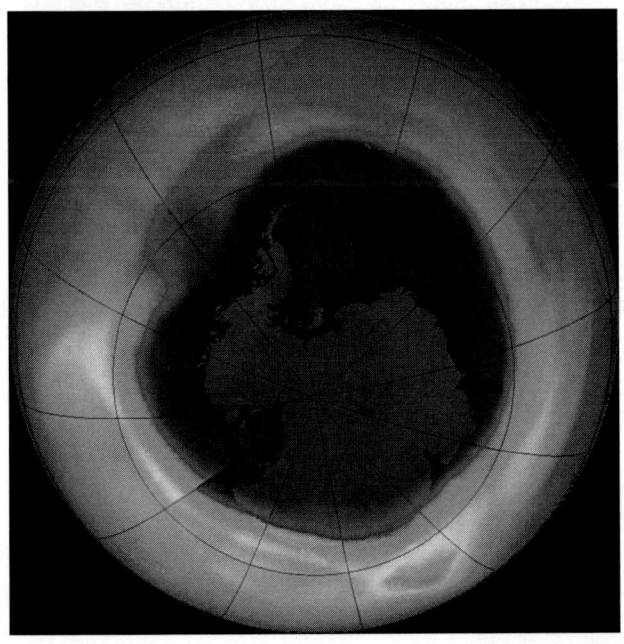

■ **FIGURA 3.14** Mudanças verticais de temperatura na atmosfera da Terra são a base da sua subdivisão em troposfera, estratosfera, mesosfera e termosfera.

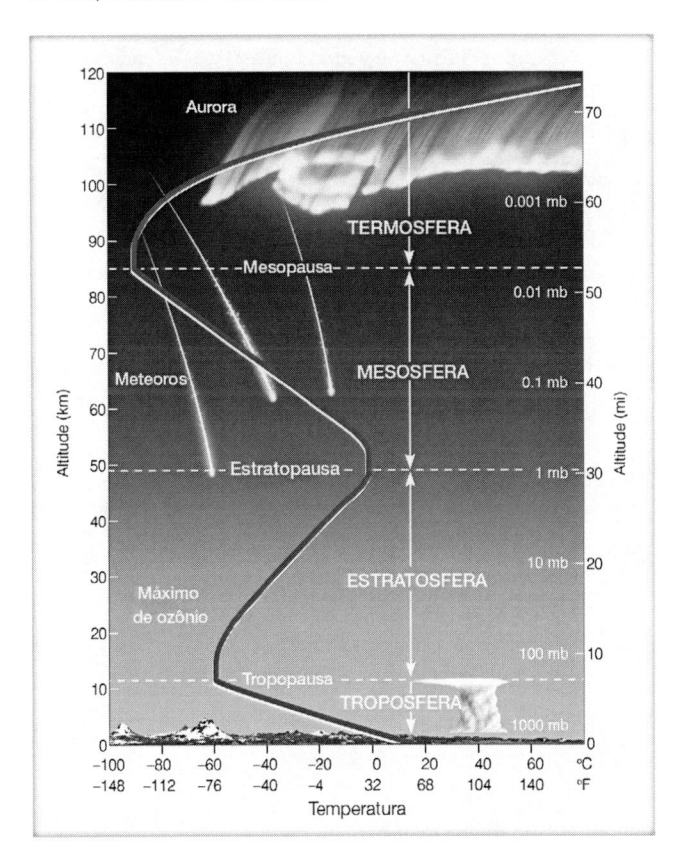

A troposfera possui duas características que a diferenciam das outras camadas atmosféricas: a primeira é que o vapor de água raramente é encontrado acima da troposfera; a outra é que a temperatura diminui conforme aumenta a altitude. O valor médio da relação entre temperatura e altitude é chamado **gradiente de temperatura ambiental** ou **taxa de lapso normal**, em que a temperatura diminui 6,5 ºC a cada 1.000 metros (3,6 ºF/1.000 pés).

A altitude em que a temperatura deixa de diminuir conforme aumenta é chamada *tropopausa*. É a fronteira que separa a troposfera da **estratosfera** – a camada seguinte da atmosfera. A temperatura da estratosfera inferior permanece relativamente constante (cerca de –57 ºC ou –57 ºF) a uma altitude de aproximadamente 32 km (20 milhas). É na estratosfera que se encontra a camada de ozônio. Como o ozônio absorve a radiação UV, a energia absorvida resulta em liberação de calor, o que aumenta as temperaturas na estratosfera superior. As temperaturas na *estratopausa* (outro limite), cerca de 50 km (30 milhas) acima da Terra, são quase as mesmas que as temperaturas encontradas na superfície da Terra, embora muito pouco desse calor possa ser transferido porque o ar é muito rarefeito.

Acima da estratopausa está a *mesosfera*, onde as temperaturas tendem a cair conforme aumenta a altitude; a mesopausa (a última fronteira) separa a mesosfera da *termosfera*, onde a temperatura aumenta até atingir 1.100 ºC (2.000 ºF) ao meio-dia. Mais uma vez, o ar é tão rarefeito nessa altitude que existe praticamente um vácuo e pouco calor pode ser transferido.

Efeitos atmosféricos sobre a radiação solar

Conforme a energia solar passa pela atmosfera da Terra, mais da metade de sua intensidade é perdida por conta de vários processos. Além disso, a quantidade de insolação recebida em determinado local depende de latitude, hora do dia, estação do ano, espessura da atmosfera (todas relacionadas com o ângulo de incidência dos raios do Sol). A transparência da atmosfera (ou a quantidade de nuvens, umidade, dióxido de carbono e partículas sólidas no ar) também desempenha um papel vital.

Quando a energia do Sol atravessa a atmosfera, vários processos acontecem (os números a seguir representam as médias aproximadas para toda a Terra e podem diferir de locais ou períodos específicos): (1) 26% da energia é refletida de volta ao espaço pelas nuvens e pelo solo; (2) 8% dela é *refratada* por partículas atmosféricas diminutas e volta ao espaço na forma de radiação difusa; (3) 19% da energia é absorvida pela camada de ozônio e pelo vapor de água existente nas nuvens da atmosfera; (4) 20% dela atinge a superfície da Terra como radiação difusa

■ **FIGURA 3.15 Sistemas ambientais: equilíbrio radioativo da Terra** De um ano para o outro, a temperatura média da Terra varia pouco. Isso indica a existência de um equilíbrio global de longo prazo entre a energia recebida do Sol e a energia irradiada de volta pelo sistema da Terra. Note-se que somente 47% da energia solar recebida chega e é absorvida pela superfície da Terra. Eventualmente, a energia adquirida pela atmosfera é perdida para o espaço. No entanto, o equilíbrio radioativo é um processo dinâmico. Como resultado, há uma preocupação crescente de que um dos elementos, a atividade humana, fará a atmosfera absorver mais energia irradiada pela Terra, elevando as temperaturas globais.

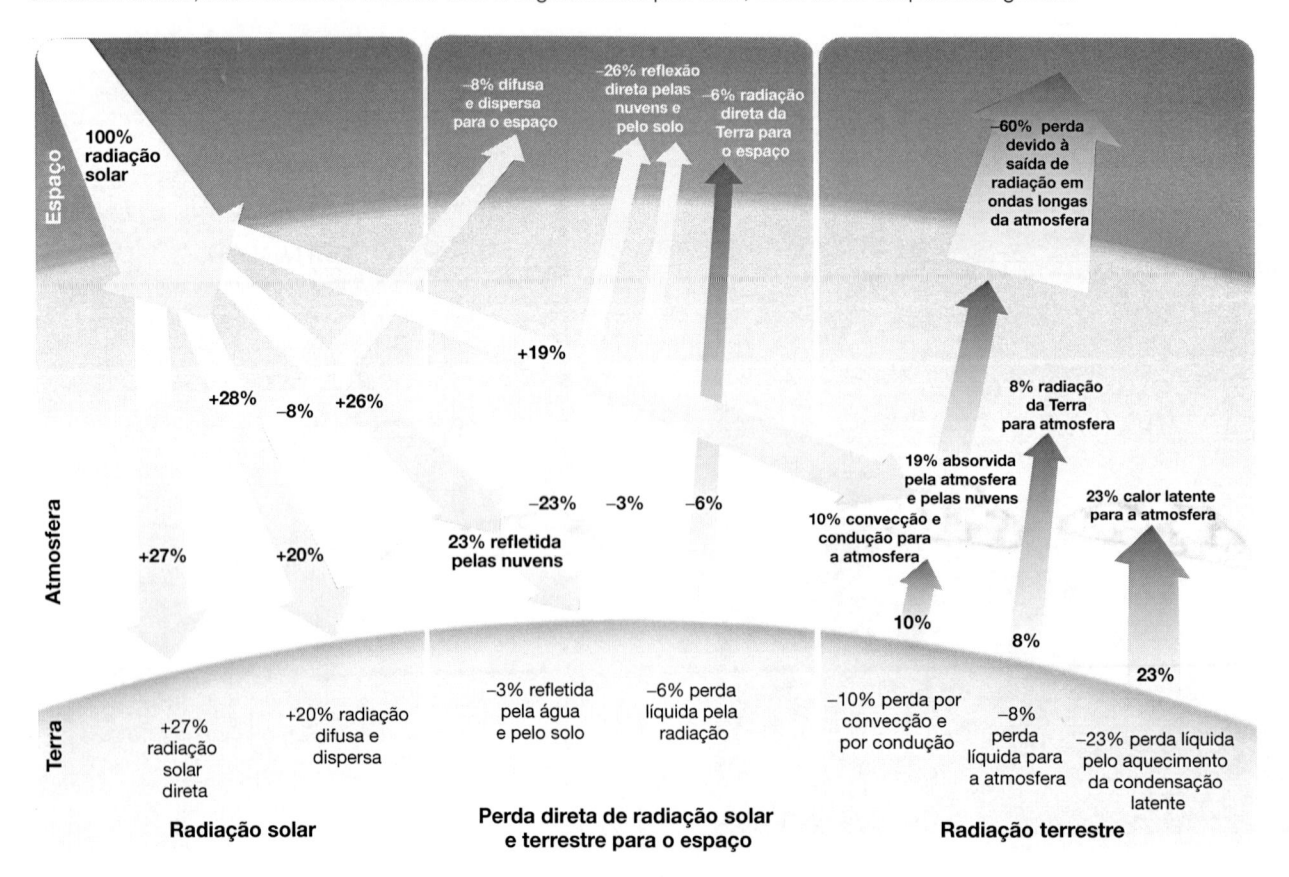

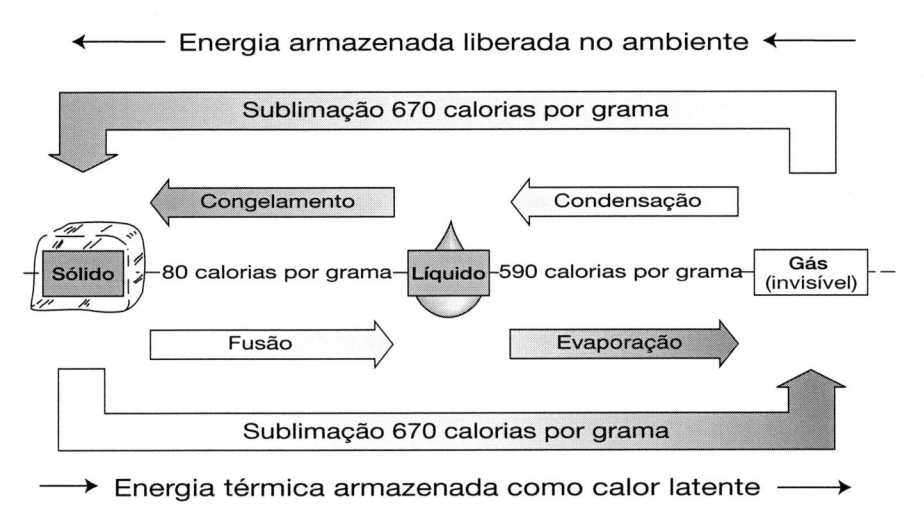

■ **FIGURA 3.16** Os três estados físicos da água e as trocas de energia entre eles. Ao ler o diagrama, considere de onde a energia térmica vem e para onde vai. Por exemplo, no congelamento, a energia térmica deve sair da água conforme ela se congela, e assim entra no meio ambiente. Para a água passar do estado líquido para vapor, o calor deve ser adicionado à água para que ela evapore, e esse calor deve vir do meio ambiente.
Por que parte da energia envolvida nessas trocas é chamada "calor latente"?

depois de refratados; e (5) 27% atinge a superfície da Terra como radiação direta (■ Figura 3.15). Em outras palavras, em médias mundiais, 47% da radiação solar atinge a superfície de uma forma ou de outra, 19% é retida pela atmosfera e 34% devolvida ao espaço. Pelo fato de o balanço energético da Terra estar em equilíbrio, 47% da energia recebida na superfície é devolvida finalmente à atmosfera por processos que apresentaremos a seguir.

Água e energia térmica

Conforme penetra em nossa atmosfera, parte da radiação solar recebida está envolvida em várias trocas de energia. Essas trocas incluem a alteração da água de um estado para outro. A água é a única substância que pode existir nos três estados da matéria – sólido, líquido e gasoso – dentro da faixa de temperatura normal na Terra. Na atmosfera, a água existente na forma de gás incolor e inodoro é chamada *vapor da água*. Ela também pode ser encontrada como *líquido* na atmosfera (na forma de nuvens, nevoeiro e chuva), nos oceanos e em outras massas de água sobre e sob a superfície terrestre. A água líquida também é encontrada dentro de vegetais e animais. Por fim, a água existe como um *sólido* na forma de neve e gelo na atmosfera, bem como sobre e sob a superfície nas localidades mais frias da Terra.

A água não só existe em todos os três estados da matéria como também pode mudar de um estado para outro, de acordo com o mostrado na ■ Figura 3.16. Ao mudar, ela se torna parte do sistema de energia térmica da Terra. As moléculas de um gás se movem mais rapidamente que as de um líquido. Durante o processo de *condensação*, quando o vapor de água muda para o estado líquido, suas moléculas ficam mais lentas e parte da energia é liberada ao ambiente, cerca de 590 calorias por grama (cal/g). As moléculas de um sólido se movem ainda mais lentamente que as de um líquido, por isso, durante o processo de *congelamento*, quando a água transforma-se em gelo, mais energia ainda é liberada ao ambiente, dessa vez 80 calorias por grama. Quando o processo é revertido, deve-se adicionar calor ao gelo. Assim, para *derreter* gelo é necessário adicionar 80 calorias por grama no ambiente que o envolve. Além disso, a *evaporação* requer a adição de 590 calorias por grama à água líquida, a partir do ambiente. Essa energia que se adiciona é armazenada na água como *calor latente* (ou oculto). O **calor latente de fusão** refere-se a 80 calorias por grama liberadas no ambiente quando a água é congelada; para derreter o gelo, essa energia térmica vem do meio ambiente. O **calor latente de evaporação** (590 cal/g) é adicionado à água, a partir do ambiente, para formar vapor de água e o **calor latente de condensação** (também 590 cal/g) é removido do vapor de água e liberado no ambiente conforme se condensa na forma de água líquida. Por fim, o **calor latente de sublimação**, em 670 calorias por grama (adição de 590 cal/g + 80 cal/g). A *sublimação* é o processo que transforma o gelo em vapor, ou vapor em gelo, sem passar pela fase de líquido. Os flocos de neve e as geadas são formados por sublimação.

Algumas dessas trocas de energia podem ser facilmente demonstradas. Por exemplo, se você segurar um cubo de gelo na mão, sentirá frio porque o calor retirado da sua mão (o ambiente, nesse caso) é necessário para derreter o gelo. Nosso corpo é resfriado pela evaporação da transpiração, porque calor é absorvido por ela, diminuindo a temperatura da pele.

Aquecimento da atmosfera

Retida na atmosfera, 19% da radiação solar direta fica "aprisionada" nas nuvens e na camada de ozônio e, portanto, não pode ser usada para aquecer a troposfera. Outras fontes devem ser encontradas para explicar o aquecimento da atmosfera. O esclarecimento está em 47% de energia solar incidente que atinge a superfície terrestre (tanto terra quanto água) e na transferência de energia térmica da Terra de volta à atmosfera. Isso é obtido por meio de radiação, condução, convecção, advecção e o calor latente de condensação (■ Figura 3.17).

Processos de transferência de energia térmica

Radiação O processo pelo qual a energia eletromagnética é transferida do Sol à Terra é chamado **radiação**. Devemos ter em mente que todos os objetos com temperatura acima do zero absoluto emitem radiação eletromagnética. As características dessa

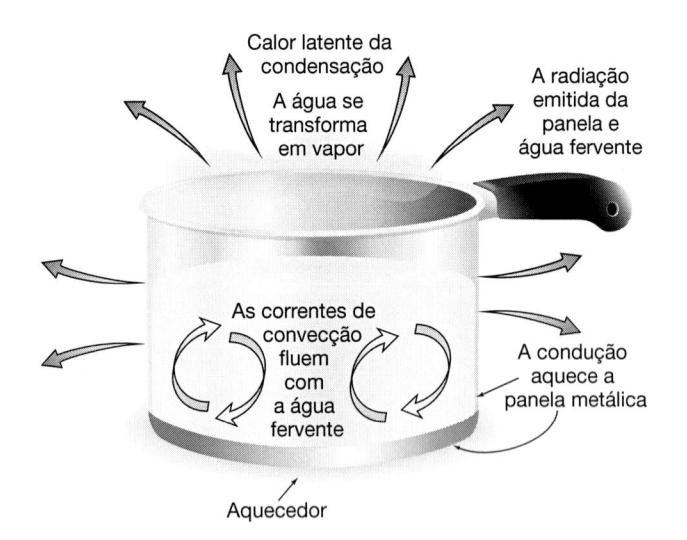

■ **FIGURA 3.17** Mecanismos de transferência de calor. A condução acontece quando o calor se desloca de sua fonte para uma panela e depois para a água. A convecção ocorre conforme a água mais quente flui para cima e a água mais fria afunda, formando uma corrente de convecção na água fervente. A radiação emitida na forma de energia térmica flui para fora, em direção ao ar, em volta da água fervente, da panela e da fonte de calor. Por último, o calor de condensação é liberado conforme o vapor de água volta ao estado líquido em forma de vapor.
Como podemos adicionar advecção a esse sistema de pequeno porte?

radiação dependem da temperatura do corpo irradiante. Quanto mais quente o objeto, mais energia ele emitirá e menores serão os comprimentos de onda no pico de emissão. Pelo fato de a temperatura absoluta solar ser 20 vezes a da Terra, o Sol emite muito mais energia e comprimentos de onda menores que a Terra. A energia emitida pelo Sol por metro quadrado é aproximadamente 160 mil vezes a da Terra! Além disso, a maior parte da energia solar é emitida na forma de onda curta, enquanto a energia da Terra é irradiada na forma de onda longa. Assim, a *energia luminosa* do Sol é absorvida pela Terra e aquece sua superfície, que, por ser mais fria que o Sol, libera energia na forma de energia térmica (infravermelho térmico). É essa *radiação térmica de onda longa* emitida pela superfície da Terra que aquece as camadas inferiores da atmosfera e revela-se pelo calor do dia.

Condução

O modo de transferência de calor de uma parte de um corpo para outra ou entre dois objetos em contato é chamado **condução**. O calor flui do objeto mais quente para o mais frio, na tentativa de equilibrar a temperatura. A condução é responsável por sua pele sentir morno ou quente qualquer objeto mais quente que ela.

A condução atmosférica ocorre na interface (zona de contato) entre a atmosfera e a superfície da Terra. No entanto, a transferência de calor por condução é menor em termos de aquecimento da atmosfera, pois afeta apenas o ar mais próximo da superfície, porque o ar é um mau condutor de calor. Ele é o oposto de um bom condutor: é um bom isolante, então, por isso colocamos uma camada de ar entre duas lâminas de vidro para isolar acústica e termicamente uma janela. Camadas de ar também são usadas como isolante térmico em sacos de dormir e em roupas para climas frios, como parcas. Na verdade, se o ar fosse um bom condutor de calor, a cozinha se tornaria um ambiente insuportável quando o fogão ou o forno estivessem ligados.

Convecção

Conforme o ar próximo da superfície é aquecido, ele se expande em volume, torna-se menos denso que o ar circundante e, então, sobe. Essa transferência vertical de calor por meio da atmosfera é chamada **convecção**, o mesmo processo pelo qual a água fervente circula em uma panela no fogão. A água perto do fundo da panela é aquecida primeiro, torna-se mais leve e menos densa conforme aquece. À medida que a água sobe, a da superfície, mais fria e mais densa, desce para substituí-la. Ao passo que essa água, que desce, é aquecida, ela então flui para cima, e água mais fria se move para baixo. Essas correntes de convecção movimentadas pelo aquecimento de um fluido (líquido ou gás) formam um *sistema de convecção*. Esses sistemas respondem por boa parte da transferência vertical de calor na atmosfera e nos oceanos e são um dos principais responsáveis pelas nuvens e pela precipitação.

Advecção

Advecção é o termo usado para a transferência horizontal de calor. Existem dois agentes de advecção principais no sistema Terra-atmosfera: os ventos e as correntes oceânicas. Ambos os agentes ajudam a transferir energia horizontalmente entre as regiões equatoriais e polares, mantendo o equilíbrio energético no sistema Terra-atmosfera (■ Figura 3.18).

Calor latente de condensação

Quando a água evapora, uma quantidade significativa de energia é armazenada no vapor d'água na forma de calor latente (veja novamente a Figura 3.16). Esse vapor d'água é, então, transportado por advecção ou convecção a novos locais onde ocorre a condensação e a energia armazenada é liberada. Trata-se de um grande processo de transferência de energia dentro do sistema da Terra. O *calor latente de evaporação* ajuda a resfriar a atmosfera, enquanto o *calor latente de condensação* auxilia a aquecê-la e também é uma das fontes de energia das tempestades.

Balanço energético da Terra

Balanço de energia na Terra que conhecemos

Agora que conhecemos os vários modos de transferência de calor, devemos entender o que acontece com 47% da energia solar que atinge a superfície da Terra (veja novamente a Figura 3.15). Em torno de 14% dessa energia é emitida pela Terra na forma de radiação infravermelha térmica (calor). Esse valor de 14% inclui uma perda líquida de 6% (do total) diretamente para o espaço exterior, e os outros 8% são absorvidos pela atmosfera. Além disso, há uma transferência de volta para a atmosfera baixa (por condução e convecção) de 10% dos 47% que chegaram à Terra. Os 23% restantes retornam à atmosfera por meio de emissões de calor latente de condensação. Assim, os 47% da insolação

■ **FIGURA 3.18** Variação latitudinal no balanço energético. Baixas latitudes recebem mais insolação do que perdem por irradiação e têm excedente de energia. Altas latitudes recebem menos energia do que perdem e, portanto, têm défice de energia. **Como a energia excedente em baixas latitudes é transferida para as latitudes mais altas?**

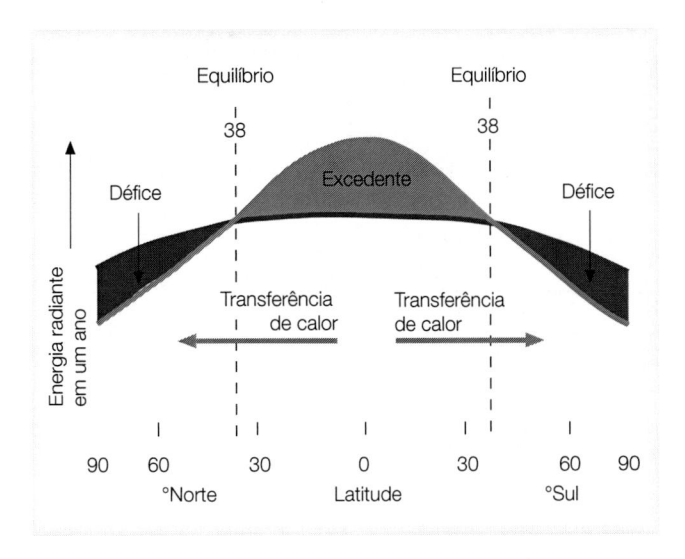

que chegou à superfície da Terra são devolvidos a outros segmentos do sistema e dissipados para o espaço, sem nenhum ganho nem perda de longo prazo. Desse modo, na superfície da Terra, o balanço energético fica em equilíbrio.

A análise do balanço energético da superfície da Terra nos ajuda a compreender o sistema energético que aquece a atmosfera. O que entra no sistema é a radiação solar de onda curta (luz), que chega à superfície da Terra; ela é, então, equilibrada pela radiação de comprimento de onda longa (calor) produzida pela Terra e refletida de volta para a atmosfera e para o espaço.

Obviamente, deve-se notar que as porcentagens mencionadas anteriormente são estimativas simplificadas e se referem a perdas *líquidas* que ocorrem num longo período de tempo. Em curto prazo, o calor pode ser transmitido da Terra para a atmosfera e, em seguida, de volta à Terra, numa cadeia de ciclos, antes de ser finalmente liberado para o espaço. A absorção e a reflexão da radiação solar incidente e a correspondente irradiação terrestre podem ser afetadas pelo tipo de cobertura do solo na superfície da Terra.

Balanço de energia na atmosfera
Cerca de 60% da energia solar interceptada pelo sistema da Terra é temporariamente retida pela atmosfera. Isso inclui 19% da radiação solar absorvida pelas nuvens e pela camada de ozônio, 8% emitida como *radiação de onda longa* pela superfície da Terra, 10% transferida a partir da superfície por *condução* e *convecção*, e 23% liberada por *calor latente de condensação*. Parte dessa energia é reciclada e volta à superfície por curtos períodos de tempo, mas com o tempo ela se dissipa no espaço sideral à medida que mais energia solar é recebida. Portanto, como no caso da superfície da Terra, o balanço energético da atmosfera encontra-se em estado de equilíbrio durante longos períodos de tempo – sendo um sistema dinamicamente estável. No entanto, muitos cientistas acreditam que um desequilíbrio no balanço energético, com possíveis efeitos negativos, possa se desenvolver por conta do *efeito estufa*.

Variações no balanço energético
Os números que vimos do balanço energético são médias de toda a Terra durante muitos anos. Para qualquer local em *particular*, o balanço energético encontra-se mais provavelmente desequilibrado. Alguns locais têm excedente de energia solar incidente comparado à perda de energia irradiada; já outros têm défice. As principais causas dessas variações são as diferenças de latitude e as flutuações sazonais.

Como já vimos anteriormente, a quantidade de insolação recebida está diretamente relacionada à latitude (ver novamente a Figura 3.18). Nas zonas tropicais, onde a insolação é alta durante todo o ano, a superfície terrestre e a atmosfera recebem mais energia solar do que podem irradiar de volta para o espaço. Nas zonas ártica e antártica, no entanto, existe tão pouca insolação durante o inverno, quando a Terra ainda está emitindo radiação de comprimento de onda longa, que há um grande défice no ano. Locais em regiões de latitude médio-baixa têm défices ou superávits menores, mas apenas a aproximadamente 38º de latitude ocorre o balanço entre a energia recebida e a emitida. Se não fosse pela transferência de calor na atmosfera e nos oceanos, as zonas tropicais ficariam mais quentes e as zonas polares mais frias com o tempo.

Em qualquer local, o balanço energético varia ao longo do ano de acordo com as estações, com tendência excedente no verão ou estação ensolarada e tendência de défice seis meses depois. Diferenças sazonais podem ser pequenas perto da linha do equador, mas são maiores em zonas de latitude média e polares.

Temperatura do ar

Temperatura e calor

Embora calor e temperatura sejam altamente relacionados, não são a mesma coisa. **Calor** é uma forma de energia – a energia cinética total de todos os átomos que compõem uma substância. Todas as substâncias são feitas de moléculas em movimento contínuo (que vibram e colidem), então elas têm energia cinética – a energia do movimento. Essa energia se manifesta na forma de calor. **Temperatura** é a energia cinética média das moléculas individuais em uma substância. Quando se aquece algo, seus átomos vibram mais rapidamente e a temperatura aumenta. A quantidade de energia térmica depende da massa da substância em questão; uma vez que a temperatura se refere à energia das moléculas individuais. Assim, um fósforo aceso tem temperatura alta, mas sua energia térmica é mínima; os oceanos têm temperaturas moderadas, mas alta energia térmica.

Escalas de temperatura

Usam-se geralmente duas escalas diferentes para medir a temperatura. Uma delas é a **escala Fahrenheit,** criada em 1714 por Daniel

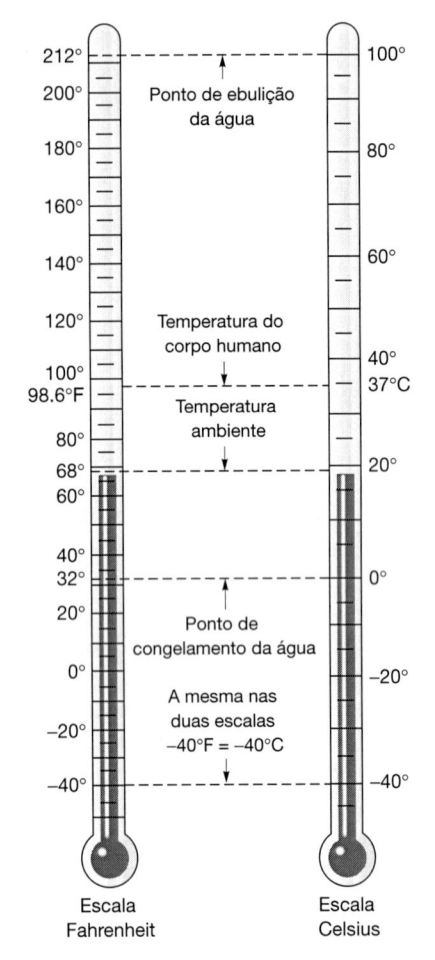

■ **FIGURA 3.19** Escalas de temperatura Fahrenheit e Celsius. As escalas estão alinhadas para permitir a conversão direta das leituras de uma para a outra.
Quando o termômetro marca 70 °F, qual é a temperatura em graus Celsius?

Fahrenheit, um cientista alemão. Nessa escala, a temperatura de ebulição da água ao nível do mar é 212 °F, e a temperatura de congelamento da água é de 32 °F. Essa escala é usada no Sistema Imperial de medidas.

A **escala Celsius** (também conhecida por **graus centígrados**) foi criada em 1742 por Anders Celsius, um astrônomo sueco. Ela faz parte do sistema métrico. A temperatura de congelamento da água ao nível do mar nessa escala foi estabelecida em 0 °C, e a temperatura em que a água ferve foi de 100 °C.

Os Estados Unidos são um dos poucos países que ainda fazem uso generalizado da escala Fahrenheit. A maior parte da comunidade científica emprega a escala Celsius. Por isso, neste livro, usamos graus Celsius para valores de temperatura. De modo análogo, usamos o sistema métrico para todos os valores importantes de distância, área, peso, velocidade etc. Contudo, o Apêndice A traz uma tabela de comparação e conversão entre os dois sistemas.

A Figura 3.19 pode ajudá-lo a comparar os sistemas Fahrenheit e Celsius com exemplos de temperaturas. Além disso, as seguintes fórmulas podem ser usadas para converter graus Fahrenheit em Celsius, ou vice-versa:

$$°C = (°F - 32) \div 1{,}8$$

$$°F = (°C \times 1{,}8) + 32$$

Variações de curto prazo na temperatura

Alterações locais na temperatura atmosférica possuem várias causas. Elas estão relacionadas aos processos de recepção e dissipação de energia do Sol e a diversas propriedades da superfície da Terra e da atmosfera.

Efeitos diários da insolação
Como observamos anteriormente, a quantidade de insolação em qualquer local varia tanto ao longo do ano (anualmente) quanto do dia (diurnamente). Flutuações anuais estão associadas a mudanças na inclinação do eixo imaginário da Terra em relação ao Sol e, portanto, às estações do ano. Mudanças diurnas estão relacionadas à rotação diária da Terra. Todo dia, a insolação incidente começa ao nascer do Sol, atinge seu pico ao meio-dia (hora solar local) e retorna a zero depois do pôr do sol.

■ **FIGURA 3.20** Mudanças diárias na temperatura do ar são controladas pela insolação e pela irradiação da Terra. Onde a energia recebida excede a energia irradiada de volta (laranja), a temperatura do ar sobe. Onde a energia irradiada for maior que a recebida (azul), a temperatura do ar cai.
Por que a temperatura continua subindo mesmo depois da diminuição da energia solar?

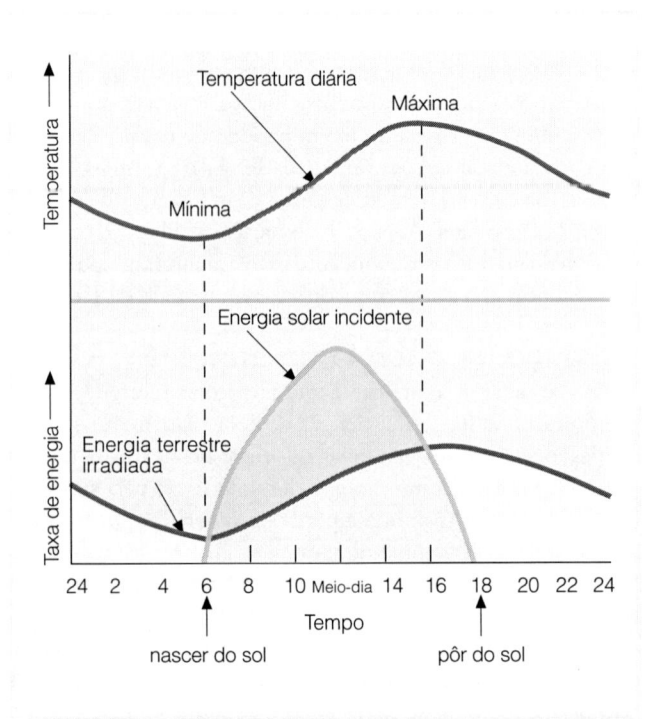

■ **FIGURA 3.21** Esta montagem com várias imagens de satélite mostra uma variedade de nebulosidades e sistemas de tempestades na Terra.
Em geral, quais são as latitudes com mais nebulosidade e quais são as com menos?

Embora a insolação seja maior ao meio-dia, você provavelmente sabe que as temperaturas não atingem seus picos no período entre as 14 e as 16 horas (■ Figura 3.20). Isso ocorre porque a insolação recebida pela Terra desde o nascer do Sol até as primeiras horas da tarde excede a energia perdida pela irradiação da Terra. Entre 15 e 16 horas, quando a irradiação da Terra começa a exceder a insolação, as temperaturas começam a cair. A diferença diária da irradiação da Terra e da temperatura em relação à insolação é explicada pelo tempo que a superfície terrestre demora para aquecer ao máximo e para irradiar essa energia para a atmosfera.

O recebimento de insolação termina depois do pôr do sol, mas muita da energia que foi armazenada na camada superficial da Terra durante o dia é perdida à noite. As temperaturas mais baixas ocorrem por volta do amanhecer, quando a quantidade máxima de energia foi liberada e antes que ela seja reabastecida pelo Sol. Assim, se desconsiderarmos outros fatores por ora, veremos que existe uma mudança previsível da temperatura em dado horário, chamada **variação diária de temperatura**. Há uma queda ligeira a partir do meio da tarde até o amanhecer e um rápido aumento nas 8 horas seguintes, mais ou menos, a partir do amanhecer, até o próximo pico ser atingido.

Nebulosidade
A extensão e a densidade da nebulosidade são outros fatores que afetam a temperatura na superfície e na atmosfera da Terra. Os satélites meteorológicos mostram que as nuvens cobrem cerca de 50% da Terra em qualquer momento (■ Figura 3.21). A alta nebulosidade reduz a quantidade de insolação que um local recebe, levando a temperaturas diurnas mais baixas em um dia nublado. Em contraste, temos também o efeito estufa, em que nuvens, compostas principalmente por gotículas de água, absorvem a energia térmica irradiada da Terra. A presença de nuvens à noite mantém a temperatura perto da superfície da Terra mais quente do que seria sem elas. O efeito geral da nebulosidade é de moderar as temperaturas, reduzindo as máximas e elevando as mínimas. Em outras palavras, a nebulosidade torna os dias mais frescos e as noites menos frias.

Aquecimento diferencial da Terra e da água
Por razões que veremos mais detalhadamente adiante, os corpos de água aquecem e esfriam mais lentamente que a terra. O ar acima da superfície terrestre é aquecido ou resfriado, em parte, pela superfície logo abaixo dele. Portanto, as temperaturas acima dos corpos de água ou em terrenos sujeitos a ventos oceânicos (**maritimidade**) tendem a ser mais moderadas que locais cercados por terra na mesma latitude. Assim, quanto maior for a **continentalidade** de um local (a distância em relação a um grande corpo d'água), menos o seu padrão de temperatura será alterado.

Reflexão
A capacidade que uma superfície tem de refletir a energia do Sol é chamada **albedo**; uma superfície com albedo elevado tem um alto percentual de reflexão. Quanto maior a quantidade de energia solar refletida de volta ao espaço pela superfície da Terra, menor será a quantidade absorvida para aquecer a atmosfera ou a superfície. As temperaturas serão mais elevadas em determinado local se a sua superfície tiver um albedo baixo, em vez de um albedo alto.

A neve e o gelo são bons refletores, com albedos de 90% a 95%. Isso significa que apenas a 5% a 10% da radiação solar é absorvida pela neve e pelo gelo e que a maior parte dessa energia é refletida. Essa é uma das razões por que as geleiras em montanhas altas não derretem no verão ou por que ainda pode haver neve no chão em um dia ensolarado, na primavera, em locais que nevam. Florestas têm albedo em torno apenas de 10% a 15% (ou de 85% a 90% de absorção), que é bom para as árvores, porque elas precisam da energia solar para a fotossíntese. O albedo da nebulosidade varia de 40% a 80%, de acordo com a espessura das nuvens. O albedo alto de algumas nuvens é a razão de a maior parte da radiação solar ser refletida diretamente ao espaço pela atmosfera.

O albedo da água varia muito, pois depende da profundidade e do ângulo dos raios do Sol. Se o ângulo dos raios do Sol for alto, a água sem turbulência refletirá pouco. Na verdade, se o Sol estiver na vertical sobre um oceano calmo, o albedo será de apenas 2%. No entanto, um ângulo baixo do Sol, como pouco antes do pôr do sol, resulta em um albedo de mais de 90% da superfície do mesmo oceano. Analogamente, uma superfície coberta de neve no inverno, com ângulos baixos de incidência de raios do Sol, é capaz de refletir até 95% da energia – por causa disso, os esquiadores devem ter em mente os perigos de queimaduras solares graves e até cegueira em razão da alta refletância da radiação solar pela neve.

Movimento horizontal do ar Nós já vimos que a advecção é o principal modo de transferência horizontal de calor e energia sobre a superfície da Terra. Qualquer movimento de ar causado pelo vento, seja em grande ou pequena escala, pode ter efeito significativo sobre as temperaturas de determinado local. Por isso, o vento soprando do mar em direção à terra firme, geralmente, proporciona temperaturas mais amenas no verão e mais elevadas no inverno. Grandes massas de ar que se deslocam de regiões polares para as latitudes médias podem causar quedas bruscas de temperatura, enquanto massas de ar que se deslocam em direção aos polos geralmente propiciam temperaturas mais quentes.

Distribuição vertical da temperatura

Gradiente de temperatura ambiental
Aprendemos que a atmosfera da Terra é aquecida principalmente do solo para cima, como resultado da radiação de onda longa do solo, da condução e da convecção. Assim, as temperaturas na troposfera são geralmente mais altas no solo e diminuem com o aumento da altitude. Como observado anteriormente neste capítulo, essa diminuição de aproximadamente 6,5 ºC a cada 1.000 metros (3,6 º/1.000 pés) é conhecida como gradiente de temperatura ambiental.

O gradiente de temperatura ambiental em determinado lugar pode variar por diversas razões. Gradientes mais baixos podem ser causados por massas de ar mais denso e frio que se movem de áreas mais elevadas em direção a vales ou ventos de advecção, que trazem ar de uma região mais fria da mesma altitude. Em cada caso, o ar próximo da superfície é resfriado. Em contraste, se a superfície for fortemente aquecida numa tarde quente de verão, o ar próximo da Terra ficará desproporcionalmente quente e o gradiente de temperatura ambiental subirá. Flutuações nesses gradientes em função de condições anormais de temperatura em várias altitudes podem desempenhar um papel importante nas condições de tempo de um lugar, em determinado dia.

■ **FIGURA 3.22** (Esquerda) Inversão de temperatura causada pela subsidência do ar. (Direita) Gradientes associados à coluna de ar (A) no desenho à esquerda.
Por que o padrão (à direita) é chamado de inversão térmica?

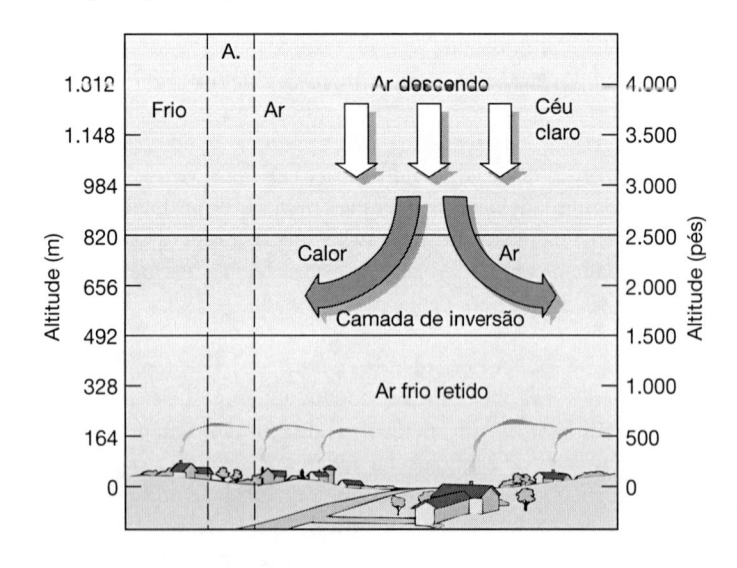

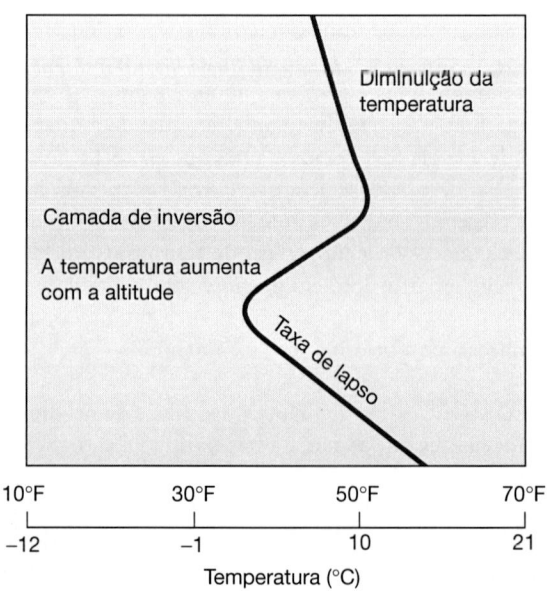

Inversões térmicas

Em determinadas condições, a diminuição de temperatura observada normalmente com o aumento de altitude pode ser invertida; a temperatura pode, na verdade, *aumentar* por várias centenas de metros. Isso é chamado **inversão térmica**.

Algumas inversões ocorrem entre 1.000 e 2.000 (3.280 a 6.560 pés) metros acima da superfície da Terra, onde uma camada de ar quente interrompe a diminuição normal de temperatura com o aumento da altitude (■ Figura 3.22). Essas inversões tendem a estabilizar o ar, causando menos turbulência e impedindo chuvas e a formação de tempestades. Inversões nas camadas de ar superiores podem ocorrer quando o ar se assenta lentamente vindo da atmosfera superior. A massa de ar sofre compressão enquanto desce, aumenta sua temperatura e torna-se mais estável e menos dinâmica. Inversões térmicas causadas por massas descendentes de ar são comuns em regiões próximas às latitudes 30º e 35º norte e sul.

Uma inversão térmica comum na zona litorânea da Califórnia ocorre como resultado do ar marinho frio que sopra do oceano Pacífico e entra em uma massa de ar mais quente, leve e estável, criada por subsidência e compressão. Uma camada de inversão térmica tende a manter-se, uma vez que o ar frio inferior é mais pesado e não consegue atravessar a massa de ar quente logo acima. A massa de ar frio não só resiste a se movimentar, como os poluentes, tais como a fumaça, as partículas de poeira e a fuligem dos automóveis, criados na superfície da Terra, também não se dispersam. Esses poluentes se acumulam na atmosfera inferior, logo abaixo da camada de inversão. Essa situação é bem grave na cidade de Los Angeles, que é um vale cercado por áreas montanhosas mais elevadas. Massas mais frias de ar assopram em direção ao vale, provenientes do oceano, e então, não conseguem escapar horizontalmente por causa das barreiras naturais, nem verticalmente, por causa da inversão térmica.

Algumas das inversões térmicas mais perceptíveis são as que ocorrem perto da superfície, quando a Terra resfria a massa de ar mais baixa por condução e irradiação (■ Figura 3.23). Nesse caso, o ar mais frio está mais próximo da superfície e a temperatura aumenta com a altitude. Inversões próximas da superfície ocorrem mais frequentemente em noites frias e de céu aberto em latitudes médias. Além disso, a presença de neve ou a advecção recente de massas de ar frio e seco em uma área podem causar inversões térmicas. Essas condições geram o rápido resfriamento da superfície da Terra durante a noite, por meio da irradiação de energia térmica captada durante o dia. Em sequência, as camadas da atmosfera mais próximas da Terra são resfriadas por condução, deixando o ar mais quente acima. Condições atmosféricas mais calmas perto da superfície ajudam a produzir e são parcialmente causadas por essas inversões térmicas.

Inversões de superfície: neblina e geada

A neblina e a geada serão abordadas em detalhes no capítulo 5, mas por ora você deve entender que esses fenômenos, muitas vezes, ocorrem como resultado de uma inversão de superfície. Especialmente em superfície de terra montanhosa, massas de ar frio e denso tendem a escoar para baixo, acumulando-se nos vales. O ar mais frio sobre o terreno dos vales e de outras áreas baixas às vezes produz neblina ou, se estiver frio o suficiente, geada. Os agricultores usam diversos métodos para evitar que as geadas destruam suas colheitas. Por exemplo, pomares na Califórnia são geralmente plantados em encostas mais quentes, em vez de vales. Os agricultores também podem estender mantas de palha, de tecido, ou de algum material isolante, sobre as plantas. Isso evita a fuga de radiação térmica da Terra para o espaço, mantendo as plantas mais quentes. Grandes ventiladores e helicópteros são usados muitas vezes com o intuito de misturar as camadas de ar e desfazer a inversão térmica (■ Figura 3.24). Também grandes aquecedores para pomar podem ser usados para misturar as camadas térmicas.

Fatores que controlam a temperatura de superfície da Terra

Variações de temperaturas acima da superfície da Terra são causadas por diversos *fatores*. Os mais importantes são (1) latitude; (2) distribuição de terra e de água; (3) correntes oceânicas; (4) altitude; (5) barreiras naturais; e (6) atividades humanas.

Latitude

A latitude é o fator mais importante de variação de temperatura no que diz respeito às condições de tempo e de clima. Lembre-se de que existem padrões distintos de distribuição latitudinal na incidência sazonal e anual de energia solar. Essas variações de incidência de energia solar afetam diretamente as temperaturas. Em geral, a insolação anual tende a diminuir de latitudes mais baixas para latitudes mais elevadas (veja novamente a Figura 3.4). A Tabela 3.3 mostra as temperaturas médias anuais de diversas localidades no Hemisfério Norte. Podemos ver que, respondendo à insolação (com uma exceção), há uma diminuição de temperatura conforme nos movemos em direção aos polos. A exceção está localizada perto

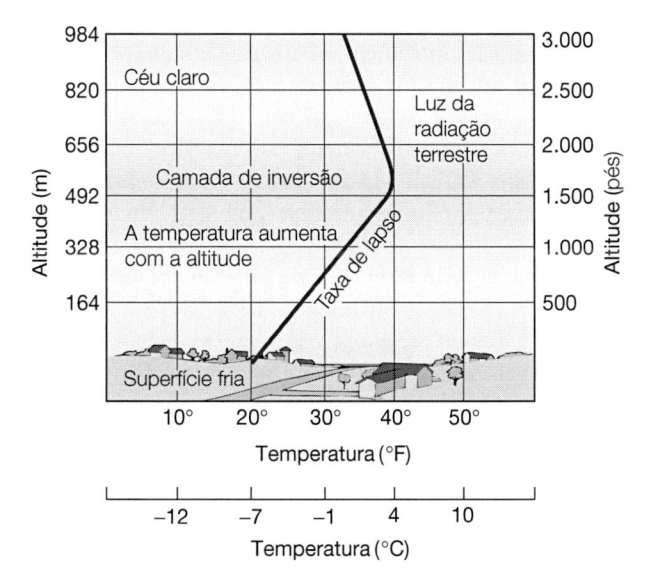

■ **FIGURA 3.23** Inversão térmica causada pelo rápido resfriamento do ar acima da superfície fria da Terra à noite.
Qual é o significado da inversão?

FIGURA 3.24 Ventilador mistura o ar e desfaz inversões para proteger os pomares de maçã das geadas, em Washington.

TABELA 3.3
Temperatura média anual

Local	Latitude	(°C)	(°F)
Libreville, Gabão	0°23'N	26,5	80
Ciudad Bolívar, Venezuela	8°19'N	27,5	82
Bombaim, Índia	8°58'N	26,5	80
Amoy, China	24°26'N	22,0	72
Raleigh, Carolina do Norte	35°50'N	18,0	66
Bordeaux, França	44°50'N	12,5	55
Baía Goose, Labrador, Canadá	53°19'N	−1,0	31
Markova, Rússia	64°45'N	−9,0	15
Point Barrow, Alasca	71°18'N	−12,0	10
Baía Mould, NWT, Canadá	76°17'N	−17,5	0

Distribuição de Terra e de Água

Os oceanos e os mares são reservatórios de água para o sistema da Terra, mas eles também armazenam enormes quantidades de energia térmica.

A vasta distribuição dos oceanos lhes confere um papel importante de controle na alteração dos elementos atmosféricos. Várias substâncias aquecem e resfriam a taxas diferentes. A terra, por exemplo, aquece e resfria mais depressa que a água. Há três motivos principais por trás desse fenômeno. Primeiro, o *calor específico* da água é maior que o da terra. O calor específico se refere à quantidade de calor necessária para elevar a temperatura de 1 grama de qualquer substância em 1 °C. A água, com calor específico de 1 cal/g °C (uma caloria por grama grau Celsius), deve absorver mais energia térmica que a terra, com valores de calor específico de cerca de 0,2 cal/g °C para aumentar a mesma quantidade de graus de temperatura. Segundo, a água é *transparente* e a energia solar pode penetrá-la da superfície até camadas inferiores; já em materiais opacos, como o solo e a rocha, a energia solar fica concentrada na superfície. Assim, determinada unidade de energia térmica vai se espalhar por um volume maior de água que de terra. Terceiro, porque a água líquida circula e se mistura, podendo transferir calor para as camadas mais profundas dentro de sua massa. O resultado é que: conforme se aproxima do inverno, a terra esfria mais rapidamente que os corpos de água; à medida que chega o verão, a terra aquece mais rapidamente. Pelo fato de o ar obter muito do seu calor a partir da superfície do Planeta, o aquecimento diferencial da superfície da Terra e da água produz desigualdades térmicas do ar logo acima dessas duas superfícies.

Não apenas a água e a terra aquecem e resfriam em ritmos diferentes, como também diversos materiais sobre a superfície da Terra. Solos, florestas, gramas e rochas aquecem e resfriam de modo diferente e, por isso, têm efeitos na temperatura do ar logo acima deles.

Correntes oceânicas

As correntes oceânicas de superfície são grandes movimentos de água causados pelos ventos e afetados por muitos outros processos. Essas correntes podem se movimentar de um lugar com temperaturas quentes para outro com temperaturas mais baixas e vice-versa. Esses movimentos são resultado da tentativa de os sistemas da Terra encontrarem um equilíbrio; nesse caso, um equilíbrio de temperatura e de densidade.

A rotação da Terra afeta a movimentação dos ventos que, por sua vez, acometem o movimento das correntes oceânicas. Em geral, as correntes oceânicas se movem em direção circular, no sentido horário no Hemisfério Norte e no sentido anti-horário no Hemisfério Sul (■ Figura 3.25). Pelo fato de a temperatura do oceano afetar fortemente a temperatura do ar logo acima dele, uma corrente oceânica que se move de águas quentes no equador em direção aos polos (corrente quente) ou uma corrente polar fria que se move em direção ao equador (corrente fria) podem modificar significativamente a temperatura do ar desses locais. Se as correntes passam perto da terra e são acompanhadas por brisa oceânica, elas podem ter um impacto significativo no clima litorâneo.

da linha do equador. Em razão da alta nebulosidade nas regiões equatoriais, as temperaturas anuais tendem a ser mais baixas que em locais ligeiramente mais ao norte ou ao sul, onde o céu é menos nublado.

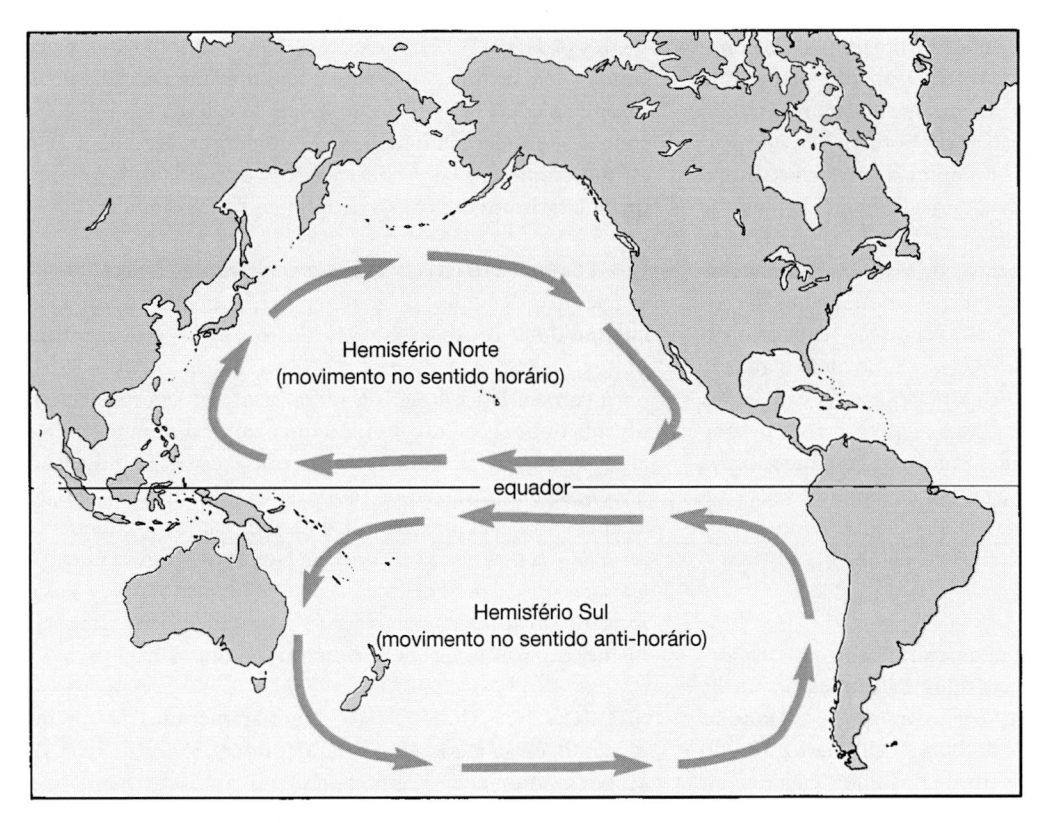

CAPÍTULO 3 • ENERGIA SOLAR E AQUECIMENTO ATMOSFÉRICO 69

■ **FIGURA 3.25** Um mapa simplificado das correntes no oceano Pacífico mostra o padrão rotativo básico. Grandes correntes se movem no sentido horário no Hemisfério Norte e anti-horário no Hemisfério Sul. Padrão semelhante existe no oceano Atlântico.
Que direção pode tomar um furacão que se forma na costa ocidental da África à medida que se aproxima dos Estados Unidos?

■ **FIGURA 3.26** A Corrente do Golfo (a Corrente Norte-Atlântica mais ao norte e em direção ao leste) é uma corrente quente que modera o clima do norte da Europa.
Use esta figura e as informações obtidas na Figura 3.25 para discutir a rota que as embarcações à vela seguiriam dos Estados Unidos para a Inglaterra e de volta aos Estados Unidos.

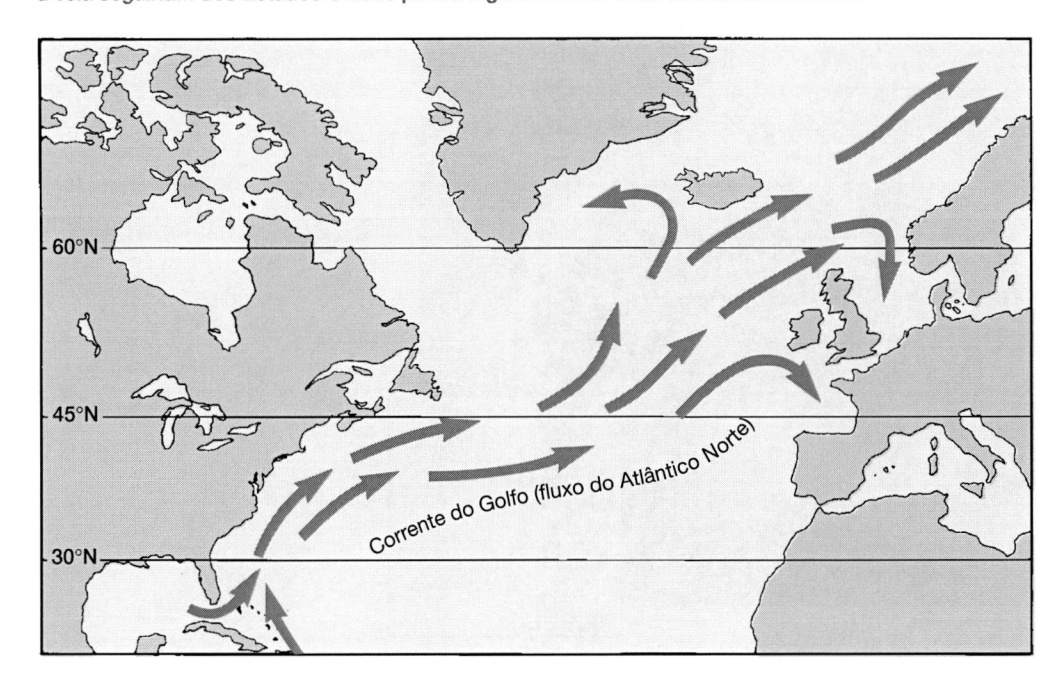

A Corrente do Golfo, com sua continuação, a Corrente Norte-Atlântica, é um exemplo de corrente oceânica quente que se move em direção aos polos. Essa corrente quente mantém as costas da Grã-Bretanha, da Islândia e da Noruega livres de gelo no inverno, além de moderar o clima de áreas próximas ao litoral (■ Figura 3.26). Podemos ver os efeitos da Corrente do Golfo se compararmos as condições de inverno das Ilhas Britânicas com as da província de Labrador, no nordeste do Canadá. Embora ambos os locais estejam na mesma latitude, a temperatura média em Glasgow, na Escócia, em janeiro, é de 4 ºC (39 ºF), enquanto em Naim, Labrador, ela chega a –21,5 ºC (–7 ºF) no mesmo mês.

A corrente da Califórnia, na costa ocidental dos Estados Unidos, ajuda a moderar o clima dessa região litorânea porque leva massas de água fria para o sul. Conforme a corrente se move para o sudoeste e deixa a costa, a água fria no fundo é levada para a superfície, resfriando ainda mais o ar logo acima. Verões frescos em São Francisco (média de julho: 14 ºC ou 58 ºF) mostram o efeito dessa corrente.

Altitude
Como vimos, as temperaturas dentro da troposfera diminuem conforme aumentamos a altitude. No sul da Califórnia, é possível encontrar locais com neve para esquiar se você subir a uma altitude de 2.400 a 3.000 metros (8.000 a 10.000 milhas) durante o inverno. O Monte Quênia, com 5.199 metros de altura (17.058 pés), localizado na linha do equador, ainda é frio o suficiente para manter geleiras. Qualquer pessoa que tenha escalado uma montanha no meio do verão, certamente experimentou diminuições progressivas de temperatura conforme subia 500, 1.000, ou 1.500 metros. Mesmo que você esteja no quentíssimo vale abaixo, você pode precisar de um suéter, se resolver escalar alguns milhares de metros (■ Figura 3.27). A cidade de Quito, no Equador, na latitude 1º sul da linha do equador, tem uma temperatura média de apenas 13 ºC (55 ºF) porque está localizada em uma altitude de cerca de 2.900 metros (9.500 pés) do nível do mar. A altitude como um fator climático será discutida mais à frente, quando falarmos dos climas de montanhas no capítulo 8.

Barreiras naturais
Barreiras naturais, especialmente cadeias de montanhas de grande porte, podem bloquear a circulação do ar de um lugar para outro e afetar a temperatura de uma região. Por exemplo, o Himalaia mantém o ar frio do inverno asiático longe da Índia, conferindo à maior parte do subcontinente indiano um clima tropical durante todo o ano. A posição das montanhas também é capaz de influenciar o clima significativamente. Na América do Norte, por exemplo, as encostas ao sul recebem luz do Sol diretamente e tendem a ser mais quentes que as encostas de face norte, com sombra. Os glaciares nas encostas de face sul podem ter menos neve e existir somente em altitudes mais altas. As encostas de face norte geralmente têm mais neve, que se estende até altitudes mais baixas.

Atividades humanas
Desmatamento, aterramento de pântanos ou a criação de grandes reservatórios de água são atividades humanas que podem afetar significativamente os padrões climáticos locais e até de temperatura. A construção e expansão das cidades em todo o mundo criaram bolsões com temperaturas elevadas conhecidas como *ilhas de calor urbanas*. Em cada um desses exemplos, as atividades humanas mudaram a paisagem e a cobertura da superfície terrestre, o que afeta o *albedo* da superfície e a umidade disponível para *trocas de calor latente*.

■ **FIGURA 3.27** Montanhas cobertas de neve são evidência de que as temperaturas diminuem com a altitude. Esta montanha fica no Parque Nacional de Grand Teton, no estado norte-americano de Wyoming, e seu nome foi dado por conta dos inúmeros picos pontiagudos, como este.
A que taxa a cada 1.000 metros as temperaturas diminuem com a altitude na troposfera?

Janeiro °C

(a)

Julho °C

(b)

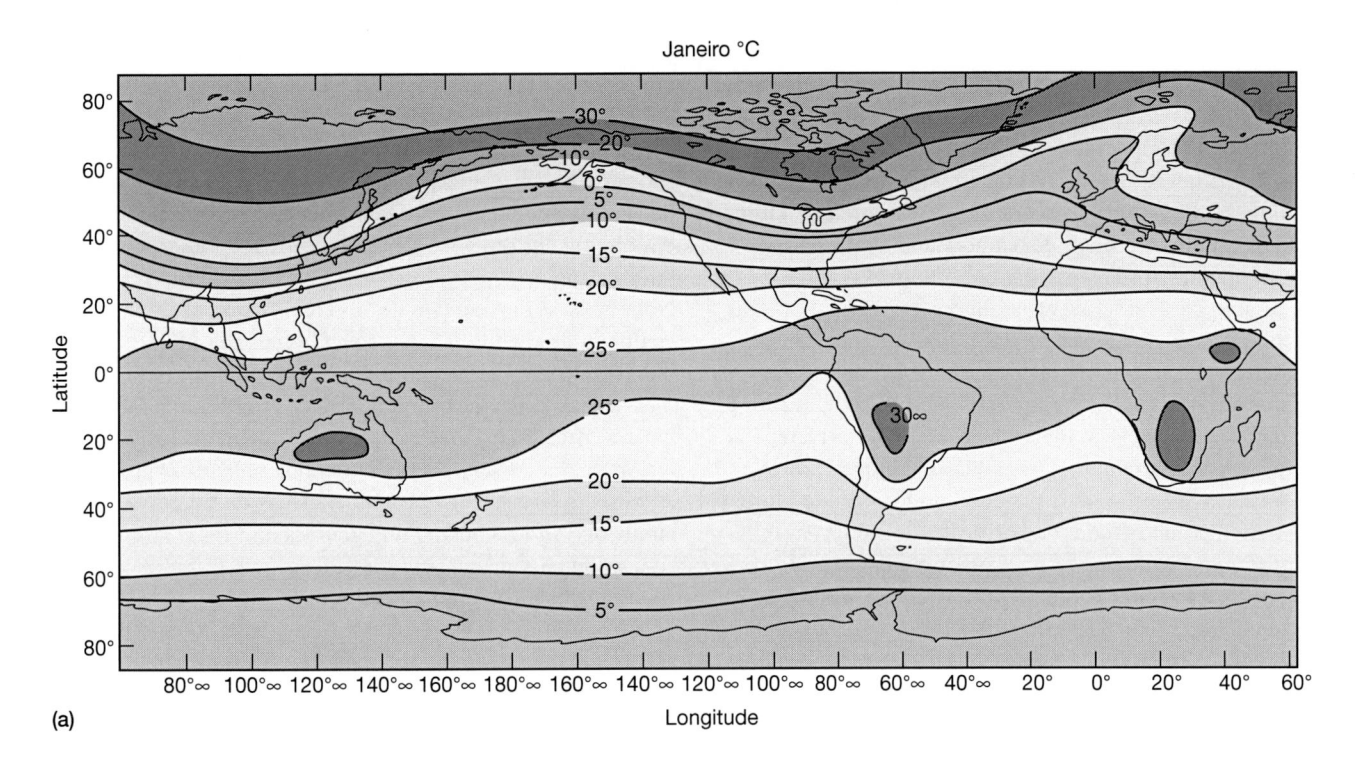

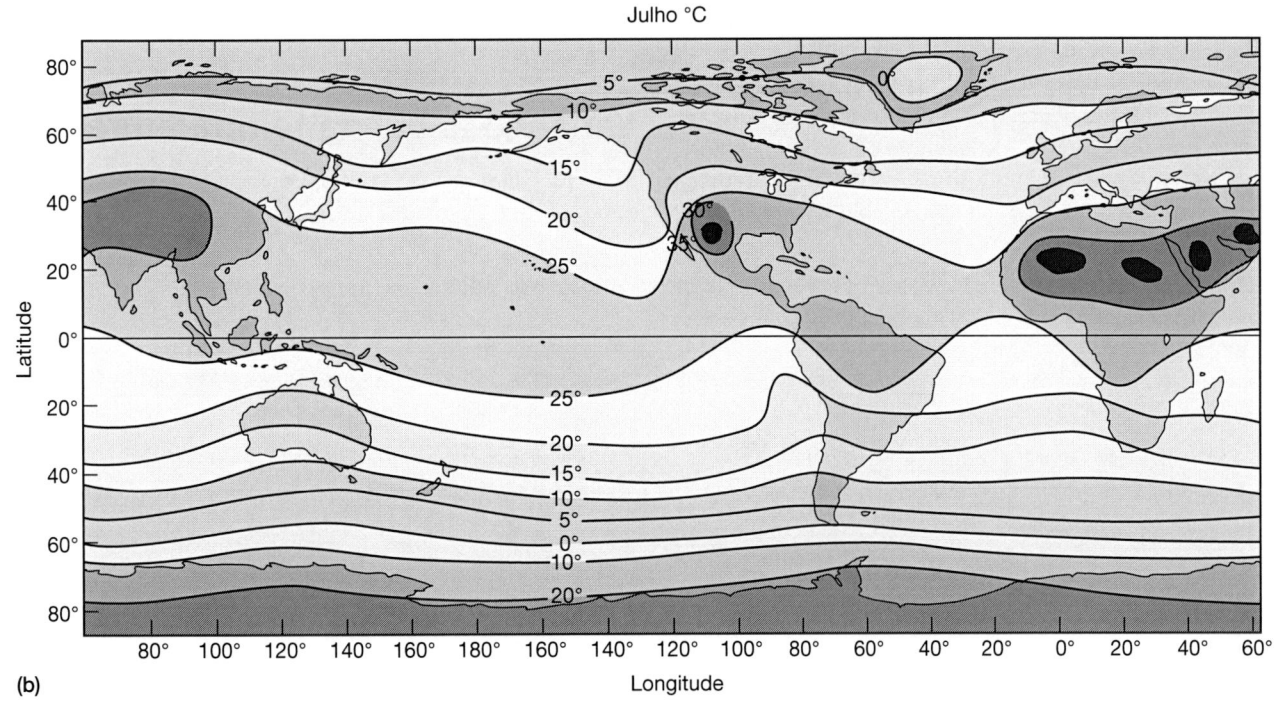

■ **FIGURA 3.28** (a) Temperaturas médias ao nível do mar em janeiro (°C). (b) Temperaturas médias ao nível do mar em julho (°C).
Observe os gradientes térmicos entre o equador e no norte do Canadá em janeiro e julho. Qual é maior? Por quê?

Distribuição de temperatura na superfície da Terra

Para mostrar a distribuição das temperaturas de superfície em um mapa, usamos **isotermas** (do grego: *isos*, igual; *terma*, calor), que são linhas num mapa que ligam os pontos de mesma temperatura. Ao criar mapas isotérmicos com a distribuição da temperatura, precisamos incluir a elevação, ajustando as leituras de temperatura ao que seriam no nível do mar. Esse ajuste significa adicionar 6,5 °C para cada 1.000 metros na altitude (o gradiente de temperatura ambiental). A taxa de variação de temperatura em um mapa isotérmico é chamada *gradiente* *térmico.* Isotermas próximas indicam um gradiente térmico acentuado (uma mudança rápida de temperatura em uma curta distância) e linhas espaçadas indicam um gradiente suave (uma leve mudança de temperatura em uma distância maior).

As ■ Figuras 3.28a e 3.28b mostram a distribuição horizontal de temperaturas no mundo durante janeiro e julho, quando os extremos sazonais de temperaturas altas e baixas estão mais evidentes nos Hemisférios Sul e Norte.

A característica mais fácil de reconhecer em ambos os mapas é a orientação geral das isotermas; elas correm quase de leste para oeste em torno da Terra, como os paralelos de latitude.

Um estudo mais detalhado das Figuras 3.28a e 3.28b, e uma comparação dos dois mapas revelam várias características importantes. As temperaturas mais altas em janeiro estão no Hemisfério Sul; em julho, elas estão no Hemisfério Norte. Comparando-se as latitudes de Portugal e do sul da Austrália podemos demonstrar esse fato. Note no mapa de julho que Portugal, no Hemisfério Norte, está próximo da isoterma 20 ºC, enquanto no sul da Austrália, no Hemisfério Sul, a temperatura média em julho é de cerca de 10 ºC, embora os dois locais estejam aproximadamente à mesma distância da linha do equador. As diferenças de temperatura entre os dois hemisférios são novamente um produto da insolação, que dessa vez muda à medida que o Sol se move para o norte e no sul, cortando a linha do equador entre as posições dos dois solstícios.

Observe que o maior desvio dessa tendência de leste a oeste das temperaturas ocorre quando as isotermas se movem de massas grandes de terra e atravessam os oceanos. Conforme as isotermas saem da terra firme, costumam se dobrar de forma muito acentuada em direção ao polo no hemisfério com inverno e em direção ao equador no hemisfério com verão. Esse padrão das isotermas é uma reação direta ao aquecimento e ao resfriamento diferencial de terra e de água. Os continentes são mais quentes que os oceanos no verão e mais frios no inverno. Outras características interessantes nos mapas de janeiro e de julho serão mencionadas a seguir. As isotermas em direção aos polos de 40º de latitude são muito mais regulares na sua orientação leste-oeste no Hemisfério Sul que no Norte. Isso se deve ao fato de, no Hemisfério Sul (muitas vezes chamado de "hemisfério das águas"), haver pouca terra ao sul da latitude 40ºS para produzir contrastes entre terra e água. Note-se também que os gradientes de temperatura são muito mais acentuados no inverno que no verão em ambos os hemisférios. A razão disso pode ser entendida se lembrarmos de que as zonas tropicais têm altas temperaturas durante todo o ano, enquanto as zonas polares têm grandes diferenças sazonais. Assim, a diferença de temperatura entre as zonas tropical e polar é muito maior no inverno que no verão.

Como uma observação final, veja o balanço especialmente acentuado das isotermas ao longo das costas oriental da América do Norte, sudoeste da América do Sul e da África, em janeiro, e no sul da Califórnia, em julho. Nesses locais, a curvatura normal das isotermas em razão das diferenças de temperatura entre terra e água aumenta pela presença de correntes oceânicas quentes ou frias.

Variação anual da temperatura

Mapas isotérmicos são comumente traçados para janeiro e julho, porque existe uma defasagem de cerca de 30 a 40 dias

■ **FIGURA 3.29** Variação anual da temperatura em Peoria, no estado americano de Illinois, e em Sydney, na Austrália.
Por que esses dois locais têm curvas de temperatura opostas?

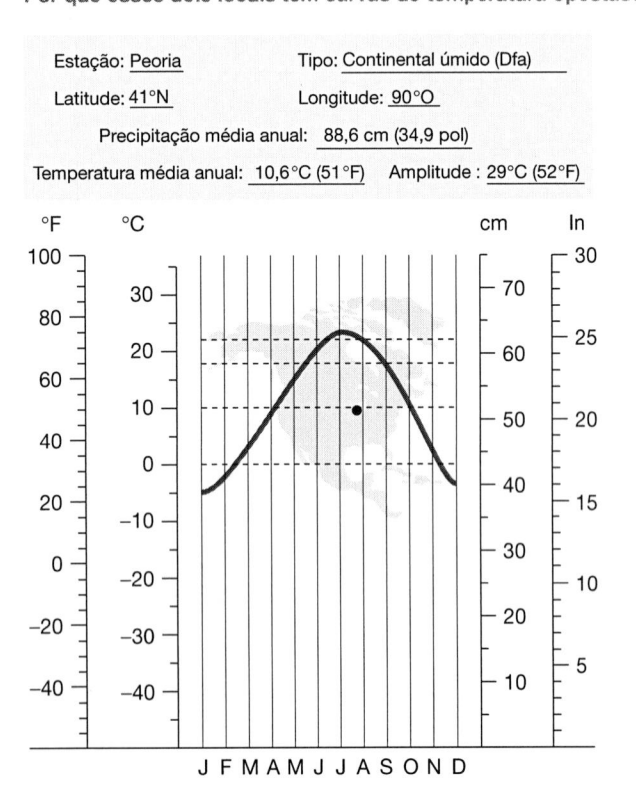

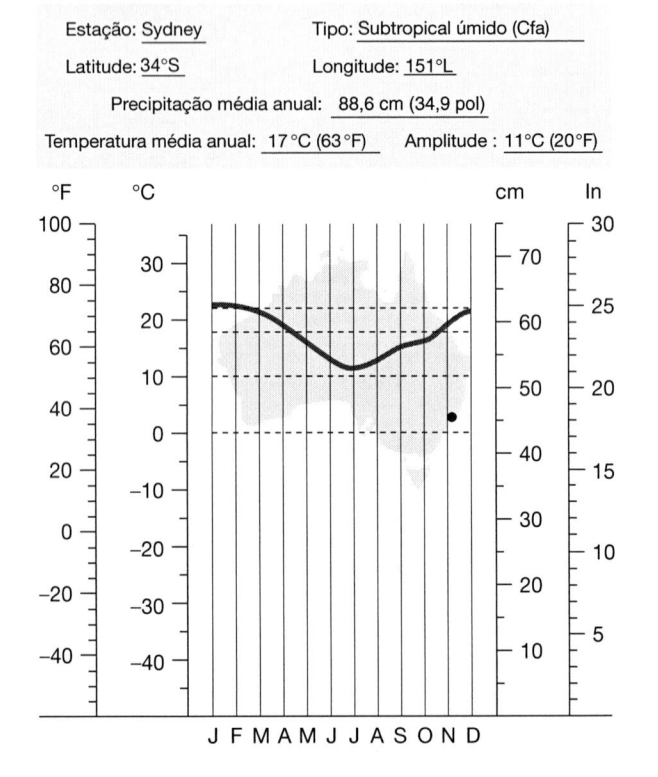

Estação: Peoria	Tipo: Continental úmido (Dfa)
Latitude: 41ºN	Longitude: 90ºO
Precipitação média anual: 88,6 cm (34,9 pol)	
Temperatura média anual: 10,6 ºC (51 ºF)	Amplitude: 29 ºC (52 ºF)

Estação: Sydney	Tipo: Subtropical úmido (Cfa)
Latitude: 34ºS	Longitude: 151ºL
Precipitação média anual: 88,6 cm (34,9 pol)	
Temperatura média anual: 17 ºC (63 ºF)	Amplitude: 11 ºC (20 ºF)

dos solstícios, quando a quantidade de insolação encontra-se no ponto mínimo ou máximo (dependendo do Hemisfério), com relação à época das temperaturas mínima e máxima. Essa **defasagem anual da temperatura** em relação à insolação é semelhante à defasagem diária de temperatura. É o resultado da relação em constante mudança entre a radiação solar recebida e a irradiada pela Terra.

As temperaturas continuam a subir por um mês ou mais após o solstício de verão, porque a insolação continua a exceder a perda de radiação da Terra. As temperaturas continuam a cair depois do solstício de inverno até que o aumento da insolação se equipare à irradiação da Terra. Em suma, a defasagem existe porque leva tempo para a Terra aquecer ou resfriar e para que essas mudanças de temperatura sejam transferidas para a atmosfera.

As variações anuais de temperatura de um local podem ser expressas em um gráfico. A temperatura média para cada mês em um lugar como Peoria, no estado norte-americano de Illinois, ou na cidade de Sydney, na Austrália, é registrada e uma linha é traçada para conectar as 12 temperaturas (■ Figura 3.29). A temperatura média mensal é a média das precipitações diárias registradas por uma estação meteorológica. A temperatura média diária é a média das precipitações altas e baixas em um período de 24 horas. A curva que conecta as 12 temperaturas mensais retrata a **variação anual da temperatura** e as mudanças na radiação solar conforme evidenciadas pelas mudanças de temperatura ao longo do ano, que resultam das variações sazonais na radiação solar.

Este capítulo foi concebido para mostrar as variações dos sistemas de energia da Terra e a natureza dinâmica do balanço dessa energia. Essas variações são resultados de complexas relações entre as características da Terra e sua atmosfera, bem como da energia adquirida e da perdida pelos ambientes do planeta. As variações são tanto horizontais por toda a superfície quanto verticais na nossa atmosfera. Além disso, variam de diárias a sazonais.

Variações dos sistemas energéticos da Terra impõem ritmos diários e anuais sobre nossas atividades agrícolas, lazer, estilos de roupas, arquitetura e contas de energia. As atividades humanas são constantemente influenciadas por mudanças de temperatura, que refletem os padrões de entrada e saída dos sistemas energéticos da Terra.

:: Termos para revisão

advecção
albedo
calor
calor latente de condensação
calor latente de evaporação
calor latente de fusão
calor latente de sublimação
caloria
Círculo Antártico
Círculo Polar Ártico
clima
climatologia
condução
constante solar
continentalidade
convecção
declinação
defasagem anual
　da temperatura
efeito estufa
energia eletromagnética
equinócio
escala Celsius (graus centígrados)
escala Fahrenheit
estratosfera
fotossíntese
gradiente de temperatura ambiental
　(taxa de lapso normal)
insolação
inversão térmica
isotermas
maritimidade
meteorologia
ozônio
radiação
radiação de ondas curtas
radiação de ondas longas
raios verticais (diretos)
solstício
temperatura
tempo
Trópico de Câncer
Trópico de Capricórnio
troposfera
variação anual da temperatura
variação diária
　de temperatura

:: Questões para revisão

1. Liste os cinco elementos básicos do tempo e do clima. Qual é mais importante e por quê?
2. O espectro eletromagnético é composto por vários tipos de energia conforme seus comprimentos de onda. Onde está a divisão de energia de onda curta e onda longa?
3. Identifique os dois principais fatores que causam a variação regular da insolação ao longo do ano. Como é que eles se combinam para originar as estações do ano?
4. Quais processos na atmosfera impedem a insolação de alcançar a superfície da Terra? Qual é o percentual de insolação que chega até a superfície da Terra?
5. Que processos transferem calor da superfície da Terra para a atmosfera? Por que a água é tão importante na troca de energia?
6. O que se entende por balanço energético da Terra e como ele se mantém em equilíbrio?
7. Quais são algumas das causas de variação de temperatura em curto prazo em um local?

8. Cite as diversas razões por que as inversões térmicas ocorrem.
9. Liste os fatores importantes que controlam a variação e a distribuição de temperatura sobre a superfície da Terra. Qual é o fator mais importante e por quê?
10. Quais fatores causam os maiores desvios na tendência leste-oeste nas isotermas das Figuras 3.28a e 3.28b? Quais fatores causam as maiores diferenças entre os mapas de janeiro e julho?

:: Aplicações práticas

1. Use o analema mostrado na Figura 3.7 para determinar a latitude do Sol do meio-dia, quando ele estiver exatamente em cima de nossa cabeça, em 12 de fevereiro, 30 de julho, 2 de novembro e 30 de dezembro.
2. Imagine que você está na linha do equador em 21 de março. O Sol do meio-dia estará exatamente em cima de sua cabeça. No entanto, para cada grau de latitude que você viajar na direção norte ou sul, o ângulo do Sol do meio-dia diminuiria na mesma proporção. Por exemplo, se você viajar até a latitude 40ºN, o ângulo do Sol será 50º.

    a. Explique essa correlação.
    b. Desenvolva uma fórmula ou conjunto de instruções para generalizar essa correlação.
    c. Qual seria o ângulo do Sol do meio-dia na latitude 40ºN, em 21 de junho? E em 21 de dezembro?

3. Com relação à radiação solar incidente, como se relacionam o albedo e a absorção? Crie uma relação matemática entre esses dois processos. Se o albedo de um gramado é de 23% e o de uma rodovia asfaltada 4%, qual é a diferença na absorção dessas duas superfícies?

Pressão atmosférica, ventos e circulação

4

:: Apresentação

Variações na pressão atmosférica

Ventos

Pressão global e sistemas de vento

Ventos de camadas da alta atmosfera e correntes de jato

Sistemas de ventos regionais e locais

Interações oceano-atmosfera

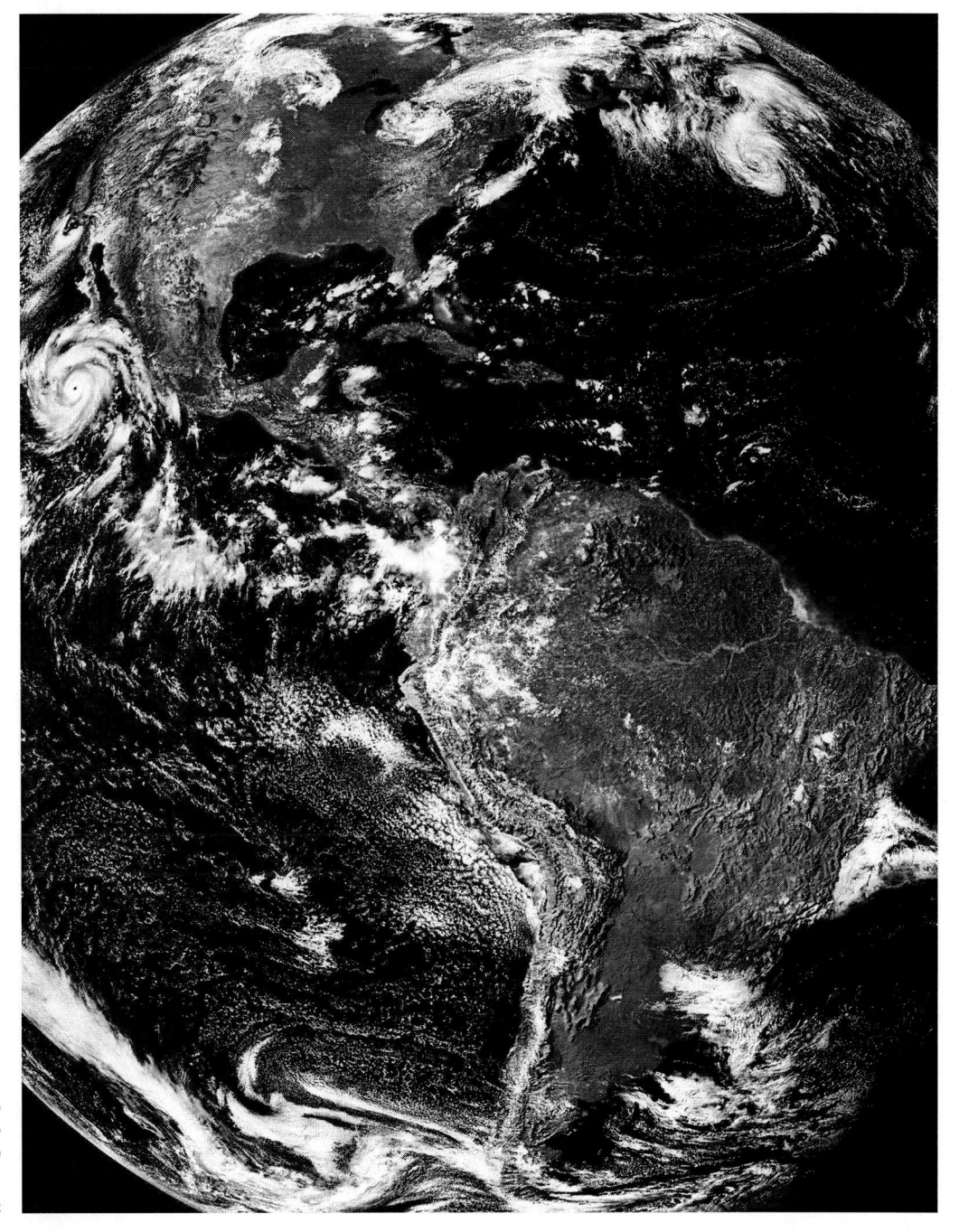

Os padrões de circulação na atmosfera terrestre são criados pelas mudanças de pressão e ventos.

NASA/GSFC

:: Objetivos

Ao terminar de estudar este capítulo, você será capaz de:

- Explicar por que a pressão atmosférica declina com a altitude e, geralmente, varia com a latitude em razão das diferenças de temperatura e da movimentação vertical do ar.
- Associar precipitação, nuvens e condições de vento com o aumento dos sistemas de baixa pressão, bem como as condições claras e calmas com os sistemas de alta pressão de ar inferior.
- Explicar por que as mudanças latitudinais no ângulo do Sol e as mudanças sazonais nas horas em que há luz do dia provocam variações de temperatura que influenciam a pressão atmosférica.
- Dar exemplos de como as diferenças na pressão atmosférica afetam a velocidade e a direção do vento.
- Compreender por que o efeito Coriolis, aparentemente, faz com que as correntes de vento e marítimas se inclinem para a direita da direção de sua movimentação no Hemisfério Norte e para a esquerda no Hemisfério Sul.
- Esboçar os principais sistemas de pressão e cinturões de vento latitudinais e sua influência na circulação das correntes de vento e marítimas no globo.
- Discutir exemplos de como os ventos de corrente de jato e os intercâmbios entre a atmosfera e os oceanos influenciam os sistemas climáticos.

Uma única molécula de gás na atmosfera pesa quase nada. Assim, pode ser uma grande surpresa saber que, quando um elevado número de moléculas de ar colide com qualquer coisa, exerce uma pressão média de 1.034 gramas por centímetro quadrado (14,7 lb/pol.^{2}) ao nível do mar. O motivo pelo qual as pessoas não são esmagadas por essa pressão atmosférica é que o ar e a água que estão dentro de nós, em nosso sangue, tecidos e células, exercem igual pressão de dentro para fora, equilibrando a pressão atmosférica.

As variações da pressão atmosférica exercem grande influência no tempo e no clima. As diferenças de *pressão atmosférica* fazem o ar circular e criam nossos *ventos*, que levam a água dos oceanos a terra, sendo um importante fator para o direcionamento das correntes marítimas do mundo. A movimentação do vento dispersa as sementes e o pólen na biosfera, transportando pó e partículas de solo e areia.

Em 1643, Evangelista Torricelli, um discípulo de Galileu, realizou uma experiência que foi a base para a invenção do barômetro de mercúrio, um instrumento que mede a pressão atmosférica (também conhecido como *barométrica*). Torricelli encheu com mercúrio um longo tubo de vidro e, com uma das extremidades fechadas, virou-o de cabeça para baixo em uma panela com mercúrio aberta. Dentro do tubo, o mercúrio caiu até a uma altura de aproximadamente 76 centímetros (29,92 pol.) acima do mercúrio na panela, deixando uma bolha de vácuo na extremidade superior fechada do tubo. A pressão exercida pela atmosfera sobre o mercúrio na panela aberta foi igual à pressão do mercúrio que tentava escorrer do tubo. À medida que a pressão atmosférica aumentava, empurrava o mercúrio para um nível superior do tubo; e ao passo que a pressão se reduzia, o nível de mercúrio na coluna caia proporcionalmente.

Variações na pressão atmosférica

Em sentido mais estrito, um barômetro de mercúrio não mede a pressão exercida pela atmosfera, mas, mede a resposta à pressão atmosférica. Ou seja, quando a atmosfera exerce pressão específica, o mercúrio responde aumentando a altura específica (■ Figura 4.1). De modo geral, os meteorologistas trabalham com unidades reais de pressão, mais comumente como o milibar (mb). A **pressão padrão ao nível do mar** é igual a 1.013,2 milibares e suporta um nível de 76 centímetros (29,92 pol.) de mercúrio em um barômetro. Esses valores são importantes porque fornecem as medidas de referência que são utilizadas para definir as áreas (normalmente denominadas *células*) de baixa pressão e as áreas de alta pressão.

■ **FIGURA 4.1** Um barômetro de mercúrio simples. A pressão padrão ao nível do mar de 1.013,2 milibares faz com que o mercúrio suba 76 centímetros (29,92 pol.) no tubo.
Quando a pressão do ar aumenta, o que acontece com o mercúrio no tubo?

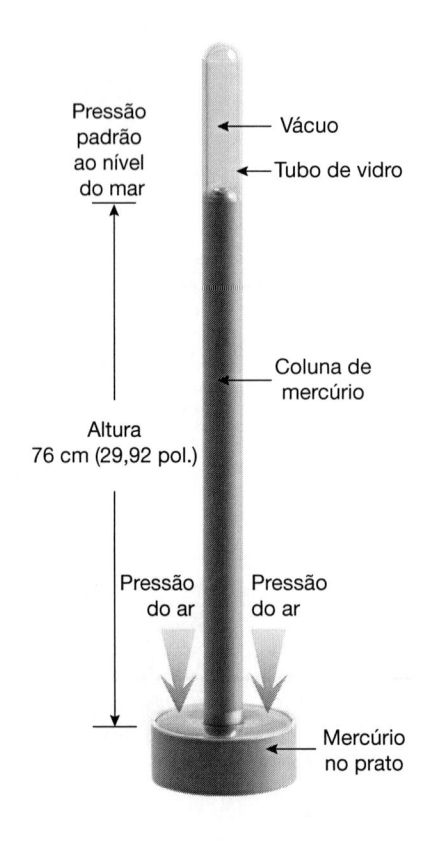

Pressão atmosférica e altitude

A pressão do ar se reduz com as maiores elevações na Terra e com as altitudes acima dela, porque, quanto mais alto subimos, mais largamente espaçadas e difusas se tornam as moléculas de ar. O maior espaço entre moléculas de gás no ar resulta em menor densidade e pressão do ar (■ Figura 4.2). Na verdade, no topo do Monte Everest (elevação de 8.850 m ou 29.035 pés), a pressão do ar é de apenas um terço da pressão ao nível do mar.

Normalmente, as pessoas não são sensíveis a mudanças pequenas e graduais na pressão do ar. Entretanto, quando subimos a altas elevações ou voamos a altitudes significativamente acima do nível do mar, percebemos os efeitos da pressão do ar em nosso corpo. Voando entre 10.000 e 12.000 metros (33.000 e 35.000 pés), as aeronaves comerciais são pressurizadas a fim de manter a pressão do ar em níveis seguros para os passageiros e a tripulação. Em altitude de viagem, as cabines das aeronaves geralmente são pressurizadas a uma pressão equivalente a que se teria em uma elevação de cerca de 2.100 a 2.400 metros (7.000 a 8.000 pés). No entanto, a pressurização pode variar. Assim, nossos ouvidos podem estalar ao se ajustarem a rápidas mudanças de pressão ao subir ou descer. Caminhar ou esquiar em locais a alguns mil metros de altura nos afeta, caso estejamos acostumados à pressão ao nível do mar. A menor pressão do ar significa que há menos moléculas de ar em determinado volume, com menos oxigênio para cada respiração. Portanto, ficamos sem fôlego com muito mais facilidade em altas elevações até que nosso corpo se ajuste à menor pressão do ar e à correspondente queda no nível de oxigênio.

No entanto, a altitude não é o único fator que provoca mudanças na pressão do ar. Na superfície da Terra, as variações na pressão também estão relacionadas à intensidade do calor por insolação, à umidade local e à circulação do ar global ou regional. As alterações na pressão do ar em determinado local, frequentemente, indicam que está havendo ou haverá uma mudança no tempo.

■ **FIGURA 4.2** Tanto a pressão quanto a densidade do ar reduzem rapidamente com as maiores altitudes.

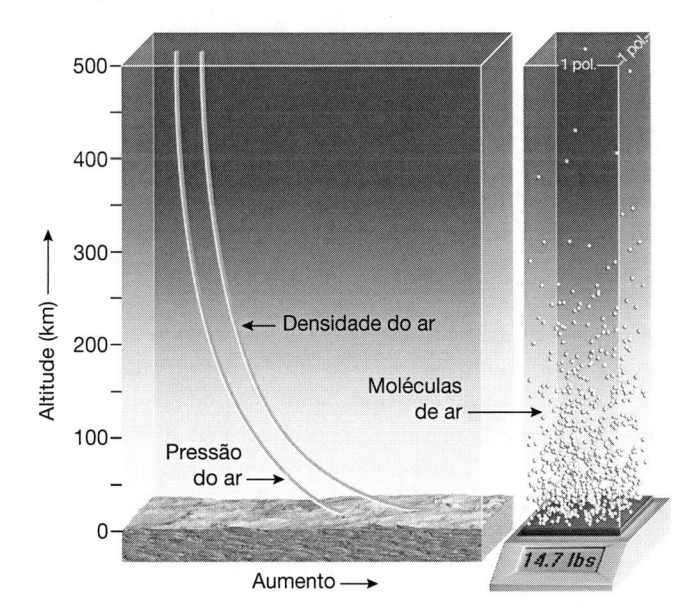

Células de alta e de baixa pressão

De modo geral, uma área onde a pressão é menor que a pressão padrão ao nível do mar é chamada simplesmente **baixa**, mas **ciclone** também é um termo geral para denominar uma área de baixa pressão. A célula de alta pressão é chamada **alta**, ou **anticiclone**. As áreas com baixa e alta pressão, normalmente, são chamadas *células*, e são representadas pelas letras maiúsculas **L** e **H**, respectivamente, nos mapas meteorológicos que em geral vemos na internet, na TV ou nos jornais.

A baixa, ou ciclone, é uma área em que o ar está subindo. À medida que o ar se move para cima, afastando-se da superfície, a pressão daquela superfície se reduz. Nesse caso, as leituras do barômetro caem. A situação em uma alta, ou anticiclone, é exatamente contrária. Em condições de alta pressão, o ar desce em direção à superfície e as leituras do barômetro sobem, indicando maior pressão do ar na superfície. Altas e baixas são ilustradas na ■ Figura 4.3.

Os ventos sopram em direção ao centro de um ciclone, ou seja, *convergem para a célula de baixa pressão*. O centro de um sistema de baixa pressão funciona como foco para a **circulação do vento convergente**. Em contraste, os ventos sopram para fora, afastando-se do centro de um anticiclone, *divergindo da célula de alta pressão*. Em um sistema de alta pressão, o centro da célula opera como fonte para a **circulação do vento divergente**. Em virtude da existência de diferenças de pressão, esperaríamos que os ventos convergentes e divergentes se movessem em linha reta, como mostra a Figura 4.3. Entretanto, as movimentações são muito mais complexas, pois são influenciadas por outros fatores, que serão explicados na seção sobre o vento.

Variações horizontais de pressão

Há duas principais causas de variações horizontais na pressão do ar. Uma é *térmica* (determinada pela temperatura do ar) e a outra é *dinâmica* (relacionada à movimentação do ar atmosférico).

As mudanças na pressão do ar termicamente induzidas são relativamente fáceis de compreender. Tanto o movimento quanto a densidade do ar estão relacionados com diferenças de temperatura que resultam de uma distribuição desigual de insolação, aquecimento diferenciado de terra e água e os albedos variáveis que existem sobre a superfície da Terra. Uma lei científica determina que a pressão e a densidade de um gás variam inversamente à sua temperatura. Portanto, quando o calor do dia aquece o ar em contato com a superfície da Terra, o volume de ar se expande e sua densidade se reduz. À medida que a densidade do ar aquecido se reduz, ele sobe e, consequentemente, é menor a pressão do ar na superfície. O aumento de ar quente termicamente induzido contribui para as pressões tipicamente baixas que dominam as regiões equatoriais.

Se o ar esfria, sua densidade aumenta e o volume se reduz, o que faz com que o ar desça, elevando sua pressão. Por esses motivos, nas regiões polares, a pressão é normalmente alta. A baixa pressão na zona equatorial e as altas pressões nas regiões polares são consideradas termicamente induzidas porque a temperatura do ar desempenha um papel dominante na criação dessas condições de pressão.

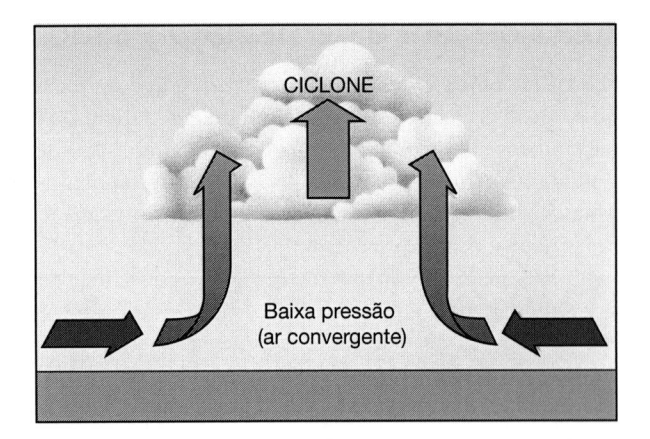

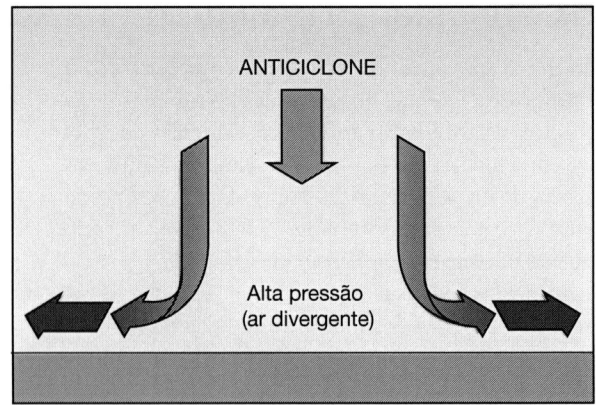

■ **FIGURA 4.3** Os ventos convergem e ascendem em ciclones (centros de baixa pressão) e descendem e divergem nos anticiclones (centros de alta pressão).
Qual é a relação existente entre a temperatura e a densidade do ar?

Dessa forma, podemos esperar que um aumento gradual na pressão do ar acompanhe o declínio geral da temperatura do equador aos polos. Entretanto, leituras de barômetro ao nível do mar indicam que a pressão não aumenta segundo um padrão regular do equador para os polos. Em vez disso, há regiões de alta pressão nos subtrópicos e de baixa pressão nas regiões subpolares que se desenvolvem pela movimentação dinâmica do ar.

Os processos dinâmicos que afetam a pressão do ar estão relacionados a amplos padrões de circulação do ar. Por exemplo, no equador, quando o ar que está subindo se encontra com a tropopausa, divide-se em duas correntes de ar que se dirigem em direções opostas à dos polos (norte e sul). Quando essas correntes de ar de alto nível alcançam as regiões subtropicais, elas encontram correntes de ar similares que se dirigem para o equador a partir das latitudes médias. À medida que essas correntes da alta atmosfera oposta se fundem, o ar acima se "empilha" e desce, produzindo alta pressão nas regiões subtropicais.

Nas regiões subpolares, na superfície, o ar que sai das zonas polares de alta pressão se encontra com o ar que vem das regiões subtropicais. A colisão desses ventos que se fundem faz com que o ar suba, criando uma zona de baixa pressão dinamicamente induzida, que é comum nas regiões subpolares. Tanto as regiões subtropicais de alta como as subpolares de baixa pressão são, predominantemente, resultados do movimento dinâmico do ar.

Mapeando a distribuição de pressão

Os mapas são os melhores instrumentos para os geógrafos e os meteorologistas analisarem os padrões espaciais existentes e as mudanças que influenciam nosso tempo. Contudo, a pressão do ar também é fortemente influenciada pela elevação, além das variações espaciais na pressão do ar. Quando a pressão do ar é mapeada ou mencionada em previsões do tempo, a pressão do ar relatada para cada local de superfície é ajustada de modo que reflita como seria se o local estivesse ao nível do mar. Ajustar a pressão do ar ao nível do mar equivalente é importante porque as variações resultantes da altitude são muito maiores que as causadas pelas mudanças de tempo ou da temperatura do ar. Sem esse ajuste, as diferenças de elevação mascarariam as diferenças regionais, que são mais importantes para compreender o tempo. Por exemplo, se os meteorologistas não ajustassem as leituras do barômetro ao nível equivalente ao do mar, Denver, no Colorado (a "Cidade a Uma Milha de Altura"), seria sempre reportada como tendo condições de baixa pressão, embora a pressão barométrica desse local varie para baixo e para cima, assim como ocorre em qualquer outro lugar.

As **isóbaras** (do grego: *isos*, igual; *baros*, peso) são linhas desenhadas em mapas que conectam pontos com iguais valores de pressão do ar. Quando as isóbaras estão muito próximas, denotam significativa diferença de pressão em uma pequena distância e, por conseguinte, forte **gradiente de pressão**. As isóbaras com largos espaços entre elas indicam fraco gradiente de pressão. Nos mapas meteorológicos que mostram as variações na pressão do ar, os centros de alta ou baixa pressão são indicados por isóbaras quase concêntricas, que formam um sistema fechado de isóbaras ao redor dessas células. Na visualização do mapa, o formato das células de alta e baixa pressão varia de praticamente circular a alongado.

Vento

Gradientes de pressão e vento

Vento é a movimentação do ar em resposta às diferenças na pressão do ar. Os ventos são o meio de a atmosfera tentar equilibrar as distribuições desiguais de pressão. Eles variam em velocidade, duração e direção. A velocidade e a força do vento dependem da intensidade do gradiente de pressão que o vento produz. Como observado anteriormente, o gradiente de pressão é a taxa de alteração na pressão do ar entre dois pontos. Quando o gradiente de pressão é grande, com elevada mudança de pressão em uma pequena distância, os ventos são velozes e fortes (■ Figura 4.4). Os ventos tendem a se movimentar de acordo com um gradiente de alta pressão para baixa pressão, assim como a água desce de um ponto alto para um baixo. Uma frase útil para lembrar a direção dos ventos é: "Os ventos sempre sopram de cima para baixo". No

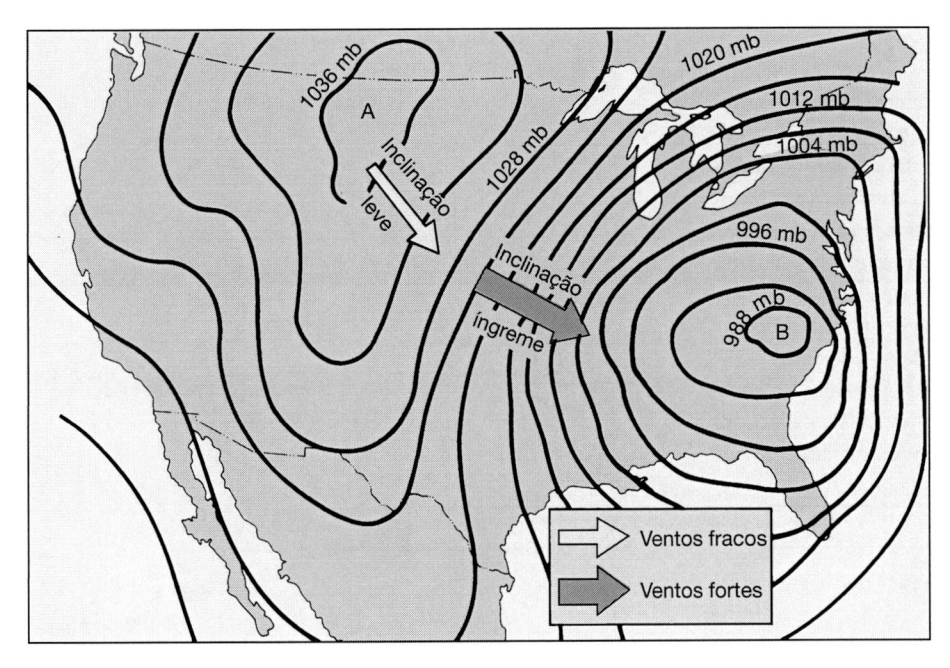

■ **FIGURA 4.4** A relação do vento com o gradiente de pressão: Quanto mais acentuado o gradiente de pressão, mais forte será o vento resultante.
Onde mais nesta figura (além da área indicada) haveria ventos fortes?

entanto, de modo geral, o vento não sopra em linha reta, diretamente de cima para baixo.

O vento também desempenha importante papel na correção dos desequilíbrios em aquecimentos e resfriamentos radiativos que ocorrem na Terra. Em média, os locais a 38° de latitude do equador recebem mais energia do Sol do que irradiam de volta ao espaço, enquanto os locais a 38° dos polos irradiam mais do que ganham energia solar (veja novamente a Figura 3.18). O sistema de vento planetário da Terra transporta energia para os polos para ajudar a manter o equilíbrio de energia no globo. O sistema de vento também influencia fortemente as correntes marítimas, que transportam grandes quantidades de calor das áreas que recebem em excesso a regiões onde são deficitárias. Assim, sem os ventos e as correntes marítimas, as regiões equatoriais esquentariam e as regiões polares resfriariam continuamente ao longo do tempo.

Além de transportar a energia por advecção (horizontalmente), os ventos carregam vapor de água acima dos corpos de água, onde tiver evaporado, para superfícies de terra, onde se condensa e se precipita. Sem esses ventos, as áreas de terra seriam áridas e estéreis. Ademais, os ventos influenciam as taxas de evaporação. Ainda, conforme mais nos conscientizamos de nossas necessidades de energia, mais importante se torna aproveitar o poder do vento, juntamente com outras fontes de energia natural, como do Sol e da água.

Terminologia do vento

Os ventos recebem o nome da direção ou do local de onde vêm. Portanto, o vento que vem do nordeste é chamado *vento nordeste*. O vento que vem do sul, embora sopre em direção ao norte, é chamado *vento sul* (ou do sul). É interessante utilizar a expressão "vindo do" ao descrever a direção do vento para ajudar as pessoas a compreenderem a direção correta e evitar qualquer confusão quanto à origem do vento.

O lado de qualquer objeto voltado para a direção da qual o vento vem é chamado lado **barlavento**. Assim, uma encosta do lado da direção do vento é o lado de uma montanha contra qual o vento sopra (■ Figura 4.5). **Sotavento** significa o lado abrigado, a favor do vento, voltado para a direção em que o vento sopra.

Portanto, quando os ventos vêm do oeste, a encosta sotavento de uma montanha seria a do leste. Embora os ventos possam soprar de qualquer direção, em alguns lugares, ou, em um lugar específico, em determinadas estações, é possível que os ventos tenham a tendência de soprar mais vindos de uma direção que de qualquer outra. Esses ventos são chamados **ventos prevalecentes.**

■ **FIGURA 4.5** Barlavento significa virado para o vento; já sotavento significa virado na direção oposta ao vento.
Como a vegetação nos lados barlavento e sotavento de uma ilha pode diferenciar?

O efeito Coriolis e o vento

Dois fatores que se relacionam à rotação da Terra exercem grande influência sobre os ventos. Em primeiro lugar, nosso sistema de grade fixa de latitude e longitude está constantemente girando. Assim, nosso quadro de referência para rastrear o caminho de qualquer objeto em movimento livre, quer seja uma aeronave, um míssil, uma corrente marítima, quer um vento, muda constantemente de posição. Em segundo lugar, a velocidade rotacional da Terra aumenta à medida que nos aproximamos do equador e se reduz conforme nos aproximamos dos polos. Por exemplo, uma pessoa em São Petersburgo, na Rússia (60° de latitude norte), onde a distância ao redor de um paralelo de latitude é quase metade da do equador, move-se a aproximadamente 830 quilômetros por hora, conforme a Terra gira, enquanto uma pessoa em Kampala, na Uganda, perto do equador, move-se a cerca de 1.660 quilômetros por hora.

Por causa da rotação da Terra, qualquer coisa que esteja se movendo horizontalmente parece ser desviada para a direita de sua direção de movimento no Hemisfério Norte e para a esquerda no Hemisfério Sul. Esse aparente desvio é o **efeito Coriolis**. Essa quantidade de desvio ou aparente curvatura da rota de movimentação ocorre em função da velocidade do objeto e sua posição latitudinal. Com a maior latitude, também cresce o impacto do efeito Coriolis (■ Figura 4.6). O efeito Coriolis é menor em latitudes menores, não tendo nenhum impacto na linha do equador. Também, à medida que a distância da movimentação aumenta, cresce o aparente desvio da rota de movimentação resultante do efeito Coriolis.

O fluxo tanto do vento quanto das correntes marítimas é afetado por esse aparente desvio Coriolis. No Hemisfério Norte, os ventos que se movem da alta para a baixa pressão aparentemente são desviados para a direita de sua rota esperada (e para a esquerda no Hemisfério Sul). Além disso, quando consideramos os ventos de superfície da Terra, devemos levar em conta outro fator. A **fricção** também interage com o gradiente de pressão e o efeito Coriolis.

Em altitudes de cerca de 1.000 m ou superiores da superfície da Terra, o arrasto friccional tem pouca consequência para os ventos. Nesse nível, praticamente sem arrasto friccional, o vento inicialmente reduz o gradiente de pressão, mas, então, se vira a 90° em resposta ao efeito Coriolis. Quando o efeito Coriolis é contrabalançado pelo gradiente de pressão, o vento resultante, denominado **vento geostrófico**, sopra paralelamente às isóbaras (■ Figura 4.7).

Próximo ou na superfície da Terra, onde o vento encontra obstáculos, como árvores, prédios, topografia e camadas de ar que se movem mais lentamente, o arrasto friccional se torna um fator adicional porque reduz a velocidade do vento. A menor velocidade do vento reduz o efeito Coriolis, mas o gradiente de pressão não é afetado. Com o gradiente de pressão e o efeito Coriolis não mais em equilíbrio, o vento não sopra entre as isóbaras como sua contraparte de nível superior. Em vez disso, o vento de superfície sopra obliquamente (em um ângulo de em torno de 30°) através das isóbaras e para dentro de uma área de baixa pressão.

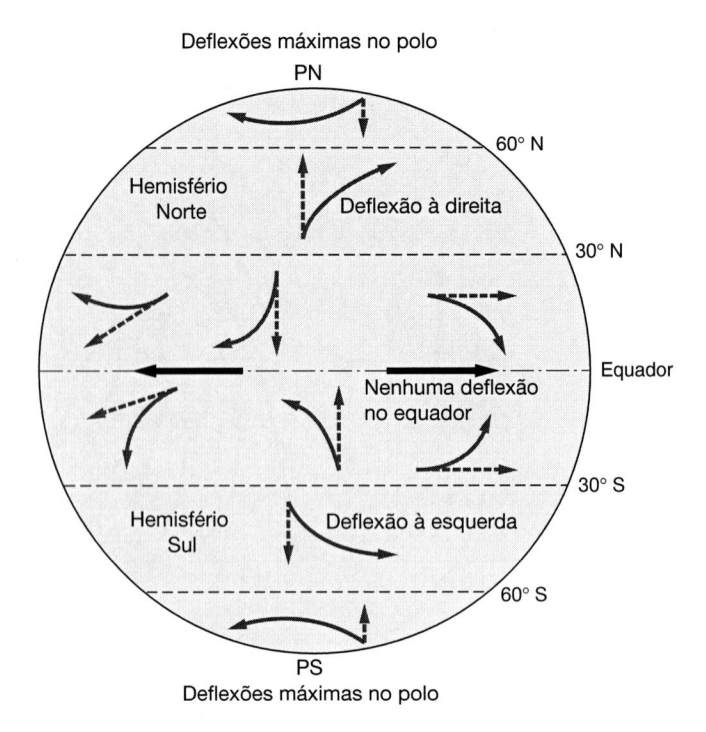

■ **FIGURA 4.6** Ilustração esquemática da aparente deflexão (efeito Coriolis) causada pela rotação da Terra quando um objeto (ou o vento) se move para norte, sul, leste ou oeste em ambos os hemisférios.
Se não há efeito Coriolis no equador, onde se localizaria o efeito Coriolis mais forte?

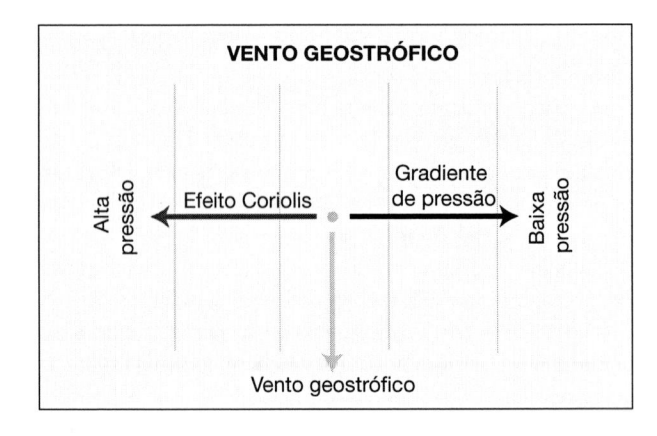

■ **FIGURA 4.7** Este exemplo do Hemisfério Norte ilustra que, no vento geostrófico, o efeito Coriolis faz com que ele se desvie para a direita até que o gradiente de pressão e o efeito Coriolis atinjam o equilíbrio e o vento sopre paralelamente às isóbaras.

Ciclones, anticiclones e direção do vento

Imagine uma célula de alta pressão (anticiclone) no Hemisfério Norte, em que o ar está se movendo para fora do centro em todas as direções como resposta ao gradiente de pressão. Conforme se move, o ar é desviado para a direita, independentemente da direção da qual esteja originalmente vindo. Portanto, os ventos que se movem vindos do anticiclone no Hemisfério

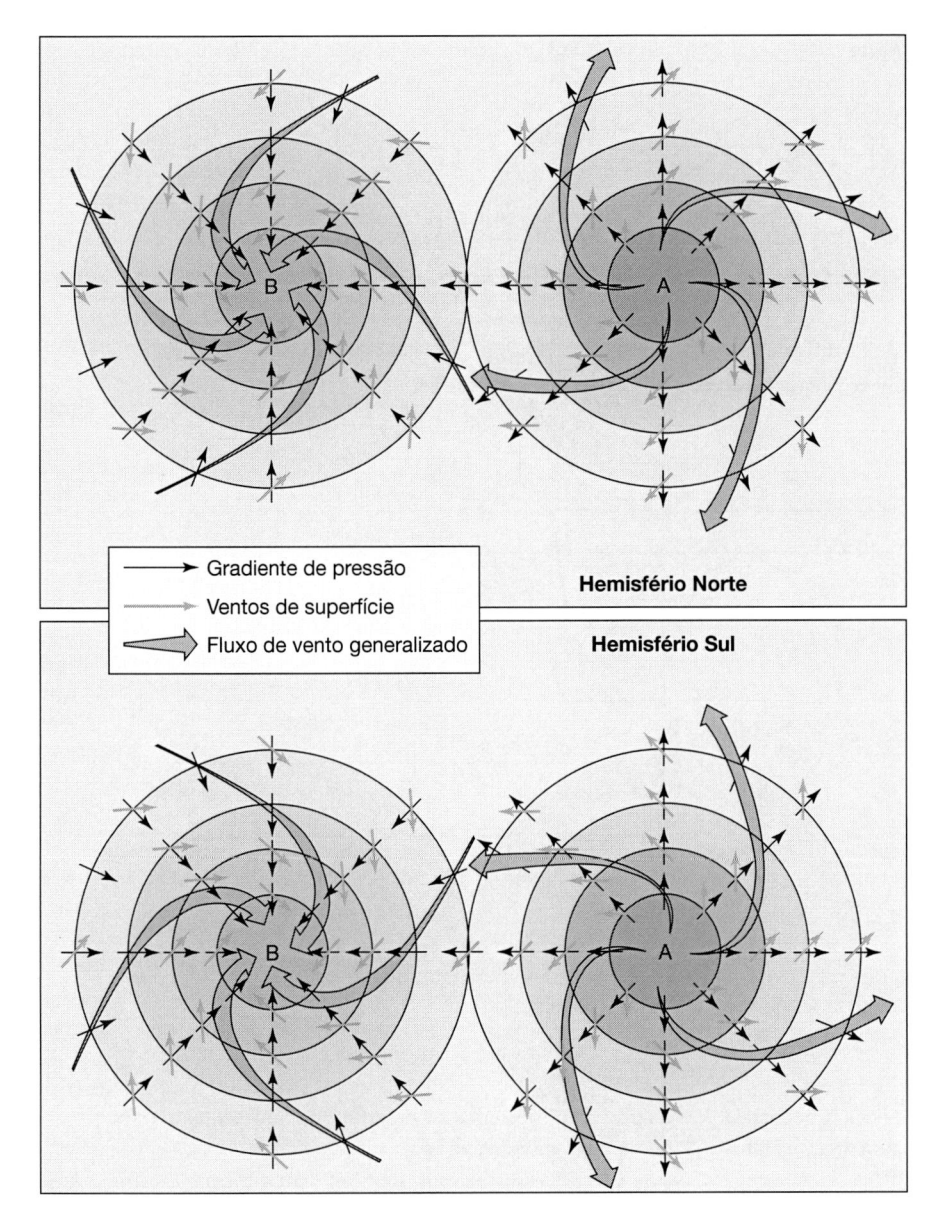

FIGURA 4.8 Movimento dos ventos de superfície associado aos centros de baixa pressão e os centros de alta pressão nos Hemisférios Norte e Sul.
O que você acha que pode acontecer com o ar divergente de um anticiclone se existe um ciclone por perto?

Norte se afastam do centro de alta pressão em uma espiral no sentido horário (■ Figura 4.8).

Em resposta ao gradiente de pressão, o ar de todas as direções tende a soprar em direção ao centro de uma área de baixa pressão (ciclone). Apesar de serem os ventos aparentemente desviados para a direita no Hemisfério Norte, fortes gradientes de pressão em uma célula de baixa pressão fazem com que os ventos se movam para o centro da baixa em uma espiral no sentido anti-horário. A direção dessas espirais é invertida no Hemisfério Sul, onde os ventos e as correntes são aparentemente desviados para a esquerda. Assim, no Hemisfério Sul, os ventos que se afastam do anticiclone o fazem em uma espiral no sentido anti-horário, e os ventos que se movem para dentro de um ciclone o fazem em uma espiral no sentido horário.

Pressão global e sistemas de vento

Um modelo de pressão global

Empregando o que aprendemos sobre pressão na superfície da Terra, conseguimos compreender um modelo simplificado dos cinturões de pressão do mundo (■ Figura 4.9). Mais adiante, veremos como as condições reais partem desse modelo para examinar por que essas diferenças ocorrem.

Centralizado aproximadamente sobre o equador, encontra-se um cinturão de baixa pressão ou **calha**. Essa é a região da Terra com o maior aquecimento anual. Assim, podemos

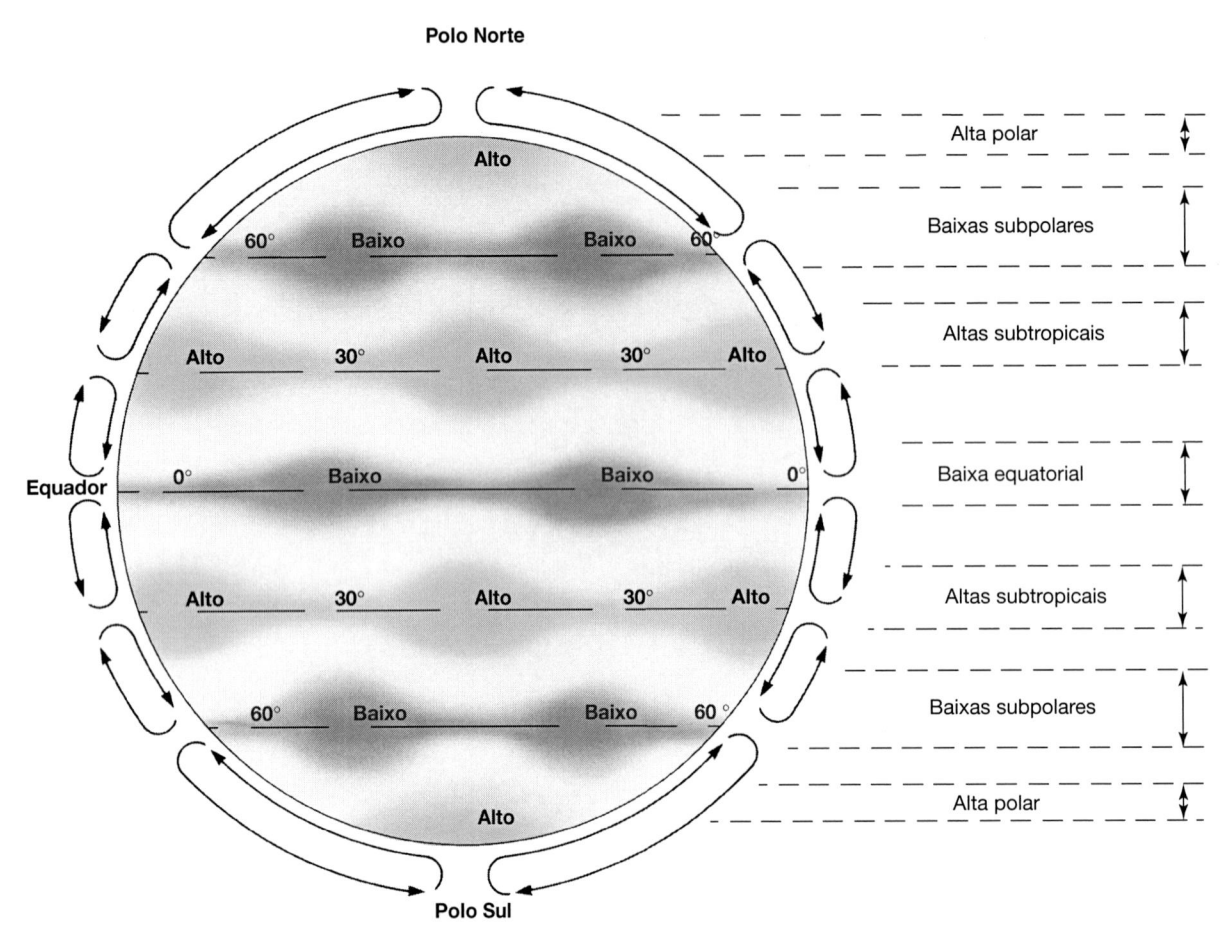

■ **FIGURA 4.9** Cinturões de pressão idealizados do mundo. Observe as flechas no perímetro do globo que ilustram o fluxo seccional cruzado associado com os cinturões de pressão de superfície.
Por que alguns desses cinturões de pressão ocorrem em pares?

concluir que essa área de baixa pressão, as **baixas equatoriais (calhas equatoriais)**, é determinada, principalmente, por fatores térmicos, que fazem com que o ar suba.

Ao norte e ao sul das baixas equatoriais, centralizadas em aproximadamente 30°N e 30°S, predominam as células de pressão relativamente alta. Elas são as **altas subtropicais**, que resultam da dinâmica de movimentação do ar relacionada ao mergulho das células de convecção iniciadas nas baixas equatoriais.

Das altas subtropicais em direção aos polos, em ambos os hemisférios, grandes cinturões de baixa pressão se estendem ao longo das latitudes médias superiores, chamadas **baixas subpolares**. Fatores de dinâmica dominam a formação das baixas subpolares, conforme os ventos opostos colidem, fazendo com que o ar suba.

As regiões árticas e antárticas são dominadas por sistemas de alta pressão denominados **altas polares**. Temperaturas extremamente frias e a consequente queda do ar denso e frio criam as pressões mais altas encontradas nas regiões polares.

Esse sistema de cinturões de pressão é um modelo generalizado, mas ainda assim é muito útil para compreender as circulações do vento no globo e os padrões de pressão predominantes. Contudo, tanto as temperaturas quanto as pressões atmosféricas mudam mês a mês, dia após dia ou hora a hora, em qualquer lugar. Esse modelo de cinturões de pressão não reflete essas mudanças menores, mas dá uma ideia geral dos padrões latitudinais da pressão atmosférica de superfície que influenciam o tempo e o clima das regiões da Terra.

Os processos na atmosfera tendem a formar cinturões latitudinais de alta e baixa pressão, mas o modelo simplificado não considera a influência alternante das bacias do oceano e dos continentes que esses cinturões atravessam. Em latitudes onde as massas de terra continentais são separadas pelas bacias oceânicas, os cinturões de pressão tendem a se romper, formando sistemas de pressão celular. Essas células de alta e baixa pressão se desenvolvem porque os cinturões são afetados pelo aquecimento diferenciado da terra e da água. As massas de terra também afetam a movimentação do ar e a criação de sistemas de pressão em virtude da fricção na superfície e do ar que sopra montanhas acima e abaixo.

Variações sazonais na distribuição de pressão

Em geral, os cinturões de pressão se voltam para o norte em julho e para o sul em janeiro, após a migração dos raios diretos do Sol entre os Trópicos de Câncer e de Capricórnio. Assim, variações sazonais termicamente induzidas afetam os padrões de pressão, como demonstrado na ■ Figura 4.10. As diferenças sazonais tendem a ser mínimas em latitudes baixas, onde ocorre pouca variação de temperatura. Em altas latitudes, as diferenças

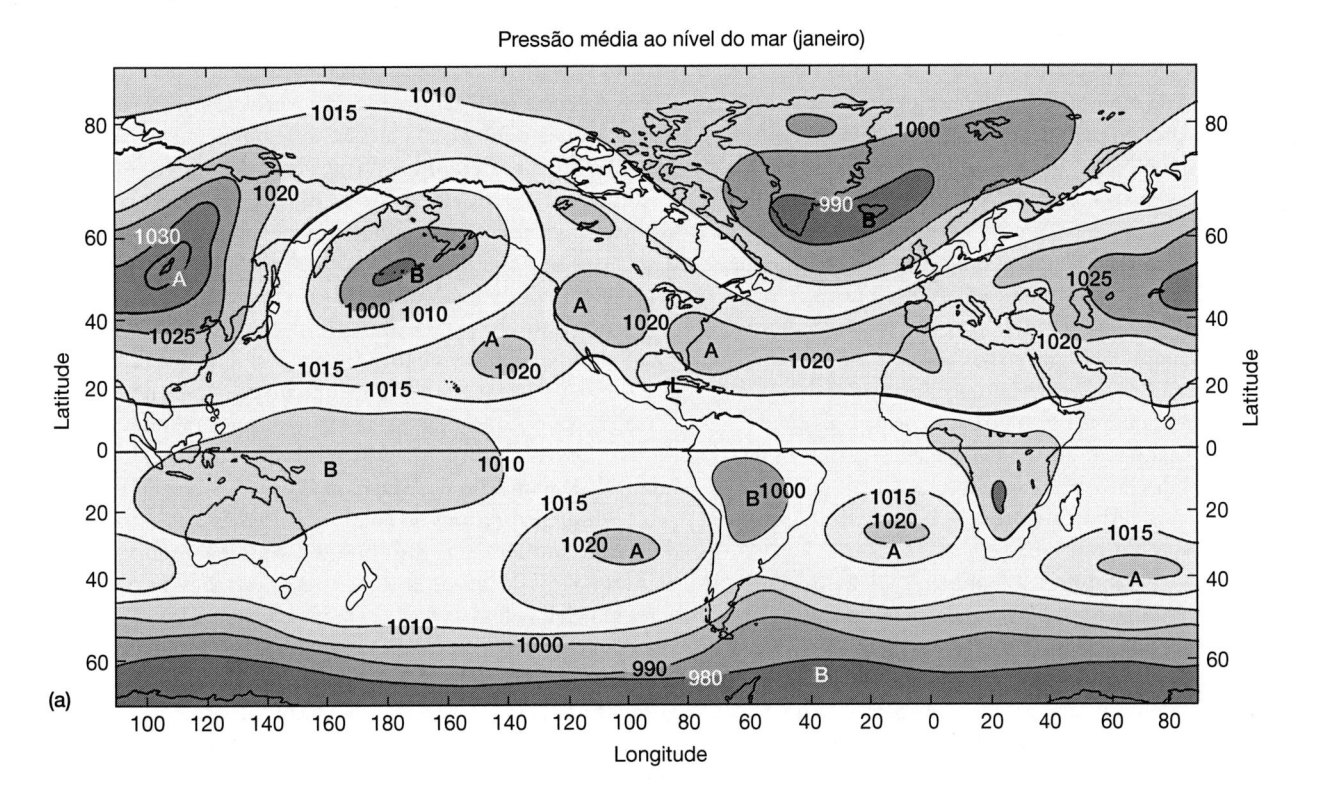

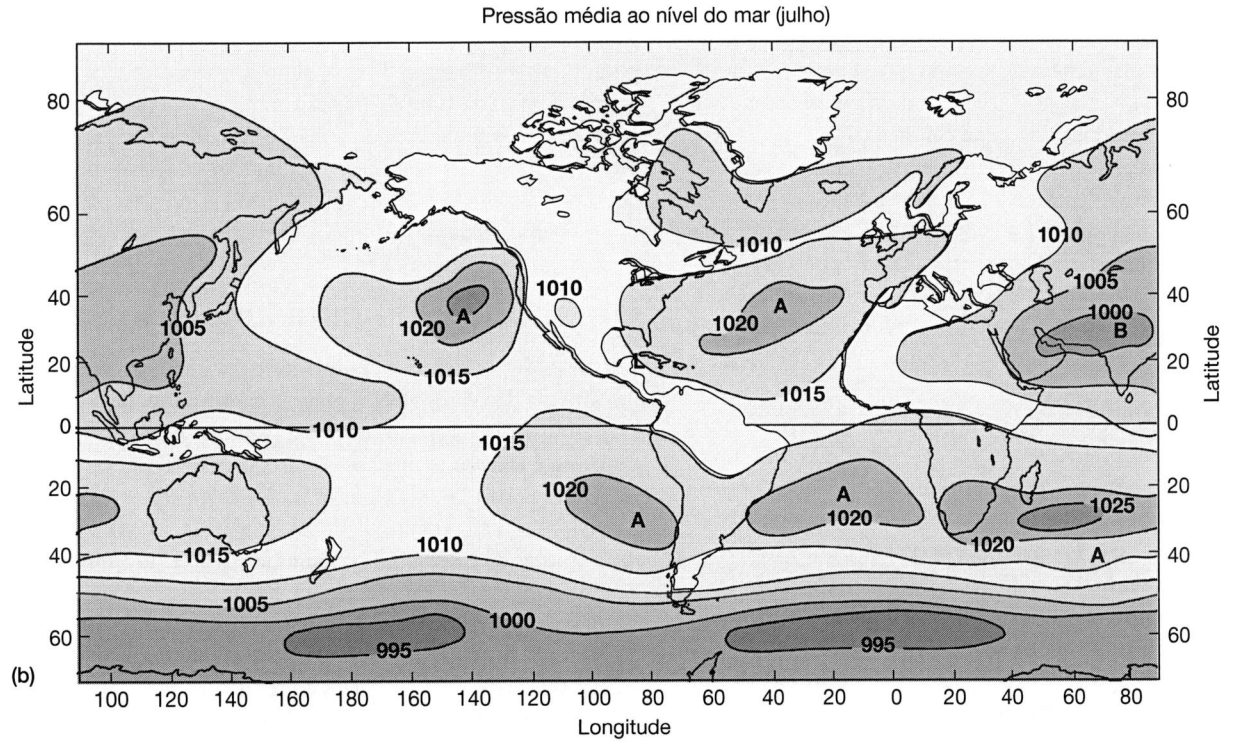

CAPÍTULO 4 • PRESSÃO ATMOSFÉRICA, VENTOS E CIRCULAÇÃO 83

■ **FIGURA 4.10** (a) Pressão média ao nível do mar (em milibares) em janeiro. (b) Pressão média ao nível do mar (em milibares) em julho.
Qual é a diferença entre a pressão média ao nível do mar de janeiro e julho no local onde você está? Por que ela varia?

sazonais de temperatura são mais elevadas por causa da maior variação anual de duração da luz do dia e do ângulo dos raios do Sol. As massas de terra também alteram o padrão das variações sazonais de pressão para determinada latitude, principalmente no Hemisfério Norte, onde a terra cobre 40% da área da superfície contra menos de 20% no Hemisfério Sul.

Janeiro No inverno do Hemisfério Norte, os continentes de média e alta latitude se tornam muito mais frios que os oceanos que os cercam. A Figura 4.10a mostra que, no Hemisfério Norte, essa variação leva ao desenvolvimento de células de alta pressão sobre as áreas de terra. Em contraste, baixas subpolares se desenvolvem sobre os oceanos porque são comparativamente mais quentes. No leste da Ásia, há um forte anticiclone que surge durante os meses de inverno, conhecido como **Alta Siberiana**. Seu equivalente na América do Norte, a **Alta Canadense**, não é tão forte porque o país é menor que o continente Eurasiano.

Dois centros de baixa pressão também se desenvolvem: a **Baixa Islandesa,** no Atlântico Norte, e a **Baixa Aleutiana,** no Pacífico Norte. Essas células de baixa pressão resultam do encontro e do choque entre os ventos que sopram vindos da alta polar para o norte e das altas subtropicais para o sul. As Baixas Aleutiana e Islandesa são associadas com tempo nebuloso e instável, sendo a principal fonte de tempestades de inverno, enquanto as Altas Canadense e Siberiana são associadas com dias claros de céu azul, noites calmas e estreladas, com tempo frio e estável. Portanto, durante os meses de inverno, o tempo nebuloso e, às vezes, perigosamente tempestuoso tende a ser associado com as duas baixas oceânicas; e o tempo limpo, mas frio, com as altas continentais.

Também podemos ver que, em janeiro, a alta polar no Hemisfério Norte é bem desenvolvida, principalmente por causa do resfriamento térmico durante a época mais fria do ano. As altas subtropicais do Hemisfério Norte se movem um pouco ao sul de sua posição média anual, à medida que os raios do sol migram em direção ao Trópico de Capricórnio. As baixas equatoriais também se voltam para o sul de sua posição média anual, que é no equador.

No Hemisfério Sul, em janeiro (onde é verão), o cinturão subtropical de alta pressão se quebra em três células centralizadas sobre os oceanos porque os continentes mais quentes produzem menores pressões em comparação com a existente sobre os oceanos. Em razão de quase não haver terra entre as latitudes 45°S e 70°S, as baixas subpolares circulam a Terra sobre o oceano sul como um cinturão inteiriço. Há pouco movimento sazonal nesse cinturão de baixa pressão, exceto em janeiro, quando ele fica a alguns poucos graus em direção ao equador, que é diferente de sua posição no mês de julho (inverno).

Julho A alta pressão sobre o Polo Norte enfraquece no verão, principalmente por causa do longo aquecimento (luz do dia por 24 horas) naquela região (Figura 4.10b). As Baixas Aleutiana e Islandesa também enfraquecem e, de sua posição de inverno, se voltam para os polos. A América do Norte e a Eurásia, que desenvolveram células de alta pressão durante os meses frios de inverno, criam extensas células de baixa pressão ligeiramente para o sul no verão. As altas subtropicais no Hemisfério Norte são fortes no verão e migram dos polos a partir de sua posição de inverno. A alta subtropical do Pacífico Norte denomina-se **Alta do Pacífico** (ou **Alta do Havaí**), sendo um sistema de pressão que afeta muito os climas da costa oeste da América do Norte. Os norte-americanos chamam a célula de alta pressão correspondente no Atlântico Norte de **Alta das Bermudas**, porém ela é **Alta dos Açores** para os europeus e os africanos do oeste. As baixas equatoriais se movem para o norte em julho, seguindo a migração sazonal dos raios do Sol e as altas subtropicais do Hemisfério Sul se voltam para o equador a partir de seus locais de janeiro (verão).

Vimos que há essencialmente sete cinturões de pressão (duas altas polares, duas baixas subpolares, duas altas subtropicais e uma baixa equatorial), que formam células de pressão em latitudes em que os oceanos são separados por grandes massas de terra. Esses cinturões e essas células variam de tamanho e intensidade e mudam de local com as estações, seguindo a migração dos raios verticais do Sol. Esses sistemas em escala global de pressão formam uma distribuição latitudinal muito regular, mas também migram de latitude com as estações. Portanto, às vezes são chamados *sistemas de pressão semipermanentes*.

Os ventos, o principal meio de transporte de energia e umidade pela atmosfera, também podem ser examinados em escala global. Entretanto, por enquanto, desconsideraremos a influência das diferenças entre terra e água, as variações na elevação e as mudanças sazonais. Trataremos desses fatores mais tarde. Essa simplificação nos permite construir um modelo básico da circulação global da atmosfera. Esse modelo também pode nos auxiliar a explicar características específicas de clima, como a chuva e a neve da Serra Nevada e da Cordilheira das Cascatas e as regiões áridas diretamente ao leste dessas montanhas. Um modelo básico de vento oferece a percepção necessária para compreender o movimento das correntes marítimas, que são impulsionadas, em parte, pelos sistemas globais de vento.

Um modelo de circulação do ar

Em razão de os ventos serem criados por diferenças de pressão, um sistema de ventos globais pode se basear no modelo de pressões atmosféricas (veja novamente a Figura 4.9). A convergência e a divergência são muito importantes para entender os padrões de ventos globais. Sabendo que os ventos de superfície sopram das áreas de alta para as de baixa pressão, podemos utilizar o modelo de cinturões de pressão global para desenvolver um modelo de sistema de ventos globais (■ Figura 4.11). Esse modelo, embora simplificado, considera o aquecimento diferenciado, a rotação da Terra e a dinâmica atmosférica. O efeito Coriolis também é levado em consideração, uma vez que os ventos não sopram em linha reta na rota norte-sul. É importante lembrar que os ventos recebem o nome da direção de onde vêm.

Além das sete zonas de pressão, o modelo global idealizado completo inclui seis cinturões de vento. Dois cinturões de vento, um em cada hemisfério, localizam-se onde os ventos sopram das altas polares para as baixas subpolares. Como esses ventos são fortemente desviados pelo efeito Coriolis para a direita no Hemisfério Norte e para a esquerda no Hemisfério Sul, eles se tornam os **ventos polares do leste**.

A circulação divergente vinda das altas subtropicais em direção tanto ao equador quanto aos polos fornece a fonte para os

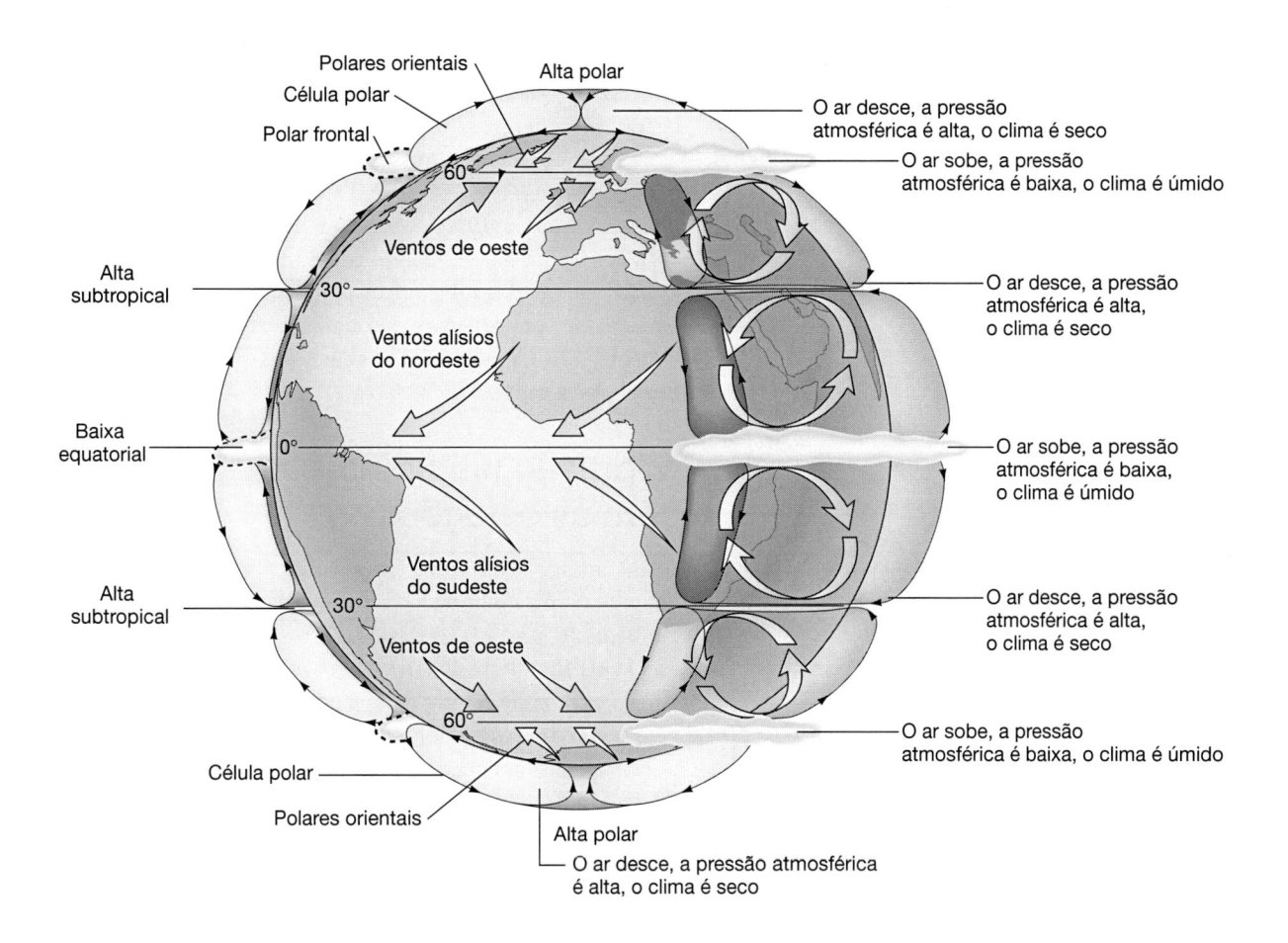

■ **FIGURA 4.11** A circulação geral da atmosfera da Terra.

outros quatro cinturões de vento. Em cada hemisfério, os ventos sopram dos lados polares das altas subtropicais para as baixas subpolares. Por causa da grande aparente inclinação dos ventos que vêm dos lados com maior latitude das altas subtropicais, o vento geralmente se movimenta vindo do oeste. Esses ventos das latitudes médias superiores são os **ventos de oeste**. Os ventos que sopram das altas subtropicais em direção ao equador são os **ventos alísios**. Como a inclinação provocada pelo efeito Coriolis em latitudes menores é mínima, eles são os **alísios do nordeste** no Hemisfério Norte e os **alísios do sudeste** ao sul do equador.

Esse modelo oferece um conceito básico da circulação do ar global, embora muitos outros fatores, tanto locais quanto regionais, também influenciem os ventos. Os sistemas de pressão e, consequentemente, os ventos se movem em resposta às diferenças de aquecimento que mudam com a posição sazonal do Sol. Da mesma forma, as diferenças entre continentes e o oceano dos Hemisférios Norte e Sul afetam as zonas de alta e baixa pressão, portanto, os ventos.

Condições dentro das zonas latitudinais

Ventos alísios
Os ventos alísios do norte sopram vindos das altas subtropicais em direção às baixas equatoriais, tanto no Hemisfério Norte quanto no Hemisfério Sul, entre as latitudes 5° e 25°. Por causa do efeito Coriolis, os ventos alísios do norte se afastam da alta subtropical no sentido horário a partir do nordeste. No Hemisfério Sul, os ventos alísios divergem da alta subtropical em direção à calha equatorial vindos do sudeste, uma vez que se movem no sentido anti-horário. Como os ventos alísios de ambos os hemisférios tendem a soprar vindos do leste, são também conhecidos como *ventos tropicais de leste*.

Os ventos alísios tendem a ser constantes, regulares e consistentes em sua direção. A área dos ventos alísios sofre alguma variação durante as estações e se movimenta a alguns graus de latitudes para o norte e o sul com o Sol. Nas altas subtropicais, próximo à sua fonte, o tempo dos ventos alísios é claro e seco, mas após cruzarem grandes extensões do oceano, os ventos alísios oferecem alto potencial para tempestades. As primeiras embarcações espanholas dependiam dos ventos alísios do nordeste para impulsionar seus galeões da Europa a destinos nas Américas Central e do Sul em busca de ouro, especiarias e novas terras. Navegando a leste, em direção a suas casas, os navegadores normalmente tentavam planejar um curso utilizando os ventos de oeste ao norte.

Zona de convergência intertropical
A *baixa equatorial*, onde os ventos alísios convergem, coincide com o cinturão latitudinal de maior precipitação e com a cobertura de nuvens mais persistentes em todo o mundo. Essa área

é denominada **zona de convergência intertropical (ZCIT ou CIT)** porque é onde os ventos alísios dos trópicos de ambos os hemisférios convergem na região equatorial. Aqui o ar, que é aquecido pelo Sol e é muito úmido, tende a se expandir e subir, mantendo a baixa pressão da área e alto potencial para chuvas.

Perto do equador, aproximadamente entre 5°N e 5°S, localiza-se o mais forte cinturão de convergência, com ar que sobe e fortes chuvas e ventos calmos sem direção predominante. Essa zona é conhecida como *calmaria equatorial*. Os navios frequentemente permaneciam imóveis durante dias na zona de calmaria. É interessante notar que o nome dessa região em inglês significa "em estado apático ou depressivo". Os navegadores ficavam em estado de *calmaria* de várias formas.

Altas subtropicais
As áreas de alta pressão subtropical, normalmente localizadas entre as latitudes 25° e 35°N e S, são a fonte dos ventos que sopram para os polos como ventos de oeste e para o equador como ventos alísios. A alta pressão resulta do ar que imerge e se deposita vindo de maiores altitudes. Esses cinturões subtropicais de ventos variáveis ou calmos têm sido chamados de "latitudes do cavalo". Esse nome vem da necessidade que os navegadores tinham de comer seus cavalos ou de jogá-los ao mar para poderem conservar a água potável e reduzir o peso das embarcações, quando elas paravam nessas latitudes. Os centros das altas subtropicais são áreas como as de calmaria, onde não há fortes ventos prevalecentes. O tempo é tipicamente claro, ensolarado, seco e sem chuvas, principalmente no lado leste das bacias oceânicas (ao longo da costa oeste), onde as células de alta pressão são mais fortes.

Ventos de oeste
Os ventos que vão em direção aos polos vindos das altas subtropicais no Hemisfério Norte são fortemente desviados para a direita, soprando, portanto, do sudoeste. No Hemisfério Sul, eles são fortemente desviados para a esquerda e sopram vindos do noroeste. Assim, esses ventos são corretamente denominados como ventos de oeste. Seu direcionamento tende a ser menos consistente que o dos ventos alísios, mas normalmente são mais fortes e podem estar associados a tempestades. Os ventos de oeste ocorrem aproximadamente entre as latitudes 35° e 65°N e S. No Hemisfério Sul, existe muito pouca terra nessas latitudes para afetar o desenvolvimento dos ventos de oeste. Portanto, sopram com maior consistência e força. Boa parte da Europa ocidental e do Canadá e a maior parte dos Estados Unidos (exceto a Flórida, o Havaí e o norte do Alasca) são influenciadas pelo tempo trazido pelos ventos de oeste.

Ventos polares
Observações precisas de pressão e vento são esparsas nas regiões polares. Assim, temos de nos basear em imagens e dados produzidos por satélite para obter muitas das informações. Nos polos, as pressões tendem a ser consistentemente altas o ano todo. As altas polares alimentam os ventos prevalecentes que rodeiam as regiões polares e sopram ao leste em direção aos sistemas subpolares de baixa pressão.

Apesar do nosso limitado conhecimento dos sistemas de vento das regiões polares, sabemos que eles podem ser altamente variáveis, soprando com grande velocidade e intensidade. Quando o ar frio que vem das regiões polares se encontra com o ar mais quente dos ventos de oeste, eles fazem como dois exércitos em guerra: um não absorve o outro. Em vez disso, o ar frio, mais denso e mais pesado, empurra o ar quente para cima, forçando-o a subir. A linha ao longo da qual esses dois grandes sistemas de vento se embatem é apropriadamente conhecida como *frente polar*, basicamente a zona da *baixa subpolar*. O tempo que resulta do encontro do ar frio polar e do ar mais quente dos subtrópicos pode ser muito tempestuoso. Na verdade, a maior parte das tempestades que se move lentamente pelas latitudes médias no curso dos ventos de oeste se desenvolve a partir da frente polar.

Migração latitudinal com as estações

Assim como a insolação, a temperatura e os sistemas de pressão migram para o norte e o sul, os sistemas de vento da Terra também migram com as estações. Durante os meses de verão no Hemisfério Norte, o norte do equador recebe insolação máxima. Essa condição faz com que os cinturões de pressão também se movam para o norte e os cinturões de vento de ambos os hemisférios mudem de acordo com esse fenômeno. Seis meses mais tarde, quando o aquecimento máximo ocorre ao sul do equador, os sistemas de vento migram para o sul em resposta à migração dos sistemas de pressão. Assim, a migração sazonal dos ventos e das células de pressão é um exemplo de como a real circulação do ar difere de nosso modelo idealizado.

As regiões que são mais fortemente influenciadas por essas migrações sazonais são as zonas fronteiriças entre dois ventos ou sistemas de pressão. Durante o inverno, essas regiões ficam sujeitas à influência de um sistema. Conforme o verão se aproxima, o sistema que dominou no inverno migra para os polos e o sistema que se dirige ao equador entra, influenciando a região. Duas dessas zonas fronteiriças em cada hemisfério experimentam essas flutuações climáticas distintas do verão para o inverno. A primeira fica entre as latitudes 5° e 15°, onde as úmidas baixas equatoriais da estação de Sol alto (verão) se alternam entre alta subtropical seca da estação de Sol baixo (inverno). A segunda ocorre entre 30° e 40°, onde a alta subtropical domina no verão, mas é substituída por ventos de oeste mais úmidos e a frente polar no inverno.

A Califórnia é em exemplo de região localizada dentro da zona de transição entre dois sistemas de vento e pressão (■ Figura 4.12). Durante o inverno, essa região fica sob a influência dos ventos de oeste que sopram vindos da alta do Pacífico. Esses ventos, repletos de umidade do oceano, trazem chuvas de inverno e tempestades à "ensolarada" Califórnia. Quando o verão se aproxima, porém, a frente polar e os ventos de oeste se movem para o norte. À medida que a Califórnia vai ficando sob a influência do calmo e regular sistema de alta pressão subtropical, apresenta o clima pelo qual é famosa: dias seguidos de clima quente e seco e de céu claro e azul. Essa alternância de invernos úmidos e verões secos é típica dos lados ocidentais de todas as massas de terra entre as latitudes 30° e 40°.

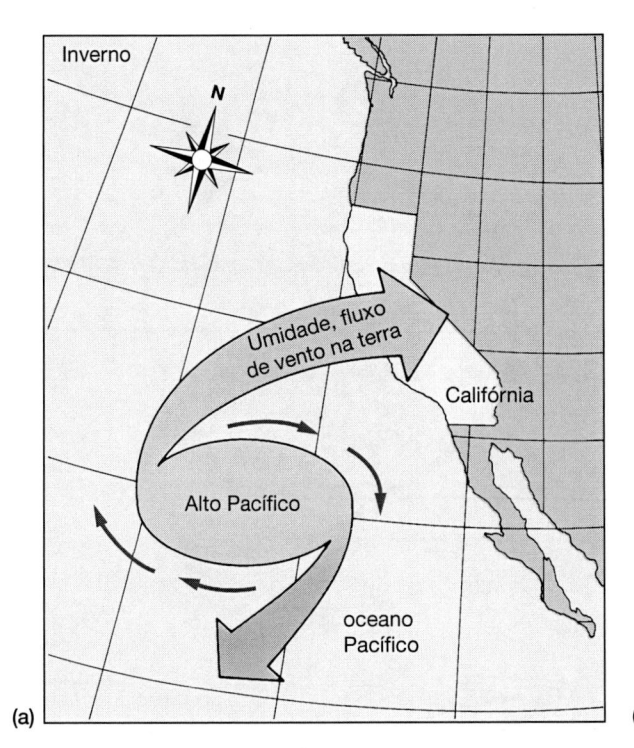

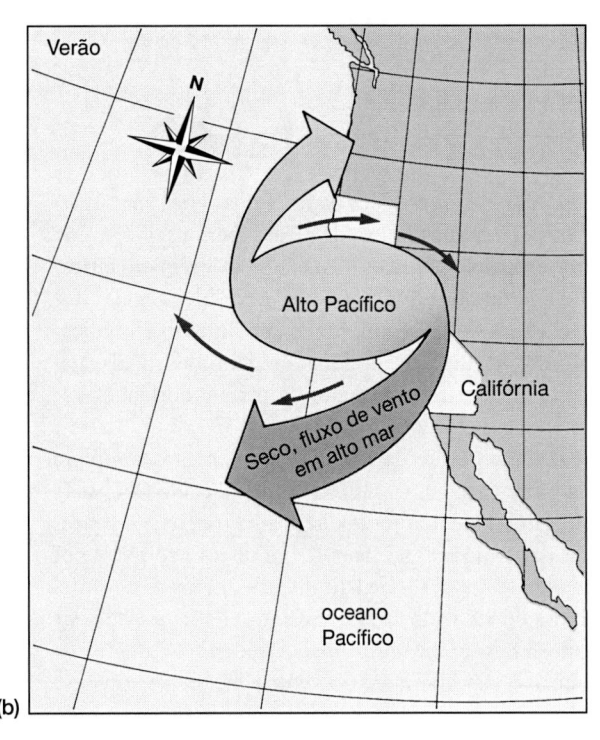

■ **FIGURA 4.12** Posições de inverno e verão do anticiclone do Pacífico em relação à Califórnia. (a) No inverno, o anticiclone fica ao sul e alimenta os ventos de oeste que trazem tempestades e chuvas ciclônicas do Pacífico Norte à Califórnia. (b) No verão, o anticiclone traz alta pressão, com condições quentes, ensolaradas e secas.
Como a migração sazonal do anticiclone do Pacífico afetaria a agricultura na Califórnia?

Variação longitudinal de pressão e vento

Vimos que há importantes diferenças latitudinais e alterações de pressão e de ventos. Significativas variações longitudinais também ocorrem, principalmente, na região das altas subtropicais.

Como apontado anteriormente, as células subtropicais de alta pressão, que são geralmente centralizadas sobre os oceanos, são muito mais fortes em seus lados orientais que nos ocidentais. Assim, nos subtrópicos, ao longo dos lados orientais das bacias oceânicas (costa oeste dos continentes), a subsidência e a divergência são particularmente perceptíveis. As inversões de temperatura de nível superior, associadas com as altas subtropicais, produzem ar limpo e calmo. O ar que vem do equador desse lado oriental da alta produz ventos alísios regulares, com tempo limpo e seco.

Nos lados ocidentais das bacias oceânicas (costa leste dos continentes), as condições são marcadamente diferentes. Em sua passagem sobre o oceano, o ar divergente é aquecido e umidificado. Assim, é muito provável que condições de tempo tempestuoso se desenvolvam. Como indicado na ■ Figura 4.13, o movimento do vento nas partes ocidentais dos anticiclones, por influência do efeito Coriolis, inclina-se em direção aos polos e às massas de terra. Os ventos alísios nessas áreas são principalmente fracos ou inexistentes em boa parte do ano.

As Figuras 4.10 e 4.11 ilustram que há grandes contrastes de temperatura e pressão entre a terra e o mar, o ano todo, nas latitudes mais altas, principalmente no Hemisfério Norte. Nos

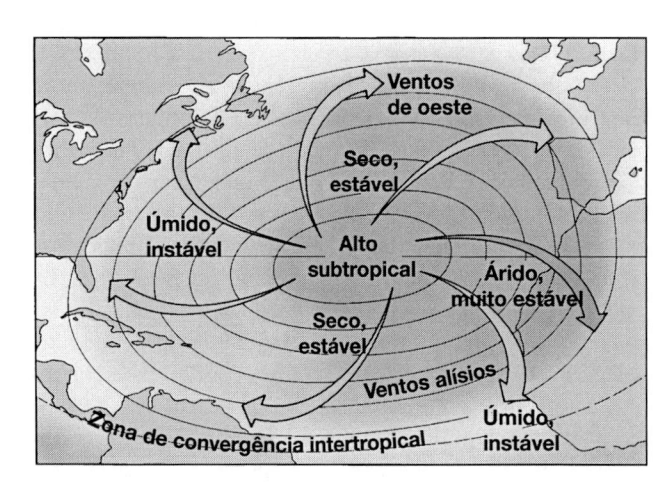

■ **FIGURA 4.13** Padrão de circulação do anticiclone subtropical do Hemisfério Norte. A subsidência do ar é mais forte no lado oriental do anticiclone, produzindo ar calmo e condições áridas nas áreas de terra adjacentes. A margem sul do anticiclone alimenta os ventos alísios do nordeste.
Qual sistema de vento é alimentado pela margem norte?

invernos frios continentais, a terra é associada a pressões que são mais altas que aquelas sobre os oceanos. Assim, há ventos fortes e frios vindos da terra para o mar. No verão, a situação muda, com pressão relativamente baixa sobre os continentes por causa das temperaturas mais altas. As direções do vento são significativamente afetadas e o padrão é invertido para que os ventos soprem do mar para a terra.

Ventos de camadas da alta atmosfera e correntes de jato

Até o momento, examinamos os padrões dos ventos de superfície da atmosfera, mas os ventos de nível superior também são importantes, principalmente os ventos que ocorrem em altitudes acima de 5.000 metros (16.500 pés) e em níveis mais altos na troposfera superior. A formação, o movimento e o enfraquecimento de ciclones e anticiclones em latitudes médias dependem, em grande parte, dos fluxos de ar na atmosfera que se encontram em altas altitudes.

A circulação do vento da alta atmosfera é menos complexa comparada à circulação dos ventos de superfície. Na troposfera superior, um fluxo médio que se dirige para o oeste, os ventos de oeste da alta atmosfera se mantêm em direção ao polos por aproximadamente 15° a 20° de latitude, em ambos os hemisférios. Por causa do reduzido arrasto friccional, os ventos de oeste da alta atmosfera sopram muito mais rapidamente que os de suas contrapartes de superfície. Os ventos da alta atmosfera se tornaram aparentes durante a Segunda Guerra Mundial quando bombardeiros de alta altitude que voavam para o leste cobriam as distâncias mais rapidamente do que quando voavam a oeste. Os pilotos haviam encontrado os ventos de oeste da alta atmosfera ou, talvez, até mesmo as **correntes de jato**, ou seja, correntes de ar muito fortes embutidas nos ventos de oeste da alta atmosfera. As correntes de jato são exemplos de alta altitude dos ventos geostróficos que sopram paralelamente em meio a isóbaras em resposta a um equilíbrio entre o efeito Coriolis e o gradiente de pressão.

As correntes de jato mais conhecidas são a *corrente de jato da frente polar*, que sopra na tropopausa, acima da frente polar, para a área das baixas subpolares. Variando de 40 a 160 quilômetros (25 a 100 milhas) de largura e até 2 ou 3 quilômetros (1 a 2 milhas) de profundidade, a corrente de jato da frente polar é uma corrente de ar mais rápida que ocorre dentro dos ventos de oeste da alta atmosfera. Enquanto a corrente de jato da frente polar flui sobre as latitudes médias, outra *corrente de jato subtropical* de oeste sopra acima das altas subtropicais de latitudes médias inferiores (■ Figura 4.14a). A Figura 4.14b mostra a posição dessas correntes de jato, uma vez que elas se relacionam à circulação vertical e de superfície da atmosfera. Ambas as correntes de jato se desenvolvem mais no inverno, quando as temperaturas apresentam seu gradiente mais acentuado e, no verão, sua intensidade enfraquece. No inverno, a corrente de jato subtropical com frequência desaparece completamente e a corrente de jato da frente polar tende a migrar para o norte.

Em geral, os ventos de oeste da alta atmosfera e a corrente de jato da frente polar associada fluem em padrão muito estável (■ Figura 4.15a). Às vezes, porém, os ventos de oeste da alta atmosfera adquirem um formato de onda, denominados ondas longas, ou **ondas de Rossby**, que receberam o nome do meteorologista sueco que descobriu sua existência (Figura 4.15b). As ondas de Rossby fazem com que o ar polar frio se movimente para as latitudes inferiores, formando cavados de baixa pressão, enquanto o ar tropical quente se move para latitudes superiores, formando cristas de alta pressão. Finalmente, as ondas da alta atmosfera de Rossby ficam tão alongadas que essas "línguas" de ar se desprendem, formando células quentes e frias na alta atmosfera (Figuras 4.15c e 4.15d). Esse processo ajuda a manter uma rede de fluxo de energia que se dirige aos polos a partir de áreas equatoriais e tropicais. As células finalmente se dissipam e o padrão normal se restabelece (Figura 4.15a).

Além da sua influência sobre o tempo, as correntes de jato são importantes por outros motivos. Elas podem carregar poluentes, como poeira radiativa ou vulcânica por grandes distâncias e em velocidade relativamente rápida. A corrente de jato polar carregou cinzas da erupção do Monte Santa Helena, no estado de Washington, em 1980, a centenas de quilômetros ao leste por todos os Estados Unidos e o sul do Canadá. O incidente de vazamento nuclear de Chernobyl, na antiga União

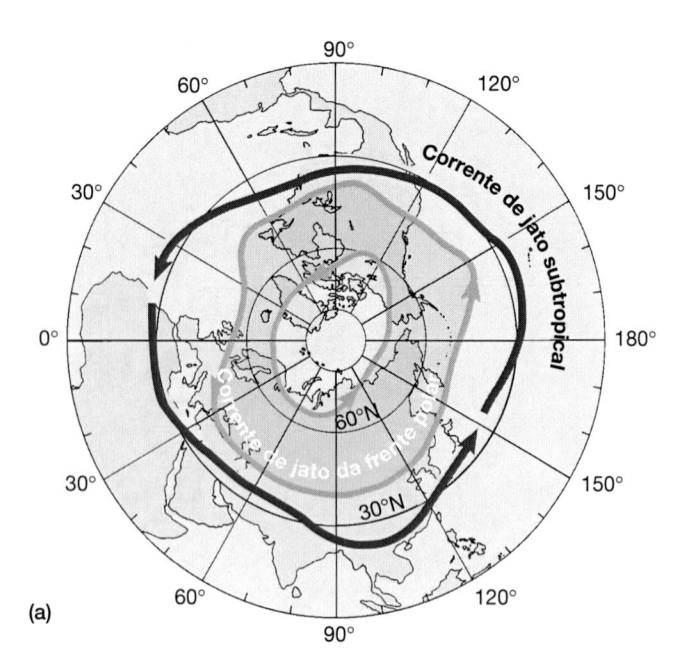

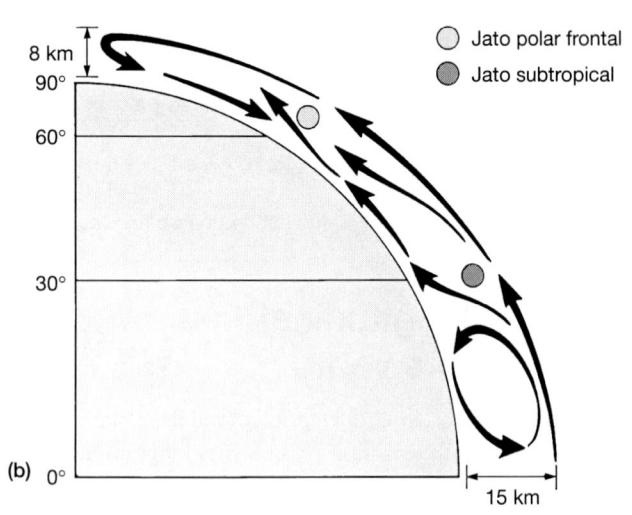

■ **FIGURA 4.14** (a) Localização aproximada do jato de vento subtropical e a área de atividade do jato de vento da frente polar (sombreado) no inverno do Hemisfério Norte. (b) Representação vertical da circulação atmosférica e as localizações dos jatos de vento.
Qual jato de vento provavelmente mais afetaria o estado onde você nasceu?

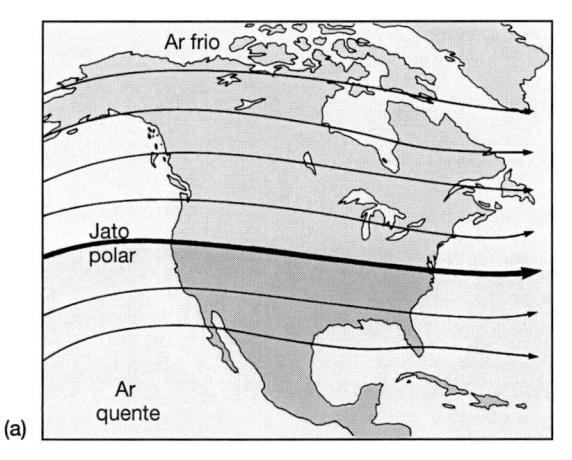

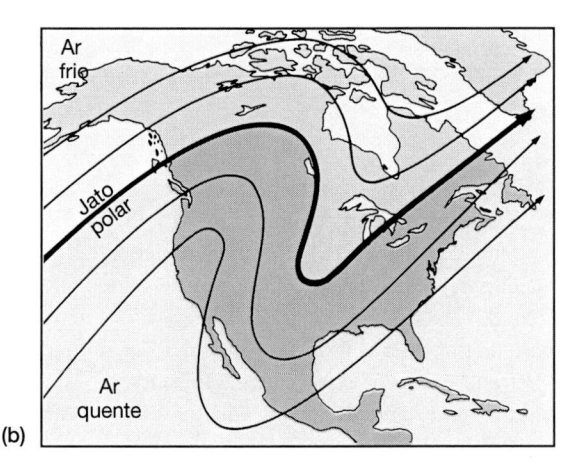

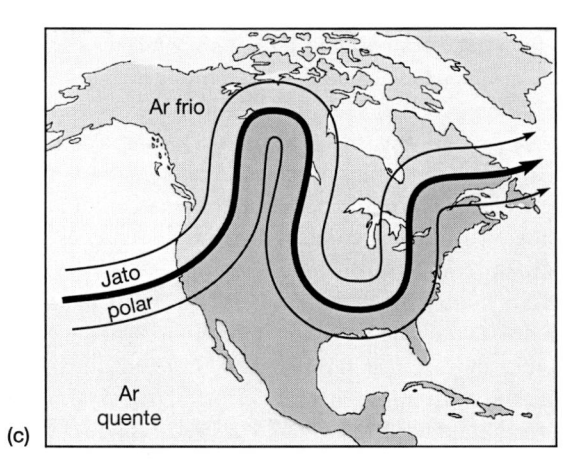

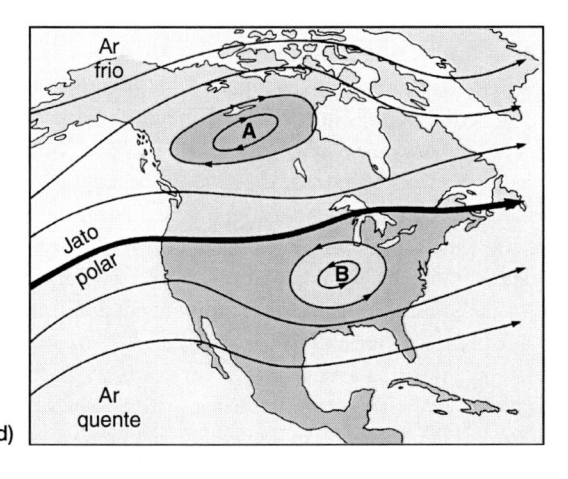

■ **FIGURA 4.15** Desenvolvimento e dissipação das ondas de Rossby nos ventos de oeste na alta atmosfera. (a) Um fluxo razoavelmente uniforme prevalece. (b) As ondas de Rossby se formam com uma crista de ar quente se estendendo para o Canadá e um cavado de ar frio se estendendo para baixo, para o Texas. (c) A crista e o cavado começam a se voltar sobre si mesmos. (d) A crista e o cavado se soltam e se dissipam. O fluxo retorna a um padrão semelhante a (a).
Como as ondas de Rossby estão diretamente associadas às mudanças de tempo no centro e no leste dos Estados Unidos?

Soviética, foi monitorado por dias ao cruzar o oceano Pacífico e os Estados Unidos como corrente de jato. Os pilotos que voam para o leste, da América do Norte à Europa, por exemplo, aproveitam uma corrente de jato. Os tempos de voo a barlavento são significativamente mais curtos que aqueles quando se voa contra esse forte e rápido vento.

Sistemas de ventos regionais e locais

O sistema de ventos global ilustra padrões gerais de circulação que refletem desequilíbrios latitudinais de temperatura. Em escala regional ou local, sistemas de vento adicionais se desenvolvem em resposta a condições de temperatura similares. Os ventos das monções são um exemplo de tamanho subcontinental e se desenvolvem em resposta às variações sazonais de temperatura e pressão. Muitas regiões experimentam diferenças nas direções e nas condições do vento em cada estação. Em última hipótese, são ventos locais que se desenvolvem em resposta às variações diurnas (diárias) de aquecimento e outros efeitos locais sobre a pressão e os ventos.

Ventos de monções

O termo *monção* vem da palavra árabe *mausim*, que significa estação. Os navegadores árabes utilizam essa palavra há muitos séculos para descrever as mudanças sazonais na direção do vento no Mar Arábico, entre a Arábia e a Índia. Como o termo meteorológico, **monção** se refere à inversão de direção dos ventos de uma estação para outra. Normalmente, a monção ocorre quando os ventos úmidos do oceano sopram em direção a terra no verão, mas se tornam ventos secos e mais frios no inverno, soprando a partir da terra. De modo geral, a monção envolve uma mudança sazonal completa de 180° na direção do vento.

A monção é mais característica do sul da Ásia, embora também ocorra em outros continentes. No inverno, como a gigante massa de terra da Ásia fica muito mais fria que os oceanos que a cercam, o continente cria uma resistente célula de alta pressão da qual sai uma forte corrente de ar (■ Figura 4.16). Esses ventos frios e secos sopram para o sul do continente em direção à baixa tropical existente sobre os oceanos mais quentes. A monção de inverno é uma estação seca, uma vez que o ar está vindo da área continental seca.

No verão, o continente asiático se torna muito quente e cria um grande centro de baixa pressão que atrai o ar quente e úmido dos oceanos. Barreiras de elevação convectiva ou acidentes

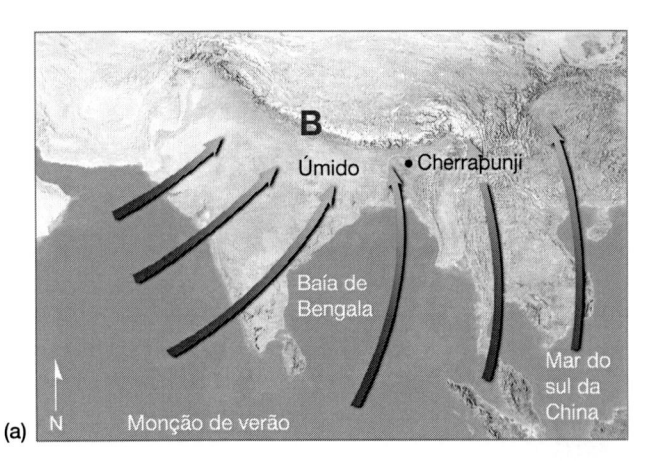

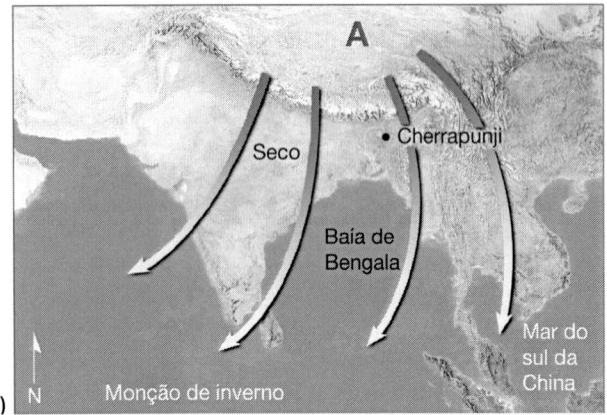

FIGURA 4.16 As inversões sazonais na direção do vento criam o sistema de monção asiática. (a) A "monção úmida", com seu fluxo costeiro de ar tropical úmido no verão, é caracterizada por forte precipitação. (b) O fluxo de ar continental seco para fora da costa no inverno cria a "monção seca" e condições de seca no sul da Ásia.
Como as mudanças sazonais na direção do vento na Ásia diferem das do sul dos Estados Unidos?

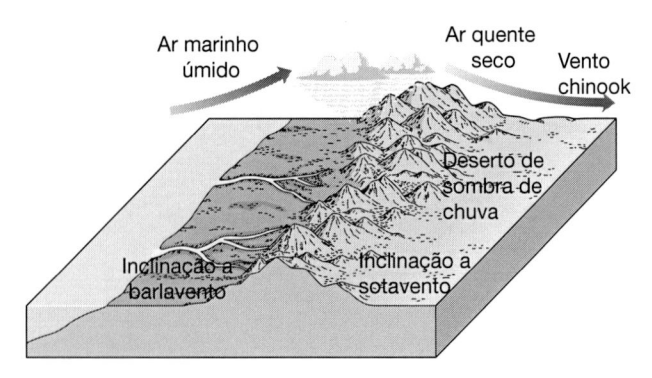

FIGURA 4.17 Os ventos *Chinook* (ou *Foehn*) são criados quando o ar desce uma barreira de montanha e sua umidade relativa se reduz conforme o ar se comprime e esquenta. Isso produz as condições relativamente quentes e secas com as quais esses ventos são associados.
O termo *Chinook* significa "comedor de neve." Você pode explicar como surgiu esse nome?

geográficos fazem com que esse ar quente e úmido suba e se resfrie, trazendo pesada precipitação. Chuvas extremamente fortes e inundações podem ocorrer durante a monção de verão no sopé do Himalaia, em outras partes da Índia e em áreas do sudeste da Ásia. O norte da Austrália também é uma verdadeira região de monção, onde há total inversão do vento do verão para o inverno. O sudeste dos Estados Unidos e o oeste da África têm "tendências para monções", por causa das mudanças sazonais de vento, mas não chegam a ter monções no verdadeiro sentido do termo.

Ventos locais

Apesar de afetarem uma área muito menor, os ventos locais também são importantes. Esses ventos locais frequentemente são a resposta ao terreno local ou às diferenças de aquecimento e resfriamento terra-água, de forma muito semelhante à dos maiores sistemas de vento.

Um tipo de vento local é conhecido por vários nomes diferentes em diversas partes do mundo; por exemplo, **chinook** na região das Montanhas Rochosas, e **foehn** (pronunciado "fern") nos Alpes. Os ventos do tipo *chinook* ocorrem quando o ar tem de passar por uma cordilheira. Depois de atravessar as montanhas, conforme esses ventos descem a encosta sotavento, o ar é comprimido e aquecido a uma maior taxa do que foi resfriado quando subiu a encosta barlavento (■ Figura 4.17). Assim, o ar flui para dentro do vale abaixo como ventos quentes e secos. Tem-se comprovado que a rápida elevação da temperatura provocada por esses ventos destrói plantações, aumenta o perigo de incêndio em florestas e causa avalanches.

Um vento especialmente quente e seco é o **Santa Ana**, do sudeste da Califórnia. Ele se forma quando uma alta pressão se desenvolve nas regiões desérticas do sudeste da Califórnia e de Nevada. A circulação no sentido horário vinda do alto impulsiona o ar quente e seco do deserto sobre as montanhas do leste da Califórnia, e o ar se torna mais quente e mais árido à medida que desce as encostas ocidentais. Quentes e secos, os ventos Santa Ana são famosos pelos incêndios que varrem o sudoeste dos Estados Unidos, principalmente na Califórnia.

Também conhecidos como **ventos catabáticos,** os **ventos de drenagem** são próprios de regiões montanhosas e ocorrem em condições calmas e claras. O ar frio e denso de um planalto alto ou de uma área montanhosa desce pelos vales, derramando-se pela terra abaixo. Os ventos de drenagem podem ser extremamente frios e fortes, principalmente quando resultam do ar frio emanado das geleiras que cobrem a Groenlândia e a Antártida.

O ciclo **brisa terrestre-brisa marinha** é um ciclo diurno (diário) de ventos locais que ocorre em resposta ao aquecimento diferenciado da terra e da água (■ Figura 4.18). Durante o dia, a terra e o ar acima dela se aquecem rapidamente a temperaturas mais altas do que um corpo adjacente de água (oceano, mar ou grande lago) e o ar sobre a terra se expande e sobe. Esse processo cria baixa pressão local na terra e o ar que sobe é substituído por ar mais denso e mais frio sobre a água. Assim, uma brisa marítima fria e úmida sopra sobre a terra durante o dia. A brisa do mar é um dos motivos pelos quais as regiões litorâneas são tão populares no verão, pois os ventos refrescantes aliviam o calor. Esses ventos podem causar uma queda na temperatura de entre 5 °C e 9 °C (9 °F e 16 °F) na costa, bem como menor influência na terra, talvez a uma distância do mar de até 15 a 50 quilômetros (9 a 30 milhas).

PERSPECTIVA ESPACIAL DA GEOGRAFIA
:: OS VENTOS SANTA ANA E OS INCÊNDIOS

Para ocorrer, os incêndios descontrolados necessitam de três fatores: *oxigênio, combustível* e uma *fonte de ignição*. As condições para a ocorrência variam geograficamente. Assim, suas distribuições espaciais não são iguais em todos os lugares. Em locais onde eles existem, o perigo de incêndios descontrolados é alto. O oxigênio na atmosfera é constante, mas os ventos, que fornecem mais oxigênio à medida que o incêndio o consome, variam dependendo do local, do tempo e do terreno. Os ventos altos espalham os incêndios rapidamente e fazem com que seja difícil extingui-los. Normalmente, o combustível dos incêndios é fornecido pela vegetação seca (folhas, galhos e gramas secas). Determinados ambientes têm mais desse combustível que outros. A vegetação densa tende a ajudar na disseminação dos incêndios. A vegetação também pode perecer por perdas de transpiração durante uma seca ou uma estação seca anual. Ainda, quando um incêndio chega a grandes proporções, o calor extremo nas áreas onde está se alastrando faz com que a vegetação às margens do incêndio perca sua umidade pela evaporação. As fontes de ignição são o meio pelo qual um incêndio se inicia. Relâmpagos e causas humanas como fogueiras de acampamentos e de lixo são as principais fontes de ignição dos incêndios descontrolados.

O sudeste da Califórnia é um exemplo regional de como as condições se combinam com a geografia física local para criar um ambiente favorável a incêndios. Essa também é uma região em que muitas pessoas moram em locais florestados ou cobertos de mato ou em áreas urbanas margeadas de vegetação que são muito susceptíveis a incêndios. A alta pressão, o tempo quente e a baixa umidade relativa dominam o clima mediterrâneo do sudeste da Califórnia durante boa parte do ano. Essa região oferece alto potencial de incêndio por causa do ar quente e seco e da vegetação que resseca durante o árido verão.

As circunstâncias mais perigosas para incêndios descontrolados no sudeste da Califórnia ocorrem quando ventos altos varrem a região. Quando a forte célula de alta pressão se forma ao leste do sudeste da Califórnia, a circulação no sentido horário (anticiclônica) dirige os ventos vindos do norte e do leste para a costa. Esses ventos quentes e secos (chamados ventos Santa Ana) descem para as altas regiões desérticas próximas, tornando-se adiabaticamente mais quentes e secos conforme vão para as terras costeiras mais baixas. Os ventos Santa Ana podem atingir uma velocidade de 50 a 90 quilômetros por hora com rajadas locais mais fortes que chegam a 160 quilômetros por hora. Assim como um incêndio pode se iniciar a partir de uma fogueira de acampamento, os ventos Santa Ana produzem tempo propício a eles, fazendo com que um incêndio descontrolado se alastre com extrema rapidez. A maioria das pessoas toma muito cuidado nessas épocas para evitar ou controlar quaisquer atividades que possam iniciar um incêndio, mas ocasionalmente acidentes, incêndios culposos ou relâmpagos dão início a um incêndio descontrolado.

Ironicamente, embora os ventos Santa Ana criem perigosas condições de incêndio, também oferecem alguns benefícios, pois tendem a carregar poluentes para longe da costa e fora da região urbana. Além disso, porque são ventos fortes que se movem em direção contrária à das ondas dos oceanos, quando os ventos Santa Ana estão soprando, os surfistas podem desfrutar de ondas mais altas que o normal.

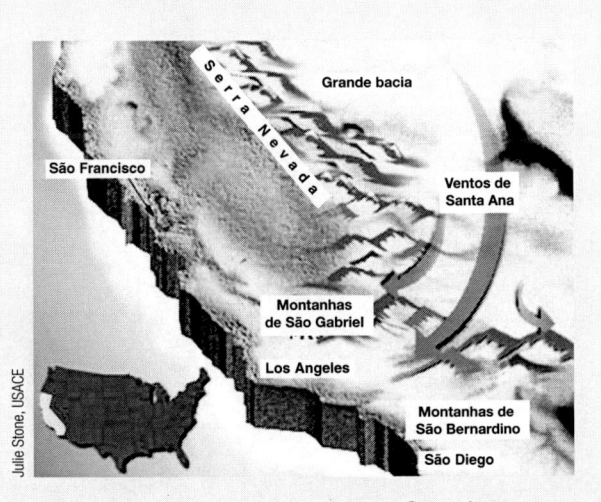

O arranjo geográfico e a direção dos ventos Santa Ana.

Esta imagem de satélite mostra fortes ventos Santa Ana vindos do nordeste, espalhando focos de incêndio no sul da Califórnia e carregando a fumaça para longe da costa por muitos quilômetros.

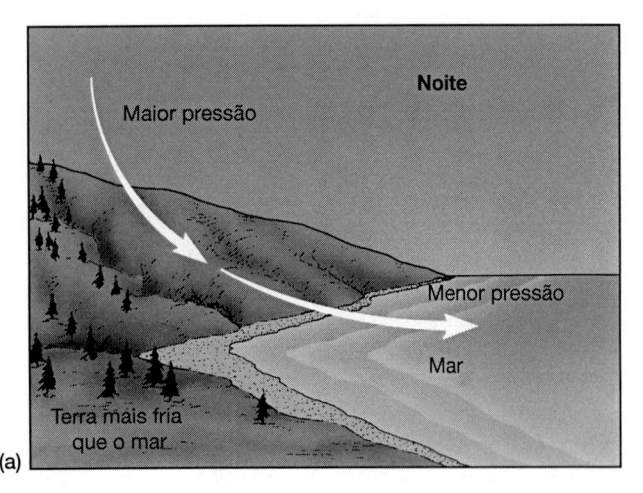

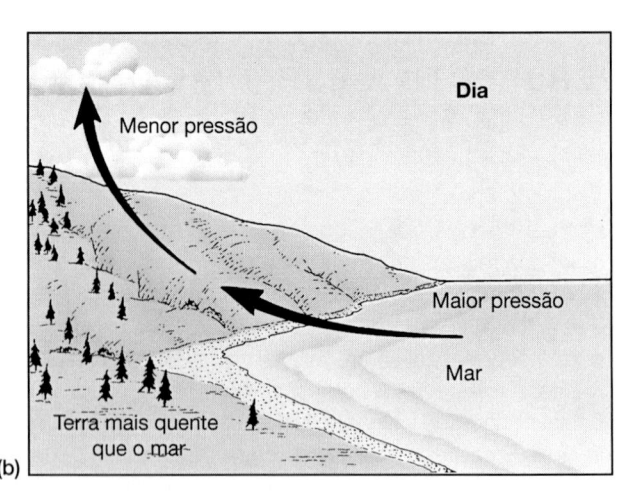

FIGURA 4.18 Brisas terrestre e marinha. Essa inversão dos ventos do dia para a noite é uma consequência das diferentes taxas de aquecimento e resfriamento de áreas de terra e de águas. (a) À noite, a terra se torna mais fria que o mar. (b) Durante o dia, a terra fica mais quente que o mar. O ar flui de áreas mais frias para as áreas mais quentes.
Durante o dia, qual é o impacto nas temperaturas costeiras das brisas da terra e do mar?

Durante os dias quentes de verão, a brisa do mar refresca cidades como Los Angeles, Chicago e Milwaukee. À noite, a terra e o ar acima dela se resfriam mais rapidamente, a uma temperatura menor que a do corpo de água e o ar acima dela. Consequentemente, a pressão sobre a terra sobe para patamares mais altos e o ar sai em direção à menor pressão sobre a água, criando a brisa terrestre. Há milhares de anos, barcos deixam a costa ao alvorecer, quando ainda há brisa continente, e retornam no final da tarde, com a brisa do mar.

Em áreas montanhosas sob a influência calmante de um sistema de alta pressão, há o ciclo diário **brisa de vale** e **brisa de montanha** (■ Figura 4.19). Durante o dia, o Sol aquece as altas encostas das montanhas mais rapidamente do que esquenta os vales, que ficam sob as sombras das montanhas. O ar quente em elevações mais altas se expande e sobe, retirando ar do vale e empurrando-o pelas encostas das montanhas acima. Essa brisa quente diurna é a brisa do vale, que recebe o nome do lugar de origem. As nuvens, que frequentemente pairam nos picos das montanhas, são a prova visível da condensação que ocorre no ar quente à medida que sobe dos vales. Tanto o vale quanto as montanhas esfriam à noite, mas as montanhas perdem mais radiação terrestre para o espaço por causa do ar frio em elevações mais altas, tornando-se muito mais frias que os vales. Esse ar frio e denso das altas montanhas desce para os vales pela encosta como brisa fria e noturna da montanha.

■ FIGURA 4.19 Brisas de montanha e de vale. Esta inversão diária dos ventos resulta do aquecimento das encostas das montanhas durante o dia (a) e de seu resfriamento à noite (b). O ar quente é empurrado encosta acima durante o dia e o ar frio desce as encostas à noite.
Como um vale verdejante e com sombra e uma encosta desnuda e rochosa podem contribuir para essas mudanças?

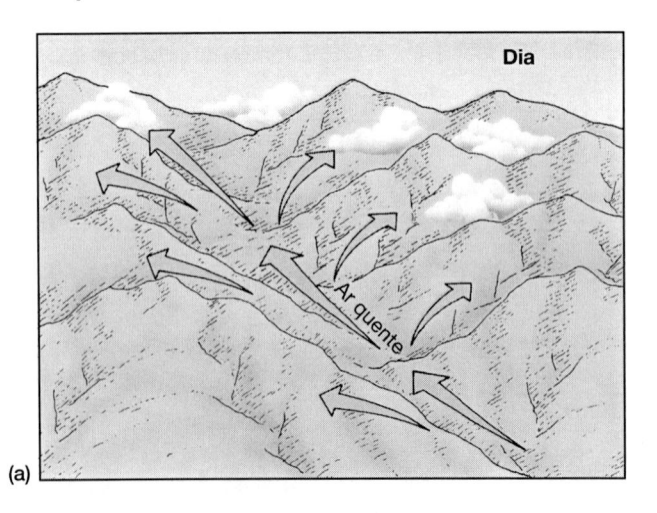

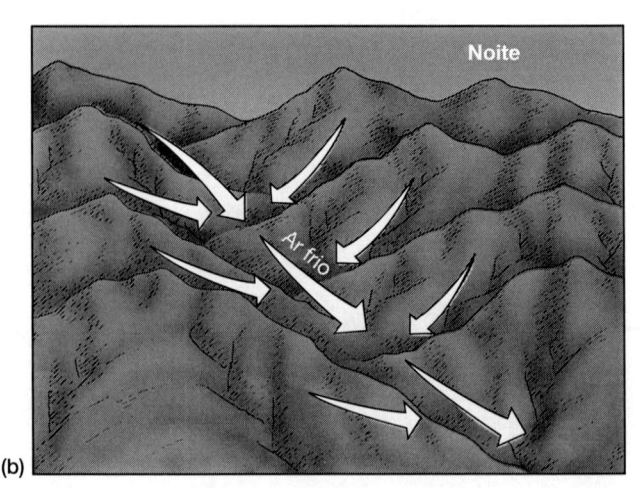

Interações oceano-atmosfera

A maior parte da superfície da Terra atua como interface dinâmica entre dois fluidos, o ar na atmosfera e a água nos oceanos. Em muitos aspectos, os gases na atmosfera e as águas nos oceanos se comportam de forma semelhante, mas a principal diferença entre eles é a densidade. As moléculas de água ficam sempre muito mais próximas umas das outras. Portanto, a densidade da água é 800 vezes maior que a densidade do ar. Contudo, a movimentação do ar na atmosfera pode causar ou afetar fortemente os movimentos nos oceanos, que por sua vez, também atingem a atmosfera de várias maneiras. Algumas dessas interações atingem apenas áreas locais; algumas são regionais e outras podem ter impacto global.

Entre as mais bem conhecidas relações estão os ventos que criam ondas e ajudam a impulsionar as principais correntes marítimas. Por causa da alta densidade da água comparada à do ar, os movimentos mais rápidos na atmosfera são refletidos como movimentos muito mais vagarosos nos oceanos. As interações oceano-atmosfera existem em muitas escalas, relativamente tanto a tempo quanto à área geográfica, e muitos anos ainda se passarão antes que possam ser totalmente compreendidas.

Correntes marítimas

Assim como os sistemas de vento globais, as correntes marítimas desempenham um papel significativo no auxílio à anulação dos desequilíbrios de energia de calor entre as regiões tropicais e polares. As **correntes marítimas** de superfície são fluxos muito regulares das águas do mar que se movem em uma direção prevalecente, mais ou menos como os rios no oceano. As temperaturas da água de superfície das correntes marítimas que fluem ao longo da costa têm grande influência sobre o clima das regiões costeiras.

O sistema de ventos da Terra é o principal fator no fluxo de correntes marítimas de superfície. Outros fatores são o efeito Coriolis e o tamanho, a forma e a profundidade da bacia de um mar ou oceano. As correntes marítimas também são influenciadas e dirigidas pelas variações de densidade que resultam da temperatura e das diferenças de salinidade, das marés e da ação das ondas.

A maioria das principais correntes de superfície do oceano se move em amplos padrões circulatórios, chamados **giros**, que fluem ao redor das altas subtropicais. Por causa do efeito Coriolis e a direção do fluxo ao redor da célula de alta pressão, os giros seguem no sentido horário em direção ao Hemisfério Norte e no sentido anti-horário em direção ao Hemisfério Sul (■ Figura 4.20). A maior parte das correntes de superfície não cruza o equador, onde o impacto do efeito Coriolis é mínimo.

Os ventos alísios impulsionam as correntes próximas do equador em um fluxo de água do oceano que se volta para o oeste chamado *corrente equatorial*. Nas margens ocidentais das bacias oceânicas ao longo das costas orientais, suas quentes águas tropicais são desviadas para os polos. Conforme as águas

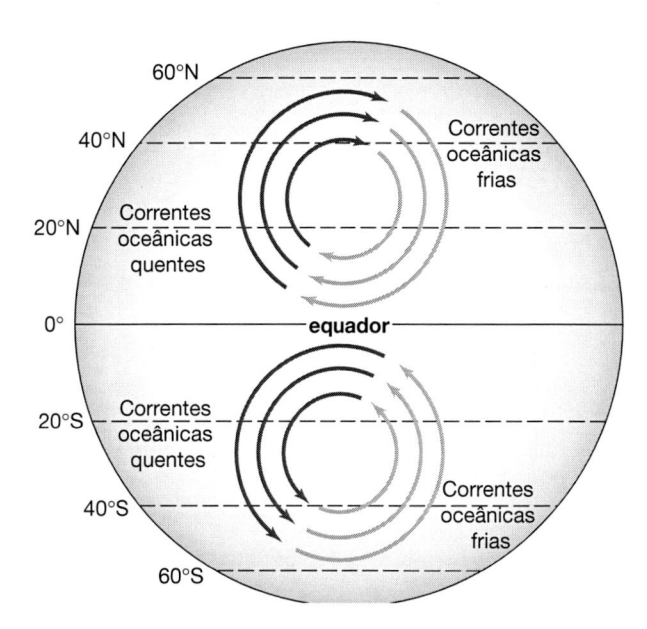

■ **FIGURA 4.20** O principal fluxo de correntes oceânicas em amplos giros, fluindo em direções opostas nos Hemisférios Norte e Sul.
O que influencia a direção desses giros?

quentes correm para latitudes mais altas, atravessam regiões de águas mais frias. Assim, elas são identificadas como **correntes quentes**, e as águas mais frias, que fluem para o equador, formam as **correntes frias** (■ Figura 4.21). É importante saber que os termos "quente" e "frio" "(a)" "(s)", aplicados a correntes marítimas, somente significam mais quente ou mais frio(a)(s) que a água adjacente pela qual a corrente flui.

No Hemisfério Norte, as correntes quentes, como a Corrente do Golfo e a Corrente de Kuroshio (Japão), são fortemente desviadas para a direita (ou a leste) por causa do crescente impacto aparente do efeito Coriolis que ocorre em latitudes mais altas. Aproximadamente a 40°N, os ventos de oeste começam a empurrar essas águas quentes pelo oceano a leste, formando a Corrente do Atlântico Norte e a Corrente do Pacífico Norte. Finalmente, essas correntes encontram massas de terra na margem leste do oceano, sendo desviadas para o equador. Depois de atravessar a bacia oceânica em latitudes mais altas, as correntes perdem o calor, tornando-se mais frias do que as águas adjacentes à medida que correm pelas latitudes subtropicais em direção ao equador. Agora elas se tornaram correntes frias. Ao se aproximar do equador, essas correntes completam a circulação padrão quando se reencontram com a Corrente Equatorial, que se move a oeste.

Do lado oriental do Atlântico Norte, a Corrente do Atlântico Norte corre ao norte das Ilhas Britânicas e ao redor da Escandinávia, mantendo essas áreas mais quentes do que suas latitudes sugeririam. Alguns portos noruegueses localizados ao norte do Círculo Ártico permanecem sem gelo por causa dessas águas relativamente quentes. As frias águas polares da Corrente do Labrador e a Corrente de Oyashio (Ilhas Curilas) seguem para o sul, pelas bacias oceânicas do Atlântico e do Pacífico, e ao longo das margens ocidentais dos continentes.

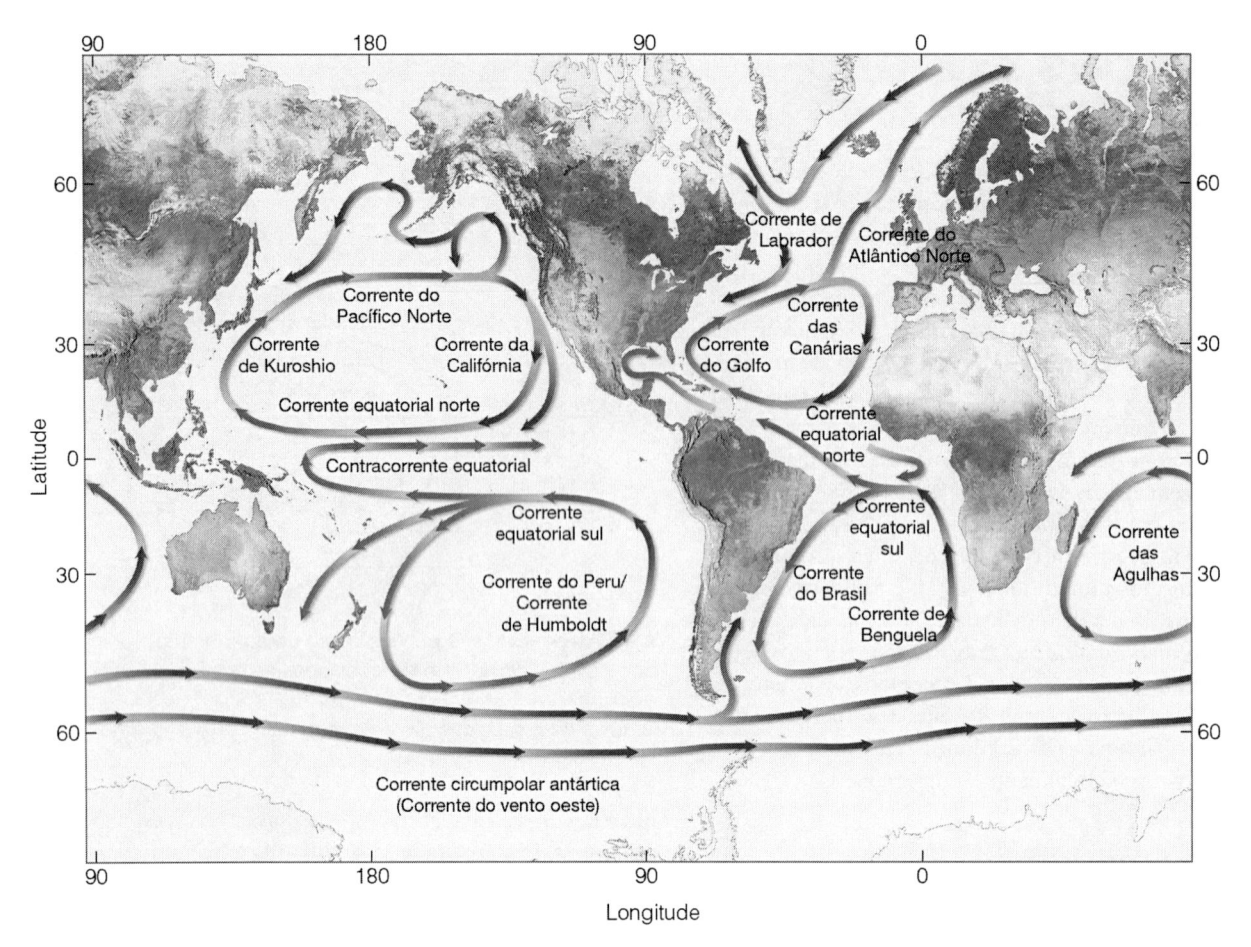

■ **FIGURA 4.21** Mapa das principais correntes oceânicas do mundo, que mostra correntes quentes e frias.
Como este mapa de correntes oceânicas ajuda a explicar os invernos amenos em Londres, na Inglaterra?

A circulação oceânica no Hemisfério Sul é comparável à do Hemisfério Norte, exceto que os giros fluem no sentido anti-horário. Ainda, porque no Hemisfério Sul há pouca terra ao sul de 40°S, a corrente guiada pelos ventos de oeste (ou corrente circumpolar antártica) circula a Antártida como corrente fria que atravessa o oceano Antártico quase sem interrupções. Ela é resfriada pela influência de sua alta localização latitudinal e pelo ar frio do lençol de gelo da Antártida.

Em geral, as correntes quentes correm para os polos ao longo da costa leste dos continentes conforme carregam as águas tropicais para as águas mais frias de latitudes mais altas (por exemplo, a Corrente do Golfo ou a Corrente do Brasil). As correntes frias correm para o equador pela costa oeste dos continentes (p. ex., a Corrente da Califórnia e a Corrente de Humboldt). As correntes quentes tendem a trazer umidade e calor à costa leste dos continentes pelos quais passam, e as correntes frias tendem a produzir um efeito de ressecamento e resfriamento na costa oeste. As altas subtropicais na costa oeste dos continentes estão em contato com as correntes marítimas frias, que esfriam o ar, estabilizam e fortalecem o lado oriental da alta subtropical. Na costa leste dos continentes, os contatos com as correntes marítimas quentes fazem com que o lado ocidental das altas subtropicais seja menos estável e mais fraco.

Os padrões gerais de circulação de correntes oceânicas de superfície são consistentes o ano todo. Entretanto, a posição das correntes pode responder a mudanças sazonais no aquecimento e na circulação atmosférica. **Ressurgência**, um processo pelo qual as águas profundas e frias sobem para a superfície, reforça as correntes frias ao longo da costa oeste em latitudes subtropicais, dando força e efeito às Correntes da Califórnia, de Humboldt (Peru), das Canárias e de Benguela.

El Niño

Como se pode ver na Figura 4.21, a fria Corrente de Humboldt flui do equador pela costa do Equador, do Chile e do Peru. Quando a corrente se aproxima do equador, o afloramento traz água fria, rica em nutrientes, para a costa.

Em alguns anos, normalmente durante nos meses de novembro e dezembro, o fraco fluxo das águas tropicais quentes do leste, chamado *contracorrente*, substitui as águas costeiras normalmente frias. A pesca é a principal indústria ao longo dessa linha costeira e os pescadores regionais conhecem esse fenômeno há centenas de anos. Sem a ressurgência dos nutrientes das camadas inferiores para alimentar os peixes, a pesca se paralisaria. Os residentes da região denominaram essa ocorrência de **El Niño**, que, em espanhol, faz referência ao Menino Jesus ("o menino") porque esse fenômeno ocorre perto do Natal.

A contracorrente de água quente normalmente dura até dois meses, mas ocasionalmente pode perdurar durante vários meses. Nessas situações, a temperatura da água se eleva não apenas ao

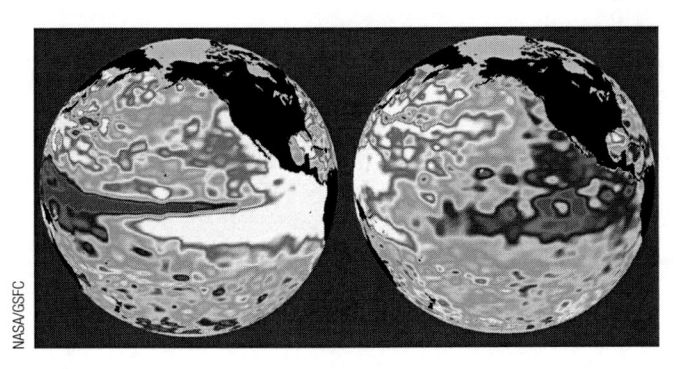

■ **FIGURA 4.22** Estas imagens de satélite do infravermelho térmico mostram episódios do El Niño (esquerda) e da La Niña (direita) no Pacífico tropical. As sombras vermelhas e brancas indicam as temperaturas mais quentes da superfície do mar, enquanto as azuis e roxas marcam as áreas de temperaturas mais frias.
Em qual continente o El Niño se origina?

longo da costa, mas também por milhares de quilômetros afastados dela (■ Figura 4.22). Na década passada, o termo *El Niño* se popularizou para descrever esses episódios excepcionalmente fortes. Dos últimos 50 anos, em aproximadamente 18 deles se vivenciaram essas condições do El Niño (com a água do oceano mais quente que o normal por seis meses consecutivos). Não apenas o El Niño afeta a temperatura do Pacífico equatorial, mas também sua ocorrência mais forte tem um impacto sobre os padrões globais de tempo.

El Niño e a Oscilação Sul
Compreender os processos que produzem o El Niño exige que examinemos as condições no Pacífico, não apenas nas águas da América do Sul. Na década de 1920, Gilbert Walker, um cientista inglês, descobriu uma conexão entre as leituras de pressão de superfície em estações meteorológicas dos lados leste e oeste da bacia do Pacífico. Ele observou que a elevação de pressão no leste Pacífico, normalmente, é acompanhada pela queda da pressão no Pacífico oeste e vice-versa. Ele denominou esse padrão de gangorra de **Oscilação Sul**. A ligação entre o El Niño e a Oscilação Sul é tão grande que, juntos, frequentemente se refere a ela como ENSO (El Niño/Oscilação Sul).

Em um ano típico, o leste do Pacífico (ao longo da costa oeste da América do Sul) tem pressão mais alta que o oeste do Pacífico. Esse gradiente de pressão "de leste para oeste" aumenta os ventos alísios do Pacífico, produzindo a corrente de superfície que se move do leste para o oeste, no equador. O Pacífico ocidental cria uma camada quente de água, enquanto no Pacífico oriental a fria Corrente de Humboldt é fortalecida pela ressurgência (■ Figura 4.23a).

Quando a Oscilação Sul dá uma guinada na direção oposta, as condições normais descritas anteriormente mudam de forma drástica, com a pressão aumentando no Pacífico ocidental e caindo no Pacífico oriental. Essa mudança de pressão faz com que os ventos alísios enfraqueçam ou, em alguns casos, se revertam. Essa reversão faz com que a água quente no Pacífico ocidental siga para o leste, aumentando as temperaturas na superfície do mar no Pacífico central e oriental. Essa inversão de direção para o leste sinaliza o início do El Niño (Figura 4.23b).

Em contraste, às vezes os ventos alísios se intensificam, tornando-se ventos mais potentes que reforçam uma forte ressurgência, e as temperaturas da superfície do mar ficam mais frias que o normal. Essa condição é conhecida como **La Niña** (em espanhol, "a menina", mas cientificamente apenas o oposto do El Niño). Os episódios do La Niña, normalmente, provocam efeitos opostos ao dos episódios do El Niño.

El Niño e o clima global
A água fria dos oceanos impede a formação de nuvens, exceto por nevoeiros costeiros. Assim, em condições normais, nuvens tendem a se desenvolver sobre as águas quentes do Pacífico ocidental, mas não sobre as águas frias do Pacífico oriental. Durante a ocorrência do El Niño, quando a água quente migra ao leste, nuvens esparsas surgem sobre a região equatorial do Pacífico (veja novamente a Figura 4.23b). Essas nuvens podem atingir alturas de 18.000 metros (59.000 pés) e podem atrapalhar os ventos de alta altitude, afetar outras mudanças de vento e o tempo no globo.

Os cientistas tentaram documentar eventos anteriores do El Niño, recolhendo evidências históricas, como registros da temperatura da superfície do mar, observações de pressão e chuvas, registros de áreas de pesca e as anotações de pessoas que moram na costa oeste de América do Sul desde o século XV. Evidências adicionais da região vêm dos padrões do crescimento de corais e de árvores.

Com base nessas evidências históricas, sabemos que El Niño vem ocorrendo desde as épocas dos registros. Um fato perturbador, porém, é que parece que ele vem ocorrendo com mais frequência. Nas últimas décadas, El Niño acontece a cada 2,2 anos, em média. Ainda mais alarmante é o fato de que, aparentemente, eles estão se tornando mais fortes. O El Niño de 1982-1983, que bateu recorde, foi sobrepujado por outro evento do El Niño em 1997-1998, que provocou pesadas e desastrosas chuvas no sudeste dos Estados Unidos, da Califórnia até a Flórida. As tempestades de neve no nordeste dos Estados Unidos foram mais frequentes e mais fortes que em outros anos. Nos últimos anos, os cientistas passaram a ter melhores condições para monitorar e prever os eventos do El Niño e da La Niña, o que pode ajudar a nos preparar para os eventos climáticos que são associados a essas condições.

Oscilação do Atlântico Norte

Nossas melhores condições de observação levaram à descoberta da **Oscilação do Atlântico Norte (NAO)** – uma relação entre a Alta dos Açores (subtropical) e a Baixa Islandesa (subpolar). A movimentação de gangorra do leste para o oeste da Baixa Islandesa e da Alta dos Açores controla a força dos ventos de oeste e a direção da trilha de tempestade através do Atlântico Norte. Há duas fases reconhecíveis de NAO.

Uma fase NAO positiva é identificada por pressão média superior na Alta dos Açores e inferior à pressão média na Baixa Islandesa. A maior diferença de pressão entre os dois sistemas resulta em tempestades de inverno mais fortes e frequentes que seguem uma trilha mais ao norte (Figura 4.24a). Então, invernos quentes e úmidos ocorrem na Europa, mas no Canadá e na Groenlândia os invernos são frios e secos. No leste dos Estados Unidos, o inverno pode ser ameno e úmido.

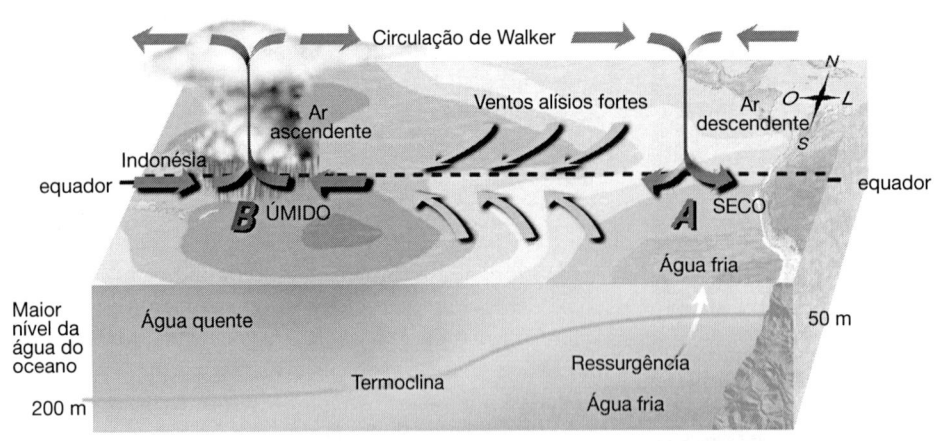

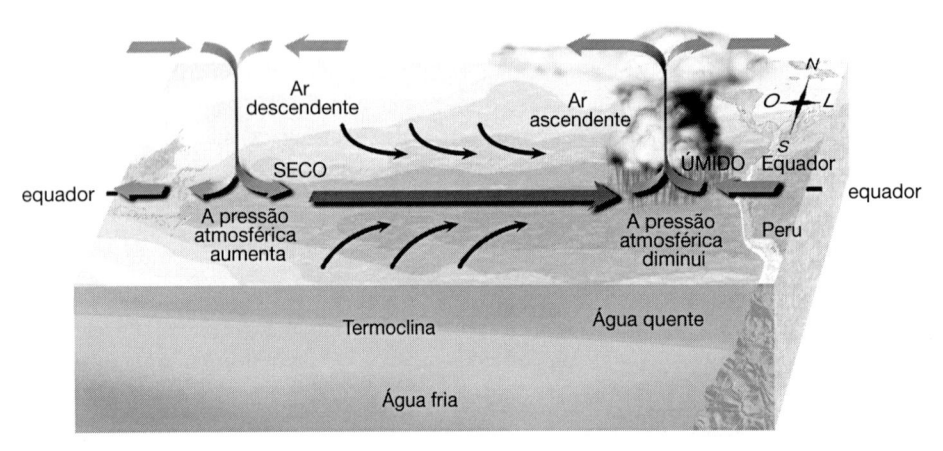

FIGURA 4.23 (a) Em um ano sem El Niño (normal), ventos alísios mais fortes e maior afloramento de água do mar fria ocorrem ao longo da costa oeste da América do Sul, trazendo chuvas ao sudeste da Ásia. (b) Durante o El Niño, os ventos alísios do leste se enfraquecem, permitindo que o Pacífico central esquente e a área chuvosa migre a leste.
Perto de que país ou países o El Niño se inicia?

FIGURA 4.24 Posições dos sistemas de pressão e de ventos envolvidos com as fases (a) positiva e (b) negativa da Oscilação do Atlântico Norte (NAO).
Quais são os dois sistemas de pressão utilizados para estabelecer as fases NAO?

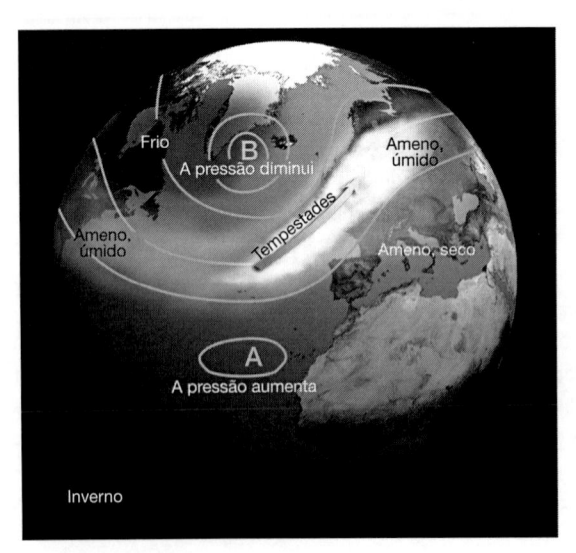

(a) Fase positiva

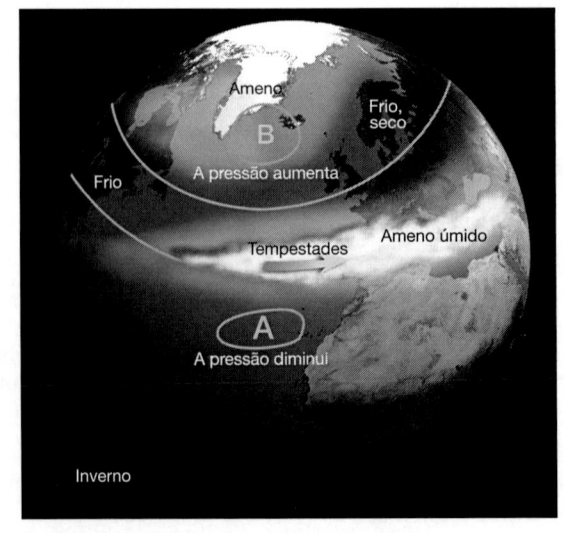

(b) Fase negativa

Uma fase NAO negativa ocorre com fraca Alta dos Açores e fraca Baixa Islandesa. O menor gradiente de pressão entre essas células modera os ventos de oeste, resultando em menos e mais fracas tempestades de inverno (Figura 4.24b). O norte da Europa tem ar frio e o ar úmido se move para o Mediterrâneo. A costa leste dos Estados Unidos tem ar mais frio e invernos com neve. A NAO varia ano a ano, mas também tende a manter uma fase por vários anos consecutivos.

Os cientistas continuam a trabalhar para melhor entender as interações atmosfera-oceano e seu impacto nos padrões de tempo no globo. Com o avanço da tecnologia, estaremos em melhor posição para fazer previsões do tempo. O estudo da próxima associação entre a atmosfera e a hidrosfera tem proporcionado melhor entendimento das complexas relações que existem entre os sistemas de tempestade e os padrões globais do clima.

:: Termos para revisão

- Alta Canadense
- Alta das Bermudas (Alta dos Açores)
- Alta do Pacífico (Alta do Havaí)
- Alta Siberiana
- altas polares
- altas subtropicais
- anticiclone (alta)
- Baixa Aleutiana
- Baixa Islandesa
- baixas equatoriais (calhas equatoriais)
- baixas subpolares
- barlavento
- brisas de vale e de montanha
- brisas terrestre e marítima
- calha
- *chinook*
- ciclone (baixa)
- circulação do vento convergente
- circulação do vento divergente
- correntes de jato
- correntes frias
- correntes marítimas
- correntes quentes
- efeito Coriolis
- El Niño
- *foehn*
- fricção
- giros
- gradiente de pressão
- isóbaras
- La Niña
- monção
- ondas de Rossby
- Oscilação do Atlântico Norte (NAO)
- Oscilação Sul
- pressão padrão ao nível do mar
- ressurgência
- Santa Ana
- sotavento
- vento
- vento de drenagem (ventos catabáticos)
- vento geostrófico
- ventos alísios
- ventos alísios do nordeste
- ventos alísios do sudeste
- ventos de oeste
- ventos polares do leste
- ventos prevalecentes
- zona de convergência intertropical (ZCIT ou CIT)

:: Questões para revisão

1. Qual é a pressão do ar ao nível do mar? Como você supõe que a gravidade da Terra esteja relacionada à pressão do ar?
2. As variações horizontais de pressão são provocadas por fatores térmicos ou dinâmicos. Qual é a diferença entre esses dois fatores?
3. Que tipo de pressão (alta ou baixa) se espera encontrar no centro de um anticiclone? Descreva e diagrame o padrão dos ventos anticiclone e ciclone nos Hemisférios Norte e Sul.
4. Como as massas de terra afetam o desenvolvimento de cinturões de pressão do ar na superfície da Terra?
5. Por que os sistemas de vento e os cinturões de pressão da Terra migram com as estações?
6. De que forma o ciclo de brisa da terra-brisa do mar e a monção se assemelham? Em que diferem?
7. Que efeito um forte vento de drenagem pode ter em fazendas localizadas em vales?
8. Qual é a relação entre as correntes marítimas e os sistemas de vento de superfície do globo? Qual é a diferença entre o giro do Hemisfério Norte e o do Hemisfério Sul?
9. Onde estão localizadas as principais correntes marítimas quentes e frias relativamente aos continentes da Terra? Que correntes têm maior efeito sobre a América do Norte?
10. O que é o El Niño? Quais são alguns dos seus impactos sobre o tempo no globo?

:: Aplicações práticas

1. Observe os mapas de pressão média ao nível do mar em janeiro (Figura 4.10a) e julho (Figura 4.10b). Responda às perguntas a seguir:
    a. Por que, em julho, o cinturão subtropical de alta pressão é mais contínuo (linear, não celular) no Hemisfério Sul que no Hemisfério Norte?
    b. Em julho, que área dos Estados Unidos apresenta a menor pressão média? Por quê?
2. A quantidade de energia elétrica que pode ser gerada pelo vento é determinada pela equação

$$p = \tfrac{1}{2} D \times S^3$$

   em que P é a potência em *watts*, D é a densidade e S é a velocidade do vento em metros por segundo (m/s). Porque $D = 1.293$ kg/m³, podemos reescrever a equação como

$$P = 0.65 \times S^3$$

   Quanta energia (em *watts*) é gerada pelas seguintes velocidades de vento: 2 metros por segundo, 6 metros por segundo, 10 metros por segundo, 12 metros por segundo?
3. A pressão do ar se reduz à taxa de 0,036 milibar por pé conforme se sobe pela parte inferior da atmosfera.
    a. A Torre Willis (ex-Torre Marrs), em Chicago, Illinois, é um dos prédios mais altos do mundo, erguendo-se a 1.450 pés. Se a pressão ao nível da rua é 1.020,4 milibares, qual é a pressão no topo da torre?
    b. Se a diferença de pressão do ar entre o topo e o térreo de um prédio de escritórios é de 13,5 milibares, qual é a altura do prédio?

Umidade, condensação e precipitação

5

:: Apresentação

O ciclo hidrológico

A água na atmosfera

Fontes de
umidade atmosférica

Condensação, neblina
e nuvens

Aquecimento e
resfriamento adiabático

Processos de precipitação

Distribuição
da precipitação

Variabilidade
da precipitação

Grandes tempestades demonstram que o importante processo de transferência de umidade da atmosfera para o solo pode ser dramático e, às vezes, bem perigoso.
NOAA/NWS/Greg Lundeen

:: Objetivos

Ao concluir este capítulo, você será capaz de:

- Explicar por que a água doce disponível continua a ser um recurso limitado e precioso, apesar de a superfície da Terra ser dominada pela água.
- Falar em linhas gerais dos processos no ciclo hidrológico, incluindo como a água circula e interage na litosfera, atmosfera, hidrosfera e biosfera.
- Compreender que a umidade relativa é uma porcentagem da saturação de umidade no ar e por que ela depende da temperatura e da umidade do ar.
- Explicar por que, se não houver mudança na quantidade de umidade, conforme o ar se aquece a umidade relativa cai, ao passo que o resfriamento do ar faz com que sua umidade relativa suba.
- Determinar quais processos fazem o ar atingir a temperatura de ponto de orvalho e umidade relativa de 100%, uma condição que pode levar à condensação e à precipitação.
- Aplicar taxas de variação de temperatura adiabática para determinar mudanças de temperatura do ar ascendente, em expansão e resfriando, bem como ao ar descendente, se comprimindo e se aquecendo.
- Descrever as condições atmosféricas de temperatura, umidade, pressão e ventos que influenciam o potencial de precipitação e os tipos de precipitação que podem resultar.
- Citar exemplos de grandes variações geográficas na precipitação, evaporação e disponibilidade de água que existem na Terra.

A água é vital para a existência de vida na Terra. Apesar de alguns seres vivos sobreviverem sem ar, nenhum organismo pode sobreviver sem água. A água é necessária para a fotossíntese, a formação do solo e a absorção de nutrientes pelos animais e plantas.

A água pode dissolver tantas substâncias que é considerada um *solvente universal* e por isso raramente é encontrada em estado puro. Até a água da chuva contém impurezas capturadas na atmosfera que também facilitam o desenvolvimento de nuvens e precipitação. Pelo fato de a chuva conter dióxido de carbono capturado do ar, a maior parte da água da chuva é uma forma muito fraca de ácido carbônico. A acidez normal da água da chuva, no entanto, não deve ser confundida com a *chuva ácida* prejudicial ao meio ambiente, que é pelo menos 10 vezes mais ácida.

Além de dissolver e transportar minerais, a água transporta partículas sólidas em suspensão e por outros meios. Ela carrega os minerais e os nutrientes em córregos, por meio do solo e de aberturas em rochas do subsolo, de plantas e animais. A água deposita matéria sólida nos leitos dos rios e nas planícies aluviais, em deltas de rios e no leito oceânico.

A tensão superficial e a tendência das moléculas de água de se manterem unidas causam o efeito da **capilaridade** – a capacidade que a água tem de subir ou descer em tubos muito finos, apesar da força da gravidade. A capilaridade transporta material dissolvido em um sentido ascendente através da rocha e do solo. A capilaridade também é responsável pelo transporte da água no caule e nas folhas das plantas – até mesmo as copas mais altas das grandes sequoias da Califórnia e de florestas tropicais. Outra propriedade importante da água é que ela se expande quando se congela. O gelo é, portanto, menos denso que a água e, consequentemente, flutuará nela, como acontece com blocos de gelo e *icebergs* (■ Figura 5.1).

Por fim, a água é uma substância que se aquece e resfria lentamente, quando comparada com a maioria dos materiais. Massas de água são reservatórios que armazenam calor, o que pode moderar o frio no inverno; esse mesmo corpo de água terá mesmo um efeito de resfriamento no verão. Esse efeito sobre a temperatura pode ser experimentado nas proximidades de lagos e no litoral.

A água da Terra – a *hidrosfera* (do grego: *hydros*, água) – é encontrada em todos os três estados: como líquido em rios, lagos, oceanos e chuva; como sólido em neve e gelo, e como vapor de água (um gás) na nossa atmosfera. Cerca de 73% da superfície da Terra é coberta por água, com a maior proporção nos oceanos do mundo; a maior parte de água doce da Terra está nas geleiras polares (■ Figura 5.2). A quantidade total de água do sistema Terra, seja em estado sólido, líquido ou gasoso, é de cerca de 1,36 bilhão de quilômetros cúbicos (326 milhões de milhas cúbicas), sendo a grande maioria nos oceanos de água salgada (■ Figura 5.3).

■ **FIGURA 5.1** Enormes *icebergs* na costa da Antártida flutuam como pedras de gelo em um copo.
Se o gelo flutuante derreter completamente antes de você beber o conteúdo do copo, o nível do líquido aumentará, diminuirá ou permanecerá o mesmo de antes? Por quê?

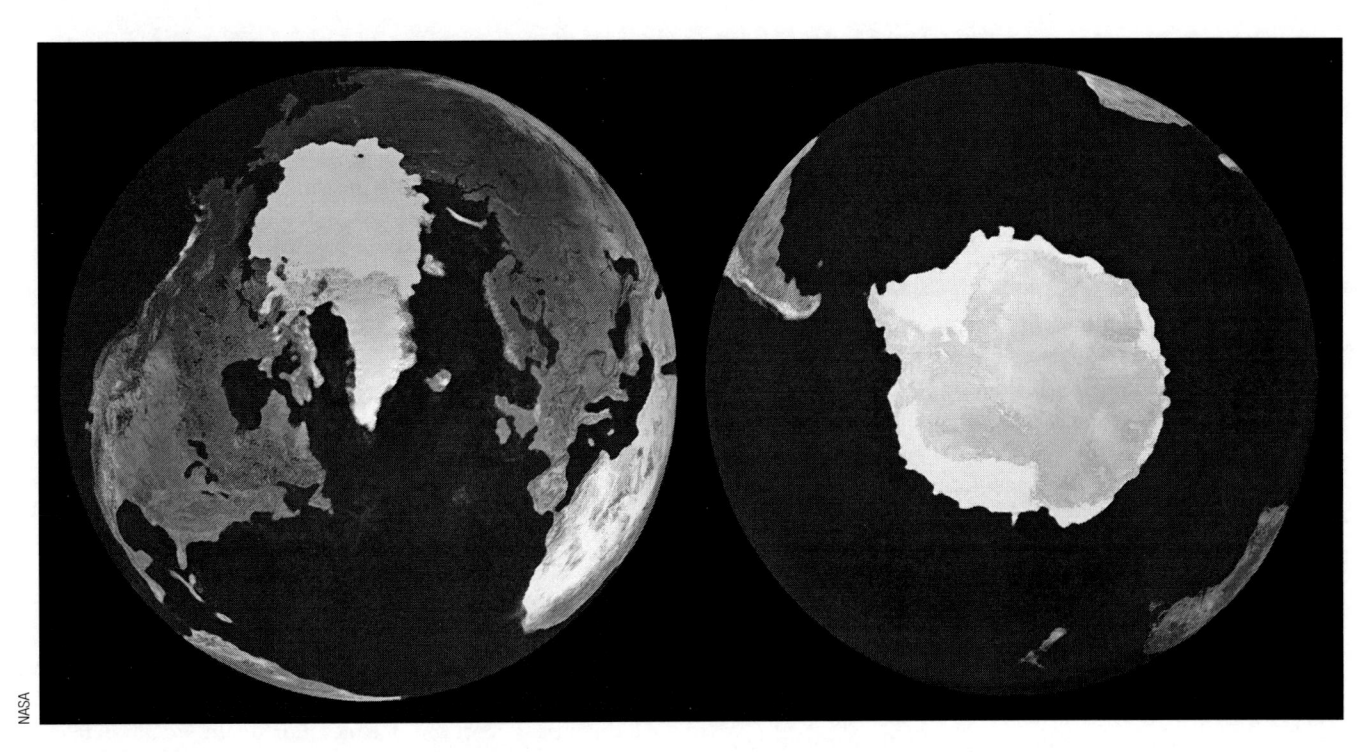

CAPÍTULO 5 • UMIDADE, CONDESAÇÃO E PRECIPITAÇÃO **101**

■ **FIGURA 5.2** A superfície da Terra é coberta principalmente por oceanos. A maior parte da água doce da Terra encontra-se nas geleiras das regiões polares, como se vê nestas imagens centradas nos polos norte e sul.
Você é capaz de distinguir as calotas polares da Groenlândia e da Antártida e a massa de gelo (sazonal) flutuante que se formou na superfície dos oceanos?

■ **FIGURA 5.3** Fontes de água da Terra. A maior parte da água na hidrosfera é composta por água do mar nos oceanos do mundo. A fonte de água doce armazenada nas calotas polares é relativamente indisponível para uso.
Como o aquecimento ou o resfriamento global pode alterar esses números?

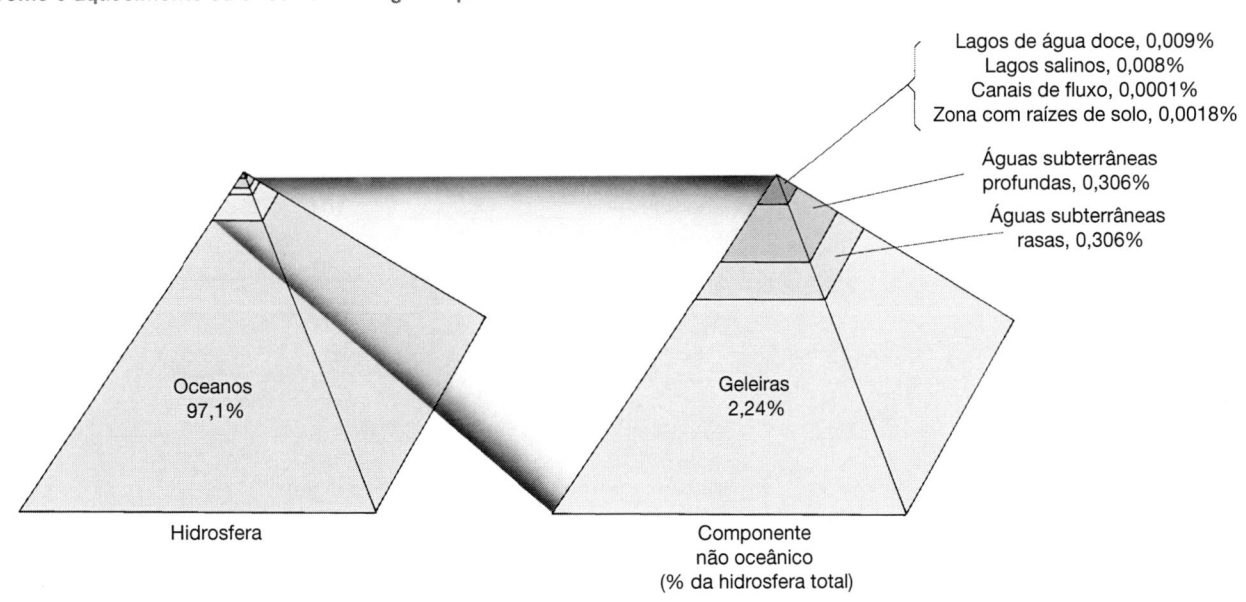

Lagos de água doce, 0,009%
Lagos salinos, 0,008%
Canais de fluxo, 0,0001%
Zona com raízes de solo, 0,0018%

Águas subterrâneas profundas, 0,306%
Águas subterrâneas rasas, 0,306%

Oceanos 97,1%
Geleiras 2,24%

Hidrosfera
Componente não oceânico
(% da hidrosfera total)

O ciclo hidrológico

Embora a água entre e saia da atmosfera, da litosfera e da biosfera, a quantidade total de água na hidrosfera permanece constante. O **ciclo hidrológico** é a circulação de água de um dos sistemas da Terra para outro. A atmosfera contém vapor de água adquirido pela evaporação de massas de água e da superfície terrestre. No ciclo hidrológico, a água é continuamente transferida de um estado físico para outro – como líquido, gasoso ou sólido. Quando o vapor de água condensa em água líquida e cai como precipitação, vários fenômenos podem acontecer. Primeiro, pode ir diretamente para um corpo de água – lagoa, lago, rio ou oceano. Ou, então, pode cair sobre a superfície da Terra, onde corre para formar rios, riachos, lagoas ou lagos. Ou pode ser absorvido pelo solo, fluir em espaços abertos que existem nos fragmentos de rocha soltos e vazios na rocha sólida. Em última análise, a maior parte da água no solo ou na superfície chega aos oceanos. Parte da água que caiu e se acumulou como neve vai se tornar parte da cobertura maciça de gelo armazenado na Groenlândia e na Antártida, ou em geleiras de montanhas, enquanto um pouco de neve vai derreter na primavera e alimentar os rios. Outra parte da água, usada pelas plantas e pelos animais, torna-se temporariamente uma parte desses seres vivos. Resumindo, existem seis áreas de armazenamento de água no ciclo hidrológico: a atmosfera, os oceanos, os corpos de água doce, as plantas animais, a neve e o gelo glacial e o subsolo da superfície da Terra.

A evaporação retorna a água líquida para a atmosfera na forma de gás. A água evapora a partir de todos os corpos de água, de plantas, animais e dos solos; e ela pode até mesmo evaporar da precipitação. Ao passo que a evaporação devolve a água líquida à atmosfera na forma de vapor de água, o ciclo pode ser repetido por condensação e precipitação.

O ciclo hidrológico é basicamente um ciclo contínuo de evaporação, condensação e precipitação, com o transporte de água sobre a terra, em corpos de água e no solo (■ Figura 5.4). Todos esses processos estão em constante movimento. O ciclo hidrológico para o sistema Terra *como um todo* pode ser considerado um sistema fechado, porque a energia flui para dentro e para fora do sistema, mas não há ganho nem perda de água (matéria). Embora o ciclo hidrológico da Terra seja um sistema fechado, seus subsistemas (tais como o ciclo hidrológico de uma região ou de um corpo de água) funcionam como sistemas abertos, com energia e matéria fluindo para dentro e para fora (ver novamente o reservatório na Figura 1.18). A hidrosfera global da Terra e seus subsistemas não são estáticos; são dinâmicos conforme a água muda de um estado para outro e é transportada da atmosfera para a superfície da Terra e de volta.

■ **FIGURA 5.4 Sistemas ambientais: o ciclo hidrológico** O ciclo hidrológico diz respeito à circulação de água de uma parte do sistema da Terra para outra. Especialmente por meio da precipitação, condensação e evaporação, a água passa por ciclos contínuos entre a atmosfera, solo, lençóis freáticos, lagos e riachos, plantas e animais, gelo glacial e oceanos.
Você consegue explicar se o ciclo hidrológico global da Terra é um sistema fechado ou um sistema aberto?

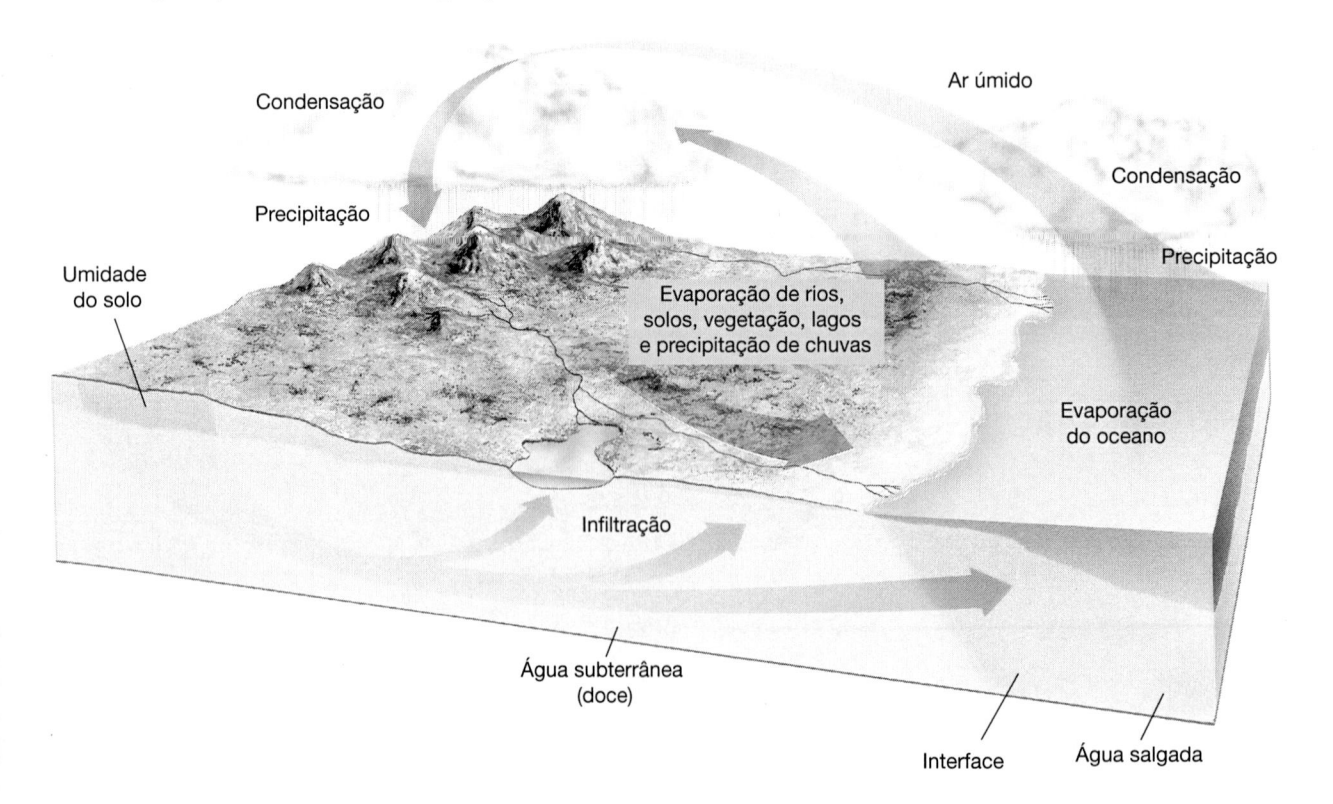

A água na atmosfera

O balanço hídrico

Estamos mais familiarizados com a água em sua forma líquida, que sai da torneira, como chuva, ou quando desfrutamos oportunidades de lazer ou contemplamos a beleza natural dos corpos de água. Na atmosfera, a água pode existir como gelo (neve, granizo), como pequenas gotas de líquido que formam nuvens e nevoeiro e como um gás insípido, inodoro e transparente conhecido como vapor de água. A troposfera contém 99% do vapor de água presente na atmosfera. O vapor de água responde por uma pequena parcela do volume, mas altamente variável, da atmosfera. Por meio da troca de água entre seus estados pela evaporação, condensação, precipitação, fusão e congelamento, a água tem um papel importante na regulação e modificação da temperatura local e global. Além disso, como observamos no capítulo 3, o vapor de água na atmosfera reflete e absorve uma parte significativa da energia solar incidente e da radiação terrestre irradiada, bem como emite parte dessa energia térmica absorvido da atmosfera de volta a Terra. Além disso, as propriedades isolantes do vapor de água reduzem a perda de calor da superfície da Terra, o que ajuda a manter as temperaturas moderadas no planeta.

Pelo fato de a hidrosfera da Terra ser um *sistema fechado*, nenhuma água é recebida de fora do sistema da Terra, nem perdida a partir dele. Por isso, o aumento na quantidade de água em um subsistema hidrológico deve ser compensado pela perda em outro. Dito de outra forma, dizemos que o sistema Terra funciona em *equilíbrio hídrico*, em que a quantidade total de água permanece a mesma e os défice devem equilibrar os ganhos em todo o sistema. A quantidade de água associada a qualquer um dos componentes da hidrosfera muda constantemente ao longo do tempo e de lugar para lugar, especialmente onde a água é armazenada. Por exemplo, há 24 mil anos, durante a última grande era glacial, as geleiras se expandiram, o nível do mar baixou e a evaporação e a precipitação foram muito reduzidas. Menos água foi armazenada nos oceanos, mas isso foi compensado pelo aumento de armazenamento na forma de geleiras.

Sabemos que a atmosfera perde grande quantidade de água, a maior parte, obviamente, pela condensação na forma de nuvens, nevoeiro, orvalho e por várias formas de precipitação (chuva, neve, granizo). Se a quantidade de água na atmosfera no mundo todo permanece no mesmo nível ao longo do tempo, a atmosfera deve estar absorvendo a água de outras partes do sistema em uma quantidade igual a que está perdendo. Num único minuto, a atmosfera perde mais de um bilhão de toneladas de água na forma de precipitação ou condensação, enquanto outro bilhão de toneladas evapora e é absorvido na forma de vapor de água pela atmosfera.

A energia solar é usada na evaporação e é, então, armazenada na forma de vapor de água e liberada durante a condensação. Embora as transferências de energia envolvidas na evaporação e na condensação respondam por uma pequena parte do balanço térmico, a energia real é um fator importante.

Imagine a quantidade de energia liberada por minuto quando um bilhão de toneladas de água se condensa da atmosfera. Este vasto reservatório de energia, o calor latente de condensação, é uma importante fonte de energia para as tempestades da Terra: furacões, tornados e trovoadas.

Um fator muito importante da quantidade de vapor de água que pode ser armazenada pelo ar é a temperatura. Quanto mais quente for o ar, maior a quantidade de vapor de água ele pode conter. Portanto, podemos generalizar que o ar nas regiões polares pode conter muito menos vapor de água (cerca de 0,2%) que o ar quente das regiões tropicais e equatoriais da Terra, onde o ar pode conter até 5% do seu volume.

Temperatura de saturação e ponto de orvalho

Quando o ar de uma dada temperatura armazena todo o vapor de água que pode, diz-se estar em um estado de **saturação** e de ter atingido a sua **capacidade**. Mantida uma temperatura constante do ar, mas adicionando-se vapor de água suficiente, o ar ficará saturado e incapaz de reter mais vapor. Por exemplo, quando você toma banho, o ar do banheiro se torna cada vez mais úmido, até que um ponto é alcançado em que ele não consegue reter mais água. Nesse ponto, o excesso de vapor de água começa a condensar no espelho e nas paredes frias.

■ **FIGURA 5.5** Este gráfico mostra a quantidade máxima de vapor de água contida em um metro cúbico de ar em uma ampla faixa de temperaturas.
Compare a mudança na capacidade se a temperatura do ar é elevada de 0 °C a 10 °C, com uma mudança de 20 °C a 30 °C. O que isso indica sobre a relação entre a temperatura e a capacidade?

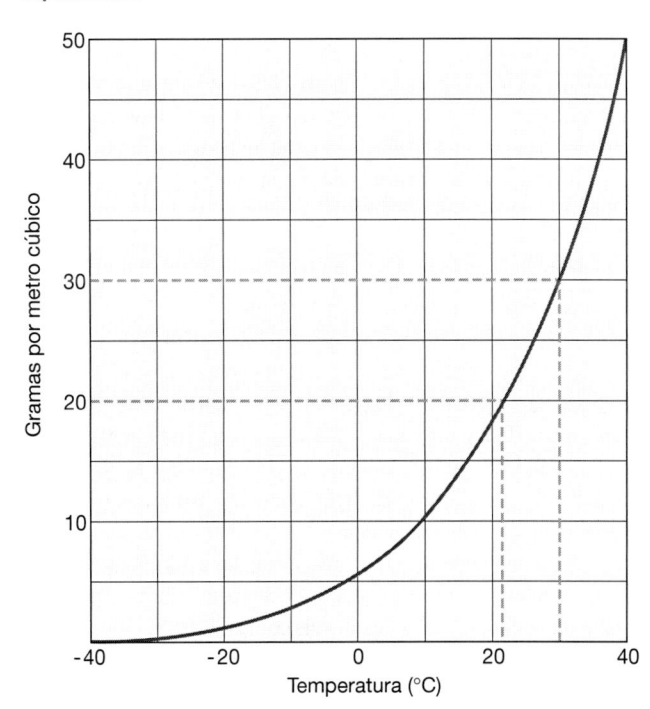

■ A Figura 5.5 ilustra a relação entre capacidade maior de umidade e temperaturas subindo. Se uma massa de ar a 30 °C está saturada, então terá atingido sua capacidade e irá conter 30 gramas de vapor de água em cada metro cúbico de ar (30 g/m³). Agora, suponha que a temperatura do ar aumente para 40 °C *sem* aumentar o volume de vapor de água. A massa de ar passa a não estar mais saturada porque o ar a 40 °C pode reter mais de 30 gramas por metro cúbico de vapor de água (na verdade, 50 g/m³). Por outro lado, se diminuir a temperatura do ar saturado de 30 °C (que contém 30 g/m³ de vapor de água) para 20 °C (que tem uma capacidade de vapor de apenas 17 g/ m³), 13 gramas do vapor de água condensarão do ar por causa da capacidade reduzida.

Se uma massa não saturada de ar for resfriada, pode eventualmente atingir uma temperatura em que o ar se tornará saturado. Essa temperatura crítica é conhecida como **ponto de orvalho** – a temperatura em que a condensação é iminente. Por exemplo, se uma massa de ar a 30 °C contiver 20 g/m³ de vapor de água, não estará saturada porque ela pode conter 30 g/m³. No entanto, se essa massa for refrigerada a 21 °C, ela se tornaria saturada, porque a capacidade do ar a 21 °C é de 20 g/m³. Assim, essa massa de ar a 30 °C tem uma temperatura de ponto de orvalho de 21 °C. É o resfriamento do ar para abaixo de sua *temperatura de ponto de orvalho* que cria a condensação que deve preceder qualquer precipitação.

Pelo fato de a capacidade que o ar tem de reter vapor de água aumentar com temperaturas mais altas, o ar nas regiões equatoriais tem uma temperatura mais elevada de ponto de orvalho que nas regiões polares. Assim, pelo fato de a atmosfera reter mais água nas regiões equatoriais, essas regiões têm potencial maior de ter grandes quantidades de precipitação que as regiões polares. Do mesmo modo, as latitudes médias (meses de verão) das temperaturas mais elevadas, têm mais potencial de precipitação forte que os meses de inverno.

Umidade

A quantidade de vapor de água no ar em um dado momento e lugar é chamada **umidade**. Há três modos comuns de se expressar umidade. Cada método fornece informações que contribuem para com nossa discussão sobre tempo e clima.

Umidade absoluta e específica
A medida da massa de vapor de água existente em um determinado volume de ar é chamada **umidade absoluta**. Ela é expressa no Sistema Métrico como o número de gramas por metro cúbico (g/m³) ou no Sistema Imperial como grãos por pé cúbico (gr/ft³). A **umidade específica** é a massa de vapor de água (dada em gramas) pela massa de ar (em quilogramas). Ambas as medidas indicam a quantidade real de vapor de água que o ar contém em um determinado lugar e momento. Pelo fato de a maior parte do vapor de água entrar no ar pela evaporação da água da superfície da Terra e o ar ser mais frio em altitudes mais elevadas, as umidades absoluta e específica tendem a diminuir com a altitude.

Aprendemos também que o ar é comprimido conforme desce e se expande à medida que sobe. Assim, uma massa de ar muda seu volume conforme se move na vertical, mas pode não haver mudança na quantidade de vapor de água no volume de ar. Vemos, então, que a umidade absoluta, ainda que meça a quantidade de vapor de água, pode variar como resultado de movimentos verticais que alteram o volume de uma massa de ar. Em contraste, a umidade específica muda *apenas* conforme a quantidade de vapor de água. Por esta razão, a umidade específica é a medida preferida dos geógrafos e meteorologistas.

Umidade relativa do ar
O meio mais conhecido de descrever o vapor de água na atmosfera – que geralmente vemos em jornais, televisão, rádio e em relatórios meteorológicos – é a **umidade relativa**. Trata-se da proporção entre a quantidade de vapor de água no ar em uma dada temperatura e a quantidade máxima de vapor que o ar pode conter a essa temperatura. A umidade relativa é uma porcentagem que indica quão perto o ar está da saturação. É importante saber que tanto a temperatura do ar quanto a quantidade de umidade do ar influenciam na umidade relativa. Se a temperatura ou a quantidade de umidade no ar aumenta ou diminui, a umidade relativa do ar também mudará.

Se a temperatura e a umidade absoluta de uma massa de ar são conhecidas, sua umidade relativa pode ser determinada usando a Figura 5.5. Por exemplo: se uma massa de ar tem uma temperatura de 30 °C e uma umidade absoluta de 20 gramas por metro cúbico, podemos consultar o gráfico e determinar que se o ar a essa temperatura estiver saturado, sua capacidade seria de 30 gramas por metro cúbico. Para determinar a umidade relativa, é preciso dividir 20 gramas (o conteúdo real) por 30 gramas (capacidade) e multiplicar por 100 (para obter uma resposta em porcentagem):

$$(20 \text{ gramas} \div 30 \text{ gramas}) \times 100 = 67\%$$

A umidade relativa neste caso é de 67%. Em outras palavras, o ar está retendo apenas dois terços do vapor de água que poderia reter a 30 °C, ou seja, é apenas 67% da sua capacidade.

Dois fatores importantes afetam a variação geográfica da umidade relativa. Um deles é a umidade disponível. Em razão de haver, por exemplo, mais água disponível para a evaporação de um corpo de água, o ar nesse local normalmente contém mais umidade que o ar à temperatura semelhante sobre a Terra. Por outro lado, o ar sobre uma área continental, como a região central do deserto do Saara, pode ser muito seca, porque se encontra longe dos oceanos e pouca água está disponível para ser evaporada. O segundo fator é a temperatura. Em regiões de temperatura mais alta, a umidade relativa do ar contendo a mesma quantidade de vapor de água será menor do que seria em uma região mais fria.

A umidade relativa do ar varia se a quantidade de vapor de água aumentar em razão da evaporação da umidade no ar ou se a temperatura aumentar ou diminuir. Assim, embora a quantidade de vapor de água possa não mudar ao longo do dia, a umidade relativa do ar vai variar conforme o ciclo térmico diário. Conforme a temperatura do ar aumenta a partir do valor mínimo por volta do amanhecer até seu máximo no meio da tarde, a umidade relativa do ar diminui porque o ar

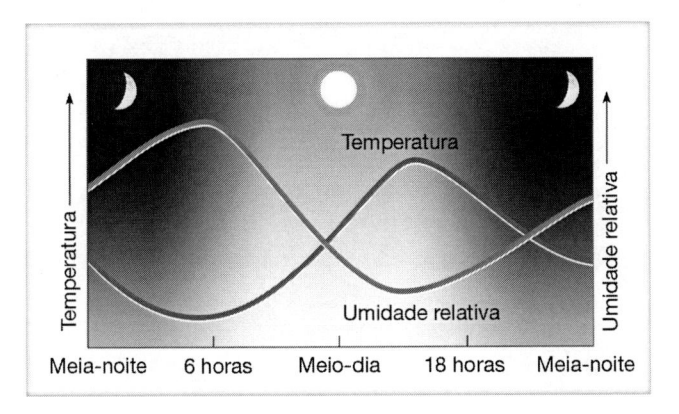

FIGURA 5.6 Este gráfico mostra a relação entre a temperatura do ar e a umidade relativa conforme as variáveis mudam ao longo de um típico período de 24 horas. Mesmo sem alteração no teor de umidade absoluta do ar, conforme o dia fica mais quente, a umidade relativa cai, e à noite, quando é mais frio, a umidade relativa sobe.
Como se aplica a relação entre temperatura do ar e umidade relativa quando se usa um secador de cabelo?

mais quente é capaz de reter maior quantidade de vapor de água. Então, conforme o ar se esfria, diminuindo em direção à sua temperatura mínima por volta do nascer do Sol, a umidade relativa aumenta progressivamente (■ Figura 5.6). Mesmo que nenhum vapor de água seja ganho ou perdido pelo ar em um determinado local, a umidade relativa do ar vai aumentar durante a noite por causa do frio e diminuir durante o dia por causa do aquecimento.

A umidade relativa do ar afeta nosso conforto em virtude de sua relação com a taxa de evaporação. Quando as pessoas transpiram, a evaporação provoca resfriamento, porque o calor usado para evaporar o suor é armazenado no vapor de água na forma de calor latente e é retirado da pele. É por isso que num dia quente de agosto, quando a temperatura se aproxima de 35 °C, você se sentirá mais desconfortável por causa do calor em Atlanta, no estado americano de Geórgia, em que a umidade relativa é de 90%, que em Tucson, no Arizona, em que ela pode ser de apenas 15% à mesma temperatura. Seu suor evaporará mais rapidamente quando a umidade relativa estiver a 15% e você se beneficiará do resfriamento causado pela evaporação. Quando a umidade relativa está em 90%, o ar está quase saturado, menos evaporação acontece e menos calor é retirado da sua pele.

Fontes de umidade atmosférica

A água evapora para a atmosfera a partir de muitas fontes, especialmente dos corpos de água, como os oceanos. A água também evapora a partir de solos, gotículas de umidade sobre a vegetação, veículos, pavimentos, telhados e outras superfícies e de precipitações.

A vegetação fornece uma fonte de vapor de água por meio de outro processo, conhecido como **transpiração**, em que as plantas perdem umidade para o ar. Em algumas partes do mundo – especialmente nas florestas tropicais com vegetação exuberante – a transpiração é responsável por uma quantidade significativa de umidade atmosférica. **Evapotranspiração**, o termo para evaporação e transpiração, é responsável por praticamente todo vapor de água na atmosfera.

Taxas de evaporação

As taxas de evaporação são afetadas por vários fatores. Os primeiros fatores incluem a quantidade e a temperatura da água disponível. A Tabela 5.1 mostra que as taxas de evapotranspiração tendem a serem maiores sobre os oceanos que sobre os continentes. O único lugar que essa generalização não é verdadeira é nas regiões equatoriais entre as latitudes 0° e 10°N e S, onde a vegetação é tão exuberante na terra que a transpiração fornece uma grande quantidade de umidade para o ar.

O segundo fator é o grau de saturação do ar. Quanto menor a umidade relativa, maior será a taxa de evaporação, dada

TABELA 5.1
Distribuição de evapotranspiração média real

Zona	Latitude					
	60° - 50°	50° - 40°	40° - 30°	30° - 20°	20° - 10°	10° - 0°
Hemisfério Norte						
Continentes	36,6 cm	33,0	38,0	50,0	79,0	115,0
Oceanos	40,0	70,0	96,0	115,0	120,0	100,0
Média	38,0	51,0	71,0	91,0	109,0	103,0
Hemisfério Sul						
Continentes	20,0 cm	NA	51,0	41,0	90,0	122,0
Oceanos	23,0	58,0	89,0	112,0	119,0	114,0
Média	22,5	NA	NA	99,0	113,0	116,0

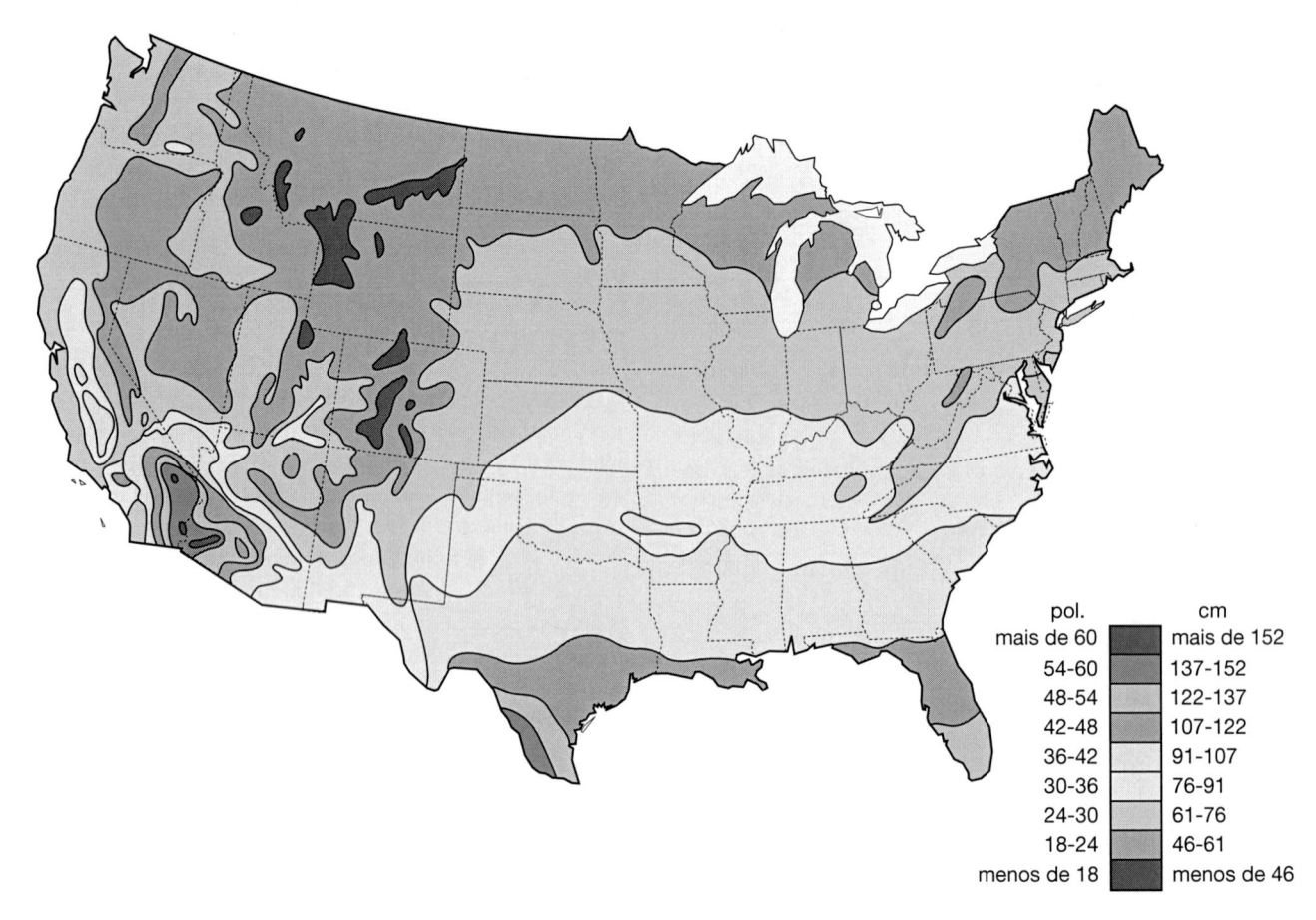

FIGURA 5.7 Evapotranspiração potencial anual dos 48 estados americanos contíguos.
Por que a evapotranspiração potencial é tão alta no deserto do sudoeste?

pol.	cm
mais de 60	mais de 152
54-60	137-152
48-54	122-137
42-48	107-122
36-42	91-107
30-36	76-91
24-30	61-76
18-24	46-61
menos de 18	menos de 46

a mesma disponibilidade de água. Compare o tempo que o seu maiô demora a secar em um dia quente e úmido com um dia seco.

O terceiro fator é o vento, que também afeta a evaporação. Se não houver vento, o ar logo acima da superfície da água pode se aproximar do estado de saturação e uma vez saturado, a evaporação cessará. No entanto, se estiver ventando, o vento vai assoprar o ar saturado ou quase saturado para longe da superfície de evaporação, substituindo-o com ar de baixa umidade. Isso permite que a evaporação continue enquanto o vento continuar assoprando o ar úmido para longe e trazendo ar mais seco. Qualquer pessoa que tenha ido nadar num dia de vento já deve ter sentido um friozinho causado pela evaporação rápida.

A temperatura do ar também influencia muito as taxas de evaporação; conforme a temperatura do ar aumenta, o mesmo acontece com a temperatura da água na fonte de evaporação. Um aumento na temperatura garante que mais energia está disponível para as moléculas de água mudar do estado líquido para o estado gasoso. Consequentemente, mais água pode evaporar. Além disso, conforme a temperatura do ar aumenta, o mesmo acontece com sua capacidade de reter umidade.

Evapotranspiração potencial

Até agora, abordamos a evapotranspiração *real* (evaporação e transpiração). Contudo, os geógrafos e os meteorologistas também se preocupam com a **evapotranspiração potencial** (■ Figura 5.7), que se refere à quantidade de evapotranspiração que *poderia* ocorrer *se* uma quantidade ilimitada de umidade estivesse disponível. Fórmulas são usadas para estimar a evapotranspiração potencial em um local, pois ela é difícil de medir diretamente. Essas fórmulas geralmente consideram latitude, temperatura, vegetação e características do solo (permeabilidade, capacidade de retenção de água) como fatores que poderiam afetar a evapotranspiração potencial.

Em locais em que a precipitação excede a evapotranspiração potencial, há um excedente de água para ser armazenada no solo e em corpos de água, permitindo que a água flua em córregos e rios para longe dessas áreas. A água também pode ser direcionada para lugares mais secos por meios artificiais, com sistemas de canais ou tubulações, quando viáveis. Quando a evapotranspiração potencial excede a precipitação, como acontece durante os meses secos do verão na Califórnia, e no oeste árido, então não há água disponível para ser armazenada; na

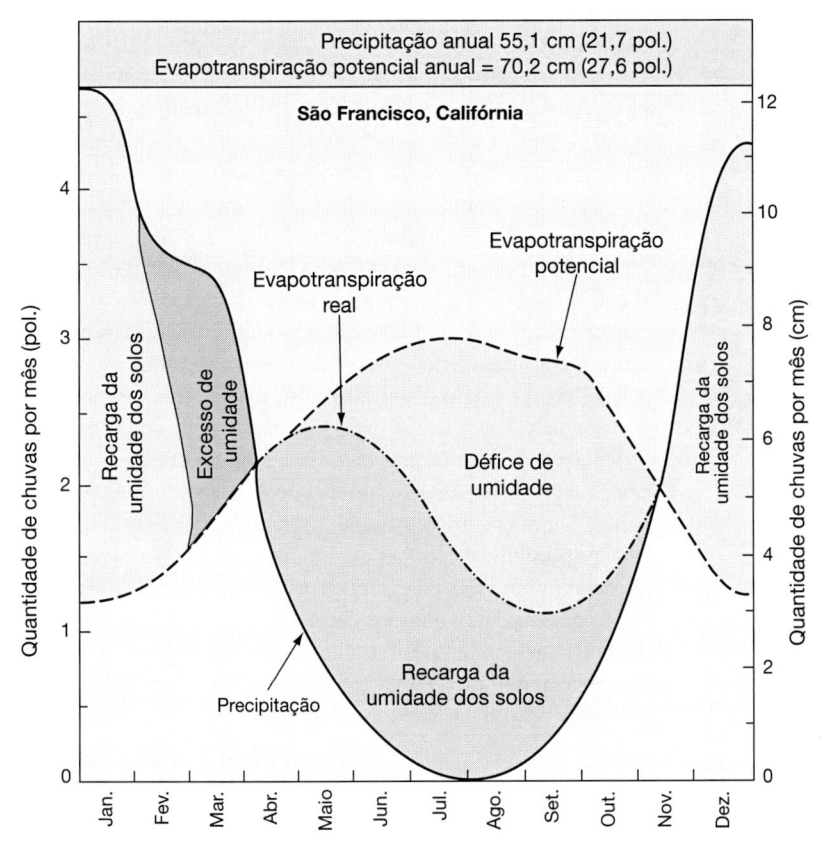

■ **FIGURA 5.8** Balanço hídrico de São Francisco, Califórnia. Este gráfico ilustra o sistema do balanço hídrico, que "mantém o valor" do equilíbrio entre a entrada de água por precipitação, e a perda de água por evaporação e transpiração, permitindo estimativas mês a mês, tanto do escoamento quanto da umidade do solo.
Quando seria necessário usar irrigação nesse local?

verdade, a água armazenada durante os meses chuvosos anteriores evapora rapidamente para o ar quente e seco (■ Figura 5.8). O solo se torna seco e a vegetação, que seca, fica marrom. Por essa razão, os incêndios são um risco potencial durante os meses de verão na Califórnia.

Condensação, neblina e nuvens

A condensação, o processo pelo qual um gás é alterado para líquido, ocorre quando o ar saturado com vapor de água é resfriado. Assim que a temperatura do ar cai até atingir umidade relativa de 100% (atinge a temperatura de ponto de orvalho), a condensação ocorrerá com resfriamento adicional. Segue-se, então, que a condensação depende (1) da umidade relativa; e (2) do grau de resfriamento. No ar árido do Death Valley, na Califórnia, deve acontecer um resfriamento grande para atingir a temperatura de ponto de orvalho. Em contraste, em uma tarde úmida de verão em Biloxi, no Mississípi, um resfriamento mínimo trará saturação e condensação.

É por meio desse processo de resfriamento que gotículas de água se formam do lado de um copo com bebida gelada em uma tarde quente. A temperatura do ar cai ao entrar em contato com o vidro frio. Se o ar ao tocar o vidro for resfriado suficientemente, sua umidade relativa vai chegar a 100%, e um resfriamento, além do ponto de orvalho, vai resultar em condensação, formando gotas de água sobre o vidro.

Núcleos de condensação

Para que a condensação ocorra na atmosfera, outro fator é importante: a presença de **núcleos de condensação**. Trata-se de minúsculas partículas na atmosfera que fornecem uma superfície sobre a qual a condensação pode ocorrer. Partículas de sal marinho no ar são núcleos de condensação comuns, provenientes das gotículas de água salgada lançadas na atmosfera pela quebra das ondas e da evaporação da água do oceano. Outros núcleos comuns incluem poeira, fumaça, pólen e material vulcânico. Em muitos casos, esses núcleos são partículas químicas que são subprodutos da industrialização. A condensação que ocorre sobre esses núcleos químicos é, muitas vezes, corrosiva e perigosa para a saúde humana; nesse caso, recebe o nome de *smog* (um termo que combina *fumaça* e *neblina*).

Neblina, nuvens e orvalho são todos resultados da condensação do vapor de água. O resfriamento que produz essa condensação pode ocorrer como resultado do resfriamento radiativo, por meio da advecção, convecção ou de uma combinação desses processos.

Neblina

A neblina e as nuvens aparecem quando o vapor de água se condensa sobre núcleos e uma grande quantidade dessas gotículas forma uma massa. Não sendo transparente à luz do modo que o vapor de água é, essas massas condensadas de gotículas de água aparecem como neblina ou nuvens, em tons de branco ou cinza.

De maneira geral, a neblina é uma forma menor de condensação, mas em certas regiões tem importantes efeitos climáticos. O "fator de gotejamento" possibilita a existência de vegetação e de animais ao longo dos litorais desérticos onde essa neblina acontece. A neblina também causa problemas nos sistemas de transporte. A navegação no mar é mais difícil em condições de nevoeiro, e as viagens aéreas podem ser canceladas quando o nevoeiro faz os aeroportos fecharem até que a visibilidade melhore. Viagens em rodovias também podem ser prejudicadas pela neblina pesada, que pode causar enormes engavetamentos.

Nevoeiro radiativo

O resfriamento por radiação pode produzir **nevoeiro radiativo**, também conhecido como *nevoeiro de inversão térmica* ou *nevoeiro de superfície*. Esse tipo de nevoeiro normalmente ocorre em noites inicialmente frias, claras e calmas com duração até a manhã. Condições calmas e claras permitem que enormes quantidades de radiação terrestre sejam perdidas do solo. Sem receber radiação durante a noite, o solo torna-se frio, conforme perde grande parte do calor que recebeu durante o dia. Por sua vez, o ar diretamente acima da superfície é resfriado por condução pelo contato com o solo frio. Como a superfície fria pode resfriar apenas poucos metros inferiores da atmosfera, cria-se uma inversão térmica conforme o ar perto da superfície se torna mais frio que o ar mais quente acima. Se esta camada de ar frio na superfície é resfriada a uma temperatura abaixo do seu ponto de orvalho, então ocorrerá condensação, muitas vezes na forma de uma névoa de baixa altitude.

As possibilidades de ocorrer um nevoeiro por inversão térmica aumentam em vales e depressões, onde o ar frio flui para baixo vindo de áreas mais altas em direção às planícies. Durante uma noite fria, o ar pode ser resfriado abaixo do seu ponto de orvalho, resultando numa névoa que forma um lago no fundo do vale (■ Figura 5.9a). É comum em áreas montanhosas ver nevoeiro de radiação no início da manhã nos vales e o topo nevado das montanhas brilhar contra um céu azul-claro. O nevoeiro de radiação tem um ciclo diurno, formando-se durante a noite e tornando-se mais denso por volta do nascer do Sol, quando as temperaturas são mais baixas. Em seguida, é "consumido" durante o dia, quando a energia solar penetra lentamente na neblina e aquece a superfície do solo. O chão, por sua vez, aquece o ar diretamente acima dele, aumentando sua temperatura e sua capacidade de reter vapor de água, fazendo o nevoeiro evaporar.

Nevoeiro advectivo

Outro tipo comum de nevoeiro é o **nevoeiro advectivo**, que ocorre quando o ar quente e úmido se move sobre a superfície mais fria da terra ou da água. Quando o ar quente é resfriado abaixo do seu ponto de orvalho pela perda de calor para a superfície mais fria logo abaixo, a condensação produz neblina. O nevoeiro gerado por advecção é geralmente menos localizado que o nevoeiro radiativo. É também menos provável que este tipo de nevoeiro tenha um ciclo diurno, embora nos casos em que o nevoeiro formado não seja muito espesso ele possa ser consumido durante o dia e se formar novamente à noite. Mais comum, contudo, é o nevoeiro de advecção persistente que se espalha sobre uma grande área e dura alguns dias.

Durante os meses de verão, nevoeiros advectivos podem se formar conforme o ar quente se move sobre a água mais fria em grandes lagos ou oceanos. Esses nevoeiros são comuns durante o verão ao longo da costa oeste dos Estados Unidos. Durante os meses de verão, a alta subtropical do Pacífico se move para o norte e os ventos fluem em direção ao litoral, passando por cima da corrente da Califórnia. Quando a condensação ocorre, nevoeiros se formam e fluem para o interior da linha de costa, empurrado por trás, pelo movimento do ar para o leste, e puxado pela pressão baixa da terra mais quente (■ Figura 5.9b). Nevoeiros de advecção também ocorrem no estado de Nova Inglaterra, especialmente ao longo da costa do Maine e das províncias marítimas canadenses,

■ **FIGURA 5.9** Tipos de nevoeiro. (a) O nevoeiro radiativo geralmente se forma durante noites de céu claro e frias, em condições calmas e de alta pressão, durando até a manhã. (b) O nevoeiro advectivo é causado pelo ar quente e úmido que passa sobre água fria ou uma superfície mais fria do litoral. (c) O nevoeiro de encosta é causado pelo ar resfriado adiabaticamente, conforme ele ascende à encosta de uma montanha.

Que problemas exclusivos os moradores do litoral podem enfrentar por causa de nevoeiros?

quando o ar quente e úmido acima da Corrente do Golfo flui para o norte sobre as águas mais frias da corrente do Labrador.

Nevoeiro de encosta Outro tipo de nevoeiro ocorre a barlavento nas encostas das montanhas e é conhecido como **nevoeiro de encosta**. Sua aparência dá, por vezes, origem a topônimos – por exemplo, as *Great Smoky Mountains* (grandes montanhas esfumaçadas, em inglês), onde este tipo de nevoeiro é comum. Nas primeiras horas da manhã, em latitudes médias, o ar úmido pode subir uma encosta e resfriar até o ponto de orvalho, formando uma camada de nevoeiro (Fig. 5.9c). Em áreas tropicais úmidas, as encostas das montanhas podem ser encobertas por uma névoa úmida a qualquer hora do dia. Por causa do ar muito úmido nessas regiões, o ponto de orvalho pode ser atingido apenas com uma pequena queda de temperatura.

Orvalho e geada

O **orvalho** é composto de minúsculas gotículas de água formadas pela condensação do vapor de água em superfícies frias, como plantas, edifícios e objetos de metal. O orvalho depositado em superfícies que são bons irradiadores de calor (como carros ou lâminas de grama) perde grandes quantidades de calor durante a noite. Se o ar se resfria abaixo de seu ponto de orvalho inicial quando entra em contato com essas superfícies frias, formam-se gotas de água maiores na superfície. Se a temperatura está abaixo de 0 ºC, forma-se **geada**. É importante notar que geada não é orvalho congelado, mas resulta do processo de *sublimação* – que é quando o vapor de água muda diretamente do estado gasoso para o sólido (veja novamente a Figura 3.16).

Nuvens

As nuvens são a fonte de toda precipitação. A **precipitação** consiste de água na atmosfera, tanto em estado líquido quanto sólido, que cai na Terra. Obviamente nem todas as nuvens produzem precipitação, mas a precipitação não ocorre sem que antes haja a formação de uma nuvem. As nuvens são fatores importantes no balanço energético. Elas absorvem parte da energia solar recebida, refletem um pouco dessa energia de volta ao espaço, e espalham ou difundem a energia em outros comprimentos de onda em direção da Terra ou para longe dela. Além disso, as nuvens absorvem parte da radiação da Terra e novamente irradiam a energia térmica de volta à superfície. As nuvens são uma linda característica de nosso ambiente e estão em constante mudança.

■ **FIGURA 5.10** A nomenclatura das nuvens toma por base sua altura e forma.
Com base nesta figura, que tipo de nuvem você vê no céu neste instante?

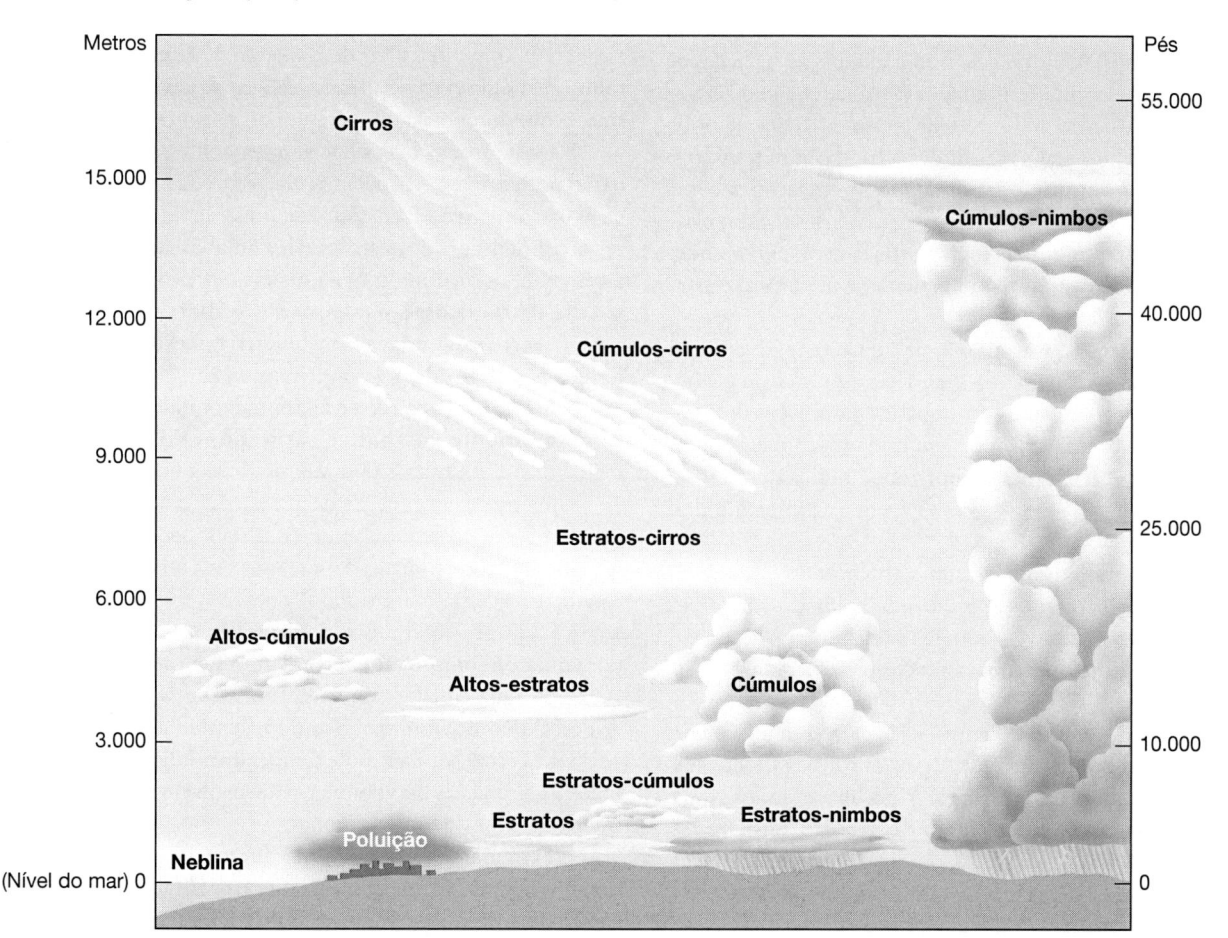

Formas de nuvens

As nuvens são compostas de bilhões de minúsculas gotículas de água e/ou cristais de gelo bem diminutos (alguns medindo milionésimos de milímetro) que permanecem suspensos na atmosfera. As nuvens podem ser brancas, ter tons de cinza ou até mesmo pretas. Quanto mais espessa a nuvem, mais luz solar é capaz de absorver e de bloquear e mais escura parecerá.

Os nomes das nuvens geralmente (mas não sempre) têm duas partes. A primeira parte refere-se à altura da nuvem: nuvens baixas, a menos de 2.000 metros (6.500 pés), são chamadas **estrato**; nuvens em altura média, entre 2.000 e 6.000 metros (6.500 - 19.700 pés), são chamadas **alto**; e as nuvens altas, acima de 6.000 metros (19.700 pés), são chamadas **cirro**.

A segunda parte do nome diz respeito à forma, ou aspecto, das nuvens. As três formas básicas são chamadas *cirros, estratos* e *cúmulos*. Os sistemas de classificação categorizam as formações de nuvens em diversos subtipos, mas a maioria são variações dessas três formas básicas. A Figura 5.10 ilustra a aparência e as alturas gerais de nuvens comuns.

Nuvens **cirros** (do latim: *cirrus*, um cacho ou fio de cabelo) formam-se a altitudes muito elevadas, normalmente entre 6.000 e 10.000 metros (19.800 - 36.300 pés), e são compostas por cristais de gelo. Trata-se de nuvens pouco espessas, brancas e moderadas que se parecem com plumas no céu. Quando associada a tempo bom, as nuvens cirros são manchas esbranquiçadas espalhadas pelo céu azul-claro.

Nuvens **cúmulos** (do latim: *cumulus*, pilha) desenvolvem-se verticalmente em vez de formar estruturas mais horizontais do tipo cirros e estratos. As nuvens do tipo cúmulos são inchadas e arredondadas, geralmente com uma base plana, que pode estar em qualquer lugar entre 500 e 12.000 metros (1.650 - 39.600 pés) acima do nível do mar. A partir dessa base, elas se transformam em grandes estruturas arredondadas, muitas vezes com topos na forma de couve-flor. As nuvens cúmulos fornecem evidência visível de uma atmosfera instável; sua base é o ponto onde a condensação começou numa coluna de ar à medida que esta ascende.

Nuvens **estratos** (do latim: *stratus*, camada) aparecem em altitudes mais baixas a partir da superfície até cerca de 6.000 metros (19.800 pés). A característica básica das nuvens do tipo estratos é o seu aspecto horizontal, em camadas com espessura muito uniforme. A configuração horizontal indica que elas se formam em condições atmosféricas estáveis, que inibem o desenvolvimento vertical.

As nuvens estratos, muitas vezes, cobrem todo o céu com camadas de nuvens cinzentas, produzindo coloração chapada, cinzenta e nublada. As nuvens estratos podem permanecer sobre uma área por dias e qualquer precipitação será leve, mas firme e persistente.

Consulte novamente a Figura 5.10 para se familiarizar com os tipos básicos de nuvens. Algumas formas de nuvens existem em todos os três (altitudes) – por exemplo, os tipos *estratos-cúmulos* (*strato* = baixo nível + *cumulus* = forma arredondada), *altos-cúmulos* e *cúmulos-cirros* compartilham toda a aparência arredondada das nuvens cúmulos. *Altos-estratos* (*alto* = nível médio + *stratus* = em camadas) e *estratos-cirros* têm nomes com duas partes, mas as nuvens de baixa altitude são chamadas simplesmente de *estratos*. Por último, nuvens *cirros* tênues são encontradas apenas em estágios elevados, de modo que o termo *cirro* que significa "alto" não é necessário.

Outros termos usados para descrever nuvens incluem **nimbo**, ou **nimbus**, que significam que a precipitação (chuva) está caindo. Uma nuvem *estrato-nimbo* pode trazer garoa de longa duração. **Cúmulo-nimbo** é nuvem de tempestade, com topo plano, chamado de cabeça de bigorna, bem como uma base relativamente plana. Ela se torna mais escura à medida que cresce e fica mais espessa, bloqueando a luz solar. As nuvens cúmulo-nimbo são fonte de muitos processos atmosféricos que causam apreensão, incluindo ventos fortes, chuvas torrenciais, inundações, trovões, raios, granizo e, até mesmo, tornados.

Aquecimento e resfriamento adiabático

As nuvens normalmente se desenvolvem a partir do resfriamento resultante quando uma massa de ar sobe. A massa de ar ascendente se expandirá ao encontrar pressão atmosférica mais baixa com a altitude. Essa expansão permite às moléculas de ar se espalharem, causando a diminuição da temperatura da massa de ar. Isto é conhecido como **resfriamento adiabático**; a temperatura diminui a uma taxa de aproximadamente 10 ºC a cada 1.000 metros. O ar descendente da atmosfera é comprimido pelo aumento da pressão e sofre **aquecimento adiabático**, o que aumenta a temperatura do ar à mesma taxa.

No entanto, as massas de ar ascendentes e resfriando acabarão por atingir a temperatura de ponto de orvalho e o vapor de água condensará formando gotículas de nuvem. Após ocorrer a condensação, o resfriamento adiabático de uma massa ascendente de ar diminuirá a uma taxa inferior porque o calor latente de condensação está sendo perdido no ar. Para diferenciar entre essas duas taxas de resfriamento adiabático, referimo-nos à taxa de pré-condensação (10 ºC/1.000 m) como **gradiente adiabático seco** e à taxa menor de pós-condensação como **gradiente adiabático saturado**. O último apresenta média de 5 ºC a cada 1.000 metros.

Uma massa ascendente de ar resfriará tanto à taxa do gradiente adiabático seco ou saturado. Para saber qual é a taxa em funcionamento vai depender de estar ocorrendo condensação (gradiente adiabático saturado) ou não (gradiente adiabático seco). Conforme o ar desce, a temperatura continuará quente por conta da compressão, aumentando sua capacidade de reter vapor de água e evitar condensação. Assim, a temperatura do ar descendente sendo comprimido, sempre aumentará a taxa adiabática seca. Mudanças de temperatura adiabática são resultados de alterações no volume e não envolvem a adição ou subtração de calor de fontes externas.

É extremamente importante diferenciar entre o *gradiente de temperatura* ambiente (em que um *dispositivo* de medição de temperatura se move para cima ou para baixo) e os *gradientes adiabáticos* (em que o *ar* é que está se movendo para cima ou para baixo). No capítulo 3, aprendemos que, em geral, as temperaturas atmosféricas diminuem conforme a altitude aumenta. Este é o gradiente ambiental (também chamado de gradiente normal), que é variável, mas mantém uma média de 5,5 °C a cada 1.000 metros e é medido por instrumentos meteorológicos enviados para o céu. O gradiente ambiental reflete a estrutura vertical da temperatura da atmosfera. Os gradientes adiabáticos indicam mudanças de temperatura que resultam quando o ar se move para cima ou para baixo, ou quando não ocorre condensação (■ Figura. 5.11).

Instabilidade e estabilidade

Uma massa de ar flutuará e subirá desde que seja mais quente que o ar ao redor. Quando essa massa alcançar uma camada da atmosfera de mesma temperatura, ela vai parar de subir. Massas de ar que sobem porque são mais quentes que a atmosfera circundante são classificadas como sendo *instáveis*. Em contraste, o ar mais frio que a atmosfera circundante tende a afundar para os estágios mais baixos. O ar descendente é dito como sendo *estável*.

Determinar a estabilidade ou instabilidade de uma massa de ar envolve responder a uma pergunta muito simples. Se uma massa de ar subir a uma altitude específica (resfriando a taxa adiabática), ela seria mais quente, mais fria ou teria a mesma temperatura que o ar circundante (conforme determinado pelo gradiente ambiental) nessa mesma altitude?

Se a massa de ar for mais quente que o ar na altitude especificada, então essa massa será instável e continuará a subir, porque o ar mais quente é menos denso e, portanto, flutuante. Esta condição é chamada de **instabilidade** (■ Figura 5.12). Uma massa de ar mais fria que o ar circundante desceria de volta a Terra como resultado de sua maior densidade, causando condições de **estabilidade**.

O fato de uma massa de ar se tornar estável ou instável está relacionado ao resfriamento ou aquecimento do ar na superfície da Terra. Com o resfriamento do ar pela radiação e condução em uma noite fresca e clara, a temperatura do ar perto da superfície será relativamente próxima à da temperatura do ar logo acima, aumentando assim a estabilidade. Com o rápido aquecimento da superfície num dia quente de verão, o ar próximo à superfície torna-se muito mais quente do que o ar logo acima, e se tornará instável. Zonas de pressão também podem ser relacionadas à estabilidade atmosférica. Em áreas de alta pressão, a estabilidade é mantida com o ar que desce ao poucos. Em regiões de baixa pressão há instabilidade causada pela tendência do ar de subir.

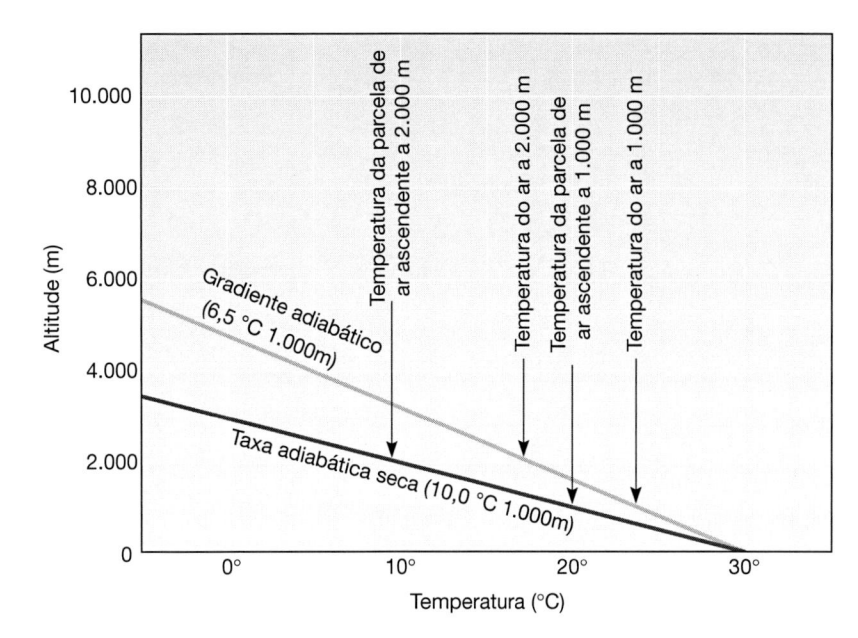

■ **FIGURA 5.11** Comparação entre o gradiente adiabático seco e o gradiente de temperatura ambiente, ou normal. O gradiente de temperatura ambiente é a variação média vertical na temperatura. O ar deslocado para cima vai resfriar (à taxa adiabática seca) devido à expansão.

Neste exemplo, usando o gradiente de temperatura ambiente, qual será a temperatura do ar a 2.000 metros?

Processos de precipitação

Gotas de água condensadas flutuam dentro de nuvens e não caem na Terra porque elas são tão pequenas (0,02 mm) que a gravidade não consegue vencer os efeitos da resistência do ar e das correntes de ar ascendentes que existem nas nuvens. ■ A Figura 5.13 mostra o tamanho relativo de um núcleo de condensação, uma gotícula de nuvem e uma gota de chuva. É necessário cerca de um milhão de gotículas de nuvem para formar uma gota de chuva.

A precipitação ocorre quando as gotículas de água ou os cristais de água se tornam demasiado grandes e pesadas para continuar flutuando e caem como chuva, neve, granizo etc. O tipo de precipitação depende muito de como ela se formou e qual a temperatura da nuvem e logo abaixo conforme cai na Terra. As teorias mais aceitas sobre como a precipitação se desenvolve incluem o **processo de colisão-coalescência** para nuvens quentes e o **processo de Bergeron** (ou **cristais de gelo**) para nuvens frias.

A precipitação nos trópicos e em nuvens quentes forma-se comumente por colisão-coalescência, um processo que é bem descrito por seu nome. Como a água é muito coesa (capaz de aderir a si mesma), e conforme as gotículas de água colidem ao circular em uma nuvem, elas tendem a coalescer (ou crescer juntas) até se tornarem grandes e pesadas o suficiente para cair. Em queda, gotas maiores ultrapassam as gotas menores, mais flutuantes e as capturam para formar gotas de chuva maiores. Este processo ocorre nas nuvens mais quentes, onde a umidade existe na forma de água líquida (■ Figura 5.14).

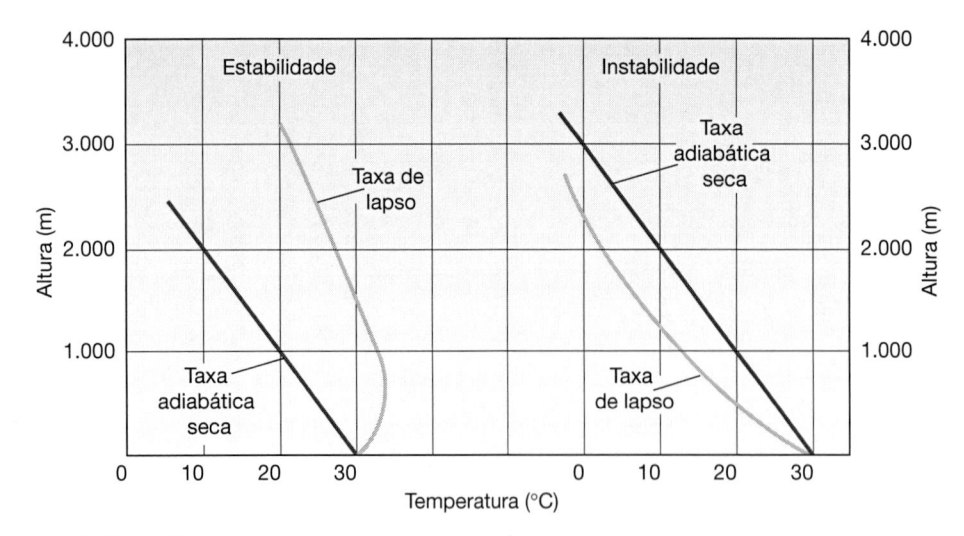

■ **FIGURA 5.12** O ar ascendente resfria-se adiabaticamente. Se ele continuar a subir ou não, dependerá da velocidade de resfriamento adiabático, isto é, se ela é menos ou mais rápida que a taxa normal. A estabilidade ocorre quando a taxa de resfriamento adiabático excede o gradiente de temperatura normal (gráfico da esquerda). Assim, o ar ascendente se tornará mais frio que o ar ao redor e tende a descer. Ocorre a instabilidade do ar quando a taxa de resfriamento adiabático é menor que a taxa do gradiente de temperatura (gráfico à direita). Então, o ar ascendente será mais quente que seu entorno, flutuante, e continuará a subir mesmo depois de a força de elevação original ser removida. **Nestes exemplos, qual seria a temperatura do ar a 2.000 metros se o ar na superfície atingisse este nível?**

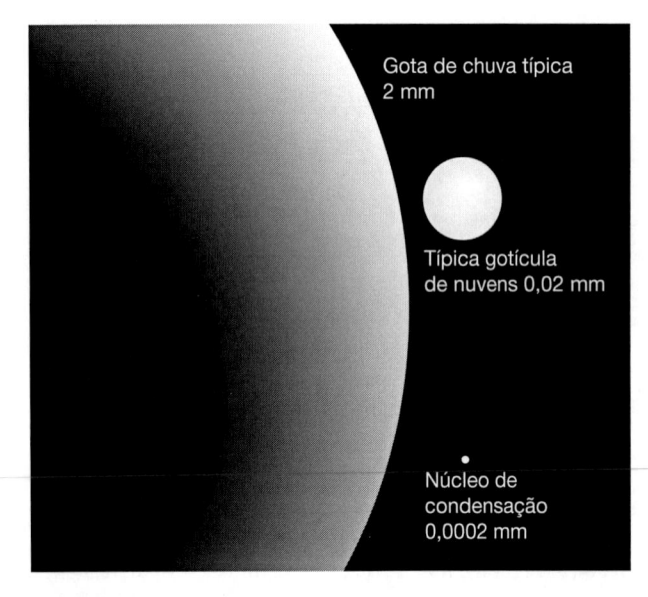

■ **FIGURA 5.13** Os tamanhos relativos da gota de chuva, de gotícula em suspensão nas nuvens e núcleo de condensação.

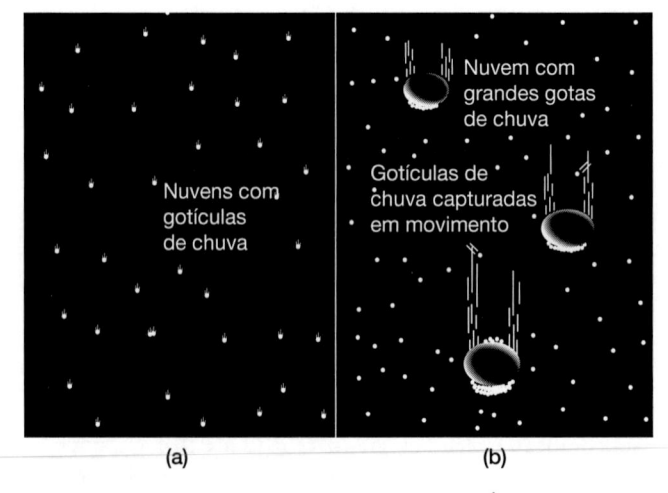

■ **FIGURA 5.14** Colisão e coalescência. (a) É improvável que gotículas em queda quase na mesma velocidade colidam e se fundam; se isso acontecer, elas tendem a se repelir por conta da tensão superficial da água. (b) Gotas maiores caindo rapidamente são capazes de capturar algumas das gotas menores.

Em latitudes mais altas, nuvens de tempestade têm três camadas distintas. A mais baixa é uma camada de ar quente, em que as temperaturas estão acima do ponto de congelamento de 0 °C (32 °F) e as gotas de água são líquidas. Acima dessa, a segunda camada é composta de alguns cristais de gelo, principalmente de **água supergelada** (água em estado líquido abaixo de 0 °C). Na camada superior dessas nuvens altas, se as temperaturas forem iguais ou inferiores a –40 °C (–40 °F), os cristais de gelo predominarão (■ Figura 5.15). É em relação a essas nuvens em camadas que o meteorologista escandinavo Tor Bergeron apresentou a sua tese.

O processo de Bergeron (ou de cristais de gelo) começa em grandes alturas nas camadas de cristal de gelo e de água supergelada das nuvens. A água supergelada tem uma tendência a congelar em qualquer superfície disponível. É por essa razão que as aeronaves, voando por entre tempestades de alta e média latitude, correm o risco de severo congelamento e potencial desastre. Os cristais de gelo tornam-se *núcleos de congelamento* sobre os quais a água supergelada pode congelar para formar cristais de gelo maiores. Este processo também pode criar neve. Se a precipitação congelada cair através de camadas inferiores de nuvens com temperatura acima da de

CAPÍTULO 5 • UMIDADE, CONDESAÇÃO E PRECIPITAÇÃO

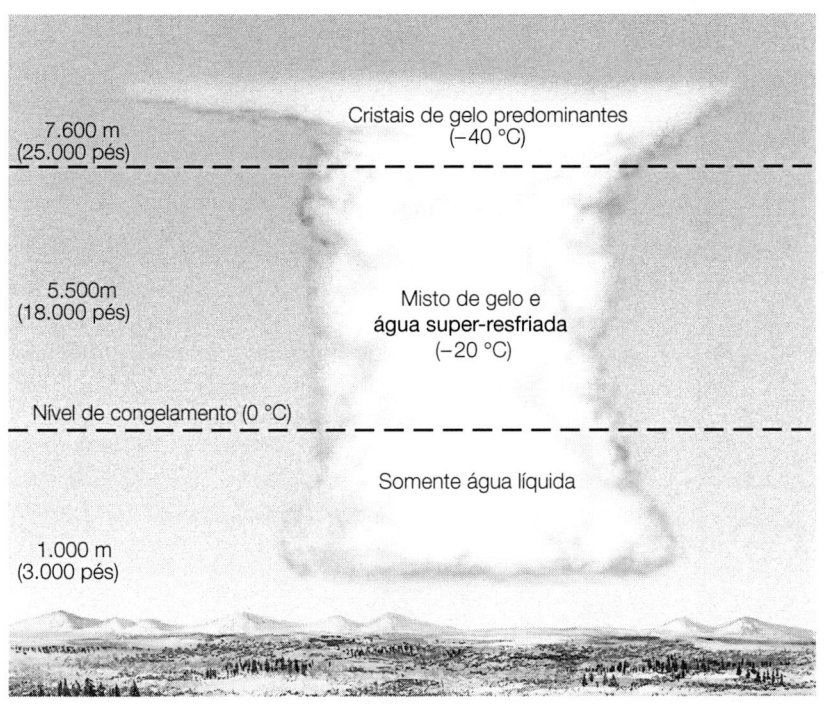

■ **FIGURA 5.15** A distribuição de água, água super-resfriada e cristais de gelo em uma nuvem de tempestade do tipo cúmulos-nimbos.
Qual é a diferença entre a água e a água super-resfriada?

congelamento, os cristais de gelo derreterão e cairão como chuva líquida. Por fim, conforme os pingos de chuva caem através da parte mais quente da nuvem, o processo de colisão-coalescência pode causar o aumento das gotas de chuva.

Formas de precipitação

A **chuva**, composta de gotículas de água líquida, é de longe a forma mais comum de precipitação. As gotas de chuva têm tamanho variado, geralmente entre 2 e 5 milímetros (aproximadamente 0,1 - 2.5 pol.) de diâmetro (veja novamente a Figura 5.13). Como sabemos, a chuva existe em diversos modos: como um chuvisco rápido à tarde, uma precipitação constante ou chuva torrencial. Quando a temperatura de uma massa de ar estiver apenas ligeiramente abaixo de seu ponto de orvalho inicial, as gotas de chuva podem ser muito pequenas (cerca de 0,5 mm ou menos de diâmetro). O resultado é uma névoa fina chamada **garoa**.

A **neve** é a segunda forma mais comum de precipitação. Quando o vapor de água passa diretamente ao estado sólido, sem passar primeiro pela fase de água líquida, ele forma cristais de gelo diminutos ao redor dos núcleos de congelamento. Esses cristais assumem uma forma hexagonal, responsável pela estrutura de seis lados, que é característica dos flocos de neve. A neve chegará ao solo apenas se a nuvem e o ar logo abaixo mantiverem temperatura abaixo de zero (32 ºF).

Água-neve é a chuva que congela quando, ao cair, passa através de uma espessa camada de ar com temperatura abaixo de zero perto da superfície. O ar frio faz as gotas de chuva congelarem em pequenas partículas sólidas de gelo transparente ou leitoso.

Granizo é uma forma menos comum de precipitação que a chuva, neve ou água-neve. Ocorre mais frequentemente durante os meses de primavera e verão, como resultado de tempestades. O granizo se forma como pelotas de gelo que podem variar em tamanho, indo de 5 milímetros (0,2 pol.) a bolotas com diâmetro maior que uma bola de tênis (■ Figura 5.16). Os Estados Unidos já registraram uma pedra de granizo com 17,8 cm (7 pol.) de diâmetro e circunferência de 47,6 cm (18,75 pol.) que caiu em Aurora, no estado de Nebraska, em 2003. Pedras de granizo podem ser altamente destrutivas para o gado, colheitas e vegetação, em geral, bem como para veículos e edifícios.

O granizo se forma quando cristais de gelo são assoprados por correntes ascendentes fortes nas nuvens cúmulos-nimbos (de tempestade). Conforme esses cristais de gelo circulam dentro da nuvem, colidem com as gotículas de água supergelada que se transforma em gelo, que acumula em camadas. As pedras de granizo resultantes, formadas por camadas concêntricas de gelo, têm uma aparência opaca e congelada depois de se soltar dos fluxos ascendentes de vento na nuvem e cair na Terra. Quanto maior for a pedra de granizo, maior terá sido o acúmulo de camadas adicionais de gelo.

Às vezes, as gotas de chuva podem apresentar temperatura abaixo de zero, e ainda assim manter a forma líquida. Essas gotículas supergeladas congelarão instantaneamente ao cair sobre uma superfície que também esteja a uma temperatura abaixo do ponto de congelamento. O gelo resultante, que pode cobrir apenas alguns objetos ou toda uma paisagem, é conhecido como **chuva congelada**. As pessoas costumam chamar esse tipo de precipitação de *tempestade de gelo* (■ Figura 5.17). Por causa do peso do gelo, ele pode quebrar galhos de árvores que derrubam fios da rede telefônica e de energia. O acúmulo de gelo na superfície pode causar condições extremamente escorregadias, tornando a condução de veículos uma tarefa perigosa e algumas estradas intransitáveis. Ainda assim, tempestades de gelo também podem

■ **FIGURA 5.16** O granizo pode ter o tamanho de uma bola de golfe, ou ser até mesmo maior.
O que dá a aparência esférica ao granizo?

produzir uma bela paisagem natural. A luz do Sol incide sobre o gelo, refletindo e causando a impressão de superfície de diamante, que cobre a vegetação, os edifícios e os veículos.

Fatores necessários para a precipitação

Três fatores são necessários para que se desenvolva a precipitação. O primeiro é a presença de *ar úmido*, que fornece uma fonte de umidade (para a precipitação) e energia (como calor latente de condensação). Em segundo lugar estão os *núcleos de condensação* em torno dos quais o vapor de água pode se condensar. O terceiro fator é um **mecanismo de levantamento** que força o ar a subir o suficiente para esfriar (pelo gradiente adiabático seco) até atingir o ponto de orvalho. A precipitação é resultado de um dos quatro mecanismos principais que forçam as massas de ar a subir e a condensar: *convectivo, frontal ciclônico (associado à convergência)* e *orográfico* (ou de relevo). (■ Figura 5.18).

Precipitação convectiva
A convecção ocorre conforme o ar, aquecido próximo à superfície, se expande, se torna mais leve e sobe. A **precipitação por convecção** é mais comum em áreas tropicais e equatoriais quentes e úmidas, bem como durante o verão em muitos locais de latitude média. Uma vez que a condensação começa numa coluna de ar por convecção, o levantamento será ainda mais promovido pela energia adicional a partir da liberação de calor latente de condensação. O levantamento por convecção pode provocar precipitação pesada, trovões, relâmpagos, tornados de primavera e tempestades de verão. As fortes correntes convectivas ascendentes que ocorrem nas

■ **FIGURA 5.17** Uma tempestade de gelo cobre a paisagem com uma perigosa camada de gelo.
Por que blecautes são comuns durante tempestades de gelo?

■ **FIGURA 5.18** Quatro mecanismos de elevação do ar. A causa principal de precipitação é o movimento ascendente de ar úmido resultante da elevação convectiva, frontal, ciclônica ou orográfica.
Que tipo de movimento de ar é comum nas representações em todos os quatro diagramas?

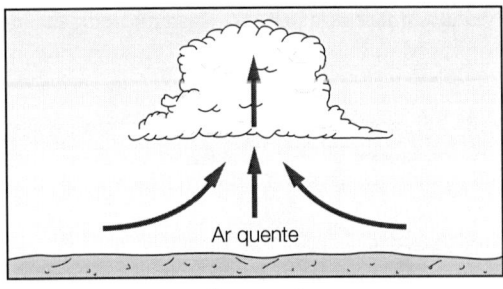

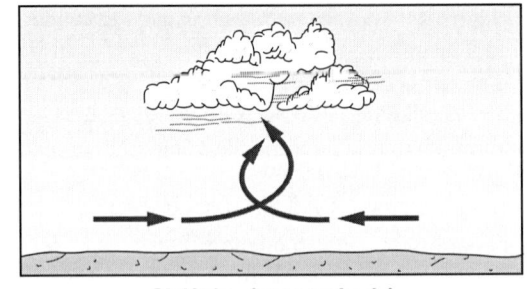

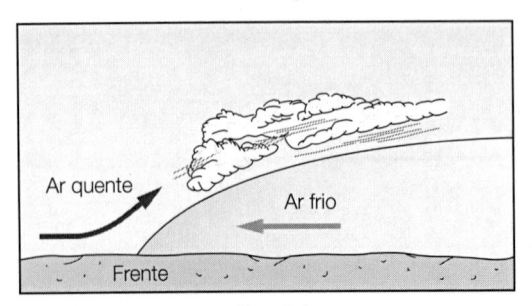

nuvens cúmulos-nimbos frequentemente produzem granizo, juntamente com trovoadas.

Precipitação frontal

A zona de contato entre massas relativamente quentes e relativamente frias de ar é conhecida como **frente**. Como mencionado no capítulo anterior, o conceito meteorológico de *frente* vem do termo "para a linha de contato entre exércitos inimigos". Quando duas grandes massas de ar que diferem em temperatura, umidade e densidade colidem, a massa de ar mais quente, menos densa, é levantada acima da massa com ar mais frio. A colisão causa uma elevação, que gera um resfriamento, produzindo, então, condensação e precipitação. A **precipitação frontal** desenvolve-se quando uma massa de ar quente carregada de umidade se choca com o ar frio e se eleva acima dessa frente. Dependendo de vários fatores, especialmente da temperatura e do teor de umidade das *massas de ar* se chocando, a precipitação frontal pode produzir vários tipos de condições de tempo, indo de condições nubladas a chuva, neve ou tempestades de gelo.

Para entender melhor as frentes, vamos examinar posteriormente o que faz com que massas de ar diferentes colidam, assim como as condições meteorológicas que estão associadas a diferentes tipos de frentes. Estes temas serão discutidos no capítulo 6.

Precipitação ciclônica

O levantamento ciclônico (convergente) foi apresentado no capítulo 4 (veja a Figura 4.3) e envolve a interação do ar com uma célula de baixa pressão (*ciclone*). O ar fluirá de todas as direções rumo a um sistema de baixa pressão mais ou menos circular; a direção do fluxo de entrada é anti-horária no Hemisfério Norte. Quando o ar *converge* em um ciclone, ele é empurrado para dentro do ar ascendente da célula de baixa pressão. Portanto, nebulosidade e precipitação são condições comuns ao redor do centro de um ciclone. Os furacões e as chuvas associadas a essas tempestades (**precipitação ciclônica**) são alimentados por ar que flui para dentro do levantamento convergente em torno de um sistema de baixa pressão circular e a energia resultante da liberação do calor latente de condensação.

Precipitação orográfica

Quando barreiras naturais – como uma cordilheira, uma região montanhosa ou de escarpas (borda íngreme) de um planalto – encontram-se no caminho dos ventos dominantes, o ar é forçado a elevar-se acima dessas barreiras. Massas de ar são resfriadas por expansão à medida que passam por cima de uma barreira topográfica e ocorre condensação. A precipitação resultante é chamada **precipitação orográfica** (do grego: *oros*, montanhas).

Conforme a precipitação orográfica cai no lado a barlavento de uma montanha, a massa de ar e as nuvens perdem parte de seu teor de umidade (a *umidade absoluta* ou *específica* diminui). Contudo, o resfriamento contínuo do ar pode manter a umidade relativa em 100%; a precipitação continua enquanto o ar tiver umidade adequada e continuar subindo.

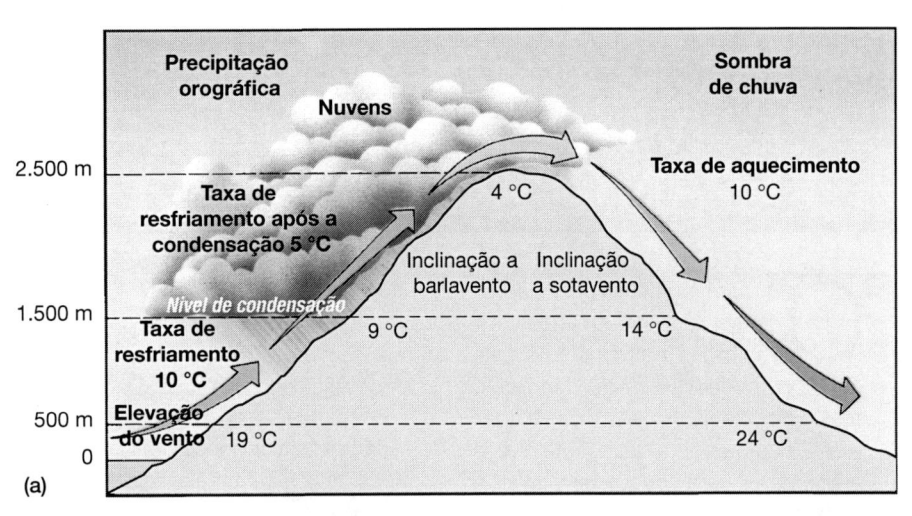

■ **FIGURA 5.19** Precipitação orográfica e efeito de zona de sombra da chuva. (a) Levantamento orográfico sobre a encosta a barlavento (ocidental) das Sierras produz condensação, formação de nuvens e precipitação, resultando em (b) densas florestas. (c) Condições de semiárido ou zonas de sombra de chuva ocorrem na encosta a sotavento (oriental) das Sierras.
Você consegue identificar uma cadeia de montanhas na Eurásia em seu lado a sotavento?

Conforme o ar desce a encosta a sotavento, aquece a temperatura (à taxa adiabática seca) e a condensação cessa. O lado a sotavento encontra-se no que é chamado **zona de sombra da chuva** (■ Figura 5.19a). Assim como estar numa sombra significa que você não está recebendo nenhuma luz solar direta, estar na zona de sombra da chuva significa que uma área não

PERSPECTIVA CIENTÍFICA DA GEOGRAFIA FÍSICA
:: O NÍVEL DE CONDENSAÇÃO POR LEVANTAMENTO (NCL)

Quando você olha para as nuvens, pode ver que certos tipos têm bases relativamente planas. Os topos podem ser muito irregulares, mas as bases são muitas vezes planas e estão na mesma altitude. Este nível é a altitude a que o ar deve ser alçado (e resfriado a uma taxa adiabática seca) antes de atingir o nível de saturação. Com qualquer condensação adicional as nuvens se formarão e acumularão no topo.

A altura em que as nuvens se formam a partir de ar ascendente é o nível de condensação por levantamento (NCL) e pode ser estimada pela equação:

NCL (em metros) = 125 metros × (temperatura em graus Celsius − temperatura do ponto de orvalho em graus Celsius)

Por exemplo: se a temperatura da superfície é de 7,2 °C e a temperatura do ponto de orvalho de 4,4 °C, então o NCL é estimado em 350 metros acima da superfície.

Observação: Diferentes camadas de nuvens podem existir ao mesmo tempo. Nuvens de altitude média, baixa e alta podem aparecer todas no mesmo dia. Essas nuvens podem ter se formado em outras regiões e estar apenas sobrevoando a região. A fórmula apresentada aqui é utilizada para o nível mais baixo da cobertura de nuvens.

A base plana dessas nuvens mostra o nível de condensação por levantamento (NCL), a altitude em que a temperatura do ponto de orvalho é atingida, a existência de 100% de umidade relativa e a ocorrência de condensação.

recebe muita chuva (ou outro tipo de precipitação). Se você vive perto de uma serra, pode ver os efeitos da precipitação orográfica e a zona de sombra da chuva nos padrões de vegetação (Figuras 5.19b e 5.19c). O lado a barlavento das montanhas (por exemplo, a Sierra Nevada, na Califórnia) terá densas florestas. As encostas opostas na zona de sombra da chuva serão mais secas, geralmente com vegetação escassa.

Distribuição da precipitação

Distribuição ao longo do tempo Para entender o significado de precipitação de um local consideramos a *precipitação anual média* para ter uma impressão da umidade que a

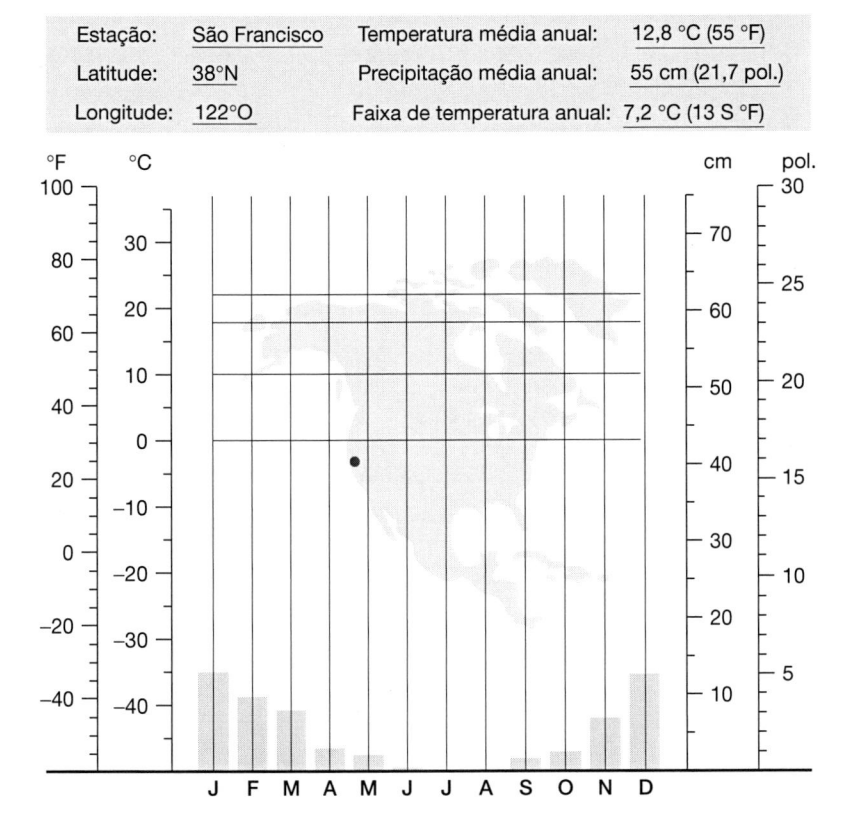

Estação:	São Francisco	Temperatura média anual:	12,8 °C (55 °F)
Latitude:	38°N	Precipitação média anual:	55 cm (21,7 pol.)
Longitude:	122°O	Faixa de temperatura anual:	7,2 °C (13 S °F)

■ **FIGURA 5.20** A precipitação média mensal em São Francisco, no estado americano da Califórnia, é representada por barras coloridas (Na página deste livro no site da Cengage está disponível a figura em cores). Um gráfico da precipitação mensal dá uma boa ideia da variação sazonal das condições de tempo em um lugar. Se tivéssemos apenas o total de precipitação anual, não saberíamos que quase toda a precipitação cai em apenas metade do ano.
Como esse tipo de padrão de chuvas afeta a agricultura?

região recebe durante um ano. Também podemos olhar o número mensal ou anual de *dias de chuva* — dias em que 1,0 milímetro (0,01 pol.) ou mais de chuva foi recebido durante um período de 24 horas. Valor inferior a esse é conhecido como *vestígio* de chuva.

Também devemos considerar a *precipitação média mensal*. Ao examinar os dados sobre precipitação para todos os 12 meses do ano, podemos ter uma ideia das variações sazonais de precipitação de um local (■ Figura 5.20). Por exemplo, ao descrever o clima da Califórnia, a precipitação média anual não contaria a história toda, porque uma média anual não mostraria as distintas estações úmida e seca que caracterizam essa região; apenas as médias mensais dariam essa informação.

Distribuição latitudinal
Existe larga variabilidade geográfica na distribuição global de precipitação. A Figura 5.21 mostra a precipitação média anual em terra firme no planeta. A latitude tem forte impacto na distribuição da precipitação, pois a ocorrência, a ausência e as variações de muitos fatores climáticos e do tempo estão relacionadas a ela. Por exemplo, pelo fato de o ar mais quente reter mais vapor de água e ar mais frio reter menos, há uma diminuição geral de precipitação a partir do equador para os polos.

A zona equatorial é geralmente uma área de alta precipitação – normalmente mais de 200 cm (79 pol.) anuais. As altas temperaturas e a instabilidade na região equatorial levam a um padrão geral de ar ascendente, que gera precipitação. Essa tendência é reforçada pela convergência dos ventos alísios conforme fluem em direção ao equador a partir de hemisférios opostos. Na verdade, a *Zona de Convergência Intertropical* é uma das duas grandes zonas onde convergem as massas de ar. A outra se encontra ao longo da *Frente Polar* com os ventos de oeste.

Em geral, o ar das zonas de ventos alísios é estável em comparação com a instabilidade na região equatorial. Sob a influência desses ventos constantes, há pouca perturbação atmosférica que levaria ao levantamento por convergência ou convecção. No entanto, porque os ventos alísios têm um fluxo leste quando se deslocam em terra firme ao longo das costas leste ou ilhas em grandes altitudes, eles carregam umidade do oceano. Assim, dentro do cinturão de ventos alísios, o litoral leste tende a ser mais úmido do que a oeste.

Na verdade, na região equatorial e nas regiões onde os ventos alísios – com suas altas temperaturas e grande quantidade de umidade – sopram do oceano e encontram uma barreira natural podem-se encontrar recordes de chuvas. A encosta a barlavento do Monte Waialeale em Kauai, no Havaí, aproximadamente na latitude 22°N, detém o recorde mundial de maior média anual de chuva – 1.198 cm (471 pol.).

Indo em direção aos polos, a partir de zonas de ventos alísios, entramos nas zonas subtropicais de alta pressão com ar descendente. Conforme ele desce, é aquecido adiabaticamente, aumentando sua capacidade de retenção de umidade e reduzindo a precipitação nessa área. Na verdade, se olharmos a ■ Figura 5.22, podemos ver uma queda na quantidade de precipitação que corresponde a latitudes subtropicais em células de alta pressão. Essas zonas de alta pressão subtropical são onde encontramos a maioria dos grandes desertos do mundo: no norte e sul da África, Arábia, América do Norte e Austrália. As exceções a essa aridez subtropical ocorrem ao longo das porções orientais dos continentes, onde células de alta pressão subtropical são fracas e o vento sopra na direção da terra firme. Essa exceção é especialmente verdadeira para as regiões de monções.

Nas zonas dos ventos de oeste, a partir da latitude 35° até 65°N e S, aproximadamente, a precipitação ocorre principalmente por causa da colisão de massas de ar polar frio e seco com massas de ar subtropical quente e úmido ao longo da frente polar. Assim, há muita precipitação frontal nessa zona.

Nas latitudes médias, o interior continental é mais seco que o litoral, porque ele está mais distante dos oceanos. Contudo, onde os ventos de oeste predominantes são forçados a subir, como acontece quando eles atravessam as montanhas das Cascades e da Sierra Nevada no noroeste do Pacífico e na Califórnia,

118 FUNDAMENTOS DE GEOGRAFIA FÍSICA

Precipitação média anual

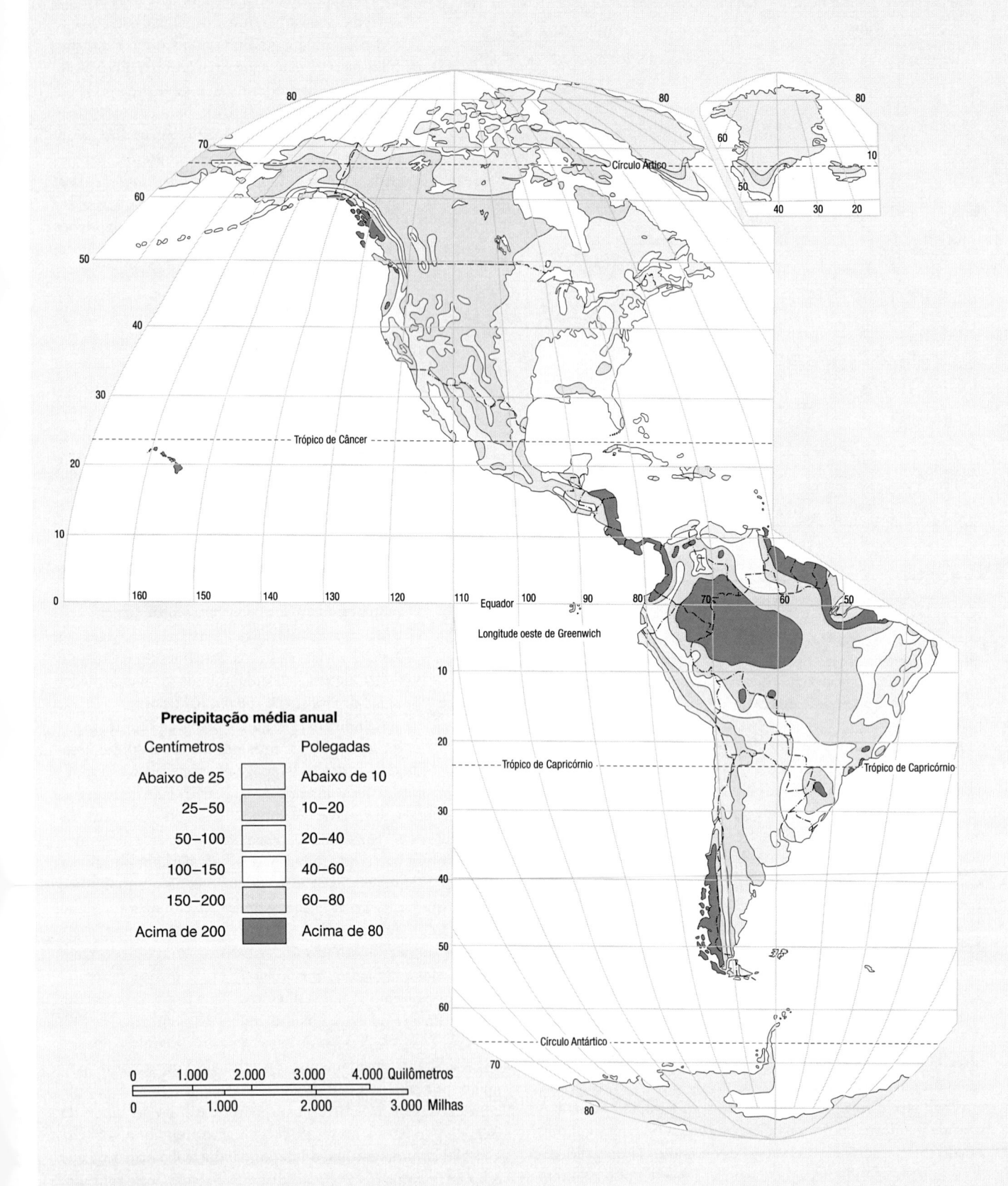

Centímetros	Polegadas
Abaixo de 25	Abaixo de 10
25–50	10–20
50–100	20–40
100–150	40–60
150–200	60–80
Acima de 200	Acima de 80

■ **FIGURA 5.21** Mapa-múndi de precipitação média anual. Em geral, qual região da Terra recebe a maior parte das precipitações? Por quê?

CAPÍTULO 5 • UMIDADE, CONDESAÇÃO E PRECIPITAÇÃO

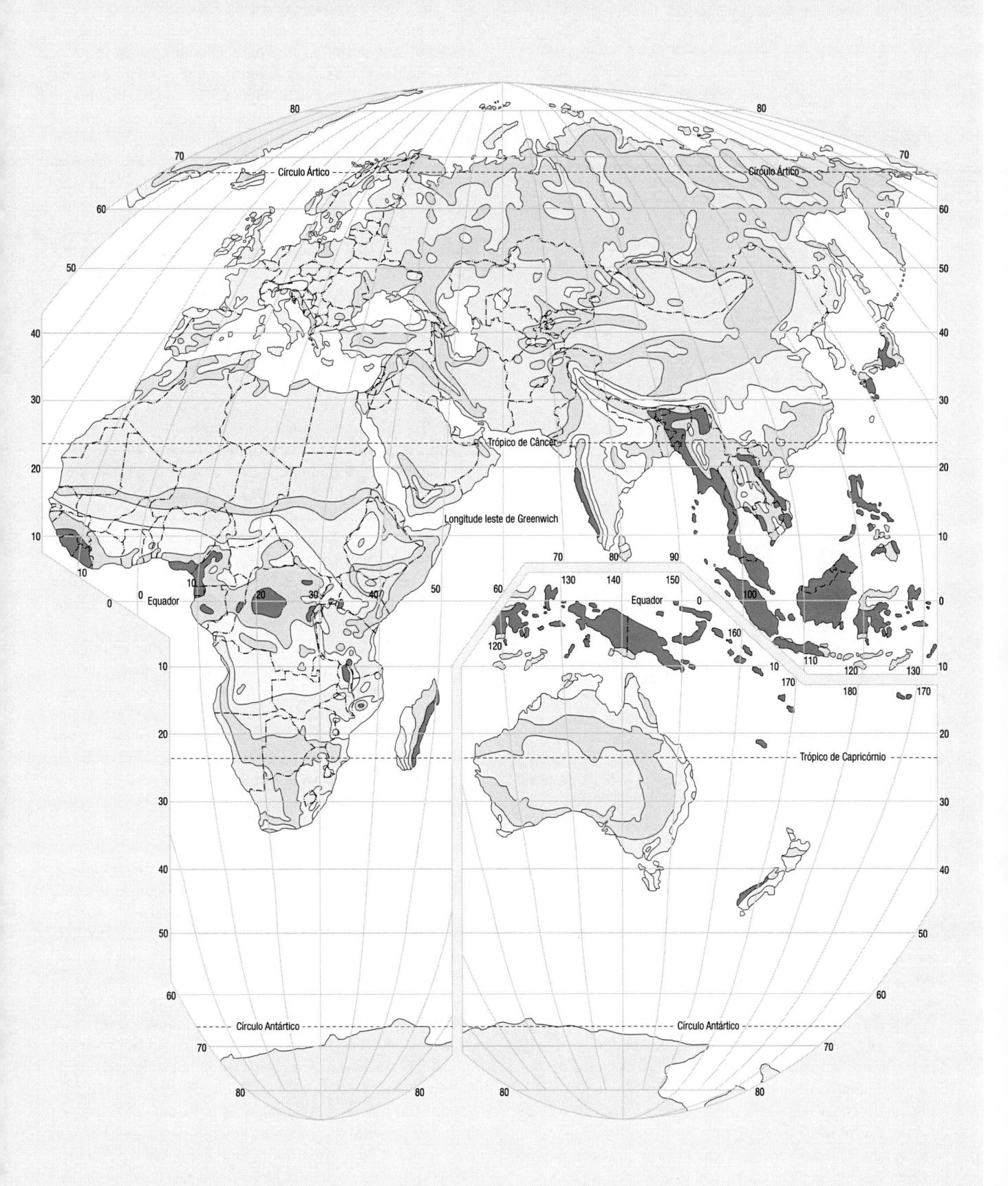

Uma projeção paragráfica a oeste,
desenvolvida na Western Illinois University

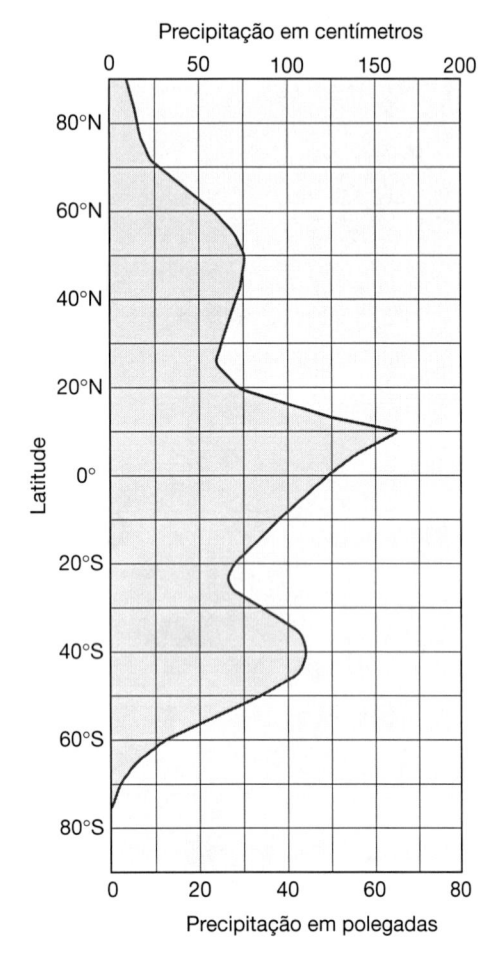

■ **FIGURA 5.22** Distribuição latitudinal da precipitação anual média. A Terra possui zonas de precipitação distintas: entre os trópicos, com elevada precipitação causada pela convergência do ar, as latitudes médias com precipitação associada às frentes polares; e zonas de baixa precipitação causada pelo ar descendente nas regiões subtropicais e polares.
Compare este gráfico com a Figura 4.10. Qual é a relação entre os padrões mundiais de chuva e a distribuição mundial de pressão?

especialmente durante os meses de inverno, há precipitação orográfica pesada. Assim, nas latitudes médias, o litoral continental oeste tende a ser úmido, e a precipitação diminui a leste em direção ao interior continental. Ao longo das costas ao leste na região dos ventos de oeste a precipitação geralmente aumenta, mais uma vez por causa da proximidade com o ar úmido do oceano. Aqui, a convecção e a convergência associadas a furacões trazem precipitação, principalmente nos meses de verão.

Nos Estados Unidos, planícies de interior não são tão secas como seria de se esperar dentro da zona dos ventos de oeste. Isso se dá por conta da atividade frontal decorrente dos movimentos conflitantes de norte e sul de ar polar e subtropical. Se uma alta cadeia montanhosa leste-oeste fosse da região central do Texas até o norte da Flórida, as planícies da região continental dos Estados Unidos ao norte dessa cadeia montanhosa seriam muito mais secas porque as montanhas bloqueariam o ar úmido do Golfo do México.

Além disso, características da zona dos ventos de oeste são as áreas desérticas nas zonas de sombra de chuva das cadeias de montanhas. Esta é a razão da extrema aridez do Vale da Morte, na Califórnia, bem como dos desertos do leste da Califórnia e de Nevada, os desertos cercados por montanhas no leste da Ásia e o Deserto da Patagônia, na Argentina, que está na sombra da chuva dos Andes. Observe na Figura 5.22 que há uma maior precipitação nas latitudes médias do Hemisfério Sul, onde os oceanos cobrem área maior que os continentes, ao contrário das latitudes médias no norte.

Seguindo em direção aos polos, as baixas temperaturas levam a baixas taxas de evaporação. Além disso, as regiões polares são geralmente áreas de ar descendente e de alta pressão. Esses fatores se combinam para causar quantidades baixas de precipitação nas zonas polares.

Variabilidade da precipitação

As quantidades de precipitações mostradas na Figura 5.21 são médias anuais. No entanto, em muitas partes do mundo há variações significativas na precipitação, tanto em um dado ano como em um período de muitos anos. Por exemplo: áreas como a região do Mediterrâneo, a Califórnia, o Chile, a África do Sul e a Austrália Ocidental, localizadas nas porções ocidentais dos continentes, aproximadamente nas latitudes entre 30° e 40°, recebem mais chuva no inverno que no verão. Há também áreas entre as latitudes 10° e 20° que recebem a maior parte da precipitação no verão (estação de Sol alto) que no inverno (estação de Sol baixo).

O total de chuva pode mudar drasticamente de um ano para outro e, infelizmente para muitos povos do mundo, quanto mais seco um lugar for na média, maior será a variação da precipitação (compare a Figura 5.23 com a Figura 5.21). Para piorar as coisas para os habitantes de regiões áridas ou semiáridas, um ano com quantidade particularmente elevada de chuvas pode ser equilibrado com vários anos de precipitação abaixo da média. Essa situação ocorreu recentemente no Sahel da África Ocidental, na estepe russa, e nas Grandes Planícies americanas.

Por isso, pode haver anos de seca e anos de inundação, cada uma trazendo seu próprio tipo de desastre. Agricultores, proprietários de estâncias, trabalhadores da construção civil, e outros, cujo bem-estar econômico depende de uma maneira ou outra das condições meteorológicas, estão à mercê de probabilidades altamente variáveis de precipitação anual, mensal ou até mesmo sazonal.

Todos nós sabemos, lendo ou assistindo à previsão do tempo, que a chuva nem sempre pode ser prevista com precisão. Essa imprecisão resulta da interação dos diversos fatores envolvidos na produção de precipitação, como temperatura, umidade, perturbações atmosféricas, barreiras naturais, frentes, movimentos de massas de ar, ventos da atmosfera superior, aquecimento diferencial da superfície, entre outros. Esses fatores do tempo também afetam nosso cotidiano. Com base em nosso conhecimento e questionamento dos motivos pelos quais os diversos tipos de precipitação se desenvolvem e onde podem ocorrer, podemos começar a entender as razões dos diversos padrões de diversidade ambiental que existem em nosso planeta.

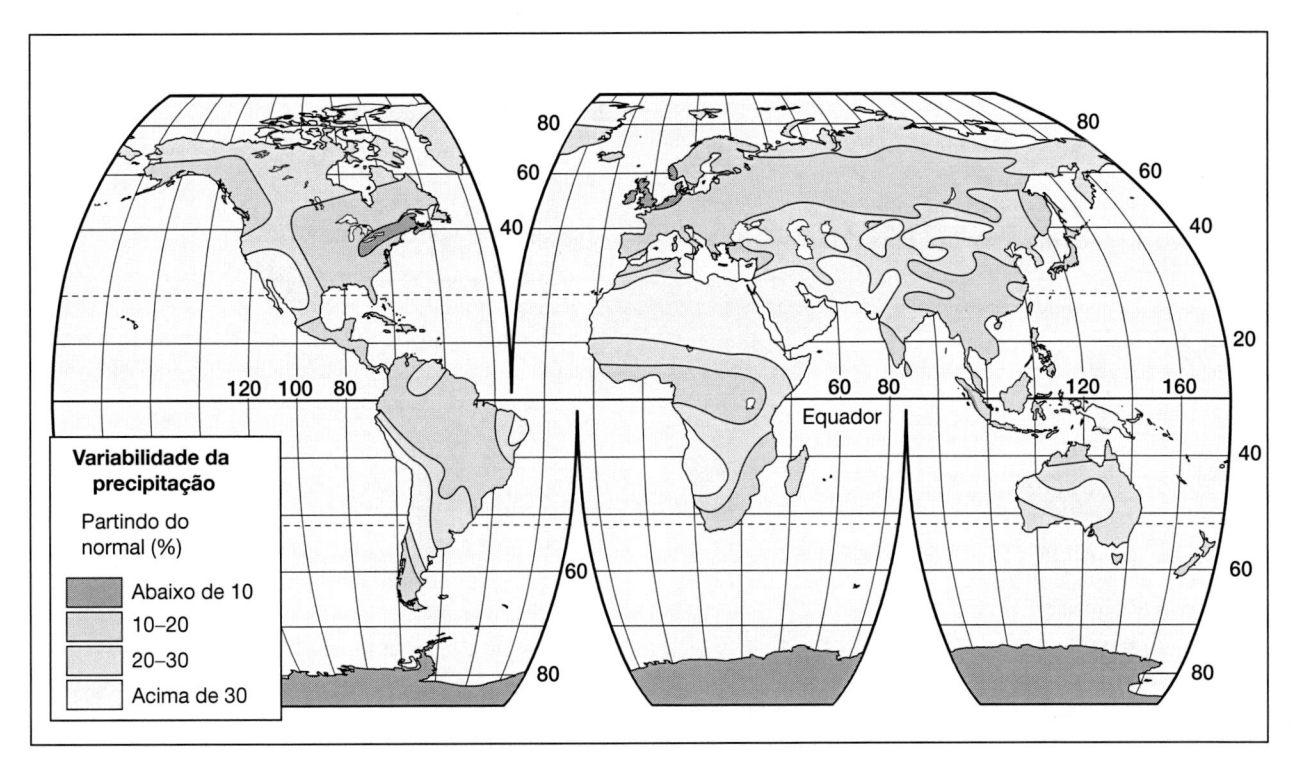

■ **FIGURA 5.23** Mapa-múndi da variabilidade de precipitação. A maior variabilidade nos totais anuais de precipitação ocorre nas regiões secas, acentuando os problemas graves de suprimento de umidade nessas regiões do mundo.
Compare este mapa com a Figura 5.21. Quais são os pontos semelhantes e diferentes entre eles?

:: Termos para revisão

água supergelada
água-neve
alto
aquecimento adiabático
capacidade
capilaridade
chuva
chuva congelada
ciclo hidrológico
cirro
cúmulos
cúmulos-nimbos
estabilidade
estrato
estrato
evapotranspiração
evapotranspiração potencial

frente
garoa
geada
gradiente adiabático saturado
gradiente adiabático seco
granizo
instabilidade
mecanismo de elevação ou levantamento
neve
nevoeiro advectivo
nevoeiro de encosta
nevoeiro radiativo (de superfície)
nimbus (nimbo)
núcleos de condensação
orvalho
ponto de orvalho

precipitação
precipitação ciclônica (convergência)
precipitação frontal
precipitação orográfica
precipitação por convecção
processo de Bergeron (cristais de gelo)
processo de colisão-coalescência
resfriamento adiabático
saturação
transpiração
umidade
umidade absoluta
umidade específica
umidade relativa do ar
zona de sombra da chuva

:: Questões para revisão

1. Como o ciclo hidrológico se relaciona com o balanço hídrico da Terra?
2. Qual é a diferença entre a umidade absoluta e a específica? O que é umidade relativa do ar?
3. Imagine que você está decidindo quando, em sua programação diária, regar o jardim. Que hora do dia seria melhor para conservar água? Por quê?
4. Como a evapotranspiração se relaciona com o balanço hídrico de uma região?
5. Que fatores afetam a formação de nevoeiros por inversão térmica?
6. O que provoca o resfriamento adiabático? Como ele é diferente do gradiente ambiental?
7. Como e por que o gradiente adiabático saturado difere do seco?
8. Quais condições atmosféricas são necessárias para ocorrer precipitação?
9. Compare e contraste a precipitação convectiva, orográfica, ciclônica e frontal.
10. Como a variabilidade das chuvas se relaciona com o total anual de precipitação? Como essa relação poderia ser considerada um problema duplo para as pessoas?

:: Aplicações práticas

1. Consulte a Figura 5.5 para determinar o seguinte:
    a. Qual é a capacidade de reter vapor de água que o ar tem? 20 ºC? 30 ºC?
    b. Se uma massa de ar a 30 ºC tem umidade absoluta (conteúdo real de vapor de água) de 20,5 gramas por metro cúbico, qual é a umidade relativa da massa?
    c. Baixa umidade relativa do ar em ambientes fechados durante o inverno é uma preocupação em climas frios. O problema ocorre quando o ar frio, que pode conter pouco vapor de água, é levado para dentro de casa e aquecido. Suponha que o ar externo é de 5 ºC e tem umidade relativa de 60%. Qual é o teor de vapor de água real do ar? Se esse ar entrar em casa (através de portas e janelas) e for aquecido a 20 ºC, sem aumentar seu teor de vapor, qual será a nova umidade relativa?
2. Conforme o ar sobe, ele se expande e esfria. O resfriamento, à taxa adiabática seca, é de 10 ºC a cada 1.000 metros. (O ar descendente sempre se aquece à mesma taxa.) Além disso, a temperatura do ponto de orvalho diminui cerca de 2 ºC a cada 1.000 metros numa massa de ar ascendente. Acima da altura em que a temperatura de ponto de orvalho é atingida, ocorre a condensação e a taxa adiabática saturada de 5 ºC a cada 1.000 metros passa a agir. Quando a taxa adiabática saturada estiver agindo, a temperatura de ponto de orvalho será igual à temperatura do ar. Quando uma massa de ar desce, sua temperatura de ponto de orvalho aumenta 2 ºC a cada 1.000 metros. A altura em que começa a condensação, denominada nível de condensação por levantamento (NCL), pode ser determinada usando a fórmula mostrada na seção especial deste capítulo, intitulada Nível de Condensação por Levantamento (NCL).
    a. Uma massa de ar tem temperatura de 25 ºC e temperatura de ponto de orvalho de 14 ºC. Qual é a altura do NCL? Se essa massa de ar ascender a 4.000 metros, qual será sua temperatura?
    b. Uma massa de ar a 6.000 metros tem uma temperatura de –5 ºC e ponto de orvalho de –10 ºC. Se ela baixar a 2.000 metros, qual seria sua temperatura e ponto de orvalho?
3. Usando os dados a seguir, para cada mês do ano, calcule:
    a. A soma da precipitação mês a mês.
    b. A diferença em relação à precipitação média (para mais ou para menos) de cada mês.
    c. A diferença em relação à média (positiva ou negativa) para o ano todo.

Com base nessas informações, responda às seguintes perguntas:
    d. Como o ano começa com relação ao superávit ou défice de chuva? Como o ano termina?
    e. Qual mês teve o maior défice no ano?
    f. Qual o primeiro mês a mostrar sinais de superávit?

Mês	Chuva registrada (cm)	Média de chuvas por mês (cm)
Janeiro	12,55	12,55
Fevereiro	6,10	10,41
Março	7,67	13,36
Abril	8,15	11,07
Maio	9,37	10,72
Junho	6,83	10,59
Julho	12,90	10,60
Agosto	13,74	9,17
Setembro	20,04	8,10
Outubro	4,10	6,81
Novembro	10,85	9,45
Dezembro	7,04	11,07

Massas de ar e sistemas meteorológicos

6

:: Apresentação

Massas de ar

Frentes

Distúrbios atmosféricos

Previsão do tempo

Uma imagem de satélite realçada do furacão Katrina girando em direção à área de Nova Orleans.

NASA

:: Objetivos

Ao terminar de estudar este capítulo, você será capaz de:

- Resumir e explicar os principais tipos de massas de ar, suas características e regiões de origem.
- Descrever os quatro tipos de frentes e as condições de tempo que ocorrem com sua passagem ou presença.
- Distinguir as condições gerais atmosféricas associadas a anticiclones e ciclones.
- Discutir as características de um ciclone de latitudes médias, os fatores que influenciam seu movimento e seus estágios de desenvolvimento.
- Compreender as condições meteorológicas potencialmente graves, possíveis danos e riscos associados a furacões, tempestades, e tornados.
- Explicar a diferença entre tempo e clima e estar ciente dos fatores que fazem da previsão meteorológica um processo complexo.
- Interpretar uma carta sinótica e compreender os símbolos que são usados para mostrar as condições atmosféricas, as frentes, os padrões de precipitação, as células de pressão, as massas de ar e os ventos.

Neste capítulo, aplicaremos muito do que aprendemos sobre insolação, energia térmica, temperatura, pressão, vento e condições de umidade ao examinarmos os sistemas meteorológicos e tipos de tempestades que os acompanham. Compreender os diversos sistemas meteorológicos da Terra – suas características gerais, quando eles podem ocorrer, como se formam e como podem afetar as regiões que impactam – é de grande importância para a geografia física. Além de envolver mudanças de temperatura e causar precipitações essenciais, os sistemas meteorológicos são meios importantes de troca de energia, podendo também apresentar riscos, como inundações, ventos destruidores, raios e tempestades violentas. Começaremos com um estudo detalhado das massas e frentes de ar, dois elementos atmosféricos que afetam não só os sistemas climáticos, como também influenciam fortemente os climas regionais e a diversidade ambiental, temas importantes a serem considerados nos capítulos seguintes.

Massas de ar

Uma **massa de ar** é um grande corpo de ar, de tamanho subcontinental, relativamente homogêneo em termos de temperatura e umidade. Entretanto, a extensão regional de uma massa de ar pode ser 20 ou 30 graus de latitude, e por isso há variações de temperatura e umidade latitudinalmente. As características, localização e movimentação de uma massa de ar exercem impactos consideráveis sobre o tempo, enquanto o contato com diferentes superfícies de terra e oceano pode modificar sua temperatura e umidade.

As características de temperatura e umidade de uma massa de ar são determinadas pela natureza de sua **região de origem** – a área onde ela se origina. Apenas algumas áreas da Terra constituem boas regiões de origem, pois é necessária uma superfície praticamente homogênea. Por exemplo, uma região de origem pode ser um deserto, uma área do oceano ou uma área territorial extensa com variações de elevação relativamente pequenas, mas não uma combinação de superfícies.

Em cartas sinóticas, massas de ar são identificadas por um código de duas letras que se referem à sua região de origem. A primeira letra, sempre escrita em minúscula, será "m" ou "c".

A letra *m*, de *marítima*, significa que a massa de ar originou na água, então é relativamente úmida. A letra *c*, de *continental*, significa que a massa de ar originou na Terra, portanto, é relativamente seca. A segunda letra, sempre maiúscula, refere-se à zona latitudinal da região de origem. O *E* significa *Equatorial*, e o ar é bem quente. A letra *T* identifica origem *Tropical*, cujo ar também é quente. A letra *P* representa *Polar*, com o ar bem frio; *A* identifica ar *Ártico*, que é *muito* frio (também se usa *AA* para *Ar Antártico*). Essas letras fornecem os símbolos de classificação para seis tipos de massas de ar: **equatorial marítima (*mE*), tropical marítima (*mT*), tropical continental (*cT*), polar continental (*cP*), polar marítima (*mP*), e ártica continental (*cA*)**. As características dessas seis massas de ar estão descritas na Tabela 6.1. De agora em diante, utilizaremos os símbolos, em vez do nome completo, ao discutir cada tipo de massa de ar.

Modificação e estabilidade das massas de ar

Leva-se tempo para que massas de ar adquiram as características de temperatura e umidade de sua região de origem. Após isso, elas começam a se mover, tipicamente conduzidas pela circulação divergente de anticiclones. Ao se moverem pela superfície terrestre, em geral, as massas de ar mantêm suas características distintas. No entanto, ocorrem mudanças na temperatura e umidade com o ganho ou perda de energia térmica, ou umidade pela massa de ar ao interagir com massas terrestres ou corpos de água. Esse ganho ou perda de energia térmica, umidade ou ambos pode deixar uma massa de ar mais estável ou causar instabilidade.

Se uma massa de ar é mais fria que a superfície por onde passa, o calor fluirá da superfície da Terra ou da água para a massa de ar. Por exemplo, uma massa de ar *mT* originária do Golfo do México que se move no sentido do continente sobre uma superfície quente durante o verão se aquecerá ainda mais, possivelmente se tornando instável e causando precipitação convectiva forte. Por outro lado, uma massa de ar *mT* semelhante movendo em sentido de terra firme no inverno seria mais quente que a superfície da Terra e perderia energia térmica para ela. Consequentemente, a massa de ar se resfriaria, possivelmente produzindo nevoeiros, nuvens estratos ou precipitação leve.

TABELA 6.1
Tipos de massas de ar

Origem	Região	Características comuns na origem	Tempo típico
Equatorial marítima (mE)	Oceanos equatoriais	Ar ascendente, muito alto	Alta temperatura e umidade, muita água precipitável; nunca alcança os Estados Unidos
Tropical marítima (mT)	Oceanos tropicais e subtropicais	Ar subsidente; bastante estável, mas um pouco de instabilidade no lado oeste das bacias oceânicas; quente e úmido	Altas temperaturas e umidade, nuvens cúmulos, chuvas convectivas no verão; temperaturas amenas; céu nublado, neblina, garoa e neve ocasional no inverno; forte precipitação nas frentes mT/cP em todas as estações
Tropical continental (cT)	Desertos e planaltos secos de latitudes subtropicais	Ar subsidente[1] em cima, geralmente estável, mas um pouco de instabilidade local na superfície; quente e muito seco	Temperaturas altas, baixa umidade, céu limpo, precipitação rara
Polar marítima (mP)	Oceanos entre 40° e 60° de latitude	Ar ascendente e instabilidade em geral, principalmente no inverno; ameno e úmido	Temperaturas amenas, alta umidade; céu nublado, neblina e precipitação frequentes, principalmente durante o inverno; céu limpo e bom tempo comuns no verão; alta precipitação orográfica, incluindo neve, em regiões montanhosas
Polar continental (cP)	Planícies e planaltos de latitudes subpolares e polares	Ar subsidente e estável, especialmente no inverno; frio e seco	Temperaturas amenas (verão) a muito frias (inverno), baixa umidade, céu claro, exceto na presença de frentes; forte precipitação, inclusive neve no inverno, nas frentes cP/mT
Ártica continental (cA)	Regiões árticas, Groenlândia e Antártida (cAA)	Ar subsidente muito estável; muito frio e muito seco	Raramente atinge os Estados Unidos, quando atinge, extremamente frio, temperaturas abaixo de zero, céu aberto, condições em geral calmas

A modificação de uma massa de ar pode envolver também uma massa relativamente seca que absorve umidade ao mover-se ao longo de um corpo de água. Do início a meados do inverno, o ar frio e seco da *cP* ou da *cA* do Canadá pode mover-se em toda a região sudeste dos Grandes Lagos. Ao passar sobre os lagos, esta massa de ar pode absorver umidade, aumentando sua própria umidade e elevando-se ligeiramente ao se mover sobre o lago relativamente mais quente. Quando esse ar da *cP* ou da *cA* modificado atinge a terra gelada nas costas, a sotavento dos Grandes Lagos, grandes quantidades de *neve de efeito de lago* podem se acumular. Em imagens de satélite, essas áreas com neve podem ser vistas com clareza a favor do vento dos lagos (■ Figura 6.1). As neves de efeito de lago diminuem no final do inverno com o congelamento dos lagos, que corta o suprimento de umidade das massas de ar que passam por eles.

■ **FIGURA 6.1** Esta neve de efeito de lago se acumulou na costa leste à medida que uma tempestade que vinha do oeste se deslocou pelo Lago Michigan.
Quais os dois fatores principais que contribuem para o aumento da precipitação causada pelo efeito de lago?

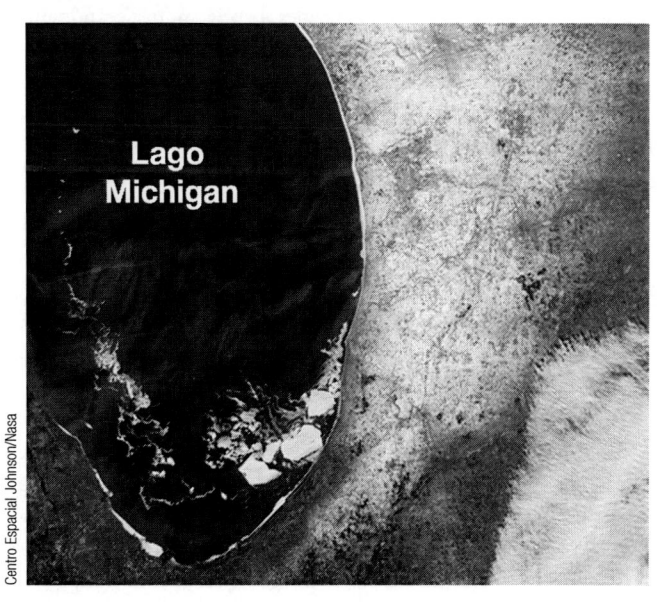

---

[1] O ar é subsidente e estável na parte superior da camada atmosférica, mas localmente pode ocorrer instabilidade na parte inferior da camada, mais próxima à superfície. (N.R.T.)

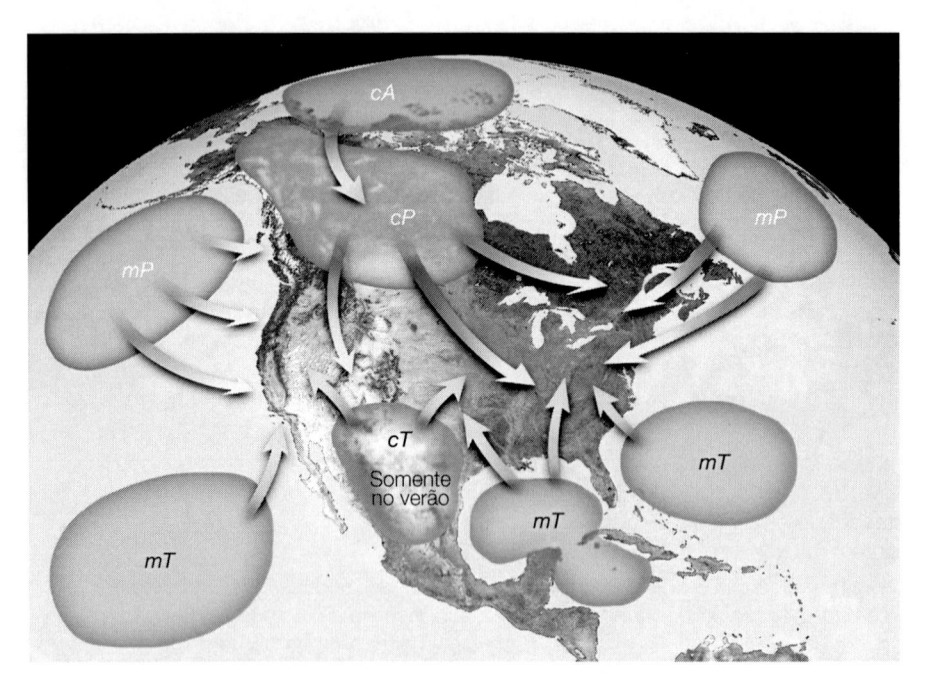

■ **FIGURA 6.2** Regiões de origem das massas de ar da América do Norte. Os movimentos das massas de ar transportam as características de temperatura e umidade das regiões de origem para áreas distantes.
Use a Tabela 6.1 e esta figura para determinar quais massas de ar afetam sua localização. Existem variações sazonais?

Massas de ar da América do Norte

Não só os americanos, mas também os canadenses, estão familiarizados. Portanto, este capítulo focará nas massas de ar da América do Norte e seus impactos sobre as condições meteorológicas. Os processos envolvidos nas massas de ar da América do Norte também são aplicáveis em todo o mundo e são importantes para compreender as regiões climáticas globais que serão abordadas nos capítulos seguintes.

Cinco tipos de massas de ar (*cA, cP, mP, mT* e *cT*) influenciam o clima da América do Norte. Dado que as latitudes médias estão localizadas entre diversas regiões de origem, um grande número de eventos de tempestade e precipitação nessa zona latitudinal resulta da colisão de massas de ar de características distintas (■ Figura 6.2). Além disso, como as regiões de origem mudam com as estações, primariamente devido à mudança de insolação, as massas de ar também variam de acordo com as estações.

Massa de ar ártica continental (*cA*)
O oceano Ártico congelado no inverno e a superfície da terra gelada do extremo norte do Canadá e do Alasca constituem regiões de origem para o tipo de massa de ar *cA*. Extremamente frias e muito secas, as massas de ar *cA* podem mover-se para o sul da fronteira canadense durante o inverno. Quando o ar ártico continental se estende para dentro do centro-oeste ou até mesmo para o sudeste dos Estados Unidos, temperaturas frias recordes são normalmente registradas. Se a massa de ar *cA* permanece em regiões não habituadas ao frio extremo por longos períodos, a vegetação pode ser severamente danificada ou morrer. Tubulações de água também podem congelar e quebrar, já que muitas vezes não possuem isolamento compatível àquelas de regiões acostumadas ao congelamento no inverno.

Massa de ar polar continental (*cP*)
Em sua origem no centro-norte da América do Norte, as massas de ar *cP* são frias, secas e estáveis, resultando em tempo aberto e frio. Uma vez que a América do Norte não possui barreiras de relevo leste-oeste, o ar da *cP* pode migrar para o sul do Canadá e para o sul dos Estados Unidos, até áreas como o Golfo do México ou a Flórida. O movimento de uma massa de ar polar continental para o centro-oeste ou sul traz uma onda de frio caracterizada por tempo aberto, seco e com temperaturas mais frias que a média e, às vezes, congelantes em regiões localizadas tão ao sul como Flórida e Texas. Os ventos de oeste (*Westerlies*)[2] nas latitudes médias raramente permitem que uma massa de ar *cP* se mova para o oeste pelas cadeias de montanhas, no sentido da costa oeste. Quando uma massa de ar *cP* chega a Washington, Oregon ou Califórnia, traz temperaturas não usuais abaixo de zero, que podem causar grandes danos à agricultura.

Massa de ar polar marítima (*mP*)
Durante os meses de inverno, quando os oceanos tendem a estar mais quentes que a terra, a massa de ar *polar marítima*, úmida e fria, tende a estar mais quente que aquela em terra (massa de ar *cP*). A massa de ar polar marítima forma-se no norte do oceano Pacífico e move-se com os ventos de oeste, afetando as condições de tempo do noroeste dos Estados Unidos e sudoeste do Canadá. Quando o ar da *mP* encontra um mecanismo de elevação (como uma massa de ar mais frio e denso ou uma cadeia de montanhas), o resultado geralmente é tempo nublado e chuva (neve no inverno). Massa de ar polar marítima também pode continuar se movendo para o leste, originando tempestades de neve depois de cruzar as cordilheiras ocidentais.

Geralmente, as massas de ar *mP* que se formam sobre o norte do oceano Atlântico não afetam o clima dos Estados Unidos, porque os ventos de oeste as empurram em direção à Europa. Em algumas ocasiões, porém, uma célula forte de baixa pressão pode persistir na costa do Atlântico Norte. Ventos ciclônicos do lado polar do sistema de baixa pressão causam um fluxo no sentido nordeste, do oceano para o continente, com ventos frios e úmidos, chuva ou muita neve. Conhecidos como *nor'easters*, esses sistemas meteorológicos podem causar tempestades de inverno severas nos estados da Nova Inglaterra.

---

2 *Westeries* (também chamada de circulação de oeste) refere-se às correntes de vento vindas de oeste que circulam no globo em médias latitudes; é um fenômeno específico, diferente de quando o autor cita ventos de oeste referentes a qualquer vento vindo de oeste em uma situação específica ou hipotética. Mesmo em português, é bastante comum o uso do termo *westerlies*. (N.R.T.)

Massa de ar tropical marítima (*mT*)

O Golfo do México e as áreas subtropicais do Atlântico e Pacífico são as regiões de origem das massas de ar *mT*. Dias longos e insolação intensa durante o verão produzem massas de ar nas regiões de origem das *mT*, que são muito quentes e muito úmidas. Durante o verão, porém, a terra é ainda mais quente que as massas de ar *mT*. Esta diferença na temperatura resulta em chuvas convectivas e fortes tempestades em dias quentes e úmidos. A massa de ar tropical marítima é responsável por boa parte do tempo quente e úmido de verão no sudeste e leste dos Estados Unidos.

No inverno, os oceanos tropicais, subtropicais e do Golfo do México permanecem quentes e o ar sobre eles é quente e úmido. Ao mover-se do sentido norte para o centro-sul dos Estados Unidos, esse ar quente e úmido passa por superfícies terrestres cada vez mais frias. As camadas inferiores do ar são resfriadas, muitas vezes resultando em nevoeiros. Se uma massa de ar tropical atinge o ar da *cP* que vai sentido sul, vindo do Canadá, o ar quente da *mT* será forçado a subir sobre o ar mais frio e seco da *cP*, causando precipitação frontal.

Massa de ar tropical continental (*cT*)

Massa de ar *cT* ocorre sobre grandes superfícies homogêneas de terra nas regiões subtropicais áridas e afeta apenas algumas partes da América do Norte. O clima típico de uma massa de ar *cT* é muito quente e seco, com céu claro e forte aquecimento solar. Massa de ar tropical continental forma-se no verão ao longo dos desertos do sudoeste dos Estados Unidos e noroeste do México. Na região de origem, uma massa de ar *cT* possibilita tempo quente, seco e aberto. Quando essas massas de ar se afastam de uma região árida, no entanto, elas geralmente são modificadas pelo contato com as massas de ar de temperatura mais baixa e umidade mais elevada ou ao passar sobre corpos de água.

Frentes

Latitudes médias são as regiões do globo onde o encontro de massas de ar distintas é mais comum e frequente. Quando massas de ar diferentes se juntam, elas não se misturam imediatamente, entrando em contato ao longo de superfícies inclinadas, no limite entre elas, chamadas *frentes*. A superfície inclinada de uma *frente* é criada quando uma massa de ar mais quente e mais leve é levantada ou forçada para cima por uma massa de ar mais fria e densa. Essa elevação do ar, conhecida como *elevação frontal*, é uma importante fonte de precipitação em países de latitudes médias, como os Estados Unidos e o Canadá (bem como países de latitudes médias europeus e asiáticos), em que as massas de ar contrastantes são mais suscetíveis a convergir. Os Estados Unidos e o sul do Canadá estão localizados em uma zona entre as regiões de origem de cinco massas de ar diferentes, que se movem sazonalmente.

A inclinação da superfície frontal é regulada principalmente pelo grau de diferença e a taxa relativa de avanço das duas massas de ar convergentes. Quando duas massas de ar fortemente contrastantes convergem – por exemplo, quando uma massa de ar *mT* quente e úmida encontra uma massa de ar *cP* fria e seca –, a superfície frontal tende a ser acentuada, com forte elevação frontal. Dadas temperatura e umidade semelhantes a essas, uma inclinação íngreme com maior elevação frontal causará precipitação mais intensa que uma inclinação suave.

Frentes são diferenciadas se uma massa de ar mais fria está se movendo em direção a uma de ar quente ou vice-versa. As condições de tempo que ocorrem ao longo de uma frente também dependem de qual massa de ar é a "invasora". Massas de ar em confronto formam uma zona frontal que pode cobrir uma área de 2 a 3 quilômetros (1-2 milhas) até vastos 150 quilômetros (90 milhas). Apesar de mapas meteorológicos usarem um símbolo da linha unidimensional para separar duas massas de ar diferentes, uma frente é na verdade uma superfície tridimensional com comprimento, largura e altura. Geralmente, é mais correto falar de uma *zona* frontal, em vez de uma *linha* frontal.

Frentes frias

Uma **frente fria** ocorre quando uma massa de ar frio se move ativamente em direção a uma massa de ar mais quente e a empurra para cima. Como o ar frio é mais denso e mais pesado que o quente que ele desloca, permanece na superfície e força o ar mais quente a subir. Como podemos ver na Figura 6.3, frentes frias costumam ter uma inclinação relativamente acentuada: o ar quente pode subir 1 metro na vertical para cada 40 a 80 metros de distância horizontal. Se a massa de ar quente é instável e possui muita umidade, pode haver precipitação

■ **FIGURA 6.3** Seção transversal de uma frente fria. Frentes frias em geral se movem rapidamente, com uma borda abrupta à frente que força o ar quente adjacente para cima. Isso pode produzir precipitação violenta do ar mais quente.

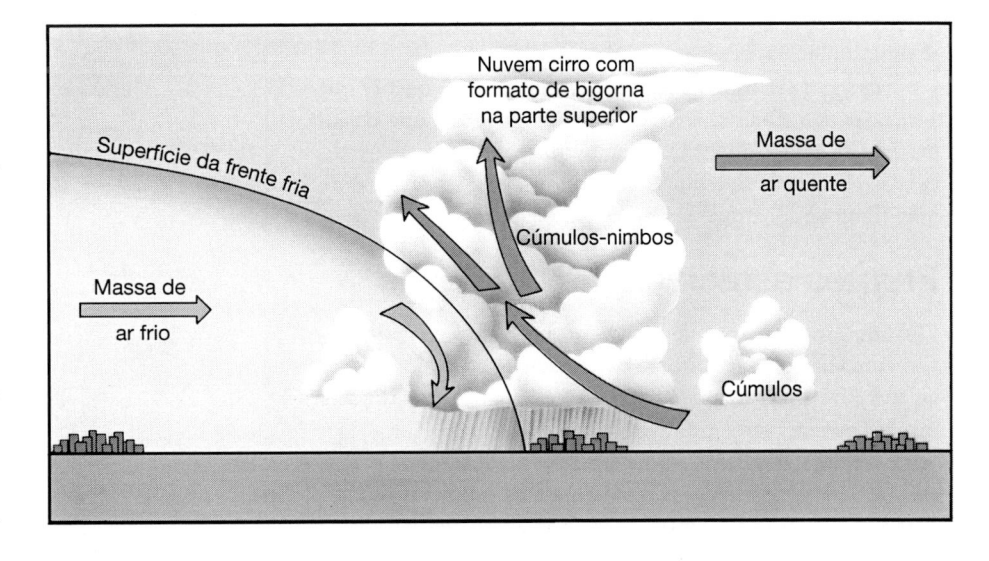

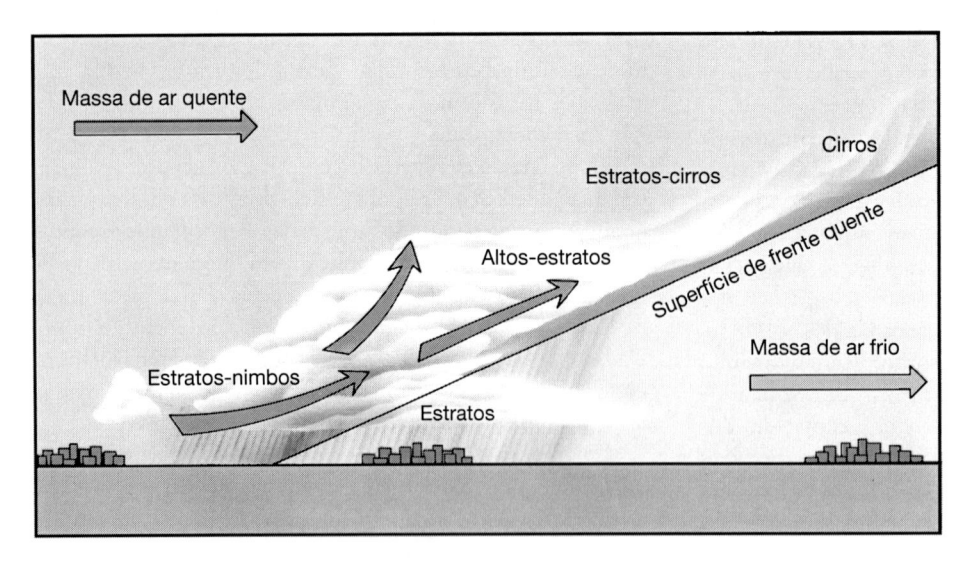

■ **FIGURA 6.4** Seção transversal de uma frente quente. Frentes quentes avançam mais lentamente do que as frentes frias e substituem o ar frio, em vez de deslocá-lo, deslizando por cima dele. A elevação suave do ar quente produz nuvens estratos e chuva leve.
Compare as Figuras 6.3 e 6.4. Quais são as diferenças? Quais são as semelhanças?

intensa, por vezes na forma de tempestades violentas. **Linhas de instabilidade** ocorrem quando várias tempestades juntam-se ao longo de uma frente fria. Frentes frias são geralmente associadas a distúrbios de tempos fortes e mudanças bruscas de temperatura, pressão do ar e vento.

Frentes quentes

Quando uma massa de ar mais quente é a invasora, avançando sobre uma região ocupada por uma massa de ar mais frio, forma-se uma **frente quente**. Nela, o ar mais quente empurra lentamente o ar frio, e se eleva sobre a massa de ar mais frio e mais denso na superfície. A inclinação de uma frente quente é muito mais suave que a de uma frente fria. O ar quente pode subir apenas 1 metro na vertical para cada 100 ou até 200 metros de distância horizontal. Assim, a elevação ao longo de uma frente quente não será tão forte quanto a que ocorre ao longo de uma frente fria. O resultado é que as condições de tempo associadas à passagem de uma frente quente tendem a ser menos violentas, com mudanças menos abruptas que as associadas a frentes frias.

Na Figura 6.4, podemos ver por que a frente quente que avança afeta o clima de áreas muito antes da localização da superfície da zona frontal. Os tipos de nuvens geralmente indicam as mudanças de tempo que podem ser esperadas quando uma frente se aproxima.

Frentes estacionárias e oclusas

Quando um limite frontal não consegue se mover significativamente em qualquer direção na convergência das massas de ar, surge uma **frente estacionária**. Sob sua influência, podem ocorrer nuvens, garoa e chuva (ou possíveis tempestades), por vezes durante vários dias. Uma frente estacionária e as condições de tempo associadas permanecerão até que ela se dissipe, com a diminuição do contraste entre as duas massas de ar ou quando a circulação atmosférica fizer com que, finalmente, uma das massas de ar se mova

Uma **frente oclusa** ocorre quando uma frente fria que avança rapidamente alcança uma frente quente, empurrando o ar quente para o alto. Essa situação frontal geralmente ocorre nos últimos estágios de uma tempestade e no lado polar de um ciclone de latitude média, um tipo de tempestade que será discutido a seguir. Áreas sob uma frente oclusa tendem a registrar céu cinza, encoberto e, às vezes, chuvas leves. Os símbolos de mapas para os quatro tipos frontais são mostrados na Figura 6.5.

■ **FIGURA 6.5** Os quatro principais símbolos de frentes usados em cartas sinóticas.

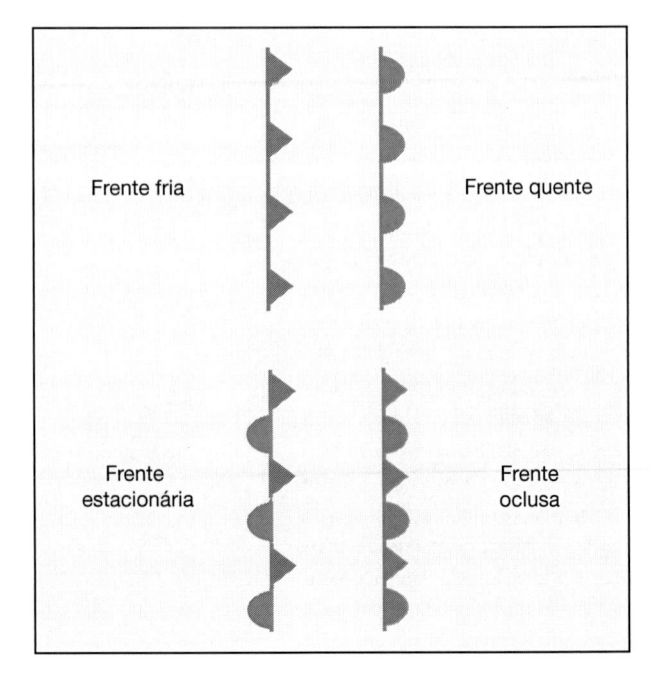

Distúrbios atmosféricos

Anticiclones e ciclones

Já distinguimos anticiclones e ciclones de acordo com diferenças na pressão e na direção do vento. Também identificamos grandes áreas de circulação ciclônica e anticiclônica semipermanentes na atmosfera terrestre (a alta subtropical, por exemplo). Circulações secundárias, tempestades e outros distúrbios atmosféricos estão incluídos nos cinturões de vento da circulação geral da atmosfera. O termo **distúrbio atmosférico** é usado por ser mais geral que "tempestade" e por incluir as condições atmosféricas que não podem ser classificadas como tempestades. Contudo, ao examinar distúrbios atmosféricos de latitude média, podemos usar os termos *anticiclone* e *ciclone* para nos referirmos a núcleos de alta e baixa pressão que derivam ao longo do caminho dos ventos de oeste. É importante lembrar que, em um ciclone, a pressão diminui em direção ao centro e, ela aumenta em um anticiclone. As intensidades de vento envolvidos nestes sistemas dependem da inclinação dos *gradientes de pressão*, ou seja, da variação da pressão em uma distância horizontal.

Anticiclone
Um anticiclone é uma zona de alta pressão com ar calmo no centro, que desloca o ar da superfície com ventos soprando em direção ao lado de fora, longe do centro do sistema. Assim, um anticiclone possui ventos divergentes. Ele tende a ser um sistema associado a boas condições de tempo porque a temperatura e a estabilidade aumentam com o ar subsidente, diminuindo a possibilidade de condensação.

A subsidência do ar no centro de um anticiclone promove estabilidade porque o ar é aquecido adiabaticamente, aumentando sua capacidade de manter a umidade. Enquanto o tempo resultante da influência de um anticiclone é geralmente claro, sem chuvas, há certas condições em que pode ocorrer precipitação dentro de um sistema de alta pressão. Quando tal sistema passa perto ou atravessa uma grande massa de água, a evaporação resultante pode causar variações significativas na umidade, suficientes para resultar em chuva.

Há duas origens para pressões relativamente altas que estão associadas com anticiclones nas latitudes médias da América do Norte. Alguns anticiclones se movem para as latitudes médias vindos do norte do Canadá e do oceano ártico, massas de ar polar continental ou mesmo continental Ártico chamadas pelos americanos de ***polar outbreaks***[3]. Esses centros de alta pressão podem ser bastante extensos, cobrindo grande parte do centro-oeste e leste dos Estados Unidos e, ocasionalmente, movendo-se para as áreas subtropicais da Costa do Golfo. As temperaturas em um anticiclone formado em uma massa de ar cP ou cA podem ser sensivelmente inferiores àquelas esperadas para um determinado momento do ano, atingindo muito abaixo de zero no inverno. Tal fenômeno normalmente seria precedido por rajadas, nuvens e chuva ou neve associadas a uma frente fria. A passagem frontal é seguida por um período de tempo frio ou fresco, céu claro e boas condições meteorológicas à medida que se sentem as influências do ar polar. Outros anticiclones são gerados nas regiões de alta pressão subtropicais. Quando se movem pelos Estados Unidos no sentido norte e nordeste, trazem ondas de tempo quente e aberto no verão e dias excepcionalmente quentes no inverno.

Ciclone
Um ciclone é uma área de baixa pressão caracterizada pela elevação do ar e ventos que tendem a convergir para o centro da baixa, numa tentativa de equalizar a pressão. Ao fluir em direção ao centro de um sistema de baixa pressão, o ar é empurrado para um espiral ascendente de ar (elevação de convergência, também conhecida como elevação ciclônica), o que resulta em nuvens e precipitação. Em comparação a anticiclones, ciclones são muito mais variados e complexos nas maneiras que se formam, bem como nas condições de tempo que geram. Sistemas de baixa pressão geram tempestades e precipitação de todos os tipos por meio do resfriamento adiabático do ar ascendente e na condensação que pode ocorrer como resultado. Os tipos de tempestades ciclônicas, seus impactos e fenômenos meteorológicos associados que serão discutidos em detalhe neste capítulo focarão em regiões norte-americanas. Entretanto, a discussão se aplica também a áreas de latitude média europeias.

Mapeando sistemas de pressão
Células de alta e baixa pressão são fáceis de visualizar se imaginarmos esses sistemas como se fossem superfícies de terra. Um ciclone tem a forma de uma bacia (■ Figura 6.6). Ventos convergentes ao centro de um ciclone se moverão rapidamente se o gradiente de pressão for alto, assim como a água fluirá em direção a uma bacia natural se os lados forem íngremes e a depressão for profunda. Se imaginarmos um anticiclone como uma colina ou montanha, veremos que o ar divergente de um fluirá a velocidades diretamente relacionadas à forma como a alta pressão está no centro da célula, semelhante à água descendo encostas de montanhas a velocidades à altura do relevo.

Em uma carta sinótica os ciclones e anticiclones são ilustrados por *isóbaras* aproximadamente concêntricas de pressão crescente em direção ao centro no caso de uma alta e de pressão decrescente em direção ao centro em uma baixa. Uma célula de alta pressão tipicamente cobrirá uma área maior que uma baixa, mas ambos os sistemas de pressão são capazes de cobrir e afetar áreas extensas. Há épocas em que quase todo o centro-oeste dos Estados Unidos está sob a influência do mesmo sistema.

Movimento geral
Os ciclones e anticiclones de latitudes médias são levados ou guiados por caminhos influenciados pelos ventos de oeste em altos níveis (corrente de jato). Embora esse fluxo possa ser bastante variável e ter grandes oscilações, prevalece um padrão de oeste para leste. Como resultado, as pessoas nos Estados Unidos em geral olham para o tempo a oeste para saber o que esperar nos próximos dias. A maioria das tempestades

---

[3] *Polar outbreak* é o nome popular usado pelos americanos para designar as massas de ar polar que avançam pelos Estados Unidos, fenômeno equivalente ao que, no Brasil, nós chamamos apenas de "massa de ar polar". (N.R.T.)

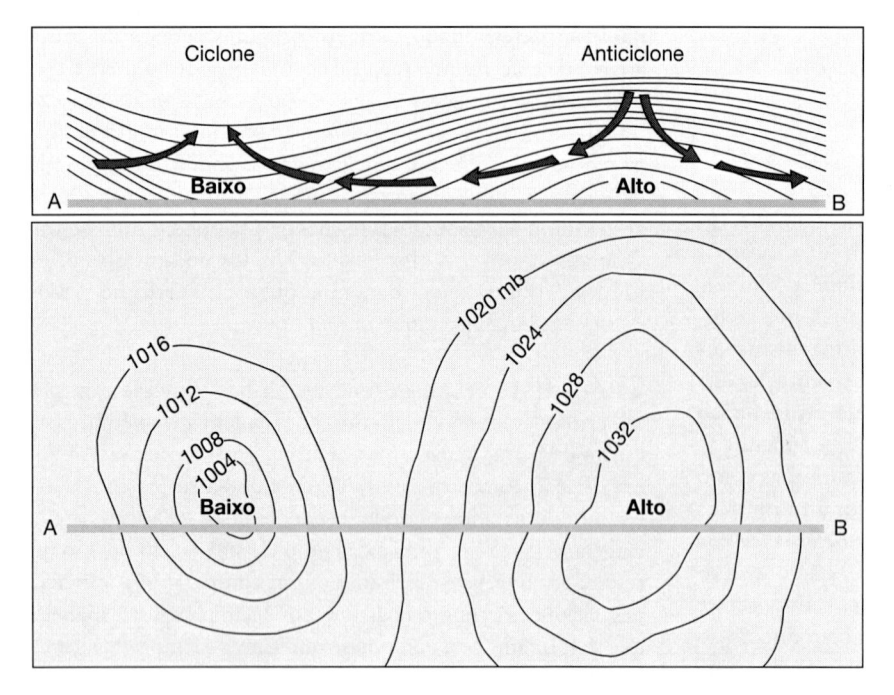

■ **FIGURA 6.6** Estrutura horizontal e vertical dos sistemas de pressão. O espaçamento menor entre as isóbaras em torno de um ciclone ou anticiclone indica um gradiente de pressão mais acentuado, que causará ventos fortes. Um espaçamento maior entre isóbaras indica um sistema mais fraco.
Onde estariam os ventos mais fortes nessa figura? Onde estariam os ventos mais fracos?

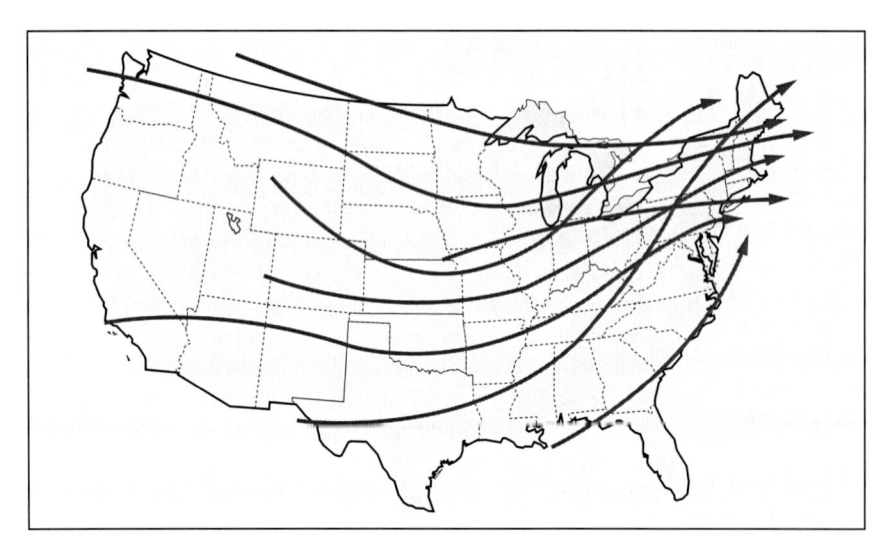

■ **FIGURA 6.7** Trajetórias de tempestade comuns nos Estados Unidos. Praticamente todas as tempestades ciclônicas se movem de oeste para leste nos ventos de oeste e giram no sentido nordeste em toda a costa do Atlântico.
Quais trajetórias de tempestades influenciam o lugar onde você mora?

semelhantes, conhecidos como caminhos de tempestade ou *storm tracks* (■ Figura 6.7). Além disso, distúrbios atmosféricos formados nas latitudes médias durante o inverno são em maior quantidade e intensidade, porque as variações de temperatura entre as massas de ar são mais acentuadas durante os meses de inverno.

Ciclones das latitudes médias

Por causa de sua extrema importância para o clima da América do Norte, vamos nos concentrar nos **ciclones de latitudes médias**, também conhecidos como **ciclones extratropicais**. Essas tempestades em migração, com seus opostos ar polar frio e seco e ar tropical quente e úmido, podem causar variações significativas nas condições de tempo do dia a dia dos locais por onde passam. A variabilidade é comum nas condições de tempo de latitudes médias, principalmente durante o outono e a primavera, quando as condições podem mudar de um período de dias frios, claros e secos para um período de neve, seguido por um ou dois dias mais moderados, porém úmidos.

O tempo associado a ciclones de latitudes médias pode variar muito com as estações e as condições de massa de ar. Por essa razão, não há duas tempestades idênticas. As tempestades variam em intensidade, duração, velocidade, força do vento, quantidade e tipo de nebulosidade, além de quantidade e tipo de precipitação e área que afetam. No entanto, há um modelo útil que descreve e generaliza as características típicas de uma tempestade ciclônica de latitudes médias.

Logo após a Primeira Guerra Mundial, os meteorologistas noruegueses Jacob Bjerknes e Halvor Solberg propuseram a *teoria da frente polar*, relativa ao desenvolvimento, movimento e dissipação de tempestades de latitudes médias. Eles reconheceram as latitudes médias como uma região na qual massas de ar distintas, como o ar polar frio e o ar quente subtropical, comumente se encontram em um limite chamado de *frente polar*. Embora a frente polar possa ser uma fronteira contínua que circunda a Terra, ela é na maioria das vezes fragmentada em vários segmentos frontais. A frente polar move-se para o norte e o sul com as estações do ano e é mais forte no inverno que no verão. Os ventos de oeste (*Westerlies*)

que acontece nas Grandes Planícies ou na costa oeste move-se pelos Estados Unidos em poucos dias a uma velocidade média de 36 km/h (23 mph), seguindo em direção ao Atlântico Norte.

Embora nem ciclones nem anticiclones sejam formados exatamente nos mesmos lugares e períodos do ano, eles tendem a surgir mais em determinadas áreas ou regiões que em outras. Dependendo da estação, eles também seguem caminhos superiores (ver novamente Figuras 4.14 e 4.15), também conhecidos como *corrente de jato da frente polar,* formam-se e fluem ao longo do caminho ondulado da frente polar.

A maioria dos ciclones de latitudes médias desenvolve-se ao longo da frente polar, onde as massas de ar quentes e frias se encontram. Essas massas contrastantes não se misturam, mas podem se mover em direções opostas ao longo da zona frontal. Embora possa haver uma ligeira elevação do ar mais quente ao longo da borda do ar mais frio, que é mais denso, ela não será significativa. Pode haver nebulosidade e precipitação ao longo dessa zona frontal, mas não o que chamaríamos de tempestade.

A linha de convergência da frente polar pode desenvolver uma forma de onda (na vista do mapa) por motivos não relacionados ao fluxo do vento na troposfera superior e que não são completamente compreendidos. Essas formas de onda são o passo inicial no desenvolvimento de um ciclone de latitudes médias (■ Figuras 6.8). Nessa curva na frente polar, o ar quente empurra em direção aos polos (uma frente quente) e o ar frio empurra no sentido equatorial (uma frente fria), com um centro de baixa pressão no local onde as duas frentes se unem.

Como as massas de ar opostas competem por uma posição, as nuvens e a precipitação aumentam ao longo das frentes, espalhando-se por uma área maior. A precipitação ao longo da frente fria será menos difundida que ao longo da frente quente, mas será mais intensa. Um fator que influencia o tipo de precipitação que ocorre na frente quente é a estabilidade da massa de ar quente. Se ela é relativamente estável, seu movimento sobre a massa de ar frio pode causar apenas uma garoa fina, ou neve pulverulenta suave se as temperaturas estiverem baixas o suficiente. Por outro lado, se a massa de ar quente é úmida e instável, sua elevação pode desencadear precipitação mais pesada. Como se nota ao observar novamente a Figura 6.4, a precipitação que cai em uma frente quente pode *parecer* proveniente do ar mais frio. Embora o tempo pareça frio e úmido, a precipitação na verdade origina-se na massa de ar mais quente que está por cima e cai através da massa de ar mais fria, atingindo a superfície da Terra.

Como uma frente fria geralmente se move mais rápido, ela eventualmente poderá ultrapassar a frente quente, produzindo uma *frente oclusa.* Quando isso ocorre, o sistema desaparecerá

■ **FIGURA 6.8** Fases do desenvolvimento de um ciclone de latitudes médias. Cada visão representa o desenvolvimento para o leste da visão anterior, ao passo que o ciclone se desloca ao longo de sua trajetória. Observe a oclusão em (e).
Em (c), onde você esperaria que ocorresse chuva? Por quê?

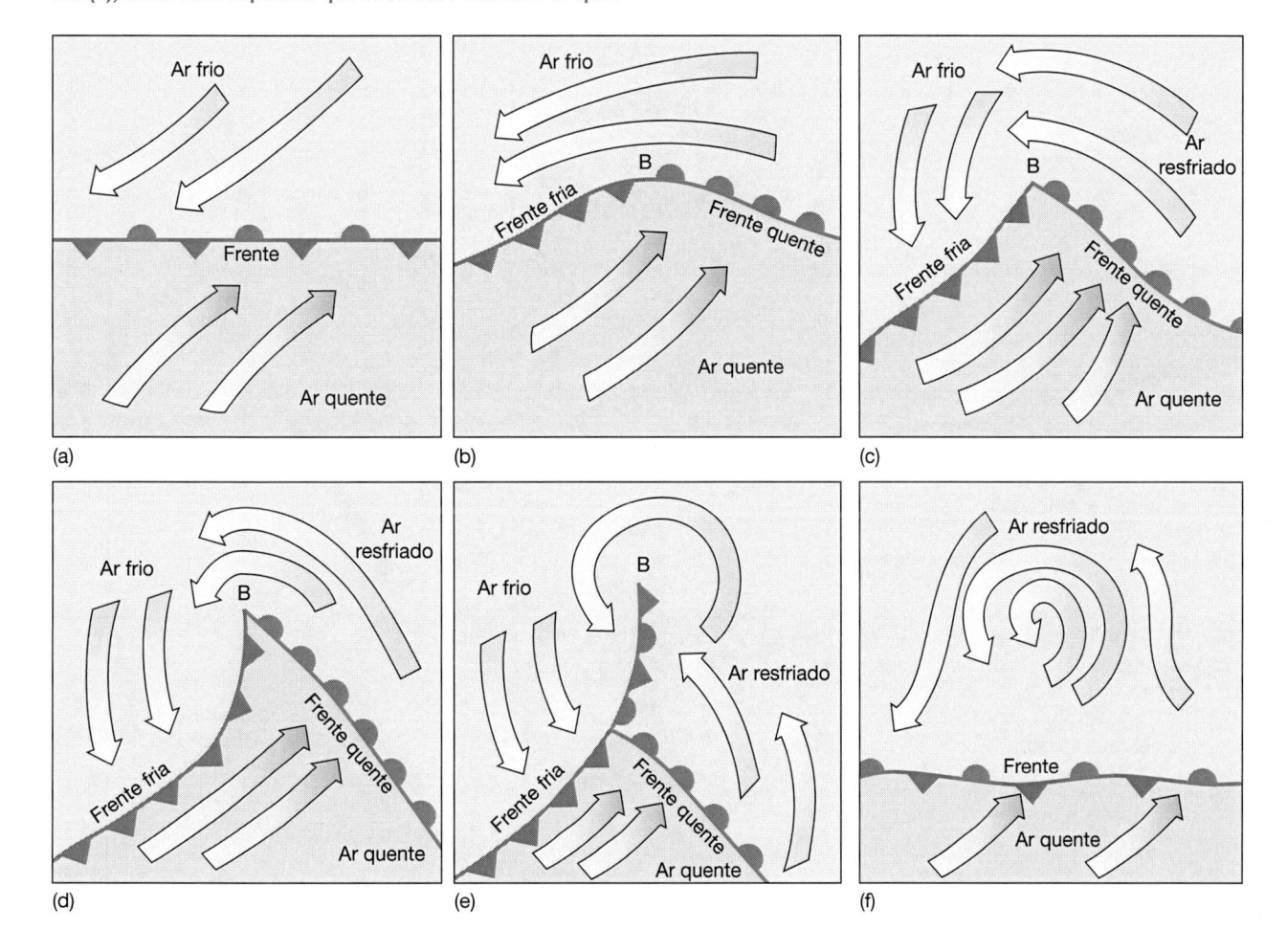

em breve, porque as diferenças de temperatura, pressão e umidade que impulsionaram a tempestade diminuem na frente oclusa. Oclusões são geralmente acompanhadas de tempo nublado e chuva (ou neve) e são o principal processo pelo qual ciclones de latitudes médias se dissipam.

Ciclones e tempo local

As várias seções de um ciclone de latitudes médias geram condições de tempo diferentes. Assim, o tempo em um local depende de qual parte do ciclone de latitudes médias está sobre ele. Como todo o sistema ciclônico tende a viajar como uma unidade de oeste para leste, uma sequência específica de tempo pode ser esperada em um determinado local quando o ciclone passa.

Vamos examinar a passagem típica de um ciclone de latitudes médias seguindo um caminho (ver novamente a Figura 6.7) que irá levá-lo pelos estados americanos de Illinois, Indiana, Ohio, Pensilvânia e, finalmente, sobre o oceano Atlântico. Uma visão da tempestade em uma carta sinótica em um momento específico de sua jornada é apresentada na Figura 6.9a. A Figura 6.9b é uma visão norte transversal do centro do ciclone e a Figura 6.9c é uma visão sul transversal do centro do ciclone. Enquanto a tempestade continua para o leste, a sequência de tempo será diferente para Detroit, onde as frentes quentes e frias passarão em direção ao sul, em comparação com Pittsburgh, que registrará a passagem de ambas as frentes. Para ilustrar esse ponto, vamos examinar a mudança de tempo em Pittsburgh e em Detroit, enquanto o sistema ciclônico se move para o leste. Observaremos também o tempo em outras cidades afetadas pela passagem desse sistema de tempestade.

Uma tempestade ciclônica é composta por duas massas de ar diferentes. O ar do setor quente e úmido da mT entre as duas frentes do ciclone é geralmente muito mais quente que o ar frio da cP que o rodeia. O contraste de temperatura é acentuado no inverno, quando a região de origem do ar frio da cP é a célula fria de alta pressão do Canadá. Durante o verão, o contraste entre essas massas de ar é bastante reduzido.

Por causa da diferença de temperatura, a pressão atmosférica no setor quente é menor que a pressão atmosférica no setor frio atrás da frente fria. Em antecipação à frente quente, a pressão também é alta, mas ela diminui com a aproximação da frente

■ **FIGURA 6.9** Sistemas ambientais: sistemas ciclônicos de latitudes médias. Este diagrama descreve um ciclone de latitudes médias posicionado sobre o centro-oeste enquanto o sistema se move para o leste: (a) visão em um mapa do sistema meteorológico; (b) uma seção transversal ao longo da linha AB, ao norte do centro de baixa pressão; (c) uma seção transversal ao longo da linha CD, ao sul do centro de baixa pressão.

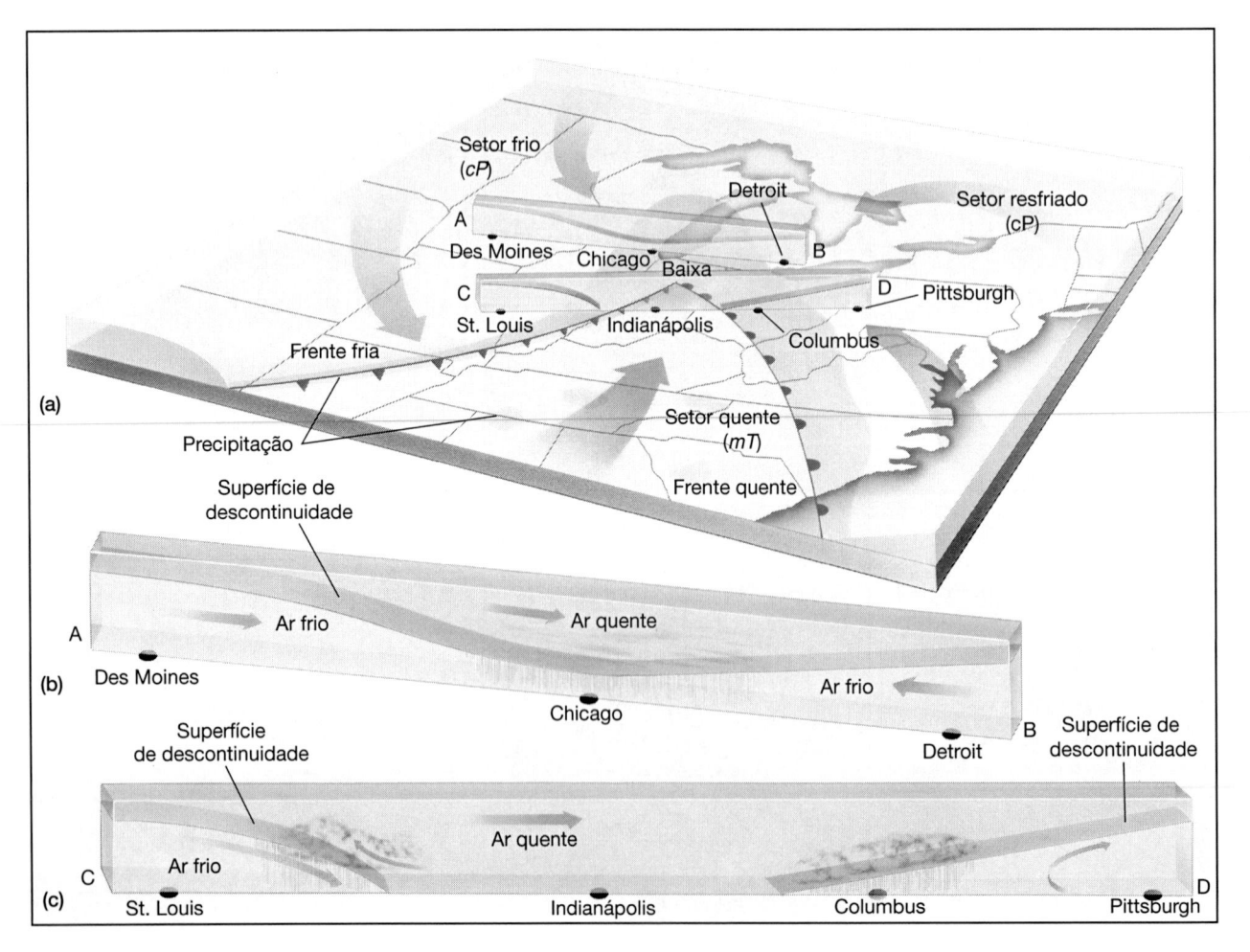

quente de Pittsburgh. Após a frente quente passar por Pittsburgh, a pressão para de cair e a temperatura sobe quando o ar da *mT* atinge a área.

A frente quente já passou por Indianápolis, que agora espera a frente fria. Após a passagem da frente fria, a pressão subirá rapidamente e a temperatura cairá. Detroit, que fica ao norte do centro do ciclone, não receberá o ar do setor quente e terá um ligeiro aumento de pressão e mudança de temperatura de fresco para frio, com o ciclone se movendo para o leste.

Mudanças na direção do vento são um sinal da aproximação e passagem de uma tempestade ciclônica e suas frentes associadas. Como um ciclone é um sistema de baixa pressão, os ventos fluem em sentido anti-horário em direção ao seu centro (no Hemisfério Norte). Os ventos associados a uma tempestade ciclônica são mais fortes no inverno, quando são grandes as diferenças de pressão e temperatura entre as massas de ar.

Indianápolis, no setor quente e sul do centro da baixa, recebe os ventos do sul. Pittsburgh, localizada a leste e à frente da quente, tem ventos de sudeste. Enquanto o sistema ciclônico move-se para o leste e a frente quente passa, os ventos em Pittsburgh vão mudar para sul-sudoeste. Após a frente fria passar, os ventos em Pittsburgh virão do norte-noroeste. St. Louis já registrou a passagem da frente fria com tempo frio e os ventos do noroeste.

Os ventos em Detroit, agora vindos de sudeste, se deslocarão para o nordeste, uma vez que o centro da tempestade mudou para o sul. Finalmente, após a tempestade, os ventos soprarão do noroeste, já que estão em Des Moines, a oeste da tempestade.

O tipo e a intensidade da precipitação e nebulosidade também variam quando uma tempestade ciclônica se move por um local. Em Pittsburgh, o primeiro sinal da frente quente se aproximando são as altas nuvens cirros. Com a aproximação da frente quente, as nuvens ficam mais densas e baixas, e em Pittsburgh pode haver chuva fraca e garoa (ou neve no inverno), bem como nuvens estratos cobrirão o céu. Depois da passagem da frente quente, a precipitação cessa e o céu clareia.

Após a frente fria passar, o ar quente será forçado a se mover para cima rapidamente. Isso pode significar que haverá uma chuva fria e pesada (ou forte nevasca no inverno), mas a banda de precipitação geralmente não será muito grande, em razão do ângulo íngreme da superfície ao longo de uma frente fria. Em nosso exemplo, a frente fria e a banda de precipitação acabaram de passar por St. Louis. Durante o inverno, uma frente fria provavelmente trará neve, seguida por frio, condições claras da massa de ar da *cP* e aumento da pressão atmosférica.

Localizada no centro latitudinal do sistema ciclônico, Pittsburgh pode esperar três zonas de precipitação quando ciclones passam sobre a cidade: (1) uma ampla área de tempo encoberto e garoa anterior à frente quente (ou neve no inverno); (2) uma zona dentro do setor quente que se clareia; e (3) uma faixa estreita de precipitação forte associada à frente fria (chuva ou neve, dependendo da época e temperaturas) (Figura 6.9c). No entanto, os locais a norte do centro da tempestade ciclônica, como Detroit, geralmente registram precipitação leve e tempo encoberto, resultantes do ar quente que se eleva acima do ar frio vindo do norte (Figura 6.9b).

Como podemos ver, as várias partes de um ciclone de latitudes médias são acompanhadas por tempos diferentes. Sabendo onde o ciclone irá passar em relação à nossa localização, podemos fazer uma previsão bastante precisa de como serão as condições de tempo conforme a tempestade se move para leste (ver Interpretação do Mapa: "Mapas meteorológicos", no final deste capítulo).

Ciclones e o fluxo de ar superior

Conduzir os sistemas de tempestades de superfície é apenas uma das maneiras pelas quais os ventos da atmosfera superior influenciam em nosso tempo de superfície. Uma influência menos óbvia está relacionada às ondulações frequentemente apresentadas pelos ventos da atmosfera superior. Quando o ar passa através dessas ondas, ele sofre divergência ou convergência por causa da dinâmica atmosférica associada à curvatura do fluxo dos ventos. Essa dinâmica de fluxo produz pressão alternada em cristas (altas/divergência) e cavados (baixas/convergência).

A região entre uma crista e o cavado adjacente (A-B na ■ Figura 6.10) é uma área de convergência em altos níveis. Como qualquer ação em uma parte da atmosfera recebe uma reação oposta em outro lugar, a convergência na alta atmosfera é compensada por uma divergência na superfície. Nesta área, o ar é empurrado para baixo, causando uma circulação anticiclônica. Este padrão irá inibir completamente a formação de um ciclone de latitudes médias ou fazer com que uma tempestade existente se enfraqueça ou dissipe. Por outro lado, a região entre o cavado e a próxima crista na direção do fluxo (B-C na Figura 6.10) é uma área de divergência em altos níveis, que por sua vez é compensada por convergência em superfície. Essa é uma área onde o ar é empurrado para cima, causando uma circulação ciclônica na superfície, o que aumenta as chances de ocorrer uma tempestade ou reforça uma tempestade existente.

Além do desenvolvimento ou da dissipação de uma tempestade, as temperaturas também serão afetadas pelo fluxo da

■ **FIGURA 6.10** Ondas na corrente de jato. O padrão de vento da alta atmosfera, como o descrito aqui, pode ter influência significativa nas temperaturas e na precipitação da superfície da Terra.
Onde você esperaria que as tempestades ocorressem?

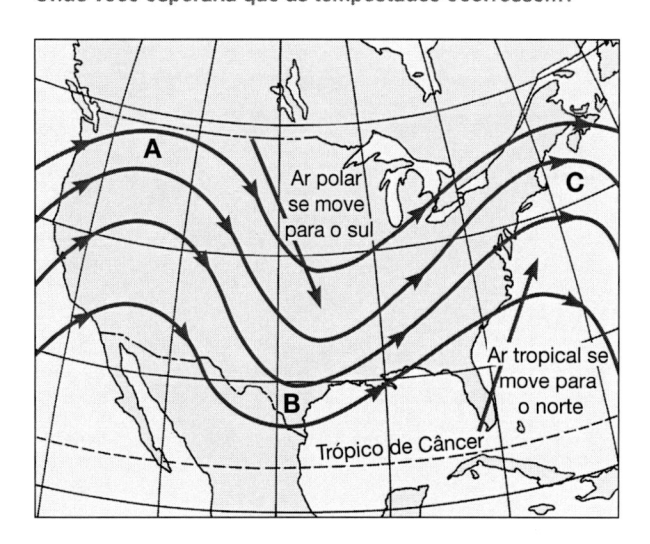

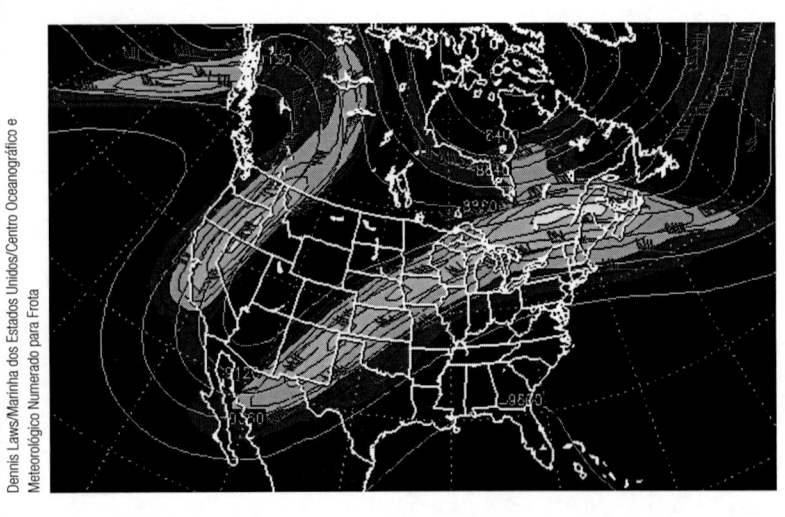

FIGURA 6.11 Análise da frente da corrente de jato polar. Este mapa mostra ventos a uma altitude de 300 mb (aproximadamente 10 mil m ou 33 mil pés acima do nível do mar). Nessa altura, as ondas longas da corrente de jato podem ser vistas mais facilmente.
O tempo estaria claro ou tempestuoso em Utah e Wyoming?

atmosfera nos níveis superiores. Se assumirmos que o nosso fluxo "médio" em altos níveis é de oeste para leste, então qualquer desvio desse padrão fará com que o ar mais frio do norte ou o ar mais quente do sul tenha advecção em uma área. Por exemplo, depois de a atmosfera permanecer em um padrão ondulatório por alguns dias, as áreas nas imediações de um cavado (área B na Figura 6.10) estarão mais frias que o normal, uma vez que o ar polar de latitudes mais elevadas se move para essa área. O oposto ocorrerá em outras cidades perto de uma crista (área C na Figura 6.10). Aqui, o ar mais quente de latitudes mais ao sul será direcionado à crista. Como mostra a ■ Figura 6.11, a corrente de jato na verdade se inclina com menos regularidade que em nosso modelo. Comparando as Figuras 6.10 e 6.11, você pode notar a diferença entre as ondas teóricas e reais no jato da frente polar.

Furacões

Um **furacão** é um sistema circular ciclônico com ventos superiores a 118 km/h e diâmetro de 160 km a 640 km (100-400 milhas). Essas tempestades tropicais se formam e se desenvolvem nos oceanos tropicais, mas, quando levadas pelos sistemas de pressão e ventos, são frequentemente direcionadas para as latitudes médias. Estendendo-se verticalmente a alturas de 12 km a 14 km ou mais, o furacão é uma coluna elevada de ar em espiral (■ Figura 6.12). Apesar de seu diâmetro poder ser menor do que a de um *ciclone de latitudes médias* com suas *frentes* estendidas, um furacão é basicamente a maior tempestade na Terra. Em sua base, o ar é sugado pela baixa pressão que cerca o centro do furacão e se eleva rapidamente até o topo, onde se move em forma de espiral para fora. O movimento rápido ascendente do ar carregado de umidade causa uma grande quantidade de chuva. A liberação maciça de energia de calor latente da condensação aumenta o poder que conduz a tempestade.

Os furacões têm pressão extremamente baixa em seus centros e forte gradiente de pressão, que produzem poderosos ventos de alta velocidade. Ao contrário de ciclones de latitudes médias, os furacões são formados de uma única massa de ar e não têm os diferentes setores da temperatura fortemente contrastantes que

FIGURA 6.12 Seção transversal de um furacão mostrando seu padrão de circulação: a entrada de ar nos braços em espiral do sistema ciclônico, ar ascendente na alta parede circular de nuvens e saída na atmosfera superior. A subsidência de ar no centro da tempestade produz o característico "olho" do furacão, com tempo calmo e sem nuvens.
Por que isso acontece?

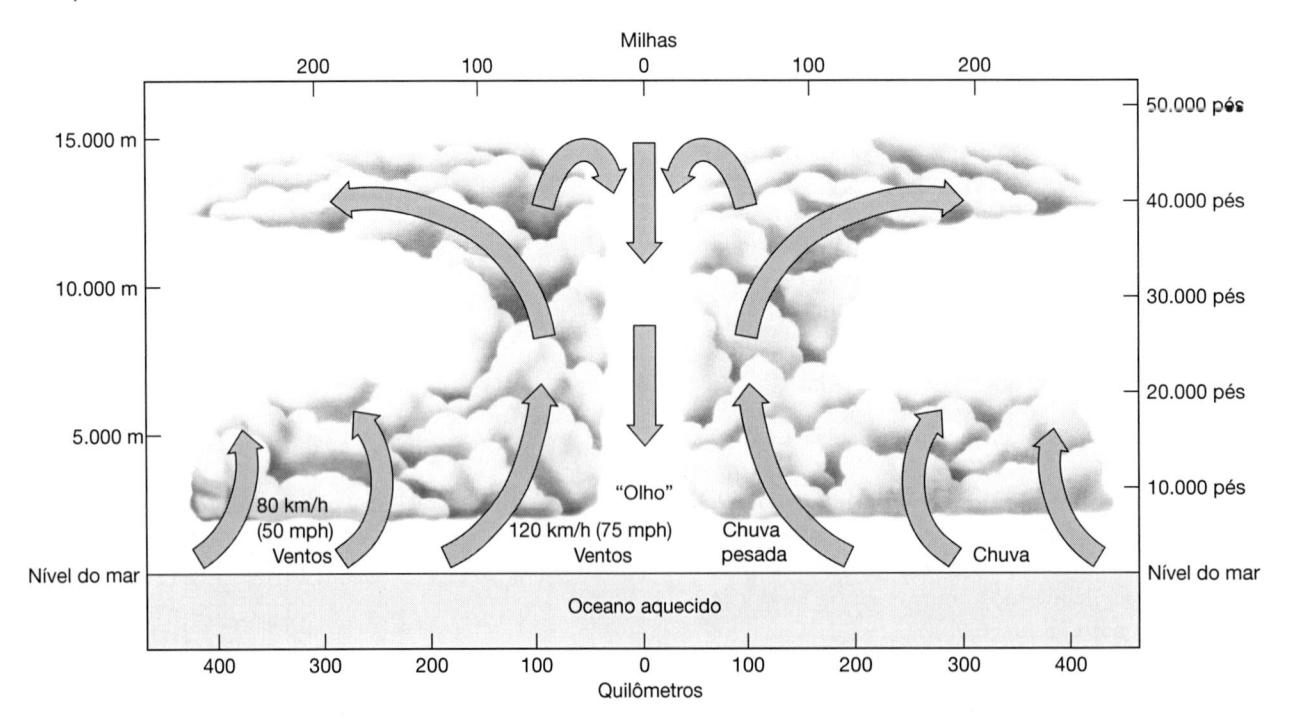

alimentam um sistema frontal. Em vez disso, os furacões têm uma distribuição circular de temperaturas quentes na superfície.

No centro, fica o olho do furacão, uma área de ar calmo e claro, geralmente quente e úmido, mas sem chuva. Marinheiros que viajam através do olho se surpreendem ao ver pássaros voando. Incapazes de sair do olho por causa dos ventos fortes que os rodeiam, esses pássaros muitas vezes pousam em navios que passam, como um ponto de descanso.

Os furacões são *ciclones tropicais* graves que recebem muita atenção quando atingem a terra, principalmente por causa de seu enorme poder destrutivo. Eles são caracterizados por chuvas abundantes, ou até mesmo torrenciais, e ventos normalmente superiores a 160 km/h (100 mph).

Embora uma grande quantidade de tempo, esforço e dinheiro tenha sido empregada em estudos sobre o desenvolvimento, crescimento e caminhos dos furacões, muito ainda é desconhecido. Ainda é impossível prever o caminho de um furacão com grande precisão, apesar de já poder monitorá-lo com radar e estudá-lo com aviões e satélites meteorológicos. Como acontece com tornados, também existem áreas onde os furacões são mais propensos a se desenvolverem e causarem danos (■ Figura 6.13). Na América do Norte, as áreas mais suscetíveis são as regiões do Atlântico e da Costa do Golfo, mas os furacões podem continuar a causar danos à medida que se dissipam e se movem no sentido do continente.

O desenvolvimento de um furacão requer uma superfície oceânica aquecida a cerca de 27 ºC (80 ºF) ou mais e uma cobertura de ar úmido e quente. Esses fatores explicam por que os furacões ocorrem com mais frequência no final do verão e início do outono, quando as massas de ar marítimo têm umidade máxima e as temperaturas da superfície do oceano estão mais elevadas. A temporada de furacões na Bacia Atlântica oficialmente vai de 1º de junho a 30 de novembro.

Os furacões começam como fracos distúrbios tropicais sobre o oceano chamados de **ondas de leste**, que são áreas de baixa pressão, fracas e em forma de calha. Ao passar lentamente pelo cinturão de ventos alísios de leste para oeste, uma onda de leste é precedida por tempo claro e seco, seguida de tempo nublado e chuvoso. Se a pressão diminuir e os ventos ganharem força, a onda de leste formará uma tempestade tropical.

São atribuídos nomes a essas tempestades, uma vez que elas alcançam o *status* de *tempestade tropical*, com velocidades de vento entre 62 km e 118 km por hora (39 a 74 mph). Todo ano os nomes são escolhidos de uma lista alfabética diferente, alternando nomes femininos e masculinos – uma lista para o Atlântico Norte e uma para o Pacífico Norte. Se um furacão é muito destrutivo e entra para a história, seu nome é "aposentado" e nunca mais é utilizado. Andrew, Carla, Hugo e Katrina são apenas alguns dos quase 70 nomes que foram aposentados desde o início da nomeação de tempestades, na década de 1950.

Os furacões não duram muito tempo sobre a Terra porque sua fonte de umidade (e consequentemente sua fonte de energia) é cortada, e a fricção com a superfície da Terra reduz a velocidade do vento. Os furacões do Atlântico Norte primeiro se movem em direção ao oeste com os ventos alísios e depois para

■ **FIGURA 6.13** Um mapa mundial com as principais áreas de formação, a trajetória de furacões e seus nomes regionais.
Quais costas parecem não ser afetadas por esses caminhos?

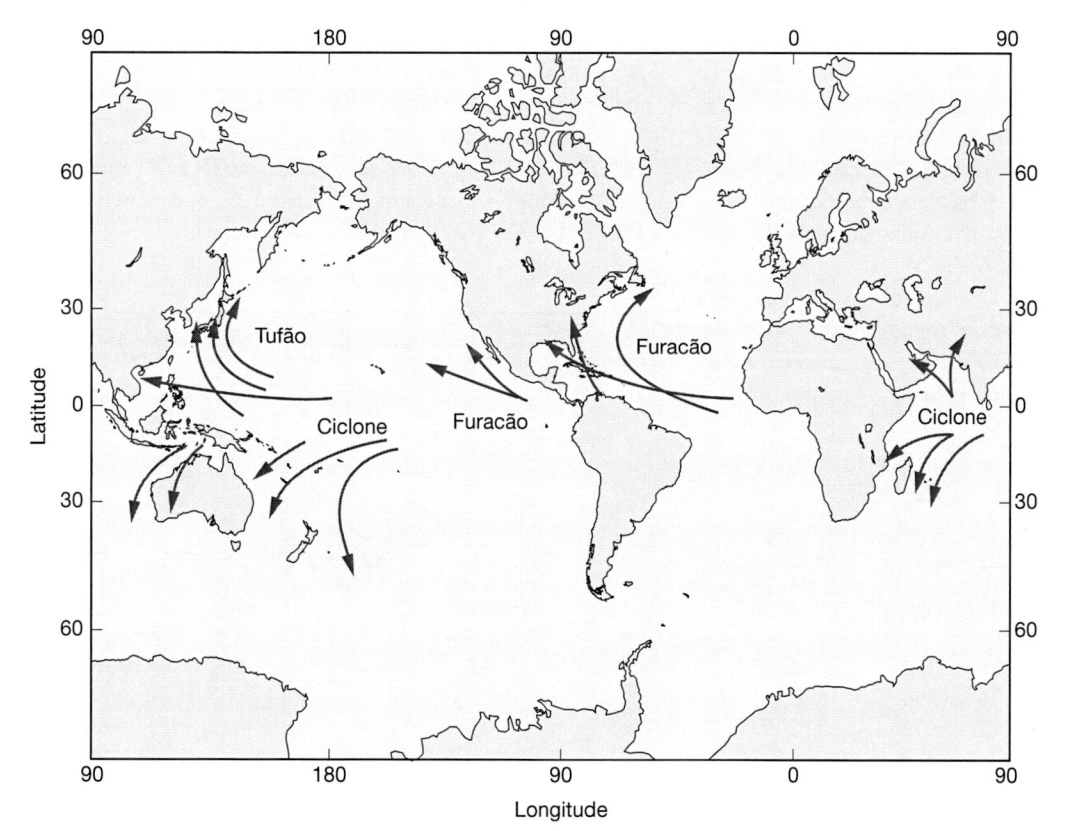

■ **FIGURA 6.14** Quando um furacão atinge a terra firme, uma sobre-elevação do nível do mar pode ocorrer. Essa elevação são montes de água cobertos por fortes ondas, que podem fluir por áreas costeiras mais baixas com uma poderosa força destrutiva.
O que as pessoas que vivem em regiões como essas podem fazer para se proteger quando há ameaça de uma significativa elevação do nível do mar?

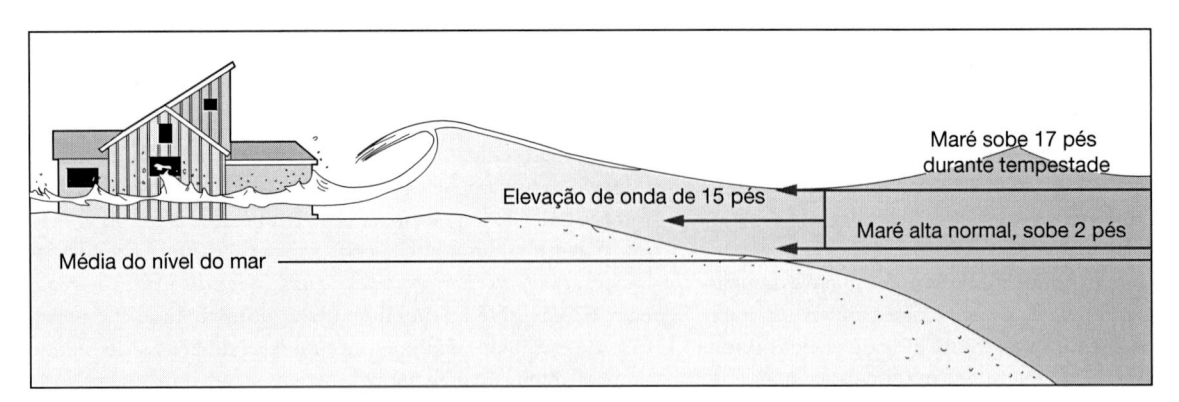

o norte e nordeste. Sobre a terra, tornam-se simples tempestades ciclônicas. Entretanto, mesmo com seu poder reduzido significativamente, eles podem causar grandes danos.

Os furacões podem ocorrer sobre a maioria dos oceanos e mares tropicais e subtropicais. O Atlântico Sul já foi exceção, embora não se saiba o motivo. No entanto, em 2004, o Catarina tornou-se o primeiro furacão conhecido a atingir a costa do Brasil, para espanto dos cientistas atmosféricos. Nomeados simplesmente de *ciclones* na Austrália e no Pacífico Sul, bem como no oceano Índico, essas tempestades são chamadas de **tufões** na maior parte do leste da Ásia.

Impactos e intensidades de furacões
A passagem de um furacão resulta em destruição de propriedades e mortes. Os perigos mais graves são o alto-mar jogado contra a costa pelos fortes ventos. Estas **tempestades** podem causar inundação e às vezes destruir comunidades costeiras inteiras (■ Figura 6.14). A **Escala de furacões de Saffir-Simpson** fornece um meio de classificar a intensidade e o potencial de dano dos furacões pela atribuição de uma categoria de 1 a 5, com base em uma combinação de pressão central, velocidade do vento e da altura potencial da sobre-elevação do nível do mar[4] (Tabela 6.2).

O ano de 2004 foi recorde. O tufão Tokage atingiu a costa japonesa perto de Tóquio, e causou um alto número de mortes. No total, dez ciclones tropicais atingiram o Japão em 2004. No Caribe e Golfo do México, três furacões – Charley, Frances e Jeanne – atingiram a Flórida diretamente. O quarto, Ivan, atingiu a costa do Golfo, em Mississípi, e causou devastação na Flórida. Os prejuízos dessas tempestades foram estimados em US$ 23 bilhões. Esse montante é superior até mesmo ao custo de US$ 20 bilhões dos danos causados pelo furacão Andrew, que chegou em 1992 e foi o desastre natural mais caro da história dos Estados Unidos.

O furacão Katrina, com ventos de 225 km/h (140mph) e uma sobre-elevação da altura do nível do mar de mais de 16 pés (4,8 m), atingiu a costa dos estados de Louisiana, Mississípi e Alabama em agosto de 2005. A tempestade destruiu os sistemas de diques projetados para proteger a cidade de Nova Orleans, cuja maior parte está abaixo do nível do mar. A inundação subsequente causou uma destruição maciça. Responsável pela morte de mais de 2 mil pessoas, os ventos e as enchentes do Katrina causaram danos estimados em mais de US$125 bilhões. O furacão Rita, ainda mais poderoso, chegou em setembro, atingindo áreas próximas à fronteira dos estados de Texas e Louisiana, devastando as áreas costeiras na região. Como o olho do furacão Rita não atingiu a região de Houston, que é densamente povoada, os danos totalizaram US$ 10 bilhões, muito inferiores ao do Katrina.

---

[4] Sobre-elevação do nível do mar também é chamada de maré meteorológica. (N.R.T.)

TABELA 6.2
Escala de furacões de Saffir-Simpson

Número da escala	Pressão central	Velocidade do vento		Sobre-elevação do nível do mar		Dano
(Categoria)	(Milibares)	(Km/h)	(MPH)	(Metros)	(Pés)	
1	980	119-153	74-95	1,2-1,5	4-5	Mínimo
2	965-979	154-177	96-110	1,6-2,4	6-8	Moderado
3	945-964	178-209	111-130	2,5-3,6	9-12	Grande
4	920-944	210-250	131-155	3,7-5,4	13-18	Extremo
5	<920	>250	>155	>5,4	>18	Catástrofe

PERSPECTIVA ESPACIAL DA GEOGRAFIA

:: CAMINHOS DOS FURACÕES E MAPAS DE PROBABILIDADE DE TRAJETÓRIA

Furacões (também chamados de tufões ou ciclones) são gerados sobre os oceanos tropicais ou subtropicais e ganham força à medida que avançam sobre as regiões de águas oceânicas quentes. Navios e aeronaves geralmente evitam caminhos de furacões navegando longe dessas tempestades violentas e imensas. Pessoas que moram em locais onde um furacão se aproxima tentam preparar seus pertences, casas e outras estruturas, tendo até de evacuar o local se o dano potencial da tempestade iminente for grande o suficiente. *Landfall*[5] é a região onde o olho da tempestade cruza a linha da costa e adentra o continente. As ressacas representam o maior perigo associado aos furacões, com o oceano inundando e destruindo violentamente as áreas costeiras baixas. Em 1900, 6 mil moradores da Ilha de Galveston, no Texas, foram mortos por um furacão que empurrou uma parede de água de 7 metros de altura sobre a ilha. Grande parte da cidade foi destruída por esta tempestade, o pior desastre natural que já ocorreu nos Estados Unidos em termos de número de mortos.

Hoje há tecnologia sofisticada para monitorar e avaliar as tempestades tropicais. Modelos de computadores desenvolvidos com base em mapas de comportamento das tempestades do passado são usados para indicar o caminho mais provável de um furacão, onde atingirá a terra firme, bem como as chances de ele atingir a costa em outros locais. Quanto mais próxima uma tempestade estiver da costa, mais precisa será a previsão de onde ela atingirá a terra firme, mas em alguns casos um furacão pode começar a se mover em uma direção completamente diferente. Em geral, os furacões que se originam no Atlântico Norte tendem a se mover para o oeste, em direção à América do Norte e depois mudar para o norte ao longo das costas do Atlântico ou do Golfo.

A natureza continua imprevisível, portanto pontos com maior potencial de aporte das tempestades são apresentados nos mapas, que mostram o grau de probabilidade de um furacão seguir determinada trajetória. Esses mapas ajudam as autoridades locais e moradores a decidirem qual a melhor ação preventiva a ser tomada diante da aproximação de um furacão. Probabilidade de 90% significa que nove em cada dez tempestades nas mesmas condições meteorológicas regionais avançaram para o continente na direção indicada pelo nível do mapa. A probabilidade de 60% significa que seis em cada dez furacões avançaram como indicado, e assim por diante. Regiões para onde é provável o avanço de um furacão são representadas no mapa por matizes de cor que correspondem a diferentes graus de probabilidade de trajetória da tempestade. Nos últimos anos, o Serviço Meteorológico Nacional tem trabalhado para desenvolver modelos computacionais capazes de gerar melhores previsões de trajetória, intensidade e áreas afetadas. Se você mora em uma área costeira afetada por furacões e distúrbios tropicais, pode ser muito importante conhecer os mapas de probabilidades para sua segurança e capacidade de preparação para uma tempestade que se aproxima.

---

5 O termo *landfall* é utilizado mesmo em português para designar o local exato onde o ciclone "aporta". (N.R.T.)

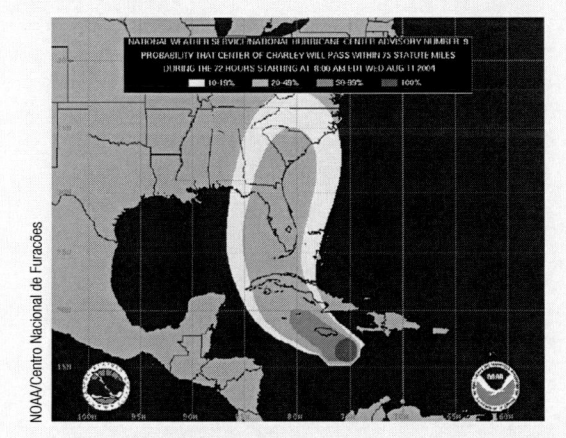

Mapa da trajetória do furacão Charley ao atingir terra firme, em 11 de agosto de 2004, que mostra qual seria o lugar mais provável. Este mapa foi feito dois dias antes de o furacão atingir a costa da Flórida.

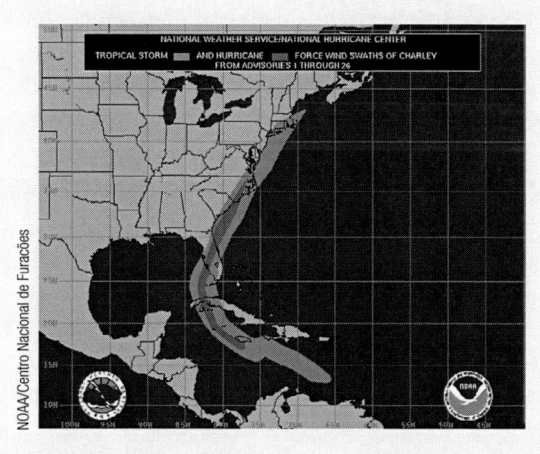

Este foi o caminho real do furacão Charley. Neste caso, o mapa de probabilidade foi bastante preciso.

■ **FIGURA 6.15** Vasta destruição e os danos a uma comunidade ao longo da costa do Golfo do Texas, causados pela sobre-elevação do nível do mar, gerada pelo furacão Ike em 2008.

Em 2006, a temporada de furacões foi incomum porque nenhum deles atingiu os Estados Unidos. No ano seguinte, dois furacões de categoria 5 atingiram o México e a América Central, causando muita destruição, mas novamente nenhuma tempestade tropical atingiu os Estados Unidos. Em 2008, o furacão Ike, uma forte tempestade com ventos de 230 km/h (145 mph), atingiu a Costa do Golfo, causando danos generalizados na região costeira, perto de Galveston, no Texas, e em alguns casos destruição completa de comunidades costeiras (■ Figura 6.15). O caminho da tempestade continuou em direção a Houston, causando mais danos. Também em 2008, grandes furacões atingiram o Haiti, Cuba, Jamaica e outras ilhas do Caribe, resultando em muitas mortes e destruição grave. De um ano para o outro, o número exato e a gravidade de *ciclones tropicais* podem variar drasticamente.

Apesar dos danos que causam, os furacões também têm impactos benéficos. Eles são importante fonte de precipitação necessária a regiões do sudeste dos Estados Unidos, como a Flórida, e a outras áreas do mundo. Os furacões são um meio natural e importante de moderar as temperaturas latitudinais por meio da transferência de energia térmica excedente dos trópicos para latitudes mais frias.

Tempestades de neve e nevascas

Nas latitudes médias e superiores, onde ocorrem baixas temperaturas, *tempestades de neve* são comuns, em parte por causa das mudanças sazonais da duração do dia e aquecimento solar e em parte por influência de massas polares e árticas. Nevascas e tempestades de neve são desencadeadas pelos mesmos mecanismos de elevação que produzem a maioria dos outros tipos de precipitação – orográfica, frontal e convergência (ciclônica). A exceção é a precipitação convectiva, que é um fenômeno de tempo quente. No inverno de médias e altas latitudes, bem como de regiões de elevada altitude, eventos de neve podem variar significativamente de intensidade. Eles podem vir como um breve período de *queda de neve* com intensidade variável e mudar rapidamente (*snow shower*)[6]. Por outro lado, o acúmulo de neve durante uma **tempestade de neve** tende a ser alto. Muitas vezes acompanhadas de ventos fortes, tempestades de neve também podem criar turbulência suficiente para gerar relâmpagos.

Para que uma tempestade de neve severa se torne uma **nevasca**, os ventos devem ser de 55 km/h (35 mph) ou mais. A neve caindo ou sendo levada pelo vento pode reduzir a visibilidade a zero e criar condições conhecidas como *Whiteout*. Em tal situação, a visibilidade é tão limitada que tudo o que se pode ver é branco,

---

[6] Como eventos de neve não são tão diversificados ou comuns nos países de língua portuguesa, nem todas as designações estrangeiras possuem uma tradução específica, por isso, na maioria dos casos seriam chamados genericamente de "neve". (N.R.T.)

■ **FIGURA 6.16** Uma estação meteorológica na região central de Illinois durante uma nevasca em fevereiro de 2000. Com ventos de 45 km/h, uma nevasca pode reduzir consideravelmente a visibilidade.
Qual distância de visibilidade você estimaria para esta área?

■ **FIGURA 6.17** Corte transversal de uma tempestade com a distribuição de cargas elétricas.
Onde você colocaria um raio neste diagrama?

tornando-se fácil perder a noção de distância e direção. Fechamentos de aeroportos e acidentes de trânsito são comuns durante nevascas (■ Figura 6.16).

Temporais

Um temporal é uma tempestade acompanhada por raios e trovões causada por uma descarga intensa de energia elétrica. Para produzir raios, cargas elétricas positivas e negativas devem ser geradas dentro de uma nuvem. Acredita-se que a fricção intensa do ar em partículas de gelo em movimento dentro de uma nuvem cúmulo-nimbo gere tais cargas. Às vezes, um agrupamento de cargas positivas tende a ocorrer na parte superior da nuvem, enquanto as cargas negativas agrupam-se na parte inferior. Quando a diferença entre essas cargas se torna grande o suficiente para superar o efeito natural de isolamento do ar, acontece um relâmpago ou descarga. Essas descargas, que muitas vezes envolvem mais de um milhão de volts, podem ocorrer dentro da nuvem, entre duas nuvens ou de uma nuvem para o solo. O ar em torno da descarga é momentaneamente aquecido a temperaturas superiores a 25.000 °C (45.000 °F) e se expande de forma explosiva, criando a onda de choque chamada de trovão (■ Figura 6.17).

A precipitação intensa durante um temporal resulta da elevação rápida de ar úmido. Como é o caso de outros tipos de precipitação, o mecanismo que causa tal elevação pode ser a convecção térmica (o ar quente instável subindo em uma tarde quente, ■ Figura 6.18a), a elevação orográfica (ar úmido subindo por um lado da montanha, Figura 6.18b) ou elevação frontal (ver novamente Figuras 6.3 e 6.4).

O granizo pode ser resultado de tempestades quando as correntes de ar verticais nas células são intensas o suficiente para transportar as gotas de água repetidamente para uma camada de ar com temperaturas abaixo de zero. Felizmente, uma vez que os temporais são primariamente associados a regiões de tempo quente, apenas uma porcentagem muito pequena de tempestades em todo o mundo produz granizo. Na verdade, o granizo raramente ocorre em tempestades nas latitudes mais baixas. Nos Estados Unidos, tempestades de granizo são pouco usuais ao longo do Golfo do México, onde temporais são mais comuns.

Temporais frequentemente abrangem uma área de poucos quilômetros, embora uma série de tempestades correlacionadas possa cobrir uma região maior. A intensidade de uma tempestade dependerá da instabilidade do ar e da quantidade de vapor de água. Uma vez que a maior parte deste vapor de água condensa, removendo a energia necessária para a continuação da elevação, uma tempestade vai desaparecer, em geral, cerca de uma hora depois que começou.

Temporais convectivos ocorrem tipicamente durante os meses mais quentes do ano e nas horas mais quentes do dia. Eles ocorrem com mais frequência nas úmidas áreas equatoriais e trópicos, mas podem ocorrer em qualquer região com clima quente e úmido. É evidente, então, que a quantidade de aquecimento solar afeta o desenvolvimento de temporais. Isto é verdade porque o aquecimento intenso da superfície aumenta o gradiente adiabático do ambiente, levando a uma maior instabilidade do ar, permitindo mais capacidade de retenção de umidade e aumentando a mobilidade do ar.

■ **FIGURA 6.18** Convecção térmica e elevação orográfica.
Quais são os outros mecanismos de elevação?

(a) Elevação convecional

(b) Elevação orográfica

Temporais orográficos ocorrem quando o ar é forçado a subir por causa do relevo, desencadeando a ação necessária ao desenvolvimento de células de temporais. Temporais de origem orográfica têm um importante papel na precipitação abundante das regiões de monção do sul e sudeste asiáticos. Na América do Norte, eles ocorrem sobre as montanhas do oeste (Montanhas Rochosas e Serra Nevada) e os Apalaches no leste, especialmente durante as tardes de verão. Por esta razão, pilotos de aviões de pequeno porte evitam voar nas montanhas durante as tardes de verão, por receio de ficarem presos na turbulência de uma tempestade.

Temporais frontais ocorrem quando uma massa de ar mais fria força uma massa de ar quente a subir ao longo de uma frente fria. A elevação frontal pode resultar nas fortes correntes de ar ascendentes necessárias para a precipitação. Às vezes, uma frente fria é imediatamente precedida por uma linha de temporais (uma linha de instabilidade), resultado da forte elevação ao longo da frente (ver novamente a Figura 6.3).

Tornados

Um **tornado** é uma pequena tempestade ciclônica intensa caracterizada por pressão extremamente baixa, correntes violentas e ventos convergentes poderosos. Os tornados são as tempestades mais violentas da Terra (■ Figuras 6.19 e 6.20). Com exceção das regiões polares, podem ocorrer em quase todo lugar, mas são muito mais comuns no interior da América do Norte que em qualquer outro local do mundo. Na verdade, Oklahoma e Kansas estão no caminho de tantos tornados que, juntos, são por vezes considerados o centro do *Tornado Alley*[7] (ou "Alameda dos Tornados"). Felizmente, os tornados são pequenos e de curta duração. Mesmo em *Tornado Alley*, é provável que um tornado atinja um determinado local apenas uma vez a cada 250 anos.

Apesar de apenas 1% de todas as tempestades produzir tornados, 80% de todos os tornados estão associados a temporais e ciclones de latitudes médias. Os outros 20% são gerados por furacões que atingem o continente. Na última década, mais de mil tornados ocorreram por ano nos Estados Unidos, a maioria deles de março a julho no final da tarde ou no início da noite, na parte central do país.

Um tornado aparece primeiro como uma nuvem torcida no formato de funil, com sua parte mais estreita com cerca de 100 metros (330 pés) de diâmetro, que se move de 35 a 51 km/h (22-32 mph). A nuvem funil converte-se em tornado quando sua parte mais estreita entra em contato com o solo, onde causa o maior dano, muitas vezes ao longo de uma faixa linear (■ Figura 6.21). Por causa de seu pequeno tamanho e vida útil curta, os tornados são difíceis de detectar e prever. Contudo, uma tecnologia de radar sofisticada, chamada **radar Doppler**, melhora a detecção e previsão de tornados significativamente, permitindo que os meteorologistas avaliem tempestades em detalhe (■ Figura 6.22).

O radar Doppler pode medir a velocidade do vento se aproximando ou afastando da posição do radar. Quando a energia emitida pelo radar atinge a precipitação, uma pequena parte é refletida de volta ao radar. Se a precipitação está se movendo para perto ou para longe do local do radar, o comprimento de onda do sinal de radar que retornou é comprimido ou alongado. Quanto mais rápido o fluxo de ventos, maior a mudança do comprimento de onda. O Doppler pode estimar a circulação do

■ **FIGURA 6.19** Um poderoso tornado F4 na região central de Illinois, em julho de 2004.

■ **FIGURA 6.20** Terrível destruição causada por um tornado F5 em Greensburg, Kansas, em 16 de maio de 2007.

---

[7] *Tornado Alley* é o nome dado a uma grande faixa que vai do sudeste do Texas ao sudoeste de Nebraska, abrangendo diversos estados da porção central dos Estados Unidos. Essa região é conhecida pela sua elevada incidência de tornados. (N.R.T.)

FIGURA 6.21 O caminho destrutivo de um poderoso tornado é visível nesta imagem de satélite como uma faixa linear de danos em toda a paisagem de La Plata, estado de Maryland.

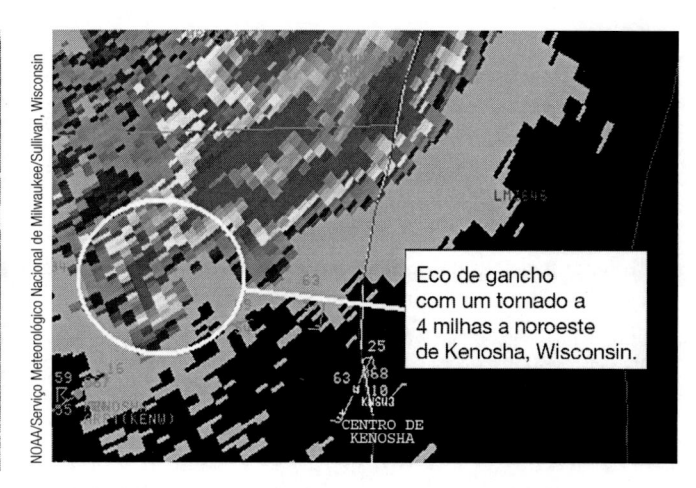

FIGURA 6.22 Esta imagem de radar Doppler perto de Kenosha, em Wisconsin, mostra uma formação curvada nos padrões de precipitação da tempestade que se aproxima. A assinatura em forma de gancho significa que um tornado pode estar ocorrendo.

vento e de rotação dentro da tempestade. Essa tecnologia permite que os meteorologistas vejam a formação de um tornado, o que aumenta assim o tempo de aviso ao público.

De acordo com estudos com o radar Doppler, a maioria dos tornados (75%) é bastante fraca, com ventos de 180 km/h (112 mph) ou menos. Os restantes 25%, cuja velocidade do vento chega a 265 km/h (165 mph), podem ser classificados de

TABELA 6.3
A Escala de Intensidade Fujita e a Escala Avançada Fujita de tornados

Escala F	Velocidade do vento		Escala EF	Velocidade do vento		Danos esperados
	Km/h	MPH		Km/h	MPH	
F-0	<116	<72	EF-0	<138	<86	**Danos pequenos** Danos a chaminés e *outdoors*; galhos quebrados; árvores de raízes rasas arrancadas
F-1	116–180	72–112	EF-1	138–177	86–110	**Danos moderados** Superfícies de telhados danificadas; estruturas de casas móveis arrancadas; portas exteriores arrancadas; janelas quebradas; veículos em movimento empurrados para fora da estrada
F-2	181–253	113–157	EF-2	178–217	111–135	**Danos consideráveis** Telhados de casas arrancados, casas móveis demolidas; vagões empurrados; árvores de grande porte quebradas ou desenraizadas; objetos leves arremessados
F-3	254–332	158–206	EF-3	218–265	136–165	**Danos severos** Telhados e paredes de casas com fortes estruturas arrancados; trens derrubados; maioria das árvores de uma floresta arrancada; carros pesados levantados do chão e jogados
F-4	333–419	207–260	EF-4	266–322	166–200	**Danos devastadores** Casas com fortes estruturas derrubadas; estruturas com bases fracas, carros e objetos grandes arremessados
F-5	>419	>260	EF-5	>322	>200	**Excepcionais** Casas com bases fortes arrastadas a uma distância considerável ou até se desintegrarem; objetos do tamanho de automóveis arremessados pelo ar a distância superior a 100 metros; árvores descascadas; ocorrência de grandes fenômenos

fortes. Cerca de 70% de todas as mortes decorrentes de tornados resultam destes mais violentos. Apesar de serem muito raras, tais tempestades assassinas podem ter velocidades de vento superiores a 320 km/h (200 mph).

Antes do radar Doppler, a velocidade do vento nos tornados não podia ser medida diretamente e sua intensidade era estimada a partir dos danos causados pela tempestade. Theodore Fujita desenvolveu uma escala para a comparação de tornados, chamada de Escala de Intensidade Fujita, ou, mais comumente Escala Fujita ou *F-escale*[8] (Tabela 6.3). Em 2007, o Serviço Meteorológico Nacional aprovou uma versão refinada e modificada da escala Fujita, com base em novos dados e observações que não estavam disponíveis para ela. O resultado é a **Escala Avançada Fujita** (*EF-Scale*, do inglês *Enhaced Fujita Scale*), que é usada atualmente.

Embora a maioria dos danos dos tornados seja causada por ventos violentos, muitos acidentes e mortes resultam dos destroços arremessados pelo vento. O tamanho pequeno e a curta duração de um tornado limitam bastante o número de mortes causadas por ele. De fato, mais pessoas morrem atingidas por relâmpagos por ano que por tornados. Às vezes, porém, tempestades severas podem gerar uma **onda de tornados**, ou seja, tornados múltiplos produzidos pelo mesmo sistema. A pior onda de tornados registrada na história ocorreu de 3 a 4 de abril de 1974, quando 148 tornados atingiram 13 estados americanos, ferindo quase 5.500 pessoas e matando outras 330.

Previsão do tempo

A previsão do tempo, pelo menos em princípio, é um processo bastante simples. Observações meteorológicas são feitas, coletadas e mapeadas para descrever o estado atual da atmosfera. Com base nessas informações, os movimentos prováveis e o crescimento ou dissipação dos sistemas meteorológicos atuais são projetados para um determinado período de tempo no futuro.

Quando uma previsão falha – o que todos nós sabemos que acontece – pode ser por causa de informação limitada ou incorreta coletada e processada, ou porque foram cometidos erros na previsão do caminho ou crescimento dos sistemas de tempestades. Quanto mais longe se tenta fazer uma previsão, maior será a margem de erro.

Embora as previsões não sejam perfeitas, elas são muito melhores atualmente que no passado. Grande parte desta melhoria pode ser atribuída ao desenvolvimento de tecnologia e equipamentos sofisticados. Mais conhecimento e observação da atmosfera têm melhorado a acurácia da previsão de tempo. Os satélites meteorológicos fornecem imagens aos meteorologistas, as quais possibilitam uma melhor compreensão dos sistemas meteorológicos. Imagens de satélite são extremamente valiosas para os meteorologistas que acompanham as tempestades que se desenvolvem em áreas oceânicas e seguem em direção a terra firme, como as tempestades na costa ocidental do Pacífico e furacões no Atlântico ou no Golfo do México (■ Figura 6.23). Antes do advento dos satélites meteorológicos, meteorologistas tinham de confiar em informações transmitidas por navios, o que significava falta de dados sobre grandes áreas oceânicas. Assim, eles eram muitas vezes surpreendidos por eventos meteorológicos inesperados.

Os computadores podem processar rapidamente dados e mapa de condições meteorológicas, com base em informações e imagens baixadas de estações meteorológicas e satélites em *tempo real*, ou seja, de imediato, quando ocorrem alterações. Processamentos digitais complexos de modelos de previsão estatísticos, com base nos processos físicos que governam a nossa atmosfera, são realizados em sistemas computacionais. Alguns dos computadores mais rápidos e poderosos disponíveis hoje são usados para prever o tempo e modelar mudanças climáticas.

■ **FIGURA 6.23** Esta imagem de satélite meteorológico mostra dois continentes e áreas oceânicas adjacentes.
Há cobertura de nuvens sobre seu estado hoje?

---

[8] Em português não se usa o termo escala F, e sim *F-escale* ou simplesmente Escala Fujita. (N.R.T.)

Embora hoje os meteorologistas possuam vasto conhecimento e usem tecnologias altamente avançadas, a previsão do tempo ainda não é um processo perfeito. Meteorologistas aliam ciência e arte, realidade e interpretação, dados e intuição, para fornecer seus melhores julgamentos com base em probabilidades sobre condições meteorológicas futuras. Perceber as complexidades da atmosfera que a previsão do tempo deve levar em consideração nos ajuda a compreender as informações apresentadas em uma previsão do tempo. As condições de tempo nos afetam diariamente, por isso possuir conhecimento básico dos sistemas meteorológicos e processos atmosféricos pode enriquecer nossas vidas, ajudando-nos a saber como nos prepararmos para quaisquer condições meteorológicas que possam ocorrer. Esse conhecimento básico é também essencial para a compreensão do clima global e do meio ambiente, que serão tratados nos capítulos seguintes.

:: Termos para revisão

ártica continental (cA)
ciclones de latitudes médias
ciclones extratropicais
distúrbio atmosférico
equatorial marítima (mE)
Escala Avançada Fujita
Escala de furacões Saffir–Simpson
frente estacionária
frente fria
frente oclusa
frente quente
furacão
linhas de instabilidade
massa de ar
nevasca
onda de tornados
ondas de leste
polar continental (cP)
polar marítima (mP)
Polar outbreak
trajetória das tempestades
radar Doppler
região de origem
tempestade de neve
tempestades
temporais convectivos
temporais frontais
temporais orográficos
tornado
tropical continental (cT)
tropical marítima (mT)
tufões

:: Questões para revisão

1. Qualquer área da Terra produz massas de ar? Por quê?
2. Quais letras são utilizadas para identificar as massas de ar em mapas? Qual é a combinação usada entre elas?
3. Quais massas de ar influenciam o clima na América do Norte? Onde e em que época do ano elas são mais eficientes?
4. Use a Tabela 6.1 e a Figura 6.2 para descobrir que tipos de massas de ar são mais suscetíveis de afetar sua área local. Como eles afetam o clima na sua área?
5. Por que as massas de ar são classificadas de acordo com sua formação na água ou terra firme?
6. Por que o ar da *mP* afeta os Estados Unidos e quais áreas atingem?
7. O que é uma frente e por que ela ocorre? Como saber para onde as frentes estão se movendo em um mapa meteorológico?
8. Quais as diferenças na duração e características de precipitação entre frentes quentes e frias?
9. Como a configuração de padrões de ventos da alta atmosfera afeta as condições do tempo de superfície?
10. Como é possível usar o conhecimento de ciclones para ajudar na previsão de mudanças do tempo? Com quanto tempo de antecedência? Quais mudanças atmosféricas poderiam alterar sua previsão?

:: Aplicações práticas

1. Colete uma série de mapas meteorológicos do seu jornal local ou pela internet por três dias. Com base na migração de sistemas de alta e baixa pressão durante esse período, preveja seu movimento nos próximos dias.
2. Desenhe um diagrama de um ciclone das latitudes médias maduro (totalmente desenvolvido) que inclua o centro de baixa pressão, com várias linhas isobáricas, a frente quente, a frente fria, as setas de direção do vento, uma rotulagem adequada das massas de ar quente e frio e zonas de precipitação.
3. Velocidades do vento são fornecidas às vezes em nós (milhas náuticas por hora) em vez de milhas terrestres por hora. Uma milha náutica (usada principalmente para navegação aérea e marítima) é igual a 6.080 pés, um pouco mais de uma milha terrestre, de 5.280 pés. Sendo mais longa que uma milha terrestre, um nó é um pouco mais rápido que uma milha por hora. A conversão de milhas por hora para nós é:

$$\text{Nós} = \text{mph} \times 1{,}151$$

Usando a Tabela 6.2, converta as faixas de velocidades de vento de categorias de furacão de 1 a 5 de milhas por hora para nós.

INTERPRETAÇÃO DE MAPA

MAPAS METEOROLÓGICOS

Mapas que retratam as condições meteorológicas de uma grande área são importantes para descrições de tempo atuais e previsões. Observações simultâneas de dados meteorológicos são registradas em estações em todos os Estados Unidos (e no mundo). Esta informação é retransmitida eletronicamente ao Centro Nacional de Previsão Ambiental, próximo a Washington, D.C., onde os dados são analisados e mapeados.

Os meteorologistas então usam informações individuais e dados para retratar as condições meteorológicas gerais sobre uma área maior. Por exemplo: isóbaras (linhas de pressão atmosférica igual) são desenhadas para revelar a localização de ciclones (B) e anticiclones (A)[9], e para indicar os limites frontais. Áreas com precipitação no momento, bem como são destacadas em verde no mapa. O resultado final é um mapa das condições meteorológicas que pode ser usado para prever mudanças nos padrões atmosféricos. Este mapa é acompanhado por uma imagem de satélite tirada na mesma data.

1. Isóbaras são linhas de mesma pressão atmosférica, expressa em milibares. Qual é o intervalo (em milibares) entre isóbaras adjacentes neste mapa do tempo?
2. Que tipo de frente está passando pelo centro da Flórida neste momento?
3. Que sistema de alta pressão do Canadá é mais forte: o localizado sobre British Columbia ou aquele perto de Terra Nova?
4. Qual estado está livre de precipitação neste momento: Nebraska, Connecticut, Mississípi ou Kentucky?
5. Que tipo de frente está localizado em Nevada e Utah?
6. O mapa da superfície representa com precisão a cobertura de nuvens indicada na imagem de satélite?
7. Você consegue identificar os sistemas de baixa pressão na imagem de satélite?
8. Há alguma nuvem sobre Virgínia Ocidental? Como você sabe?
9. A localização das frentes e áreas de precipitação no mapa está de acordo com a relação idealizada representada na Figura 6.9 (sistemas ambientais: sistemas ciclônicos de latitudes médias)? Explique.
10. No mapa, que tipo de símbolo frontal fica ao longo da costa dos Estados Unidos, entre Nova Jersey e Connecticut?
11. Olhando para o mapa e a imagem de satélite, comente sobre a força relativa das frentes na Flórida, em Illinois e aquela que fica a sudeste da costa da Nova Inglaterra.
12. Que tipo de tempestade está ocorrendo na Nova Inglaterra? (Dica: é o nome de uma direção do vento.)

---

[9] A localização de ciclones no mapa é indicada por *Baixa* e a localização de anticiclones é indicada por *Alta* (N.R.T.)

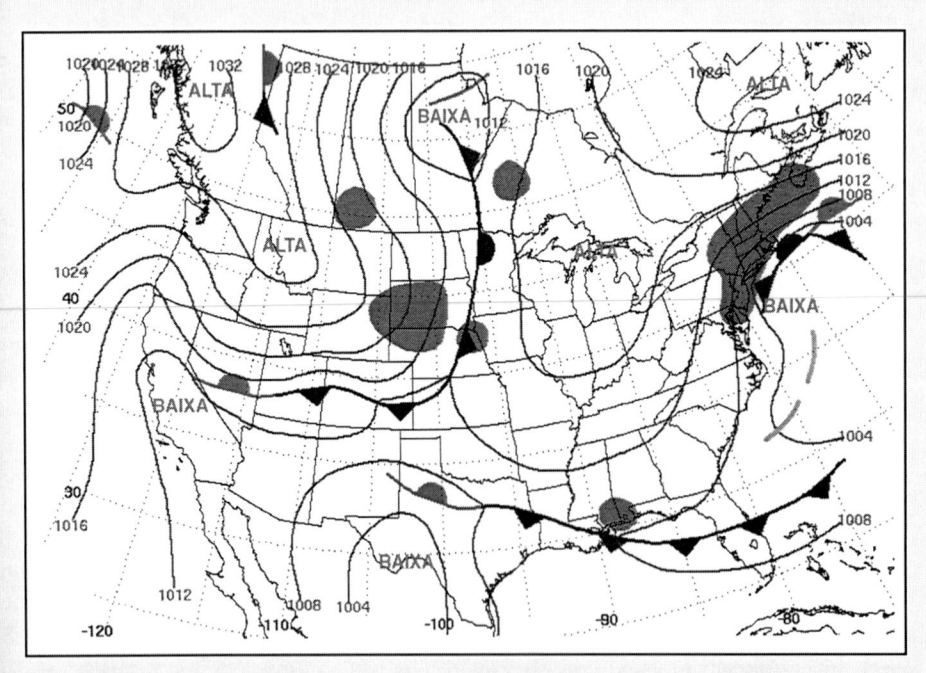

Este mapa meteorológico ilustra a distribuição espacial dos elementos do tempo mensuráveis (pressão do ar, temperaturas, direção e velocidade do vento), bem como a posição das frentes e áreas de precipitação. As isóbaras definem células de alta e baixa pressão; os tipos de frentes também estão identificados. As condições de tempo nas estações meteorológicas são caracterizadas por valores numéricos e símbolos.

Ao lado:
Imagem de satélite das condições atmosféricas mostradas na carta sinótica a seguir.
©NOAA e Departamento de Geociência, Universidade Estadual de São Francisco.

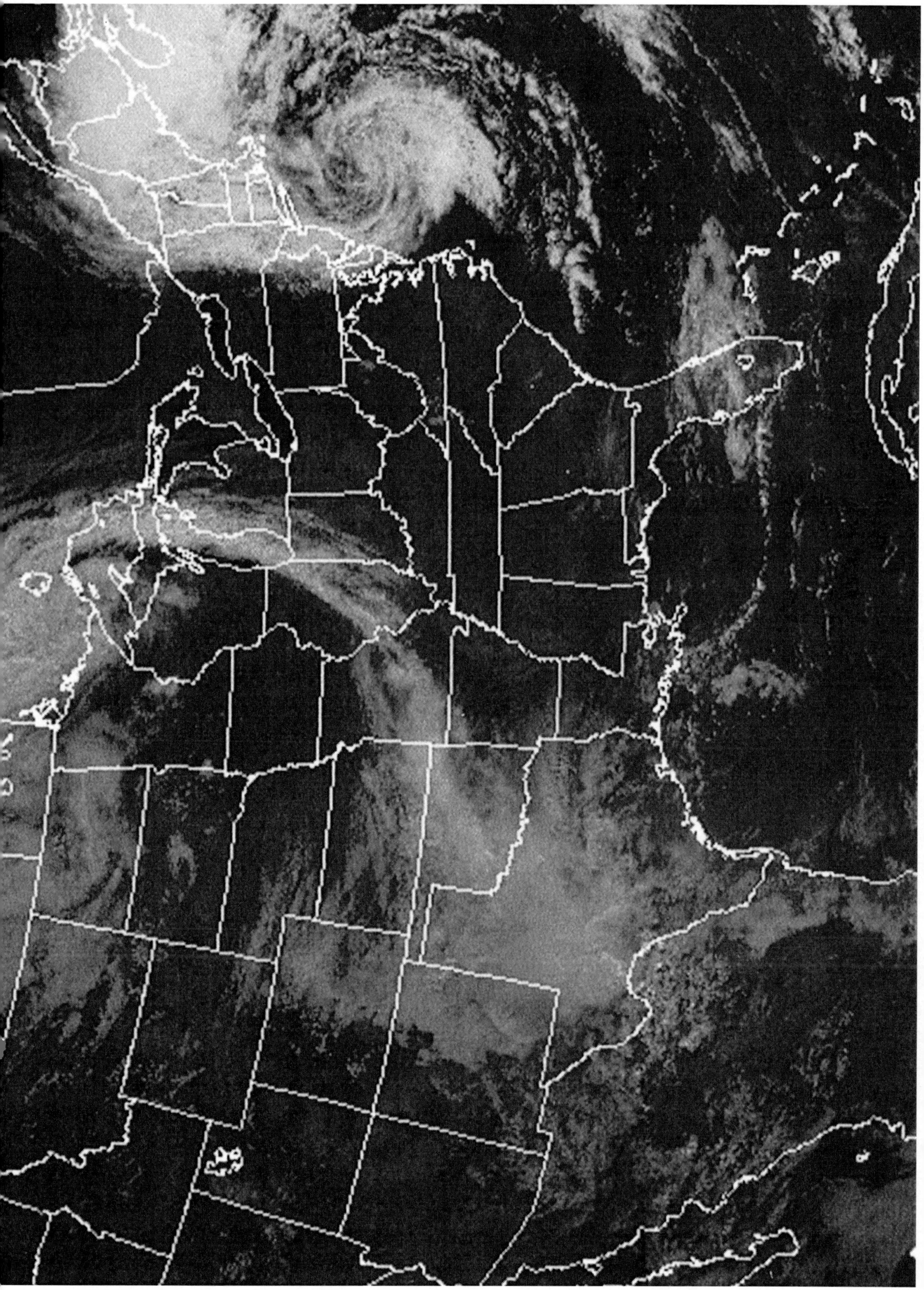

Classificação climática: regiões de clima tropical, árido e mesotérmico

7

:: Apresentação

Classificando climas

Regiões de clima tropical úmido

Regiões de clima árido

Regiões de clima mesotérmico

Em regiões tropicais que possuem uma longa estação seca, como no leste da África está retratado na foto, os poços de água são importantes recursos para a subsistência da vida selvagem.

© Jeremy Woodhouse/Getty Images

:: Objetivos

Ao terminar de estudar este capítulo, você será capaz de:

- Comparar e contrastar as vantagens e limitações dos sistemas de classificação de climas Thornthwaite e Köppen.
- Aplicar estatísticas de temperaturas e precipitações para classificar os climas usando o sistema Köppen.
- Reconhecer como a informação em um climograma é usada para identificar o clima de um lugar.
- Compreender por que os tipos de vegetação estão intimamente relacionados com as regiões climáticas no sistema Köppen.
- Traçar as principais características de cada clima: tropical úmido, árido e mesotérmico (inverno moderado).
- Descrever os locais dos climas tropical úmido, árido e mesotérmico e os principais fatores que controlam sua distribuição.
- Compreender os tipos mais importantes de vegetação e as adaptações humanas para cada clima tropical úmido, árido e mesotérmico.

Nos capítulos anteriores, aprendemos como os elementos da atmosfera se combinam para produzir as condições de tempo. Neste capítulo e no próximo, examinaremos como esses elementos interagem durante longos períodos de tempo para produzir o clima, que caracteriza os variados ambientes físicos que cobrem nosso planeta. Como percebemos anteriormente, o clima é mais que uma média da previsão do tempo. Embora os diferentes tipos de clima sejam basicamente classificados por médias estatísticas de elementos como temperatura e precipitação, a determinação de um tipo de clima inclui a probabilidade de condições de tempo não frequentes, como tempestades, geadas e secas.

Para o conhecimento e a compreensão do planeta, este capítulo e o próximo podem ser particularmente úteis para sua experiência de vida, na qual provavelmente observará uma variedade incontável de paisagens naturais e ambientes físicos, seja pessoalmente, em livros, na televisão e em filmes. Essas experiências serão intensificadas quando você compreender e apreciar as características climáticas e o impacto que elas causam na paisagem. O clima no mundo está em mudança constante e, neste e no próximo capítulo, você aprenderá como, por que e qual o impacto que ela pode ter sobre as interações entre os seres humanos e seus ambientes físicos.

Classificando climas

O conhecimento de que o clima varia de região para região data de tempos antigos. Os gregos antigos (como Aristóteles, por volta de 350 a.C.) classificaram o mundo conhecido em zonas tórridas, temperadas e frígidas, baseadas em seu calor relativo. Também foi reconhecido que essas zonas variavam com a latitude e que a flora e a fauna também refletiam essas mudanças. Com a exploração mais profunda do mundo, os naturalistas perceberam que a distribuição dos climas poderia ser explicada usando fatores como o ângulo do Sol, ventos predominantes, elevação e proximidade com grandes corpos de água.

As duas variáveis meteorológicas usadas com mais frequência como indicadores de clima são a temperatura e a precipitação. Para classificar e descrever os climas corretamente de uma área, os climatologistas necessitam de dados meteorológicos de pelo menos 30 anos.

A invenção de um instrumento para medir a temperatura de forma confiável, o termômetro, data de Galileu, no início de 1600. A conquista europeia de colônias distantes e a coleta esporádica de dados da temperatura e da precipitação dessas colônias começou por volta de 1700, porém não era rotina até meados de 1800 ou mais. Isso foi seguido no início do século XX por uma das primeiras tentativas de classificar o clima global utilizando dados reais de temperatura e precipitação.

Esses especialistas têm trabalhado para reduzir o número infinito de variações de elementos atmosféricos em todo o mundo para uma quantidade compreensível de grupos ou variedades, combinando elementos com estatísticas semelhantes.(■ Figura 7.1). Organizar e classificar os vastos e ricos dados disponíveis em

■ **FIGURA 7.1** Este mapa mostra a diversidade de climas possíveis em uma área relativamente pequena, incluindo porções do Chile, Argentina, Uruguai e Brasil. Os climas variam de seco para úmido e de quente para frio com muitas combinações de características de temperatura e umidade.
O que você pode sugerir como causas para as mudanças de clima mais importantes à medida que segue a linha de latitude 40°S que corta a América do Sul do oeste ao leste?

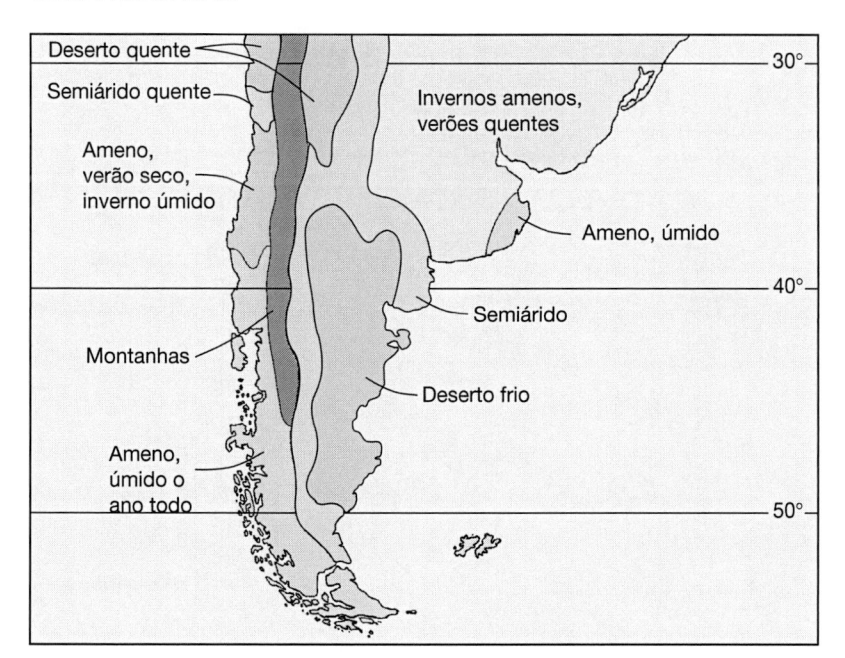

descrições de grandes grupos climáticos permite que os geógrafos se concentrem nas causas de longa escala da diferenciação climática. Além disso, eles também podem examinar exceções para as relações gerais, sua distribuição e os processos relacionados a essas exceções. Finalmente, diferenciar os tipos de clima ajuda a explicar a distribuição geográfica de outros fenômenos relacionados a ele e de importância para o meio ambiente e para os seres humanos.

Apesar de sua utilidade, a classificação do clima não deixa de ter problemas, pois é uma generalização sobre fatos observados baseados em médias e probabilidades das condições do tempo. Cada tipo de clima representa certa composição do tempo ao longo das estações. Dentro de dada generalização, é impossível incluir as muitas variações que realmente existem. Em uma escala global, generalizações, simplificações e acordos são feitos para distinguir os tipos de clima e regiões.

O sistema de Thornthwaite

Um sistema utilizado para a classificação de climas se concentra nas características em uma escala local. Esse sistema é mais útil para cientistas do solo, especialistas em recursos hídricos e agricultores. Por exemplo, para um agricultor interessado em cultivar um tipo específico de cultura em uma área particular, um sistema global de classificação de grandes regiões da Terra é muito generalizado. Uma característica importante e de variação local diz respeito à quantidade e às épocas de excedente ou défices anuais da umidade do solo. Com base em uma perspectiva ambiental ou agrícola, é muito importante saber se haverá umidade na época do crescimento, se ela virá diretamente em forma de precipitação ou se virá do solo.

Desenvolvido por um climatologista americano (cujo nome foi dado em sua homenagem), o **sistema de Thornthwaite** determina a disponibilidade de umidade (ou escassez) na escala sub-regional (■ Figura 7.2). Esse sistema é normalmente adotado ao examinar climas locais. Uma classificação climática localmente detalhada como o sistema de Thornthwaite se tornou possível só depois de ser feita uma vasta coleta de dados referentes à temperatura e precipitação em vários lugares, no início da segunda metade do século XIX.

O sistema de Thornthwaite baseia-se no conceito da **evapotranspiração potencial (ET potencial)**, que aproxima o uso de água pelas plantas da perda por evaporação que poderia ocorrer se uma fonte ilimitada de água estivesse disponível. A evapotranspiração é uma combinação de *evaporação* e *transpiração* (ou perda de água pela vegetação). O ET potencial é um valor teórico que

■ **FIGURA 7.2** As regiões de clima Thornthwaite no contínuo americano estão baseadas na relação entre precipitação (P) e evapotranspiração potencial (ET). O índice de umidade (MI) é determinado por esta equação simples:

$$MI = 100 \times \frac{P - ET\ Potencial}{ET\ Potencial}$$

Onde a precipitação excede o potencial ET, o índice é positivo; onde o potencial ET excede a precipitação, o índice é negativo.
Quais são os índices de umidade e o tipo de clima Thornthwaite para a costa da Califórnia?

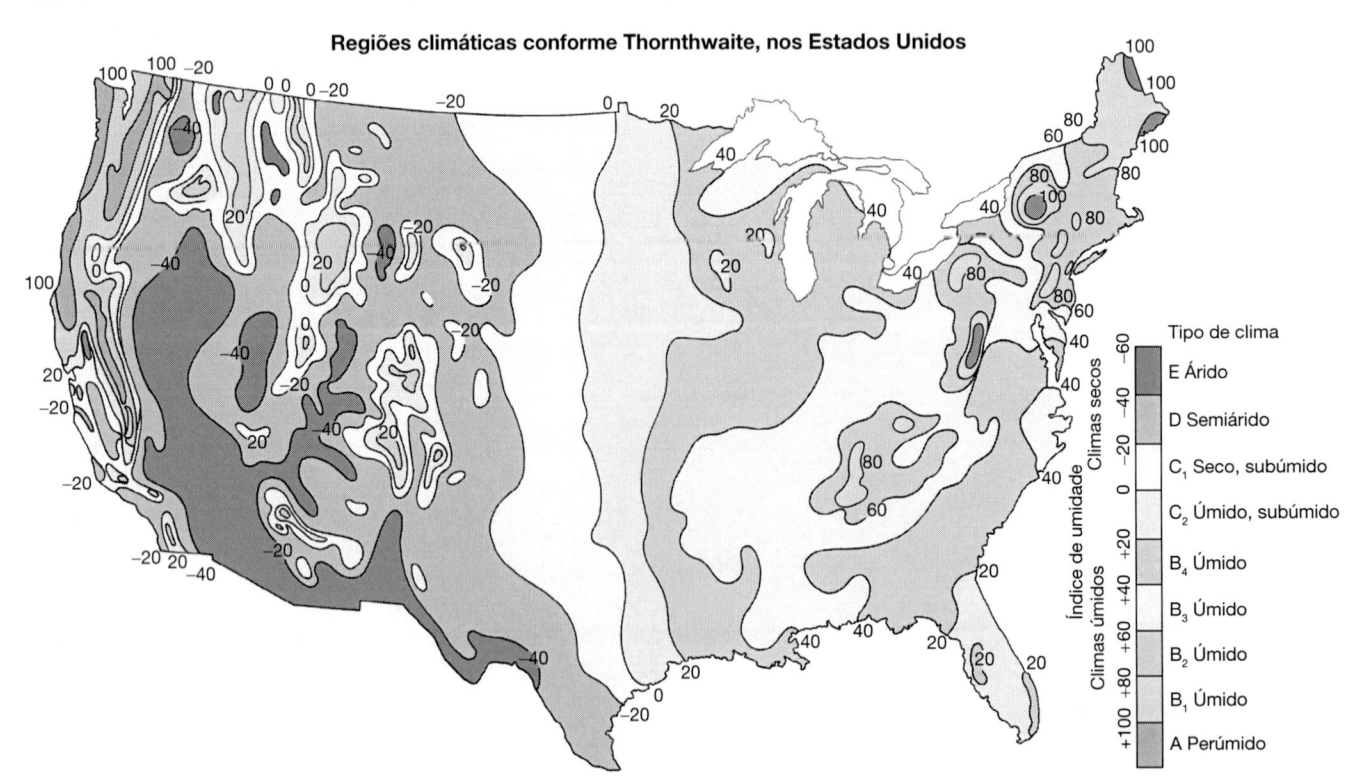

aumenta com a elevação da temperatura, os ventos e a duração da luz do dia e diminui com o aumento da umidade. A **evapotranspiração real (ET real)** reflete a perda de evaporação real e o uso da água pelas plantas de um local. A água para a ET real pode ser fornecida durante a estação seca pela umidade do solo, se ele não estiver completamente seco. O provimento de água disponível pode durar toda a estação seca se o clima estiver relativamente fresco e se os dias forem menores. As medições da ET real relativa à ET potencial e a umidade disponível do solo são fatores determinantes para a grande parte da vegetação e cultivo de culturas. O sistema de Thornthwaite reconhece três zonas climáticas baseadas nos valores da ET potencial:

- climas de latitude baixa, com a ET potencial superior a 130 centímetros (51 pol.);
- climas de latitude média, com a ET potencial inferior a 130, mas superior a 52,5 centímetros (20,5 pol.);
- climas de latitude alta, com a ET potencial inferior a 52,5 centímetros.

As zonas climáticas são subdivididas com base em quanto e por quanto tempo a ET real é inferior à ET potencial. Os climas úmidos podem ter um excedente ou um défice menor que 15 centímetros (6 pol.). Os climas secos são aqueles com um défice anual superior a 15 centímetros.

O sistema de Köppen

A classificação climática mais utilizada é baseada nos padrões de temperatura e precipitação. É conhecida como **sistema de Köppen**, desenvolvido pelo climatologista alemão Wladimir Köppen. Ele reconheceu que as principais associações de vegetação refletem o clima de uma área. Portanto, suas regiões climáticas foram formuladas para coincidir com as regiões de vegetação bem definidas. O climatologista deu nome a várias delas com base em sua vegetação natural mais representativa. A evidência da forte influência do sistema de Köppen é vista no extenso uso de sua terminologia climática, até mesmo em literaturas não científica (por exemplo, clima da tundra, clima da floresta tropical).

Vantagens e limitações do sistema de Köppen

A temperatura e a precipitação são as duas variáveis climáticas mais medidas e registradas. Variações causadas pelos padrões atmosféricos aparecerão de forma mais óbvia em estatísticas de temperatura e precipitação. Além disso, a temperatura e a precipitação são os elementos climáticos que mais afetam diretamente seres humanos, animais, vegetação, solos e muitos elementos da paisagem natural. Ao usar as estatísticas de temperatura e precipitação para definir os limites climáticos, Köppen fez uma derivação de definições numéricas precisas para cada região climática.

Os limites climáticos na classificação de Köppen foram concebidos para que tivesse uma correspondência aproximada com as regiões de vegetação global. Assim, muitos dos limites climáticos de Köppen refletem "linhas de vegetação". Por exemplo, a classificação de Köppen utiliza as isotermas mensais de 10 °C (50 °F) por causa da sua relevância com a linha das árvores – a linha além da qual a temperatura é muito fria e/ou a estação de crescimento é muito curta para as árvores se desenvolverem. Por esse motivo, Köppen definiu o clima polar, que não possui árvores, como sendo as áreas onde a temperatura média do mês mais quente está abaixo de 10 °C (50 °F). Claro que, se os climas estão divididos de acordo com os tipos de vegetação associados e se a divisão está baseada nos elementos atmosféricos da temperatura e precipitação, o resultado será uma visível associação da vegetação com os tipos climáticos. A relação com o mundo visível na classificação climática de Köppen é uma das características mais atraentes para os geógrafos.

No entanto, há limitações para o sistema de Köppen. Por exemplo, ele considerou apenas a média mensal de temperatura e precipitação ao criar sua classificação climática. Esses dois elementos permitem fazer uma estimativa da eficácia da precipitação, mas não a mede diretamente ou com a precisão suficiente para permitir comparações detalhadas de um lugar para outro. Para fins genéricos e por ter poucos dados disponíveis referentes a muitos outros fatores climáticos, Köppen não considerou os ventos, as nuvens, a intensidade da precipitação, a umidade e as temperaturas extremas diárias, embora esses fatores exerçam uma importante influência no clima local e geral.

Classificação simplificada de Köppen

O sistema Köppen, posteriormente modificado por climatologistas, divide o mundo em seis categorias climáticas principais. As quatro primeiras são baseadas nas características de temperatura e umidade anual adequada: (*A*) **clima tropical úmido**, (C) **clima mesotérmico úmido** (inverno ameno), (D) **clima microtérmico úmido** (inverno rigoroso) e (E) **clima polar** (■ Figura 7.3). Outra categoria, **clima árido** (B), inclui *climas desérticos* (extremamente áridos) e *climas de estepe* (semiáridos), identificando regiões secas ao comparar a baixa precipitação que recebem com as características de temperatura anual (■ Figura 7.4a). Deve-se notar, no entanto, que os climas áridos e semiáridos abrangem regiões onde as temperaturas variam de frias a muito quentes. A última categoria (H) caracteriza o **clima de altas altitudes**, que são as regiões montanhosas do mundo onde a vegetação e o clima variam rapidamente por causa das mudanças na elevação e na exposição (Figura 7.4b).

Dentro das cinco primeiras categorias principais (com exceção da categoria do clima de altas altitudes), os tipos e subtipos climáticos individuais são diferenciados uns dos outros por parâmetros específicos de temperatura e precipitação. (Veja Tabela 1, no Apêndice C, que descreve como classificar os tipos e subtipos de clima de acordo com o sistema de Köppen e suas denominações por um conjunto de letras.) Vamos nos referir aos tipos de clima pelos seus nomes, como mostrado na Tabela 7.1. No entanto, os símbolos alfabéticos do Apêndice aparecerão nos gráficos, para identificar tipos e subtipos específicos de climas, e também nos mapas, que apontam sua localização e sua distribuição. A familiaridade e as referências frequentes ao Apêndice e seu conteúdo são importantes. As principais categorias climáticas da classificação de Köppen incluem diferenças suficientes em variações, quantidades e sazonalidade da temperatura e precipitação para produzir os tipos de clima listados na Tabela 7.1.

■ **FIGURA 7.3** As quatro categorias de clima úmido da classificação de Köppen estão baseadas em variações anuais de temperaturas. (a) clima tropical de monção: sopé do Himalaia, em Bengala Ocidental, Índia; (b) clima mesotérmico mediterrânico: vilarejos ao sul da Espanha; (c) clima microtérmico subártico: árvores que suportam um longo inverno no Alasca; (d) clima das calotas polares: geleiras próximas costa sul da Groenlândia.

■ **FIGURA 7.4** (a) Os climas áridos como esta região do deserto de Sonora, no Arizona, são classificados de acordo com a deficiência de umidade que enfrentam em um ano. (b) Os climas de altas altitudes, como mostrado aqui na Floresta Nacional de Uncompahgre, no Colorado, variam de acordo com sua latitude e com as alterações locais de altitude e exposição, que são classificados separadamente dos outros climas de Köppen.

TABELA 7.1
Tipos de classificação simplificada de Köppen

Climas	Abreviação[1] do climograma
Climas tropicais úmidos (A)	
Clima tropical equatorial	Tropical eq.
Clima tropical de monção	Tropical mon.
Clima tropical de savana	Tropical sav.
Climas áridos (B)	
Clima de estepe	Lat. baixa/ lat.- méd. estepe
Clima desértico	Lat. baixa/lat.- méd. deserto
Climas mesotérmicos úmidos (inverno ameno) (C)	
Clima mediterrâneo	Medit.
Clima subtropical úmido	Subt. úmid.
Clima oceânico	Ocean.
Climas microtérmicos úmidos (inverno rigoroso) (D)	
Clima continental úmido, verão quente	Cont. umid. V.Q.
Clima continental úmido, verão ameno	Cont. umid. V.A.
Clima subártico	Subártico
Climas polares (E)	
Clima da tundra	Tundra
Clima das calotas polares	Calota polar
Climatas de altas altitudes (H)	
Vários climas baseados nas diferenças de elevação.	Nenhum climograma pode representar essa variedade de climas

[1] A abreviação não segue nenhum padrão oficial, são apenas abreviaturas dos nomes dos climas que o autor escolheu utilizar. (N.R.T.)

Regiões climáticas

Como cada tipo de clima de Köppen é definido por valores numéricos específicos para as médias mensais de temperatura e precipitação, é possível traçar limites entre esses tipos em um mapa mundial. As áreas dentro desses limites são exemplos de um tipo de região do mundo. O termo **região**, como é usado por geógrafos, refere-se a uma área que tem características internas reconhecidamente similares e que são distintas de outras áreas. Uma região pode ser descrita com base em algo que a unifica e a diferencia das outras.

Ao examinar as regiões climáticas do mundo neste capítulo e no próximo, você deve sempre fazer referência ao mapa-múndi das regiões climáticas (■ Figura 7.5). A Figura mostra os padrões dos climas da Terra e como são distribuídos em cada continente. Contudo, tenha em mente que em um mapa de regiões climáticas são utilizadas linhas distintas para separar uma região da outra. Obviamente, as linhas não marcam limites onde há mudanças abruptas nas condições de temperatura e precipitação. Em vez disso, elas significam zonas de transição entre diferentes regiões climáticas. Ainda, essas zonas ou fronteiras entre regiões são baseadas nas médias mensais e anuais e podem ser alteradas se as estatísticas de temperatura e umidade se modificarem com o passar dos anos.

A transição real de uma região climática para outra é gradual, exceto em casos nos quais a mudança é provocada por um fator climático incomum, como uma barreira montanhosa. Seria mais preciso ilustrar as regiões climáticas e suas zonas de transição em um mapa com uma cor gradativamente se transformando em outra. Lembre-se de que ao descrever os climas da Terra, as áreas mais internas de uma região são as que melhor apresentam as características que os distinguem.

Climogramas

A natureza do clima para qualquer lugar da Terra pode ser resumida em um gráfico, como mostrado na Figura 7.6. Dadas a média mensal de temperatura e precipitação, podemos ilustrar as alterações nesses dois elementos ao longo do ano, traçando seus valores em um gráfico. Para tornar o padrão de mudanças da temperatura mensal mais claro, podemos conectar os valores mensais com uma linha contínua, produzindo uma curva de temperatura anual. Para evitar confusão, a quantidade média de precipitação mensal é geralmente mostrada em um gráfico

152 FUNDAMENTOS DE GEOGRAFIA FÍSICA

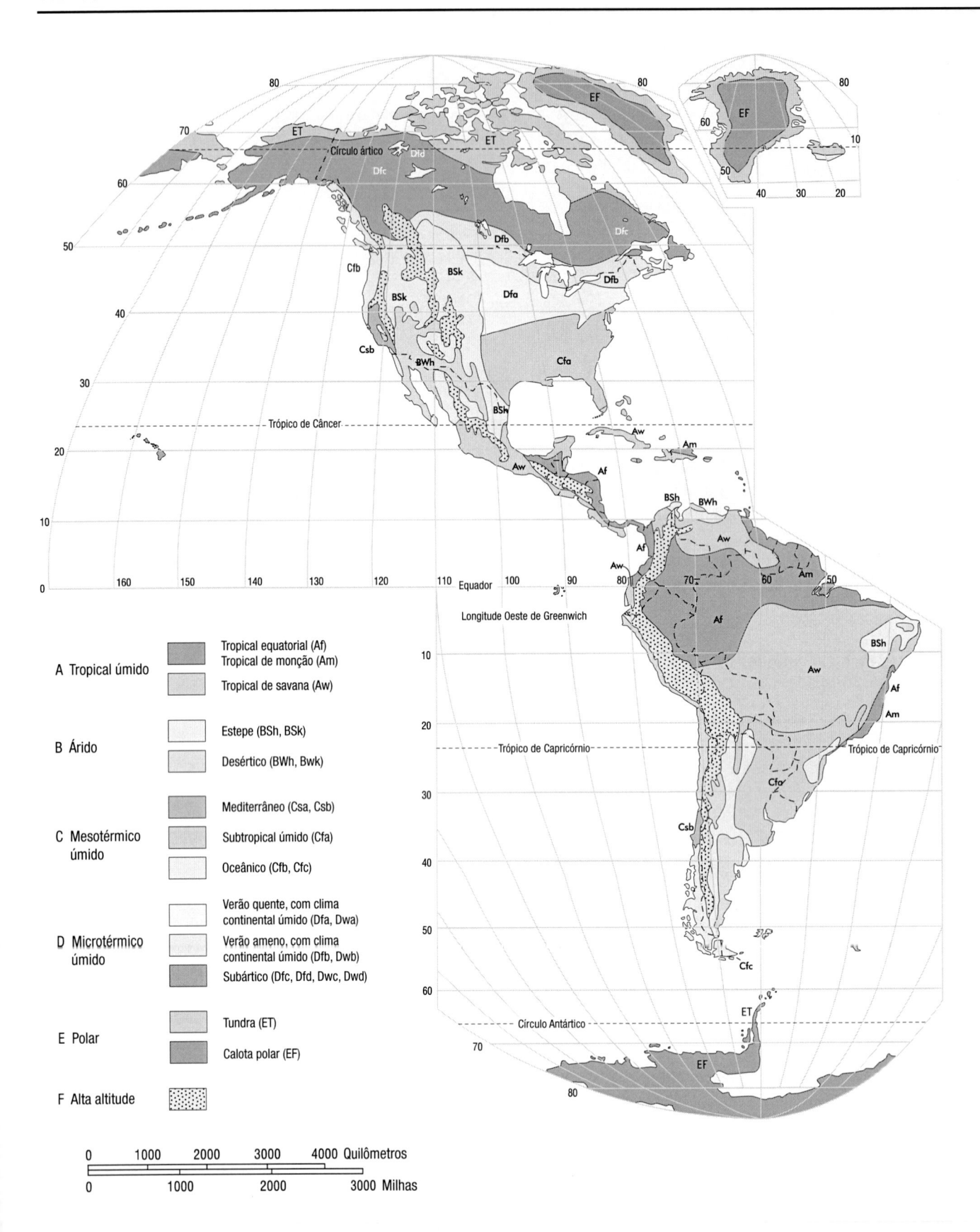

A Tropical úmido
- Tropical equatorial (Af)
- Tropical de monção (Am)
- Tropical de savana (Aw)

B Árido
- Estepe (BSh, BSk)
- Desértico (BWh, Bwk)

C Mesotérmico úmido
- Mediterrâneo (Csa, Csb)
- Subtropical úmido (Cfa)
- Oceânico (Cfb, Cfc)

D Microtérmico úmido
- Verão quente, com clima continental úmido (Dfa, Dwa)
- Verão ameno, com clima continental úmido (Dfb, Dwb)
- Subártico (Dfc, Dfd, Dwc, Dwd)

E Polar
- Tundra (ET)
- Calota polar (EF)

F Alta altitude

■ **FIGURA 7.5** Mapa-múndi dos climas no sistema de classificação modificado de Köppen.

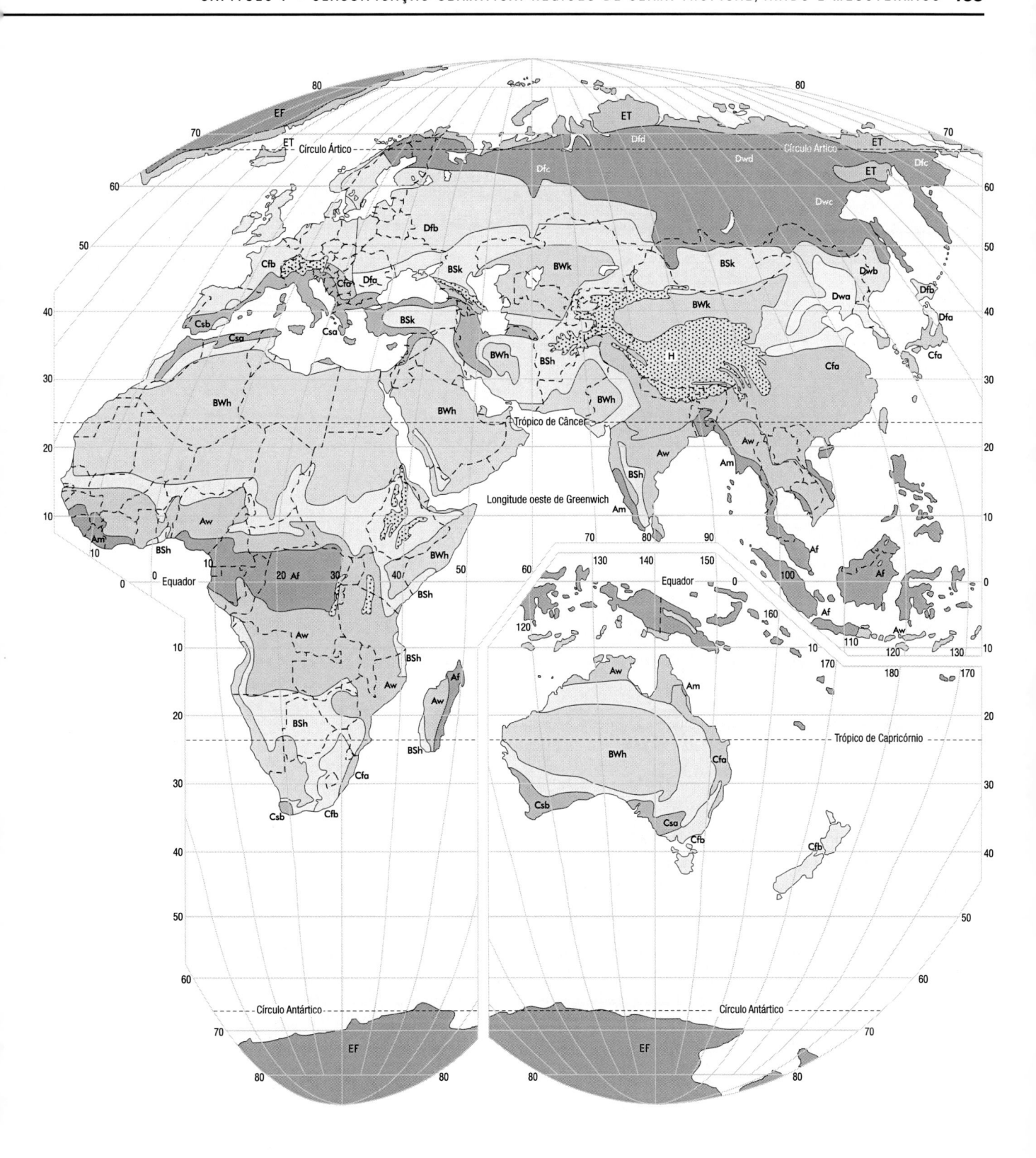

CAPÍTULO 7 • CLASSIFICAÇÃO CLIMÁTICA: REGIÕES DE CLIMA TROPICAL, ÁRIDO E MESOTÉRMICO

Projeção paragráfica ocidental
desenvolvida na Western Illinois University

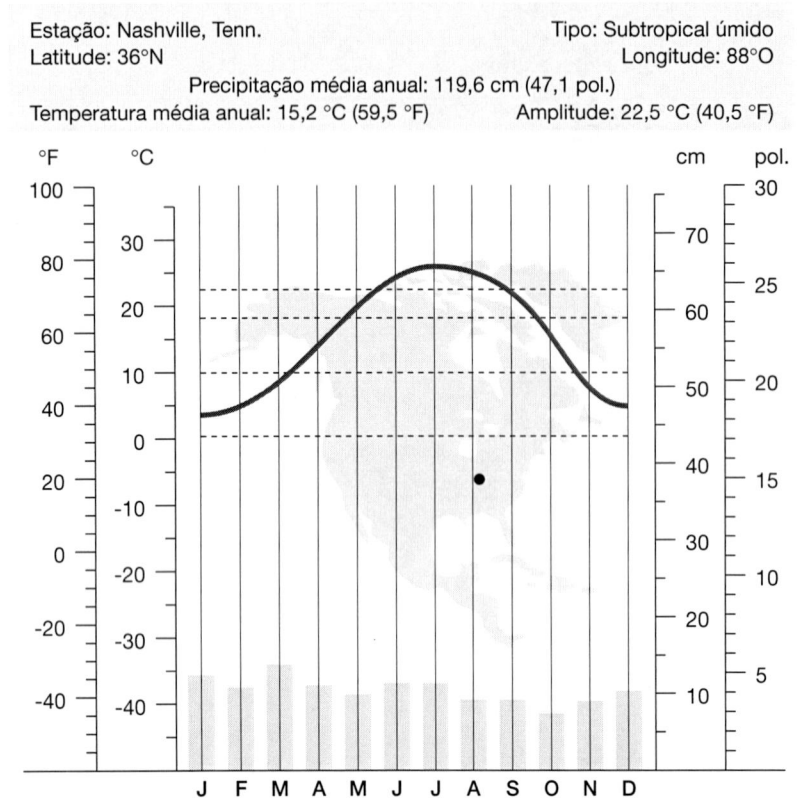

Estação: Nashville, Tenn.
Latitude: 36°N
Tipo: Subtropical úmido
Longitude: 88°O
Precipitação média anual: 119,6 cm (47,1 pol.)
Temperatura média anual: 15,2 °C (59,5 °F) Amplitude: 22,5 °C (40,5 °F)

■ **FIGURA 7.6** Climograma padrão com a temperatura média mensal (curva) e as chuvas (barras). As linhas horizontais a 0°C (32 °F), 10 °C (50 °F), 18 °C (64,4 °F) e 22 °C (71,6 °F) são os parâmetros de temperatura Köppen pelos quais a estação é classificada.

Que informação você pode ler no gráfico que identifica Nashville como um tipo de clima específico (subtropical úmido) na classificação de Köppen?

de barras, em vez de uma curva. Esse tipo de gráfico com dados do clima de um local é chamado **climograma**. Outras informações podem ser exibidas dependendo do tipo de climograma. A Figura 7.6 representa o tipo que utilizamos neste capítulo e no capítulo 8. Para ler esses climogramas, devemos relacionar a curva de temperatura com os valores dados do lado esquerdo e as quantidades de precipitação com a escala à direita. Um climograma pode ser usado tanto para determinar a classificação de Köppen de um local quanto também para mostrar seus regimes de chuva e temperatura. Os tipos de classificação simplificada de todos os climogramas podem ser encontrados na Tabela 7.1.

Clima e vegetação

A classificação das plantas em uma escala global é tão difícil quanto a de qualquer outro fenômeno complexo que é influenciado por uma variedade de fatores. No entanto, como Köppen reconheceu, as comunidades de plantas estão entre os fenômenos naturais mais visíveis e podem assim ser classificadas com base na forma e estrutura ou características físicas dominantes. Na Terra existem comunidades de plantas distintas recorrentes, o que indica uma resposta botânica aos controles sistemáticos que estão fortemente relacionados ao clima. É a vegetação dominante dessas comunidades de plantas que reconhecemos ao classificar os principais ecossistemas terrestres do planeta, chamados **biomas**.

As categorias dos biomas mais importantes (florestas, pradarias, deserto e tundra) estão mapeadas na Figura 7.7 com base nas associações dominantes de vegetação natural que dão a cada uma delas aparência e característica distintivas. A influência direta do clima na distribuição dos tipos de bioma é aparente se você comparar a Figura 7.7 com a Figura 7.5. A temperatura (ou efeito da latitude sobre temperatura e insolação) e a disponibilidade de umidade são fatores-chave na localização dos tipos de bioma numa escala regional do planeta (■ Figura 7.8).

Ao considerarmos as regiões delineadas pelo sistema climático de Köppen, enfatizaremos tanto as características como também a vegetação natural associada a cada clima. Além disso, não poderíamos proporcionar uma análise significativa de cada região climática se não considerássemos tanto as influências do clima sobre os seres humanos que ocupam essa região como a vegetação que em grande medida substituiu a natural como resultado da atividade humana.

Regiões de clima tropical úmido

A Figura 7.9 e a Tabela 7.2 mostram os locais de climas tropicais úmidos e as características significativas associadas a eles. A tabela também indica que, apesar de os três climas tropicais úmidos possuírem uma média de temperatura elevada durante todo o ano, eles diferem muito na quantidade e distribuição sazonal da precipitação que recebem.

Clima tropical equatorial e de monção

O **clima equatorial** provavelmente vem à mente quando alguém fala a palavra *tropical*. Quente e úmido durante todo o ano, as regiões de clima equatorial permanecem entre os ambientes mais desafiadores para a ocupação humana. Nesse tipo de clima, há temperaturas e umidades elevadas, acompanhadas por chuvas fortes frequentes que garantem o crescimento da vegetação

TABELA 7.2
Os climas tropicais úmidos

Nome e descrição	Fatores controladores	Distribuição geográfica	Características distintivas	Características relacionadas
Tropical equatorial Mês mais frio acima de 18 °C (64,4 °F); mês mais quente com pelo menos 6 cm (2,4 pol.) de precipitação	Alta insolação durante todo o ano e precipitação de zona de convergência intertropical (ZCIT); ar ascendente ao longo das costas de ventos alísios	Bacia do Rio Amazônico, Bacia do Rio Congo, costa leste da América Central, costa leste do Brasil, costa leste de Madagascar, Malásia, Indonésia, Filipinas	Temperaturas elevadas constantes; períodos do dia e noite iguais; variação de temperatura anual mais baixa (2 °C-3 °C/ 3 °F-5 °F); precipitação intensa uniformemente distribuída; quantidade elevada de nuvens e umidade	Vegetação tropical de floresta (selva); selva onde a luz penetra; solo tropical rico em ferro; animais escaladores e voadores, répteis e insetos; agricultura coivara
Tropical de monção Mês mais frio acima de 18 °C (64,4 °F); um ou mais meses com menos de 6 cm (2,4 pol.) de precipitação; excessivamente úmido durante a estação de chuva	Movimento do ar sobre a terra no verão e sobre o mar no inverno relacionado com a mudança da ZCIT e alteração das condições de pressão sobre grandes massas de terra; também de transição entre floresta e savana (cerrado)	Áreas litorâneas do sudoeste da Índia, Sri Lanka, Bangladesh, Mianmar, sudoeste da África, Guiana, Suriname, Guiana Francesa, nordeste e sudeste do Brasil	Chuvas pesadas com Sol (especialmente com nuvens orográficas), secas curtas com pouco Sol; variação anual de temperatura 2 °C-6 °C (3 °F/-10 °F), temperatura mais elevada um pouco antes da estação chuvosa	Vegetação florestal com pouco menos espécies que a selva; varia de selva à floresta de arbustos espinhosos nas margens mais secas; solos ricos em ferro; animais da selva com maior número de herbívoros e carnívoros próximos às savanas; cultivo de arroz em casca
Tropical de savana (cerrado) Mês mais frio superior a 18 °C (64,4 °F); úmido durante a estação de Sol alto, seco durante a estação de Sol baixo	Alternância entre a zona de convergência intertropical (ZCIT) com muito Sol e cristas/altas subtropicais, pouco Sol e ventos alísios causados pela mudança de ventos e cintos de pressão	Norte e leste da Índia, interior do Mianmar Indochina; norte da Austrália; fronteira do Rio Congo, centro-sul da África; planícies da Venezuela, campos do Brasil; oeste da América Central, sul da Flórida e ilhas do Caribe	Diferentes estações: úmidas com Sol alto e secas com Sol baixo; média de chuvas de 75 com a 150 cm (30-60 pol.); a temperatura mais alta varia para climas tropicais úmidos	Pastos com árvores, arbustos, gramas e espinheiros esparsos, resistentes à seca, solos pobres pela agricultura, animais de pastagem mais comuns; grandes herbívoros, carnívoros e necrófagos

156 FUNDAMENTOS DE GEOGRAFIA FÍSICA

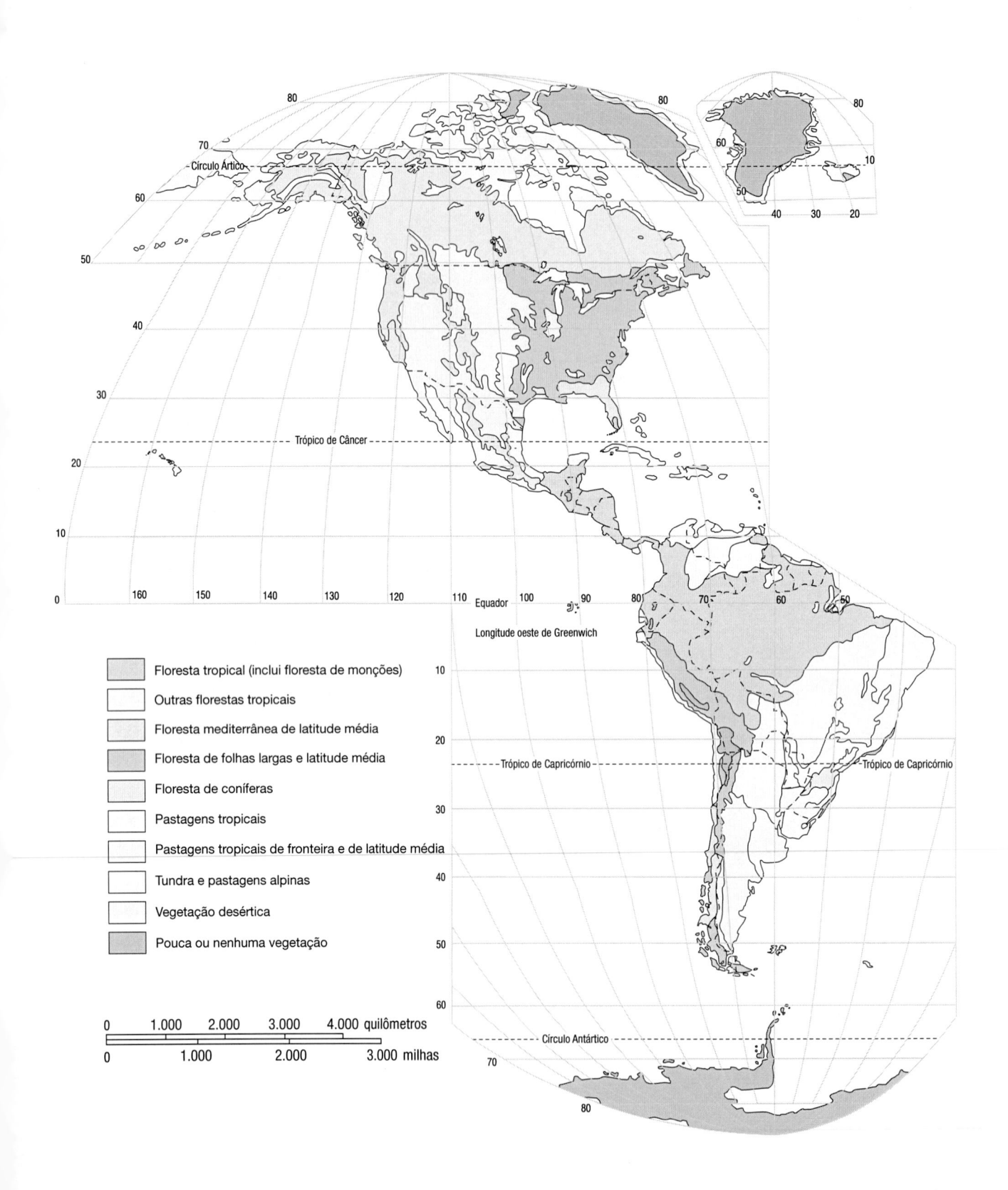

Legenda:
- Floresta tropical (inclui floresta de monções)
- Outras florestas tropicais
- Floresta mediterrânea de latitude média
- Floresta de folhas largas e latitude média
- Floresta de coníferas
- Pastagens tropicais
- Pastagens tropicais de fronteira e de latitude média
- Tundra e pastagens alpinas
- Vegetação desértica
- Pouca ou nenhuma vegetação

■ **FIGURA 7.7** Mapa-múndi da vegetação natural.

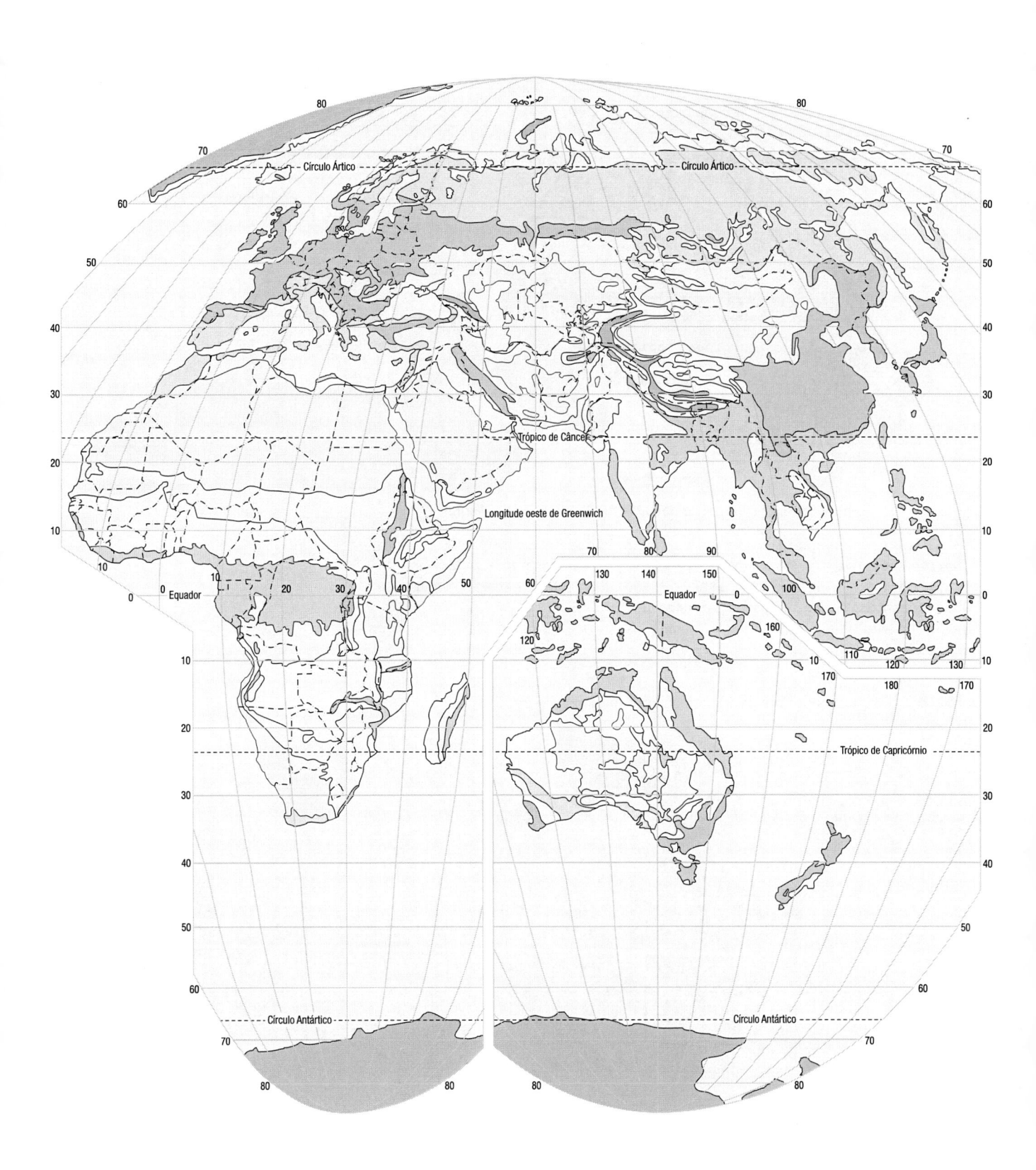

CAPÍTULO 7 • CLASSIFICAÇÃO CLIMÁTICA: REGIÕES DE CLIMA TROPICAL, ÁRIDO E MESOTÉRMICO

Projeção paragráfica ocidental
desenvolvida na Western Illinois University

158 FUNDAMENTOS DE GEOGRAFIA FÍSICA

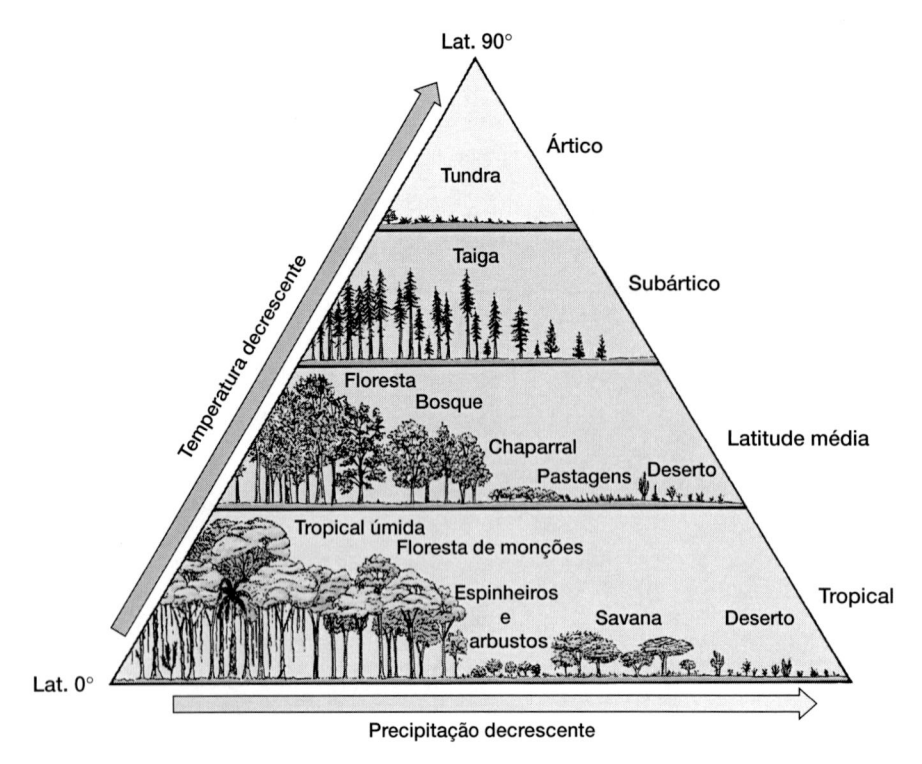

Influência da latitude e da umidade na distribuição de biomas

■ **FIGURA 7.8** Este diagrama mostra a distribuição dos principais biomas da Terra e como eles estão relacionados à temperatura (latitude) e à disponibilidade de umidade. Nos trópicos e latitudes médias, existem biomas que são claramente diferentes à medida que a biomassa total diminui conforme a da precipitação.
Que importante bioma domina as margens mais úmidas de todas as latitudes, com exceção do Ártico?

■ **FIGURA 7.9** Mapa dos índices dos climas tropicais úmidos.

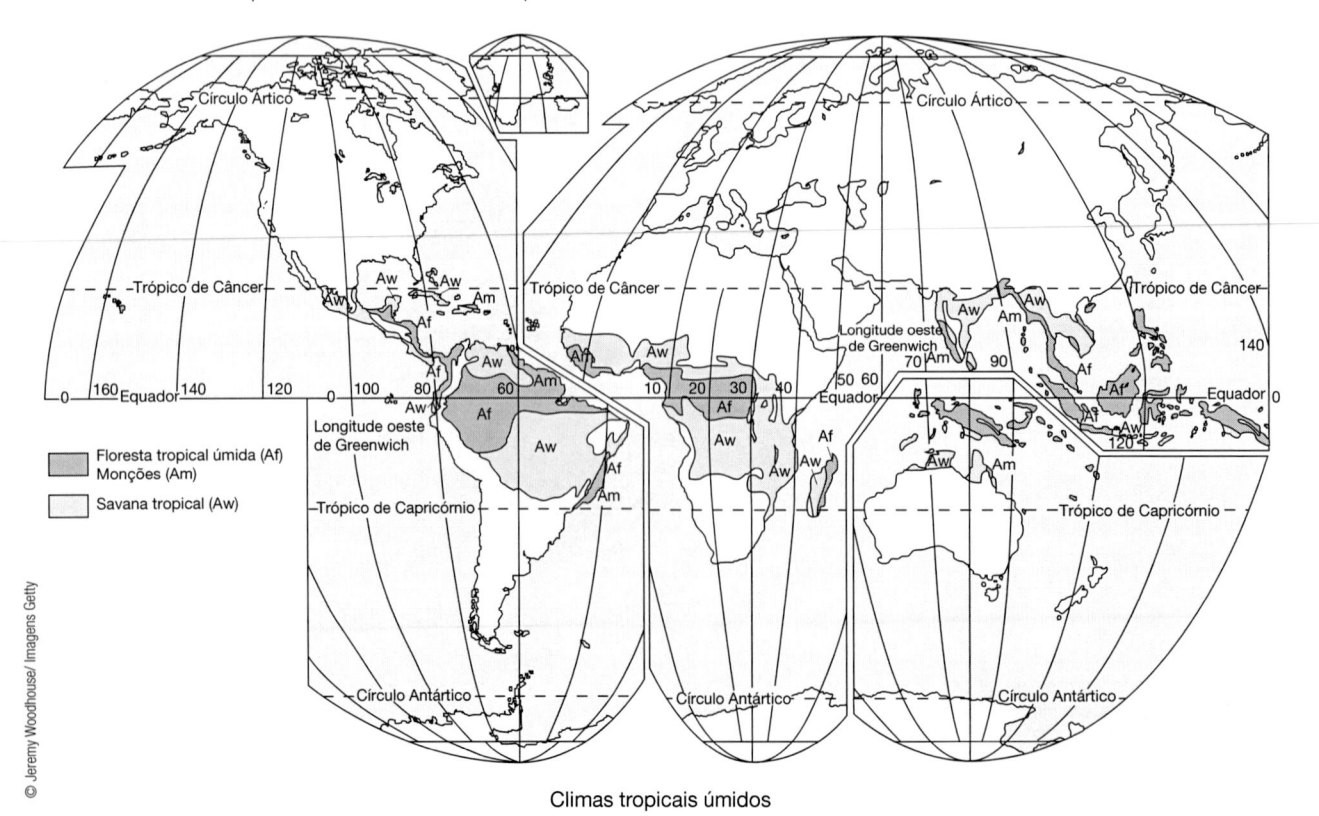

Climas tropicais úmidos

massiva pelo qual ele é conhecido. Em comparação, embora originalmente coberta por florestas tropicais, a natureza sazonal de precipitação nos climas monçônicos pode suportar grandes populações nas planícies de inundação do sudeste da Ásia.

Características contrastantes
Comparando os climogramas de Akassa, na Nigéria, e Calicute, na Índia, a Figura 7.10 indica claramente as principais diferenças entre os climas tropicais equatorial e de monção. Embora a quantidade de chuva total para o ano seja semelhante, a natureza das estações seca e chuvosa do **clima tropical de monção** possui um nítido contraste com a precipitação mais consistente das regiões equatoriais. A precipitação intensa em ambos os climas está associada com o ar quente e úmido e as condições instáveis ao longo da ZCIT (Zona de Convergência Intertropical). No clima equatorial, tanto a convecção quanto a convergência servem como mecanismos de elevação, fazendo com que a umidade do ar suba, se condense e provoque chuvas fortes, características desse clima. Geralmente, as variações nas chuvas podem ter sua origem na ZCIT e em suas células de baixa pressão de intensidade variável. Muitos locais de floresta tropical (Akassa, por exemplo) apresentam dois períodos de precipitação máxima no ano durante a presença da ZCIT, já que ela segue a migração dos raios diretos do Sol que incidem sobre o equador nos equinócios de março e setembro. Além disso, apesar de nenhuma estação poder ser chamada de seca, durante alguns meses pode chover apenas 15 ou 20 dias.

No clima tropical de monção, a circulação alternada do ar (do mar para a terra e da terra para o mar) está relacionada à migração da ZCIT. Durante o verão no Hemisfério Norte, a ZCIT desloca para o norte sobre o subcontinente indiano e para as terras adjacentes, às latitudes de 20°-25°N. Isso se dá, em parte, por causa da força de atração de um intenso sistema de baixa pressão do continente asiático no verão. Vários meses depois, os ventos úmidos da monção de verão são substituídos por um fluxo de ar seco vindo de um enorme sistema de alta pressão da Sibéria, que, por sua vez, se desenvolve no inverno sobre a Ásia Central. Durante a monção de verão, os mecanismos de elevação associados com a ZCIT são intensificados pelo levantamento orográfico à medida que o ar é forçado a subir pelas barreiras terrestres, como o lado a barlavento dos Gates Ocidentais da Índia e as encostas do lado sul da Cordilheira do Himalaia.

Como indicam os climogramas da Figura 7.10, as temperaturas médias mensais tanto das regiões equatoriais como das monçônicas são consistentemente elevadas. No entanto, a marcha anual da temperatura das regiões com clima de monção difere da monotonia existente em grande parte das regiões equatoriais. A ampla cobertura de nuvens nessa estação de monção chuvosa reduz a insolação e as temperaturas nessa época do ano. As temperaturas mais elevadas são registradas justamente antes do início da estação chuvosa, quando ocorre céu claro.

Além do total de chuvas elevado e da alta temperatura média anual, há mais uma característica climática que distingue os climas equatorial e de monção dos outros tipos climáticos. A **variação anual da temperatura** – a diferença entre a temperatura dos meses mais quentes e mais frios do ano – é muito baixa, refletindo o ângulo do Sol consistentemente alto nas latitudes tropicais. A variação anual entre estações tropicais equatoriais é raramente superior a 2 °C-3 °C (4 °F-5 °F) e para estações tropicais de monção é ligeiramente maior, entre 2 °C e 6 °C (4 °F-11 °F). Outra diferença interessante do clima equatorial é a **variação de temperatura diária (diurna)** – as diferenças entre as temperaturas mais elevadas e as mais baixas durante o dia – que é geralmente superior à variação anual. Máximas de 30 °C-35 °C (86 °F-95 °F) e mínimas de 20 °C-24 °C (68 °C-75 °C) produzem variações diárias de 10 °C-15 °C (18 °C-27 °C). Contudo, a alta umidade faz com que até mesmo as noites mais frescas pareçam opressivas.

Biomas florestais
As florestas estão longe de ser uniformes em aparência e composição. Elas variam latitudinalmente

■ **FIGURA 7.10** Climogramas para uma floresta tropical e uma estação tropical de monção.
Quando você compara as duas estações, que informação é mais importante?

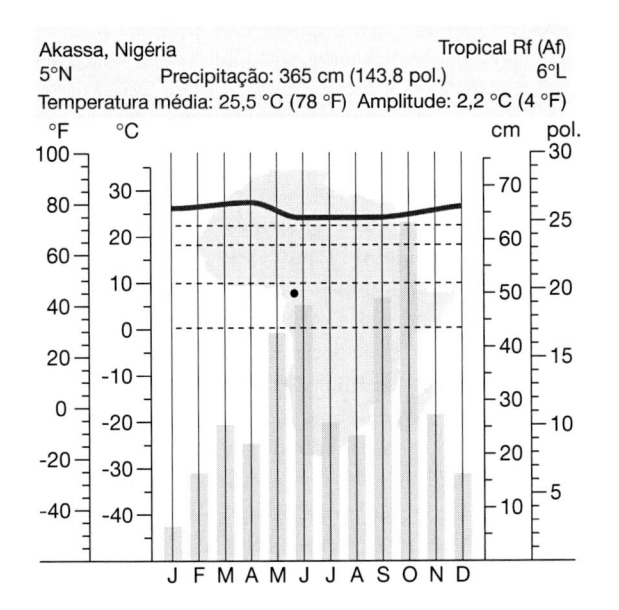

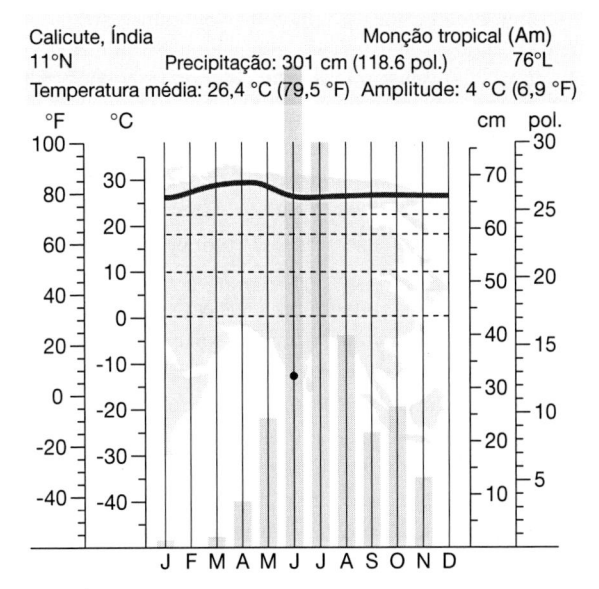

Akassa, Nigéria — Tropical Rf (Af)
5°N — Precipitação: 365 cm (143,8 pol.) — 6°L
Temperatura média: 25,5 °C (78 °F) Amplitude: 2,2 °C (4 °F)

Calicute, Índia — Monção tropical (Am)
11°N — Precipitação: 301 cm (118.6 pol.) — 76°L
Temperatura média: 26,4 °C (79,5 °F) Amplitude: 4 °C (6,9 °F)

■ **FIGURA 7.11** (a) A vegetação típica de um clima de floresta tropical forma uma cobertura nas árvores, que crescem em diferentes alturas, e produz um dossel de copas de árvores em multicamadas. Este é o dossel da floresta tropical na região amazônica do Brasil. (b) Árvores altas e de madeira maciça, sustentadas por troncos característicos, prosperam em um clima quente e úmido durante todo o ano, mas sombrio no chão da floresta. **Quantas camadas de árvores você pode ver em (a)?**

em direção aos polos, desde as *florestas tropicais ou selvas*, que sustentam as maiores biomassas da Terra, até as dispersas árvores baixas que dão vista a uma aparentemente infindável extensão de gramíneas e árvores espalhadas que caracterizam o clima tropical de savana. Em terras baixas equatoriais dominadas pelo clima tropical equatorial, a única limitação ambiental para o crescimento da vegetação é a competição pela luz entre as espécies adjacentes. As temperaturas são quentes o suficiente todo o ano para permitir o crescimento constante e a água é sempre abundante. As **florestas tropicais** consistem em um número surpreendente de espécies de árvores, com *folhas largas e perenes*. **Folhas largas** referem-se a árvores que não possuem folhas tipo agulha (como os pinheiros, por exemplo); **perenes** quer dizer que elas não perdem as folhas ao longo das estações. Uma seção transversal da floresta revela, com frequência, concentrações de copas de árvores de diversos níveis. As árvores que compõem diversas e singulares dosséis têm a mesma exigência de luz, inferior a das camadas mais altas, porém superiores à das camadas mais baixas (■ Figura 7.11a). Pouca ou nenhuma luz solar alcança o solo sombrio da floresta, o que pode permitir o crescimento das samambaias, onde geralmente a vegetação é escassa. As florestas tropicais são frequentemente cortadas por trepadeiras lenhosas, chamadas **lianas (cipós)**, que sobem nos troncos das árvores e entrelaçam-se em direção às copas em busca de luz. Plantas aéreas, chamadas **epífitas**, podem crescer nos membros das árvores da floresta, obtendo nutrientes da água e dos restos de plantas que caem das partes mais altas.

As árvores da floresta, muitas vezes, dependem de bases alargadas ou escoras para sua sustentação por causa do sistema superficial de raízes que possuem (Figura 7.11b). Isso se dá em razão da riqueza da superfície do solo e da pobreza dos seus níveis inferiores. A vegetação das florestas tropicais e seu solo estão intimamente ligados. Os resíduos da floresta se decompõem rapidamente, seus nutrientes são liberados e quase imediatamente reabsorvidos pelo sistema de raiz, que, em consequência, permanece próximo à superfície. Os solos tropicais que mantêm a incrível biomassa da floresta são férteis tão quanto a floresta permaneça intacta. Abrir clareiras na floresta interrompe o ciclo crítico dos nutrientes entre a vegetação e o solo; a quantidade abundante de água penetra no solo e leva seus componentes solúveis, deixando apenas ferro inerte e óxidos de alumínio que não podem dar suporte ao crescimento da floresta. A taxa atual de desmatamento ameaça acabar com as florestas tropicais do planeta em um futuro previsível. As maiores áreas de florestas tropicais não modificadas estão localizadas na parte superior da Bacia Amazônica, cobrindo centenas de milhares de quilômetros quadrados.

As condições ambientais variam de um lugar para outro dentro das regiões climáticas; portanto, a situação típica da floresta que acabamos de descrever não se aplica a todos os lugares do clima equatorial. Algumas regiões são cobertas por selva genuína,

FIGURA 7.12 Selva ao longo do rio Usumacinta, na fronteira do México com a Guatemala.
Por que a vegetação é mais densa aqui, se é mais aberta dentro da floresta em nível do solo?

um termo usado erroneamente ao descrever florestas equatoriais. A **selva** é um denso emaranhado de videiras ou árvores menores que se desenvolvem onde a luz solar alcança o solo diretamente, como ocorre em clareiras e ao longo de riachos (■ Figura 7.12). Outras regiões possuem solos que permanecem férteis ou uma base rochosa quimicamente básica que proporciona às camadas superiores do solo uma fonte constante de nutrientes solúveis. Exemplos das primeiras regiões são encontrados ao longo das planícies de inundação de grandes rios; exemplos das últimas são as regiões vulcânicas da Indonésia e as áreas calcárias da Malásia e Vietnã. Somente nas regiões de fertilização contínua do solo, a agricultura pode ser intensiva e contínua o suficiente para sustentar centros populacionais em climas tropicais equatoriais.

Em direção às margens úmidas do clima tropical de monção, a floresta de monção se assemelha à floresta tropical, mas menos espécies de plantas estão presentes e algumas se tornam dominantes. A sazonalidade das chuvas no clima de monção reduz a gama de espécies que prosperará. Em direção às margens mais secas desse clima, as árvores crescem de forma mais afastada e a floresta muitas vezes dá lugar à selva ou a uma floresta baixa e espinhosa.

A composição da população de animais nas florestas de monção também difere das regiões de floresta tropical. Por causa da escuridão e do sistema de raízes extenso que estão presentes no chão da floresta, os animais da floresta tropical são basicamente arbóreos. Uma vasta variedade de espécies de macacos e lêmures que habitam nas árvores, cobras, pererecas, pássaros e insetos caracterizam a floresta equatorial. Mesmo os mamíferos herbívoros e carnívoros – como bichos-preguiça, jaguatiricas e onças – são principalmente arbóreos (vivem nas árvores). Em regiões de monção, as espécies voadoras e as que sobem nos troncos da floresta tropical são unidas grandemente por animais biangulados que comem folhas e por grandes carnívoros como os famosos tigres de Bengala.

A atividade humana Há muitos desafios para a habitação humana nas regiões de floresta tropical e de monção. Além do calor incessante e da umidade opressiva da floresta e monções úmidas, os seres humanos travam uma batalha constante com uma série de insetos. Mosquitos, formigas, cupins, moscas, besouros, gafanhotos, borboletas e abelhas vivem em todos os lugares e em ambos os climas. Os insetos podem se reproduzir continuamente na ausência de frio ou estiagens prolongadas. Uma variedade de parasitas e insetos transmissores de doenças ameaça até mesmo a sobrevivência humana. A malária, a febre amarela, a dengue e a doença do sono ocorrem nos trópicos e são transmitidas por insetos (algumas vezes, fatais), porém incomuns em latitudes médias.

Desde a existência das populações nativas nas florestas tropicais, a caça de subsistência, a coleta de frutos, frutas silvestres, pequenos animais e peixes sempre foram importantes. Com a introdução da agricultura, a terra tem sido desmatada e plantações de mandioca, inhame, feijão, milho, banana e cana-de-açúcar têm sido cultivadas. A prática é cortar as árvores menores, queimar os resíduos e plantar as culturas. Com a extinção da floresta, este tipo de agricultura é possível apenas por dois ou três anos, antes que o solo seja completamente exaurido de suas pequenas fontes de nutrientes e as áreas em torno sejam esgotadas. Nesse momento, a população nativa se muda para outra área da floresta para começar a prática novamente. Esse tipo de agricultura de subsistência é conhecido como **coivara (corte e queima)** ou simplesmente **agricultura itinerante**. Seu impacto no equilíbrio ecológico entre o solo e a floresta é visível em muitas regiões . Às vezes, o dano causado ao

FIGURA 7.13 Esta abertura na floresta tropical da Jamaica é resultado de terras desmatadas para a agricultura itinerante (coivara). **Que tipos de atividades humanas podem ser responsáveis pelas clareiras no coração de uma floresta de latitude média?**

sistema é irreparável e somente a selva, espinheiros e arbustos voltarão a crescer nas áreas desmatadas (■ Figura 7.13).

Em algumas regiões da floresta, a agricultura comercial é significativa. As principais culturas são as de borracha na Malásia e Indonésia, cana-de-açúcar e cacau na África Ocidental e Caribe e banana na América Central. Na Bacia Amazônica, onde a floresta foi desmatada para a povoação, a pecuária tem alcançado sucesso limitado. Contudo, de longe, a atividade agrícola mais importante é o cultivo de arroz em campos alagados nas regiões de tropical de monção do sudeste da Ásia e Índia. A maioria das pessoas que vive nessas áreas são agricultores de arroz, que, na maioria das vezes, é uma cultura irrigada. Por isso, as chuvas de monção são essenciais para seu crescimento; e sua colheita é realizada durante a estação seca.

A cada ano, um fornecimento de alimento adequado para o sul e sudeste da Ásia depende da chegada e partida das chuvas de monção. A diferença entre a fome e a sobrevivência para muitas pessoas dessas regiões está bastante associada ao clima.

Clima tropical de savana

Localizado dentro dos trópicos (tipicamente entre as latitudes 5º e 20º de ambos os lados do equador), o **clima tropical de savana** tem muito em comum com os climas equatorial e de monção. Os raios de Sol ao meio-dia nunca estão longe do zênite, assim o recebimento de energia solar é quase máximo e as temperaturas permanecem constantemente elevadas. Os dias e as noites têm aproximadamente a mesma duração durante todo o ano, como ocorre em outras regiões tropicais.

Contudo, um padrão diferente de precipitação sazonal identifica a savana tropical. À medida que o vento latitudinal e os cinturões de pressão migram com o ângulo direto do Sol, as regiões de savana ficam sob a influência da ZCIT (zona de calmaria), que favorece a formação de chuvas durante uma parte do ano, e sob influência das altas subtropicais, que inibem a formação de chuvas durante a outra parte do ano. Na verdade, os limites do clima da savana em direção aos polos são aproximadamente os da migração da ZCIT, e os em direção ao equador são os limites equatoriais do movimento dos sistemas subtropicais de alta pressão.

Como você pode ver na Figura 7.9 e na Tabela 7.2, as maiores áreas do clima de savana são encontradas na periferia dos climas equatoriais da América do Sul, da América Central e da África. Menores, mas ainda assim importantes, as regiões de savana também ocorrem na Índia, no sudeste asiático peninsular e na Austrália. Em alguns casos, esse clima se estende para além dos trópicos, como ocorre na parte mais ao sul da Flórida[2].

Características de transição da savana

A natureza geograficamente de transição da savana tropical é importante. Muitas vezes situada entre o clima úmido tropical e o clima com deficiência de chuvas de estepe, a savana experimenta algumas das características de ambos. Durante a estação chuvosa e de Sol mais alto, o tempo se assemelha bastante ao da floresta; porém, na estação de Sol mais baixo, essas regiões podem ser tão secas como são as terras áridas durante todo o ano (■ Figura 7.14). Os locais de savana próximos à floresta podem ter chuvas durante todos os meses e a precipitação total anual pode ultrapassar 180 centímetros (70 pol.). Em contraste, as margens mais secas da savana, como em Kano, na Nigéria, têm períodos mais longos e intensos de seca e precipitação anual mais baixa, menos de 100 centímetros (40 pol.).

Outras características da savana demonstram sua natureza transitória. As temperaturas mais elevadas pouco antes da chegada da ZCIT produzem uma variação anual de temperatura de 3 ºC-6 ºC (5 ºF-11 ºF), maior que as das florestas tropicais, mas ainda assim não tão elevadas como as das regiões de estepe e deserto. A vegetação da savana é também transitória porque geralmente fica entre as florestas tropicais e as pradarias das regiões de estepe. A savana típica (conhecida como *llanos* na Venezuela e *campos*[3] no Brasil) é uma mistura de pradarias e árvores, o que está implícito no termo **savana** (■ Figura 7.15).

Na verdade, a demarcação entre a floresta de transição e a savana raramente é clara. As gramas da savana tendem a ser altas e grossas, com pouco solo no visível entre os tufos individuais. As espécies de árvores relacionadas são geralmente baixas e com

---

[2] O cerrado brasileiro é um exemplo típico de clima tropical de savana. (N.R.T.)
[3] O termo *campos* designa qualquer grande área livre de vegetação de grande porte. Isso se aplica tanto a áreas de savana como ao cerrado; já as áreas de pradaria, como os pampas, em que há tipos distintos de vegetação, pertencem a regiões climáticas diferentes (sem falar que se aplicam também a áreas agrícolas e pastos). (N.R.T.)

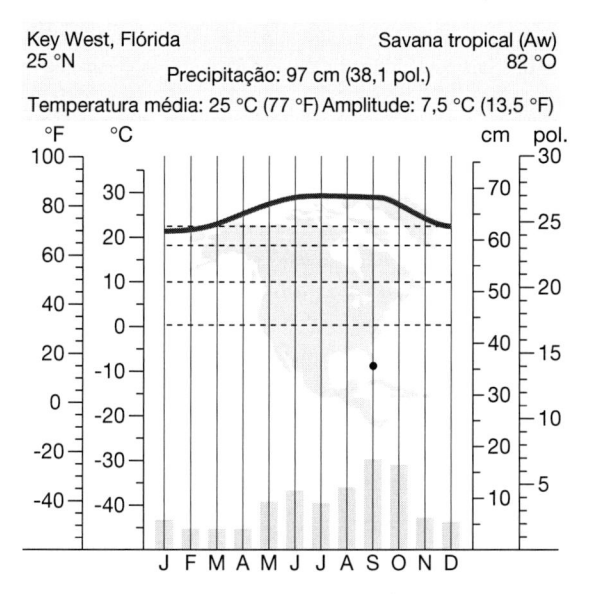

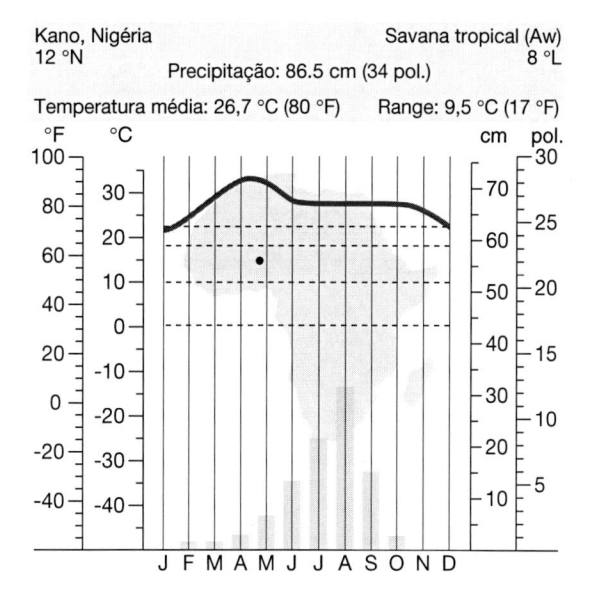

FIGURA 7.14 Climogramas para estações de clima tropical de savana. Considere as diferenças de clima e de uso humano do ambiente em Key West e Kano.
Quais fatores são mais importantes na geografia dos dois lugares, físicos ou humanos?

copas amplas em forma de coroa, tendo qualidades de resistência tanto à seca quanto ao fogo, indicando que os incêndios frequentemente devastam as savanas durante a estação seca.

Próximas às margens equatoriais das regiões de savana, as gramíneas são mais altas; já as árvores, onde elas existem, crescem bem mais próximas umas das outras. Nas margens mais secas em direção aos polos, as árvores são menores e crescem de forma mais espaçada; as gramíneas são mais curtas. Os solos também são afetados pela gradação climática à medida que os solos avermelhados mais ricos em ferro das partes mais úmidas são substituídos por um mais escuro e rico em matéria orgânica nas regiões mais secas.

FIGURA 7.15 As girafas sempre fizeram parte de uma vista majestosa no clima de savana da África Oriental.
Como a altura da girafa é tão bem adaptada ao ambiente da savana?

A vegetação desenvolveu adaptações especiais para a alternância entre o tempo seco e úmido da savana. Durante o período úmido (Sol mais alto), as pastagens estão verdes e as árvores estão cobertas de folhagem. Durante o período seco (Sol mais baixo), as árvores ficam marrons, secas e sem vida; a maioria das árvores da savana é *caducifólia,* ou seja, perde suas folhas para reduzir transpiração na estação árida. O termo se refere às árvores que perdem suas folhas tanto no período seco quanto no frio. Algumas árvores da savana desenvolvem raízes que podem alcançar água até nas camadas profundas do solo durante a estação seca.

Potencial da savana

As condições das regiões de savana tropical não são adequadas para a agricultura, apesar de muitas gramíneas domesticadas (grãos) supostamente crescerem de forma selvagem nessas áreas. As chuvas são bem menos previsíveis que na floresta equatorial ou até mesmo no clima de monção. Por exemplo, Nairóbi, no Quênia, tem uma média de chuvas de 86 centímetros (34 pol.). No entanto, a quantidade de chuva pode variar de 50 a 150 centímetros (20-60 pol.). Como regra, quanto mais seca a estação da savana, menos confiáveis são as chuvas, só que elas são essenciais para a sobrevivência dos seres humanos e dos animais nessas regiões. Quando as chuvas atrasam ou são deficientes, como tem ocorrido na África Ocidental em anos recentes, o resultado é a seca rigorosa e a fome. Também, infelizmente, quando as chuvas duram mais que o habitual ou são excessivas, elas podem causar grandes inundações, seguidas de surtos de doenças.

FIGURA 7.16 Clima tropical de savana: planaltos da África oriental.

As savanas da África são verdadeiros jardins zoológicos para os animais tropicais maiores, a tal ponto que os safáris fotográficos fizeram delas um importante destino turístico. As gramíneas permitem o sustento de muitos tipos diferentes de herbívoros (comedores de plantas), como elefante, rinoceronte, girafa, zebra e gnu (■ Figura 7.16). Os herbívoros, por sua vez, são comidos pelos carnívoros (comedores de carne), como leão, leopardo e guepardo. Por último, os necrófagos, como hienas, chacais e abutres, devoram as sobras da caça dos carnívoros. Durante a estação seca, os herbívoros encontram pasto e água ao longo de igarapés, margens florestais e em poços isolados. Os carnívoros seguem os herbívoros na busca de água; mas, mesmo em reservas ambientais, caçadores ilegais continuam a seguir ambos.

Regiões de clima árido

Existem dois tipos principais de lugares onde os climas áridos são encontrados e cada um ilustra um fator climático importante que causa as condições secas. O primeiro tipo está centrado nos Trópicos de Câncer e Capricórnio (23, 30º latitudes N e S) e estende-se por 10º a 15º na direção dos polos e do equador. Essas regiões contêm as áreas mais extensas de climas áridos do mundo. O segundo tipo de lugar para climas áridos está em latitudes mais altas e ocupa interiores continentais, principalmente no Hemisfério Norte. Esses dois tipos de regiões áridas têm, tipicamente, um núcleo central de clima desértico, delimitado por zonas de transição de climas de estepe semiáridos.

A concentração de desertos nas proximidades das duas linhas de trópico está diretamente relacionada aos sistemas subtropicais de alta pressão. Embora os limites das cristas subtropicais migrem para o norte e o sul com os raios diretos do Sol, sua influência permanece forte nessas latitudes. A subsidência e divergência do ar associadas a esses sistemas são mais fortes ao longo das porções ocidentais dos oceanos (lembre-se de que as correntes frias dos oceanos ao longo das costas ocidentais dos continentes ajudam a estabilizar a atmosfera). Assim, o tempo claro e as condições secas das altas subtropicais se estendem para o interior das costas ocidentais de cada massa de terra nas regiões subtropicais. Os desertos de Atacama, Namíbia, Kalahari e da Baja Califórnia são restritos em seu desenvolvimento por causa do pequeno tamanho da massa de terra ou das barreiras do relevo em direção ao interior. Contudo, a parte ocidental da África do Norte e Oriente Médio compreende o principal trecho de deserto no mundo, que inclui os desertos do Saara, Arábico e Thar. Da mesma forma, o Deserto Australiano ocupa a maioria do interior de seu continente.

A segunda concentração de desertos está localizada nos interiores continentais afastados dos ventos úmidos. Essas terras áridas abrangem os grandes desertos de invernos frios do interior da Ásia e a Grande Bacia do oeste dos Estados Unidos. As condições secas da última região se estendem para o norte, até o Planalto de Columbia, e para o sul, até o Planalto do Colorado, e são somadas pelas barreiras montanhosas que restringem o movimento das massas de ar úmidas vindas do Pacífico. Condições semelhantes ajudam a explicar o deserto da Patagônia Argentina e as terras áridas da China ocidental.

A ■ Figura 7.17 mostra os desertos do mundo com áreas centrais áridas rodeadas por regiões de estepe semiárido. Assim, nossas explicações para os locais de deserto cabem também aos estepes. Os climas de estepe são transitórios entre os climas úmidos e desérticos. Como observado anteriormente, classificamos tanto o clima de estepe e de deserto com base na relação entre precipitação e evapotranspiração potencial (ET). No **clima desértico**, a quantidade de precipitação é menos da metade da ET potencial (geralmente muito menos, sendo que de um quinto a um décimo ou menos não é incomum). No **clima de estepe**, a precipitação é mais da metade, mas ainda é significativamente menor que o total da ET potencial.

O critério para determinar se o clima é desértico, de estepe ou úmido é a *eficácia da precipitação*. A quantidade de precipitação disponível para uso das plantas e animais é a precipitação *efetiva*. A eficácia da precipitação está relacionada com a temperatura. Com as temperaturas elevadas, é preciso mais precipitação para ter o mesmo efeito sobre a vegetação e solos que com temperaturas mais baixas. O resultado é que as áreas com temperaturas mais elevadas que promovem uma ET maior podem receber mais precipitação que as regiões mais frias e ainda assim terem um clima mais árido.

Climas desérticos

Os desertos do mundo se estendem por amplas latitudes que o sistema de Köppen reconhece em duas subdivisões principais. A primeira são os desertos de latitude baixa, onde as temperaturas são relativamente altas durante todo o ano e a geada é ausente ou pouco frequente, até mesmo ao longo das margens em direção aos polos; a segunda são os desertos de latitude média que têm diferentes estações, incluindo temperaturas abaixo de zero durante o inverno (Tabela 7.3). Entretanto, a característica significativa de todos os desertos é a aridez.

Terra de extremos
Por definição, os desertos estão associados a uma precipitação mínima, mas eles também representam extremos em outras condições atmosféricas. Com poucas nuvens e baixa umidade relativa nas regiões desérticas, 90% da insolação

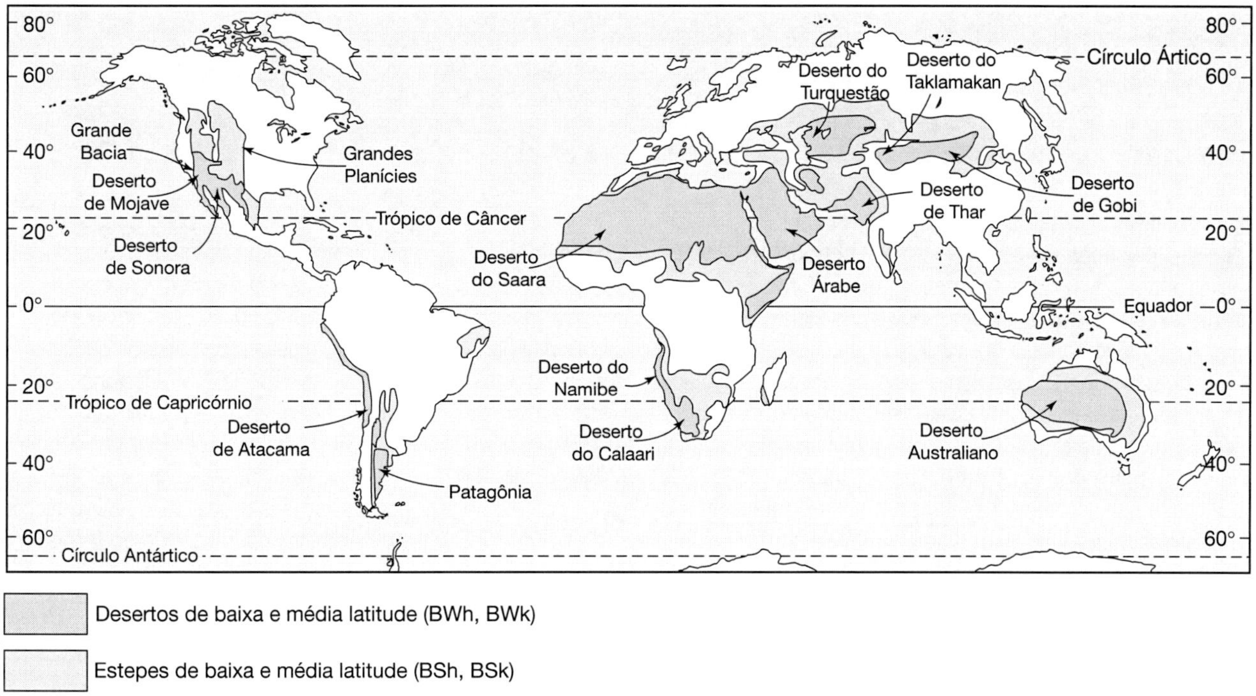

☐ Desertos de baixa e média latitude (BWh, BWk)

☐ Estepes de baixa e média latitude (BSh, BSk)

■ **FIGURA 7.17** Mapa das terras áridas do mundo.
O que sugere uma comparação deste mapa com o Mapa-múndi da Densidade da População mostrado no final do livro?

TABELA 7.3
Os climas áridos

Nome e descrição	Fatores de controle	Distribuição geográfica	Características distintivas	Características relacionadas
Deserto Precipitação menor que a metade da evapotranspiração potencial; temperatura média anual acima de 18 °C (64,4 °F) (lat. baixa) e abaixo (lat. méd.)	Circulação descendente e divergente das altas subtropicais; continentalidade geralmente vinculada com a localização de zonas de sombra de chuva	Costa do Chile e Peru, sul da Argentina, sudoeste da África, Austrália central, Baja Califórnia, interior do México, África do Norte, Arábia, Irã, Paquistão e oeste da Índia (lat. baixa); interior da Ásia e oeste dos Estados Unidos (lat. méd.)	Aridez; baixa umidade relativa; chuvas irregulares e pouco confiáveis; porcentagem mais alta de Sol; variação diária de temperatura mais elevada; temperaturas mais altas durante o dia; vento	Vegetação xerófila; muitas vezes estéril, superfície rochosa ou arenosa; solos desérticos; salinidade excessiva; geralmente pequenos animais noturnos de toca; pastoreio nômade
Estepe Precipitação mais que a metade, porém menor que a evapotranspiração potencial, temperatura anual média acima de 18 °C (64,4 °F) (lat. baixa) e abaixo (lat. média)	Igual a dos desertos; geralmente de transição entre os climas desérticos e úmidos	Periféricos dos desertos, especialmente na Argentina, norte e sul da África, Austrália, sudoeste e centro da Ásia e oeste dos Estados Unidos	Condições semiáridas, distribuição anual de chuvas semelhante ao clima úmido mais próximo; temperaturas variam com latitude, elevação e continentalidade	Savana seca (trópicos) ou vegetação de grama baixa; solos marrom-escuros bastante férteis; animais de pasto em grandes rebanhos; predadores e pequenos animais; pecuária e agricultura de sequeiro

PERSPECTIVA AMBIENTAL DA GEOGRAFIA
:: DESERTIFICAÇÃO

A desertificação é a expansão das paisagens desérticas relacionadas à mudança climática, porém acelerada pelas atividades humanas, envolvendo consequências para os seres humanos e meio ambiente em longo prazo. A desertificação expande as margens do deserto quando as chuvas raras causam erosão e perda do solo, até que a maior parte da vegetação não pode sobreviver. Isso também aumenta a erosão do vento, causando tempestades de poeira e movimentos de dunas de areia em direção a áreas agrícolas e de pastagens. Embora as alterações climáticas possam alavancar o processo, ele é acelerado pelo desmatamento, cultivo intensivo, acúmulo de sal no solo em razão de irrigação e sobrepastoreio de gado, ovelhas e cabras.

Evidências arqueológicas do Oriente Médio indicam que desde 4000 a.C. comunidades agrícolas precoces teriam destruído o solo e desmatado as montanhas, causando a desertificação. Um padrão similar de desmatamento ocorreu nas paisagens montanhosas da Grécia por volta de 3000 a.C. Juntamente com a ameaça para a população humana, a desertificação coloca em risco os *habitats* da vida selvagem.

Apenas na década de 1970 que, no entanto, a desertificação se tornou

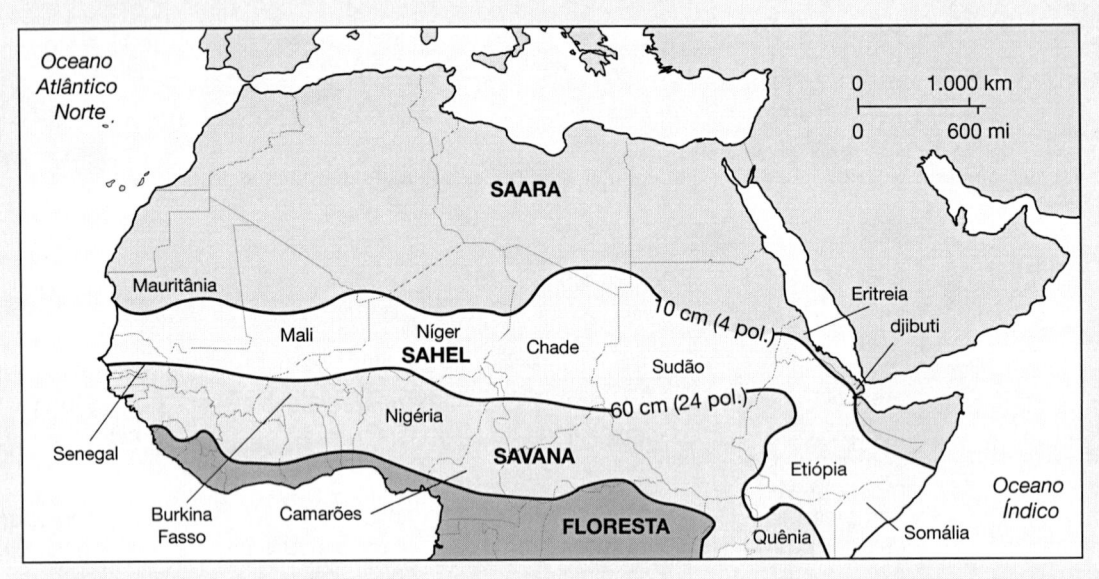

A região do Sahel na África, mostrada aqui em tons claros, é a zona de transição entre a extrema aridez do Saara e as áreas tropicais úmidas da África (em tons verdes). Nos últimos anos, o Sahel tem passado pela experiência da desertificação, com as alterações climáticas e o uso excessivo dessas terras marginais pelas atividades humanas.

atinge a superfície. É por isso que tanto a insolação como as temperaturas mais elevadas são registradas em áreas desérticas de latitude baixa, e não nos climas mais tropicais e úmidos próximos ao equador. Mais uma vez, como a cobertura de nuvens é pouca ou ausente e o ar é limpo e seco, grande parte da energia recebida durante o dia é irradiada de volta pela atmosfera à noite. Consequentemente, as temperaturas noturnas no deserto caem bem abaixo da máxima do dia. Os extremos do aquecimento e resfriamento dão aos desertos de latitude baixa os maiores índices de variação de temperatura diurna no mundo; os desertos de latitude média não são muito diferentes. Na primavera e no outono, essas variações podem ser de até 40 ºC (72 ºF) em um dia. A variação diurna mais comum nos desertos é de 22 ºC a 28 ºC (40 ºF-50 ºF).

Os raios do Sol são tão intensos no ar claro e seco do deserto que as temperaturas na sombra são muito inferiores àquelas a apenas alguns passos da luz direta do Sol. (Lembre-se de que todas as temperaturas para fins de estatísticas meteorológicas são registradas à sombra). Cartum, cidade do Sudão, no Saara, tem uma temperatura *média* anual de 29,5 ºC (85 ºF), que é uma temperatura à *sombra*.

Durante os meses de inverno ou de Sol mais baixo, os desertos experimentam temperaturas mais frias comparadas às áreas mais úmidas na mesma latitude; no verão, eles passam por temperaturas mais quentes. Assim como as elevadas variações diurnas nos desertos, essas variações anuais também podem ser atribuídas à falta de umidade do ar.

bem conhecida, quando a mídia revelou a fome e o sofrimento de pessoas no Sahel africano. A televisão mostrou gado esquelético tentando encontrar uma fina camada de pasto em uma paisagem árida, bem como aldeias sendo invadidas por dunas de areia. O Sahel é uma zona semiárida que faz fronteira com a margem sul do Saara. O termo *desertificação* tornou-se popular em uma conferência das Nações Unidas que tratou de problemas como os do Sahel. Muitas pessoas associam o termo com o suplício contínuo do povo daquela região. Atualmente, evidências de desertificação são também visíveis em áreas da Espanha, no noroeste da Índia, em grande parte do Oriente Médio, no norte da China e da África.

Em 1994, 87 nações assinaram um tratado para levantar fundos para ajudar a proteger a fertilidade das terras que têm maiores riscos de desertificação. Apenas um esforço de cunho internacional pode ajudar a lidar com um risco natural que causa deterioração ambiental em grande escala, além de sofrimento humano.

Esta lagoa no Sudão, construída para represar a água, secou completamente, até mesmo depois de ter chovido mais que o normal nos últimos anos. Existe alguma vegetação ao redor das margens, mas a área ao fundo está gravemente desertificada.

As variações de temperatura anual são geralmente maiores nos desertos de latitude média, como o de Gobi na Ásia, que nos desertos de latitude baixa, porque os invernos frios das latitudes mais altas são mais intensos dentro do continente. Compare, por exemplo, o climograma para Assuã, no centro-sul do Egito – a 24ºN, um local de deserto de baixa latitude – com o climograma para Turtkul, no Uzbequistão – em 41ºN, um local de deserto de latitude média (■ Figura 7.18). A variação anual para o Assuã é 17 ºC (31 ºF); no Turkul, é de 34 ºC (61 ºF).

Apesar de a quantidade real de vapor de água no ar poder ser elevada em muitas regiões desérticas, a umidade relativa é baixa, então, a precipitação é irregular e pouco confiável. Quando as chuvas ocorrem, elas podem vir em grande volume (■ Figura 7.19). Enquanto as temperaturas quentes do dia aumentam a capacidade da atmosfera de reter umidade, as noites no deserto são diferentes. A irradiação de energia é rápida no céu claro. À medida que a temperatura abaixa, a umidade relativa aumenta e a formação de orvalho nas horas frescas da manhã pode ocorrer. Em algumas regiões onde medições foram feitas, a quantidade de orvalho formado ultrapassou consideravelmente a precipitação anual do local.

Adaptações das plantas e animais

Os desertos tendem a ter uma vegetação esparsa, grandes extensões e podem ser uma base estéril de rocha matriz, areia ou cascalho. As plantas que existem são **xerófitas**, o que significa que se adaptam bem à

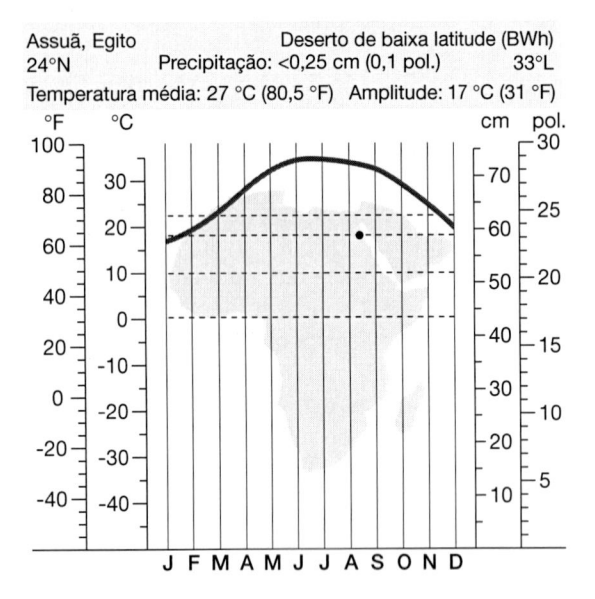

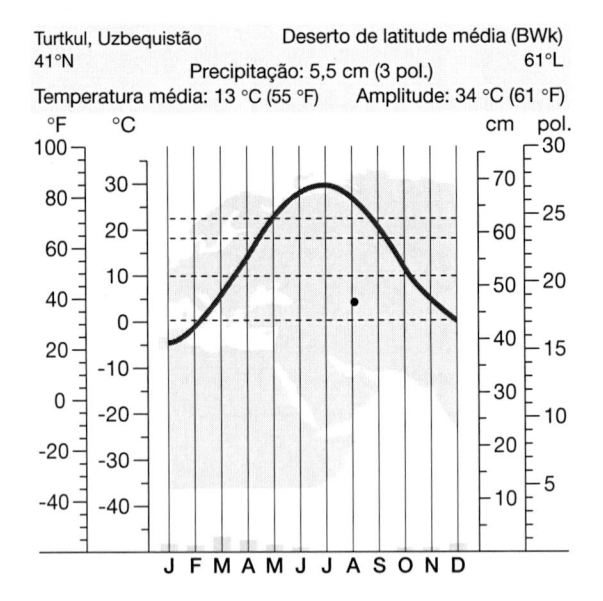

FIGURA 7.18 Climograma para estações de clima desértico.
Considerando as graves limitações dos climas desérticos, como explicaria o fato de algumas pessoas optarem por viver em regiões desérticas?

FIGURA 7.19 Uma tempestade no deserto de Mojave, na Califórnia, produz um arco-íris duplo.
Que pistas ambientais sugerem que as chuvas não são um evento frequente?

seca extrema. Essas plantas têm uma combinação de caule grosso, espinhos, pouca folhagem, forma compacta e folhas enceradas, tudo para reduzir a perda de água por transpiração. Outra adaptação característica é o armazenamento de umidade no tronco ou nas células das folhas, como no cacto (■ Figura 7.20). Algumas plantas, como os chaparro[4], mesquites e acácias, possuem sistemas de raízes profundos para alcançar água; outras, como a árvore de Josué[5], espalham suas raízes extensamente na região mais próxima à superfície para obter seu suprimento de umidade.

A vegetação não xerófita consiste principalmente de plantas anuais de vida curta que germinam às pressas e percorrem um ciclo de vida completo – produção de folhas, floração e dispersão de sementes – em poucas semanas quando desencadeadas pela disponibilidade de umidade. Como outras espécies, essas plantas efêmeras também exigem dias com certa duração, assim elas aparecem apenas em meses específicos; portanto, a variação mensal e anual de forma e aparência da vegetação desértica é enorme. Os animais dos desertos são basicamente noturnos, de modo que evitam o calor escaldante do dia; muitos desenvolveram orelhas, narizes, pernas e caudas longos, permitindo mais circulação sanguínea e resfriamento. As formas semelhantes de vida e hábitos de várias plantas e espécies de animais encontradas nos desertos de continentes extremamente separados são exemplos da adaptação evolutiva para assegurar a sobrevivência nesses cenários climáticos.

Para os seres humanos, o deserto é também um ambiente de desafio permanente. Os habitantes dos desertos são, geralmente, caçadores, coletores, pastores nômades e agricultores de subsistência que vivem próximos a uma fonte de água, por exemplo, poços, oásis ou rios estrangeiros (rios que trazem água de fora da região), como o Nilo, Tigres, Eufrates, Indus e Colorado (■ Figura 7.21). O povo do deserto aprendeu a adaptar seus hábitos ao meio ambiente. Por exemplo, os habitantes da região usam roupas largas para se proteger dos raios ardentes do Sol e para prevenir a perda de umidade pela evaporação da pele. À noite, quando as temperaturas caem, as roupas os mantêm aquecidos, isolando e minimizando a perda de calor do corpo.

---

[4] Arbusto chamado por vezes de chaparral; refere-se à espécie *Larrea tridentata*. Pouco conhecido com o nome de creosote. (N.R.T.)
[5] Planta pouco conhecida que cresce no deserto de Mojave, nos Estados Unidos; espécie *Yucca brevifolia*. (N.R.T.)

■ **FIGURA 7.20** (a) Vegetação adaptada às condições áridas do deserto de Atacama, no Chile.
(b) Após chuvas recentes, a paisagem do deserto no Parque Nacional Organ Pipe, no Arizona, se torna mais verde e floresce.
Quais características físicas ajudam os cactos a sobreviverem ao calor, seca e às taxas de evaporação do deserto?

■ **FIGURA 7.21** Este oásis fornece água suficiente para abastecer um pequeno bairro residencial de Ica, no sul do Peru.
O que você pode notar no fundo que prova que este é um ambiente desértico?

A agricultura permanente foi estabelecida em regiões desérticas de todo o mundo, onde houvesse um rio ou um poço de água disponível. Alguns produzem principalmente culturas de subsistência, outros, porém, se tornaram produtores importantes de culturas comerciais para exportação.

Climas de estepe

Um estudo mais profundo da Figura 7.17 e da Tabela 7.3 dá uma ideia de que a distribuição mundial das terras de estepe está intimamente relacionada com os locais de deserto. Ambos os tipos de clima com deficiência de umidade compartilham os fatores de continentalidade, localização em zonas de sombra de chuvas, sistemas de alta pressão subtropical ou uma combinação dos três. Nesses climas, a ET potencial excede a precipitação. Como ocorre nos desertos, a precipitação nas regiões de estepe é imprevisível e varia muito na quantidade total de um ano para outro.

Estepes e a vegetação natural
Assim como nos desertos, as regiões de estepe podem ser de baixas ou médias latitudes; identificáveis pela temperatura média anual (veja novamente a Tabela 7.3). Os climogramas da ■ Figura 7.22 demonstram que, embora no verão as temperaturas sejam elevadas em todas as regiões de estepe, as diferenças em relação às temperaturas de inverno podem produzir variação anual duas ou três vezes maiores em estepes de latitude média, que nas regiões de estepe de latitude baixa. Em virtude das altas taxas de evapotranspiração, o total de precipitação anual para locais de estepe de latitude baixa como o Daly Waters é geralmente muito maior que em lugares de latitude média como na cidade de Salt Lake.

Enquanto a maioria dos locais desérticos recebe menos de 25 centímetros de chuvas anualmente, as regiões tipicamente de estepe recebem entre 25 e 50 centímetros de precipitação (10 - 20 pol.). Os acumulados mais altos nas regiões de estepe permitem o crescimento de uma vegetação natural que está relacionada à cobertura do solo das áreas de climas mais úmidos imediatamente adjacentes a ela. Em áreas de transição de savana tropical

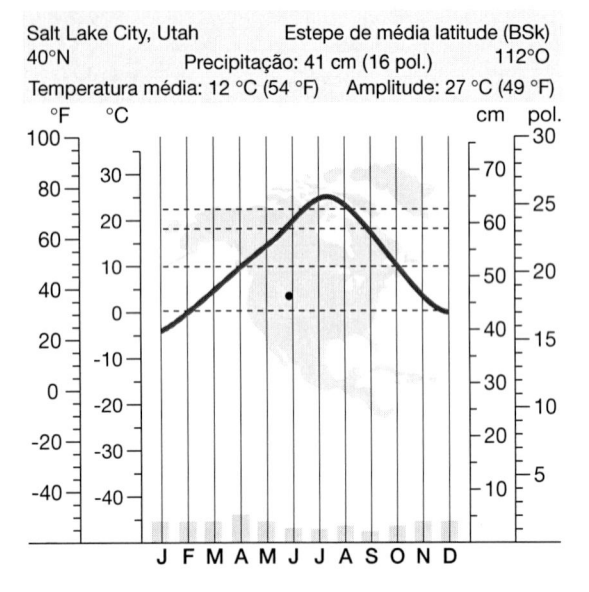

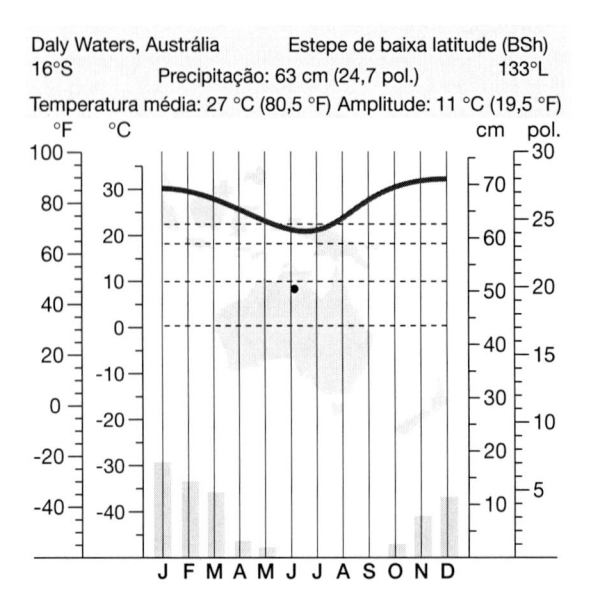

FIGURA 7.22 Climograma para estações de clima estepe.
Quais são as principais diferenças entre os dados do climograma da cidade de Salt Lake e Daly Waters? Quais são as causas dessas diferenças?

para deserto, a vegetação é do tipo seco de savana, incluindo o crescimento de árvores arbustivas e pequenos arbustos. Na fronteira com os climas úmidos das latitudes médias, a maior parte das regiões de estepe era originalmente coberta com pradarias, como as da região de estepe da Rússia, para a qual Köppen deu o nome do clima. Ao oeste do meridiano 100, na América do Norte, e se estendendo pela Eurásia, do Mar Negro ao norte da China, existem planícies vastas, com uma mistura de gramíneas e espécies baixas se tornando dominantes na direção a uma menor precipitação anual. Na América do Norte, os *prados de grama curta*, em geral, coincidem com a zona em que a umidade raramente penetra mais de 60 centímetros no solo (2 pés), assim o subsolo é permanentemente seco.

Um recurso perigoso
Apesar de a cobertura do solo ser geralmente incompleta em estepes de latitude baixa, as pradarias na África eram em sua origem domínio de gnus, zebras e outros animais de pasto. Hoje em dia esses animais foram substituídos por pastores e seus rebanhos ou por aldeões tentando cultivar suas plantações a despeito das chuvas escassas e pouco confiáveis. O sobrepastoreio e a agricultura não aconselhável não raro levaram à pobreza, à invasão dos desertos, à fome e ao respectivo risco de morte em razão da escassez de alimentos, principalmente na região do Sahel, ao lado do Saara.

Em condições naturais, os prados das estepes da América do Norte e da Eurásia permitiam a sobrevivência de grandes densidades de animais de pastoreio – bisões e antílopes na América do Norte e cavalos selvagens na Eurásia. Atualmente os animais são gado domesticado, não rebanhos autossuficientes de espécies selvagens que antigamente povoaram essas regiões, em geral em grandes números (■ Figura 7.23).

É possível uma agricultura bem-sucedida em estepes de latitude média, mas não sem o uso de irrigação ou de métodos de sequeiro (anos alternados). Em regiões de estepe com alta precipitação, onde tais técnicas não foram utilizadas, os resultados mostrara desastrosos. Durante ciclos de seca, as plantações fracassaram ano após ano e, com a terra despojada de seu gramado natural, o solo ficou exposto à erosão eólica. Até mesmo a utilização de gramas como pasto para animais domesticados pode causar problemas, porque seu uso exacerbado pode rapidamente criar condições como as que levaram ao *dust bowl* (fenômeno ocorrido durante as secas extremas de 1930 no sudoeste dos Estados Unidos)[6].

FIGURA 7.23 Clima de estepe: Sand Hills no Nebraska.
O que poderia ser diferente neste local há 150 anos?

As dificuldades em tornar as regiões de estepe mais produtivas ilustram o equilíbrio ecológico sensível dos sistemas da Terra. As chuvas naturais em estepe eram normalmente suficientes para possibilitar o crescimento de uma cobertura

---

[6] Foi um período em que fortes tempestades de areia afetaram áreas das grandes planícies, causando danos à agricultura, à pecuária e à população em geral. O fenômeno está associado ao aumento da erosão do solo pelo vento, em razão da massiva substituição da relva nativa por pastagens. (N.R.T.)

de grama curta que alimentava os herbívoros itinerantes que pastavam. A população herbívora, por sua vez, era controlada pelos predadores carnívoros que se alimentavam deles. Quando as pessoas mandam mais animais para os pastos, aram a terra ou simplesmente matam os predadores, o equilíbrio ecológico é ameaçado e o sofrimento humano pode ser o trágico resultado.

Regiões de clima mesotérmico

Quando utilizamos o termo *mesotérmico* (do grego: *mesos*, meio) para descrever os climas, estamos nos referindo às temperaturas moderadas que caracterizam tais regiões. Neste capítulo, incluímos uma discussão detalhada dos climas mesotérmicos, que estão esboçados na Tabela 7.4. Os climas mesotérmicos não têm as temperaturas elevadas dos trópicos úmidos durante todo o ano, nem os invernos frios das regiões microtérmicas. No entanto, dois dos climas mesotérmicos podem também ser considerados subtropicais. As regiões climáticas mediterrâneas e as subtropicais úmidas estão posicionadas na fronteira com os trópicos e possuem certas características tropicais (■ Figura 7.24). As temperaturas de verão nestes dois climas rivalizam com as dos trópicos, e o baixo risco de geadas permite a temporada de cultivo durante quase todo o ano. Muitas espécies de plantas que tiveram sua origem nos trópicos foram introduzidas com sucesso como cultivo em regiões subtropicais.

O terceiro clima mesotérmico que apresentaremos é o clima oceânico. As regiões de clima mesotérmico oceânico não são adjacentes aos trópicos e não possuem os verões

TABELA 7.4
Os climas mesotérmicos

Nome e descrição	Fatores de controle	Distribuição de fatores geográficos	Características distintivas	Características relacionadas
Mediterrâneo Mês mais quente acima de 10 °C (50 °F); mês mais frio entre 18 °C (64,4 °F) e 0 °C (32 °F); verão seco; verões quentes (interior), verões amenos (costa)	Localizado na costa oeste, entre 30° e 40° de latitudes N e S; alternância entre as altas subtropicais no verão e os ventos de oeste no inverno	Califórnia Central; centro do Chile; fronteiras do Mar Mediterrâneo, Planaltos Iranianos; Cape Town na África do sul; sul e sudoeste da Austrália	Invernos amenos e úmidos, verões quentes e secos no interior com costas um pouco mais frescas e com neblina; porcentagem alta de Sol, verão com variação de temperatura diurna alta; risco de geada	Vegetação esclerófila; arbustos baixos e resistentes (chaparral); bosques; solos variados, erosão nas regiões do Velho Mundo; semeadura de grãos no inverno, azeitonas, uvas, verduras, cítricos, irrigação
Subtropical úmido Mês mais quente acima de 10 °C (50 °F); mês mais frio entre 18 °C (64,4 °F) e 0 °C (32 °F); verões quentes; geralmente precipitação durante todo o ano, inverno seco (Ásia)	Localizado na costa leste entre 20° e 40° de latitudes N e S; movimento de ar úmido para a terra no verão (monçônico), tempestades ciclônicas no inverno	Sudeste dos Estados Unidos; sudeste da América do Sul; costa sudeste da África do Sul e leste da Austrália; Ásia oriental, do norte da Índia ao sul da China, até o sul do Japão	Umidade elevada; verões como nos trópicos úmidos; geada com massas polares no inverno; precipitação 62 cm a 250 cm (25 - 100 pol.), diminuindo no interior; influência da monção na Ásia	Florestas mistas, algumas pradarias, pinheiros em áreas arenosas; solos produtivos com fertilização regular; arroz, trigo, milho, algodão, tabaco, cana-de-açúcar, cítricos
Clima oceânico Mês mais quente acima de 10 °C (50 °F); mês mais frio entre 18 °C (64,4 °F) e 0 °C (32 °F); precipitação todo o ano; verões variam de amenos a frescos	Localizado na costa oeste, todo o ano sob a influência dos ventos de oeste; correntes marítimas quentes ao longo de algumas regiões costeiras	Costa do Oregon, Washington, Colúmbia Britânica e sul do Alasca; sul do Chile; interior da África do Sul; sul da Austrália e Nova Zelândia; noroeste da Europa	Verões e invernos amenos, baixa variação anual de temperatura; ampla cobertura de nuvens, umidade elevada; tempestades ciclônicas frequentes, com chuvas, garoa ou neblina prolongadas; período de geada de três a quatro meses	Naturalmente florestada, verde todo o ano; o solo requer fertilização; tubérculos, frutas decíduas, trigo no inverno, centeio, pastagens e animais de pastoreio; pesca costeira

Climas mesotérmicos úmidos

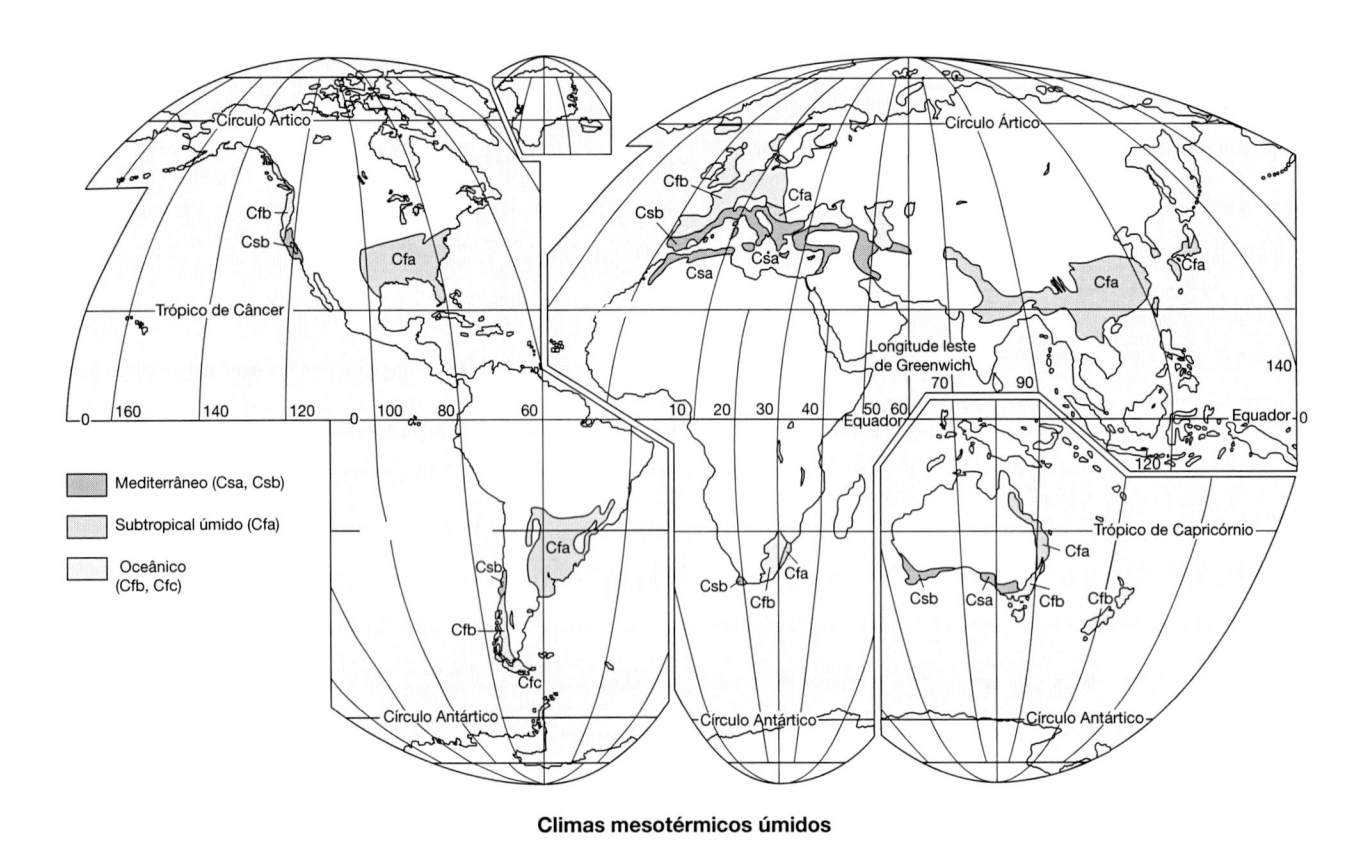

■ **FIGURA 7.24** Mapa de índices de climas mesotérmicos.

quentes dos outros climas mesotérmicos, portanto não são consideradas subtropicais.

Em uma breve revisão da Figura 7.5, o mapa-múndi de climas mostra que regiões costeiras, apesar de suas temperaturas moderadas, se estendem para as latitudes médias e altas (e algumas vezes vão além). Um inverno com temperatura moderada e sem meses com média mensal abaixo de zero é uma característica comum que une as regiões climáticas mesotérmicas, embora as características de temperatura de verão e precipitação possam variar bastante entre elas. Ao atentar novamente para a Figura 7.24, podemos notar o caráter de localização para cada um dos três climas mesotérmicos. Neste mapa, é evidente que o clima oceânico sempre está na fronteira com o clima mediterrâneo, seja na área costeira em direção aos polos, seja em direção ao interior do continente. Os climas subtropicais úmidos e mediterrâneos são encontrados em regiões entre 30 e 40 graus nas costas opostas de todos os grandes continentes. À medida que analisarmos mais profundamente os climas mesotérmicos úmidos seremos constantemente relembrados do que já aprendemos sobre a mudança dos padrões de ventos, células de pressão globais e da natureza distinta das altas subtropicais em lados opostos dos oceanos.

Clima mediterrâneo

O **clima mediterrâneo** é um bom exemplo para compreender as regiões do mundo com base nas características e classificação do clima. O controle alternante das altas subtropicais no verão e o aporte de tempestades em razão do movimento dos ventos de oeste no inverno são tão previsíveis que as regiões climáticas mediterrâneas do mundo têm características de temperatura e precipitação semelhantes (■ Figura 7.25) e facilmente reconhecíveis. A aparência, combinações e adaptações climáticas particulares da vegetação mediterrânea não são apenas incomuns como também claramente distinguíveis das vegetações de outros climas. Práticas agrícolas, plantações, atividades recreativas e estilos arquitetônicos exibem fortes semelhanças em terras mediterrânicas.

Verões quentes e secos; invernos amenos e úmidos

As principais características do clima mediterrâneo são verões secos, invernos amenos e úmidos e luz solar abundante (90% da insolação possível no verão e de 50% a 60% mesmo durante a estação chuvosa de inverno). Os verões são de mornos a quentes, mas há diferenças suficientes entre as temperaturas mensais nas regiões costeiras ou no interior para reconhecer dois subtipos diferentes. O subtipo verão moderado tem temperaturas de verão mais baixas associadas com uma forte influência marítima. O subtipo verão quente está localizado mais no interior e reflete maior influência da *continentalidade*.

Qualquer que seja o subtipo, os verões mediterrâneos mostram claramente a influência das altas subtropicais. Passam-se semanas sem o menor sinal de chuva e as taxas de evapotranspiração são elevadas. A precipitação efetiva é inferior à precipitação real e a seca do verão é tão intensa quanto à do deserto. Os dias são mornos a quentes, o céu é azul e sem nuvens e a luz do Sol é abundante. A porcentagem elevada de insolação combinada com os raios quase verticais do Sol do meio-dia pode fazer com que as temperaturas diurnas cheguem de 30 ºC a 38 ºC (86 ºF-100 ºF), exceto quando atenuadas por uma forte brisa marinha ou por nevoeiros costeiros.

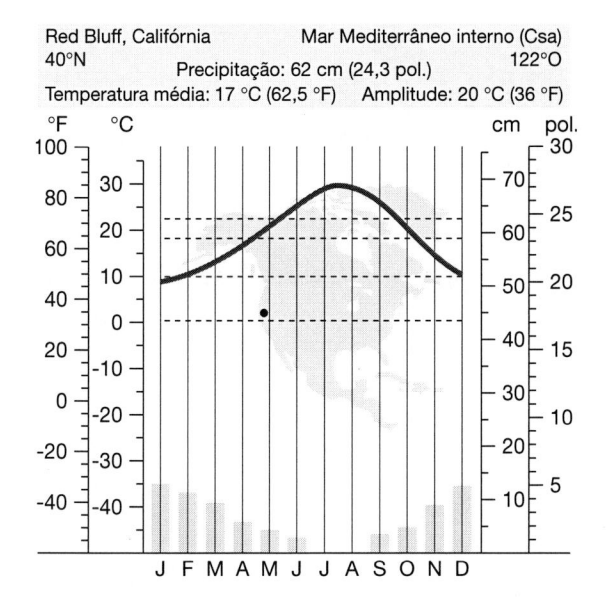

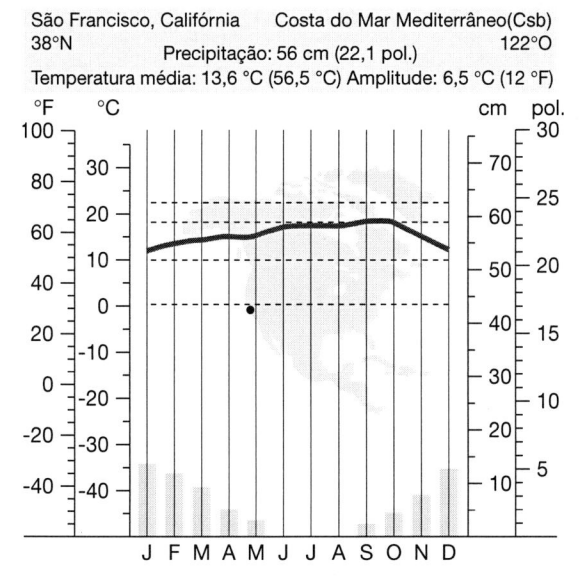

FIGURA 7.25 Climogramas para estações de clima mediterrâneo.
De que maneira esses climogramas diferem? O que causa essas diferenças?

e sistemas frontais comuns com os ventos de oeste. A quantidade anual aumenta com a elevação e diminui quanto maior a distância em relação ao oceano. Como a chuva ocorre durante os meses mais frescos, quando as taxas de evapotranspiração são mais baixas, existe precipitação suficiente para que se tenha um clima úmido.

Apesar da chuva durante o inverno, normalmente ocorrem muitos dias amenos e com boas condições de tempo. A insolação ainda é acima de 50% e a temperatura média do mês mais frio raramente fica abaixo de 4 ºC-10 ºC (40 ºF-50 ºF). Geadas não são comuns e em razão de sua raridade muitas variedades de frutas e vegetais tropicais menos resistentes podem ser cultivadas nessas regiões. Entretanto, quando há geada, esta pode causar grandes danos.

Adaptações especiais
A seca de verão, e não a ocorrência de geada, é o desafio das vegetações nas regiões mediterrâneas. A vegetação natural reflete o padrão seco e úmido do clima. Durante a estação chuvosa, o solo é coberto por gramas verdes exuberantes, que se tornam douradas e depois amarronzadas no verão seco. Somente com o inverno e a volta das chuvas, a paisagem se torna verde outra vez. Grande parte da vegetação natural é **esclerófila** (folhas duras) e resistente à seca. Assim como as xerófitas, essas plantas têm superfície dura, folhas grossas e brilhantes que resistem à perda de umidade e que também possuem raízes profundas para auxiliar a combater a aridez.

Uma das comunidades de plantas mais familiares é composta por muitos arbustos pequenos e retorcidos que crescem juntos em um denso emaranhado. No oeste dos Estados Unidos, é chamado de **chaparral** (■ Figura 7.26). A maior parte do chaparral passou ou passará por incêndios que frequentemente ocorrem nesses arbustos secos e densos. Os incêndios ajudam o chaparral a se perpetuar porque o calor é necessário para que as sementes se abram, e muitas das suas espécies se reproduzam. Com frequência, as pessoas retiram o chaparral como forma de prevenção contra incêndios, porém sua retirada pode trazer resultados desastrosos, já que ele age como contenção para a erosão e os deslizamentos de terra durante a temporada de chuvas.

As árvores do clima mediterrâneo se adaptam bem às condições de umidade. Em razão de suas qualidades de resistência à seca, os pinheiros com folhas pontiagudas estão entre as espécies mais comuns. Os carvalhos decíduos e perenes (eucaliptos na Austrália) também aparecem como bosques de gramíneas e árvores esparsas. A cobertura de árvores é mais densa em depressões, onde a umidade é coletada e nas sombras da lateral norte das colinas, onde a evapotranspiração é menor. As florestas costeiras de sequoias do norte da Califórnia provavelmente não poderiam sobreviver sem os densos nevoeiros e o ar oceânico úmido que regularmente invadem o litoral durante o verão.

Em todas as regiões mediterrâneas, as áreas mais produtivas são as planícies cobertas por depósitos de córregos de água. Neles, os agricultores fizeram adaptações especiais para as condições climáticas. A chuva na estação fria é suficiente para permitir o plantio no outono e a colheita na primavera do trigo e da cevada do inverno. Essas plantações cresceram, originalmente, de forma selvagem no leste da região mediterrânea. Videiras, figueiras, oliveiras e sobreiros, também nativos do mediterrâneo, se adaptam bem aos

Nevoeiros são comuns ao longo do ano em regiões costeiras e em especial durante o verão. À medida que o ar marinho se desloca para o litoral, ele passa por correntes oceânicas frias que estão, tipicamente, paralelas à costa oeste em latitudes mediterrâneas. O ar se resfria, a condensação ocorre e a neblina se forma ao final da tarde. Ela permanece durante a noite e se dissipa com o decorrer das horas pela manhã. Como no deserto, a perda de radiação é rápida à noite e mesmo no verão, as temperaturas noturnas comuns são de apenas 10 ºC-15 ºC (50 ºF a 60 ºF).

O inverno é a estação chuvosa do clima mediterrâneo. A média anual de precipitação nessas regiões geralmente está entre 35 e 75 centímetros (15-30 pol.), com 75% ou mais do total de chuvas ocorrendo durante os meses de inverno. A precipitação ocorre principalmente por causa das tempestades ciclônicas

■ **FIGURA 7.26** Vegetação chaparral (*scrub forest*) típica remanescente encontrada ao sul da Espanha.
Por que você esperaria encontrar pouca vegetação "nativa" nas terras mediterrâneas do Velho Mundo?

■ **FIGURA 7.27** As uvas se desenvolvem em um clima mediterrâneo. Esta vinha está no Condado de Sonoma, na Califórnia. **Que características da paisagem sugerem que esta não é a estação seca do verão?**

verões secos por causas de suas raízes profundas e caules ou troncos grossos com bom isolamento (■ Figura 7.27). Onde a água é disponível para irrigação, pode ser vista uma diversidade de plantações. Incluem-se às já mencionadas laranjas, limões, limas, melões, tâmaras, arroz, algodão, frutas decíduas, vários tipos de castanhas e inúmeros legumes. A Califórnia, próspera tanto por vales férteis para a cultura de frutas, legumes e flores como também pela neve que, derretida, serve para a irrigação, é provavelmente a região agrícola mais produtiva do clima mediterrâneo.

Clima subtropical úmido

O **clima subtropical úmido** se estende para o interior da costa leste continental, entre 15º e 20º, até 40º de latitude N e S (ver novamente a Tabela 7.4 e a Figura 7.24). Assim, esse clima está localizado aproximadamente dentro da mesma faixa de latitude e em uma posição de transição semelhante ao clima mediterrâneo, mas nas margens continentais leste em vez das margens oeste. Há evidências amplas dessa transição climática. Os verões nos subtrópicos úmidos são parecidos aos dos climas tropicais úmidos na sua porção mais próxima ao equador. Quando o Sol do meio-dia está próximo ao zênite, essas regiões estão sujeitas à importação de umidade de massas de ar tropical. Temperaturas elevadas, umidade relativa alta e chuvas convectivas frequentes são características em comum compartilhadas com os climas tropicais. Contudo, durante os meses de inverno, quando os cinturões de alta pressão e os ventos se deslocam em direção ao equador, as regiões subtropicais úmidas ficam com mais influência de sistemas ciclônicos das latitudes médias continentais. As massas de ar polar podem trazer temperaturas mais frias e geadas ocasionais.

Comparação com o clima mediterrâneo
Assim como a versão mais continental do clima mediterrâneo, o clima subtropical úmido tem invernos amenos e verões quentes. Não existe, porém, estação seca. Enquanto as áreas mediterrâneas estão sob o flanco seco e a leste dos sistemas de alta pressão subtropicais, as regiões subtropicais úmidas estão localizadas na fraca porção a oeste dessas altas. A subsidência e a estabilidade são fortemente reduzidas ou ausentes, mesmo durante os meses de verão. Aqui, mais uma vez, as temperaturas do oceano têm um papel importante. As correntes oceânicas quentes, que são encontradas frequentemente ao longo da costa leste continental nessas latitudes, também servem para amenizar as temperaturas no inverno e aquecer a baixa atmosfera, elevando, portanto, o gradiente de temperatura, o que aumenta a instabilidade. Além disso, um efeito de monção modificado (principalmente na Ásia e até certo ponto em algumas partes do sul dos Estados Unidos) aumenta a precipitação no verão à medida que o ar tropical, úmido e instável avança sobre a região.

As regiões subtropicais úmidas recebem por volta de 60 a 250 centímetros (25-100 pol.) de precipitação anual. Esse total geralmente diminui nas áreas em direção ao interior do continente, longe das fontes oceânicas de umidades. Não é surpreendente que essas regiões são visivelmente mais secas quanto mais próximas às regiões de estepe, em suas bordas ocidentais.

Tanto o clima mediterrâneo como o subtropical úmido recebem umidade do inverno proveniente de tempestades ciclônicas, que migram juntamente com os ventos de oeste ao longo da frente polar. Como percebemos, o grande contraste acontece no verão, quando os subtrópicos úmidos recebem precipitação substancial das chuvas convectivas, complementados em certas regiões por um efeito de monção modificado. Por causa da migração do Sol e dos cinturões de vento durante os meses de verão, os climas subtropicais úmidos também estão sujeitos a tempestades tropicais, algumas delas também formando furações (ou tufões), principalmente no final do verão. Esses três fatores – o efeito de monção modificado, a convecção e as tempestades tropicais – se combinam na maior parte dessas regiões para produzir o máximo de precipitação no final do verão. Os climogramas de Nova Orleans, na Louisiana, e Brisbane, na Austrália, ilustram esses efeitos (■ Figura 7.28).

As temperaturas nos subtrópicos úmidos são mais parecidas com aquelas das regiões mediterrâneas. As variações anuais são semelhantes, apesar de haver uma grande alteração entre as estações meteorológicas em clima subtropical úmido, principalmente porque esse clima cobre uma grande área territorial. As estações mediterrâneas têm registro de temperaturas diurnas de verão elevadas, porém os meses de verão em ambos os climas possuem médias da ordem de 25 °C (77 °F), aumentando para até 32 °C (90 °F) à medida que a influência marítima diminui no interior do continente. Os meses de inverno em ambos os climas têm médias de 7 °C-14 °C (45 °F-57 °F). A geada é um problema semelhante. A longa estação para plantio nas regiões subtropicais úmidas mais quentes permite aos agricultores o cultivo de culturas sensíveis à geada, tais como laranjas, toranjas (*grapefruit*) e limões. No entanto, assim como nos climas mediterrâneos, os agricultores devem estar preparados para proteger suas lavouras contra os riscos do congelamento. Os produtores de cítricos na Flórida estão concentrados no distrito de Central Lake para tirar vantagem da influência moderadora dos corpos de água próximos.

As temperaturas de verão em regiões subtropicais parecem ser ligeiramente mais quentes do que elas realmente são por causa da alta umidade. Na realidade, os verões neste clima tendem a ser opressivamente quentes, abafados e desconfortáveis. Existe pouco ou nenhum alívio das temperaturas noturnas mais baixas, como ocorre nas regiões mediterrâneas. A umidade elevada do clima subtropical úmido diminui a perda radiativa de calor à noite. Consequentemente, o ar permanece quente e pegajoso.

Um clima produtivo

A vegetação geralmente se desenvolve em regiões subtropicais úmidas, com suas chuvas abundantes, temperaturas elevadas e um longo período para o crescimento. As porções mais úmidas das regiões menos povoadas permitem o crescimento de florestas de árvores decíduas de folhas largas, florestas de pinheiros em solos arenosos e florestas mistas (■ Figura 7.29). Nas regiões mais secas, próximas às regiões de estepe, as florestas dão lugar a gramíneas que requerem menos umidade. A fauna é abundante e variada. Algumas das espécies mais comuns são cervos, ursos, raposas, coelhos, esquilos, marsupiais, gambás e pássaros de muitos tamanhos

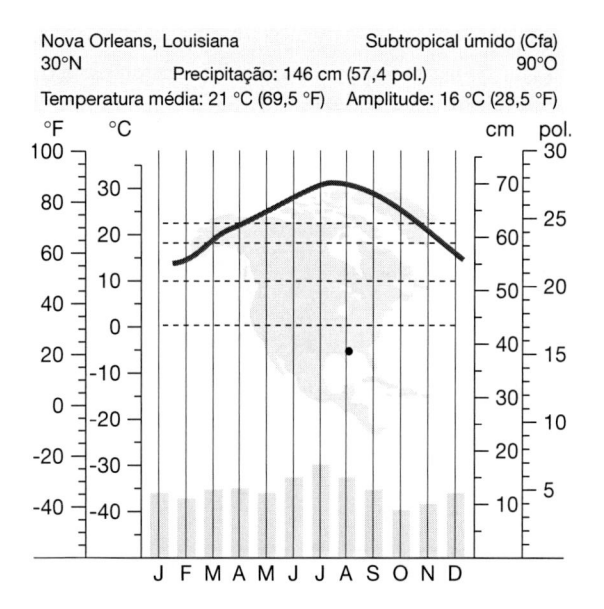

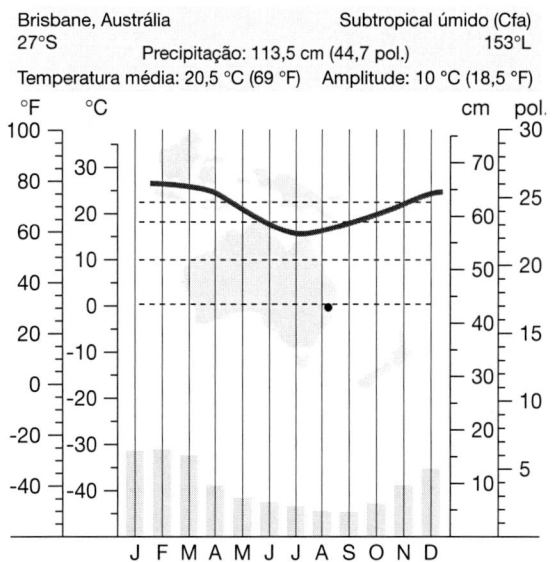

■ **FIGURA 7.28** Climogramas para estações de clima subtropical úmido.
Que características hemisféricas são mostradas nestes gráficos?

e espécies. A vida dos pássaros em áreas de lagos e pântanos é bastante profusa. Jacarés habitam os pântanos e outras regiões alagadiças da costa do Atlântico, desde a Carolina do Norte até a Flórida, e ao longo da costa do Golfo do México até o Texas.

Assim como nos trópicos, há uma tendência de os solos terem fertilidade limitada por causa da remoção rápida de nutrientes solúveis. Entretanto, há exceções em áreas de pradaria mais secas, como os *pampas* da Argentina e do Uruguai, o que constitui a *bread basket*[7] da América do Sul. Qualquer que seja o recurso do solo, as regiões subtropicais úmidas têm um enorme valor agrícola por suas temperaturas favoráveis e características

---

7 O termo *bread basket*, em inglês, é utilizado para referir-se a uma região que, em razão de sua elevada produtividade agrícola, tem papel fundamental na produção de alimentos de um país, império ou uma região maior. (N.R.T.)

■ **FIGURA 7.29** Vegetação de floresta semelhante a esta do Parque Estadual de Myakka originalmente cobria grande parte da região subtropical úmida da Flórida central.
Como a paisagem física da Flórida central foi alterada pela ocupação humana?

de umidade. Elas têm sido utilizadas de forma intensa tanto para culturas de subsistência, como arroz e trigo na Ásia, quanto também para culturas com fins comerciais, como algodão e tabaco nos Estados Unidos. Quando consideramos que este clima (em sua fase de monção) é característico do sul da China como também das porções mais densamente povoadas da Índia e do Japão, percebemos que ele alimenta muito mais seres humanos que qualquer outro tipo (■ Figura 7.30).

Quando as florestas são a principal forma de vegetação, elas podem ser comercialmente importantes (■ Figura 7.31). Os pinheiros de folhas largas (*Pinus Elliottii*, nativos do sudeste dos Estados Unidos) são uma fonte de madeira, como também os produtos de resina dos pinheiros (piche, alcatrão e terebintina). A ausência de limitações de temperatura e umidade favorece muito o crescimento da floresta. Na Geórgia, por exemplo, as árvores podem crescer de duas a quatro vezes mais rapidamente que em regiões mais frias, como a Nova Inglaterra. Isso significa que as árvores podem ser plantadas e a colheita pode ser feita em muito menos tempo que em regiões florestais mais frias, oferecendo vantagens comerciais diferenciadas.

Com o desenvolvimento de gramíneas mais nutritivas e novas raças de gado capazes de suportar o calor e as umidades dos subtrópicos, a pecuária aumentou notavelmente. Plantações de milho com frequência se unem a outras culturas comerciais nas regiões subtropicais como alimento para o gado e, mais recentemente, cana-de-açúcar como combustível para veículos. Entretanto, apesar das vantagens desse clima, as pessoas consideram que é um clima desconfortável para viver. Felizmente, com a disseminação do ar-condicionado nas zonas urbanas e dos avanços tecnológicos nas zonas rurais ao longo de todas as regiões subtropicais úmidas, o problema pode ser atenuado. Em locais onde o oceano oferece alívio para o calor do verão, como na Flórida, o clima subtropical úmido é muito atrativo para recreação e aposentadoria. A beleza de suas características mais incomuns, como os pântanos de ciprestes e as florestas cobertas por musgo espanhol, precisam ser vivenciada para ser completamente apreciadas.

■ **FIGURA 7.30** Os campos de terraceamento nesta região de clima subtropical úmido, próximos de Wakayama, no Japão, são ideais para a produção de arroz.
Por que o cultivo de arroz é o favorito no Japão?

Clima oceânico

A proximidade com o oceano e os ventos predominantes no litoral tornam o **clima oceânico** um dos mais temperados do mundo. Desse modo, esse tipo climático algumas vezes é conhecido como clima oceânico temperado. Encontrado nas regiões de latitude média (entre 40° e 65°), continuamente sob influência dos ventos de oeste (*westerlies*), o clima oceânico recebe muita precipitação ao longo do ano (Tabela 7.4). Contudo, diferentemente dos climas mesotérmicos subtropicais, os verões oscilam de amenos a frios. O climograma de Bordeaux, na França, na ■ Figura 7.32, representa o clima oceânico.

Influências oceânicas À medida que os *westerlies* adentram as áreas costeiras, eles levam a influência marinha moderadora da temperatura e da umidade. Além disso, as correntes

CAPÍTULO 7 • CLASSIFICAÇÃO CLIMÁTICA: REGIÕES DE CLIMA TROPICAL, ÁRIDO E MESOTÉRMICO **177**

■ **FIGURA 7.31** Uma fazenda de árvores comerciais no Alabama. Note que os pinheiros são plantados em filas organizadas para acelerar o cultivo e a colheita.
Por que as fazendas de árvores são comuns no sudeste dos Estados Unidos e noroeste do Pacífico, mas não na Nova Inglaterra e na região do meio-oeste superior?

■ **FIGURA 7.32** Climogramas para estações com clima oceânico.
Que sistema de pressão ou vento influenciaria a diminuição de precipitação durante os meses de verão?

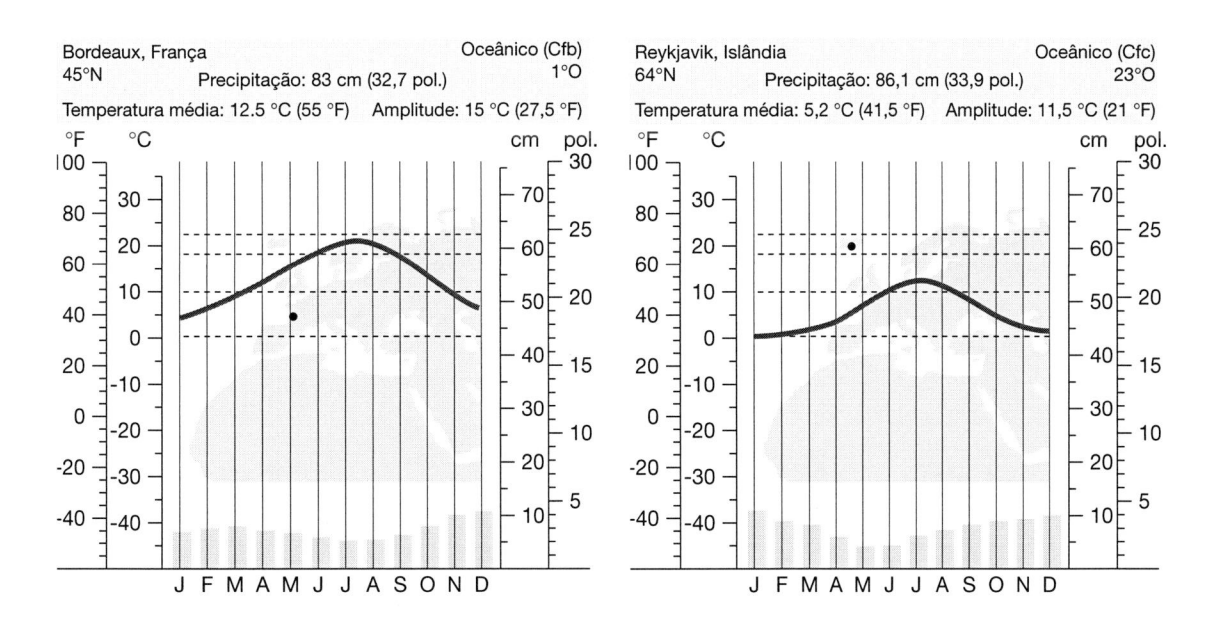

Bordeaux, França — Oceânico (Cfb)
45°N   Precipitação: 83 cm (32,7 pol.)   1°O
Temperatura média: 12,5 °C (55 °F)   Amplitude: 15 °C (27,5 °F)

Reykjavik, Islândia — Oceânico (Cfc)
64°N   Precipitação: 86,1 cm (33,9 pol.)   23°O
Temperatura média: 5,2 °C (41,5 °F)   Amplitude: 11,5 °C (21 °F)

oceânicas quentes, como a Corrente Norte-Atlântica, banham algumas das terras costeiras em locais de latitude mais elevada do clima oceânico, moderando ainda mais as condições climáticas e acentuando a umidade. A umidade acentuada é mais evidente na Europa, onde o clima oceânico se estende ao longo da costa da Noruega e vai além do Círculo Ártico (veja novamente Figura 7.24). Nessas latitudes médias, a influência *marítima* é tão forte que as temperaturas diminuem pouco na direção dos polos. Portanto, a influência do oceano é maior que a latitude ao determinar estas temperaturas.

Outro resultado do efeito moderador do oceano é que a variação da temperatura anual nos climas oceânicos é relativamente pequena, considerando sua localização latitudinal. Para melhor ilustrar isso, compare os gráficos de temperatura mensal de Portland, em Oregon, e Eau Claire, em Wisconsin (■ Figura 7.33). Apesar de essas duas cidades estarem na mesma latitude, a variação anual de temperatura em Portland é de 15,5 °C (28 °F), enquanto em Eau Claire é de 31,5 °C (57 °F). O efeito moderador do oceano sob a temperatura em Portland é claramente contrastado com o efeito da *continentalidade* nas temperaturas de Eau Claire.

Apesar de o efeito isolante dos céus encobertos e de a alta umidade contida no ar diminuírem a perda de calor à noite, geadas podem ser um fator importante no clima oceânico. Elas acontecem com mais frequência, podem ter maior duração e são mais intensas que em outras regiões mesotérmicas. A estação boa para o crescimento das plantas está limitada a oito meses ou menos, porém, mesmo durante os meses em que podem ocorrer temperaturas negativas, somente a metade das noites ou menos passa por elas. A possibilidade de geadas e a frequência com que elas ocorrem aumentam nas regiões em direção ao interior do continente mais rapidamente que em direção aos polos, uma vez mais ilustrando a importância da influência marinha.

Como evidência final das influências oceânicas, estude a distribuição do clima oceânico fazendo referência à Figura 7.24. Em locais onde barreiras montanhosas impedem o movimento do ar marítimo para o interior do continente, o clima é restrito a uma estreita faixa costeira, como no noroeste do Pacífico e no Chile. Em regiões onde a terra é cercada por água, como na Nova Zelândia, ou onde as massas de ar se movem cruzando vastas planícies, como na maior parte do noroeste da Europa, o clima se estende bem em direção ao interior das massas de terra.

Nuvens e precipitação

A costa oeste desfruta de uma reputação bastante merecida por ter um dos climas com mais nebulosidade, neblina, chuvas e tempestades do mundo. Isso é uma verdade principalmente durante o inverno. A chuva ou garoa pode ir e vir por dias, embora a quantidade de chuva seja pequena em relação ao número de dias de chuva registrado. Mesmo quando não está chovendo, o tempo fica carregado de nuvens e com nevoeiro. O nevoeiro do tipo advectivo pode ser comum e de duração longa nos meses de inverno, quando as massas de ar marítimo absorvem uma quantidade de umidade considerável, que é então condensada como nevoeiro, no momento em que as massas de ar se movimentam sobre a terra fria. As tempestades ciclônicas e sistemas frontais são também mais fortes no inverno quando as altas subtropicais migram em direção ao equador. Máximos de chuva ocorrem notavelmente no inverno, próximos à costa e às fronteiras com o clima mediterrâneo. Entretanto, mais no interior do continente, máximos de verão podem acontecer.

Ainda que todos os lugares com esse clima tenham uma boa precipitação, existe mais variação de lugar para lugar nas

■ **FIGURA 7.33** Efeito da influência marítima nos climas de duas estações com a mesma latitude. Portland, em Oregon, exemplifica a influência marítima dominando climas marinhos da costa oeste. Eau Claire, em Wisconsin, mostra o efeito da localização no interior do continente. A diferença da variação de temperatura para as duas estações é significante, mas perceba também as diferenças interessantes na distribuição de precipitação.
Como você explica essas diferenças?

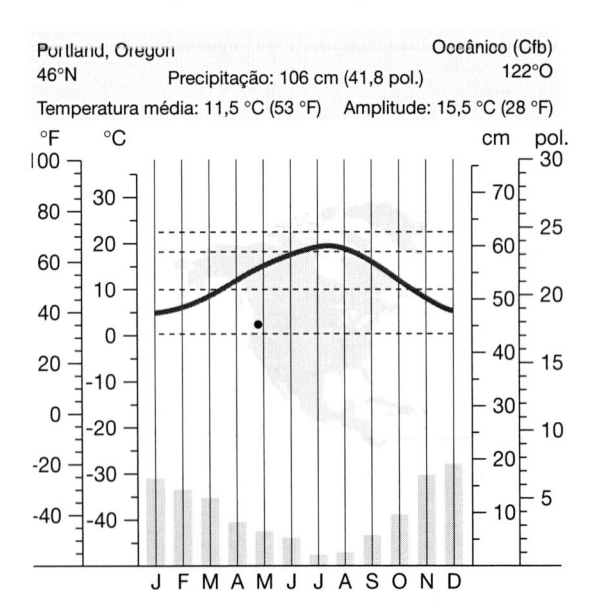

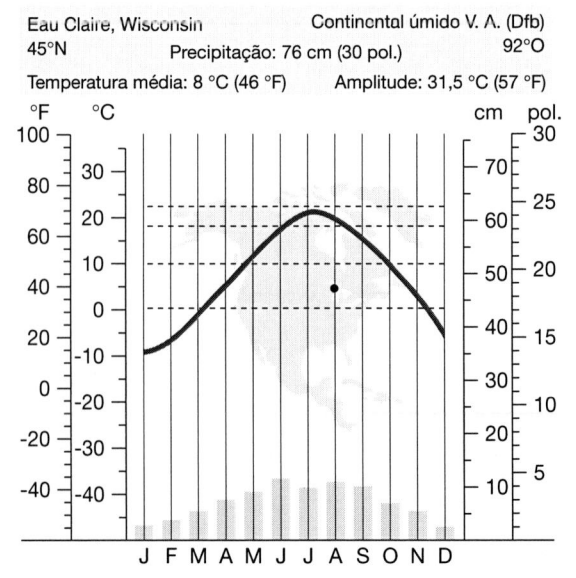

Portland, Oregon — Oceânico (Cfb)
46°N — Precipitação: 106 cm (41,8 pol.) — 122°O
Temperatura média: 11,5 °C (53 °F)   Amplitude: 15,5 °C (28 °F)

Eau Claire, Wisconsin — Continental úmido V. A. (Dfb)
45°N — Precipitação: 76 cm (30 pol.) — 92°O
Temperatura média: 8 °C (46 °F)   Amplitude: 31,5 °C (57 °F)

médias de precipitação que nas estatísticas de temperatura. A precipitação tende a diminuir muito de forma gradual à medida que vai para o interior, longe das fontes oceânicas de umidade. Ela também diminui rumo ao equador, principalmente durante os meses de verão, à proporção que a influência das altas subtropicais aumenta e os ventos de oeste diminuem. Isso pode trazer períodos de tempo aberto e bonito, algo raramente associado a esse clima, mas não incomum no noroeste do Pacífico.

O fator mais importante na quantidade de precipitação é a topografia local. Quando uma barreira montanhosa como a de Cascades, no noroeste do Pacífico, ou dos Andes, no Chile está paralela à costa, ocorre precipitação abundante, tanto ciclônica como orográfica, no lado a barlavento das montanhas. No lado a barlavento das cordilheiras viradas para a costa no Canadá, Lago Henderson, Colúmbia Britânica, a média anual de precipitação é de 666 centímetros (262 pol.), o valor mais alto em toda a América do Norte. Durante a última Era Glacial, essas quantidades altas de precipitação, caindo em grande número como neve de inverno, produziram muitas geleiras. Em muitos casos, essas geleiras fluíam para o mar escavando vales profundos que agora aparecem como passagens alongadas ou *fiordes*. Fiordes costeiros estão presentes na Noruega, na Colúmbia Britânica, no Chile e na Nova Zelândia – atualmente, áreas de climas oceânicos (■ Figura 7.34). Por outro lado, onde existem planícies e terras sem grandes elevações, a precipitação se distribui de forma mais homogênea sobre grandes áreas e a quantidade recebida em estações individuais é mais moderada, cerca de 50 cm a 75 cm (20-30 pol.) anualmente. Essa é a situação na maior parte da planície do norte europeu, se estendendo do oeste da França até o leste da Polônia.

Potencial de recursos

Não há muita dúvida quanto aos climas oceânicos oferecerem vantagens para a agricultura. As pequenas variações anuais de temperatura, invernos amenos, longas temporadas propícias para o crescimento e precipitação anual abundante favorecem o crescimento das plantações. Muitas culturas, como trigo, cevada e centeio, podem ser cultivadas mais longe, em direção aos polos, que na maioria das regiões continentais. Ainda que os solos comuns a essas regiões não sejam naturalmente ricos em nutrientes solúveis, uma agricultura bem-sucedida é possível com a aplicação de fertilizantes naturais ou comerciais (■ Figura 7.35a). Os tubérculos (como batatas, beterrabas e nabos), frutas decíduas (como maçãs e peras), frutas silvestres e uvas se unem aos grãos já mencionados como importantes produtos. As gramíneas em particular demandam pouca luz solar e os pastos estão sempre exuberantes. O verde da Irlanda – a Ilha Esmeralda – é uma prova dessas condições favoráveis, como também da abundância de rebanhos de gado de corte e leiteiro.

As árvores perenes e magníficas de **folhas pontiagudas** que formam as florestas naturais das regiões costeiras do oeste sempre foram um recurso facilmente disponível. Algumas das melhores reservas de madeira comercial do mundo são encontradas ao longo da costa do Pacífico da América do Norte, onde **coníferas** (árvores que suportam suas sementes em cones), como pinheiros, abetos e píceas, são abundantes e normalmente ultrapassam 30 metros de altura (Figura 7.35b). A Europa e as Ilhas Britânicas já foram florestas, mas a maioria delas (até mesmo a famosa Floresta de Sherwood, de Robin Hood) foi desmatada para material de construção e substituída por terrenos agrícolas e urbanização.

■ **FIGURA 7.34** Os fiordes pitorescos da costa da Noruega mostrados aqui foram causados pela erosão glacial durante o avanço do gelo do Pleistoceno.
Em quais outras áreas do mundo os fiordes são comuns?

180 FUNDAMENTOS DE GEOGRAFIA FÍSICA

■ **FIGURA 7.35** (a) A precipitação confiável torna possível a agricultura diversificada nas regiões de clima oceânico, com ênfase em grãos, pomares, vinhas, verduras e laticínios. O vilarejo na foto é Iphofen, na Alemanha. (b) Uma densa área de árvores coníferas com folhas pontiagudas no noroeste do Pacífico.
Embora o clima seja semelhante, por que uma foto tirada em uma região agrícola da costa marítima oeste dos Estados Unidos mostra uma cena bem diferente daquela da Figura 7.35a?

:: Termos para revisão

agricultura itinerante	clima de estepe	clima microtérmico úmido
biomas	clima desértico	clima oceânico
chaparral	clima equatorial	clima polar
clima árido	clima mediterrâneo	clima subtropical úmido
clima de altas altitudes	clima mesotérmico úmido	clima tropical de monção

clima tropical de savana
clima tropical úmido
climograma
coivara (corte e queima)
coníferas
decíduo
epífitas
esclerófila

evapotranspiração potencial
   (ET potencial)
evapotranspiração real (ET real)
florestas tropicais
folhas largas
folhas pontiagudas
lianas/cipós
perenes

região
savana
selva
sistema de Köppen
sistema de Thornthwaite
variação anual da temperatura
variação de temperatura diária (diurna)
xerófitas

:: Questões para revisão

1. Por que a temperatura e a precipitação são os dois elementos atmosféricos mais usados como recursos estatísticos para a classificação do clima? Como esses dois elementos são utilizados no sistema de Köppen para identificar as principais classificações climáticas?
2. Por que os limites climáticos de Köppen são frequentemente mencionados como "linhas de vegetação"?
3. Como o sistema de classificação climática de Thornthwaite difere do sistema de Köppen? Quais são as vantagens do sistema de Thornthwaite?
4. Descreva o equilíbrio delicado entre o crescimento vegetativo e a fertilidade do solo em um ambiente de floresta tropical.
5. Qual é a diferença entre floresta tropical e selva? Que fator diferencia esses dois tipos de floresta?
6. Explique o padrão de precipitação sazonal do clima tropical de savana. Cite algumas características de transição desse clima.
7. Que condições dão lugar a climas de deserto?
8. Como os estepes se diferem dos desertos? Por que o uso das regiões de estepe pelo ser humano pode ser de certa forma mais prejudicial que o uso dos desertos?
9. Compare o clima subtropical úmido e o mediterrâneo. Quais são suas semelhanças e diferenças mais óbvias?
10. Que fatores se combinam para causar uma precipitação máxima no final do verão na maioria das regiões subtropicais úmidas?
11. Que fatores climáticos se combinam para formar a precipitação sazonal que o clima oceânico experimenta?

:: Aplicações práticas

1. De acordo com o esquema de classificação apresentado no Apêndice C, classifique as seguintes estações climáticas com base na informação dada.

		J	F	M	A	M	J	J	A	S	O	N	D	Ano
a.	Temp. (°C)	20	23	27	31	34	34	34	33	33	31	26	21	29
	Precip. (cm)	0,0	0,0	0,0	0,0	0,2	0,1	1,1	0,2	0,0	0,0	0,0	0,0	1,6
b.	Temp. (°C)	21	24	28	31	30	28	26	25	26	27	25	22	26
	Precip. (cm)	0,0	0,0	0,2	0,8	7,1	11,9	20,9	31,1	13,7	1,4	0,0	0,0	87,2
c.	Temp. (°C)	19	20	21	23	26	27	28	28	27	26	22	20	24
	Precip. (cm)	5,1	4,8	5,8	9,9	16,3	18,0	17,0	17,0	24,0	20,0	7,1	3,0	149,0
d.	Temp. (°C)	23	23	22	19	16	14	13	13	14	17	19	22	18
	Precip. (cm)	0,8	1,0	2,0	4,3	13,0	18,0	17,0	14,5	8,6	5,6	2,0	1,3	88,1
e.	Temp. (°C)	2	4	8	13	18	24	26	24	21	14	7	3	14
	Precip. (cm)	1,0	1,0	1,0	1,3	2,0	1,5	3,0	3,3	2,3	2,0	1,0	1,3	20,6
f.	Temp. (°C)	27	26	27	27	27	27	27	27	27	27	27	27	27
	Precip. (cm)	31,8	35,8	35,8	32,0	25,9	17,0	15,0	11,2	8,9	8,4	6,6	15,5	243,8
g.	Temp (°C)	13	14	17	19	22	24	26	26	26	24	19	15	20
	Precip. (cm)	6,6	4,1	2,0	0,5	0,3	0,0	0,0	0,0	0,3	1,8	4,6	6,6	26,7
h.	Temp. (°C)	9	9	9	10	12	13	14	14	14	12	11	9	11
	Precip. (cm)	17,0	14,8	13,3	6,8	5,5	1,9	0,3	0,3	1,6	8,1	11,7	17,0	97,6
i.	Temp. (°C)	3	3	5	8	10	13	15	14	13	10	7	5	9
	Precip. (cm)	4,8	3,6	3,3	3,3	4,8	4,6	8,9	9,1	4,8	5,1	6,1	7,4	65,8

2. Os nove locais a seguir estão representados pelos dados na tabela anterior, embora não na ordem listada: Albuquerque, Novo México; Edimburgo, Escócia; Belém, Brasil; Bengazi, Líbia; Faya, Chade; Kano, Nigéria; Miami, Flórida; Perth, Austrália; Eureka, Califórnia. Use um atlas ou o Google Earth e seu conhecimento sobre os climas para fazer uma correspondência entre os dados climáticos e os locais.

Regiões de clima microtérmico, polar e de altitude; mudança climática

8

:: Apresentação

Regiões de clima microtérmico

Regiões de clima polar

Regiões de clima de altitude

Mudança climática

Climas futuros

Florestas circundam um pequeno lago glacial no Alasca.

M. Trapasso

:: Objetivos

Ao terminar de estudar este capítulo, você será capaz de:

- Descrever as principais características de cada clima microtérmico (inverno frio) e polar.
- Localizar as áreas de cada clima microtérmico e polar em um mapa-múndi e explicar os principais fatores controladores de suas distribuições no globo terrestre.
- Descrever os principais tipos de vegetação e adaptações humanas relacionados a cada clima microtérmico e polar.
- Explicar por que os climas de altitude variam tanto e quais são os fatores controladores da natureza de um clima de altitude em determinada época e localização.
- Explicitar por que os climas do planeta mudaram ao longo dos últimos milhões de anos e como os cientistas documentaram estas mudanças.
- Saber por que é tão difícil determinar a causa de uma Era do Gelo e lembrar quais hipóteses foram sugeridas.
- Discutir a natureza da recente mudança climática denominada aquecimento global e o provável impacto que ela terá nos ambientes da Terra.
- Compreender os resultados da extensa pesquisa sobre o papel que a atividade humana desempenhou na mudança climática.

À medida que continuamos o estudo de regiões climáticas, devemos considerar como as características de longo prazo (tanto de temperatura como de precipitação) são utilizadas no sistema de classificação de Köppen para diferenciar os tipos climáticos e estabelecer seus limites regionais. Após distinguir, no capítulo 7, o clima tropical úmido e o mesotérmico com base em suas características de temperatura, os subtipos destes climas são definidos fundamentalmente pela quantidade e sazonalidade de precipitação nessas regiões. Além disso, sabemos que desertos e estepes diferenciam-se de climas adjacentes pela precipitação pouco efetiva. Por causa das estações de inverno frio, os regimes de temperatura dos climas de estepe e desertos em latitudes médias são significantemente diferentes dos seus equivalentes em baixas latitudes. No entanto, a maioria dos climas áridos e semiáridos, indiferentemente da latitude, apresenta mais semelhanças que diferenças em relação ao equilíbrio de água, vegetação e uso humano.

As regiões climáticas que estudaremos neste capítulo distinguem-se essencialmente por diferenças de temperatura, embora a precipitação também varie. Entre os subtrópicos e os polos, as características de longo prazo de precipitação tendem a diminuir gradualmente e as características relacionadas à variação de temperatura e extremos sazonais tornam-se cada vez mais importantes.

Regiões de clima microtérmico

Apesar de o clima mesotérmico (oceânico) estender-se da costa oeste para o interior do continente, as latitudes centrais são essencialmente dominadas por climas **microtérmicos** (■ Figura 8.1). Um clima microtérmico úmido apresenta temperaturas

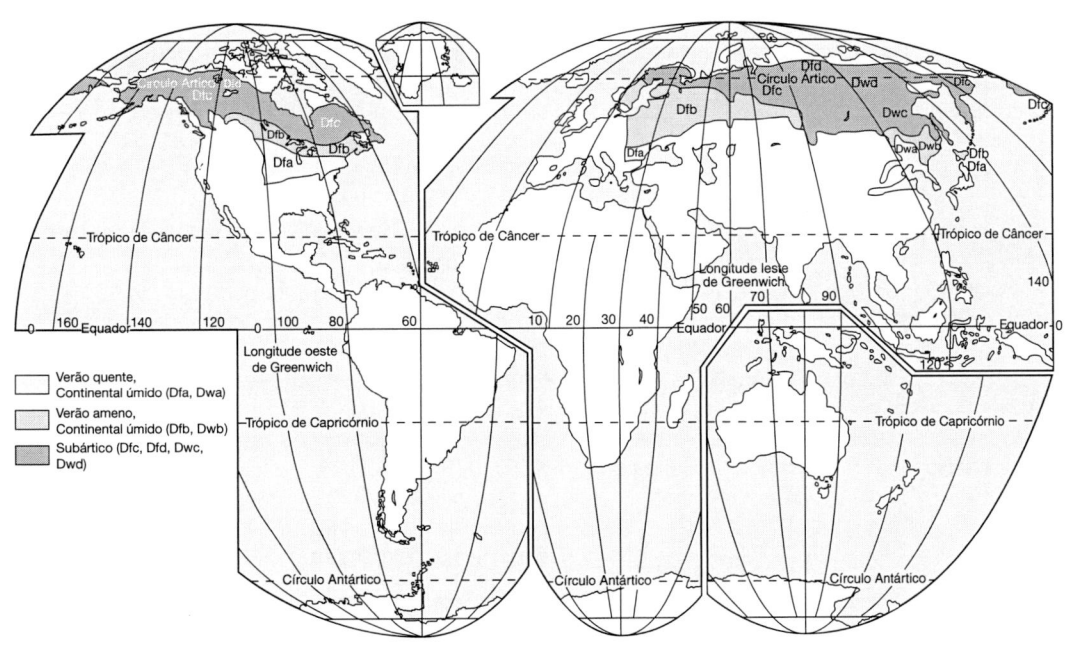

■ **FIGURA 8.1** Mapa de climas microtérmicos úmidos.

Climas microtérmicos úmidos

suficientemente altas durante parte do ano para que haja um verão reconhecível, com médias acima de 10 ºC (50 ºF) por pelo menos um mês, e um inverno distinto, com o mês mais frio tendo média abaixo de 0 ºC (32 ºF). São os invernos gelados que distinguem os climas microtérmicos dos climas mesotérmicos, bem como seus invernos amenos. O reconhecimento de três climas microtérmicos distintos está baseado principalmente na latitude e nas diferenças de duração e austeridade das estações (Tabela 8.1).

Generalizações microtérmicas úmidas

Os climas microtérmicos úmidos compartilham com os climas oceânicos a influência dos ventos de oeste e tempestades da frente polar. Contudo, por causa de sua localização no interior do continente e das altas latitudes, as regiões microtérmicas estão livres da influência regulatória dos oceanos. De fato, a

TABELA 8.1
Os climas microtérmicos

Nome e descrição	Fatores de controle	Distribuição geográfica	Características principais	Características associadas
Continental úmido, verão quente Mês mais quente acima de 10 ºC (50 ºF); mês mais frio abaixo de 0 ºC (32 ºF); verões quentes; precipitação durante o ano todo, seca no inverno (Ásia)	Localizam-se nas latitudes médias mais baixas (35º-45º); tempestades ciclônicas ao longo da frente polar; predomínio dos ventos de oeste; continentalidade; anticiclone polar no inverno (Ásia)	Leste e centro-oeste dos Estados Unidos, desde a costa atlântica até 100º de longitude oeste; leste da Europa central; norte e nordeste da China (Manchúria), Coreia do Norte e Honshu (Japão)	Verões quentes e, frequentemente, úmidos; ondas de frio no inverno ocasionais; geralmente grande amplitude térmica anual; variabilidade climática; precipitação: 50 cm a 115 cm (20-45 pol.), diminuindo no interior e no sentido dos polos; 140 a 200 dias de estação favorável ao crescimento	Floresta decídua e mista; solos moderadamente férteis com fertilização em áreas mais úmidas; savanas altamente férteis e solos de pradaria em áreas mais secas; *corn belt*[1], soja, feno, grãos, trigo
Continental úmido, verão brando Mês mais quente com temperaturas acima de 10 ºC (50 ºF); mês mais frio abaixo de 0 ºC (32 ºF); verões suaves, geralmente precipitação durante todo o ano, seca no inverno (Ásia)	Localização nas latitudes médias (45º-55º); tempestades ciclônicas ao longo da frente polar; predomínio dos ventos de oeste; continentalidade; anticiclone polar no inverno (Ásia)	Nova Inglaterra, região dos Grandes Lagos e centro-sul do Canadá; sudeste da Escandinávia, Europa oriental, oeste da Ásia central; leste Manchúria (China) e Hokkaido (Japão)	Verões moderados; invernos longos, com períodos frequentes de tempo aberto e frio; grandes amplitudes térmicas anuais; clima variável; precipitação total menor mais para o sul; estação de crescimento de 90 a 130 dias	Floresta de coníferas ou mista; solos moderadamente férteis em áreas mais úmidas; pradarias altamente férteis; solo de pradaria em áreas mais secas; trigo, milho para forragem, cultivo de leguminosas, feno, laticínios
Subártico Mês mais quente acima de 10 ºC (50 ºF); mês mais frio abaixo de 0 ºC (32 ºF); verões frescos, invernos frios em direção aos polos, geralmente com precipitação durante todo o ano, seca no inverno (Ásia)	Localização nas latitudes médias mais elevadas (50º-70º); ventos de oeste no verão, anticiclone polar forte no inverno (Ásia); tempestades ciclônicas ocasionais; continentalidade extrema	Norte da América do Norte, desde a Terra Nova até o Alasca, norte da Eurásia, desde a Escandinávia, abrangendo a maior parte da Sibéria até o Mar de Bering e Mar de Okhotsk	Verões curtos e frescos; invernos longos e extremamente frios; maiores variações de temperatura anual; temperaturas mais baixas fora da Antártida; baixa precipitação, 20 cm a 50 cm (10-20 pol.); estação de crescimento não confiável de 50 a 80 dias; *permafrost* comum	Floresta de conífera ao norte (taiga); solos bastante ácidos; drenagem ruim e condições semelhantes a pântanos na estação quente; vegetais e cultivo de raízes de modo experimental

[1] É uma região do meio-oeste americano onde boa parte da vegetação nativa foi substituída pelo cultivo do milho. Essa região é conhecida no Brasil pelo seu próprio nome em inglês. (N.R.T.)

predominância da continentalidade nesses climas é bem demonstrada pelo fato de não existirem no Hemisfério Sul, onde não há grandes áreas de continente nas latitudes adequadas.

Nas regiões microclimáticas, os invernos tendem a se tornar mais frios em direção às margens dos polos por causa da latitude e para o interior dos continentes por causa da influência da continentalidade. Os verões no interior dos continentes também tendem a ser mais quentes, mas se tornam progressivamente mais curtos conforme a estação do inverno aumenta em direção aos polos. Assim, os três climas microtérmicos podem ser definidos como **continental úmido com verão quente; continental úmido com verão ameno**; e **subártico**, o qual tem verão fresco e, em casos extremos, inverno extremamente frio e longo.

Todos os climas microtérmicos têm várias características em comum. Por definição, eles apresentam excedente de precipitação sobre a evapotranspiração potencial e recebem precipitação ao longo do ano inteiro. Uma exceção a essa regra encontra-se em certa região da Ásia, onde o anticiclone siberiano e o extremo frio causam seca no inverno. A maior frequência de massas de ar tropical marítimo no verão e massas de ar continental polar no inverno, combinada com o efeito das monções e convecção de verão forte produzem precipitação máxima no verão. Embora o período de tempo que a neve permanece no solo aumente em direção aos polos e para o interior do continente (■ Figura 8.2), todos os três climas microtérmicos apresentam cobertura de neve significativa. Isso diminui a eficiência da insolação e ajuda a explicar as temperaturas frias no inverno.

Finalmente, a imprevisibilidade e a natureza altamente variável do tempo são evidentes nos climas microtérmicos úmidos.

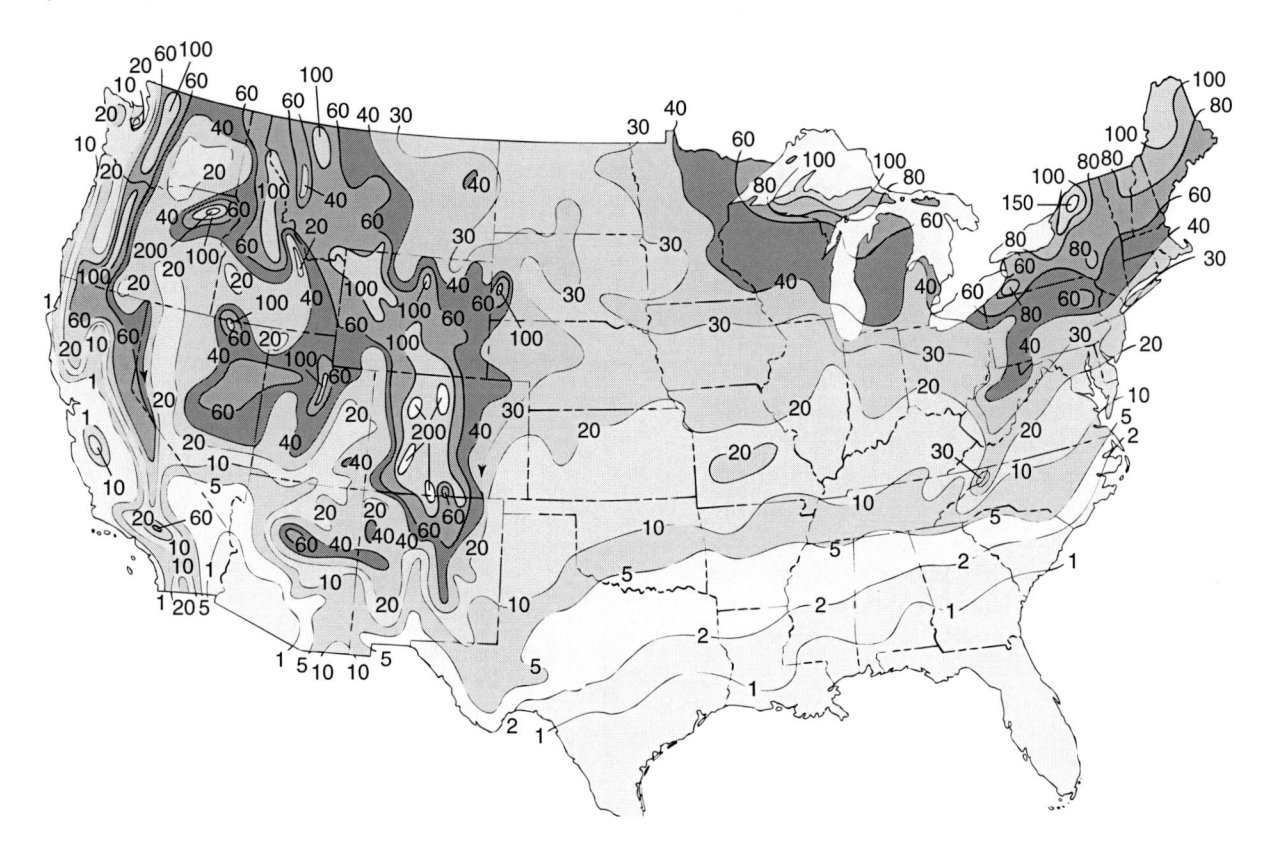

Climas continentais úmidos

O clima continental úmido com verões quentes é relativamente limitado em sua distribuição no território eurasiano (ver novamente Figura 8.1). Isso é prejudicial para os povos da Europa e Ásia, porque têm, de longe, o maior potencial agrícola e é o mais produtivo dos climas microtérmicos. Nos Estados Unidos, esse clima é distribuído por uma vasta área que começa na costa leste de Nova York, Nova Jersey e sul de Nova Inglaterra e se estende continuamente a toda a região central do leste do país, abrangendo grande parte do meio-oeste americano. Em contraste, o clima continental úmido com verões suaves, que possui menor potencial agrícola, engloba grandes áreas das regiões com verões quentes em direção aos polos em todos os continentes do Hemisfério Norte.

Comparação entre verão quente e verão brando
Características de temperatura e precipitação ajudam a explicar a produtividade dos dois diferentes climas continentais úmidos. Nas regiões de verão quente, os centros de baixa pressão normalmente migram em direção aos polos durante o verão e o clima é dominado pelo ar marítimo tropical.

■ **FIGURA 8.2** Mapa contíguo dos Estados Unidos com a média anual do número de dias com neve.
Quais áreas dos Estados Unidos têm os maiores números médios de dias com neve?

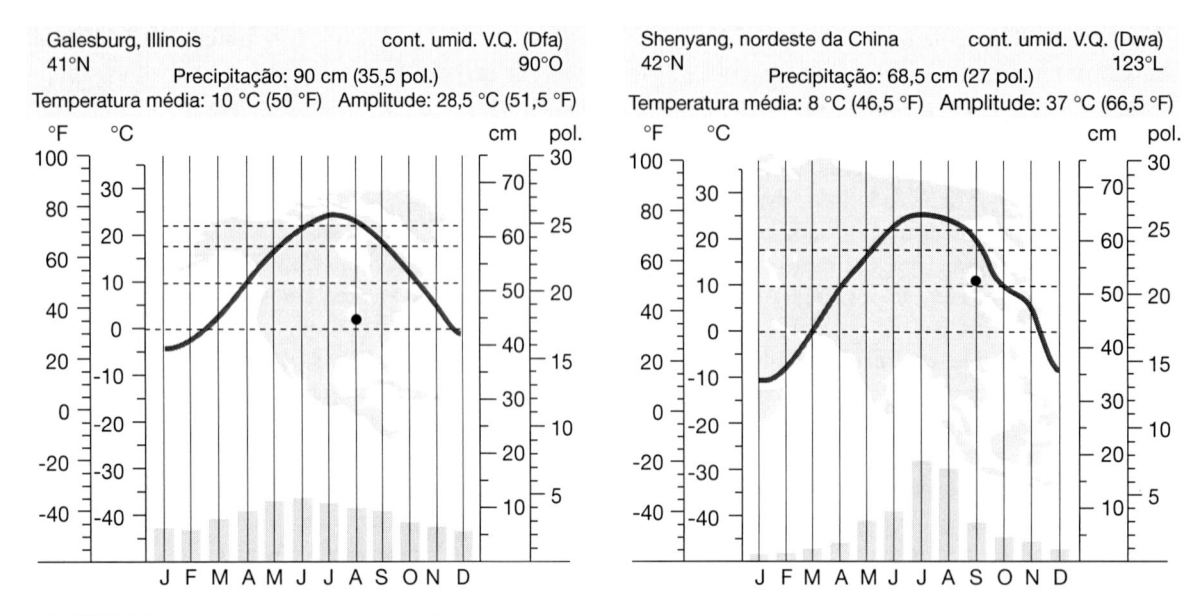

FIGURA 8.3 Climogramas para estações de clima continental úmido com verões quentes.
Quais são as razões para haver diferenças de temperatura e precipitação entre as duas estações?

As chamadas ondas de calor duram dias e noites por períodos de uma semana ou mais, com algum alívio temporário em razão de tempestades convectivas ou frentes frias ocasionais. No tempo em que a massa de ar tropical úmido migra o suficiente para o interior do continente para alcançar regiões com verões brandos, ela é modificada, de modo que os verões não são tão longos ou tão quentes.

Os invernos no clima de verão brando são mais severos e mais longos que em seu vizinho ao sul. Como resultado, períodos sem congelamento tanto de plantas naturais quanto cultivadas são significativamente diferentes nos dois climas continentais úmidos. A combinação de invernos mais rigorosos com verões mais curtos nas regiões com verões brandos contribui para que a estação de crescimento vegetal tenha de 90 a 130 dias, em comparação com estações de crescimento que variam de 130 a 200 dias na direção das margens equatoriais das regiões de verões quentes.

O grau de continentalidade pode afetar o verão e as temperaturas do inverno em todas as regiões úmidas continentais e, como resultado, a variação de temperatura. As variações anuais de temperatura são grandes, mas se tornam progressivamente maiores em direção aos polos e no interior dos continentes. Especialmente perto do litoral, as temperaturas podem ser modificadas por uma leve influência marinha, de forma que as temperaturas são mais amenas que aquelas em latitudes comparáveis. Grandes lagos podem causar efeito similar. Até mesmo o tamanho do continente exerce influência. Galesburg, em Ilinóis, é uma estação microtérmica típica, tem variação de temperatura significativamente inferior a Shenyang, nordeste da China (Manchúria), que está localizada quase a mesma latitude, mas apresenta os contrastes sazonais maiores do continente eurasiano (■ Figura 8.3).

A quantidade e a distribuição de precipitação variam de um local para outro por todos os climas continentais úmidos. A precipitação total diminui tanto no sentido dos polos quanto do interior. O deslocamento em qualquer uma dessas direções é um afastamento das regiões que são fonte de massas de ar quente marítimo, as quais fornecem umidade para tempestades ciclônicas e chuvas convectivas. Como resultado, as regiões de verões quentes são geralmente favorecidas com mais umidade total e confiabilidade que as regiões de verões brandos. A diminuição nos polos é ilustrada por meio da comparação da precipitação anual em Duluth, em Minnesota (■ Figura 8.4), com a de Galesburg, em Ilinóis (ver novamente Figura 8.3). Duluth está mais próximo do polo que Galesburg, porém está praticamente na mesma longitude. A diminuição no interior pode ser vista nos valores de

FIGURA 8.4 Climograma para estações de clima continental úmido com verões brandos.
Explique as diferenças de temperatura e precipitação entre Duluth e Galesburg, Illinois (veja Figura 8.3).

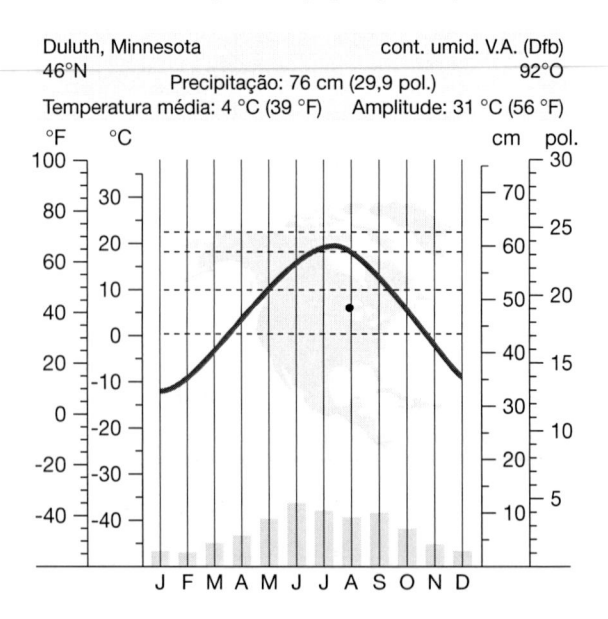

precipitação anual média para as seguintes cidades, todas a uma latitude de cerca de 40ºN: Nova York (longitude 74ºO), 115 centímetros (45 pol.); Indianápolis, Indiana (86ºO), 100 centímetros (40 pol.) Hannibal, Missouri (92ºO), 90 centímetros (35 pol.); e Grand Island, Nebraska (98ºO), 60 centímetros (24 pol.). A maioria das estações tem precipitação máxima no verão, quando o aquecimento e as massas de ar úmido predominam. A Ásia, em particular, apresenta precipitação volumosa no verão, que está também associada ao efeito das monções. Não apenas existe um valor máximo de precipitação de verão como a circulação das monções inibe a precipitação no inverno e suas estações sofrem seca no inverno (ver novamente Shenyang, Figura 8.3).

Como era provável, a vegetação e os solos variam conforme os diferentes elementos climáticos dos dois climas continentais úmidos. As regiões mais úmidas de ambos os climas estão associadas à vegetação de floresta natural e aos solos de floresta. Entretanto, muitas árvores comuns em climas de verão quente, por exemplo, as espécies decíduas que têm folhas largas, como carvalhos, nogueiras e bordos, acham difícil competir com espécies com folhas em agulha, como abetos e pinheiros mais próximos das margens polares e frias do clima com verão ameno. Em áreas de climas continentais úmidos que são demasiado secos para suportar as árvores (mas ainda não semiáridos), as pradarias são a vegetação natural. Os solos que se desenvolveram sob essas pradarias estão entre os mais ricos do mundo.

Mudanças sazonais
As quatro estações são altamente desenvolvidas nos climas continentais úmidos. Ao contrário do clima subtropical, cada estação é diferente das outras três, com características próprias. Os invernos são frios e há garantia de neve, com quantidades e acumulados que aumentam rapidamente em direção aos polos. As primaveras são quentes, com mudanças bruscas no clima e chuvas que permitem o aparecimento de flores, brotos e ervas verdes. As temperaturas médias diminuem lentamente no verão, passando de regiões com verões quentes para as de verões brandos, mas ambos os climas continentais úmidos apresentam períodos de clima quente e úmido, com tempestades violentas intercaladas entre longos períodos de seca e Sol. O outono é a estação colorida, quando as árvores decíduas que são comuns ao longo destes climas entram numa fase importante de seus ciclos de crescimento anual. Para evitar danos provocados pelas geadas durante os invernos mais frios e para sobreviver a períodos de privação de umidade total, quando o chão está congelado, as árvores decíduas, cujas folhas têm grandes superfícies para transpiração, soltam essas folhas e ficam dormentes, voltando à vida e produção de novas folhas apenas quando o período de perigo passa. Uma grande variedade de árvores evoluiu este mecanismo; alguns tipos de carvalho, nogueiras, castanheiras, faias e bordos são exemplos comuns. Os ritmos sazonais produzem cenas bonitas, particularmente durante o outono, período de transição da fase ativa para a dormência; as cores brilhantes das folhas estão associadas às substâncias químicas que estariam migrando para os troncos e galhos – seu local de armazenamento durante o inverno (■ Figura 8.5).

Embora as diferenças sazonais sejam profundas em climas continentais úmidos, é importante notar que as mudanças atmosféricas dentro de cada estação do ano são tão significativas quanto aquelas entre as estações. Climas continentais úmidos servem como exemplos clássicos de climas variáveis a meia latitude. Eles estão imersos no domínio da frente polar. Tempestades ciclônicas nascem conforme massas de ar tropical movem-se para o norte e confrontam massas de ar polar que migram para o sul. As condições de tempo nessas regiões são dominadas por dias com frentes de tempestades seguidas pelas condições claras de um anticiclone. O céu acima da terra é um campo de batalha, em que tempestades travam lutas entre massas de ar e, como em qualquer batalha, o conflito ocorre entre as *frentes*. A circulação geral da atmosfera nessas latitudes carrega ciclones e anticiclones para o leste ao longo da frente polar. Quando a frente polar está mais sobre essas regiões, como no inverno e na primavera, uma tempestade e suas frentes associadas parecem seguir uma atrás da outra com tanta rapidez e regularidade que a única previsão do tempo segura é que ele vai mudar (ver novamente capítulo 6).

Uso do solo em regiões continentais úmidas
Talvez o maior contraste entre o verão quente e o verão brando das regiões úmidas continentais revela-se na agricultura. Apesar do clima imprevisível do continental úmido com verões quentes, suas regiões agrícolas estão entre as melhores do mundo. A combinação favorável de longos verões quentes, chuvas extensas e solos altamente férteis fez do meio-oeste[2] dos Estados Unidos um dos principais produtores de milho, gado de corte e suínos. A soja, que é nativa de regiões de clima semelhante ao do norte da China, está agora em segundo lugar, perdendo para o milho em todo o meio-oeste, cultivada para alimentação animal e matéria-prima para processamento de alimentos, plásticos e indústrias de óleos vegetais. Trigo, cevada e outros cereais são importantes em regiões europeias e asiáticas, e os invernos são suficientemente brandos para que variedades semeadas no outono possam ser cultivadas nos Estados Unidos. Já um clima com verão brando tem período de crescimento menor, impondo certas limitações à agricultura e restringindo as variedades que podem ser cultivadas. Agricultores confiam mais em variedades que apresentam maturação rápida, animais que pastam, produtos de pomar e tubérculos. Produtos derivados do leite, queijo, manteiga e nata são os pilares das economias de Wisconsin, em Nova York, e Nova Inglaterra, no norte dos Estados Unidos. O efeito moderador dos Grandes Lagos e outros corpos de água permite o cultivo de frutas decíduas, como maçãs, ameixas e cerejas.

A duração da estação de crescimento é a razão mais evidente para as diferenças na agricultura entre os dois climas continentais úmidos, mas há outra razão relacionada também ao clima. As grandes camadas de gelo do Pleistoceno tiveram efeitos significativos, mas diferentes nas regiões com verão brando e com verão quente, especialmente na América do Norte. Nas regiões com verões quentes, as calotas de gelo recuaram e diluíram, liberando uma enorme quantidade de terra e detritos de

---

2 Embora ambas as traduções estejam corretas (meio-oeste e centro-oeste para *midwest*), usaremos meio-oeste porque o termo é um apelido que não se refere de fato à região centro-oeste do país (na verdade fica no nordeste dos Estados Unidos). (N.R.T.)

■ **FIGURA 8.5** A aparência das florestas decíduas em regiões microtérmicas úmidas muda radicalmente ao longo das estações. As folhas verdes do verão (a) tornam-se vermelhas, douradas e marrons no outono (b) e caem ao chão no inverno (c). A perda das folhas em áreas que têm invernos frios, como este exemplo no oeste de Illinois, é uma maneira de minimizar transpiração e perda de umidade quando o solo encontra-se congelado.
Qual é a duração do período de crescimento (período sem gelo) que está associado ao clima no oeste de Illinois?

rocha sólida retirada das áreas mais próximas à sua origem. O material foi depositado em forma de um manto de centenas de metros de espessura nas áreas onde houve máximo avanço glacial. Conforme o gelo recuou para o norte, menos detritos eram depositados, em grande parte levados pela água de degelo. Consequentemente, quanto mais ao sul, em regiões de verões quentes, mais a topografia ondulada é sustentada por grossas camadas de detritos glaciais. Os solos formados sobre esses detritos são bem desenvolvidos e férteis, além disso os nutrientes tendem a ser distribuídos uniformemente, porque não há morros ou encostas íngremes. Assim, quanto mais ao norte, em regiões com verões brandos, mais evidentes serão os efeitos da erosão glacial. Lagos rochosos e várzeas pantanosas alternam-se com morros rochosos cobertos por gelo. Os solos são finos e pedregosos ou encharcados. Por causa de seu baixo potencial agrícola, grande parte desta área continua intocada.

No entanto, em função de seu caráter selvagem e da abundância de lagos em bacias criadas por processos glaciais, as possibilidades de lazer em uma região de verão brando são muito maiores nas de regiões com verões quentes. O estado de Minnesota (Estados Unidos) autodenomina-se a "terra dos 10 mil lagos" e, em Nova York e na Nova Inglaterra, lagos, montanhas íngremes e floresta se combinam para produzir algumas das paisagens mais espetaculares ao leste das Montanhas Rochosas.

Clima subártico

O clima polar é o mais próximo das regiões polares e o mais extremo entre os climas microtérmicos. Por definição, ele tem pelo menos um mês com temperatura média acima de 10 ºC (50 ºF), sendo que seu limite polar praticamente coincide com a isoterma de 10 ºC durante o mês mais quente do ano. Como pode se lembrar de nossa discussão anterior sobre o sistema de Köppen simplificado, as florestas não podem sobreviver onde não haja pelo menos um mês com média de temperatura acima de 10 ºC. Assim, o limite para o clima polar em direção aos polos é o latitudinal de crescimento de florestas também.

Conforme mostra a Figura 8.1, o clima subártico, assim como outros climas microtérmicos, é encontrado exclusivamente no Hemisfério Norte. Ele cobre vastas áreas subpolares da Eurásia e América do Norte. As condições variam muito ao longo dessas grandes áreas. Regiões de inverno extremamente severo

Eagle, Alasca	Subártico (Dfc)
65°N	141°O
Precipitação: 27,5 cm (10,9 pol.)	
Temperatura média: -4,5 °C (24 °F) Amplitude: 41 °C (74 °F)	

Verkhoyansk, Rússia	Subártico (Dwd)
68°N	134°E
Precipitação: 13,5 cm (5,3 pol.)	
Temperatura média: -17 °C (1 °F) Amplitude: 64 °C (115 °F)	

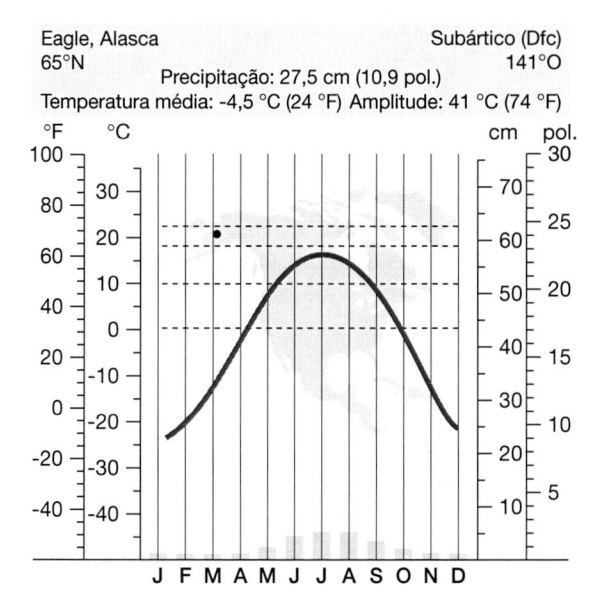

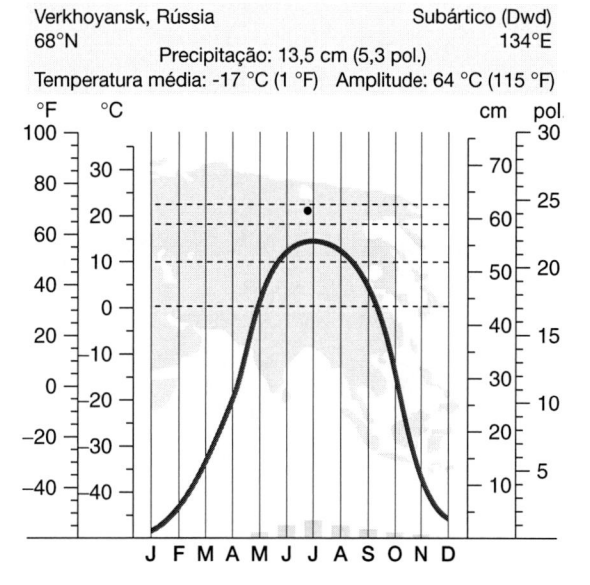

■ **FIGURA 8.6** Climogramas de estações de clima subártico.
Quais razões levariam uma população a se fixar em regiões com climas de inverno tão severo?

estão localizadas ao longo das margens polares ou ao interior do continente asiático. Subtipos do clima com a seca de inverno são encontrados associados à Alta Siberiana e seu céu limpo, frio extremo e forte subsidência de ar na área sobre o interior da Ásia. Outras regiões subárticas apresentam invernos menos severos ou precipitação durante o ano inteiro.

Alta latitude e continentalidade

Regiões subárticas têm verões curtos e brandos e invernos longos e muito frios (■ Figura. 8.6). O rápido aquecimento e resfriamento associados com o interior do continente nas latitudes elevadas permitem pouco tempo para as estações de transição (primavera e outono). Em Eagle, Alasca, a estação localizada em Klondike, na região do vale do rio Yukon, a temperatura sobe de 8 °C a 10 °C (15 °F-20 °F) por mês conforme o verão se aproxima e cai rapidamente antes da chegada do inverno. Em Verkhoyansk, na Sibéria, a mudança entre os extremos sazonais é ainda mais rápida, com variação média de 15 °C a 20 °C (30 °F-40 °F) por mês.

Por causa das altas latitudes dessas regiões, os dias de verão são bastante longos e as noites curtas. O Sol do meio-dia é tão alto no céu durante o verão subártico quanto durante o inverno subtropical. A combinação de um ângulo do Sol moderadamente alto e muitas horas de luz significa que algumas localidades subpolares receberão tanta insolação durante o solstício de verão quanto o equador recebe. Como resultado, as temperaturas durante os três primeiros meses de verão polar geralmente ficam na média de 10 °C a 15 °C (50 °F- 60 °F) e, em alguns dias, chegam a 30 °C. O breve verão no clima subártico pode ser agradavelmente quente, ou até mesmo quente em alguns dias.

O inverno subártico é severo, intenso e dura até oito meses. Eagle, no Alasca, tem oito meses com temperaturas médias abaixo de zero. No suártico siberiano as temperaturas em janeiro tem média entre -40 °C e -50 °C. As temperaturas mais baixas no Hemisfério Norte são, oficialmente, -68 °C (-40 °F-60 °F) tanto em Verkhoyansk quanto em Oymyakon; extraoficialmente, a temperatura de -78 °C (-108 °F) já foi registrada em Oymakon. Além disso, as noites de inverno, com duração de 18 a 20 horas de escuridão que se estendem bem pelo horário de trabalho da população local, podem causar depressão e aumentar a sensação de severidade climática.

Como consequência direta do aquecimento e resfriamento intensos da terra, o subártico tem as maiores variações anuais de temperatura entre os climas. As variações anuais médias próximas às margens na direção do equador variam de cerca de 40 °C (72 °F) a mais de 45 °C (80 °F). As exceções estão perto do litoral ocidental, onde a influência marítima pode modificar significativamente as temperaturas no inverno. As variações anuais de temperatura nas estações mais próximas dos polos são grandes. O climograma para Verkhoyansk, que indica variação de 64 °C (115 °F) , é um exemplo extremo.

Juntamente com as temperaturas, latitude e continentalidade influenciam a precipitação no subártico. Esses controles do clima combinam-se para limitar a quantidade de precipitação anual para menos de 50 centímetros (20 pol.) para a maioria das regiões e 25 centímetros (10 pol.) ou menos no norte e interior. Baixas temperaturas reduzem a capacidade de retenção de umidade do ar, minimizando assim a precipitação durante a passagem ocasional de tempestades ciclônicas. A localização no centro de grandes massas terrestres ou a sotavento do litoral aumenta a distância das fontes oceânicas de umidade. Finalmente, climas subárticos nas latitudes mais altas são dominados pela alta polar, especialmente no inverno. O ar subsidente do anticiclone polar limita a oportunidade de precipitação nas regiões subárticas.

A precipitação subártica é frontal e, por conta de o anticiclone polar ser mais fraco e mais ao norte durante os meses quentes de verão, há mais precipitação durante essa época. A precipitação durante o inverno é escassa e cai como neve fina e seca. Embora não haja tanta queda de neve quanto em climas menos severos, as temperaturas permanecem frias por tanto tempo que a cobertura de neve dura sete ou oito meses. Durante esse período quase não há derretimento da neve, especialmente nas sombras escuras da floresta.

■ **FIGURA 8.7** Taiga (floresta boreal) é a vegetação típica de boa parte da região subártica dos Estados Unidos e Canadá. Esta foto foi tirada no Parque Nacional Wrangell-St. Elias, no Alasca.
Por que este tipo de floresta virgem tem pouco valor econômico?

Ambiente limitante
As restrições climáticas de regiões subárticas colocam limitações características para vida vegetal, animal e para atividades humanas. A vegetação característica é a floresta de coníferas, adaptada às severas temperaturas, a fisiologia seca associada à água do solo congelada e os solos inférteis. Trechos aparentemente intermináveis de abetos e pinheiros prosperam em áreas enormes intocadas pelo homem (■ Figura 8.7). Na Rússia, a floresta é chamada de **taiga** (ou **floresta boreal** em outras regiões), e, por vezes, esse nome é dado ao próprio tipo de clima subártico.

Os verões breves e invernos longos e frios limitam severamente o crescimento da vegetação em regiões subárticas. As árvores são mais baixas e mais finas que as espécies comparáveis em regimes com clima menos severo. Há pouca esperança para a agricultura. A estação de crescimento em média é de 50 a 75 dias, e geadas podem ocorrer mesmo durante o verão. Assim, em alguns anos, um local pode não ter uma estação sem gelo.

Um problema difícil para as pessoas em regiões subárticas (assim como na *tundra*) é o pergelissolo (mais conhecido como *permafrost*), a camada permanentemente congelada de rocha no subsolo e subjacentes que pode se estender a uma profundidade de 300 metros (1.000 pés) ou mais nas partes mais ao norte do clima. O *pergelissolo* está presente em boa parte do clima polar, mas varia muito de espessura e tende a ser descontínuo. Onde ele ocorre, a terra é congelada completamente durante o inverno. As temperaturas quentes da primavera e verão fazem com que a camada superior do solo descongele, mas, uma vez que as camadas inferiores permanecem congeladas, a água não pode percolar para baixo.

■ **FIGURA 8.8** Solo poligonal, como pode ser visto no Refúgio Nacional da Vida Silvestre do Ártico no Alasca. Congelamento e descongelamento repetidos fazem com que o solo produza formas poligonais. Quando o solo congela, ele expande e encolhe ao derreter.
Por que as bordas ficam levantadas?

Os solos descongelam e ficam encharcados, especialmente na primavera, quando há oferta abundante de água provinda da neve derretida. Paisagens chamadas de **solo poligonal** são comumente encontradas em regiões subárticas com congelamento e degelo anual (■ Figura 8.8).

Como a agricultura é uma ocupação questionável, há pouco incentivo econômico para levar seres humanos às regiões subárticas. A exploração de madeira não é importante porque as árvores são pequenas e finas na floresta boreal. Até o uso de florestas para produção de papel, celulose e produtos de madeira é limitado por elas estarem localizadas longe dos mercados mundiais. Ocasionalmente mineiros exploram locais ricos em minério; outras pessoas, muitas delas nativas das regiões subárticas, dedicam-se à caça, às armadilhas e à pesca de animais selvagens, que são relativamente poucos.

Regiões de clima polar

Os climas polares são a última das subdivisões de Köppen para climas úmidos a ser diferenciados com base na temperatura. Estas regiões climáticas estão situadas a maior distância possível do equador e devem sua existência principalmente à baixa quantidade anual de insolação que recebem. Nenhuma estação polar tem temperatura média que chega a 10 °C (50 °F), portanto, sem verão quente (Tabela 8.2). As árvores não podem sobreviver em tal regime. Nas regiões onde há, pelo menos, um mês com médias acima de 0 °C (32 °F), elas são substituídas por vegetação de tundra. Em outros lugares, a superfície é coberta por grandes extensões de gelo. Assim, existem dois tipos de clima polar, tundra e calota polar.

Uma característica importante de climas polares é o padrão único de dias e noites. Nos polos, há seis meses de relativa escuridão, quando o Sol nunca se eleva acima do horizonte, os quais se alternam com seis meses de verão, quando o Sol nunca se põe. Mesmo quando o Sol está acima do horizonte, porém, seus raios estão em um ângulo acentuadamente oblíquo e a insolação é pouco eficaz, mesmo com 24 horas de luz no dia. Mais próximo aos polos, os comprimentos dos períodos com noites de inverno e dias de verão contínuos diminuem rapidamente de seis meses nos polos para 24 horas nos Círculos Ártico e Antártico (66 ° 30' N e S). Aqui, a noite ou o dia de 24 horas ocorre somente nos solstícios de inverno e verão, respectivamente.

A tundra

Compare a localização da **tundra** com o clima subártico na Figura 7.5. O que percebemos é que, embora a tundra situe-se perto dos polos, ela está também ao longo das margens dos continentes e, com a exceção da Península Antártica, em toda a área ao lado do oceano Ártico. Mesmo que as variações de temperatura na tundra sejam grandes, elas não são como no clima subártico por causa da influência marítima. Temperaturas típicas de inverno nas regiões polares não são tão severas como no interior da tundra (■ Figura 8.9).

Parece inadequado chamar as condições quase sempre frias e úmidas da estação mais quente da tundra de "verão". As temperaturas médias ficam entre 4 °C (40 °F) e 10 °C (50 °F) para o mês mais quente e as geadas ocorrem regularmente. O ar quente faz apenas o suficiente para derreter a fina camada de neve e o gelo em pequenos corpos de água, provocando o surgimento de pântanos e brejos, uma vez que a drenagem é bloqueada pelo *permafrost* (ver novamente Figura 8.8). Nuvens de moscas pretas, mosquitos e enxames de borrachudos aparecem nesta paisagem encharcada, conhecida como **muskeg** no Canadá e no Alasca. Um ponto notável na paisagem é o enorme número de aves migratórias que nidifica nas regiões árticas no verão e alimenta-se de insetos. No

TABELA 8.2
Os climas polares

Nome e descrição	Fatores de controle	Distribuição geográfica	Características
Tundra Mês mais quente entre 0 °C (32 °F) e 10 °C (50 °F); precipitação excede a evapotranspiração potencial	Localização em latitudes altas; subsidência e divergência do anticiclone polar; proximidade ao litoral	Zonas fronteiriças do oceano Ártico da América do Norte, Groenlândia e Eurásia; Península Antártica; algumas ilhas polares	Pelo menos nove meses com médias abaixo de zero, baixa evaporação, precipitação geralmente abaixo de 25,5 centímetros; névoa costeira; ventos fortes
Ice sheet Mês mais quente abaixo de 0 °C (32 ° F); precipitação excede a evaporação potencial	Localização em latitudes altas e no interior das massas terrestres; durante todo o ano há influência dos anticiclones polares, cobertura de gelo, elevação	Antártida; interior da Groenlândia, trechos permanentemente congelados do oceano Ártico e ilhas associadas	Ausência de verão; todos os meses têm médias abaixo de zero, temperatura mais fria do mundo; precipitação extremamente escassa na forma de neve, evaporação ainda menor; ventos fortes

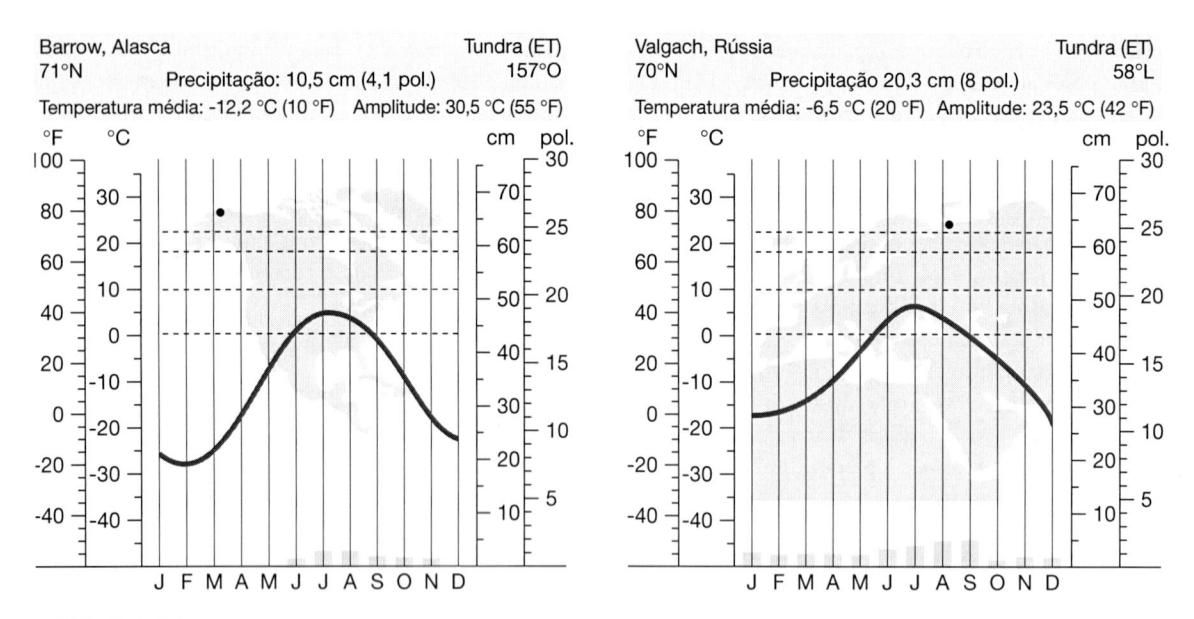

FIGURA 8.9 Climogramas para estações do clima de tundra.
Por que não é surpreendente que ambas as estações estejam localizadas no Hemisfério Norte?

entanto, conforme as horas do dia começam a diminuir no outono, estas aves partem para climas mais quentes.

Os invernos são frios e parecem eternos, especialmente nas regiões de tundra onde o Sol pode estar abaixo do horizonte por dias a fio. O climograma de Barrow, no Alasca, ilustra as baixas temperaturas deste clima. Nota-se que as temperaturas médias mensais estão *abaixo de zero* em nove meses do ano. A temperatura média anual é de -12 ºC (10 ºF).

Este clima é denominado **tundra** em função da vegetação baixa e sem árvores, que sobrevive apesar do ambiente hostil. É composta por liquens, musgos, juncas, plantas herbáceas que florescem, pequenos arbustos e gramíneas. Em particular, as plantas se adaptaram às condições associadas ao *permafrost* presente em quase todos os locais deste clima (■ Figura 8.10).

As regiões de tundra apresentam várias outras características climáticas significativas. Variações de temperatura diurnas são pequenas porque a insolação é uniformemente elevada durante os longos dias de verão e baixa durante as longas noites de inverno. A precipitação é geralmente baixa, exceto no leste do Canadá e da Groenlândia, por causa da umidade absoluta extremamente baixa e da influência do anticiclone polar. Ventos gelados varrem toda a superfície da paisagem descoberta e são um fator adicional para a eliminação das árvores que possam impedir seu progresso. Névoa costeira é característica em regiões marítimas, onde o ar frio polar marítimo adentra a linha de costa e, em contato com a terra ainda mais fria, é resfriado abaixo do ponto de orvalho.

Clima de calota polar

O **clima de calota polar** é o mais severo e restritivo na Terra. Como mostra a Tabela 8.2, ele cobre grandes áreas em ambos os Hemisférios, num total de cerca de 16 milhões de km², quase a mesma área ocupada pelos Estados Unidos e Canadá juntos. Todas as temperaturas médias mensais estão abaixo de zero, e por causa de a maioria das superfícies ser coberta por gelo glacial, nenhuma vegetação sobrevive neste clima. É uma região praticamente sem vida de gelo perpétuo.

A Antártida é o lugar mais frio da Terra (embora às vezes a Sibéria tenha períodos de frio no inverno mais longos e mais severos). A temperatura mais fria do mundo, -88 ºC (-127 ºF), foi registrada em Vostok, na Antártida. Considere o climograma de Little America, na Antártida, e Eismitte, na Groenlândia, para ter um quadro mais completo das temperaturas frias das calotas polares (■ Figura 8.11).

A principal razão para as baixas temperaturas do clima das calotas polares é a insolação mínima recebida nessas regiões. Durante metade do ano, essa insolação é pouca e quase nula e a energia solar que chega é recebida em ângulos oblíquos acentuados. Além disso, a camada de neve e gelo permanentes neste clima reflete quase toda a radiação recebida. Um fator adicional, tanto na Groenlândia quanto na Antártida, é a elevação. O manto de gelo que cobre ambas as regiões sobe mais de 3 mil metros (10 mil pés) acima do nível do mar. Isso contribui, naturalmente, para as temperaturas frias.

O anticiclone polar limita muito a precipitação na calota polar, que se resume a neve fina e seca associada a ocasionais tempestades ciclônicas. A precipitação é tão escassa nesse clima que as regiões são por vezes erroneamente referenciadas como "desertos polares". Contudo, por causa das taxas de evaporação muito baixas associadas às temperaturas extremamente frias, a precipitação excede a evaporação potencial e o clima pode ser classificado como úmido.

Os ventos polares fortes e persistentes são outro ponto forte das calotas polares. Mawson Base, na Antártida, por exemplo, tem cerca de 340 dias por ano com ventos fortes de 54 km/h (33 mph) ou mais. Os ventos dessas regiões podem resultar em períodos de *whiteout,* quando a visibilidade é zero em razão da neve fina e de cristais de gelo que são levados pelos ventos.

■ **FIGURA 8.10** Uma das Ilhas Hecho, na Península Antártica, apresenta camadas grossas e brilhantes de musgo como sua vegetação mais complexa.
Quais são os controles climáticos que ajudam a formar esta paisagem insólita?

■ **FIGURA 8.11** Climogramas de estações de clima de calota polar.
Se ganhasse uma oferta de viagem com tudo pago para a Groenlândia ou a Antártida, para qual delas você escolheria ir e por quê?

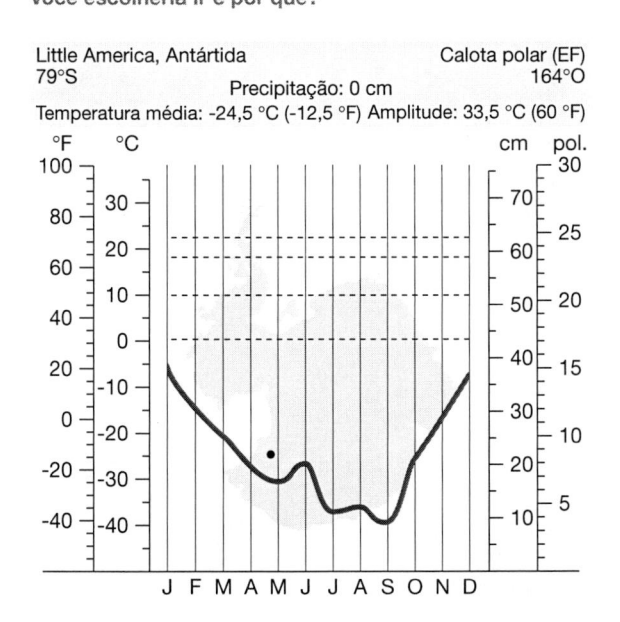

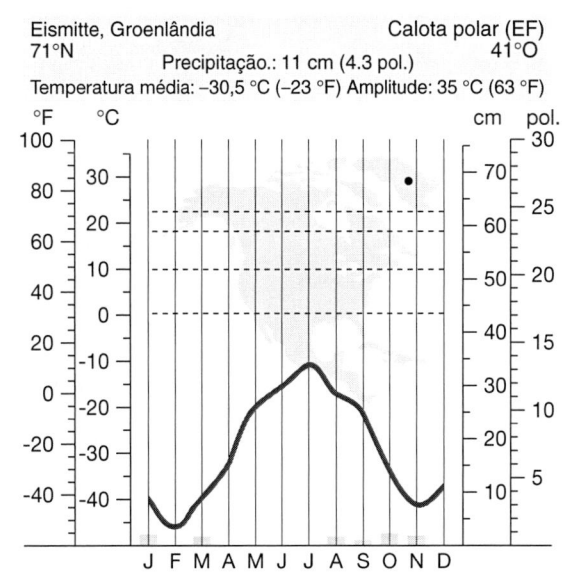

Little America, Antártida — Calota polar (EF)
79°S — 164°O
Precipitação: 0 cm
Temperatura média: -24,5 °C (-12,5 °F) Amplitude: 33,5 °C (60 °F)

Eismitte, Groenlândia — Calota polar (EF)
71°N — 41°O
Precipitação: 11 cm (4.3 pol.)
Temperatura média: −30,5 °C (−23 °F) Amplitude: 35 °C (63 °F)

Atividade humana em regiões polares

A severidade climática que limita a vida animal nas regiões polares para algumas espécies espalhadas na tundra é também restritiva a assentamentos humanos. Os lapões do norte da Europa migram com suas renas para a tundra das florestas adjacentes durante os meses mais quentes. Eles se juntam ao boi almiscarado, à lebre do ártico, à raposa, ao lobo e ao urso-polar que conseguem viver neste ambiente, apesar de ele ser hostil. Entretanto, os inuítes (esquimós) do Alasca, norte do Canadá e da Groenlândia, no passado, conseguiram desenvolver um estilo de vida que está adaptado ao regime da tundra durante o ano todo. Mesmo esse grupo utiliza-se menos dos recursos da tundra que da grande variedade de peixes e mamíferos marinhos, como bacalhau, salmão, linguado, focas, morsas e baleias, que ocupam os mares adjacentes.

À medida que seu contato com o resto do mundo aumentou e teve de se familiarizar com estilos de vida alternativos, a população inuíte residente na tundra diminuiu consideravelmente, e a vida para aqueles que permaneceram mudou bastante. Alguns ganharam nova segurança econômica com empregos em instalações de defesa ou em locais onde eles se juntam a trabalhadores qualificados de fora da região para explorar recursos minerais ou energia. Contudo, os novos centros populacionais baseados em construção e manutenção de radares e estações de defesa de mísseis ou, como no caso de North Slope, no Alasca, em produção e transporte de petróleo, não podem ser considerados permanentes (■ Figura 8.12). Trabalhadores dependem de apoio de outras regiões e muitas vezes habitam essa região apenas temporariamente.

O clima de calota polar não serve como lar para seres humanos ou outros animais. Até mesmo pinguins, gaivotas, focas, leopardos e ursos-polares são habitantes do litoral. É sem dúvida a zona climática mais dura, mais restritiva e com menos vida na Terra (■ Figura 8.13). No entanto, as calotas polares, especialmente da Antártida, são de importância estratégica e de grande interesse científico. O valor estratégico da Antártida é tão reconhecido que as nações do mundo têm abandonado voluntariamente suas reivindicações de direitos territoriais sobre o continente em troca de exploração científica cooperativa em nome de toda a humanidade.

■ **FIGURA 8.12** O marco zero do oleoduto do Alasca fica próximo à Baía Prudhoe. Os campos de petróleo do extremo norte do Alasca são uma empreitada bastante lucrativa para os humanos. No entanto, os perigos são muitos: em 1989, a Exxon Valdez derramou 11 milhões de galões de petróleo na enseada do Príncipe Guilherme, no Alasca.
Considerando a vulnerabilidade do meio ambiente do Alasca, qual é sua opinião sobre a permissão para o desenvolvimento dos campos de petróleo no extremo norte?

■ **FIGURA 8.13** A cobertura de gelo da Groenlândia estende-se por aproximadamente 85% da sua superfície. Aqui vemos o gelo "engolindo" a paisagem.
Quais atividades podem atrair indivíduos de outras regiões para o clima de calota polar?

Regiões de clima de altitude[3]

Como vimos no capítulo 3, a temperatura diminui com o aumento da altitude a uma taxa de cerca de 6,5 °C por 1.000 metros (3,6 °F por 1000 pés). Assim, é possível suspeitar que as regiões montanhosas apresentem vastas zonas climáticas de acordo com suas alterações de temperatura em relação à elevação, que correspondem aproximadamente às zonas de Köppen, as quais têm como base a variação da temperatura com a latitude (■ Figura 8.14). Este é realmente o caso, com uma exceção importante: estações só existem em terras altas se elas também existirem nas regiões próximas de várzea. Por exemplo, embora as zonas de temperatura cada vez mais frias ocorram em altitudes progressivamente mais elevadas nas regiões de clima tropical, as mudanças sazonais dos climas de meia latitude de Köppen não estão presentes.

Altitude é apenas um dos vários controles de clima das montanhas, a **exposição** é outra. Assim como existem encostas contra o vento predominante, algumas encostas de montanhas a sotavento ou locais protegidos pela topografia também cumprem esta função. A natureza do vento, a temperatura e a umidade dependem de a montanha estar (1) localizada no litoral ou no interior continental e (2) a uma latitude alta ou baixa, dentro ou além do alcance de tempestades ciclônicas e circulação de monções. Nas latitudes médias e altas, encostas de montanhas e vales que estão de frente para o equador recebem os raios diretos do Sol e são mais aquecidas; as encostas voltadas para o polo são sombreadas e frias. Morros com face oeste recebem calor no período da tarde, enquanto os morros com face leste são iluminados apenas no frescor da manhã. Este fator, conhecido como **aspecto de declive**, afeta a escolha das pessoas sobre onde viver numa montanha e onde os diferentes rebanhos se desenvolvem melhor. Quanto mais alto, mais importante é a luz solar direta como fonte de calor e energia para as plantas e processos da vida animal.

Complexidade é a marca de climas de altas altitudes. Cada cadeia de montanha significativa é composta por um mosaico de climas muito complicado para diferenciar em um mapa-múndi ou mesmo em um mapa de um único continente. Climas de altitude recebem uma denominação à parte, significando complexidade climática. Esses climas de alta montanha estão indicados na Figura 7.5, onde há considerável variação local no clima como consequência de elevação, exposição e aspecto do declive. Podemos ver que estas regiões são distribuídas amplamente sobre a Terra, mas estão concentradas na Ásia, Europa central, oeste e norte e na América do Sul.

As áreas de clima de altas altitudes no mapa-múndi são ilhas úmidas e frescas em meio aos climas que dominam as regiões em torno delas. Consequentemente, as áreas montanhosas também são ilhas bióticas, suportando flora e fauna adaptadas a condições mais frias e mais úmidas que as das terras circunvizinhas baixas. O frio faz parte do charme das terras altas, principalmente onde as montanhas se elevam cobertas por florestas acima de terras áridas ou semiáridas, como as Montanhas Rochosas canadenses e Sierra Nevada, na Califórnia.

Terras altas estimulam a condensação de umidade e a precipitação, forçando as massas de ar que se deslocam a subir sobre elas (■ Figura 8.15). Onde as encostas das montanhas são rochosas e sem florestas, suas superfícies aquecem durante o dia, causando convecção ascendente, que muitas vezes ocasionam trovoadas à tarde. Montanhas recebem precipitação abundante e são áreas de origem para córregos que se juntam para formar os grandes rios dos continentes.

Há poucos córregos importantes cuja cabeceira não esteja em terras altas acidentadas. Grande parte do fluxo em todos os continentes é produzida pelo derretimento dos picos nevados das montanhas no verão. Assim, as montanhas não só promovem a umidade atmosférica, como também armazenam grande

> [3] Clima de altas montanhas, também chamado de clima alpino, é o clima observado em altas altitudes, acima da linha das árvores. É diferente do que comumente é chamado de "clima de altitude", que se refere a variações nas condições de tempo associadas a variações de altitude mais sutis e que não chegam a caracterizar uma zona climática diferente. (N.R.T.)

■ **FIGURA 8.14** Perceba as semelhanças entre (a) Svolvar, na Noruega, latitude 68°N (localizada no Ártico), ao nível do mar, e (b) Machu Picchu, latitude 13°S (localizado em região tropical), a 2.590 metros acima do nível do mar.
De que maneiras as latitudes altas assemelham-se a locais elevados?

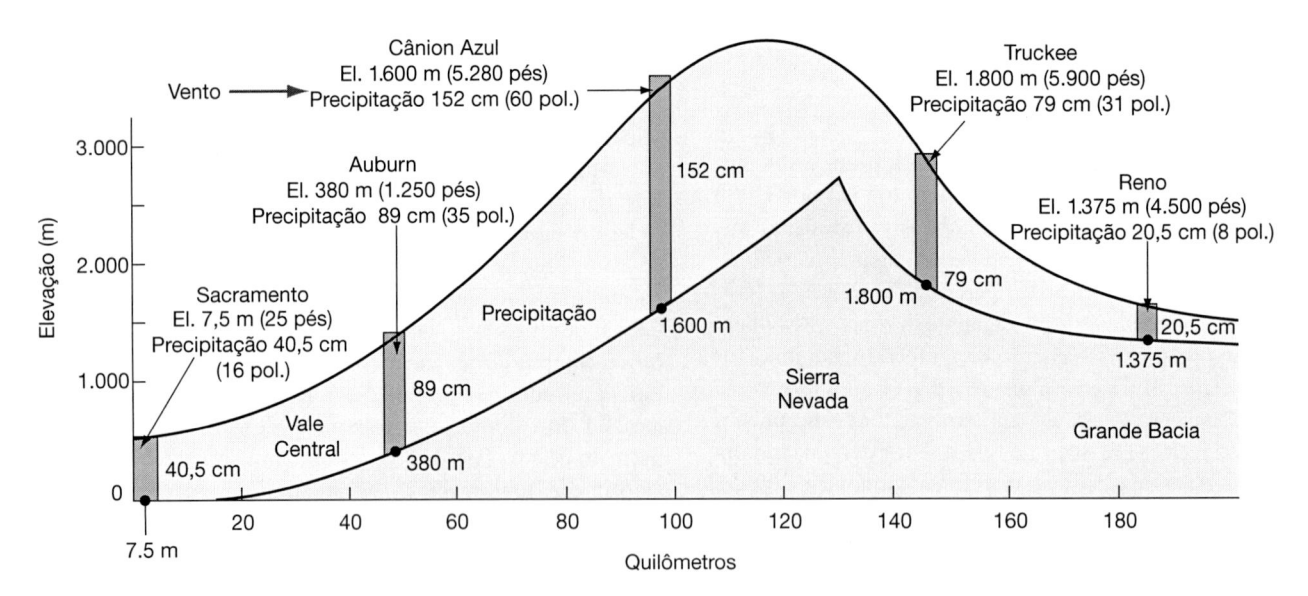

FIGURA 8.15 Variação na precipitação causada pela elevação de massas de ar que passam pela cadeia de montanhas da Sierra Nevada, na Califórnia, de oeste para leste. A precipitação máxima ocorre na encosta a favor do vento porque o ar na região do cume é muito frio para reter grandes quantidades de umidade. Perceba a enorme zona de sombra de chuva a sotavento, que proporciona clima desértico a Reno.

Considerando a localização das estações de registro, em que estação do ano ocorre precipitação máxima na encosta a favor do vento?

parte a ser liberada gradativamente nas secas de verão, quando a água é mais necessária para a irrigação e para uso urbano.

A natureza dos climas de montanha

Uma característica geral do clima de montanha é a sua variabilidade de hora, bem como de lugar. O fluxo orográfico forte sobre as montanhas muitas vezes faz com que nuvens se formem rapidamente, ocasionando trovoadas e chuvas prolongadas que não afetam as áreas próximas, mais baixas e sem nuvens. Nos locais onde a cobertura de nuvens diminui, as faixas de temperatura diurnas sobre montanhas são muito maiores que nas planícies. A camada de ar acima das altas montanhas, mais fina e com menor densidade, pouco impede a insolação, permitindo assim que as superfícies aqueçam muito durante o dia. Além disso, a atmosfera nessas áreas é pouco capaz de impedir a perda de radiação de ondas longas durante a noite. Consequentemente, as temperaturas do ar durante a noite são mais frias que a altitude sugere. Por conta de o escudo atmosférico ser mais fino em altas elevações, plantas, animais e seres humanos recebem proporcionalmente mais radiação solar de ondas curtas em altas altitudes. A radiação ultravioleta é especialmente notável; queimaduras graves são um dos perigos reais durante o dia em altitudes elevadas.

Nas latitudes médias e altas, montanhas passam de climas mesotérmicos e microtérmicos para tundra e mantos de gelo. As encostas mais baixas das montanhas são comumente cobertas por florestas de coníferas, que se tornam mais atrofiadas conforme a altitude aumenta, até que a última árvore anã seja passada ao longo da **linha das árvores**. Esta é o limite além do qual as baixas temperaturas no inverno e o estresse severo provocado por ventos eliminam todas as formas de vegetação, exceto aquelas que crescem

FIGURA 8.16 Assim como nesse exemplo das Montanhas Rochosas do Colorado, as últimas espécies na linha das árvores são formas atrofiadas e abatidas que frequentemente resultam em uma floresta anã*. Nos locais onde as árvores estão bastante retorcidas e disformes pela ação dos ventos, a vegetação é chamada de *krummholz* (madeira torta).

O que indica a direção predominante dos ventos na fotografia?

---

* Embora traduzido por floresta anã, o termo *elfin forest* não possui uma tradução específica em português, mas refere-se a ecossistemas formados de árvores subdesenvolvidas e, portanto, mais baixas que o usual das espécies em questão ou pequenas por natureza. (N.R.T.)

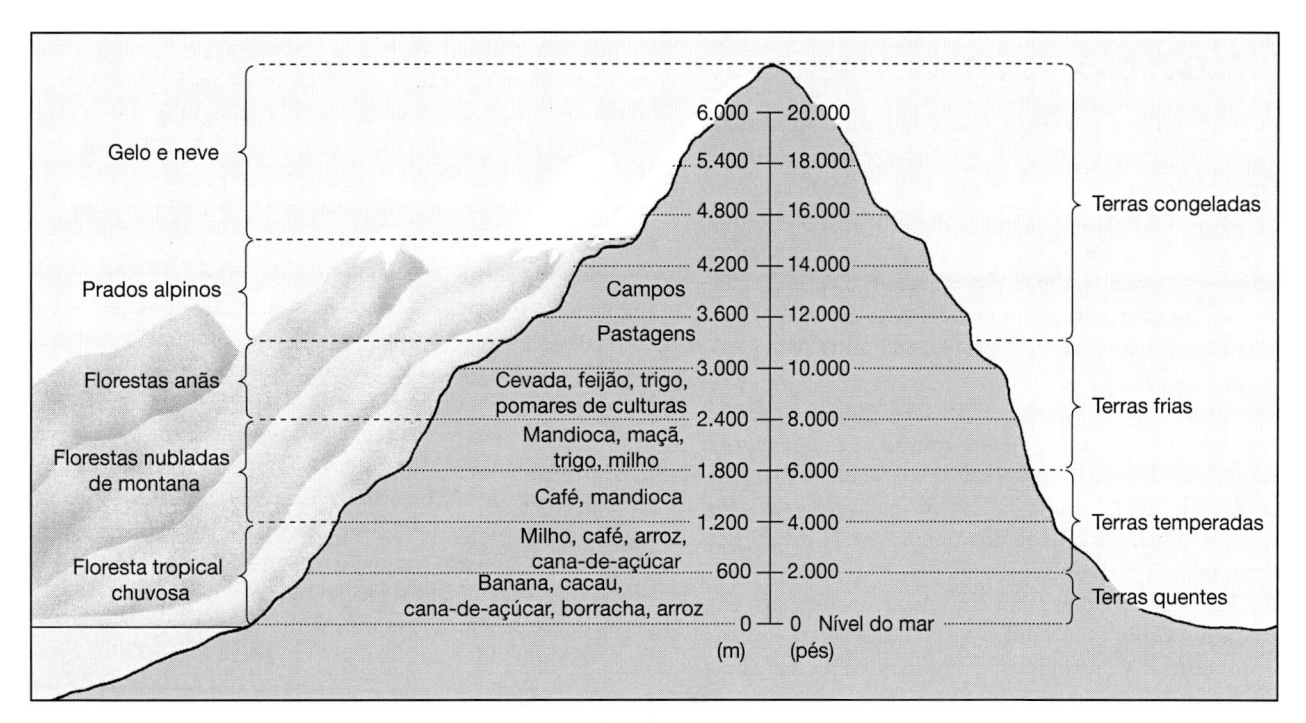

■ **FIGURA 8.17** Vegetação natural, zonas climáticas verticais e produtos agrícolas típicos em montanhas tropicais. Perceba que este exemplo estende-se das zonas tropicais até as zonas de neve e gelo permanentes. Há pouca mudança de temperatura em função da sazonalidade nas montanhas tropicais, fato que permite que formas de vida mais sensíveis a temperaturas baixas sobrevivam em altitudes relativamente elevadas.
Quando os europeus fixaram-se pela primeira vez nos altiplanos tropicais da América do Sul, que zona de clima vertical eles escolheram para morar?

rente ao solo, onde elas podem ser protegidas pelo manto de neve (■ Figura 8.16). Onde as montanhas são altas o suficiente, neve ou gelo permanente cobre a superfície. A linha acima da qual o derretimento do verão é insuficiente para remover toda a neve do inverno anterior é chamada **linha de neve**.

Nas regiões montanhosas tropicais, o zoneamento vertical do clima é ainda mais pronunciado. Tanto a linha de árvores quanto a linha de neve ocorrem em altitudes mais elevadas que em latitudes médias. Qualquer alteração sazonal é principalmente restrita à chuva; temperaturas são estáveis durante o ano todo, independentemente da altitude. Cada zona climática tem sua própria associação de vegetação natural, que deu origem a uma combinação de culturas distintas, onde a agricultura é praticada (■ Figura 8.17). Na América do Sul, quatro zonas climáticas verticais são reconhecidas: *tierra caliente* (terras quentes), *tierra templada* (terras temperadas), *tierra fria* (terras frias) e *tierra helada* (terras congeladas).

Adaptação a climas de alta montanha

Em terras altas de médias latitudes, os solos são pobres, a estação de crescimento é curta e o manto de gelo do inverno é espesso na zona de coníferas, que domina as encostas baixas e médias da montanha. Portanto, a agricultura é pouco praticada e assentamentos permanentes nas montanhas são pouco frequentes. Todavia, como a neve do inverno derrete fora das terras altas, logo abaixo dos picos rochosos nus, surgem tufos de grama e os seres humanos coordenam rebanhos de gado, de ovinos e caprinos a partir dos vales mais quentes. As pastagens são exuberantemente altas durante todo o verão, mas no início do outono são mais uma vez desocupadas pelos animais e seus donos, que voltam aos vales. Este movimento sazonal de rebanhos e pastores entre pastagens alpinas e aldeias nos vales, denominado *transumância*, já foi comum nas terras altas europeias e ainda é praticada em escala reduzida.

De outra maneira, as terras altas em latitudes médias servem principalmente como fonte de madeira, de minerais formados pelas mesmas forças geológicas que elevaram as montanhas e como arenas para recreação no verão e no inverno. O uso recreativo de altas montanhas é um fenômeno relativamente recente, resultado tanto do novo interesse em zonas montanhosas quanto de novos acessos rodoviários, ferroviários e aéreos.

Em contraste com regiões montanhosas em latitudes mais elevadas, as terras altas tropicais podem apresentar condições climáticas mais favoráveis e geralmente são mais atrativas para assentamentos humanos que planícies adjacentes (desde os tempos antigos até os atuais). Na verdade, grandes populações permanentes vivem ao longo dos trópicos, onde a topografia do solo e da agricultura é favorável ao clima vertical. Climas de altas altitudes são tão privilegiados que as encostas íngremes das montanhas foram extensivamente terraceadas para uso da agricultura. Socalcos agrícolas espetaculares podem ser vistos no Peru, Iêmen, Filipinas e em muitas outras terras altas tropicais. Onde o clima é apropriado e a pressão populacional é alta, as pessoas têm criado uma topografia que atenda a suas necessidades, esculpindo-a a partir das montanhas.

Mudança climática

Agora que terminamos nosso estudo atualizado e detalhado das regiões climáticas da Terra, devemos considerar algumas questões que desafiam os cientistas atmosféricos por décadas na busca de respostas para as mudanças climáticas. Um fato que é aceito é o de que todos os sistemas terrestres estão mudando constantemente; mas como os climas mudaram no passado distante e quais foram as causas das grandes mudanças? Os cientistas estudam climas do passado procurando pistas para futuras alterações climáticas.

Sem dúvida, as questões climáticas mais importantes de hoje estão relacionadas com o recente aumento da temperatura atmosférica, denominado **aquecimento global**. Houve aumento da temperatura ao longo do século passado, mas quais são as causas? Qual é a relação da mudança atual para a Era do Gelo mais recente que atingiu o planeta há cerca de 18 mil anos? Qual é o papel do homem em relação ao aumento das temperaturas e como essas mudanças poderiam afetar outros sistemas terrestres? Vamos procurar respostas para essas questões começando pelo passado.

Climas do passado

Os cientistas consideram a premissa de que ocorreram grandes mudanças no clima mundial ao longo da história da Terra. Em 1837, Louis Agassiz, um naturalista europeu, foi o primeiro a propor que temperaturas mais frias que as experimentadas naquela época haviam sido a causa dos grandes períodos de **glaciação**, comumente chamados de Era ou Idade do Gelo. Ele apresentou provas, primeiro na Europa e na Ásia e mais tarde na América do Norte, de que grandes áreas em todos os três continentes haviam sido cobertas por geleiras (fluxo de gelo). A evidência mais marcante consistia nos detritos rochosos transportados por geleiras a partir de fontes distantes e depositados por derretimento do gelo durante os períodos mais quentes.

Hoje se sabe que o período mais recente de glaciação começou há cerca de 2,4 milhões de anos. Antes da Segunda Guerra Mundial, os pesquisadores acreditavam que, durante essa era glacial (denominada como Pleistoceno por cientistas), o planeta havia experimentado quatro grandes avanços das geleiras na América do Norte, seguidos por períodos interglaciais mais quentes. Com base nos limites ao sul dos avanços glaciais, estes intervalos mais frios foram chamados de Nebraskan (mais antigo), Kansas, Illinoiniano e glaciações Wisconsinianas nos Estados Unidos. No entanto, uma pesquisa moderna tem mostrado que a atividade glacial e as mudanças climáticas durante o Pleistoceno eram muito mais complexas do que se pensava anteriormente.

Pesquisas atuais

Dois grandes desenvolvimentos no conhecimento científico sobre as mudanças climáticas ocorreram na década de 1950. Primeiro, as técnicas radiométricas, tais como datação por radiocarbono (também conhecido como carbono-14), começaram a ser amplamente utilizadas (material orgânico pode ser datado medindo o grau em que elementos radioativos no material se deterioraram ao longo do tempo). Datação por radiocarbono de materiais orgânicos em depósitos associados com geleiras ajudou a fornecer uma sequência temporal de quando as camadas de gelo recuaram pela última vez. Na sua máxima extensão, as geleiras cobriram quase todo o Canadá e a maioria dos estados do norte dos Estados Unidos, até os rios Ohio e Missouri (■ Figura 8.18). Geleiras fluíram sobre a localização onde atualmente se encontram as cidades de Boston, Nova York, Indianápolis e Des Moines (Estados Unidos).

A segunda descoberta importante foi que evidências detalhadas das mudanças climáticas ficaram registradas nos sedimentos no fundo do oceano. A deposição lenta e contínua de registros nos sedimentos descreve a história das mudanças climáticas durante os últimos milhões de anos. A descoberta mais importante nos registros do fundo oceânico é que a Terra passou por inúmeros grandes avanços glaciais durante o Pleistoceno, não apenas os quatro que tinham sido identificados anteriormente. Hoje, os nomes de apenas dois dos períodos glaciais da América do Norte, o Illinoiniano e o Wisconsiniano, foram mantidos.

■ **FIGURA 8.18** Este mapa identifica as extensas áreas do Canadá e norte dos Estados Unidos que estavam cobertas de camadas móveis de gelo há 18 mil anos.
Por que o gelo se move em diversas direções em diferentes regiões do continente?

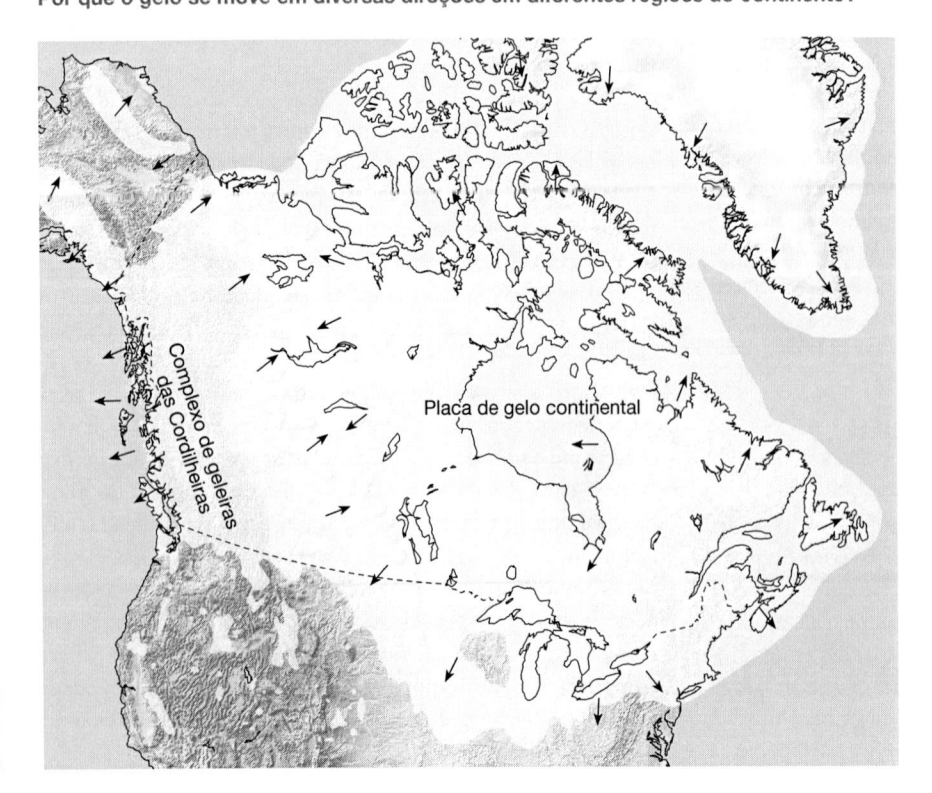

PERSPECTIVA ESPACIAL DA GEOGRAFIA
:: MUDANÇA CLIMÁTICA E SEUS IMPACTOS NO LITORAL

Quando olhamos para um mapa ou globo, uma parte da informação geográfica que vemos é tão óbvia e básica que a tomamos por certa e falhamos em perceber que se trata de uma informação espacial. Isso ocorre com a localização das linhas de costa – as fronteiras entre a terra e as regiões oceânicas. Os aspectos mais básicos geográficos de nosso planeta exibidos por um mapa-múndi mostram a localização dos continentes e oceanos e a forma geralmente familiar destas características principais. Mas os mapas de hoje do nosso planeta representam apenas a localização atual das linhas de costa. Sabemos que o nível do mar mudou ao longo do tempo e que subiu de 20 cm a 30 cm (8-12 pol.) no século XX.

O sistema hidrológico da Terra é fechado, pois a quantidade total de água (seja gasosa, líquida ou sólida) em nosso planeta é fixa. Quando o clima suporta mais gelo glacial, o nível do mar cai. Quando os climas mundiais tendem ao aquecimento, o nível do mar sobe. Mais gelo nas geleiras significa menos água nos oceanos, e vice-versa. Se a tendência do aquecimento global continuar em seu ritmo atual, a Agência de Proteção Ambiental dos Estados Unidos (EPA) estima que o nível do mar aumente 31 centímetros (1 pé) nos próximos 25 a 50 anos. Essa elevação do nível do mar causará problemas nas áreas costeiras baixas; as populações de algumas ilhas de corais do Pacífico já são motivo de preocupação, uma vez que suas terras natais estão pouco acima do nível da maré alta.

Um mapa de distribuição da população mundial mostra uma forte ligação entre a densidade de povoamento e as zonas costeiras. Para regiões baixas do litoral, o aumento do nível do mar é uma grande preocupação, pois quanto mais suave for a inclinação da encosta, maior será a inundação. Cientistas do Centro de Pesquisas Geológicas dos Estados Unidos (USGS) determinaram que, se todas as geleiras da Terra derretessem, o nível do mar subiria 80 metros (263 pés) e que um aumento de 10 metros (33 pés) deslocaria 25% da população dos Estados Unidos.

Quando as geleiras eram mais extensas, durante o avanço máximo das geleiras no Pleistoceno, o nível do mar caiu cerca de 100 metros (330 pés) abaixo do nível de hoje. Mapas que recriam as posições da linha de costa e a forma dos continentes em tempos de grandes mudanças ambientais mostram quão temporárias e vulneráveis as áreas costeiras podem ser.

O mapa abaixo mostra o litoral atual (verde-escuro), o aumento máximo do nível do mar (verde-claro) no Pré-Pleistoceno, a diminuição do nível do mar (azul-claro) no Pleistoceno e o impacto sobre o litoral norte-americano. Pode parecer estranho pensar nos litorais exibidos num mapa-múndi como temporários, mas como o litoral pode mudar ao longo do tempo um mapa-múndi futuro poderá ser bastante diferente do mapa que conhecemos hoje.

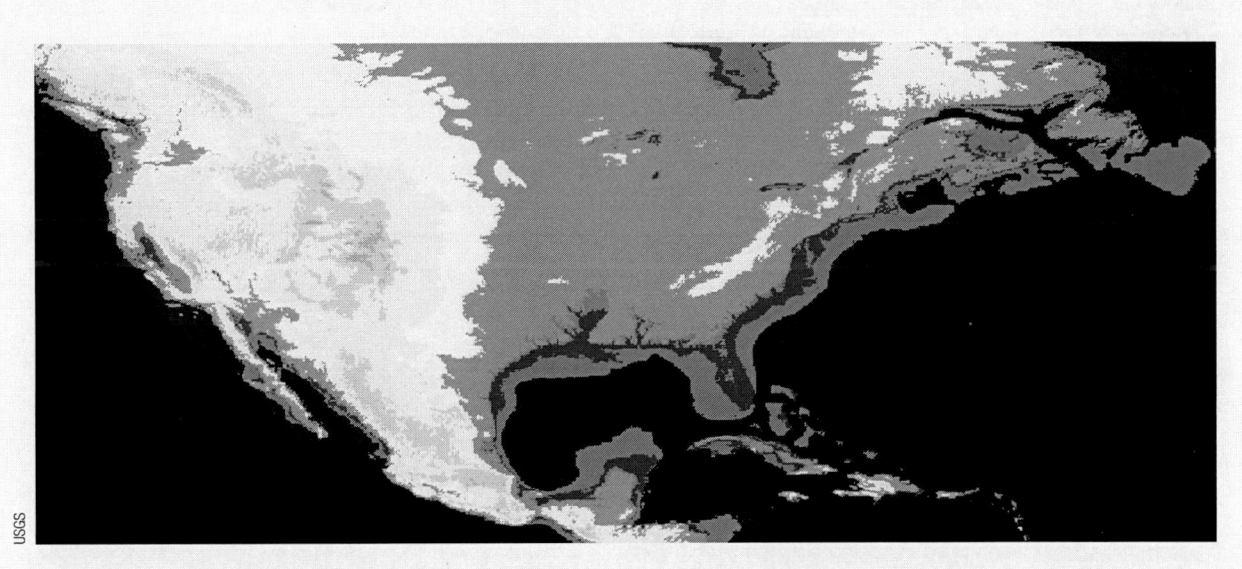

Este mapa mostra como mudanças no nível do mar poderiam afetar a costa litorânea na maior parte da América do Norte. O verde-escuro representa a costa hoje. O verde-claro indica como seria o litoral se o nível do mar aumentasse 35 metros, em resposta ao grande derretimento das geleiras, de forma semelhante ao que ocorreu há 3 milhões de anos (as áreas em verde-escuro também seriam inundadas). O azul-claro indica o litoral caso as geleiras se expandissem à extensão máxima atingida durante o Pleistoceno.

Em razão da grande importância do registro sedimentar de águas profundas para estudos de mudanças climáticas, devemos entender como esse registro é decifrado. A lama do fundo do mar contém os restos microscópicos de inúmeros animais marinhos minúsculos que constroem conchas de proteção. Quando eles morreram, essas conchas minúsculas afundaram e foram incorporadas às camadas de lama. Várias espécies prosperam em diferentes temperaturas de superfície de água e, portanto, as camadas de sedimentos que contêm os fósseis minúsculos podem produzir um histórico detalhado da flutuação da temperatura da água.

As conchas pequenas de certas espécies são compostas de carbonato de cálcio ($CaCO_3$), por isso, as análises também gravam a composição de oxigênio da água do mar na qual elas foram formadas. Uma técnica de medição comum para determinar a composição de oxigênio é conhecida como **análise de isótopos de oxigênio**. A água do mar de hoje tem uma proporção fixa dos dois isótopos de oxigênio. A relação O_{18}/O_{16} indicará mudanças na temperatura do oceano relativas aos ciclos glaciais. Uma revisão do registro de isótopos de oxigênio indica que o último avanço glacial ocorrido cerca de 18 mil anos atrás era apenas um dos muitos grandes avanços glaciais durante os últimos 2,4 milhões de anos. Evidências sugerem que pode ter havido até 28 episódios climáticos de glaciação.

Atualmente, os estudiosos da área estão cientes de que o clima pode ser um curto intervalo de estabilidade relativa num momento de grandes mudanças climáticas. Além disso, o clima de hoje, conhecido como Holoceno (10 mil anos atrás até o presente), é um momento de estabilidade, temperaturas amenas em comparação com grande parte dos últimos 2,4 milhões de anos (■ Figura 8.19). Com base no registro de fundo oceânico, parece que os climas globais tendem a pausar em um dos dois extremos: um intervalo de frio intenso caracterizado pelo avanço glacial e com nível do mar mais baixo e intervalos mais curtos com recuo das geleiras, temperaturas mais quentes e nível do mar mais alto. Percebendo que os climas mundiais mudaram drasticamente várias vezes, duas questões devem ser consideradas agora: o que causa as mudanças do clima global e quão rapidamente essas mudanças podem acontecer de um extremo a outro?

Mudança climática rápida

Como mostramos anteriormente, durante a maior parte da história do Canadá e dos Estados Unidos, há 18 mil anos, geleiras cobriram grandes áreas ao norte dos rios Missouri e Ohio. No oeste, lagos de água doce com mais de 500 metros de profundidade cobriam muitas áreas de Utah e Nevada. Contudo, a maior parte da extensão dos Estados Unidos não possuía geleiras e a maioria das bacias dos lagos ocidentais estava seca há cerca de 9 mil anos. Foram encontradas muitas evidências de que o clima, cerca de 7 mil anos atrás (conhecido como altitérmico), era mais quente que o de hoje (ver novamente Figura 8.19). Para geleiras com milhares de metros de espessura derreterem completamente e lagos profundos evaporarem, uma mudança substancial no clima por alguns poucos mil anos foi necessária. Quais foram as causas?

Para responder a perguntas sobre mudanças climáticas rápidas como esta é necessário um registro mais detalhado do clima do que os sedimentos de águas profundas podem proporcionar. Isso se deve ao fato de os registros sedimentares de águas profundas serem extraordinariamente lento, pois poucos centímetros de lama do mar acumulam-se em mil anos. Mudanças rápidas no clima durante períodos de algumas centenas de anos não são registradas claramente nos sedimentos do fundo do mar. Com o estudo das *camadas de gelo* glacial da Antártida e da Groenlândia foi possível resolver este problema. Registros glaciais possuem montantes

■ **FIGURA 8.19** As análises dos valores de isótopos de oxigênio encontrados na crosta de gelo de geleiras na Antártida e na Groenlândia fornecem evidências de mudanças climáticas surpreendentes em curtos períodos de tempo.
Considerando a tendência geral das temperaturas na Terra, durante o Holoceno, a tendência tem se mostrado mais ou menos quente?

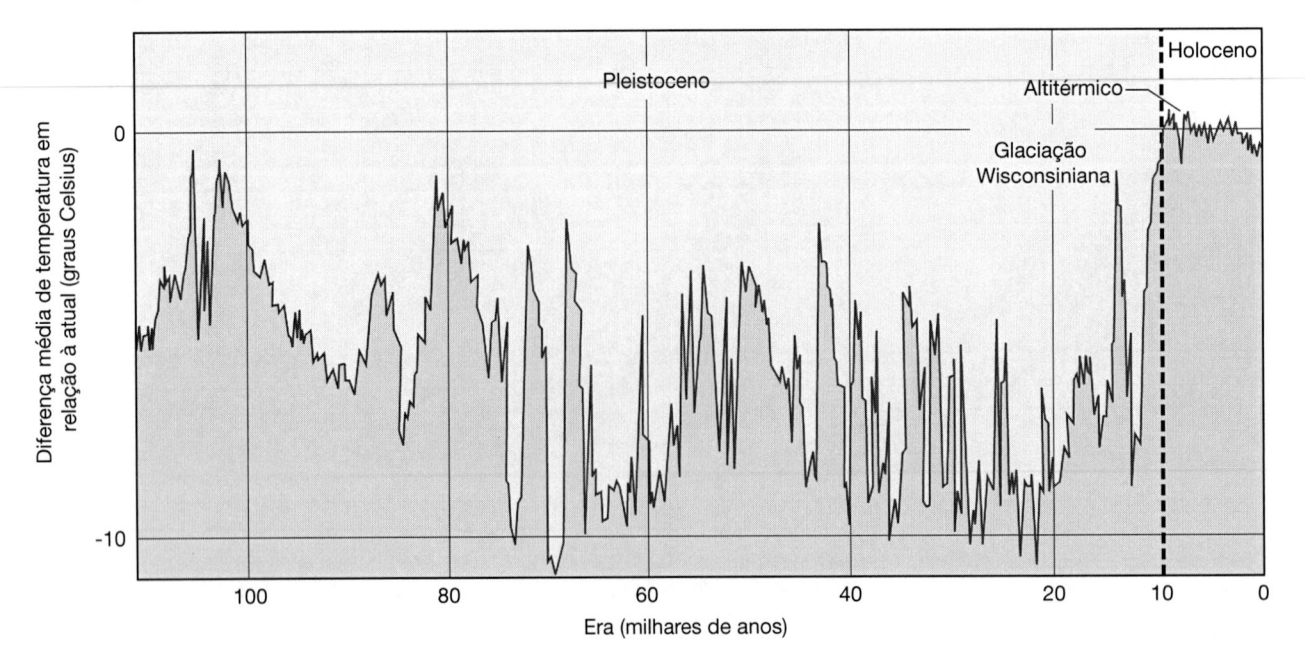

anuais de queda de neve em camadas que podem fornecer em curto prazo evidências das mudanças climáticas. A análise dos isótopos de oxigênio também é utilizada juntamente com outras técnicas para examinar o gelo glacial da Antártida e da Groenlândia. Essas análises revelaram um registro detalhado das mudanças climáticas durante os últimos 250 mil anos.

Uma descoberta surpreendente das análises das calotas polares foi a rapidez com que o clima pode mudar. Em vez de alterar gradualmente as condições interglaciais durante milhares de anos, os registros de gelo indicam que as mudanças podem ocorrer em algumas décadas. Assim, o que quer que seja o maior responsável nas grandes mudanças climáticas pode se desenvolver rapidamente. Isso provavelmente requer um sistema de *feedback* positivo, o que significa, como explicado no capítulo 1, que uma mudança em uma variável causará alterações em outras variáveis que aumentam a quantidade de mudança original. Por exemplo, a maioria das geleiras tem alto coeficiente de reflexão, permitindo que volte uma quantidade significativa de luz solar ao espaço. Entretanto, se por qualquer motivo, com o recuo do gelo, a terra, com baixo coeficiente, começa a absorver mais insolação, a quantidade de energia disponível para derreter o gelo aumenta. Assim, quanto mais gelo for derretido, mais energia estará disponível para o degelo, ampliando o recuo glacial inicial.

Causas múltiplas

Embora as teorias sobre as causas das mudanças climáticas sejam numerosas, elas podem ser organizadas em quatro grandes categorias: (1) variações astronômicas na órbita da Terra, (2) mudanças na atmosfera da Terra, (3) mudanças nos continentes e (4) asteroides e impactos de cometas.

Variações orbitais

Os astrônomos detectaram mudanças lentas na órbita da Terra que afetam a distância entre o Sol e a Terra, bem como o desvio do eixo terrestre sobre o plano eclíptico. Esses ciclos orbitais produzem mudanças regulares na quantidade de energia solar que chega à Terra (ou favorece o Hemisfério Norte ou o Sul). A mais longa é conhecida como **ciclo de excentricidade**, que é uma variação de 100 mil anos na forma da órbita da Terra em torno do Sol. De modo simplificado, a órbita da Terra muda de elíptica (ovalada) para mais circular e depois volta à elíptica, afetando a distância entre a Terra e o Sol. As órbitas mais elípticas parecem estar associadas a períodos quentes e as órbitas mais circulares podem corresponder a eras glaciais.

Um segundo ciclo, denominado **ciclo de obliquidade**, representa uma variação de 41 mil anos na inclinação do eixo da Terra, de um eixo máximo de 24º 30' para um mínimo de 22º e, em seguida, de volta. Quanto mais a Terra é inclinada, maior é a sazonalidade nas latitudes médias e altas. Portanto, menores inclinações devem ocasionar verões mais frescos para as regiões polares e menos derretimento das camadas de gelo, o que pode causar uma Era do Gelo.

Finalmente, um **ciclo de precessão** tem sido notado com uma periodicidade de 21 mil anos. O ciclo de precessão determina a época do ano que o periélio ocorre. Hoje por volta do dia 3 de janeiro, a Terra está na posição mais próxima do Sol e, como resultado, recebe uma insolação de aproximadamente

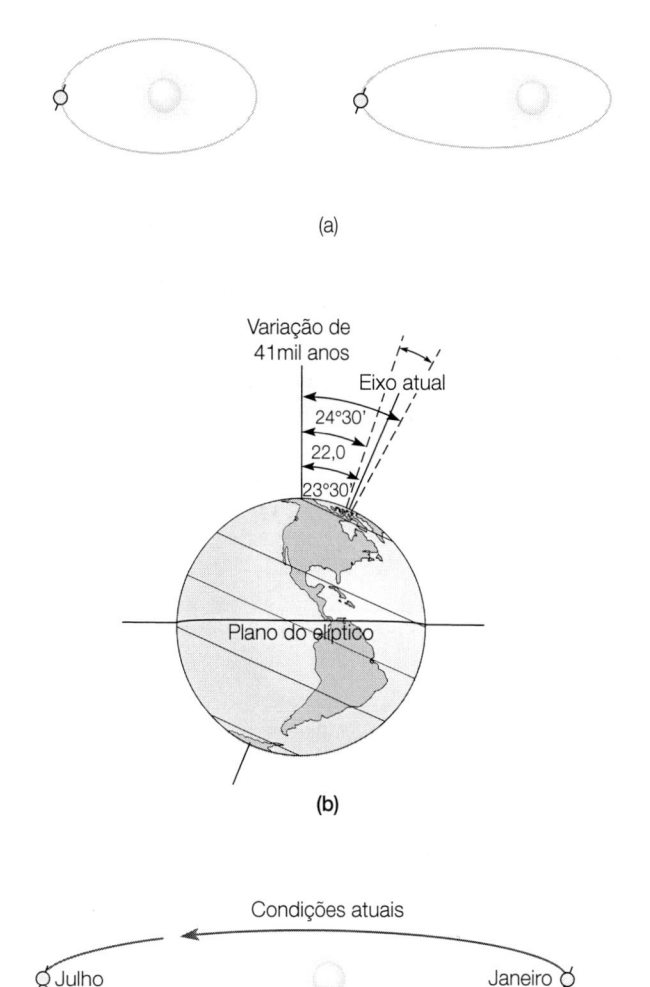

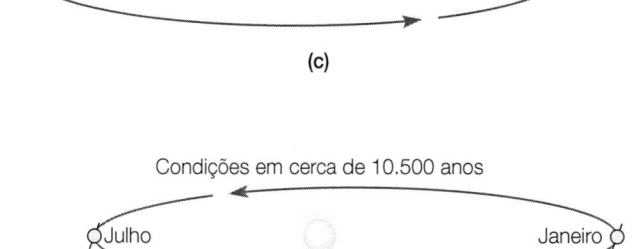

■ **FIGURA 8.20** Milankovitch calculou a periodicidade da (a) excentricidade, (b) obliquidade e (c) e (d) precessão.
Qual será o efeito causado por estas mudanças por causa da incidência de insolação no clima global?

3,5% maior que a média em janeiro. Quando o afélio ocorrer em 3 de janeiro, em cerca de 10.500 anos, os invernos do Hemisfério Norte devem ser um pouco mais frios (■ Figura 8.20).

Esses ciclos de operação em conjunto e o efeito combinado dos três ciclos podem ser calculados. A pessoa que examinou todos os três ciclos detalhadamente foi o matemático Milutin Milankovitch, que completou cálculos complexos para mostrar como essas mudanças na órbita da Terra e o eixo afetariam a insolação. Os cálculos matemáticos de Milankovitch indicaram que vários ciclos glaciais devem ocorrer durante um intervalo de um milhão de anos.

FIGURA 8.21 Atividade vulcânica no Monte Santa Helens, no estado de Washington (EUA), que cospe gases e partículas na atmosfera. O pico vulcânico do Monte Rainer, potencialmente ativo, está ao fundo.
Além de afetar o clima, quais outros desastres resultam de explosões vulcânicas?

Ao final dos anos de 1970, a maioria dos cientistas do paleoclima (clima antigo) estava convencida de que existia uma boa correlação entre o registro de águas profundas e as previsões de Milankovitch. Isso sugere que uma importante força motriz por trás dos ciclos glaciais é regulada pelas variações orbitais que os ciclos climáticos de longo prazo são previsíveis. Infelizmente, a teoria de Milankovitch indica que o Holoceno interglacial quente terminará em breve e que a Terra está destinada a enfrentar condições glaciais plenas (gelo glacial possivelmente tão ao sul como os rios Ohio e Missouri/Estados Unidos) daqui a aproximadamente 20 mil anos.

Mudanças atmosféricas

Muitas teorias atribuem mudanças climáticas a variações nos níveis de poeira atmosférica. O principal fator é a atividade vulcânica, que bombeia enormes quantidades de partículas e aerossóis (dióxido de enxofre, especialmente) para a estratosfera, onde os ventos fortes a espalham ao redor do mundo. A poeira vulcânica pode reduzir a quantidade de insolação que atinge a superfície terrestre por períodos de 1 a 4 anos (■ Figura 8.21 e ■ Figura 8.22).

O efeito de arrefecimento climático da atividade vulcânica é inquestionável; todos os anos mais frios registrados ao longo dos últimos dois séculos ocorreram no ano seguinte a uma grande erupção. Após a erupção maciça do Tambora (em 1815, na Indonésia), 1816 foi conhecido como o "ano sem verão". Geadas extremas em época de colheita arruinaram a Nova Inglaterra e a Europa, resultando em fome. Várias décadas mais tarde, após a erupção do Krakatoa (também na Indonésia) em 1883, as temperaturas diminuíram significativamente durante 1884. Apesar de não haver erupções no século XX na magnitude desses dois, a erupção de 1991 do Monte Pinatubo (nas Ilhas Filipinas) produziu condições mais frias em uma série contínua de anos de recorde de calor.

Outro fenômeno intimamente associado com a temperatura média global é a composição de gases atmosféricos. Os cientistas sabem há muitos anos que o dióxido de carbono (CO_2) age como um "**gás de efeito estufa**". Não há dúvida de que o CO_2 é transparente à radiação de ondas curtas de entrada e impede a radiação de ondas longas de saída, semelhante ao efeito dos painéis de vidro em uma estufa ou em seu automóvel em um dia ensolarado (consulte novamente para a discussão de efeito estufa o capítulo 3). Assim, quanto maior a quantidade de gases de efeito estufa na atmosfera, maior a quantidade de calor retido na baixa atmosfera.

Bolhas de ar capturadas no gelo glacial da Antártida e da Groenlândia contêm pequenas amostras da atmosfera da época em que o gelo se formou. Uma das descobertas importantes feitas por meio dos testemunhos de gelo[4] foi o aumento nos níveis de CO_2 na atmosfera pré-histórica durante os períodos interglaciais e sua diminuição durante os avanços glaciais maiores.

O fato de as temperaturas médias globais e os níveis de CO_2 estarem tão estreitamente correlacionados sugere que a Terra vai vivenciar calor recorde conforme o nível atmosférico de CO_2 aumentar. O nível atual de cerca de 380 partes por milhão de CO_2 já é maior que o de qualquer outra época no último um milhão de anos.

[4] A expressão testemunhos de gelo é o nome que se dá às amostras de neve e gelos cristalizados usados para estudo. (N.R.T.)

FIGURA 8.22 A análise das temperaturas globais quatro anos antes e depois de grandes erupções vulcânicas oferece evidências convincentes de que essa atividade vulcânica pode ter efeito direto nas quantidades de insolação que atingem a superfície terrestre.
Em que período após um ano de erupção o efeito parece maior?

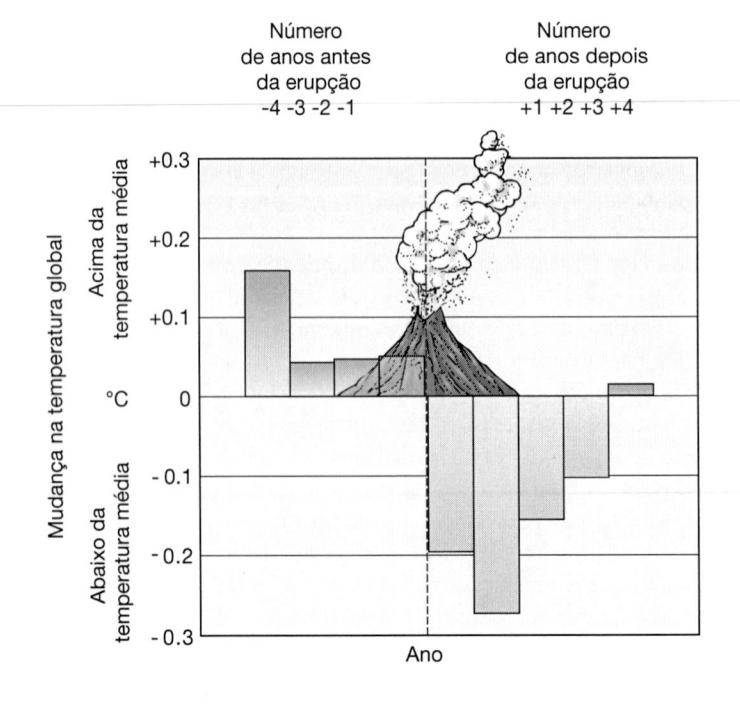

Anos em que ocorreu erupção:
1815
1835
1875
1883
1902
1947
1956
1963

Fases de efeito estufa

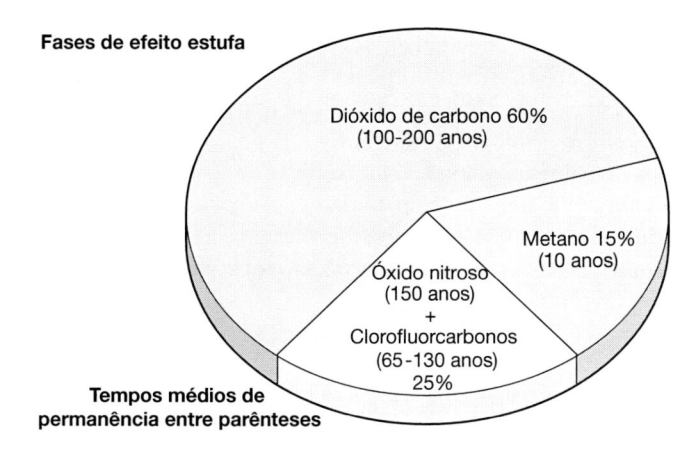

[Gráfico de pizza:
- Dióxido de carbono 60% (100-200 anos)
- Metano 15% (10 anos)
- Óxido nitroso (150 anos) + Clorofluorcarbonos (65-130 anos) 25%]

Tempos médios de permanência entre parênteses

■ **FIGURA 8.23** Além do dióxido de carbono, outros gases que são lançados na atmosfera por atividades humanas contribuem em aproximadamente 40% para o efeito estufa. Os valores entre parênteses indicam o número médio de anos que diferentes gases permanecem na atmosfera e contribuem para a mudança de temperatura. **Qual gás tem maior período de permanência?**

O dióxido de carbono não é o único gás de efeito estufa, o metano (CH_4) é 20 vezes mais eficaz que o CO_2 como gás de efeito estufa, mas é considerado menos importante, uma vez que suas concentrações na atmosfera são mais baixas. Além disso, o tempo que as moléculas de metano permanecem na atmosfera (tempo de residência) é muito menor. Tanto as emissões de lixões quanto de cupinzeiros produzem quantidades substanciais de CH_4. Contudo, uma fonte muito mais importante de metano atmosférico pode vir da tundra ou do fundo do mar. Se o aquecimento da tundra ou da água do mar liberar grandes quantidades de metano conforme previsto em teoria o *feedback* positivo reforçando o aquecimento poderia ser enorme.

Outros gases de efeito estufa incluem CFCs (clorofluorcarbonos) e N_2 (óxido nitroso). A contribuição relativa de gases de efeito estufa comuns e seus tempos de residência médio na atmosfera são apresentados na Figura 8.23.

Mudanças nos continentes

A terceira categoria de teorias das mudanças climáticas envolve mudanças na superfície terrestre para explicar os períodos de clima frio ou quente. Uma série de eras do gelo, algumas com vários avanços glaciais, ocorreu durante a história da Terra. Para explicar alguns dos períodos glaciais anteriores, os cientistas têm proposto diversos fatores que podem ser responsáveis. Por exemplo, uma característica que todos esses períodos glaciais têm em comum com o Pleistoceno é a presença de um continente em latitudes polares. Continentes polares permitem o acúmulo de geleiras em terra, o que resulta em um nível do mar mais baixo e seus efeitos globais.

Outro fator geológico por vezes invocado como causa da mudança climática é a formação, o desaparecimento ou o movimento de uma massa de terra que restrinja a circulação oceânica ou atmosférica. Por exemplo, erupções vulcânicas e a formação do istmo do Panamá, que rompeu a ligação entre o Atlântico e o Pacífico, mudando a circulação oceânica. O redirecionamento da água no oceano criou a Corrente do Golfo/Corrente do Atlântico Norte (ver novamente Figura 4.21). Outro exemplo é o soerguimento do Himalaia, alterando os fluxos atmosféricos e os efeitos das monções na Ásia. Ambos os eventos e diversas outras mudanças significativas precedem imediatamente ao início das glaciações mais recentes. Quais eventos causaram mudanças climáticas e quais são simplesmente coincidências ainda precisam ser determinados.

Outro grupo de teorias envolve mudanças de albedo, causado tanto pelo acúmulo de neve em grandes massas de terra de alta latitude como por grandes plataformas de gelo oceânico à deriva em latitudes mais baixas. O aumento na reflexão da luz solar pelo gelo e pela neve inicia um ciclo de *feedback* positivo de resfriamento que pode terminar com o congelamento dos oceanos polares, desligando a fonte primária de umidade das camadas de gelo polar.

Eventos de impacto

Corpos rochosos ou metálicos do sistema solar, conhecidos como **asteroides**, geralmente com menos de 800 quilômetros (500 milhas) de diâmetro, podem quebrar em pedaços menores chamados **meteoroides**. Estes objetos orbitam o Sol, juntamente com cometas, que são compostos de objetos rochosos ou ferro unidos por gelo. No decorrer do tempo, parte desse material atingiu a Terra, por vezes com efeitos devastadores.

A maioria dos objetos que cruzam a órbita da Terra é tão pequena que queima na atmosfera antes de chegar ao chão. À noite, eles são vistos como estrelas cadentes. Objetos menores

■ **FIGURA 8.24** A cratera Barringer, no Arizona, mostra o resultado do impacto de um meteorito de ferro e níquel de aproximadamente 50 metros de diâmetro. **Você consegue conceber qual seria o tamanho dos danos se um meteorito de tamanho semelhante caísse em área urbana?**

que 40 metros de diâmetro (131 pés) são incinerados por causa do atrito encontrado na atmosfera. Objetos que medem de 40 metros a aproximadamente 1 km de diâmetro podem causar um tremendo estrago em escala local quando atingem a superfície terrestre (■ Figura 8.24). O impacto de um objeto desse tamanho pode ser esperado, em média, a cada 100 anos ou mais. A última vez ocorreu em 1908 perto de Tunguska, na Sibéria, e devastou uma enorme área de floresta do país, com uma explosão estimada em 15 megatons (uma explosão de 1 megaton é igual a 1 milhão de toneladas de TNT).

Há aproximadamente 100 mil anos um objeto com um diâmetro superior a 1,6 km (1 milha) atingiu a Terra, produzindo graves danos ambientais e mudanças climáticas em escala global. As explosões de tais impactos poderiam ser igualadas a um milhão de megatons de energia. O efeito mais provável seria um "inverno de impacto", caracterizado por céus escurecidos pelo particulado, bloqueando a insolação e causando uma queda drástica nas temperaturas. As tempestades de fogo (*firestorms*) resultariam do impacto de detritos aquecidos caindo na Terra e grandes quantidades de chuva ácida precipitariam também. Uma catástrofe desse tipo resultaria em perda de colheitas em todo o mundo, seguido por fome e doença. Os maiores impactos conhecidos na Terra ao longo da História, como o que pode ter contribuído para a extinção dos dinossauros há 65 milhões de anos, foram estimados em cerca de 15 km de diâmetro (10 milhas), e podem ter explodido com uma força de 100 milhões de megatons.

Climas futuros

Com tantas variáveis possivelmente responsáveis pelas mudanças climáticas, prever o clima futuro de forma confiável é uma proposta extremamente difícil. O principal problema na previsão climática está na variabilidade natural. A ■ Figura 8.25 exibe a frequência e a magnitude das mudanças climáticas que têm ocorrido naturalmente

■ **FIGURA 8.25** Esta figura mostra as várias tendências climáticas dos últimos 150 mil anos, com detalhes significantes para o Holoceno. Climatologistas têm tido muito sucesso em datar mudanças climáticas recentes, mas prever os climas futuros ainda é difícil. **Por quê?**

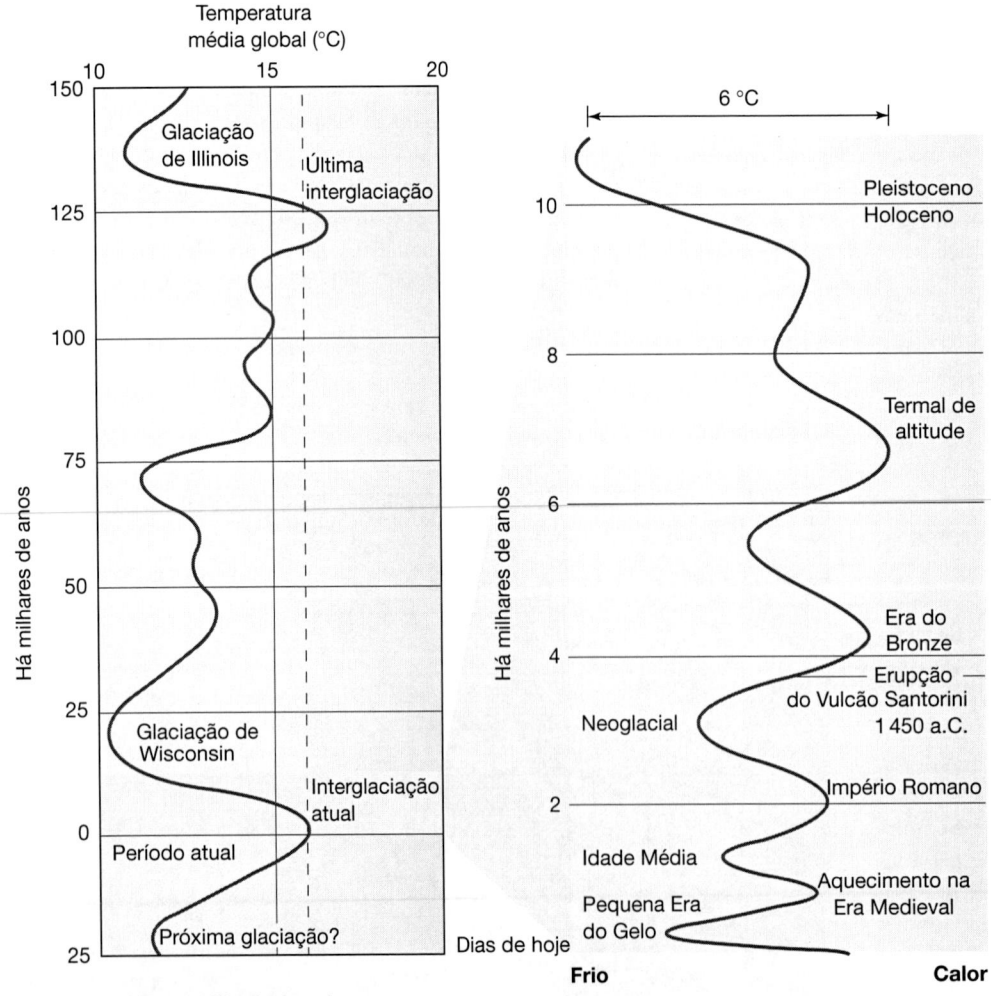

De Skinner & Porter, Physical geology.

De Imbrie & Imbrie, Ice ages: solving the mystery, Enslow Publishers, Short Hills, NJ, p. 179.

ao longo dos últimos 150 mil anos. Embora o Holoceno tenha sido o intervalo mais estável de todo o período, um exame detalhado dos registros do Holoceno revela uma grande variedade de climas. Por exemplo, um intervalo longo e quente, mais quente que o clima de hoje, ocorreu durante o chamado **ótimo climático** do Holoceno (também conhecido por Altitérmico ou Hipsitérmico). Esse intervalo foi caracterizado pela predominância de prados no Saara e secas severas nas Grandes Planícies. Outros intervalos quentes ocorreram durante a Idade do Bronze, durante a segunda metade do Império Romano e no período medieval. Um intervalo excepcionalmente frio começou com a erupção de Santorini (alguns acreditam que foi o ponto de partida para o mito de Atlântida), no mar Egeu. Outros períodos frios ocorreram durante a Idade das Trevas e novamente no início de 1150-1460, no Atlântico Norte, e 1560-1850 na Europa continental e na América do Norte. Esses últimos episódios foram coletivamente chamados de **Pequena Idade do Gelo**. A Pequena Idade do Gelo teve grandes impactos sobre as civilizações, desde o fim dos assentamentos *vikings* na Groenlândia, que foram estabelecidos durante o período medieval quente, ao abandono da região do Planalto do Colorado pelas culturas Anasazi. Um ponto importante que devemos lembrar é que, com exceção do intervalo de frio que começou com a erupção de Santorini, os estudiosos não sabem quais variáveis mudaram para causar cada uma dessas grandes flutuações climáticas.

■ **FIGURA 8.26** Com raras exceções, as camadas de gelo no cume de altas montanhas estão diminuindo. Esta geleira no Parque Nacional e Reserva da Baía Glacier no Alasca, está encolhendo há 200 anos. De fato, nos últimos 70 anos a geleira retraiu 610 metros e afinou em 244 metros. Perceba a linha na parede à esquerda do vale, que marca a extensão da geleira, espessura e altura na década de 1940.
Como as geleiras que estão derretendo podem se tornar um problema?

Prevendo o futuro

Numerosas tentativas de simular as variáveis que afetam o clima foram feitas. *Modelos de circulação geral* (GCMs) são complexas simulações em computador com base nas relações entre clima e variáveis climáticas discutidas ao longo deste livro: ângulos do Sol, temperatura, taxas de evaporação, efeitos da continentalidade, transferências de energia e assim por diante. A complexidade e a utilidade dos GCMs vêm aumentando rapidamente. Eles parecem fazer um bom trabalho em prever como as condições mudarão em regiões específicas conforme a atmosfera da Terra aquece ou esfria, proporcionando novas ideias sobre como algumas variáveis climáticas interagem. No entanto, os GCMs não são infalíveis. Simulações de programas de computador diferentes muitas vezes variam significativamente e só podem fornecer estimativas meticulosamente documentadas do clima no futuro.

Com base no registro das mudanças climáticas durante o passado, apenas uma conclusão pode ser feita sobre o clima futuro: ele vai mudar. Olhando para o futuro distante, os ciclos de Milankovitch indicam que outro ciclo glacial está a caminho. O resfriamento mais acentuado deve ocorrer entre 3 mil e 7 mil anos, a partir de agora. No curto prazo, a continuação do aquecimento global é mais provável. O aumento de gases de efeito estufa, como dióxido de carbono e metano, a destruição generalizada da vegetação e os ciclos de *feedback* que serão provavelmente o resultado destas mudanças estão fadados a aumentar a temperatura média global num futuro previsível. Um aumento médio global de 1 °C (aproximadamente 2 °F) seria equivalente à mudança que ocorreu desde o fim da Pequena Idade do Gelo, por volta de 1850. Um aquecimento de 2 °C seria maior que qualquer acontecimento no Holoceno, incluindo seu ótimo climático. Já 3 °C de aquecimento seria superior a qualquer aumento já ocorrido no último milhão de anos. As estimativas atuais e os GCMs de maior confiança preveem um aquecimento de 1 °C a -3,5 °C (2 °F-6 °F) no século XXI.

Nem todas as áreas na Terra serão afetadas igualmente. Um dos efeitos mais importantes esperado é um ciclo hidrológico mais vigoroso, impulsionado em grande parte pelo aumento da evaporação do oceano. Chuvas intensas serão mais prováveis em muitas regiões, assim como secas em outras regiões, como as Grandes Planícies. As temperaturas devem subir mais nas regiões polares, principalmente durante os meses de inverno. Como resultado do aquecimento, o nível do mar subirá por causa do degelo de parte das calotas polares e da expansão térmica da água dos oceanos. Em 2100, o nível do mar medirá aproximadamente de 15 a 95 centímetros (0,5-3,1 pés) a mais que hoje. Além disso, o alcance das doenças tropicais poderá expandir em direção a latitudes mais altas, a linha das árvores subirá e o manto de gelo de muitos cumes continuará a regredir ou desaparecerá (■ Figura 8.26).

Aquecimento global

Atualmente, as preocupações sobre as mudanças climáticas são veiculadas em todos os lugares, em programas de televisão, filmes e outras mídias. Cientistas, ambientalistas, políticos e celebridades estão falando sobre o aquecimento global. Onze dos 12 anos mais quentes já registrados ocorreram desde 1995; e nos anos seguintes, muitas vezes se estabeleceu um novo recorde. As médias anuais das temperaturas globais aumentaram entre 0,3 °C e 0,6 °C (0,5 °F-1,1 °F) e o nível do mar subiu entre 10 e 25 centímetros (14-10 pol.) durante os últimos 100 anos. Por causa do longo tempo de permanência de muitos gases de efeito estufa (ver novamente a Figura 8.23) e a capacidade térmica dos oceanos, os cientistas atmosféricos concluíram que o aquecimento global adicional é inevitável e vai continuar no futuro próximo.

O que muitas vezes é minimizado nas discussões sobre o aquecimento global é a constatação de que os climas estão naturalmente sujeitos a alterações no futuro. Desde a última grande glaciação, que terminou há cerca de 10 mil anos, e da Pequena Idade do Gelo, há cerca de um século, o clima vem aquecendo. Há pouca controvérsia sobre essa tendência. De acordo com a pesquisa extensiva e o conjunto de dados produzidos por cientistas do clima de todo o mundo, as décadas mais recentes mostram o aquecimento das temperaturas globais num ritmo acelerado. Todavia, alguma controvérsia surge quando se tenta estabelecer as principais causas do recente aquecimento global e o grau em que os seres humanos estão envolvidos. Seriam as atividades humanas totalmente responsáveis ou, apesar de suas atividades serem cada vez maiores, a tendência ascendente das temperaturas globais é causada por processos naturais? Até que ponto os seres humanos podem diminuir a tendência de aumento das temperaturas? Felizmente, especialistas internacionais vêm buscando respostas para essas perguntas.

Num esforço para entender melhor o aquecimento global, incluindo seus fatores causais, bem como seu impacto atual e futuro, as Nações Unidas e o Painel Intergovernamental sobre Mudanças Climáticas (IPCC) têm cooperado para reunir o máximo de informações e dados relevantes possível. O IPCC é um grupo mundial formado por cientistas ilustres que estudam fatores atmosféricos. Em 2007, após anos de pesquisa e estudo com mais de 800 cientistas do clima de 130 países envolvidos, uma série de relatórios

■ **FIGURA 8.27** Baseado nos melhores modelos para avaliação de mudanças climáticas globais disponíveis, o Painel Intergovernamental sobre Mudanças Climáticas afirma que apenas os modelos que incluem crescente liberação de gases causadores do efeito pelo ser humano (em rosa) acertam as tendências de temperatura observadas ao longo do último século (em linhas pretas). Os tons em azul estimam como seriam as variações de temperatura sem o impacto humano no aquecimento global.
Em que continente a temperatura observada flutuou mais neste intervalo de tempo? E onde foi observada a menor flutuação?

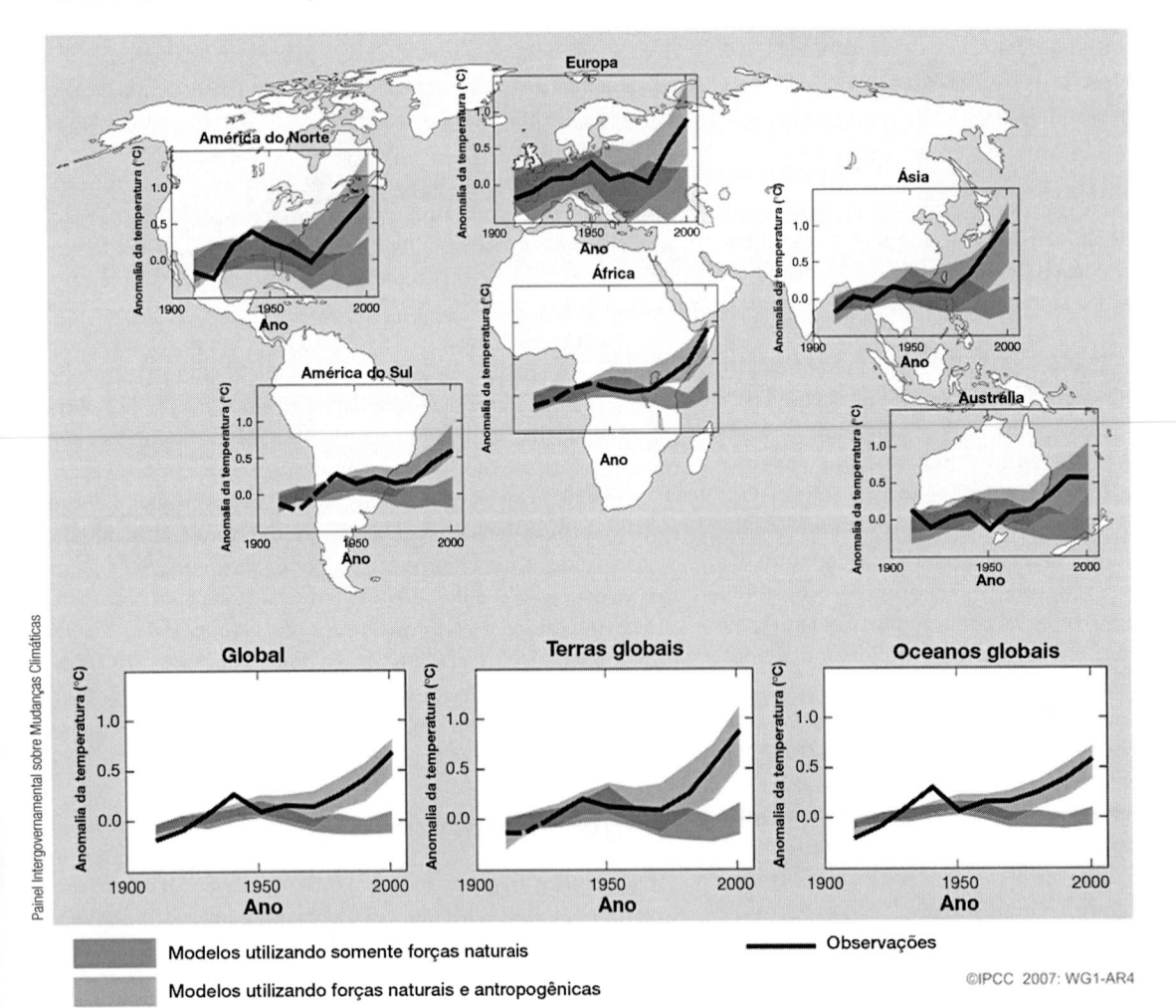

detalhados sobre o aquecimento global foi lançada. Esses cientistas estudaram várias linhas de evidências em todo o mundo, de anéis de árvores a testemunhos de gelo, para entender o recuo das geleiras e o nível do mar, as mudanças na atmosfera e as mudanças nos fenômenos meteorológicos. Além disso, eles cuidadosamente consideraram as possíveis influências de ambos nos processos naturais e nas atividades humanas. A conclusão do IPCC é que é *muito provável* (> 90% de probabilidade) que as emissões *antropogênicas* de gases de efeito estufa (induzidas pelo homem) têm causado "... a maior parte do aumento observado nas temperaturas médias globais desde meados do século XX". Eles também afirmam que, nos últimos 50 anos, a influência do Sol sobre a Terra e a atividade vulcânica *provavelmente* teriam causado uma tendência de arrefecimento. Os resultados dos modelos de computador gerados pelo IPCC mostram que as temperaturas observadas têm aumentado nos últimos 100 anos, em comparação com o impacto previsto das influências naturais sozinhas e com uma combinação de fatores humanos e naturais. O resultado que mais se encaixa é o que inclui a influência humana no aquecimento global (■ Figura 8.27).

O IPCC resumiu suas descobertas da seguinte forma: "Hoje, o tempo para dúvidas já passou. O IPCC afirmou de forma inequívoca que o aquecimento do nosso sistema climático está diretamente ligado às atividades do homem". O IPCC passou a afirmar que lidar com as mudanças ambientais associadas ao aquecimento global e/ou trabalhar para minimizar os impactos humanos sobre a mudança climática será uma preocupação importante em todo o mundo nos próximos anos.

Determinar uma ação adequada com base nestes resultados pode ser complicado. Se os seres humanos esperam parar ou reduzir a taxa de aquecimento global e retornar ou manter um ótimo climático, consensos devem ser construídos diante de algumas questões importantes. Por exemplo, qual é o clima ideal e quem decide quais os níveis de temperatura e precipitação que constituem um ótimo climático? Além disso, o impacto do aquecimento global e, de fato, de todas as grandes mudanças climáticas sempre varia entre diferentes localizações geográficas e regiões climáticas (ver novamente a Figura 8.27). Com a grande variedade de ambientes na Terra, algumas regiões geográficas se beneficiariam de um clima mais quente e outras áreas arcariam com os impactos negativos significativos (por exemplo, as regiões litorâneas densamente povoadas com o aumento do nível do mar). Não é possível de ajustar a nossa atmosfera tão facilmente como podemos ajustar um termostato em nossas casas.

Não somos capazes de encontrar respostas para todas as nossas perguntas ou garantir condições climáticas desejáveis no futuro, mas também não podemos ficar parados e ignorar as nossas responsabilidades como agentes humanos do planeta Terra. Há agora pouca dúvida de que as recomendações a seguir são de alta prioridade. Na medida do possível, as nações do mundo devem dedicar pesquisa e recursos monetários significativos para:

(1) O desenvolvimento de fontes alternativas de energia. Sejam quais forem os efeitos da queima de combustíveis fósseis na temperatura global, eles também poluem o ar que respiramos, tornando-se perigoso para a saúde humana. Energia da radiação solar, eólica, calor de geotérmicas, marés, biocombustíveis, geração hidrelétrica e mesmo reatores nucleares ajudam a manter o ambiente mais limpo para as gerações futuras.

(2) O controle ou o melhor gerenciamento do nosso consumo de energia. Com a crescente população humana, os altos índices de consumo dos países desenvolvidos e o avanço da industrialização nos países em desenvolvimento, as demandas de energia estão aumentando e continuarão crescendo no futuro. A quantidade de energia que utilizamos e como podemos economizá-la devem ser as principais considerações.

(3) A reciclagem do lixo. Atualmente, as populações estão consumindo os recursos não renováveis a taxas que não podem ser sustentadas. Recursos reciclados aliviarão a pressão sobre aqueles que estão desaparecendo a uma taxa tão rápida e pouparão a energia necessária para criar novos recursos.

(4) O controle do desmatamento. Este processo destrutivo deve ser restrito em todos os lugares do mundo. A vegetação de floresta é um agente primário na remoção de CO_2 da atmosfera através da fotossíntese.

Uma das poucas coisas que todos os seres humanos têm em comum, independentemente de idade, sexo, etnia, religião ou nacionalidade, é que todos nós ocupamos a Terra juntos. É nossa responsabilidade cuidar do planeta que nos sustenta. Devemos cuidar bem do nosso planeta para os nossos descendentes e para as gerações futuras.

:: Termos para revisão

análise de isótopos de oxigênio
aquecimento global
aspecto de declive
asteroides
ciclo de excentricidade
ciclo de obliquidade
ciclo de precessão
clima continental úmido
  com verão ameno
clima continental úmido
  com verão quente

clima de calota polar
clima subártico
clima tundra
cometas
exposição
floresta boreal
gás de efeito estufa
glaciação
linha das árvores
linha de neve
microtérmicos

muskeg
ótimo climático
  (hipsotérmico ou ou altitérmico)
pequena idade do gelo
permafrost
solo poligonal
taiga
tundra

:: Questões para revisão

1. Explique por que os climas microtérmicos são limitados ao Hemisfério Norte.
2. Liste várias características que todos os climas úmidos microtérmicos têm em comum.
3. Que fatores limitam a precipitação nas regiões subárticas?
4. Identificar e comparar os fatores climáticos que influenciam fortemente a tundra e as regiões de calota polar. Como esses fatores afetam o controle da distribuição desses climas?
5. Que tipo de vida vegetal e animal pode sobreviver nos climas polares? Quais são as adaptações especiais para sobreviver às duras condições dessas regiões?
6. Como a elevação, a exposição e o declive afetam os microclimas das regiões de altas altitudes? Quais são as principais diferenças climáticas entre as regiões de altas montanhas e planícies próximas?
7. Como os cientistas foram capazes de documentar as rápidas mudanças de climas que ocorreram durante a última parte do Pleistoceno?
8. Quais são as principais possíveis causas da mudança do clima global?
9. Que efeitos as mudanças nas quantidades de CO_2 e outros gases de efeito estufa podem causar à atmosfera e à temperatura global? Como as alterações em quantidades de CO_2 passadas podem ser determinadas?
10. Que mudanças podem ocorrer em grandes subsistemas da Terra se o aquecimento global continuar em curto prazo, como a maioria dos cientistas acredita?

:: Aplicações práticas

1. De acordo com o esquema de classificação apresentado no Apêndice C, classifique as estações climáticas com base nos dados fornecidos.

	J	F	M	A	M	J	J	A	S	O	N	D	Ano
a. Temp. (°C)	−42	−27	−40	−31	−20	15	−11	−18	−22	−36	−43	−39	−30
Precip. (cm)	0,3	0,3	0,5	0,3	0,5	0,8	2,0	1,8	0,8	0,3	0,8	0,5	8,6
b. Temp. (°C)	−27	−28	−26	−18	−8	1	4	3	−1	−8	−18	−24	−12
Precip. (cm)	0,5	0,5	0,3	0,3	0,3	1,0	2,0	2,3	1,5	1,3	0,5	0,5	10,9
c. Temp. (°C)	−4	−2	5	14	20	24	26	25	20	13	3	−2	12
Precip. (cm)	0,5	0,5	0,8	1,8	3,6	7,9	24,4	14,2	5,8	1,5	1,0	0,3	62,2
d. Temp. (°C)	−3	−2	2	9	16	21	24	23	19	13	4	−2	11
Precip. (cm)	4,8	4,1	6,9	7,6	9,4	10,4	8,6	8,1	6,9	7,1	5,6	4,8	84,8
e. Temp. (°C)	0	0	4	9	16	21	24	23	20	14	8	2	12
Precip. (cm)	8,1	7,4	10,7	8,9	9,4	8,6	10,2	12,7	10,7	8,1	8,9	8,1	111,5

2. Os dados na tabela anterior representam as seguintes cinco localidades, embora não nesta ordem: Pequim, na China; Point Barrow, no Alasca; em Chicago, Illinois, Eismitte, na Groenlândia; em Nova York. Use um mapa-múndi ou um atlas e seu conhecimento de climas para combinar os dados climáticos com os locais.
3. Chicago e Nova York estão localizadas dentro de uma latitude a poucos graus uma da outra, mas elas representam dois climas diferentes. Discuta suas diferenças e identifique a causa primária, ou fonte, delas.
4. A precipitação registrada em Albuquerque, Novo México (veja Aplicações práticas, capítulo 7), é quase o dobro da registrada em Point Barrow, no Alasca, mas em Albuquerque é considerado um clima seco e Point Barrow o clima é úmido. Por quê?

Biogeografia e solos

9

:: Apresentação

Ecossistemas

Sucessão e comunidades clímax

Controles ambientais

Solos e desenvolvimento do solo

Fatores que afetam a formação do solo

Regimes de formação de solo e classificação

Ecossistemas e solos: recursos naturais críticos

O ambiente vivo na superfície e o solo abaixo dele são interdependentes e intrinsecamente ligados – as características de um influenciam nas características do outro.

Serviço de Conservação de Recursos Naturais

:: Objetivos

Ao terminar de estudar este capítulo, você será capaz de:

- Definir os quatro maiores componentes de um ecossistema e explicar sua interdependência.
- Reconhecer que outros controles ambientais podem ser mais importantes em escala local, embora o clima tenha maior influência sobre os ecossistemas em nível global.
- Explicar como a vegetação se estabelece em áreas estéreis ou devastadas e citar um exemplo dos passos para sucessão vegetal.
- Dar exemplos de como as plantas, os animais e o ambiente em que eles vivem são interdependentes, cada um afetando os demais.
- Citar fatores climáticos que tenham o maior efeito em plantas e animais e sintetizar a natureza desses impactos climáticos.
- Descrever os principais componentes de um solo e como eles variam para produzir diferentes tipos de solos.
- Discutir o papel da água nos processos do solo e como diferentes quantidades de água disponível no solo podem afetar o crescimento da vegetação.
- Entender os fatores que determinam a formação, o desenvolvimento e a fertilidade de um solo, incluindo o papel da vegetação.
- Explicar por que os solos estão entre os recursos mais críticos do mundo e a necessidade de práticas efetivas de conservação dele.
- Citar algumas razões pelas quais os seres humanos afetam os ecossistemas e os solos mais do que todas as outras formas de vida e indicar alguns exemplos dos principais impactos.

Biogeografia é o estudo de como os fatores ambientais afetam a localização, a distribuição e os processos de vida de plantas e animais. Basicamente, esta disciplina busca explicações para a geografia de formas de vida. Biogeógrafos delineiam as fronteiras espaciais de ecossistemas e investigam como e por que características ambientais mudam espacialmente ao longo do tempo. Os solos estão intimamente relacionados a fatores que também influenciam a biogeografia de uma área. As características de um solo refletem nas interações entre clima, vegetação, pedras, minerais e fauna em sua localização. Também na superfície ou abaixo dos solos se proliferam os organismos vivos.

As relações e interações entre as diferentes regiões climáticas, seus biomas vegetais associados e certos solos foram apresentadas nos capítulos 7 e 8. Neste capítulo, examinaremos mais de perto a biogeografia e a natureza dos solos.

Ecossistemas

O termo **ecossistema** refere-se a uma comunidade de organismos que ocupam uma determinada área e as relações de interdependência – entre si e com o ambiente – que permitem que eles prosperem (■ Figura 9.1). Em geral, os ecossistemas são estudados local ou regionalmente, mas o sistema terrestre (a ecosfera) também funciona como um ecossistema. Quando fazendeiros plantam as culturas, utilizam fertilizantes, controles de ervas daninhas e pulverizam inseticidas, novos ecossistemas (embora artificiais) são criados. Apesar das alterações ambientais causadas pelas atividades humanas, plantas e animais que conseguem se adaptar ainda viverão em relações de interdependência com o solo, a chuva, as temperaturas, a luz solar e outras características do ambiente físico.

Os ecossistemas são *sistemas abertos*, com o movimento tanto da energia quanto dos materiais dentro e fora desses sistemas. Os ecossistemas não estão isolados na natureza, mas normal e intimamente relacionados com os ecossistemas próximos. Além disso, eles estão integrados com os maiores, dos quais fazem parte. O conceito de ecossistema é um bom modelo para examinar a estrutura e a função da vida na Terra.

Componentes principais

Apesar da grande variedade de ecossistemas na Terra, o ecossistema típico tem quatro componentes básicos (■ Figura 9.2). O primeiro é a parte dos não vivos, ou **abióticos**, do sistema. Este é o ambiente físico em que as plantas e os animais do sistema vivem. Em um ecossistema terrestre, o componente abiótico oferece elementos de apoio à vida e compostos no solo, nas águas subterrâneas e na atmosfera.

O segundo componente de um ecossistema consiste nos **produtores** de base, ou *autótrofos* (que significa

■ **FIGURA 9.1** Esse ecossistema de montanhas em Utah demonstra a relação de proximidade entre organismos vivos e seu ambiente não vivo.
Por que pode ser difícil para um biogeógrafo determinar as fronteiras para esse ecossistema?

Energia solar

- (A) Autótrofos (fotossíntese)
- (C) Carnívoros
- (D) Detritívoros/Decompositores
- (H) Herbívoros

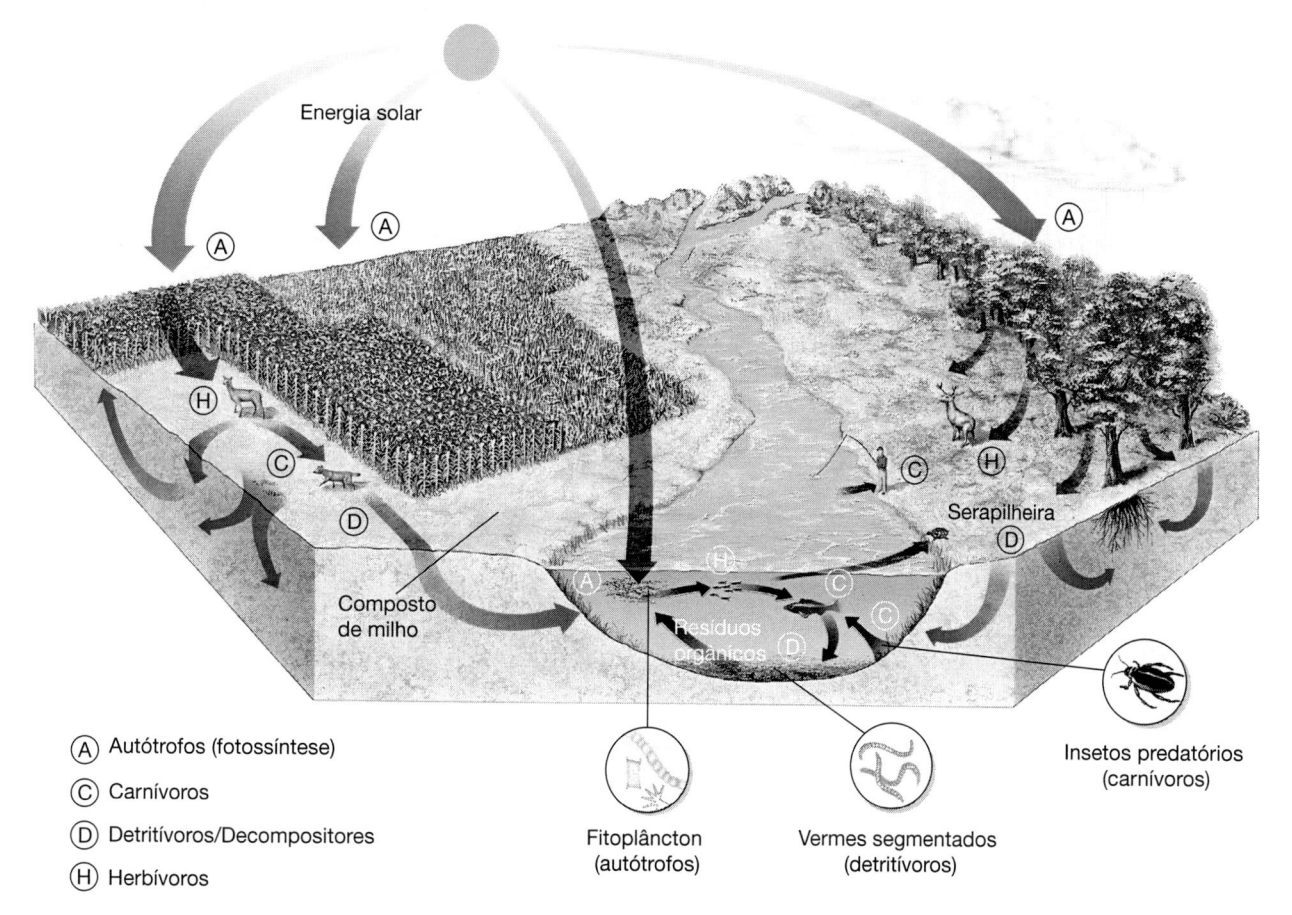

Composto de milho
Serapilheira
Resíduos orgânicos
Fitoplâncton (autótrofos)
Vermes segmentados (detritívoros)
Insetos predatórios (carnívoros)

■ **FIGURA 9.2** Ecossistemas ilustram claramente a interdependência das variáveis nos sistemas, especialmente as relações de proximidade entre componentes vivos do sistema (biosfera) e componentes não vivos ou abióticos nos sistemas (a atmosfera, a hidrosfera e a litosfera).
Que exemplos de produtor, consumidor e decompositor existem nessa imagem?

"autoalimentados"). Plantas são importantes autótrofos, porque por meio da fotossíntese elas conseguem usar a energia solar para converter água e dióxido de carbono em moléculas orgânicas. Os açúcares, gorduras e proteínas produzidos pelas plantas por meio da fotossíntese fornecem o alimento que permite outras formas de vida. Algumas bactérias também são capazes de fazer fotossíntese; e alguns organismos que habitam em fontes hidrotermais no fundo do mar e são dependentes de enxofre são classificados como autótrofos.

O terceiro componente da maioria dos ecossistemas consiste nos **consumidores** ou *heterótrofos* (que significa "nutridos por outro"). São os animais que sobrevivem comendo plantas ou outros animais. **Herbívoros** comem apenas plantas, **carnívoros** comem outros animais e **onívoros** se alimentam tanto de plantas quanto de animais. Os animais contribuem para o ecossistema da Terra de várias maneiras. Eles usam oxigênio na respiração e expiram dióxido de carbono, que é necessário para a fotossíntese das plantas. Além disso, os animais influenciam o desenvolvimento do solo pelo escavamento e compressão, e essas atividades afetam também a distribuição local das plantas.

Sem o quarto componente dos ecossistemas, os decompositores, o crescimento das plantas poderia ser interrompido.

Os **decompositores**, ou **detritívoros**, alimentam-se de plantas e animais mortos, promovendo a diminuição e o retorno ao solo e aos corpos de água dos nutrientes minerais que as plantas podem utilizar.

Estrutura trófica

Os componentes vivos de um ecossistema são organizados pela sequência de seus hábitos alimentares. Os herbívoros comem plantas, os carnívoros podem comer os herbívoros ou outros carnívoros, e os decompositores se alimentam de plantas, animais mortos e produtos de seus resíduos. Essa sequência dos níveis alimentares é conhecida como **cadeia alimentar**, e os organismos são identificados pelo seu **nível trófico**, ou seja, o número de etapas para serem removidos dos produtores (■ Figura 9.3). Plantas ocupam o primeiro nível trófico, herbívoros ocupam o segundo, carnívoros que se alimentam de herbívoros, o terceiro, e assim sucessivamente até o último nível, dos decompositores. Onívoros podem pertencer a vários níveis tróficos porque comem plantas e animais. A cadeia alimentar mais simples incluiria apenas plantas e decompositores. Cadeias alimentares mais complexas podem ter seis ou mais níveis quando carnívoros se alimentam de outros

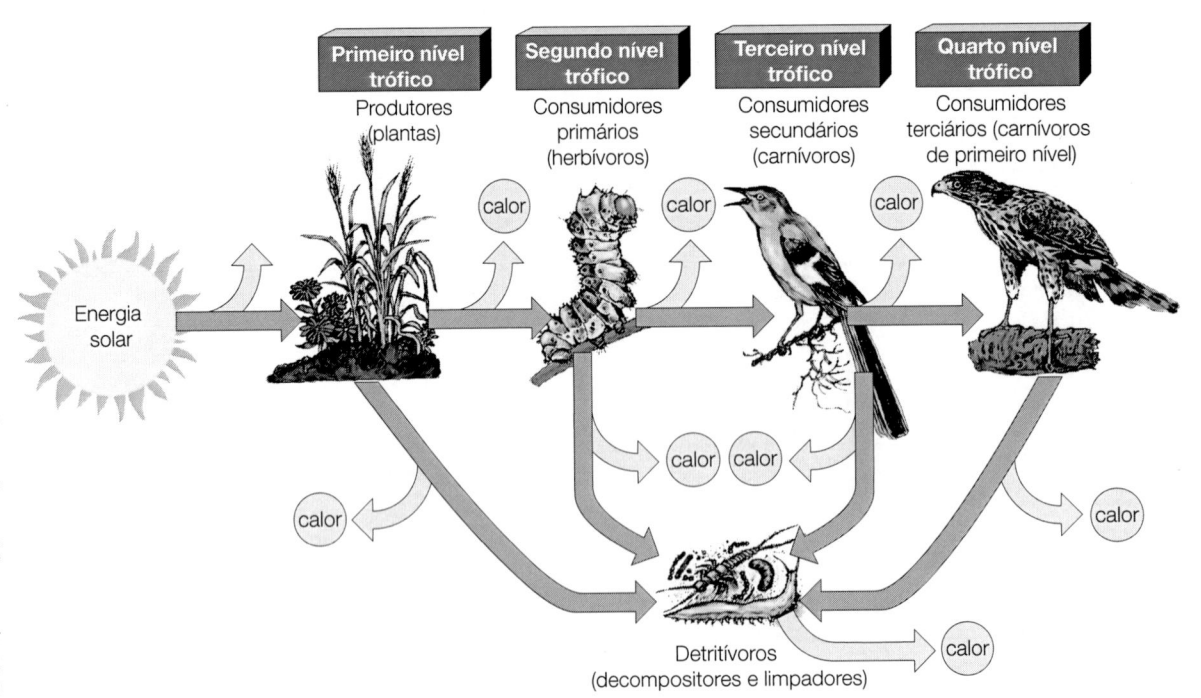

■ **FIGURA 9.3** Estes níveis tróficos em um exemplo ecológico ilustram a dependência entre os mais altos e todos os níveis tróficos mais baixos em sua cadeia alimentar.
Trace uma estrutura trófica, entre os quatro níveis tróficos, que existe na área onde você vive.

carnívoros – por exemplo, zooplâncton comem plantas, pequenos peixes comem zooplâncton, peixes maiores comem os peixes pequenos, ursos comem os peixes maiores, e os decompositores consomem o urso após sua morte.

Na verdade, a maioria das cadeias alimentares não opera em uma sequência linear simples, ela se sobrepõe e interage para formar uma rede de alimentação dentro de um ecossistema, chamada *teia alimentar*. As cadeias e teias alimentares podem ser usadas para rastrear o movimento de alimentos e a energia de um nível para outro em um ecossistema.

Alguns biólogos e ecologistas consideram útil separar a estrutura trófica em *ciclos de nutrientes* específicos. Existem vários desses ciclos que ajudam a explicar as rotas dos nutrientes pelos ecossistemas. Ciclos particularmente importantes têm sido desenvolvidos para água, carbono, nitrogênio e oxigênio. É essencial ter conhecimento de química dos ciclos de nutrientes para compreender o fluxo de energia nos ecossistemas. Partes dos ciclos de oxigênio e de carbono, bem como do ciclo da água (hidrológico), foram discutidas nos capítulos anteriores.
■ A Figura 9.4 é um diagrama resumido que ilustra os principais processos envolvidos nesses ciclos.

Fluxo de energia e biomassa

A luz solar fornece energia para um ecossistema, que é usada pelas plantas na fotossíntese e a energia é armazenada na matéria orgânica de plantas e animais. A quantidade total de matéria viva em um ecossistema é chamada **biomassa**. Como a energia de um ecossistema é armazenada na biomassa, os cientistas medem a biomassa de cada nível trófico para rastrear o fluxo de energia através do sistema. A segunda lei da termodinâmica afirma que sempre que a energia é transformada de um estado para outro, haverá uma perda de energia através do calor. Quando um organismo de um nível trófico se alimenta de outro organismo, nem toda a energia dos alimentos é utilizada – parte se perde do sistema (ver Figura 9.3 novamente). A energia adicional é perdida com a respiração e o movimento. Conforme a energia flui de um nível trófico para o próximo, a biomassa diminui sucessivamente por causa dessa perda de energia entre os níveis tróficos (■ Figura 9.5). Em cada nível trófico superior, uma quantidade maior de energia é necessária. Um cervo pode pastar em uma área limitada, mas o lobo que se alimenta dele precisa caçar em um território muito maior. Conforme o fluxo de energia diminui a cada nível trófico sucessivo, a biomassa também diminui. Este princípio também se aplica à agricultura. Existe muito mais biomassa (e energia alimentar) disponível em um campo de milho que há no gado que come o milho.

Produtividade

A produtividade é definida como a taxa pela qual o material orgânico é criado em um nível trófico particular. **Produtividade primária** refere-se à formação de nova matéria orgânica pelos produtores, por meio da fotossíntese. **Produtividade secundária** refere-se à taxa de formação de material orgânico novo no nível do consumidor.

Produtividade primária
A fotossíntese requer luz solar, que varia largamente por efeitos latitudinais nas horas do dia e nos ângulos do Sol. A fotossíntese também é afetada por umidade do solo, temperatura, disponibilidade de nutrientes, teores

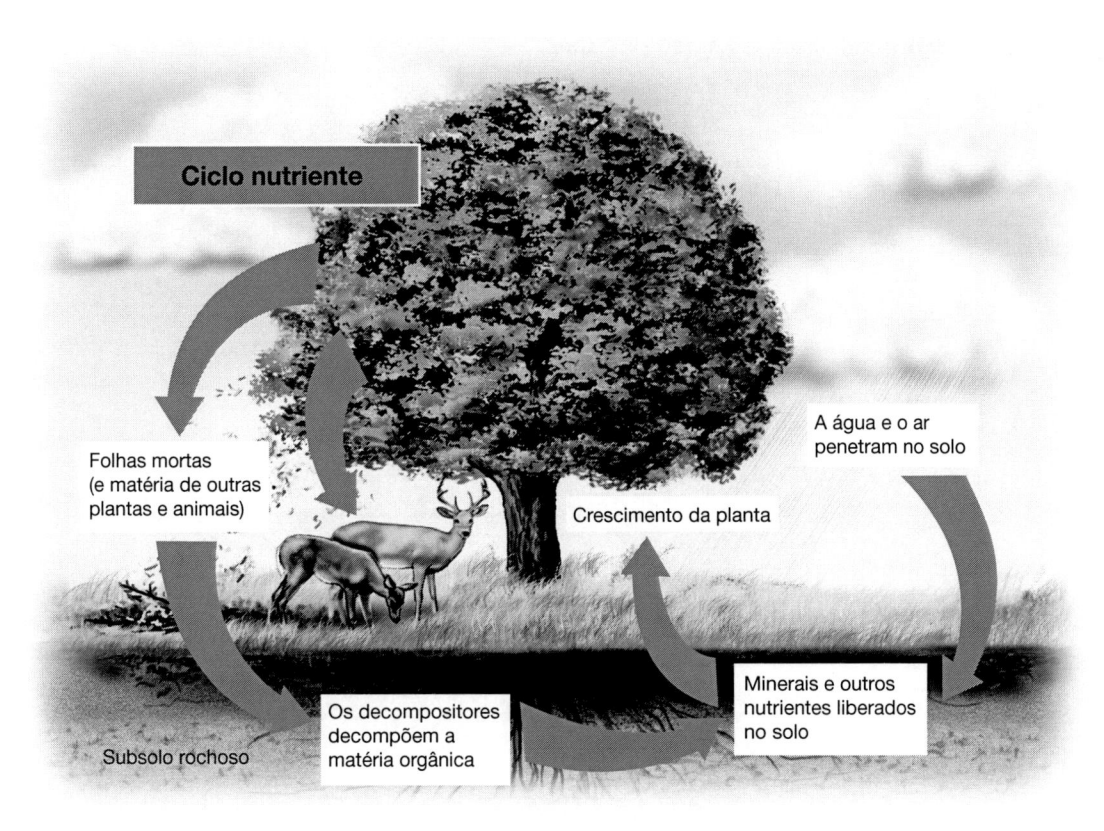

■ **FIGURA 9.4** Este diagrama simplificado mostra os processos usados por ciclos de nutrientes para viajar através de um ecossistema.
Que tipos de processos estão acontecendo embaixo da superfície do solo?

■ **FIGURA 9.5** Pirâmides tróficas que mostram a biomassa de organismos em vários níveis tróficos em dois ecossistemas contrastantes. Níveis tróficos aumentam em direção ao topo das pirâmides. O peso seco é usado para medir a biomassa porque a proporção de água em relação à massa total difere de um organismo para outro.
Como você pode explicar a perda excepcionalmente grande de biomassa entre o primeiro e o segundo nível trófico do ecossistema de floresta tropical?

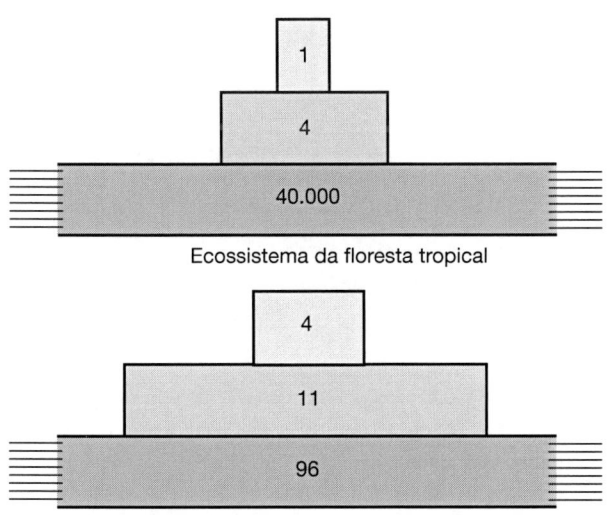

Ecossistema da floresta tropical (1, 4, 40.000)

Ecossistema de água doce em latitude média (4, 11, 96)

Biomassa expressa como peso seco (g/m^2)

de dióxido de carbono na atmosfera, idade e espécie de cada planta.

A maioria dos estudos de produtividade em ecossistemas se preocupa com a medição da biomassa líquida no nível do produtor. A produtividade principal primária líquida anual da ecosfera é enorme, estimada em cerca de 170 bilhões de toneladas de matéria orgânica. Mesmo que os oceanos cubram aproximadamente 70% da superfície terrestre, perto de dois terços da produtividade líquida anual provêm de ecossistemas terrestres e um terço vem de ecossistemas marinhos.

Impactos latitudinais sobre a fotossíntese resultam em uma sensível diminuição na produtividade dos ecossistemas terrestres tropicais em relação à do meio e latitudes mais altas. A Tabela 9.1 ilustra a ampla gama de produtividade primária líquida exibida por diversos ecossistemas. Hoje, os satélites monitoram a produtividade biológica da Terra e trazem uma perspectiva global sobre nossa biosfera (■ Figura 9.6).

As razões para as diferenças entre os sistemas aquáticos ou controlados por água não são tão aparentes. Pântanos e brejos são bem providos de nutrientes de plantas e por isso possuem uma biomassa relativamente grande no primeiro nível trófico. A profundidade da água tem um grande impacto sobre os ecossistemas do oceano, porque a maioria dos nutrientes no oceano aberto desce até o fundo, para profundidades onde a luz solar não consegue alcançar, tornando, portanto, a fotossíntese impossível. Os ecossistemas marinhos mais produtivos são encontrados em águas que recebem luz do Sol, águas rasas dos estuários,

TABELA 9.1
Produtividade primária líquida dos ecossistemas selecionados

	Produtividade primária líquida, em g/m² por ano	
Tipo de ecossistema	Faixa normal	Média
Floresta tropical	1.000–3.500	2.200
Floresta perene de média latitude	600–2.500	1.300
Floresta decídua de média latitude	600–2.500	1.200
Floresta boreal (taiga)	400–2.000	800
Bosque e matagal	250–1.200	700
Savana	200–2.000	900
Pradaria de média latitude	200–1.500	600
Tundra e alpino	10–400	140
Deserto e arbustos de semideserto	10–250	90
Deserto extremo, rocha, areia e gelo	0–10	3
Terra cultivada	100–3.500	650
Pântano e brejo	800–3.500	2.000
Lago e córrego	100–1.500	250
Leitos de algas e recifes	500–4.000	2.500
Estuários	200–3.500	1.500

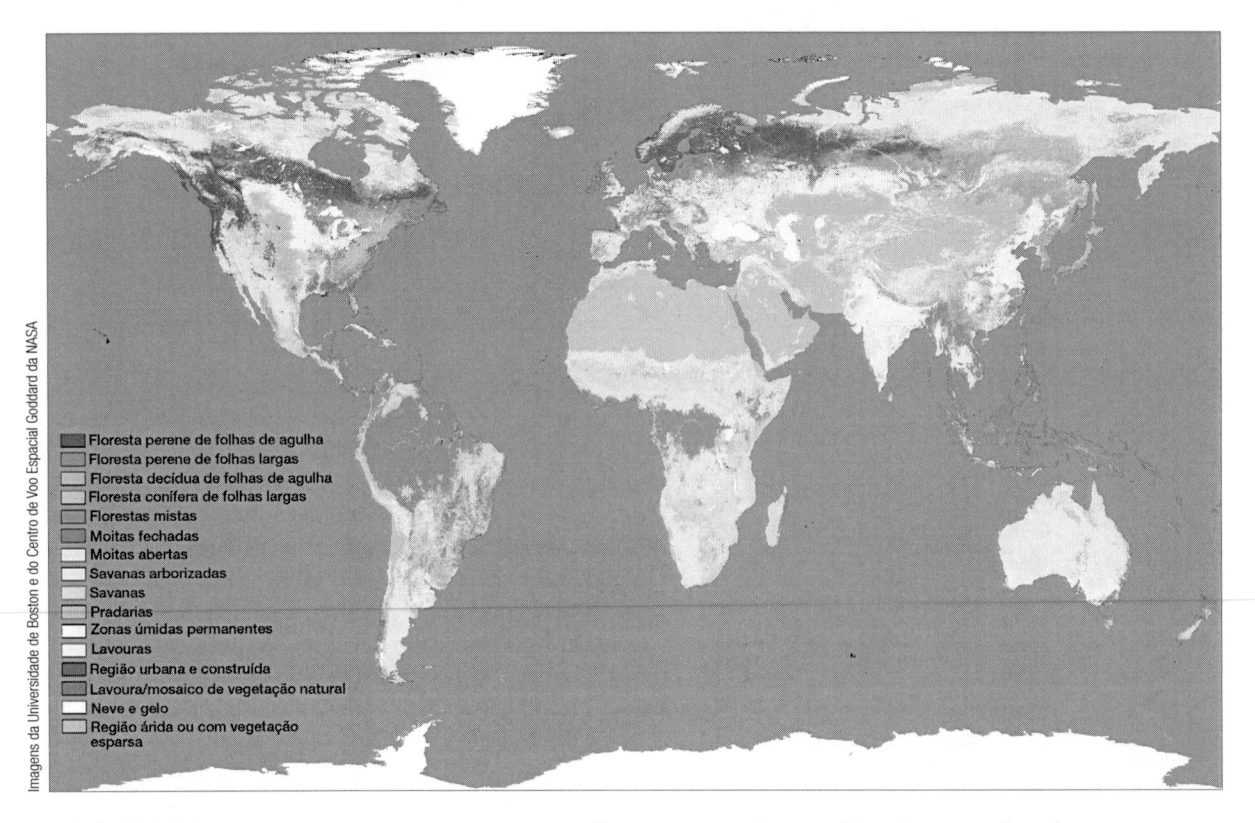

■ **FIGURA 9.6** Observações ambientais feitas por satélite representando os padrões de vegetação pelo mundo por meio de uma escala de cor. Compare esta imagem com o mapa-múndi de vegetação natural na Figura 7.7. As imagens em cores estão disponíveis na página deste livro no site da Cengage.
Qual cor deste mapa representa vegetação desértica?

plataformas continentais e recifes de coral, bem como em áreas onde o movimento do oceano transporta os nutrientes para mais perto da superfície.

Alguns ecossistemas agrícolas (artificiais) podem ser bastante produtivos se comparados com os ecossistemas naturais que eles substituíram. Isso acontece principalmente nas latitudes mais quentes, onde fazendeiros podem cultivar dois ou mais tipos de culturas por ano, ou em terras áridas, nas quais a irrigação fornece a água para o crescimento.

Contudo, a Tabela 9.1 indica que a produtividade média para terras cultivadas não se aproxima daquela de áreas florestadas e é apenas similar à de pastagens de meia latitude. A maioria dos estudos mostra que os ecossistemas agrícolas são significativamente menos produtivos que os sistemas naturais em um mesmo ambiente.

Produtividade secundária

A produtividade secundária resulta da transformação de materiais vegetais em substâncias de origem animal. Temos observado que a eficiência ecológica – a taxa de transferência de energia de um nível trófico para outro – é baixa. Obviamente ela exige uma biomassa enorme no nível do produtor, para suportar que um animal coma apenas carne.

■ **FIGURA 9.7** Os triângulos ilustram as vantagens de uma dieta vegetariana à medida que o mundo tem um rápido crescimento populacional. O fato de os seres humanos serem onívoros e poderem escolher se alimentar de produtos derivados de grãos é positivo. Se convertidos em carne, os mesmos 1.350 quilogramas de grão sustentam apenas uma pessoa, mas sustentam 22 pessoas se o gado ou outros animais forem omitidos da cadeia alimentar.
Em que áreas do mundo hoje os produtos de grãos constituem quase todo o suprimento de alimento?

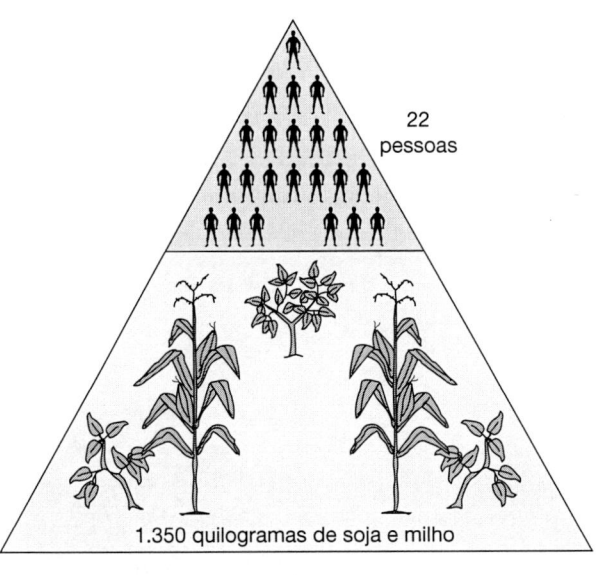

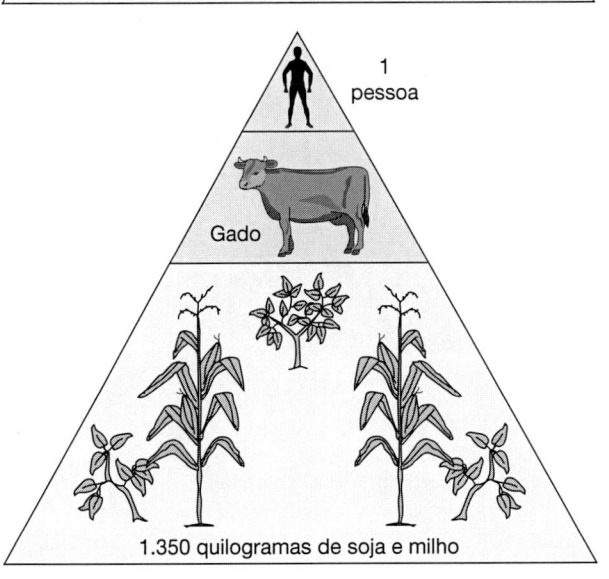

Como a população humana aumenta e a produção agrícola fica para trás, é positivo o fato de os seres humanos serem onívoros e poderem adotar uma dieta mais vegetariana (■ Figura 9.7).

Nicho ecológico

Há um número surpreendente de espécies em cada ecossistema, com exceção daqueles severamente restringidos por condições ambientais adversas. Cada organismo desempenha um papel específico no sistema e vive em um determinado local, descrito como seu **habitat**. A combinação de papel e *habitat* para uma determinada espécie é conhecida como **nicho ecológico**. Inúmeros fatores influenciam no nicho ecológico de um organismo. Algumas espécies são **generalistas** e podem sobreviver com uma grande variedade de alimentos. O urso-pardo ou marrom norte-americano, um onívoro, come frutas, mel e peixe. Em comparação, o coala australiano é um **especialista** e só come as folhas de certos eucaliptos. Especialistas se saem bem quando sua comida específica é abundante, mas eles não conseguem se adaptar a mudanças das condições ambientais. Os generalistas são maioria em grande parte dos ecossistemas, pois seu nicho ecológico mais ampliado permite a sobrevivência com fontes alternativas de alimentos.

Sucessão e comunidades clímax

Pelo menos para os ecossistemas terrestres, as associações de vegetação, que normalmente refletem as condições climáticas, distinguem um ecossistema de outro de forma mais fácil. Associações de vegetação são chamadas **comunidades vegetais**, que são associações de espécies vegetais que se adaptaram às condições ambientais existentes. Se a vegetação se desenvolve naturalmente, sem modificação humana significativa, a associação resultante é chamada *vegetação natural*. As espécies dentro de uma comunidade têm diferentes requisitos ambientais de vida em relação a fatores como luz, umidade e nutrientes minerais. Se duas espécies dentro de uma comunidade tivessem de competir pelos mesmos exatos recursos, uma acabaria por eliminar a outra.

Sucessão

Uma vez que a vegetação natural se estabelece, ela com frequência se desenvolve e modifica em uma sequência progressiva de diferentes comunidades vegetais com o passar do tempo. Este processo, chamado **sucessão vegetal**, normalmente começa com uma comunidade vegetal mais ou menos simples. Existem dois tipos principais de sucessão: a *primária* e a *secundária*. Na sucessão primária, não existe solo ou área de plantio no início. Uma comunidade *pioneira* invade uma área estéril (por exemplo, lava vulcânica, uma área anteriormente coberta por geleiras, ou uma praia estéril). Quando plantas pioneiras se estabelecem, seus processos de crescimento alteram as condições ambientais. Com o tempo, essas mudanças se tornam suficientes para permitir que uma nova comunidade vegetal (que não poderia ter sobrevivido nas condições iniciais) possa aparecer, dominar e, eventualmente, substituir a vegetação original. O processo continua sucessivamente com cada comunidade, ocasionando mudanças adicionais ao meio ambiente. A sucessão primária pode levar séculos ou mesmo alguns milhares de anos por causa das condições estéreis no começo do processo.

A sucessão secundária começa quando um processo natural, como um incêndio, tornado, ou deslizamento de terra, destrói ou danifica uma parte grande da vegetação existente. Os ecologistas se referem a este processo como a criação de *lacuna*. Mesmo depois desses danos, sementes dormentes no solo estão prontas para brotar e invadir o espaço que ficou disponível. Comparada à sucessão primária, a sucessão secundária pode ocorrer mais rapidamente.

Uma forma comum de sucessão secundária, associada com a agricultura no sudeste dos Estados Unidos, está ilustrada na ■ Figura 9.8. Depois que a agricultura cessa, plantas pioneiras como ervas daninhas e gramíneas dominam os campos. Essas plantas estabilizam o solo, adicionam matéria orgânica e produzem condições favoráveis para o crescimento de arbustos e moitas, como sassafrás, caqui e liquidâmbar. Nessa fase, o solo é enriquecido com nutrientes e matéria orgânica e aumenta sua capacidade de retenção de umidade. Essas condições incentivam o desenvolvimento de florestas de pinheiros, a próxima etapa na sucessão vegetal. Como florestas de pinheiros prosperam neste ambiente recém-criado, os pinheiros com o tempo se sobressaem e dominam as ervas daninhas, gramíneas e arbustos.

Ironicamente, o crescimento de uma floresta de pinheiros também pode levar ao seu desaparecimento. Pinheiros requerem muita luz solar para que suas sementes germinem. Ao competir com arbustos, gramíneas e ervas daninhas, há luz solar suficiente para a germinação, mas, uma vez que a floresta de pinheiros se desenvolve, a própria sombra passa a impedir o crescimento das sementes. Árvores de madeira dura, como carvalho e nogueira, cujas sementes podem germinar em condições de sombra, começam a crescer como um sub-bosque, que com o tempo irá substituir os pinheiros. Neste exemplo no sudeste dos Estados Unidos, uma sucessão completa do campo à floresta de carvalho levará cerca de 100 a 200 anos para ocorrer, se continuar sem impedimentos. Por meio da sucessão, a área pode retornar à floresta de carvalho natural que existia antes das devastações agrícolas. Em outros ecossistemas, como florestas tropicais, a sucessão, partindo do desflorestamento de volta à floresta natural, pode demorar muitos séculos.

Comunidade clímax

O conceito de sucessão vegetal foi introduzido no início do século XX, definido como um processo de passos *previsíveis* terminando com uma cobertura vegetal que permaneceria em equilíbrio ambiental, a não ser que fosse afetada por grandes mudanças climáticas ou ambientais. O resultado final em uma sucessão é chamado **comunidade clímax**. Pensava-se que

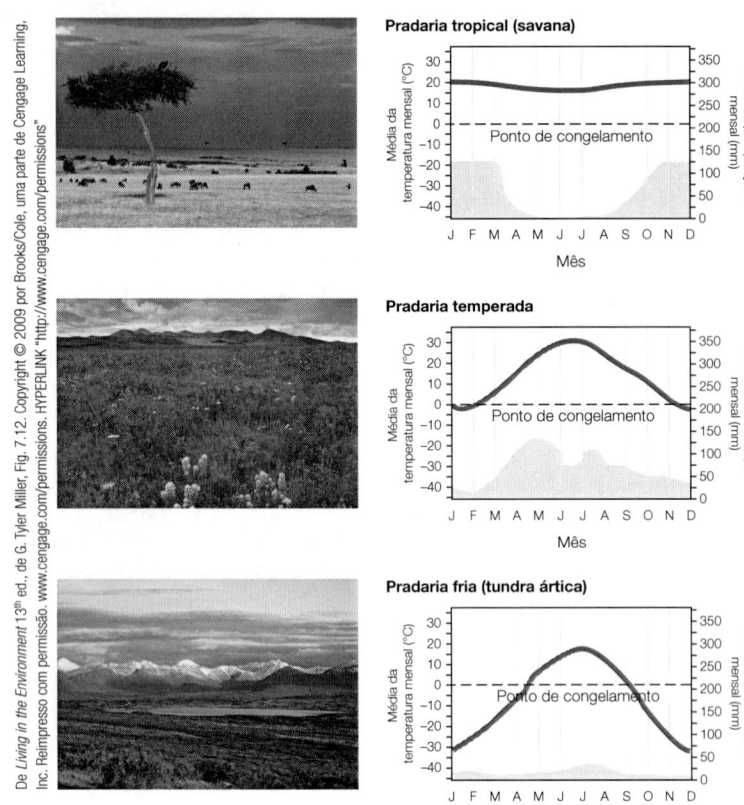

■ **FIGURA 9.8** Uma sucessão vegetal comum no sul dos Estados Unidos. Cada tipo de vegetação que sucede altera o ambiente de um modo que permite que as espécies com necessidades ambientais mais rigorosas possam se desenvolver.
Por que a sucessão vegetal seria muito diferente em outra região dos Estados Unidos?

■ **FIGURA 9.9** Uma floresta tropical na ilha de St. Croix, nas Ilhas Virgens dos Estados Unidos. Florestas tropicais são bons exemplos de uma comunidade clímax. A densa cobertura da floresta esconde o vasto número de outras espécies de árvores perenes e o piso relativamente aberto.
Como esta floresta tropical pode diferir de florestas tropicais no Pacífico noroeste dos Estados Unidos?

comunidades clímax se autoperpetuavam e estavam em um estado de equilíbrio ou estabilidade com o ambiente. Na ilustração de sucessão vegetal no sudeste dos Estados Unidos, a floresta de carvalho seria considerada a comunidade clímax. As florestas tropicais também são um bom exemplo de uma comunidade clímax (■ Figura 9.9).

A sucessão permanece como um modelo útil no estudo dos ecossistemas, mas algumas das ideias originais foram postas à prova. Por um lado, os proponentes iniciais enfatizavam uma sequência *previsível* de sucessão. Uma comunidade vegetal seguiria outra em uma ordem regular, enquanto o ecossistema mudaria ao longo do tempo. Entretanto, muitas mudanças nos ecossistemas não seguem um padrão rígido ou completamente previsível.

Hoje muitos cientistas já não acreditam que apenas um tipo de vegetação clímax é possível para cada uma das regiões climáticas importantes no mundo. Uma das diferentes comunidades clímax pode se desenvolver numa determinada área, influenciada não só pelo clima como também pelas condições locais de drenagem, nutrientes do solo, ou topografia. A natureza dinâmica do clima é agora mais bem compreendida do que era quando as teorias originais de sucessão e clímax foram desenvolvidas. No tempo que leva para as estruturas das espécies de uma comunidade vegetal se ajustarem às condições climáticas, o clima pode mudar novamente. Além disso, em razão de todo *habitat* ter uma natureza dinâmica, nenhuma comunidade clímax pode existir em equilíbrio em um ambiente indefinidamente.

Hoje, muitos biogeógrafos e ecologistas consideram as comunidades vegetais e seus ecossistemas como uma *paisagem* que é a expressão de todos os seus vários fatores ambientais funcionando juntos. Eles veem a paisagem de uma área como um **mosaico** vegetal, com peças interligadas. Em uma floresta de pinheiros, por exemplo, existem também outras plantas, e algumas áreas podem não suportar pinheiros. A área dominante do mosaico – neste caso, a floresta de pinheiro – é chamada **matriz**. Lacunas dentro da matriz, resultantes de diferentes condições de solo ou de processos humanos ou naturais, são chamadas **pedaços de terra**. Características relativamente lineares que permeiam o mosaico, incluindo recursos naturais, como rios, e criadas pelos humanos, como estradas, cercas, e linhas de energia, são chamadas **corredores** (■ Figura 9.10). Cada *habitat* é único e em permanente mudança, e as comunidades vegetais e animais resultantes precisam se ajustar constantemente a essas mudanças.

O clima é uma influência ambiental dominante e atualmente está mudando, como se modificou ao longo da história da Terra. O clima mudou em períodos de tempo relativamente curtos, por décadas e séculos e também por milênios. As alterações climáticas podem ser sutis ou, por exemplo, podem ser suficientemente drásticas para criar as idades de gelo ou períodos quentes entre eras glaciais. Comunidades vegetais e animais devem ser capazes de se adaptar às mudanças ambientais ou, então, não sobreviverão. Biogeógrafos trabalham para reconstruir as comunidades vegetais de períodos climáticos do passado, examinando evidências, tais como anéis de árvores, pólen e fósseis. Determinando como mudanças climáticas do passado afetaram os ecossistemas terrestres, os biogeógrafos esperam prever os impactos futuros que podem se desenvolver enquanto o clima continua a mudar.

Controles ambientais

Os animais e as plantas que existem em um determinado ecossistema são aqueles que foram bem-sucedidos na adaptação às condições ambientais do seu *habitat*. Todo organismo vivo requer certas condições ambientais para sobreviver. Algumas plantas podem existir em uma ampla gama de variação de temperatura, enquanto outras têm necessidades de temperatura bem restritas. Isso se refere à **faixa de tolerância** de um organismo para determinadas condições ambientais. As faixas de tolerância determinam onde uma espécie pode existir. As espécies com ampla faixa de tolerância serão as mais distribuídas. O *ótimo ecológico* refere-se às condições ambientais em que uma espécie vai prosperar. Quanto mais longe uma espécie estiver de seu ótimo ecológico ou do centro geográfico de sua comunidade vegetal ou animal, mais difíceis serão suas condições de sobrevivência. Todavia, essas mesmas condições podem ser mais favoráveis para outra espécie ou comunidade. Um **ecótono** é a sobreposição ou a zona de transição entre duas comunidades vegetais ou animais (■ Figura 9.11). Globalmente, o clima tem maior influência sobre a vegetação natural. Os principais tipos de ecossistemas terrestres, ou biomas, estão associados com certas faixas de variação de temperatura, precipitações críticas anuais ou sazonais e características de evaporação. O clima influencia os tamanhos e as formas das folhas das árvores e se essas árvores podem existir em uma região, mas em escala local outros fatores ambientais podem ser importantes. Uma faixa de tolerância de uma planta para acidez, umidade ou salinidade do solo pode ser também um determinante ambiental crítico para o crescimento ou morte de uma planta. A discussão a seguir demonstra como os principais fatores ambientais influenciam a organização e a estrutura dos ecossistemas.

■ **FIGURA 9.10** Esta visão aérea de Taskinas Creek, em Virgínia, mostra ambientes ribeirinhos (rio) formando corredores que passam através da matriz da floresta na planície costeira do Atlântico.
Como um corredor difere de um pedaço de terra?

PERSPECTIVA AMBIENTAL DA GEOGRAFIA
:: A TEORIA DE BIOGEOGRAFIA DE ILHAS

Biogeógrafos estão intrigados com as formas de vida e diversidade de espécies encontradas em ilhas isoladas das massas de terras maiores. Como podem plantas terrestres e animais viver em uma ilha cercada por uma vasta extensão de mar? Como a flora e a fauna se estabeleceram e prosperaram nesses terrenos distantes, muitas vezes geologicamente recentes e originalmente estéreis (ilhas vulcânicas, por exemplo)? Quanto mais longe uma ilha está da massa de terra mais próxima, mais difícil é para as espécies migrarem e estabelecerem uma população viável por lá. Ventos, pássaros ou correntes oceânicas podem levar algumas sementes para as ilhas, onde germinam para desenvolver os ambientes vegetativos em massas de terras isoladas. Os seres humanos também introduziram muitas espécies em ambientes insulares. Mas por que as espécies se adaptaram e sobreviveram?

A teoria de biogeografia de ilhas oferece uma explicação sobre como os fatores naturais interagem para afetar tanto a colonização bem-sucedida quanto a extinção de espécies que viverão em uma ilha. Ela considera o isolamento de uma ilha (a distância de uma fonte continental de espécies migratórias), seu tamanho e o número de espécies vivendo ali. Geralmente, a diversidade biológica das ilhas é baixa quando comparada a áreas continentais com climas e outras características ambientais semelhantes. Pouca diversidade de espécies normalmente significa que as populações de flora e fauna de um local existem em uma localização ambientalmente desafiadora. Muitas extinções ocorreram em ilhas por causa da introdução de algum fator que tornou o *habitat* inviável para a sobrevivência das espécies.

Vários aspectos naturais afetam a diversidade de espécies em ilhas, na medida em que controles ambientais e outras condições ambientais, como o clima, são comparáveis:

1. Quanto mais longe uma ilha é da área da qual as espécies devem migrar, menor a diversidade de espécies. Ilhas mais próximas a

Uma praia, em Palmyra, no oceano Pacífico, uma das ilhas mais remotas do mundo, ilustra como as palmeiras se estabilizam em ilhas tropicais. Os cocos são as sementes das palmeiras. Levados de sua locação original pela ressaca, flutuam por centenas de quilômetros de uma ilha para outra. As ondas depositam e enterram esses cocos na praia, e as sementes desabrocham e crescem. Observe os cocos, as palmeiras recém-crescidas e palmeiras totalmente crescidas. Apenas poucas espécies de plantas se desenvolvem nesta pequena ilha. Em ilhas maiores e mais próximas a massas de terra, a tendência é que exista uma diversidade mais ampla de espécies.

grandes massas de terra tendem a ter mais diversidade que aquelas que estão mais distantes.
2. Quanto maior a ilha, mais a diversidade de espécies. Isso se deve em parte ao fato de as ilhas maiores poderem oferecer para os organismos que colonizam mais variedade de ambientes que as menores. Ilhas maiores também concedem mais espaço para as espécies ocuparem.
3. A diversidade de espécies de uma ilha resulta de um equilíbrio entre as taxas de extinção e a taxa de colonização das espécies na ilha. Se a taxa de extinção de uma ilha é alta, somente algumas espécies mais resistentes conseguirão viver lá; se a taxa de extinção é mais baixa comparada à de colonização, mais espécies conseguirão prosperar e a diversidade será maior.

A teoria de biogeografia de ilhas também é útil para o entendimento da ecologia e da biota de muitos outros tipos de ambientes isolados, como altas áreas montanhosas, que ficam acima de grandes desertos. Nessas regiões, as plantas e os animais se adaptaram à vida em ambientes frios e úmidos, isolados de populações semelhantes em montanhas próximas, separadas por inóspitos ambientes áridos.

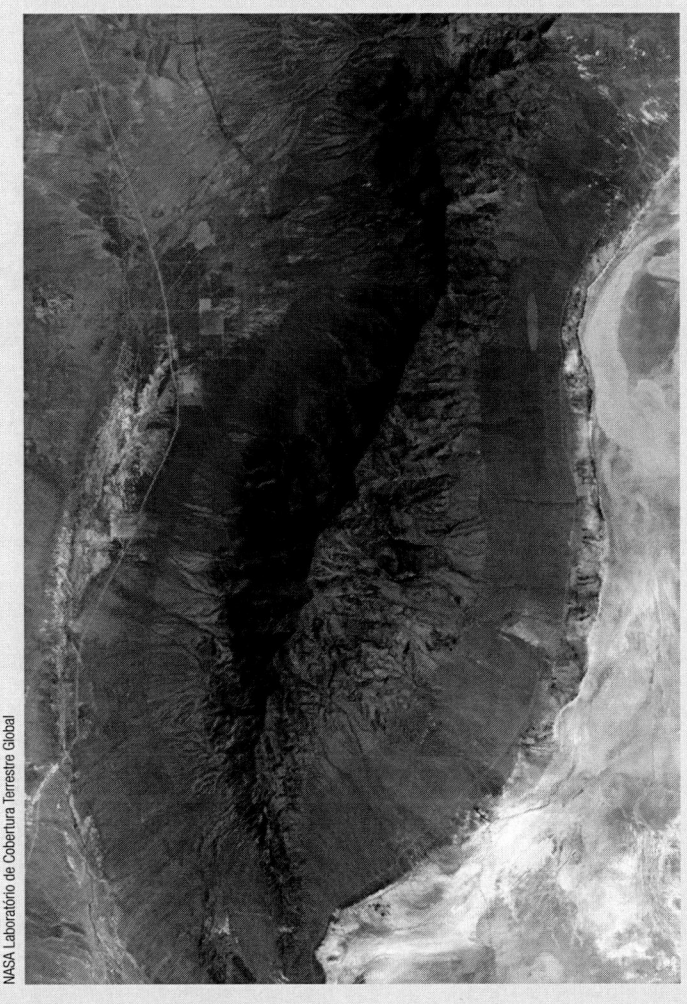

NASA Laboratório de Cobertura Terrestre Global

Uma cordilheira montanhosa ao longo da linha interestadual entre Utah e Nevada suporta florestas verdes, zonas alpinas, e espécies animais associadas a esses ambientes. As áreas brancas e azuis ao leste (direita) são a fronteira de salinas de Bonneville. A flora e a fauna que não puderam sobreviver nos ambientes desérticos ao redor florescem em zonas mais altas, mais frescas e úmidas. Montanhas isoladas cercadas por ambientes áridos tendem a se encaixar na teoria de biogeografia de ilha.

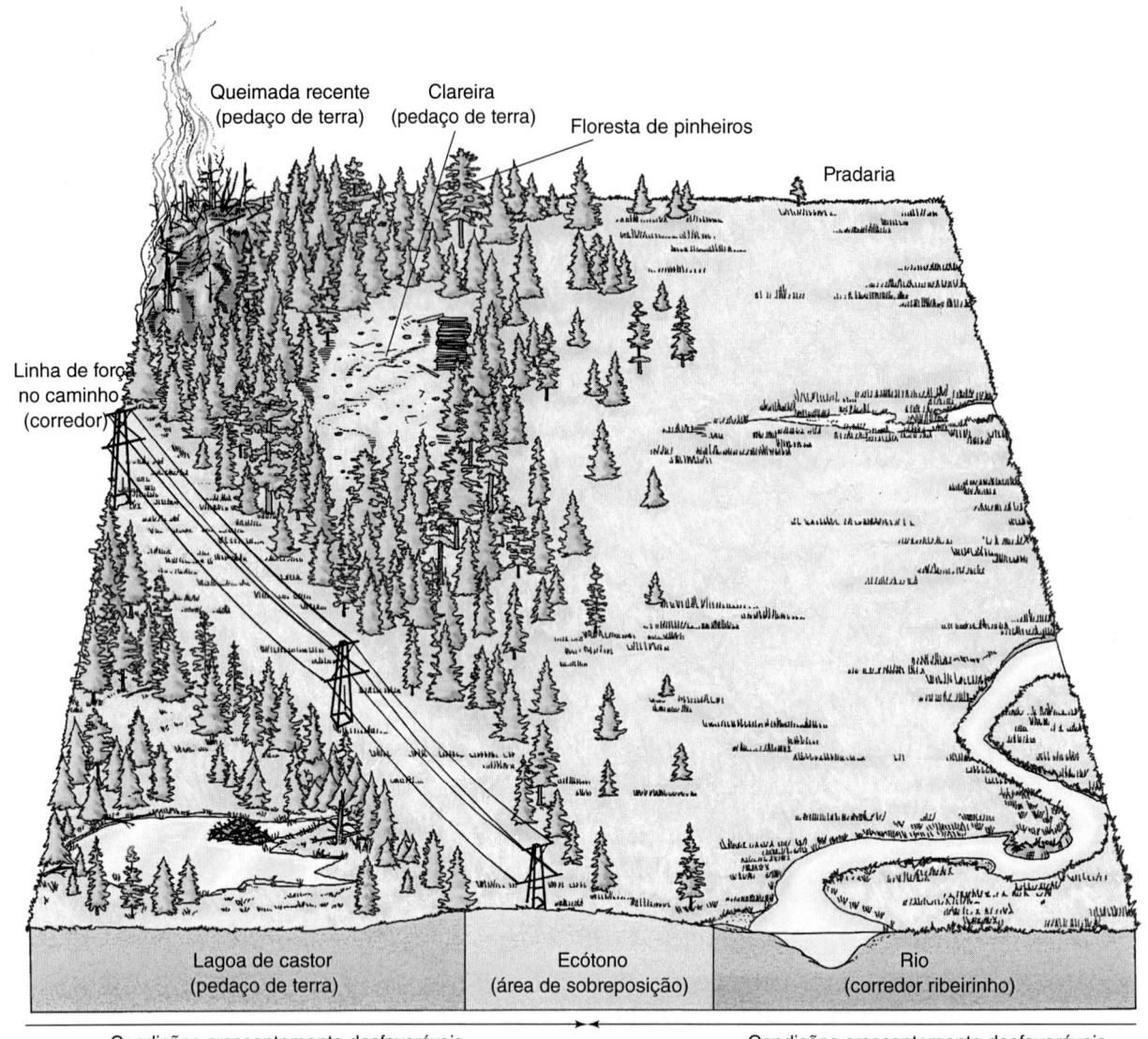

■ **FIGURA 9.11** Os conceitos de *ecótono*, *ótimo ecológico*, *faixa de tolerância*, *mosaico*, *matriz*, *pedaço de terra* e *corredor* estão ilustrados no diagrama.
Que efeito uma mudança nas condições climáticas por toda essa área teria nos tamanhos relativos dos dois ecossistemas, bem como na posição ecótona?

Fatores climáticos

A luz solar é um dos fatores climáticos mais críticos que influenciam um ecossistema. Ela é a fonte de energia para a fotossíntese das plantas e também influencia fortemente seu comportamento e de animais. A competição por luz pode fazer árvores em uma floresta crescerem mais alto, limitando o crescimento de plantas de chão na floresta a espécies tolerantes à sombra, como samambaias. Os tamanhos, as formas e cores das folhas podem resultar de variações na recepção de luz, com folhas grandes se desenvolvendo em áreas de luz limitada. A luz solar intensa das baixas latitudes produz uma biomassa maior nas florestas tropicais em comparação à menor intensidade, que alcança a alta latitude das regiões árticas. A *duração* da luz do dia, que varia sazonalmente e com a latitude, tem um efeito profundo na floração das plantas, bem como no acasalamento e na migração de animais.

Muitas plantas podem tolerar uma ampla faixa de temperaturas, apesar de cada espécie ter suas condições ideais para o crescimento. A vegetação, porém, pode ser afetada de forma adversa por extremos de temperatura (frentes quentes incomuns ou baixas temperaturas) em regiões climáticas em que raramente ocorrem. As temperaturas também podem afetar a vegetação indiretamente. Por exemplo, altas temperaturas abaixam a umidade relativa do ar, aumentando, assim, a transpiração. Se a raiz de uma planta não conseguir extrair umidade suficiente do solo para compensar o aumento na transpiração, a planta murchará e poderá até morrer.

Praticamente todos os organismos necessitam de água. As plantas precisam dela para germinação, crescimento e reprodução, e a maioria dos nutrientes das plantas precisa ser dissolvida na água do solo para ser absorvido por elas. Plantas marinhas e aquáticas estão adaptadas à vida na água. Algumas árvores, como os manguezais (■ Figura 9.12a) e ciprestes-calvos (Figura 9.12b), crescem em brejos e pântanos. Certas plantas tropicais tornam-se latentes durante as estações secas, perdendo suas folhas; outras armazenam a água recebida na época de chuvas para sobreviver à estação seca. Plantas do deserto, como os cactos, são bem-adaptadas para armazenar água quando ela estiver disponível e para minimizar sua perda na transpiração.

Florestas exuberantes se erguem dos lados bem regados de serras, como a Serra Nevada e Cascades, mas pastagens semiáridas, matos e florestas esparsas cobrem o lado a sotavento. Precipitações orográficas, efeito de sombra de chuva, e mudanças na elevação produzem variações na temperatura, precipitação, drenagem e evapotranspiração que afetam diretamente os tipos de vegetação e distribuições. Zonas de vida mudam progressivamente com a elevação e zonas superiores são dominadas por comunidades de plantas resistentes que podem tolerar temperaturas mais baixas e os regimes de precipitação de altitudes mais elevadas.

Por causa da mobilidade, os animais não são tão dependentes das condições climáticas quanto as plantas, embora estejam sujeitos a estresses climáticos. Em regiões áridas, eles se adaptam ao calor e à aridez. Muitos se tornam inativos durante as estações mais quentes e secas e a maioria deixa suas tocas somente à noite.

A distribuição geográfica de alguns grupos de animais reflete seu grau de sensibilidade ao clima. Os de sangue frio, por exemplo, estão mais difundidos em climas quentes e mais restritos em climas frios. Alguns desenvolvem camadas de gordura ou de pele para se proteger contra o frio. Durante os períodos quentes, eles podem suar, perder ou lamber seu pelo para se refrescar. Certos animais hibernam para sobreviver em regiões áridas ou frias. Animais de sangue frio, tal como a cascavel, se movem para dentro e para fora da sombra, conforme as mudanças de temperatura. Sazonalmente, os de sangue quente podem migrar grandes distâncias para fugir das áreas mais agressivas ambientalmente.

Alguns animais de sangue quente apresentam uma ligação entre a forma e o tamanho do corpo em relação às variações médias da temperatura do ambiente. O tamanho do corpo de uma subespécie geralmente aumenta com a temperatura média decrescente de seu *habitat* e, em espécies de sangue quente, a área relativa de porções do corpo expostas diminui com a queda da temperatura. Além disso, nos climas frios, os tamanhos do corpo tendem a ser maiores, para fornecer aquecimento corporal necessário para a sobrevivência e a proteção aos órgãos vitais no tronco (■ Figura 9.13). Membros da mesma espécie que vivem em climas mais frios eventualmente desenvolvem apêndices mais curtos ou menores (orelhas, nariz, braços, pernas etc.) em comparação a seus parentes em climas mais quentes. Em climas frios, membros pequenos são vantajosos porque reduzem as áreas do corpo que estão sujeitas à perda de temperatura e congelamento. Em climas quentes, longos membros, nariz e orelhas permitem a dissipação de calor, além da já prevista pela respiração ofegante ou lambedura de pele.

■ **FIGURA 9.12** (a) Manguezal ao longo do Golfo do México na costa sul da Flórida. (b) Extensas florestas de cipreste existem em áreas pantanosas no sul dos Estados Unidos.
Como a vegetação e os ambientes mostrados influenciaram as rotas que formadas pelos aventureiros espanhóis que primeiro exploraram a Flórida?

■ **FIGURA 9.13** O urso-polar é um exemplo excelente de subespécies de região fria com um grande corpo e apêndices pequenos (orelhas).
Que outras adaptações físicas ao ambiente ártico tem o urso-polar?

■ **FIGURA 9.14** Árvores krummholz (atrofiadas) nas partes altas da zona subalpina das Rochosas do Colorado. A saudável vegetação verde foi coberta por neve na maior parte do ano, protegida de temperaturas cruelmente frias. Observe as árvores inclinadas que dão uma clara indicação da direção do vento.
Que tipo de vegetação seria encontrado em locais mais altos do que o retratado nesta fotografia?

Como um controle climático sobre a vegetação, o vento é mais significativo em desertos, regiões polares, zonas costeiras e terras altas. Ele pode danificar a vegetação diretamente e ter um efeito indireto ao aumentar a evapotranspiração. Para evitar a perda de água em áreas de vento forte, as plantas se torcem e crescem próximas ao solo, minimizando a exposição ao vento (■ Figura 9.14). Durante os invernos severos, elas têm melhores resistências enterradas na neve que expostas a intensos ventos frios. Em algumas regiões costeiras de muito vento, o litoral pode ser desprovido de árvores ou outras plantas altas. Em regiões montanhosas onde venta muito, quando as árvores se desenvolvem, elas são muitas vezes disformes ou sem folhas e ramos no lado que recebe o vento.

Solo e topografia

Os solos fornecem muito da umidade e dos minerais para o crescimento das plantas. As variações no solo podem influenciar a distribuição das plantas e também produzir fronteiras nítidas entre tipos de vegetação. Isso é, em parte, consequência de vários requisitos químicos de espécies de plantas diferentes e, de outra, um reflexo de fatores como textura do solo. Solos argilosos podem reter muita umidade para determinadas plantas, enquanto solos arenosos retêm pouca. Pinheiros geralmente prosperam em solos arenosos, gramíneas em argilas, framboesas em solos ácidos e pimentas em solos alcalinos. O assunto dos solos será explorado com mais detalhes adiante, neste capítulo.

A topografia, especialmente nas terras altas, influencia os ecossistemas ao fornecer diversos microclimas de uma área relativamente pequena. Comunidades vegetais variam de lugar para lugar em regiões montanhosas em resposta às diferentes condições microclimáticas. O *fator inclinação* tem efeito direto sobre os padrões de vegetação em áreas fora dos trópicos equatoriais. Encostas voltadas para o norte nas latitudes médias e altas do Hemisfério Norte têm microclimas que são mais frescos e úmidos que aquelas expostas para o sul (■ Figura 9.15). Encostas no Hemisfério Norte que estão voltadas para o sul tendem a ser mais quentes e secas, pois recebem mais luz solar direta. A declividade e a forma da inclinação também afetam no tempo que a água se mantém antes de ser drenada encosta abaixo.

Catástrofes naturais

A distribuição de plantas e animais é afetada por diversos processos naturais frequentemente chamados *catástrofes*. Deve-se

■ **FIGURA 9.15** As encostas mais frias e úmidas voltadas para o norte (esquerda ao fundo) suportam a floresta de conífera perene, mas as encostas voltadas para o sul recebem luz solar mais direta e são mais quentes e secas, ilustrando o forte impacto da inclinação no estado de Washington.
Há bons exemplos da influência da inclinação na vegetação da área onde você vive?

■ **FIGURA 9.16** O mosaico da vegetação desta área no Parque Nacional Glacier, em Montana, é de floresta de conífera, mas frequentes avalanches de neve impedem que coníferas altas invadam o caminho de arbustos baixos e de gramas.
Por que há tantos galhos de árvores quebrados pelo chão?

notar, contudo, que este termo se aplica com uma perspectiva estritamente humana. O que pode ser catastrófico para os seres humanos, por exemplo, furacão, incêndio, deslizamento de terra, *tsunami* ou avalanche, são basicamente processos naturais que podem produzir aberturas (lacunas) no mosaico vegetativo de uma região (■ Figura 9.16). A sucessão resultante, seja primária ou secundária, produz um conjunto diversificado de pedaços de *habitats* dentro da matriz regional da vegetação. Catástrofes naturais e a dinâmica desses pedaços de *habitats* que elas criam entre plantas e animais residentes são assunto de grande interesse na pesquisa da biogeografia de paisagem moderna.

Fatores bióticos

Embora sua influência em uma espécie em particular possa ser subestimada, outras plantas e animais também determinam se um dado organismo existe como parte de um ecossistema. Algumas interações entre organismos são benéficas para ambas as espécies envolvidas, chamadas **relação simbiótica**. Contudo, outras relações podem ser diretamente *competitivas* e ter um efeito adverso em uma ou ambas as espécies. Como a maioria dos ecossistemas é adequada para uma grande variedade de plantas e animais, há sempre competição entre as espécies e entre membros de uma mesma espécie para determinar que organismos sobreviverão. A maior disputa ocorre entre espécies que ocupam o mesmo nicho ecológico. Entre plantas, há uma grande competição pela luz. As árvores dominantes na floresta são aquelas que crescem mais alto e parcialmente encobrem as plantas que se desenvolvem perto delas. Outra ocorre no subsolo, onde as raízes competem pela água do solo e nutrientes das plantas.

As interações entre animais e plantas e a competição entre espécies animais também podem afetar um ecossistema significativamente. Muitos animais são úteis para plantas em virtude da polinização ou dispersão de sementes, e as plantas são o alimento básico para muitos animais. Da mesma forma, a pastagem pode influenciar as espécies que formam uma comunidade vegetal. Durante períodos de seca, herbívoros podem ser forçados a pastar em uma área muito próxima e as plantas mais altas podem ser pisoteadas pelo gado. Plantas de gosto desagradável, com espinhos, ou que tenham raízes mais fortes são as que sobrevivem. A pastagem é parte do processo de seleção natural, ainda que em quantidade excessiva raramente prejudique as condições naturais, já que as populações de animais selvagens aumentam ou diminuem conforme a disponibilidade de alimento. Para a maioria dos animais, os predadores também são uma forma de controle populacional.

■ **FIGURA 9.17** Pastagem em excesso é a causa principal de desertificação neste local na África Subsaariana. O ambiente naturalmente teria sido uma área de savana gramada.
Quais são algumas das outras causas da desertificação?

Impacto humano nos ecossistemas

Ao longo da história, o ser humano modificou ecossistemas e seu desenvolvimento natural. Com exceção de regiões muito remotas para serem alteradas pela civilização, os seres humanos eliminaram ou impactaram significativamente grande parte da vegetação natural da Terra. Agricultura, fogo, pastagem de animais domesticados, desflorestamento, urbanização, construção de estradas, represas e irrigação, impactos em recursos de água, minas e drenagem ou inundação de regiões são apenas alguns exemplos de como os homens modificaram comunidades vegetais. Excesso de pastagem para animais de criação pode danificar o ambiente em climas áridos e semiáridos. A escavação e a compactação de solo por herbívoros podem reduzir a capacidade de absorção de umidade do solo, levando a deslizamentos. Ainda, a diminuição da absorção e o aumento de deslizamentos propiciam a *degradação de terra* e a erosão dos rios.

Conforme o ser humano altera os ecossistemas e ambientes naturais, as mudanças podem produzir efeitos negativos para ele mesmo. A desertificação de grandes áreas semiáridas do leste africano resultou periodicamente na fome generalizada (■ Figura 9.17). Em outros lugares, a destruição contínua de pantanais não apenas elimina valiosas comunidades vegetais e animais, como também ameaça a qualidade e a quantidade do suprimento de água para as pessoas que secaram a terra.

Solos e desenvolvimento do solo

O **solo** é um corpo dinâmico de materiais naturais capaz de suportar uma camada de vegetação (■ Figura 9.18). Ele contém minerais, soluções químicas, gases, resíduos orgânicos, flora e fauna. As interações entre os processos físicos, químicos e biológicos que acontecem mostram o caráter dinâmico do solo, que responde a condições climáticas (especialmente temperatura e umidade), à configuração da superfície, à sua cobertura de vegetação e à atividade animal. A palavra *fertilidade*, tão associada ao solo, tem um significado que leva em consideração sua utilidade para os humanos. Os solos são férteis em razão de sua eficácia em produzir tipos de vegetação (incluindo plantações) ou comunidades vegetais. Eles são um dos mais importantes e vulneráveis recursos naturais.

Principais componentes do solo

Do que o solo realmente é feito? Quais as características dele que apoiam e influenciam a variação nos ambientes terrestres? O solo é um exemplo excepcional de interdependência e sobreposição entre os subsistemas terrestre, porque se desenvolve em interações a longo prazo entre condições atmosféricas, hidrológicas, litológicas e bióticas. A natureza de um solo reflete os ambientes ancestrais sob os quais ele se formou, bem como condições atuais. Os solos contêm quatro componentes principais: materiais inorgânicos, água do solo, ar do solo e matéria orgânica.

Matéria inorgânica

Solos contêm fragmentos de rocha e minerais que não se dissolvem na água, bem como materiais solúveis químicos em solução. A maioria dos minerais do solo é composta de elementos comuns às rochas da superfície terrestre, como silício, alumínio, oxigênio e ferro. Os constituintes químicos de um solo vêm de muitas fontes – a quebra (*intemperismo*) de rochas, depósito de sedimentos soltos e soluções em água. Enquanto atividades orgânicas ajudam a desintegrar rochas, elas formam novos compostos químicos e também liberam gases no solo.

Os solos sustentam os ecossistemas da Terra ao prover vegetação com os elementos e compostos químicos necessários. Carbono, hidrogênio, sódio, potássio, zinco, cobre, iodo e compostos desses elementos são importantes nos solos. As plantas precisam de substâncias para crescer, então o conteúdo mineral e químico de um solo afeta enormemente sua produtividade potencial. A **fertilização do solo** é o processo de adicionar nutrientes ou outros constituintes para satisfazer condições de que certas plantas precisam.

Água do solo

Quando a precipitação cai na terra, a água que não corre pela encosta ou evapora é absorvida pela rocha, solo ou vegetação. Movendo-se pelo solo, a água dissolve certos materiais e os carrega através do solo. A água em um solo não é pura, já que contém nutrientes dissolvidos em forma líquida que podem ser extraídos pela vegetação. As plantas precisam de ar, água e minerais do solo para viver e crescer. O solo é um recurso natural crítico que funciona como um *sistema aberto*. Matéria e energia fluem para dentro e para fora, e o solo também os tem armazenados. É fundamental entender esses fluxos – para dentro e para fora, os componentes e processos envolvidos e como eles variam entre diferentes solos – para apreciar as complexidades do solo.

A água no solo é encontrada em diferentes circunstâncias (■ Figura 9.19). Ela adere a partículas do solo e se junta por tensão superficial (a propriedade que faz com que pequenas gotas se formem como contas arredondadas, em vez de se espalhar em uma camada fina). Esta água, chamada **água capilar**, é um suprimento armazenado que as plantas podem usar. A água capilar migra através do solo de áreas com mais água para áreas com menos. Durante períodos secos, ela pode se mover tanto para cima quanto para os lados para suprir raízes de plantas com umidade e nutrientes dissolvidos.

Ao se mover para cima, a água carrega minerais do subsolo para a superfície. Se essa água evapora, os minerais dissolvidos anteriormente permanecem em geral como um depósito de sal ou limo (carbonato de cálcio) na superfície do solo. Altas concentrações de certos minerais como esses podem impedir que plantas e animais vivam nesse solo. Limo depositado pela evaporação da água do solo pode acumular a ponto de produzir uma camada parecida com cimento, chamada *caliche*, que pode impedir que mais água seja absorvida pelo solo.

Denomina-se **água gravitacional** a água do solo que é absorvida. Ela se move para baixo em vazios entre partículas de solo e no sentido do *nível de água* – o nível abaixo do qual espaços disponíveis são preenchidos com água. A quantidade de água gravitacional que um solo contém está relacionada com diversas condições, incluindo a quantidade de precipitação, o tempo desde que ela caiu, as taxas de evaporação, o espaço disponível para armazenamento de água e quão facilmente ela pode se mover pelo solo.

Além disso, ela tem várias funções. Conforme se infiltra para baixo, dissolve minerais solúveis e os carrega para níveis profundos do solo, talvez até a zona saturada. O esgotamento de nutrientes do solo pela infiltração da água é chamado **lixiviação**. Em regiões de chuvas pesadas, a lixiviação pode ser intensa, roubando do solo todas as substâncias solúveis.

A água gravitacional também pode levar finas partículas sólidas (argila, lodo) de camadas superiores do solo. Esta *remoção* de componentes sólidos em um solo pela água é chamada **eluviação** (■ Figura 9.20). A eluviação tende a desenvolver uma textura

■ **FIGURA 9.18** Os cientistas trabalham para entender e controlar perdas por erosão e outros problemas que ameaçam o solo, um recurso natural precioso.

226 FUNDAMENTOS DE GEOGRAFIA FÍSICA

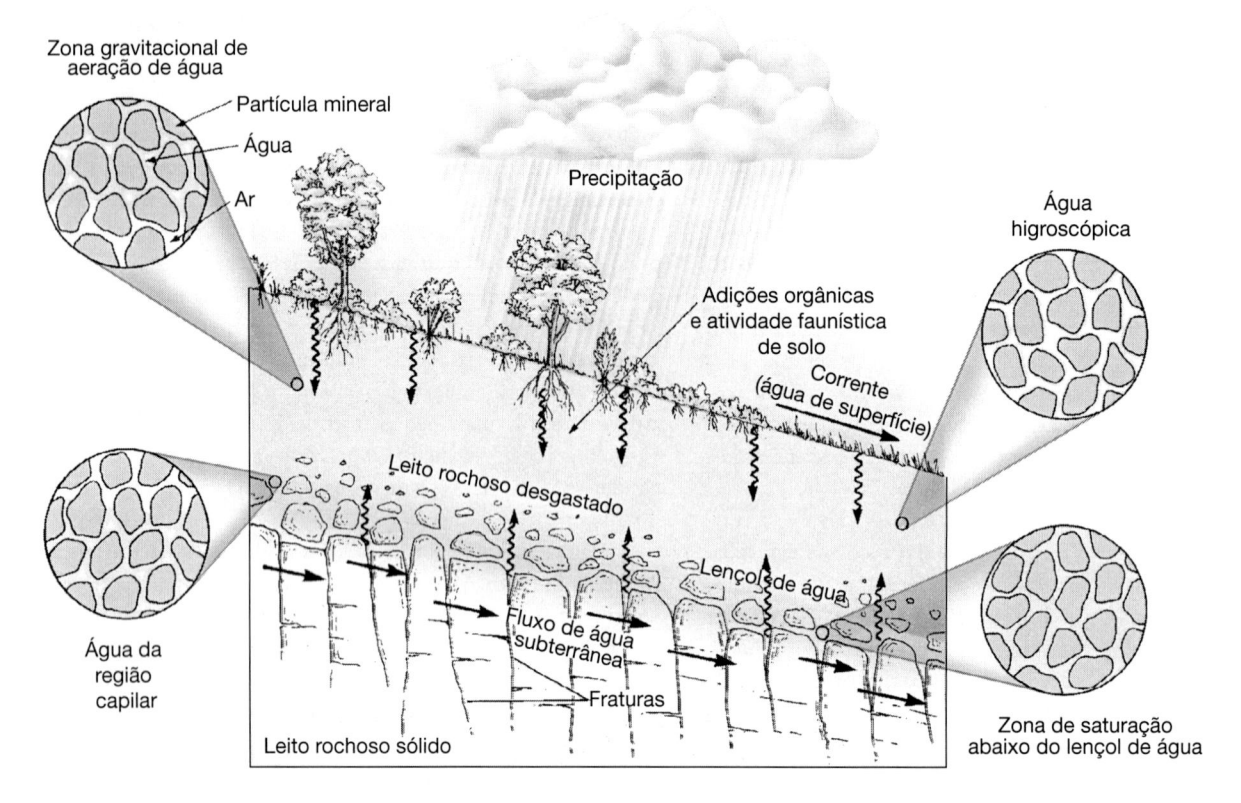

■ **FIGURA 9.19** As inter-relações entre água e outros fatores ambientais no processo de desenvolvimento do solo. O solo é um exemplo de sistema aberto porque ele recebe matéria e energia, armazena parte delas e devolve matéria e energia.
Quais são alguns exemplos de energia e matéria que fluem para dentro e para fora do sistema do solo?

■ **FIGURA 9.20** A água é importante para mover os nutrientes e as partículas verticalmente em um solo.
Como a deposição por água capilar difere da deposição (iluviação) por água gravitacional?

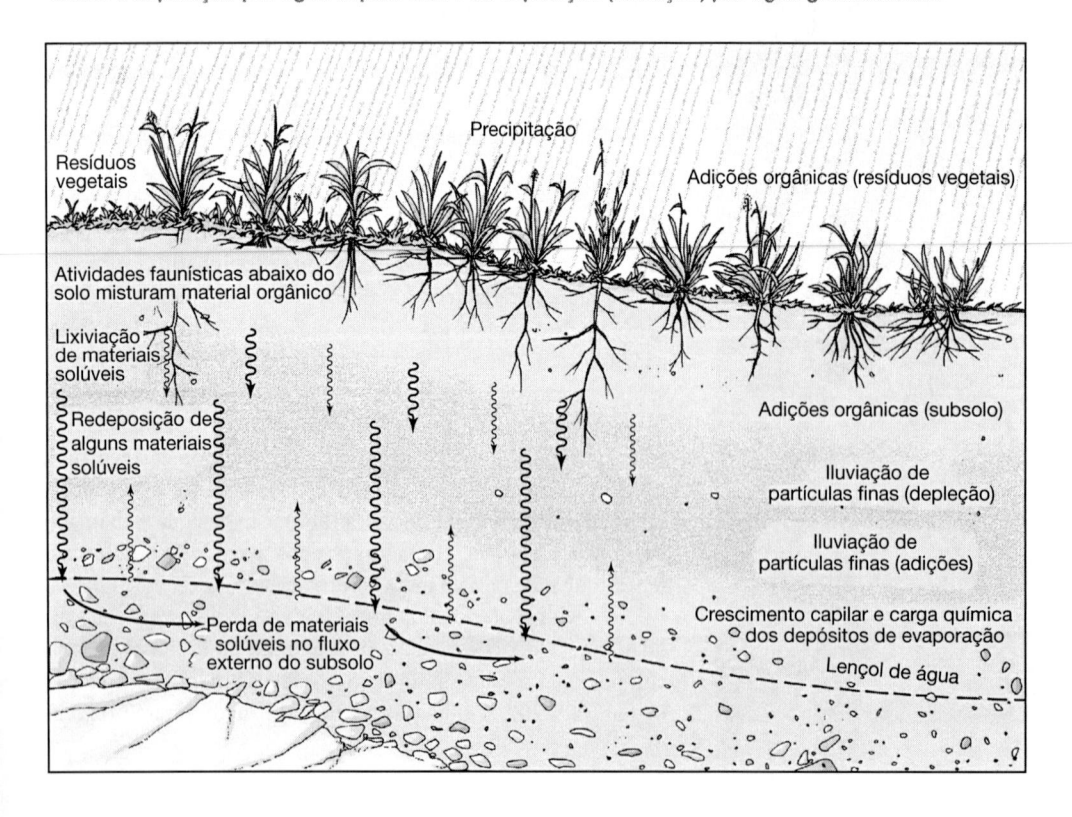

áspera na superfície do solo, conforme as partículas finas são removidas, reduzindo a capacidade de retenção de água pelo solo. Enquanto a água gravitacional se infiltra, os materiais finos transportados da superfície são depositados em um nível mais baixo. Este *depósito* pela água no subsolo é chamado **iluviação** (veja novamente a Figura 9.20). O depósito de partículas finas pela iluviação pode eventualmente formar uma densa *camada* de argila no subsolo, que retarda a infiltração posterior de água gravitacional. Lixiviação, eluviação e iluviação influenciam o solo ao formar camadas em profundidade; esse processo é chamado **estratificação**.

Ar do solo Muito do solo (às vezes perto de 50%) consiste de espaços entre partículas do solo e torrões (partículas agregadas). Os espaços que não são preenchidos com água contêm ar ou gases. Para a maioria dos microrganismos e plantas que vivem no chão, o ar do solo oferece o suprimento de oxigênio e dióxido de carbono necessário para viver. Se todos os espaços são preenchidos com água, não há suprimento de ar, e essa falta é o motivo de muitas plantas não conseguirem sobreviver em solos saturados de água.

Matéria orgânica A maioria dos solos contém plantas deterioradas e materiais animais chamados em conjunto de **húmus**. Solos ricos em húmus são mais produtivos e têm grande capacidade de retenção de água. O húmus fornece para o solo nutrientes e minerais, além de ser importante em reações químicas que ajudam as plantas a extrair os nutrientes. Ele também oferece uma fonte abundante de alimento para organismos microscópicos do solo.

A maioria dos solos é, na verdade, um microambiente prolífico de vida, que vai desde bactérias e fungos até minhocas, roedores e outros seres. Os animais misturam materiais orgânicos mais fundo no solo e movem fragmentos inorgânicos em direção à superfície. Além disso, plantas e suas raízes são parte integral do sistema de formação do solo.

Características do solo

Conhecer os componentes minerais, orgânicos e de água de um solo pode ajudar a determinar sua produtividade e qual o melhor uso para ele. Diversas propriedades do solo que podem ser facilmente testadas ou examinadas são usadas para descrever e diferenciar seus tipos. As propriedades mais importantes incluem: cor, textura, estrutura, acidez ou alcalinidade, e capacidade de conter e transmitir água e ar.

Cor A cor de um solo é visível, mas pode não ser a característica mais importante. Ela é geralmente relacionada a suas características físicas e químicas. Quando descrevem solos no campo, ou amostras em laboratório, os cientistas de solo usam um livro de cores padrão para identificá-lo (■ Figura 9.21).

■ **FIGURA 9.22** Tamanhos das partículas em um solo. Areia, silte e argila são termos que se referem aos tamanhos dessas partículas para propósitos científicos e de engenharia. Aqui, bastante ampliados, os tamanhos de areia e silte podem ser visualizados e comparados. A argila consiste de pequenas partículas planas como papel que não podem ser vistas.

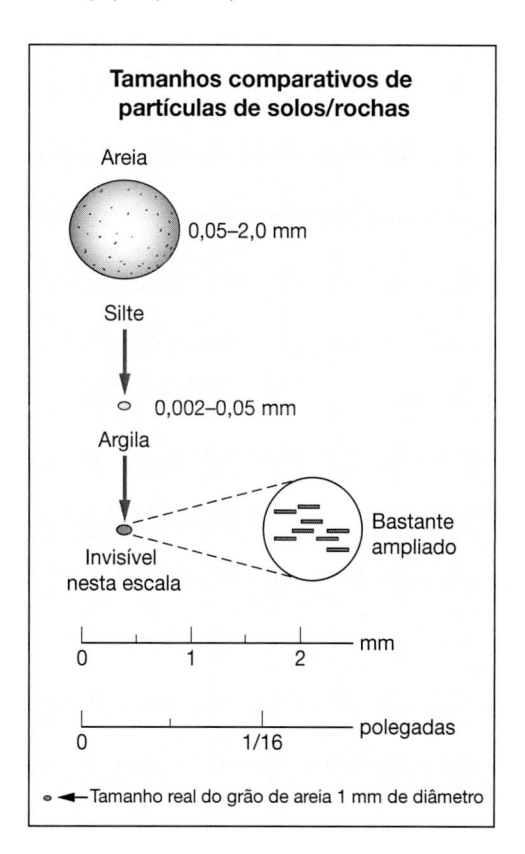

■ **FIGURA 9.21** Cientistas usam um sistema de classificação padronizada para determinar a cor do solo precisamente pela comparação com amostras de cor encontradas nos livros de solo de Munsell.
Em geral, como você descreveria a cor dos solos onde você vive?

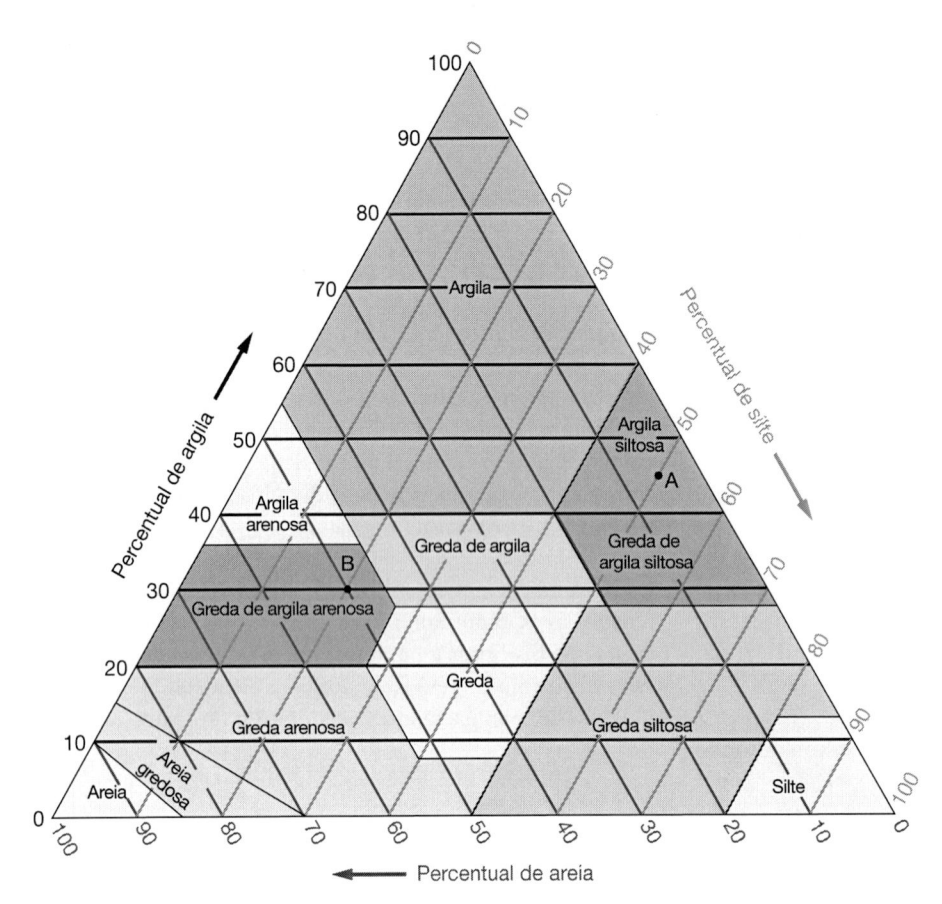

■ **FIGURA 9.23** A textura do solo pode ser representada fazendo um traço neste diagrama. Ela é determinada pelo peneiramento do solo para determinar a porcentagem de partículas de cada um dos três tamanhos – argila, silte e areia. Observe que cada um dos três eixos do triângulo está em uma cor diferente e as cores das linhas também são correspondentes (argila – vermelho, silte – azul, areia – verde). A figura em cores está disponível na página deste livro no site da Cengage. **Como seria classificado um solo contendo 40% de areia, 40% de silte e 20% de argila?**

A matéria orgânica decomposta é preta ou marrom, por isso, os solos ricos em húmus tendem a ser escuros. Se o conteúdo de húmus é baixo por causa da atividade orgânica limitada ou perda orgânica por lixiviação, as cores do solo são tipicamente marrom-claro ou cinza. Solos com alto teor de húmus são muito férteis e, dessa forma, solos escuros são normalmente chamados de solos *ricos*. Contudo, nem sempre isso é verdade, porque alguns solos escuros podem ter pouco ou nenhum húmus, mas serem escuros por causa de outros fatores em sua formação.

Solos amarelos ou vermelhos indicam a presença de ferro. Na maioria dos climas, um solo cinza-claro ou branco indica que o ferro foi drenado, deixando óxidos de silício e alumínio; em climas secos, a mesma cor indica um acúmulo de cálcio ou sais.

As cores do solo oferecem dicas para suas características e tornam mais fácil a tarefa de reconhecer os diferentes tipos de solo existentes. Somente a cor não é suficiente para indicar a qualidade ou o nível de fertilidade de um solo.

Textura do solo

A **textura do solo** refere-se ao tamanho das partículas (ou distribuição de tamanhos) em um solo (■ Figura 9.22). Em solos **argilosos**, o tamanho dominante é de **argila**, com partículas de diâmetro menor que 0,002 milímetro. Em solos **siltosos**, o tamanho dominante das partículas de **silte** é definido entre 0,002 e 0,05 milímetro. Solos **arenosos** têm a maioria das partículas do tamanho de **areia**, com diâmetros entre 0,05 e 2,0 milímetros. Rochas maiores que 2,0 milímetros são tratadas como seixos, cascalho, ou fragmentos de rocha e tecnicamente não são partículas do solo.

A proporção dos tamanhos das partículas determina a textura de um solo. Por exemplo, um solo composto de 50% de partículas do tamanho de silte, 45% de argila e 5% de areia seria identificado como de argila siltosa. Um gráfico triangular (■ Figura 9.23) é usado para diferenciar classes de textura do solo com base nas porcentagens de areia, silte e argila em cada uma. O ponto A dentro da classe de argila siltosa representa o exemplo que acabamos de dar. Solos **gredosos**, que ocupam as áreas centrais do gráfico triangular, são uma boa mistura dos três graus (tamanhos) das partículas de solo, sem que qualquer tamanho seja particularmente dominante. Um segundo exemplo de solo (B), que é 20% de silte, 30% de argila e 50% de areia, seria do tipo de greda de argila arenosa. Solos gredosos são geralmente mais apropriados para suportar o crescimento de vegetação.

A textura do solo ajuda a determinar a capacidade de reter a umidade e o ar que são necessários para o plantio. Os solos com proporção maior de partículas grandes tendem a ser mais aerados e permitir que a água se **infiltre** mais rapidamente – algumas vezes tão rápido que as plantas não conseguem utilizar a água. Solos argilosos retardam o movimento da água, tornando-se alagadiços e deficientes em ar.

Estrutura Cientistas classificam estruturas do solo de acordo com sua forma. Na maioria dos solos, partículas se ajuntam em massas conhecidas como **partículas de solo**, que dão a ele uma estrutura distinta. Elas variam de colunas, prismas e blocos angulares a esferoides, placas laminadas, fragmentos e grânulos (■ Figura 9.24). Os solos com estruturas massivas ou finas tendem a ser menos úteis que agregados de tamanho e estabilidade intermediários, o que permite boa drenagem e arejamento.

A estrutura e a textura do solo influenciam na sua **porosidade** – a quantidade de espaço que pode conter fluido – e também afetam a **permeabilidade** – a taxa na qual a água pode passar através do solo. A permeabilidade normalmente é maior em solos arenosos e pobre em solos argilosos.

Acidez e alcalinidade Um aspecto importante da química do solo é a acidez, alcalinidade ou neutralidade. Níveis de acidez ou alcalinidade são medidos na **escala do pH** de 0 a 14. Baixo pH indica um solo ácido, e pH alto indica condições alcalinas (■ Figura 9.25a). Certas espécies toleram solos alcalinos, e outras prosperam mais em condições mais ácidas.

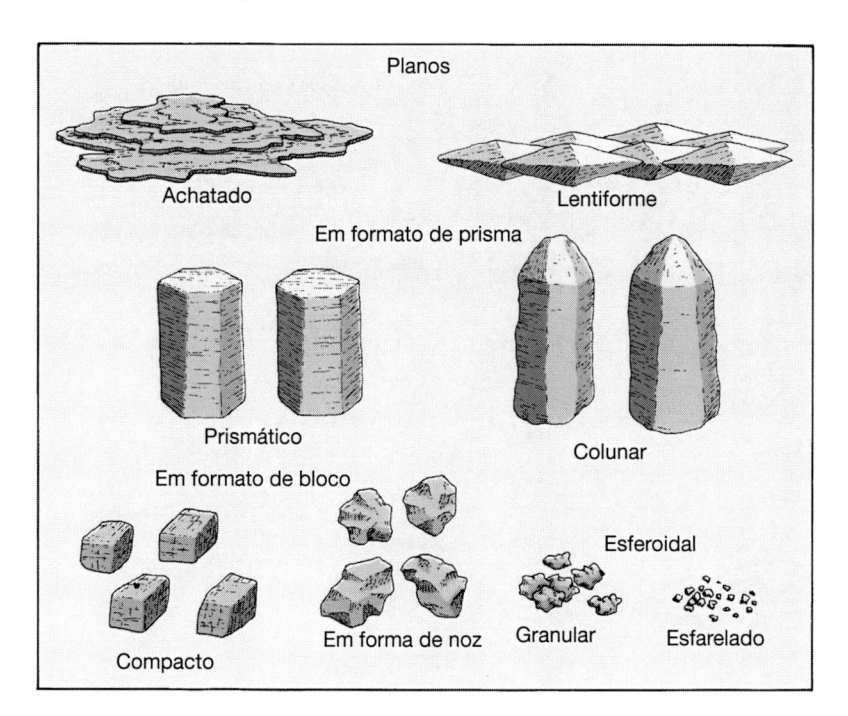

■ **FIGURA 9.24** Este guia para classificar a estrutura do solo com base nos pedaços também pode ser usado para ajudar a determinar sua porosidade e permeabilidade de um solo.
Como a estrutura do solo afeta sua utilidade de adequação para agricultura?

■ **FIGURA 9.25** (a) O grau de acidez ou de alcalinidade, chamado pH, pode ser facilmente compreendido quando números na escala são ligados a substâncias comuns. O pH baixo significa ácido e o pH alto significa alcalino; um pH 7 é neutro. (b) A distribuição de solos alcalinos e ácidos nos Estados Unidos é geralmente relacionada ao clima. Os solos no leste tendem a ser ácidos e os do oeste, alcalinos.
Além do clima, que fatores ambientais levam a esta variação entre o leste e o oeste. Por que alguns lugares no oeste são ácidos?

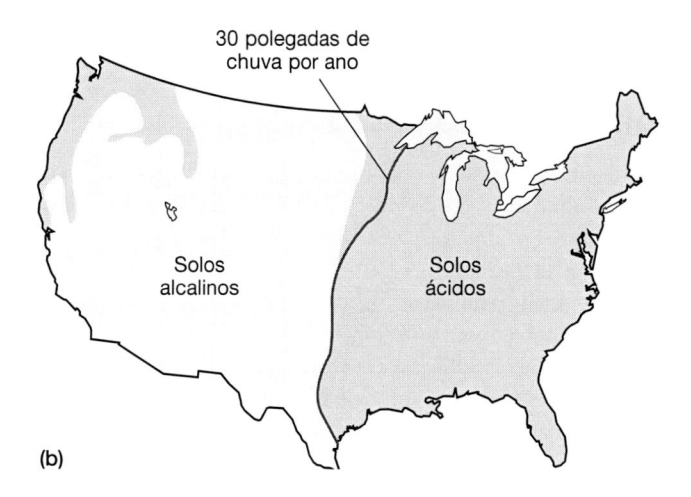

■ **FIGURA 9.26** Um perfil de solo é examinado cavando-se uma fenda com paredes verticais para mostrar claramente as variações de cor, estrutura, composição e outras características que ocorrem na profundidade. Este solo fica em uma região gramada do norte de Minnesota.
Por que você acha que este é um solo fértil para o crescimento de vegetação?

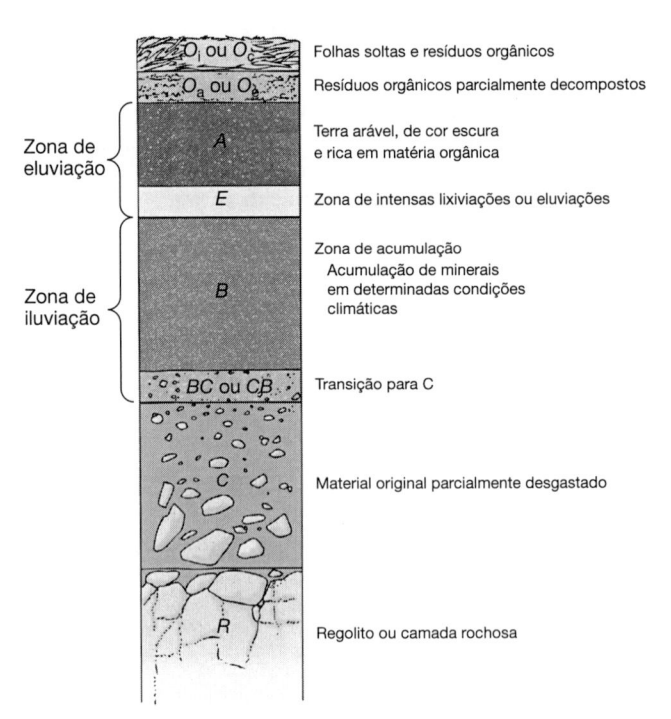

■ **FIGURA 9.27** A distribuição de horizontes em um perfil de solo. Os solos são categorizados por seu grau de desenvolvimento e pelas características físicas de seus horizontes. Muitos solos não apresentam todos esses horizontes, mas estes vão aparecer na ordem vertical mostrada aqui. Regolito é um termo genérico para fragmentos de escudo de rocha na superfície ou muito próximos a ela.
Quais são algumas das razões pelas quais os solos mudam de cor e textura em sua profundidade?

A maioria das plantas complexas cresce somente em solos com níveis de pH entre 4 e 10, embora o pH ideal varie conforme a espécie da planta. Em regiões áridas e semiáridas, os solos tendem a ser alcalinos, enquanto nas regiões úmidas, os solos tendem a ser mais ácidos (■ Figura 9.25b). Para corrigir a alcalinidade do solo e torná-lo mais produtivo, ele pode ser irrigado com água. Solos muito ácidos também impedem o crescimento de plantas, mas podem geralmente ser corrigidos com a adição de cal.

Desenvolvimento de horizontes de solo

O desenvolvimento do solo começa quando plantas e animais colonizam rochas, ou depósitos de fragmentos de rocha, o **material de origem** no qual ele se forma. Uma vez que os processos orgânicos se iniciam entre partículas minerais ou fragmentos de rocha, diferenças químicas e físicas começam a se desenvolver da superfície até o material de origem.

Inicialmente, diferenças verticais resultam do acúmulo de resíduos orgânicos na superfície e da remoção de partículas finas e minerais dissolvidos por água filtrada que deposita esses materiais em um nível mais abaixo. Uma seção vertical de um solo da superfície abaixo até o material de origem é chamada **perfil de solo** (■ Figura 9.26). Examinando as diferenças verticais em um perfil de solo é importante reconhecer diferentes tipos e como cada um se desenvolveu. Ao longo do tempo, conforme o clima, a vegetação, a vida animal e a superfície terrestre afetam o desenvolvimento do solo, essa diferenciação vertical se torna cada vez mais aparente.

Solos bem desenvolvidos exibem camadas distintas em seus perfis, chamadas **horizontes de solo**, que se distinguem por suas propriedades físicas e químicas. Solos são largamente classificados por suas diferenças nos horizontes e por processos responsáveis por essas diferenças. Os horizontes de solo são designados por um conjunto de letras que se referem à sua composição, processos dominantes ou posições no perfil do solo (■ Figura 9.27).

Na superfície, mas somente em locais onde há uma camada de resíduo de vegetação decomposta, haverá um *horizonte O*. A designação pela letra "O" refere-se ao alto conteúdo orgânico desse solo, oriundo de detritos e húmus. O *horizonte A*, imediatamente abaixo, é chamado comumente "camada superior". Em geral, horizontes *A* são escuros porque contêm matéria orgânica decomposta. Abaixo do horizonte *A*, alguns solos têm um *horizonte E* de coloração mais clara, nomeado em razão de ação de processos eluviais. Abaixo dele está o *horizonte B*, uma zona de acúmulo onde muito dos materiais removidos dos horizontes *A* e *E* é depositado. O *horizonte C* é o *material de origem* intemperizado do qual o solo se desenvolveu – seja rochoso ou depósito de materiais de rocha que foram transportados para o local por um processo na superfície, como água corrente, vento ou atividade glacial. A camada mais baixa, às vezes chamada de *horizonte R*, consiste de material de origem não modificado.

Certos horizontes em alguns solos podem não ser tão bem desenvolvidos como outros e podem não estar presentes. Como os solos e os processos que os formam variam muito e podem transicionar entre estes, as fronteiras entre estes podem ser tanto nítidas quanto graduais. São comuns variações na cor e na textura em um horizonte.

Fatores que afetam a formação do solo

Em razão da grande variedade entre materiais de origem e os processos que os afetaram, não há dois solos idênticos em todas as suas características. Um fator importante é a *intemperização* de rocha, que se refere a processos naturais que quebram as rochas em fragmentos menores (o intemperismo será discutido em detalhes em capítulo posterior). Reações químicas fazem com que rochas e minerais se decomponham e processos físicos também causam a ruptura de rochas. Assim como estátuas, monumentos e edifícios se tornam suscetíveis às intempéries ao longo do tempo, rochas expostas aos elementos naturais chegam a se romper e decompor.

Hans Jenny, um importante cientista do solo, observou que seu desenvolvimento foi em função de clima, matéria orgânica, relevo, material de origem e tempo – fatores fáceis de serem lembrados pelas suas iniciais: **Cl**, **O**, **R**, **P** e **T**. Entre esses fatores, o material de origem é distintivo porque é cru. Outros fatores influenciam o tipo de solo que se forma do material de origem.

Material de origem

Todos os solos contêm fragmentos de rocha intemperizada. Se essas partículas se acumularam no local – por meio de quebra física e química de escudos rochosos diretamente abaixo do solo – nós nos referimos aos fragmentos como **material de origem residual**. Se os fragmentos de rocha que formam um solo foram carregados ao local e depositados por córregos, ondas, ventos, gravidade ou geleiras, essa massa de depósitos é chamada **material de origem transportado**.

Materiais de origem influenciam os solos em graus variados. Os solos que se desenvolveram de rochas resistentes ao intemperismo tendem a ter um nível alto de similaridade com seu material de origem (■ Figura 9.28). Se o escudo rochoso é facilmente intemperizado, os solos que se desenvolvem tendem a ser mais similares aos solos de regiões que têm climas parecidos. As diferenças no solo que se relacionam a diferenças no material de origem são mais visíveis em nível local.

Em longo prazo, conforme o solo se desenvolve, a influência do material de origem em suas características diminui. Dadas as mesmas condições de formação do solo, solos recém-desenvolvidos mostrarão mais similaridade com seu material de origem em comparação com solos que se desenvolveram ao longo do tempo.

Os tamanhos das partículas que resultam da quebra de material de origem são o principal da textura e da estrutura de um solo. Material rochoso como arenito, que contém pouca argila e se desintegra em fragmentos relativamente grossos, produzirá um solo de textura grossa.

Atividade orgânica

As plantas e os animais afetam o desenvolvimento do solo de várias maneiras. Os processos de vida das plantas crescendo em um solo são importantes, assim como seus microrganismos – as plantas e os animais microscópicos que vivem em um solo.

Variações nas espécies de vegetação e na densidade da cobertura podem afetar as taxas de evapotranspiração. A vegetação esparsa permite uma evaporação do solo maior, mas a mais densa tende a manter a umidade do solo. As características de uma comunidade vegetal afetam os ciclos de nutrientes que estão envolvidos no desenvolvimento do solo. Folhas, cascas, galhos, flores e tramas de raízes contribuem

■ **FIGURA 9.28** Apesar de forte lixiviação em clima tropical úmido, estes solos havaianos permanecem ricos em nutrientes porque se formaram de material de origem vulcânica recente.
Que outros materiais de origem oferecem a base para solos continuamente férteis nos climas tropicais úmidos?

com nutrientes e com a composição orgânica do solo por meio de resíduos e restos de plantas mortas. Solos, porém, podem se tornar empobrecidos por causa das perdas de nutrientes na lixiviação. As raízes de plantas ajudam a quebrar a estrutura do solo, tornando-o poroso, e absorvem água e nutrientes do solo.

As bactérias são importantes para o desenvolvimento do solo por quebrarem a matéria orgânica e o húmus, formando novos compostos orgânicos que promovem o crescimento das plantas. O número de bactérias, fungos e outros animais e plantas microscópicos vivendo em um solo pode chegar a 1 bilhão por grama (um quinto de uma colher de sopa) dele.

■ **FIGURA 9.29** Diagramas idealizados de cinco perfis diferentes ilustram os efeitos do clima e da vegetação no desenvolvimento dos solos e seus horizontes.
Quais os dois ambientes que produzem mais húmus e quais os dois que produzem menos?

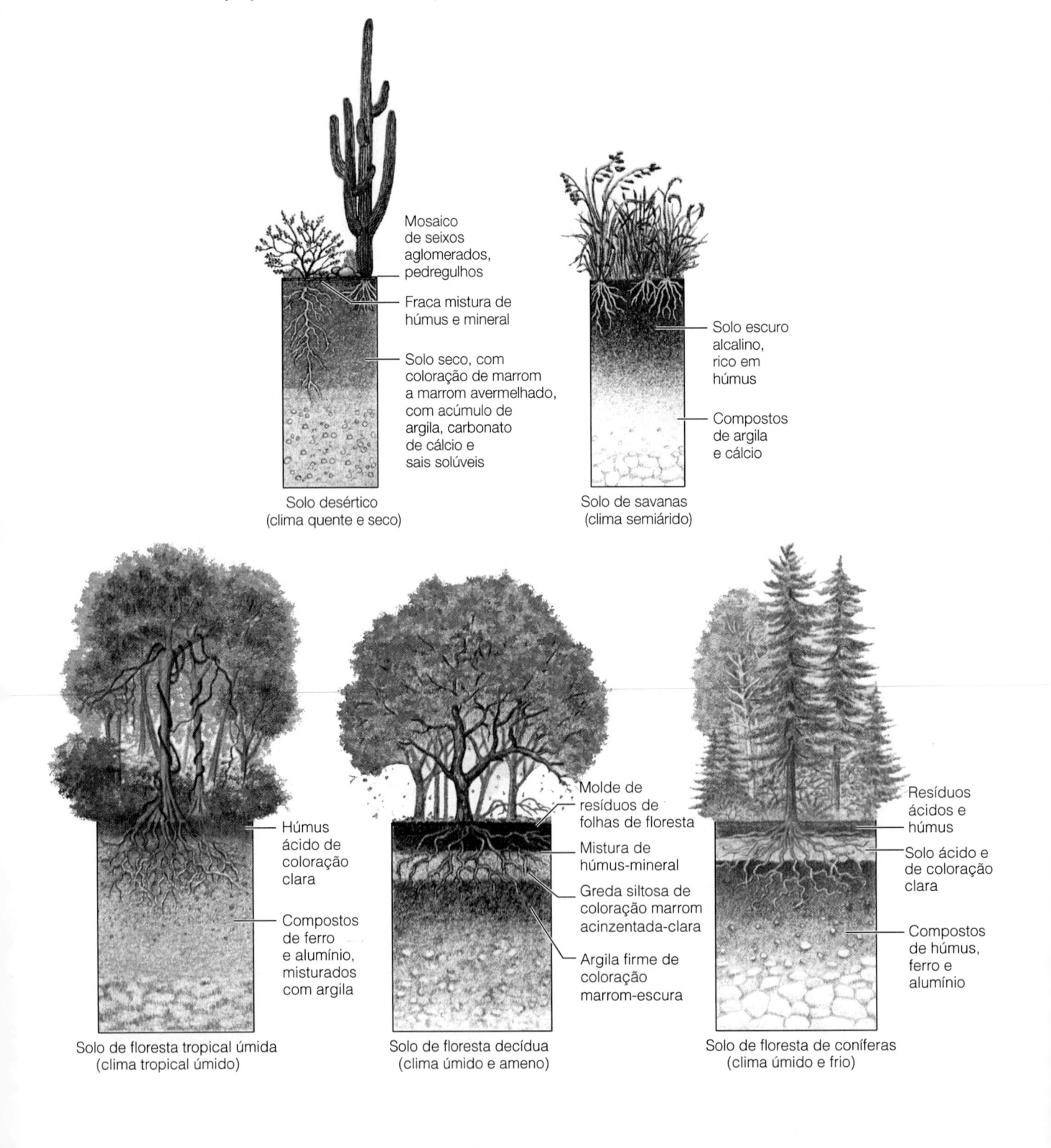

Solo desértico (clima quente e seco)
- Mosaico de seixos aglomerados, pedregulhos
- Fraca mistura de húmus e mineral
- Solo seco, com coloração de marrom a marrom avermelhado, com acúmulo de argila, carbonato de cálcio e sais solúveis

Solo de savanas (clima semiárido)
- Solo escuro alcalino, rico em húmus
- Compostos de argila e cálcio

Solo de floresta tropical úmida (clima tropical úmido)
- Húmus ácido de coloração clara
- Compostos de ferro e alumínio, misturados com argila

Solo de floresta decídua (clima úmido e ameno)
- Molde de resíduos de folhas de floresta
- Mistura de húmus-mineral
- Greda siltosa de coloração marrom acinzentada-clara
- Argila firme de coloração marrom-escura

Solo de floresta de coníferas (clima úmido e frio)
- Resíduos ácidos e húmus
- Solo ácido e de coloração clara
- Compostos de húmus, ferro e alumínio

Minhocas, nematoides, formigas, cupins, piolhos-da-madeira, centopeias e roedores revolvem o solo, misturando componentes materiais de níveis mais baixos com os da porção superior. As minhocas contribuem muito com o desenvolvimento do solo porque elas o recebem, passa por seu trato digestivo e depois o excretam, com misturas de solo e mudanças na textura, estrutura e qualidades químicas. No final dos anos 1800, Charles Darwin estimou que o que as minhocas produziam em um ano era equivalente a 10 até 15 toneladas por acre.

Clima

Em escala global, o clima é um fator importante na formação do solo. A temperatura afeta os microrganismos do solo diretamente, com influência na decomposição da matéria orgânica. Em regiões equatoriais quentes, a atividade intensa de microrganismos do solo produz acúmulo de detritos orgânicos ou húmus. A quantidade de matéria orgânica e húmus nos solos aumenta em direção a latitudes médias, afastando-se de regiões polares e trópicos. Em climas mesotermais e microtermais, a atividade dos microrganismos é vagarosa o suficiente para permitir o declínio no acúmulo de matéria orgânica e húmus. Movendo-se em direção aos polos, para regiões mais frias, a atividade retardada dos microrganismos e o limitado crescimento de plantas resultam em um fino acúmulo de matéria orgânica.

A atividade química aumenta e diminui diretamente com a temperatura, dadas disponibilidades iguais de umidade. Desse modo, materiais de origem de solos em regiões quentes e úmidas equatoriais são quimicamente alteradas mais em comparação com materiais de origem em faixas mais frias.

A temperatura afeta o solo indiretamente por meio da influência do clima em associações de vegetação. Os efeitos combinados de cobertura vegetal e do regime climático tendem a produzir solos e perfis que compartilham certas características com regiões diferentes de climas e associações de vegetação similares (■ Figura 9.29).

As condições de umidade influenciam o desenvolvimento e o caráter dos solos mais diretamente que qualquer outro fator climático. A quantidade de precipitação afeta o crescimento das plantas, que influencia diretamente o conteúdo orgânico do solo e sua fertilidade. Chuvas extremas também causam perda de nutrientes e um solo relativamente infértil. Já aridez extrema pode resultar na ausência de qualquer desenvolvimento do solo.

A quantidade de precipitação recebida afeta a lixiviação, a eluviação, a iluviação e, consequentemente, as taxas de formação de solo e desenvolvimento de horizonte. A evaporação também é um fator importante. Depósitos de sal e gesso da migração de água capilar são mais extensos em regiões quentes e secas que em regiões frias e secas (veja novamente a Figura 9.29).

Superfície terrestre

A encosta de terra, seu relevo e seu aspecto influenciam no desenvolvimento do solo. As encostas íngremes estão sujeitas a rápido escoamento de água; assim, há menos infiltração em encostas mais inclinadas, o que inibe o desenvolvimento do solo.

Além disso, o escoamento rápido pode causar erosão em encostas inclinadas mais rapidamente do que o solo que consegue se desenvolver nelas. Em encostas mais suaves, mais água tende a estar disponível para o desenvolvimento do solo e crescimento da vegetação. A erosão também é menos intensa, então solos bem desenvolvidos se formam em terras planas ou de inclinação suave. Fora dos trópicos, no Hemisfério Norte, encostas voltadas para o sul recebem os raios de Sol a um ângulo mais inclinado e assim são mais secas e quentes. Isso se aplica às encostas voltadas para o norte, no Hemisfério Sul. Variações locais na profundidade, textura e no desenvolvimento de perfil do solo resultam dessas diferenças microclimáticas.

Tempo

Os solos têm uma tendência de se desenvolver em direção a um estado de equilíbrio com seu ambiente. Um solo é chamado "maduro" quando atinge tal condição de equilíbrio. Solos maduros têm horizontes bem desenvolvidos que indicam as condições segundo as quais eles se formaram. Os solos jovens ou "imaturos" são aqueles em estados mais iniciais de desenvolvimento e têm horizontes precariamente desenvolvidos ou talvez ainda nenhum. Conforme os solos se modificam com o tempo, a influência de seu material de origem diminui e eles refletem mais seus ambientes climáticos e vegetativos. Em escala global, o clima tipicamente tem maior influência em solos, desde que tenha passado tempo suficiente para o solo se tornar bem desenvolvido.

A importância do tempo na formação do solo é especialmente clara em solos desenvolvidos com material de origem transportado. Geralmente, esses depósitos não foram expostos ao intemperismo por tempo suficiente para um solo maduro se desenvolver. O depósito ocorre em uma variedade de cenários: em várzeas de rios, em que o sedimento acumulado é conhecido como *aluvião*; na direção do vento, de áreas secas onde a poeira se assenta e forma cobertas de silte depositado pelo vento, chamadas *loess*; e em regiões vulcânicas banhadas de cinza e cobertas de lava. Há dez mil anos, geleiras foram removidas de áreas vastas, deixando para trás depósitos de rochas, areia, silte e argila.

Por causa da grande variedade de materiais e processos envolvidos na formação do solo, não há duração de tempo fixa para um solo se tornar maduro. Estima-se que possa levar cerca de 500 anos para desenvolver 2,54 cm de solo em regiões de agricultura nos Estados Unidos. Geralmente, porém, leva milhares de anos para que um solo atinja maturidade.

Regimes de formação de solo e classificação

As características que distinguem os principais tipos de solo resultam de seus **regimes de formação de solo**, que variam principalmente por causa do clima e da vegetação. Em uma larga escala de generalização, diferenças climáticas produzem três regimes principais: laterização, podzolização e calcificação.

Laterização

A **laterização** é um regime de formação de solo que ocorre em climas tropicais úmidos e subtropicais como resultado de altas temperaturas e precipitação abundante. Esses ambientes climáticos encorajam a rápida quebra de rochas e a decomposição de praticamente todos os minerais. O tipo de solo é conhecido como **laterita** e esses solos geralmente são avermelhados em razão da presença de óxidos de ferro (veja novamente a Figura 9.28). A laterita, que significa "similar a tijolo", é extraída em áreas tropicais para utilização em construções.

Apesar da vegetação densa que é típica dessas regiões climáticas, pouco húmus é incorporado ao solo, porque o resíduo da planta se decompõe muito rapidamente. As lateritas não têm um horizonte O, o horizonte A perde partículas finas do solo, e a maioria dos minerais é filtrada, com exceção dos compostos insolúveis de ferro e alumínio. Como resultado, o solo é avermelhado, de textura grossa e tende a ser poroso (■ Figura 9.30). O horizonte B em um solo laterita tem alta concentração de materiais de iluviação.

Nas florestas tropicais, nutrientes solúveis liberados pela intemperização são rapidamente absorvidos pela vegetação, que eventualmente os retorna ao solo onde são reabsorvidos pelas plantas. Esse rápido ciclo de nutrientes impede que as bases sejam completamente filtradas para fora, deixando o solo apenas moderadamente ácido. A remoção da vegetação permite a filtragem total das bases, resultando na formação de crostas de ferro e alumínio e compostos (lateritas), bem como a erosão acelerada do horizonte A.

A laterização é um processo que ocorre ao longo do ano por causa de pequenas variações sazonais na temperatura, ou na umidade do solo nos trópicos úmidos. A atividade contínua e o forte intemperismo do material de origem faz com que alguns solos tropicais desenvolvam profundidades de até 8 metros (25 pés) ou mais.

Podzolização

A **podzolização** ocorre principalmente em médias latitudes altas, em que o clima é úmido com verões curtos e frescos e invernos longos e severos. As florestas coníferas dessas regiões climáticas são uma parte integral do processo de podzolização.

Onde as temperaturas são baixas a maior parte do ano, a atividade de microrganismos é reduzida a tal ponto que o húmus se acumula; contudo, em razão do pequeno número de animais vivendo no solo, há pouca mistura de húmus sob a superfície. Filtragem e eluviação por soluções ácidas removem as bases solúveis e os compostos de ferro e alumínio do horizonte A (■ Figura 9.31). A sílica restante dá uma cor distintiva de cinza ao horizonte E (*podzol* é derivado de uma palavra russa que significa "cinzento"). As agulhas que as árvores coníferas soltam contribuem para a acidez do solo.

A podzolização pode acontecer fora do clima típico, em regiões de clima úmido se o material de origem é altamente ácido – nas áreas arenosas comuns ao longo da costa leste dos Estados Unidos, por exemplo. As florestas de pinheiros que crescem em tais condições retornam ácidos para o solo, promovendo podzolização.

■ **FIGURA 9.30** Horizontes de perfil de solo em um laterita. Laterização é o processo de desenvolvimento do solo que ocorre em climas tropicais úmidos e equatoriais que experimentam temperaturas quentes durante o ano todo.

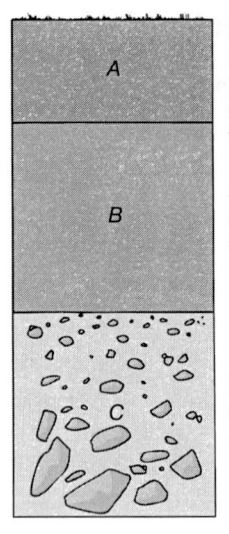

Pouco ou nenhum resíduo orgânico, pouca sílica, muito ferro e alumínio residual, textura grosseira

Algumas bases iluviais, muita laterita acumulada

Muito do material solúvel foi perdido por causa da drenagem

Calcificação

Um terceiro regime distinto de formação do solo é chamado **calcificação**. Em contraste com a laterização e a podzolização, que requerem climas úmidos, a calcificação ocorre em regiões onde a evapotranspiração supera a precipitação significativamente. A calcificação é importante em regiões climáticas em que a penetração da umidade no solo é rasa. O subsolo é tipicamente seco para suportar o crescimento de árvores, sendo as gramíneas de raiz rasa ou os arbustos a principal forma de vegetação. A calcificação é melhorada quando as gramas usam cálcio, retirando de camadas mais profundas do solo e retornando a ele quando as gramas morrem. As gramíneas e suas tramas densas de raízes oferecem grandes quantidades de matéria orgânica, que é misturada profundamente no solo por animais que fazem tocas. Solos de gramíneas em latitudes médias são ricos em húmus e são os mais produtivos agricolamente no mundo. Os solos do deserto do oeste americano geralmente não têm húmus e o aumento da água capilar pode deixar depósitos de carbonato de cálcio e sal na superfície.

Em muitas regiões secas, o ar é com frequência repleto de poeiras alcalinas, como o carbonato de cálcio ($CaCO_3$). Quando condições calmas prevalecem ou quando chove, a poeira se assenta e acumula no solo. A chuva produz uma quantidade de água do solo que é suficiente para deslocar esses materiais para o horizonte B (■ Figura 9.32). Por mais de centenas a milhares de anos, a poeira enriquecida com $CaCO_3$ se concentra no horizonte B, formando camadas duras de *caliche*. Acúmulos muito mais espessos, chamados *calcretes*, se formam pelo movimento ascendente (capilar) de cálcio dissolvido em água do solo, quando a camada de água está próxima à superfície.

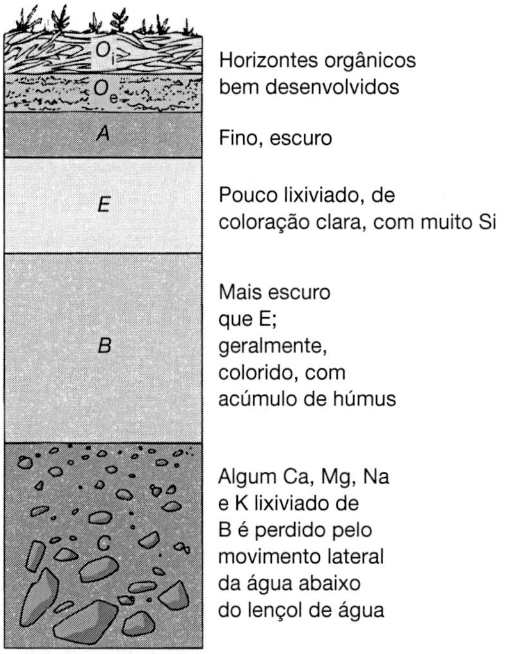

FIGURA 9.31 Horizontes de perfil de solo em um podzol. Podzolização ocorre em climas frios e úmidos em regiões de árvores coníferas ou em ambientes pantanosos, formando solos muito ácidos.

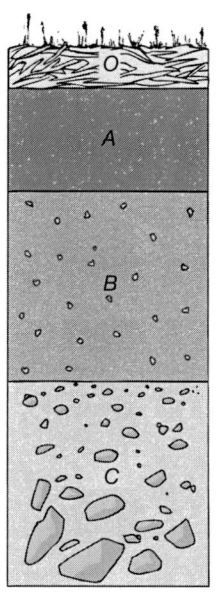

FIGURA 9.32 Horizontes de perfil de solo em um calcificado. Calcificação é um processo de desenvolvimento de solo que é mais comum em regiões climáticas subúmidas ou semiáridas, particularmente em áreas gramadas, mas também ocorre em desertos.

FIGURA 9.33 Os depósitos brancos neste campo no Colorado foram causados pela salinização. A salinidade da superfície resultou de movimento capilar de água para cima e evaporação na superfície, causando depósitos de sal. As rachaduras no solo indicam encolhimento causado pela secagem do solo por evaporação.
Que efeitos negativos no solo podem ocorrer quando seres humanos praticam agricultura irrigada em regiões que apresentam taxas altas de evaporação?

Regimes de importância local

Dois regimes adicionais de formação do solo merecem atenção. Ambos caracterizam áreas com pouca drenagem, embora ocorram sob condições climáticas bem diferentes. A **salinização**, concentração de sais no solo, é normalmente prejudicial ao crescimento das plantas (■ Figura 9.33). Ela ocorre em vales de córregos, bacias interiores, e outras áreas baixas, particularmente em regiões áridas com altas camadas de água. Os níveis altos de água do solo podem ser resultantes de água de cordilheiras de montanhas adjacentes, fluxo de córrego originado em regiões úmidas ou um regime de precipitação sazonal úmido-seco. A salinização também pode ser uma consequência de irrigação intensa sob condições áridas ou semiáridas. A evaporação rápida deixa para trás uma alta concentração de sais solúveis e pode destruir a produtividade agrícola de um solo.

Outro regime local de solo é a **gleização**, que ocorre em áreas de pouca drenagem, em ambientes frios e úmidos. Gleissolos, como são chamados, são tipicamente associados com pedaços de turfa onde o solo tem acúmulo de húmus se sobrepondo a uma camada cinza-azulada de argila pegajosa saturada de água. Em regiões de pouca drenagem que eram antes glaciais, como Irlanda, Escócia e norte da Europa, há muito tempo se colhe turfa para utilização como fonte de combustível.

Classificação do solo

Os solos, como os climas, podem ser classificados por suas características e mapeados por sua distribuição espacial. Nos Estados Unidos, a Divisão de Pesquisa do Solo do Serviço de Conservação Natural (NRCS), uma divisão do Departamento de Agricultura, é responsável pela classificação do solo (chamada *taxonomia do solo*) e seu mapeamento.

As classificações são publicadas em **pesquisas de solo**, livros que delineiam e descrevem os tipos de solo em uma região e incluem mapas que mostram a distribuição dos tipos, normalmente em nível municipal. Esses documentos, disponíveis para a maior parte dos Estados Unidos, são referências úteis para fatores como fertilidade, irrigação e drenagem do solo.

O sistema NRCS de classificação é baseado no desenvolvimento e na composição dos horizontes do solo. A maior divisão na classificação dos solos é a **ordem do solo**, da qual a NRCS identifica 12. Para oferecer mais detalhe, as ordens do solo também podem ser divididas em subordens e quatro outras subdivisões mais localizadas. A classificação do solo e as ilustrações de cada ordem de solo do NRCS podem ser encontradas no Apêndice D.

O sistema NRCS usa nomes derivados de raízes de palavras de línguas como o latim, árabe e grego para se referir às diferentes categorias do solo. Os nomes e a classificação são precisos em descrever as características distintivas de cada tipo de solo. Algumas ordens de solo refletem condições climáticas regionais. Outras, no entanto, refletem que são recentes, ou o tipo de material de origem, e sua distribuição não se resume a regiões climáticas. Quando se examina um solo para classificá-lo segundo o sistema NRCS, é dada atenção particular aos horizontes e às texturas característicos.

Ecossistemas e solos: recursos naturais críticos

É responsabilidade de todos nós ajudar a proteger os ecossistemas e os valiosos solos do mundo. A erosão do solo, a degradação, a depleção e o mau gerenciamento de ambientes são enormes preocupações globais atualmente (■ Figura 9.34). Os impactos prejudiciais desses fatores no solo têm consequências negativas na ecologia natural e na produtividade agrícola da qual a humanidade depende. Esses problemas, porém, frequentemente têm soluções razoáveis (veja novamente a Figura 9.18). Conservar o solo e mantê-lo fértil são desafios críticos, essenciais a ambientes naturais e aos recursos vitais do planeta. A informação e o conhecimento obtidos do estudo da biogeografia e dos solos podem nos ajudar a aprender a trabalhar em harmonia com a natureza para sustentar e melhorar a vida na Terra.

■ **FIGURA 9.34** Muitas áreas do mundo estão sofrendo com o impacto da degradação do solo ou perda pela erosão, depleção e muitos outros fatores. Compare este mapa com o mostrado no final do livro.
Existe uma relação geral entre a densidade da população humana e a degradação do solo?

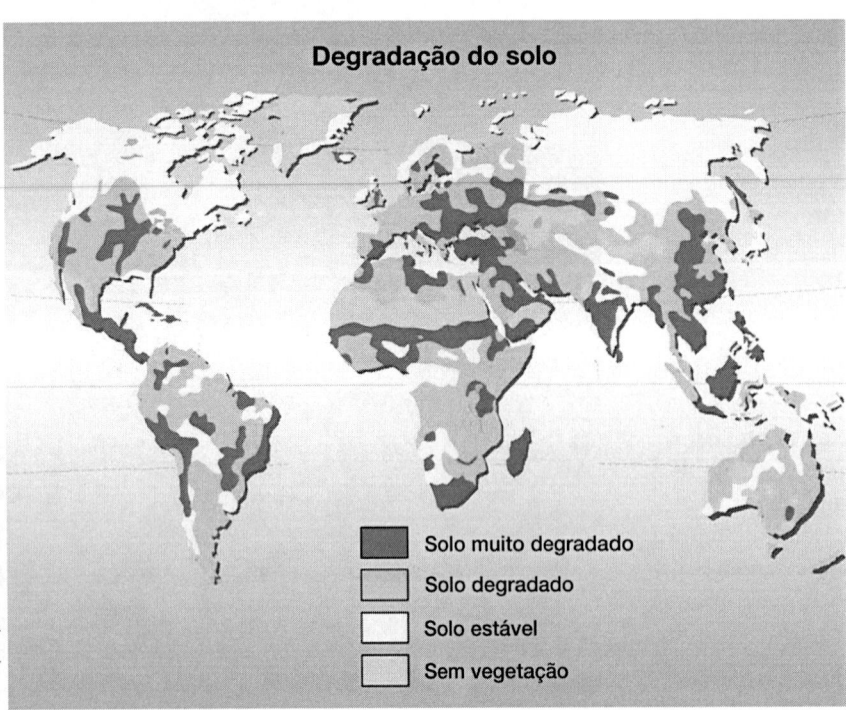

:: Termos para revisão

abióticos
água capilar
água gravitacional
areia
arenosos
argila
argilosos
barro
biomassa
cadeia alimentar
calcificação
carnívoros
Cl, O, R, P, M, T
comunidade clímax
comunidades vegetais
consumidores
corredores
decompositores (detritívoros)
ecossistema
ecótono
eluviação
escala do pH
especialista
estratificação
faixa de tolerância
fertilização do solo
generalistas
gleização
gredosos
habitat
herbívoros
horizontes de solo
húmus
iluviação
infiltre
laterita
laterização
material de origem
material de origem residual
material de origem transportado
matriz
mosaico
nicho ecológico
nível trófico
onívoros
ordem de solo
partícula de solo
pedaços de terra
perfil de solo
permeabilidade
pesquisas de solo
podzolização
porosidade
produtividade primária
produtividade secundária
produtores
regimes de formação de solo
relação simbiótica
salinização
silte
siltosos
solo
sucessão vegetal
textura do solo

:: Questões para revisão

1. Quais são algumas das razões pelas quais o estudo de ecossistemas é importante hoje?
2. Quais são os quatro componentes básicos de um ecossistema?
3. Quais são os quatro principais níveis tróficos?
4. Como a produtividade, o fluxo de energia e a biomassa se relacionam com a sequência de níveis tróficos em uma cadeia alimentar?
5. O que é sucessão vegetal, como os dois tipos diferem e de que modo a teoria original de sucessão foi modificada?
6. Como os termos *mosaico*, *matriz*, *pedaço de terra*, *corredor* e *ecótono* se relacionam entre si e com a paisagem de vegetação?
7. Por que o solo é um exemplo excelente de integração e interação dos subsistemas da Terra?
8. Que fatores estão envolvidos na formação dos solos? Qual é o mais importante em uma escala global?
9. O que é eluviação e iluviação e qual é o impacto resultante no solo para cada um, se esses processos ocorrerem ao extremo?
10. Como a textura é usada para classificar os solos? Descreva os modos com que cientistas classificaram a estrutura do solo.
11. Quais são as características gerais de cada horizonte em um perfil de solo? Como o perfil de solo é importante para os cientistas?
12. Descreva os três principais regimes de formação de solos.

:: Aplicações práticas

1. *Kudzu* é uma videira trepadeira, arborizada, perene, originária do Japão. De 1935 a 1950, os fazendeiros do sudeste dos Estados Unidos foram encorajados a plantar *kudzu* para ajudar a reduzir a erosão do solo. Sem seus inimigos naturais, essa videira começou a crescer descontroladamente. Em 1953, ela foi identificada como uma erva daninha e os esforços para erradicá-la continuam até hoje. Atualmente, o *kudzu* está presente em cerca de 30 mil km² do sudeste dos Estados Unidos. Desde 1935 até o presente, qual o avanço dessa praga em quilômetros quadrados por ano?
2. Verifique a Figura 9.23. Usando o triângulo de texturas, determine as texturas das seguintes amostras de solo.

	Areia	Silte	Argila
a.	35%	45%	20%
b.	75%	15%	10%
c.	10%	60%	30%
d.	5%	45%	50%

Quais são as porcentagens de areia, silte e argila das seguintes texturas de solo? (*Observação*: as respostas podem variar, mas o total deve sempre ser 100%.)

e. Arenoso argiloso
f. Siltoso barroso

Material da Terra e tectônica das placas

10

:: Apresentação

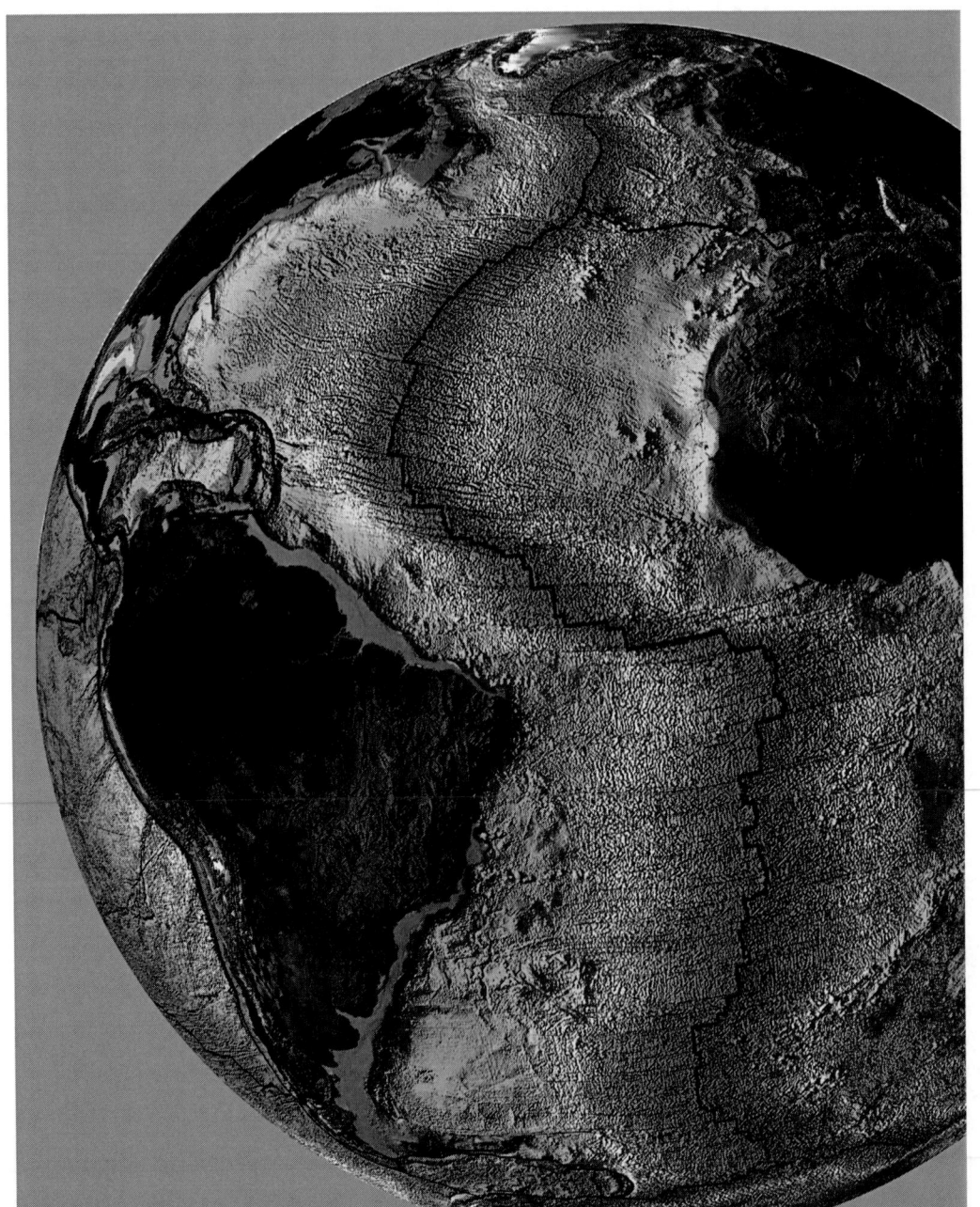

Estrutura planetária da Terra

Minerais e rochas

Tectônica

Crescimento dos continentes

Paleogeografia

Idade relativa de material rochoso sobre o leito do oceano Atlântico. As rochas são as mais jovens (vermelho) ao longo da extensa cadeia de montanhas submarinas mesoatlânticas e tornam-se progressivamente mais velhas com o aumento da distância da cadeia meso-oceânica.

(Dados por R. D. Muller, M. Sdrolias, C. Gaina e W. R. Roest, 2008, DOI 10.1029/2007GC001743)

E. Lim e J. Varner, CIRES e NOAA / NGDC

:: Objetivos

Ao terminar de estudar este capítulo, você será capaz de:

- Comparar as propriedades materiais e o tamanho relativo do centro da Terra, manto e crosta.
- Apontar as principais diferenças entre as placas oceânica e continental.
- Entender que a litosfera rígida é arrastada pela astenosfera plástica e fluída sob ela.
- Diferenciar minerais de rochas.
- Relembrar as definições das principais categorias de rochas ígneas, sedimentares e metamórficas.
- Explicar o significado de ciclo da rocha.
- Discutir a teoria da tectônica das placas.
- Fornecer evidências para a teoria da tectônica das placas.
- Descrever as principais características da Terra associadas à convergência, à divergência das placas e aos movimentos transformantes.
- Considerar o fato de que a configuração das massas de terra e o meio ambiente do planeta vêm mudando significativamente com as eras geológicas.

Se pudéssemos voltar no tempo para ver como era a Terra há 90 milhões de anos, além de ver as formas de vida agora extintas, incluindo os dinossauros, nós encontraríamos uma distribuição espacial muito diferente das áreas de terra seca e águas da existente hoje. Um vasto mar interior atravessava o que agora é o coração da América do Norte. Dinossauros deixaram suas pegadas em grandes trilhas nas várzeas dos rios que fluíam das jovens Montanhas Rochosas. Florestas cresciam acima do atual Círculo Ártico. Gramíneas ainda não existiam. Essas grandes diferenças no que diz respeito a tamanho, forma e distribuição das cadeias de montanhas e corpos de água, bem como de clima, solos e organismos podem ser explicadas cientificamente.

Assim como a atmosfera, a hidrosfera e a biosfera, a parte do sistema da Terra que está sob nossos pés – a litosfera – sofre mudanças por causa dos fluxos de energia e matéria. Por longos períodos de tempo geológico, os fluxos de energia e matéria no interior da Terra têm alterado significativamente o tamanho, a forma e a localização das principais características da superfície e os meios ambientes. Essas condições internas também ajudam a explicar a distribuição atual dos vários tipos de rochas, recursos minerais e os riscos naturais. Os processos originários no interior do planeta criaram as bases estruturais que os processos de superfície transformaram nas paisagens familiares em que vivemos.

Estrutura planetária da Terra

A geografia física abrange predominantemente a parte do sistema da Terra que se encontra na interface da atmosfera, hidrosfera, biosfera e litosfera, que se relacionam na superfície do planeta. Assim, o conhecimento básico da estrutura planetária interna é necessário para entender muitos dos aspectos e das características naturais da superfície.

Desde as moléculas de gás de baixa densidade na camada mais externa da atmosfera até as de ferro e níquel, de alta densidade, no centro do planeta, todo gás, líquido e resíduos sólidos que compõem a Terra são mantidos dentro do sistema por atração gravitacional. Isaac Newton nos ensinou que a intensidade com que as partículas atraem umas as outras pela gravidade depende da massa de cada partícula, comumente expressa em unidades de gramas ou quilogramas. A força gravitacional de atração é maior para os objetos que têm massa maior Os cientistas costumam usar a densidade, massa por unidade de volume, para comparar como os volumes iguais de diferentes materiais variam em massa. Os tipos de materiais da Terra que têm maior densidade, portanto maior força gravitacional de atração, tendem a concentrar-se juntos do centro da Terra.

O interior da Terra é composto principalmente de sólidos, o mais denso dos três estados da matéria. Uma substância menos densa, a água na forma líquida, ocupa a maior parte da superfície terrestre, a milhares de quilômetros acima das substâncias densas que estão nas partes profundas do planeta. Gases, com uma densidade ainda menor, têm a mais fraca força de atração gravitacional e, portanto, são mantidos frouxamente em torno da Terra – formando a atmosfera, em vez de estar no interior da Terra ou em sua superfície. Partindo de dentro do centro do sistema da Terra para fora, existe um *continuum* de densidade (*espectro*) que vai desde os mais densos materiais no centro do planeta às substâncias menos densas na borda exterior da atmosfera. Nos capítulos anteriores, aprendemos muito sobre a atmosfera da Terra, bem como sobre a hidrosfera e a biosfera. Neste capítulo, começamos nosso estudo do sólido, ou seja, a porção rochosa da Terra – a litosfera.

A Terra tem um raio de cerca de 6.400 km. Através de meios diretos, como mineração e perfuração, temos sido capazes de penetrar e examinar apenas uma parte ínfima dessa distância. A atração pelo ouro levou várias pessoas (especialmente os mineiros) a uma profundidade de 3,5 km (2,2 milhas),na África do Sul; perfurações em busca de petróleo e gás levaram as máquinas a uma profundidade próxima de 12 km (7,5 milhas). Essas explorações têm sido úteis ao fornecer informações sobre as camadas ultraperiféricas da Terra sólida, mas mal arranharam a superfície do planeta. Os cientistas vêm trabalhando continuamente para compreender melhor o interior da Terra. Ampliar o conhecimento científico sobre a estrutura, a composição e os processos operacionais do interior do planeta nos ajuda a aprender mais sobre fenômenos litosféricos, como terremotos, erupções vulcânicas, formação de rochas e depósitos minerais, bem como sobre a origem dos continentes. Isso pode até nos auxiliar a conhecer melhor a origem do próprio planeta.

A maior parte do que sabemos sobre a estrutura interna da Terra e sua composição foi deduzida por meios indiretos, por várias formas de sensoriamento remoto. Até agora, a evidência mais importante que os cientistas têm usado para ganhar conhecimento indireto do interior da Terra é o comportamento das ondas de choque, chamadas **ondas sísmicas**, enquanto elas viajam pelo planeta (■ Figura 10.1). De forma artificial, cientistas geram algumas dessas ondas sísmicas com explosões controladas, mas usam principalmente evidências e provas obtidas por rastreamento de ondas de terremoto naturais, durante a viagem delas pela Terra (■ Figura 10.2a).

Após analisar os dados coletados ao longo de décadas sobre os padrões do percurso dessas ondas sísmicas, os cientistas foram capazes de desenvolver um modelo do interior da Terra. Essas informações, complementadas por estudos do campo magnético da Terra e da força gravitacional, revelam uma série de camadas, zonas, em sua estrutura interna. Essas zonas principais, a partir do centro da Terra para a superfície, são o núcleo, o manto e a crosta (■ Figura 10.2b).

Núcleo da Terra

A seção mais interna da Terra, o **núcleo,** contém um terço da massa do planeta e tem um raio de cerca de 3.360 km (2.100 milhas), sendo maior que o planeta Marte. O núcleo da Terra está sob uma enorme pressão, milhões de vezes maior que a pressão atmosférica ao nível do mar. Os cientistas deduziram que o núcleo é composto principalmente de ferro e níquel e consiste em duas partes distintas, o núcleo interno e o núcleo externo.

O **núcleo interno** da Terra tem um raio de cerca de 960 km (600 milhas). A velocidade das ondas sísmicas que viajam através dele mostra que é um sólido com uma densidade material muito alta, de cerca de 13 gramas por centímetro cúbico (0,5/ lbs/pol^3.). O **núcleo externo** forma uma faixa grossa de 2.400 km (1.500 milhas) em volta do núcleo interno. A matéria rochosa na extremidade do núcleo externo tem uma densidade de cerca de 10 gramas por centímetro cúbico (0,4 lbs/pol^3.). Em razão de o material do núcleo impedir a passagem de um tipo específico de ondas sísmicas, os cientistas da Terra sabem que esse núcleo externo é composto de material fundido (derretido/material rochoso líquido). A alta densidade de ambas as seções do núcleo da Terra apoia a teoria de que ele é composto de ferro e níquel.

Por que o núcleo exterior da Terra é derretido, enquanto o núcleo interno continua sólido? A resposta envolve o fato de que

■ **FIGURA 10.1** Sismógrafos registram ondas sísmicas para estudos científicos.

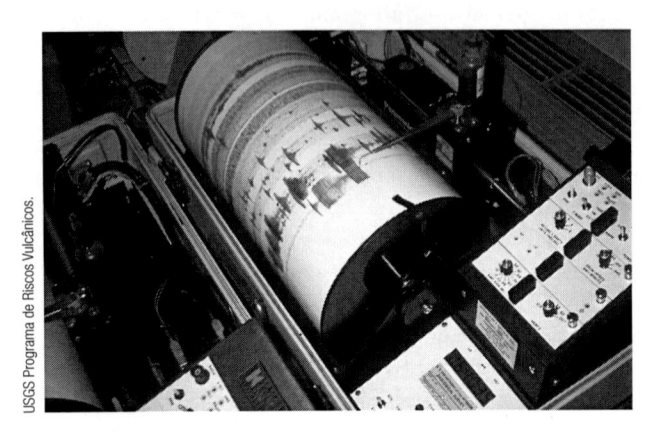

■ **FIGURA 10.2** (a) A estrutura interna da Terra é revelada pela refração de ondas P (primárias) e pela incapacidade das ondas S (secundárias) de passar através da parte mais externa do centro líquido. (b) Corte transversal das zonas estruturais internas da Terra.
Como a espessura da crosta se compara com a do manto?

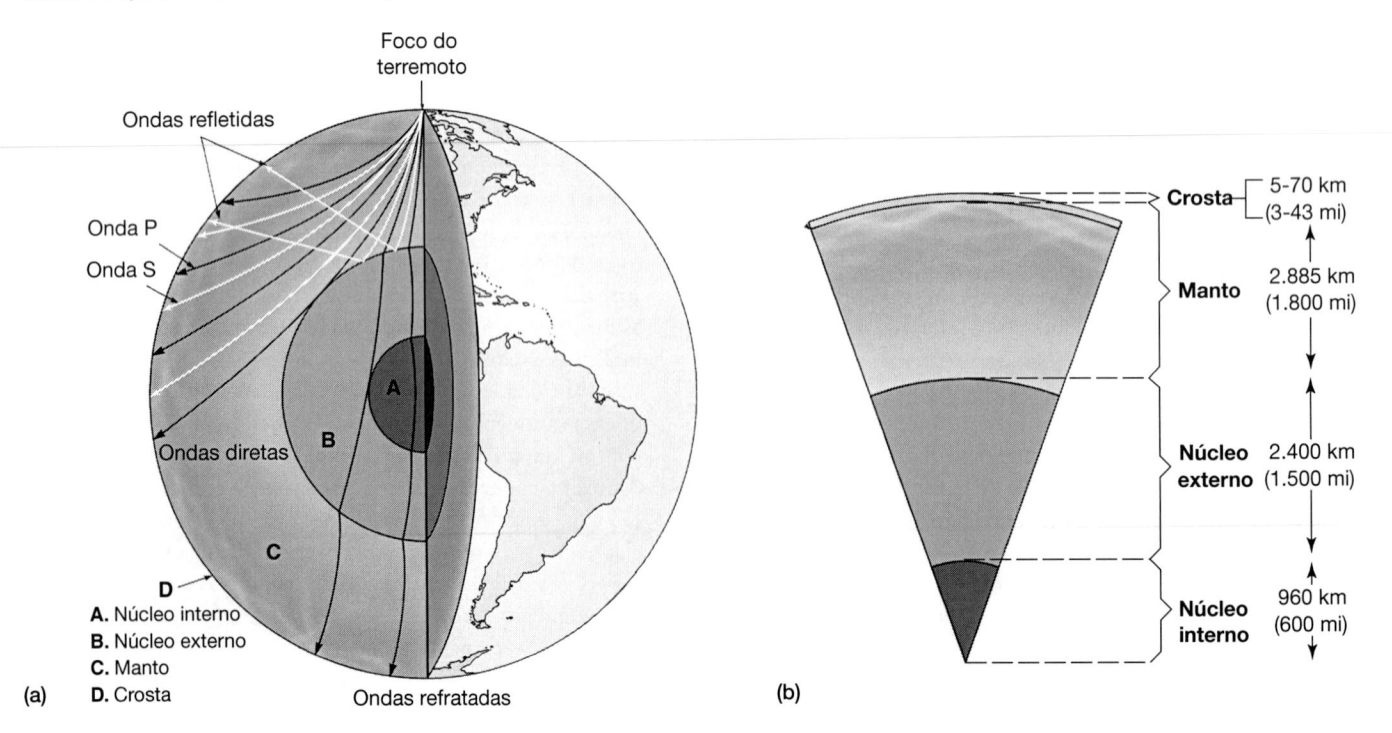

o ponto de fusão da matéria mineral depende não só da temperatura, mas também da pressão a que é submetida. A matéria rochosa que está sob maior pressão funde-se a uma temperatura mais alta do que quando está sob uma pressão menor. O material do núcleo interno está sob maior pressão que o material rochoso no núcleo externo. Como resultado dessa grande pressão, o material do núcleo permanece sólido, apesar da sua alta temperatura. As temperaturas no núcleo externo são mais baixas que no núcleo interno, e as pressões também são menores, o que faz com que o material do núcleo externo possa existir no estado fundido. Temperaturas internas são estimadas em 6.900 ºC no centro da Terra, caindo para 4.800 ºC na parte superior do núcleo externo.

Manto da Terra

Com uma espessura aproximada de 2.885 km e representando quase dois terços da massa do planeta, o **manto** é a maior das zonas do interior da Terra. Ondas sísmicas que passam pelo manto indicam que ele é composto de material rochoso sólido, em contraste com o núcleo externo de material derretido que se encontra abaixo. Também é menos denso que o núcleo, com valores que variam de 3,3 a 5,5 gramas por centímetro cúbico (0,12 - 0,20 lbs/pol^3.). Embora a maior parte do manto seja sólida, o material particularmente próximo da extremidade do manto exibe características de um *sólido plástico*, o que significa que o material rochoso sólido pode deformar-se e fluir muito lentamente, neste caso, à taxa de alguns centímetros por ano. Os cientistas concordam que o manto é constituído por rochas de silicato (ricas em silício e oxigênio) e contém também quantidades significativas de ferro e magnésio.

O manto é composto de várias camadas distintas, marcadas por diferentes características de resistência e rigidez. É de especial interesse conhecer as duas camadas superiores. A camada mais externa do manto, com uma espessura média de cerca de 100 km (60 milhas), é relativamente fria, dura e resistente. Isso contrasta muito com a camada mais quente e frágil do material, na porção do manto imediatamente inferior, que flui de forma plástica em resposta ao estresse aplicado. A camada mais externa do manto tem uma composição química igual a todo o resto, mas responde ao estresse aplicado mais similarmente à camada sobrejacente, a crosta terrestre. Juntas, a camada superior do manto e a crosta formam uma unidade estrutural chamada **litosfera**, que é o termo tradicionalmente usado para descrever toda a porção sólida da Terra, como visto no capítulo 1 e no início deste capítulo. Nas últimas décadas, no entanto, o termo litosfera tem também sido usado em um sentido diferente, mais estrutural, para se referir à camada mais externa e rígida da Terra, incluindo a crosta e a camada mais exterior do manto (■ Figura 10.3).

Estendendo-se da base da litosfera cerca de 600 quilômetros (375 milhas) para dentro do manto, está a **astenosfera** (do grego: *asthenias*, sem força), uma espessa camada de material plástico do manto que pode fluir tanto vertical como horizontalmente, carregando no seu fluxo os segmentos da litosfera rígida sobrejacente. Hoje em dia, os cientistas da Terra acreditam que a energia das

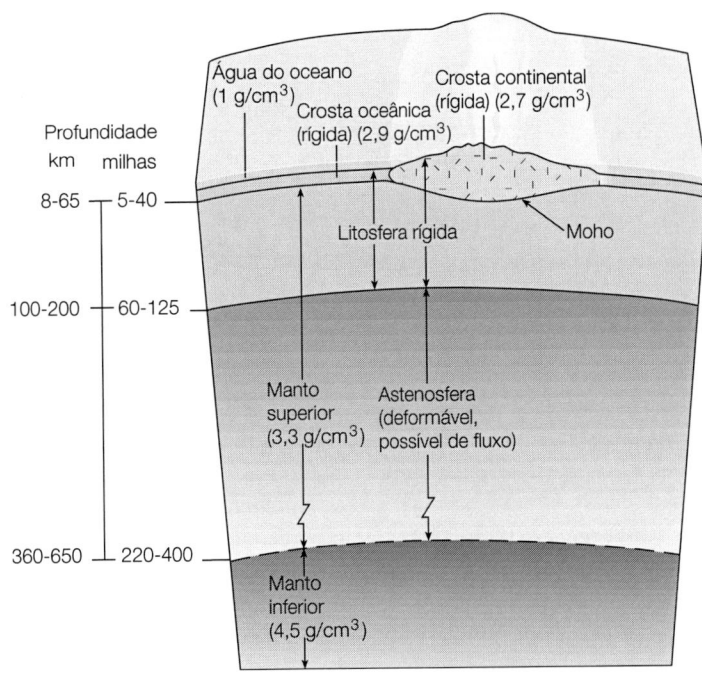

■ **FIGURA 10.3** A litosfera é a parte sólida, mais externa da Terra, que inclui a crosta e a parte superior rígida do manto. Abaixo da litosfera está a astenosfera plástica.

forças tectônicas, imensas forças que quebram e deformam a crosta, muitas vezes resultando em terremotos e outras vezes responsáveis pela formação de montanhas, vem da movimentação da astenosfera plástica. Por sua vez, o movimento na astenosfera é produzido por correntes de convecção térmica que ocorrem no resto do manto (abaixo desta) e que são criadas pelo calor resultante do decaimento de materiais radioativos no interior do planeta.

A interface entre o manto e a crosta é marcada por uma mudança significativa da densidade, chamada descontinuidade, indicada por um aumento abrupto da velocidade de ondas sísmicas que viajam através desse limite interno. Os cientistas denominaram esta zona de **descontinuidade de Mohorovičić**, ou **Moho** para abreviar, em homenagem ao geofísico croata que a detectou pela primeira vez, em 1909. A Moho não está a uma profundidade constante, mas geralmente acompanha a topografia da superfície, sendo sua parte a mais profunda sob as cadeias de montanhas, onde a crosta é grossa, subindo para até 8 km (5 milhas) no fundo do oceano (ver novamente Figura 10.3). Nenhuma perfuração geológica conseguiu ainda alcançar a Moho no manto, mas uma parceria científica internacional, chamada Programa de Perfuração Integrada do Oceano, está trabalhando nesse projeto. As amostras de rocha que por ventura venham a ser extraídas dos núcleos perfurados da Moho vão somar à nossa compreensão da composição e da estrutura da litosfera da Terra.

Crosta terrestre

O exterior sólido da Terra é chamado **crosta** e composto de grande variedade de tipos de rochas que respondem de maneiras diversas e em níveis diferentes aos processos de superfície. A crosta é a única parte da litosfera da Terra da qual os cientistas

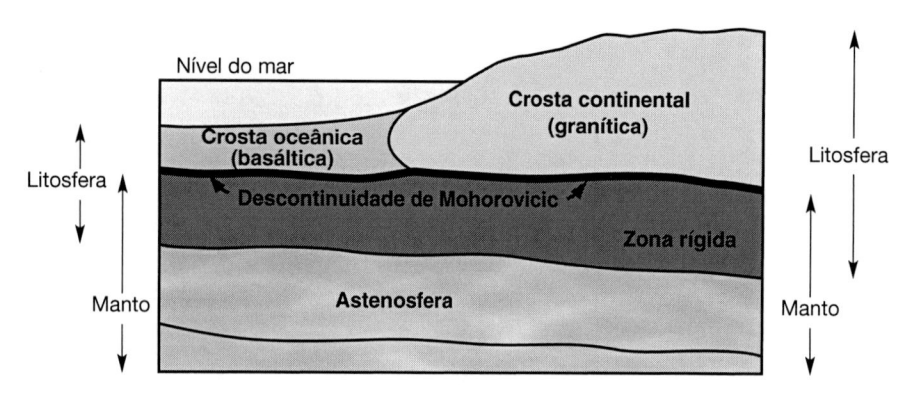

■ **FIGURA 10.4** A Terra tem dois tipos distintos de crosta, a oceânica e a continental. A crosta e a parte superior e rígida do manto formam a litosfera. A astenosfera plástica encontra-se no manto superior, abaixo da litosfera.

têm conhecimento direto, no entanto, representa apenas cerca de 1% da massa planetária. Como camada mais externa da litosfera, a crosta terrestre forma o fundo dos oceanos e os continentes, sendo de primordial importância para o entendimento dos processos de superfície e acidentes geográficos.

A densidade da crosta terrestre é significativamente menor que a do núcleo e do manto, na faixa de 2,7 a 3 gramas por centímetro cúbico (0,10 - 0,11 lbs/pol^3.). A crosta também é extremamente fina em comparação com o tamanho do planeta. Os dois tipos de crosta, oceânica e continental, distinguem-se por sua localização, composição e espessura (■ Figura 10.4). A espessura da crosta varia de 3 a 5 km (1,9 - 3 milhas) nas bacias oceânicas e chega até 70 km (43 milhas) em alguns sistemas de montanhas continentais. A crosta é relativamente fria em comparação com o manto e se comporta de uma forma mais rígida e quebradiça, em especial sua camada superior de 10 km a 15 km (6 - 9 milhas). A crosta responde ao estresse por fratura, esfacelamento, ou dobramento.

A **crosta oceânica** é composta de material pesado, de cor escura, por rochas ricas em ferro e também em silício (Si) e magnésio (Mg). Sua composição *basáltica* será descrita mais detalhadamente na próxima seção. Comparada à crosta continental, a crosta oceânica é bastante fina, porque sua densidade (3,0 g/cm^3) é maior que da crosta continental (2,7 g/cm^3). Formando o vasto chão do oceano profundo, assim como os fluxos de lava em todos os continentes, as rochas basálticas são as mais comuns na Terra.

A crosta continental compreende as principais porções de terra no planeta que estão expostas à atmosfera. Além de ser menos densa (2,7 g/cm^3) que a crosta oceânica, com uma espessura média de 32 a 40 km (20 - 25 milhas) é também muito mais espessa Em locais onde a crosta continental se estende a grandes altitudes, como nas cadeias de montanhas, também desce a grandes profundidades abaixo da superfície. A crosta continental contém mais rochas de cor clara, de composição *granítica* que a crosta oceânica. A natureza do granito, basalto e de outras rochas comuns será discutida a seguir.

Minerais e rochas

Os minerais são os blocos de construção das rochas. Um **mineral** é uma substância inorgânica que ocorre naturalmente, representado por uma fórmula química distinta e com uma forma cristalina específica. Uma **rocha**, em contraste, é um agregado de vários tipos de minerais ou de várias peças individuais (grãos) do mesmo tipo de mineral. Em outras palavras, uma rocha não é um cristal único e uniforme. Os elementos mais comuns encontrados na crosta terrestre e, portanto, nos minerais e nas rochas que a compõem são o oxigênio e o silício, seguidos do alumínio e do ferro.

Como pode ser visto na Tabela 10.1, os oito elementos químicos mais comuns na crosta, dos mais de 100 conhecidos, representam quase 99% da crosta terrestre, em peso. Os minerais mais comuns são combinações desses oito elementos.

Minerais

Cada mineral tem características físicas distintas e reconhecíveis que ajudam na sua identificação. Uma dessas características é a natureza da sua forma cristalina. Cristais minerais apresentam formas geométricas próprias que expressam sua estrutura molecular (■ Figura 10.5). Halite, por exemplo, que é usado como sal de mesa, é um mineral macio, que tem a fórmula química específica NaCl e uma forma cristalina cúbica. Quartzo,

TABELA 10.1
Elementos mais comuns na crosta terrestre

Elemento	Porcentagem da crosta terrestre por peso
Oxigênio (O)	46,60
Silício (Si)	27,72
Alumínio (Al)	8,13
Ferro (Fe)	5,00
Cálcio (Ca)	3,63
Sódio (Na)	2,83
Potássio (K)	2,70
Magnésio (Mg)	2,09
Total	98,70

Fonte: J. Green, "Tabela geotécnica dos elementos de 1953", *Boletim da Sociedade Geológica da América 64* (1953).

■ FIGURA 10.5 Cristais do mineral calcita.

calcita, fluorita, talco, topázio e diamante são outros exemplos de minerais.

Os átomos e as moléculas que compõem um mineral são mantidos juntos por meio de ligações químicas. A força e a natureza dessas ligações químicas afetam a resistência e a dureza dos minerais e das rochas formadas por eles. Minerais com ligações internas fracas sofrem alterações químicas mais facilmente. Partículas carregadas, isto é, íons que fazem parte de uma molécula em um mineral podem sair ou ser trocadas por partículas de outras substâncias, enfraquecendo a estrutura mineral e formando a base química para degradação das rochas na superfície da Terra, processo chamado *intemperismo*.

Minerais podem ser classificados em grupos baseados em sua composição química. Certos elementos, principalmente silício, oxigênio e carbono, combinam-se facilmente com muitos outros. Por essa razão, os grupos de minerais mais comuns são silicatos, óxidos e carbonatos. A calcita ($CaCO_3$), por exemplo, relativamente macia, o mais generalizado mineral de carbonato de cálcio, consiste de um átomo de cálcio (Ca) ligado a uma molécula de carbonato (CO_3), que, por sua vez, é formada de um átomo de carbono (C) mais três átomos de oxigênio (O). Os silicatos, entretanto, são, de longe, o maior e mais comum grupo mineral, o qual compreende 92% da crosta terrestre.

Os dois elementos mais comuns na crosta, oxigênio (O) e o silício (Si), frequentemente se combinam para formar SiO_2, que é chamado *sílica*. *Silicatos* são compostos de oxigênio e silício, que também incluem um ou mais metais e/ou bases. A sílica em sua forma cristalina é o quartzo mineral que tem uma forma prismática cristalina distinta. O quartzo é um dos últimos minerais de silicato a se formar da solidificação da rocha fundida, e é também um mineral relativamente duro e resistente.

Rochas

Embora alguns poucos tipos de rochas sejam compostos de muitas partículas de um único mineral, a maioria das rochas se constitui de vários minerais (■ Figura 10.6).

Cada um desses minerais que compõem uma rocha mantêm sua individualidade e suas próprias características. As propriedades da rocha como um todo é uma combinação de seus diversos constituintes minerais. O número de minerais que formam as rochas comuns é limitado, mas eles se combinam através de uma multiplicidade de processos, produzindo enorme variedade de tipos de rochas (veja Apêndice E para informações e fotos de rochas comuns mencionadas no texto).

As rochas são os materiais fundamentais na formação da litosfera. Elas são levantadas, comprimidas e deformadas por grandes forças tectônicas originárias do manto inferior e da astenosfera. Na superfície, as rochas são desgastadas por intemperismo e erodidas para ser depositadas como sedimento em outros lugares.

Uma massa de rocha sólida que ainda não tenha sofrido intemperismo é chamada *substrato rochoso*. Os substratos rochosos podem ser expostos à superfície da Terra ou podem estar recobertos por uma capa de fragmentos de rochas quebradas e decompostas, chamada **regolito**. Uma camada de solo pode ou não ter se formado sobre o regolito. Em encostas íngremes, o regolito pode estar ausente e o substrato rochoso ser exposto se água corrente, gravidade, ou algum outro processo de superfície retirar os fragmentos de rochas desgastadas que o recobrem. Refere-se, muitas vezes, a uma massa de rocha exposta como um *afloramento* (■ Figura 10.7).

■ FIGURA 10.6 O granito contém no seu interior cristais minerais de composição, cor e tamanhos diferentes que dão a essa rocha sua aparência típica.
Qual é a diferença entre uma rocha e um mineral?

Geólogos distinguem três categorias principais de rochas com base no modo de formação: ígneas, sedimentares e metamórficas.

Rochas ígneas

Quando o material rochoso fundido se resfria e se solidifica, torna-se uma **rocha ígnea**. A rocha derretida que está abaixo da superfície da Terra é chamada **magma**, e o material de rocha derretida na superfície é conhecido especificamente como **lava** (■ Figura 10.8). Portanto, a lava é a única forma de rocha derretida que podemos ver. Ela irrompe dos vulcões ou fissuras na crosta a temperaturas tão altas quanto 1.090 ºC (2.000 ºF). Existem duas categorias principais de rochas ígneas: intrusivas e extrusivas.

Quando o material fundido se solidifica na superfície da Terra, dá origem à **rocha ígnea extrusiva**, também chamada *rocha vulcânica*. A rocha ígnea extrusiva, portanto, é formada de lava. Erupções muito violentas de material rochoso fundido podem causar o acúmulo de fragmentos de rocha vulcânica do tamanho de partículas de poeira ou maiores que se precipitam do ar para formar *piroclastos* (do grego: *pyros*, fogo; *clastus*, quebrado), uma categoria especial de rocha extrusiva (■ Figura 10.9a). Quando a rocha derretida abaixo da superfície da Terra, isto é, o magma, sofre alterações e transforma-se em um sólido (resfria), forma rocha ígnea intrusiva, também conhecida como *rocha plutônica* (derivado do nome Plutão, deus romano do submundo). Rochas ígneas são também classificadas em termos de sua composição mineral e de acordo com o tamanho dos minerais que constituem, a chamada *textura*. Elas variam em textura, composição química, estrutura cristalina, tendência à fratura e presença ou ausência de camadas ou estratos.

Rochas compostas de minerais de pequeno porte, não visíveis a olho nu, são descritas como de textura ou granulometria fina, aquelas compostas por minerais de grandes dimensões, visíveis sem necessidade de ampliação, são chamadas rochas de granulometria grossa. O material rochoso derretido, quando extrudado na

■ **FIGURA 10.7** Porções de rocha sólida que são expostas (afloram) na superfície são geralmente chamadas de afloramentos. Quais características físicas deste afloramento rochoso levaram-no a se projetar acima da superfície terrestre geral?

■ **FIGURA 10.8** Um fluxo de lava derretida em movimento parece avermelhado em razão de sua alta temperatura. Lava adjacente, recentemente solidificada, tem aparência escura. Estes fluxos de lava derretida e lava solidificada, encontrados na ilha do Havaí, são de composição basáltica.

■ **FIGURA 10.9** (a) rochas piroclásticas são feitas de fragmentos lançados durante uma erupção vulcânica. (b) A rocha obsidiana – vidro vulcânico – origina-se quando a lava derretida esfria depressa demais para haver formação de cristais.

superfície, resfria muito rapidamente – por causa das temperaturas mais baixas – e forma rochas de granulometria fina, em razão do curto período de tempo disponível para o desenvolvimento de cristal antes da sua solidificação. Um exemplo extremo é a rocha extrusiva *obsidiana,* que esfria tão rapidamente que forma um sólido sem estrutura cristalina, similar ao vidro (■ Figura 10.9b). Grandes massas de matéria rochosa intrusiva que se solidificam nas profundezas da Terra, esfriam mais lentamente, pois outras rochas ao seu redor desaceleram a perda de calor do magma para o meio. O resfriamento lento permite mais tempo para a formação de cristais antes da solidificação. Exceções incluem camadas finas de rochas intrusivas, que se solidificam perto da superfície, o que permite que resfriem mais rapidamente, resultando em rochas de textura fina.

A composição química de rochas ígneas divide-se em *félsicas* (*fel* de feldspato mineral; *si* de sílica), que são ricas em minerais leves e de cor clara, especialmente silício e alumínio, e *máficas* (*ma* de

■ **FIGURA 10.10** Rochas ígneas são diferenciadas por sua textura (tamanho dos cristais), se sua composição mineral é máfica, félsica ou intermediária. Rochas com cristais finos (pequenos) resfriaram rapidamente na ou próximo à superfície da Terra. Rochas que resfriaram lentamente e bem fundo, abaixo da superfície da Terra, apresentam estrutura cristalina grossa (grande).
Qual é a diferença entre granito e basalto?

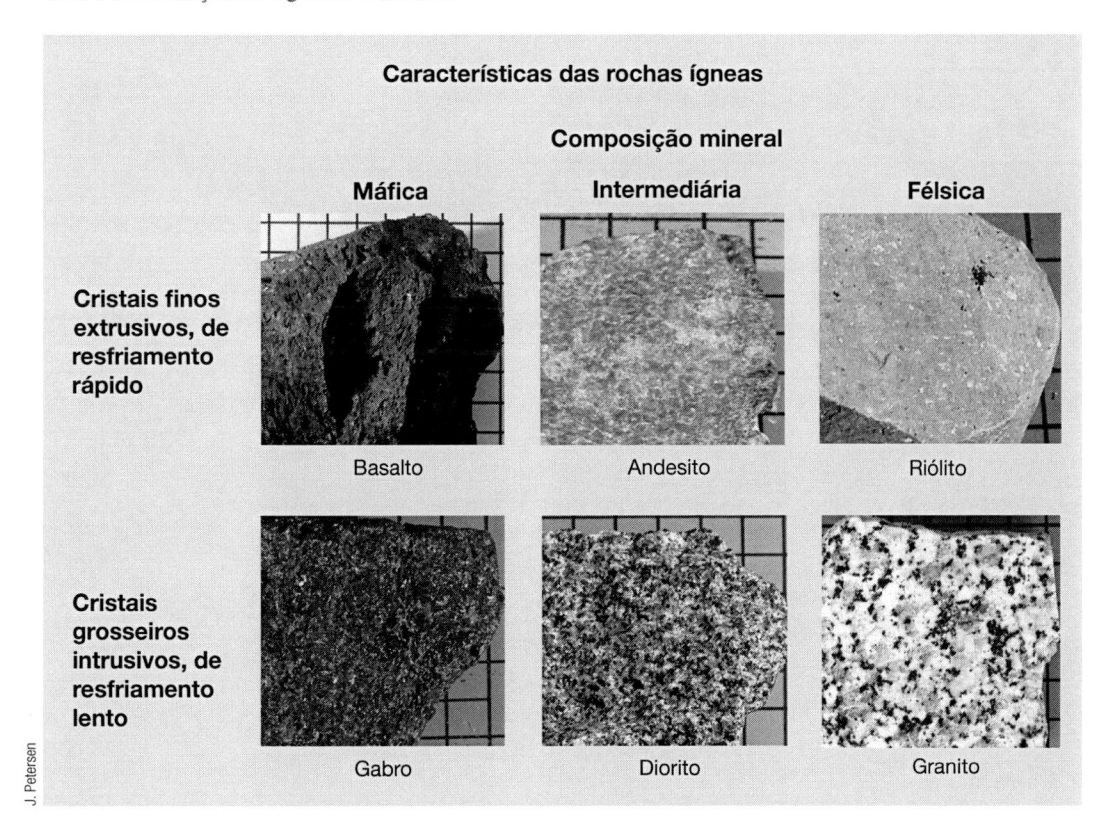

Características das rochas ígneas

Composição mineral

	Máfica	Intermediária	Félsica
Cristais finos extrusivos, de resfriamento rápido	Basalto	Andesito	Riólito
Cristais grosseiros intrusivos, de resfriamento lento	Gabro	Diorito	Granito

magnésio; *f* para *ferrum*, ferro em latim), com baixo teor de sílica e ricas em minerais pesados, como os compostos de magnésio e ferro. O granito, uma rocha intrusiva félsica, de granulometria grossa, tem a mesma composição química e mineral do *riólito*, uma rocha extrusiva de granulometria fina. Da mesma forma, o basalto é o equivalente químico e mineral, de cor escura, ou máfico, extrusivo, de granulometria fina, do *gabro*, uma rocha intrusiva, de granulometria grossa que se resfria em grande profundidade (■ Figura 10.10).

Rochas ígneas também se formam com uma composição intermediária, certo equilíbrio entre minerais félsicos e máficos. A rocha intrusiva *diorito* e a rocha extrusiva *andesito* (nomeado em homenagem a Cordilheira dos Andes, onde muitos vulcões lançam lava dessa composição) representam uma composição intermediária (ver novamente Figura 10.10).

Muitas rochas ígneas apresentam múltiplas fissuras, que podem ser espaçadas ou dispostas em padrões geométricos regulares. Nas ciências da Terra, fraturas simples ou rachaduras na rocha são chamadas **juntas**. Embora as juntas sejam causadas por tensões regionais na crosta, são características comuns em qualquer tipo de rocha. Outra maneira de produzir fissuras nas rochas é quando uma massa de rocha fundida começa a diminuir em volume e fratura enquanto se resfria e se solidifica.

Rochas sedimentares

Como seu nome sugere, as **rochas sedimentares** são derivadas de sedimentos acumulados, ou seja, materiais minerais não consolidados que foram erodidos, transportados e depositados. Depois de terem se acumulado, muitas vezes em camadas horizontais, a pressão exercida pela adição de mais material acima compacta os sedimentos, expelindo água e reduzindo o espaço dos poros. A cimentação ocorre quando sílica, carbonato de cálcio, ou óxido de ferro precipitam-se entre as partículas de sedimentos. Os processos de compactação e cimentação transformam (litificam) os sedimentos em camadas de rochas sólidas e coerentes. Existem três categorias principais de rochas sedimentares: clásticas, orgânicas e químicas.

Fragmentos de sólidos são chamados *clastos* (do latim: *clastus*, quebrado). Em ordem de tamanho crescente, clastos variam de argila, silte, areia até cascalho, que é uma categoria

■ **FIGURA 10.11** As rochas sedimentares clásticas são classificadas pelo tamanho e /ou forma das partículas sedimentares que contêm.
Por que as formas e os tamanhos dos sedimentos em rochas sedimentares variam?

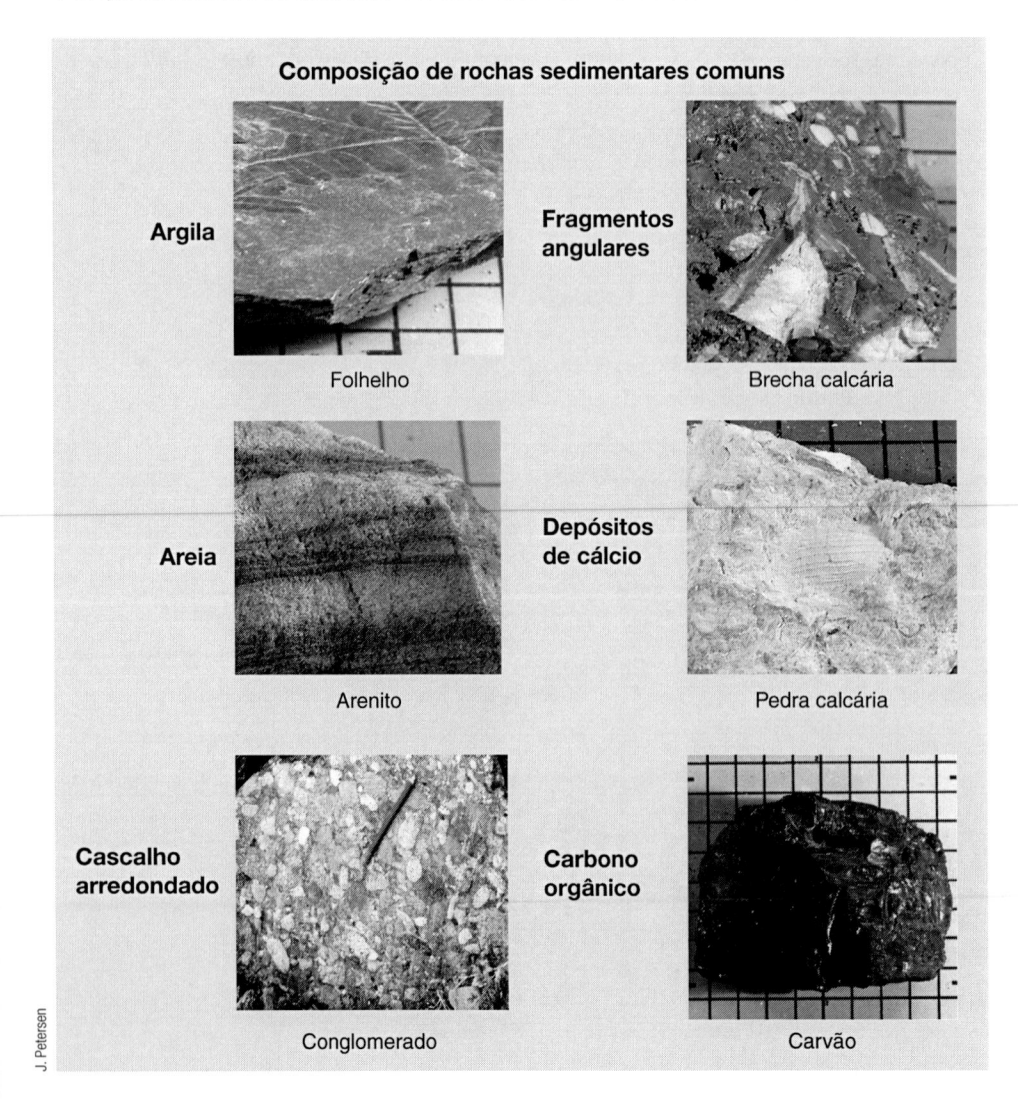

Composição de rochas sedimentares comuns

Argila — Folhelho	**Fragmentos angulares** — Brecha calcária
Areia — Arenito	**Depósitos de cálcio** — Pedra calcária
Cascalho arredondado — Conglomerado	**Carbono orgânico** — Carvão

geral para qualquer fragmento maior que areia (maiores que 2,0 mm) e inclui grânulos, seixos, pedregulhos e pedras. A maioria dos sedimentos constitui-se de fragmentos de rochas já existentes, conchas, ou ossos que foram depositados em um leito de rio, praia, dunas de areia, fundo de lago, ou fundo de oceano e outros ambientes onde clastos podem ser acumulados. As rochas sedimentares que se formam de fragmentos de rochas preexistentes são chamadas **rochas sedimentares clásticas**.

Exemplos de rochas sedimentares clásticas incluem *arenito, conglomerado, siltito e folhelho* (■ Figura 10.11). Conglomerado é uma massa litificada, cimentada de seixos aproximadamente arredondados, ou de pedras e pedregulhos e pode ter argila, silte, ou areia preenchendo os espaços entre as partículas maiores. Uma rocha sedimentar um pouco semelhante composta de fragmentos litificados, mas que são mais angulares que arredondados, é chamada *brecha* (*breccia* em italiano). O arenito é composto de partículas cimentadas, mais comumente grãos de quartzo, do tamanho de grãos de areia. É geralmente granular (tem grãos visíveis), poroso e resistente às intempéries, mas o material de cimentação influencia sua força e dureza. Se cimentado por sílica, o arenito tende a ser mais resistente ao intemperismo do que se for cimentado por carbonato de cálcio ou óxido de ferro. Ao contrário do arenito, o siltito, formado por grãos individuais, é composto de partículas de tamanho do silte, que não são facilmente visíveis a olho nu. Os folhelhos são produzidos por compactação e cimentação de sedimentos muito finos, principalmente argilas. Eles são encontrados muitas vezes em camadas finas, apresentam uma textura lisa e têm baixa permeabilidade. Podem, no entanto, ser facilmente quebrados, despedaçados (friáveis) e erodidos.

Rochas sedimentares podem ser classificadas pela sua origem como marinhas ou terrestres (continentais). Arenitos marinhos normalmente se formam no segmento das zonas costeiras; arenitos terrestres em geral, originam-se no deserto ou em ambientes de várzea dos rios, no interior do continente. A natureza e a disposição dos sedimentos em uma rocha sedimentar fornecem grande quantidade de evidências sobre o tipo de ambiente em que foram depositados, se em um leito de rio, uma praia, ou no fundo do oceano profundo.

As **rochas sedimentares orgânicas** são litificadas de restos de organismos, tanto plantas como animais. O *carvão*, por exemplo, é criado por acumulação e compactação da vegetação parcialmente deteriorada em ambientes ácidos e alagados, onde a água do solo saturado impede a oxidação e a deterioração completa da matéria orgânica. A transformação inicial desse material orgânico produz a turfa, que, quando submetida a enterramento mais profundo e compactação adicional, é litificada para produzir carvão.

Outras rochas sedimentares orgânicas se desenvolvem dos restos de organismos em lagos e mares. Os restos de moluscos, corais e organismos microscópicos chamados plâncton, acabam se precipitando para o fundo de corpos de água, onde são compactados e cimentados. Ricos em carbonato de cálcio ($CaCO_3$), eles formam um tipo de *pedra calcária* que normalmente contém fósseis de conchas e fragmentos de coral (■ Figura 10.12).

Quando as quantidades de minerais dissolvidos no oceano ou nas águas de um lago atingem seu nível de saturação, estes começam a se precipitar e a formar um depósito no fundo do mar ou lago. Esses sedimentos acabam por litificar-se formando **rochas sedimentares químicas**. Muitos calcários finos são formados dessa maneira, como precipitados químicos de carbonato de cálcio. O calcário, portanto, pode variar de um complexo irregular e cimentado de fragmentos de conchas visíveis, ou material de esqueleto fóssil, a uma rocha com uma textura lisa. Quando o magnésio é um dos principais constituintes com o carbonato de cálcio, esse tipo de rocha é chamado *dolomita*. Uma vez que o carbonato de cálcio no calcário pode se dissolver lentamente na água, rochas calcárias, em climas árido ou semiárido, tendem a ser resistentes, mas em ambientes úmidos são geralmente mais fracas.

Sais minerais que tenham atingido a saturação pela evaporação dos mares ou lagos vão se precipitar para formar uma variedade de depósitos sedimentares que são úteis aos seres humanos. Estes incluem o *gesso* (utilizado na construção civil), *halite* (sal comum) e boratos, que são importantes em centenas de produtos, como fertilizantes, fibra de vidro, detergentes e produtos farmacêuticos.

■ **FIGURA 10.12** Os White Cliffs (Penhascos Brancos) em Dover, na Inglaterra. Estes impressionantes penhascos íngremes, com aspecto de giz ao longo do Canal Inglês, são feitos de calcário de restos de esqueletos de organismos marinhos microscópicos.

■ **FIGURA 10.13** Planos de estratificação são fronteiras entre as diferentes camadas (estratos) de sedimentos que marcam uma mudança na natureza do material depositado. Numerosos planos de estratificação, muitos representados por mudanças de cor, são visíveis nestas rochas do Parque Nacional do Grand Canyon, no Arizona.
Onde fica o estrato mais jovem nesta foto?

■ **FIGURA 10.14** Estratificação cruzada em arenito no Parque Nacional de Zion, em Utah.
Em que circunstâncias, a areia pode ser depositada em um ângulo substancial, e não como uma camada mais horizontal?

■ **FIGURA 10.15** Junta vertical em arenito no Parque Nacional dos Arcos, em Utah, é responsável pela criação dessas paredes de rocha vertical, chamadas barbatanas. A rocha tem sido erodida preferencialmente ao longo das juntas. Apenas a rocha que estava longe dos locais das juntas permanece de pé.

A maioria das rochas sedimentares exibe camadas denominadas *estratificação*. Os diversos tipos de depósitos sedimentares produzem estratos distintos (camadas) dentro das rochas. Os chamados **planos de estratificação**, ou as fronteiras entre as camadas sedimentares, indicam mudanças da energia no ambiente de deposição, mas não uma real interrupção na sequência de deposição (■ Figura 10.13). Onde há um desencontro acentuado e irregularidades ou erosão na superfície entre as camadas, essa região de contato entre as camadas das rochas é chamada **discordância**. Isso indica uma lacuna na seção causada pela erosão, em vez de deposição de sedimentos. Um tipo de estratificação, chamado *estratificação cruzada*, é caracterizado por um padrão de camadas finas que se acumularam em certo ângulo nos estratos principais, muitas vezes refletindo mudanças na direção das ondas ao longo de uma costa, nas correntes em um córrego, ou dos ventos de mais de uma duna de areia (■ Figura 10.14). Todos os tipos de estratificação fornecem evidências sobre o ambiente no qual os sedimentos foram depositados, e as mudanças de uma camada para a próxima refletem elementos da história geológica local. Por exemplo, uma camada de arenito que retrata uma antiga praia pode estar diretamente sob camadas de folhelhos, que representam um ambiente de áreas secas, sugerindo que primeiramente foi uma praia que depois o mar aterrou.

Rochas sedimentares podem formar juntas ou fraturas quando são submetidas a tensões da crosta depois de litificadas. As impressionantes "barbatanas" de rocha no Parque Nacional dos Arcos, em Utah, devem sua forma, vertical tabular às juntas entre grandes camadas de arenito (■ Figura 10.15). Estruturas, como planos de estratificação e juntas são importantes na formação de paisagens físicas, porque são pontos fracos nas rochas

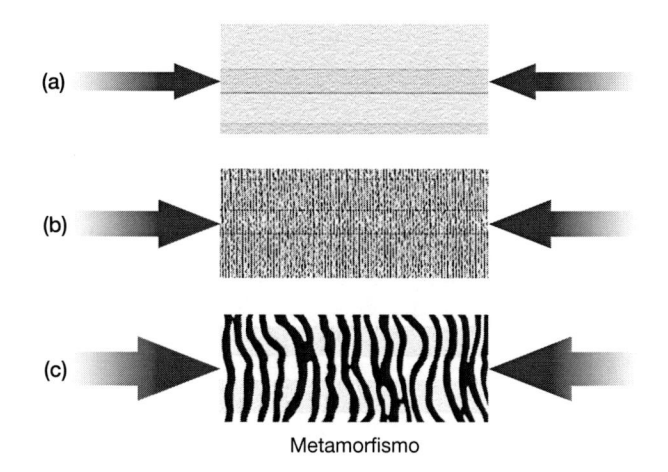

■ **FIGURA 10.16** Durante o metamorfismo, a pressão aplicada (setas) pode levar a um alinhamento de minerais, conhecido como foliação. (a) Rochas em camadas sob pressão moderada. (b) Sob maior pressão, o metamorfismo pode realinhar minerais de forma perpendicular à tensão aplicada, criando camadas com foliação fina e uma estrutura de folhas. (c) Sob pressão ainda maior, as camadas mais amplas da foliação podem se desenvolver como bandas onduladas de minerais claros e escuros.
Como a foliação difere de planos de estratificação?

sobre as quais o intemperismo e a erosão atuam com relativa facilidade. As juntas permitem que a água penetre profundamente em algumas massas de rocha, fazendo com que nessa região a pedra se desgaste mais rapidamente que a remoção do material rochoso ao redor, mas mais distante dessas rachaduras.

Rochas metamórficas

O termo *metamórfico* significa "com forma alterada". O enorme calor e a pressão nas profundezas da crosta da Terra podem alterar (metamorfosear) uma rocha existente em um novo tipo de rocha completamente diferente do original, recristalizando os minerais, sem que haja o uso de mais matéria rochosa derretida. Em comparação com as pedras originais, as **rochas metamórficas** resultantes são tipicamente mais duras e mais compactas, têm uma estrutura cristalina reorientada e são mais resistentes ao intemperismo. Existem dois tipos principais de rochas metamórficas, com base na presença (foliadas) ou na ausência (não foliadas) de superfícies estratificadas ou alinhamentos ondulados de minerais claros e escuros que se formam durante o metamorfismo.

O metamorfismo ocorre mais comumente em rochas da crosta submetidas a grandes pressões por processos tectônicos ou enterramento profundo, ou onde o magma, ao ascender, gera calor que modifica as rochas nas proximidades. O metamorfismo faz com que minerais se recristalizem e, por causa de calor e pressão suficientes, tornem a se precipitar de forma perpendicular à tensão aplicada, formando superfícies estratificadas (clivagem) ou bandas onduladas conhecidas como **foliação** (■ Figura 10.16). Alguns folhelhos transformam-se em uma rocha metamórfica dura, conhecida como *ardósia* que tende a quebrar ou descamar em superfícies lisas, planas, que na verdade são planos de foliação extremamente finos (■ Figura 10.17a). Nas rochas em que os planos de foliação são moderadamente finos, as camadas de minerais individuais

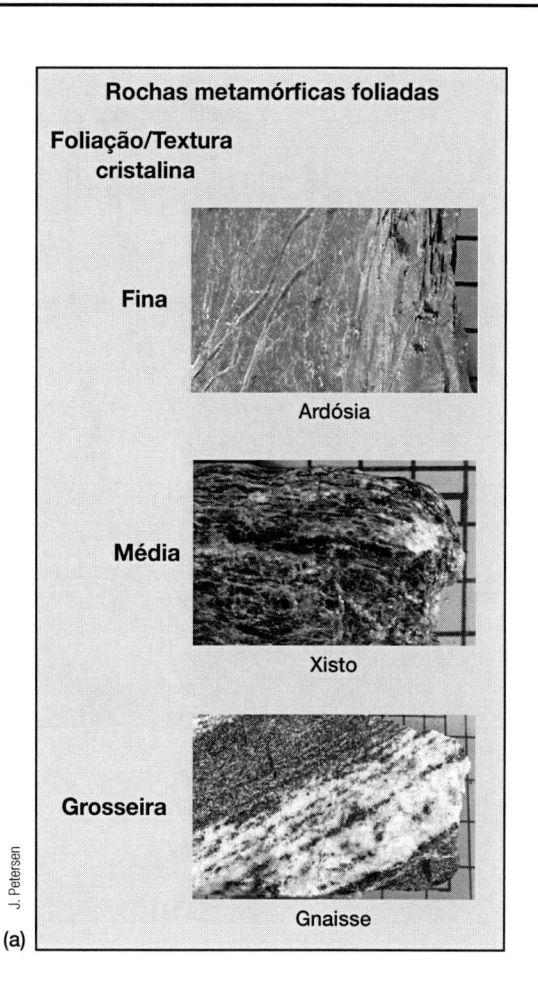

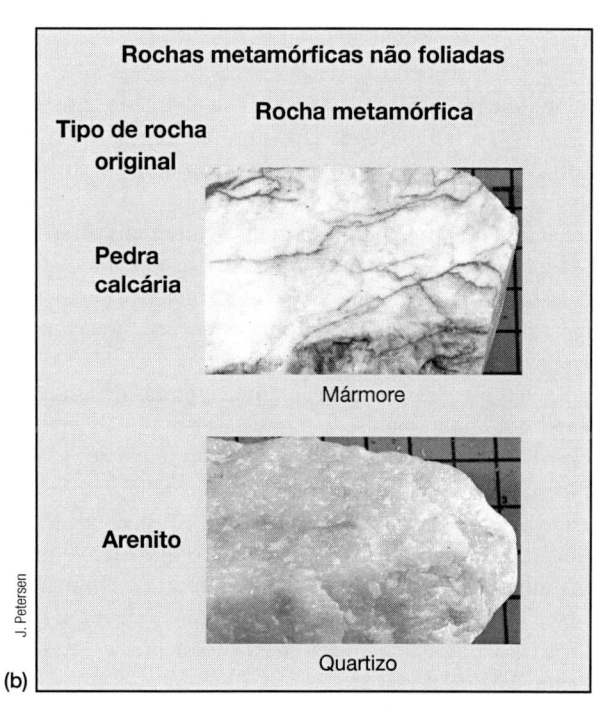

■ **FIGURA 10.17** Exemplos de rochas metamórficas. (a) Ardósia, xisto e gnaisse ilustram um espessamento das camadas de foliação. (b) Mármore e quartzito são rochas metamórficas não foliadas que têm uma composição recristalizada e mais dura em comparação ao calcário e ao arenito, dos quais foram feitas.

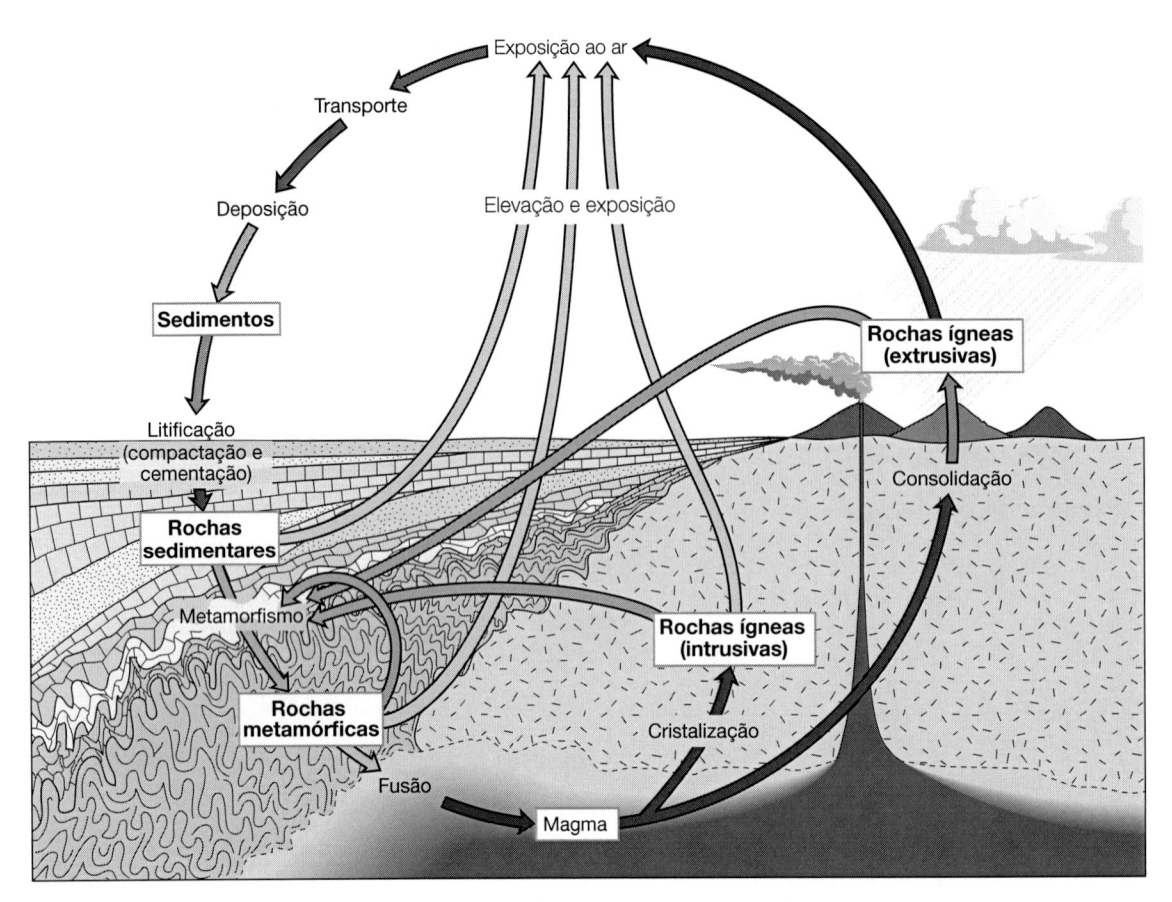

■ **FIGURA 10.18** O ciclo das rochas ajuda a ilustrar como rochas ígneas, sedimentares e metamórficas são formadas. Observe que algumas etapas ultrapassam os segmentos do círculo exterior.
Uma rocha metamórfica pode ser metamorfoseada?

têm uma estrutura plana achatada, mas ondulada, e tendem a descamar ao longo dessas faixas ou bandas. A rocha metamórfica comum com esse tipo de plano de foliação fina é chamada *xisto*.

Quando a foliação mineral se desenvolve em bandas largas, a rocha é extremamente rara e conhecida como *gnaisse*. Rochas de granulometria grossa, como o granito, geralmente se metamorfoseiam em gnaisse, enquanto rochas de granulometria mais fina tendem a produzir xistos.

Rochas que originalmente eram compostas de um único mineral dominante não se metamorfoseiam por foliação. O calcário é metamorfoseado em um tipo mais rígido de *mármore* e as impurezas existentes na rocha resultam em belas variedades de cores. Arenitos ricos em sílica transformam-se em *quartzito*. O quartzito é quebradiço, mas mais duro que o aço e quase inerte quimicamente. É praticamente imune a intemperismo químico e comumente forma falésias ou picos de montanhas escarpadas depois que as rochas menos resistentes ao seu redor são removidas pela erosão.

O ciclo das rochas

Os materiais que formam as rochas não permanecem necessariamente na sua forma inicial, em vez disso, ao longo do tempo, passam por processos de transformação. O *ciclo das rochas* é um modelo conceitual para a compreensão dos processos que geram, alteram, transportam e depositam materiais minerais que produzem os diferentes tipos de rochas (■ Figura 10.18).

O termo *ciclo* enfatiza que as rochas existentes fornecem os materiais para a formação de novas rochas, às vezes muito diferentes das anteriores. Rochas inteiras já existentes podem ser "recicladas" para formar novas. A idade geológica de uma rocha é baseada no momento em que esta assumiu seu estado atual; metamorfismo, fusão e litificação de sedimentos redefinem a idade de origem.

Um ciclo completo é mostrado no círculo exterior da Figura 10.18, mas, conforme indicado pelas setas que atravessam o diagrama, a matéria rochosa não tem de passar por todas as etapas de um ciclo completo. Por exemplo, depois de rochas ígneas serem criadas por resfriamento e cristalização de magma ou lava, elas podem se desgastar na forma de fragmentos, que, por sua vez, litificam-se em rochas sedimentares. Rochas ígneas, no entanto, também podem ser refundidas e recristalizadas para formar novas rochas ígneas, ou se transformar em rochas metamórficas por calor e pressão. Rochas sedimentares consistem em partículas e depósitos provenientes de qualquer dos três tipos de rochas básicas. Rochas metamórficas podem ser criadas por meio de calor e pressão, que transformam qualquer rocha preexistente – ígneas, sedimentares ou metamórficas – em um novo tipo de rocha. Além disso, com o calor suficiente, rochas metamórficas podem derreter-se completamente em forma de

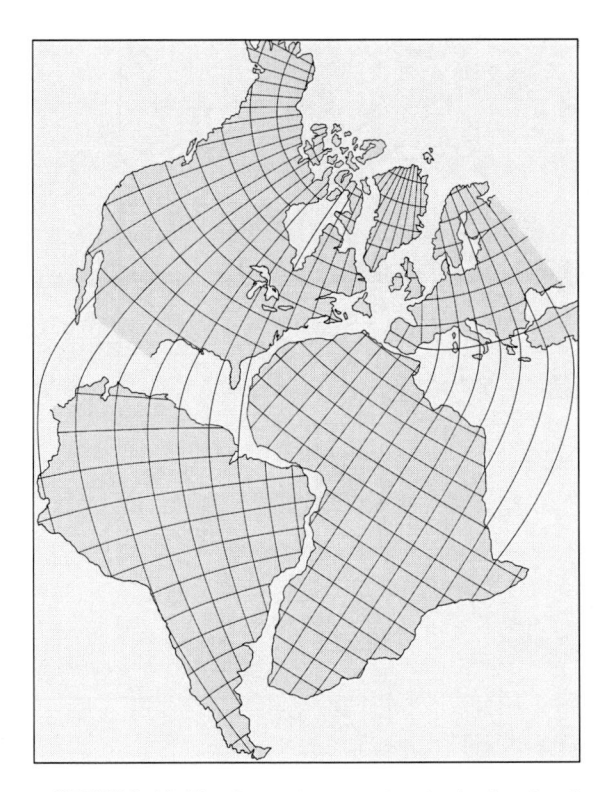

■ **FIGURA 10.19** O encaixe aproximado das bordas dos continentes que fazem fronteira com o oceano Atlântico hoje é uma base importante para hipótese da deriva continental de Wegener.

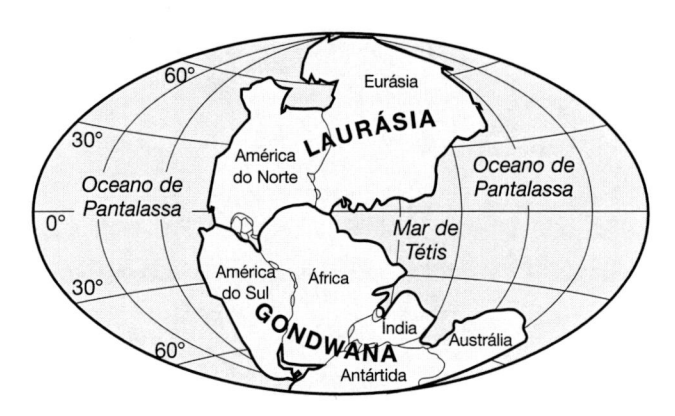

■ **FIGURA 10.20** O supercontinente Pangeia reunia todas as grandes massas de terra que temos hoje. Pangeia depois se dividiu para formar Laurásia e Gondwana. Novos movimentos das placas produziram os continentes como são hoje.

magma e, por meio de resfriamento, originar rochas ígneas. O ciclo das rochas inclui todas as etapas possíveis para a reciclagem da matéria rochosa ao longo do tempo.

Tectônica

Cientistas de todas as áreas buscam constantemente explicações que possam lançar luz sobre os fatos detalhados, os padrões recorrentes e os processos inter-relacionados que observam e analisam. Às vezes, levam-se anos para desenvolver, testar e refinar um conceito científico até o ponto em que possa ser mais bem compreendido e aceitável. À medida que dados e informações são coletados e analisados, novos métodos e novas tecnologias contribuem para o processo de teste de hipóteses, e pouco a pouco uma estrutura explicativa aceitável emerge. Esse foi o caso, no século XX, com a ideia de que os segmentos da casca exterior da Terra vêm sofrendo alterações em sua localização e orientação durante longos períodos de tempo.

Muitos já devem ter notado em mapas-múndi que a costa atlântica da América do Sul e a da África parecem que poderiam ser encaixadas. Na verdade, se fossem colocadas juntas as várias porções de terra do planeta, hoje bem separadas, teria-se a impressão de que caberiam uma ao lado da outra, sem grandes lacunas ou sobreposições (■ Figura 10.19). No início de 1900, Alfred Wegener, um climatologista alemão, usou suas observações do encaixe dos continentes juntamente com a distribuição espacial de fósseis, a localização dos diversos tipos de rochas, as tendências de cadeias de montanhas e as evidências glaciais para propor a teoria da **deriva continental**, a ideia de que os continentes mudaram suas posições durante a história da Terra. A hipótese de Wegener propõe que todos os continentes haviam feito parte de um único supercontinente, que chamou de Pangeia, o qual mais tarde foi dividido em duas grandes massas de terra, uma no Hemisfério Sul (Gondwana), outra no Hemisfério Norte (Laurásia) (■ Figura 10.20). Ele sugeriu que Gondwana e Laurásia se partiram para produzir os continentes, que deslizaram para as posições atuais.

A reação da maioria da comunidade científica à proposta de Wegener variou do ceticismo à ridicularização. A maior objeção à ideia da deriva continental era a de que ninguém podia fornecer uma explicação plausível para a energia que seria necessária para quebrar grandes massas de terra continental e fazê-las deslizar através do oceano. Somente quase meio século depois de Wegener ter apresentado suas ideias, foi que os cientistas começaram a considerar a noção de massas de terra que se movem lentamente. No final dos anos de 1950 e 1960, novas informações surgiram das pesquisas em oceanografia, geofísica e outras ciências da Terra, auxiliadas pelo uso de sonares, datação radioativa das rochas e aprimoramento dos equipamentos usados para medir o magnetismo terrestre. Esses esforços científicos levaram à descoberta de novas evidências que apontaram para o movimento horizontal de segmentos de toda a estrutura da litosfera, incluindo o manto superior, a crosta oceânica e a crosta continental, em vez de movimento apenas dos continentes, como Wegener tinha sugerido.

A **tectônica das placas** é a mais moderna e abrangente teoria capaz de explicar o movimento da litosfera. Essa casca externa rígida e quebradiça da Terra é dividida em várias seções chamadas **placas litosféricas**, apoiadas e movidas por uma camada inferior, a astenosfera, que é plástica e fluída (■ Figura 10.21). Essa teoria envolve forças imensas, originárias no interior da Terra, que fazem as partes da litosfera se moverem. As placas litosféricas se movem como unidades distintas e independentes. Em alguns lugares, elas se afastam umas das outras (divergem), em outros, elas se aproximam (convergem) e no restante elas deslizam lado a lado (movem-se lateralmente). Para entender como a tectônica das placas se comporta e por que, devemos considerar as evidências científicas que foram recolhidas em seu desenvolvimento e teste.

252 FUNDAMENTOS DE GEOGRAFIA FÍSICA

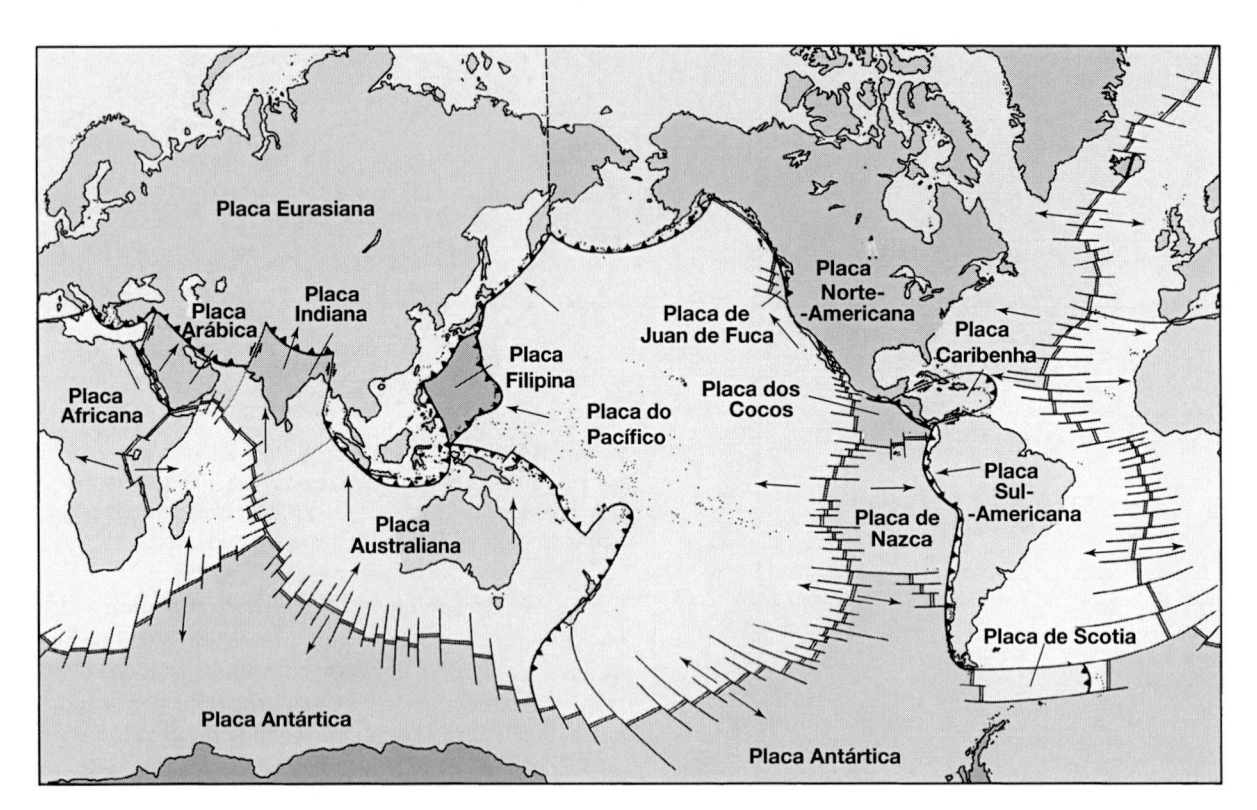

■ **FIGURA 10.21** Principais placas litosféricas da Terra, também chamadas placas tectônicas, e suas direções de movimento. Maior atividade tectônica e vulcânica ocorre ao longo das bordas das placas, onde os grandes segmentos se separam, colidem ou deslizam uns sobre os outros. Lascas ou escamas tectônicas indicam onde a borda de uma placa está mergulhando (subduzindo) sob outra placa.
Será que toda placa litosférica inclui um continente?

■ **FIGURA 10.22** O sistema de cadeias oceânicas globais e a idade do fundo do mar. O mapeamento detalhado e o estudo do solo oceânico renderam muitas evidências para apoiar a teoria da tectônica das placas, identificando o processo de expansão oceânica.

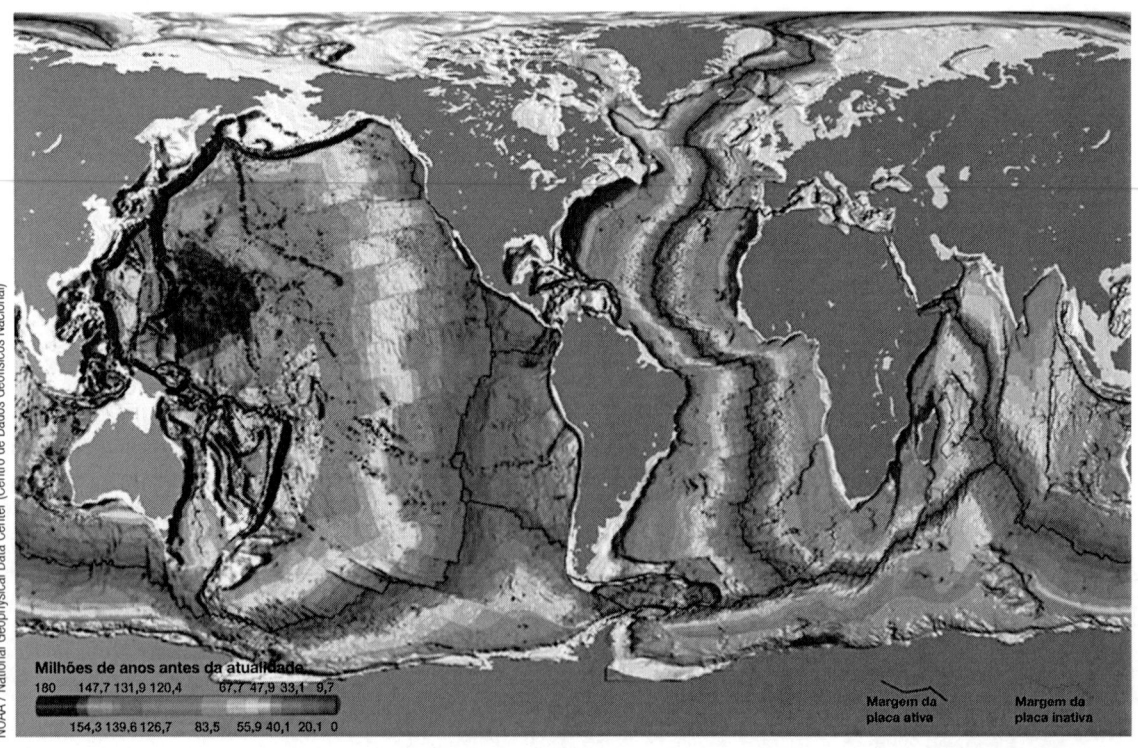

Expansão oceânica e correntes de convecção

Na década de 1960, o estudo intensivo e o mapeamento do fundo do oceano renderam várias linhas de evidências-chave relacionadas à tectônica das placas. Primeiramente, o mapeamento detalhado da extensa cadeia montanhosa submarina, conhecida como **cadeia meso-oceânica**, revelou marcante tendência espacial muito semelhante à do litoral continental. Em segundo lugar, descobriu-se, nos oceanos Atlântico e Pacífico, que o fundo basáltico do mar apresenta faixas paralelas com padrões de propriedades magnéticas que combinam-se em rochas da mesma idade, mas encontradas em lados opostos dos cumes oceânicos. Em terceiro lugar, os cientistas fizeram a descoberta surpreendente de que, apesar de algumas rochas continentais datarem de 3,6 bilhões de anos, as rochas no fundo do oceano são geologicamente jovens, tendo sido criadas a menos de 250 milhões de anos. A quarta evidência é de que as rochas mais antigas do fundo do mar encontram-se nas valas profundas, quer sob as águas do oceano quer próximas aos continentes, e tornam-se progressivamente mais jovens quanto mais perto da cadeia meso-oceânica, onde se encontram as rochas basálticas mais jovens (■ Figura 10.22). Por fim, as temperaturas de rochas no fundo do oceano variam significativamente, sendo mais quentes perto dos cumes e progressivamente mais frias à medida que estão mais distantes.

Apenas uma explicação lógica surgiu para essa evidência. Tornou-se aparente que a nova crosta oceânica é formada na cadeia meso-oceânica, enquanto as porções mais velhas são destruídas nas valas profundas. O surgimento de nova crosta oceânica é associado ao movimento de grandes áreas do fundo do mar, em ambas as direções, a partir da cadeia meso-oceânica. Esse fenômeno é chamado **expansão oceânica** (■ Figura 10.23). A idade mais jovem da crosta oceânica resulta da criação de nova rocha basáltica junto à cadeia meso-oceânica e do movimento das placas litosféricas em direção às margens das bacias oceânicas, onde as rochas mais velhas são refundidas e destruídas. Conforme a rocha basáltica derretida se resfria e se cristaliza no fundo do mar, os minerais ferrosos que ela contém são magnetizados de maneira que registram a orientação do campo magnético da Terra da época de sua formação. Como resultado, as rochas basálticas ricas em ferro do fundo do mar têm preservado, simetricamente em ambos os lados da cadeia meso-oceânica, o registro histórico do campo magnético da Terra, incluindo a inversão de polaridade, quando o norte e o sul inverteram a posição dos polos magnéticos.

Reconhecendo que a rígida e quebradiça litosfera como um todo, e não apenas a crosta continental, é dividida em várias seções que se movem, a teoria da tectônica das placas é uma explicação plausível para a força motriz do movimento, é o que faltou a Wegener. O mecanismo é a convecção no manto. O material do manto quente viaja para cima, em direção à superfície da Terra, e o material do manto resfriado se move lateralmente para baixo como enormes células de convecção subcrustal (■ Figura 10.24). O material do manto nas células de convecção sobe para a astenosfera, onde se espalha lateral e plasticamente em fluxos de sentidos opostos,

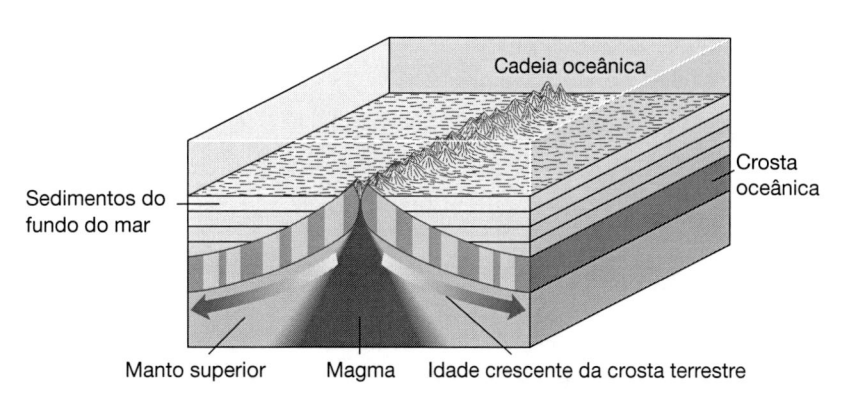

■ **FIGURA 10.23** A expansão oceânica da cadeia meso-oceânica forma novo fundo do mar.

■ **FIGURA 10.24** Convecção é o mecanismo da tectônica das placas. O calor faz com que as correntes de convecção do material do manto subam em direção à base da litosfera sólida, onde o fluxo se torna mais horizontal. À medida que a astenosfera se move em seu fluxo lento e lateral, as placas litosféricas sobrejacentes são arrastadas.

Por que tectônica das placas é um nome melhor que deriva continental para o movimento lateral da casca exterior sólida da Terra?

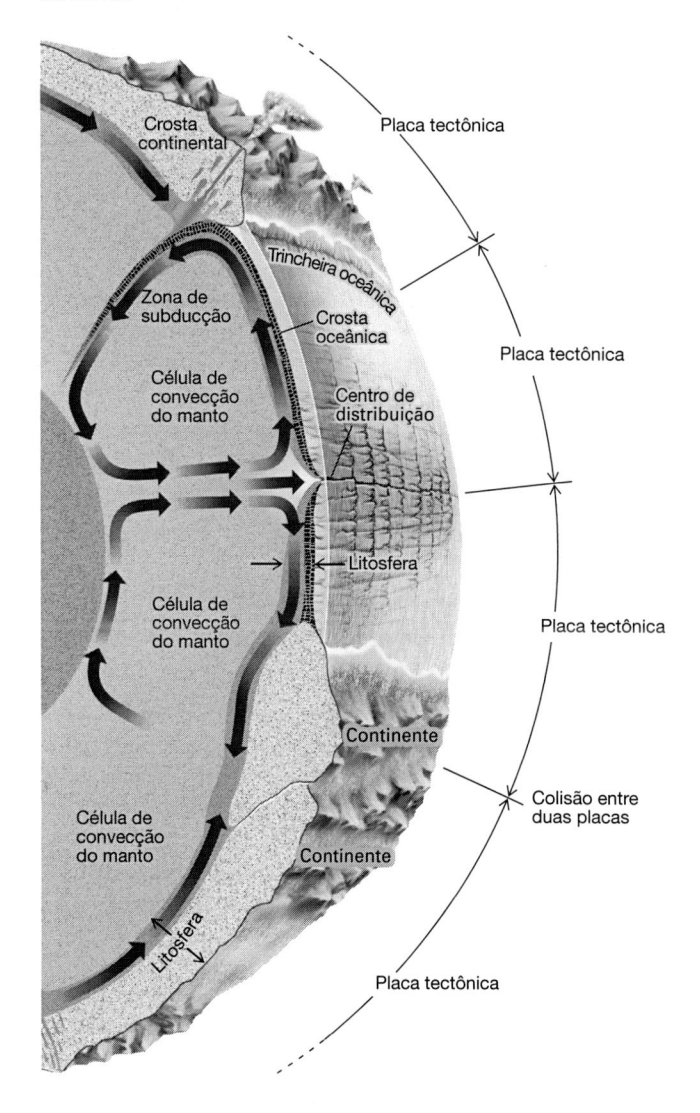

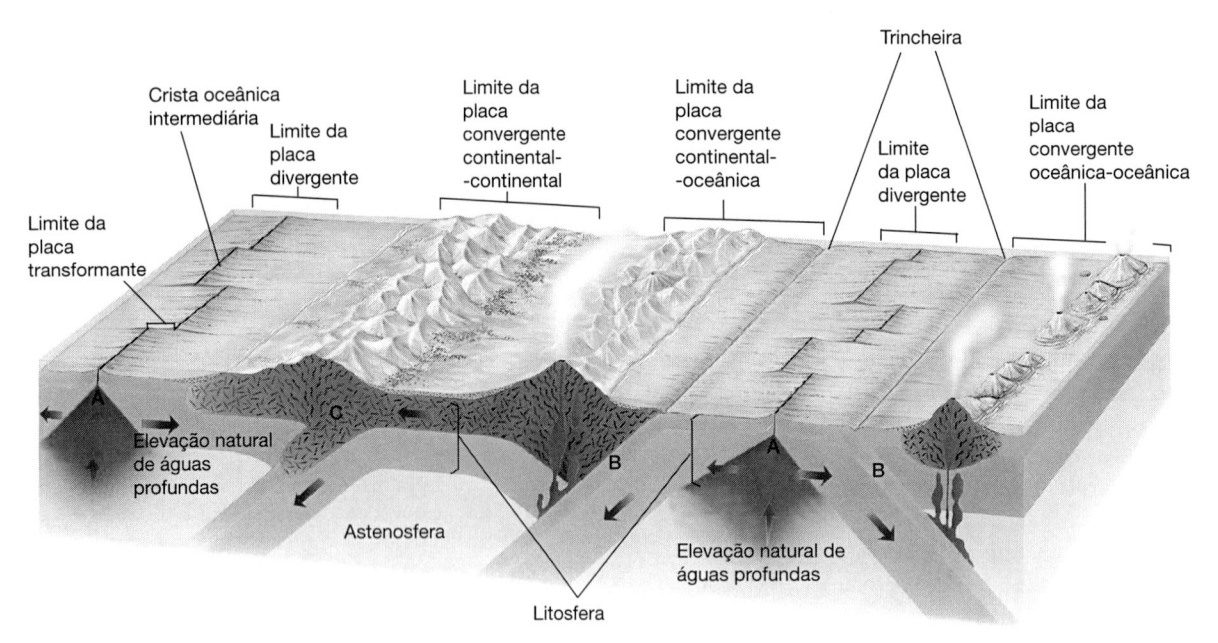

■ **FIGURA 10.25 Sistemas ambientais: movimento tectônico das placas.** O sistema tectônico das placas é alimentado por energia térmica no interior da Terra, criando células de convecção no manto. Conforme as placas litosféricas são movidas, elas interagem com as placas adjacentes, formando diferentes tipos de bordas que exibem suas características terrestres distintas. Centros de expansão (A) são bordas de placas divergentes que têm material crostal emergente ao longo de zonas de rifte ativas, que acabam por empurrar rochas mais velhas progressivamente para mais longe da borda nos dois sentidos. Zonas de subducção (B) ocorrem quando duas placas convergem, sendo a margem de pelo menos uma delas de crosta oceânica. A borda da placa formada de crosta oceânica é mais densa e é empurrada sob a placa menos densa, seja ela continental seja oceânica. Profundas fossas oceânicas, cadeias de montanhas vulcânicas (crosta continental) ou arcos de ilhas (crosta oceânica) estão em zonas de subducção. Zonas de colisão continental (C) são os lugares onde duas placas continentais se chocam. Maciças montanhas não vulcânicas são formadas nesses locais à medida que a crosta se espessa por causa da compressão.

arrastando as placas litosféricas com ele. Separando as fraturas da litosfera quebradiça, surge uma crista meso-oceânica que marca a fronteira entre duas placas. O magma ascende nessa fratura, resfriando e formando uma nova crosta. Com esse movimento convectivo contínuo, a crosta se desloca da crista meso-oceânica. As placas litosféricas rígidas são movidas e separadas ao longo dessa crista meso-oceânica a uma taxa média de 2 a 5 centímetros por ano. Em um prazo de até 250 milhões de anos, a porção da crosta oceânica mais velha é consumida nos abismos profundos na fronteira entre as placas, onde diferentes seções da litosfera se encontram, e é reciclada no interior da Terra.

Movimento das placas tectônicas

A teoria da tectônica das placas permite a geógrafos físicos compreender melhor não só a antiga geografia do nosso planeta, como também a moderna distribuição global e as relações espaciais entre diversos, mas muitas vezes relacionados, fenômenos, como terremotos, atividade vulcânica, zonas de movimento da crosta terrestre e suas características mais relevantes (■ Figura 10.25). Vamos agora examinar as três maneiras de relação entre as placas litosféricas ao longo de suas margens como resultado de movimentos tectônicos: afastando-as, aproximando-as ou movendo-as lado a lado.

Divergência das placas
A separação das placas, como na expansão oceânica, é chamada d**ivergência da placa** tectônica (ver novamente a Figura 10.23). As forças tectônicas que agem para puxar maciços rochosos fazem com que a crosta fique mais fina e fraca. Sismos superficiais são frequentemente associados a essa expansão crostal, e magma basáltico sobe do manto ao longo das fraturas da crosta terrestre. Quando a crosta oceânica é separada por esse processo, cria um novo solo oceânico conforme as placas são afastadas uma das outras ao longo de um centro de propagação. A formação de uma nova crosta desses centros de expansão dá a essas zonas o nome de *margem construtiva das placas*. Em alguns lugares, vulcões como os da Islândia, dos Açores e de Tristão da Cunha, marcam essas margens (■ Figura 10.26).

A divergência das placas ocorre mais ao longo da crista meso-oceânica, mas esse processo também pode quebrar a crosta continental e, por fim, reduzir o tamanho dos continentes envolvidos (■ Figura 10.27a.). O fundo do oceano Atlântico formou o continente que incluía a América do Sul e a África, separando-o e distanciando a média de 2 a 5 centímetros (1-2 pol.) por ano ao longo de milhões de anos. O oceano Atlântico continua a crescer hoje a uma taxa quase igual. O melhor exemplo moderno de divergência em um continente é o sistema do Vale do Rifte da África Oriental, que se estende desde o Mar Vermelho até o sul do lago Malawi. Blocos crostais que têm se deprimido em relação às terras de cada lado, com lagos que ocupam muitas dessas depressões, caracterizam todo o sistema, incluindo a Península do Sinai e do Mar Morto. Um crescimento mensurável do Mar Vermelho sugere que pode ser o início de um futuro oceano que está se formando entre a África e a Península Arábica, semelhante ao surgimento do

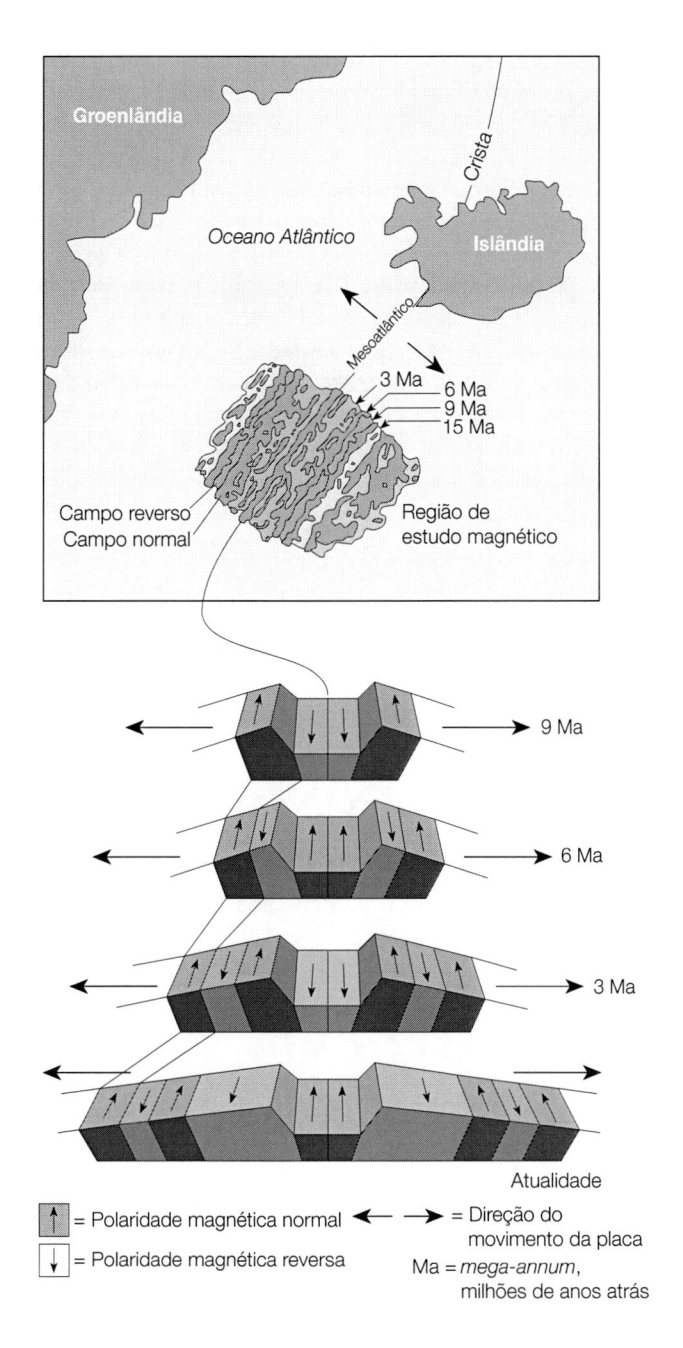

■ **FIGURA 10.26** A Islândia representa parte da dorsal meso atlântica, estendendo-se acima do nível do mar para formar uma ilha vulcânica. O padrão "listrado" de inversões de polaridade documentado nas rochas basálticas ao longo da dorsal mesoatlântica ajudou os cientistas a entenderem o processo de expansão oceânica.

Atlântico jovem entre a África e a América do Sul, cerca de 200 milhões de anos atrás (Figura 10.27b).

Convergência da placa

Uma grande variedade de atividade crostal ocorre em áreas de **convergência de placas** tectônicas. Apesar das taxas relativamente lentas do movimento das placas em termos da percepção humana, uma energia incrível está envolvida quando duas placas colidem. Zonas onde as placas estão convergindo marcam locais das grandes formações terrestres

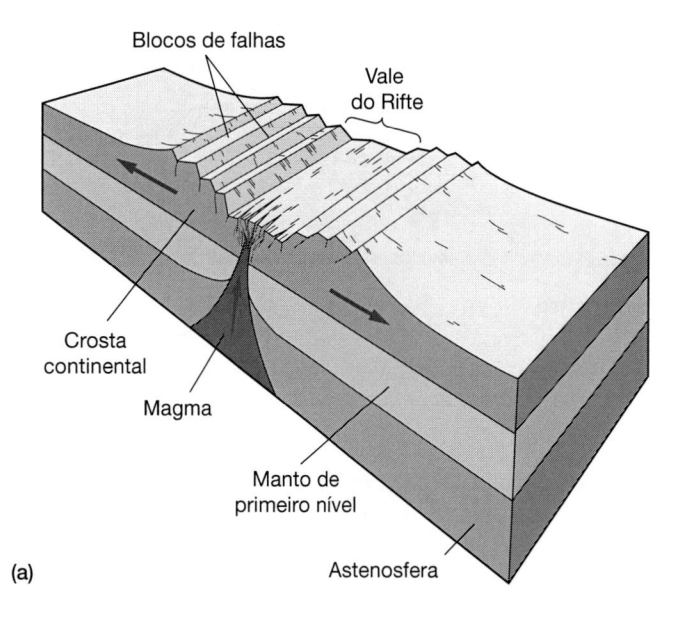

■ **FIGURA 10.27** (a) Uma borda de placa continental divergente quebra continentes em massas menores. (b) De forma quase triangular, a Península do Sinai, ladeada pelo Mar Vermelho ao sul (inferior esquerdo), Golfo de Suez a oeste (foto centro), e Golfo de Aqaba em direção ao leste (inferior direito), ilustra a separação de uma massa de terra continental. O rifte do Mar Vermelho e o estreito do Golfo de Aqaba são zonas de expansão.

e algumas vezes das mais ativas tectonicamente em nosso planeta. Abismos profundos, atividade vulcânica e cadeias de montanhas podem surgir na fronteira entre placas convergentes, dependendo do tipo de crosta envolvida na colisão dessas placas. O arranjo espacial característico dessas formações em todo o mundo pode ser mais bem compreendido no âmbito tectônico das placas.

Se uma ou ambas as margens ou bordas das placas convergentes consistirem de crosta oceânica, a margem da placa – sempre a que se constituir de crosta oceânica – é forçada para baixo da superfície em um processo chamado **subducção**. Fossas oceânicas profundas, como a Fossa do Peru-Chile e Fossa do Japão, ocorrem onde a crosta oceânica é arrastada para baixo dessa maneira. A placa submerge é aquecida, e as rochas são derretidas conforme mergulham para dentro no manto. À medida que a placa afunda, é

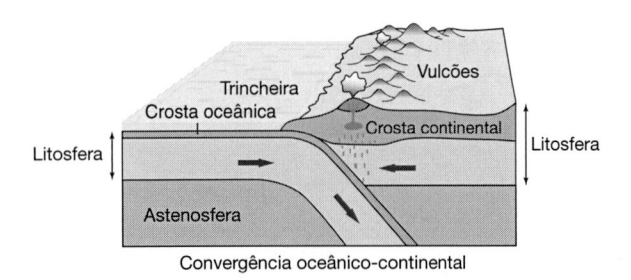

FIGURA 10.28 Uma borda de placa oceânica continental convergente onde os continentes e o fundo do mar colidem. Um exemplo é a costa oeste da América do Sul, no qual uma colisão formou a Cordilheira dos Andes e uma fossa oceânica em alto-mar.

triturada, gerando um atrito enorme, o que explica a ocorrência de grandes terremotos nessas regiões.

Em regiões onde a crosta oceânica colide com a crosta continental, a crosta oceânica, sendo densa, é subduzida para baixo da crosta continental, menos densa (■ Figura 10.28). Essa é a situação ao longo da costa do Pacífico, na América do Sul, onde a placa de Nazca é empurrada sob a placa sul-americana, e no Japão, onde a placa do Pacífico mergulha sob a placa da Eurásia. Conforme a crosta oceânica, bem como a placa litosférica da qual faz parte, é subduzida, ela desce para astenosfera para ser derretida e reciclada no interior da Terra. Frequentemente, mais de cem metros de sedimentos depositados nas margens continentais são arrastados para dentro das fossas profundas. À medida que estes derretem, o magma resultante migra para cima por dentro da placa superposta. Onde a rocha derretida atinge a superfície produz uma série de picos vulcânicos, como na Faixa de Cascade, no noroeste dos Estados Unidos. Rochas também podem ser espremidas e contorcidas entre as placas que colidem, elevando-se e deformando-se ou metamorfoseando-se. As grandes cadeias de montanhas, como os Andes, formaram-se em bordas de placas convergentes por meio desses processos.

Em locais onde a crosta oceânica se encontra em ambos os lados da borda de placas convergentes, a placa com a crosta oceânica mais densa afunda embaixo da outra placa. Vulcões também podem se formar nesse tipo de borda, criando grandes arcos de ilhas vulcânicas na placa sobreposta. As Aleutas, as Curilas e as Marianas são exemplos de **arcos insulares** encontrados perto de fossas oceânicas que fazem fronteira com a placa do Pacífico.

A crosta continental que converge com a crosta continental é chamada **colisão continental** e faz com que dois continentes ou

■ **FIGURA 10.29** Uma colisão continental ao longo de uma borda de placa convergente funde duas massas de terra. O Himalaia, as montanhas mais altas do mundo, foi criado dessa maneira, quando a porção de terra da Índia moveu-se para o norte e colidiu com a Ásia.

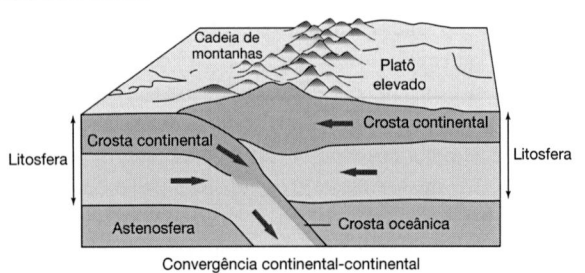

massas grandes se fundam ou se unam, criando uma nova massa de terra maior (■ Figura 10.29). Esse processo fecha uma bacia oceânica que antes separava essas placas em colisão, e, portanto, também tem sido chamado *sutura continental*. O espessamento crostal, que ocorre ao longo deste tipo de borda de placa geralmente produz grandes cadeias montanhosas, em vez de atividade vulcânica por causa de dobramento e movimento maciço do bloco crostal. O Himalaia, o Planalto Tibetano e outras cadeias de montanhas altas da Eurásia foram formados dessa maneira, à medida que a placa que continha o subcontinente indiano colidiu com a Eurásia cerca de 40 milhões de anos atrás. A Índia ainda hoje está sendo empurrada contra a Ásia, resultando nas montanhas mais altas do mundo. De forma semelhante, os Alpes foram criados conforme a placa Africana foi empurrada contra a placa da Eurásia.

■ **FIGURA 10.30** Ao longo desta borda de placa lateral, marcada pela Falha de San Andreas, no oeste da América do Norte, a placa do Pacífico move-se para noroeste em relação à placa norte-americana. Note-se que ao norte de São Francisco o tipo de borda muda. **Que tipo de borda é encontrado ao norte de São Francisco e quais características de superfície indicam essa mudança?**

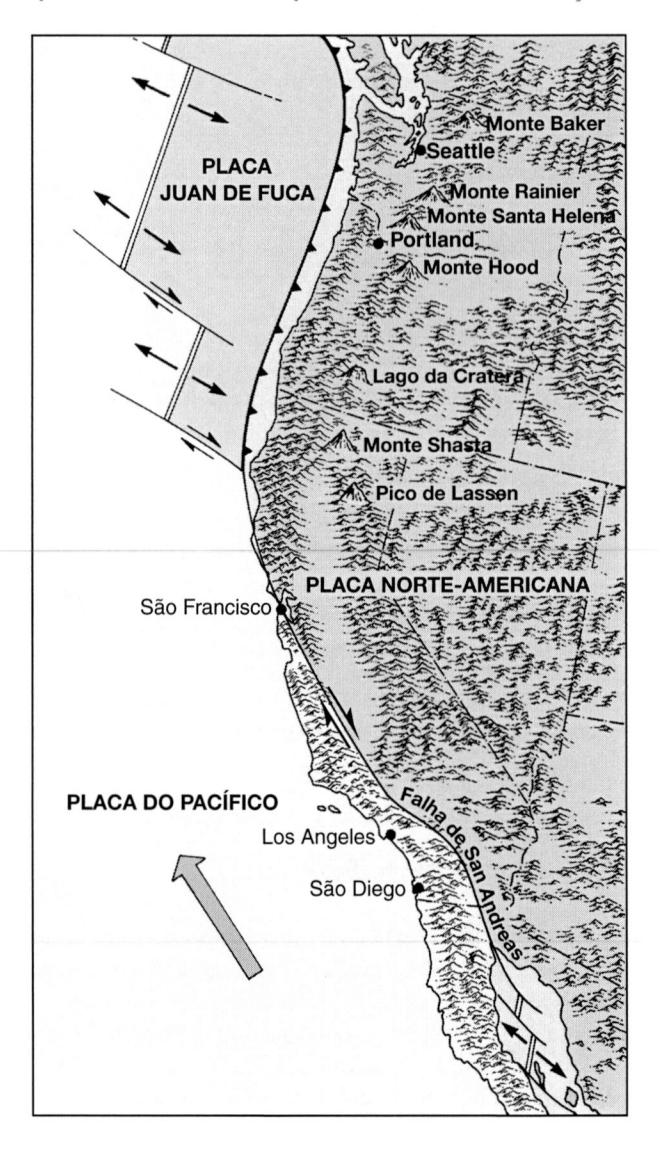

Movimento transformante das placas

Movimentos laterais que ocorrem ao longo das bordas das placas são chamados **movimentos transformantes**. Isso ocorre quando as placas não se separam nem convergem, mas deslizam umas contra as outras, conforme se movem em direções opostas. Esse tipo de borda existe ao longo da Falha de San Andreas, na Califórnia (■ Figura 10.30). A Península do México e do sul da Califórnia estão a oeste da falha, na placa do Pacífico. São Francisco e outras partes da Califórnia estão a leste da zona de falha, na placa norte-americana. Na zona de falha, a placa do Pacífico está se movendo para noroeste lateralmente em relação à placa norte-americana a uma taxa de aproximadamente 8 centímetros (3 pol.) por ano (80 km, ou 50 milhas, por milhões de anos). Se o movimento continuar neste ritmo, Los Angeles ficará ao lado de São Francisco (725 km a noroeste) em cerca de 10 milhões de anos e ultrapassará a cidade para, finalmente, colidir com as Ilhas Aleutas, numa zona de subducção.

Outro tipo de movimento lateral das placas ocorre no fundo dos oceanos, em zonas de divergência de placas. Conforme as placas se afastam, elas costumam fazê-lo ao longo de uma série de zonas de fratura que tendem a se formar em ângulo reto com a zona mais importante de contato da placa. Essas bordas das placas transversas ao longo das quais o movimento lateral ocorre são denominadas *falhas transformantes*. As falhas transformantes ou zonas de fraturas são comuns ao longo da cadeia meso-oceânica, mas os exemplos disso também podem ser vistos em outros lugares, como no fundo do mar ao largo da costa noroeste do Pacífico, entre ele e as placas de Juan de Fuca (ver novamente Figura 10.30). Falhas transformantes surgem quando as placas adjacentes movem-se em ritmos diferentes, fazendo com que haja um movimento lateral de uma placa em relação à outra. O movimento de placas mais rápido encontra-se no alto Pacífico Leste, onde a taxa de movimento é mais que 17 centímetros (7 pol.) por ano.

Hotspots no manto

As ilhas havaianas, como muitas das principais formações terrestres, devem sua existência a processos associados à tectônica das placas. À medida que a placa do Pacífico na região se move em direção a noroeste, passa sobre uma massa de rocha fundida do manto que não se move com a placa litosférica. Chamadas *hotspots*, essas massas de material rochoso fundido, quase estacionárias, ocorrem em alguns poucos lugares, tanto em regiões continentais como oceânicas. O derretimento da porção superior do manto e da crosta oceânica provoca erupções submarinas e o derramamento de lava basáltica no fundo do mar, acabando por formar uma ilha vulcânica. Esse processo é responsável pelo surgimento das ilhas havaianas, bem como de arcos de ilhas e vulcões submarinos que se estendem por milhares de quilômetros a noroeste do Havaí. Hoje, *hotspot* mantém ativas as erupções vulcânicas na ilha do Havaí. As outras ilhas da cadeia havaiana tiveram uma origem similar, tendo sido formadas sobre um *hotspot* também, mas esses vulcões se deslocaram com a placa do Pacífico para longe de sua fonte magmática. Evidências do movimento das placas são obtidas pelo fato de que as ilhas mais jovens da cadeia Havaiana, Havaí e Maui, estão para o sudeste e as ilhas mais antigas, como Kauai e Oahu, estão localizadas a noroeste (■ Figura 10.31). No momento

■ **FIGURA 10.31** Ao longo dos últimos milhões de anos, uma zona estacionária de material fundido do manto, um ***hot spot***, criou cada uma das ilhas vulcânicas do Havaí em sequência. Como elas se movem para noroeste com a placa do Pacífico, as ilhas são progressivamente mais velhas nesta direção (as idades estão em milhões de anos). A ilha do Havaí, que é cerca de 300 km de Oahu, está atualmente localizada sobre o ***hotspot***.
Aproximadamente quanto tempo a placa do Pacífico levou para a mover Oahu à sua posição atual?

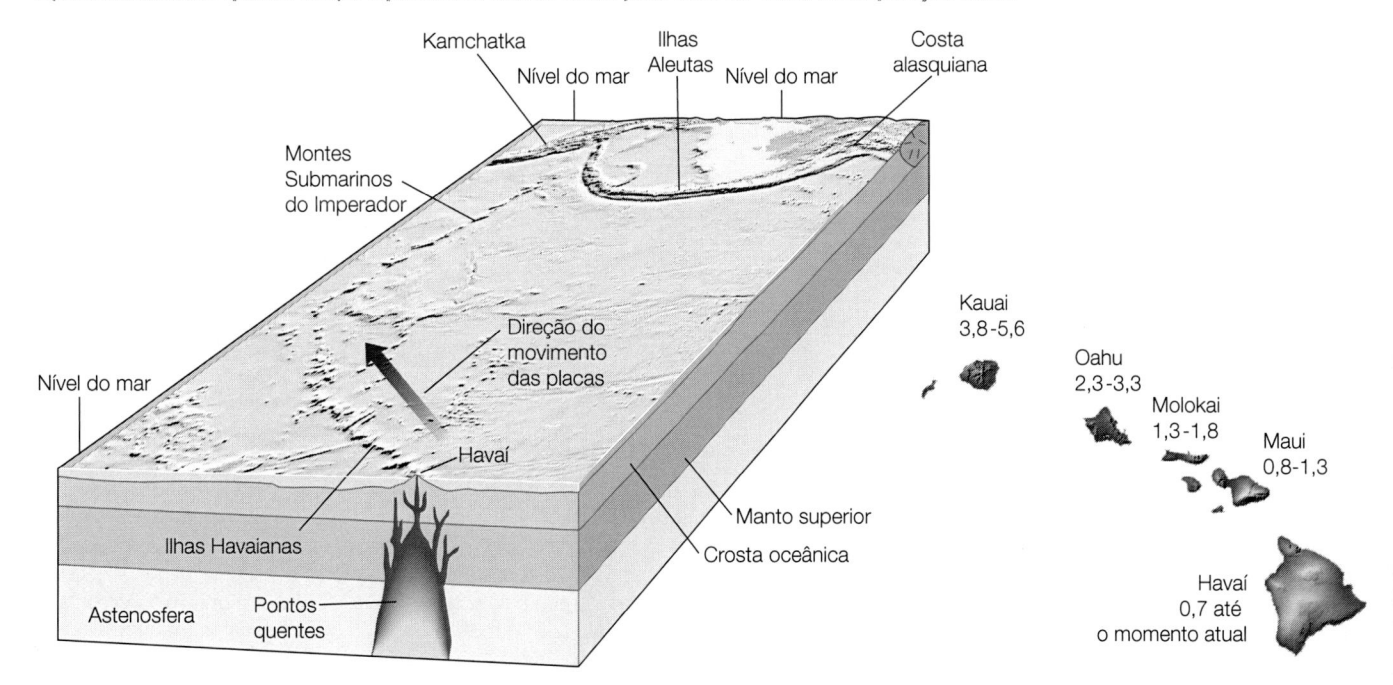

PERSPECTIVA CIENTÍFICA DA GEOGRAFIA FÍSICA
:: ISOSTASIA — EQUILÍBRIO DA LITOSFERA DA TERRA

Estruturalmente, o manto superior sólido, a crosta oceânica e a crosta continental constituem a litosfera rígida e quebradiça, que repousa sobre a astenosfera, plástica e maleável. O material do manto na astenosfera flui como um líquido muito grosso a uma taxa de cerca de 2 a 5 centímetros (1-2 pol.) por ano. A litosfera é dividida em várias placas (segmentos) que se comportam como jangadas que se movem com correntes que fluem na astenosfera. As placas flutuam porque o material na litosfera é menos denso que o material na astenosfera.

O princípio da flutuação afirma que um objeto flutuará em um fluido desde que seu peso por unidade de volume (peso específico) seja menor que o peso do fluido. O volume de água deslocado por um objeto flutuante tem o mesmo peso total do objeto. A diferença de peso por unidade de volume entre o objeto e o fluido é representada pela proporção do objeto que flutua acima da superfície. Um *iceberg* com 90% do peso específico da água do oceano flutua com 10% se estendendo acima da superfície da água. Enquanto o peso específico de um navio de carga for menor que o da água, uma estabilidade (equilíbrio) será mantida e o navio flutuará. Se o navio de carga for carregado de tal forma que seu peso por unidade de volume se torne maior que o do volume da água deslocada, o navio afundará, porque vai deslocar um volume de água que excede o seu.

Isostasia é o termo para um conceito similar em relação à equalização de pressão hidrostática (equilíbrio líquido) entre a litosfera e a astenosfera. Isostasia sugere que uma coluna de litosfera (e a hidrosfera sobrejacente) em qualquer lugar na Terra pese aproximadamente o mesmo que uma coluna de diâmetro igual em qualquer outro lugar, independentemente da espessura vertical. A litosfera é mais espessa (mais alta e mais profunda) onde contiver uma porcentagem elevada de materiais de baixa densidade, e mais fina onde apresentar mais materiais de alta densidade. A crosta oceânica é mais fina que a crosta continental porque a primeira tem uma densidade maior que a última.

Se uma carga adicional é colocada sobre determinada área da superfície da Terra por um imenso acúmulo de ou gelo glacial, águas de um lago, ou sedimentos, a litosfera cederá em um processo chamado depressão isostática, até que se atinja um novo nível de equilíbrio. Se o acúmulo de superfície for removido mais tarde, a região tende a soerguer-se em um processo chamado recuperação isostática. Nem a subsidência nem o soerguimento da litosfera serão instantâneos porque o fluxo na astenosfera é de apenas alguns centímetros por ano.

A isostasia sugere que as montanhas são feitas de material crostal de relativamente baixa densidade e, portanto, existem em áreas da crosta muito grossa, enquanto as regiões de baixa altitude têm crosta fina, de alta densidade. Da mesma forma, um *iceberg* alto requer enorme quantidade de gelo abaixo da superfície, a fim de expor o gelo tão elevado acima do nível do mar, e como o gelo acima da superfície derrete, o gelo abaixo se elevará acima do nível do mar para substituí-lo, até o *iceberg* ser completamente derretido.

O equilíbrio isostático ajuda a explicar muitos aspectos da superfície da Terra, incluindo:

- Por que a maior parte da crosta continental encontra-se acima do nível do mar.
- Por que grandes áreas do fundo do mar estão a uma profundidade uniforme.
- Por que muitas cadeias de montanhas continuam a subir, embora a erosão remova parte do seu material.
- Por que algumas regiões onde os rios depositam grandes quantidades de sedimentos estão se deprimindo.
- Por que a crosta baixou em áreas que estavam cobertas por acúmulos espessos de gelo durante a última era glacial e agora continua a se reerguer depois do degelo.

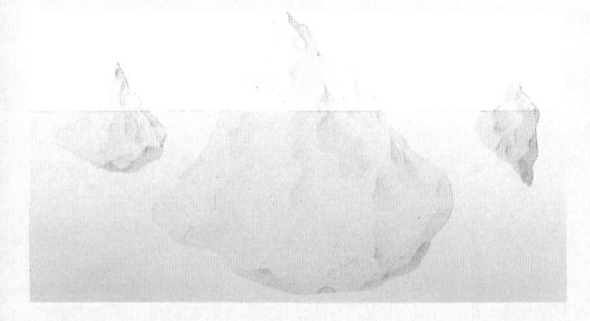

A densidade do gelo é de 90% à da água, portanto *icebergs* (e cubos de gelo) flutuam com 90% de seu volume abaixo da superfície e 10% acima.

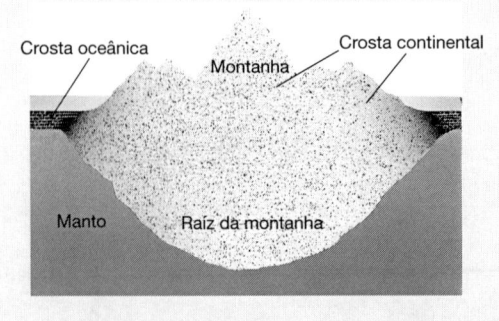

Como a crosta continental é consideravelmente menos densa que o material da astenosfera, onde a crosta continental atinge altitudes elevadas, também se estende muito abaixo da superfície. A crosta oceânica também é menos densa que o material do manto, mas se for mais densa que a crosta continental, é também menos espessa.

ERAS GEOLÓGICAS DAS ROCHAS

ROCHAS SEDIMENTARES

CENOZOICO
- 2 — Quaternário
- 63 — Terciário

MESOZOICO
- 138 — Cretáceo
- 240 — Jurássico, Triássico

PALEOZOICO
- 360 — Permiano, Carbonífero
- 435 — Devoniano, Siluriano
- 570 — Ordoviciano, Cambriano

PRÉ-CAMBRIANO
- 2500 — Pré-Cambriano Superior (incluindo rochas metamórficas paleozoicas)
- 3800 — Pré-cambriano inferior (incluindo rochas metamórficas e ígneas)
- 4600 — Formação da Terra

MILHÕES DE ANOS ATRÁS

ROCHAS ÍGNEAS EXTRUSIVAS
- Cenozoico, Mesozoico

ROCHAS ÍGNEAS INTRUSIVAS
- Cenozoico, Mesozoico, Paleozoico

- Plataforma continental
- Placa de gelo

■ **FIGURA 10.32** Mapa da América do Norte, que mostra o escudo continental (escudo canadense) e a idade geral das rochas.
Partindo do escudo, em direção à costa, o que geralmente acontece com a idade das rochas?

um vulcão submarino recém-formado, com o nome Loihi, está se desenvolvendo a sudeste da ilha do Havaí, o que um dia vai ser o próximo membro da cadeia havaiana.

Crescimento dos continentes

A origem dos continentes ainda está sendo debatida. É claro que os continentes tendem a ter uma área central de rochas ígneas e metamórficas muito antigas que podem representar as raízes profundamente erodidas de montanhas antigas. Essas regiões centrais foram desgastadas por centenas de milhões de anos de erosão para criar áreas de relevo relativamente baixo que estão localizadas longe dos limites de placas ativas. Como resultado, elas têm uma história de estabilidade tectônica durante um longo período de tempo. Essas antigas áreas de rochas cristalinas são chamadas **escudos continentais** (■ Figura 10.32). Os escudos canadense, escandinavo e siberiano são exemplos notáveis. Em torno da periferia do escudo exposto, estendem-se na superfície rochas sedimentares mais jovens, indicando a presença de uma massa de rocha estável e rígida abaixo, como no meio-oeste americano, no oeste da Sibéria e em grande parte da África.

A maioria dos cientistas da Terra considera que os continentes crescem por *agregação*, ou seja, adicionando numerosos pedaços de crosta ao continente principal por colisão. A América do Norte ocidental cresceu dessa maneira ao longo dos últimos 200 milhões de anos, acrescentando segmentos da crosta, conhecidos como *terrenos de microplaca*, enquanto se movia para o oeste sobre a placa do Pacífico, anteriormente oceânica. Dados paleomagnéticos mostram que partes do oeste da América do Norte, do Alasca à Califórnia, originaram-se ao sul do equador e moveram-se para o norte indo fazer parte do continente. Terrenos que têm geologia própria, diferente da do continente ao qual eles estão agora unidos, podem ter sido originalmente arcos de ilha, vulcões submarinos, ou ilhas feitas de fragmentos continentais, como a Nova Zelândia ou Madagascar.

Paleogeografia

O estudo do passado de ambientes geográficos é conhecido como *paleogeografia*. O objetivo da paleogeografia é tentar reconstruir o ambiente do passado de uma região geográfica com base em evidências geológicas e climáticas. Para os estudantes de geografia física, geralmente, pode parecer que o presente já é complexo o suficiente, sem ter necessidade de saber como era a geografia dos tempos antigos. No entanto, olhar para o passado nos ajuda a prever e a nos preparar para mudanças no futuro.

A imensidão do tempo geológico, durante o qual os principais eventos ou processos (como a tectônica das placas, as eras do gelo, ou a formação e a erosão de cadeias de montanhas) tiveram lugar, é difícil de imaginar em uma estrutura temporal dividida em dias, meses e anos. A escala de tempo geológico é um calendário da história da Terra (Tabela 10.2). Está dividida em *eras*, que normalmente são unidades de tempo, como a Era Mesozoica (que significa "vida média"), por sua vez, dividida em *períodos*, como o Período Cretáceo. As *épocas*, como, por exemplo, o Pleistoceno (eras glaciais recentes), são unidades de tempo mais curtas e são utilizadas para subdividir os períodos da Era

TABELA 10.2
Escala do tempo geológico

Éon	Era	Período	Época	Milhões de anos atrás	Principais eventos biológicos e geológicos
Fanerozoico	Cenozoica	Quaternário	Holoceno	0,01	Fim da Era do Gelo
			Pleistoceno	2,6	Início da Era do Gelo / Primeiros humanos
		Terciário / Neogeno	Plioceno	5	
			Mioceno	24	
		Paleogeno	Oligoceno	34	
			Eoceno	56	Formação do Himalaia e dos Alpes
			Paleoceno	65	Extinção dos dinossauros
	Mesozoica	Cretáceo		144	Formação das montanhas rochosas / Primeiras aves
		Jurássico		206	Formação da Sierra Nevada
		Triássico		248	Primeiros mamíferos / Separação da Pangeia / Primeiros dinossauros
	Paleozoica	Permiano		290	Formação da Pangeia / Formação dos Montes Apalaches
		Carbonífero		323	Abundantes pântanos de formação de carvão
		Mississipiano		354	Primeiros répteis
		Devoniano		417	Primeiros anfíbios
		Siluriano		443	Primeiras plantas
		Ordoviciano		490	Primeiros peixes
		Cambriano		543	Primeiros animais com conchas
Pré-Cambriano	Proterozoico			2.500	
	Arqueano			3.800	Mais antigos registros de fósseis de vida encontrados
	Hadeano			~4.650	

Cenozoica ("vida recente"), na qual a evidência geológica é mais abundante. Hoje estamos na Época Holoceno (últimos 10 mil anos), do Período Quaternário (2,6 milhões de anos passados), da Era Cenozoica (últimos 65 milhões de anos). Em certo sentido, essas divisões são usadas como o fazemos com dias, meses e anos para registrar o tempo.

Se um dia de 24 horas representar os aproximadamente 4,6 bilhões de anos de história da Terra, o período **pré-cambriano,** uma era sobre a qual sabemos muito pouco, consumiria as primeiras 21 horas. O período atual, o Quaternário, que dura aproximadamente de 2,6 milhões de anos, corresponderia a menos de 30 segundos, e os primórdios da humanidade, nos últimos 4 milhões de anos, cerca de 1 minuto.

Cada era, período e época da história geológica da Terra teve uma paleogeografia única, com a própria distribuição de terra e mar, regiões climáticas, plantas e vida animal. Se olhássemos para a evidência da paleogeografia da Era Mesozoica (de 248 a 65 milhões de anos atrás), por exemplo, encontraríamos uma geografia física muito diferente do que existe agora. Esse foi o momento em que o supercontinente Pangeia gradualmente se separou, à medida que se formava o novo fundo do oceano, criando os continentes de hoje. Os climas globais e locais do Mesozoico eram muito diferentes dos de hoje, mas foram mudando conforme a América do Norte era movida para o noroeste. Durante o Período Cretáceo, muito da presente região dos Estados Unidos experimentou climas mais quentes que os atuais. Samambaias e florestas de coníferas eram comuns. O Mesozoico foi a "era dos dinossauros", uma classe de animais de grande porte que dominou a terra e o mar. Outras formas de vida também prosperaram, incluindo plantas e invertebrados marinhos, insetos, mamíferos e os primeiros pássaros.

A Era Mesozoica terminou com o episódio de grandes extinções, incluindo o fim dos dinossauros. Geólogos, paleontólogos e paleogeógrafos ainda não estão de acordo quanto ao que levou a essas grandes extinções. Algumas das evidências mais fortes são as de que um grande meteorito teria atingido a Terra há 65 milhões de anos, prejudicando o clima e causando mudanças ambientais globais.

Outras evidências apontam para a tectônica de placa mudando a distribuição dos oceanos e continentes, ou ainda para um aumento da atividade vulcânica, ambas poderiam ter causado mudanças climáticas rápidas que acabariam por provocar extinções em massa.

Mapas disponíveis que representam a Terra no início dos tempos geológicos, mostram padrões apenas aproximados e generalizados de montanhas, planícies, costas e oceanos, com a adição de algumas características ambientais. Esses mapas

■ **FIGURA 10.33** Paleomapa mostra a história tectônica da Terra nos últimos 250 milhões de anos de tempo geológico.
De que forma o meio ambiente no local onde você mora mudou com o tempo geológico?

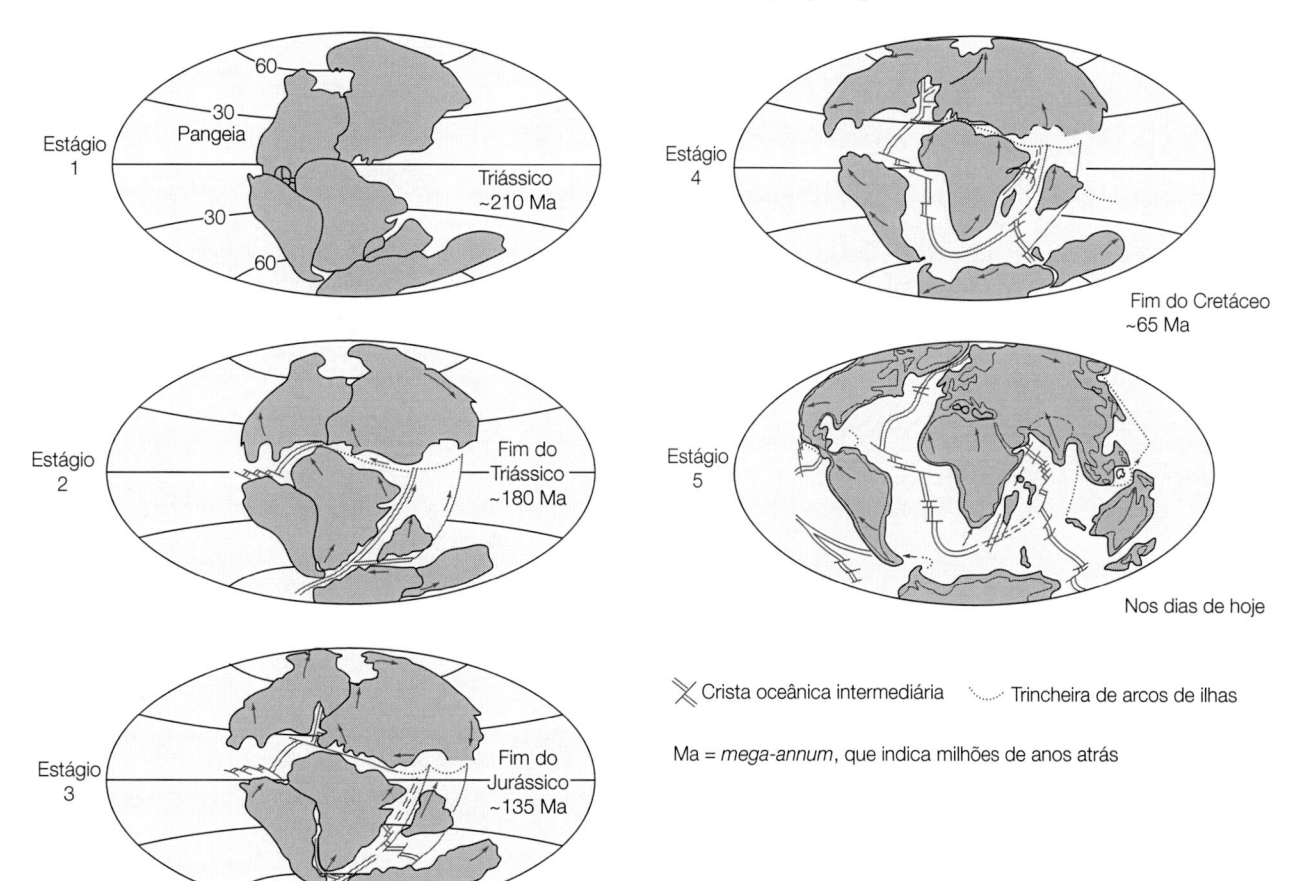

retratam um quadro geral de como a geografia mundial mudou ao longo do tempo geológico (■ Figura 10.33).

Grande parte das evidências e as rochas que continham essas informações foi perdida pelo metamorfismo ou pela erosão, soterrada sob os sedimentos mais jovens ou fluxos de lava, ou ainda reciclada no interior da Terra. Quanto mais atrás no tempo, mais generalizada e dedutiva é a informação paleoambiental apresentada no mapa. Paleomapas assim como mapas são modelos simplificados das regiões e das épocas que representam.

Conforme o tempo passa e as provas adicionais são coletadas, paleogeógrafos talvez possam preencher espaços vazios nos mapas do passado que nos são tão pouco conhecidos. Esses estudos de paleogeografia têm por objetivo não só a compreensão do passado como também a compreensão dos ambientes e das paisagens físicas atuais, seu desenvolvimento e os processos que agiram para mudá-los. Ao aplicar a teoria da tectônica das placas ao nosso conhecimento de como o sistema da Terra e seus subsistemas funcionam, podemos ter melhor compreensão do passado geológico do nosso planeta, bem como do seu presente, o que nos possibilita fazer previsões mais acertadas do seu futuro potencial.

:: Termos para revisão

- arcos insulares
- astenosfera
- cadeia meso-oceânica
- colisão continental
- convergência das placas
- crosta
- crosta continental
- crosta oceânica
- deriva continental
- descontinuidade de Mohorovičić (Moho)
- discordância
- divergência das placas
- escudos continentais
- expansão oceânica
- foliação
- força tectônica
- *hotspots*
- juntas
- lava
- litosfera
- magma
- manto
- mineral
- movimento transformante
- núcleo
- núcleo externo
- núcleo interno
- ondas sísmicas
- placas litosféricas
- planos de estratificação
- regolito
- rocha
- rocha ígnea
- rocha ígnea extrusiva
- rocha ígnea intrusiva
- rochas metamórficas
- rochas sedimentares
- rochas sedimentares clásticas
- rochas sedimentares orgânicas
- rochas sedimentares químicas
- subducção
- tectônica das placas

:: Questões para revisão

1. Liste as principais zonas do interior da Terra, do centro para a superfície, e indique de que modo elas diferem umas das outras.
2. Defina e distinga (a) crosta continental e crosta oceânica e (b) a litosfera e a astenosfera.
3. O que é um mineral? O que é uma rocha? Forneça exemplos de cada um.
4. Descreva as três principais categorias de rocha e os principais meios pelos quais cada uma é formada. Dê um exemplo de cada.
5. Qual é o ciclo das rochas?
6. Que evidência foi encontrada para apoiar a teoria de que as placas litosféricas se deslocaram na superfície da Terra?
7. Que tipo de borda de placas litosféricas é encontrado em paralelo com a dos Andes, na Falha de San Andreas, na Islândia e perto do Himalaia?
8. Explique por que o leste dos Estados Unidos tem relativamente pouca atividade tectônica em comparação com o oeste do país.
9. Como a formação das ilhas do sistema havaiano apoia a teoria da tectônica das placas?
10. Defina paleogeografia. Por que os geógrafos estão interessados nesse tema?

:: Aplicações práticas

1. Duas placas estão divergindo e ambas estão se movendo a uma velocidade de 3 centímetros por ano. Quanto tempo demorará para elas se deslocarem 100 km de distância?
2. Uma área de crosta oceânica tem uma densidade de 3 gramas por centímetro cúbico e uma espessura de 4 km. A área de mesmo tamanho da crosta continental tem uma densidade de 2,7 gramas por centímetro cúbico. Qual é a espessura em quilômetros que a crosta continental teria de ter para que sua massa total fosse igual a da crosta oceânica?

Formas de relevo e processos vulcânicos e tectônicos

11

:: Apresentação

Formas de relevo e geomorfologia

Processos ígneos e formas de relevo

Forças tectônicas, estrutura de rocha e formas de relevo

Terremotos

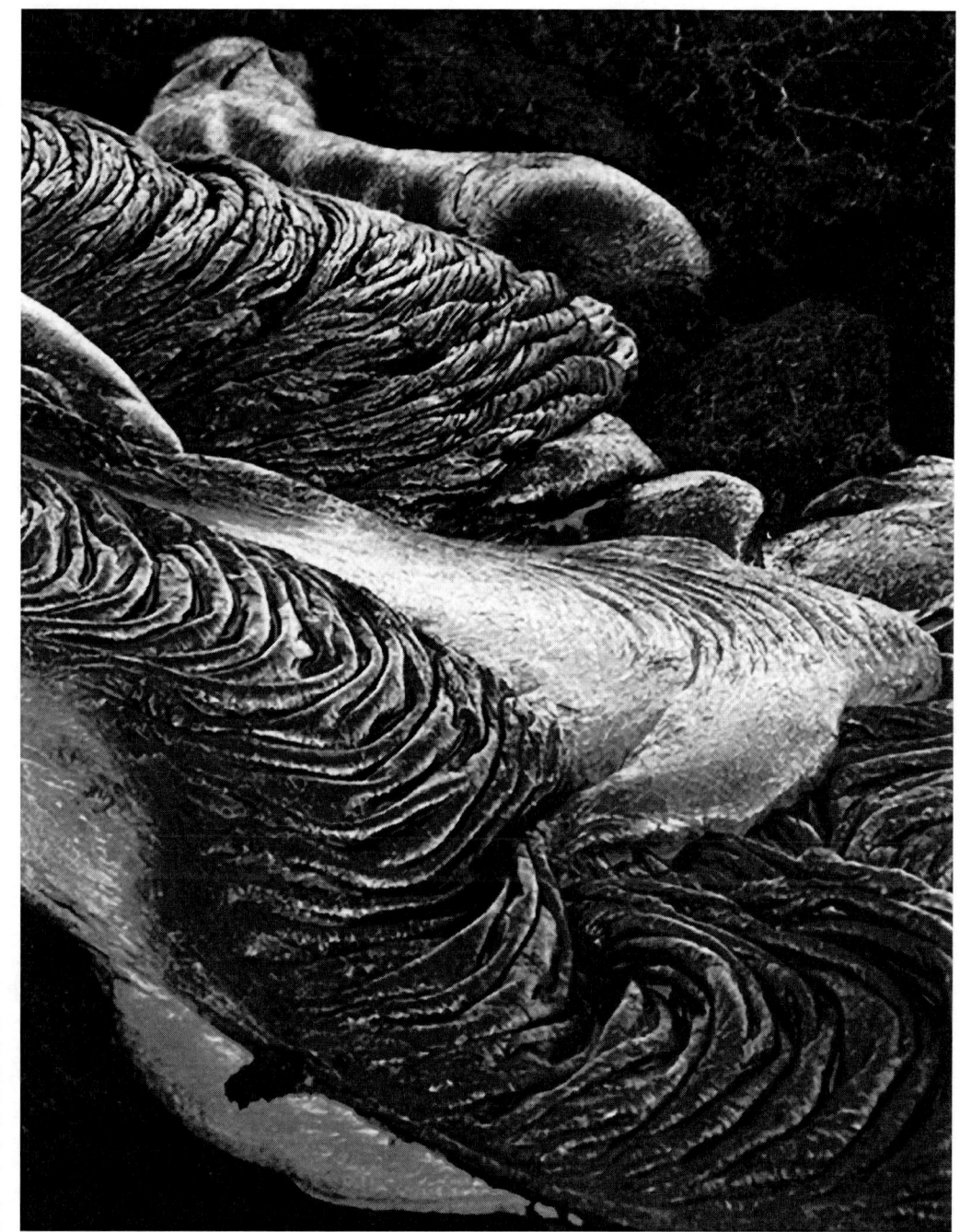

Lava basáltica flui de um vulcão em erupção na ilha do Havaí. A lava que se solidificou e se tornou escura na superfície é carregada pela lava derretida, quente, que ainda está fluindo.

Copyright e fotografia de
Dr. Parvinder S. Sethi

:: Objetivos

Ao terminar de estudar este capítulo, você será ser capaz de:

- Distinguir os processos de formação de relevo endógenos e exógenos.
- Explicar por que algumas erupções vulcânicas são explosivas, enquanto outras são efusivas.
- Descrever as diferenças entre os seis tipos principais de formas de relevo vulcânicas.
- Diferenciar os vários tipos de intrusões ígneas.
- Demonstrar como cada uma das forças compressiva, tensional e de cisalhamento exerce pressão sobre o material rochoso.
- Esboçar exemplos de diferentes tipos de falhas, indicando direção do movimento.
- Associar as diferentes falhas com o tipo de força tectônica responsável por elas.
- Desenhar um corte transversal de uma falha que mostra a relação entre o foco de um terremoto e o epicentro.
- Discutir os dois modos de medição da força de um terremoto.
- Listar vários fatores determinantes da devastação causada por um terremoto.

A **topografia** da superfície do nosso planeta, a distribuição dos altos e baixos da paisagem, é intrigante e complexa. As paisagens podem consistir de montanhas irregulares, planícies de superfície suave, colinas e vales, ou platôs elevados cortados por íngremes cânions. Estes são apenas alguns exemplos de tipos de superfície de terrenos, chamados **formas de relevo**, que contribuem para a beleza e a diversidade dos ambientes da Terra. As formas de relevo são um dos elementos mais atraentes e impressionantes da superfície terrestre. Parques locais, estaduais e nacionais atraem milhares de visitantes anualmente que procuram observar e vivenciar exemplos espetaculares de formas de relevo e características ambientais associadas. As formas de relevo devem seu desenvolvimento a processos e materiais que se originam do interior da Terra, de sua superfície, ou, mais comumente, de uma combinação dos dois. Entender como as formas de relevo são feitas, por que elas variam e sua importância no contexto local, regional ou global é o objetivo principal da **geomorfologia**, um subcampo importante da geografia física, dedicado ao estudo científico das formas de relevo.

Processos ígneos (do latim: *ignis,* fogo) formadores de relevo, que são relacionados à erupção e solidificação de matéria rochosa, e *processos tectônicos* (do grego, *tekton,* construtor), que são movimentos de partes da crosta e da manta superior, são os principais mecanismos geomórficos que aumentam as irregularidades na superfície terrestre. Áreas da crosta podem ser formadas por processos ígneos, que incluem a expulsão de matéria rochosa do interior da Terra para a superfície, ou podem ser elevadas ou rebaixadas por processos tectônicos. Processos ígneos e tectônicos constroem sistemas de montanhas extensos, mas também produzem uma grande variedade de formas de relevo. A distribuição geográfica desses tipos de terrenos normalmente não é aleatória. As formas de relevo vulcânicas ocorrem mais comumente em associação com placas na margem da litosfera. Zonas com as maiores forças tectônicas e de concentração de terremotos perigosos também se encontram ao longo dos limites das placas.

Os processos ígneos e tectônicos produziram muitos cenários impressionantes, mas podem apresentar ameaças naturais severas para as pessoas e suas propriedades. Este capítulo e os seguintes se dedicam à compreensão de como diversas formas de relevo se desenvolvem e aos riscos potenciais relacionados a elas.

É extremamente importante entendermos como os processos geomórficos dão forma à superfície terrestre, porque eles são processos ativos, contínuos e frequentemente poderosos, que podem impactar o bem-estar humano. As formas de relevo são um aspecto dinâmico, belo, diverso e algumas vezes perigoso do *habitat* humano.

Formas de relevo e geomorfologia

Com frequência, as formas de relevo e paisagens são descritas por sua quantidade relativa de **relevo**, que é a diferença na elevação entre os pontos mais altos e mais baixos em uma área específica ou em um elemento específico da superfície (■ Figura 11.1). Sem variações no relevo, nosso planeta seria uma esfera lisa, inexpressiva e certamente muito menos interessante. É difícil imaginar a Terra sem terrenos dramáticos como o que vemos no alto das regiões montanhosas, como Himalaia, Alpes, Andes, Rochosas e Apalaches, ou no gigantesco abismo que chamamos de Grand Canyon. Intercaladas com elementos de alto relevo, grandes extensões de elementos de baixo relevo, como as Grandes Planícies, entre o rio Mississípi e as Montanhas Rochosas nos Estados Unidos e Canadá, podem ser igualmente impressionantes e inspiradoras.

As formas de relevo da Terra resultam de mecanismos que atuam para aumentar ou rebaixar sua superfície e trabalham para reduzi-lo, removendo rocha de locais altos e usando para preencher depressões. Em geral, processos geomórficos que se originam dentro da Terra, chamados **processos endógenos** (*endo,* dentro; *genos,* originário), produzem um aumento no relevo da superfície, enquanto os **processos exógenos** (*exo,* externo), aqueles que se originam na superfície terrestre, tendem a diminuir o relevo. Processos ígneos e tectônicos constituem os processos geomórficos endógenos. Processos exógenos consistem de vários modos de quebra de rocha, coletivamente conhecidos como *intemperismo*, e remoção, movimento e relocação dos produtos de rocha intemperizada em um processo contínuo nomeado como *erosão, transporte* e *deposição*. Erosão, transporte e deposição ocorrem por meio da força da gravidade, como na queda de

FIGURA 11.1 Uma área de (a) baixo relevo no oeste de Utah e (b) alto relevo no Parque Nacional Great Basin, no leste de Nevada.

fragmento de um penhasco até o chão, ou operam com a ajuda de um *agente geomórfico*, um meio que coleta, move e finalmente deposita matéria rochosa quebrada. Os agentes geomórficos mais comuns são água corrente, vento, gelo que se move e ondas, mas as pessoas e outros organismos também podem produzir alguma erosão, transporte e deposição de pedaços intemperizados de material terrestre. Os processos exógenos diminuem o relevo ao erodir material rochoso intemperizado de terras altas e depositar em terras baixas. Elementos de alto relevo, incluindo montanhas, montes e bacias profundas, existem onde os processos endógenos operam ou já operaram mais rapidamente que processos exógenos, ou onde não houve tempo suficiente desde a criação do relevo para que os processos exógenos tenham feito um progresso substancial (■ Figura 11.2).

Neste capítulo, estudaremos os processos relacionados à construção do relevo por atividade ígnea e tectônica e examinaremos as formas de relevo e estruturas de rocha associadas com esses processos endógenos. Os capítulos seguintes focarão nos processos exógenos e nas paisagens e formas de relevo constituídas por vários agentes geomórficos.

FIGURA 11.2 A Cordilheira Teton, em Wyoming, fica muito acima do chão do vale porque taxas de elevação causadas por processos endógenos ultrapassam as taxas dos processos exógenos de meteorização e erosão.

Processos ígneos e formas de relevo

As formas de relevo resultantes de processos ígneos são relacionadas à erupção de material de rocha extrusivo ou à colocação de rocha intrusiva ígnea. O **vulcanismo** refere-se à extrusão de matéria rochosa da superfície terrestre para o exterior e à criação de elementos de terreno como resultado. *Vulcões* são montanhas ou morros construídos deste modo. O **plutonismo** refere-se a processos ígneos que ocorrem sob a superfície terrestre, incluindo o esfriamento do magma para formar rochas ígneas intrusivas e massas rochosas. Algumas massas de rocha ígnea intrusiva são finalmente expostas à superfície terrestre, onde abrangem relevos de formatos e propriedades distintos.

Erupções vulcânicas

Poucos espetáculos na natureza são tão incríveis quanto erupções vulcânicas (■ Figura 11.3). Embora não sejam frequentes, elas podem devastar o ambiente ao redor e mudar completamente os terrenos nas proximidades. Ainda assim, erupções vulcânicas são processos naturais e não devem ser inesperadas para pessoas que vivem nas proximidades de vulcões ativos.

As erupções vulcânicas variam muito em tamanho e característica, e as formas de relevo vulcânicas que resultam são extremamente diversas. *Erupções explosivas* lançam no ar pedaços de rocha derretida e sólida, enquanto *erupções efusivas* derramam rocha derretida menos violentamente sobre a superfície, em córregos de lava. Variações no estilo eruptivo e nas formas de relevo produzidas por vulcanismo se originam principalmente pelas diferenças químicas e de temperatura no magma que alimenta a erupção.

A composição mineral do magma é o fator mais importante na determinação da natureza de uma erupção vulcânica. Magmas *félsicos* ricos em sílica tendem a ser relativamente frios quando derretidos e têm uma consistência viscosa (espessa, resistente a fluir). Magmas *máficos* são mais quentes e menos viscosos, fluindo completamente em comparação com magmas ricos em sílica. Os magmas contêm muitas quantidades de gases que permanecem dissolvidos sob pressão alta a grandes profundidades. Conforme a rocha derretida sobe mais próxima à superfície, a pressão diminui, o que tende a liberar gases expandidos. Se os gases presos sob a superfície não podem ser completamente ventilados para a atmosfera ou não permanecem dissolvidos no magma, a expansão explosiva de gases produz uma explosão eruptiva. Altamente viscosos, os magmas ricos em sílica e as lavas (de composição riolítica) tendem a prender os gases e têm o potencial de entrar em erupção com explosões violentas. Magmas máficos, como aqueles de composição basáltica, ventilam gases mais prontamente e, em geral, entram em erupção com a lava fluindo, em vez de explodindo.

Erupções explosivas arremessam ao ar fragmentos de lava, coágulo ou lava derretida que se solidifica no voo, ou coágulos derretidos que se solidificam uma vez que aterrissam. Todos esses representam *materiais piroclásticos*, ou simplesmente **piroclastos**. Esses fragmentos de rocha entram em erupção em uma gama de dimensões, com **cinza vulcânica** denotando materiais

■ **FIGURA 11.3** Esta espetacular erupção do vulcão italiano Stromboli, em uma ilha na Sicília, ilumina o céu noturno.

■ **FIGURA 11.4** Esta fotografia tirada da Estação Espacial Internacional em julho de 2001 mostra cinza vulcânica se espalhando do Monte Etna, na ilha italiana da Sicília. Foi reportado que a nuvem de cinza chegou a alcançar uma altura de cerca de 5.200 metros naquele dia.
Em sua suposição, em que condições ficaram as habitações localizadas sob a nuvem de cinza durante a erupção?

piroclásticos do tamanho de areia ou menores. Nas erupções mais explosivas, a cinza vulcânica é atirada na atmosfera a uma altitude de 10 mil metros (32.800 pés) ou mais (■ Figura 11.4). A cinza vulcânica que alcança tais altitudes pode eventualmente circular o globo, como aconteceu em erupções de 1991 no Monte Pinatubo, nas Filipinas. Como resultado dessas erupções, o material suspenso causou pôr do Sol vermelho-alaranjado por causa do espalhamento e também abaixou as temperaturas globais ligeiramente por três anos, em razão do aumento da reflexão da energia solar de volta ao espaço.

Formas de relevo vulcânicas

O tipo de relevo que resulta de uma erupção vulcânica depende principalmente de sua explosividade. Vamos considerar os seis tipos principais de formas de relevo vulcânicas, começando com as associadas a erupções mais efusivas (menos explosivas). Quatro das seis principais formas de relevo são tipos de vulcões.

Fluxo de lava

Fluxo de lava são camadas de matéria rochosa que entraram em erupção e que, quando derretidas, despejaram ou escorreram sobre a paisagem. Após esfriar e se solidificar, a rocha mantém a aparência de ter escorrido. Os fluxos de lava podem ser feitos de qualquer tipo de lava (veja Apêndice E), mas o basalto é o mais comum, porque sua alta temperatura de erupção e sua baixa viscosidade permitem que os gases escapem, reduzindo muito o potencial para uma erupção explosiva.

Fluxos de lava solidificada tendem a ter muitas fraturas conhecidas como *juntas*. Quando a lava basáltica esfria e solidifica, ela encolhe, podendo esta concentração produzir uma rede de fraturas verticais que quebram a rocha em inúmeras colunas hexagonais. Isso cria colunas de fluxos basálticos (■ Figura 11.5).

■ **FIGURA 11.5** Fluxo de lava colunar no Monumento Nacional de Devil's Postpile, na Califórnia.
Por que os penhascos mostrados nesta fotografia são tão íngremes?

Os fluxos de lava normalmente apresentam características de superfície distintas. Lavas extremamente fluidas podem correr rapidamente e por longas distâncias antes de se solidificarem. Neste caso, uma camada superficial fina de lava em contato com a atmosfera se solidifica, enquanto a lava derretida embaixo dela continua a se mover, carregando a crosta endurecida fina com ela e enrugando-a em uma superfície viscosa chamada **pahoehoe**. Lavas de viscosidade ligeiramente maior fluem mais devagar, permitindo que uma camada mais grossa da superfície endureça enquanto a lava interior ainda derretida continua fluindo. Isso faz com que a camada grossa de crosta endurecida se quebre em blocos afiados e dentados, formando uma superfície conhecida como **aa**. Os termos *pahoehoe* e *aa*

■ **FIGURA 11.6** Superfícies de fluxo de lava normalmente consistem de (a) *pahoehoe* de textura viscosa, onde a lava derretida estava extremamente fluida, e (b) o anguloso *aa*, em blocos, onde a viscosidade do material rochoso derretido era ligeiramente maior (menos fluida).
Em que direção relativa à foto o pahoehoe está fluindo?

se originaram no Havaí, onde erupções efusivas de basalto são comuns (■ Figura 11.6).

Fluxos de lava não têm de emanar diretamente de vulcões, mas podem derramar de fraturas profundas na crosta, chamadas *fissuras*, sendo independentes ou não de montanhas ou morros de origem vulcânica. A lava basáltica bem fluida expelida de fissuras chega a viajar por 150 quilômetros antes de solidificar. No passado geológico, enormes quantidades de basalto derramaram para fora de fissuras, finalmente enterrando paisagens existentes sob milhares de metros de fluxo de lava. Múltiplas camadas de fluxo de basalto constroem terras relativamente planas, mas elevadas, chamadas *platôs basálticos*. O platô de Colúmbia em Washington, Oregon e Idaho, cobrindo 520 mil km² (200 mil milhas quadradas), é um grande exemplo de basáltico.

Vulcões-escudo

Quando inúmeros fluxos de lava basáltica ocorrem em uma determinada região, eles podem se empilhar e formar uma grande montanha, chamada **vulcão-escudo** (■ Figura 11.7a). Os cones do Havaí, em forma de domo, ilustram muito bem este tipo de vulcão (■ Figura 11.8). Vulcões-escudo colocam em erupção lava máfica extremamente quente, a temperaturas próximas de 1090 °C. Escape de gases e vapor ocasionalmente arremessam fontes de lava derretida algumas centenas de metros no ar (■ Figura 11.9), causando acúmulos de materiais piroclásticos solidificados, mas a principal característica é o derramamento de fluxos de lava basáltica. Comparando com outros tipos de vulcão, essas erupções não são muito explosivas, embora sejam perigosas e prejudiciais. O basalto extremamente quente e fluído pode correr por longas distâncias antes de se solidificar, e o acúmulo de camadas de fluxo desenvolve enormes vulcões com formato de domo com encostas suaves. Na ilha do Havaí, vulcões-escudo ativos também colocam em erupção lava de fissuras em suas laterais, de modo que habitar nas bordas da ilha, longe do topo das crateras, não garante segurança contra os perigos vulcânicos. Áreas inteiras no Havaí foram destruídas ou ameaçadas por fluxos de lava. Os vulcões-escudo do Havaí formam os maiores vulcões na Terra em termos de altura – começando no piso do oceano – e diâmetro.

Cones de cinza

Os menores tipos de vulcão, apenas algumas centenas de metros de altura, são conhecidos como **cones de cinza**. Geralmente, os cones de cinza consistem em piroclásticos do tamanho de cascalho. Erupções carregadas de gás lançam lava derretida e fragmentos piroclásticos sólidos no ar. Caindo sob a influência da gravidade, essas partículas se acumulam em torno do *respiradouro* – um condutor com forma aproximada de um tubo – para a erupção, em uma pilha grande de piroclasto (Figura 11.7b). Cada explosão eruptiva ejeta mais piroclastos, que caem em cascata pelas laterais e formam um cone vulcânico interno em camadas. Vulcões cones de cinza têm uma composição riolítica, mas podem ser feitos de basalto se as condições de temperatura e viscosidade impedirem os gases de escapar facilmente. A forma de um cone de cinza é muito distinta, com lado íngreme reto e uma cratera (depressão) no topo de um morro (■ Figura 11.10). As encostas íngremes de piroclastos acumulados ficam no **ângulo de repouso**, ou próximas a ele – o ângulo mais inclinado que uma pilha de material solto pode manter sem

■ **FIGURA 11.7** Os quatro tipos básicos de vulcões são (a) vulcão-escudo, (b) cone de cinza, (c) estrato-vulcão, e (d) domo de lava.
Quais são as diferenças principais nas formas dos vulcões e em sua estrutura interna?

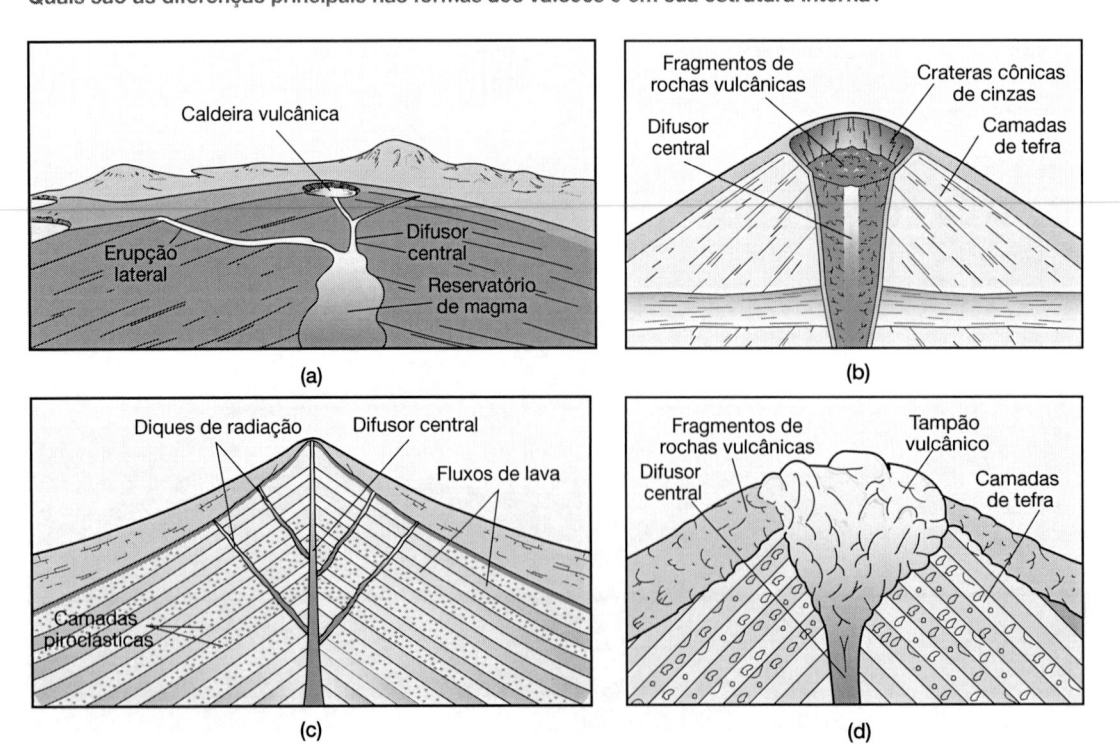

FIGURA 11.8 Mauna Loa, na ilha do Havaí, claramente mostra o formato convexo de um vulcão-escudo clássico. De sua base no piso do oceano até seu topo a 4170 metros (13.681 pés) acima do nível do mar, Mauna Loa tem quase 17 quilômetros (56 mil pés) de altura.
Por que vulcões no Havaí entram em erupção menos explosivamente do que vulcões nas Cordilheiras das Cascatas ou dos Andes?

FIGURA 11.9 Fonte de lava de 300 metros no Havaí.

que rochas rolem ou escorreguem encosta abaixo. O ângulo de repouso de material rochoso não consolidado geralmente varia de 30° a 34°. Exemplos de cone de cinza incluem as Crateras da Lua, em Idaho, a Montanha Capulin, no Novo México, e a Cratera Sunset, no Arizona. Em 1943, um cone de cinza notável chamado Paricutlín cresceu de uma fissura em um campo de milho mexicano, até uma altura de 92 metros (30 pés) em cinco dias e a mais de 360 metros (1.200 pés) em um ano. Depois, o vulcão começou a colocar em erupção fluxos de lava basáltica, enterrando uma vila próxima, exceto pelo topo de um campanário de uma igreja.

Estratovulcão Este terceiro tipo de vulcão ocorre quando, às vezes, erupções formativas são efusivas e explosivas. Assim, **estratovulcões** são compostos de uma combinação de fluxos de lava e materiais piroclásticos (Figura 11.7c). São chamados *estratovulcões* porque são formados por camadas (estratos) de piroclastos e lava. O perfil topográfico de um estratovulcão representa o que se pode considerar o formato de vulcão clássico, com encostas côncavas que são suaves perto da base e inclinadas próximas ao topo (■ Figura 11.11). Os estratovulcões se formam de andesito, que é uma rocha vulcânica intermediária em conteúdo de sílica e explosivos entre basalto e riolita. Embora o andesito seja apenas intermediário nessas características, estratovulcões são perigosos. Conforme um estratovulcão aumenta de tamanho, o respiradouro finalmente se conecta com a rocha andesita que não entrou em erupção. Quando isso acontece, a pressão que leva a uma erupção pode aumentar a ponto de a conexão ser forçada para fora pela explosão, ou de a lateral da montanha ser empurrada para fora até que se rompa, permitindo que a pressão acumulada seja liberada em uma explosão lateral. Essas erupções explosivas podem ser acompanhadas por *fluxos piroclásticos*, densas correntes de cinza vulcânica, gases quentes e vapor que, transportados pelo ar, fluem montanha abaixo até o solo. A velocidade de um fluxo piroclástico pode atingir 100 quilômetros (62 mph) por hora ou mais.

A maioria dos vulcões famosos do mundo é estratovulcão. Alguns exemplos são o Monte Fuji, no Japão, Cotopaxi, no Equador, Vesúvio e Etna, na Itália, Monte Rainier, em Washington, e Monte Shasta, na Califórnia. O vulcão mais alto na Terra, Ojos del Salado, é um estratovulcão que alcança uma elevação de 6.887 metros (22.595 pés) na fronteira entre o Chile e a Argentina, nos Andes, a cordilheira montanhosa que inspirou o nome do andesito.

Em 18 de maio de 1980, moradores do noroeste pacífico americano ficaram estarrecidos com a erupção do Monte Santa Helena, um estratovulcão no sudoeste de Washington, que havia liberado vapor e cinza por várias semanas e explodiu com força incrível naquele dia. Um bojo ameaçador estava crescendo na lateral do Monte Santa Helena, e geocientistas avisaram sobre a possibilidade de erupções

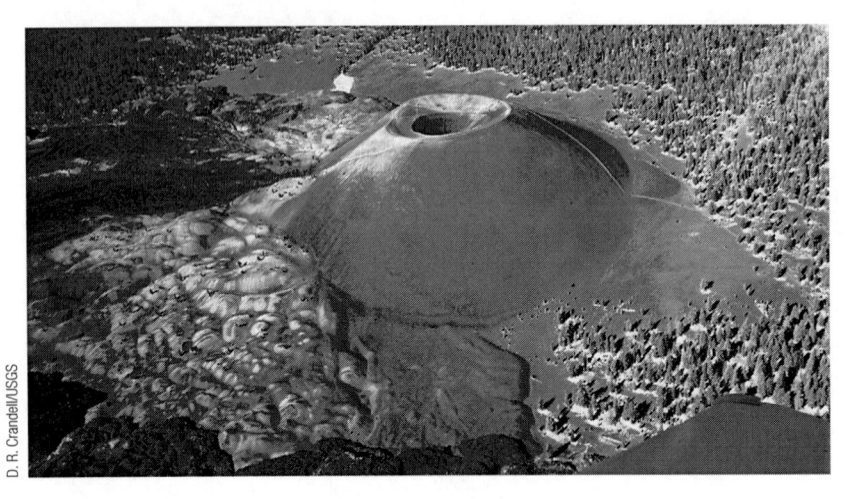

FIGURA 11.10 Este cone de cinza se ergue entre fluxos de lava no Parque Nacional Lassen Volcanic, na Califórnia.
Por que a cratera é tão proeminente neste vulcão?

FIGURA 11.11 Estratovulcões, como o Monte Hood nas Cordilheiras das Cascatas no Oregon, são compostos de fluxos de lava e material piroclástico, tendo encostas laterais côncavas características.
Este vulcão está localizado ao longo do limite de que tipo de placa litosférica?

Mais de 500 km² (200 milhas quadradas) de florestas e terras recreativas foram destruídos. Centenas de casas foram enterradas ou seriamente danificadas. Cinzas asfixiantes de vários centímetros de espessura cobriram cidades próximas, incontáveis vidas selvagens se perderam e 57 pessoas morreram com a erupção. Na história do planeta foi um evento menor, mas para os moradores da região foi uma demonstração fatal do poder das forças naturais.

Alguns dos principais desastres da história ocorreram às sombras de estratovulcões. O Monte Vesúvio, na Itália, matou mais de 20 mil pessoas nas cidades de Pompeia e Herculano no ano 79 d.C. O Monte Etna, na ilha italiana da Sicília, destruiu 14 cidades em 1669, matando mais de 20 mil pessoas e ainda é ativo em boa parte do tempo. A maior erupção vulcânica da história recente foi a explosão do Krakatoa em 1883, onde hoje é a Indonésia. Muitas das causalidades resultaram de *tsunamis*, grandes ondas oceânicas geradas por deslocamentos repentinos de água que varreram as costas de Java e Sumatra. Em 1991, a erupção do Monte Pinatubo, nas Filipinas, matou mais de 300 pessoas, e a cinza lançada ao vento causou efeitos climáticos por três anos após a erupção. Em 1997, uma série de erupções violentas do vulcão Soufrière destruiu mais da metade da ilha caribenha de Montserrat com cinza vulcânica e fluxos piroclásticos (■ Figura 11.13). A Cidade do México, uma das áreas urbanas mais populosas do mundo, continua a ser ameaçada por quedas de cinza de erupções de um estratovulcão a 70 quilômetros (45 milhas) de distância. As cinzas vulcânicas causam problemas respiratórios, estragam veículos com o entupimento da entrada de ar e em grandes acúmulos derrubam telhados.

grandes, mas ninguém poderia prever a magnitude ou o momento exato da explosão. Em minutos, aproximadamente 400 metros (1.300 pés) do topo norte da montanha desapareceram na explosão (■ Figura 11.12). Diferente da maioria das erupções vulcânicas, em que forças eruptivas são direcionadas verticalmente, muito da explosão cuspiu detritos piroclásticos para fora da lateral do bojo. Uma explosão eruptiva composta por uma nuvem de vapor intensamente quente, gases nocivos e cinza vulcânica ocorreu a mais de 300 quilômetros por hora (200 mph), eliminando florestas, lagos, córregos e campos por cerca de 32 quilômetros (20 milhas). Cinza vulcânica, água da neve derretida e gelo formaram gigantescos deslizamentos de terra que entupiram córregos, enterraram vales, e engoliram tudo em seu caminho.

Domo de lava Quando um magma extremamente viscoso e rico em sílica é empurrado para fora de um cone vulcânico sem fluir através dele, forma-se um **domo de lava** (Figura 11.7d). Partes externas solidificadas do bloqueio criam uma cúpula em forma de domo; e seus blocos irregulares que se quebram, ou partes preexistentes do cone, formam as laterais inclinadas do vulcão. Grandes pressões podem aumentar, fazendo com que mais blocos se quebrem e criem o potencial para erupções vulcânicas extremamente explosivas, inclusive fluxos piroclásticos. Em 1903, o Monte Pelée, um domo de lava na ilha de Martinica, nas Antilhas Francesas, causou em uma única explosão a morte de praticamente todas as pessoas de uma cidade de 30 mil habitantes; apenas duas pessoas sobreviveram. Lassen Peak, na Califórnia, é um

FIGURA 11.13 Desde 1995, a ilha de Montserrat, no Caribe, começou a ser atingida por uma série de erupções vulcânicas incluindo fluxos piroclásticos, que devastou grande parte da ilha. Antes do desastre de 1995, o vulcão não havia entrado em erupção por 400 anos.

grande domo de lava que entrou em erupção com grande violência há menos de 100 anos (■ Figura 11.14). Outros domos de lava existem no Japão, Guatemala, Caribe e Ilhas Aleutas.

Caldeiras vulcânicas

Ocasionalmente, a erupção de um vulcão expele tanto material e libera tanta pressão dentro da câmera de magma, que somente uma grande e profunda depressão resta na área que antes continha o topo. Uma grande depressão formada deste modo é chamada **caldeira vulcânica**. A mais conhecida na América do Norte é a bacia no centro-sul de Oregon que contém o Lago Crater, um corpo de água circular de 10 quilômetros (6 milhas) de extensão e quase 600 metros de profundidade (2.000 pés),

■ **FIGURA 11.14** Lassen Peak, no norte da Califórnia, é um domo de lava e o vulcão mais ao sul nas Cordilheiras das Cascatas. Domos de lava ricos em sílica são as áreas mais escuras que se sobressaem no pico. Lassen ficou ativo entre 1914 e 1921.
Por que domos de lava são considerados vulcões perigosos?

■ **FIGURA 11.12** (a) Antes da erupção de 1980, o Monte Santa Helena, nas Cordilheiras das Cascatas, se ergue majestosamente sobre o Lago Spirit. (b) Em 18 de maio de 1980, a erupção violenta removeu quase 3 km³ (1 milha cúbica) de material da encosta norte da montanha. A nuvem da explosão e o deslizamento de terra dizimaram florestas e mataram 57 pessoas. (c) Dois anos depois, o vulcão continuava a despejar pequenas quantidades de gás, vapor e cinza.
Outros vulcões nas Cordilheiras das Cascatas, como Monte Hood em Oregon, poderiam ter entrado em erupção com o mesmo tipo de violência demonstrado pelo Monte Santa Helena em 1980?

cercado por penhascos praticamente verticais. A caldeira que contém o Lago Crater foi formada por erupção pré-histórica e colapso de um estratovulcão. Um cone cilíndrico, a Ilha Wizard, posteriormente se ergueu do piso da caldeira, acima da superfície do lago (■ Figura 11.15). A área do Parque Nacional de Yellowstone é o local de três caldeiras vulcânicas antigas, e Valles Caldera, no Novo México, é um outro exemplo excelente. Krakatoa, na Indonésia, e Santorini (Thera), na Grécia, deixaram resquícios de ilha de suas caldeiras. Também são encontradas caldeiras nas Filipinas, nos Açores, no Japão, na Nicarágua, na Tanzânia, e na Itália, muitas delas ocupadas por lagos profundos.

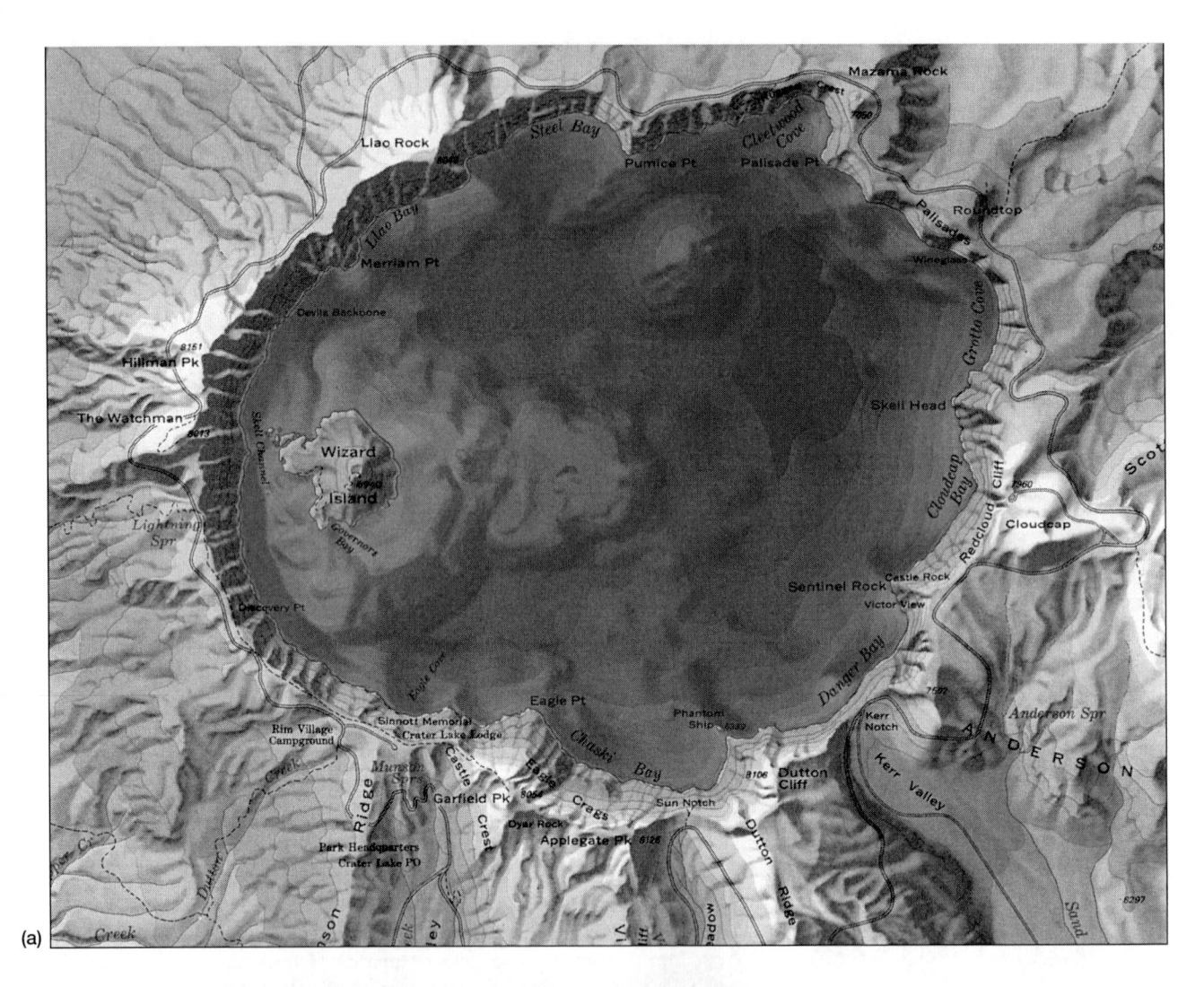

■ **FIGURA 11.15** (a) O Lago Crater se formou cerca de 7.700 anos atrás, quando uma violenta erupção do Monte Mazama explodiu material rochoso sólido e derretido, deixando para trás uma profunda cratera, a caldeira, que mais tarde acumulou água. (b) A Ilha Wizard é um vulcão secundário que se ergueu na caldeira.
Outros vulcões nas Cascatas poderiam ter entrado em erupção a ponto de destruir o topo e criar uma caldeira?

Plutonismo e intrusões

Corpos de magma que existem sob a superfície terrestre ou massas de rocha intrusiva ígnea que esfriaram e se solidificaram abaixo

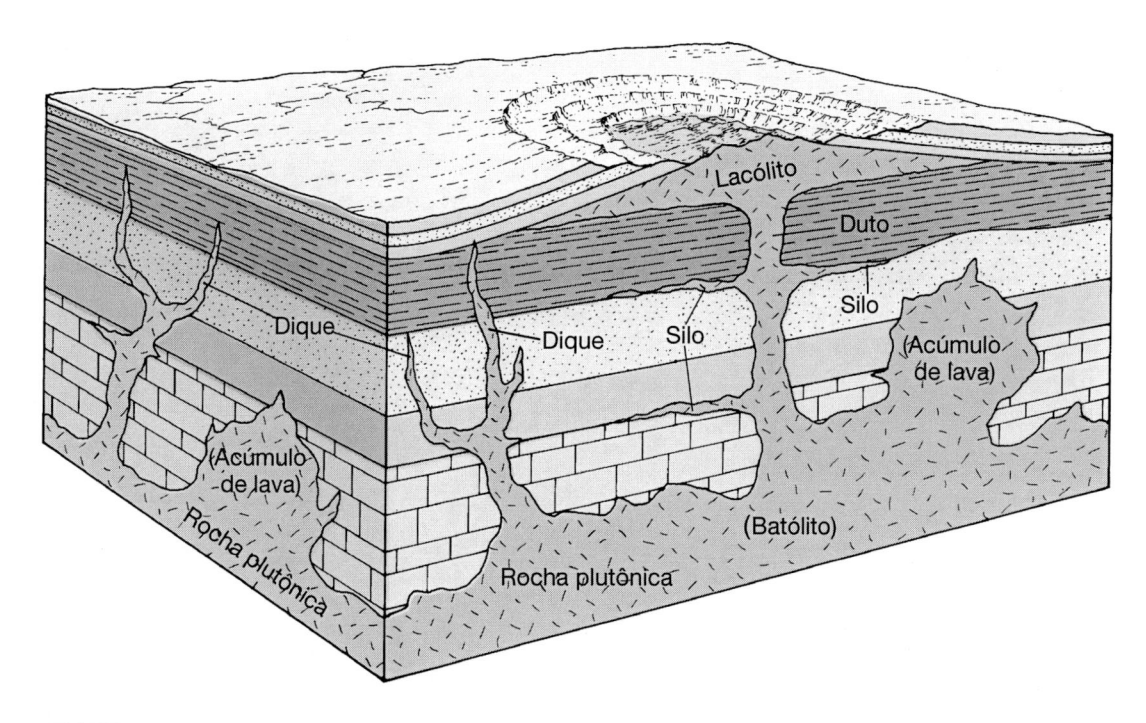

FIGURA 11.16 Como rochas ígneas intrusivas tendem a ser mais resistentes à erosão que rochas sedimentares, quando elas são eventualmente expostas em soleiras na superfície, diques, lacólitos, *stocks* e batólitos geralmente ficam mais altos que as rochas circundantes.

da superfície são chamadas *intrusões ígneas* ou *rochas plutônicas*. Uma grande variedade de formas e tamanhos de corpos de magma pode resultar de atividade ígnea intrusiva, também chamada plutonismo. Quando se formam pela primeira vez, as rochas plutônicas menores têm pouco ou nenhum efeito na superfície. Durante sua formação, rochas plutônicas maiores podem estar associadas com a elevação da superfície terrestre sob a qual elas estão inseridas.

Os muitos tipos diferentes de intrusões são classificados por seu tamanho, formato e relação com as rochas ao redor (■ Figura 11.16). Após milhões de anos de elevação e erosão de rochas, as intrusões podem ser expostas na superfície para se tornar parte da paisagem. Rochas plutônicas elevadas compostas de granito ou outras rochas ígneas intrusivas que cortam a superfície tendem a ficar mais altas que a paisagem circundante porque sua resistência ao intemperismo é maior que a de muitos outros tipos de rochas.

Uma intrusão de formato irregular exposta na superfície terrestre é um ***stock*** se a área for menor que 100 km² (40 milhas quadradas); se for maior, é conhecida como **batólito**. Os batólitos são massas complexas de magma solidificado, normalmente granito, que se desenvolveu a quilômetros abaixo da superfície terrestre. Por causa da resistência de rochas ígneas intrusivas ao intemperismo, eles formam grandes cordilheiras de montanhas. Os batólitos de Serra Nevada, de Idaho, e Cordilheiras Peninsulares do sul da Califórnia cobrem centenas de milhares de quilômetros quadrados de paisagens de granito no oeste da América do Norte.

O magma cria outros tipos de intrusões ígneas ao forçar passagem em fraturas e entre camadas, sem derreter a rocha ao redor. Um **lacólito** se desenvolve onde o magma derretido flui horizontalmente entre camadas de rocha, inchando as camadas sobrejacentes para cima, criando uma estrutura solidificada em formato de cogumelo. Os lacólitos têm forma de cogumelo porque a massa superior do formato de domo é normalmente conectada à fonte de magma por um cano ou haste. Apesar de serem menores que os batólitos, os lacólitos também formam o núcleo de montanhas ou morros após a erosão desgastar as rochas sobrejacentes menos resistentes. As montanhas La Sal, Abajo e Henry, no sul de Utah, são lacólitos expostos, como o são outras montanhas no oeste americano (■ Figura 11.17).

As formas de relevo menores, mas não menos interessantes, criadas por atividade intrusiva também são expostas à superfície por erosão de rochas sobrejacentes. O magma às vezes se insere entre camadas de rochas sem inchá-las para o alto, solidificando-se em um lençol horizontal de rocha ígnea intrusiva chamada **soleira** (■ Figura 11.18). A rocha derretida sob pressão também pode se inserir em uma fratura não horizontal que atravessa rochas adjacentes. O magma solidificado neste caso tem um aspecto de parede e é conhecido como **dique** (■ Figura 11.19). Em Shiprock, no Novo México, diques resistentes de quilômetros de comprimento se erguem verticalmente a mais de 90 metros acima do platô (■ Figura 11.20). *Shiprock* é um *pescoço de vulcão,* uma rocha espiral alta feita do cano exposto (anteriormente subterrâneo), que alimenta um vulcão extinto há muito tempo, situado acima dele há cerca de 30 milhões de anos. A erosão removeu o cone vulcânico, expondo os diques resistentes e o pescoço, que eram elementos internos do vulcão.

■ **FIGURA 11.17** As Montanhas La Sal no sudeste de Utah são compostas de lacólitos agora expostos na superfície.
Como os lacólitos deformam as rochas nas quais eles estão inseridos?

■ **FIGURA 11.19** Quando a erosão expõe rochas sobrepostas na superfície terrestre, diques, como este no Parque Nacional Big Bend, no Texas, frequentemente ficam de algum modo mais altos que a rocha nas quais foram inseridos.
Como um dique difere de uma soleira?

■ **FIGURA 11.18** As paliçadas, no Rio Hudson, são penhascos impressionantes ao longo do rio, próximo à cidade de Nova York, feitas de soleiras espessas que foram inseridas entre camadas de rocha sedimentária.
Por que as soleiras das paliçadas formam um penhasco?

■ **FIGURA 11.20** Um dique mais baixo e o Shiprock, no Novo México, mais alto, um pescoço de vulcão de rocha resistente, estão expostos por causa da erosão da rocha adjacente mais frágil.

Forças tectônicas, estrutura de rocha e formas de relevo

Forças tectônicas, que em sua maior escala movem as placas litosféricas, também fazem a crosta terrestre se curvar, deformar, dobrar e fraturar em escalas continentais, regionais e até locais. Tal deformação é documentada pela *estrutura da rocha*, a natureza, a orientação, a inclinação e a distribuição das camadas afetadas. Rochas sedimentárias são úteis para identificar a deformação tectônica porque a

CAPÍTULO 11 • FORMAS DE RELEVO E PROCESSOS VULCÂNICOS E TECTÔNICOS 275

maioria delas é originalmente horizontal, com camadas de rocha sucessivamente mais jovens, inicialmente se sobrepondo a camadas mais antigas. Se o estrato estiver curvado, fraturado, deslocado ou outro modo fora de sequência, algum tipo de deformação estrutural ocorreu.

Os cientistas da Terra descrevem as orientações de camadas de rocha inclinadas medindo a **direção** (*strike*) e o ângulo do **mergulho** (*dip*). *Strike* é a direção da linha que se forma na intersecção de uma camada de rocha inclinada e um plano horizontal (■ Figura 11.21). A inclinação da camada de rocha, o *dip*, sempre é medida em ângulos retos em relação ao *strike* e em graus de ângulo com a horizontal (*dip* de 0° = horizontal). A direção na qual a rocha se volta para baixo é expressa com a direção geral da bússola.

Durante a história, a crosta terrestre sempre esteve sujeita a forças tectônicas. Grande parte das mudanças resultantes na crosta ocorreu com o passar de centenas de milhares ou milhões de anos, mas outras foram rápidas e cataclísmicas. A resposta das rochas da crosta às forças tectônicas pode indicar uma variedade de configurações em sua estrutura, dependendo da natureza delas e das forças aplicadas.

As forças tectônicas são divididas em três tipos principais que diferem na direção de forças aplicadas (■ Figura 11.22). *Forças tectônicas compressivas* empurram as rochas da crosta, umas contra as outras. *Forças tectônicas tensionais* empurram as rochas da crosta afastando-as umas das outras. *Forças tectônicas cisalhantes* deslizam partes da crosta terrestre uma sobre a outra.

Forças tectônicas compressivas

As forças tectônicas que empurram duas áreas das rochas da crosta umas contra as outras tendem a encolher e engrossar essa crosta. O modo como as rochas afetadas respondem às forças compressivas depende de quão quebráveis elas são e da velocidade aplicada. O **dobramento** ou fracionamento de camadas de rocha ocorre quando forças compressivas são aplicadas a rochas que são maleáveis (flexíveis), em oposição a quebráveis. Rochas que estão bem profundas na crosta e, portanto, sob alta pressão geralmente são maleáveis e suscetíveis de deformar sem se quebrar. Rochas profundas dentro da crosta tipicamente se dobram, em vez de se quebrarem em resposta a forças compressivas (■ Figura 11.23). O dobramento é mais provável que a fratura quando as forças compressivas são aplicadas devagar. Eventualmente, porém, se a força por unidade de área, o estresse, é grande o suficiente, as rochas podem ainda se quebrar com uma parte empurrada sobre outra.

Como elementos de estrutura rochosa, dobras para cima são chamadas **anticlíneas** e dobras para baixo, **sinclíneas** (■ Figura 11.24). Dobras em algumas camadas de rocha são muito pequenas, cobrindo poucos centímetros, enquanto outras são enormes, com distâncias verticais entre as dobras para cima e para baixo medidas em quilômetros. As dobras podem ser firmes (ou justas) ou largas e simétricas ou assimétricas.

Quase todos os sistemas de montanhas exibem algum grau de dobramento. Muito do sistema dos Montes Apalaches é um exemplo de dobramento em larga escala. Dobramentos espetaculares existem nas Montanhas Rochosas do Colorado, Wyoming, Montana, e Canadenses. Dobramentos altamente complexos criaram os Alpes, onde as dobras são derrubadas, cortadas e empilhadas umas sobre as outras.

Camadas de rocha que estão próximas à superfície terrestre, e não estão sob altas pressões, são muito rígidas para se curvar e dobrar quando

■ **FIGURA 11.21** Geocientistas usam a direção (*strike*) e o ângulo do mergulho (*dip*) para descrever a orientação de camadas de rocha sedimentárias.

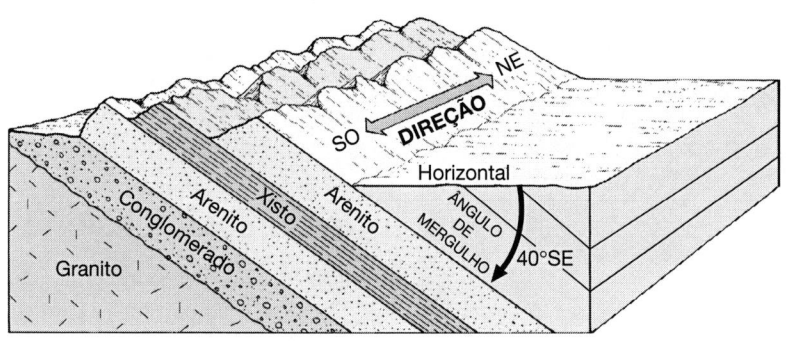

■ **FIGURA 11.22** Três tipos (direções) de força tectônica. (a) Forças compressivas podem curvar (dobrar) rochas ou fazer com que elas se quebrem e deslizem ao longo da zona de quebra (falha). (b) Forças tensionais também podem levar à quebra e ao deslocamento de massas de rocha ao longo de falhas. (c) Forças cisalhantes fazem rochas deslizar umas sobre as outras horizontalmente, às vezes causando movimento ao longo de uma falha.

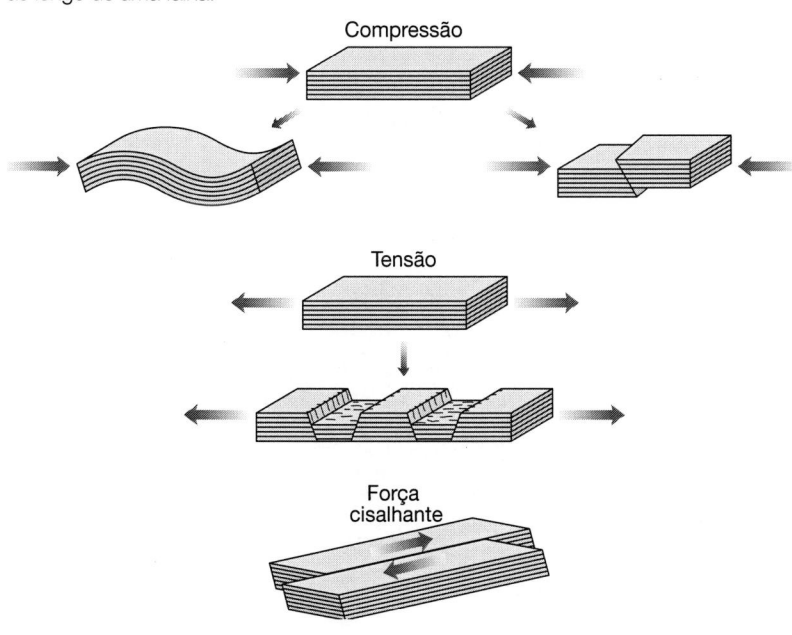

ocorrem forças compressivas. Se a força tectônica é grande o suficiente, essas rochas se quebrarão, em vez de se dobrarem, e as massas de rocha se moverão relativamente ao longo da fratura. **Falhamento** é o deslizamento ou deslocamento de rochas ao longo de uma superfície de fratura; já a fratura ao longo da qual os movimentos ocorrem é uma **falha**. Quando forças compressivas causam falhamento, uma das duas massas de rocha é empurrada ao longo de uma falha inclinada, ou uma massa de rocha desliza ao longo de uma falha rasa de ângulo pequeno. A falha inclinada, de ângulo alto, resultante de forças compressionais, é chamada *falha reversa* (■ Figura 11.25a). Quando a compressão empurra rochas ao longo de falhas de ângulo baixo de modo a sobrepô-las do outro lado da falha, a superfície da fratura é chamada *falha de empurrão* ou *sobreposição* (■ Figura 11.25b). Tanto nas falhas reversas quanto nas de empurrão, um bloco de rochas crustais encontra-se em configuração de cunha em relação à outra. A direção do movimento ao longo de todas as falhas é sempre dada em termos relativos, porque, mesmo que pareça óbvio que um bloco foi empurrado para cima, o outro bloco pode ter deslizado para baixo por alguma distância também, e nem sempre é possível determinar com exatidão se um ou ambos os blocos se moveram. Falhas reversas ou de empurrão também resultam de forças compressivas que se aplicam rapidamente e em alguns casos a rochas que já responderam à força se dobrando. No último caso, a parte superior de uma dobra se quebra, deslizando sobre as camadas de rocha mais baixas ao longo de uma falha de empurrão, formando sobreposição. Grandes sobreposições ocorrem ao longo do norte das Montanhas Rochosas e no sul das Apalaches.

Forças tectônicas tensionais

Forças tectônicas tensionais puxam em direções opostas de um modo que estica e afina a parte impactada da crosta. As rochas, porém, respondem

■ **FIGURA 11.23** Forças compressivas fizeram dobras complexas nessas camadas de rocha sedimentária.
Como a rocha sólida pode ser dobrada sem se quebrar?

■ **FIGURA 11.24** Quanto mais desiguais as forças compressivas, partindo de duas direções, mais complexas se tornam as estruturas de rochas dobradas.

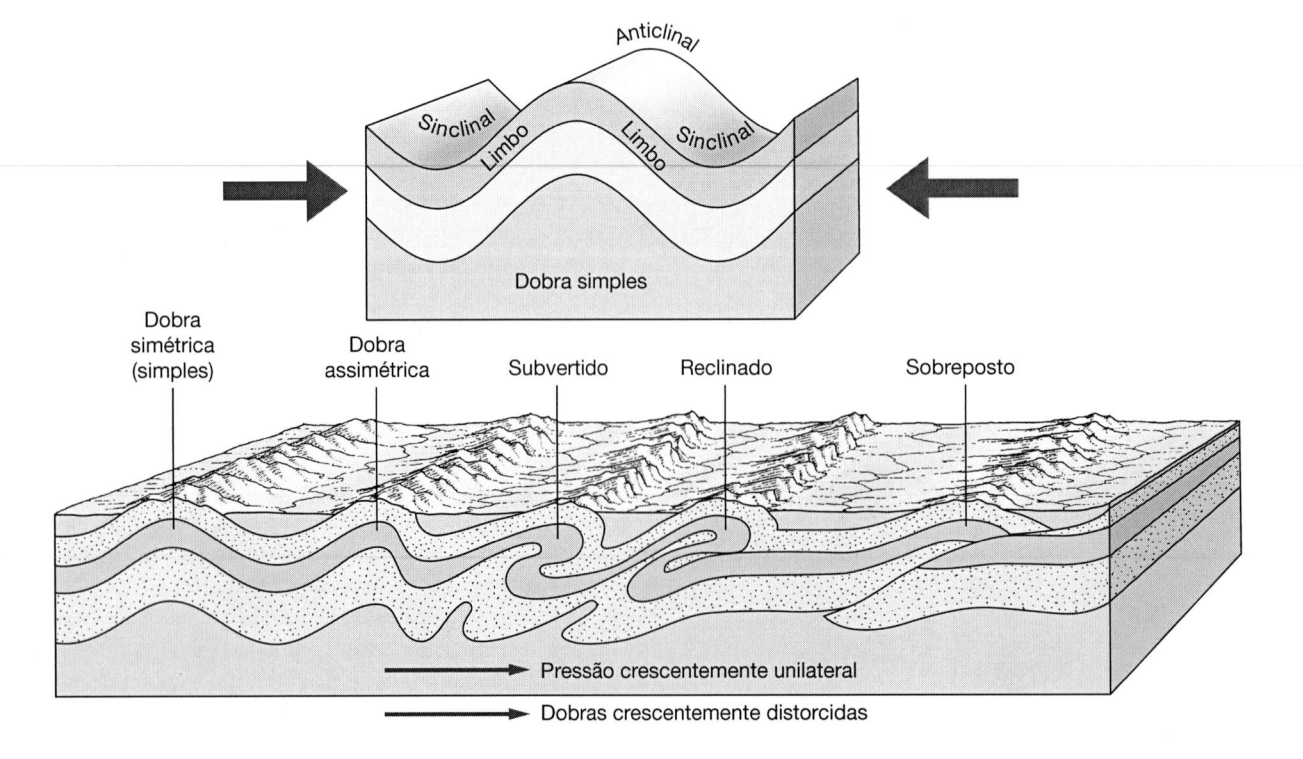

(a) Falha reversa
(b) Falha de empurrão ou sobreposição
(c) Falha normal
(d) Falha de rejeito direcional

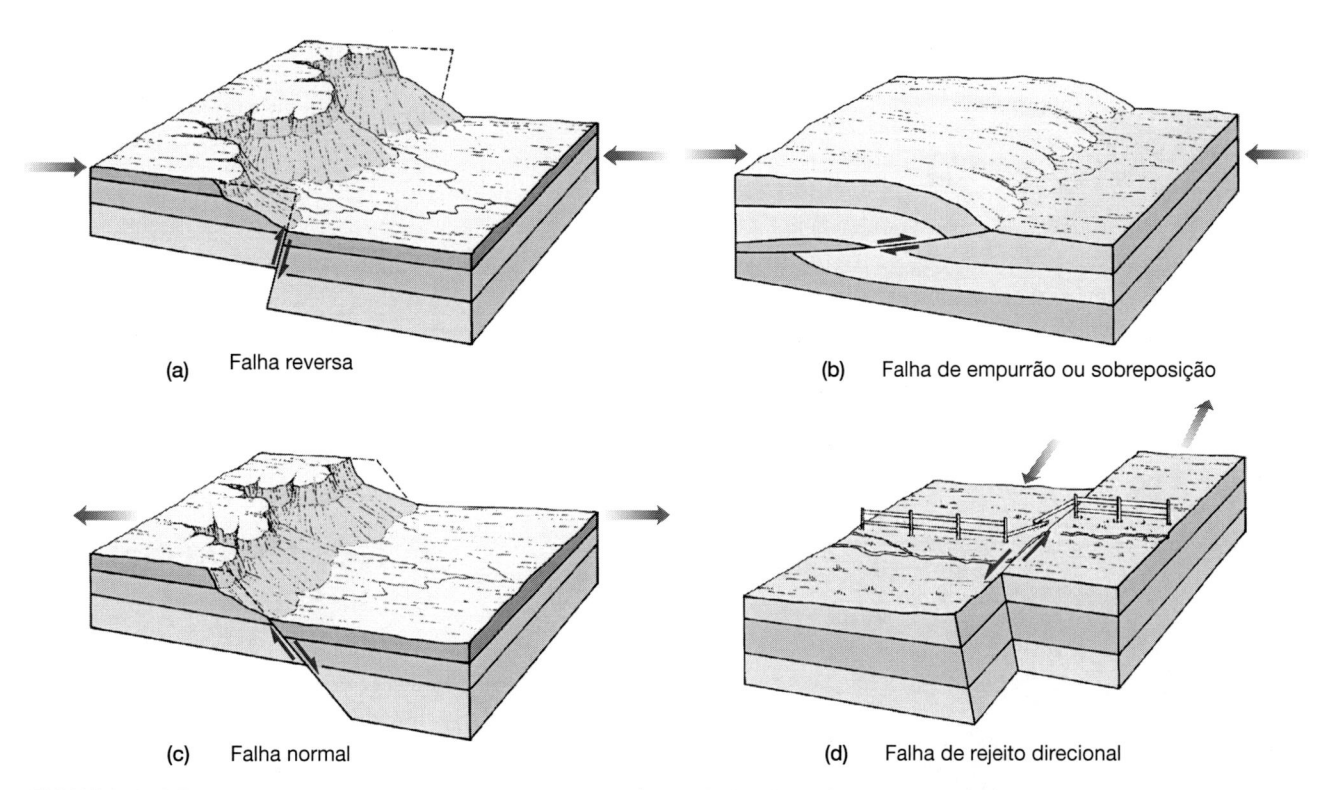

■ **FIGURA 11.25** Os principais tipos de falhas e as forças tectônicas (indicadas pelas setas grandes) que as causam. Forças compressivas de falhas (a) reversas ou (b) de impulso, forças tensionais resultando em falhas normais (c), e forças cortantes em falhas *strike-dip* (d).
Como o movimento ao longo de uma falha normal difere daquele ao longo de uma falha reversa?

por falhamento, em vez de se curvarem ou esticarem plasticamente, quando sujeitas a forças tensionais. Forças tensionais normalmente usam a crosta para se quebrar em blocos separados, chamados blocos de falha, que são separados entre si por *falhas normais* (Figura 11.25c). Para acomodar a extensão da crosta, um bloco de falha crustal desliza para baixo ao longo da falha normal relativa ao bloco de falha adjacente. Observe que a direção do movimento ao longo de uma falha normal é oposta à direção ao longo de uma falha reversa ou de empurrão.

Na visão do mapa, forças tensionais que afetam uma região grande frequentemente causam um padrão repetido de falhas normais, criando uma série de blocos de falha para cima e para baixo. Cada bloco que desliza para baixo entre duas falhas normais, ou que permanece no lugar enquanto blocos de cada lado deslizam para cima ao longo das falhas, é chamado *graben* (■ Figura 11.26). Um bloco de falha que se moveu relativamente para cima entre duas falhas normais – ou seja, ou ele realmente se moveu ou ficou no lugar enquanto blocos adjacentes deslizaram para baixo – é um **horst**. Horsts e grabens são elementos estruturais que podem ser identificados pela natureza do deslocamento de unidades de rocha ao longo de falhas normais; topograficamente, *horsts* formam cordilheiras montanhosas e *grabens* formam bacias. A região de depressões e cordilheiras do oeste dos Estados Unidos, que se estende pelo

Bloco rebaixado   Bloco elevado   Bloco rebaixado

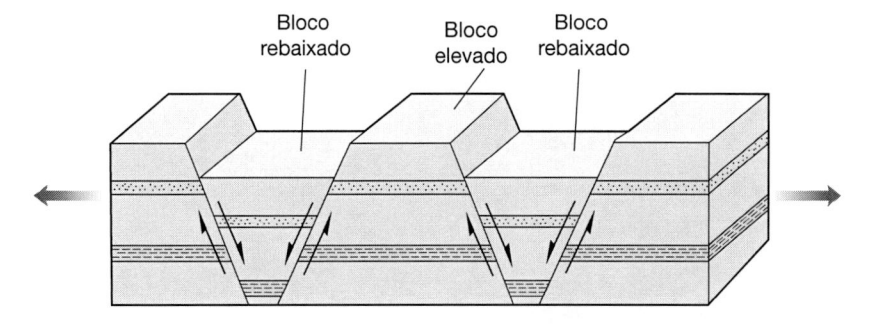

■ **FIGURA 11.26** *Horsts* (blocos lançados para cima) e *grabens* (blocos rebaixados) são unidos por falhas normais.
Que tipo de força tectônica causa esses tipos de blocos de falha?

leste da Califórnia até Utah e pelo sul de Oregon até Novo México, é uma área que recebe forças tectônicas tensionais que estão rasgando a região para o oeste e leste. Um corte transversal do oeste para o leste naquela região – por exemplo de Reno, Nevada, até Salt Lake City, Utah – encontra uma série extensa de blocos de falha para cima e para baixo alternados, abrangendo as bacias e cordilheiras que dão nome à região. Algumas das cordilheiras e bacias são simples *horsts* e *grabens*, mas outras são blocos de falha inclinados que resultam da elevação de um lado de um bloco de falha enquanto o outro lado do mesmo bloco rotaciona para baixo (■ Figura 11.27). O vale da Morte, na Califórnia, é um exemplo clássico de um lado inclinado para baixo de um bloco de falha (■ Figura 11.28).

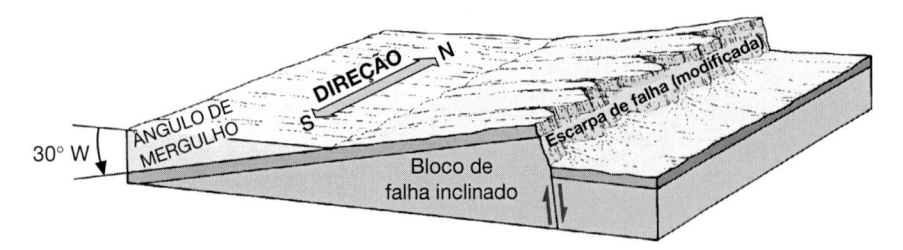

■ **FIGURA 11.27** Um bloco de falha inclinado semelhante ao tipo que produziu o Vale da Morte. Aqui, um penhasco voltado para o leste é uma escarpa de falha que foi desgastada para uma encosta mais baixa por erosão.

■ **FIGURA 11.28** O vale da Morte, na Califórnia, ocupa a bacia criada por um bloco de falha inclinado.

■ **FIGURA 11.29** O movimento ao longo da falha normal que criou esta escarpa de falha piemontesa em Nevada ocorreu cerca de 30 anos antes de esta fotografia ser tirada. **De que lado da falha fica o *horst*?**

Uma *escarpa* é um penhasco íngreme, que pode ser alto ou baixo. Escarpas se formam na superfície terrestre por muitas razões e em muitos cenários diferentes. Um penhasco que resulta do movimento ao longo de uma falha é especificamente uma *escarpa de falha*. Em áreas de falhas normais, sedimentos não consolidados que erodem do bloco elevado são depositados na base da encosta, próximos à zona de falha, e se estendem até o bloco rebaixado. Se um movimento subsequente ao longo da falha desloca esses sedimentos não consolidados verticalmente, isso produz uma *escarpa de falha de Piemonte* (■ Figura 11.29).

Forças tectônicas cisalhantes

O deslocamento vertical ao longo de uma falha ocorre quando as rochas de um lado se movem ou caem relativas a rochas do outro lado. Falhas com este tipo de movimento, para baixo ou para cima ao longo do mergulho de uma falha plana se estendendo para dentro da Terra, são conhecidas como *falhas de rejeito de mergulho*. Falhas normais e reversas têm movimento de *rejeito de mergulho*. Uma categoria completamente diferente de falhas exibe deslocamento horizontal de unidades de rocha. Neste caso, a direção do deslizamento é paralela ao traço da superfície da falha; assim é chamada *falha de rejeito direcional*, ou, por causa de seu movimento horizontal, uma *falha lateral* (Figura 11.25d). Deslocamento ao longo de falhas de rejeito direcional é mais visto na aérea que em uma visão seccional. Falhas de rejeito direcional ativas causam deslocamento horizontal de rodovias, ferrovias, cercas, leitos de córregos e outros elementos que se estenderem pela falha. O movimento ao longo de uma falha de rejeito direcional é descrito como uma lateral esquerda ou lateral direita, e direita ou esquerda se define ao se imaginar em pé em um bloco olhando através da falha para determinar se o outro bloco se moveu para sua direita ou esquerda. A Falha de San Andreas, que se prolonga por grande parte da Califórnia, tem um movimento de rejeito direcional lateral direito. Um vale longo e fino, bem linear, composto de rochas que foram esmagadas e enfraquecidas, marca seu traço (■ Figura 11.30).

Forças tectônicas tensionais de larga escala podem criar **vales de rifte**, que são compostos de regiões de crosta relativamente finas, mas longas, que descerem ao longo de falhas normais. Exemplos de vales de rifte incluem o rifte Rio Grande, no Novo México e Colorado, o Great Rift Valley, no leste da África, e o vale de rifte do Mar Morto.

A quantidade de deslocamento da superfície terrestre durante um movimento instantâneo ao longo de uma falha varia de frações de centímetros a vários metros. O falhamento move rochas laterais,

■ **FIGURA 11.30** A Falha de San Andreas, na Califórnia, vai da esquerda para a direita no centro desta foto. O terreno escavado ao fundo está se movendo para a direita relativamente ao terreno suave à frente.
Que tipo de falha é a de San Andreas?

e verticalmente ou ambos. O deslocamento horizontal máximo ao longo de San Andreas durante o terremoto em São Francisco, em 1906, foi de mais de 6 metros (21 pés). Um deslocamento vertical de mais de 10 metros (33 pés) ocorreu durante o terremoto no Alasca, em 1964. Em milhões de anos, o deslocamento cumulativo ao longo de uma falha principal pode ter dezenas de quilômetros verticalmente ou centenas de quilômetros horizontalmente, apesar de a maioria das falhas ter deslocamentos muito menores.

Relações entre estruturas de rocha e topografia

A atividade tectônica produz uma variedade de elementos estruturais que vão de fraturas microscópicas a dobras maiores e blocos de falha. Na superfície terrestre, elementos estruturais incluem várias formas de relevo que estão sujeitas a modificação por intemperismo, erosão, transporte e deposição. É importante distinguir entre elementos estruturais e topográficos porque a estrutura da rocha reflete fatores endógenos, enquanto formas de relevo refletem o equilíbrio entre fatores endógenos e exógenos. Como resultado, um tipo específico de elemento estrutural pode assumir uma variedade de expressões topográficas (■ Figura 11.31). Por exemplo, um elemento estrutural dobrado para cima é um anticlíneo, mesmo que geomorficamente inclua um dorso, um vale ou uma planície, dependendo da erosão de rochas quebradas ou fracas. Da mesma forma, apesar de sinclíneas serem dobras estruturais para baixo, topograficamente um sinclíneo pode contribuir para a formação de um vale ou dorso. Alguns topos de montanha nos Alpes são os remanescentes de erosão de sinclíneos. *Montanha, dorso, vale, bacia* e *escarpa de falha* são termos geomórficos que descrevem a superfície topograficamente, enquanto *anticlíneo, sinclíneo, horst, graben* e *falha normal* são termos estruturais que descrevem a disposição de camadas de rochas. Elementos de estrutura de rocha podem ou não ser representados diretamente na topografia da superfície. É importante lembrar que a variação topográfica na superfície terrestre resulta da interação de três fatores principais: processos endógenos que criam relevo, processos exógenos que moldam e reduzem o relevo e a força relativa de resistência de diferentes tipos de rocha ao intemperismo.

Terremotos

Os *terremotos*, evidência de atividade tectônica em andamento, são grandes movimentos de terra causados quando a tensão tectônica acumulada é repentinamente aliviada por um deslocamento de rochas ao longo de uma falha. O movimento repentino de blocos de crosta passando uns sobre outros para novas posições representa uma liberação de energia que se espalha pela Terra como *ondas sísmicas*, as quais podem ter um grande impacto na superfície terrestre. É principalmente quando essas ondas passam ao longo da crosta exterior ou emergem à superfície terrestre que elas causam o dano e perdas de vida que associamos com tremores maiores. A locação subterrânea onde o deslocamento de rocha e o terremoto resultante se originaram é o **foco** do terremoto, que pode estar localizado em qualquer lugar, tanto perto da superfície como a uma profundidade de 700 quilômetros (435 milhas). O **epicentro** do terremoto é o ponto na superfície terrestre que fica diretamente acima do foco, onde o maior choque normalmente é sentido (■ Figura 11.32).

■ **FIGURA 11.31** A estrutura, uma resposta da rocha a forças tectônicas aplicadas, pode ou não ser representada diretamente na topografia da superfície, o que depende da natureza e taxa dos processos geomórficos exógenos e endógenos. (a) Uma dobra estrutural para cima (anticlínea) onde a superfície é plana. (b) Um pico topográfico incluindo uma dobra para baixo (sinclínea). (c) Um vale topográfico que sofreu erosão de um anticlíneo.

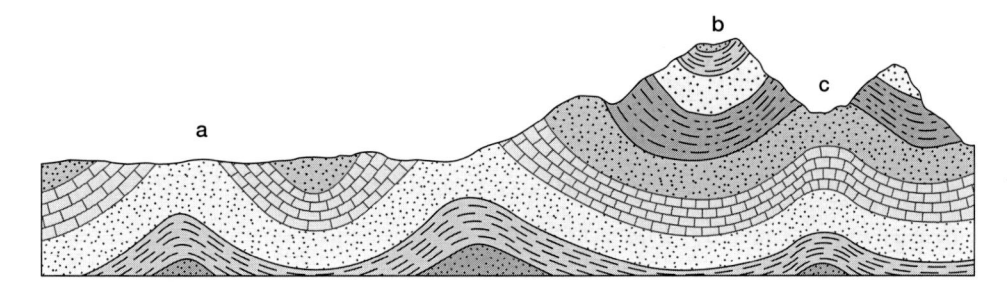

PERSPECTIVA AMBIENTAL DA GEOGRAFIA
:: MAPEANDO A DISTRIBUIÇÃO DA INTENSIDADE DOS TERREMOTOS

Quando um terremoto afeta uma área povoada, uma das primeiras peças de informação científica reportada é a magnitude, uma expressão da energia liberada no foco do terremoto. Em razão da maior energia, terremotos de magnitude maior têm o potencial de causar muito mais dano e sofrimento humano que aqueles de magnitude menor, que não é o único fator importante. Um terremoto moderado em uma área densamente povoada pode causar muito mais dano e prejuízo que um terremoto muito grande em uma região de população esparsa.

A Escala de Mercalli Modificada para intensidade de terremotos (I-XII) foi desenvolvida para medir o impacto de um tremor em um povo e seu ambiente construído. Apesar de todo terremoto ter somente uma magnitude, a intensidade varia de lugar para lugar, e um único tremor tipicamente gera uma gama de valores de intensidade. Geralmente, quanto mais distante um local está do epicentro de um terremoto, menor a intensidade, mas esta generalização nem sempre se aplica.

A variação espacial na Escala de Mercalli é retratada em mapas por isossistas do sismo, linhas que delimitam no território pontos onde o impacto e o dano do terremoto foram sentidos com a mesma intensidade. Padrões de isossistas são úteis para avaliar que

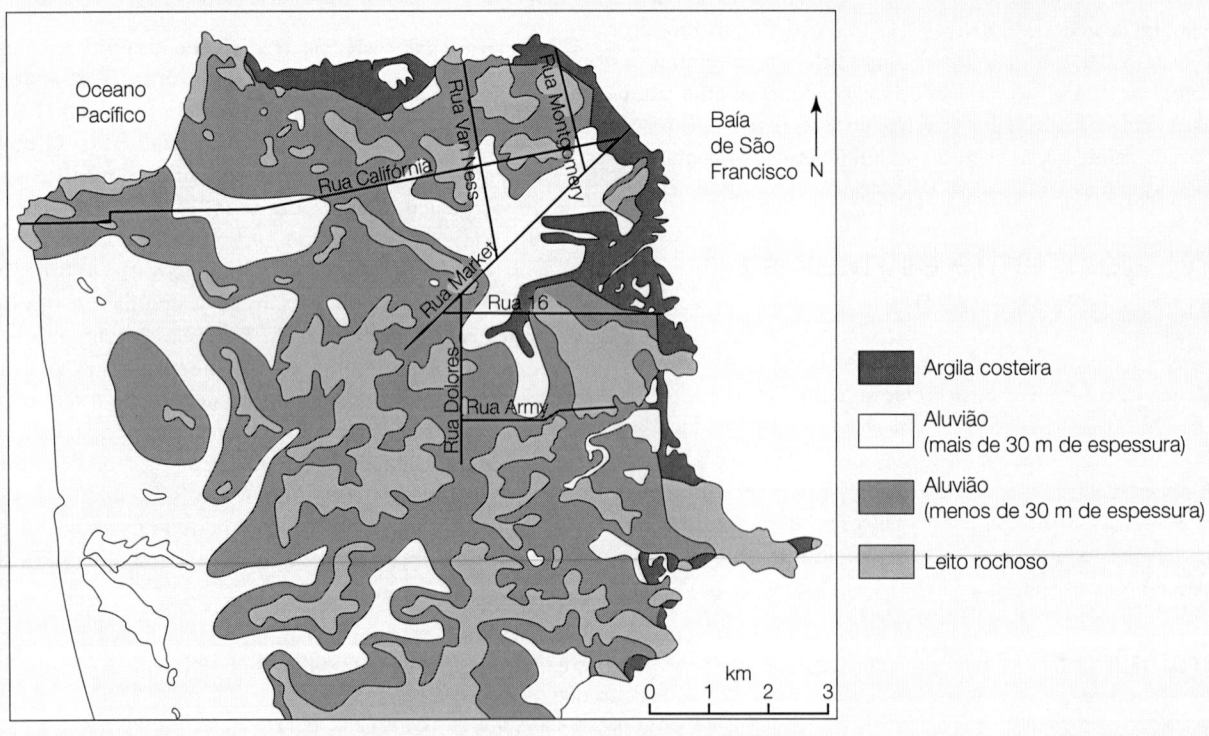

A localização de diferentes materiais de Terra durante o terremoto de São Francisco em 1906.

Muitos terremotos são tão suaves que não podemos senti-los e eles não produzem danos ou prejuízos. A maioria deles ocorre em um foco profundo o suficiente para que nenhum deslocamento seja visível na superfície. Outros terremotos podem causar um tremor moderado que estremece alguns pratos, enquanto alguns são suficientemente fortes para tombar edifícios e quebrar linhas de força, minas de gás e canos de água. O deslocamento da superfície ou tremor de solo durante um terremoto também pode levar a quedas de rocha, deslizamento de terra, avalanches e *tsunamis*. Os tremores normalmente seguem um terremoto grande, pois ajustes da crosta continuam a ocorrer. Também pode haver tremores que precedem terremotos maiores.

Medindo o tamanho do terremoto

Os cientistas expressam a severidade de um terremoto de duas maneiras: (1) o tamanho do evento como um processo físico da Terra, e (2) o grau de seu impacto nos humanos. Esses dois condições locais contribuem para o impacto do terremoto. Fatores de intensidade de terremoto variam com a natureza do substrato, tipo de construção e qualidade, topografia e densidade populacional. Áreas de materiais terrestres não consolidados, construção pobre, ou alta densidade populacional geralmente sofrem mais com o impacto e experimentam maior dano.

O terremoto de 1906 em São Francisco e o incêndio subsequente causaram a destruição de muitos edifícios, inúmeros prejuízos e uma estimativa de 3 mil mortes. O incêndio que resultou do terremoto danificou linhas elétricas.

Em 1906 não existiam as escalas nem de magnitude nem de intensidade. Estudos posteriores, porém, sugeriram que a magnitude do terremoto foi de aproximadamente 8.3, e cartógrafos prepararam mapas da distribuição de intensidade Mercalli de terremotos. Os padrões geográficos de isossistas revelam que áreas de escudo rochoso experimentam intensidades menores (menos danos) que áreas de sedimento não consolidado. Os piores danos ocorreram principalmente em áreas de frente para baías e em vales de córregos que foram preenchidos artificialmente com sedimento para permitir construções.

A análise da natureza de lugares onde intensidades de terremotos foram maiores ou menores que o esperado ajuda a entender os fatores que contribuem para ameaças de terremoto. Os padrões geográficos da intensidade de Mercalli que são gerados mesmo por tremores pequenos contribuem no planejamento para terremotos maiores na mesma área. O padrão geral de tremor do solo e isossistas deve ser similar para um terremoto maior, tendo o mesmo epicentro de um menor, mas a quantidade de tremor, a intensidade de Mercalli e o tamanho da área afetada seriam maiores para um tremor de maior magnitude.

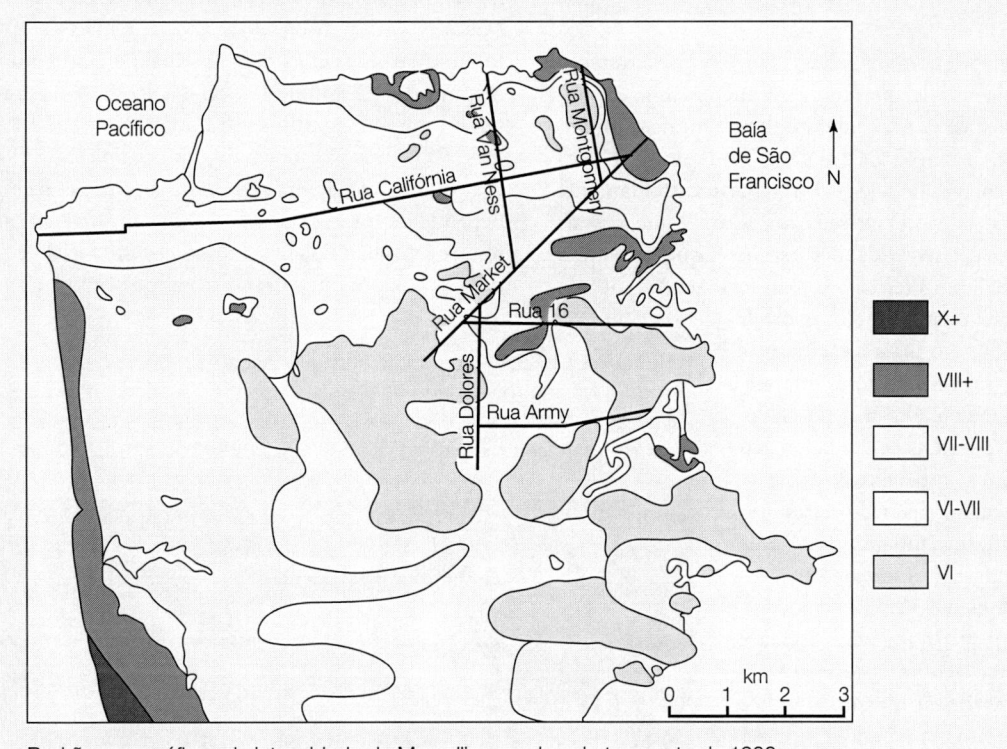

Padrões geográficos da intensidade de Mercalli causada pelo terremoto de 1906.

fatores às vezes se relacionam porque, quando todos os outros são iguais, terremotos poderosos devem ter um efeito maior nos humanos que terremotos menores. Contudo, tremores grandes que atingem lugares esparsamente habitados terão impacto humano limitado, enquanto terremotos pequenos que atingem áreas densamente povoadas podem causar danos e sofrimentos consideráveis. Muitos fatores resultantes de um tremor, além do tamanho do terremoto, afetam vidas humanas. Medir o tamanho físico de terremotos e, separadamente, seus efeitos nas pessoas ajuda os cientistas e planejadores a entender o potencial de risco local e regional.

A escala de *magnitude de terremoto*, originalmente desenvolvida por Charles F. Richter em 1935, é baseada na energia liberada em um terremoto e registrada por *sismógrafos*. Atualmente medida de um modo diferente, mais preciso, chamado *magnitude de momento*, a energia liberada em um terremoto é expressa em

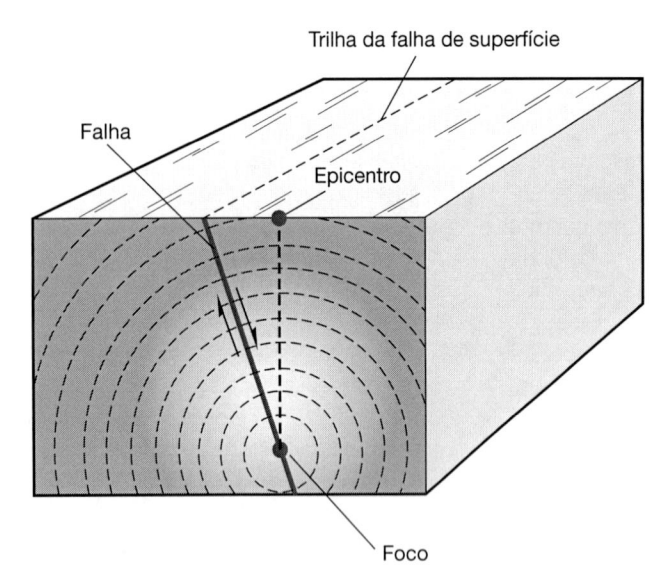

FIGURA 11.32 A relação entre um foco e um epicentro de um terremoto.
Por que o epicentro neste exemplo não se localiza onde a falha cruza a superfície terrestre?

um número, geralmente com uma casa decimal. Cada terremoto tem apenas uma magnitude, que representa seu tamanho em termos de energia liberada. Cada aumento de um número inteiro em magnitude (por exemplo, de 6.0 para 7.0) representa cerca de 30 vezes mais energia liberada. O terremoto extremamente destrutivo de 1906 em São Francisco ocorreu antes que a escala de magnitude fosse desenvolvida, mas estima-se que tenha tido uma magnitude de 8.3. O terremoto mais forte na América do Norte até hoje, de magnitude 8.6, ocorreu no Alasca em 1964, e o mais forte na história recente foi um terremoto de magnitude 9.5 que ocorreu em alto-mar no Chile, em 1960. O trágico terremoto em dezembro de 2004 que atingiu a costa oeste do norte de Sumatra, na Indonésia, chamado terremoto Sumatra-Andaman, teve uma magnitude de momento de 9.1 e gerou o *tsunami* mais letal já registrado (■ Figura 11.33).

Um tipo muito diferente de escala é usado para registrar e compreender padrões de *intensidade de terremoto*, o dano causado e o grau de seu impacto em pessoas e propriedades. A **Escala de Mercalli modificada** de intensidade de terremoto utiliza categorias numeradas de I a XII (■ Tabela 11.1) para descrever os efeitos de um terremoto em humanos e a variação espacial desses impactos. As categorias são representadas com algarismos romanos para evitar confusão com os valores de magnitude. Um terremoto produz uma variedade de níveis de intensidade, dependendo das condições locais, que incluem distância do epicentro, duração do tremor, severidade resultante de materiais locais afetados, densidade populacional e construções afetadas. Após um terremoto, observadores obtêm informações sobre níveis de intensidade Mercalli notando o dano e falando com residentes sobre suas experiências. As variações nos níveis de intensidade podem então ser mapeadas de modo que padrões geográficos de dano e intensidade do tremor possam ser analisados. Entender os padrões especiais de prejuízo e resposta do solo ajuda-nos a planejar e preparar para reduzir os riscos de futuros terremotos.

Riscos de terremotos

Infelizmente, há muitas evidências referentes à mortandade de terremotos. Um terremoto de magnitude 7.9 devastou extensas áreas do leste de Sichuan, na China, causando 68 mil fatalidades em maio de 2008. Com o subsequente *tsunami*, o terremoto Sumatra-Andaman chocou o mundo ao causar quase 300 mil mortes. No Paquistão, 86 mil vidas se perderam por causa de um terremoto de magnitude 7.6 em 2005. Em 2003, 31 mil pessoas morreram em um terremoto de magnitude 6.6 no sudeste do Irã, e pelo menos 40 mil morreram no mesmo país em um terremoto de magnitude 7.4 em 1990. Mais de 5 mil pessoas foram mortas e mais de 50 mil edifícios foram destruídos em Kobe, no Japão, quando um terremoto de magnitude 7.2 atingiu o local em 1995 (■ Figura 11.34). Um terremoto de magnitude 7.8 no Peru, em 1970, causou 65 mil mortes. E esses são apenas alguns exemplos.

O impacto de um terremoto em humanos e propriedades depende de muitos fatores. Alguns dos mais importantes referem-se à probabilidade e ao número potencial de pessoas afetadas por colapso estrutural. Fatores que influenciam um colapso

FIGURA 11.33 O terremoto Sumatra-Andaman, de magnitude 9.1, e o *tsunami* gerado devastaram a cidade de Banda Achém, na ilha indonésia de Sumatra. Aqui, acima do conjunto de janelas mais baixo, a única peça de construção que ficou de pé mostra arranhões escuros feitos pelos detritos carregados pelo *tsunami*.

TABELA 11.1
Escala de Mercalli modificada

I.	Não sentido, exceto por poucas pessoas sob condições especialmente favoráveis.
II.	Sentido apenas por algumas pessoas em repouso, principalmente em andares mais altos de edifícios.
III.	Sentido bem nitidamente por pessoas em locais internos, especialmente em andares superiores de edifícios. Muitas pessoas não reconhecem como um terremoto. Veículos automotivos parados balançam levemente. Vibrações similares a passagem de um caminhão. Duração estimada.
IV.	Sentido em locais internos por muitos, em locais externos por alguns durante o dia. À noite, alguns acordam. Pratos, janelas e portas chacoalham; paredes fazem barulho de rachadura. Sensação de caminhão leve se chocando contra a construção. Veículos automotivos parados balançam notavelmente.
V.	Sentido por quase todos; muitos acordam. Alguns pratos e janelas se quebram. Objetos instáveis derrubados. Relógios de pêndulo podem parar.
VI.	Sentido por todos, muitos se apavoram. Alguma mobília pesada se move; alguns casos de queda de gesso. Danos suaves.
VII.	Danos insignificantes em edifícios de bom *design* e construção; dano leve a moderado em estruturas comuns bem construídas; dano considerável em estruturas mal construídas ou desenhadas; algumas quebras de chaminé.
VIII.	Dano leve em estruturas especialmente desenhadas; dano considerável em edifícios substanciais com desabamento parcial. Grande dano em estruturas mal construídas. Queda de chaminés, vigas de fábricas, colunas, monumentos, muros. Mobília pesada derrubada.
IX.	Dano considerável em estruturas especialmente desenhadas; estruturas bem desenhadas saem do prumo. Grande dano em edifícios substanciais, com quedas parciais. Construções arrancadas de suas fundações.
X.	Algumas estruturas de madeira bem construídas destruídas; a maioria das estruturas de alvenaria destruídas com fundações. Trilhos retorcidos.
XI.	Algumas ou nenhuma estrutura (de alvenaria) permanecem de pé. Pontes destruídas. Trilhos altamente retorcidos.
XII.	Dano total. Linha de visão e nível distorcidos. Objetos lançados ao ar.

Fonte: Resumido de *The Severity of an Earthquake: A U.S. Geological Survey General Interest Publication*. U.S. Government Printing Office: 1989, 288–913. (A Severidade de um Terremoto: uma Publicação de Pesquisa Geológica Americana de Interesse Geral.)

■ **FIGURA 11.34** Um dos terremotos que geraram mais prejuízos materiais, o terremoto de magnitude 7.2 que atingiu Kobe, no Japão, em 1995, destruiu mais de 50 mil construções.
Que fatores podem ter contribuído para o grande dano?

estrutural incluem a localização de um epicentro de terremoto relativo a centros populacionais, materiais e métodos de construção, bem como a estabilidade dos materiais da terra sobre os quais as construções são erguidas. Um forte tremor de magnitude 7.5 que atingiu o Deserto de Mojave, no sul da Califórnia, em 1992 causou pouca perda de vidas por causa da baixa densidade populacional. Estruturas feitas de tijolo, alvenaria não prensada, ou outros materiais inflexíveis ou sem suporte estrutural adequado não aguentam bem o tremor de terra. Autoestradas colapsaram na área da Baía de São Francisco com o terremoto Loma Prieta, em 1989 e, em 1994, com o terremoto Northridge de magnitude 6.7 no Vale de São Fernando, área de Los Angeles (■ Figura 11.35). Casas de madeira geralmente são menos danificadas do que casas de tijolo, adobe, ou estruturas de bloco porque a madeira tem mais flexibilidade durante um tremor no solo. Construções localizadas em materiais terrestres soltos (sedimento não consolidado) tendem a estremecer violentamente em comparação a áreas de um sólido escudo rochoso. Em 1985, os efeitos de um terremoto de magnitude 8,1, com epicentro a 85 quilômetros da Cidade do México, causou a morte de mais de 9 mil pessoas e danos extensos a muitas construções, incluindo partes elevadas da cidade. A capital do México, densamente povoada, está construída sobre um leito antigo de lago que era feito de sedimentos macios que estremeceram muito, causando grande destruição, mesmo o terremoto tendo tido seu centro em uma região montanhosa distante.

Em acréscimo ao colapso estrutural, perdas de vida em um terremoto são aumentadas por diversos outros fatores, incluindo hora do dia, período do ano, condições climáticas no momento do terremoto, incêndios resultantes de linhas de força caídas e fontes de gás rompidas, e se o tremor do solo dispara quedas de rocha, deslizamentos de terra, avalanches ou *tsunamis*. Mortalidade muito maior resulta do colapso de rodovias em um terremoto que ocorre durante a hora do *rush* em comparação a um que ocorre no meio da noite. Contribuindo para o total de mortes em 1970 no Peru, avalanches enormes causadas pelo terremoto eliminaram vilas inteiras nas montanhas. Mesmo quedas pequenas em encostas, bloqueando estradas, podem aumentar o número de mortes ao dificultar o acesso de operações de resgate.

Embora muitos terremotos maiores sejam relacionados a falhas conhecidas e tenham seu epicentro em regiões montanhosas ou perto delas, o mais sentido na América do Norte foi diferente. Ele foi um em uma série de tremores que ocorreram durante 1811 e 1812, com centro perto de New Madrid, no Missouri. Seu sentido foi do Canadá até o Golfo do México e das montanhas Rochosas até o oceano Atlântico. Felizmente, a região não era densamente povoada naquela época. Aquele tremor forte responde pelo grande risco potencial de terremoto

■ **FIGURA 11.35** Rodovias elevadas destruídas nos terremotos de Northridge em 1994, em Los Angeles (ilustrado aqui), e Loma Prieta em 1989, na Baía de São Francisco. Cada tremor matou cerca de 60 pessoas, mas muitas vidas foram poupadas em 1994 porque o terremoto Northridge ocorreu às 4h30 da manhã, em um feriado.

■ **FIGURA 11.36** Potencial de ameaça de terremoto nos Estados Unidos expresso como maiores intensidades.
Qual é o potencial de ameaça de terremoto onde você vive e o que este nível de intensidade significa na Escala de Mercalli, reproduzida na Tabela 11.1?

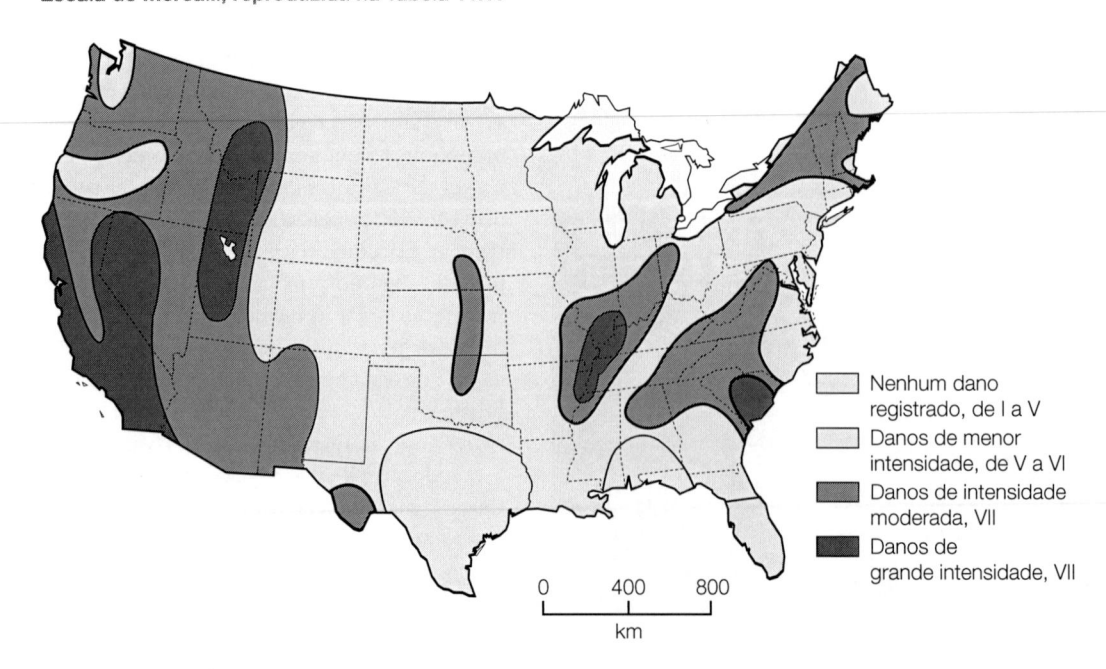

indicado atualmente na área de St. Louis (■ Figura 11.36). Apesar de incomuns nessas regiões, terremotos recentes ocorreram em New England, Nova York e Vale do Mississípi. É provável que nenhuma área na Terra esteja totalmente "livre de terremotos".

Como processos vulcânicos, os processos tectônicos são o funcionamento normal de partes do sistema da Terra. Muitas regiões ativas em terremoto ou atividades vulcânicas são incrivelmente cênicas e oferecem ambientes atraentes para se viver, e não é de surpreender que algumas dessas áreas propensas a riscos sejam densamente povoadas. É essencial, contudo, que moradores e agências governamentais de áreas onde há processos naturais potencialmente perigosos, como atividades vulcânicas e tectônicas, façam preparativos detalhados para lidar com os desastres, antes que eles ocorram.

:: Termos para revisão

aa
ângulo de repouso
anticlíneas
batólito
caldeira vulcânica
cinza vulcânica
cones de cinza
dique
direção
dobramento
domo de lava
epicentro
Escala de Mercalli modificada

estratovulcões
falha
falhamento
fluxo de lava
foco
formas de relevo
geomorfologia
graben
horst
lacólito
mergulho
pahoehoe
piroclastos

plutonismo
processos endógenos
processos exógenos
relevo
sinclíneas
soleira
stock
topografia
vales de rifte
vulcanismo
vulcão-escudo

:: Questões para revisão

1. Como os processos endógenos diferem dos processos exógenos?
2. Quais são as principais diferenças entre vulcanismo e plutonismo? E quais são as semelhanças?
3. Quais são os quatro tipos básicos de vulcões e as características distintivas de cada um?
4. Como uma soleira é diferente de um dique?
5. Faça a distinção entre forças compressivas, tensionais e cisalhantes.
6. Desenhe um diagrama para ilustrar dobramento, mostrando os anticlíneos e os sinclíneos.
7. Por que uma falha não é o mesmo que uma junta?
8. Como uma falha reversa difere de uma falha normal?
9. O que causa um terremoto?
10. Qual é a relação entre o foco e o epicentro de um terremoto?
11. Qual é a diferença entre magnitude e intensidade de um terremoto? Por que existem dois sistemas para avaliar a severidade de terremotos?

:: Aplicações práticas

1. Para quais riscos potenciais uma comunidade localizada em uma região com falhas ativas e vulcões precisa se programar?
2. Todos na cidade sentiram o terremoto de magnitude 6.5 e acordou aqueles que estavam dormindo. As pessoas se assustaram e ficaram sob batentes de portas para se proteger, mas apenas danos pequenos ocorreram. Alguns pratos se quebraram, algum gesso caiu e algumas chaminés antigas se danificaram. De acordo com essa informação, qual foi a intensidade máxima do terremoto nesta cidade?
3. Usando o Google Earth, identifique o tipo principal de forma de relevo nas seguintes localizações (latitude, longitude). Inclua uma breve discussão sobre como a forma de relevo se desenvolveu e por que ela é encontrada naquela localização.
   a. 37.82°N, 117.64°O
   b. 40.43°N, 77.67°O
   c. 26.20°N, 122.10°O
   d. 39.98°N, 105.29°O

INTERPRETAÇÃO DE MAPA

FORMAS DE RELEVO VULCÂNICAS

O mapa

Os Menan Buttes estão localizados no alto da Planície Snake River, no leste de Idaho. A Planície Snake River é uma região de fluxos de lava recentes que se estendem pelo sul de Idaho. Ela é parte do vasto Columbia Plateau, um platô vulcânico que cobre mais de 520 mil km^2 do noroeste dos Estados Unidos. A lava é originada de erupções que espalharam grandes quantidades de fluido basáltico pela paisagem, acumulando a uma espessura de alguns milhares de metros. Grande parte da Planície Snake River tem uma elevação entre 900 e 1.500 metros. Erguendo-se sobre a planície basáltica há inúmeros picos vulcânicos, incluindo Menan Buttes e crateras da Lua. O Rio Snake flui para oeste da região.

A Planície Snake River tem um clima semiárido, ou estepe, com temperatura média anual de cerca de 10 °C. Por causa da elevação moderadamente alta da planície, as temperaturas são mais frias que em terras baixas próximas. Tempestades com raios no verão são comuns, e a precipitação anual varia de 25 a 50 centímetros (10-20 pol.). Este total relativamente baixo de chuva é resultado sobretudo de um efeito de sombra de chuva. Tempestades carregadas de umidade do oceano Pacífico são impedidas de alcançar a região pelas seções de montanha Cascade Range e Idaho Batholith. O alto da Planície Snake River e Menan Buttes são deixados com ar seco, muito quente, que desce do sotavento das montanhas. A vegetação que cobre a área é esparsa, caracterizada principalmente por moitas e gramas.

Você também pode comparar este mapa topográfico com a representação da área no **Google Earth**. Encontre o mapa dando *zoom* nessas coordenadas de latitude e longitude: 43.774444°N, 111.971667°O.

Interpretando o mapa

1. Que tipo de vulcão são os Menan Buttes? Em que características de formas de relevo você baseou sua resposta?
2. Qual o relevo local do norte de Menan Buttes? Qual é a profundidade de cada cratera?
3. O formato geral de cada cratera é simétrico ou assimétrico? O que pode ter causado este aspecto?
4. Você acredita que esses vulcões estejam ativos no presente? Qual evidência do mapa e da fotografia aérea indica atividade ou um período de inatividade?
5. Esboce um perfil leste-oeste através do centro do norte de Menan Buttes, desde ferrovias até o canal de Henry's Fork (norte está no topo). Este perfil é típico de um topo vulcânico e uma cratera? Qual é a distância horizontal do perfil?
6. A proporção de uma encosta pode ser calculada dividindo-se o relevo pela distância horizontal. Por exemplo, a encosta de uma montanha de 1.000 metros de altura com uma distância horizontal de 3.000 metros teria uma proporção de encosta de 1:3. Qual é a proporção para a encosta oeste de Menan Buttes do norte, desde o cume da cratera até os trilhos de trem, no pé dela?
7. Este é um mapa de relevo topográfico sombreado e difere de muitos mapas topográficos deste livro. Qual é a maior vantagem desta técnica de sombreamento do mapa de relevo? Há alguma desvantagem comparada com os mapas topográficos de contornos comuns?
8. Compare o Menan Buttes do sul no mapa com a fotografia aérea vertical nesta página. Por que seria útil ter tanto um mapa quanto uma fotografia aérea para estudar formas de relevo? Qual é a vantagem principal de cada um?

Fotografia aérea vertical de um dos Menan Buttes.

Lado oposto:
Menan Buttes, Idaho
Escala 1:24.000
Intervalo de contorno = 10 pés U.S.
USGS

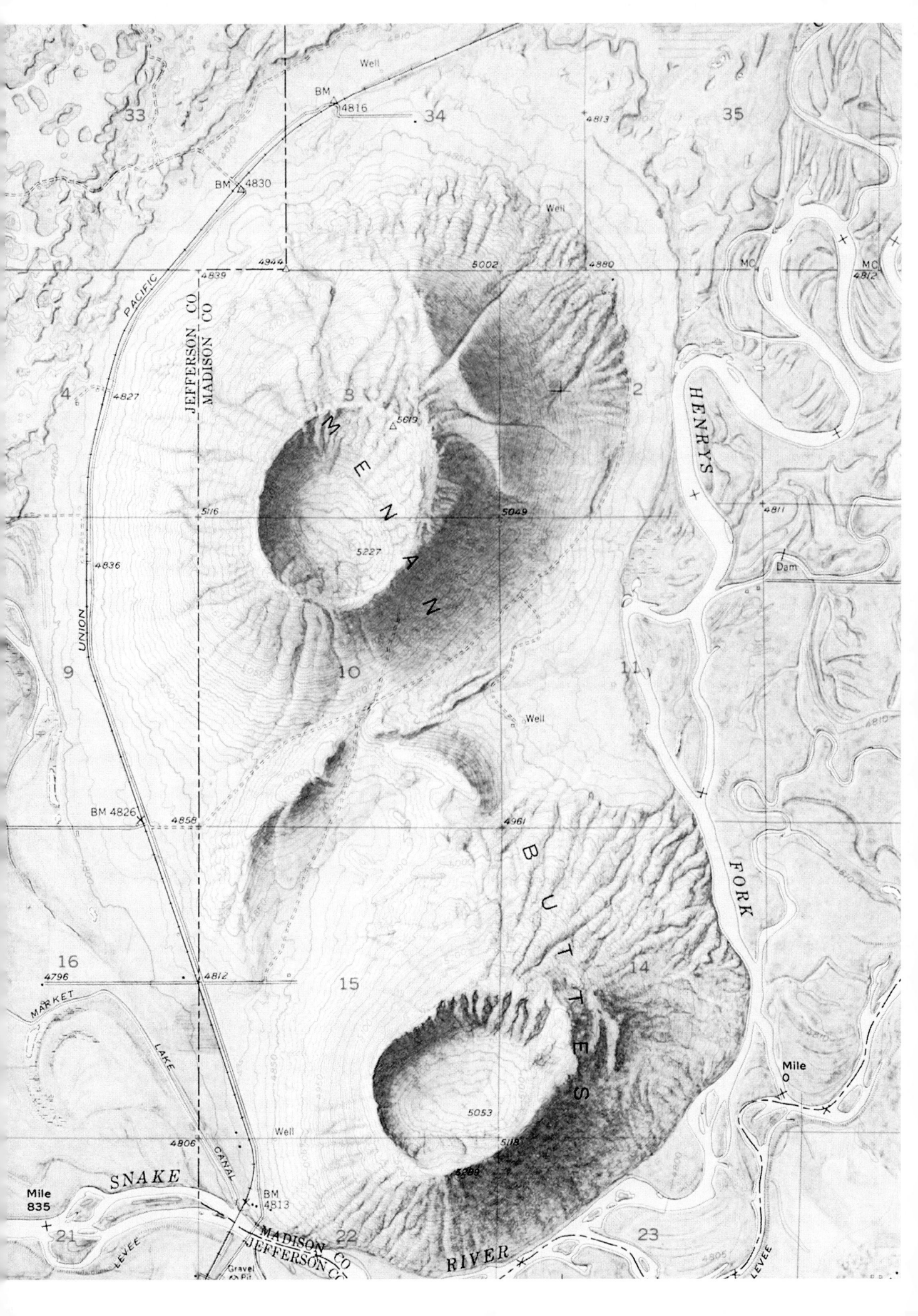

MENAN BUTTES

Intemperismo e instabilidade gravitacional

12

:: Apresentação

Natureza dos processos exógenos

Intemperismo

Variabilidade no intemperismo

Instabilidade gravitacional

Intemperismo, instabilidade gravitacional e a paisagem

A liberação e a expansão da pressão fizeram com que a camada exterior deste afloramento de granito quebrasse paralelamente à massa principal e também em seções menores. Muitos pedaços soltos da camada exterior já foram movidos encosta abaixo para longe do afloramento.

J. Petersen

CAPÍTULO 12 • INTEMPERISMO E INSTABILIDADE GRAVITACIONAL

Objetivos

Ao terminar de estudar este capítulo, você será capaz de:
- Verificar que, em rochas que estão se desintegrando e se decompondo, o intemperismo prepara os fragmentos de rocha para erosão, transporte e deposição.
- Explicar as principais diferenças entre os vários processos físicos e químicos de intemperismo.
- Discutir como as variações no clima, tipo e estrutura de rocha influenciam as taxas de intemperismo.
- Dar exemplos dos efeitos topográficos de intemperismo e erosão diferentes.
- Compreender o papel da gravidade na instabilidade gravitacional.
- Utilizar termos adequados para descrever os tipos de materiais envolvidos nas falhas de encosta.
- Categorizar os vários eventos de instabilidade gravitacional como lentos ou rápidos.
- Descrever as principais formas pelas quais os materiais podem se mover encosta abaixo.
- Reconhecer algumas características de acidentes geográficos e paisagens criadas pela instabilidade gravitacional.
- Identificar as maneiras pelas quais as pessoas influenciam o intemperismo e a instabilidade gravitacional e as formas pelas quais estes influenciam as pessoas.

Nos dois capítulos anteriores examinamos os materiais, os processos e as estruturas associadas com a construção de relevos topográficos na superfície terrestre. Também observamos que os processos geomórficos endógenos de vulcanismo e tecnonismo, que constroem relevos que se erguem de dentro da Terra, são contrapostos por processos geomórficos exógenos redutores de relevo, que se originam na superfície. Esses processos exógenos quebram as rochas e desgastam seus fragmentos de maior energia do local, transportando-os para lugares com menos energia. O deslocamento dos fragmentos de rocha pode ser acompanhado pela força da gravidade apenas ou com a ajuda de um dos agentes geomórficos: água corrente, vento, gelo em movimento ou ondas. Este capítulo foca os processos exógenos que fazem com que as rochas se decomponham e de que maneira a erosão, o transporte e a deposição dos materiais na superfície terrestre são acompanhados quando a gravidade, e não um agente geomórfico, é o fator dominante em seu transporte.

A gravidade constantemente puxa para baixo todos os materiais sobre a superfície terrestre. As rochas degradadas e os fragmentos das rochas fraturadas são especialmente suscetíveis a rolar encosta abaixo pela gravidade, cujo movimento pode ser lento e pouco perceptível, ou rápido e catastrófico. A instabilidade das encostas provoca custosos danos a edifícios, estradas, encanamentos e outros tipos de construção, sendo também responsável por ferimentos e perda de vidas. Alguns movimentos de encosta induzidos pela gravidade têm origem totalmente natural, mas as ações humanas contribuem para a ocorrência de outros. A compreensão dos processos e das circunstâncias envolvidas que produzem os movimentos de encosta pode ajudar as pessoas a evitar esses eventos dispendiosos e frequentemente perigosos.

Natureza dos processos exógenos

A maioria das rochas se origina de temperaturas e pressões muito maiores e em ambientes químicos muito diferentes dos encontrados na superfície terrestre. Nessa superfície e próximas a ela, as condições de temperatura e pressão, comparativamente baixas, e o intenso contato com a água fazem com que as rochas sejam submetidas a uma grande variável de desintegração e decomposição (■ Figura 12.1). Essa quebra de materiais rochosos na e perto da superfície terrestre é conhecida como **intemperismo**. As rochas degradadas e fraturadas pelo intemperismo se tornam suscetíveis a outros processos exógenos: erosão, transporte e deposição. Um fragmento de rocha fraturado (desgastado) de uma massa maior é removido dela (sofre erosão), movido (transportado) e colocado (depositado) em novo local. O intemperismo, a erosão, o transporte e a deposição, juntos, representam uma cadeia ou sequência contínua de processos que se inicia com a fratura das rochas.

A erosão, o transporte e a deposição da rocha desgastada frequentemente ocorrem com a assistência de um agente geomórfico, como fluxo de água, vento, gelo em movimento e ondas, mas, às vezes, o único fator envolvido é a gravidade. O movimento de materiais rochosos encosta abaixo induzido pela gravidade que ocorre sem a ajuda de um agente geomórfico, como é o caso da rocha que cai de um penhasco, é a **instabilidade gravitacional**. Embora

■ **FIGURA 12.1** Este pedregulho, que já foi duro e sólido, sofreu desintegração e decomposição em virtude das condições na superfície terrestre.
Por que algumas partes expostas dele são mais escuras que outras?

J. Petersen

a gravidade desempenhe seu papel na redistribuição de materiais rochosos por agentes geomórficos, o termo "instabilidade gravitacional" é reservado apenas para o movimento causado pela gravidade. Quer o trabalho seja feito por instabilidade gravitacional quer por um agente geomórfico, os fragmentos e os íons de rocha desgastada são removidos de locais de alta energia e transportados para posições de baixa energia, onde são depositados.

As variações de elevação na superfície terrestre, bem como o formato dos diferentes acidentes geográficos, refletem tendências opostas de processos endógenos e exógenos. Relevos criados por vulcanismo e tecnonismo diminuem de tamanho ao longo do tempo se os processos endógenos cessam ou operaram lentamente comparados com os processos exógenos (■ Figura 12.2). As taxas dos processos exógenos dependem desses fatores assim como a resistência da rocha depende do intemperismo e da erosão, quantidade de relevo e do clima.

Diferentes processos geomórficos exógenos conferem características visualmente distintas a um acidente geográfico ou paisagem. Normalmente, o intemperismo, a instabilidade gravitacional ou um dos agentes geomórficos não trabalha apenas dando forma e desenvolvendo um acidente geográfico. Com maior frequência, eles atuam juntos na modificação da paisagem e as evidências dos múltiplos processos podem ser percebidas na aparência dos acidentes geográficos resultantes (■ Figura 12.3). Por exemplo, as Montanhas Rochosas do Norte foram produzidas por levantamento tectônico, mas muitos dos espetaculares terrenos lá vistos hoje são resultados do intemperismo, da instabilidade gravitacional, da água corrente e da atividade glacial que esculpiram as montanhas e os vales com formatos distintos (■ Figura 12.4).

(a) Levantamento tectônico

(b) Processos exógenos dominam

(c) Relevo reduzido

■ **FIGURA 12.2** (a) O levantamento tectônico (endógeno) se opõe aos (b) processos exógenos de intemperismo, instabilidade gravitacional, erosão, transporte e deposição que (c) finalmente reduzem os relevos da superfície terrestre significativamente caso não haja levantamento adicional.

Intemperismo

As condições ambientais na e perto da superfície terrestre submetem as rochas a temperaturas, pressões e substâncias, principalmente à água, que contribuem para sua fratura física e química. Os fragmentos de rocha quebrada, denominados *clastos*, que se desprendem da massa rochosa original, continuam a se

■ **FIGURA 12.3** A paisagem da maioria das regiões montanhosas altas foi produzida por pelo menos três fases de processos de formação de terreno: erosão fluvial e formação de vale durante o levantamento tectônico; aumento glacial de antigos vales com rios e intenso intemperismo por congelamento e descongelamento; e intemperismo e instabilidade gravitacional pós-glaciais com recente erosão fluvial. **Como o perfil de cruzamento seccional do vale se altera em casa fase?**

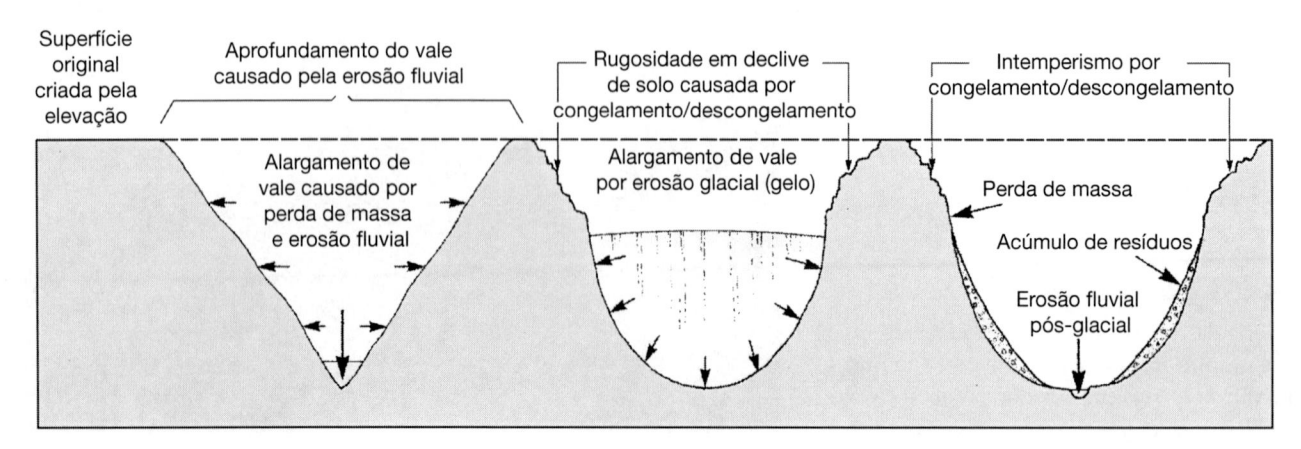

■ **FIGURA 12.4** Cumes esculpidos de montanhas na Cordilheira Sawtooth de Idaho. Você consegue identificar as três fases demonstradas na Figura 12.3?

decompor em partículas menores. Os fragmentos podem se acumular perto de sua fonte ou serem amplamente dispersos pela instabilidade gravitacional e pelos agentes geomórficos. Muitos dos fragmentos desprendidos de rochas se transformam em sedimentos depositados nesses acidentes geográficos, como as planícies de inundação, praias ou dunas de areia, enquanto outros cobrem as encostas de montes como *regolito*, a parte inorgânica dos solos. O intemperismo é a principal fonte de componentes do solo inorgânico, sem os quais a maior parte da vegetação não cresceria. Da mesma forma, os íons quimicamente removidos de rochas durante o intemperismo são transportados na superfície ou subsuperfície da água para outros locais. Eles são a principal fonte de nutrientes dos ecossistemas tanto terrestres quanto aquáticos, incluindo rios, lagoas, lagos e os oceanos.

O intemperismo de rochas divide-se em duas categorias básicas. O **intemperismo físico**, também conhecido como **intemperismo mecânico**, desintegra rochas, desprendendo fragmentos menores de blocos maiores ou de afloramentos de rocha. O **intemperismo químico** decompõe as rochas por meio de reações químicas que mudam os minerais que originalmente as formam. Diferentes processos físicos e químicos levam ao intemperismo da rocha, e a água desempenha um importante papel em quase todos eles.

Intemperismo físico

A desintegração mecânica das rochas por intemperismo físico é especialmente importante para a modificação da paisagem de duas formas. Em primeiro lugar, os clastos menores resultantes sofrem erosão e são transportados mais facilmente que os maiores iniciais. Em segundo lugar, a fratura de uma grande rocha em outras muito menores estimula intemperismo adicional porque aumenta a área da superfície exposta aos seus processos. São várias as maneiras pelas quais as rochas podem ser fisicamente desgastadas. Até mesmo uma pessoa que quebre uma rocha com um martelo causa intemperismo físico. Embora os organismos sejam responsáveis pela fratura de algumas rochas (■ Figura 12.5), a maior parte do intemperismo físico ocorre de outras maneiras. Cinco dos principais tipos de intemperismo físico são considerados aqui.

Desagregação A maioria das rochas se forma sob pressões muito maiores (peso por área unitária) que os 1013,2 milibares (29,2 pol.Hg; 15lbs/pol.^{2}) de pressão atmosférica média que existe na superfície terrestre. As rochas ígneas intrusivas se solidificam lentamente muito abaixo da superfície sob a grande pressão do peso das rochas. As rochas sedimentares se solidificam parcialmente em virtude da compactação do peso dos sedimentos que as cobrem. As rochas metamórficas são criadas quando a alta pressão e a temperatura alteram substancialmente as rochas preexistentes. Muitas rochas que se originaram em condições de alta pressão de soterramento profundo foram afloradas por meio de processos tectônicos de erguimento de montanhas, sendo finalmente expostas na superfície. Por exemplo, um grande plúton da rocha ígnea intrusiva de granito pode ser aflorado em uma falha de um bloco durante o tecnonismo. A elevação ajuda a

■ **FIGURA 12.5** Uma árvore em crescimento quebrou uma calçada de concreto e uma parede retentora, assim como ela outras plantas podem quebrar uma rocha natural em fragmentos menores, contribuindo para o intemperismo físico.
Como um animal pode causar intemperismo físico?

■ **FIGURA 12.6** A expansão para fora em virtude do intemperismo por desagregação fez com que este granito na Sierra Nevada, Califórnia, quebrasse, formando junções e folhas de rocha paralelas à superfície.

■ **FIGURA 12.7** A Rocha Encantada no centro do Texas é uma enorme esfoliação de granito.
Por que o granito é tão suscetível à desagregação e à esfoliação?

ocorrência do despregamento por erosão das rochas sobrepostas e, em última hipótese, por meio dessa remoção de peso sobreposto, o **processo de desagregação**, o granito é exposto na superfície. Como resultado da diferença de pressão entre as grandes profundidades e a superfície, os poucos centímetros a metros exteriores da massa rochosa se expandem para fora em direção à atmosfera. A expansão faz com que se forme uma rachadura de certa maneira paralela à superfície da rocha exposta, criando uma placa de rocha despregada da principal massa de granito (■ Figura 12.6). A rachadura da expansão é uma junção e a fratura é o intemperismo mecânico que resultou da remoção por erosão de todas as rochas originalmente sobrepostas ao plúton. O intemperismo por desagregação ocorre principalmente com o granito, mas também pode afetar outros tipos de rocha.

Quando a placa exterior de uma rocha não desagregada continua a se degradar, partes dela podem deslizar e cair, reduzindo ainda mais o peso da rocha sob ela, permitindo que se formem junções concêntricas adicionais. A remoção de sucessivas placas exteriores de rocha é a **esfoliação**, e cada camada concêntrica quebrada é a *placa de esfoliação*. O termo *abóbada de esfoliação* designa um aflorado de rocha não desagregado e em esfoliação, com superfície no formato de uma abóbada. Exemplos muito conhecidos de abóbada de esfoliação são a Montanha de Pedra na Geórgia, a Half Dome no Parque Nacional de Yosemite, o Pão de Açúcar, que oferece vista panorâmica do Rio de Janeiro, e a Rocha Encantada no Texas central (■ Figura 12.7).

Expansão e contração térmicas Muitos dos primeiros cientistas da Terra acreditavam que as extremas mudanças diurnas de temperatura, comuns em desertos, degradavam fisicamente as rochas pela expansão e a contração que experimentam quando se esquentam e se resfriam. Esses cientistas citavam a ampla existência de rochas fraturadas em regiões áridas como prova da eficácia do intemperismo de **expansão e contração**

térmicas (■ Figura 12.8). No início do século XX, pesquisas de laboratório pareciam refutar a ideia de intemperismo das rochas por esse processo, mas recentes estudos de campo realizados no deserto apoiam o conceito que o aquecimento e o resfriamento alternados podem provocar a fratura mecânica de rochas. Menos controversa é a noção de que a diferente expansão e a contração térmica dos grãos de um mineral individual adjacente de rochas cristalinas cruas contribuem para o intemperismo físico que provoca a **desintegração granular**, ou seja, a desagregação de grãos minerais individuais de uma rocha (■ Figura 12.9).

Intemperismo por congelamento-descongelamento Em áreas sujeitas a numerosos ciclos diurnos de congelamento-descongelamento, o repetido congelamento-descongelamento da água em pequenas fraturas e rachaduras de rochas contribui significativamente para sua quebra por causa do **intemperismo por congelamento-descongelamento**, às vezes

■ **FIGURA 12.8** Esta rocha partida pode ter sido resultado do intemperismo físico pela expansão e contração térmicas.

■ **FIGURA 12.9** Os numerosos grãos minerais individuais acumulados ao redor da base desse pedregulho ígneo intrusivo mostram que a rocha está sofrendo desintegração granular.
Que outras indicações existem na grande pedra que sugerem que ela sofreu considerável intemperismo?

■ **FIGURA 12.10** Dentro das fraturas da rocha, a força da expansão da água se transformando em gelo é grande o suficiente para provocar algum intemperismo.
Qual é a importância do intemperismo por congelamento e descongelamento onde você mora?

denominado *gelifracção*, ou *gelivação*. Quando a água se congela, ela se expande em até 9% de seu volume e isso pode fazer com que grandes pressões sejam exercidas nas paredes e na base da rachadura, alargando-a e finalmente quebrando um pedaço da rocha (■ Figura 12.10). Os efeitos danosos da expansão da água congelada são os motivos pelos quais os veículos utilizados em temperaturas congelantes devem ter anticongelantes, em vez de água em seus radiadores. Da mesma forma, os canos de água em edifícios explodem caso não sejam suficientemente isolados para evitar que a água dentro deles se congele. O intemperismo por congelamento-descongelamento é principalmente eficaz nas latitudes médias superiores e altas mais baixas, e os resultados do intemperismo por congelamento-descongelamento são especialmente perceptíveis em regiões montanhosas próximas das linhas das árvores, onde blocos de rocha angulares atribuídos ao intemperismo por congelamento-descongelamento são comuns (■ Figura 12.11). O intemperismo por congelamento–descongelamento não é significativo em latitudes mais baixas, exceto em áreas de alta elevação.

Surgimento de cristais salinos
A criação de cristais salinos em rachaduras, fraturas e outros espaços vazios em rochas provoca a desintegração física de maneira similar à do intemperismo por congelamento-descongelamento. Com o **surgimento de cristais salinos**, a água com sais dissolvidos se acumula nesses espaços, evapora e, então, os cristais salinos produzidos destacam pedaços de rocha. Esse processo de intemperismo físico é mais comum em regiões áridas e áreas costeiras rochosas onde os sais são abundantes, mas as pessoas também contribuem para o intemperismo salino quando utilizam o sal para derreter o gelo de estradas e calçadas no inverno. O surgimento de cristais salinos provoca a desintegração granular em rochas cruas de cristal (ígneas intrusivas) e a remoção de partículas clásticas de rochas sedimentares, principalmente os arenitos.

Hidratação
No intemperismo por **hidratação**, as moléculas de água se agarram à estrutura cristalina de um mineral sem alterar permanentemente sua composição. As moléculas de água são capazes de se unir e sair do mineral "hospedeiro" durante a hidratação e a desidratação, respectivamente. O mineral se expande quando hidratado e encolhe quando desidratado. Como no intemperismo por congelamento-descongelamento e no surgimento de cristais salinos, quando materiais hidratados se expandem em rachaduras ou espaços vazios, pedaços da

FIGURA 12.11 Blocos angulares de rocha atribuídos ao intemperismo por congelamento e descongelamento, como estes próximos à linha das árvores no Parque Nacional de Great Basin, Nevada, são comuns em áreas montanhosas.
Por que essas rochas têm formato angular, em vez de arredondado?

rocha podem se partir. Clastos, grãos minerais e finos flocos podem se despregar de uma massa rochosa por intemperismo de hidratação. Sais e *minerais argilosos*, que são materiais do tamanho de argila formados durante o intemperismo químico, comumente ocupam rachaduras e espaços vazios em rochas, estando sujeitos à hidratação e à desidratação.

Intemperismo químico

Reações químicas entre substâncias na superfície terrestre e minerais formadores de rochas também quebram as rochas. No intemperismo químico, os íons de uma de rocha ou são depositados na água ou se recombinam com outras substâncias, formando novos materiais, como os minerais argilosos. Os novos materiais criados pelo intemperismo químico são mais estáveis na superfície terrestre que as rochas originais.

Oxidação
A água, que tem contato regular com a atmosfera, contém muito oxigênio. Quando o oxigênio da água entra em contato com determinados elementos dos minerais formadores de rochas, pode ocorrer reação química. Nessa reação, um elemento no mineral quebra a ligação com ele, deixando uma substância com fórmula química alterada e estabelecendo uma nova ligação com o oxigênio. Essa união química dos átomos de oxigênio com outra substância para criar um novo produto é a **oxidação**. Os metais, principalmente o ferro e o alumínio, são comumente oxidados pelo intemperismo das rochas e, como novos produtos, formam os óxidos de ferro e alumínio. Comparados à rocha original, esses óxidos, incluindo Fe_2O_3 e Al_2O_3, são quimicamente mais estáveis, não tão duros, de maior volume e cores distintas. Os óxidos de ferro produzidos dessa forma comumente têm cor vermelha ou laranja, enquanto os óxidos de alumínio de intemperismo de rocha com frequência têm aparência amarela (■ Figura 12.12). A oxidação do ferro é comum. À sua atuação sobre objetos de ferro e aço chamamos de ferrugem.

Solução e carbonatação
Sob determinadas circunstâncias, alguns minerais formadores de rochas se dissolvem na água. Nesse processo de **solução**, a reação química faz com que

FIGURA 12.12 A coloração laranja avermelhada deste pedregulho revela que a rocha possui minerais com ferro e que ela foi degradada por oxidação. A figura em cores está disponível na página deste livro no site da Cengage.
Qual é uma fórmula química provável da substância laranja avermelhada?

os íons que formam os minerais se dissociem, e os íons dissociados são carregados pela água. O sal rochoso, que contém o mineral halite (NaCl), é bastante suscetível à solução em água. A maioria dos minerais que são insolúveis ou apenas pouco solúveis em água pura se dissolve mais se a água for ácida. Importantes fontes de acidez nas águas de superfície e subsuperfície incluem ácidos orgânicos retirados do solo e o dióxido de carbono, que é obtido do ar e do solo.

O processo de intemperismo químico de **carbonatação** é um tipo comum de solução que consiste da reação de dióxido de carbono e moléculas de água com materiais rochosos para decompô-lo. O intemperismo por carbonatação é mais eficaz em rochas carbonáticas (as que contêm CO_3), principalmente a pedra calcária, que é uma abundante rocha sedimentar composta de carbonato de cálcio ($CaCO_3$). Quando a água com suficiente dióxido de carbono entra em contato com a pedra calcária, a reação química decompõe alguns dos carbonatos de cálcio em íons isolados e descolados de cálcio (Ca^{2+}) e bicarbonato (HCO_3^-) que são carregados pela água ((■ Figura 12.13). O evento de intemperismo ocorre da seguinte forma: $H_2O + CO_2 + CaCO_3 = Ca^{2+} + 2HCO_3^-$. Por causa do papel que a água desempenha na carbonatação, a pedra calcária, em particular, mas as rochas carbonáticas, de modo geral, tendem a se degradar muito em regiões úmidas, sendo resistentes e frequentemente formando rochas em climas áridos. Já que a água pode obter dióxido de carbono movendo-se pelo solo, a carbonatação opera em rochas impactadas pela água do solo ou subterrânea na subsuperfície, bem como em rochas expostas na superfície.

■ **FIGURA 12.13** A pedra calcária degradada por carbonatação normalmente passa a apresentar sulcos, furos ou até aparência de colmeia.
Por que a pedra calcária próxima da base do afloramento parece ser mais degradada que em seu topo?

Hidrólise No processo de intemperismo por **hidrólise**, as moléculas de água apenas, e não as de oxigênio ou de dióxido de carbono na água, reagem com componentes químicos de minerais formadores de rochas, criando novos compostos, dos quais fazem parte os íons de H^+ e OH^- da água. Por exemplo, a hidrólise do feldspato mineral $KAlSi_3O_8$ pode ocorrer da seguinte forma: $KAlSi_3O_8 + H_2O = HAl\text{-}Si_3O_8 + KOH$. Muitos minerais comuns são suscetíveis à hidrólise, particularmente os minerais silicatos que incluem as rochas ígneas. A hidrólise de minerais silicatos frequentemente produz minerais argilosos. Visto que água é o agente de intemperismo, a hidrólise ocorre na subsuperfície por meio da ação de solo e da água subterrânea, bem como em rochas expostas na superfície.

O processo de intemperismo químico de hidrólise difere do processo de intemperismo físico de hidratação. Ambos os processos de intemperismo, porém, podem envolver minerais argilosos porque substâncias do tamanho da argila são frequentemente produzidas pela hidrólise, e muitos minerais argilosos se incham e encolhem substancialmente durante a hidratação e a desidratação.

Variabilidade no intemperismo

É de particular interesse aos geógrafos físicos como e por que o tipo e as taxas de intemperismo variam, tanto em escala espacial regional quanto local. O clima, o tipo de rocha, a natureza e a quantidade de fraturas ou outras debilidades nas rochas são as principais influências na eficácia dos vários processos de intemperismo. O entendimento de como tipos específicos de rocha se degradam em ambientes naturais é importante não apenas para explicar as características de regolito, solo e relevo, mas também em nosso ambiente cultural, pois o intemperismo afeta tanto as pedras de construção como as rochas em seu ambiente natural.

Clima

Em quase todos os ambientes, os processos físicos e químicos de intemperismo operam juntos, embora uma dessas categorias normalmente predomine. A água tem seu papel em todos eles, exceto dois dos processos físicos de intemperismo, mas é essencial em todos os tipos de intemperismo químico. Ademais, quanto mais água entra em contato com as rochas, mais o intemperismo químico aumenta. Portanto, o intemperismo químico é particularmente eficaz e rápido em climas úmidos (■ Figura 12.14). A maior parte das regiões áridas tem umidade suficiente para permitir algum intemperismo químico, mas nelas ele é muito mais restrito que em climas úmidos. As regiões áridas normalmente recebem suficiente umidade para a ocorrência de intemperismo físico pelo surgimento de cristais salinos e a hidratação de sais. Sais em abundância, alta umidade e contato com a água do mar fazem com que os processos de intemperismo por sal sejam muito eficazes em áreas da costa marinha.

A outra principal variável climática, a temperatura, também influencia os tipos dominantes e as taxas de intemperismo. A maioria das reações químicas se processa mais rapidamente em

Regiões de intemperismo teórico

Diagrama com eixos: Precipitação anual (pol.) no topo (80, 60, 40, 20); Precipitação anual (cm) na base (200, 150, 100, 50); Temperatura média anual (°C) à esquerda (-10, 0, 10, 20); Temperatura média anual (°F) à direita (14, 32, 50, 68). Regiões identificadas:

- Fora da faixa climática normal
- Intemperismo físico moderado
- Forte intemperismo físico
- Intemperismo físico moderado
- Leve intemperismo físico
- Intemperismo químico e físico moderado com ação de congelamento
- Forte intemperismo químico
- Intemperismo químico moderado
- Quase nenhum intemperismo químico ou físico

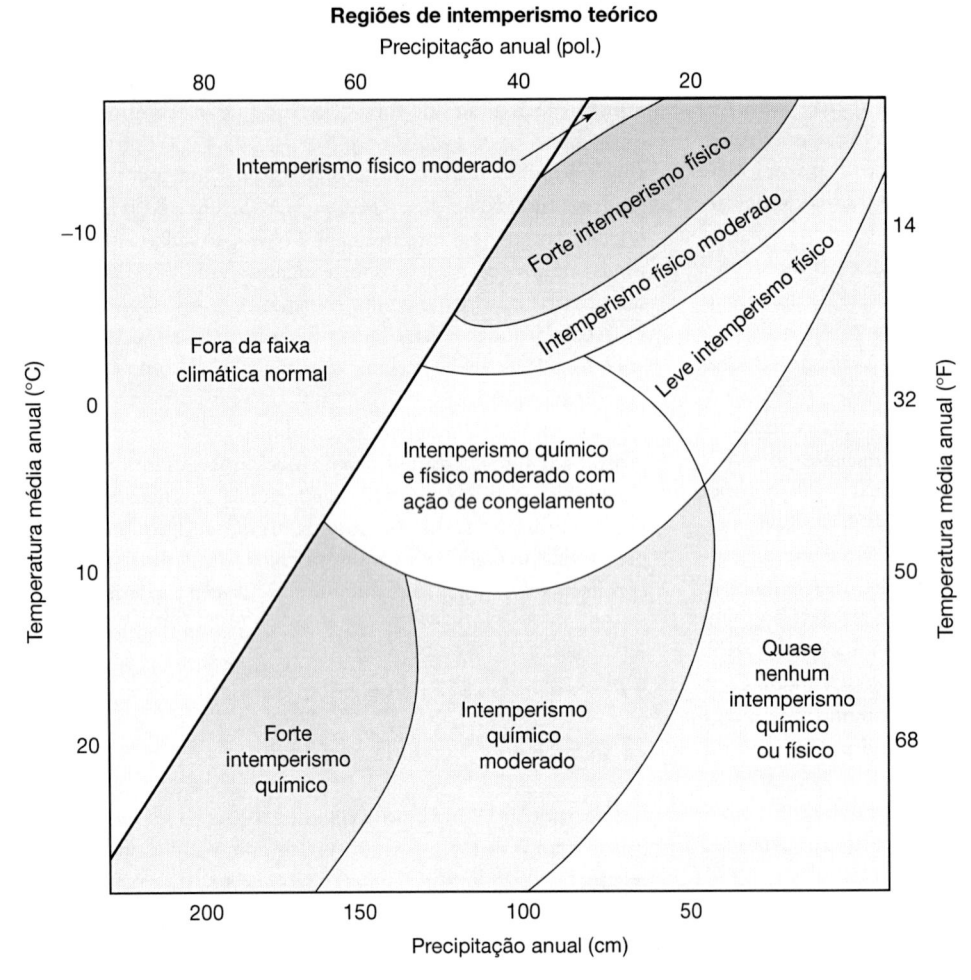

■ **FIGURA 12.14** Este diagrama geral e teórico indica que, embora os processos de intemperismo tanto físico quanto químico ocorram em qualquer ambiente climático, o intemperismo químico é mais intenso em regiões de alta temperatura e chuvas. Os efeitos do intemperismo físico tendem a ser mais pronunciados onde tanto a temperatura quanto as chuvas ocorrem pouco.

temperaturas mais altas. As regiões com baixa latitude e climas úmidos, consequentemente, experimentam intemperismo químico mais intenso. Nas florestas tropicais úmidas, nas savanas e nos climas com monções, o intemperismo químico é mais significativo que o intemperismo físico; os solos são profundos e os acidentes geográficos parecem arredondados. Embora o intemperismo químico seja um pouco menos extremo nos climas úmidos de latitudes medianas, sua influência é visível na profundidade moderada do solo e nas formas arredondadas da maior parte da paisagem nessas regiões. Em contraste, os acidentes geográficos e as rochas tanto de regiões áridas quanto frias, onde o intemperismo físico domina, tendem a ser mais pontudos, angulares e recortados, mas isso depende até certo ponto do tipo de rocha e das características arredondadas que podem permanecer na paisagem árida como resquícios dos climas mais úmidos do passado geológico (■ Figura 12.15). Taxas comparativamente baixas de intemperismo químico são refletidas nos solos finos encontrados em regimes de climas árido, subártico e polar. As faixas diárias de temperatura são críticas para a expansão térmica e o intemperismo por contração em climas áridos, bem como para o intemperismo por congelamento-descongelamento em áreas com invernos frios.

A poluição do ar, que contribui para a acidez da umidade atmosférica, acelera as taxas de intemperismo. Grandes danos já ocorreram em algumas regiões a objetos culturais históricos feitos de pedra calcária e mármore (pedra calcária metamorfoseada), ambas contendo carbonato de cálcio (■ Figura 12.16). Como muitos dos grandes monumentos e esculturas do mundo são feitos desses materiais, existe crescente preocupação em relação aos danos causados a esses tesouros pelo intemperismo. O Partenon na Grécia, o Taj Mahal na Índia e a Grande Esfinge no Egito são apenas alguns exemplos de artefatos culturais que estão sofrendo solução induzida pela poluição, ação de cristais salinos, hidratação de sais e outros processos destrutivos de intemperismo.

Tipos de rocha

Sempre que diferentes tipos de rocha ocupam a paisagem, alguns são mais e outros menos resistentes aos processos de intemperismo presentes. Visto que a erosão remove os fragmentos pequenos e desgastados das rochas mais facilmente que os grandes ou as massas intactas de rocha, áreas distintas de diversos tipos de rocha sofrem **intemperismo e erosão diferentes**.

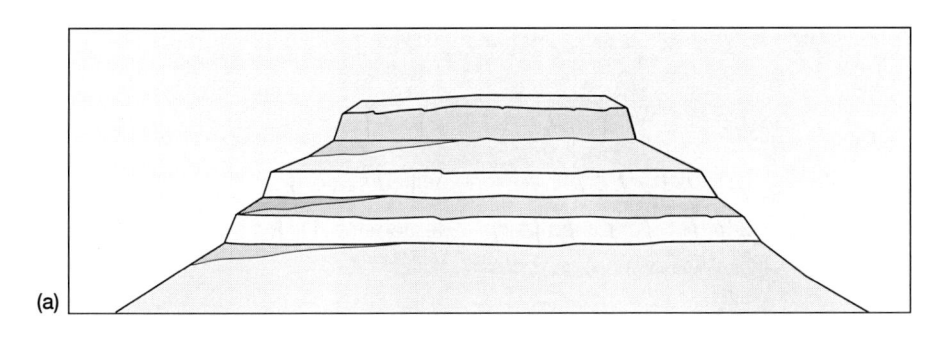

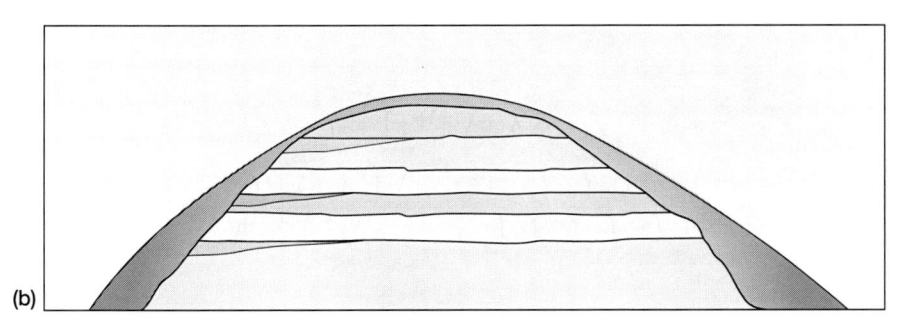

■ **FIGURA 12.15** (a) Em virtude da predominância do intemperismo físico lento e da vegetação pouco espessa, as encostas em ambientes áridos e semiáridos tendem a ser desnudas e angulares. Os ângulos das encostas refletem as diferenças de resistência de componente de rocha ao intemperismo e erosão. (b) Como o intemperismo químico prevalece em regiões úmidas e a vegetação abundante mantém o regolito no lugar por mais tempo, as encostas em climas mais úmidos têm um profundo manto degradado e aparência arredondada.

■ **FIGURA 12.16** Essas lápides de pedra calcária sofreram grande intemperismo químico, acelerado pela poluição do ar.
Que tipo de intemperismo químico impactou a cerca de ferro?

A rocha que é forte sob determinadas condições ambientais pode ser facilmente desgastada e sofrer erosão em um cenário ambiental diferente. Já as rochas que são resistentes em um clima no qual o intemperismo químico prevalece podem ser fracas onde os processos físicos de intemperismo dominam, e vice-versa. O sílex é um bom exemplo. Quimicamente, é quase inerte e mais duro que o alumínio, mas é quebradiço e pode ser fraturado pelo intemperismo físico. O xisto também é quimicamente inerte, mas é mecanicamente fraco. Em regiões úmidas, a pedra calcária é altamente suscetível à carbonatação e à solução, mas, sob condições áridas, a pedra calcária é muito mais resistente. Os afloramentos graníticos em uma região árida ou semiárida resistem ao intemperismo. Contudo, os minerais do granito são suscetíveis à alteração por oxidação, hidratação e hidrólise, particularmente em regiões com condições quentes e úmidas. Da mesma forma, as áreas graníticas são muitas vezes cobertas por um regolito profundamente desgastado quando expostas ao ambiente tropical úmido.

Fraqueza estrutural

Além do tipo de rocha, sua resistência relativa ao intemperismo depende de outras características, como a presença de junções, falhas, dobras e planos divisionais, que a tornam suscetível a maior intemperismo. Em geral, quanto mais maciça é a rocha, ou seja, quanto menos junções e planos divisionais possui, mais resistente ao intemperismo ela é.

Os processos de vulcanismo, tectonismo e formação de rocha produzem fraturas que podem ser exploradas por processos exógenos, incluindo o intemperismo. As junções podem ser encontradas em qualquer rocha sólida que tenha sido submetida a estresse crostal, e algumas rochas são firmemente unidas (■ Figura 12.17). As junções e outras fraturas que normalmente se desenvolvem em rochas ígneas, sedimentares e metamórficas representam as zonas de fraqueza que expõem mais sua área da superfície, oferecem espaço para o fluxo ou o acúmulo de água, coletam sais e minerais argilosos e dão espaço para as plantas (■ Figura 12.18). As superfícies rochosas ao longo das fraturas tendem a sofrer pronunciado intemperismo. Tanto o intemperismo químico quanto o físico ocorrem mais rapidamente em qualquer tipo de lacuna, rachadura ou fratura que em lugares sem esses espaços vazios.

Já que as junções são locais de concentração de intemperismo, o padrão espacial delas tem forte influência na aparência dos acidentes geográficos e nas paisagens que desenvolvem. Múltiplas junções paralelas entre si formam um **conjunto de junções**, e dois conjuntos de junções se cruzam em ângulo

■ **FIGURA 12.17** No Parque Nacional de Bryce Cânion, em Utah, numerosas junções verticais pouco espaçadas em rochas sedimentares são locais de intemperismo e erosão preferenciais, deixando estreitas espirais de rocha entre essas junções.

■ **FIGURA 12.18** Lá no alto, em um ponto estreito dessa junção, solo suficiente se acumulou para apoiar um cacto, enquanto maior intemperismo e maior erosão mais abaixo notadamente aumentaram a junção.

■ **FIGURA 12.19** Várias junções que se entrecortam podem ser vistas nesta imagem aérea de parte do Planalto do Colorado. **Com o norte no alto desta foto, para quais direções as duas juntas mais aparentes apontam?**

(■ Figura 12.19). Com o tempo, o intemperismo e a erosão preferenciais de conjuntos de junções que se cruzam deixam a rocha na área central entre as fraturas apenas um pouco desgastada enquanto, perto das fraturas, ela adquire aparência mais arredondada. Essa forma distinta arredondada e desgastada, conhecida como **intemperismo esferoidal**, e desenvolve-se especialmente bem em rochas cristalinas unidas como o granito (■ Figura 12.20). Uma vez que a rocha tenha se arredondado, as taxas de intemperismo de afloramentos esferoidais e a quantidade de pedras grandes se reduzem porque não há mais cantos ou extremidades agudas e estreitas para o intemperismo atacar, e uma esfera expõe a menor área de superfície para determinado volume de rocha.

Topografia relacionada a intemperismo e erosões diferenciais

A variação na resistência da rocha ao intemperismo exerce uma forte e, com frequência, altamente visível influência na aparência dos acidentes geográficos e das paisagens. Com tempo suficiente, as rochas que são resistentes ao intemperismo e à erosão tendem a ficar mais altas que as menos resistentes. As rochas resistentes se sobressaem na topografia como falésias, cordilheiras ou montanhas, enquanto as rochas mais fracas sofrem maior intemperismo e erosão para criar encostas menos escarpadas, vales e colinas mais baixas.

Um excelente exemplo de como o intemperismo e a erosão diferenciais podem expor a estrutura das rochas e aumentar sua expressão na paisagem é o Grand Canyon, no Arizona (■ Figura 12.21). No clima árido dessa região, a pedra calcária é resistente, assim como o são os arenitos e os conglomerados, mas o xisto é relativamente fraco. As rochas fortes e resistentes são necessárias para manter as falésias íngremes ou verticais. As paredes em degraus do Grand Canyon possuem falésias compostas de pedra calcária, arenito, ou conglomerado, separados por encostas de xisto menos escarpadas. Na base do desfiladeiro, antigas rochas metamórficas resistentes formam as paredes escarpadas do desfiladeiro interno. Os efeitos topográficos do intemperismo e da erosão diferenciais tendem a ser proeminentes e óbvios em paisagens de clima árido e semiárido. Em ambientes secos, o intemperismo químico é mínimo. Portanto, as encostas e as unidades rochosas que variam geralmente não são cobertas por espesso manto de solo ou de rocha desgastada. A vegetação esparsa também faz com que os detalhes topográficos sejam facilmente visíveis em regiões áridas.

■ **FIGURA 12.20** Blocos esferoidais degradados de rocha em granito com junções cruzadas a leste da Sierra Nevada, na Califórnia.

A Cordilheira e o Vale dos Apalaches no leste dos Estados Unidos são outro grande exemplo de intemperismo e erosões diferenciais (■ Figura 12.22). Aqui, a estrutura de rocha consiste de arenito, conglomerado, xisto e pedra calcária com dobras anticlinais e sinclinais. Essas dobras vêm sofrendo erosão de forma que as margens das camadas de rocha resistentes, que pingam muito inclinadamente, são expostas às cordilheiras proeminentes. Nessa região úmida, as cordilheiras florestadas compostas de resistentes arenitos e conglomerados se erguem a 700 metros acima das terras baixas de agricultura que foram escavadas pelo intemperismo e a erosão nos xistos e nas pedras calcárias solúveis mais fracas.

■ **FIGURA 12.21** Camadas de diferentes espessuras e resistência ao intemperismo e à erosão no Grand Canyon criam distinta linha de penhascos composta de rochas fortes e encostas mais suaves formadas por rochas menos resistentes.

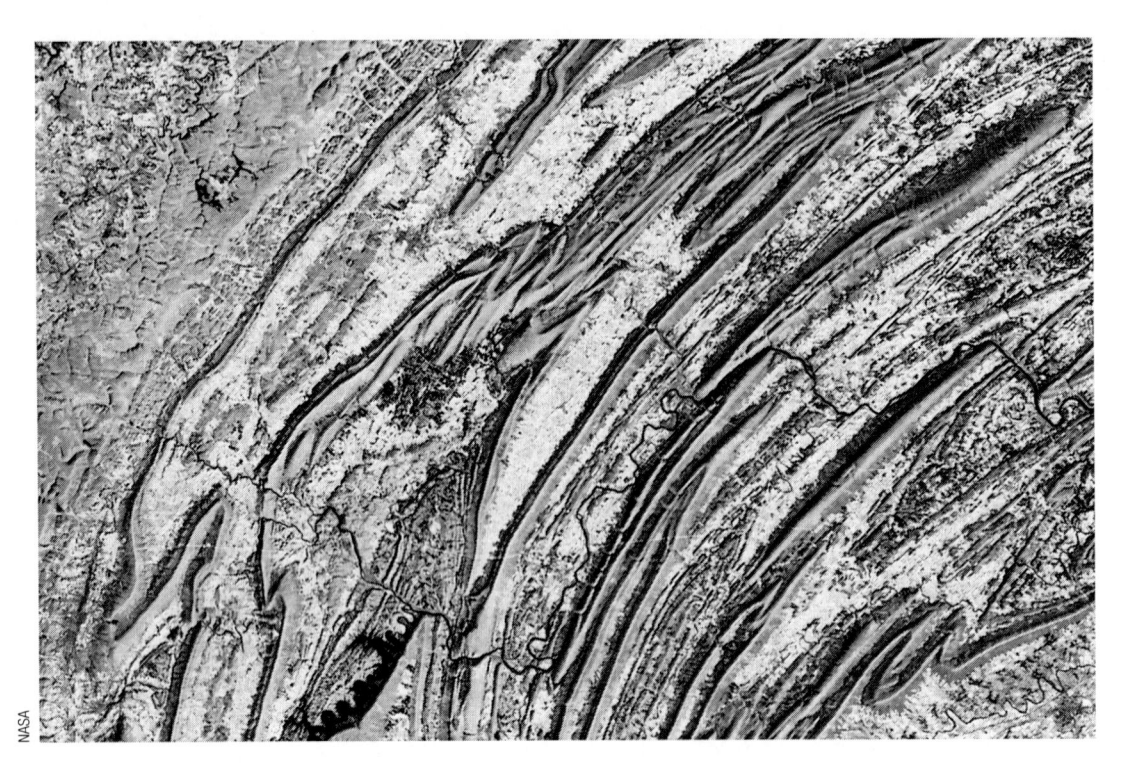

■ **FIGURA 12.22** A imagem de satélite da cadeia de montanhas e da seção dos Apalaches do vale da Pensilvânia mostra claramente os efeitos do intemperismo e da erosão nas camadas sobrepostas de diferentes resistências. As rochas resistentes formam montanhas; as rochas mais fracas formam vales.
Você consegue ver que a topografia da seção da cadeia e do vale influencia os padrões dos assentamentos humanos?

Instabilidade gravitacional

Como observado anteriormente, a instabilidade gravitacional, também denominada *movimento de massa*, é o coletivo termo para o transporte encosta abaixo de materiais de superfície como resposta direta à gravidade. Em toda a superfície do planeta, a gravidade puxa os objetos para o centro da Terra. Essa força gravitacional é representada pelo peso de cada objeto. Objetos mais pesados são puxados mais fortemente pela gravidade que os mais leves. A força da gravidade estimula as rochas, os sedimentos e o solo a se movimentarem para baixo em superfícies inclinadas.

A instabilidade gravitacional opera de muitas formas e em muitas escalas diferentes. Uma única rocha rolando e caindo encosta abaixo é uma das formas em que a transferência de materiais provocada pela gravidade ocorre (■ Figura 12.23), assim como o é toda a encosta de uma montanha deslizar centenas ou milhares de metros abaixo, soterrando casas, carros e árvores. Alguns movimentos de massa se desenvolvem tão lentamente que são imperceptíveis pela observação direta e seus efeitos vão se tornando aparentes gradualmente durante longos períodos de tempo. Outros tipos de instabilidade gravitacional produzem violência desastrosa e instantânea.

O impacto cumulativo de todas as formas de instabilidade gravitacional se rivaliza com o trabalho da água corrente como agente modificador de paisagens físicas porque a força gravitacional está sempre presente. Onde quer que uma rocha, regolito ou solo solto esteja em uma encosta, a gravidade provocará algum

■ **FIGURA 12.23** Um pedregulho maciço, que foi despregado por fortes chuvas e empurrado encosta abaixo pela força da gravidade, bloqueia estrada no sul da Califórnia.
Que outros tipos de problemas em estradas se relacionam à instabilidade gravitacional?

movimento encosta abaixo. A fricção e a resistência da rocha são fatores que mantêm esse movimento de materiais encosta abaixo. A fricção aumenta com a rugosidade e a angularidade de um fragmento de rocha, bem como a rugosidade da superfície em que está. A resistência da rocha depende de suas propriedades físicas e químicas, sendo reduzida por qualquer tipo de ruptura ou lacuna em uma rocha. Fraturas, junções, falhas, planos divisionais e espaços entre os grãos minerais ou clastos enfraquecem a rocha. Além disso, porque todas essas lacunas são um convite ao acúmulo de água, suas ligações com o afloramento continuam a enfraquecê-la ainda mais com o tempo, por meio do intemperismo.

O ângulo da encosta também ajuda a determinar se ocorrerá instabilidade gravitacional ou não. As forças gravitacionais agem puxando os objetos para baixo, em linha reta, para o centro da Terra. Quanto mais paralela é a encosta a essa direção para baixo, ou seja, quanto mais inclinado é o ângulo da encosta, mais fácil é para as forças gravitacionais superarem a resistência de fricção e a força da rocha. A gravidade é mais eficaz puxando materiais rochosos abaixo em encostas escarpadas e falésias que nas que se inclinam suavemente ou em superfícies planas. Quanto mais escarpada a encosta, mais forte deve ser a fricção ou a força da rocha para resistir ao movimento encosta abaixo (■ Figura 12.24). Quaisquer materiais de superfície em uma encosta que não tenham a força ou a estabilidade para resistir à força da gravidade responderão se rastejando, caindo, deslizando ou escorrendo encosta abaixo até que parem na base ou onde haja fricção suficiente para resistir a mais movimento. Como resultado, o solo e o regolito são mais finos em encostas íngremes e mais espessos em encostas suaves e a intensa instabilidade gravitacional é um dos motivos pelos quais a rocha matriz tende a ficar exposta em áreas com terreno íngreme.

A gravidade é a principal força responsável pela instabilidade gravitacional, mas a água comumente desempenha seu papel, podendo causá-la de várias formas. Vimos que a água está presente em muitos processos de intemperismo que rompem e enfraquecem as rochas, tornando-as mais suscetíveis ao movimento de massa. O solo e o regolito não consolidados têm considerável quantidade de espaços vazios, ou espaços porosos entre as partículas. Normalmente, alguns desses espaços vazios contêm ar e outros possuem água, mas as tempestades, as estações úmidas, os canos quebrados, a irrigação e outras situações podem fazer com que os espaços vazios se encham de água. As condições saturadas estimulam a instabilidade gravitacional porque a água adiciona peso aos sedimentos, e o peso de um objeto representa a quantidade de força gravitacional exercida sobre ele. Como a água substitui o ar nos espaços vazios, os sedimentos e o solo não consolidados também têm sua resistência reduzida porque os fragmentos de rocha ficam mais em contato com o líquido, que tende a fluir encosta abaixo. Finalmente, as correntes em áreas costeiras e as ondas cortam a base das encostas por erosão, aumentando assim o ângulo da encosta e facilitando o movimento de massa.

Em alguns casos, além da água, outros fatores contribuem para a ocorrência de instabilidade gravitacional. Quando as pessoas removem materiais rochosos da base de uma encosta para fazer construções, elas aumentam o ângulo da encosta, crescendo a possibilidade da ocorrência do movimento de massa. Os tremores do solo, principalmente durante terremotos, suscitam a instabilidade gravitacional, uma vez que separam brevemente as partículas apoiadas por outras partículas, reduzindo a força e a fricção de materiais, as quais resistem ao movimento encosta abaixo.

A compreensão das condições e dos processos que afetam a instabilidade gravitacional é importante porque os movimentos dos materiais da Terra induzidos pela gravidade são comuns e frequentemente impactam as pessoas e o ambiente construído em que vivem. Embora esse perigo natural não possa ser erradicado, podemos evitar ações que agravam o perigo potencial e prestar muita atenção às indicações de falhas ameaçadoras em terrenos suscetíveis.

Classificação de instabilidade gravitacional

Os geógrafos físicos classificam os eventos de instabilidade gravitacional de acordo com o tipo de materiais terrestre envolvidos e a maneira pela qual se movem. Os eventos de instabilidade gravitacional são descritos com termos específicos, como *descascamento*, que resume os tipos de materiais e o tipo de movimento. Os vários tipos de movimento são também divididos em dois grupos gerais dependendo da velocidade com que ocorrem.

Tipos de materiais da Terra
Qualquer coisa que exista na superfície terrestre ou sobre uma superfície instável ou potencialmente instável é suscetível ao movimento induzido pela gravidade, podendo, portanto, ser transportada encosta abaixo como resultado da instabilidade gravitacional. A instabilidade gravitacional afeta todos os tipos de materiais de superfície. As rochas, a neve, o gelo, o solo, a terra, os fragmentos e o lodo são comumente submetidos ao movimento encosta abaixo. Na esfera da instabilidade gravitacional, **solo** se refere a uma unidade relativamente delgada de materiais de superfície de forma predominante em finos grãos, não consolidada. À unidade mais espessa do mesmo tipo de materiais dá-se o nome de **terra**. **Detrito** especifica o sedimento com ampla gama de tamanhos de grãos, incluindo pelo menos 20% de cascalho. **Lodo** indica o sedimento saturado composto principalmente de argila e silte, que são os menores tamanhos de partículas.

Velocidade de movimento
Os materiais de superfície se movem de muitas formas diferentes em resposta à gravidade, dependendo dos materiais, seu conteúdo de água e as características do ambiente. Alguns tipos de movimento de massa se processam

■ **FIGURA 12.24** Além do ângulo da encosta e da força do material, a capa de vegetação e a umidade do solo podem influenciar a ocorrência de instabilidade gravitacional. G = força total da gravidade (peso do bloco); F = componente de movimento de resistência ao peso do bloco; f = forças friccionais resistindo ao movimento; D = componente de gravidade encosta abaixo.
Como o manto de vegetação ou o teor de umidade pode afetar o potencial do movimento encosta abaixo do solo?

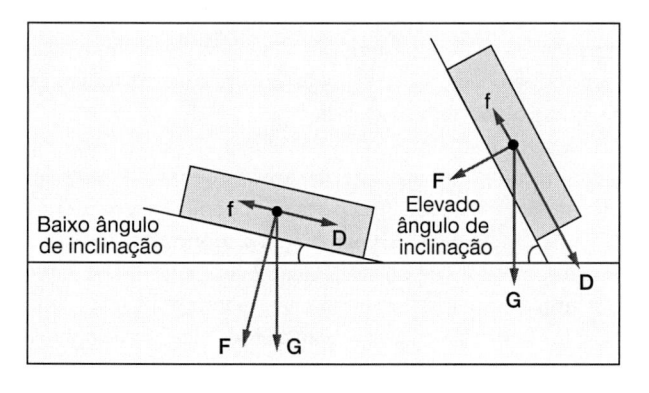

TABELA 12.1
Diferentes tipos de processos de instabilidade gravitacional

Movimento	Materiais comuns	Velocidade típica	Efeito
Rastejamento	Solo	Lenta	
Solifluxão	Solo	Lenta	
Queda	Rocha	Rápida	
Avalanche	Gelo e neve ou detritos ou rocha	Rápida	
Desmoronamento (deslizamento rotacional)	Terra	Rápida	
Deslizamento (linear)	Rocha ou detritos	Rápida	
Fluxo	Detritos ou lodo	Rápida	

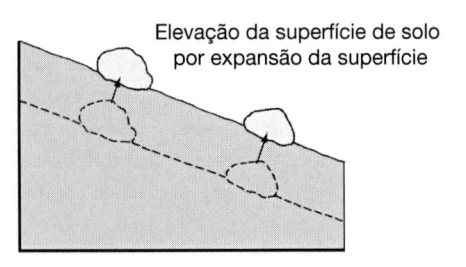

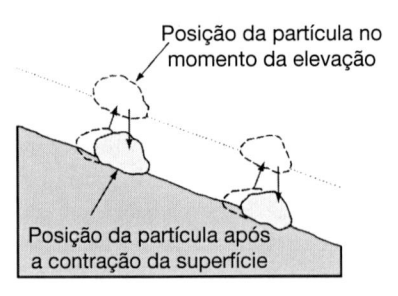

■ **FIGURA 12.25** Repetidos ciclos de expansão e contração fazem com que as partículas de solo sejam levantadas em ângulo reto para a encosta da superfície, mas que caiam em linha reta pela força da gravidade, resultando em rastejamento de solo.
Há lugares perto de onde você mora que apresentam indicações de rastejamento de solo?

tão lentamente que ninguém consegue vê-los ocorrendo. Com esses tipos de **instabilidade gravitacional lenta,** podemos apenas medir o movimento e observar seus efeitos após longos períodos de tempo. O movimento de **instabilidade gravitacional rápida** pode ser testemunhado pelas pessoas. A velocidade do movimento de materiais encosta abaixo varia muito, dependendo dos detalhes da encosta, dos materiais e se houve um fator que o motivou. Além disso, os movimentos de massa lentos e rápidos frequentemente operam juntos. Um movimento de massa lento inicialmente pode ser o precursor de movimento mais rápido e destrutivo, e a maioria dos materiais expostos à instabilidade gravitacional rápida continua a se mover lentamente. Os tipos específicos de movimento e os materiais da Terra normalmente associados a eles são discutidos a seguir e resumidos na Tabela 12.1.

Instabilidade gravitacional lenta

A instabilidade gravitacional lenta tem efeito significativo e cumulativo na superfície terrestre. As paisagens dominadas pela instabilidade gravitacional lenta tendem a apresentar montes arredondados e ausência de características agudas e angulares.

Rastejamento
A maioria das encostas cobertas com materiais rochosos ou solo desgastado sofre **rastejamento**, que é a migração vagarosa de partículas a elevações sucessivamente mais baixas. Essa movimentação gradual encosta abaixo normalmente ocorre como *rastejamento do solo*, afetando, em especial, a relativamente fina camada de materiais rochosos desgastados. O rastejamento é tão gradual que é visualmente imperceptível; a taxa de movimentação normalmente é menor que alguns centímetros por ano. No entanto, o rastejamento é a forma de instabilidade gravitacional mais persistente e que mais se alastra, pois afeta quase todas as encostas que têm detritos de rocha desgastados em sua superfície.

O rastejamento normalmente resulta de alguns tipos de processos de **levantamento** que fazem com que partículas individuais de solo ou detritos de rocha sejam levantados primeiro perpendicularmente à encosta e, então, finalmente, despregados para baixo, em linha reta, em virtude da gravidade. O congelamento e o descongelamento de água do solo e o fato de os solos e as argilas se molharem e secarem podem incitar o levantamento do solo. Por exemplo, quando a água do solo congela, ela se expande, empurrando partículas de solo sobrepostas para cima relativamente à superfície da encosta. Quando o gelo derrete, as partículas de solo voltam para seu lugar, mas não em sua posição original porque a gravidade faz força para baixo sobre elas, como mostra a ■ Figura 12.25. O rastejamento do solo é o resultado de repetidos ciclos de expansão e contração relacionados a congelamento e descongelamento, ou umidade e secagem, que fazem com que o levantamento seja seguido da movimentação do solo e de partículas de rocha encosta abaixo. Os movimentos lentos adicionais do solo encosta abaixo são acompanhados por organismos que deslocam partículas a posições um pouco mais baixas quando eles cruzam, escondem ou espalham raízes no solo na encosta.

As taxas de rastejamento do solo são maiores perto da superfície e diminuem na subsuperfície da encosta porque os fatores que a instigam são mais frequentes perto da superfície e a resistência friccional ao movimento aumenta com a profundidade. Postes telefônicos, mourões de cercas, lápides, paredes retentoras e outras estruturas humanas, até mesmo as árvores, (■ Figura 12.26) apresentam inclinação encosta abaixo quando afetados pelo movimento para baixo de rastejamento.

CAPÍTULO 12 • INTEMPERISMO E INSTABILIDADE GRAVITACIONAL **303**

metros, a terra permanentemente congelada sob ela evita a percolação para baixo da água do solo derretida. Como resultado, a camada ativa se torna pesada, formando uma massa de solo saturado com água que, até mesmo em uma suave inclinação, cai lentamente encosta abaixo pela força da gravidade até que chegue o próximo congelamento de superfície. Indicações de solifluxão incluem lóbulos irregulares de solo que produzem relevo ou montes (■ Figura 12.27). Normalmente, as taxas de movimentação são de apenas vários centímetros por ano.

Instabilidade gravitacional rápida

Quatro principais tipos de instabilidade gravitacional ocorrem tão rapidamente, de segundos a dias, que as pessoas conseguem perceber o movimento dos materiais. A velocidade real do movimento varia com a situação e depende da quantidade e da composição dos materiais, do ângulo de inclinação da encosta, da quantidade de água envolvida, do manto de vegetação e do fator que o originou. Os efeitos dos eventos de instabilidade gravitacional rápida na superfície terrestre são mais dramáticos que os da instabilidade gravitacional lenta. De modo geral, o movimento rápido de massa deixa uma visível cicatriz para cima na paisagem,

■ **FIGURA 12.27** A solifluxão formou essas massas de solo em forma de língua em uma encosta perto de Susitna, no Alasca.
Qual é a diferença entre solifluxão e rastejamento de solo?

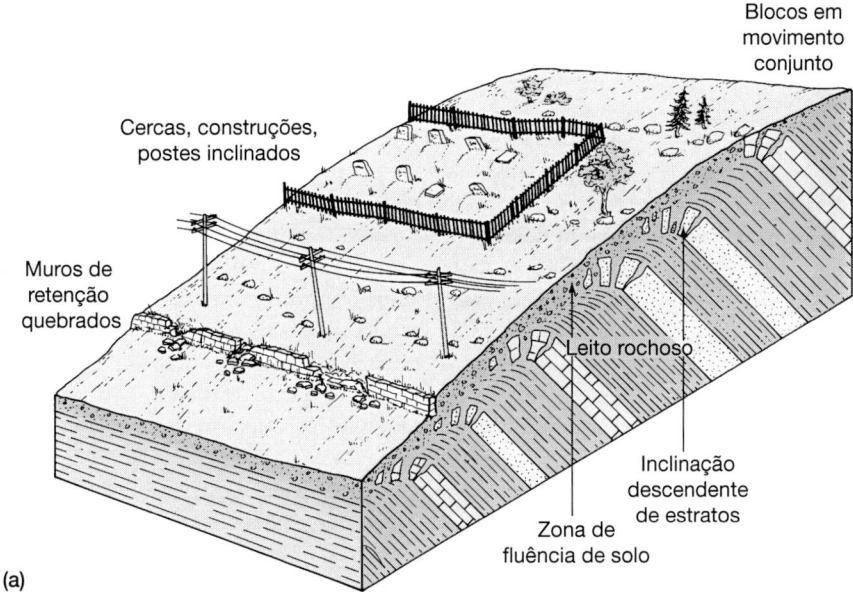

■ **FIGURA 12.26** (a) Efeitos de rastejamento de solo são visíveis em paisagens naturais e culturais. (b) As árvores tentam crescer verticalmente, mas seus troncos entortam caso esteja ocorrendo rastejamento do solo.
Que outras coisas construídas podem ser danificadas pelo rastejamento?

Solifluxão A palavra **solifluxão**, que literalmente significa "fluxo único", se refere aos lentos movimentos encosta abaixo de solo e/ou regolito saturado com água. A solifluxão é mais comum nas regiões de tundra de alta latitude ou alta elevação que têm *permafrost*, a camada de terra na subsuperfície que fica permanentemente congelada. Acima dela existe a **camada ativa**, que se congela no inverno e derrete no verão. Durante o descongelamento no verão da camada ativa, cuja espessura varia de centímetros a

■ **FIGURA 12.28** Esse peitoril pendurado de arenito se desprenderá e cairá. À medida que mais rochas individuais caiam da zona mais úmida e sombreada sob a ponta, o tamanho do peitoril aumentará até que seu peso exceda a força das ligações que agora o mantém.
Que processo de intemperismo pode estar agindo no arenito sob o peitoril quando ele se torna úmido?

revelando de onde os materiais foram removidos, e um depósito definitivo onde os materiais da Terra transportados pararam em elevação mais baixa.

Quedas Os eventos de instabilidade gravitacional que consistem dos materiais da Terra se precipitando livremente para baixo por meio do ar são as **quedas**. Os **desabamentos** são o tipo mais comum de quedas. As rochas se despregam de falésias íngremes da rocha matriz, ou uma a uma, ou conforme o intemperismo enfraquece as ligações entre os clastos individuais e o restante do penhasco, ou como grandes massas de rocha que se desprendem de uma face de um penhasco ou de uma ponta ressaltada (■ Figura 12.28). Os grandes blocos que se desprendem normalmente se quebram como clastos individuais angulares quando atingem a terra na base dos penhascos.

Em áreas montanhosas escarpadas, os desabamentos são comuns na primavera mais quando a neve derretida, a chuva e a alternância entre o congelamento e o descongelamento diminuem e afetam as rochas em falésias e nas encostas. Os tremores do solo causados por terremotos são outro fator que comumente dá início aos desabamentos.

Com o tempo, o acúmulo íngreme de clastos angulares quebrados se empilha na base de um penhasco, que fica sujeito ao descascamento. Essa encosta é conhecida como **tálus**, às vezes chamada *encosta em tálus*, ou, quando tem a forma de um cone, *cone de tálus* (■ Figura 12.29). A presença de tálus é uma boa evidência de que o penhasco acima está sendo acometido por descascamento. Igualmente a outros acúmulos de sedimentos soltos não consolidados como as encostas de cones de escora ou pilhas de cascalho em uma pedreira, a encosta em tálus normalmente fica no ou perto do ângulo mais agudo, que, antes da instabilidade, pode manter seu *ângulo de repouso* (■ Figura 12.30). O ângulo de repouso comumente fica entre 30° e 34°, variando com o tamanho e a angularidade dos clastos. Grandes clastos angulares

■ **FIGURA 12.29** Uma queda construiu este tálus, a encosta íngreme dos clastos angulares localizados ao longo da base do penhasco de pedra calcária.

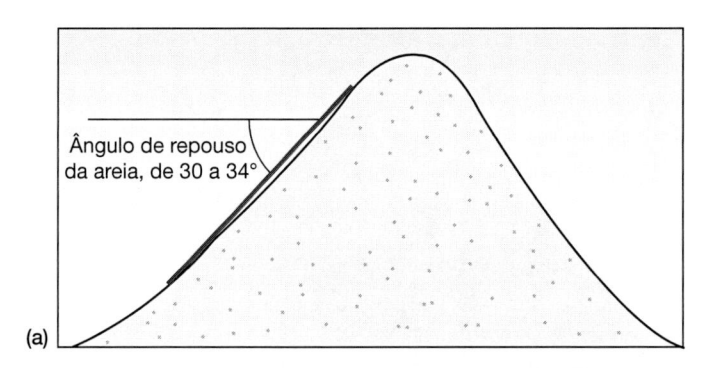

■ **FIGURA 12.30** (a) O ângulo de repouso é natural da encosta mais íngreme que o material solto consegue manter. As partículas são mantidas nesse ângulo por fricção entre os clastos. (b) Pilhas quase idênticas de sedimento contendo partículas do mesmo tamanho e formato se encontram no mesmo ângulo de repouso.
Como o ângulo de repouso das partículas arredondadas difere das que têm partículas angulares do mesmo tamanho e tipo?

■ **FIGURA 12.31** Avalanches de neve como esta no Alasca podem bloquear estradas, derrubar árvores, carregar rochas e troncos encosta abaixo e danificar estruturas.

têm um ângulo de repouso mais agudo que os detritos de rocha pequenos e mais arredondados.

As rochas que se despregam criam perigosas condições sempre que as falésias da rocha matriz são expostas, incluindo áreas e regiões montanhosas com íngremes cortes rodoviários. A mitigação do perigo de descascamento permanece como de alta prioridade nas rotas de transporte nesses locais. Em julho de 1996, no Vale de Yosemite, na Califórnia, um caminhante foi morto e várias outras pessoas ficaram feridas quando uma enorme massa de granito de 180 mil quilos (200 ton.) se despregou de um penhasco, primeiramente deslizou pela rocha matriz, para depois cair pelo ar, por 550 metros (1800 ft), antes de se despedaçar com grande força na terra. O descascamento foi tão grande que gerou uma explosão de ar comprimido que destruiu árvores a centenas de metros dos penhascos.

Avalanches
Avalanche é o movimento de massa pelo qual muitos dos materiais envolvidos são pulverizados, ou seja, quebrados em pequenos detritos que então fluem rapidamente como corrente de densidade na superfície terrestre. Embora a palavra avalanche possa lembrar torrentes de vagalhões de neve e gelo rugindo em encostas escarpadas de montanhas abaixo, as *avalanches de neve* não são o único tipo desse fenômeno. As avalanches de rocha matriz pulverizada, denominadas *avalanches de rocha*, e aquelas de mistura muito pobre de cascalho, areia, silte e argila, denominadas *avalanches de detritos*, são também comuns e têm ceifado considerável número de vidas e causado muita destruição em comunidades montanhosas. Muitas avalanches são causadas por quedas de neve e gelo, rocha, ou detritos que se pulverizam quando atingem uma superfície mais baixa. As avalanches de neve, o tipo de avalanche mais conhecido do público, representam sério perigo em áreas com encostas íngremes e profundos acúmulos de neve de inverno. Independentemente dos tipos específicos de materiais da Terra envolvidos, as avalanches são potentes e perigosas, viajando até 100 quilômetros por hora (60 mph). Elas facilmente derrubam árvores e demolem edifícios, já tendo destruído cidades inteiras (■ Figura 12.31).

Deslizamentos
Nos **deslizamentos**, uma unidade coesiva ou semicoesiva de materiais da Terra escorrega encosta abaixo, em contato permanente com a superfície terrestre. A água desempenha papel um pouco mais importante na maioria dos deslizamentos que no desabamento. Os deslizamentos de todos os tipos ameaçam a vida e a propriedade de pessoas que moram em regiões com muitas encostas, que têm características como alternação de camadas inclinadas de rochas fortes e fracas.

O deslizamento de grandes unidades de rocha matriz, denominados *deslizamento de rochas*, é frequente em terrenos montanhosos onde camadas de rocha sedimentares originalmente

FIGURA 12.32 As unidades de rocha que mergulham na mesma direção que a da topografia local são especialmente suscetíveis ao deslizamento de rochas, como se percebe neste trecho de uma estrada de Wyoming.

horizontais foram inclinadas pelo tectonismo. A importância da água na redução das forças de tensionamento e fricção da rocha é observada no fato de que o deslizamento é mais comum em anos úmidos, ou após uma pancada de chuva ou do derretimento da neve. Como o intemperismo e a erosão pela água, os contatos entre as sucessivas camadas de rocha enfraquecem e a força da gravidade pode exceder a das ligações entre as duas camadas de rocha. Quando isso acontece, a unidade de rocha, frequentemente de tamanho maciço, se desgruda e desliza pela superfície plana inclinada dos contatos (■ Figura 12.32). Às vezes, o deslizamento de rochas acaba se tornando um desabamento se o tipo de topografia requer a queda livre para transportar a rocha a uma posição estável em terreno mais plano. Os depósitos de deslizamento geralmente consistem de blocos de rocha maiores que compreendem depósitos de descascamento.

Alguns deslizamentos de rochas são enormes, com volumes medidos em quilômetros cúbicos. Qualquer coisa em seu caminho

■ **FIGURA 12.33** Um grande deslizamento induzido pelo terremoto de 1959, em Montana, matou 28 pessoas e bloqueou totalmente o vale do Rio Madison, criando um novo corpo de água, o Lago Earthquake, no fundo.
Por que os terremotos podem suscitar deslizamentos?

é destruída. Os depósitos de deslizamento de rocha em desfiladeiros e vales com rios podem formar uma barragem instável que bloqueia a drenagem e forma um lago. Quando o lago se torna profundo o suficiente, ele pode carregar a barragem de deslizamento de rochas, produzindo a inundação repentina e desastrosa na direção da corrente do rio. Assim, imediatamente após esse tipo de importante deslizamento de rocha, os engenheiros trabalham para estabilizar a represa resultante e controlar o derramamento do novo lago formado. Isso foi feito com muito sucesso depois do deslizamento do Lago Hebgen, no sudoeste de Montana, em 1959 (■ Figura 12.33). Provocado por um terremoto, esse deslizamento de rocha, um dos maiores da história da América do Norte, matou 28 pessoas que estavam acampadas às margens do Rio Madison.

Grandes deslizamentos de rochas também ocorreram em virtude da instabilidade relacionada à estrutura de rocha e ao corte subterrâneo de encostas por fluxos, geleiras ou ondas. Hoje, há muitos locais em regiões montanhosas com enormes placas de rocha ancoradas por materiais fracos equilibradas na extremidade do

■ **FIGURA 12.34** Desmoronamento é o nome comum de um deslizamento de terra rotacional. Muitos desmoronamentos se transformam em movimento mais fluido de fluxo de terra em níveis mais baixos.
Qual é a diferença entre o componente fluxo de terra e o desmoronamento?

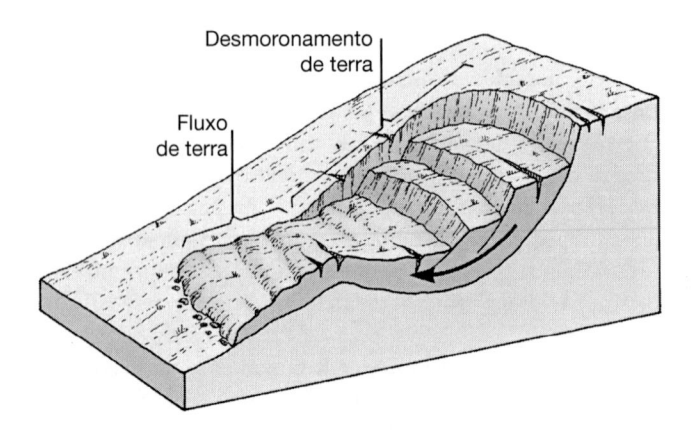

PERSPECTIVA AMBIENTAL DA GEOGRAFIA
:: O DESLIZAMENTO FRANK

Muitos eventos de instabilidade gravitacional são compostos, incluindo elementos de mais de um tipo de movimento. As avalanches e os fluxos frequentemente começam como quedas ou deslizamentos. De modo geral, os assentamentos se transformam em fluxos de terra em níveis mais baixos. A falha maciça e letal da encosta que ocorreu há mais de um século na Montanha da Tartaruga, nas Rochosas do Canadá, parece ter sido uma combinação de dois dos mais catastróficos tipos de movimento de massa: descascamento e avalanche de rocha. Essa falha de 1903 da Montanha da Tartaruga é conhecida como Deslizamento Frank, tendo recebido o nome da cidade de Frank, em Alberta, uma parte da qual foi destruída por 30 milhões de metros cúbicos (82 milhões de toneladas) de rocha que se moveram rapidamente, resultando em estimadas 70 vidas perdidas.

A cidade de Frank localizava-se na base da Montanha da Tartaruga, ao longo da linha de trem da Canadian Pacific Railroad. Muitos dos 600 habitantes da cidade trabalhavam nas minas subterrâneas de carvão da montanha escarpada. A maioria dos habitantes não sabia o que os atingia, pois estava dormindo, às 4h10, quando a montanha cedeu. Outros estavam trabalhando na mina, dentro da montanha, quando a força da gravidade superou a força da espessa massa de pedra calcária de 1 quilômetro (3280 ft) de comprimento, 425 metros (1395 ft) de altura e 150 metros (490 ft) de largura. A resistência da massa rochosa foi degradada pelas atividades subterrâneas de mineração, incluindo explosões, bem como pelo intemperismo e pela erosão ao longo das fraturas perto do cume da montanha. Severas condições de degradação também podem ter contribuído para o fenômeno. Em menos de dois minutos, o descascamento se tornou uma avalanche que, com seu impacto, destruiu casas, edifícios, estradas e vias férreas em seu caminho, deixando uma enorme rocha quebrada que se estendeu até a outra extremidade do vale. Surpreendentemente, 17 mineiros sobreviveram e escavaram pelo entulho um caminho para sair da montanha.

Apesar de ter ocorrido há mais de um século, até hoje tremendas evidências das enormes falhas na rocha ainda existem na paisagem. A cicatriz no flanco da Montanha da Tartaruga e o entulho de rocha que se espalharam por mais de 3 km² (1,2 mi²) pelo chão do vale ainda lembram o incrível e mortal poder que pode ser desencadeado pela força da gravidade.

A enorme avalanche de 1903, conhecida como Deslizamento Frank, deixou uma grande cicatriz na Montanha da Tartaruga, em Alberta, que permanece visível na paisagem um século mais tarde.

Entulho da queda-avalanche que se moveu rapidamente, espalhando-se por todo o chão do vale, muito além da cidade de Frank, em Alberta, no Canadá, que foi parcialmente soterrada.

desabamento, esperando apenas por um ano atipicamente úmido ou um terremoto para colocá-las em movimento.

As rochas não são os únicos materiais da Terra suscetíveis à instabilidade gravitacional por deslizamento. Os *detritos dos deslizamentos*, que contêm uma mistura pobre de cascalho e terra fina, e os *fluxos de lodo*, que são dominados por lamas e argilas úmidas, também são comuns.

Desmoronamentos são deslizamentos rotacionais em que um espesso bloco de solo, denominado terra, se move ao longo de uma superfície côncava e curvada. Por causa dessa superfície curva de falhas, os blocos do desmoronamento são submetidos a uma rotação para trás conforme deslizam (■ Figura 12.34), causando o que inicialmente era uma superfície de terra nivelada no topo do desmoronamento inclinada para trás. Os assentamentos são mais comuns em anos e estações úmidas em muitas regiões com substancial relevo, incluindo os Apalaches, a Nova Inglaterra e locais montanhosos do oeste dos Estados Unidos. Em invernos excepcionalmente úmidos nas regiões de clima mediterrâneo como a Califórnia, os assentamentos muitas vezes destroem casas construídas em encostas. Assim como os deslizamentos de rochas, os assentamentos podem ser iniciados por terremotos, que reduzem muito a fricção e a força dos materiais. Proposital ou acidentalmente, as pessoas contribuem para os assentamentos ao adicionar água aos sedimentos das

■ **FIGURA 12.35** Os deslizamentos muito grandes, que movem vários materiais, são chamados de deslizamento de terra. Esses deslizamentos frequentemente causam muita destruição quando as pessoas constroem prédios em áreas suscetíveis.

encostas, aumentando o ângulo delas pela escavação para fins de construção.

Deslizamento de terra tornou-se um termo popularmente utilizado para designar qualquer forma de movimento de massa rápido. Contudo, em alguns casos, os cientistas da Terra aplicam o termo a grandes e rápidos eventos de instabilidade gravitacional que são difíceis de classificar por conterem elementos de mais de uma categoria de movimento ou vários tipos de materiais, como rocha, solo, terra, detritos e lodo envolvidos em um único deslizamento maciço. Esses grandes deslizamentos são relativamente raros, mas frequentemente dignos de serem noticiados por causa de suas características destrutivas (■ Figura 12.35).

Fluxos A instabilidade gravitacional por **fluxos** são massas de sedimentos saturados de água não consolidadas que se movem encosta abaixo pela força da gravidade. Os fluxos carregam água nos sedimentos que se movem, enquanto os rios levam sedimentos em água corrente. Comparados aos deslizamentos que tendem a se movimentar como unidades coesivas, os fluxos envolvem considerável agitação e mistura dos materiais conforme se movem.

Quando a unidade relativamente espessa de sedimento ou xisto, em finos grãos, não consolidado de uma encosta se torna saturada, se mistura e tomba à medida que se move, o movimento de massa é um *fluxo de terra*. Os fluxos de terra acontecem como eventos independentes induzidos pela gravidade ou associados a assentamentos com características compostas denominados *desmoronamento-fluxo de terra* (veja novamente a Figura 12.34). O desmoronamento-fluxo de terra se move como uma unidade coesiva ao longo de uma superfície côncava, na altura média e superior das falhas. Abaixo do plano de falhas, a massa continua a se mover, mas como uma forma de fluxo de terra mais fluida e menos coesiva.

Fluxos de detritos e de lodo diferem entre si principalmente em tamanho de grão e atributos de sedimento. Ambos ocorrem mais rapidamente que os fluxos de terra, que muitas vezes se movem pelas valas ou canais de riachos de desfiladeiro por pelo menos parte de sua viagem, criam margens elevadas de canais denominadas *barragens de fluxo* e deixam depósitos lobulados (em forma de língua) de onde se derramam para fora do canal. Eles resultam de chuva torrencial ou rápido derretimento de neve em encostas escarpadas com pobre vegetação, sendo os mais fluidos de todos os movimentos de massas. Os fluxos de detritos transportam mais sedimento granulados que os fluxos de lodo.

Os fluxos de detritos frequentemente se originam nas encostas íngremes, em especial nas regiões áridas ou sazonalmente secas. Em regiões úmidas, eles podem ocorrer em encostas íngremes que foram desflorestadas por atividades humanas ou incêndio. Em ambos os casos, a chuva e a água de degelo empurram materiais rochosos desgastados das encostas íngremes para os desfiladeiros, onde adquirem mais água das correntes da superfície. O resultado é uma mistura caótica, saturada de sedimentos finos e granulados, cujo tamanho varia de pequenas argilas a grandes pedras. Quando descem

■ **FIGURA 12.36** O pequeno fluxo de detritos no oeste de Utah deixou barragens bem desenvolvidas em cada lado do canal e depositou uma massa em forma de língua (lóbulo) de sedimento onde o fluxo se espalhou na base da encosta.
Que indicações há de que neste local os fluxos de detritos se repetem?

canal abaixo pelas correntes, alguns dos detritos ficam empilhados ao longo das margens como barragens. Quando o fluxo derrama para fora do canal, uma massa não confinada se espalha e a velocidade se reduz, resultando na deposição de um lóbulo de sedimento (■ Figura 12.36). Os fluxos de detritos são poderosos eventos de instabilidade gravitacional que podem destruir pontes, edifícios e estradas (■ Figura 12.37).

Graves e perigosos fluxos de lodo existem em muitas regiões de vulcões ativos. Aqui, as encostas íngremes podem ser cobertas com finos grãos de cinzas vulcânicas por centenas de metros. Durante as erupções, o vapor emitido, o resfriamento e o derramamento como chuva saturam as cinzas, movendo para baixo perigosos fluxos de lodo que se movem rapidamente, conhecidos como **lahars**. Particularmente preocupantes são os altos picos vulcânicos cobertos com geleiras e campos de neve. Caso uma erupção derreta o gelo e a neve, os rápidos e catastróficos *lahars* podem se precipitar montanha abaixo com pouco aviso, enterrando vales e cidades inteiras. Nos Estados Unidos, existe a preocupação de que alguns dos vulcões altos da Cordilheira das Cascatas, no noroeste do Pacífico, ofereçam risco de erupções e *lahars* associados. Os *lahars* acompanharam a erupção do Monte Santa Helena, em 1980, e os Montes Rainier, Baker, Hood e Shasta têm todas as condições, incluindo áreas povoadas circunvizinhas, para a ocorrência potencial de um desastroso fluxo de lodo (■ Figura 12.38).

■ **FIGURA 12.37** Em 1995, um fluxo de detritos em La Conchita, Califórnia, destruiu várias casas. Encostas íngremes de fracos sedimentos instáveis caíram durante um período de forte chuva.
Por que determinado lugar pode estar sujeito a repetidas falhas na encosta ao longo do tempo?

■ **FIGURA 12.38** A violenta erupção do Monte Santa Helena, em Washington, em 1980, gerou *lahars*, que são fluxos de lodo que consistem de cinzas vulcânicas. Esta casa ficou enterrada pela metade em depósitos de *lahars* associados com a erupção vulcânica.

Intemperismo, instabilidade gravitacional e a paisagem

Neste capítulo, nós nos concentramos nos processos exógenos de intemperismo e movimento de massa. Embora nem o intemperismo nem as formas mais lentas de movimento de massa normalmente atraiam a atenção do público, eles são essenciais para a formação do solo e, como formas mais rápidas do movimento induzido pela gravidade, fatores significativos na modelagem da paisagem. Os processos de intemperismo e instabilidade gravitacional também afetam significativamente as pessoas e nosso ambiente construído. O impacto é recíproco: nossas ações aceleram alguns processos de intemperismo e ajudam a induzir os movimentos de massa.

Toda encosta reflete os processos locais de intemperismo e instabilidade gravitacional que nela agiram. Eles, por sua vez, são grandemente determinados pelas propriedades das rochas e os fatores climáticos locais. O intemperismo de rochas resistentes deixa encostas escarpadas, enquanto o intemperismo rápido de rochas fracas produz encostas suaves que, normalmente, são cobertas por espesso manto de solo ou regolito. O intemperismo e a erosão diferenciais em áreas de múltiplos tipos de rocha ou variações de fraqueza estrutural produzem paisagens complexas com encostas variáveis.

O intemperismo ocorre rapidamente em climas quentes e úmidos, onde o calor e a umidade aceleram as reações que fazem com que os minerais e as rochas se decomponham quimicamente. Profundos mantos de solo e regolito, além de formas topográficas arredondadas sujeitas ao rastejamento, dominam essas regiões. Em contraste, as rochas nos climas áridos e frios se degradam de forma mais lenta principalmente por processos físicos. As encostas de regiões áridas normalmente têm regolito na forma de finos grãos descontinuados e esparsamente cobertos de vegetação predominante que são facilmente movidos durante eventos de intensa precipitação. Uma tendência de instabilidade gravitacional rápida é refletida nas encostas angulares que são comuns em muitas regiões áridas de terrenos montanhosos.

Nos capítulos seguintes, será importante lembrar o papel-chave que o intemperismo desempenha na preparação dos materiais da Terra para a erosão, o transporte e a deposição pelos agentes geomórficos. Visto que os detritos desgastados de rocha são frequentemente entregues a um agente geomórfico pelo movimento induzido pela gravidade de encostas adjacentes, a instabilidade gravitacional também é importante na preparação do sedimento para redistribuição por fluxo, vento, gelo e ondas.

:: Termos para revisão

avalanche
camada ativa
carbonatação
conjunto de junções
desabamentos
desintegração granular
deslizamento de terra
deslizamentos
desmoronamento
detrito
esfoliação
expansão e contração térmicas
fluxo de detritos e de lodo
fluxo de lodo
fluxos

hidratação
hidrólise
instabilidade gravitacional
instabilidade gravitacional lenta
instabilidade gravitacional rápida
intemperismo
intemperismo e erosões diferentes
intemperismo esferoidal
intemperismo físico
 (intemperismo mecânico)
intemperismo por
 congelamento-descongelamento
intemperismo químico
lahars

levantamento
lodo
oxidação
processo de desagregação
quedas
rastejamento
solifluxão
solo (como termo de
 instabilidade gravitacional)
solução
surgimento de cristais salinos
tálus
terra (como termo de
 instabilidade gravitacional)

:: Questões para revisão

1. O que torna as rochas suscetíveis ao intemperismo na superfície terrestre?
2. Quais são as várias formas pelas quais a expansão e a contração são envolvidas em intemperismo de rocha?
3. Por que o intemperismo químico é mais rápido em climas úmidos que em climas áridos?
4. Faça a distinção entre hidratação e hidrólise.
5. Como as junções, as fraturas e outros espaços vazios em uma rocha se relacionam à taxa com que o intemperismo ocorre?
6. Descreva algumas características visíveis de paisagem ou rocha que indique que o intemperismo ocorreu.
7. Faça a distinção entre os principais tipos de materiais da Terra movidos pela instabilidade gravitacional.
8. Qual é a diferença entre o deslizamento de rochas e o fluxo de detritos?
9. Qual é o papel do clima na instabilidade gravitacional?
10. Quais são algumas formas que podem reduzir os perigos da instabilidade gravitacional?

:: Aplicações práticas

1. Se você fosse um urbanista em uma grande cidade industrial de clima úmido, que recomendações daria para prevenir a perda de valiosos monumentos históricos pelos processos de intemperismo?
2. Uma massa de sedimento úmido, incluindo inúmeras pedras grandes, se moveu rapidamente abaixo de um desfiladeiro do deserto. A massa parou de se mover quando se espalhou pela boca do desfiladeiro abaixo em forma de um lóbulo. A análise de laboratório revelou que o sedimento consistia de 18% de argila, 29% de silte, 27% de areia e 26% de cascalho. Com base nessas informações, de que tipo de evento de instabilidade gravitacional se tratava?
3. Utilizando o Google Earth, identifique o principal tipo de acidente geográfico nos seguintes locais (latitude, longitude) e discuta brevemente como o acidente geográfico se desenvolveu:
   a. 33.805°N, 84.145°O
   b. 51.56°N, 116.36°O
   c. 22.19°N, 159.61°O
   d. 49.305°N, 121.241°O

Recursos hídricos e relevo cárstico

13

:: Apresentação

A natureza da água subterrânea

Uso da água subterrânea

Qualidade da água subterrânea

Desenvolvimento de relevo pela água de subsuperfície e dissolução

Água geotérmica

A dissolução de calcário pela água subterrânea pode produzir cavernas significativas. A subsequente deposição lenta de carbonato de cálcio produz belos cenários em cavernas, assim como os que podem ser observados aqui nas Cavernas de Sonora, no Texas.

J. Petersen

:: Objetivos

Ao terminar de estudar este capítulo, você será capaz de:

- Recordar a distribuição geral da água doce no planeta Terra.
- Descrever as principais diferenças entre zona subsuperficial de aeração, zona intermediária e zona de saturação.
- Explicar como a água entra na zona de aeração e o que facilita sua habilidade de percorrer a matéria rochosa lá encontrada.
- Descrever os principais fatores responsáveis pelas variações nos suprimentos de água subterrânea, levando em conta o tempo e o espaço.
- Fornecer um exemplo de como sistemas subsuperficiais e topográficos combinados levariam a um poço artesiano.
- Compreender o motivo de a água subterrânea ser suscetível à poluição.
- Determinar o motivo de relevos cársticos serem mais comuns em climas úmidos e quentes que em secos e frios.
- Distinguir entre os principais relevos produzidos por dissolução rochosa.
- Entender o que são cavernas e como estas são formadas.
- Explicar como água gotejante em cavernas leva à formação de estalactites e estalagmites

Como parte de nossa compreensão de distribuição e efeitos da água corrente na Terra, devemos considerar o ciclo hidrológico que opera tanto abaixo da superfície como na superfície. Assim como a água que flui na superfície terrestre, a água abaixo dela flui, carrega outras substâncias, influencia a forma e o aspecto do horizonte e representa uma importante fonte de água doce para uso humano.

A água doce é um recurso precioso, mas limitado. Hoje em dia há muita preocupação no mundo sobre a quantidade e a qualidade de reservas de água doce. Muitas regiões povoadas possuem fontes limitadas de água potável; ao mesmo tempo, é irônico o fato de que em regiões pouco povoadas ou inabitadas, assim como em regiões de florestas tropicais e tundra, exista água potável em abundância. O gelo e a neve nas regiões polares representam 70% da água potável na Terra, mas geralmente não estão disponíveis para o uso humano. Quando a maioria das pessoas pensa em água doce, imagina que rios e lagos representam fontes importantes, porém, juntos constituem menos de 1% deste recurso crucial. O restante que representa a água potável, quase 30%, está próximo, ou abaixo, da superfície terrestre. Essas fontes subterrâneas formam consideráveis 90% da água doce prontamente disponíveis para o uso humano (■ Figura 13.1).

Nos últimos 100 anos, o uso mundial de água potável cresceu o dobro em relação à população. Ao mesmo tempo, a qualidade das fontes de água doce tem caído por causa da poluição tanto da água da parte da superfície terrestre como da subsuperficial. Levando em conta a gravidade do problema mundial da água e o seu papel crucial para a vida na Terra, as Nações Unidas declararam que de 2005 a 2015 será a década para a ação: água para a vida, para promover o desenvolvimento, a preservação e o uso responsável das reservas. Compreender a natureza e a distribuição da maior fonte de reservas de água doce – a água subterrânea – é crucial para manter a quantidade necessária de água com a qualidade adequada para fins domésticos, industriais e próprios da agricultura, assim como para conservar, de forma geral, a qualidade ambiental. Neste capítulo investigaremos a natureza e a distribuição da água subterrânea, assim como seu impacto no horizonte.

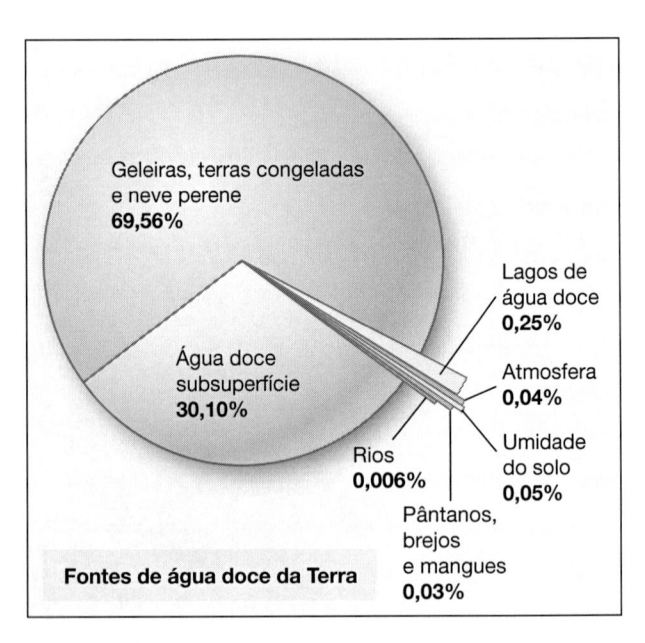

■ **FIGURA 13.1** Com 97% da água existente no planeta sendo de água salgada proveniente dos oceanos, as fontes de água doce são bem limitadas. Quase 70% da água doce está armazenada na forma de gelo e muito do que restou está no subterrâneo. **Como podemos conservar as fontes de água doce?**

A natureza da água subterrânea

Águas de subsuperfície é um termo geral que engloba todo o tipo de água que está abaixo da superfície terrestre. Isso inclui a água contida no solo, em sedimentos e rochas. Grande parte desse tipo de água chega à subsuperfície pela atmosfera em forma de precipitação. A água da precipitação, ou água derretida da precipitação congelada que escorre até o chão, assim o faz a partir do processo de **infiltração**. Durante a infiltração, a água vai da superfície do chão para espaços vazios no solo, sedimentos soltos, fendas, rachaduras e outras rupturas na rocha. A infiltração recarrega a quantidade de água nas regiões da subsuperfície. A água das fontes subterrâneas, por sua vez, chega à superfície na forma de fontes, nascentes e poços, o que contribui substancialmente para a água em córregos e em corpos de água parados, assim como rios e lagoas.

Algumas fontes de água subterrânea extraídas e utilizadas por pessoas hoje em dia são insubstituíveis, pois se acumularam durante períodos mais úmidos e antigos na história geológica. Uma pequena porção das águas subsuperficiais está localizada em profundidades tão distantes da superfície terrestre que nunca foi de fato parte do ciclo hidrológico. Em outros lugares, por conta de mudanças na superfície terrestre, as águas de subsuperfície foram removidas do ciclo hidrológico por um longo período de tempo. Esse tipo de água está contido nas profundezas das camadas sedimentares que foram depositadas por antigos rios ou mares. Futuras mudanças na litosfera poderiam liberar essas porções de água retidas e retorná-las ao ciclo hidrológico. A atividade vulcânica, por exemplo, pode liberar parte dessa água em forma de vapor durante as erupções ou em gêiser ou fonte termal.

Zonas de águas de subsuperfície e lençol freático

Existem três zonas distintas de águas de subsuperfície, em regiões úmidas, que são organizadas segundo sua profundidade e seu conteúdo (■ Figura 13.2). Sob condições de precipitação moderada e boa drenagem, ocorre infiltração da água pelo chão, que primeiro passa por uma camada denominada **zona de aeração,** na qual existem espaços porosos no solo e rochas que quase sempre contêm água e ar. Essa zona mais elevada raramente se torna saturada. Se todos os espaços porosos se tornarem preenchidos com água por causa de grandes incidências de chuva ou por um eventual derretimento de neve, é somente algo temporário, pois a água, logo, será drenada de cima para baixo pela gravidade além da zona de aeração para níveis inferiores pelo processo de **percolação**. A água na zona de aeração é conhecida como **água capilar**.

Na mais inferior das três camadas da água subterrânea, as rachaduras encontradas em sedimentos e rochas são totalmente

■ **FIGURA 13.2 Sistemas do meio ambiente: água subterrânea.** As principais entradas de água no sistema subterrâneo do ciclo hidrológico são a precipitação e o degelo de neve que infiltra o solo. Da região da superfície em direção inferior, o sistema de água de subsuperfície consiste na zona de aeração, zona intermediária e zona de saturação. O ar ocupa quase sempre muitos dos espaços vazios da zona de aeração; a água ocupa todos os espaços vazios na zona de saturação e acima disso está o lençol freático. A percolação horizontal de água infiltrada vai além da zona da aeração para a zona intermediária e finalmente para a zona de saturação, que é a zona subterrânea. A água subterrânea sai da subsuperfície por evaporação direta de locais próximos a superfícies, através da transpiração de plantas, pelo escoamento em leitos e lagos, assim como fontes naturais, ou através de poços escavados. A profundidade do lençol freático responde a mudanças no fluxo de água ou em casos de infiltração e escoamento, ao decair de nível durante estações ou anos secos e elevando seu nível durante estações ou anos úmidos.

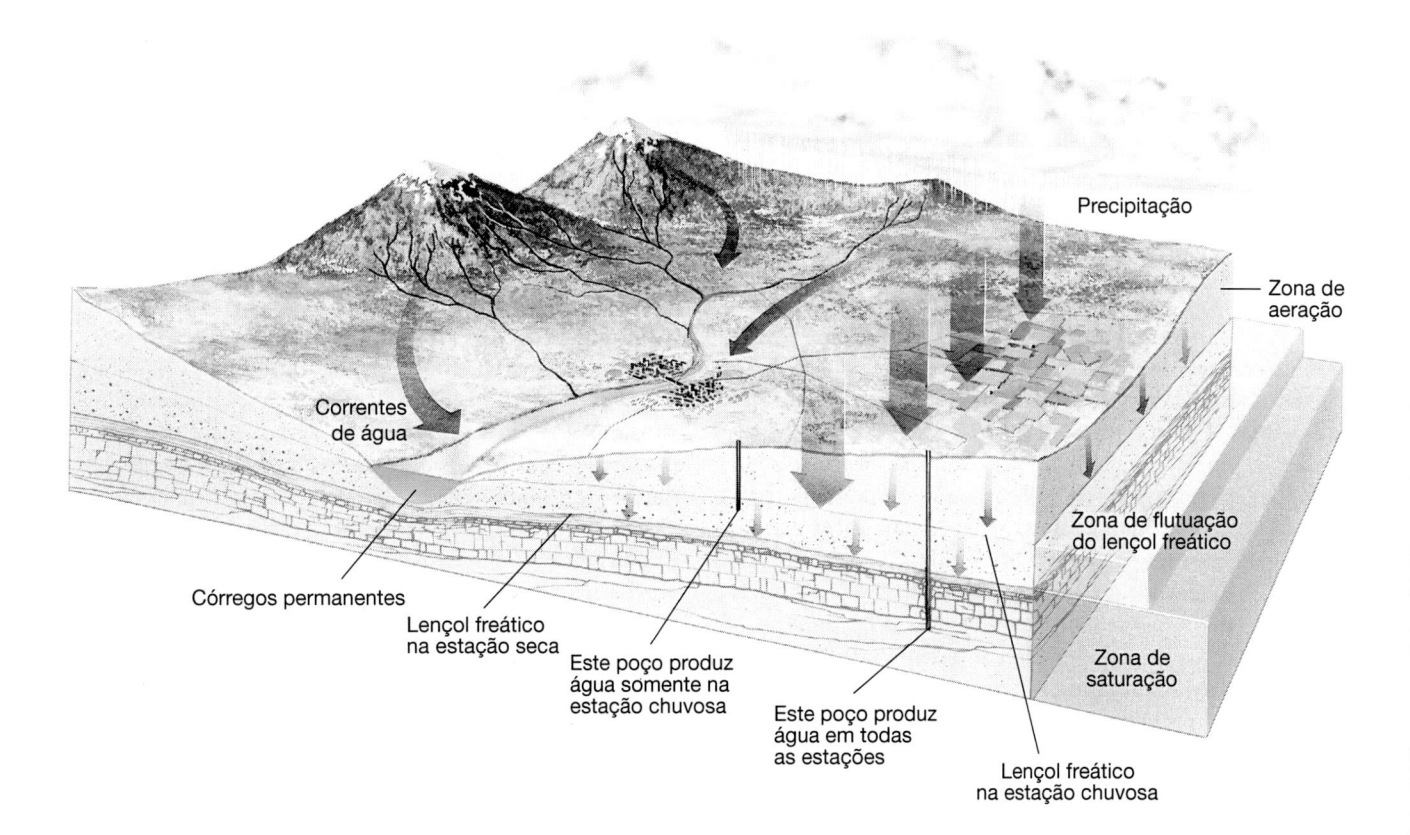

preenchidas com água. A água nessa **zona de saturação** é denominada **água subterrânea**. O **lençol freático** é a superfície que marca o limite superior da zona de saturação. O lençol freático não permanece fixo em uma profundidade abaixo da superfície terrestre, mas ele flutua em qualquer área, com a quantidade de água da recente precipitação, perda pelo escoamento até a superfície e a quantidade removida pelo bombeamento. Após um período úmido incomum, o lençol freático se elevará, pois seu nível de profundidade geralmente decorre da quantidade de precipitação em uma região (desconsiderando a evaporação e outros tipos de perda), logo, ele geralmente se localiza mais próximo à superfície em regiões úmidas e em maior profundidade em regiões áridas.

Entre as zonas de aeração e saturação existe uma **zona intermediária** que se torna saturada durante os períodos de alta precipitação, mas não saturada nos períodos de baixa precipitação. O lençol freático flutua nessa camada intermediária, que altera seu estado de saturada a não saturada. Um poço ou uma nascente que se origine na zona de saturação sempre terá água, mas um que se origine na zona intermediária secará depois que o lençol freático se localizar abaixo dela.

Em algumas regiões desertas, não existe zona saturada, pois a água na superfície ou abaixo dela evapora logo após as tempestades. Em muitas paisagens tidas como semiáridas ou áridas, se uma boa quantidade de água subterrânea está presente, pode ser considerada de um período remoto, acumulada durante uma volumosa precipitação. A água subterrânea extraída de poços nessas regiões não é substituída por precipitação, dadas as condições áridas, e se essa extração continuar, o nível de profundidade do lençol freático se tornará ainda mais baixo. Ao retirar essa água considerada antiga da superfície mais rapidamente que sua recarga ocorre um processo denominado **mineração de água**, termo que enfatiza que essas reservas de águas subterrâneas são limitadas e não durarão ilimitadamente.

Apesar do seu nome, o lençol freático normalmente não é nivelado de forma uniforme, mas seu nível tende a variar segundo os contornos gerais da superfície terrestre, quando, abaixo de colinas ou topografias altas a bacia hidrográfica se encontra mais elevada que aquela próxima a vales ou outras depressões. Afetada pela força gravitacional, a água subterrânea se encontra em níveis elevados e flui na zona de saturação em direção a áreas com terrenos montanhosos, portanto a bacia hidrográfica normalmente está mais próxima a superfícies terrestres em terrenos de baixas altitudes que de altas altitudes.

Em regiões úmidas de baixa precipitação, a bacia hidrográfica pode estar tão elevada que intercepta a superfície terrestre, o que produz riachos, lagos e pântanos. Quando a paisagem é composta de colinas e vales, o ponto menos elevado da bacia hidrográfica normalmente é indicado pela localização de canais de córregos em vales. O fundo dos canais de córregos das regiões úmidas encontra-se abaixo da elevação da bacia hidrográfica. Nesses casos, a água da zona de saturação escorre diretamente para o canal abaixo da superfície da água do córrego, acabando por supri-la com esse fluxo. Esse fluxo direto de água subterrânea para o canal

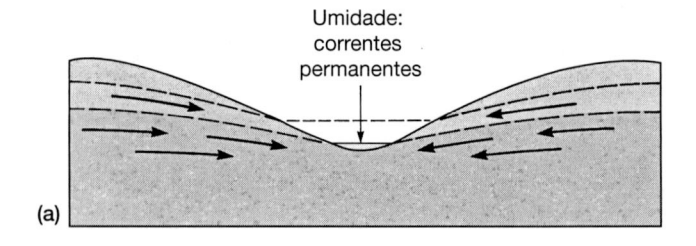

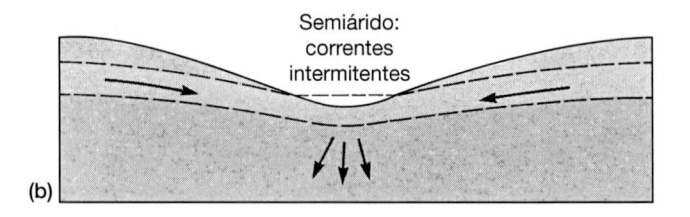

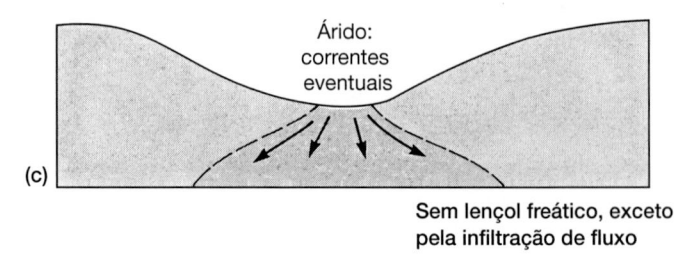

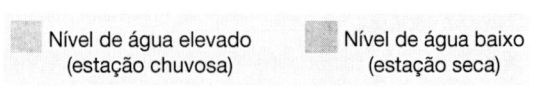

■ **FIGURA 13.3** A água pode sair ou entrar na subsuperfície em córregos superficiais. (a) Em regiões úmidas, a água subterrânea escorre dos canais dos córregos durante todo o ano (b) Em regiões secas e de clima árido, o nível do lençol freático pode cair abaixo de leitos dos rios durante épocas mais secas, o que causa a eventual seca de córregos. (c) Em regiões áridas, apenas precipitações abastecem a água de córregos, que escoa para a subsuperfície por leitos aquáticos.

mantém o córrego fluindo em períodos de chuvas ou de secas (■ Figura 13.3a).

Muitos córregos em regiões de zonas semiáridas ou áridas fluem sazonal ou imediatamente após incidência de chuvas consideráveis. Em regiões semiáridas, o lençol freático normalmente está situado abaixo do leito dos rios durante períodos de seca, mas intercepta esse leito durante épocas úmidas. Esses córregos recebem águas subterrâneas durante períodos úmidos e perdem água pelo fluxo para o leito aquático durante períodos de seca (■ Figura 13.3b). Na maioria das regiões realmente consideradas áridas, os riachos ou córregos fluem apenas durante e imediatamente após as chuvas. Com a bacia hidrográfica localizada abaixo da superfície no decorrer do ano, esses riachos ou córregos perdem água por infiltração pelo fundo do rio sempre que ocorre esse fluxo de água (■ Figura 13.3c).

Distribuição e disponibilidade de águas subterrâneas

A quantidade, a qualidade e a disponibilidade de águas subterrâneas na área dependem de diversos fatores. Em primeiro lugar, o fator predominante é a quantidade de precipitação em uma região e nas áreas drenadas. Em segundo, o índice de evaporação. Em terceiro, a habilidade da superfície terrestre de permitir a infiltração de água no sistema de água subterrânea. Em quarto, a quantidade e o tipo de vegetação. Apesar de a vegetação densa transpirar grandes quantidades de umidade para a atmosfera, também inibe o escoamento rápido das chuvas, o que facilita a infiltração de água no chão e menores índices de evaporação ao provocar o aparecimento de sombra. Logo, o efeito da vegetação em regiões úmidas é aumentar o suprimento de águas subterrâneas.

Existem dois fatores adicionais que afetam a quantidade disponível de água subterrânea: a porosidade e a permeabilidade dos sedimentos e rochas. A **porosidade** se refere ao tamanho do espaço entre as partículas que formam sedimentos ou rochas, que podem ser expressas pelo volume dos espaços vazios comparados ao volume total do material incluindo os vazios. Os sedimentos e as rochas que consistem em rochas sedimentares clásticas argilosas, talvez de forma surpreendente, possuem considerável porosidade e, portanto, quantidades de água em grande número de minúsculos poros. Areia e cascalho têm porosidade relativamente baixa, mas seu real valor depende da compactação e da uniformidade do tamanho dos grãos presentes. A **permeabilidade** expressa a relativa facilidade com que a água flui pelos espaços vazios no material terrestre. Apesar da alta porosidade dos sedimentos argilosos e dos folhelhos, os espaços porosos são pouco interconectados, o que dá a eles baixa permeabilidade. Logo, é muito difícil extrair a água retida nas argilas e nos folhelhos. A permeabilidade aumentará de forma significativa se esses materiais possuírem fraturas ou rachaduras que possibilitem as conexões que facilitam o fluxo. A inerente alta permeabilidade de areias e cascalhos frequentemente compensa sua baixa porosidade, o que os torna boas fontes para obtenção de água.

As rochas que são compostas de cristais encadeados, tais como o granito, não possuem de fato espaço poroso e podem deter pequenas quantidades de água. Entretanto, essas rochas cristalinas podem conter água em suas rachaduras, que permitem a livre passagem de água subterrânea. Por conseguinte, o granito encadeado pode ser descrito como um espaço poroso de bolhas gasosas congeladas em formas rochosas, mas esses espaços normalmente não são encadeados, então a rocha é porosa e não permeável. A presença de rachaduras é crucial para fornecer a permeabilidade em muitas áreas com rochas vulcânicas.

É importante compreender que porosidade e permeabilidade não são características sinônimas. A porosidade afeta o potencial de suprir uma quantidade de água subterrânea ao fornecer espaços disponíveis para essa água. A permeabilidade afeta os índices e os volumes dos movimentos de água subterrânea, o que ocorre por causa de grandes espaços porosos, rochas sedimentares em forma de camadas rochosas horizontais, rachaduras, fendas e até mesmo cavernas. A porosidade e a permeabilidade afetam a disponibilidade das fontes de águas subterrâneas.

Um **aquífero** (do latim: *aqua*, água: *ferre*, que significa carregar) é uma sequência de poros e camadas sedimentares permeáveis ou rochas que agem como meio de armazenamento e agente de transmissão de água (■ Figura 13.4). Embora quase todo material rochoso suficientemente poroso e permeável possa servir como um aquífero, a maioria desses aquíferos que fornecem suprimentos de água para uso doméstico são arenitos, calcários ou depósitos de sedimentos soltos e encadeados (areia e cascalho). Uma camada rochosa relativamente impermeável, como ardósia ou folhelho, restringe a passagem de água, logo é denominada de **aquiclude** (do latim: *aqua*, água; *claudere*, fechar-se).

Às vezes, um aquífero aparece entre dois aquicludes. Nesse caso, a água flui dentro do aquífero, mas não escapa pelos aquicludes encadeados. Um aquiclude pode também evitar a passagem de água do solo para a zona de saturação. Um acúmulo de água subterrânea acima de um aquiclude é denominado lençol freático intermediário (veja novamente a Figura 13.4). A perfuração não cuidadosa pode atingir um aquiclude que sirva de sustentação para um **lençol freático intermediário**, o que faz com que a água seja drenada ainda mais para a superfície, que, por sua vez, faz com que os esforços para a obtenção dessa água sejam ainda maiores.

As nascentes são fluxos naturais de águas subterrâneas para a superfície. Elas são relacionadas a muitas causas – configuração terrestre, estrutura matriz rochosa, nível do lençol freático e posição relativa dos aquíferos e dos aquicludes. Pode ocorrer formação de nascentes em paredes de vales onde um córrego ou rio passou pelo terreno em um nível mais inferior que um lençol freático situado em posição intermediária. O aquiclude impermeável que se situe abaixo do lençol freático intermediário evita maiores fluxos verticais de água, o que força a água acima a se mover em direção horizontal até alcançar uma saída pela superfície terrestre. Uma nascente flui de forma contínua, se o lençol freático sempre permanecer em um nível acima da saída da nascente, senão o fluxo da nascente é intermitente e apenas flui quando o lençol freático se situa em uma altitude suficiente para fornecer a água para sua saída.

Uso da água subterrânea

A água subterrânea é um recurso vital para a maior parte do mundo. Metade da população dos Estados Unidos retira sua água de uso doméstico das águas subterrâneas; alguns estados, como a Flórida, extraem quase toda a sua água de uso doméstico dessa fonte. Entretanto, a irrigação consome a parte mais volumosa das águas subterrâneas – mais de dois

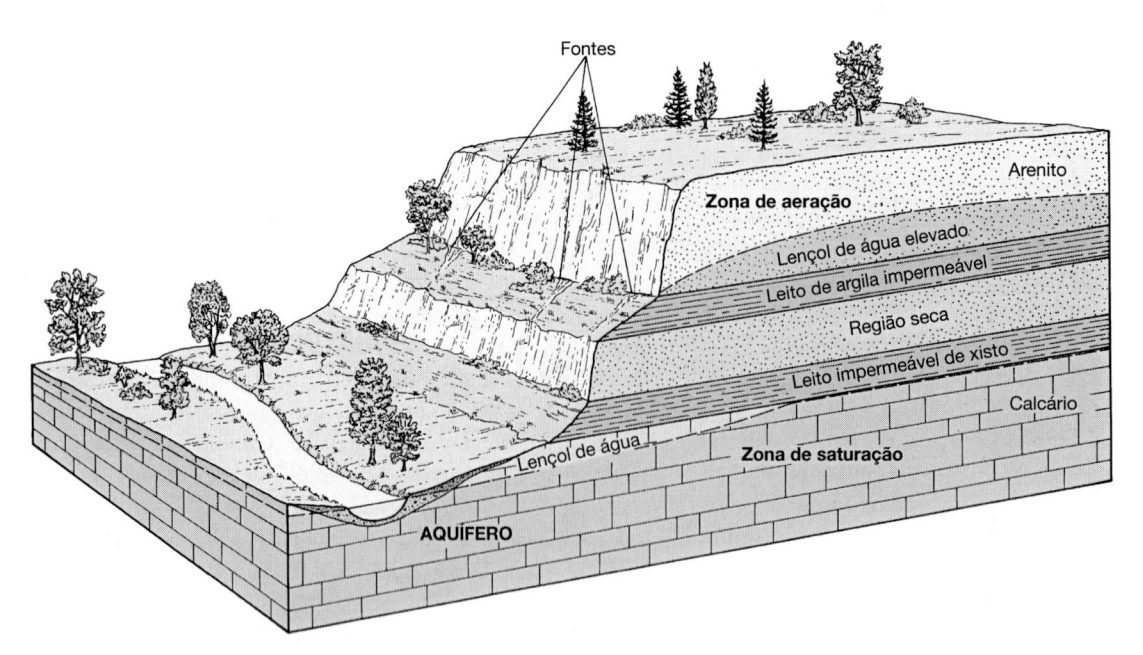

■ **FIGURA 13.4** Um aquífero é um meio natural para o abastecimento de água subterrânea. Um lençol freático intermediário pode se desenvolver onde rochas impermeáveis estão entre a camada permeável e a região do lençol freático. Abaixo do nível do lençol freático, a água na região da zona de saturação flui em direção ao rio mais próximo.
Um lençol freático intermediário é uma fonte estável de água subterrânea?

terços – do uso atual nos Estados Unidos. Um dos maiores aquíferos que fornece água subterrânea para irrigação é o Aquífero Ogallala, que subjaz as Grandes Planícies do oeste do Texas e se situa do norte para o sul de Dakota. Só o Aquífero Ogallala supre mais de 30% das águas subterrâneas utilizadas para irrigação nos Estados Unidos (■ Figura 13.5). Existe considerável preocupação com o futuro desse aquífero. Grande parte da água extraída dele se acumulou há milhares de anos, e o presente clima semiárido na região torna a recarga limitada.

A água subterrânea também possui papel relevante em sustentar muitas zonas úmidas e formar lagos e lagoas, todos considerados fontes ecológicas não disponíveis. Zonas úmidas, abastecidas por águas subterrâneas, são *habitat* para milhares de pássaros residentes ou migratórios. O fluxo adequado de água subterrânea é vital para que o Everglades, região pantanosa subtropical, no sul da Flórida, seja preservado. Esse "rio de grama", sua grande variedade de pássaros e muitos outros animais são totalmente dependentes do contínuo fluxo, em direção ao sul, de água subterrânea na região.

Poços

Poços são aberturas artificiais escavadas ou perfuradas abaixo do lençol freático para a extração de água. A água é extraída de poços por aparelhos que vão de simples baldes com cordas a bombas movidas a gasolina, eletricidade ou vento. Em muitos poços superficiais, o suprimento de água varia segundo a flutuação do lençol freático. Poços de maior profundidade que perfurem aquíferos, abaixo da zona de flutuação do lençol freático, fornecem suprimentos de água mais confiáveis e menos afetados por períodos sazonais de seca.

Em áreas com muitos poços ou com fontes limitadas de água subterrânea, o índice de extração pode ser maior que o índice de seu reabastecimento natural pela recarga de águas subterrâneas. Em muitas áreas irrigadas por poços, ocorre o declínio do nível da bacia hidrográfica em relação aos poços originais (■ Figura 13.6). Dessa forma, poços em profundidades maiores devem ser escavados, ou os antigos devem ser estendidos, para alcançar as fontes de água. No norte da Índia, no rio Ganges, a escavação de poços de maior profundidade, ou mais modernos, para substituir os mais superficiais escavados de forma doméstica, aumentou a quantidade de água subterrânea extraída para a superfície, mas esse uso aumenta a profundidade do lençol freático de modo considerável. Como mencionado previamente, o Aquífero Ogallala experiencia níveis alarmantes de declínio do nível de água, o que pode ser atribuído aos poços utilizados principalmente para a irrigação na agricultura.

Em certos ambientes, nos quais a demanda por água subterrânea levou a bombeamento extensivo, uma submersão da terra, denominada *subsidência*, pode ocorrer em virtude da compactação causada pela extração de água. A Cidade do México, Veneza (Itália) e o Vale Central da Califórnia, entre outros lugares, apresentam problemas de subsidência relacionados à extração de água. Em algumas regiões do sul da Califórnia, a extração de água foi substituída artificialmente por transposições de nascente para que assim ela flua em direção a depósitos permeáveis. Esse processo é conhecido como recarga artificial.

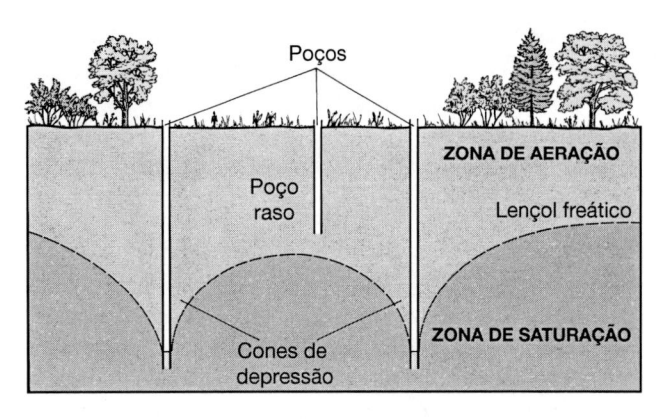

CAPÍTULO 13 • RECURSOS HÍDRICOS E RELEVO CÁRSTICO **317**

■ **FIGURA 13.6** Depressões em formas de cones podem se desenvolver em lençóis freáticos por causa do bombeamento de água de poços. Em áreas com muitos poços, cones de depressão adjacentes se ligam, rebaixando o nível da região da bacia hidrográfica e fazendo com que poços artificiais sequem.
Que impacto esse cenário citado teria em alguns locais de vegetação natural?

Sistemas artesianos

Em alguns casos, a água subterrânea existe em condições **artesianas**, o que significa que a água sofre tamanha pressão que se encontrar alguma saída fluirá para cima e a um nível superior do local da bacia hidrográfica. Onde o fluxo dessa água atinge a superfície, ela cria uma **nascente artesiana**, se natural; onde a saída para a superfície é artificial, o resultado é um **poço artesiano**. De fato, a palavra artesiano deriva da região de Artois na França, na qual o primeiro poço dessa espécie foi cavado na Idade Média.

Existem certos critérios para que ocorra o fluxo de água artesiana (■ Figura 13.7). Em primeiro lugar, um aquífero permeável, frequentemente de arenito ou calcário, deve ser exposto à superfície em uma área de recarga por grandes incidências de precipitações. Esse aquífero deve receber água da

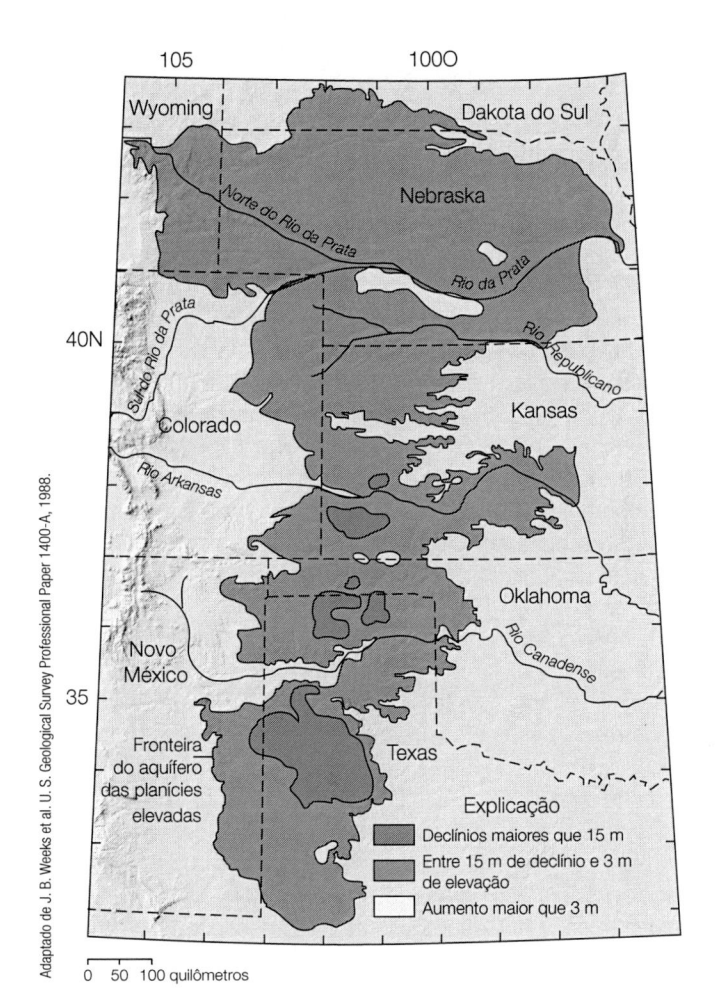

■ **FIGURA 13.5** O Aquífero Ogallala supre água para uma grande área semiárida das Grandes Planícies. Diz-se que essa região é o maior aquífero de água doce no mundo em que grande parte da água no Ogallala se acumulou em épocas mais úmidas, milhares de anos atrás.
Por que a queda no abastecimento de água foi maior na parte sudeste do aquífero?

■ **FIGURA 13.7** Condições especiais produzem um sistema artesiano. O arenito de Dakota, um sistema aquífero artesiano de 30 metros de espessura média, transmite água sob pressão das Colinas Negras para locais de mais de 320 quilômetros na direção de leste para cima, no sul de Dakota.
Qual é a característica única de poços artesianos?

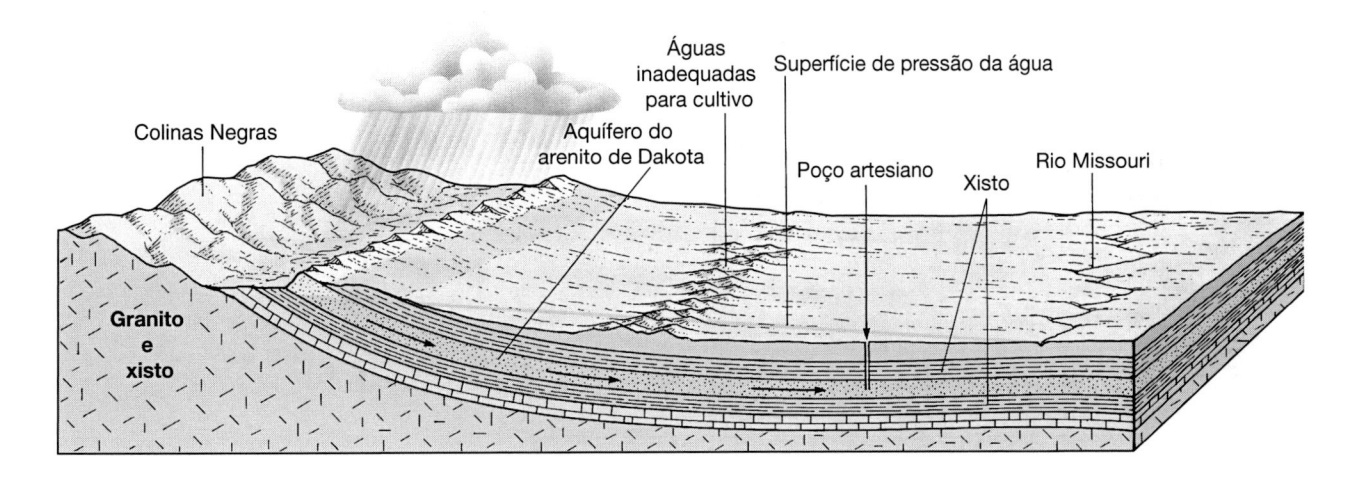

PERSPECTIVA CIENTÍFICA DA GEOGRAFIA FÍSICA
:: DRENAGEM ÁCIDA DA MINA

A drenagem ácida da mina (DAM) normalmente ocorre quando a água da subsuperfície flui através de minas ou entra em contato com resíduos de minas e sofre reações químicas que a torna muito ácida (baixo pH) e rica em metais. A DAM é um sério problema ambiental em algumas regiões de minas de metais e carvões, o que inclui muitas das minas de carvão no leste dos Estados Unidos, em parte da Austrália, na América do Sul, na África do Sul e em outros lugares. Quando uma quantidade suficiente de água afetada flui da superfície em forma de fontes e nascentes para córregos, lagos, ou lagoas, seu conteúdo rico em minérios e baixo pH ameaça a vida aquática e faz com que a água se torne inadequada para consumo doméstico. Os peixes desapareceram completamente de alguns córregos com o pH extremamente baixo e alta composição metálica por causa da DAM.

Essas reações químicas envolvidas na formação de DAM, algumas vezes, ocorrem em condições naturais, mas em índices menores e em pequenas quantidades se comparadas a áreas danificadas. A atividade de mineração aumenta consideravelmente a permeabilidade de rochas suscetíveis e permite que maiores quantidades de água sofram reações químicas. Essas rochas contêm pirita (FeS_2), substância comum na época de mineração extensiva na Pensilvânia, no leste dos Estados Unidos. Quando a água que contém oxigênio entra em contato com a pirita em uma mina de carvão abandonada, a pirita é oxidada rapidamente. O ferro, sulfato (SO_4), e íons de hidrogênio são liberados na água como resultado da meteorização química; é a presença dos íons de hidrogênio que aumenta a acidez da água. Outras reações químicas levam à hidrólise dos íons de ferro na água, o que libera mais íons de hidrogênio e contribui para o aumento da acidez. O índice da produção de hidrogênio aumenta se certos microrganismos, que se desenvolvem em condições de baixo pH, estão presentes.

As minas que se encontram nas zonas de flutuação do lençol freático, entre a zona de aeração e a zona de saturação, como muitas minas de carvão nos campos Apalachianos, são particularmente suscetíveis à DAM em razão da frequente introdução de água corrente oxigenada. Enquanto essas minas estão em atividade, o bombeamento que ocorre lá remove esse tipo de água. Entretanto, quando essas minas estão abandonadas, a água corrente retorna ao ambiente altamente permeável e quimicamente reativo, o que produz a DAM.

A principal forma de limitar o número de ambientes com DAM é controlar o fluxo de água subterrânea. Possíveis abordagens incluem isolar minas suscetíveis da circulação de água na superfície ao selá-las, ou inundá-las com correntes lentas de água estagnada que possui pouca oportunidade de obter mais oxigênio. A prevenção de DAM, bem como sua redução, permanece um campo de pesquisa ativo, e compreender a química e a circulação de água subterrânea é crucial para a investigação atual.

A coloração alaranjada da nascente de água de algumas rochas adjacentes resulta da drenagem de minas ácidas na região de minas de carvão nos Apalaches. A drenagem de minas ácidas diminui o pH em nascentes locais, o que pode levar à precipitação de compostos de ferro oxidado de coloração alaranjada. Esta figura em cores está disponível na página deste livro no site da Cengage.

superfície por infiltração, ter inclinação vertical inferior de centenas de metros depois da superfície e estar confinado entre camadas impermeáveis que evitem o escape de água, com exceção de nascentes ou poços artesianos. Essas condições requerem que o aquífero atue como um tubo que conduz a água para a subsuperfície. A água em dado ponto no "tubo" está sob pressão da água no aquífero que está mais próximo da área de retirada na superfície. Como consequência dessa pressão, o fluxo da água segue em direção a qualquer saída disponível. Se essa saída apresenta-se na forma de um poço perfurado através de uma camada impermeável e em direção ao aquífero, o nível da água no poço se elevará. A altura na qual o nível da água se eleva em um poço depende da quantidade de pressão exercida na água. A pressão, por sua vez, depende da quantidade de água e do ângulo de inclinação do aquífero, do número de saídas e geralmente dos poços disponíveis para a água. A pressão e a altura da água nos poços aumentam por causa de grandes quantidades de água, inclinações íngremes e menos saídas disponíveis para a água.

O arenito exposto na superfície do Colorado e no sul de Dakota transmite água artesiana em direção leste para os poços que distam 320 km (veja novamente a Figura 13.7). Outros sistemas artesianos bem conhecidos são os de Olympia, Washington; o Oeste do Saara; e o leste da Austrália e sua Grande Bacia Artesiana, que é o maior sistema artesiano do mundo.

Qualidade da água subterrânea

Uma vez que a maior parte da água flui entre quantidades consideráveis de solo e rochas, quando essa água alcança a zona de saturação ela é quase livre de sedimento clástico. Entretanto, a água normalmente carrega uma quantidade considerável de minerais e íons dissolvidos dos materiais pelos quais atravessou. Como resultado desse conteúdo, a água subterrânea é descrita como "água pesada", se comparada à "leve" (água de composição mineral) de chuva. Além disso, o aumento nos índices de urbanização, industrialização e povoamento resultou na poluição de algumas de nossas fontes de águas superficiais e de algumas de nossas reservas de águas subterrâneas. Por exemplo, as águas superficiais que correm pelas minas em certos tipos de depósitos de carvão espalhados no leste dos Estados Unidos se tornaram altamente ácidas. Se essa **drenagem de minas ácidas** chega à superfície, pode ter efeitos danosos na vida aquática local.

Outro fator de risco para a qualidade da água subterrânea vem da introdução de substâncias tóxicas ou água salina na zona de saturação. As aplicações excessivas de pesticidas e superfícies não completamente seladas ou instalações de depósitos na superfície para substâncias tóxicas, o que inclui a gasolina e o petróleo, são situações que podem causar a poluição da água subterrânea por sua percolação vertical. Em regiões costeiras com excessivo bombeamento de águas subterrâneas, a água salina mais densa do oceano escorre para a parte insular e substitui a retirada de água doce da zona de saturação. Este problema da substituição da água salina ocorreu em muitas regiões costeiras, no sul da Flórida, em Nova York e Israel.

Desenvolvimento de relevo pela água de subsuperfície e dissolução

Em áreas nas quais as rochas matrizes são solúveis na água, as águas superficiais representam um agente relevante para a formação de relevos. Assim como as águas superficiais, as águas da subsuperfície removem, transportam e depositam materiais que formam rochas.

O principal papel mecânico da água subsuperficial na formação de relevo é facilitar o movimento de massa ao acrescentar peso e reduzir a resistência do solo e dos sedimentos; dessa forma, ela contribui para atolamentos, deslizes de fragmentos de rochas e deslizes de terra ou lama. No aspecto químico, a água de subsuperfície também contribui para processos distintos de desenvolvimento de relevos. Por meio da quebra química de materiais rochosos pela dissolução do carbono e por outras formas de dissolução, além do depósito de outras substâncias dissolvidas em outros lugares, a água subterrânea é um agente transformador de terras eficiente, especialmente em áreas nas quais o calcário está presente. A água subsuperficial, assim como a água superficial, pode dissolver o calcário através da dissolução do carbono, ou da dissolução simples, em água ácida. Em várias dessas áreas, superfícies com calcário emergido são marcadas, pela

■ **FIGURA 13.8** A dissolução de calcário é mais intensa em zonas fraturadas nas quais minerais dissolvidos de rochas são removidos pela infiltração de água superficial na subsuperfície. A paisagem demonstra uma "plataforma" de calcário que possui fendas ligadas que foram ampliadas pela dissolução.

dissolução química, especialmente em fendas, e em alguns casos ocorre a formação de grandes plataformas vincadas de calcário (■ Figura 13.8). Quando a água pode agir em qualquer tipo de rocha que é solúvel em água, uma forma distinta de relevo será formada.

Relevos e relevos cársticos

É surpreendente que o tipo de rocha mais solúvel seja o calcário, a rocha sedimentar com precipitado químico composta de carbonato de cálcio ($CaCO_3$). Os aspectos do relevo criados pela dissolução e formas de novas precipitações (reposição) de carbonato de cálcio pela água superficial ou subsuperficial podem ser encontrados em muitas partes do mundo. A região do leste do Mediterrâneo, em particular, exibe paisagens formadas em grande parte de calcário. Essas paisagens são claramente vistas no Planalto Cárstico na Croácia, na região costeira da Dalmácia. Os relevos desenvolvidos por dissolução são denominados **cársticos** por causa do impressionante local citado. Outras regiões com extensos relevos cársticos estão localizadas na Península de Yucatán, no México, nas ilhas caribenhas, no centro da França, no sul da China, em Laos e muitas outras áreas nos Estados Unidos (■ Figura 13.9).

O desenvolvimento de uma paisagem clássica cárstica, na qual a dissolução foi um processo dominante ao criar e modificar relevos, requer várias circunstâncias especiais. Um clima quente e úmido com alta precipitação é mais condizente com a formação de regiões ou terrenos com feições cársticas. Em climas áridos, os terrenos de feições cársticas normalmente não existem ou não são muito bem formados, mas algumas regiões áridas possuem feições cársticas que foram geradas durante períodos geológicos antigos quando o clima era mais úmido que hoje em dia. Se compararmos a climas mais frios, climas mais quentes e úmidos possuem mais quantidades de vegetação, o que supre o dióxido de carbono para a água de subsuperfície. O dióxido de carbono é necessário para a dissolução do calcário que aumenta a acidez da água e facilita o processo geral.

Outro fator importante no desenvolvimento de relevos cársticos é o movimento da água de subsuperfície. Esse movimento permite que a água se torne saturada com o carbonato de cálcio dissolvido e, portanto, seja capaz de dissolver mais calcário. A água subterrânea se move de forma vigorosa, em que o fluxo tende a uma saída de baixa altitude, que pode estar presente em um córrego profundo de um vale ou em uma depressão tectônica. Além disso, todo o resto sendo igual, o ágil fluxo

■ **FIGURA 13.9** A distribuição de calcário nos Estados Unidos indica graus variáveis de existência de formação de relevos cársticos, o que depende do clima e das condições dos materiais rochosos locais.
Qual é a área cárstica mais próxima de onde você vive?

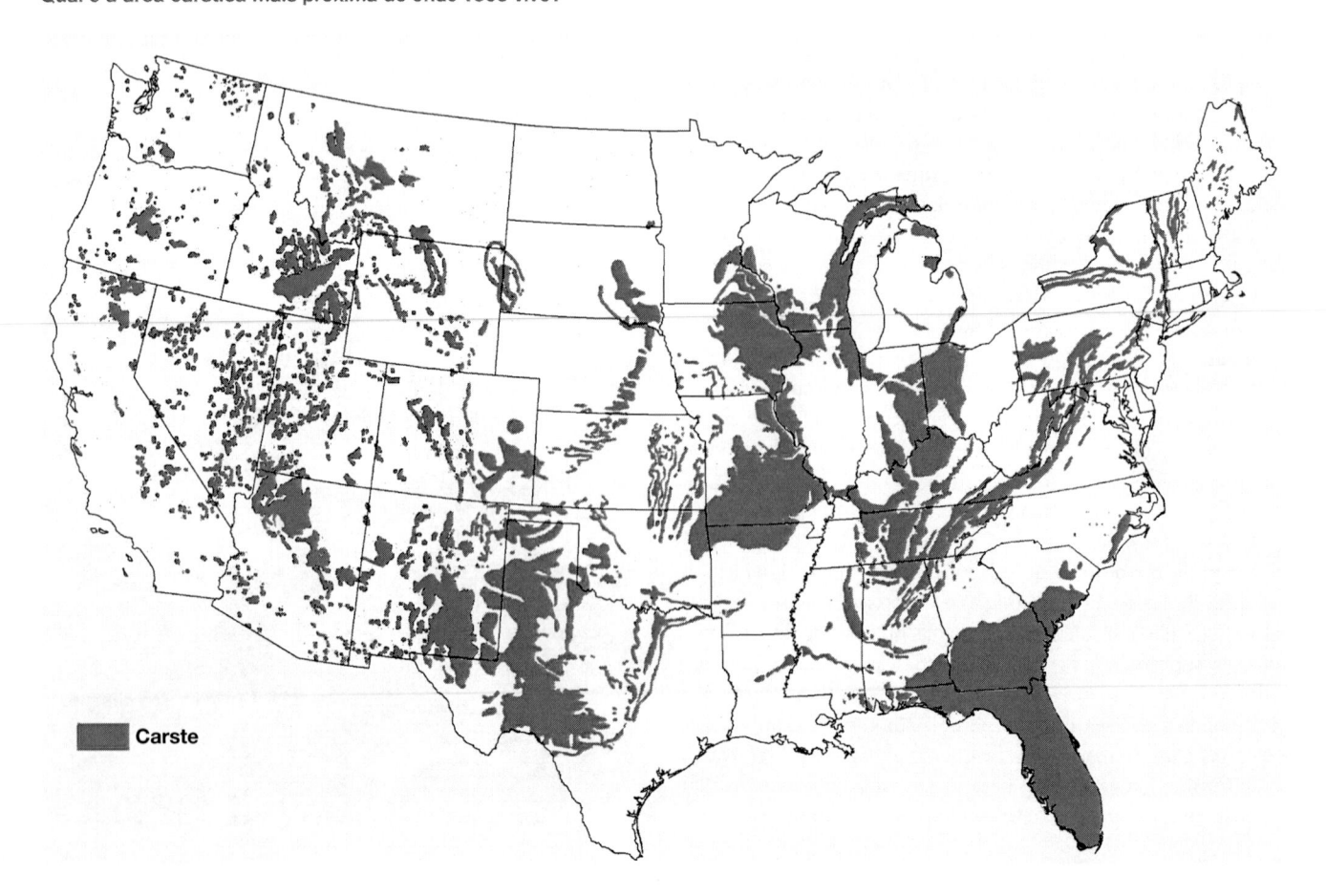

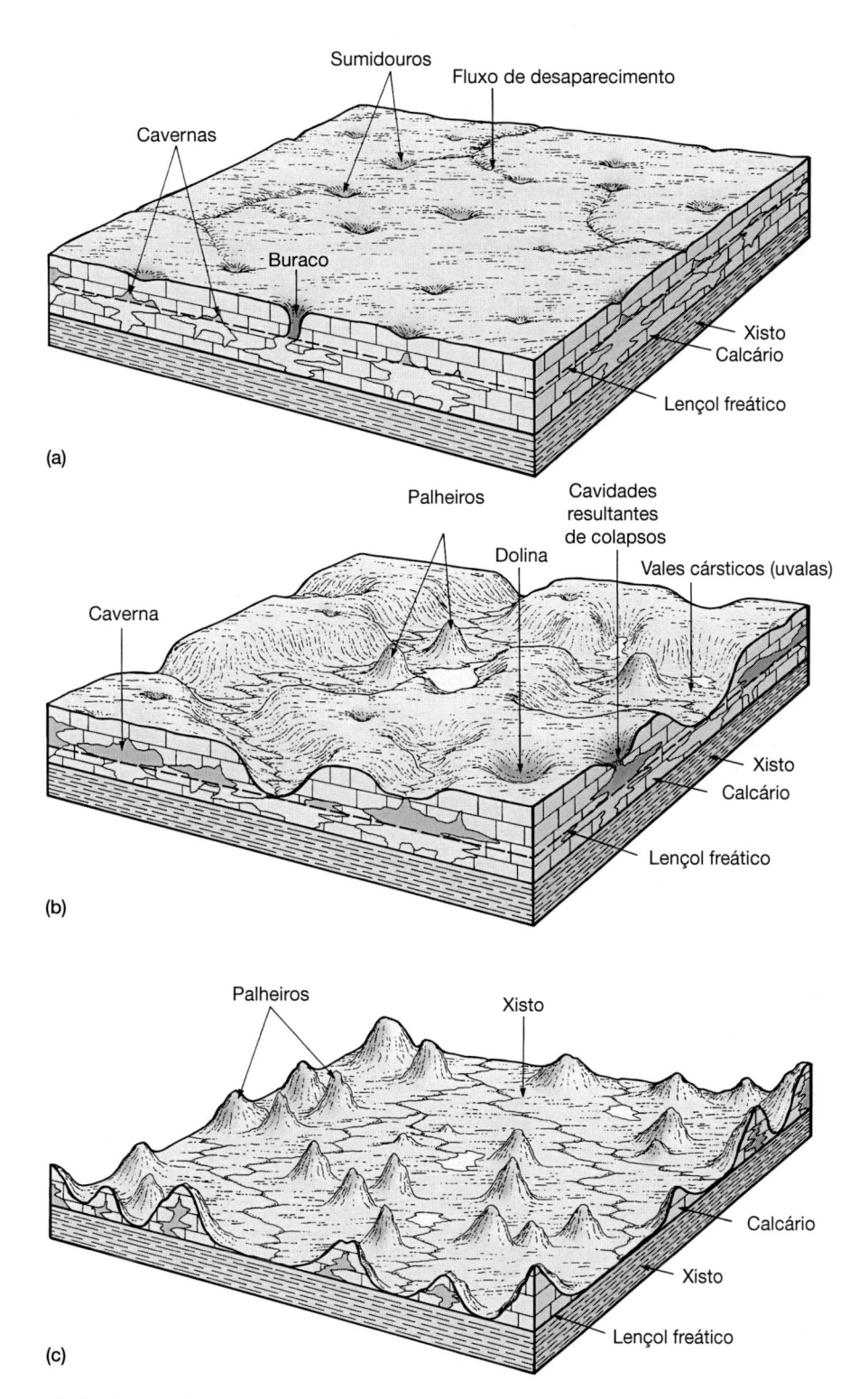

■ **FIGURA 13.10** As paisagens cársticas podem ser variadas. (a) Dissolução de fendas ligadas em calcário que facilita o desenvolvimento de dolinas. Cavernas formadas por dissolução de águas subterrâneas através dos padrões de fraturas e entre os espaços de leitos no calcário. Os tetos das cavernas podem sucumbir, formando maiores e mais profundas dolinas. Córregos superficiais podem desaparecer em dolinas para fendas no fluxo de água subterrânea. (b) Algumas paisagens de calcário, com terrenos irregulares com dolinas emergidas que podem formar vales cársticos, chamados de uvala, e diferentes tipos de colinas. (c) Áreas que sofreram uma dissolução mais intensa podem ter predominantemente restos de calcários, com tipos de colinas isoladas acima de superfícies expostas a folhelhos impermeáveis.

Por que não existe a predominância de relevos com materiais depositados que foram criados nas superfícies em áreas de terrenos cársticos?

de água subterrânea ocorre no material terrestre que possui mais permeabilidade.

Por causa da infiltração de águas superficiais na subsuperfície que tende a ser concentrada onde fendas seccionadas se interceptam, o calcário nessas seções está sujeito a intensa dissolução. Essa solução concentrada pode produzir superfícies de depressões quase circulares, denominadas **dolinas** ou **pequenos vales**, que possuem aspectos predominantes de paisagens cársticas (■ Figuras 13.10a e 13.10b). Os dois tipos de dolinas são distinguidos por suas diferenças em seus processos de formação (■ Figura 13.11). Se a formação de depressões ocorrer principalmente em razão da superfície ou quase superfície da rocha dissolvida e extração dos materiais dissolvidos pela infiltração vertical até a parte da subsuperfície, as depressões são denominadas **dolinas de subsidência lenta** (■ Figura 13.12). **Dolina de colapso** ou **abatimento** é o resultado de quando a superfície terrestre cai em espaços vazios da subsuperfície criados pela dissolução de rochas matrizes pouco distantes dela (■ Figura 13.13).

Os dois processos, de subsidência lenta ou de colapso ou abatimento, cooperam para criar a maioria das dolinas em rochas solúveis. Essas depressões dissolvidas ou de abatimento dependem de qual dos dois processos foi o dominante em sua formação. As dolinas de subsidência lenta ou de colapso normalmente ocorrem juntas em uma região e podem ser difíceis de ser distinguidas quando se considera apenas a sua forma. Existe uma tendência para que as dolinas de subsidência lenta tenham o formato de um funil e as de colapso ou abatimento tenham o formato de paredes íngremes, porém esses formatos variam consideravelmente.

Colapsos súbitos de dolinas representam um perigo natural que durante todo o ano causa grave dano a propriedades e acidentes. A rápida formação de dolinas pode resultar da contínua extração excessiva de água subterrânea para uso doméstico em períodos significativos de estiagem. Uma dessas condições faz com que ocorra um rebaixamento do nível do lençol freático, o que causa a perda de sustentação do chão acima, seguido pelo colapso. O rápido colapso de dolinas já danificou estradas e ferrovias e até mesmo cobriu prédios.

As dolinas podem crescer em áreas que emergem com o tempo para formarem maiores depressões cársticas, chamadas **uvalas** (veja novamente a Figura 13.10b). Em algumas áreas, as uvalas são delineadas de forma linear entre rotas de fluxo de águas de subsuperfície. Como a palavra *dolina*, o termo *uvala* deriva da língua eslovena usada na antiga Iugoslávia.

Apesar de seus climas úmidos, muitas regiões cársticas possuem poucos e ainda fluentes córregos superficiais. A água superficial que escoa por fraturas em calcários amplia essas fraturas pela dissolução. Essas aberturas por fluxo de água aumentam a permeabilidade vertical, o que acelera a infiltração e dirige a água à subsuperfície da

■ **FIGURA 13.11** Os dois tipos de dolinas baseados nos principais modos de formação. (a) Dolina de subsidência lenta que se desenvolve gradualmente na superfície terrestre, se afunila na subsuperfície e dissolve rochas para criar uma depressão superficial fechada. (b) Dolina de colapso ou abatimento formada ou pelas rochas ou por regolitos acima da subsuperfície vazia que escorre ou quando escoa para o vazio.

■ **FIGURA 13.12** Uma dissolução de dolina no sudeste da Indiana.

■ **FIGURA 13.13** A dolina de colapso apareceu no Parque Winter, na Flórida, quando uma seca induzida diminuiu o nível do lençol freático, o que fez com que a superfície colapsasse sobre um sistema subterrâneo de cavernas.
Por que as atividades humanas podem contribuir para esses riscos?

zona de saturação. Em alguns casos, os córregos de superfícies fluentes em rochas de pouca porosidade rio acima encontrarão rochas altamente permeáveis corrente abaixo, onde rapidamente ocorrerá infiltração em sua superfície (veja novamente a Figura 13.8). Logo, são denominados **córregos secos**, pois eles "desaparecem" da superfície assim que o fluxo de água corre para a região da subsuperfície (■ Figura 13.14a).

A água que corre pelas fraturas e pelos estratos da rocha abaixo da superfície também pode dissolver o calcário e algumas vezes cria um sistema conectado de passagens nas rochas matrizes solúveis (veja novamente as Figuras 13.10a e 13.10b). Se o nível da bacia hidrográfica cair, o que faz com que essas passagens fiquem acima da zona de saturação, elas são chamadas de **cavernas**. Em muitas paisagens cársticas bem desenvolvidas com cavernas, existe um sistema subterrâneo complexo de drenagem que substitui quase todo o fluxo de águas superficiais. Nesses casos, a superfície terrestre consiste em muitos vales que não possuem córregos. Os córregos superficiais existiam originalmente em vales escavados, mas o fluxo de água eventualmente se direcionou para os tubos nas cavernas. O lugar no qual esse riacho ou córrego desaparece em um sistema de uma caverna chama-se **dolina aluvial** (■ Figura 13.14b). Em alguns casos, esses "rios secos" provenientes do fluxo subterrâneo emergem como fontes onde encontram leitos impermeáveis abaixo do calcário.

Depois de um longo período de formação intensa de relevo cárstico, especialmente em condições úmidas e tropicais, apenas se encontram restos de calcário sobre as rochas impermeáveis abaixo. Esses restos tomam a forma de colinas cársticas pequenas, íngremes e grossas denominadas **colinas de feno, colinas cônicas ou cerros** (Figuras 13.10b e 13.10c). Diversos termos existem por causa das características similares que apresentam pequenas diferenças em suas formas e foram nomeados de modo independente ao redor do mundo. Existem exemplos excelentes de colinas cársticas e íngremes em Porto Rico, Cuba e Jamaica. As áreas com essas características dominantes foram descritas como paisagens de "caixas de ovo" por causa de seu aspecto aéreo e de numerosas dolinas e colinas que lembram o formato de um desenho de ovo (■ Figura 13.15). Se as colinas de calcário têm inclinações íngremes e altas, a paisagem é denominada **torre cárstica**. Exemplos espetaculares de paisagens de torres cársticas podem ser vistos no sul da China e no sudeste da Ásia.

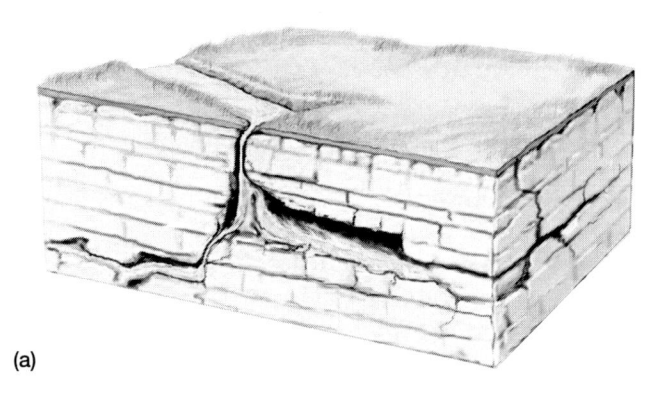

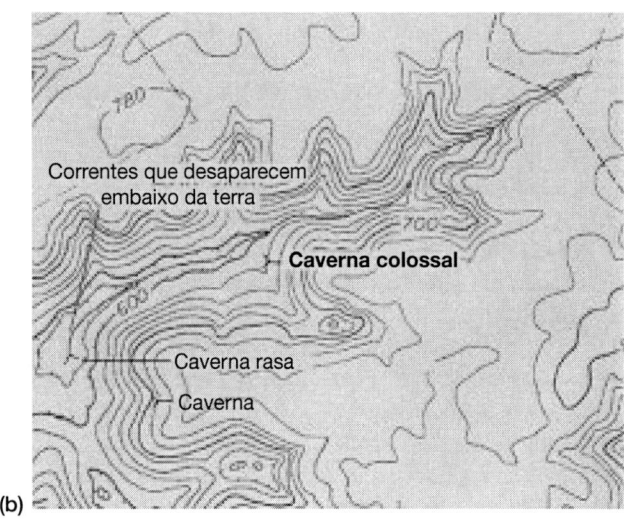

■ **FIGURA 13.14** Córregos e buracos que desaparecem são comuns em algumas áreas cársticas. (a) Um córrego superficial desaparece em um buraco ampliado dissolvido no chão em vez de fluir no sistema de cavernas da subsuperfície. O córrego pode emergir de volta para a superfície na forma de nascente. (b) Esse mapa topográfico mostra um córrego que desaparece em um buraco. Os contornos com rachaduras indicam uma depressão fechada na qual o córrego está fluindo.

■ **FIGURA 13.15** A intensa dissolução em ambientes tropicais úmidos pode produzir paisagens cársticas que consistem de colinas e dolinas ligadas.

Características das cavernas e cavernas de calcário

Dos vários tipos de relevos criados por dissolução de calcário, as cavernas são o tipo mais espetacular e conhecido. As cavernas se originam quando as águas subterrâneas, frequentemente fluindo como um córrego subterrâneo, dissolvem rochas e deixam redes de passagens. Se o nível do lençol freático cair para o piso da caverna ou abaixo disso, as tubulações lá encontradas se encherão de ar. A interação do ar da caverna e os minerais saturados da percolação de água que vai de baixo para cima iniciarão o processo de precipitação de minerais, especialmente o carbonato de cálcio, no teto, nas paredes e no piso da caverna, o que vai decorar a caverna com formas intricadas.

A natureza de quaisquer fraturas que existam em rochas matrizes solúveis exerce forte influência na formação de cavernas em regiões cársticas. A dissolução de água subterrânea amplia fendas, falhas e leitos, formando passagens. A relação entre as cavernas e a distribuição de fraturas é evidente nos mapas das cavernas que mostram padrões lineares e paralelos em suas passagens (■ Figura 13.16).

As cavernas de calcário variam muito em tamanho, forma e características interiores. Todas as cavernas formadas por dissolução, porém, apresentam evidências de um prévio fluxo de água, assim como de depósitos de lodo e argila no piso da caverna; e, em algumas cavernas, a água ainda flui de forma ativa.

O contínuo fluxo subterrâneo aumenta a profundidade de algumas cavernas, e o colapso de seu teto eleva o seu tamanho horizontal. Alguns sistemas de cavernas são extensos, com quilômetros de passagens que se ligam e espaços de mais de 30 metros de altura. Muitos sistemas de cavernas possuem vários níveis, e o padrão de seus corredores é como o de uma esponja, enquanto outros sistemas de cavernas possuem padrões lineares. Algumas cavernas contêm depósitos elaborados de precipitados químicos, mas outras não os apresentam. As variações do tamanho da caverna podem indicar muitas diferenças no modo de sua origem. Algumas cavernas pequenas podem ter sido formadas acima do nível do lençol freático pela percolação horizontal de água na zona de aeração. A maioria das cavernas, no entanto, foi desenvolvida abaixo do lençol freático, onde o índice de dissolução é mais acelerado. Ao decair um nível subsequente do lençol freático, através da incisão de córregos de superfície, por mudança climática, soerguimento tectônico, o depósito de carbonato de cálcio começa a ser formado pela inserção do ar na caverna.

Espeleotema é um termo geral para qualquer precipitado químico depositado em cavernas. Os espeleotemas se desenvolvem em uma grande variedade de texturas e formatos, e muitos são delicados e em forma de ornamentos. Eles se originam de substâncias previamente dissolvidas, em particular o carbonato de cálcio ($CaCO_3$), que precipita fora da água de superfície e eventualmente se acumula em algumas das formas mais intricadas e belas da natureza. A água gotejante deixa um depósito de carbonato de cálcio chamado *travertino*. Como esses depósitos travertinos crescem de cima para baixo, eles formam lanças ou pingentes chamados **estalactites** que ficam pendurados no teto (■ Figura 13.17). A água saturada com o carbonato de cálcio gotejando no chão da caverna constrói uma estrutura similar, porém mais grossa, denominada **estalagmite**. Estalactites e estalagmites frequentemente se encontram, continuam crescendo e formam **colunas** em forma de pilares (■ Figura 13.18).

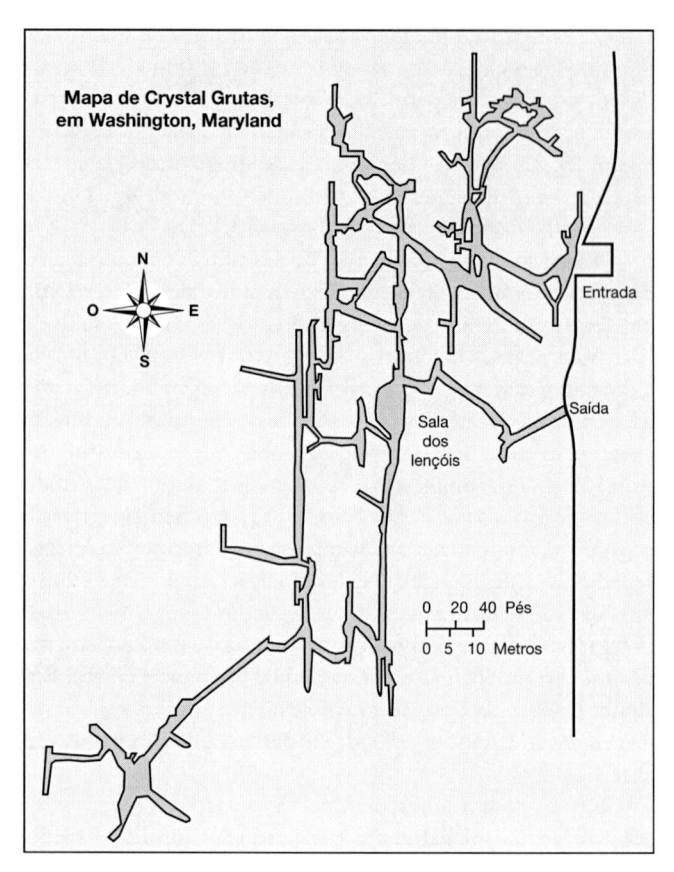

■ **FIGURA 13.16** O mapa de Crystal grutas, em Washington, Maryland, ilustra a influência de fraturas no crescimento de sistemas de cavernas como evidência das formas encontradas e dos espaços entre as passagens ou os corredores na caverna. O fluxo de água subterrânea amplia as fraturas, e outras zonas enfraquecem no desenvolvimento do sistema de cavernas.

■ **FIGURA 13.17** Estalactite, de onde houve percolação da água do teto da caverna para baixo, depositando alguns de seus minerais dissolvidos, em particular o carbonato de cálcio. Exemplos encontrados na Caverna de Timpanogos, Utah.
Por que a evaporação de água tende a ser um processo sem relevância para a formação de estalactites?

FIGURA 13.18 Espeleotemas nas cavernas de Oregon ilustram como estalactites e estalagmites se unem e formam uma coluna.

As pessoas que não conhecem cavernas muitas vezes pensam que a evaporação deixou depósitos de carbonato de cálcio e que esse é o processo dominante que produz os espetaculares espeleotemas vistos em cavernas, mas não é esse o caso. As cavernas com atividades de desenvolvimento de espeleotemas em geral possuem ar totalmente saturado com a água e portanto umidade relativa de 100%, portanto, a evaporação é mínima. Em vez disso, grande parte da água que percola a caverna de cima adquire dióxido de carbono do solo e então dissolve o carbonato de cálcio no seu fluxo. Ao comparar os ares, pode-se notar que há pequena quantidade de dióxido de carbono. Quando a água que goteja entra em contato com o ar da caverna, ela libera o dióxido de carbono em forma gasosa. A degaseificação do dióxido de carbono da água reverte o processo de carbonatação, o que faz com que a água precipite carbonato de cálcio. Eventualmente, quantidades suficientes de precipitação de carbonato de cálcio pela água são depositadas e formam estalactites, estalagmites etc. na caverna.

A formação de cavernas é um processo complexo que envolve estruturas rochosas, química de águas subterrâneas e hidrologia, assim como história da erosão e regiões tectônicas. Como resultado, o estudo científico de cavernas, a **espeleologia**, é particularmente desafiador. Muito do nosso conhecimento sobre o sistema de cavernas veio de explorações em profundidades de centenas de metros do subterrâneo por indivíduos que fizeram observações enquanto rastejavam pela lama, água, com morcegos voando, em passagens estreitas (■ Figura 13.19).

A exploração e o mapeamento de cavernas preenchidas envolvem mergulho. O mergulho em cavernas totalmente submersas, escuras e com passagens confinadas, que podem conter correntes de água perigosas, é uma operação extremamente arriscada.

Água geotérmica

A água aquecida pelo contato com rochas quentes na subsuperfície é referida como **água geotérmica**. A água geotérmica que jorra continuamente na superfície forma **fontes termais**. Quando o fluxo de água geotérmica é intermitente e, de alguma forma, eruptivo, ele produz um **gêiser**, fenômeno que impressiona por suas súbitas erupções de água e vapor. Um exemplo conhecido de gêiser é o Old Faithful, localizado no Parque Nacional de Yellowstone, em Wyoming, nos Estados Unidos (■ Figura 13.20). A palavra gêiser é um termo islandês para as erupções de vapor que são tão comuns na ilha vulcânica. A erupção de gêiseres ocorre quando a temperatura e a pressão da água em profundidade atingem um nível crítico, o que força uma coluna de água superaquecida e vapor para fora da fissura de uma forma explosiva.

Fontes termais e gêiseres são fenômenos intrigantes relacionados à água subterrânea. Em sua maioria, fontes termais e gêiseres possuem quantidades significativas de minerais dissolvidos. Esses minerais, ricos em carbonato de cálcio e sílica, precipitam-se fora da água e frequentemente formam espécies de pisos coloridos em volta da chaminé (■ Figura 13.21).

A atividade geotérmica normalmente é associada a áreas tectônicas e atividade vulcânica, especialmente em fronteiras de placas tectônicas e sobre *hot spots*. A energia geotérmica foi utilizada para a produção de energia na Califórnia, no México, na Nova Zelândia, na Islândia e em outros lugares. A melhor água geotérmica para a produção de energia não deve ser apenas quente para gerar vapor, mas também relativamente livre de minerais dissolvidos que possam entupir tubulações e equipamentos geradores.

FIGURA 13.19 Explorações, escavações ou mergulhos em cavernas podem ser estimulantes, mas são atividades perigosas. Essa mergulhadora está explorando a Caverna Spider, nas Cavernas Carlsbad, no Parque Nacional.

326 FUNDAMENTOS DE GEOGRAFIA FÍSICA

■ **FIGURA 13.20** Um dos gêiseres mais conhecidos no mundo, o Old Faithful, no Parque Nacional Yellowstone, em Wyoming.
Qual é a diferença entre gêiseres e fontes termais?

■ **FIGURA 13.21** Por causa de sua composição química, esta fonte termal no Parque Nacional de Yellowstone deixou depósitos extensos de calcário, conhecido como travertino.

:: Termos para revisão

- água capilar
- água de subsuperfície
- água geotérmica
- água subterrânea
- aquiclude
- aquífero
- artesianas
- cársticos
- cavernas
- colina de feno, colinas cônicas e ou cerro
- colunas
- córregos secos
- dolina aluvial
- dolina de colapso (abatimento)
- dolinas (pequenos vales)
- dolinas de subsidência lenta
- drenagem de minas ácidas
- espeleologia
- espeleotema
- estalactites
- estalagmite
- fontes termais
- gêiser
- infiltração
- lençol freático
- lençol freático intermediário
- mineração da água
- nascente artesiana
- nascentes
- percolação
- permeabilidade
- poço artesiano
- poços
- porosidade
- torre cárstica
- uvalas (afundamento de vales)
- zona de aeração
- zona de saturação
- zona intermediária

:: Questões para revisão

1. Por que é importante compreender a natureza básica e as propriedades da água de subsuperfície?
2. Qual é o nome do processo no qual a água escoa para a subsuperfície e em quais zonas ela passa para chegar à zona de saturação?
3. Defina porosidade e permeabilidade e explique a relevância de cada uma para as fontes de águas subterrâneas.
4. Distinguir um aquífero de um aquiclude.
5. Como nascentes diferem de poços e em quais condições um poço ou nascente pode ser descrito de forma adequada como artesiano?
6. Em quais condições a água subterrânea pode decair de qualidade e estar em quantidade pequena?
7. Defina carste. Quais são as condições para que ocorra a formação de paisagens cársticas?
8. Descreva uma dolina e como é formada.
9. Como as cavernas são criadas?
10. Explique como o carbonato de cálcio é depositado nas águas de subsuperfície na formação de estalactite e umidade em uma caverna.

:: Aplicações práticas

1. Ao perfurar sete locais a cada 5 quilômetros por uma linha reta que vai do oeste para o leste, obtemos informação sobre a profundidade do lençol freático e sobre os tipos de rochas abaixo do lençol freático: (a) 15 metros; arenito, (b) 14,5 metros; arenito, (c) 14 metros; arenito, (d) 5 metros; calcário, (e) 13 metros; arenito, (f) 12,5 metros; arenito, (g) 12 metros; arenito. Qual é a inclinação, em média, do lençol freático na região? Dê uma explicação razoável para a informação obtida no local (d).
2. Cientistas que estudavam uma caverna preenchida com ar localizada em uma região árida determinaram que os espeleotemas presentes se formaram há mais de 20 mil anos e pararam de crescer há 12 mil anos. Apresente um histórico climático razoável e eventos hidrológicos que possam resultar nas evidências observadas na caverna.
3. Usando o Google Earth, identifique os relevos nos seguintes locais (latitude, longitude) e dê uma breve explicação de como eles são formados.
   a. 18.40°N, 66.53°O
   b. 25.05°N, 110.37°L
   c. 29.66°N, 81.87°O
   d. 32.12°S, 125.29°L

INTERPRETAÇÃO DE MAPA

TOPOGRAFIA CÁRSTICA

O mapa

A área da cidade de Interlachen, no nordeste da Flórida. A península da Flórida tem uma porção emergida de um anticlinal nomeado Arco Peninsular. A região é coberta por milhares de calcários e folhelhos marítimos. A grande espessura de sedimentos marinhos se originou na Era Mesozoica, quando a Flórida era uma bacia marinha. Conforme o arco se erguia, a Flórida se tornava uma casca vazia e eventualmente se elevou acima do nível do mar.

Apesar de a maioria dos indivíduos que não residem na Flórida a ver apenas como um estado com praias magníficas e invernos mais quentes por causa de seu clima úmido subtropical, também é um estado no qual centenas de lagos se unem em seu centro. A região do lago é construída na formação geológica Ocala Uplift, um arco de calcário que alcança 46 metros acima do nível do mar. O Lago Okeechobee é o maior desses lagos e possui em média uma profundidade de menos de 4,5 metros. A maioria dos lagos, tais como na área de Interlachen do mapa, é consideravelmente menor.

A região central de lagos da Flórida é uma área ideal para estudar a topografia cárstica. Ambas as superfícies e camadas subterrâneas apresentam os efeitos geomórficos da água de subsuperfície. Os extensos sistemas de cavernas existem abaixo da superfície. A maior parte das incidências de chuvas do estado é canalizada através de grandes aquíferos, e nascentes são comuns.

Você também pode comparar esse mapa topográfico à apresentação da área do Google Earth. Encontre a zona do mapa através do *zoom* nestas coordenadas de latitude e longitude: 29.640425°N, 81.935683°O.

Interpretando o mapa

1. Qual é o relevo (por exemplo, montanha) predominante nessa área do mapa? Em média, qual é a altitude?
2. Qual é o intervalo das curvas de nível utilizado no mapa? Por que os cartógrafos escolheram esse intervalo?
3. Em que tipo de rocha a área do mapa está situada? Você acha que o clima pode afetar ou influenciar na formação de relevos da área? Justifique.
4. Quais aspectos de relevos no mapa indicam que essa é uma região cárstica?
5. Como as depressões quase circulares e íngremes são chamadas? Quais lagos ocupam algumas dessas depressões?
6. Localize o Lago Clubhouse na página de visualização de tela inteira do mapa (escala 1:62.500) e no mapa menor (1:24.000). Qual é a altitude do Lago Clubhouse? Qual seria seu comprimento máximo?
7. Que tipo de área é o norte do Lago Grandin?
8. Qual é a elevação aproximada do lençol freático na região? (Observação: Você pode determinar isso da elevação das águas superficiais de lagos.)
9. No subterrâneo, a água flui por um aquífero. Defina um aquífero e liste suas características. Qual é a direção comum de águas subterrâneas no aquífero abaixo da região da cidade de Interlachen?
10. Em razão da rápida urbanização do centro da Flórida, quais problemas e perigos você antecipa na área de carste?

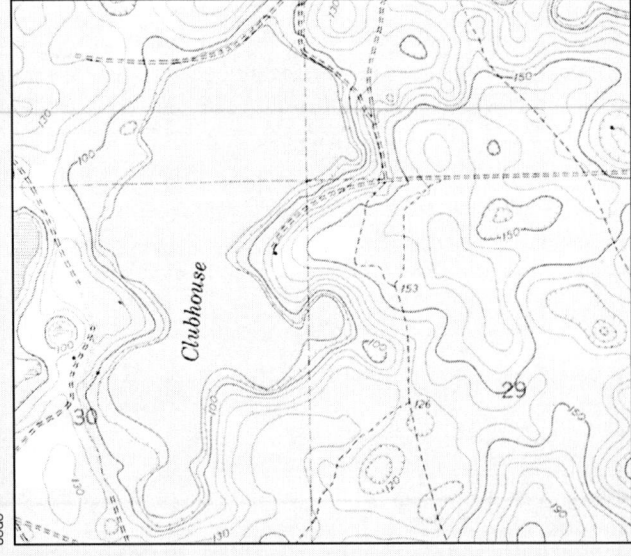

Putnam Hall, Flórida
Escala 1:24.000
Curva de nível = 10 pés

Página oposta:
Interlachen, Flórida
Escala 1:62.500
Curva de nível = 10 pés
Topografia Geológica
EUA Topografia Geológica

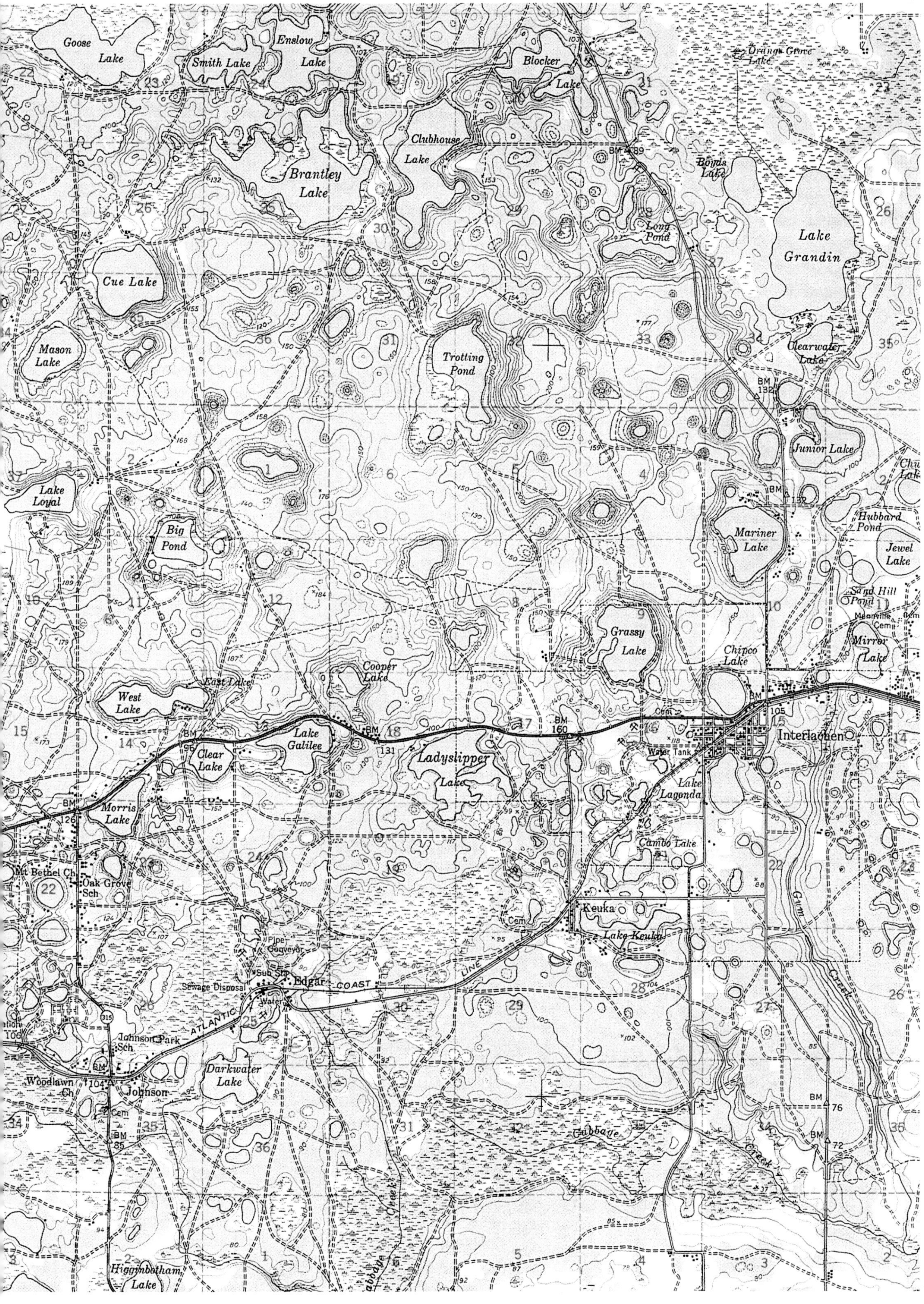

Goose Lake
Smith Lake
Enslow Lake
Blocker Lake
Orange Grove Lake
Clubhouse Lake
Brantley Lake
Boyds Lake
Long Pond
Lake Grandin
Cue Lake
Mason Lake
Trotting Pond
Clearwater Lake
Junior Lake
Lake Loyal
Big Pond
Mariner Lake
Hubbard Pond
Jewel Lake
Sand Hill Pond
Grassy Lake
Chipco Lake
Mirror Lake
Cooper Lake
East Lake
West Lake
Lake Galilee
Clear Lake
Ladyslipper Lake
Interlachen
Water Tank
Lake Lagonda
Morris Lake
Cambo Lake
Mt Bethel Ch
Oak Grove Sch
Keuka
Lake Keuka
Cem
Pipe Conveyor
Sub Sta
Edgar
Sewage Disposal
Water
Atlantic Coast Line
Johnson Park Sch
Darkwater Lake
Woodlawn Ch
Johnson
Cabbage Creek
Gum Creek
Higginbotham Lake

Processos e relevos fluviais

14

:: Apresentação

Escoamento de superfície

Sistema fluvial

Vazão fluvial

Energia fluvial

Processos fluviais

Padrões de canais

Escultura de terrenos por rios

Deltas

Mudanças de nível-base e tectonismo

Perigos fluviais

A importância das águas de superfície

Geomorfologia fluvial quantitativa

Os rios são os agentes geomórficos dominantes da superfície terrestre. Este rio corre pelas rochas no Parque Great Falls, próximo a Washington D.C., na Virgínia.

© Programa de Patrimônio Natural da Virgínia
Gary P. Fleming

:: Objetivos

Ao terminar de estudar este capítulo, você será ser capaz de:

- Descrever como o escoamento de superfície é gerado e como os canais são criados.
- Entender como os sistemas fluviais são organizados dentro das bacias de drenagem e como rios e bacias de drenagem são ordenados.
- Calcular a quantidade de água que flui em um canal fluvial.
- Identificar as variáveis que impactam a energia fluvial.
- Avaliar o trabalho geomórfico que pode ser realizado pela energia fluvial.
- Reconhecer os principais relevos associados a sistemas fluviais meandrantes.
- Descrever como um sistema fluvial meandrante ideal varia da fonte à foz.
- Explicar como o tectonismo e as mudanças climáticas podem afetar os sistemas fluviais.
- Compreender os riscos de inundação.
- Entender o valor dos métodos quantitativos para a análise dos sistemas fluviais.

A água corrente influencia mais na modelagem da superfície de nosso planeta que qualquer outro processo geomórfico exógeno, sobretudo por causa do grande número de rios da Terra. Através da erosão e da deposição, os rios que fluem pela superfície terrestre, principalmente quando concentrados em canais, modificam os relevos existentes e criam outros. Quase todas as regiões da superfície terrestre, tanto em climas áridos quanto em úmidos, apresentam pelo menos um pouco de topografia que foi moldada pela força dos rios, e muitas têm abundantes evidências da ação fluvial.

O estudo da água corrente como processo de modelagem da terra, juntamente com o estudo do relevo resultante, é chamado **geomorfologia fluvial** (do latim: *fluvius*, rio). A geomorfologia fluvial inclui a ação da água corrente canalizada ou não que desce pela força da gravidade.

Rio é o termo geral para os corpos de água naturais canalizados. Nas Ciências da Terra, a palavra rio se refere à água que flui em um canal de qualquer tamanho, embora geralmente chamemos os grandes cursos de rios e utilizemos termos locais como riacho, ribeirão, curso e nascente para cursos menores. A terra entre canais adjacentes em uma paisagem dominada por cursos de água é chamada **interflúvio** (do latim: *inter*, entre; *fluvius*, rio).

Em razão da ocorrência comum e generalizada de sistemas de rios e seu papel fundamental no fornecimento de água doce para as pessoas e suas atividades agrícolas, industriais e comerciais, uma parte substancial da população mundial vive nas proximidades deles. Isso torna a compreensão dos processos fluviais, dos relevos e dos riscos fundamental para manter a segurança humana e a qualidade de vida.

A maioria dos rios ocasionalmente se expande para fora dos limites de seu canal. Embora essas inundações normalmente durem somente alguns dias, revelam o tremendo e, muitas vezes, perigoso potencial da força geomorfológica da água corrente. Os efeitos de longo prazo do fluxo dos rios, quer sejam dominados pela erosão, quer sejam pela deposição, por vezes também são um tanto dramáticos. Dois grandes exemplos nos Estados Unidos que ilustram a eficácia da água corrente na criação de relevos são o Black Canyon do Rio Gunnison, esculpido pela erosão de longo prazo do rio adentro das Montanhas Rochosas, e o delta do Rio Mississípi, onde a deposição fluvial está criando uma nova faixa de terra para dentro do Golfo do México (■ Figura 14.1).

Escoamento de superfície

A água líquida que flui na superfície da Terra, ou seja, *o escoamento de superfície*, pode se originar com o derretimento de gelo e neve ou ser proveniente de fontes, mas a maioria dos escoamentos é criada por precipitação direta. Quando a precipitação atinge o chão, vários fatores interagem para determinar se o escoamento de superfície ocorrerá. O escoamento é formado quando o volume de precipitação excede a capacidade do solo de absorver a umidade. Visto que o processo da água de encharcar o solo é denominado infiltração, a quantidade de água que o solo e os sedimentos de superfície podem reter é conhecido como *capacidade de infiltração*. Uma parte da água infiltrada vazará (percolar) para posições mais baixas e alcançará a zona de saturação sob o lençol freático, enquanto a maior parte do restante dela finalmente retornará para a atmosfera por evaporação do solo ou pela transpiração das plantas. Quando há mais precipitação que a quantidade que pode ser infiltrada no solo, o excesso de água desce pela força da gravidade como escoamento de superfície.

Vários fatores agem individual ou conjuntamente, para aumentar ou para inibir a formação de escoamento de superfície. Maior infiltração para a subsuperfície, portanto menor escoamento, ocorre sob condições de materiais permeáveis de superfície, sedimentos e solos profundamente degradados, inclinações suaves, condições iniciais de solo seco e um denso manto de vegetação. A **interceptação** de precipitação pela vegetação permite maior infiltração pela redução de sua taxa de entrega ao solo. A vegetação também aumenta a infiltração quando toma água no solo e a devolve para a atmosfera pela transpiração. Ocorrendo o mesmo evento de precipitação, os materiais de superfície de baixa permeabilidade e limitado intemperismo, como os solos finos, as encostas íngremes, a umidade do solo preexistente e a vegetação esparsa, contribuem para o escoamento pela redução da infiltração (■ Figura 14.2). Atividades humanas podem afetar muitas dessas variáveis e, em alguns lugares, a formação de escoamento foi muito modificada pela urbanização, mineração, derrubada de árvores e agricultura.

Uma vez formado o escoamento superficial, ele primeiro começa descender como um fino lençol de água não canalizado,

FIGURA 14.1 (a) A erosão fluvial a longo prazo pelo Rio Gunnison, com a ajuda do intemperismo e do movimento de massa, esculpiu o Black Canyon, atravessando uma parte das Montanhas Rochosas no Colorado. O cânion estreito tem 829 metros de profundidade, com rochas resistentes formando as paredes íngremes. (b) O Rio Mississípi vem construindo seu delta para fora, em direção ao Golfo do México, por milhares de anos. No ponto em que o rio entra no Golfo, a corrente em desaceleração deposita grandes quantidades de sedimentos de grão fino que vieram da bacia de drenagem do rio. Nesta imagem de cores falsas, a água barrenta aparece em azul-claro, e a água límpida, mais profunda, em azul-escuro. Esta figura em cores está disponível na página deste livro no site da Cengage.

FIGURA 14.2 A quantidade de escoamento que ocorre é resultado de vários fatores, incluindo a intensidade e a duração de uma tempestade. Características de superfície que aumentam a infiltração e a evapotranspiração reduzirão a quantidade de água disponível para escoamento, e vice-versa. O solo profundo, a vegetação densa, leitos rochosos fraturados e declives suaves tendem a reduzir o escoamento de superfície. Os solos finos ou ausentes, a vegetação escassa e as encostas íngremes têm tendência a aumentar o escoamento.

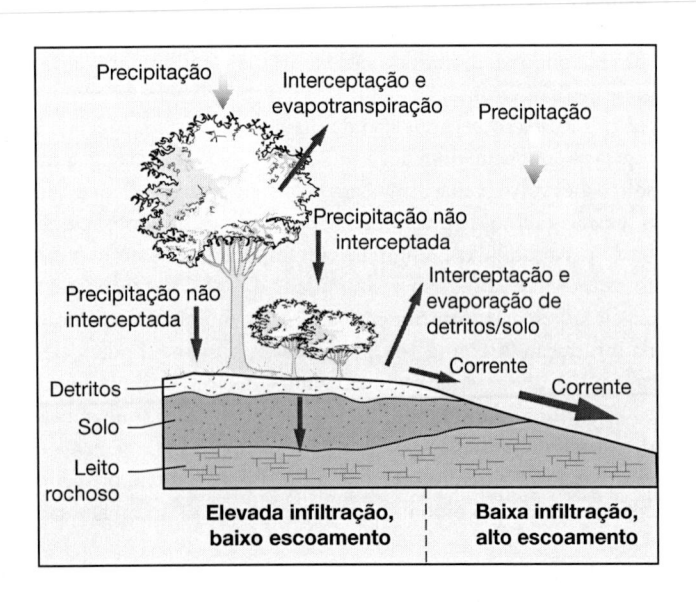

conhecido como **escoamento em lençol**, ou fluxo não concentrado. Por causa da gravidade, depois de uma pequena distância o escoamento em lençol começa a correr em qualquer vala ou depressão preexistente do terreno. Essa concentração de fluxo leva à formação de pequenos canais, chamados **riachos**, ou canais um pouco maiores, denominados **voçorocas**. De modo geral, os riachos têm profundidade e largura de apenas alguns centímetros (■ Figura 14.3), enquanto a profundidade e a largura das voçorocas podem ser até de aproximadamente dois metros.

A água não flui em sulcos e voçorocas o tempo todo, mas apenas durante e logo após um evento de precipitação (ou derretimento de neve). Os canais que permanecem sem água a maior parte do tempo são descritos como **fluxo efêmero**. Como esses pequenos canais efêmeros descendem, os riachos se unem para formar regatos um pouco maiores, que podem se juntar para constituir as voçorocas. Em climas úmidos, se seguirmos esses canais efêmeros descendentes sucessivamente maiores, eles finalmente nos levarão a ponto em que encontraremos um **fluxo perene** pela primeira vez. Os fluxos perenes correm o ano todo, mas nem sempre com o mesmo volume ou na mesma velocidade. A maioria dos cursos de água de regiões áridas flui de forma efêmera. Por causa dessa e de outras diferenças entre os rios de regiões áridas e úmidas, uma discussão completa de sistemas de cursos de água de regiões áridas é feita no capítulo 15, sobre o relevo de regiões áridas, que é específico.

Os fluxos perenes correm o ano todo, mesmo que um evento de precipitação tenha acontecido há várias semanas. Na maioria

FIGURA 14.3 Os riachos são o menor tipo de canal. Eles ficam comumente visíveis em superfícies sem vegetação, como esses resíduos de mineração.

dos casos, isso só é possível porque os fluxos perenes continuam a receber águas subterrâneas diretamente, apesar da data da precipitação mais recente. As águas subterrâneas que se movem de forma lenta e penetram a corrente diretamente pelo fundo, pelos lados do canal e abaixo do nível da água de superfície são chamadas *caudal de base*. Exceto em casos raros, é necessário clima úmido para gerar caudal de base suficiente para manter um fluxo perene entre as tempestades.

Sistema fluvial

A maior parte da água corrente é rapidamente canalizada na forma de córregos, uma vez que é puxada para baixo pela gravidade. Continuando a descer, as águas formam sistemas organizados de canais nos quais pequenos canais perenes se unem para formar perenes maiores, que, por sua vez, se juntam para criar fluxos ainda maiores. Os cursos de água menores que, dessa forma, contribuem com sua água e sedimentos para uma corrente maior são *afluentes* do canal maior, que é chamado *rio principal* (■ Figura 14.4).

■ **FIGURA 14.4 Sistemas ambientais: rios.** O sistema fluvial representa o subsistema de escoamento de superfície do ciclo hidrológico. Sua fonte principal é a água da precipitação, mas as águas subterrâneas também contribuem para o sistema fluvial, especialmente em regiões úmidas. O mais importante escape de água para a maioria dos sistemas fluviais é o fluxo que chega ao oceano. O escape ou a perda de água de um canal fluvial também ocorre por evaporação devolvida à atmosfera e pela infiltração no sistema de águas subterrâneas. Os materiais transportados por correntes, conhecidos como carga, entram no sistema fluvial por erosão e movimento de massa, principalmente nas cabeceiras de uma bacia de drenagem. Como o número e o tamanho dos afluentes aumentam a jusante, a quantidade de carga transportada pela corrente geralmente se eleva de forma drástica. A carga sai do sistema fluvial quando é depositada no oceano, na foz do rio. Os rios também depositam sedimentos adjacentes aos seus canais conforme transbordam durante as enchentes.

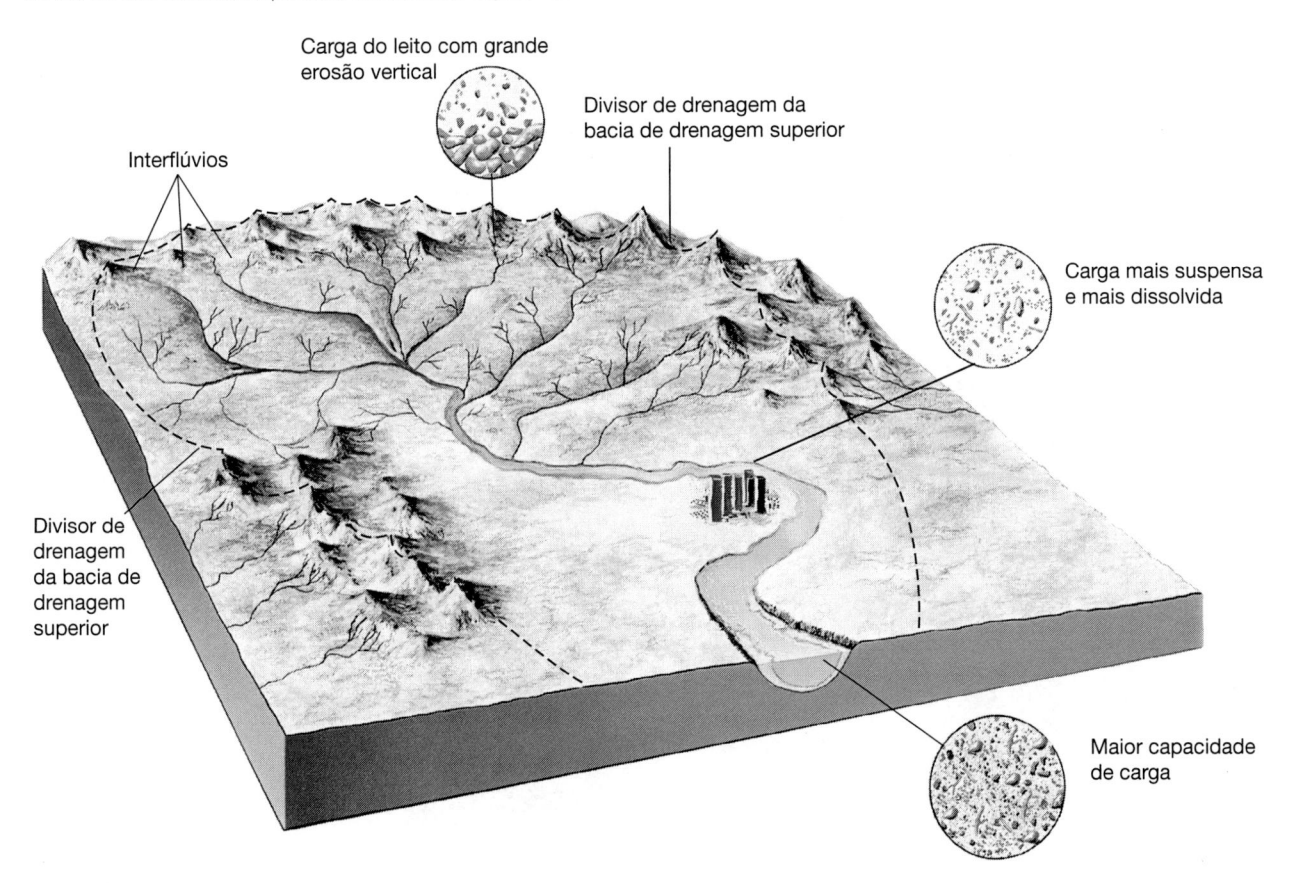

Bacias de drenagem

Cada corrente individual ocupa sua própria **bacia de drenagem** (também conhecida como **bacia hidrográfica** ou **represa**), nos limites do terreno do qual recebe o escoamento. *A área de drenagem* se refere à extensão medida de uma bacia de drenagem, que normalmente é expressa em quilômetros quadrados. Visto que o escoamento da bacia de drenagem de um afluente é entregue por este ao rio principal, a bacia de drenagem do afluente também faz parte da bacia de drenagem do rio principal. Dessa forma, pequenas bacias tributárias são aninhadas dentro, ou são *sub-bacias*, de uma sucessão de bacias de drenagem de rios principais cada vez maiores. Sistemas fluviais maiores drenam extensas bacias hidrográficas que consistem em numerosas sub-bacias inclusas.

Bacias hidrográficas são sistemas abertos que envolvem entradas e saídas de água, sedimentos e energia. Para adequadamente administrar os recursos hídricos de uma bacia hidrográfica, é fundamental conhecer os limites da bacia e das sub-bacias que a compõem. Por exemplo, a poluição encontrada em um rio quase sempre vem de uma fonte localizada dentro de sua bacia de drenagem, que entra no sistema fluvial ou no ponto em que o poluente foi detectado pela primeira vez, ou em um local mais acima dele. A compreensão do sistema de bacias hidrográficas ajuda a rastrear, detectar e corrigir as fontes de poluição.

O **divisor de águas** representa o perímetro exterior de uma bacia de drenagem e, portanto, também o limite entre ela e as bacias adjacentes (■ Figura 14.5). O divisor de drenagem segue a crista do interflúvio entre duas bacias de drenagem adjacentes. Em alguns lugares, essa crista é um cume definido, mas o terreno mais alto que constitui o divisor nem sempre tem a forma de um cume, nem é necessariamente muito mais alto que o resto do interflúvio. O escoamento superficial gerado de um lado do divisor flui em direção a um canal em uma bacia de drenagem, enquanto o escoamento do outro lado viaja em direção a um canal da bacia adjacente. O divisor continental separa a América do Norte em uma região ocidental, onde a maioria dos cursos de água de escoamento flui para o oceano Pacífico, e uma região oriental, onde o escoamento corre para o oceano Atlântico. O *divisor continental* geralmente segue a linha da crista dos cumes elevados nas Montanhas Rochosas, mas, em alguns locais, o ponto mais alto entre as duas bacias enormes fica ao longo da crista de planícies altas levemente íngremes.

Um rio que tenha um número muito grande de afluentes e compreende vários níveis de sub-bacias aninhadas, como o Rio Mississípi, será diferente, em alguns aspectos importantes, de um pequeno riacho que não tem afluentes perenes e fica no alto da bacia de drenagem próxima de um divisor. Saber onde cada corrente se encontra na ordem hierárquica dos afluentes ajuda os cientistas da Terra a fazer comparações mais significativas entre os diferentes rios. A **ordenação dos rios** é a técnica utilizada para descrever quantitativamente a posição de um rio e sua bacia de drenagem na hierarquia aninhada de afluentes. *Rios de primeira ordem* não têm afluentes perenes. Mesmo que eles sejam os menores canais perenes da bacia de drenagem, os canais de primeira ordem são evidentes em mapas topográficos de grande escala. A maioria dos rios de primeira ordem se encontra no alto da bacia de drenagem, próximos ao divisor de drenagem, a *área-fonte* do sistema fluvial. Dois rios de primeira ordem devem se encontrar para formar um rio de *segunda ordem*, que é maior que cada um dos rios de primeira ordem. É necessário que dois canais de segunda ordem se interceptem para criar um rio de *terceira ordem*, a despeito de quantos rios de primeira ordem possam independentemente se unir aos canais de segunda ordem. O sistema de ordenação prossegue dessa forma, exigindo que dois rios de determinada ordem se unam para criar um rio da próxima ordem superior. A ordem de uma bacia de drenagem é derivada da ordem do maior rio nela presente (■ Figura 14.6). Por exemplo,

■ **FIGURA 14.5** Fotografia aérea de uma pequena rede de canal de cursos de água, bacia e divisor. Cada braço do rio ocupa sua própria sub-bacia (separada por divisores) que se une a outras para formar a bacia do rio principal.
Você consegue traçar mentalmente o contorno da bacia de drenagem principal aqui exibida?

Mississípi é uma bacia de drenagem de décima ordem, pois o Rio Mississípi é de décima ordem. A ordenação dos rios nos permite comparar seus vários atributos quantitativamente pelo tamanho relativo, o que nos ajuda a entender melhor o funcionamento dos sistemas de corrente. Entre outras coisas, a comparação dos cursos de água com base em sua ordem demonstra que, quando a ordem do rio aumenta, a área da bacia, o comprimento do canal, seu tamanho e o volume de água também aumentam.

Em um sistema fluvial, a água corre para baixo, por uma sucessão de canais de ordem cada vez mais alta, até a extremidade da jusante, ou *foz*, do principal. A foz da maioria dos sistemas perenes de rios de regiões úmidas fica ao nível do mar, onde o sistema de canal finalmente termina e o rio deságua no oceano. As bacias de drenagem com sistemas de canais que levam água para o oceano têm **drenagem exterior**. Muitos cursos de água de regiões áridas têm **drenagem interior** porque não têm fluxo suficiente para chegar ao oceano, mas, em vez disso, terminam em áreas locais ou regionais de baixa altitude.

Todos os rios têm um **nível-base**, uma elevação abaixo da qual não podem fluir. O nível do mar é o *nível-base final* para a ação de praticamente todos os rios. Os rios com drenagem exterior chegam ao nível-base final; o ponto baixo de um rio com drenagem interior é denominado *nível-base regional*. Em algumas bacias de drenagem, uma resistente camada de rocha localizada em algum ponto acima da foz do rio pode servir como *nível-base temporário* até que a corrente finalmente consiga atravessá-lo (■ Figura 14.7).

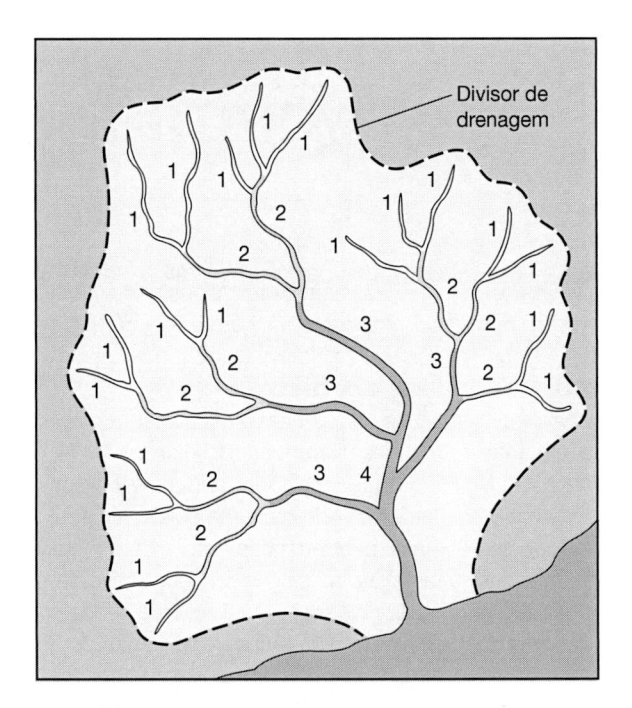

■ **FIGURA 14.6** O conceito de ordenação de rios é ilustrado pelos canais da bacia de drenagem de quarta ordem. A ordem dos rios muda somente quando duas correntes de ordem igual se juntam, criando um rio da ordem imediatamente superior.
Como é chamado o rio da ordem mais alta em determinada bacia de drenagem?

■ **FIGURA 14.7** O ponto mais baixo ao qual um rio pode fluir é seu nível-base. A água do rio descende até que não possa mais atingir níveis inferiores por causa de clima, topografia ou ambos. O nível do mar representa o nível-base final para todos os cursos de água da Terra, e os das regiões mais úmidas têm fluxo suficiente para chegar ao oceano. Muitos rios de regiões áridas perdem tanta água para o ar por evaporação e por infiltração no leito do canal que não podem fluir para o mar. O ponto mais baixo que podem atingir é um nível-base regional, uma bacia topográfica no continente. Um nível-base temporário é formado quando uma unidade de rocha no caminho de um rio é significativamente mais resistente que a rocha que está na corrente acima dela. O rio não consegue cortar rochas menos resistentes mais rapidamente que consegue cortar a rocha resistente do nível-base temporário.

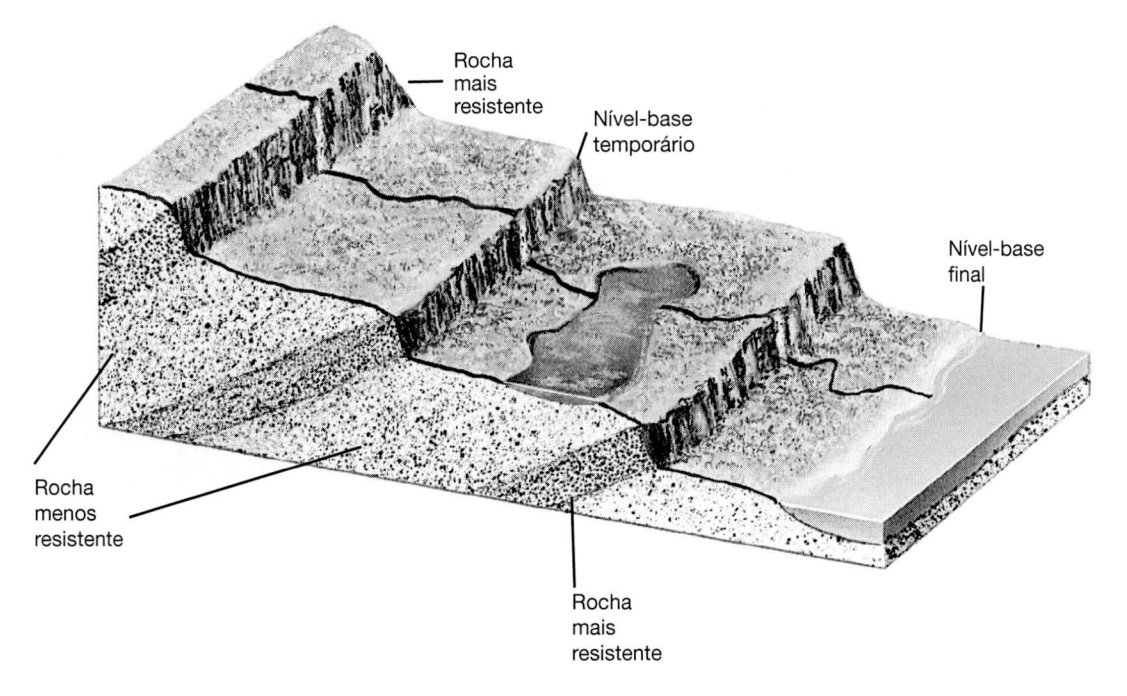

PERSPECTIVA ESPACIAL DA GEOGRAFIA
:: BACIAS DE DRENAGEM COMO REGIÕES NATURAIS CRÍTICAS

Talvez a forma ambientalmente mais lógica de dividir a superfície da Terra em regiões é pelas bacias de drenagem de sistemas fluviais. Praticamente toda a superfície terrestre da Terra compreende parte de uma bacia de drenagem ou bacia hidrográfica. Semelhantes aos sistemas de canais que elas contêm, as bacias de drenagem são hierárquicas e convenientemente subdivididas em sub-bacias menores para fins de estudos locais e gerenciamento. Ao mesmo tempo, as bacias hidrográficas de ordem superior dos grandes sistemas fluviais estão sujeitas a análises amplas, integradas, de escala regional.

Os vários componentes de uma bacia de drenagem estão fortemente interligados. Problemas em uma parte do sistema de uma bacia de drenagem podem causar problemas em outras partes do sistema. Juntamente com a rede de canais que ocupa cada bacia, as bacias de drenagem consistem em água, solo, rocha, terreno, vegetação, pessoas e vida selvagem, que, juntos, formam complexos *habitats* bióticos naturais. O monitoramento e o gerenciamento desses sistemas complexos de bacias hidrográficas requerem um esforço interdisciplinar que considera os aspectos de todas as quatro esferas mais importantes do mundo.

A água de superfície das fontes das bacias hidrográficas fornece muitos dos recursos de água potável para a população do mundo. O aumento das populações humanas e a intensidade do uso da terra em bacias de drenagem anteriormente naturais afetam esses *habitats* e a qualidade de sua água. A manutenção da qualidade da água nas sub-bacias locais contribui para a de sistemas fluviais maiores em escala regional. Visto que os rios compreendem uma rede de fluxos que se dirigem em uma direção (descendente), a identificação das fontes de poluição inclui o rastreamento de poluentes corrente acima, para a fonte, e a propagação dos problemas de poluição corrente abaixo. Os seres humanos têm a responsabilidade fundamental de monitorar, manter e proteger a qualidade dos recursos de água doce e agir assim na escala das bacias hidrográficas locais para produzir benefícios não apenas de longo alcance como também locais.

Nos últimos anos, muitos órgãos governamentais determinaram que as bacias hidrográficas são regiões críticas para a gestão ambiental. Alguns desses esforços envolvem a criação de distritos de conservação fluvial com administração local representando bacias de drenagem de ordem relativamente baixa, nos quais o envolvimento da comunidade desempenha papel vital. Há várias boas razões, incluindo a conectividade e a natureza hierárquica das bacias hidrográficas, para essa estratégia de gestão do espaço.

As bacias hidrográficas são regiões naturais claramente definidas, bem integradas, importantes para a vida na Terra, demarcando uma divisão espacial lógica para a gestão ambiental. No entanto, um sistema fluvial pode atravessar muitas cidades, municípios, estados e países, e problemas de gestão podem surgir quando fronteiras políticas e administrativas regionais não coincidem com o divisor que define os limites de uma bacia hidrográfica. Cada uma dessas jurisdições políticas pode ter necessidades e metas muito diferentes para o uso e a gestão da sua bacia hidrográfica e, muitas vezes, várias estratégias resultam em conflito. Ainda assim, a maioria das unidades administrativas reconhece que a gestão cooperativa do sistema de bacias hidrográficas como um todo é a melhor abordagem. Muitas cooperativas de autoridades de bacia fluvial vêm sendo criadas para incentivar um esforço conjunto no sentido de proteger as bacias hidrográficas. Essa estratégia orientada para a gestão de bacias hidrográficas, com base em uma região natural fundamental, é um passo importante para a proteção dos nossos recursos de água doce.

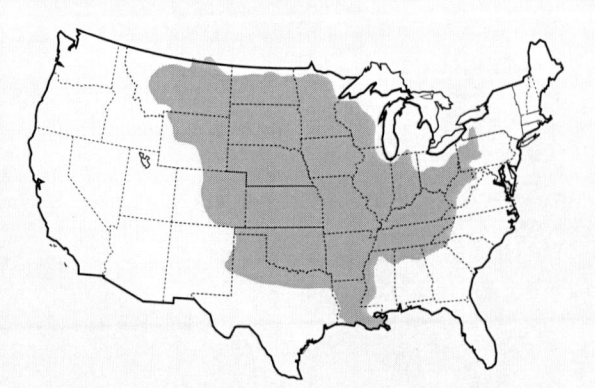

A bacia de escoamento do Rio Mississípi cobre uma vasta região dos Estados Unidos.

Como afluente do Rio Ohio, o quarto rio da bacia do Rio Hocking no sudeste, Ohio é uma sub-bacia do sistema do Rio Mississípi. O envolvimento comunitário na melhoria e manutenção da saúde da bacia do Rio Hocking e de outras bacias de escoamento tem benefícios tanto regionais quanto locais.

Densidade e padrões de drenagem

Cada sistema de rios afluentes apresenta características espaciais que fornecem informações importantes sobre a natureza da bacia de drenagem. A extensão da canalização pode ser representada pela medida da **densidade de drenagem**, o comprimento total de todos os canais de uma bacia de drenagem dividido por sua área. Visto que a densidade de drenagem indica o quanto a paisagem é dissecada por canais, ela reflete tanto a tendência da bacia de drenagem de gerar escoamento de superfície quanto a erodibilidade dos materiais de superfície (■ Figura 14.8). As regiões com alta densidade de drenagem têm infiltração limitada, considerável escoamento e materiais de superfície no mínimo moderadamente erodíveis.

O clima ideal para altas densidades de drenagens é o semiárido. Os climas úmidos favorecem coberturas extensivas de vegetação que promovem infiltração por meio de interceptação e reduzem a formação de canais, retendo o solo e os sedimentos superficiais no lugar. Em climas áridos, apesar da cobertura vegetal esparsa, não há precipitação suficiente para criar escoamento para sulcar muitos canais. Os climas semiáridos têm volume de precipitação considerável para gerar fluxo sobre a terra, mas não para suportar uma cobertura vegetal extensiva. Materiais de superfície facilmente erodidos no clima semiárido podem ter densidade de drenagem maior que 125 quilômetros por quilômetro quadrado (75 mi/mi^2), enquanto colinas graníticas muito resistentes em clima úmido podem ter uma densidade de apenas 5 quilômetros por quilômetro quadrado (3 mi/mi^2).

Quando vistas da perspectiva aérea (vista de mapa), as redes de rios afluentes mostram disposições espaciais distintas denominadas **padrões de drenagem**. Dois fatores principais que influenciam o padrão de drenagem são a estrutura rochosa da rocha-mãe e a topografia da superfície. O *padrão de drenagem dendrítico* (do grego: *dendros*, árvore) (■ Figura 14.9a) se assemelha a uma árvore ramificada com afluentes que se unem a fluxos maiores em ângulos agudos (menos de 90º). Padrões dendríticos são comuns e se desenvolvem onde as rochas têm resistência aproximadamente igual ao intemperismo e à erosão e não têm muitas juntas. O *padrão treliça* consiste em cursos de água longos e paralelos com afluentes curtos entrando em ângulos retos (■ Figura 14.9b). A drenagem treliça indica terreno com dobras no qual os cursos de água curtos fluem pelos lados de resistentes cumes de rocha para uma corrente maior que ocupa o vale adjacente da rocha erodível, como a região da Serra e do Vale dos Apalaches. O *padrão radial* se desenvolve onde os rios fluem na direção oposta de um ponto alto comum em estruturas geológicas, com formato de cone ou redoma, como nos vulcões (■ Figura 14.9c). O padrão oposto é o *centrípeto*, com os fluxos convergentes numa planície de inundação central como em uma bacia de região árida de drenagem interior (■ Figura 14.9d). *Os padrões retangulares* ocorrem onde os fluxos seguem conjuntos de fraturas que se interceptam para produzir uma rede em blocos de canais em linha reta, com dobras em ângulo reto (■ Figura 19e). Em algumas regiões que foram recentemente cobertas com gelo glacial, os rios correm em terrenos de baixo gradiente deixados pelas geleiras vazantes, que se movem entre pântanos e pequenos lagos em um padrão caótico denominado *drenagem desordenada* (■ Figura 14.9f).

■ **FIGURA 14.8** A densidade de drenagem, o comprimento dos canais por unidade de área, varia de acordo com diversos fatores ambientais. Por exemplo, quando todo o resto é igual, as rochas altamente erodíveis e impermeáveis tendem a ter maior densidade de drenagem que as áreas dominadas por rochas resistentes ou permeáveis. O declive e o manto vegetal também podem afetar a densidade de drenagem.

Que tipo de densidade de drenagem que você esperaria encontrar em uma área de encostas íngremes e manto vegetal esparso?

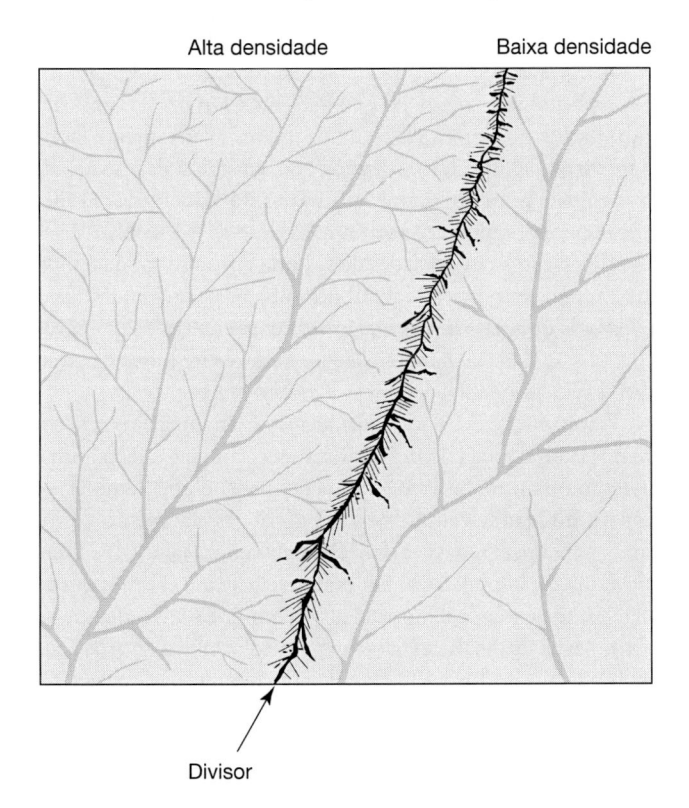

Vazão fluvial

A quantidade de água que flui em um rio depende não apenas do impacto de padrões climáticos recentes, mas também dos fatores de drenagem da bacia, tais como seu tamanho, relevo, clima, vegetação, tipos de rocha e histórico do uso da terra. Os rios variam consideravelmente de época para época e de lugar para lugar. A maioria dos rios passa por breves períodos ocasionais nos quais a quantidade de fluxo excede a capacidade dos canais de contê-lo, resultando na inundação de áreas de terras adjacentes aos canais.

Assim como foi importante desenvolver a técnica de ordenação de rios para indicar numericamente a posição de um canal na hierarquia de afluentes, também é fundamental poder descrever quantitativamente o volume de fluxo a ser transportado pelo canal de um rio. A **vazão fluvial** (Q) é o volume de água (V) que

Cadeias de rochas resistentes

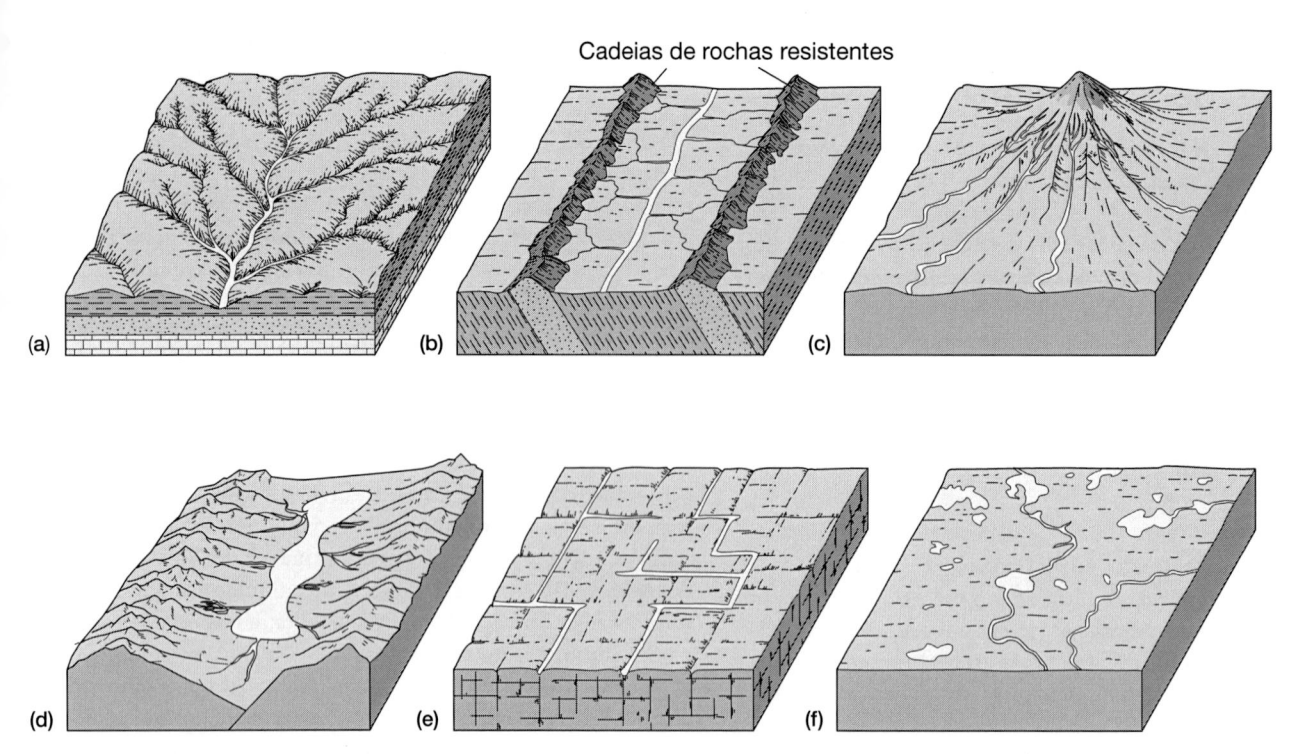

■ **FIGURA 14.9** Padrões de drenagem muitas vezes refletem a estrutura da rocha. (a) O padrão dendrítico é encontrado onde as rochas têm resistência uniforme ao intemperismo e à erosão. (b) O padrão de treliça indica vales paralelos de rocha fraca entre as pontas de rochas resistentes. (c) Múltiplos canais que se afastam do topo de um planalto em forma de cúpula ou de um vulcão formam o padrão radial. (d) O padrão centrípeto de múltiplos canais flui para dentro em direção ao centro de uma planície estrutural. (e) Padrões retangulares indicam padrões de junções lineares comuns na estrutura das rochas-mãe. (f) De modo geral, um padrão desordenado que normalmente resulta após a retirada das camadas de gelo continental é caracterizado por um arranjo caótico de canais que ligam pequenos lagos e pântanos.

atravessa determinada seção transversal do canal por unidade de tempo (t): $Q = V/t$. A vazão é mais comumente expressa em unidades de metros cúbicos por segundo (m^3/s ou $pé^3/s$). A seção transversal é essencialmente uma fina fatia que atravessa o canal, em linha reta, de uma margem à outra, perpendicularmente ao canal. Se uma bacia de drenagem passa por um evento de precipitação que produz escoamento significativo, o volume de água (V) que chegará ao canal aumentará. Observe, pela equação de vazão, que esse aumento de volume (V) causará um aumento na vazão fluvial (Q).

É importante coletar e analisar os dados de vazão por várias razões. Esses dados podem ser usados para comparar a quantidade de fluxo carregado por diferentes cursos de água, em diversos locais, ao longo de um rio, ou em épocas diferentes, em uma única seção transversal. Os dados de vazão indicam o tamanho de uma corrente e, em épocas de fluxo excessivo, fornecem o índice de gravidade de inundação. Em geral, os rios de bacias de drenagem maiores têm maior vazão e são mais longos que os rios de bacias de drenagem menores. Dentre os principais rios do mundo, o Amazonas tem, de longe, a maior bacia de drenagem e os maiores índices de vazão; o sistema do Rio Mississípi está em quarto lugar em termos de vazão (Tabela 14.1).

O volume de água que percorre por segundo uma seção de vazão é muito difícil de ser medido diretamente. Na verdade, a descarga é determinada não pela fórmula $Q = V/t$ diretamente, mas considerando o fato de que ela (Q) é igual à área da seção (A), multiplicada pela velocidade média de vazão (v).

A equação $Q = Av$ pode ser expressa também como $Q = wdv$, porque a seção (A) é equivalente à largura do canal (w) multiplicada pela profundidade (d), fatores relativamente fáceis de medir (■ Figura 14.10). Perceba que, em razão de a seção (A) ser medida em metros ou pés quadrados e a velocidade em metros ou pés por segundo, resolver a equação $Q = Av$ fornece valores de descarga em unidades de volume por unidade de tempo (metros cúbicos por segundo ou pés cúbicos por segundo). Essa análise das unidades de medida deverá convencê-lo de que o volume por unidade de tempo é de fato equivalente à área da seção vezes a velocidade média, ou seja, $Q = V/t = Av$.

Como é verdadeiro para qualquer equação, uma alteração em um dos lados da equação de vazão deve ser acompanhada por uma alteração no outro. Se a vazão aumenta porque uma tempestade despeja um grande volume de água no rio, esse aumento de volume (V) ocupará uma área de seção transversal maior (A) e fluirá através da seção transversal em maior velocidade (v). Em outras palavras, uma grande tempestade fará com que o nível de um rio suba e a água flua mais rapidamente. À medida que o nível da água (profundidade de fluxo, d) sobe, a largura dos cursos de água também aumenta (w) porque a maioria dos canais se alarga um pouco conforme sobe em direção às suas margens. Os canais dos rios continuamente ajustam sua área de seção transversa e velocidade

TABELA 14.1
Os dez maiores rios do mundo

	Comprimento		Área da bacia hidrográfica x 1.000		Vazão	
	km	Mi	km²	mi²	1.000 m³/s	1.000 pé³/s
Amazonas	6.276	3.900	6.133	2.368	112–140	4.000–5.000
Congo (Zaire)	4.666	2.900	4.014	1.550	39,2	1.400
Chang Jiang (Yang-tsé)	5.793	3.600	1.942	750	21,5	770
Mississípi–Missouri	6.260	3.890	3.222	1.244	17,4	620
Yenisei	4.506	2.800	2.590	1.000	17,2	615
Lena	4.280	2.660	2.424	936	15,3	547
Paraná	2.414	1.500	2.305	890	14,7	526
Ob	5.150	3.200	2.484	959	12,3	441
Amur	4.666	2.900	1.844	712	9,5	338
Nilo	6.695	4.160	2.978	1.150	2,8	100

Fonte: Adaptado de Morisawa, *Streams: Their Dynamics and Morphology*. New York: McGraw-Hill Book Company, 1968.

■ **FIGURA 14.10** Estes estudantes universitários estão medindo a velocidade, a profundidade e a largura de um rio para encontrarem a vazão, o volume que flui em um rio por unidade de tempo.

de fluxo em resposta às mudanças de volume de fluxo. Compreender as relações entre os fatores envolvidos na vazão é muito importante para entender como os rios operam.

Energia fluvial

Quando as pessoas têm mais energia, podem realizar mais ou trabalhar mais do que quando têm menos energia. O mesmo se aplica aos rios e outros agentes geomórficos. A capacidade de um rio de erodir e transportar sedimentos, ou seja, de realizar o trabalho geomórfico, depende de sua energia disponível. Pegar pedaços de rocha e movê-los exige que o rio tenha energia cinética, a energia do movimento. Quando um rio tem mais energia cinética, consegue pegar e mover mais clastos (partículas de rocha) e clastos mais pesados do que um com menos energia. A equação de energia cinética (E_k), $E_k = 1/2mv^2$ mostra que a quantidade de energia que um rio tem depende de sua massa (m), mas principalmente da velocidade de seu fluxo (v), porque ela varia com a velocidade ao quadrado (v^2). Assim, a velocidade do fluxo é um fator crítico na determinação da quantidade de trabalho geomórfico realizado por um rio. Como vimos na seção anterior, quando a vazão de um rio (Q) varia em virtude de alterações em seu escoamento, também varia a velocidade do rio (v) porque $Q = V/t = wdv$.

Além das variações de vazão, outra principal forma de alterar a velocidade de um rio e, portanto, sua energia é pela mudança na inclinação, ou gradiente, do rio. *Gradiente de rio* é a medida de quanto o rio desce ao longo de determinada distância, sendo normalmente expressa em metros por quilômetro (m/km, ou pé/mi). Tudo o mais sendo igual, a água flui mais rapidamente pelos canais com encostas mais íngremes e reduz a velocidade em inclinações mais suaves. Canais mais íngremes geralmente ocupam locais que estão mais acima no curso do rio e são mais altos que a bacia de drenagem, bem como em lugares onde o rio flui sobre tipos de rochas mais resistentes à erosão. Os gradientes de rio mais suaves tendem a ocorrer mais perto da foz e onde ele atravessa os tipos de rocha facilmente erodíveis. Como a água se move por um sistema de canal, sua capacidade de erodir e transportar sedimentos, isto é, sua energia, muda constantemente, uma vez que o gradiente e a vazão provocam alterações na velocidade do fluxo.

Diferentes fatores concorrem para diminuir a energia de um rio. O atrito no fundo e nos lados de um canal e até mesmo entre a superfície do rio e a atmosfera reduz sua velocidade, contribuindo, portanto, para uma diminuição na energia do curso. Um canal com inúmeras irregularidades substanciais, tais como as causadas por grandes rochas e a vegetação que desponta acima do curso, tem grande quantidade de rugosidade de canal, o que provoca considerável redução na energia do rio em virtude dos efeitos resultantes do atrito. Canais lisos, com pedras grandes, sem essas irregularidades, têm menor rugosidade e, por isso, menor perda de energia de fluxo por causa do atrito. Em todos os casos, no entanto, o atrito na parte inferior e nos lados de um canal retarda o fluxo, em especial nos limites do canal, para que a velocidade máxima geralmente ocorra um pouco abaixo da superfície do curso, na parte mais profunda da seção transversal. Além do atrito externo nos limites do canal, os rios perdem energia por causa do atrito interno no fluxo relacionado a redemoinhos, correntes e interação entre as moléculas de água.

Os gradientes de curso normalmente são mais acentuados nas cabeceiras e nos novos afluentes e diminuem na direção à jusante (■ Figura 14.11). A vazão, por outro lado, aumenta na foz em regiões úmidas, conforme cresce o tamanho da bacia de drenagem contribuinte. Como a água originalmente transportada em vários canais pequenos acima na bacia de drenagem é recolhida conforme o rio corre para a foz em um número cada vez menor de canais cada vez maiores, a resistência ao atrito diminui e a eficiência do fluxo aumenta. Como resultado, a velocidade do rio tende a ser maior nas partes da foz de um sistema de canais que nos declives acentuados das cabeceiras. A capacidade de um curso de água de transportar sedimentos, portanto, pode ser equivalente ou até maior próxima à foz que à cabeceira.

Os sedimentos que são transportados por um rio são chamados **carga do rio**. Transportar sedimentos é uma parte importante do trabalho geomórfico realizado pelos rios. Do menor para o maior, os tamanhos de sedimentos que um rio pode transportar incluem argila, silte, areia, grânulos, seixos e blocos. A areia marca o limite entre clastos de granulação fina (pequenos) e clastos de granulação grossa (grandes). Cascalho é um termo geral para qualquer sedimento de tamanho maior que a areia. O tamanho máximo de partículas de rocha que um rio é capaz de transportar, ao que se denomina **competência do rio** (medida como diâmetro da partícula em centímetros), e a quantidade total de que um rio é capaz de mover, ao que se denomina **capacidade do rio** (medido como o peso por unidade de tempo), dependem da energia do rio disponível e, portanto, da velocidade. Conforme o rio corre, sua velocidade vai sempre se alterando, refletindo as variações constantes

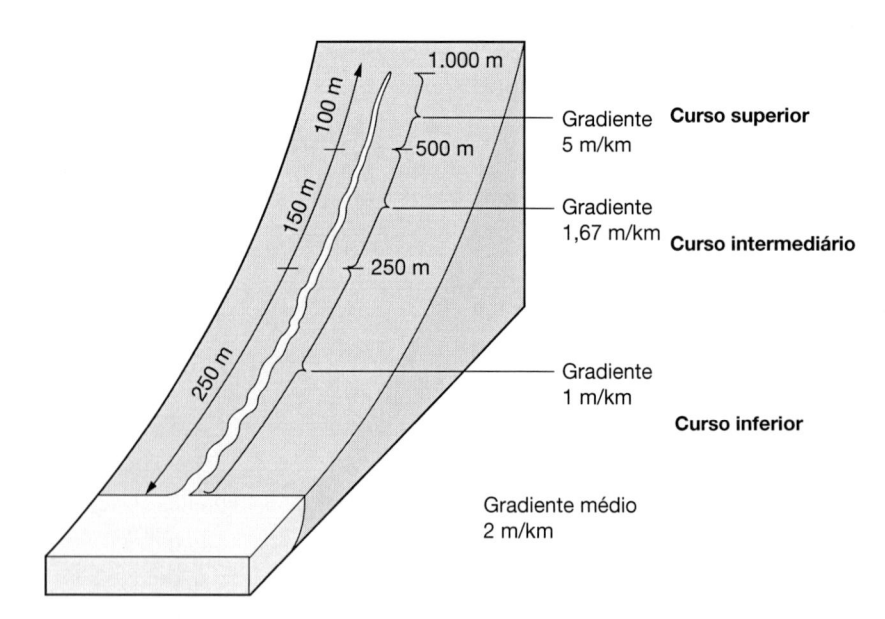

■ **FIGURA 14.11** O gradiente de um rio diminui da fonte para a foz no fluxo ideal.

■ **FIGURA 14.12** Não é apenas a força da água corrente que causa danos em uma inundação. Um rio que causa inundações normalmente tem uma carga considerável, pode transportar materiais grandes e pesados e carregar detritos flutuantes que arruínam as estruturas e os pertences.

na vazão, no gradiente e nos fatores de resistência ao atrito do rio. Como resultado, o tamanho e a quantidade de carga que o rio pode transportar também mudam constantemente. Se há disponibilidade de material quando a velocidade do rio aumenta, o curso pegará, do próprio leito de seu canal, clastos maiores e mais carga. Quando sua velocidade diminui e o rio não pode mais transportar esses fragmentos grandes e tanto material, deposita os clastos maiores em seu leito até que um novo aumento na velocidade lhe forneça energia para arrastá-los e transportá-los. Assim, o que determina se um rio está erodindo ou depositando em qualquer momento específico é o complexo de fatores que controlam sua energia.

Tanto a capacidade quanto a competência do rio crescem em resposta a um aumento relativamente pequeno de velocidade.

Um rio que dobra sua velocidade durante uma inundação pode aumentar sua quantidade de carga de sedimentos de seis a oito vezes. Os pedregulhos vistos em muitos rios de montanhas chegaram lá durante alguma inundação passada, que aumentou consideravelmente a competência do rio; eles serão movidos novamente quando um fluxo de magnitude semelhante ocorrer. Os rios fazem a maior parte de seu trabalho de movimentação de sedimentos pesados durante curtos períodos de inundação (■ Figura 14.12).

Os rios não têm influência sobre a quantidade de água que entra no sistema de canais e não podem alterar o tipo de rochas sobre o qual fluem. No entanto, eles têm algum controle sobre o tamanho, a forma e o gradiente do canal. Por exemplo, quando um rio sofre diminuição de energia para que deposite alguns de seus sedimentos, o depósito levanta o fundo do canal e cria no local um declive mais íngreme em direção à foz do depósito. Com a deposição contínua, o local finalmente atingirá uma encosta íngreme o bastante para provocar suficiente aumento na velocidade para que o rio mais uma vez arraste e transporte os sedimentos depositados. Os rios tendem a ajustar as propriedades de seu canal para que possam movimentar os sedimentos que lhes são fornecidos. *O equilíbrio dinâmico* é mantido por ajustes entre declive, forma e rugosidade do canal; a quantidade de carga erodida, transportada ou depositada; e a velocidade e a vazão do fluxo.

Processos fluviais

Erosão fluvial

Erosão fluvial é a remoção do material rochoso pela água. A erosão fluvial consiste na remoção química de íons de rochas e na remoção física de fragmentos de rocha (clastos). A remoção física de fragmentos de rocha inclui a quebra de novos pedaços de rocha do leito ou das laterais do canal e a movimentação deles, bem como o recolhimento e a nova movimentação dos clastos preexistentes que ficaram temporariamente depositados no fundo do canal.

A remoção do material rochoso pela erosão não significa necessariamente que a paisagem esteja sendo submetida a um rebaixamento de longo prazo. Se os sedimentos erodidos do leito de um rio são substituídos pelo depósito de outros fragmentos trazidos de locais rio acima, não haverá rebaixamento do fundo do canal. Essa redução, conhecida como incisão de canal, ocorre apenas quando há erosão comparada à deposição. Os resultados da erosão na redução da parte afetada da paisagem são denominados **degradação**. O depósito de sedimentos resulta em acúmulo ou **assoreamento** da paisagem.

Uma maneira pela qual os rios provocam erosão ocorre quando a água corrente dissolve quimicamente o material rochoso e, em seguida, transporta os íons na corrente. Esse processo de erosão fluvial, denominado **corrosão**, tem efeito apenas limitado sobre muitas rochas, mas pode ser significativo em certos tipos de rochas, como o calcário.

Ação hidráulica é o processo físico, em oposição ao químico, da remoção de pedaços de rocha apenas pelo rio. Conforme ele corre, exerce pressão sobre o leito. Depende de vários fatores se esse estresse resultará em arrastamento e remoção de um clasto preexistente atualmente depositado no fundo do canal, ou até mesmo na quebra de um novo pedaço de substrato rochoso, incluindo o volume de água, a velocidade, a profundidade e o gradiente do rio, o atrito com o leito, a força e o tamanho das pedras sobre as quais o rio corre e seu grau de turbulência. *Turbulência* é fluxo caótico que mistura e agita a água, muitas vezes com um significativo componente que a faz subir, o que aumenta muito a taxa de erosão, bem como a capacidade de arrastamento de carga do rio. As correntes turbulentas contribuem para a erosão pela ação hidráulica quando fluem sob ou batem em lajes de pedra e fragmentos soltos sobre o leito e os lados do canal, deslocando clastos que são, então, levados na corrente.

Assim que um rio começa a carregar os fragmentos de rocha como carga, pode começar a erodir por **abrasão**, um processo ainda mais poderoso que a ação hidráulica. Como as partículas de rocha saltam, raspam e se arrastam na água no fundo e nos lados de um canal de rio, elas quebram fragmentos de rocha adicionais. Já que as partículas de rocha sólida são mais densas que a água, o impacto da carga clástica contra o fundo e os lados do canal pela corrente é muito mais eficaz que o impacto da água apenas. O desgaste experimentado por sedimentos à medida que rolam e saltam uns contra os outros e contra o canal da corrente é chamado *atrito*. O atrito explica por que os cascalhos encontrados em leitos são arredondados e por que a carga transportada nas partes baixas da maioria dos grandes rios é composta principalmente de sedimentos finos e minerais dissolvidos.

Transporte fluvial

Os rios transportam sua carga de várias maneiras (■ Figura 14.13). Alguns minerais são dissolvidos na água, sendo então carregados no processo de transporte de **solução**. As partículas sólidas mais finas são transportadas em **suspensão**, boiando, pela turbulência vertical. Esses pequenos grãos podem permanecer suspensos na

■ **FIGURA 14.13** Transporte de carga sólida em um rio. Partículas de argila e lama são transportadas em suspensão. A areia normalmente é levada por suspensão e saltação. As maiores (mais pesadas) partículas se movem por tração.
Qual é a diferença entre tração e saltação?

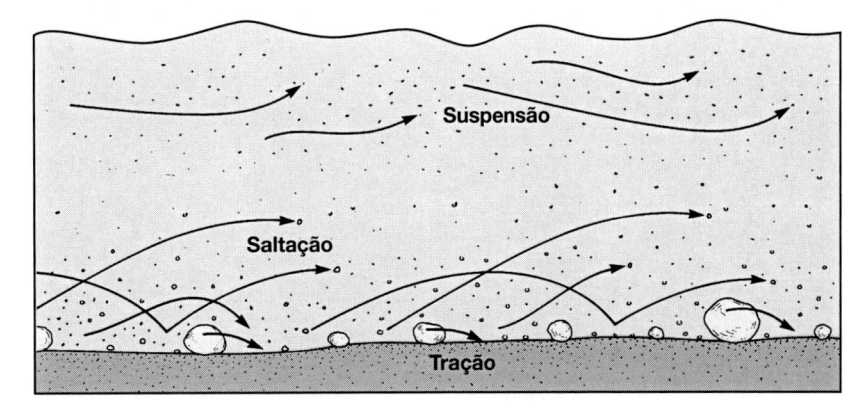

coluna de água por longos períodos, desde que a força ascendente da turbulência seja mais forte que a tendência das partículas de descer e se depositar. Alguns grãos muito grandes e pesados para serem transportados em suspensão pulam no fundo do canal, em um processo conhecido como **saltação** (do francês: *sauter*, saltar). As partículas que são muito grandes e pesadas para se deslocar por saltação podem deslizar e rolar ao longo do fundo do canal no processo de transporte de **tração**.

Existem três tipos principais de carga de corrente. Os íons de material rochoso mantidos em solução constituem a carga *dissolvida*. *A carga suspensa* consiste de pequenas partículas clásticas movidas em suspensão. As partículas maiores que saltitam ou se movem na tração ao longo do leito são a *carga do leito*. A quantidade total de carga que um rio transporta é expressa em termos do peso do material transportado por unidade de tempo.

A proporção relativa de cada tipo de carga presente em determinado fluxo varia de acordo com as características de drenagem da bacia, como clima, manto vegetal, inclinação, tipo de rocha e as capacidades de infiltração e permeabilidade da rocha, além dos tipos de solo. As cargas dissolvidas serão maiores que a média em bacias com quantidades elevadas de infiltração e fluxo de base porque as águas subterrâneas que se movem lentamente e alimentam o fluxo de base adquirem íons das rochas através das quais ele se move. O intemperismo intenso em regiões úmidas produz muito sedimento fino, que é incorporado aos rios como cargas suspensas. Grandes quantidades de carga suspensa dão aos rios uma aparência caracteristicamente barrenta (■ Figura 14.14). O Huang He, no norte da China, conhecido como "Rio Amarelo" por causa da cor de sua carga sedimentar suspensa, carrega uma enorme quantidade de sedimentos em suspensão, muitas vezes com mais de 1 bilhão de tonelada de carga suspensa por ano. Comparado com o "lamacento" Rio Mississípi, o Huang transporta cinco vezes a carga de sedimentos em suspensão com apenas 15% de escoamento. Os rios dominados por carga de leito tendem a ocorrer em regiões áridas por causa do índice limitado de intemperismo em climas áridos. O intemperismo limitado deixa considerável quantidade de sedimentos de granulação grossa na paisagem disponível para o transporte pelo sistema de fluxo.

Deposição fluvial

Já que a capacidade e a competência de um rio de transportar materiais dependem da velocidade do fluxo, uma diminuição na velocidade fará com que o rio reduza sua carga através da deposição. Quando o fluxo é reduzido, a velocidade diminui com o tempo, por exemplo, após o impacto de uma tempestade, mas também varia de lugar para lugar ao longo do curso do rio. As partes rasas de um canal que, na seção transversal, ficam longe do fluxo mais rápido e mais profundo experimentam baixa velocidade de fluxo, tornando-se locais de deposição recorrentes. O resultante acúmulo de sedimentos, como o que se forma no interior de uma curva do canal, é chamado de *barra*. Os sedimentos também se acumulam em locais onde a velocidade cai por causa de uma redução no gradiente de rio, onde sua correnteza encontra o corpo de água estagnado em sua foz e, durante as enchentes, nos terrenos adjacentes.

Aluvião é o termo geral para depósitos fluviais, independentemente do tipo ou tamanho do material. O aluvião é reconhecido pela característica triagem e arredondamento dos sedimentos que as correntes realizam. Um rio seleciona as partículas por tamanho, transportando as que consegue arrastar e depositando as maiores. Como a velocidade flutua em razão de alterações no escoamento, gradiente e rugosidade de canal, os tamanhos de partículas que podem ser recolhidas, transportadas e depositadas variam (■ Figura 14.15). O aluvião depositado por uma corrente com velocidade flutuante exporá camadas alternadas de sedimentos grossos e mais finos.

Quando os rios deixam o confinamento de seus canais durante as cheias, a largura da seção transversal do canal repentinamente aumenta tanto que a velocidade tem de ser reduzida para contrabalançar esse fenômeno $(Q = wdv)$. A diminuição resultante na competência e capacidade do rio provoca o depósito de sedimentos na terra inundada adjacente ao canal. Essa sedimentação é maior ao lado do canal onde o assoreamento constrói margens delimitadoras conhecidas como *diques naturais*, mas alguns aluviões são deixados para trás sempre que a carga se instala fora das águas vazantes de inundação.

As **planícies de inundação** constituem as frequentemente vastas terras de baixo gradiente compostas por aluviões adjacentes a muitos canais de rios (■ Figura 14.16).

■ **FIGURA 14.14** Alguns rios transportam uma carga enorme de sedimentos em suspensão e a exibe em sua forma barrenta, como nesta vista aérea do Rio Mississípi, na Louisiana. Grande parte da carga transportada pelo Rio Mississípi chega a ele por seus principais afluentes.
Quais são alguns dos principais afluentes que entram no Rio Mississípi?

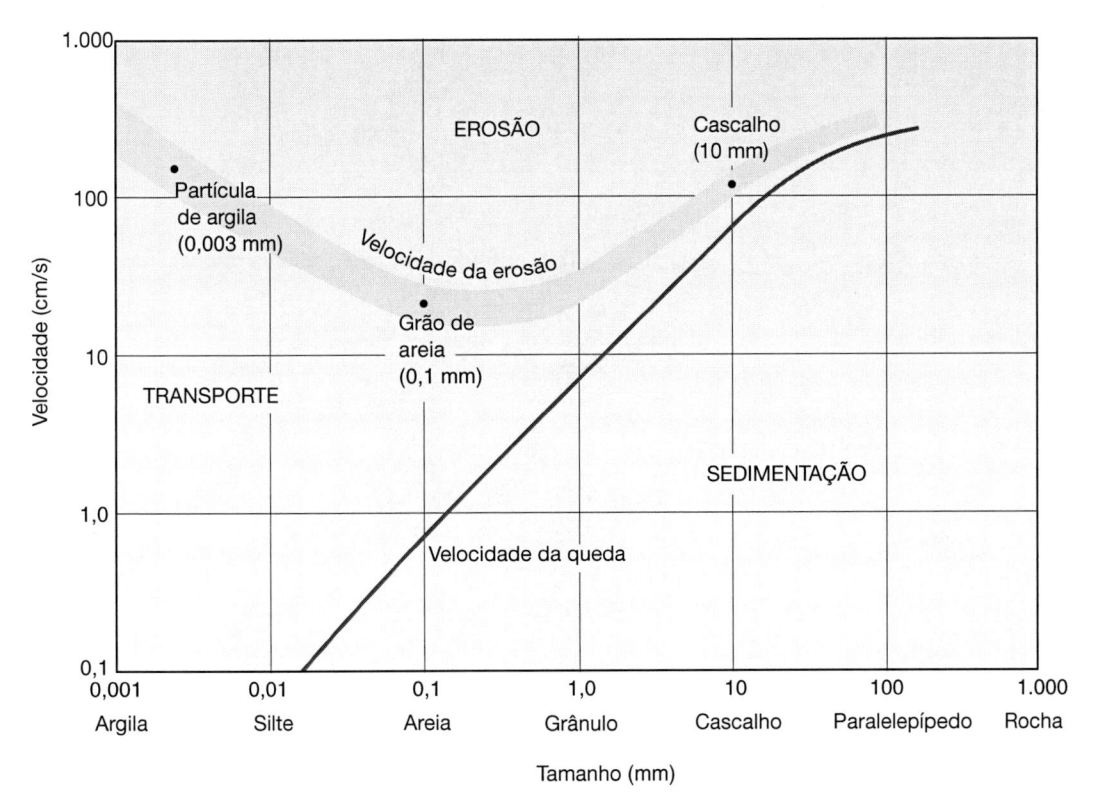

■ **FIGURA 14.15** Este gráfico mostra a relação entre a velocidade do rio e a capacidade dele de erodir ou transportar material de tamanhos variados (incapacidade para o transporte de partículas de determinado tamanho ou maior resultará na deposição). Observe que seixos (partículas com diâmetro de 10 mm, por exemplo) necessitam de alta velocidade de fluxo para serem movidos por causa de seu tamanho e peso. Os siltes finos e a argila (menores que 0,05 mm) também precisam de altas velocidades de erosão para ficar juntos de forma coesa. Partículas do tamanho de grãos de areia (entre 0,05 mm e 2,0 mm) são erodidas e transportadas com relativa facilidade em comparação ao cascalho (partículas maiores que 2,0 mm) ou argilas.

■ **FIGURA 14.16** Durante inundações, a água carregada de sedimentos que flui sobre as margens do rio inunda as áreas baixas de planícies de enchente e os depósitos de aluvião, principalmente os seixos e argilas. Esta é a planície de inundação do Rio Missouri, na cidade de Jefferson, em Missouri, durante a inundação de 1993 do meio oeste.
O que as águas da enchente do rio deixariam em casas inundadas depois que recuassem?

Planície de inundação é um nome adequado para essas áreas porque elas são inundadas durante as cheias e compostas ao menos parcialmente de sedimentos que se instalam em virtude da desaceleração das águas estagnadas das enchentes. A maioria das planícies de inundação também contém depósitos de barra de canal, que são deixados para trás conforme o rio gradualmente muda sua posição para os lados (lateralmente) em toda a planície de inundação (■ Figura 14.17).

Padrões de canais

Três tipos principais de canais de rio foram tradicionalmente reconhecidos considerando a forma de determinado segmento, quando vistos em um mapa. Embora *canais retos* possam existir para curtas distâncias em circunstâncias naturais, principalmente ao longo das zonas de falhas, junções ou declives acentuados, a maioria dos canais com margens paralelas e lineares apresenta características artificiais construídas pelo ser humano.

■ **FIGURA 14.17** Sedimentos depositados na barra de dentro da curva do canal se tornam parte da planície de inundação se o rio migrar lateralmente e deixar a barra para trás. Nesta foto, o gelo do inverno enche as baixadas entre sulcos que marcam as cristas sucessivas de depósitos de barra.

■ **FIGURA 14.18** O canal trançado do Rio Brahmaputra no Tibet, visto da Estação Espacial Internacional. O córrego trançado resulta de uma carga de leito abundante de sedimentos grossos que obstrui o fluxo e separa o fluxo principal em várias vertentes.

O que a ocorrência comum dos canais trançados imediatamente abaixo das geleiras pode dizer sobre o sedimento transportado e depositado pelo gelo em movimento?

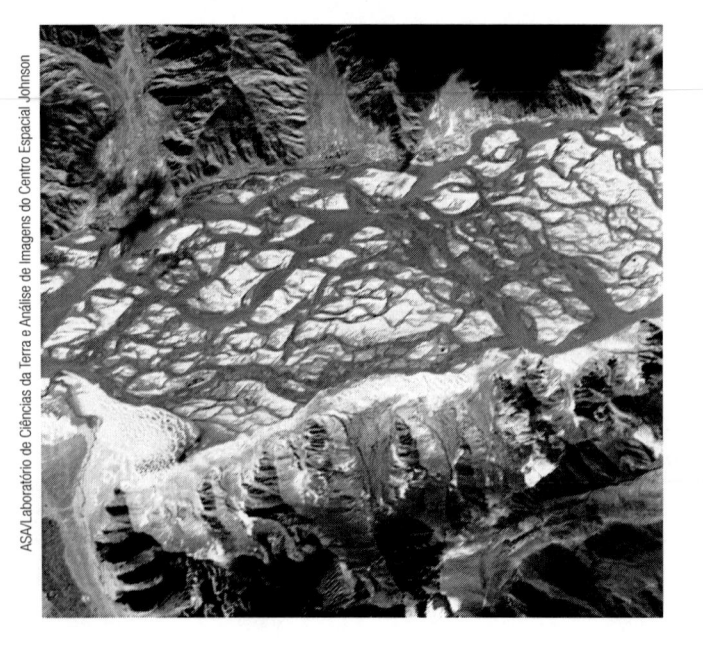

Se um curso tem uma alta proporção de carga de leito em relação à sua vazão, ele deposita grande parte de sua carga como barras de areia e cascalho no leito. O rio flui em múltiplas vertentes entrelaçadas que se dividem e se unem novamente em torno das barras, formando uma trança, o que, na verdade, é denominado **canal trançado** (■ Figura 14.18). Esse padrão de canal se desenvolve em ambientes que fornecem quantidades consideráveis de areia solta e carga de leito de cascalho para o sistema fluvial, sendo, portanto, comum em regiões áridas e de degelo glacial.

O padrão mais comum de canais em climas úmidos se caracteriza pelas amplas e extensas curvas. Ao longo do tempo, esses **canais meandrantes** também vagueiam de um lado para outro, atravessando as planícies de inundação de baixo gradiente, alargando o vale pela erosão lateral na parte externa das curvas dos meandros e deixando para trás depósitos de barras no interior dessas curvas (■ Figura 14.19). Esses rios e suas planícies de inundação têm maior proporção de sedimentos finos e maior coesão nas margens que o típico rio trançado.

Escultura de terrenos por rios

Uma maneira de entender a variedade de características dos relevos resultantes de processos fluviais é examinar o curso de um rio idealizado que corre de sua cabeceira, nas montanhas,

■ **FIGURA 14.19** Ao longo do tempo, um rio meandrante (sinuoso), como o Rio Missouri exibido na imagem artificialmente colorida de radar, pode balançar por seu vale. Onde a parte exterior de uma curva de meandro na planície de inundação impinge na margem do terreno mais alto, a erosão fluvial pode cortar a parte inferior da parede lateral do vale e, com a ajuda da perda de massa, contribuir para o alargamento da planície de inundação. Veja esta figura em cores na página deste livro no site da Cengage.

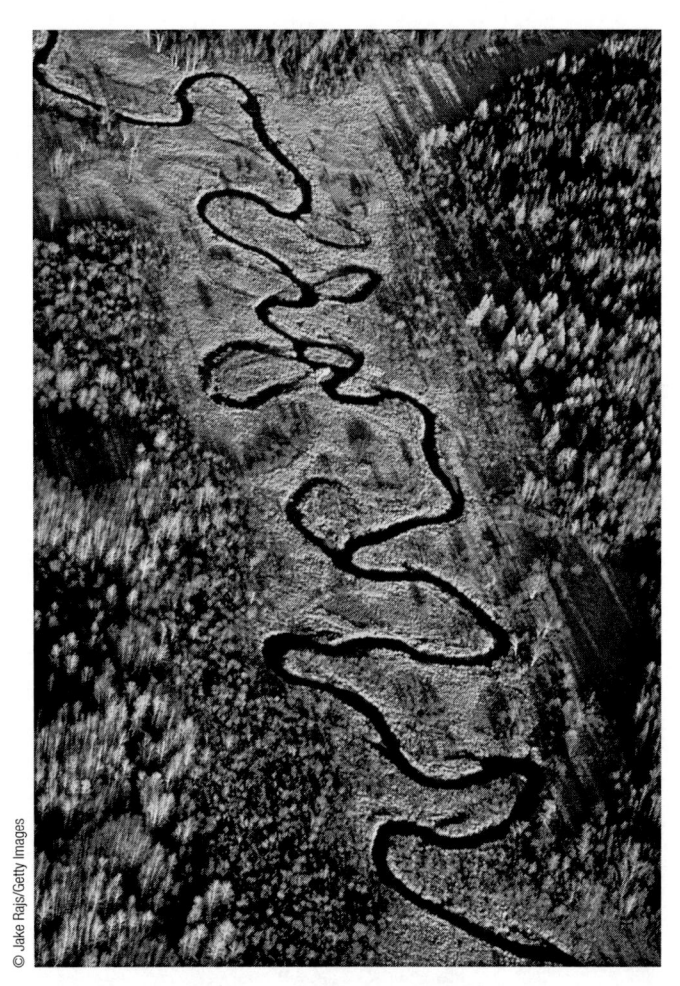

■ **FIGURA 14.20** Nem todos os rios se encaixam no padrão generalizado de características de segmentos fluviais superiores, médios e inferiores. O Rio Mississípi, aqui um rio relativamente pequeno, meandra em um gradiente baixo perto de suas cabeceiras em Minnesota, muito acima de sua foz.

até sua foz, no oceano. O gradiente desse rio diminuiria continuamente a jusante, uma vez que flui de sua fonte para seu nível-base. Na natureza, existem exceções a esse perfil idealizado porque alguns rios fluem inteiramente sobre um gradiente baixo (■ Figura 14.20), enquanto outros cursos, em especial os pequenos nas encostas das montanhas, descem por um gradiente íngreme até o corpo estagnado de água em sua foz. Em vez de ter um declive que desce suavemente das cabeceiras para a foz, seria de esperar que os cursos reais tivessem algumas irregularidades em seu *perfil longitudinal*, o gradiente do rio da fonte para a foz (ver novamente Figura 14.11).

A discussão a seguir subdivide o curso dos rios ideais nas seções superior, média e inferior fluindo sobre gradientes íngremes, moderados e baixos, respectivamente. Os processos de erosão fluvial dominam o curso íngreme superior, enquanto a deposição predomina no curso inferior. O curso médio apresenta elementos importantes tanto de erosão fluvial quanto de deposição.

Características do curso superior

Nas cabeceiras do rio ideal superior, ele corre principalmente em contato com a rocha. Sobre o gradiente íngreme, muito acima de seu nível-base, o rio trabalha erodindo verticalmente para baixo por ação hidráulica e abrasão. A erosão no curso superior cria um íngreme vale de desfiladeiro, ou ravina, conforme o canal do rio corta profundamente a terra. Pouca ou nenhuma planície de inundação está presente, e as paredes do vale normalmente se

■ **FIGURA 14.21** Onde o curso superior de um rio fica em uma região montanhosa, seu vale, de modo geral, tem um característico formato de "V" próximo das cabeceiras. Esses cursos de água fluem em vales com paredes íngremes, com corredeiras e cachoeiras, como ilustrado aqui no Yellowstone Canyon, Wyoming. **Como o gradiente do Rio Yellowstone se compara com o do trecho do Rio Mississípi mostrado na Figura 14.20?**

inclinam para a borda do canal do rio. Encostas íngremes incentivam o movimento em massa de material rochoso diretamente na corrente. Os vales desse tipo, dominados pela atividade de corte inferior do rio, são muitas vezes chamados *vales em V* porque, em sua seção transversal, as encostas íngremes desenvolvem o formato da letra V (■ Figura 14.21).

Os efeitos da *erosão diferencial* podem ser significativos no curso superior, onde os rios atravessam camadas rochosas de diferentes resistências. Os rios que correm sobre rochas resistentes têm um gradiente mais íngreme do que quando encontram rochas mais fracas. Um gradiente íngreme dá ao fluxo de água maior energia que o rio necessita para erodir as rochas resistentes. Corredeiras e cachoeiras podem marcar a localização de materiais resistentes no curso superior de um rio. Onde as rochas são particularmente resistentes ao intemperismo e à erosão, os vales são gargantas ou desfiladeiros estreitos e íngremes; onde as rochas são menos resistentes, os vales tendem a ser mais espaçosos.

Características do curso médio

Na seção média do perfil longitudinal ideal, o rio flui por um gradiente moderado e em um leito de canal moderadamente suave. Aqui o vale da ribeira inclui uma planície de inundação, mas os cumes restantes, além da planície de inundação formam paredes de vale definidas. O rio fica mais próximo a seu nível-base, flui por um gradiente mais suave e, portanto, fornece menos energia à erosão vertical que em seu curso superior. Entretanto, o rio ainda tem energia considerável por causa do aumento no volume de fluxo e da redução do atrito no leito. Muita de sua energia disponível é utilizada para transportar a carga considerável que acumulou e para a erosão lateral dos lados do canal. O rio apresenta um padrão definitivo de canal meandrante com suas curvas sinuosas, que, com o tempo, atravessam o chão do vale. A erosão resulta em uma **margem cortada** de forma íngreme fora das curvas dos meandros, onde o canal é profundo e a força centrífuga acelera a correnteza. Em baixa velocidade e no fluxo raso na parte interna das curvas do meandro, a corrente deposita uma **barra de pontal** (■ Figura 14.22). A erosão fora e a deposição no interior das curvas do meandro resultam no deslocamento para o lado ou na *migração lateral* de meandros. Isso ajuda a aumentar a área da planície levemente inclinada, quando as margens cortadas impactam as paredes que confinam os vales.

Características do curso inferior

O gradiente mínimo e a proximidade ao nível-base ao longo do curso inferior do rio ideal tornam o corte inferior praticamente impossível. A energia fluvial, agora derivada quase exclusivamente da vazão superior, em vez do puxão para baixo da gravidade, provoca considerável mudança lateral do canal e criação de uma grande planície de deposição. Quanto mais baixa a planície de inundação de um grande rio, muito mais ampla é a largura de sua faixa de meandro, apresentando evidências de muitas mudanças no curso (■ Figura 14.23). O rio migra lateralmente através de seus próprios sedimentos depositados antes em um canal composto só de aluvião. Durante as inundações, essas extensas planícies de inundação, ou **planícies aluviais**, são inundadas por água carregada de sedimentos, os quais contribuem com depósitos para os grandes diques naturais e o já espesso preenchimento aluvial da planície de inundação em geral. Os diques naturais ao longo do Rio Mississípi sobem até 5 metros (16 pés) acima do restante da planície de inundação.

Um relevo comum nesse ambiente dominado por deposição ao longo do tempo oferece evidências da sinuosidade de um rio. Especialmente durante as inundações, os **meandros isolados** ocorrem quando um rio procura um caminho mais

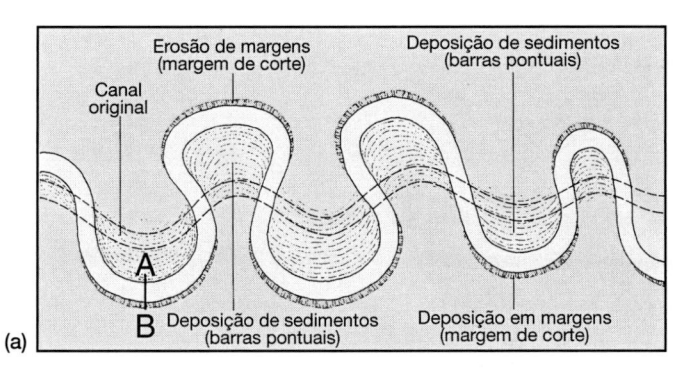

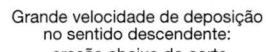

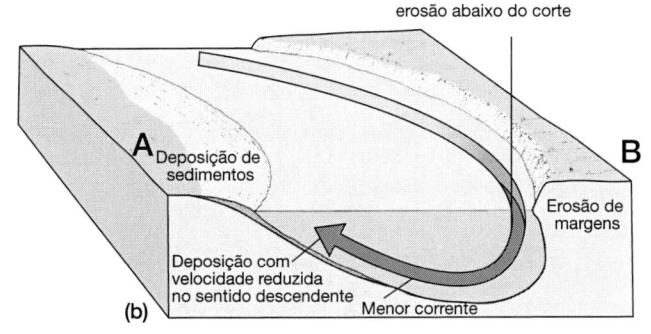

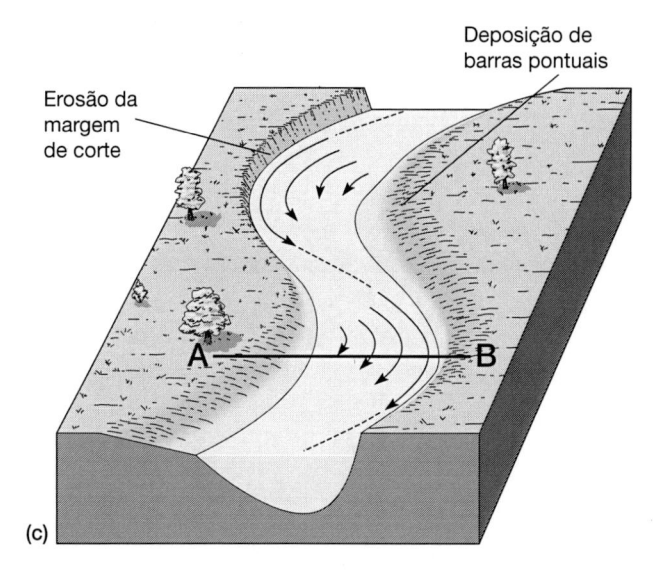

■ **FIGURA 14.22** As características de um canal de um rio meandrante. Observe que a água fluindo em um canal tende a descender de maneira helicoidal ou de "saca-rolha", movendo a água contra um dos lados do canal e, então, para o lado oposto.

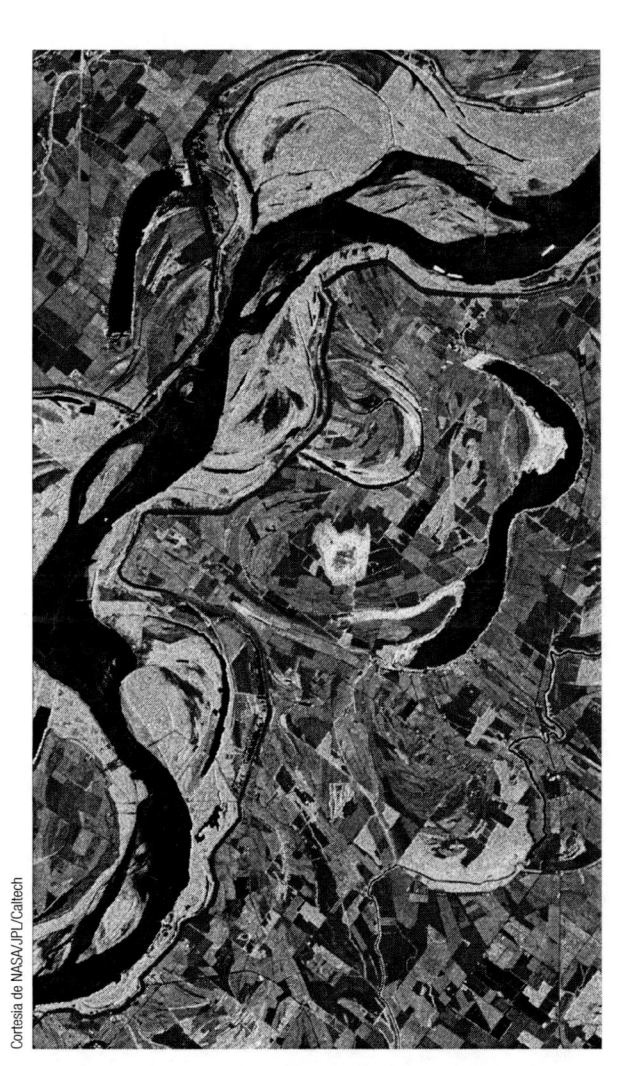

curto, mais íngreme e mais reto e irrompe os diques, deixando para trás uma antiga curva do meandro, agora isolada da nova posição do canal. Se o meandro isolado permanece cheio de água, o que é comum, ele forma uma **lagoa marginal** (■ Figura 14.24).

Às vezes as pessoas tentam controlar os rios construindo diques artificiais a fim de mantê-lo em seu canal. Porém, na época de vazão reduzida, quando o rio tem menos energia, ocorre deposição no canal. Assim, em um canal construído artificialmente, um rio pode elevar o nível de seu leito. Em alguns casos, como no do Huang He, na China, e do Rio Yuba, no norte da Califórnia, a deposição elevou o leito do rio acima da planície de inundação circundante. A inundação representa grave perigo nessa situação, com muito da planície de inundação ficando abaixo do nível do rio. Infelizmente, quando as águas de inundação finalmente transbordam ou irrompem os diques, elas podem ser muito mais intensas e destrutivas do que seriam em estado natural.

A presença de diques tanto naturais quanto artificiais pode evitar que afluentes no curso inferior se juntem à corrente principal. Os rios menores são forçados a fluir paralelamente ao rio principal até que encontrem uma junção conveniente. Esses afluentes paralelos são chamados correntes *Yazoo*, em homenagem ao Rio Yazoo, que corre paralelamente ao Rio Mississípi

■ **FIGURA 14.23** Esta imagem artificialmente colorida mostra parte da planície de inundação do Rio Mississípi ao longo da fronteira Arkansas–Louisiana–Mississípi. As partes abandonadas dos antigos meandros visíveis na planície de inundação mostram que o rio mudou a posição de seu canal muitas vezes (imagem disponível em cores na página deste livro no site da Cengage.).

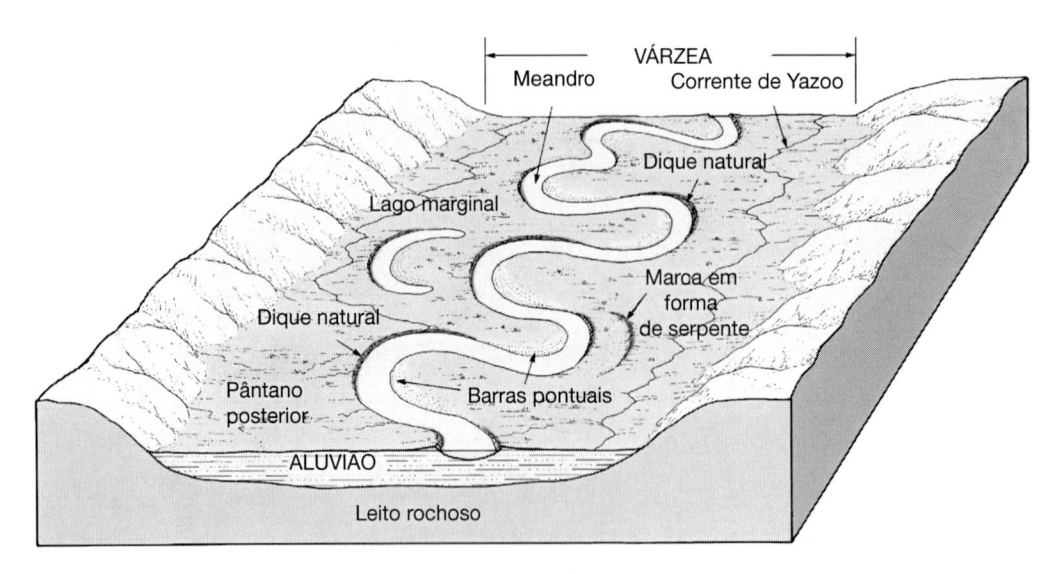

■ **FIGURA 14.24** Características de uma grande planície de inundação comum em cursos inferiores dos principais rios. Os *pântanos* são partes baixas, alagadiças ou movediças da planície de inundação, geralmente no nível do lençol freático.
Qual é a origem de uma lagoa marginal?

por mais de 160 km (100 milhas), até que finalmente se junta ao rio maior, perto de Vicksburg, em Mississípi.

Deltas

Quando um rio corre para um corpo de água estagnado, como um lago ou oceano, ele não está mais confinado em um canal. A corrente se expande em largura, provocando uma redução na velocidade de fluxo e, portanto, uma diminuição em sua competência e capacidade de carga. Se o rio está carregando muita carga, o sedimento começa a se depositar, com as partículas maiores primeiro, mais próximas à foz do rio, e as partículas menores, mais longe do corpo de água. Com assoreamento contínuo, um relevo diferente, denominado **delta**, porque, visto no mapa, sua forma se assemelha à letra grega delta (Δ), pode ser construído (■ Figura 14.25a). Fluindo sobre o gradiente de seu delta, um rio pode se dividir em dois canais, fazendo isso várias vezes, para continuar

■ **FIGURA 14.25** Vistas de satélite de dois tipos diferentes de deltas. (a) O delta do Rio Nilo na margem do Mar Mediterrâneo é preciso e exibe a forma clássica de um arco triangular. (b) O formato incomum do delta do Rio Mississípi lembra o pé de uma ave.
Por que as formas de alguns deltas são controladas mais por processos fluviais, enquanto as formas de outros são muito influenciadas por processos costeiros?

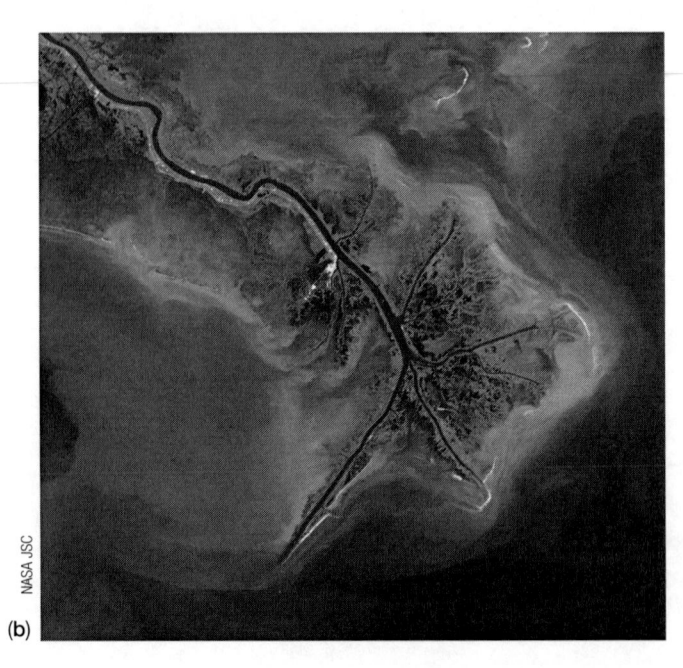

a transportar sua água e carga para o lago ou o oceano. Esses múltiplos canais que correm para fora do fluxo principal são chamados **distributários** e ajudam a direcionar o fluxo e os sedimentos para um lago ou oceano.

Os deltas se desenvolvem apenas naquelas fozes dos rios onde o fornecimento de sedimentos fluviais é alto, a topografia subaquática não cai muito e as ondas, as correntes e as marés não conseguem transportar para longe todos os sedimentos trazidos pelo rio. Essas circunstâncias ocorrem na foz de muitos, mas não de todos os rios. Além disso, diferentes tipos de deltas são formados em ambientes diversos. No ponto em que o Rio Mississípi deságua no Golfo do México, o rio construiu um tipo de delta denominado *pé de pássaro* (Figura 14.25b). Os deltas pé de pássaro são construídos em locais onde a influência do sistema fluvial excede a capacidade das ondas, correntes e marés do corpo de água estagnado para retrabalhar os sedimentos deltaicos em relevos costeiros ou transportá-los para longe. Nesse tipo de delta, numerosos distributários um pouco acima do nível do mar se estendem muito adentro do corpo de água receptor. Eventuais mudanças no sistema de canal do distributário ocorrem quando um novo distributário principal é cortado e, como um sifão, retira o fluxo de um anterior, fazendo com que o centro de deposição mude para um novo local distante. Vendo em um mapa, os distributários se estendendo para os atuais e os antigos centros de deposição fazem com que o delta se assemelhe a um pé de pássaro. Um *delta arcado*, por outro lado, como o do Rio Nilo, projeta-se a uma distância limitada no corpo de água receptor, mas a margem mais suave e mais regular que se estende para o mar desse tipo de delta mostra mais retrabalho dos depósitos fluviais pelas ondas e correntes que no caso do delta pé de pássaro. *Deltas cúspides*, como o do São Francisco no Brasil, formam-se onde fortes processos costeiros empurram os sedimentos de volta para o continente, transformando-os em cordões litorâneos em ambos os lados da foz do rio.

Mudanças de nível-base e tectonismo

Uma mudança de elevação ao longo do perfil longitudinal de um fluxo causará um aumento ou diminuição do gradiente do rio, o que, por sua vez, impacta a energia fluvial. Mudanças de altitude podem ocorrer em qualquer ponto de um rio, por causa da elevação ou da depressão tectônica, mas podem também acontecer em virtude do aumento ou da diminuição do nível-base na foz do rio. Para as bacias de drenagem exterior, as mudanças de nível-base resultam principalmente da mudança climática. O nível do mar se rebaixa em resposta ao crescimento em grande escala das geleiras e sobe com a substancial diminuição delas. O soerguimento ou a queda tectônica no nível-base dá ao rio um gradiente mais íngreme e aumenta sua energia de erosão e transporte. Diz-se então que a paisagem e o rio são *rejuvenescidos* porque ele utiliza sua energia renovada para cortar seu canal em um novo nível-base. As cachoeiras e corredeiras que podem se desenvolver como canais rejuvenescidos são aprofundadas pela erosão. A depressão tectônica da bacia de drenagem ou elevação do nível do mar reduz o gradiente e a energia do rio, aumentando a deposição.

Se nova elevação ocorre gradualmente em uma área onde se formaram meandros, estes podem ficar *entrincheirados* conforme o rio aprofunda seu vale (■ Figura 14.26). Agora, em vez de erodir a terra lateralmente, com meandros migrando através de uma planície aluvial, a atividade principal do rio rejuvenescido é a incisão vertical.

Praticamente todos os rios que chegam ao mar cortaram vales profundos perto de sua foz durante o Pleistoceno em resposta ao rebaixamento substancial do seu nível-base (nível do mar) associado à glaciação continental. O eventual derretimento das geleiras devolveu água ao oceano, o que elevou

■ **FIGURA 14.26** Um exemplo espetacular de um meandro entrincheirado do Rio San Juan, na região do planalto do Colorado, no sul de Utah.

o nível do mar. O reajuste para esse aumento do nível-base fez com que os rios depositassem grandes quantidades de sua carga, preenchendo com sedimentos os vales pleistocênicos perto de suas desembocaduras.

Enquanto uma queda no nível-base causa rebaixamento e uma elevação causa deposição, um distúrbio no equilíbrio do rio resultante de consideráveis aumentos ou diminuições na vazão ou carga pode ter efeitos similares sobre a paisagem. Variações no nível-base, movimentos tectônicos e mudanças no equilíbrio do rio podem causar o rebaixamento dos vales dos rios, de modo que ele fique um pouco aprofundado e os remanescentes do chão do vale, mais antigos e mais altos, são preservados em cada margem, com degraus ao longo das paredes do vale. Esses restos de pisos antigos de vales são os **terraços fluviais**. Terraços múltiplos são uma consequência de sucessivos períodos de rebaixamento e deposição (■ Figura 14.27). Os terraços fluviais fornecem grande quantidade de evidências sobre a história geomórfica do rio e da região que o circunda.

Perigos fluviais

Embora haja muitos benefícios em viver perto de rios, também tem seus riscos, particularmente em virtude de inundações. A variabilidade do fluxo dos rios é o maior problema para a vida ao longo deles, sendo também um impedimento à sua utilização. A maioria dos canais fluviais pode receber os fluxos máximos que ocorrem uma vez a cada ano ou dois. Maiores vazões máximas, que são prováveis em períodos mais longos de 5, 10, 100 ou 1.000 anos, fazem com que o canal transborde e inunde as terras ao redor, por vezes com resultados desastrosos (■ Figura 14.28). Da mesma forma, os fluxos excepcionalmente

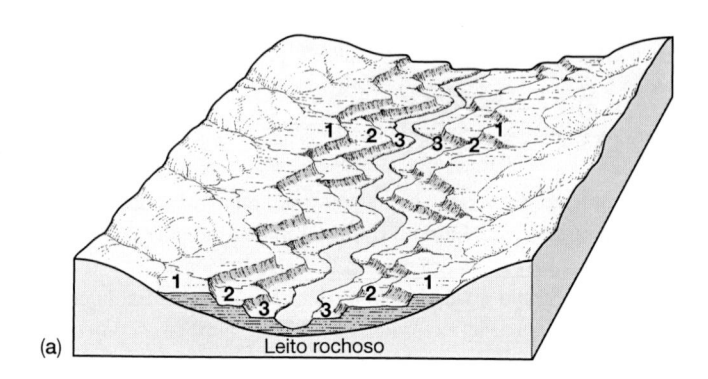

■ **FIGURA 14.27** (a) Diagrama de um vale fluvial que exibe dois conjuntos de terraços fluviais de aluvião (1 e 2) e a presente planície de inundação (3). Os terraços fluviais são remanescentes de posições anteriores do piso do vale, com o maior (1) sendo mais antigo. (b) Terraços fluviais nas Montanhas de Tien Shan, na China. **Quantos terraços você consegue identificar nesta foto?**

■ **FIGURA 14.28** Viver em uma planície de inundação ativa tem seus riscos. Um dique rompido no Rio Feather enviou muita água para o condado de Sutter, na Califórnia. **O que pode ser feito para se preparar ou evitar problemas?**

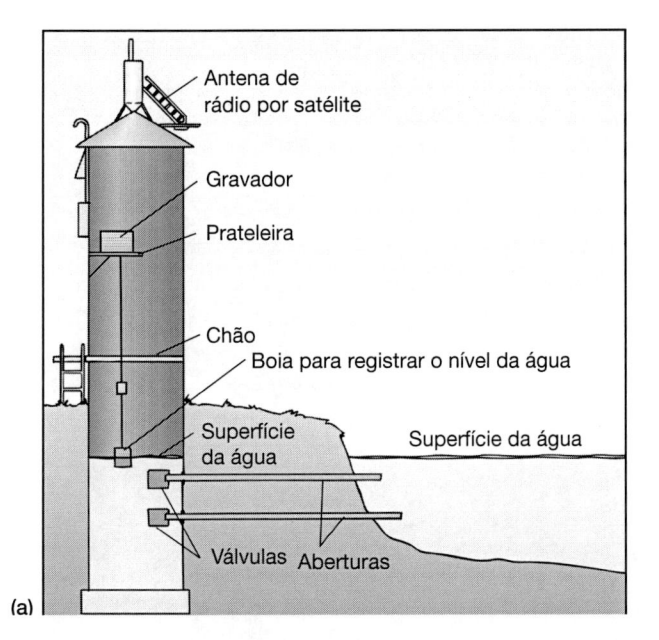

FIGURA 14.29 Estação de medição U.S. Geological Survey (USGS). (a) Como ilustrado aqui, quando o nível do rio sobe ou desce, também o faz a água na parte inferior da estação, conectada ao canal por meio da tubagem de adução. Uma boia de medição se movimenta para baixo e para cima com o nível de água, e esse movimento é medido e registrado. As estações de medição transmitem eletronicamente os dados de fluxo a um satélite que transfere, por sua vez, a informação para uma estação receptora. (b) De modo geral, as estações de medição são localizadas onde pontes de estradas atravessam rios ou cursos de água.

baixos podem produzir crises no abastecimento de água e interromper o transporte fluvial.

O U.S. Geological Survey mantém mais de 6 mil estações de medição para mensurar a vazão fluvial nos Estados Unidos (■ Figura 14.29). Muitas dessas estações de medição mensuram a vazão fluvial de forma automatizada e enviam seus dados a um satélite que os retransmite a uma estação receptora. Com esse sistema, as mudanças nas vazões fluviais podem ser monitoradas no momento em que ocorrem, o que é muito útil para a emissão de avisos de

FIGURA 14.30 O hidrograma fluvial retrata mudanças na vazão, que implica alterações na profundidade do rio registradas durante um período de tempo por uma estação de medição. Este hidrograma, por exemplo, mostra o aumento do nível do rio em resposta a um escoamento de inundação, o fluxo da inundação e a recessão das águas após o final de uma tempestade. Observe o intervalo entre o tempo que a precipitação começa e o nível do rio sobe.
Por que ocorre esse intervalo entre a chuva e o aumento do nível do rio?

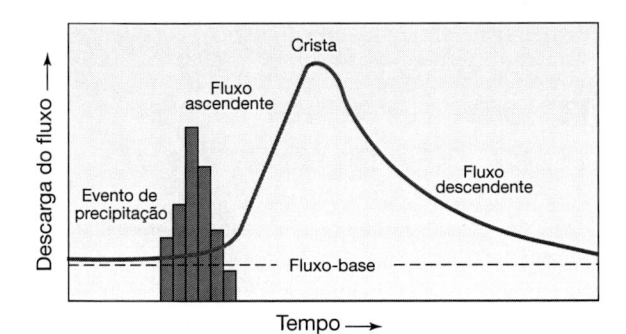

enchentes, bem como para compreender como os rios mudam em resposta a variações de vazão.

Um **hidrograma fluvial** é o registro das alterações de vazão de um rio ao longo do tempo (■ Figura 14.30). Os hidrogramas cobrem um dia, alguns dias, um mês ou até mesmo um ano, dependendo do objetivo do cientista. Em virtude da relação vazão/profundidade da água $(Q = wdv)$, os hidrogramas são muitas vezes usados para indicar a que altura e com que velocidade o nível da água sobe em resposta a um evento de precipitação.

Durante e logo após uma chuva que produz escoamento, o nível de um rio subirá em resposta à maior vazão. O nível de água atingirá um pico, ou crista, no momento da vazão máxima, e depois cairá conforme o rio finalmente voltar a ter uma quantidade de fluxo mais mediana. Em uma estação de medição, o aumento, o pico e a diminuição da descarga ao longo do tempo são registrados como uma curva ascendente, um pico e, em seguida, uma curva descendente no hidrograma. A forma da curva do hidrograma pode ser utilizada para entender muita coisa sobre como uma bacia hidrográfica e um canal fluvial respondem a um aumento de vazão, particularmente durante e após as inundações. Se as condições na bacia promovem o escoamento rápido, o nível do rio subirá logo durante uma tempestade. Esse aumento rápido na vazão fluvial é representado na curva do hidrograma por um membro ascendente que sobe vertiginosamente até o pico de vazão. Quanto maior a vazão na crista de inundação, maior será o pico da curva do hidrograma. Comparando a rápida ascensão à vazão de pico, o retorno a um fluxo mais mediano normalmente leva mais tempo porque a água continua a se infiltrar no canal a partir do solo saturado de precipitação da bacia. O membro descendente do hidrograma, portanto, geralmente gera uma curva

■ **FIGURA 14.31** A maioria dos aspectos de urbanização e suburbanização, como nesta área de Boston, aumenta a extensão da capa impermeável em uma bacia de drenagem. Como resultado, a quantidade e a taxa de escoamento das áreas urbanizadas aumentam se comparadas com seu estado de pré-instalação.
Quais características da paisagem urbanizada mostram aqui maior escoamento?

relativamente suave. A que altura um rio sobe, com que velocidade ele atinge pico de fluxo e com qual vagarosidade a água recua em resposta a determinada quantidade de precipitação são fatores importantes para que nos preparemos para futuras inundações.

Estudos têm demonstrado que a urbanização de uma bacia hidrográfica (em especial as bacias de drenagem pequenas) tende a fazer com que o pico de inundações se eleve e mais rápido que antes de ela ser desenvolvida pelo ser humano. A redução da vegetação e sua substituição por superfícies impermeáveis, como estradas, telhados e estacionamentos, contribuem para maiores taxas de escoamento superficial, duas condições que afetam diretamente o fluxo fluvial (■ Figura 14.31). Quanto mais desenvolvida e povoada se tornar uma bacia de drenagem, maior será a tendência de aumentar a quantidade potencial de inundação, a rapidez com que as enchentes se iniciam e o perigo de inundações.

Para determinar quantas vezes podemos esperar que os fluxos de determinada magnitude ocorram em um rio, especialmente para aquelas vazões que causam inundações, os cientistas da Terra avaliam a história pregressa do rio com base em seus dados anuais de vazão. Esses dados são utilizados para calcular os *intervalos de recorrência*, o número médio de anos entre os eventos passados que foram iguais ou superiores a diversas vazões. Por exemplo, se as inundações em um rio resultaram em uma vazão de 7 mil metros cúbicos por segundo (250 mil pés cúbicos/s) ou superiores em dois de 100 anos de dados, essa vazão tem um intervalo de recorrência de 50 anos; é a enchente de 50 anos, mesmo que as enchentes tenham ocorrido em dois anos consecutivos. Visto que essa vazão (e possivelmente maior) aconteceu duas vezes nos últimos 100 anos, a probabilidade é de dois em 100, ou 2%, de que isso acontecerá em determinado ano. Já que os intervalos de recorrência são médias determinadas com base em dados históricos de duração limitada, o volume de uma inundação de 10, 50, 100 anos, ou outro, não é absoluto, mas uma estimativa sujeita a alterações, e o período de tempo entre enchentes de 50 anos, por exemplo, não será necessariamente 50 anos.

A importância das águas de superfície

Historicamente, os seres humanos vêm usando rios e cursos de água menores para várias finalidades. A colonização e o crescimento dos Estados Unidos teriam sido muito diferentes sem o Rio Mississípi e seu sistema de longo alcance que drena a maior parte do país entre os Apalaches e as Montanhas Rochosas. O Mississípi, como

FIGURA 14.32 A represa de Point Dam de múltiplas funções em Entroncamento Médio do Rio Willamette, em Oregon.
Quais são algumas finalidades das represas?

muitos outros rios, sempre foi utilizado para exploração, migração e assentamento, e o número de grandes cidades ao longo de seu curso ilustra a tendência das pessoas de se instalar ao longo dos rios. Os rios navegáveis ainda competem com ferrovias e caminhões para o transporte de granéis, grãos, madeira e combustíveis minerais, e há muito são utilizados para gerar energia. Eles fornecem água de irrigação e solos de planícies de inundação produtivos para agricultura. Nós também usamos os rios como fontes de alimento e água, para a recreação e como depósito de resíduos.

Os lagos são corpos naturais de águas interiores estagnadas. Eles se formam onde quer que o abastecimento de água seja adequado e os processos geomórficos tenham criado depressões na superfície terrestre. A maioria das bacias de lago do mundo, como dos Grandes Lagos na América do Norte, é produto da glaciação, mas os rios, as águas subterrâneas, a atividade tectônica e o vulcanismo também produzem bacias de lago. A maior parte dos lagos do mundo mantém o escoamento de água doce de superfície em depósito temporário ao longo de sistemas fluviais. No entanto, alguns lagos, como o Mar Cáspio, o Mar Morto e o Grande Lago Salgado, em Utah, contêm água salgada porque se localizam em bacias fechadas de drenagem interior sem efluxos. A evaporação da água para a atmosfera desses lagos deixa para trás os minerais que compunham a carga dissolvida das águas afluentes.

Os lagos são muito mais importantes para os seres humanos que seu apelo paisagístico e seu valor para as atividades de pesca ou de recreação. Como os oceanos, os lagos afetam o clima da região, principalmente por reduzirem as faixas de temperatura diárias e sazonais e por sua crescente umidade. O efeito de moderação da temperatura permite que o terreno adjacente a muitos grandes lagos receba as atividades agrícolas que, de outra forma, não seriam possíveis no clima regional. Os lagos também podem causar um aumento na direção do vento em precipitações, de neve ou chuva, geradas pelo *efeito do lago*, pelo qual as tempestades pegam mais umidade do lago ou se elevam conforme se movem sobre um corpo de água relativamente quente.

Visto que as correntes fluviais podem variar tanto e, em alguns casos, são pouco confiáveis, hoje os seres humanos, de alguma forma, regulam a maioria dos rios. Muitos sistemas de rios atualmente consistem em uma série de reservatórios artificiais, confinados atrás de barragens. As barragens seguram as enchentes potencialmente devastadoras e armazenam a vazão de períodos úmidos para disponibilizar água durante as estações ou anos de seca (■ Figura 14.32). A maior parte dos grandes rios dos Estados Unidos, como o Missouri, o Colúmbia e o Colorado, foi transformada em uma sequência de reservatórios pela construção de barragens. A vida desses reservatórios, no entanto, será de apenas alguns séculos, no máximo, porque eles gradualmente se encherão de sedimentos transportados pelos cursos afluentes. Como parte de uma tendência recente nas ciências naturais destinada a mitigar os efeitos da interferência humana em rios e outros sistemas, crescentes esforços estão sendo direcionados para avaliar os impactos e a remoção de barragens na geomorfologia e ecologia dos rios.

Geomorfologia fluvial quantitativa

Os métodos quantitativos são importantes no estudo de praticamente todos os aspectos do sistema terrestre. O valor dos métodos quantitativos para a análise objetiva dos sistemas fluviais, em especial, pode ser distinguido, pelo menos em parte, pelo material apresentado neste capítulo. Os rios são complexos sistemas dinâmicos com entrada, passagem e saída de energia e matéria que dependem de numerosas variáveis, muitas vezes, inter-relacionadas. Os geomorfologistas rotineiramente medem os canais fluviais, as bacias de drenagem e as propriedades dos rios e analisam esses fatores através de métodos estatísticos e os princípios da mecânica dos fluidos, para que possam descrever, comparar, monitorar, prever e aprender mais sobre os rios e o trabalho geomórfico que eles realizam. A área de drenagem, a ordem dos rios, a densidade de drenagem, a vazão e a velocidade dos rios, a largura e a profundidade do canal são apenas alguns dos dados numéricos que são coletados no campo, em mapas topográficos, de modelos digitais de elevação ou em imagens de teledetecção para facilitar o estudo dos sistemas fluviais. Grandes esforços são feitos para recolher e analisar dados fluviais numéricos por causa da ocorrência generalizada de rios e sua grande importância para a existência humana. Estudos quantitativos não só ajudam a entender melhor as origens e os processos que formam os relevos e as paisagens, mas também a prever o abastecimento de água e os riscos de inundação, estimar a erosão do solo e rastrear fontes de poluição.

:: Termos para revisão

- abrasão
- ação hidráulica
- aluvião
- assoreamento
- bacia de drenagem (bacia hidrográfica ou represa)
- barra de pontal
- canais meandrantes
- canal trançado
- capacidade do rio
- carga do rio
- competência do rio
- corrosão
- degradação
- delta
- densidade de drenagem
- distributários
- divisor de águas
- drenagem exterior
- drenagem interior
- escoamento em lençol
- fluxo efêmero
- fluxo perene
- geomorfologia fluvial
- hidrograma fluvial
- interceptação
- interflúvio
- lagoa marginal
- margem cortada
- meandros isolados
- nível-base
- ordenação dos rios
- padrões de drenagem
- planícies aluviais
- planícies de inundação
- riachos
- saltação
- solução
- suspensão
- terraços fluviais
- tração
- vazão fluvial
- voçorocas

:: Questões para revisão

1. Qual é a relação entre infiltração e escoamento superficial? Quais são alguns dos fatores que aumentam a infiltração e o escoamento superficial?
2. Defina o conceito de ordem de rio e bacia hidrográfica. Em que aspecto um típico canal de primeira ordem difere de um típico canal de quinta ordem na mesma bacia de drenagem em termos de afluentes, comprimento, gradiente, área transversal, vazão e velocidade?
3. Que fatores afetam a vazão de um rio? Quais são as duas equações muito diferentes que podem ser usadas para representar a vazão de um rio?
4. Qual é o processo de erosão fluvial mais eficaz? E por quê?
5. Quais são as diferenças entre os processos de transporte fluvial? O que move as partículas maiores?
6. Como os rios representam o conceito de equilíbrio dinâmico?
7. Descreva os principais relevos de um sistema fluvial meandrante e o desenvolvimento de diques naturais.
8. Qual é o impacto que um rebaixamento do nível do mar tem sobre o curso inferior de um rio que chega ao mar? Qual seria o impacto de uma elevação do nível do mar?
9. Por que é importante ter estações de medição de rios e monitorar os dados que elas fornecem?
10. Como a urbanização afeta o potencial de escoamento, vazão e inundação em uma bacia de drenagem?

:: Aplicações práticas

1. A seção transversal medida de um rio tem largura de 6,5 metros, profundidade de 2,5 metros e velocidade de fluxo de 2 metros por segundo. Qual é a área da seção transversal? Qual é a vazão fluvial na seção transversal?
2. Cem anos de dados de fluxo anual máximo demonstram que o rio em estudo teve uma vazão anual máxima de 3.700 metros cúbicos por segundo ou maior cinco vezes. Qual é o intervalo de recorrência desse fluxo? Qual é a probabilidade de que uma vazão de 3.700 metros cúbicos por segundo ocorra este ano?
3. Usando o *Google Earth*, identifique os principais relevos em cada um dos seguintes locais (latitude, longitude). Dê uma breve explicação do desenvolvimento desses relevos.
    a. 43.73°S, 172.02°L
    b. 52.12°N, 28.89°L
    c. 30.40°N, 85.03°O
    d. 45.13°N, 111.66°O
    e. 37.20°N, 110.00°O
    f. 45.36°N, 111.71°O

INTERPRETAÇÃO DE MAPA

RELEVO FLUVIAL

O mapa

Campti fica no noroeste de Louisiana, na Planície Costeira do Golfo. A região da planície costeira se estende para o oeste, do norte da Flórida para a fronteira entre o Texas e o México, e, em alguns lugares, para o interior por mais de 320 km. As elevações na Planície Costeira do Golfo crescem gradualmente do nível do mar no litoral para algumas centenas de metros no interior. A região é sustentada por camadas de rochas sedimentares levemente mergulhadas. O material de superfície inclui sedimentos marinhos e depósitos aluviais dos rios que cruzam a planície costeira, principalmente os do sistema de drenagem do Rio Mississípi. Essa é uma paisagem de meandros, diques naturais e igarapés.

As cabeceiras do Rio Vermelho estão localizadas nas planícies semiáridas do Texas Panhandle, mas ele flui para o leste, em direção a um clima cada vez mais úmido. Aproximadamente na metade de seu curso, o Rio Vermelho entra em uma região de clima subtropical úmido, com rico terreno agrícola e florestas densas. O rio corre para o Mississípi, no sul da Louisiana, cerca de 160 km a jusante da área do mapa. O Rio Vermelho é o maior afluente meridional do Mississípi.

A Louisiana tem invernos amenos com verões quentes e úmidos. Os índices pluviais anuais de Campti totalizam em média aproximadamente 127 centímetros. As águas quentes do Golfo do México fornecem grande quantidade de energia atmosférica e umidade, produzindo uma alta frequência de temporais com trovões, tornados e, ocasionalmente, ciclones que atingem a Costa do Golfo.

Você também pode comparar este mapa topográfico com o que o *Google Earth* mostra na área. Encontre a área do mapa dando um *zoom* nas seguintes coordenadas de latitude e longitude: 31.847019° N, 93.157614° O.

Interpretando o mapa

1. Como você descreveria a topografia geral do mapa da área de Campti? Qual é o relevo local? O que é a elevação das margens do Rio Vermelho na cidade de Campti?
2. Que tipo de relevo tem a superfície de baixo relevo sobre a qual o rio está correndo? Este é um relevo principalmente de erosão ou de deposição?
3. No geral, em que direção o Rio Vermelho corre? É fácil ou difícil determinar a direção apenas olhando a área do mapa? Por quê?
4. O Rio Vermelho tem um gradiente suave ou íngreme? Por que é difícil determinar o gradiente do rio olhando a área do mapa?
5. Qual é a origem da Ilha Smith? Adjacente à Ilha Smith está o Old River. Como é chamado esse tipo de característica?
6. Explique as áreas com pontos marrons nos meandros sul de Campti. Elas ficam dentro ou fora da curva do meandro?
7. De que forma você descreveria as características indicadas como "afluente"?
8. Esta área do mapa é mais típica de curso superior, médio ou inferior de um rio?
9. Embora esta não seja uma região tectonicamente ativa, como é que o rio mudaria se fosse submetido à elevação tectônica?

SOUTHERN
Bayou
RED
RIVER
Campti
Powhatan
Smith Island
Old River
Passoit Lake
PACIFIC
PIERRE
North Star Ch
New Zion Ch
Flat River
Three League Bayou
St Marys
Hyams Bayou
Red Bayou
Boggy Bayou
Chute
BAYOU
St Lukes Cem
St Lukes Ch
Calvary Ch
TEXAS

Formas de relevo de regiões áridas e sistemas eólicos

15

:: Apresentação

Escoamento de superfície no deserto

Água como agente geomórfico em terras áridas

Vento como agente geomórfico

Desenvolvimento de paisagens em desertos

Esta vista de Zabriskie Point no Parque Nacional do Vale da Morte, Califórnia e Nevada, ilustra a beleza dramática de paisagens de deserto.

J. Petersen

:: Objetivos

Ao terminar de estudar este capítulo, você será capaz de:

- Compreender o papel relativo da água e do vento na criação das formas de relevo nas regiões áridas do mundo.
- Aplicar apropriadamente conceitos de bacia hidrográfica, nível-base e canal a paisagens de regiões áridas.
- Fazer esboços que ilustrem características distintivas das principais formas de erosão fluvial no relevo de regiões áridas.
- Comparar e contrastar pedimentos e leques aluviais, bem como o cenário específico em que cada um ocorre.
- Descrever *playa* e distinguir entre os dois principais tipos de *playas*.
- Discutir os modos como o vento transporta e erode sedimentos.
- Dar exemplos de formas de relevo formadas pela erosão eólica.
- Explicar por que e como algumas dunas de areia permanecem estacionárias e o que essa estabilidade pode significar.
- Discutir os principais tipos de dunas de areia e as situações em que cada um se forma.
- Entender a origem e a importância dos grandes depósitos de loess no mundo.

Em razão da baixa quantidade de precipitação, as paisagens de regiões áridas têm aparência bem diferente de outros ambientes climáticos em vários sentidos. O suprimento limitado de água diminui a erosão das rochas e a quantidade de vegetação presente. Sem vegetação extensa para conter o material erodido das rochas (regolito), as partículas produzidas pela erosão são frequentemente levadas quando ocorrem tempestades. Como resultado, enquanto encostas de colinas em regiões úmidas tendem a ser arredondadas e cobertas de solo, montanhas e colinas em regiões áridas são geralmente angulares, com extensas exposições de escudos rochosos estéreis. As terras mais baixas de um deserto podem ser cheias de sedimentos erodidos das partes mais altas ou podem consistir de uma fina camada de sedimentos recobrindo o estrato rochoso.

Muitas paisagens de deserto têm uma beleza majestosa por causa da impressionante exibição de cores, características e estrutura das rochas que formam a área. A aridez do deserto revela de modo evidente formas de relevo e processos geomórficos muito mais difíceis de observar em ambientes úmidos, com sua cobertura de solo e vegetação. Muito de nosso entendimento sobre como formas de relevo e paisagens se desenvolvem veio de estudos científicos conduzidos em regiões desérticas.

Apesar de o vento ter um importante papel na geomorfologia de regiões áridas, a água corrente faz mais trabalho geomórfico que o vento nessas regiões. A erosão do vento é associada principalmente ao transporte de partículas finas, do tamanho de grãos de poeira (silte e argila), de regiões desérticas e ao deslocamento de fragmentos de rocha de tamanho de areia. Ainda assim, tendemos a associar ambientes áridos com processos geomórficos derivados do vento (eólicos) por causa do notável acúmulo de sedimentos depositados pelo vento que aparecem em algumas áreas desérticas, em geral na forma de dunas de areia. Com a vegetação esparsa e outras características ambientais, o trabalho geomórfico do vento alcança seu nível ótimo em ambientes áridos. Contudo, como o ar tem uma densidade muito menor que a água, mesmo nos desertos o vento é superado pelos processos geomórficos fluviais. Devemos entender que formas de relevo criadas pelo vento não são encontradas apenas em regiões áridas; elas também são notadas em muitas áreas costeiras e em qualquer área onde sedimentos soltos estejam frequentemente expostos a ventos fortes o bastante para movê-los.

Escoamento de superfície no deserto

São formas de relevo, em vez de vegetações que tipicamente dominam o cenário dos desertos. Os ciclos de precipitação e evaporação de um clima árido resultam em uma cobertura de vegetação esparsa e, como muitos processos de intemperismo dependem de água, há taxas relativamente baixas de intemperismo. Com pouco intemperismo, vegetação insuficiente para reduzir o impacto das gotas de chuva e inexistência de raízes extensas de plantas para ajudar a conter fragmentos de rocha, não ocorre o acúmulo de uma camada de solo capaz de reter umidade.

Os solos tendem a ser finos, rochosos e descontínuos. Esta ausência de uma vegetação contínua e cobertura do solo dá às formas de relevo do deserto seu caráter único. Sob essas condições da superfície, de interceptação bem limitada e baixa permeabilidade, muito da chuva que cai no deserto rapidamente se transforma em escoamento de superfície disponível para realizar trabalho geomórfico fluvial. Com poucos elementos que os segurem, todos os sedimentos de rocha que tenham sido liberados pelo intemperismo podem ser varridos pelo escoamento de superfície produzido pela próxima tempestade.

Interessante notar que, embora paisagens de deserto reflitam claramente a deficiência de água, os efeitos da água corrente são bastante evidentes nos declives e nos fundos dos vales (■ Figura 15.1). Onde a vegetação é esparsa, a água corrente, quando disponível, é muito eficaz em dar forma à terra.

Climas desérticos têm como característica receber pouca quantidade de precipitação e estão sujeitos a altas taxas de evapotranspiração em potencial. A maior parte dos locais de deserto recebe alguma precipitação a cada ano, mas a frequência e a quantidade são imprevisíveis, e as chuvas acontecem com bastante intensidade e frequência. O impacto mais importante da chuva no desenvolvimento da forma de relevo dos desertos é que, quando ela ocorre, boa parte cai em superfícies impermeáveis, produzindo um escoamento intenso, gerando muitas vezes enchentes e operando como agente poderoso de erosão.

A evidência visível da água como agente geomórfico em regiões áridas aplica-se não apenas no clima dessas áreas hoje, mas também aos climas do passado.

Estudos paleogeográficos revelam que muitas áreas desertas experimentaram intervalos anteriores de clima úmido. Para desertos de latitude média e subtropical, o principal período úmido mais recente foi durante o Pleistoceno. Enquanto as geleiras estavam avançando nas altas latitudes e em regiões de alta elevação montanhosa durante o Pleistoceno, a precipitação também era maior que são atualmente as bacias, os vales e as planícies áridas de latitudes médias e subtropicais. Ao mesmo tempo, temperaturas mais baixas nessas regiões significavam que elas também experimentavam menores taxas de evaporação. Em muitos desertos, a evidência de períodos úmidos no passado inclui deposição e margens em formas de ondas constituídas por lagos hoje extintos (■ Figura 15.2) e cânions imensos ocupados por córregos que hoje são pequenos demais para terem corroído vales tão enormes.

A água corrente é um agente geomórfico bastante eficaz em desertos mesmo que opere apenas algumas vezes. Na maioria das áreas desertas, a água corrente flui apenas durante um curto período de tempo após tempestades. Córregos no deserto, portanto, são tipicamente *canais efêmeros*, contendo água apenas por curtos intervalos e permanecendo secos no restante do tempo. Em contraste com *canais perenes*, que fluem durante todo o ano e são típicos de ambientes úmidos, córregos efêmeros não recebem infiltração da água do solo para sustentá-los entre os episódios de escoamento de superfície. Córregos efêmeros, na verdade, em geral perdem água para o solo pela infiltração no leito do canal. Por causa da baixa taxa de intemperismo em ambientes de deserto, a maioria dos córregos de regiões áridas recebe em abundância sedimento grosseiro que devem transportar em seu leito. Isso resulta em *canais trançados*, comuns nos desertos, nos quais fios múltiplos de fluxo se dividem e se reúnem ao redor de deposições temporárias de sedimentos de granulação grossa (■ Figura 15.3).

Diferentemente das situações típicas para córregos de regiões úmidas, muitos córregos de deserto sofrem uma diminuição em seu curso, em vez de aumento. Esta diminuição por descarga ocorre por duas razões principais: (1) perdas de água por infiltração em canais de cascalho acumulados a jusante e (2) perdas por evaporação que diminuem a corrente em razão das temperaturas mais elavadas das regiões mais baixas. Como resultado da diminuição da carga, muitos córregos do deserto terminam antes de alcançar o oceano. As mesmas montanhas que contribuem para a aridez por meio do efeito de sombra de chuva podem efetivamente impedir córregos de deserto de fluir até o mar. Sem descarga suficiente para alcançar o nível-base definitivo, os córregos de desertos terminam em depressões no interior do continente, onde eles costumam formar rasos lagos efêmeros. Lagos efêmeros evaporam e desaparecem, reaparecendo somente quando a chuva retornar e oferecer fluxo adequado novamente. Durante períodos de temperaturas mais

■ **FIGURA 15.1** Em quase todos os desertos, os efeitos da água corrente são nítidos na paisagem.
Por que você acha que a densidade da drenagem é tão alta no terreno desta foto?

■ **FIGURA 15.2** Muitas bacias desérticas têm linhas litorâneas remanescentes que foram criadas por lagos que existiam ali durante o Pleistoceno. A linha se estendendo ao longo da frente desta montanha era a costa de um desses lagos antigos.
Por que o terreno parece tão mais liso abaixo que acima da linha costeira mais alta?

■ **FIGURA 15.3** Este córrego trançado no Cânion do Monumento Nacional de Chelly, perto de Chinle, no Arizona, se divide e se reúne diversas vezes conforme trabalha para carregar uma grande carga de areia grossa em seu leito.
Por que o número e a posição de canais múltiplos às vezes mudam rapidamente?

baixas e mais úmidos do Pleistoceno, muitas bacias fechadas em regiões hoje áridas eram preenchidas com consideráveis quantidades de água que, em alguns casos, formavam grandes lagos perenes de água fresca, e não apenas os lagos rasos efêmeros que hoje elas contêm.

Onde escoamentos de superfície são drenados para bacias desérticas fechadas, o nível do mar não governa o nível-base de erosão como faz com córregos que fluem até o oceano e desse modo atingem *drenagem exterior*. As bacias de drenagem do deserto caracterizadas por córregos que terminam em depressões interiores são conhecidas como bacias de drenagem interior; tais córregos são controlados por um **nível-base regional**, em vez de um nível-base definitivo (■ Figura 15.4). Quando a sedimentação eleva o fundo da bacia desértica, localizado onde termina o córrego, o nível-base do córrego aumenta, causando uma diminuição na inclinação do córrego, sua velocidade e energia. Se atividades tectônicas rebaixarem o piso da bacia, o nível-base regional diminui, o que pode levar ao rejuvenescimento do córrego do deserto. O tectonismo já criou até mesmo algumas bacias de

■ **FIGURA 15.4** O leito do Lago Owens (área branca) ocupa uma bacia na zona de sombra de chuva a oeste de Serra Nevada (topo da foto) que é parte de uma região grande de drenagem interior que termina no Vale da Morte. Qualquer fluxo saindo do Lago Owens através do canal do córrego (à esquerda) é conduzido para bacias ainda mais baixas.

deserto com drenagem interior com fundo abaixo do nível do mar, como no Vale da Morte na Califórnia, Estados Unidos, e a bacia do Mar Morto, no Oriente Médio.

Muitos córregos encontrados em desertos se originaram em regiões úmidas das proximidades ou em áreas montanhosas mais frescas adjacentes ao deserto. Mesmo elas, no entanto, raramente têm descarga suficiente para fluir ao longo de um grande deserto.

Com poucos afluentes e praticamente nenhum fluxo entrando a partir da água do solo, a água perdida por evaporação e infiltração não é reabastecida. Na maioria dos casos, o fluxo diminui e por fim desaparece. O Rio Humboldt, no estado de Nevada, nos Estados Unidos, é um exemplo excelente; após surgir nas montanhas da área central de Nevada e fluir por 465 quilômetros (290 milhas), o rio desaparece na Bacia de Humboldt, uma depressão fechada. Somente alguns rios grandes que se originam em planaltos úmidos têm força suficiente para sobreviver a uma longa jornada por centenas de quilômetros de deserto para alcançar o mar (■ Figura 15.5). Esses **córregos externos**, como o Rio Nilo no Sudão e Egito, proporcionam drenagem exterior ao deserto. Sob condições naturais, o Rio Colorado, nos Estados Unidos e no México, chegava a alcançar o nível-base definitivo no Golfo da Califórnia, mas isso não acontece mais por causa do grande volume de água que as pessoas têm retirado do rio.

Água como agente geomórfico em terras áridas

Quando a chuva cai no deserto, lençóis de água descem por encostas desprotegidas, recolhendo e movendo sedimento. Canais secos rapidamente se tornam córregos inundados. O material removido pelos lençóis e córregos de superfície é transportado, assim como em terras úmidas, até que a velocidade do fluxo diminua o bastante para que ocorra a deposição. Por fim, esses córregos desaparecem quando a infiltração e a evaporação superam a descarga. Quantidades enormes de sedimento podem ser depositadas ao longo do caminho conforme um córrego perde volume e velocidade. Os processos de erosão, transporte e deposição pela água corrente são essencialmente os mesmos tanto em terras úmidas quanto em terras áridas. Contudo, as formas de relevo resultantes diferem graças à natureza esporádica do escoamento do deserto, à falta de vegetação para proteger materiais da superfície contra a erosão rápida e à ocorrência comum de córregos que não alcançam o mar.

Formas de relevo de erosão fluvial de regiões áridas

Os canais de córregos efêmeros estão entre as formas de relevo de deserto mais comuns criadas pelo escoamento de superfície e erosão. Conhecidos como *washes* ou **arroios** no sudoeste dos Estados Unidos e *wadis* no norte da África, esses canais em geral se formam quando a água corrente da superfície se encontra com um aluvião não consolidado (■ Figura 15.6). Esses canais, tipicamente entrelaçados e cobertos de cascalhos, são propensos a enchentes, o que os faz lugares muito perigosos. Apesar de soar estranho, muitas pessoas já se afogaram no deserto durante enchentes.

A rápida erosão de argilas frágeis ou xistos pelo escoamento de superfície pode produzir encostas estéreis e cumes dessecados por um labirinto denso de barrancos e ravinas. Esse tipo de terreno acidentado, estéril e altamente dessecado é chamado **badland** (terra ruim) (■ Figura 15.7). Essa topografia tem uma *densidade de drenagem* bastante alta, definida como a extensão dos canais por unidade de área da bacia de drenagem. *Badlands* extensos existem nos estados americanos de Dakota do Norte e Dakota do Sul, no Parque Nacional do Vale da Morte, na Califórnia, no Parque Nacional de Big Bend, no Texas, e no sul de Alberta, no Canadá. Em geral, *badlands* não se formam naturalmente em climas úmidos porque a vegetação inibe o escoamento e a erosão, levando a menores densidades de drenagem. A remoção de vegetação de áreas de argila ou xisto por causa do sobrepastoreio, mineração ou

■ **FIGURA 15.5** Uma imagem de satélite de falsa cor do exótico Rio Nilo serpenteando através do Saara, no Egito, desde suas águas nascentes nos planaltos da Etiópia. As plantações irrigadas que aparecem em vermelho-escuro contrastam com os tons claros estéril do terreno do deserto (imagem disponível em cores na página deste livro no site da Cengage).

CAPÍTULO 15 • **FORMAS DE RELEVO DE REGIÕES ÁRIDAS E SISTEMAS EÓLICOS** **363**

■ **FIGURA 15.6** Este córrego seco, ou arroio, tem um leito de aluvião grosso em que a água corre apenas durante ou após uma tempestade.
Por que este córrego de deserto tem um grande risco de enchentes?

retirada de árvores, contudo, pode promover o desenvolvimento de topografias de *badlands* mesmo em ambientes úmidos.

Um **platô** é uma região elevada extensa com uma superfície relativamente plana. Platôs costumam ser dominados por uma estrutura que consiste em camadas horizontais de rocha. Muitos platôs existem nos desertos e regiões semiáridas do mundo, incluindo o Platô do Colorado, tectonicamente erguido, centralizado na área de Four Courners, entre Arizona, Colorado, Novo México e Utah. Em tais regiões de platô, córregos respondem à elevação cortando finos e íngremes cânions. Onde as paredes do cânion consistem de camadas horizontais alternando rochas resistentes e erodíveis, intemperismo e erosões diferenciais criam paredes com degraus, com morros quase verticais, feitos de camadas de rocha resistente (em geral, arenito, calcário ou basalto) e estratos mais frágeis (normalmente xisto) constituindo encostas mais suaves (■ Figura 15.8). A rocha que forma o topo (margem) da sequência é **a rocha de cobertura** (ou *caprock*), um termo que se refere a uma camada horizontal resistente que compõe o topo de uma forma de relevo. Essas camadas horizontais de rocha de espessura e resistência variáveis oferecem a aparência distintiva que a maior parte do Platô do Colorado apresenta, incluindo o Grand Canyon.

As rochas de cobertura se estendem nos platôs e constituem as bordas de cânions, mas constituem também o pico de outros tipos menores de formas de relevo de topo plano, que, apesar de serem encontradas em muitas regiões climáticas, são características deséticas. Intemperismo e erosão reduzirão com o tempo a extensão de uma rocha de cobertura até que apenas

■ **FIGURA 15.7** Em *badlands*, como este na Dakota do Sul, argilas impermeáveis que não têm cobertura do solo produzem um escoamento rápido, levando à erosão extensa e alta densidade de drenagem.

FIGURA 15.8 No Platô do Colorado, no sul dos Estados Unidos, intemperismo diferencial e erosão horizontal de estrato de rocha de resistência variável criaram uma topografia em escadaria que é facilmente vista em paisagens áridas de vegetação esparsa.

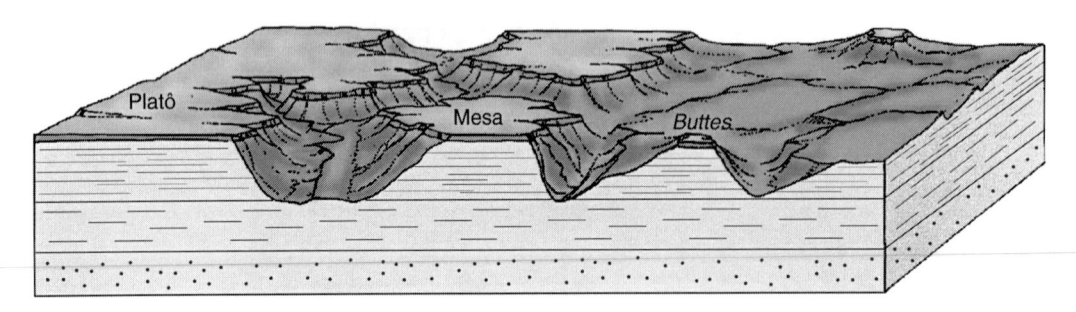

FIGURA 15.9 Platôs, mesas e *buttes* se desenvolvem por intemperismo e erosão em áreas como o Platô do Colorado, de camadas de rochas horizontais com uma rocha de cobertura resistente.

mesas de topos plano e encostas íngremes permaneçam. Uma mesa tem uma área de superfície menor que um platô e é um tanto mais larga que alta. Mesas são relativamente comuns na região do Platô do Colorado. Por meio da erosão adicional de rochas de coberturas por todos os lados, uma mesa pode ser reduzida para um ***butte***, similarmente resultante de erosão e com topo plano, mas com uma área de superfície menor (■ Figura 15.9). Em geral, mesas e ***buttes*** em uma paisagem são evidência de que uma elevação ocorreu no passado e que intemperismo e erosão foram extensos desde aquele tempo. Variações na forma da encosta abaixo de *buttes*, mesas e platôs estão relacionadas à altura do morro até o topo, que é controlada pela espessura da rocha de cobertura em comparação com a altura total da forma de relevo (■ Figura 15.10).

Escoamento em lençol (*sheetwash*) e desenvolvimento de canais costumam provocar erosão extensa de laterais de montanhas e encostas de morros que margeiam uma bacia ou planície de deserto. Particularmente em regiões áridas com drenagem exterior ou fluxo de água na bacia ou planície, essa ação fluvial, auxiliada pelo intemperismo, pode levar à gradual retirada por erosão de encostas de substrato rochoso. Esta retirada da frente íngreme da montanha pode deixar para trás uma superfície inclinada mais suave de substratos rochosos erodidos, chamada **pedimento** (■ Figura 15.11).

■ **FIGURA 15.10** A rocha de cobertura em Monument Valley, no Arizona, é particularmente espessa e representa uma camada rochosa que antes cobria a região toda. Os *buttes* proeminentes são resquícios da erosão daquela camada.

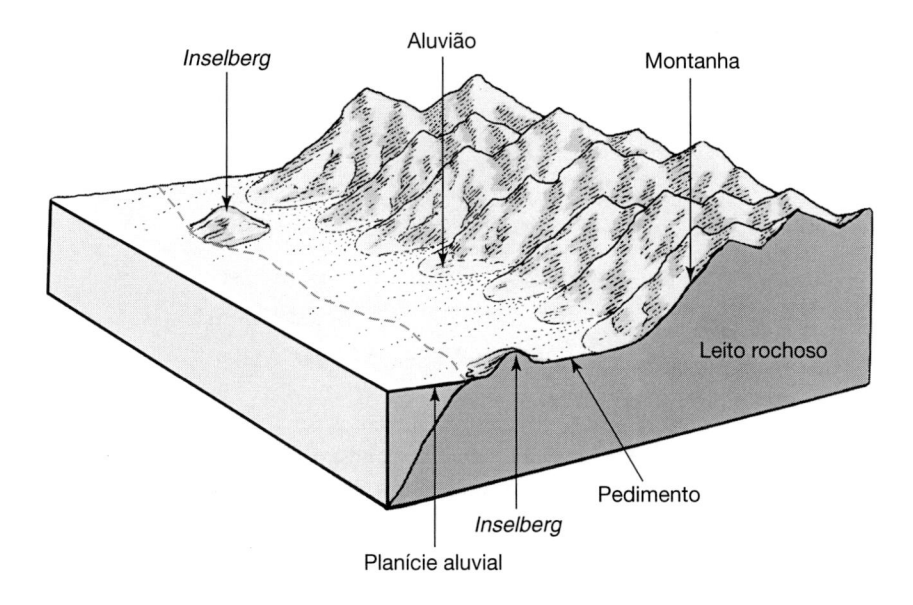

■ **FIGURA 15.11** Pedimentos são superfícies de erosão suavemente inclinadas, normalmente enterradas por um aluvião fino, cortadas no substrato rochoso além da frente atual da montanha. Eles são mais comuns em áreas de deserto com drenagem exterior que podem remover parte do produto da erosão. Qualquer saliência resistente que permaneça acima da superfície do pedimento são *inselbergs*.

Caracteristicamente em áreas desertas, existe a tendência de haver uma quebra aguda na encosta entre a base de montes ou montanhas íngremes, que sobem a ângulos de 20° a 30° ou mais, e o pedimento suave, com uma encosta que tem em geral apenas 2° a 7° de inclinação. Protuberâncias resistentes do substrato rochoso podem se projetar acima da superfície, por meio do pedimento. Essas saliências resistentes são chamadas **inselbergs** (do alemão: *insel*, ilha; *berg*, montanha).

Geomorfologistas não chegam a um acordo sobre como exatamente os pedimentos se formam e vários processos podem ser responsáveis por sua formação em diferentes regiões. Contudo, há um consenso geral de que a maioria dos frontões são superfícies erodidas criadas ou parcialmente criadas pela ação de água corrente. Em algumas áreas, o intemperismo, talvez quando o clima era mais úmido no passado, também pode ter tido um papel forte no desenvolvimento de pedimentos.

Formas de relevo de deposição fluvial em regiões áridas

A deposição é tão importante quanto a erosão na criação de características das formas de relevo em regiões áridas, e em muitas áreas a sedimentação pela água afeta o nível do solo tanto quanto a erosão.

Muitas áreas de deserto têm amplas expansões de aluviação ou em bacias fechadas ou na base de montanhas, depositadas por córregos enquanto eles perdem água no ambiente árido. Conforme o fluxo do córrego diminui, também reduz sua *capacidade* – a quantidade de carga que ele pode transportar. Muitas das formas de relevo formadas por deposição fluvial em terras áridas não são exclusivas de regiões desérticas, mas são particularmente comuns e visíveis em terras secas, em razão da vegetação esparsa.

Leques aluviais
Nos locais onde córregos fluem de finos cânions elevados em direção a planícies baixas abertas, particularmente os córregos efêmeros (esporádicos) ou *intermitentes* (sazonais), os canais se tornam mais largos e rasos. Como a descarga do córrego (Q) é igual à largura transversal (w) e à profundidade (d) multiplicada pela velocidade do fluxo (v), $Q = wdv$, o aumento na largura causa uma diminuição na velocidade do fluxo, reduzindo a competência (tamanho máximo de carga) e a capacidade (máxima quantidade da carga) do córrego. A descarga também diminui conforme a água se infiltra do canal para um aluvião mais grosso abaixo. Como resultado, a maior parte da carga sedimentária carregada pelo córrego é depositada ao longo da base das terras altas.

Rio acima a partir da boca do cânion, o canal é limitado pelos substratos rochosos das paredes dos vales, mas conforme ele flui para fora do cânion fica livre para se alargar e também mudar sua posição lateralmente. Sedimentos são depositados de início apenas além da boca do cânion, construindo a área próxima à frente da montanha. Por fim, esse assoreamento faz com que o canal se altere lateralmente, onde ele começa a depositar e formar outra faixa próxima à frente da montanha e adjacente à primeira área assoreada. A boca do cânion serve como um ponto pivô ancorando o canal quando ele oscila para a frente e para trás nas terras baixas próximas à frente da montanha, deixando o aluvião para trás. Isso cria uma

■ **FIGURA 15.12** No lugar onde os canais de córregos saem de cânions montanhosos confinados e se ampliam, eles depositam aluvião que, com o passar de tempo, toma forma de um leque cujo ápice fica na boca do cânion.
Como leques aluviais diferem de pedimentos?

forma de relevo de deposição com formato de leque, chamada **leque aluvial**, na qual a deposição acontece de modo radial, com sentido para fora do ponto pivô ou **ápice do leque** (■ Figura 15.12).

Uma característica importante de um leque aluvial é a seleção de sedimentos que tipicamente ocorre em sua superfície. Sedimentos grossos, como pedregulhos e pedras, são depositados perto do ápice do leque quando o córrego começa a sofrer uma diminuição de competência e capacidade ao emergir do confinamento do cânion. Em função do grande tamanho dos depósitos de clasto ali, a encosta de um leque aluvial é mais íngreme em seu ápice e gradualmente diminui, com o tamanho do sedimento e o aumento da distância córrego abaixo, a partir da boca do cânion. Em áreas onde as terras altas geram corridas de detritos em vez de fluxos de água, leques de **detritos** ou detritos mistos são formados no lugar de leques puramente aluviais. Leques de detritos tendem a ser mais íngremes que leques aluviais e não têm o mesmo grau de seleção na encosta que o apresentado por seu contraposto fluvial.

Apesar de serem encontrados em áreas montanhosas de quase todo tipo de clima, leques aluviais são particularmente comuns onde córregos efêmeros ou intermitentes carregados de sedimentos grossos fluem de regiões montanhosas para planícies de deserto ou bacias de interior áridas. No oeste dos Estados Unidos, leques aluviais são a principal forma de relevo em paisagens, consistindo de montanhas e bacias com blocos falhados, como na Grande Bacia da Califórnia, Nevada e Utah (■ Figura 15.13). Aqui, córregos carregados de sedimentos periodicamente correm dos cortes entre cânions para montanhas de bloco falhado e depositam sua carga de sedimentos nas bacias desérticas adjacentes, próximas à frente da montanha. O fluxo do córrego pode terminar nos leques aluviais por causa das perdas por infiltração e evaporação, mas esses às vezes alcançam o fundo da bacia além dos leques aluviais, onde depositam sua carga remanescente, siltes e argila. Leques aluviais extensos não são tão comuns em regiões úmidas quanto em áridas porque a maior parte dos córregos de terras altas em climas úmidos é perene e tem fluxo suficiente para continuar através e além de terras baixas adjacentes.

Ao longo da base de montanhas em regiões áridas, leques aluviais adjacentes podem se tornar tão grandes que se juntam nas laterais e formam uma encosta de aluvião contínua, em formato de rampa, chamadas **bajadas** (■ Figura 15.14). Uma *bajada* consiste de leques aluviais adjacentes que coalizam para formar um "avental" de aluvião ao longo da base da montanha.

Nos locais onde leques extensos se unem por áreas muito amplas, eles formam uma **planície aluvial piemontesa**, como na área que circunda Phoenix, no Arizona, nos Estados Unidos. Planícies aluviais piemontesas em geral têm solos ricos e o potencial de se transformarem em terras produtivas para agricultura. O principal obstáculo é um suprimento de água inadequado para as plantações em ambiente árido. Em muitas regiões do mundo, planícies aluviais áridas são irrigadas artificialmente com águas desviadas de áreas de montanha ou obtidas de reservatórios de córregos externos.

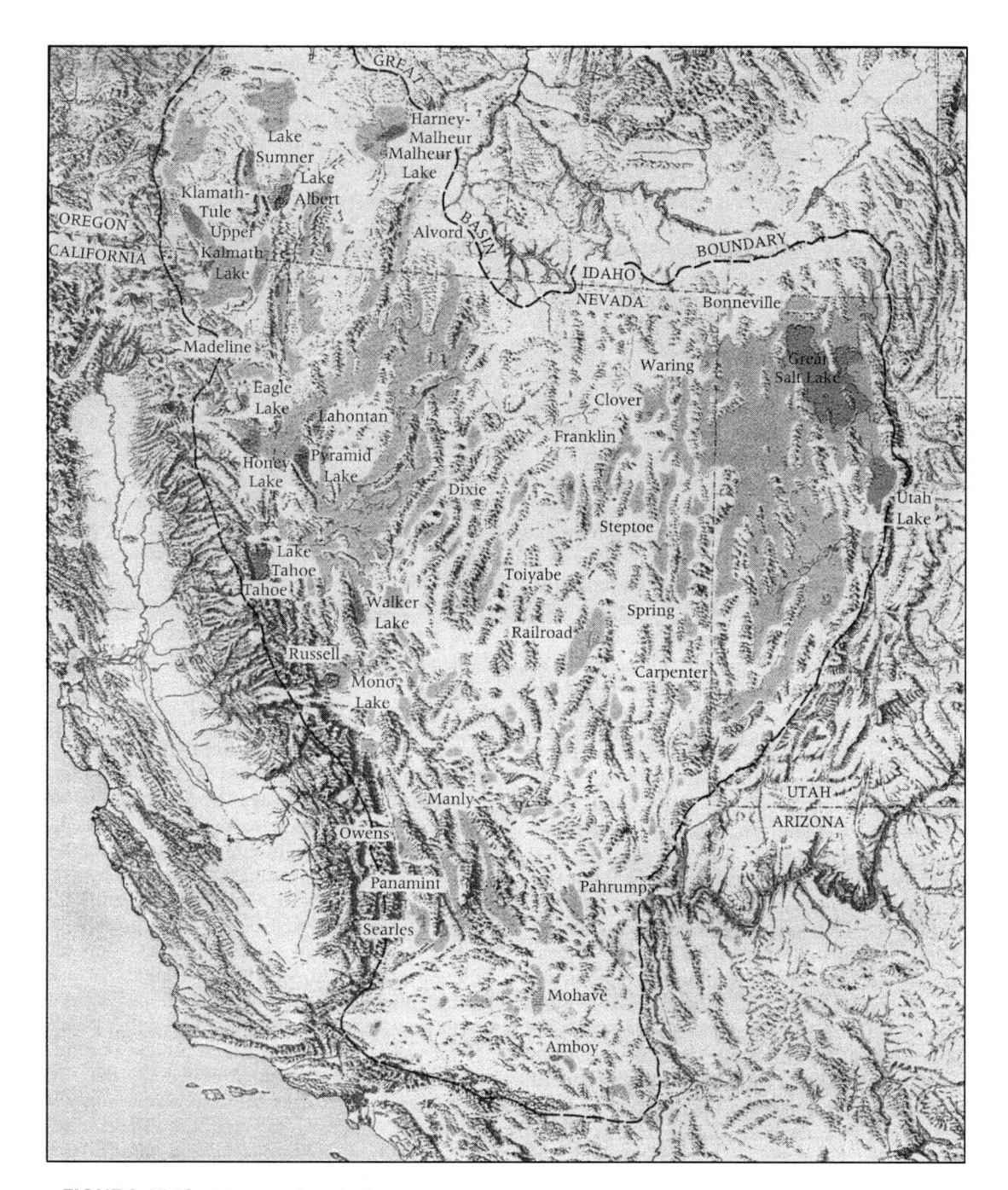

■ **FIGURA 15.13** Mapa da Grande Bacia no oeste dos Estados Unidos que mostra lagos principais que existiam durante eras glaciais. Muitas dessas bacias de bloco falhado têm leques aluviais.
Por que há apenas poucos lagos nesta região hoje?

■ **FIGURA 15.14** Leques aluviais adjacentes se juntaram para formar esta *bajada* que conecta a terra alta da montanha com a terra baixa da bacia.

■ **FIGURA 15.15** O fundo da maioria dos bolsões contém grandes *playas*, que apenas ocasionalmente têm água.
Que evidência sugere que a *playa* nesta foto é parcialmente úmida?

■ **FIGURA 15.16** Os depósitos de sal se acumulam em *playas* que evaporam considerável quantidade de água do solo. Ao fundo, uma mistura de sal e lama criou a microtopografia da *playa* conhecida como *puffy ground*.

Playas Bacias de deserto de drenagem interior cercadas por montanhas são **bolsões**. A maioria dos bolsões se formou pelas falhas criadas de bacias entre montanhas que se elevaram. A parte mais baixa de bolsões é ocupada por uma forma de relevo chamada *playa* (do espanhol, *playa*, praia), que é uma camada de sedimento fino de um lago efêmero. Às vezes, eventos como uma chuva forte (ou derretimento de neve) ou estações úmidas cobrem a playa com uma camada bem rasa de água, chamada **lago de *playa***. Precipitação direta na *playa*, entrada de fluxo pelo escoamento de superfície e descarga subterrânea de água podem contribuir com água para o lago de *playa*. Um lago de *playa* pode persistir por um dia ou por alguns meses (■ Figura 15.15). O vento que sopra no lago de *playa* move a água rasa, com carga em suspensão e dissolvida ao redor da superfície da *playa*. Isso ajuda a preencher os pontos baixos da *playa* e contribui para fazer delas uma das mais planas de todas as formas de relevo na Terra. Lagos de *playa* perdem a maior parte de sua água pela evaporação no ar do deserto.

Embora as *playas* sejam bem planas, existe variação considerável na natureza de suas superfícies. *Playas* que recebem a maioria da sua água do escoamento de superfície tipicamente têm uma superfície lisa de argila, às vezes chamada **clay pan**, que pode ser enrijecida pelo Sol do deserto quando seca, mas bastante escorregadia quando úmida. Em contraste, **playas com crosta de sal**, também conhecidas como **planície de sal**, recebem muito de sua água do solo, são úmidas na maior parte do tempo e incrustadas com depósitos de sal mineral cristalizados a partir da evaporação da água do solo (■ Figura 15.16). Algumas *playas*, como a famosa Bonneville Salt Flats em Utah, agora desertas, são o fundo de lagos antigos dessecados pertencentes a bacias durante o Pleistoceno.

Vento como agente geomórfico

De modo geral, o vento é menos efetivo na realização de trabalho geomórfico que a água corrente, ondas, água subterrânea, movimento de gelo ou de massa. Sob certas circunstâncias, contudo, o vento pode ser um agente significativo na modificação da topografia. Formas de relevo – seja no deserto seja em outros lugares – criadas pelo vento são chamadas **eólicas**, em referência a Éolo, o deus dos ventos na mitologia grega clássica. As três principais condições necessárias para que os ventos sejam efetivos como agente geomórfico são uma camada vegetativa esparsa, a presença de materiais secos, soltos na superfície e uma velocidade do vento forte o suficiente para mover esses materiais. Essas três condições ocorrem mais comumente em regiões áridas e em praias.

Uma cobertura densa de vegetação reduz a velocidade do vento perto da superfície ao oferecer resistência por atrito. Ela também impede que o vento se direcione contra a superfície e retém materiais no lugar com sua trama de raízes. Sem essa camada protetora, materiais de sedimento fino e suficientemente secos ficam sujeitos à remoção por ventos fortes. Se as partículas da superfície estão úmidas, elas tendem a se aderir umas as outras em razão da maior coesão oferecida pela água. As condições áridas dos desertos, assim, tornam essas regiões muito suscetíveis à erosão pelo vento.

Processos eólicos têm muitas coisas em comum com processos fluviais porque o ar e a água são fluidos. Alguns constrastes importantes também existem, contudo, em razão das diferenças fundamentais entre gases e líquidos. Por exemplo, materiais que formam rochas não se dissolvem no ar, como alguns podem se dissolver na água; assim, o ar não é capaz de erodir por corrosão ou mover carga em solução. O vento destaca e transporta fragmentos de rocha em modos comparáveis à água corrente, mas faz isso com menos efetividade porque o ar tem densidade muito mais baixa que a água. Outra diferença é que, comparado com córregos, o vento tem menos limitações verticais ou laterais em seu movimento. Como resultado, a disseminação de material pelo vento pode ser mais ampla e imprevisível que a dos córregos.

Uma semelhança principal entre propriedades geomórficas do vento e água corrente é que a velocidade do fluxo controla sua competência – ou seja, o tamanho das partículas que cada um pode recolher e carregar. Contudo, por ter baixa densidade, a competência do ar em movimento costuma ser limitada a fragmentos de rocha com tamanho de areia ou menor. A erosão pelo vento arrasta pequenas partículas seletivamente, deixando as partículas mais grossas e pesadas para trás. Assim como sedimentos deixados pela água, os depósitos do vento são estratificados de acordo com mudanças na velocidade do fluido, embora em uma faixa de tamanhos de sedimentos bem mais estreita do que ocorre na maioria dos aluviões.

Transporte pelo vento e erosão

Ventos fortes sopram com frequência em regiões áridas, levando embora materiais de superfície e transportando-os em correntes de ar turbulentas. As partículas finas transportadas pelo vento, argilas e siltes são movidas em *suspensão*, levadas pelas correntes verticais (■ Figura 15.17). Essas partículas essencialmente incluem uma fina poeira que permanece em suspensão enquanto a força de correntes de ar ascendentes superar a tendência das partículas de se assentar ao solo por causa da gravidade. Os sedimentos carregados em suspensão pelo vento formam sua carga suspensa. Se a velocidade do vento ultrapassar 16 quilômetros (10 milhas) por hora, grãos de areia da superfície podem ser colocados em movimento. Assim como no transporte fluvial, partículas que são muito grandes para serem carregadas por suspensão eólica são impelidas ao solo como parte da carga de fundo no processo de transporte de *saltação*. Quando partículas em movimento em saltações eólicas, que são tipicamente do tamanho de areia, atingem o solo, elas costumam desalojar outras partículas que então são adicionadas à carga suspensa do solo. Mesmo grãos de areia maiores, muito pesados para serem levantados pelo ar, são empurrados para a frente pela superfície do solo pelo impacto de sedimentos saltando em um processo chamado **deformação de superfície**. Sedimentos se movendo ao longo da superfície do solo com frequência se tornam organizados em formas de ondas pequenas conhecidas como **ondulações** (*riplles*).

O vento erode os materiais da superfície em dois processos principais. **Deflação**, que é similar à força hidráulica de água corrente, ocorre quando o vento sopra rápido com turbulência suficiente sobre uma área de sedimento solto, sendo capaz de recolher e remover pequenos fragmentos de rocha. Como todos os agentes geomórficos, uma vez que o vento obtém alguma carga, ele também realiza erosão por *abrasão*. Na abrasão eólica, partículas que já estão sendo transportadas pelo vento atingem

■ **FIGURA 15.17** O vento move sedimentos nos processos de transporte por suspensão, saltação e deformação da superfície. Parte da carga do leito forma ondulações, que podem ser vistas se movendo quando o vento está forte.
Por que os grãos maiores que areia geralmente não são movimentados pelo vento?

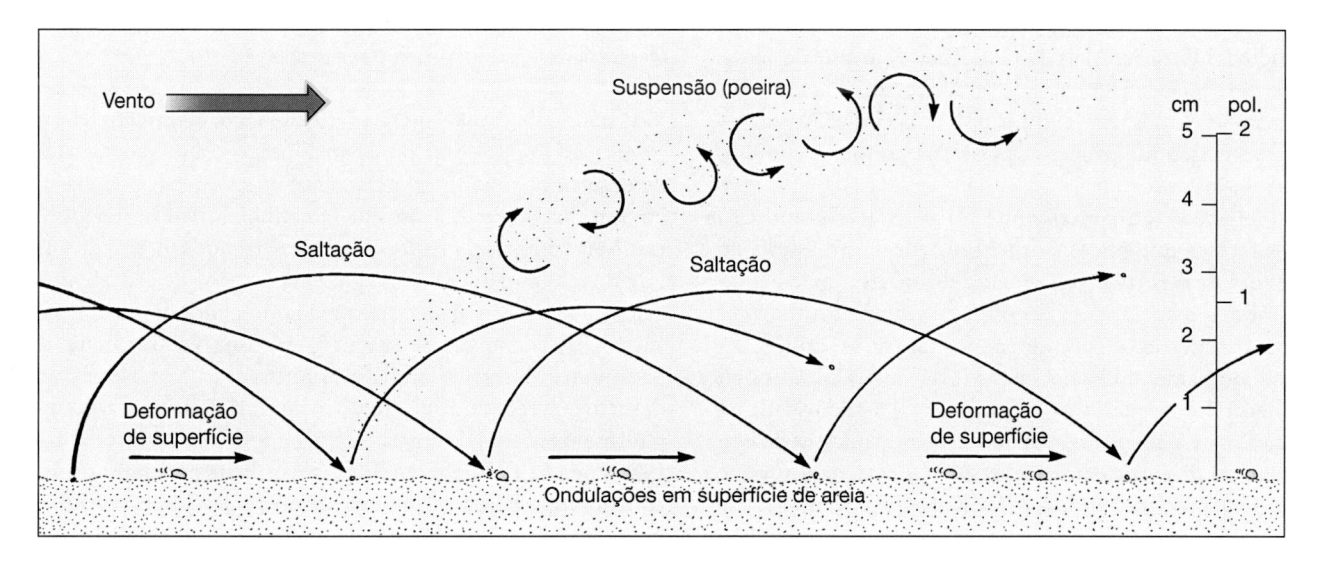

rochas ou sedimentos e quebram ou desalojam fragmentos de rocha adicionais. Partículas sólidas direcionadas pelo vento são mais efetivas que o vento por si mesmo em desalojar e arrastar outros sedimentos e em quebrar novos fragmentos de rocha. A maior parte das abrasões eólicas é literalmente um jato de areia, e a areia de quartzo, que é comum em muitas áreas de deserto, pode ser um agente abrasivo eficaz em processos eólicos. Ainda assim, grãos de areia costumam ser o maior tamanho de clasto que o vento pode mover e raramente são erguidos mais alto que 1 metro (3 pés) acima da superfície. Como consequência, o efeito desse jato de areia natural é limitado a uma faixa próxima ao nível do solo.

As partículas de sedimentos finos soltas na superfície terrestre são levadas pelos ventos fortes sobretudo por deflação e carregados em suspensão. Algumas vezes, o resultado é uma nuvem de poeira grossa, escura, que se move rapidamente e forma redemoinhos sobre a terra, reduzindo bastante a visibilidade. Essas *tempestades de poeira* podem ser muito destrutivas, removendo camadas de materiais da superfície em uma área e depositando-as em outro local (■ Figura 15.18). As *tempestades de areia* podem ocorrer em áreas onde a areia é abundante na superfície. Como os grãos de areia são maiores e mais pesados que siltes e argila, a maioria das tempestades de areia se restringe a faixas próximas ao solo, onde objetos podem ser severamente desgastados pela areia saltando.

A erosão por deflação pode produzir depressões rasas em uma superfície estéril de materiais não consolidados. Essas depressões, que variam em diâmetro de alguns centímetros para alguns quilômetros, são chamadas **depressões de deflação**. Depressões de deflação são particularmente comuns em regiões áridas não montanhosas. Elas tendem a coletar água da chuva e podem conter água por algum tempo, dependendo das taxas de permeabilidade e evaporação. Assim, as depressões de deflação, como bolsões, muitas vezes contêm *playas*. Milhares de depressões de deflação que contêm *playas* ocorrem no sul semiárido das Planícies Altas do oeste Texas e no leste do Novo México, nos Estados Unidos. Não raro, depressões de deflação se formam em locais que já exibiam uma ligeira depressão ou onde a vegetação foi arrancada por causa do sobrepastoreio, fogo ou outros meios.

A deflação tradicionalmente foi considerada um dos muitos fatores que podem contribuir para a produção de **pavimento de desértico**, um mosaico de rochas com tamanho de cascalho que reveste um depósito de sedimentos finos. O pavimento desértico é comum em muitas regiões áridas, em especial em partes do Saara, interior da Austrália, Gobi na Ásia Central e no sudoeste americano. Se a seletividade da deflação remove as partículas menores de uma superfície de deserto de tamanhos de partículas variados, os clastos de tamanho de cascalho deixados para trás podem formar uma concentração de pedras na superfície que recobre os tamanhos de sedimentos

■ **FIGURA 15.18** Tempestades de poeira ocorrem quando ventos fortes entram e suspendem uma quantidade grande de partículas de silte e argila. Esta tempestade de vento ocorreu no Texas durante a era "Dust Bowl", nos anos de 1930.
Você pode mencionar um continente que pode ser uma fonte principal de tempestades de poeira hoje?

■ **FIGURA 15.19** A superfície do pavimento desértico é um mosaico de cascalhos. Embaixo dela existe uma zona de sedimentos finos com um pouco de cascalho.

misturados abaixo (■ Figura 15.19). O escoamento em lençol (*sheet wash*) pode contribuir para a formação de pavimentos de deserto por erodir seletivamente os grãos finos de clasto em uma área de sedimentos de tamanhos variados. Pesquisas também mostraram que pavimentos podem se formar por deposição eólica, mais que pela erosão, de sedimentos finos encontrados abaixo da camada de pedra da superfície. Independentemente de sua origem, uma vez formado, o pavimento desértico ajuda a estabilizar as superfícies do deserto protegendo da erosão o material fino abaixo do pavimento. Infelizmente, veículos *off-road* de recreação rompem a superfície de rochas e perturbam sua estabilidade, contribuindo para a quantidade de poeira levada pelo vento e prejudicando os ecossistemas do deserto.

■ **FIGURA 15.20** Ventifacto em Marte. Com velocidades altas de vento, materiais soltos e nenhuma vegetação, rochas na superfície marciana apresentam facetas, cavidades e outras evidências fortes de abrasão eólica.

■ **FIGURA 15.21** Erosão eólica esculpe *yardangs*, topos formados aerodinamicamente, como este na Depressão de Kharga, no Egito.
Que lado deste *yardang* é voltado para o vento?

■ **FIGURA 15.22** Loess, visto perto de Ogden, Utah, é um acúmulo de silte depositado pelo vento.

Assim como a deflação, a abrasão eólica também é responsável por criar características interessantes de formas de relevo do deserto. Onde a superfície terrestre são expostos escudos rochosos a abrasão do vento pode polir, sulcar ou cavar a superfície da rocha e em alguns casos produzir **ventifactos**, que são rochas individuais formadas pelo vento. Um ventifacto é uma rocha que foi aparada formando uma encosta lisa em um ou mais lados por jateamento de areia. Por causa dos efeitos friccionais na superfície, a capacidade do vento de erodir por abrasão aumenta com a distância até a superfície do solo, pelo menos até certa altura. Assim, a abrasão esculpe o lado da rocha voltado para o vento em uma superfície lisa, inclinada. Ventifactos sujeitos a ventos de múltiplas direções têm múltiplas faces, chamadas *facetas*, que se encontram ao longo de bordas agudas (■ Figura 15.20).

As taxas de erosão eólica em regiões áridas frequentemente refletem a força e os tipos de materiais de superfície expostos.

Onde a abrasão eólica afeta rochas de resistência variável, a erosão diferencial leva embora rochas mais macias com mais rapidez que rochas mais duras. Mesmo em locais desérticos com extensa superfície de rochas mais macias, como xisto, ou sedimentos semiconsolidados, como depósitos em lagos antigos, a abrasão pode não agir de modo uniforme durante toda a exposição. *Yardangs* são remanescentes de cristas esculpidas, tipicamente compostas de rochas frágeis ou sedimentos semiconsolidados, deixados na paisagem depois que materiais adjacentes sofreram abrasão (■ Figura 15.21), talvez com a deflação contribuindo na remoção de fragmentos finos.

Deposição pelo vento

Todos os materiais transportados são depositados pelo vento em algum lugar, geralmente de modos distintos, conforme características do vento, bem como a natureza e o tamanho do sedimento dos depósitos. Material mais grosso, do tamanho de areia, costuma ser depositado em porções acumuladas, com formato de colinas, montes ou serras, chamadas **dunas de areia**. Sedimentos finos, como silte, podem ser transportados em suspensão por longas distâncias, desde sua fonte antes que desçam e, às vezes, modifiquem a topografia existente como depósitos chamados **loess** (■ Figura 15.22).

■ **FIGURA 15.23** Uma vista espetacular de dunas de areia depositadas pelo vento no Vale da Morte na Califórnia.

■ **FIGURA 15.24** Dunas migratórias e estacionárias. (a) A areia se move livremente em dunas migratórias, que têm pouca ou nenhuma vegetação. (b) A vegetação reduz a velocidade do vento sobre a duna e ajuda a aumentar a coesão do material, contribuindo para a estabilização da duna.
Qual é o efeito que as trilhas visíveis nas dunas estacionárias podem ter no sistema das dunas?

Dunas de areia Para muitas pessoas, a palavra *deserto* evoca a imagem de dunas de areia sem fim, tempestades de areia, um sol brilhante, miragens e um ocasional oásis com palmeiras. Essas características até existem, particularmente na Península Árabe e no norte da África, contudo a maioria das áreas desérticas no mundo tem superfícies rochosas ou de cascalho, vegetação atrofiada e pouca ou nenhuma duna de areia. Ainda assim, dunas de areia são com certeza as características mais espetaculares da deposição pelo vento, sejam elas regiões de dunas sem fim, chamadas **campos de dunas** (ou *ergs*), sejam pequenos campos de dunas ou cumes de areia no interior de praias (■ Figura 15.23).

A topografia das dunas é altamente variável. Por exemplo, grandes campos de dunas do Saara e da Arábia se parecem com ondas de um oceano em movimento. Outras têm forma aerodinâmica crescente.

Depósitos eólicos de areia também podem formar **lençóis de areia**, com nenhuma formação de duna. O tipo específico de duna que se forma depende da quantidade de areia disponível, da força, direção dos ventos que transportam as dunas e da quantidade de cobertura de vegetação. Conforme o vento que carrega a areia encontra obstáculos na superfície ou obstruções topográficas que diminuem sua velocidade, a areia é depositada e se acumula em montes. Essas pilhas de areia também interferem na velocidade do vento e capacidade de transportar areia, então as dunas se tornam maiores, até que o equilíbrio seja alcançado entre o tamanho da duna e a habilidade do vento de adicionar areia à duna.

As dunas de areia podem ser classificadas como *migratórias* ou *estacionárias* (■ Figura. 15.24). Dunas migratórias mudam sua forma ou avançam vento abaixo como resultado da ação do vento. As dunas podem mudar sua forma com a variação na direção do vento e/ou força do vento. Elas avançam conforme o vento erode a areia de sua encosta voltada para o vento (barlavento), depositando-a em seu lado protegido do vento (sotavento). A areia arrastada pela encosta voltada para o vento se move pela saltação e a superfície se deforma na crista da duna em direção à encosta íngreme protegida pelo vento, que é a **face de deslizamento**. A face de deslizamento de uma duna dispõe-se em um ângulo de repouso para areia seca e solta. O ângulo de repouso (cerca de 34° para areia) é o mais íngreme que uma pilha de material seco e solto pode manter, sem haver deslizamento ou escorregamento encosta abaixo. Quando a direção e a velocidade do vento são relativamente constantes, uma duna pode avançar enquanto mantém sua forma geral por essa transferência de sedimentos pelo vento, da encosta voltada para o vento para a protegida do vento (■ Figura 15.25). A velocidade com a qual dunas migratórias se movem com o vento varia muito, mas como em muitos processos o movimento é episódico; dunas avançam somente quando o vento é forte o suficiente para mover a areia do barlavento para o sotavento. Por causa de sua altura e em especial da quantidade de areia, grandes dunas viajam mais vagarosamente que dunas pequenas, que podem migrar até

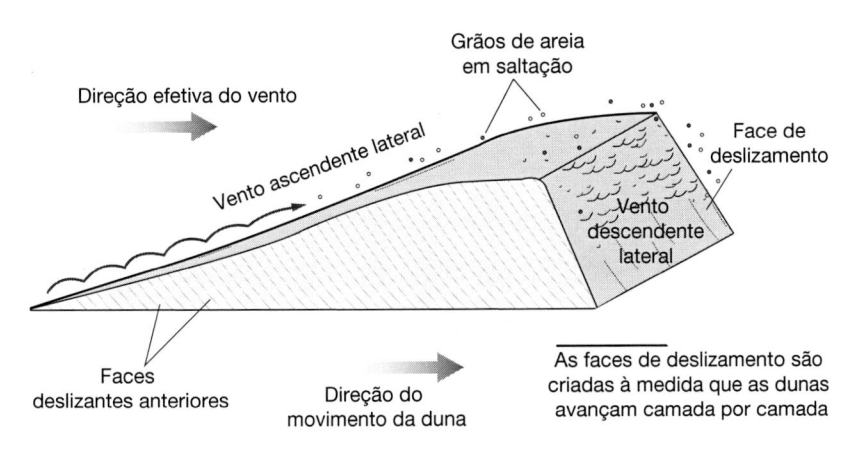

■ **FIGURA 15.25** Dunas migratórias deslocam-se com o vento conforme o sedimento contra ele é transportado e depositado na face de deslizamento.
Por que o lado interno da duna migratória consiste de antigas faces de deslizamento?

40 metros (130 pés) por ano. Durante tempestades de areia, uma duna pode migrar mais que um metro em um único dia. Algumas dunas são afetadas pelos ventos sazonais reversos, que não movem as dunas, mas movem sua crista superior para a frente e para trás anualmente, sob a influência de ventos de direções opostas.

As dunas estacionárias mantêm sua forma e posição ao longo do tempo. A vegetação em geral estabiliza dunas. Se a vegetação se rompe em uma duna estacionária, talvez em razão da passagem de animais ou veículos *off-road*, o vento então pode remover parte da areia, criando uma **ruptura**. Em locais onde plantas, incluindo árvores, ficam no caminho de uma duna que avança, a areia pode mover-se sobre a vegetação e sufocá-la. Em locais onde dunas que invadem e areias que são sopradas pelo vento são um problema, são feitas tentativas de plantio de grama ou outras vegetações para estabilizar essas dunas, parando seu avanço. A vegetação pode estabilizar uma duna de areia se as plantas conseguirem obter um ponto de apoio e enviar raízes que possam conseguir umidade profundamente dentro da duna. Essa é uma tarefa difícil para a maioria das plantas porque a areia oferece nutrientes limitados e tem alta permeabilidade.

Uma área extensa de dunas estacionárias na América do Norte é a Sand Hills de Nebraska, nos Estados Unidos. Essa região apresenta grandes dunas que se formaram em um período mais seco durante os avanços glaciais do Pleistoceno. Mudanças climáticas subsequentes afetaram o fornecimento de areia, o padrão dos ventos e a umidade disponível, de modo que essas dunas impressionantes estão agora estabilizadas por gramíneas (■ Figura 15.26).

■ **FIGURA 15.26** As terras de pastagem de Sand Hills, no estado de Nebraska, já foram uma região de grandes dunas de areia migratórias.
Por que essas dunas não são mais migratórias atualmente?

■ **FIGURA 15.27** Uma pequena barcana no sul de Utah.
Por que barcanas menores migram mais rapidamente que barcanas maiores?

Tipos de dunas de areia

As dunas de areia são classificadas de acordo com sua forma e sua relação com a direção do vento. Os diferentes tipos são também relacionados à quantidade disponível de areia, que afeta não apenas o tamanho, mas também o formato das dunas de areia.

As **barcanas** são um tipo de duna de formato crescente (■ Figura 15.27). Os dois braços do crescente, chamados *chifres* da duna, apontam para a direção do vento (■ Figura 15.28a). O corpo do crescente fica no lado contra o vento. Do chão do deserto até sua borda contra o vento, a duna surge como uma encosta suave, acima da qual a areia se move até alcançar o ponto mais alto ou crista da duna, e além desse

(a) Dunas barcanas.

(b) Dunas parabólicas.

(c) Dunas transversais.

(d) Dunas longitudinais.

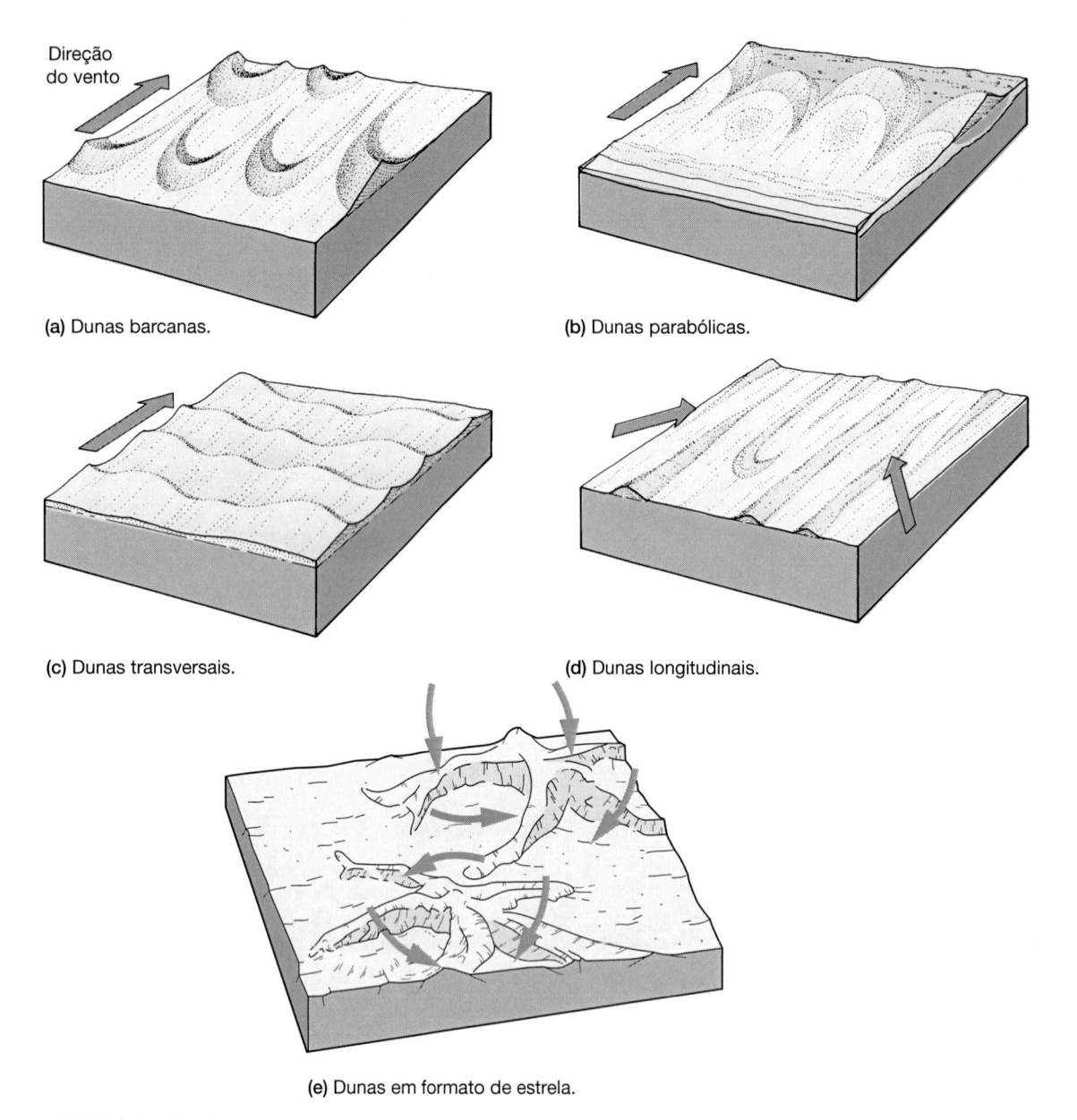

(e) Dunas em formato de estrela.

■ **FIGURA 15.28** Cinco tipos principais de dunas de areia. As setas indicam a direção dominante do vento para cada uma. Que fatores influenciam no tipo de duna que será encontrado em uma região?

ponto, a face de deslizamento no ângulo de repouso. A face de deslizamento é orientada perpendicularmente aos chifres da barcana. Os chifres se estendem no lado do vento além da localização da face de deslizamento. As barcanas se formam em áreas com provisão mínima de areia, onde os ventos são fortes o suficiente para mover a areia em uma única direção. Eles podem ser mais comuns em bacias desérticas cercadas por terras altas, nas quais elas tendem a se formar próximos a encostas, bordas de areia de leques aluviais, e adjacentes a pequenas *playas*. Apesar de às vezes formarem dunas isoladas, as barcanas normalmente aparecem em pequenos grupos, chamados campos de barcanas.

As **dunas parabólicas** são semelhantes às barcanas pelo fato de serem também em formato crescente, mas sua orientação é oposta (■ Figura 15.28b). Aqui os braços do crescente são estabilizados pela vegetação, longos e apontam contra o vento, voltados contra o corpo principal não provido de vegetação e a crista da duna. O corpo principal de uma duna parabólica aponta na direção do vento, e a face de deslizamento ao longo da face voltada para o vento tem uma forma convexa quando vista de cima. As dunas parabólicas ocorrem normalmente apenas em interior de praias e na margem de áreas de dunas migratórias em desertos.

As **dunas transversais** são criadas quando ventos que transportam areia sopram de uma direção constante e o suprimento de areia é abundante (■ Figura. 15.28c). Como acontece com as barcanas, a encosta oposta ao vento da duna transversal é suave, enquanto a face voltada ao vento é íngreme e em ângulo de repouso. Na direção do vento, dunas transversais formam topo após topo, separados entre si por baixos vales em uma forma repetitiva parecida com ondulações. Cada topo de duna é lateralmente extenso e perpendicular à direção do vento que está

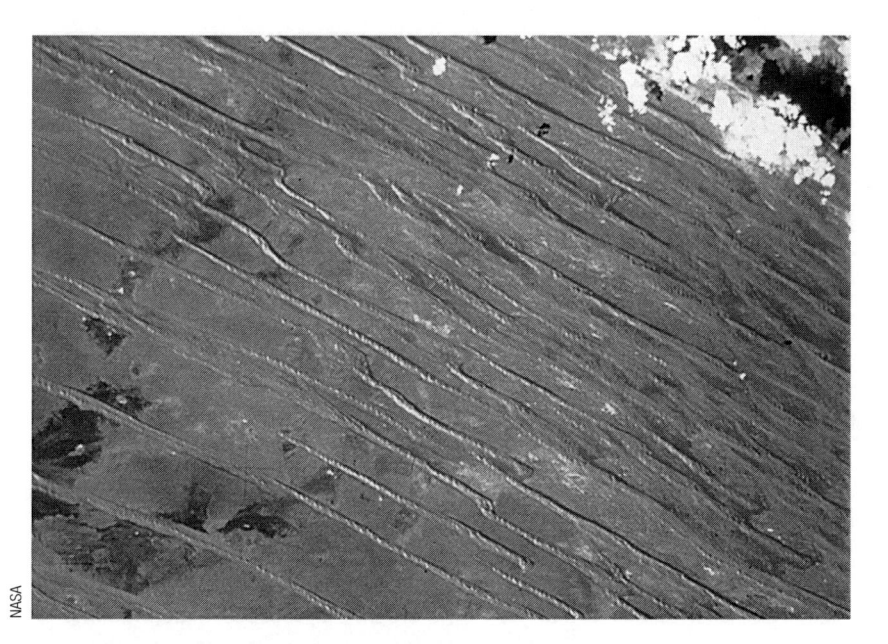

FIGURA 15.29 Uma visão de satélite de dunas longitudinais no Saara. A largura desta imagem representa aproximadamente 160 quilômetros de terreno, da esquerda para a direita.
Estime o comprimento do chão das dunas nesta imagem de satélite.

transportando areia. Os topos da duna, faces de deslizamentos, e vales entre dunas tendem a ser perpendiculares à direção dos ventos predominantes, daí o nome *transversal*. Um suprimento abundante de areia provém de fonte, como rochas matriz facilmente erodidas, areia de aluvião depositada por córregos externos ou durante climas mais úmidos no Pleistoceno, ou de deltas e praias deixadas na paisagem após a dessecação de lagos antigos.

As **dunas longitudinais** são longas dunas alinhadas em paralelo à direção média do vento (■ Figura 15.28d). Não há distinção consistente entre as encostas posteriores e frontais dessas dunas, e seus topos podem ser tanto arredondados quanto agudos. Ventos fortes são importantes para a formação da maioria das dunas longitudinais, que não migram, ao contrário, elas se alongam na direção do vento. Pequenas dunas longitudinais, tais como aquelas encontradas na América do Norte, podem simplesmente representar uma longa trilha de topos de dunas parabólicas rompidas ou um vestígio de areia que se estende de uma fonte de areia isolada de algum modo. Muito mais altas e consideravelmente mais longas que elas, são as impressionantes dunas longitudinais que cruzam vastas áreas do norte da África em uma topografia aberta de deserto, na Península Arábica e no interior da Austrália (■ Figura 15.29). Essas dunas se desenvolvem em regimes de ventos bidirecionais, onde as direções dos dois maiores ventos que transportam areia vêm do mesmo quadrante, como de noroeste e sudoeste.

As **dunas estrela** são grandes, largamente espaçadas e em formato de pirâmide, em que os topos de areia se irradiam de um centro, se assemelhando a uma estrela em um mapa (■ Figura 15.28e). Essas dunas têm múltiplas faces de deslizamento e são mais comuns em áreas onde há uma grande quantidade de areia, ventos que mudam de direção e clima extremamente quente e seco. As dunas estrela são estacionárias, mas o topo e as faces de deslizamento mudam de orientação com as variações do vento.

Proteção das dunas

Muitas pessoas consideram as dunas de areia umas das formas de paisagem mais bonitas da natureza, sendo locais atrativos para recreação. Apesar de as dunas parecerem ser indestrutíveis, um ambiente que muda rapidamente e sem danos com facilidade, isso está muito longe de ser verdade. As dunas são ambientes frágeis, com ecologias facilmente impactadas. Como as regiões de dunas são o resultado de um equilíbrio ambiental entre dunas migratórias e plantas que tentam estabilizá-las, ele é alterado facilmente. Algumas das áreas mais espetaculares de dunas nos Estados Unidos são de proteção ambiental, tais como parques nacionais ou litorais. Muitas áreas de dunas, porém, não têm proteção especial, e a degradação ambiental é uma ameaça constante.

Há muitas razões práticas para preservação de dunas. Ao longo de praias, as dunas ajudam a proteger algumas áreas de ondas durante tempestades. Nesse sentido, elas são particularmente importantes ao longo do Baixo Golfo e das Costas Atlânticas dos Estados Unidos, onde furacões e ciclones de média latitude atingem as costas. O deserto e as regiões de dunas costeiras servem como *habitats* críticos para a vida natural.

Depósitos de loess

O vento pode carregar em suspensão partículas de argila e silte do tamanho de poeira, removidas por deflação, por centenas ou milhares de quilômetros antes de depositá-las. Eventualmente essas partículas vão se assentar para formar uma camada marrom ou cinza de loess, que pode cobrir ou enterrar a topografia existente em amplas áreas. Esses depósitos variam em espessura, de alguns centímetros a até 100 metros (330 pés). No norte da China, com vento vindo do Deserto de Gobi, o loess atinge de 30 a 90 metros (100 a 300 pés) de espessura. Por causa do seu conteúdo de carbonato de cálcio e outros fatores, o loess é o material de origem para muitos dos solos para agriculturas mais férteis da Terra, mas é facilmente erodido pelo vento e água corrente se a vegetação que o cobre estiver prejudicada. Erosão por escoamento e assoreamento são processos notáveis pelos quais depósitos de loess formam encostas.

Os desertos são as maiores fontes de poeira depositada em locais de vento como loess, mas sedimentos de loess também se originam em outras áreas de vegetação esparsa. Os depósitos de loess espalhados pelo centro-oeste americano e pela Europa são derivados de depósitos glaciais extensos ou água de derretimento durante eras de gelo de um passado geológico recente. Enquanto os ventos sopram através dos depósitos, eles recolhem uma grande carga de sedimentos finos depositados como loess em regiões voltadas para o vento.

PERSPECTIVA AMBIENTAL DA GEOGRAFIA
:: IMPACTO DE VEÍCULOS OFF-ROAD EM PAISAGENS DESÉRTICAS

Quer você prefira chamá-los de veículos *off-road* ou de quadriciclos, dirigir veículos motorizados de qualquer tipo em paisagens de deserto, fora de estradas estabelecidas, tem um impacto negativo enorme na fauna e na flora do deserto, no *habitat* desses organismos, na estabilidade das formas de relevo e processos de formação e na estética do ambiente natural de deserto. Os desertos são particularmente frágeis, em primeiro lugar, pelo baixo nível de chuvas e suas variações. O regime climático leva a baixas taxas de intemperismo, baixas taxas de formação do solo, baixa densidade de vegetação, espécies incomuns de plantas e animais em especial adaptadas a essas condições hostis de umidade severamente baixa e rápida geração de escoamento de superfícies quando a precipitação chega a ocorrer.

Esses veículos prejudicam a biota de diversas formas. Eles matam e danificam plantas e animais (por exemplo, pássaros, texugos, raposas, cobras, lagartos, tartarugas, para citar apenas alguns) quando atingem os carros. Mesmo motoristas cuidadosos que dirigem devagar não podem evitar o esmagamento de pequenos animais e insetos que se escondem sob uma camada solta de areia ou raízes rasas que se estendem bem distantes de plantas. Dirigir esses veículos à noite é particularmente letal para animais do deserto, que tendem a ser noturnos. Esses veículos não precisam nem atingir ou atropelar organismos para causar a diminuição da população. Perdas auditivas causadas em animais de áreas frequentadas por *off-roads* colocam-nos em grande desvantagem em termos de alimentação, defesa e acasalamento. Veículos *off-road* também esmagam e destroem tocas e moradas de outros animais e insetos, bem como ninhos (incluindo plantas utilizadas em sua construção). Óleo e vazamento de gás de veículos mal-conservados são outro perigo para os habitantes do deserto, além ser causadores de possíveis incêndios. Nenhum subambiente de deserto, nem mesmo dunas de areia, está imune a esses impactos negativos.

Em adição aos impactos diretos nos organismos, propriedades físicas das paisagens também são afetadas negativamente pelos *off-road*. Um dos problemas principais é que os veículos compactam os sedimentos da superfície do deserto e o solo. A compactação causa uma diminuição na permeabilidade, que restringe bastante a capacidade da água de se infiltrar na subsuperfície. Mais escoamento de superfície ocasiona maior erosão do solo já fino do deserto. Além disso, mesmo muito tempo após um veículo ter passado em uma área, a compactação do solo torna muito difícil para as plantas, animais e insetos se restabelecerem lá. Faixas desnudadas erodidas geradas pelos veículos com frequência se mantêm visíveis como feias cicatrizes na paisagem por décadas e atuam como fontes de sedimentos, acrescentando severidade a tempestades de poeira. Onde os veículos *off-road* passam em encostas íngremes, eles contribuem para a ocorrência de corridas de detritos, de lama e outras formas de movimento de massa.

Os atributos dos ambientes de deserto que lhes dão sua grande beleza também os tornam muito vulneráveis a perturbações. Com precipitações limitadas, mas muitas vezes torrenciais, vegetação esparsa e de crescimento lento e baixas taxas de intemperismo e formação de solo, os desertos requerem longos períodos de tempo para se recuperar de perturbações ambientais. A recuperação, além disso, provavelmente não retornará a paisagem à condição que ela teria se não houvesse ocorrido o distúrbio.

Motocicletas dirigidas em uma encosta de morro em Utah prejudicaram a vegetação, compactaram o solo, instigaram erosão acelerada e estragaram seriamente a beleza estética da paisagem.

O uso de veículos *off-road* em dunas ativas danifica os organismos sensíveis que vivem lá e interfere nos processos naturais da duna, ao compactar a areia.

Desenvolvimento de paisagens em desertos

O desenvolvimento geomorfológico de paisagens em climas áridos é comparável de muitos modos ao dos climas úmidos, mas não em todos. Os processos de intemperismo e movimento de massa acontecem, e os processos fluviais predominam em ambos os ambientes, mas em diversos ritmos e com a tendência de produzir diferentes formas de relevo e paisagens nos dois ambientes contrastantes. Ambientes áridos experimentam adicionalmente o efeito regional ou local de processos eólicos, que não são muito comuns em cenários úmidos para além da faixa costeira. As principais diferenças nos resultados do trabalho geomórfico em climas áridos, em comparação aos úmidos, são causadas pela grande expansão de substratos rochosos, uma falta de fluxo contínuo de água e um papel mais ativo do vento nas regiões áridas.

Algumas paisagens de deserto, tais como a maioria daquelas no sudoeste americano, são encontradas em regiões de considerável relevo topográfico, enquanto outras, como muito do Saara e interior da Austrália, ocupam grandes extensões de terreno aberto com poucas montanhas. Um excelente exemplo de uma paisagem de deserto típica em uma região de estrutura de relevo considerável é encontrado na região de Bacias e Cordilheiras no oeste da América do Norte. A região se estende do oeste do Texas e noroeste do México ao leste do Oregon. Ela inclui todo o estado de Nevada e grandes porções do Arizona, Utah e leste da Califórnia. Nessa região, mais de 200 cordilheiras, com bacias entre elas, dominam a topografia. A Grande Bacia – uma grande sub-região centrada em Nevada e caracterizada pela drenagem interior, numerosas cordilheiras alternadas com bacias e tectonismo ativo – ocupa muito da parte central e norte dessa região.

Montanhas de blocos falhados nas Bacias e Cordilheiras se erguem milhares de metros acima das bacias do deserto e muitas formam cordilheiras contínuas (■ Figura 15.30). Essas altas cordilheiras encorajam a chuva orográfica. Erosão fluvial desseca os blocos de montanha para esculpir cânions entre picos e cortar vales entre eles. Onde o tectonismo ativo continua de modo que a elevação de cordilheiras montanhosas se equipara ou supera a sua taxa de erosão, como na Grande Bacia, a deposição fluvial constrói leques fluviais que se estendem das bocas dos cânions em direção ao fundo das bacias. Em muitas bacias, os leques fluviais se aderiram uns aos outros e criaram uma *bajada*. Nessas bacias tectonicamente ativas, com drenagem interior, *playas* costumam ocupar a parte mais baixa da bacia, para além do pé dos leques fluviais (■ Figura 15.31a). Apesar de as cordilheiras criarem consideráveis irregularidades, o vento pode remover os aluviões de areia das áreas do pé dos leques fluviais, sedimentos agregados das *playas*, e em alguns casos sedimentos de areia de praias deixados para trás por lagos perenes antigos. Esses sedimentos podem ser transportados a distâncias relativamente curtas antes de depositados em campos de dunas locais.

Pedimentos se estendem ao longo da base de algumas montanhas, em particular nas áreas menos ativas tectonicamente e de drenagem exterior além da fronteira do sul da Grande Bacia. Nessas áreas, montanhas estão sendo diminuídas e os pedimentos, aumentados. *Inselbergs* resistentes permanecem em alguns desses pedimentos. Aluviões de areia ao

■ **FIGURA 15.30** Imagem de satélite de montanhas e bacias de bloco falhado no nordeste de Nevada.

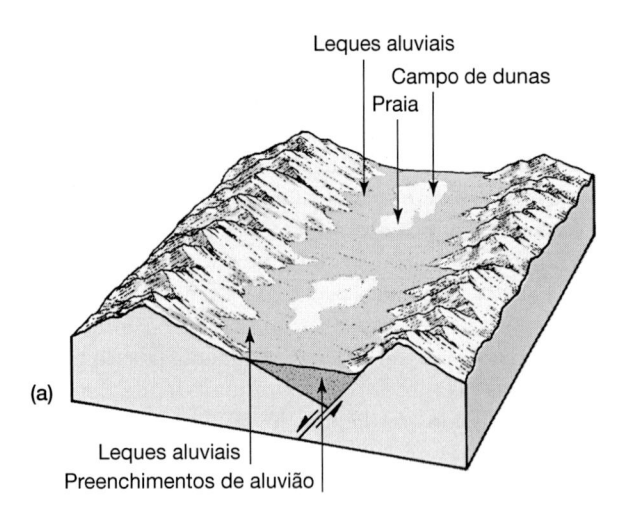

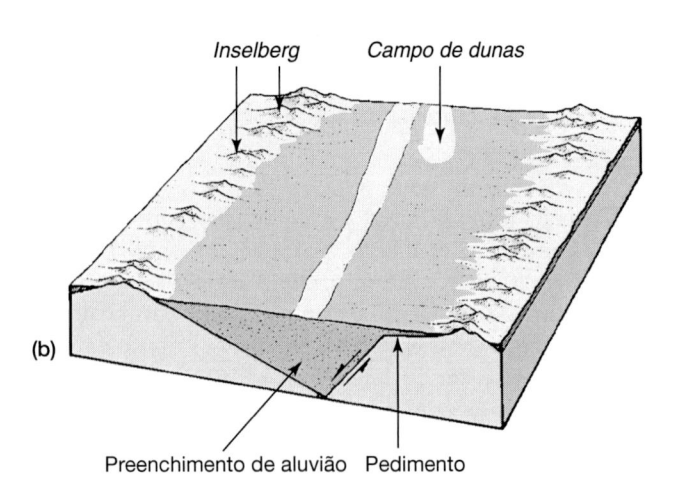

FIGURA 15.31 (a) Leques aluviais e *playas* tendem a ocorrer em montanhas e bacias desérticas de tectonismo ativo, que tipicamente têm drenagem interior. (b) Pedimentos e *inselbergs* são comuns em áreas do deserto que estiveram tectonicamente estáveis desde um período distante da formação da montanha.

longo de córregos e depósitos de areia deixados por rios e deltas antigos oferecem sedimentos para serem retrabalhados pelo vento em campos de dunas ocasionais. As paisagens do Deserto Mojave na Califórnia e partes do Deserto Sonoran no Arizona têm localidades onde elevação ao longo de falhas ficou inativa por tempo suficiente para a paisagem ser dominada por plantas extensas do deserto, interrompidas por alguns *inselbergs* isolados como lembranças de paisagens montanhosas passadas, ativas tectonicamente (■ Figura 15.31b).

As estruturas geológicas e os processos geomórficos encontrados em áreas de deserto são, na maior parte, as mesmas que aquelas encontradas em regiões úmidas. A variação está nos efeitos e taxas de ocorrência desses processos que fazem a distinção da paisagem do deserto. Embora montanhas e bacias em blocos falhados dominem a estrutura geológica de regiões imensas no oeste americano e outras localidades ao redor do mundo, é importante saber que as paisagens de deserto são tão variáveis quanto àquelas de outros ambientes climáticos. Os desertos existem como locais onde a paisagem se desenvolveu perto de todo tipo de cenário geológico imaginável, incluindo vulcões, depósitos de cinza e fluxos de lava, formações rochosas de cordilheiras, vales, estratos horizontais e exposição a massivas rochas intrusivas. Onde climas áridos ocorrem em regiões expandidas de terreno aberto e de baixo relevo, como nos desertos antigos, geologicamente estáveis da Austrália e do Saara, formas de relevo comuns incluem *inselbergs* cercados por planícies desérticas extensas (■ Figura 15.32), depressões de deflação, *playas*, arroios, canais de córregos antigos e leitos de antigos lagos rasos. Com irregularidades limitadas dos terrenos, áreas de grandes dunas longitudinais podem se desenvolver nesse cenário.

As paisagens áridas e eólicas em qualquer ambiente climático podem ser belas e se destacar, mas aqueles que não estão familiarizados com esses ambientes com frequência os interpretam mal. Os desertos não são terrenos baldios, e dunas não são

FIGURA 15.32 Uluru (Ayers Rock) é um *inselberg* de areia que se ergue acima do interior árido e plano do deserto australiano (*outback*) australiano
Explique como os *inselbergs* se formam.

meramente pilhas de areia. Muitos desertos e áreas eólicas têm características únicas e beleza cênica. O caráter austero e angular de suas formas de relevo, a fragilidade de seus ambientes, a natureza especial de sua biota e as oportunidades que eles oferecem para o aprendizado sobre como certos sistemas da Terra funcionam os qualifica amplamente para preservação e proteção. É necessário apenas contar o número de parques, monumentos nacionais e outras atrações cênicas que existem no sudoeste dos Estados Unidos e em regiões de dunas de areia para encontrar amplo apoio para sua sobrevivência. Locais de dunas e de desertos têm uma beleza própria e são áreas dignas de ser apreciadas e de receber proteção ambiental apropriada.

:: Termos para revisão

- ápice do leque
- arroios
- *badlands*
- *bajadas*
- barcanas
- bolsões
- *butte*
- campos de dunas
- *clay pan*
- córregos externos
- deflação
- deformação de superfície
- depressões de deflação
- dunas de areia
- duna estrela
- dunas latitudinais
- dunas parabólicas
- dunas transversais
- eólicas
- face de deslizamento
- *inselbergs*
- lago de *playa*
- lençóis de areia
- leque aluvial
- leque de detrito
- loess
- mesa
- nível-base regional
- ondulações
- pavimento desértico
- pedimento
- planície aluvial piemontesa
- platô
- *playa*
- *playas* com crosta de sal (planície de sal)
- rocha de cobertura
- ruptura
- ventifactos
- *yardangs*

:: Questões para revisão

1. Quais são alguns dos modos pelos quais os córregos do deserto diferem dos córregos de regiões úmidas?
2. Como bacias de drenagem interior diferem de bacias de drenagem exterior e por que ambas são encontradas em terras áridas?
3. O que distingue um platô de uma mesa e de um *butte*? Como eles estão relacionados?
4. Como um leque aluvial difere de um pedimento?
5. O que são *playas* e por que são normalmente encontradas em bolsões do deserto?
6. Por que o vento é um agente geomórfico mais fraco que a água corrente?
7. Como a erosão eólica e os processos de transporte eólico são similares à erosão fluvial e os processos de transporte fluvial e como são diferentes?
8. Como a formação da depressão de deflação difere da formação de um ventifacto?
9. Explique as principais diferenças entre uma duna barcana e uma duna parabólica.
10. O que é loess? Qual é uma importante atividade econômica relacionada ao loess em muitas regiões?
11. Quais são alguns modos pelos quais clima e vegetação afetam formas de relevo no deserto?

:: Aplicações práticas

1. Um córrego fluindo para fora da boca de um cânion até o ápice de um leque aluvial tem uma descarga de 12 metros cúbicos por segundo, uma profundidade de fluxo de 2 metros e uma largura de fluxo de 3 metros. Qual é a velocidade de fluxo do ápice do leque? Se a velocidade diminuir em direção ao leque em 0,1 metro por segundo, a que distância do ápice ele atingirá a velocidade zero?
2. Uma barcana no Arizona migrou o seguinte total anual de quantidade (em metros) em cada um dos 13 anos, listados em ordem do ano mais antigo para o mais recente: 9, 12, 14, 15, 15, 19, 22, 23, 26, 28, 29, 29 e 30. Qual foi a distância total que a duna migrou durante os 13 anos e qual foi a média anual de migração no período estudado? Como você descreveria a tendência anual na migração da duna nesse período? Qual fator ou fatores pode(m) ter sido responsável(eis) pela tendência observada?
3. Utilizando o Google Earth, identifique as formas de relevo nos seguintes locais (latitude, longitude) e ofereça uma breve discussão sobre como a forma de relevo se desenvolveu e por que é encontrada naquela localização.
   a. 36,415°N, 116,810°O
   b. 36,96°N, 110,11°O
   c. 23,42°S, 14,77°L
   d. 25,35°S, 131,03°L
   e. 32,77°N, 106,21°O

INTERPRETAÇÃO DE MAPA

FORMAS DE RELEVO EÓLICO

O mapa

Processos eólicos formaram a região de Sand Hills, a maior extensão de areia na América do Norte. A região cobre mais de 52 mil quilômetros quadrados (20.000 mi^2) no centro e oeste do estado de Nebraska.

A região de Sand Hills era parte de um extenso deserto norte-americano cerca de 5 mil anos atrás. As dunas de areia ali alcançaram mais de 120 metros (400 pés) de altura e invadiram rios pós-glaciais. Conforme o clima se tornou mais úmido, a vegetação cresceu e invadiu as dunas, reduzindo grandemente a erosão e o transporte eólico. A vegetação se ancorou à areia e as dunas estacionárias desenvolveram uma forma mais arredondada. Sob Sand Hills está o aquífero de Ogallala. A grande quantidade de água do aquífero suporta os muitos lagos aninhados por entre as dunas.

A área de Sand Hills tem uma latitude média de clima de estepe (BSK) e recebe cerca de 50 centímetros de precipitação por ano. As temperaturas têm uma grande variação anual, desde invernos congelantes até verões muito quentes.

Durante os meses de verão, a região costuma ser encoberta por tempestades com trovões e granizo; durante os meses de inverno, a área está sujeita a nevascas pesadas.

A vegetação é composta principalmente de gramas que podem sobreviver em encostas secas, arenosas e acidentadas. Algumas espécies de gramas têm sistemas de raízes extensas que podem se estender a mais de um metro para dentro do solo arenoso. Os lagos e brejos nos vales entre dunas suportam uma comunidade de plantas, que, por sua vez, suporta milhares de pássaros migratórios e locais. Hoje, o principal uso da terra na região é para pastagem de gado. Alguns cientistas preveem que a área de Sand Hills perderá sua cobertura de grama protetora se o aquecimento global continuar e voltará a ser uma área ativa de dunas migratórias do deserto.

Você também pode comparar este mapa topográfico à apresentação da área no Google Earth. Encontre o mapa da área dando *zoom* nessas coordenadas de latitude e longitude: 42,368889°N, 101,626944°O.

Interpretando o mapa

1. Qual é o relevo aproximado entre as cristas das dunas e os vales entre dunas?
2. Qual é a direção linear geral na qual as dunas e vales tendem?
3. Para que direção os lados mais íngremes das dunas geralmente estão voltados?
4. Sabendo que a face de deslizamento é a mais íngreme de uma duna, determine qual é a direção predominante do vento quando as dunas estavam ativas.
5. Com base em suas respostas às três questões anteriores, determine que tipo de duna de areia formou Sand Hills.
6. Use a elevação dos lagos para determinar a elevação da mesa de água em diversos pontos. Utilize essa informação para identificar a direção geral do fluxo da água do solo no aquífero abaixo de Sand Hills.
7. Esboce um perfil norte-sul cruzando o meio do mapa da escola 94 para o lado leste do lago da escola (na seção 16). Identifique as seguintes características das formas de relevo: cristas de duna, face de deslizamento de duna, vales entre dunas e lagos.
8. Quais são as características culturais no mapa que indicam o uso dominante da terra nessa região?

Mapa de localização de Nebraska Sand Hills, que cobre quase um terço do estado.

Lado oposto: Lago Steverson
Nebraska Escala 1:62.500 Intervalo de contorno = 20 pés
U.S. Geological Survey

E N L O W
J Garwood Ranch
Home Valley Lake
Pelican Lake
Round Lake
Cottonwood Lake
Windmill
Flowing Well
F Marshall Ranch
Lake
Silver Lake
School No 94
Spring Lake
Marshall & Son Ranch
Rat Lake
Sweeney Ranch
W Marshall Ranch
SURVEY
VALLEY
SURVEY
Cem
L Hoyt Ranch
H Hoyt Ranch
School Section Lake
F Henderson Ranch
Henderson Ranch
L A C K E Y

Sistemas glaciais e acidente geográfico

16

:: Apresentação

Formação de geleiras e ciclo hidrológico

Tipos de geleiras

Como as geleiras se movimentam?

Geleiras como agentes geomórficos

Geleiras alpinas

Geleiras continentais

Lagos glaciais

Paisagens periglaciais

A Geleira de Byron próxima ao Lago Portage, no Alasca.

Direitos autorais da fotografia de
Dr. Parvinder S. Sethi

:: Objetivos

Ao terminar de estudar este capítulo, você será capaz de:

- Apreciar o papel das geleiras na hidrologia terrestre.
- Explicar o que é uma geleira e como é formado o gelo glacial.
- Diferenciar as geleiras alpinas das continentais.
- Discutir os diferentes tipos de movimentação das geleiras.
- Identificar a superfície principal e as zonas de subsuperfície de uma geleira alpina.
- Compreender o processo da erosão glacial.
- Definir cada um dos grandes acidentes geográficos causados por erosão glacial.
- Descrever as principais características dos sedimentos glaciais.
- Definir cada um dos vários tipos de acidentes geográficos sedimentares.
- Discutir como era o meio ambiente glacial da Terra durante o Pleistoceno e como este ambiente influencia as pessoas nos dias de hoje.

As geleiras, enormes pedaços de gelo em movimento, têm um papel importante no sistema terrestre. Elas são excelentes indicadores climáticos, porque só existem mediante determinadas condições climáticas e respondem visivelmente às mudanças de temperatura. As geleiras podem se tornar estáveis, aumentar, diminuir e até desaparecer em resposta às mudanças climáticas. Essas reservas de água doce em forma de gelo têm enorme impacto no ciclo hidrológico e nos oceanos, e o acúmulo de gelo das geleiras apresenta um registro climático do passado que pode ser estudado em testemunhos de gelo. Em regiões onde uma vez existiram geleiras ou onde elas eram muito maiores que são hoje, podem ser encontradas muitas evidências de condições climáticas do passado.

Os processos de erosão, transporte e deposição das geleiras, tanto hoje quanto no passado, deixam uma marca distinta na natureza. Alguns dos mais bonitos terrenos acidentados do mundo se apresentam em regiões montanhosas que foram esculpidas por geleiras. Praticamente todas as regiões montanhosas no mundo revelam um cenário glacial, incluindo os Alpes, as Montanhas Rochosas, o Himalaia e os Andes. As geleiras também esculpiram vales costeiros bastante íngremes na Noruega, Chile, Nova Zelândia e Alasca. Paisagens como altas montanhas ao redor de lagos formando vales, ou estreitas e profundas baías criam um incrível cenário que atrai muitas pessoas.

Massas de gelo em movimento transformaram a aparência tanto de altas montanhas quanto de grandes planícies continentais em típicos cenários glaciais. O fluxo de gelo das geleiras é um agente geomórfico eficaz e espetacular que atua em grandes porções da superfície terrestre.

Formação das geleiras e ciclo hidrológico

As **geleiras** são massas de gelo que fluíram e se acumularam no solo em áreas onde o índice de precipitação congelada, em especial neve, excede a quantidade de perda de gelo por derretimento ou outros processos. A neve cai em forma de cristais de gelo hexagonais, constituindo flocos de intricada beleza e variedade. Os flocos de gelo têm baixa densidade (massa por unidade de volume), cerca de 0,1 grama por centímetro cúbico. Uma vez que a neve se acumula no solo, ela começa a se transformar em uma massa de grãos arredondados menores por causa da condensação, derretimento e recongelamento quando sob pressão (■ Figura 16.1). A densidade aumenta conforme o espaço de ar ao redor desse grão de neve continua a diminuir em razão da condensação, derretimento e recongelamento. A neve granular se torna cada vez mais densa conforme ocorrem derretimento, recongelamento e pressão causada pelo aumento de peso da nova camada de neve que se forma em cima dela. Isso faz com que a neve granular se compacte cada vez mais até atingir um estágio granular mais denso e cristalino, chamado *firn* ou neve *firn*. Com o passar do tempo, os grânulos de *firn* se juntam uns aos outros e formam um grande cristal de gelo integrado através de pressão, derretimento parcial e recongelamento. Quando o gelo está profundo o suficiente e atinge uma densidade de até 0,9 grama por centímetro cúbico, ele se torna

■ **FIGURA 16.1** A transformação de água congelada da neve em gelo glacial.

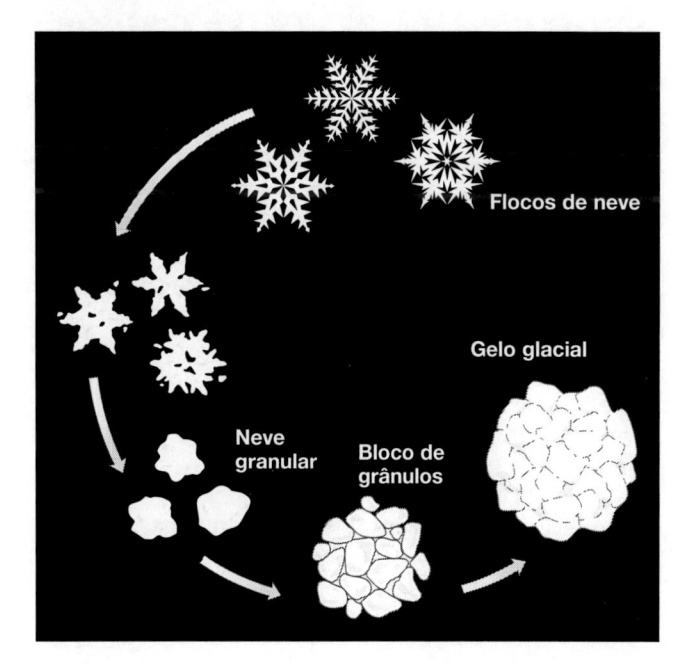

PERSPECTIVA CIENTÍFICA DA GEOGRAFIA FÍSICA
:: O GELO GLACIAL É AZUL

Ao se fazer gelo no *freezer*, a água transparente e sem coloração se transforma em cubos de gelo relativamente transparentes. Os cubos de gelo podem conter algumas formas brancas cristalinas e bolhas de ar, mas, no geral, o gelo é transparente. Na natureza, o processo de fazer gelo é bem diferente do que acontece no *freezer*. Quando a neve cai em regiões elevadas de grande latitude, uma camada de neve se acumula na superfície. A cada nevada sucessiva, uma nova camada se forma sobre a camada anterior. O peso das camadas sucessivas de neve gera pressão que comprime as camadas abaixo. Com o tempo, as camadas de neve de baixa densidade se tornam camadas muito mais densas de gelo sólido. A temperatura na qual o gelo derrete é 0 °C (32 °F) sob a pressão atmosférica, porém o gelo pode derreter diante de temperaturas mais baixas se estiver sob pressão suficiente. A compactação, assim como a pressão de derretimento e o recongelamento, reduz a quantidade de ar na massa congelada e aumentam a densidade da matéria.

Objetos que aparecem brancos diante do olho humano refletem todos os comprimentos de ondas de luz com a mesma intensidade, e é exatamente isso que a estrutura hexagonal e cristalina dos flocos de neve faz. Conforme o estrato de neve sob pressão em uma geleira se torna compacto com o passar dos anos (às vezes centenas ou milhares de anos), o gelo se torna mais denso. Basicamente, diante de tal pressão, mais cristais de gelo são esmagados para o mesmo volume. Conforme a densidade do gelo aumenta, ele reflete uma quantidade crescente dos menores comprimentos de onda de luz, que é a parte azul do espectro. Quanto mais denso o gelo, mais azulado ele aparenta ser. A densidade do gelo pode sofrer influências de outros fatores além do tempo, portanto é necessário atenção para não supor que as camadas mais profundas e azuladas de uma geleira sejam necessariamente as mais antigas. Por exemplo, o acúmulo de neve mais úmida de alta densidade em oposição ao de neve mais seca de baixa densidade pode afetar a densidade de camadas específicas. No entanto, uma certeza ao se observar um acúmulo de gelo glacial sólido, como calotas ou mantos de gelo, é que ele aparecerá em tons azulados.

Um *iceberg* revelando várias camadas de gelo glacial.

gelo glacial. A pressão de estar enterrado embaixo de tantas camadas de neve, *firn* e gelo faz com que o gelo glacial se torne plástico e flua para outras direções e para longe das áreas de mais acúmulo de neve e gelo.

As geleiras são sistemas abertos com entrada, armazenamento e saída de material. Qualquer adição de água congelada a uma geleira é designada **acumulação**. A maior parte da acumulação se dá por causa das nevadas que ocorrem durante o inverno, porém existem várias maneiras de se acumular água congelada em uma geleira, como outras formas de precipitação sobre o gelo, vapor de água atmosférico que congela diretamente sobre o gelo (do estado gasoso para o sólido) e a movimentação de neve de áreas próximas para a superfície de uma geleira por avalanches e ventos.

A **ablação** é o processo contrário à acumulação e representa toda e qualquer perda de massa de água congelada de

CAPÍTULO 16 • SISTEMAS GLACIAIS E ACIDENTE GEOGRÁFICO **385**

■ **FIGURA 16.2** Blocos de gelo desprendendo-se da geleira dão origem a um *iceberg* na Ilha de Ellesmere, no Canadá.

uma geleira. Embora a ablação ocorra em grande parte durante o verão pelo derretimento, uma geleira pode perder massa em razão da mudança direta de gelo para vapor (do sólido para o gasoso) e por outros processos. Grandes blocos de gelo podem se desprender de uma geleira para um lago ou oceano adjacente originando um *iceberg* (o termo em inglês para este fenômeno é ***calving***) (■ Figura 16.2).

Um sistema glacial é controlado por duas condições climáticas básicas: precipitações congeladas e temperaturas a ponto de congelamento. Em primeiro lugar, para que uma geleira se estabeleça, deve haver uma concentração de massa suficiente (acumulação) para exceder a perda anual por meio de ablação. Algumas regiões polares muito frias no Alasca, na Sibéria e em alguns vales na Antártida não possuem geleiras porque o clima é muito seco. Entretanto, montanhas de latitudes médias ao longo da costa e altas montanhas perto do equador podem sustentar geleiras por causa das nevascas orográficas, apesar da luz do Sol intensa e do clima quente nas baixadas próximas. O excesso de neve é essencial para a formação das geleiras porque permite que a pressão da neve acumulada de anos transforme a neve soterrada primeiro em *firn* e depois em gelo glacial. Quando o gelo atinge uma profundidade em torno de 30 metros (100 pés), o gelo glacial sólido atinge uma pressão que o permite fluir.

As geleiras são uma parte importante do ciclo hidrológico terrestre e só perdem para o oceano em quantidade de água. Aproximadamente 2,25% da água de todo o planeta está congelada em forma de geleiras. E, além disso, essa água congelada representa cerca de 70% da água doce do planeta, cuja grande maioria está armazenada na Groenlândia e Antártida. Essa quantidade é tão impressionante que, se toda água contida nas geleiras derretesse, o nível do mar subiria cerca de 74 metros (243 pés), mudando a geografia de maneira considerável. Em contraste, durante o último grande avanço glacial, o nível do mar caiu para 120 metros (400 pés).

Diferentemente do que ocorre com a água num sistema fluvial, em que ela retorna depressa ao mar ou à atmosfera, as geleira podem armazenar água congelada por centenas e até mesmo milhares de anos antes que seja libera pelo derretimento. Ainda assim, as geleiras não estão estagnadas. Elas se movem devagar, porém dotadas de uma energia extraordinária, ao longo da superfície. As geleiras dão nova forma às paisagens conforme afundam, se desgastam, empurram, arrastam e por fim depositam os fragmentos de rocha, em geral em lugares afastados da localização inicial. Mesmo muito depois que as geleiras se desprendem da terra firme, os acidentes geográficos glaciais permanecem como uma lembrança da força do sistema glacial e como evidência climática do passado.

As geleiras não existiam no planeta Terra durante a maior parte de sua história. É chamada *Era Glacial*, ou *Era do Gelo*, o período em que áreas significativas das regiões de latitude média eram cobertas por geleiras. Nos dias de hoje, as geleiras cobrem cerca de 10% da superfície terrestre nas áreas de latitude alta e altitude elevada, exceto na Austrália. Durante a história mais recente da Terra, desde aproximadamente 2,6 milhões de anos até cerca de 10 mil anos atrás, durante o Pleistoceno, as geleiras cobriam, de tempos em tempos, quase um terço da superfície terrestre. Outras eras glaciais também ocorreram em passados geológicos distantes.

Tipos de geleiras

As duas principais categorias de geleiras são a alpina e a continental. As **geleiras alpinas** existem onde as condições de precipitação e temperatura necessárias para a formação de geleiras são resultado de altitudes elevadas. Geleiras alpinas são alimentadas por gelo e neve nas regiões montanhosas e costumam ocupar vales que foram criados originalmente por erosão fluvial. As massas de gelo escoam montanha abaixo em razão de seu próprio peso, ou seja, por causa da força da gravidade. As geleiras alpinas que ocupam regiões de antigos vales fluviais são denominadas **geleiras de vale** (■ Figura 16.3). Quando o gelo se prolonga até altitudes mais baixas, além dos desfiladeiros, onde se espalha para outras formações, é chamado **geleira de piemonte**. O menor tipo é a **geleira alpina de anfiteatro**, restrita a distintas depressões íngremes, corroídas pelo gelo dos picos das montanhas ao seu redor (■ Figura 16.4). As geleiras glaciais se originam como geleiras de anfiteatro no início de uma era glacial, tornam-se geleiras de vale quando se expandem

■ **FIGURA 16.3** Uma geleira de vale na Península do Kenai, no Alasca.
Qual é a semelhança entre vales glaciais e rios?

■ **FIGURA 16.4** Uma geleira de circo no Alasca.
Por que apenas uma parte do gelo é de cor branca?

■ **FIGURA 16.5** Somente os picos das montanhas e cordilheiras mais altas, como estas na Antártida, se projetam acima do gelo nas geleiras continentais.

para o vale abaixo do anfiteatro, podendo finalmente se tornar geleiras de piemonte à medida que a Era Glacial se intensifica. Hoje, a maior parte das geleiras de anfiteatro representa pequenas reminiscências de uma grande geleira alpina.

As geleiras alpinas criaram o cenário acidentado característico da maioria das regiões montanhosas de altitude elevada do mundo, incluindo o Himalaia, Serra Nevada, Montanhas Rochosas, Andes e Alpes. As maiores geleiras alpinas existentes atualmente atingem uma extensão de mais de 100 quilômetros (62 mi) e estão localizadas no Alasca e no Himalaia.

A segunda categoria de geleira, a **geleira continental**, é muito maior e mais espessa que a do tipo alpino e existe nas regiões onde as condições favoráveis à sua formação se devem à alta latitude (■ Figura 16.5). Assim como as geleiras alpinas, as continentais eram muito mais extensas no Pleistoceno do que são atualmente, chegando a cobrir 30% da crosta terrestre. As geleiras continentais estão subdivididas por tamanho. Os dois **mantos polares** mais sólidos da Terra, o maior tipo de geleira, enterram a Groenlândia e a Antártida a uma profundidade máxima de, pelo menos, 3 quilômetros (2 mi). Massas de gelo semelhantes a mantos polares, porém menores que 50 mil quilômetros quadrados em extensão, são chamadas **calotas polares** e são encontradas na Islândia e em algumas ilhas do Ártico. Diferentemente das geleiras alpinas, os mantos e as calotas polares, de certa forma, cobrem todo o relevo sob o gelo, em vez de serem confinados ou direcionados por ele. A direção de fluxo de gelo dentro das calotas e mantos polares é do mais espesso para o mais fino e irradia para todas as direções a partir de uma área central de espessura máxima.

Como as geleiras se movimentam?

Assim como outras formas de erosão, o movimento das geleiras não é normalmente perceptível pelos seres humanos de forma direta. No entanto, a movimentação do gelo tem grande impacto no cenário geomórfico. A maioria das geleiras se move por meio de uma combinação de processos, em que o *interno de deformação plástica* é predominante; praticamente todas as geleiras que se movem apresentam esse tipo de movimentação. As geleiras se movem por meio desse processo quando o peso do gelo sobrejacente, *firn* e neve fazem com que os cristais de gelo mais profundo se disponham em camadas paralelas que deslizam umas sobre as outras como as cartas de um baralho (■ Figura 16.6). Essa deformação plástica interior acontece quando a pressão inicial (peso por unidade de superfície) da massa de gelo sobrejacente é excedida. Tal pressão ocorre quando a espessura do gelo é de cerca de 30 metros (100 pés), e a zona que sofre a movimentação plástica se prolonga das profundezas até a base da geleira. A velocidade em que o gelo se move eleva-se conforme o aumento da pressão do material sobrejacente e com o declive. A pressão é maior sob as acumulações de gelo e na face contrária ao fluxo de obstáculos na base da geleira. A deformação plástica interna faz com que as geleiras se movam de forma radial da área central, onde o gelo é mais espesso e existe uma pressão maior, para as margens da geleira, onde o gelo é mais fino e a pressão, mais baixa.

Além da movimentação causada pelo deslocamento interno de gelo por deformação plástica, muitas geleiras também se movem por processos concentrados na base da massa de gelo. Muitas geleiras temperadas – aquelas cujas temperaturas se aproximam ou encontram-se a ponto de fusão – sofrem *deslizamento basal* por causa dos efeitos causados pelo derretimento da água na base da geleira (veja novamente a Figura 16.6). Esse tipo de movimento é comum entre as geleiras de latitudes médias em declives íngremes, particularmente durante o verão quando grande parte das geleiras se encontra perto do ponto de fusão e há imensa quantidade de água de degelo. O deslizamento basal é

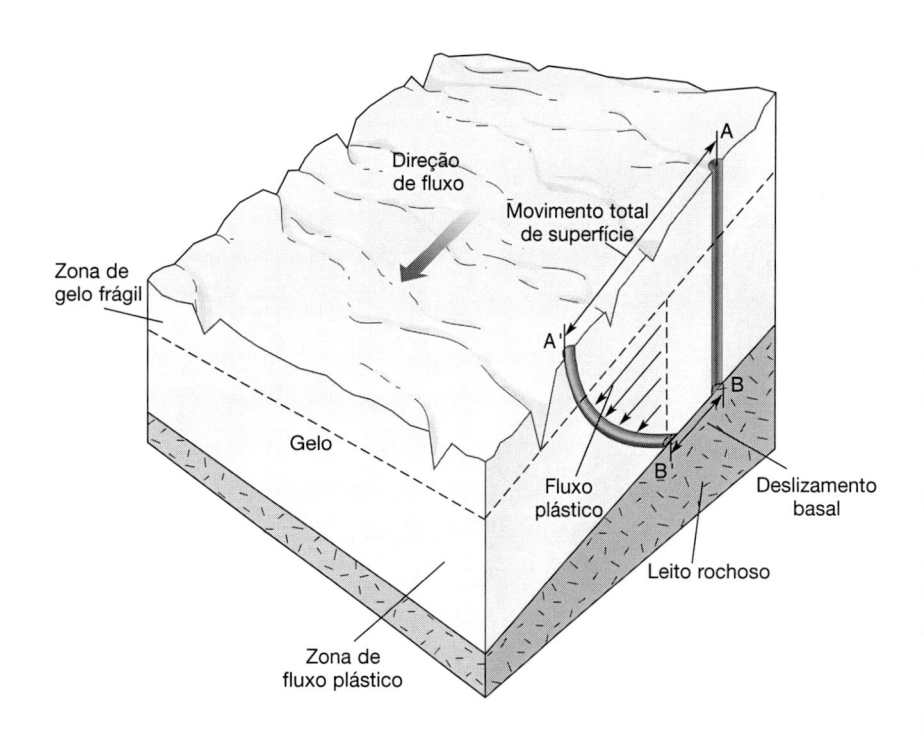

■ **FIGURA 16.6** A maior parte do movimento das geleiras é gerada em função da deformação plástica nas profundezas do gelo, mas geleiras que possuem degelo em sua base também se movimentam por meio do deslizamento basal.
Por que o gelo da superfície se move mais rápido se a deformação plástica acontece nas profundezas do gelo?

raro durante o inverno e nas frias geleiras polares onde há pouca água de degelo. Outro tipo de movimento basal envolve o derretimento do gelo na base da geleira, escoamento da água de degelo e recongelamento na própria base.

A superfície superior da geleira consiste de gelo mais frágil, que não sofre deformação plástica. Em vez disso, ele viaja em cima do gelo inferior que se movimenta plasticamente. O gelo na zona mais frágil se quebra e se racha conforme é movimentado. Essas rachaduras, chamadas **fendas**, são comuns sempre que a geleira se expande, como quando se move sobre uma mudança súbita na inclinação do terreno (■ Figura 16.7).

O índice de movimentação de uma geleira varia desde uma fração de centímetro até 30 metros (100 pés) por dia. As geleiras se movem mais rapidamente onde os declives são mais íngremes, o gelo é mais espesso e as temperaturas são mais elevadas. De forma geral, as geleiras alpinas temperadas se movem muito mais rápido que as frias geleiras polares continentais.

O movimento de uma única geleira varia de tempo em tempo em razão de mudanças em seu equilíbrio de massa e de um lugar para outro por causa das variações no gradiente sobre o qual a geleira se move, ou por causa da fricção gerada ao se deparar com rochas adjacentes. Dentro de uma geleira alpina, o índice de movimentação é maior na superfície da geleira em direção ao meio do gelo, porque esse local está sujeito a movimentos acumulados vindos das camadas de movimentação plástica abaixo, que estão mais distantes da resistência causada pela fricção com os vales laterais.

Às vezes, a velocidade da geleira se multiplica em grande escala, fazendo com que ela aumente centenas de metros por

FIGURA 16.7 Uma grande fenda na Geleira Yanert no Parque Nacional de Denali no Alasca.
Qual tipo de força gera fendas em uma geleira, o esforço compressional ou tensional?

ano. A razão de tal *surgimento glacial* não é certa, no entanto a água de degelo que reduz a fricção na base da geleira provavelmente contribui para isso.

Geleiras como agentes geomórficos

Em razão da necessidade de uma profunda e intensa acumulação de gelo para que haja a movimentação de uma geleira, mesmo a menor das geleiras alpinas é particularmente um poderoso agente geomórfico capaz de apresentar grande influência na geomorfologia. O trabalho realizado pelas geleiras é impressionante, seja ele obra de uma geleira alpina entalhando um vale em U ou uma geleira continental escavando a bacia dos Grandes Lagos da América do Norte.

As geleiras removem e carregam partículas de rocha por meio de dois processos de erosão. **Atrito** glacial é o processo pelo qual o gelo em movimento congela sobre rochas soltas e segmentos, incorporando-os ao fluxo. Intemperismo, principalmente o congelamento de água em juntas e falhas de rochas, desprende fragmentos de rocha, favorecendo o atrito. Uma vez que esses fragmentos se incorporam à base e laterais do gelo, a geleira em movimento é munida de partículas fragmentárias que são ferramentas muito úteis para fragmentar e remover mais materiais rochosos por meio de um processo de erosão chamado *abrasão*. Obstáculos rochosos que foram submetidos a uma abrasão glacial intensa são tipicamente mais aplainados e arredondados que aqueles gerados por atrito.

Diferentemente da água líquida corrente, o volume de fluxo não determina de forma direta o tamanho das partículas que podem ser transportadas ou erodidas pela movimentação plástica de gelo sólido. O atrito e a abrasão abastecem o fundo e as laterais das geleiras com uma quantidade caótica de fragmentos de diversos tamanhos, desde grânulos de rocha, chamados *farinha de rocha,* até pedras gigantescas. Esses resíduos ao longo das encostas íngremes das montanhas, em especial abaixo das geleiras alpinas, acrescem sedimentos, que também apresentam grande variedade no tamanho dos grãos, às superfícies e laterais do gelo. Além disso, diferente do que acontece com a água corrente, quando a geleira se movimenta, ela carrega consigo quase todos os tipos de sedimentos, independentemente do tamanho. Por esse motivo, os depósitos glaciais têm aspecto bastante diferente dos depósitos formados por meio de água corrente. Por causa dessa diferença, os conglomerados de origem glaciária são chamados **tilito** e os depósitos de conglomerados de origem fluvial são denominados aluviões.

Geleiras alpinas

Analisando o equilíbrio das massas, as geleiras alpinas consistem de duas partes ou zonas funcionais (■ Figura 16.8). A parte superior da geleira, onde o nível de acumulação é maior que o de ablação, é chamada **zona de acumulação**. Esta área da geleira possui temperaturas mais baixas e maior quantidade de neve. A parte inferior da geleira, onde a temperatura é menor e há maior índice anual de ablação que acumulação, é chamada **zona de ablação**. No inverno há mais acumulação, e no verão há maior índice de ablação. As geleiras alpinas alteram de tamanho, muitas vezes de maneira drástica, no decorrer do ano. O pé da geleira chega mais próximo dos vales no final do inverno e retrai no final da temporada de ablação no fim do verão. O **equilíbrio glacial** marca o limite entre as zonas de acumulação e ablação na geleira alpina indicando, assim, o ponto de encontro onde acumulação e a ablação anuais da geleira são iguais.

Diversos fatores podem influenciar na posição do equilíbrio glacial. A interação entre a latitude e a altitude, dois fatores que afetam a temperatura, é importante. Nas montanhas próximas ao equador, o equilíbrio glacial encontra-se em uma altitude elevada. A elevação do equilíbrio glacial diminui com o aumento da latitude até coincidir com o nível do mar das regiões polares. A quantidade de neve que a geleira recebe durante o inverno é igualmente importante para determinar a posição da linha de equilíbrio glaciário. Com a baixa temperatura e a nevada forte, a altitude do equilíbrio glaciário diminui; ela recua para áreas mais elevadas se a temperatura aumenta. Entre outros atributos que causam variações na altitude do equilíbrio glaciário está a quantidade de insolação. A encosta de uma montanha mais nublada terá o equilíbrio glaciário mais baixo que uma encosta que recebe mais insolação. O vento é outro fator, pois leva a neve para a sotavento da cordilheira. Nas áreas

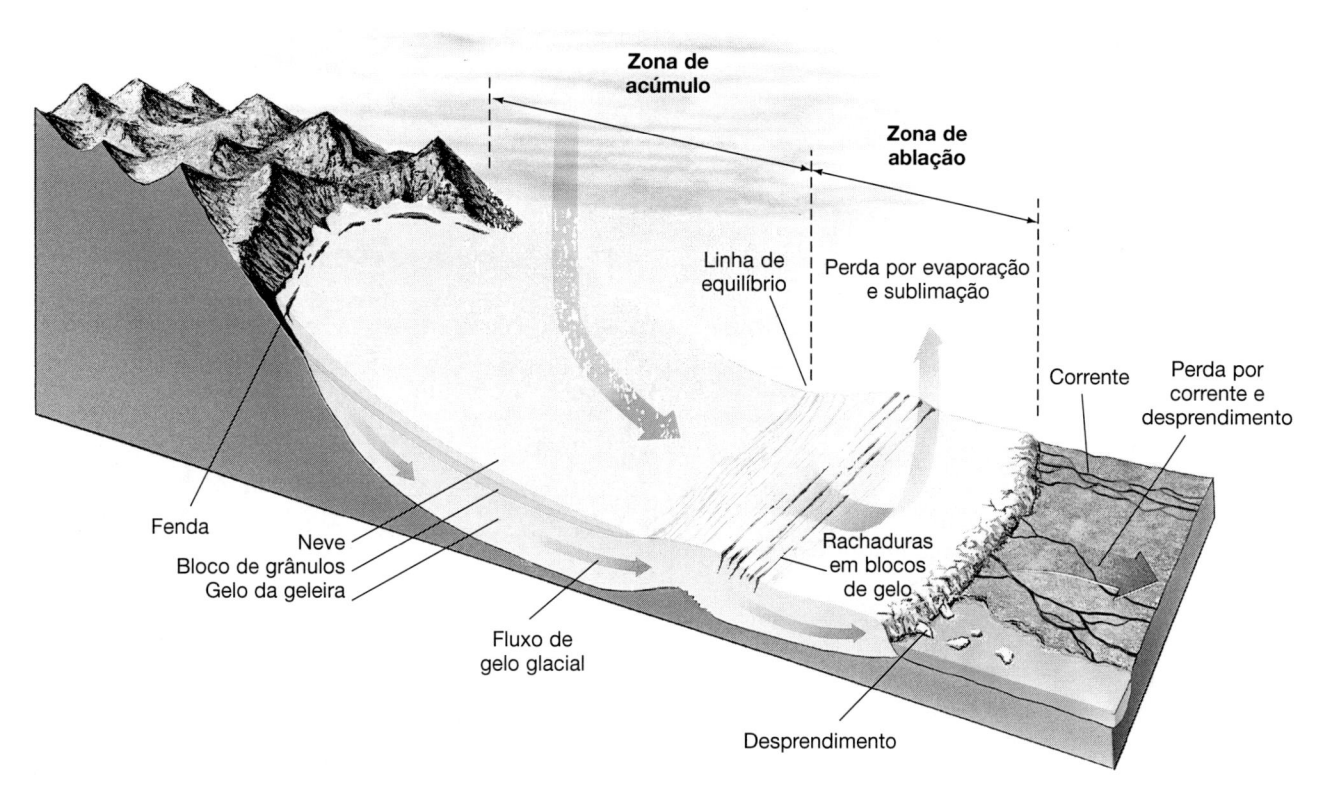

FIGURA 16.8 Os sistemas ambientais: geleiras. A zona glacial de acumulação recebe maior quantidade de água congelada (acumulação) do que elimina (ablação) durante o ano. Em altitudes mais baixas na zona de ablação, a perda anual excede a acumulação. O equilíbrio glacial marca a altitude onde a acumulação anual é igual à ablação. Se a geleira como um todo sofrer mais acumulação que ablação em um ano, a espessura do gelo aumentará e o sopé da geleira avançará vale abaixo. Se a ablação exceder a acumulação, a geleira perde massa e retrocede. O equilíbrio existe se o nível de acumulação anual for igual ao de ablação na geleira como um todo. A movimentação plástica transporta gelo da zona de acumulação para a zona de ablação da geleira, ela avançando ou retrocedendo.

de latitude média do Hemisfério Norte, o equilíbrio glaciário é mais baixo nas encostas do norte (nublado) e do leste (sotavento). Como consequência, o desenvolvimento das geleiras nas faces norte e leste de cordilheiras é muito mais significativo.

Na beira da encosta superior mais distante de uma geleira alpina, no fim da zona de acumulação da encosta, fica a *cabeceira da geleira*, que se encontra ao lado do penhasco de rocha que envolve o *paredão do anfiteatro*. O gelo dentro da geleira alpina se move abaixo dela, desde a zona de acumulação até a zona de ablação. Esse movimento geleira abaixo é, às vezes, evidenciado por uma grande fenda, conhecida como *bergschrund*, que pode se desenvolver entre a cabeceira da geleira e o paredão de anfiteatro (veja novamente a Figura 16.8). A presença de um *bergschrund* mostra que a massa de gelo está se distanciando das paredes rochosas do anfiteatro. O final da encosta da geleira é chamado *sopé da geleira* ou *terminus*.

FIGURA 16.9 A geleira de Jacobshavn, na Groenlândia, tem retrocedido desde que os cientistas começaram a monitorá-la em 1850. As linhas coloridas marcam a posição do sopé da geleira em vários anos (imagem disponível em cores na página deste livro no site da Cengage).
Por que o retrocesso dessa geleira preocupa os cientistas?

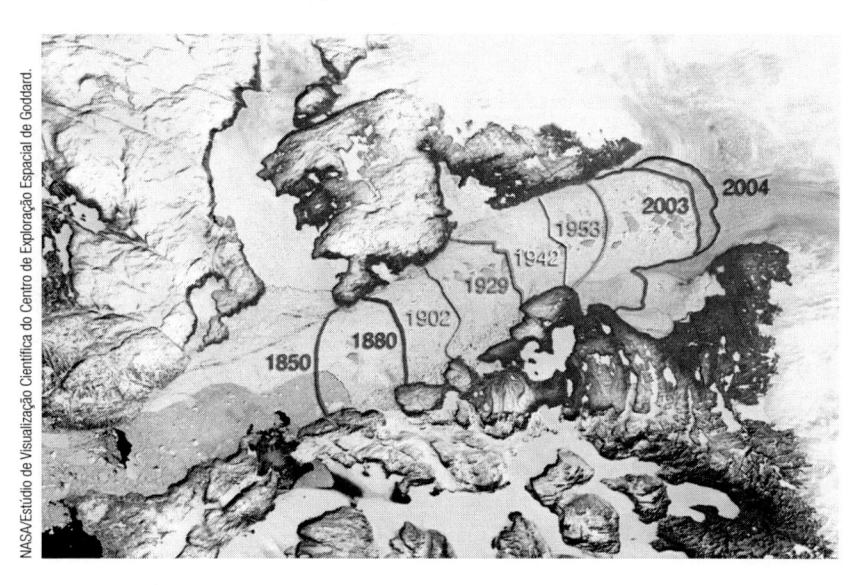

Equilíbrio e reserva glacial

Por causa do descolamento do sopé da geleira durante o ano, da ablação e da acumulação, é muito difícil constatar se a geleira está aumentando ou diminuindo de tamanho num período de anos; para isso, é necessário obter registros da localização do sopé da geleira na mesma data a cada ano (■ Figura 16.9). Geralmente, esses registros são feitos ao final da temporada de ablação, quando a geleira está em seu tamanho mínimo. Se uma geleira recebe mais quantidade de água congelada (acumulação) do que elimina (ablação) durante o ano, ela sofre uma acumulação em cadeia. O resultado dessa acumulação é uma geleira maior, e conforme a geleira alpina cresce, ela *avança* vale abaixo. Uma geleira que é submetida à ablação em cadeia, ou seja, quando há mais perda que ganho de água congelada durante o ano, ela diminui de tamanho, e isso faz com que o sopé da geleira *recue*. As geleiras do Hemisfério Norte vem retraindo desde mais ou menos 1890.

Se o sopé da geleira não apresentar avanço ou recuo dos registros anuais com o decorrer do tempo, a geleira está em estado de equilíbrio, ou seja, a oscilação entre o nível de acumulação e ablação de gelo e neve se torna estável. Enquanto o equilíbrio for mantido, a localização do sopé da geleira no final da temporada de ablação permanecerá constante.

É crucial entender que o gelo continua a fluir geleira abaixo independentemente de a geleira alpina estar avançando, retraindo ou em estado de equilíbrio. Mesmo quando a geleira está retraindo por um longo período, ela receberá neve durante o inverno, muito mais nas regiões mais elevadas que nas inferiores. O peso por unidade de área dessas águas congeladas conduz a geleira a uma deformação plástica interna. A neve do inverno soterrada pela neve adicional por fim se transforma em *firn* e em gelo glacial e, com o passar das décadas, percorre a geleira até o sopé. A maioria do gelo que se encontra hoje no sopé da geleira percorreu vagarosamente o caminho desde a zona de acumulação. Os movimentos geleira abaixo só param se a ablação prosseguir a ponto de o gelo se tornar fino demais para dar continuidade ao movimento plástico. Na verdade, se o fluxo de gelo cessar, a geleira não será mais considerada ativa.

Acidentes geográficos erosivos da da glaciação alpina

A abrasão glacial causa um **estriamento**, ou seja, deixa estrias, ou sulcos glaciais – riscos e ranhuras – quando as pedras afiadas arranham o leito rochoso (■ Figura 16.10). Essas estrias podem indicar a direção do fluxo do gelo depois de ele ter desaparecido da paisagem. A abrasão e o atrito na base da geleira trabalham juntos para formar as **rochas *mountonnées***, colinas de leito rochoso assimétrico ou saliências levemente arredondadas causadas pela abrasão na superfície da rocha em contato com o gelo e restos do atrito na parte inferior (■ Figura 16.11).

■ **FIGURA 16.10** A abrasão glacial produz rochas lisas cuja superfície é cortada pelo estriamento (arranhões e ranhuras) que é paralelo à direção do fluxo de gelo.

A direção do gelo pode ser determinada com precisão pelas evidências apresentadas nesta fotografia?

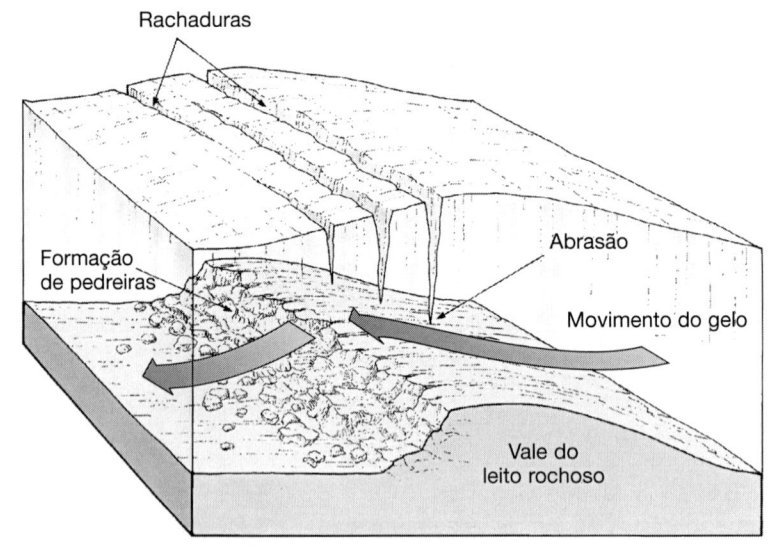

■ **FIGURA 16.11** (a) Formação de rochas *moutonnée* pela abrasão glacial na parte superior de uma colina de leito de rocha, e atrito na parte inferior. (b) Um exemplo de rocha *moutonnée* no Parque Nacional de Yosemite, na Califórnia.

Quando uma geleira alpina se desenvolve pela primeira vez em uma concavidade no alto de uma montanha, seu pequeno tamanho resulta linhas de fluxo de gelo quase rotacionais. Na zona de acumulação na cabeceira da geleira, o movimento do gelo possui um componente descendente. Para que o gelo atinja o sopé da geleira na zona de ablação a uma pequena distância, é necessário um componente ascendente para o fluxo que ali se encontra. O movimento do gelo acompanhado por intemperismo e erosão torna mais íngreme a parede do leito rochoso na cabeceira da geleira enquanto aprofunda a concavidade, transformando-a em uma depressão em forma de anfiteatro. Quando o gelo desaparece em razão das mudanças climáticas, o circo causado pela erosão é deixado para trás, frequentemente formando uma bacia natural onde se acumula água. Os lagos formados por este processo são chamados **tarn**.

As geleiras alpinas separadas geralmente se desenvolvem em depressões côncavas nas encostas de montanhas adjacentes e vales (■ Figura 16.12). Enquanto os anfiteatros e vales de duas geleiras adjacentes aumentam, a ponta do leito rochoso entre elas será erodida em uma espinha rochosa irregular denominada **aresta**. Quando três ou mais anfiteatros rodeiam o cume da montanha, um tipo de erosão em formato de pirâmide ocorre, que é um acidente geográfico chamado **espigão** (■ Figura 16.13). Matterhorn, nos Alpes Suíços, é o primeiro exemplo. Um **desfiladeiro** é uma passagem formada pela erosão causada pela intersecção de dois anfiteatros, dando forma a uma baixa selada nas cadeias de montanhas ou arestas.

(a) **Topografia fluvial pré-glacial.**

(b) **Glaciação máxima.**

(c) **Topografia pós-glacial.**

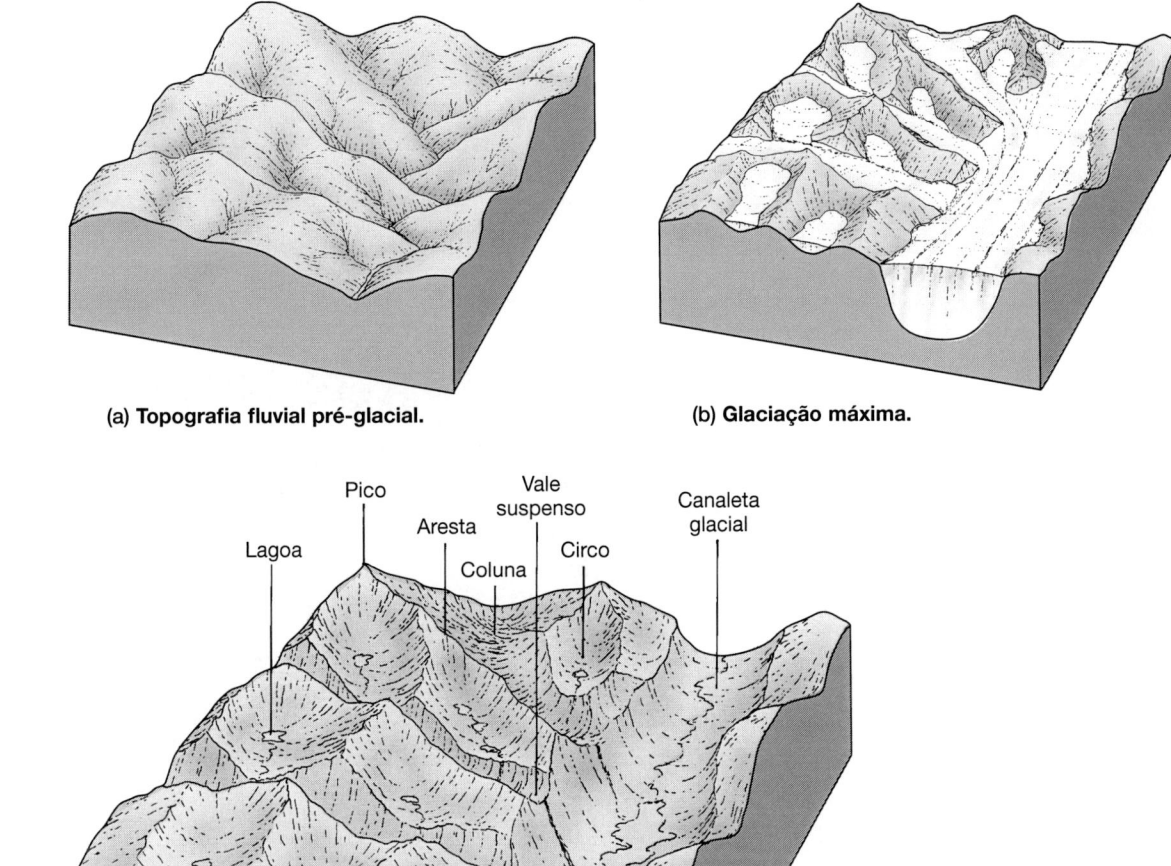

■ **FIGURA 16.12** (a) Uma paisagem periglacial em uma formação côncava em montanhas e vales fluviais. (b) Geleiras alpinas se originam em formações côncavas no alto de montanhas e avançam ao longo de vales fluviais pré-existentes conforme a Era Glacial se intensifica. (c) Trabalho geomórfico realizado pelas geleiras é evidente nos cenários pós-glaciais.
Que mudanças ocorrem nos vales fluviais antes de uma Era Glacial e depois?

■ **FIGURA 16.13** Matterhorn, nos Alpes Suíços.

Conforme o gelo se expande para fora dos anfiteatros, as geleiras alpinas dominam os caminhos uma vez traçados pelas correntes de água antes da acumulação de gelo (veja novamente a Figura 16.12). As correntes de água vindas do alto da montanha entalham vales que, ao se cruzarem, se assemelham ao formato da letra V. Em razão de as geleiras serem mais espessas que as profundidades das correntes de água, elas causam uma erosão tanto nas laterais quanto no fundo dos vales, transformando as intersecções em V em **vales glaciais** em formato de U. Além disso, o fluxo de gelo não se movimenta de maneira sinuosa, como a água corrente, portanto as geleiras acabam retificando as curvas dos vales preexistentes que ocupam.

A maioria das grandes geleiras de vale possui pequenas *geleiras afluentes*. Assim como o fluxo principal de gelo, essas geleiras também entalham os vales em formato de U (■ Figura 16.14). No entanto, por causa da menor quantidade de gelo nas geleiras afluentes, elas não são capazes de causar uma erosão nos vales tão profunda quanto as geleiras principais. A diferença na altitude das bases dos vales não é aparente quando o gelo está presente, mas, uma vez derretido, a base dos vales afluentes pode ser vista como **vales suspensos** ao longo das paredes do vale glacial principal (■ Figura 16.15). As águas que correm dos vales suspensos cairão como altas quedas de água ou corredeiras sobre o vale glacial abaixo.

Em regiões costeiras de altas latitudes, muitos vales glaciários se estendem abaixo do nível do mar. Esses vales foram entalhados durante o período de glaciação do Pleistoceno, quando o nível do mar era mais baixo do que é hoje. Conforme o aumento do nível do mar, as geleiras se retraíram em

■ **FIGURA 16.14** Um sistema de geleiras afluentes deu origem aos vales glaciais que existem hoje na região das Montanhas Ruby, no nordeste de Nevada.

direção a terra firme por meio da ablação em cadeia por causa das mudanças climáticas, o oceano invadiu os vales glaciários abandonados, dando origem a profundas e estreitas passagens oceânicas conhecidas como **fiordes** (■ Figuras 16.16).

Acidentes geográficos deposicionais da glaciação alpina

Como a carga da geleira, os depósitos glaciais incluem sedimentos fragmentários de ampla variedade e diversos tamanhos que se misturam com as camadas de matéria vegetal e do solo.

CAPÍTULO 16 • SISTEMAS GLACIAIS E ACIDENTE GEOGRÁFICO 393

■ **FIGURA 16.15** No Parque Nacional de Yosemite, ao topo de um penhasco, está Bridalveil Falls, uma queda de água que cai da base do vale suspenso em forma de U em direção ao Vale de Yosemite.

■ **FIGURA 16.17** Tilito glacial, aqui depositado por uma geleira alpina na Serra Nevada, é um tipo específico de depósito glacial. O tilito consiste em variedades de cascalho, areia, barro e argila depositados pelo gelo.
Por que o tilito tem este caráter desorganizado?

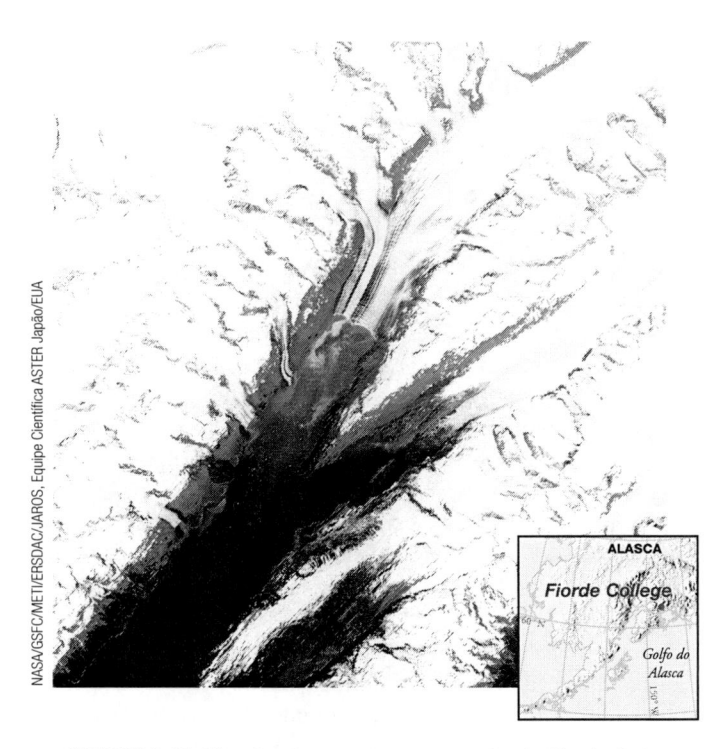

■ **FIGURA 16.16** Geleiras entalharam o profundo Fiorde College no noroeste do Alasca, visto aqui em uma imagem de satélite.
Quantas geleiras você pode ver nesta imagem?

Além disso, os sedimentos glaciais, correntes de água de degelo, lagos e vento em parceria com as geleiras contribuem para a deposição de sedimentos e a criação de acidentes geográficos no terreno glacial. *Fluvioglacial* é o termo usado para especificar melhor os depósitos fluviais relacionados à água de degelo glacial. Todos os tipos de depósitos de gelo glacial, sejam eles associados ao degelo, lagos e vento, sedimentos glaciais, e os depósitos fluvioglaciais se incluem em uma categoria geral denominada pelo termo **transporte** (■ Figura 16.17).

Geleiras alpinas ativas depositam sua carga principalmente ao longo das laterais e sopé da massa de gelo. Os acidentes geográficos construídos pelas geleiras, tipicamente cordilheiras de sedimentos glaciários ao longo das margens da geleira, são chamados **morenas** (ou **morainas**). O sedimento glacial depositado paralelamente à margem da montanha é chamado *morena lateral*. Quando duas geleiras de vale afluentes se juntam, suas morenas laterais se fundem fluxo abaixo, dando origem a *morenas mediais* no centro da geleira principal. São as morenas mediais que geram as listras escuras características na superfície de muitas geleiras alpinas. No sopé de uma geleira, os sedimentos carregados em diante pelo "cinturão de transporte" de gelo, ou empurrados para frente pela geleira, são depositados em um amontoado de materiais de todos os tamanhos de grãos, formando uma curva deposicional de cordilheiras chamadas *morena terminal*. Uma *morena de retrocesso* é uma morena terminal depositada como resultado de uma pausa temporária de uma geleira em retrocesso. Esse tipo de geleira também deposita uma grande quantidade de sedimentos glaciais na base do vale glacial, conforme o gelo derrete deixando seu carregamento para trás. O cenário acidentado criado por esses depósitos é chamado *morena de fundo*.

Correntes de água de degelo que se entrelaçam carregadas de sedimentos geralmente são derivadas do sopé da geleira. Este sedimento, chamado **depósito glacial**, encontra-se além da morena terminal, onde as pedras maiores são depositadas primeiro, seguidas por partículas menores. Os acidentes geográficos compostos desses depósitos glaciais se parecem com cones aluviais confinados pelas paredes dos vales e são conhecidos como **vales anastomosados**.

Geleiras continentais

Em termos de tamanho e forma, as geleiras continentais são muito diferentes das geleiras alpinas. No entanto, todas as geleiras compartilham dos mesmos processos e características, e muito do que já foi discutido sobre geleiras alpinas também se aplica às geleiras continentais. O trabalho geomórfico das duas categorias de geleiras difere em primeiro lugar em escala, pela enorme diferença de tamanho entre a geleira alpina e a continental.

O manto e as calotas de gelo possuem uma forma um tanto quanto convexa na intersecção, mais espessa no centro e mais fina nas extremidades. Eles fluem de maneira radial em todas as direções, partindo de onde há mais pressão, na zona espessa central, até as zonas de ablação circunjacente (■ Figura 16.18). Como em todas as geleiras, o manto e as calotas de gelo recuam em resposta às mudanças na temperatura e às nevadas. Assim como a geleira alpina se movimenta ao longo de vales fluviais pré-existentes, o movimento de avanço das geleiras continentais utiliza os caminhos onde há menos resistência, encontrados em vales pré-existentes e cinturões de rochas mais frágeis.

■ **FIGURA 16.18** As calotas de gelo fluem na direção oposta do centro, onde o gelo é mais espesso.
Em que aspectos esse fluxo de gelo se difere e se assemelha ao fluxo da geleira alpina?

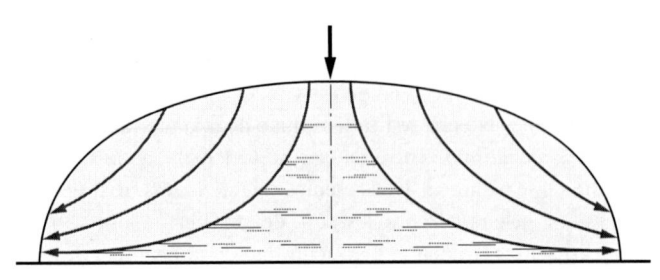

Geleiras continentais existentes

As geleiras de todas as categorias cobrem cerca de 10% da superfície terrestre. Tanto em área quanto em massa, as geleiras alpinas são quase insignificantes comparadas aos mantos e às calotas de gelo. Somente o manto de gelo da Groenlândia e o da Antártida somam 96% das áreas ocupadas pelas geleiras hoje em dia.

O manto de gelo da Groenlândia cobre a maior ilha do mundo com uma geleira que possui mais de 3 quilômetros (2 mi) de espessura em sua região central. A única parte de terra firme exposta na Groenlândia é uma zona costeira montanhosa (■ Figura 16.19). O gelo chega ao oceano geralmente por meio dos fiordes. Esse fluxo de gelo que chega ao oceano através dos fiordes se assemelha a uma geleira alpina, chamado **geleira descarga**. A ação das ondas e da maré contra as geleiras de descarga resulta na quebra de massas de gelo gigantescas que flutuam como *icebergs*.

O manto de gelo da Antártida cobre 13 milhões de quilômetros quadrados (5 milhões mi^2), quase sete vezes a área do manto de gelo da Groenlândia (■ Figura 16.20). Somente uma pequena quantidade de terra firme é exposta na Antártida, e o peso do gelo de 4,5 quilômetros (quase 3 mi) de espessura causou a depressão do solo muito mais abaixo do nível do mar. Quando o gelo chega ao mar, contribui para a formação das **plataformas de gelo**, enormes placas de gelo planas ligadas a terra firme por meio de, pelo menos, um dos lados (■ Figura 16.21). Esses tipos de plataformas de gelo são as nascentes dos *icebergs* nas águas do Antártico, que não possuem superfície irregular como os *icebergs* da Groenlândia. A grande parede de gelo das plataformas, um grande fragmento de *banquisa* (água do mar congelada), combina com a condição climática extrema para fazer da Antártida inacessível a todos, exceto aos equipamentos e indivíduos mais resistentes.

Glaciação do Pleistoceno

O período do Pleistoceno foi um intervalo de tempo geológico de grandes mudanças climáticas que se iniciou aproximadamente 2,6 milhões de anos atrás e terminou por volta de 10 mil anos atrás. Havia uma grande quantidade de geleiras durante o Pleistoceno, marcadas pelos grandes avanços e recuos de gelo sobre porções imensas de terra ao redor do mundo. Quando as geleiras pleistocênicas avançaram, o gelo se expandiu para fora dos centros, tanto no Canadá, Escandinávia e leste da Sibéria quanto na Groenlândia e Antártida, enquanto as geleiras alpinas se espalharam para as latitudes mais baixas. Em seu ponto de extensão máxima durante o Pleistoceno, as geleiras cobriram quase um terço da superfície terrestre (■ Figura 16.22). Nessa mesma época, as banquisas se estendiam em direção ao equador. No Hemisfério Norte, elas estavam presentes ao longo da costa até Delaware, na América do Norte, e Espanha, na Europa. Entre cada avanço glacial ocorre um período de aumento de temperatura chamado período *interglacial*, no qual os enormes mantos de gelo continentais, calotas polares e banquisas decrescem até quase desaparecerem. Estudos de depósitos glaciários revelaram que dentro de cada grande avanço glacial ocorriam diversos recuos e avanços de menor proporção refletindo em pequenas mudanças na temperatura do globo e precipitação. As geleiras

CAPÍTULO 16 • SISTEMAS GLACIAIS E ACIDENTE GEOGRÁFICO 395

(a)

(b)

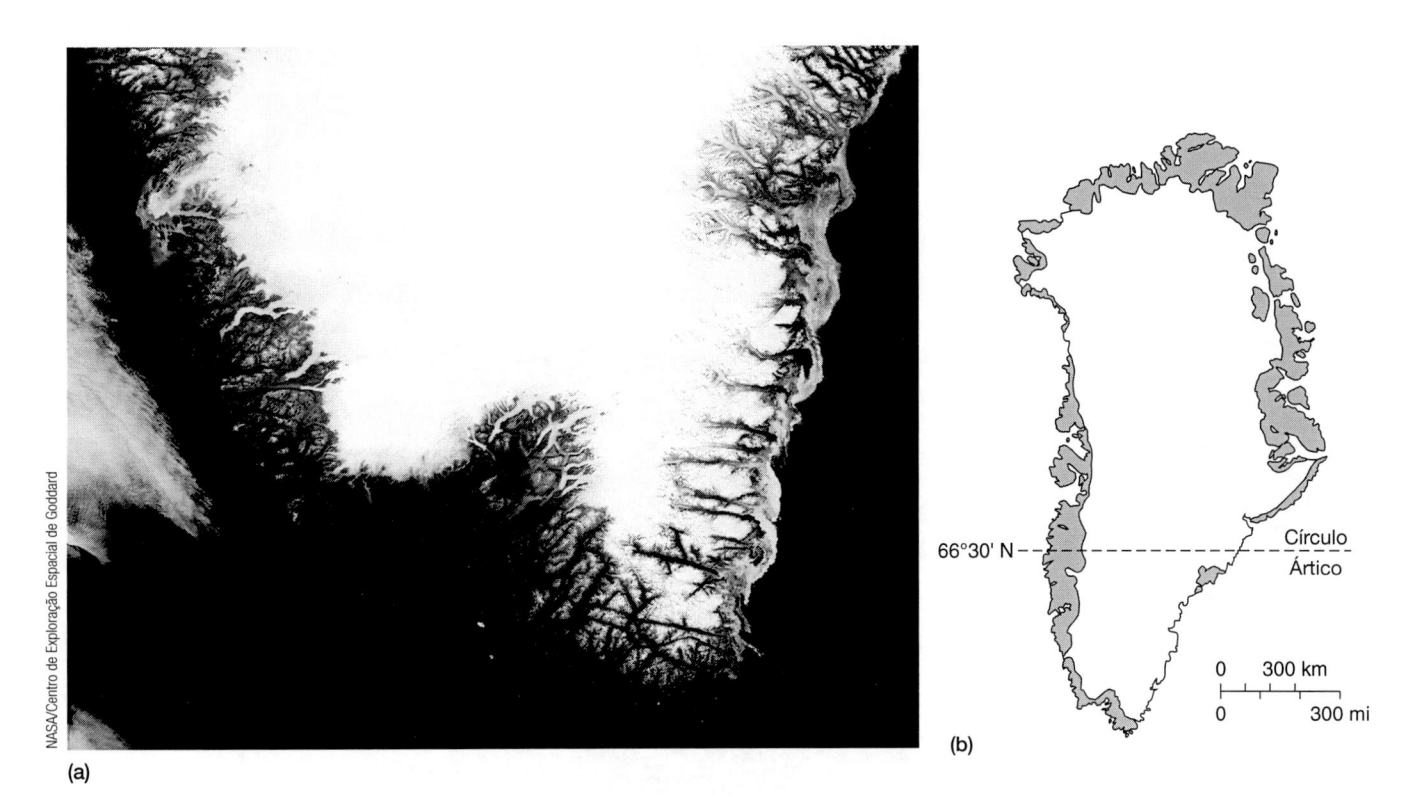

■ **FIGURA 16.19** (a) Apenas uma zona costeira estreita da Groenlândia não está coberta pelo manto de gelo, cuja espessura máxima é maior que 3 km (2 mi). (b) Extensão do manto de gelo da Groenlândia.

■ **FIGURA 16.20** O manto de gelo que cobre a Antártida é maior que os Estados Unidos e o México juntos. As sobras azuis e brancas nesta imagem de satélite representam o gelo. Nas áreas rochosas (áreas mais escuras na imagem), está a Península do Ártico (no canto esquerdo superior) e os Montes Transantárticos (declive mais proeminente).

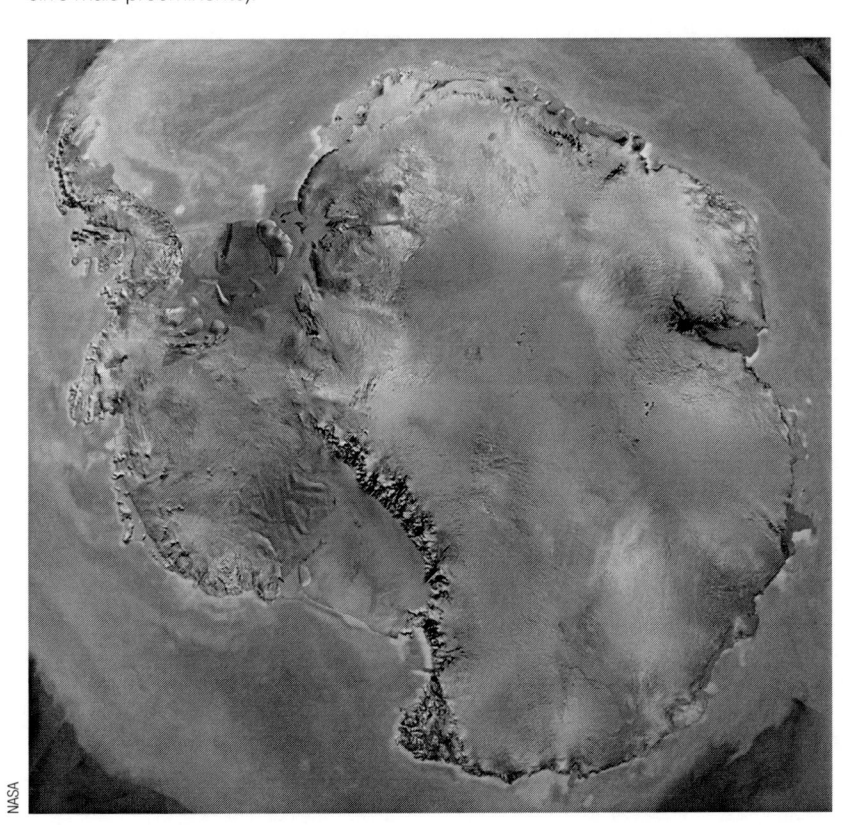

alpinas eram muito mais numerosas, extensas e maciças durante cada avanço dos mantos polares do que são hoje. Contudo, suas extensões não se comparavam às geleiras continentais.

A América do Norte e a Eurásia sofreram a maior expansão glacial durante o Pleistoceno. Na América do Norte, o manto de gelo expandiu ao sul até os rios Missouri e Ohio e cobriu quase todo o Canadá e a maioria das Grandes Planícies do norte, centro-oeste e nordeste dos Estados Unidos. Na Nova Inglaterra, o gelo era espesso o suficiente para ultrapassar a mais alta das montanhas, inclusive o Monte Washington, que possui altitude de 2.063 metros (6.288 pés). O gelo tinha espessura de mais de 2 mil metros (6.500 pés) na região dos Grandes Lagos. Na Europa, as geleiras se espalharam sobre a maioria do território que hoje em dia é conhecido como Grã-Bretanha, Irlanda, Escandinávia, norte da Alemanha, Polônia e a região oeste da Rússia. O peso do gelo causou uma depressão na superfície do solo de centenas de metros. Conforme o gelo recuou e o peso sobre a terra foi removido, o solo pôde se reerguer até atingir o *equilíbrio isostático*. Atualmente, uma quantidade mensurável de recuo isostático glacial ainda eleva a altitude em partes da Suécia, Canadá e no leste da Sibéria a cerca de 2 centímetros (1 pol.) por ano e pode fazer com que a Baía de Hudson e o Mar Báltico

FIGURA 16.21 (a) As plataformas de gelo da Antártida formam uma camada de gelo entre o oceano e o continente. (b) As plataformas de gelo foram recentemente destruídas de maneira significativa durante o colapso da Plataforma de Gelo Larsen B em 2002. (c) O topo plano dos *icebergs* da Antártida, nesta foto com a presença de alguns pinguins, é bem diferente das pontas dos *icebergs* do Hemisfério Norte, que possuem forma irregular.

FIGURA 16.22 A cobertura de gelo glacial no Hemisfério Norte era extensa durante o Pleistoceno. Geleiras de milhares de metros de espessura cobriam a maior parte da América do Norte e Eurásia.
Por qual razão algumas regiões que eram extremamente frias durante o Pleistoceno, como a parte inferior do Alasca e da Sibéria, não possuíam gelo?

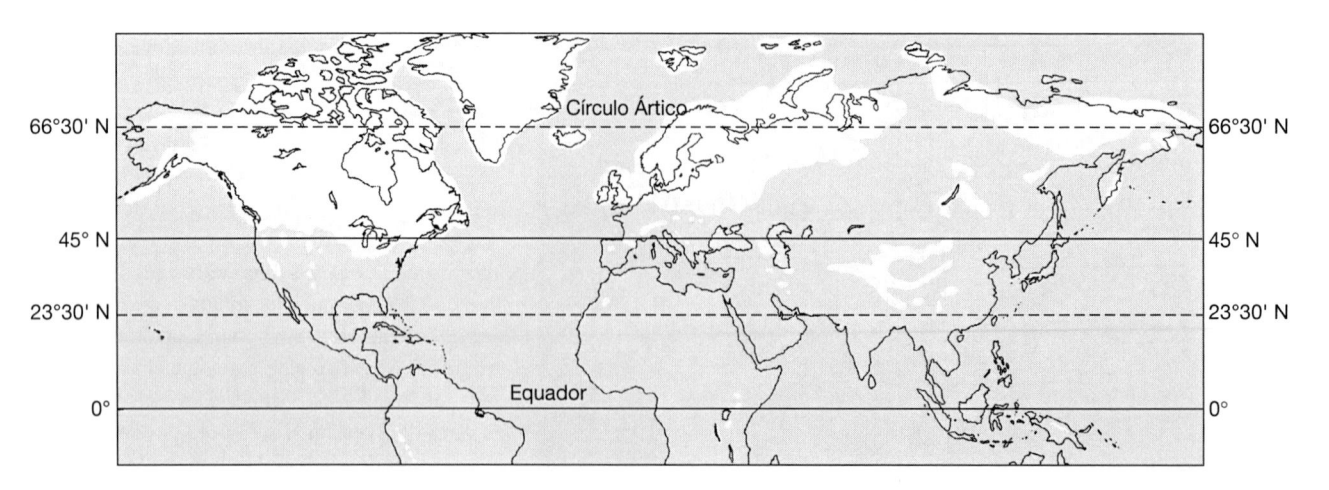

um dia aflorem acima do nível do mar. Se o manto de gelo da Groenlândia e da Antártida derreter, o solo que sofreu depressão também atingirá o equilíbrio isostático.

Os efeitos geomórficos do último maior avanço glacial, conhecido na América do Norte como Glaciação Winscosin, são os mais visíveis nas paisagens de hoje. Os acidentes geográficos glaciais criados durante a Glaciação Winscosin, que terminou há quase 10 mil anos, são relativamente recentes e não foram destruídos em grande escala por outros processos geomórficos subsequentes. Como consequência disso, podemos ter uma imagem clara da extensão e ações tanto do manto e calotas de gelo quanto das geleiras alpinas naquela época.

De onde veio a água contida na neve e no gelo? A fonte original era o oceano. Durante o período de avanço glacial havia uma diminuição geral no nível do mar, o que expunha grandes porções da plataforma continental, formando pontes entre os mares do Norte, de Bering e de Java. O derretimento e o recuo glacial durante o Pleistoceno aumentaram o nível do mar em similares proporções – cerca de 120 metros (400 pés). As evidências desse aumento do nível do mar podem ser vistas em torno da linha costeira ao redor do mundo.

As geleiras continentais e os acidentes geográficos erosivos

O manto e as calotas de gelo causam erosão no solo pelo atrito e pela abrasão, entalhando traços na natureza semelhantes aos da geleira alpina, mas em escala muito maior. Os acidentes geográficos de origem erosiva causados pelo manto de gelo são muito mais extensos que aqueles formados pela glaciação alpina e se estendem ao longo de milhões de quilômetros quadrados na América do Norte, Escandinávia e Rússia. Conforme o manto de gelo se movimentava sobre o solo, ele esculpia estrias na superfície da Terra, aumentando os vales existentes, polindo as bacias rochosas e aplainando colinas. O manto de gelo removeu a maior parte do solo e, então, causou a erosão no leito rochoso. Atualmente, essas *planícies esculpidas pelo gelo* possuem colinas baixas e de forma arredondada, depressões que deram origem a lagos e uma ampla exposição de rocha.

Quando o manto de gelo se expande, ele cobre e interrompe as antigas formas de água corrente. Em razão de a última glaciação ter sido tão recente em termos de desenvolvimento do cenário natural, não houve tempo de alguns dos mais novos sistemas de drenagem formarem canais de água corrente bem integrados. Além da grande extensão de leito de rocha entalhado, as planícies esculpidas pelo gelo são caracterizadas por uma extensa área de água parada, incluindo lagos, pântanos e *muskegs* (charcos onde cresce um tipo de vegetação nas regiões frias).

As geleiras continentais e os acidentes geográficos sedimentares

A absoluta disparidade de tamanho faz com que os acidentes geográficos sedimentares do manto das calotas de gelo se diferenciem dos que ocorrem nas geleiras alpinas. Embora as morenas terminais e de retrocesso, as morenas centrais e os depósitos fluvioglaciais sejam produzidos por ambas as categorias de geleiras, as geleiras continentais deixam evidências muito mais extensas (■ Figura 16.23).

Morenas terminais
Com altura máxima de até 60 metros (200 pés), as morenas de retrocesso e terminais depositadas pelo manto de gelo do Pleistoceno formam cinturões substanciais em colinas altas e cordilheiras nas áreas afetadas pela glaciação continental. O maior dos últimos avanços glaciais do Pleistoceno ao longo da Nova Inglaterra deixou uma morena terminal do tamanho de Long Island (Nova York) e provocou o aparecimento da ilha costeira de Martha's Vineyard e Nantucket, Massachusetts. O recuo glacial deixou morenas de retrocesso, formando Cape Cod e a extremidade arredondada ao sul do Lago Michigan. Ambos os tipos de morenas terminais geralmente possuem um formato de arco convexo em direção ao fluxo de gelo. Seus padrões e posicionamento indicam que o manto de gelo não manteve uma fachada regular, mas se espalhou em pontas com formato de linguetas direcionadas pelo terreno subjacente (■ Figura 16.24). As características da matéria depositada nas morenas terminais também nos ajudam a detectar a sequência dos avanços e recuo de cada manto de gelo sucessivo.

Planícies de tilito
Localizadas na zona de deposição do gelo, grandes quantidades de tilitos (sedimentos glaciários) acumulados, geralmente sob uma profundidade de 30 metros (100 pés) ou mais, formam as *planícies de tilito*. Por causa da natureza irregular das formas de deposição do gelo, a configuração topográfica das planícies de tilito varia de um lugar para outro. Em algumas áreas, o tilito é muito fino para esconder os contornos originais do solo, enquanto em outras regiões depósitos de tilito mais espessos se espalham aplainando as áreas de baixo relevo. Pequenas colinas e depressões leves, algumas preenchidas de água, caracterizam a maioria das planícies de tilito, refletindo a deposição glacial irregular. Alguns dos melhores tipos de solo para agricultura dos Estados Unidos estão localizados nas planícies de tilito de Illinois e Iowa.

Planícies de depósito glacial
Além dos cinturões de colinas que representam as morenas terminal e de retrocesso, estão as *planícies de depósito glacial* compostas de depósito da água de degelo. Essas áreas extensas de relevo relativamente baixo consistem de depósitos fluvioglaciais que foram transportados pela água de degelo do manto de gelo. As planícies de depósito glacial, que podem cobrir centenas de quilômetros quadrados, são semelhantes às *drifts* das geleiras alpinas.

Pequenas depressões ou poços, chamados **kettle**, são comuns em planícies de depósito glacial, planícies de tilito e morenas. **Kettle** representa o lugar onde os blocos de gelo foram originalmente soterrados nos depósitos glaciais. Onde os blocos de gelo eventualmente derreteram, deixaram uma depressão na superfície e muitos lagos se formam. A maioria dos famosos 10 mil lagos de Minnesota, por exemplo, é formada sobre **kettles** (■ Figura 16.25). Alguns **kettles** ocorrem em associação aos

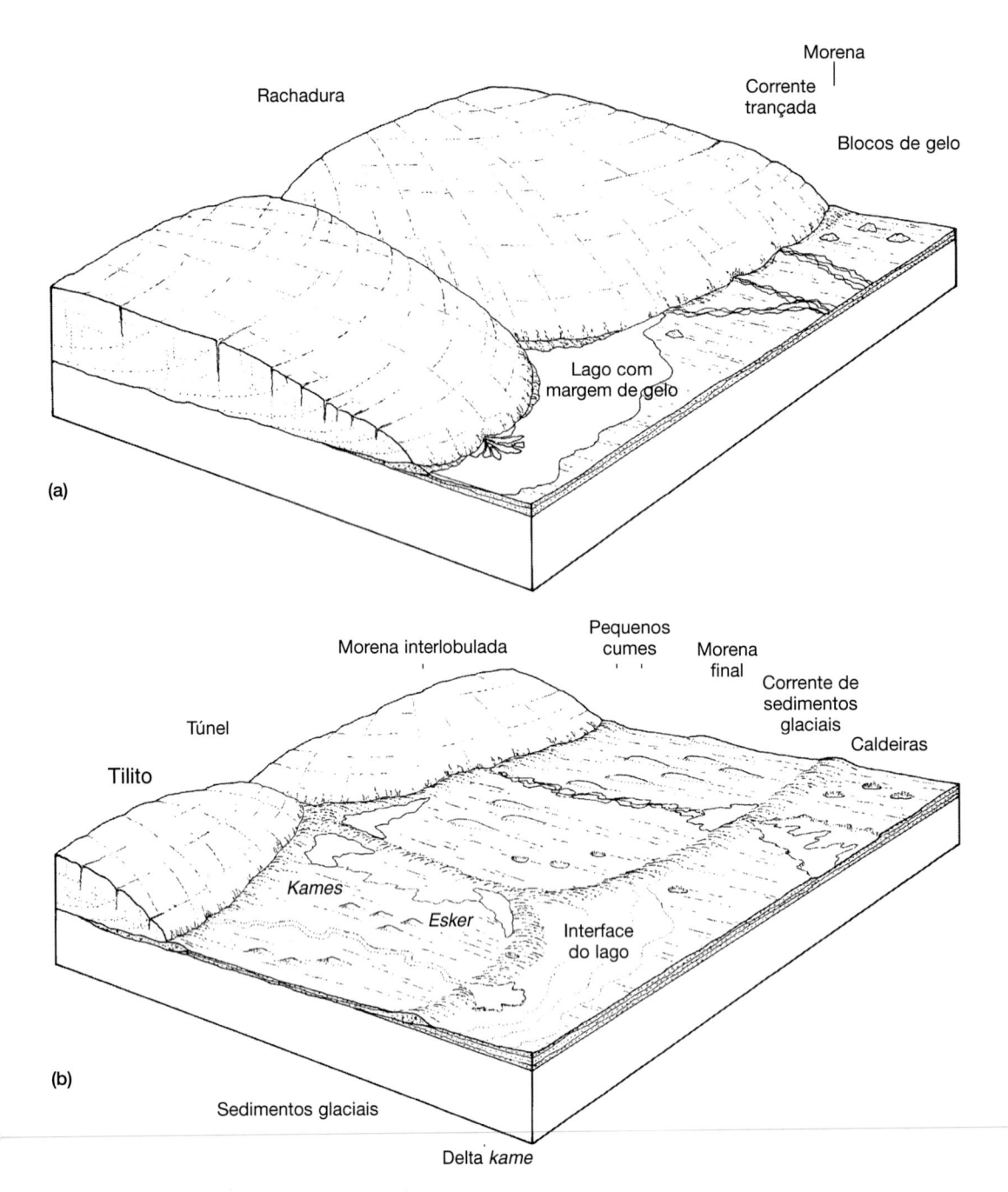

FIGURA 16.23 (a) Características associadas à estagnação nas extremidades de uma geleira continental. (b) Acidentes geográficos resultantes de uma modificação nos terrenos à margem do gelo que ocorrem conforme a geleira retrocede.
Qual é a importância da água líquida para a formação dos acidentes geográficos mostrados aqui?

depósitos das geleiras alpinas, mas a grande maioria é encontrada em paisagens que foram ocupadas por mantos ou calotas de gelo.

Drumlin
Um *drumlin* é uma colina alongada, aproximadamente 0,5 quilômetro (0,5 mi) de largura e menos que 50 metros (160 pés) de altura, moldadas pelo movimento glacial nas planícies de tilito (■ Figura 16.26). A característica mais evidente do *drumlin* é seu formato alongado, um modelo aerodinâmico parecido com a metade de um ovo ou com o lado convexo de uma colher. A extremidade mais larga e íngreme está apontada em direção ao gelo, enquanto a extremidade levemente inclinada e mais afunilada está na mesma direção que o gelo fluiu; portanto, a geometria do *drumlin* é reversa à das rochas *mountonnées*. Os *drumlins* são encontrados em conjuntos, chamados *campos de drumlin*, que são o agrupamento de cerca de centenas deles. Os cientistas têm diferentes opiniões sobre a origem dos *drumlins*, em especial quando diz respeito à importância relativa do gelo *versus* o processo de degelo na sua formação. *Drumlins* são bem desenvolvidos na Irlanda, Canadá

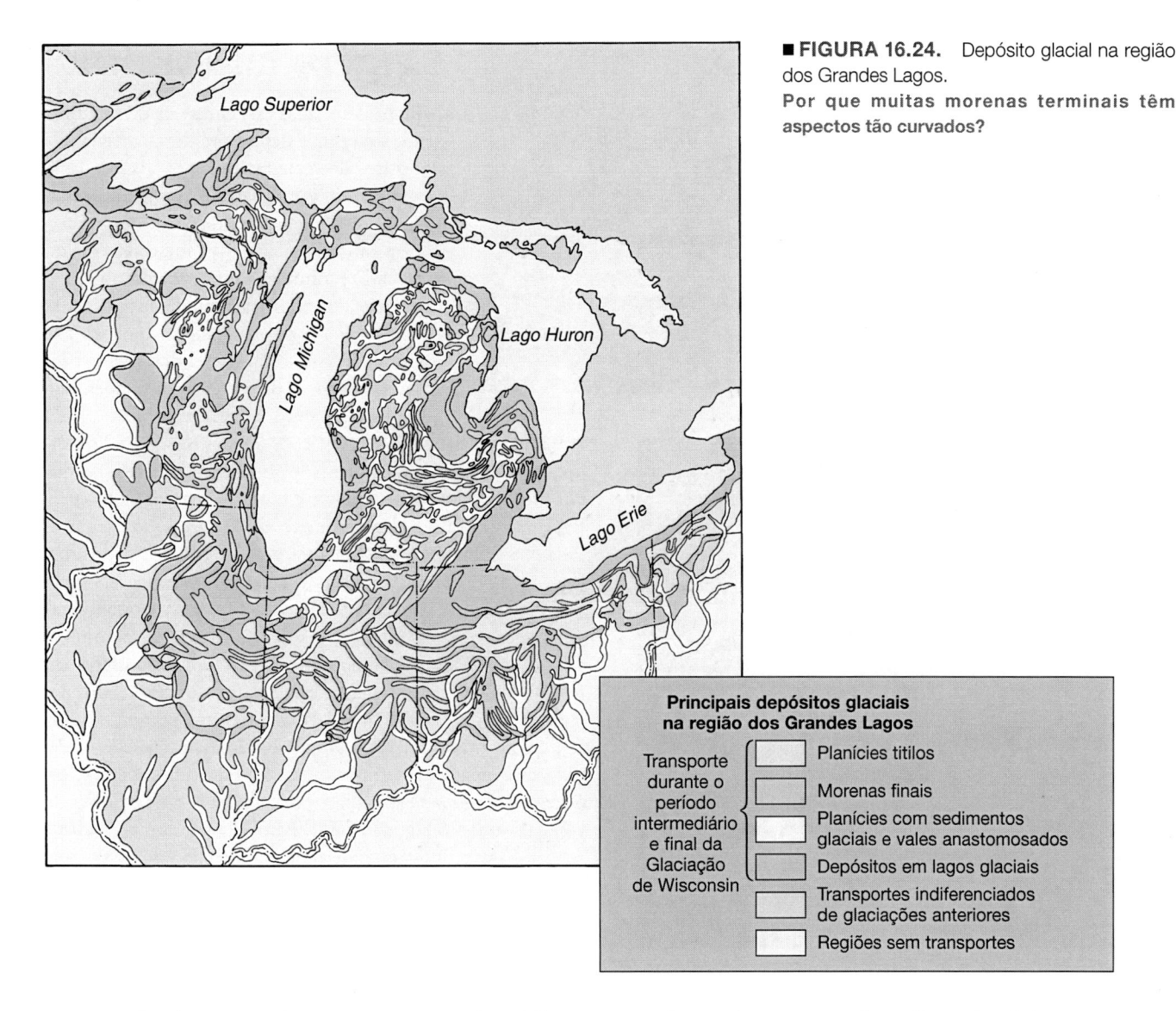

■ **FIGURA 16.24.** Depósito glacial na região dos Grandes Lagos.
Por que muitas morenas terminais têm aspectos tão curvados?

Principais depósitos glaciais na região dos Grandes Lagos

Transporte durante o período intermediário e final da Glaciação de Wisconsin:
- Planícies titilos
- Morenas finais
- Planícies com sedimentos glaciais e vales anastomosados
- Depósitos em lagos glaciais

- Transportes indiferenciados de glaciações anteriores
- Regiões sem transportes

e nos estados de Nova York e Winsconsin. Bunker Hill, em Boston, um dos maiores locais históricos e mais conhecidos dos Estados Unidos, é um *drumlin*.

Eskers

Um *esker* é uma saliência estreita e tipicamente espiralada composta por areia e cascalho fluvioglaciais (■ Figura 16.27). Alguns *eskers* podem se estender até 200 quilômetros (130 mi), no entanto, é mais comum que tenham apenas alguns quilômetros de extensão. É provável que a maioria dos *eskers* tenha sido formada por um fluxo de água de degelo que corre em túneis de gelo na base do manto de gelo. Muitos *eskers* são explorados por seu cascalho e areia.

Kames

Colinas com formato de cone compostas por depósitos fluvioglaciais são conhecidas como *kames*. Eles podem se desenvolver a partir de sedimentos que se acumulam nos poços de gelo glacial, em fendas e entre blocos de gelo. Assim como os *eskers*, os *kames* são excelente fonte de mineração de areia e cascalho e são comuns especialmente na Nova Inglaterra. Os *terraços de kame* são acidentes geográficos resultantes de uma acumulação fluvioglacial de areia e cascalho ao longo das margens do gelo que se derreteu pelos vales e regiões montanhosas.

Blocos erráticos

Grandes pedras espalhadas entre e sobre os depósitos glaciais ou sobre o leito de rocha polido pelas geleiras são chamadas **blocos erráticos** se a rocha da qual consistem for diferente do leito rochoso local (■ Figura 16.28). O gelo em movimento é capaz de transportar grandes pedras por uma longa distância. A região da qual o bloco errático surgiu pode ser identificada pelo tipo de rocha, e isso fornece evidências da direção do fluxo de gelo. Blocos erráticos são conhecidos por ser de origem glacial porque são marcados pelos estriamentos glaciais encontrados nos terrenos glaciais. Os blocos erráticos podem decorrer de geleiras alpinas, mas eles são tão conhecidos e mais impressionantes quando depositados por um manto de gelo, que moveu pedras de centenas de toneladas por centenas de quilômetros, como os blocos erráticos depositados em Illinois, que vieram de regiões distantes do Canadá.

Lagos glaciais

Milhares dos lagos existentes nos dias de hoje se localizam nas depressões de superfície dos depósitos das geleiras continentais que uma vez cobriram a América do Norte e Eurásia. Os mantos de gelo pleistocênico deram origem a inúmeros lagos por meio da erosão, escavando profundas e longas bacias ao longo das zonas de rocha fraca ou de antigos vales fluviais. Os *Finger Lakes* em Nova York são excelentes exemplos de bacias alongadas e profundas (■ Figura 16.29). Os lagos também são comuns nas áreas que sofreram impacto pela erosão e pela deposição das geleiras alpinas. Os lagos dos anfiteatros sem gelo e nos vales glaciais são geralmente contidos por morenas laterais de um lado e morenas terminais do outro. Evidências de muitos lagos que não existem mais são encontradas nos amplos *depósitos glaciolacustres* (de *glacial*: gelo; *lacustre*: lago), que provam a existência e o tamanho desses lagos.

Enquanto o gelo pleistocênico ainda estava presente, alguns lagos se formaram nas áreas onde a erosão glacial rompeu a superfície de drenagem ou onde a geleira impediu drenagem da água de degelo. Esses lagos são geralmente acumulados nas regiões onde a água ficou contida entre uma grande morena terminal e a face do gelo, ou onde o solo inclinou-se em direção à face do gelo, em vez do contrário. Em ambas as situações, os *lagos à margem do gelo* foram preenchidos por água de degelo (veja novamente Figura 16.24). Esses lagos foram drenados e se tornaram extintos quando houve um recuo da face do gelo permitindo que a água escapasse.

Durante sua existência, sedimentos granulados finos se acumularam no fundo desses lagos à margem do gelo preenchendo as irregularidades topográficas. Como resultado dessa sedimentação, superfícies extremamente planas caracterizam as planícies glaciais que consistem nesses depósitos glaciolacustres. Um extraordinário exemplo de tal planície seria o vale do Rio Vermelho na Dakota do Norte, Minnesota e Manitoba. A

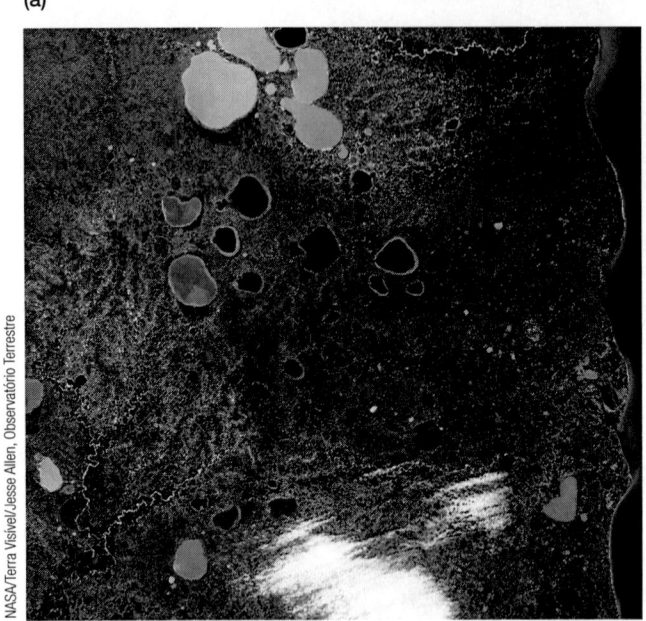

■ **FIGURA 16.25** (a) Um lago de *kettle* preenche um *kettle* no território do nordeste canadense. (b) Em razão da glaciação continental pleistocênica, inúmeros lagos de *kettle* pontuam essa região da Sibéria.

■ **FIGURA 16.26** *Drumlins*, como este em Montana, são colinas alinhadas na direção do fluxo de gelo.

■ **FIGURA 16.27** Um *esker* próximo a Alberta Lea, em Minnesota.

FIGURA 16.28 Esta grande rocha é um bloco errático que foi transportado para longe de seu ponto de origem por uma geleira continental.
O que ilustra esse bloco errático em relação à capacidade que o fluxo de gelo tem de modificar um terreno?

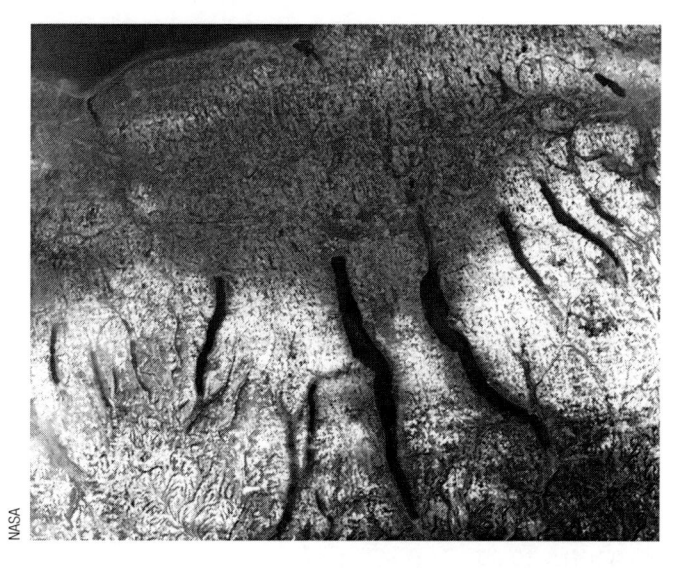

FIGURA 16.29 Os Finger Lakes de Nova York ocupam bacias escavadas pelo gelo durante o Pleistoceno.
Que características da rocha matriz contribuíram para a formação dessas bacias estreitas?

planície foi criada por meio da deposição dentro de um grande lago pleistocênico situado entre a face de um manto de gelo continental retrocedente ao norte e as barragens de morenas e altas topografias ao sul. Esse antigo corpo de água é chamado Lago Agassiz em homenagem ao cientista suíço que desde cedo defendeu a teoria da Era Glacial. O Rio Vermelho corre em direção ao norte e deságua na última reminiscência do Lago Agassiz, o Lago de Winnipeg, que ocupa a parte mais profunda dessa baixada que foi polida pelo gelo e preenchida de sedimentos.

Outro lago à margem de gelo na América do Norte produziu aspectos muito mais espetaculares na natureza, porém não na própria região do lago. No norte de Idaho, um lago glacial em direção ao sul do Canadá bloqueou o vale de maior afluência do Rio Columbia, gerando um enorme lago em uma barragem de gelo conhecido como Lago Missoula. Esse lago cobriu quase 7.800 quilômetros quadrados (3.000 mi²) e tinha 610 metros (2.000 pés) de profundidade na barragem de gelo. À medida que a barragem de gelo diminuía, o Lago Missoula esvaziava por meio de enormes transbordamentos que deixavam o leste de Washington debaixo de água. O rápido e forte vazamento poliu o terreno basáltico, dando origem, então, ao chamado Channeled Scablands, em Washington, que é constituído de diversos vales de paredes íngremes que se intercalam (*barrancos*), quedas de água secas, bacias polidas e outras características um tanto quanto particulares e diferentes daquelas causadas pela erosão fluvial normal, especialmente por causa do seu tamanho gigantesco.

Os Grandes Lagos do leste dos Estados Unidos e Canadá constituem o maior sistema de lagos do mundo. Os lagos Superior, Michigan, Huron, Erie e Ontário ocupam antigos vales que foram ampliados e aprofundados em grande escala pela erosão glacial. Todas as bacias dos lagos, exceto o Lago Erie, foram entalhadas a profundezas abaixo do nível do mar e apresentam irregularidades no leito de rocha abaixo da espessa camada de tilito glacial. A história dos Grandes Lagos é extremamente complexa, pois a posição instável da face do gelo causou incríveis mudanças no nível do lago e na localização do escape de água.

Paisagens periglaciais

Nem todas as regiões frias têm precipitação suficiente para obter uma acumulação de espessas massas de gelo permanente. Em grande parte da Sibéria e do interior do Alasca, era frio e seco demais durante o Pleistoceno para que caísse uma grande quantidade de neve e gelo a ponto de gerar uma acumulação intensa, como em algumas regiões da América do Norte e noroeste da Europa. Em vez dos processos glaciários, esses ambientes **periglaciais** (*peri*, quase), cuja neve e gelo não são suficientes para cobrir as superfícies, sofrem uma ação de congelamento e muitas vezes são regiões de *permafrost*, ou *pergelissolo* (solo permanentemente congelado). Grandes áreas de terreno periglacial existem hoje no Alasca, no Canadá, na Rússia e em algumas áreas de altitude elevada, incluindo regiões montanhosas e planaltos da China. Durante o avanço do gelo pleistocênico, os ambientes periglaciais migraram para latitudes e altitudes mais baixas, deixando para trás ruínas periglaciais em regiões, inclusive em partes dos Apalaches, onde atualmente não estão mais presentes.

O congelamento intenso das paisagens periglaciais inclui o congelamento da umidade do solo e a produção de rochas fragmentadas angulares. A ação de congelamento também causa deslocamento das camadas do solo, pressão e separação de rochas que dão origem a uma formação periódica fascinante de *solo poligonal* (■ Figura 16.30).

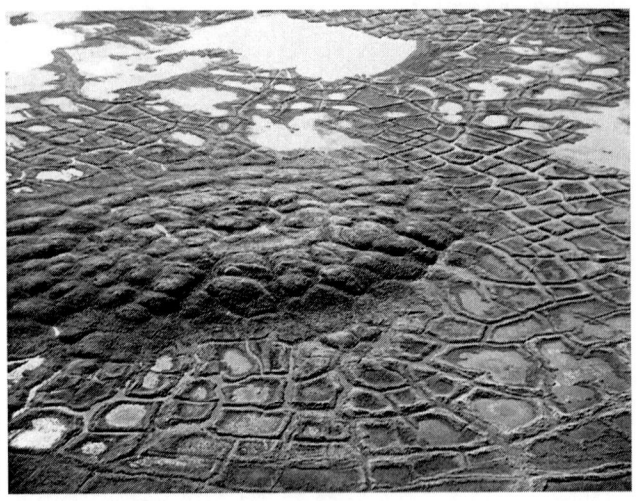

■ **FIGURA 16.30** As regiões periglaciais apresentam características intricadas e repetitivas no solo que são causadas pela intensa ação de congelamento.

formação de fissuras que acumulam gelo, formando uma grande *cunha de gelo* no solo.

Compreender o *permafrost* é importante para que atividades humanas possam ser realizadas nas regiões periglaciais. Técnicas de construção adequadas devem ser utilizadas, senão construções verticais, ruas, encanamentos e outras estruturas sobre o *permafrost* podem desregular o meio ambiente térmico natural, causando o derretimento do *permafrost*. O solo saturado não suporta o peso de estruturas sobre ele. E, conforme o solo se deforma e lentamente se movimenta, as estruturas sobre ele são destruídas. Para evitar esse tipo de problema, o *permafrost* abaixo de prédios deve ser mantido sob congelamento, ou então, os edifícios podem ser construídos acima do chão, permitindo que o *permafrost* seja mantido em sua variação natural de temperatura.

Quando as temperaturas médias anuais são baixas o suficiente, as paisagens sem gelo desenvolvem *permafrost* (■ Figura 16.31). E, como foi visto no Capítulo 12, áreas extensas de *permafrost* resultam em solifluxão (movimento lento do solo) em encostas quando a camada ativa superior do solo permanentemente congelado descongela no verão e se torna saturado. As áreas de *permafrost* são passíveis de

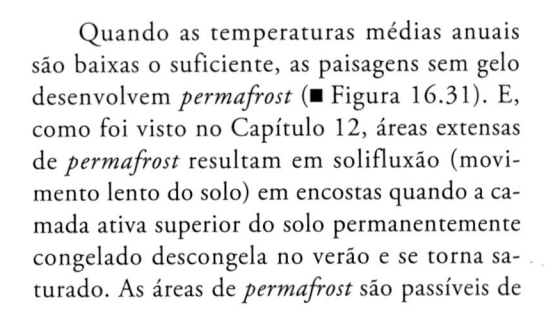

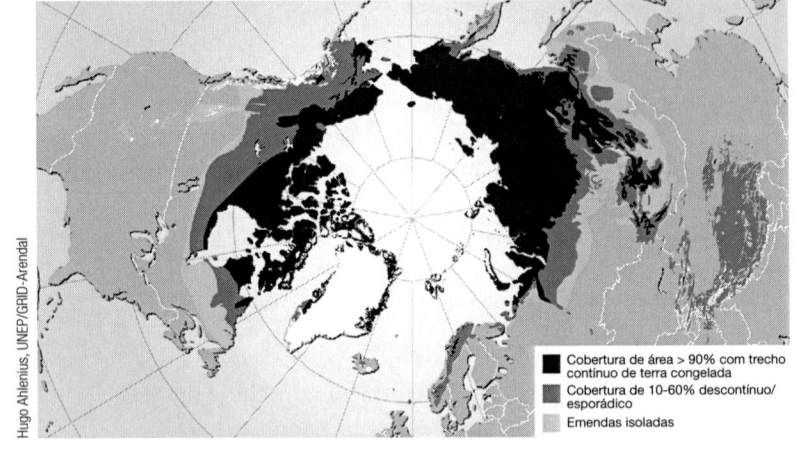

■ **FIGURA 16.31** A distribuição do *permafrost* no Hemisfério Norte.

:: Termos para revisão

Ablação	Espigão	*kettle*
Acumulação	Estriamento	Manto de gelo
Anfiteatro	Fenda	Morena ou moraina
Aresta	Fiorde	Periglacial
Atrito	*Firn*	Planície de drift
blocos erráticos	Geleira	Plataforma de gelo
Calota de gelo	Geleira alpina	Rocha *mountonnée*
Calving	Geleira continental	Tarn
Depósito glacial	Geleira alpina de anfiteatro	Tilito
Desfiladeiro	Geleira de descarga	Vale glacial
drumlin	Geleira de piemonte	Vales suspensos
Equilíbrio glacial	Geleira de vale	Zona de ablação
esker	*kames*	Zona de acumulação

:: Questões para revisão

1. Como o gelo glacial se difere da neve?
2. Como as geleiras se movimentam?
3. Quais são os três principais tipos de geleira alpina e o que os diferencia um do outro?
4. Defina acumulação e ablação e explique a relação que os dois processos têm com o avanço e recuo glacial.
5. Diagrame e identifique as partes características de uma geleira alpina.
6. Como as geleiras adquirem carga? Dê exemplos que evidenciem a erosão e o movimento glacial.
7. Como as geleiras alpinas se diferenciam das correntes fluviais em termos de processo de movimento, erosão, carga característica, formato dos vales e a natureza dos vales afluentes?
8. Quais são as principais semelhanças e diferenças entre as geleiras continentais e alpinas?
9. Qual é a relação entre fiordes e *icebergs*?
10. Como a erosão do manto de gelo altera o cenário natural? Que tipos de paisagens são gerados pela deposição e recuo das geleiras continentais?

:: Aplicações práticas

1. Estas tabelas mostram a posição (altitude) do sopé de um vale glacial no Hemisfério Norte que foi medida anualmente no dia 30 de setembro durante a década de 1970 e de novo na década de 1990. Use a média da década e o índice anual da variação e alteração da posição da geleira para mostrar quão distinto é o comportamento das geleiras da década de 1970 para 1990.

Ano	1970	1971	1972	1973	1974	1975	1976	1977	1978	1979
Altitude (metros)	2.634	2.631	2.632	2.629	2.630	2.629	2.627	2.625	2.624	2.623

Ano	1990	1991	1992	1993	1994	1995	1996	1997	1998	1999
Altitude (metros)	2.642	2.648	2.654	2.661	2.668	2.676	2.684	2.692	2.701	2.710

2. Diamantes foram recentemente encontrados em três regiões diferentes do Canadá no meio do tilito depositado pelo manto de gelo pleistocênico. Na região A, nos arredores de vales glaciais, hoje em dia ocupados por lagos, são encontrados de NNE a SSO. A região B se encontra a 60 quilômetros ao oeste da região A e os estriamentos no leito de rocha adjacente mostram uma orientação de NE a SO. A 60 quilômetros ao leste da região A está a região C, que possui *drumlins* cujas caldas estão apontadas em direção a SSE à extremidade arredondada em NNO. Usando essas informações, como continuar a restringir uma área de busca do leito de rocha de onde se originaram os diamantes?

3. Usando o Google Earth, identifique os acidentes geográficos encontrados nas seguintes localizações (latitude, longitude). Explique de maneira resumida como cada acidente geográfico se desenvolveu e por que são encontrados em tais regiões.
   a. 59.75°N, 140.59°O
   b. 42.73°N, 76.73°O
   c. 54.06°N, 98.71°O
   d. 61.34°N, 25.47°L
   e. 44.52°S, 168.84°L

INTERPRETAÇÃO DE MAPA

GLACIAÇÃO ALPINA

O mapa

A área mostrada no mapa é parte do Parque Nacional Glacier, que faz fronteira com o Parque Nacional de Waterton Lakes no Canadá, localizado além da fronteira americana. A glaciação alpina criou grande parte do cenário espetacular dessa região das Montanhas Rochosas do norte.

A maioria da paisagem glacial nessa região foi criada durante o Pleistoceno. Hoje, as geleiras ainda existem no Parque Nacional Glacier, mas, por causa do rápido derretimento nas décadas recentes, estima-se que elas desaparecerão em 60 anos. Antes da glaciação, essa região foi severamente acidentada e dobrada durante a formação das Montanhas Rochosas do norte.

A fotografia e o mapa mostram de modo claro a natureza irregular do terreno dessa região. As encostas íngremes, espigões, vales em U, lagos, arestas e geleiras são obviamente acidentes geográficos característicos da glaciação alpina. A temperatura é um controle primário do clima das áreas montanhosas nessa região. A altitude, em partes, influencia na temperatura e nível de precipitação.

Como já é de se esperar, a diminuição rápida da temperatura com o aumento da latitude resultam em uma variedade microclimática nas regiões alpinas. A exposição também é um importante controlador climático das regiões montanhosas. As encostas de face oeste recebem o Sol mais quente da tarde enquanto as de face leste só recebem o Sol menos intenso das manhãs.

É possível comparar esse mapa topográfico ao apresentado no Google Earth. Basta aproximar o *zoom* mediante a essas coordenadas geográficas (latitude e longitude): 48.722778°N, 113.737778°O.

Interpretação do mapa

1. Qual é aproximadamente o gradiente local médio da região mostrada neste mapa? A escala deste mapa topográfico é maior ou menor que a escala dos mapas topográficos em outros exercícios do livro?
2. Com base em sua análise do mapa topográfico e da fotografia dessa região montanhosa, a paisagem parece ser dominada pela erosão ou deposição glacial?
3. Localize as Geleiras Grinnel, Swiftcurrent e Sperry. Que tipo específico de geleiras são estas?
4. Que evidências indicam que as geleiras eram maiores e mais amplas vale abaixo?
5. A maioria das geleiras existentes está localizada na região nordeste dos cumes das montanhas. Explique essa afirmação. A que altitude as geleiras podem ser encontradas?
6. Quais tipos de acidentes geográficos glaciais apresentam as seguintes características?
   a. Ocupada pelo Lago Kennedy, Iceberg e Ipasha.
   b. Ocupada pelo Lago McDonald (no canto sudeste do mapa) e o Lago Josephine.
   c. Ocupadas pelos Montes Gould e Wilbur.
7. Ao longo das cordilheiras corre uma linha tracejada chamada "divisor de águas continentais". Qual é a sua importância?
8. Se você fosse fazer uma trilha em direção do sudeste, saindo do córrego de McDonald, passando pelo córrego Avalanche até a Geleira Sperry, quão distante seria seu trajeto e que mudanças de altitude você encontraria?

Terreno Glacial no Parque Nacional Glacier, em Montana.

No lado oposto: Chief Mountain, Montana
Escala 1:125,000
Intervalo das curvas de nível = 100 pés
U.S. Geological Survey

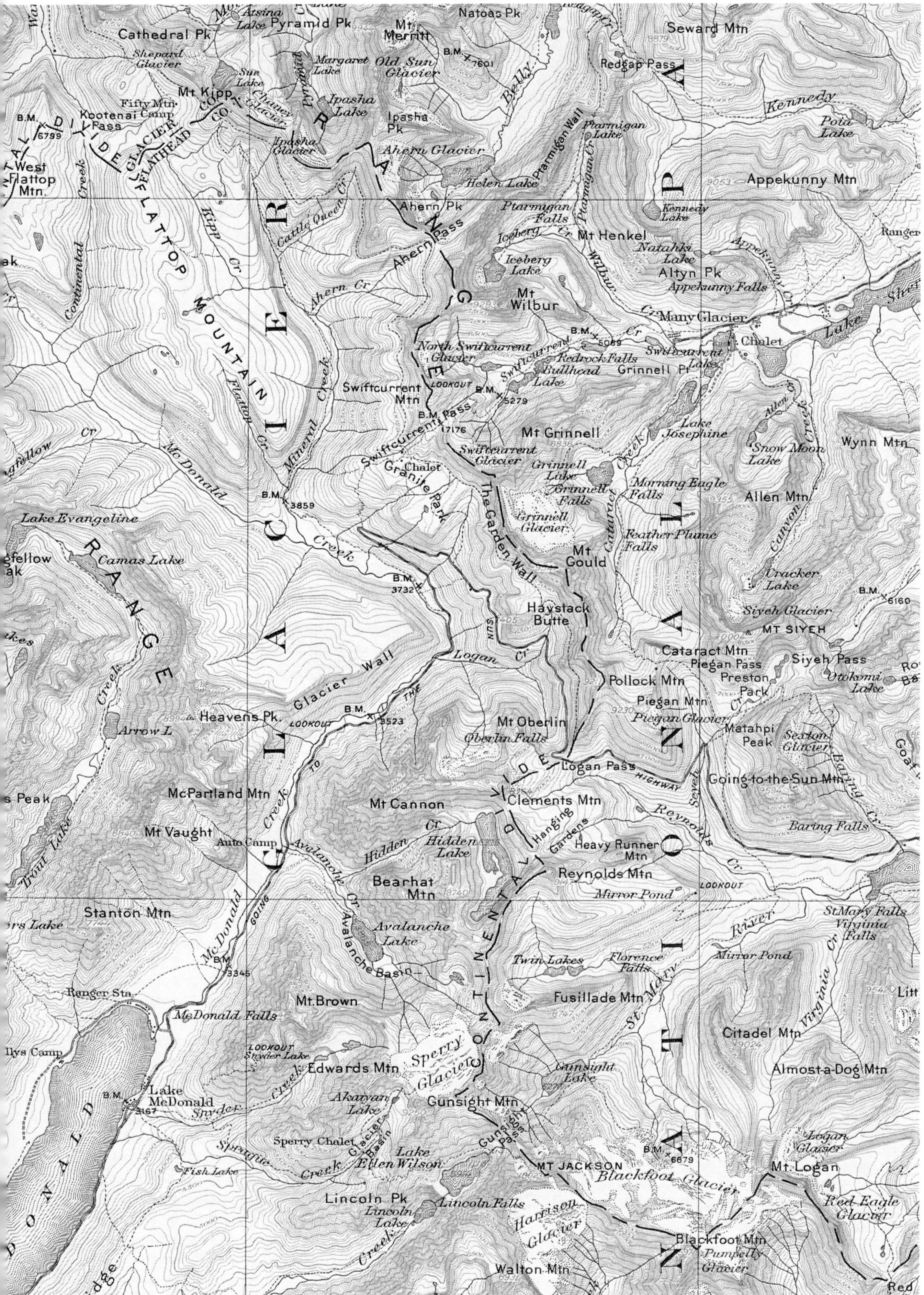

Cathedral Pk
Atsina Lake
Pyramid Pk
Mt Merritt
Natoas Pk
Seward Mtn
Shepard Glacier
Sue Lake
Margaret Lake
Old Sun Glacier
B.M. 7601
Redgap Pass
Mt Kipp
Fifty Mtn Camp
Kootenai Pass
B.M. 6799
Chaney Glacier
Ipasha Lake
Ipasha Pk
Ipasha Glacier
Ahern Glacier
Kennedy
Pola Lake
Ptarmigan Lake
Ptarmigan Wall
West Flattop Mtn
Helen Lake
Appekunny Mtn
CONTINENTAL DIVIDE
GLACIER
FLATHEAD
FLATTOP MOUNTAIN
Ahern Pk
Ptarmigan Falls
Kennedy Lake
Cattle Queen Cr
Ahern Pass
Iceberg Cr
Mt Henkel
Natahki Lake
Altyn Pk
Appekunny Falls
Iceberg Lake
Mt Wilbur
Ahern Cr
Many Glacier
Chalet
B.M. 5069
Swiftcurrent Lake
Lake Sherburne
North Swiftcurrent Glacier
Redrock Falls
Bullhead Lake
Grinnell Pt
Swiftcurrent Mtn
LOOKOUT
B.M. 5279
Swiftcurrent Pass
B.M. 7176
Mt Grinnell
Lake Josephine
Snow Moon Lake
Wynn Mtn
Swiftcurrent Glacier
Grinnell Lake
Granite Park
Grinnell Falls
Morning Eagle Falls
Allen Mtn
McDonald
B.M. 3859
Grinnell Glacier
Lake Evangeline
The Garden Wall
Feather Plume Falls
Camas Lake
Mt Gould
Cracker Lake
B.M. 3732
Haystack Butte
B.M. 6160
Siyeh Glacier
MT SIYEH
Logan Cr
Cataract Mtn
Piegan Pass
Siyeh Pass
Glacier Wall
Pollock Mtn
Preston Park
Otokomi Lake
Piegan Mtn
Heavens Pk
B.M. 3523
Mt Oberlin
Piegan Glacier
Arrow L
Oberlin Falls
Matahpi Peak
Sexton Glacier
Logan Pass
HIGHWAY
Going-to-the-Sun Mtn
McPartland Mtn
Mt Cannon
Clements Mtn
Trout Lake
Mt Vaught
Hidden Lake
Hanging Gardens
Reynolds Cr
Baring Falls
Auto Camp
Avalanche Cr
Heavy Runner Mtn
Bearhat Mtn
Reynolds Mtn
LOOKOUT
Mirror Pond
Stanton Mtn
Avalanche Lake
St Mary Falls
Virginia Falls
Avalanche Basin
Twin Lakes
Florence Falls
Mirror Pond
B.M. 3345
Ranger Sta
Mt Brown
Fusillade Mtn
McDonald Falls
Citadel Mtn
Snyder Lake
Sperry Glacier
Edwards Mtn
Gunsight Lake
Almost-a-Dog Mtn
Lake McDonald
B.M. 3167
Akaiyan Lake
Gunsight Mtn
Sperry Chalet
Glacier Basin
Lake Ellen Wilson
Gunsight Pass
B.M. 6679
Logan Glacier
MT JACKSON
Blackfoot Glacier
Mt Logan
Fish Lake
Sprague Creek
Lincoln Pk
Lincoln Falls
Lincoln Lake
Red Eagle Glacier
Harrison Glacier
Blackfoot Mtn
Pumpelly Glacier
Walton Mtn
LEWIS RANGE
NATIONAL PARK

Processos costeiros e formas de relevo

17

:: Apresentação

A zona costeira

Origem e natureza das ondas

Quebra da onda

Refração da onda e deriva litorânea

Erosão costeira

Deposição costeira

Tipos de costas

Ilhas e recifes de corais

As linhas de costa no mundo são extensas, complexas e frequentemente ambientes espetaculares.

Copyright e fotografia de Dr. Parvinder S. Sethi

:: Objetivos

Ao terminar de estudar este capítulo, você será capaz de:

- Esboçar a zona costeira, nomeando suas principais subdivisões.
- Explicar como as ondas são formadas e caracterizadas.
- Discutir como ondas oceânicas de superfície transferem e distribuem energia para a zona costeira.
- Explicar como linhas costeiras tendem a se tornar mais retas ao longo do tempo.
- Relatar como os sedimentos se movem ao longo de uma praia.
- Identificar os processos de erosão costeira e as formas de relevo primárias encontradas em costas dominadas pela erosão.
- Descrever os tipos e fontes de sedimentos encontrados em formas de relevo costeiro de deposição.
- Distinguir entre as principais formas de relevo de deposição.
- Resumir a classificação das costas em escala global e escala regional.
- Descrever os diferentes tipos de recife de coral.

O oceano cobre 71% da superfície da Terra, e uma grande porcentagem da população mundial vive perto da costa marinha. Locais costeiros oferecem recursos naturais significativos, bem como oportunidades de transporte, indústria, comércio, defesa e turismo. As linhas costeiras da Terra são biológica e geomorficamente diversas e em muitos casos oferecem cenários espetaculares. Elas atraem mais turistas que qualquer outro ambiente natural e continuam a atrair novos residentes.

Zonas costeiras são populares, mas elas também estão sujeitas a uma gama de perigos naturais e problemas ambientais induzidos pelo homem. Comunidades costeiras devem lidar com tempestades poderosas, influência das marés, ondas, correntes e sedimentos que se movimentam. Costas em nível baixo estão sujeitas a inundações, tempestades e, em alguns locais, *tsunamis*. Costas em relevos mais altos são suscetíveis à queda de rochas, deslizamento de terra e outras formas de corrida de massa. Problemas ambientais se devem ao rápido desenvolvimento urbano, altas densidades populacionais e atividades econômicas e industriais que vão desde turismo a operações portuárias, produção de petróleo no mar e escoamento agrícola. Algumas das águas mais poluídas são as encontradas em locais costeiros. Se o aquecimento global reduzir a extensão dos mantos de gelos continentais, o subsequente aumento no nível do mar terá um impacto profundo na infraestrutura construída pelo ser humano em regiões costeiras, bem como na geografia e na geomorfologia costeiras. É fundamental entender os processos naturais que operam na zona costeira para resolver os problemas atuais e futuros nessa dinâmica paisagem da Terra.

A zona costeira

A maioria dos processos e formas de relevo da zona costeira marítima também é encontrada nas linhas costeiras de grandes lagos. Todos são considerados *corpos de água estagnada* porque a água em cada um deles ocupa uma bacia, com um nível de água aproximadamente fixo no entorno da bacia. Isso contrasta com o fluxo inclinado, canalizado, em direção a baixas elevações que constitui córregos.

A *linha de costa* de um corpo de água estagnada é o contato exato e em constante mutação entre a superfície do oceano ou lago e a terra seca. A posição dessa fronteira flutua com as ondas, com tempestades e, no caso do oceano, com as marés. Em longo prazo, a posição da linha de costa também é afetada por movimentos tectônicos e pela quantidade de água contida no oceano e na bacia do lago. O *nível do mar* é complexamente determinada a partir da posição média da linha de costa e da posição vertical (a referência ou *datum*) acima e abaixo da qual outras elevações são mensuradas. A *zona costeira* consiste da região geral de interação entre a terra e o oceano ou lago. Ela varia do limite interior de influência costeira através da linha de costa presente até a elevação submersa mais baixa para a qual a linha de costa flutua.

Conforme as ondas se aproximam do continente a partir do corpo de água aberto, elas finalmente se tornam instáveis e quebram, enviando uma carga de água em direção a terra. A *zona pré-praia* (mais conhecida como *nearshore*) se estende desde a borda do mar ou lago até o limite em direção a terra alcançado pela água da onda que quebrou. Essa região contém a *zona de quebra* da onda, também conhecida como zona de arrebentação, a zona de surfe, através da qual a água das ondas quebradas se move e, mais em direção a terra, a *zona de espraiamento*, também conhecida como zona de varrido, sobre a qual um fino lençol de água avança para o limite mais próximo a terra que a água chega e então retorna à zona de surfe. Este fino lençol de água que avança em direção à linha da costa é conhecido como **varrido** (*swash*), e o fluxo que retorna, como **refluxo** (*backwash*). A *zona de maré alta* dá conta do restante do corpo de água estagnada, aquela parte que fica na direção do mar ou lago na margem externa da zona de quebra.

Origem e natureza das ondas

As ondas estão viajando, repetindo formas que consistem de altos e baixos alternados, chamados de *crista da onda* e *cavado da onda*, respectivamente (■ Figura 17.1). A distância vertical entre um cavado e sua crista adjacente é a *altura da onda*. O *comprimento da onda* é a distância horizontal entre sucessivas cristas de ondas. Outros atributos importantes são a **inclinação da onda**, ou a razão entre a altura da onda e o comprimento da onda, e o **período da onda**, o tempo que demora para um comprimento de onda passar um ponto determinado.

As ondas que viajam pela superfície do corpo de água são o principal agente geomórfico responsável pelas formas de relevo costeiras. Como córregos, geleiras e vento, as ondas erodem, transportam e depositam materiais da Terra, continuamente retrabalhando a fina faixa de terra costeira com a qual elas entram em contato. A maioria das ondas que impactam a zona costeira se origina em um de três modos. As *marés* consistem de duas ondas de comprimento muito longo causadas pela interação entre a Terra, a Lua e o Sol. Os *tsunamis* resultam do deslocamento repentino de água pelo movimento ao longo de falhas, deslizamentos de terra, erupções vulcânicas, ou outros eventos impulsivos. A maior parte das ondas que impactam a zona costeira, contudo, é *onda oceânica de superfície*, criada quando correntes de vento atuam ao longo da superfície da água.

Marés

As duas ondas de comprimento longo que compreendem as marés sempre existem na Terra. Há duas cristas de onda (marés altas), cada uma seguida por um cavado (maré baixa). O movimento vagaroso da crista e do cavado em uma área do oceano causa uma elevação gradual e subsequente rebaixamento de sua superfície. Ao longo da costa marinha, a mudança no nível da água causada pelas marés leva a influência de processos costeiros para uma faixa de elevações. As marés são tão pequenas nos lagos que têm praticamente nenhum efeito em processos costeiros, mesmo em lagos grandes.

A atração gravitacional da Lua, em menor extensão a do Sol e a força produzida pelo movimento do sistema combinado Terra-Lua são as principais causas das marés (■ Figura 17.2). A Lua é muito menor que o Sol, mas, como é significativamente mais próxima à Terra, sua influência gravitacional na Terra supera a do Sol. A Lua completa uma volta em torno da Terra a cada 29,5 dias, mas ela não gira em volta do centro da Terra. Na verdade, a Lua e a Terra são um sistema combinado que se move como uma unidade em volta do centro de gravidade do sistema. Uma vez que a massa da Terra é muito maior que a massa

■ **FIGURA 17.1** Forma de onda e terminologia dos tamanhos.

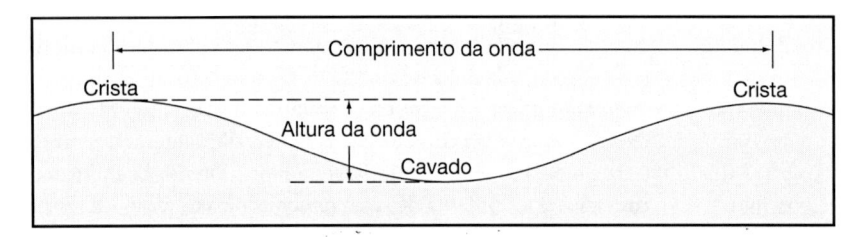

■ **FIGURA 17.2** As forças responsáveis pelas duas cristas e cavados da maré. Um "dia lunar" tem 24 horas e 50 minutos, pois a Lua continua em sua órbita ao redor da Terra enquanto a Terra está rotacionando.

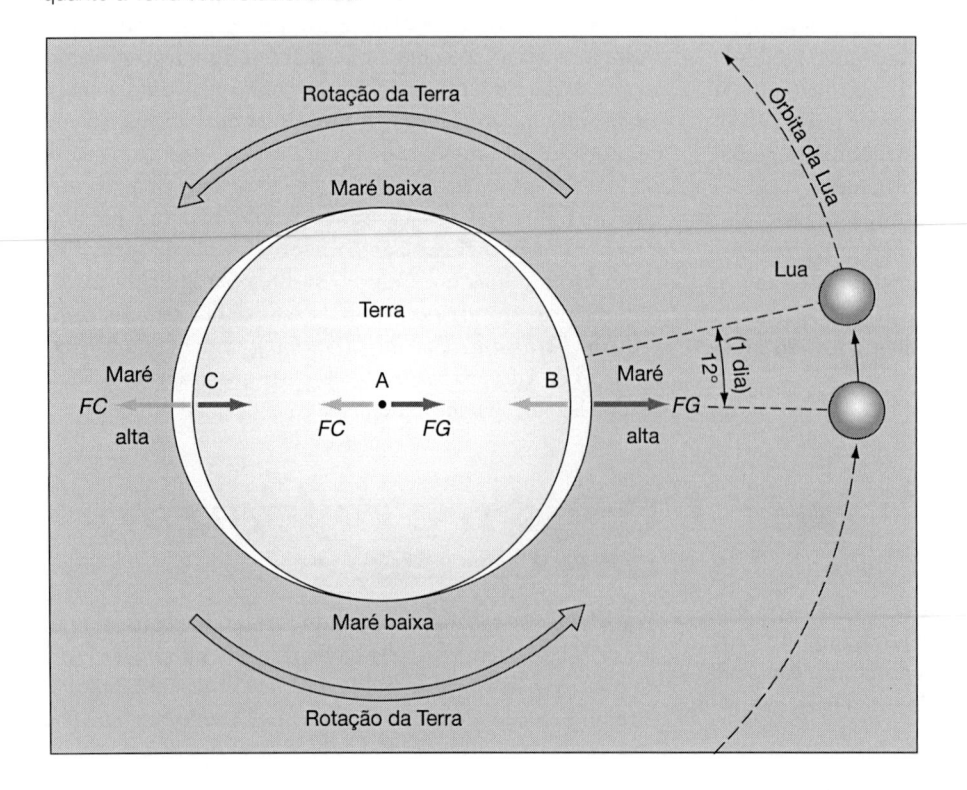

A. A força gravitacional (*FG*) e a força centrífuga (*FC*) são iguais. Assim, a separação entre a Terra e a Lua permanece constante.

B. A força gravitacional excede a força centrífuga, fazendo com que a água oceânica seja atraída em direção à Lua.

C. A força centrífuga excede a força gravitacional, fazendo com que a água do oceano seja forçada para longe da Lua.

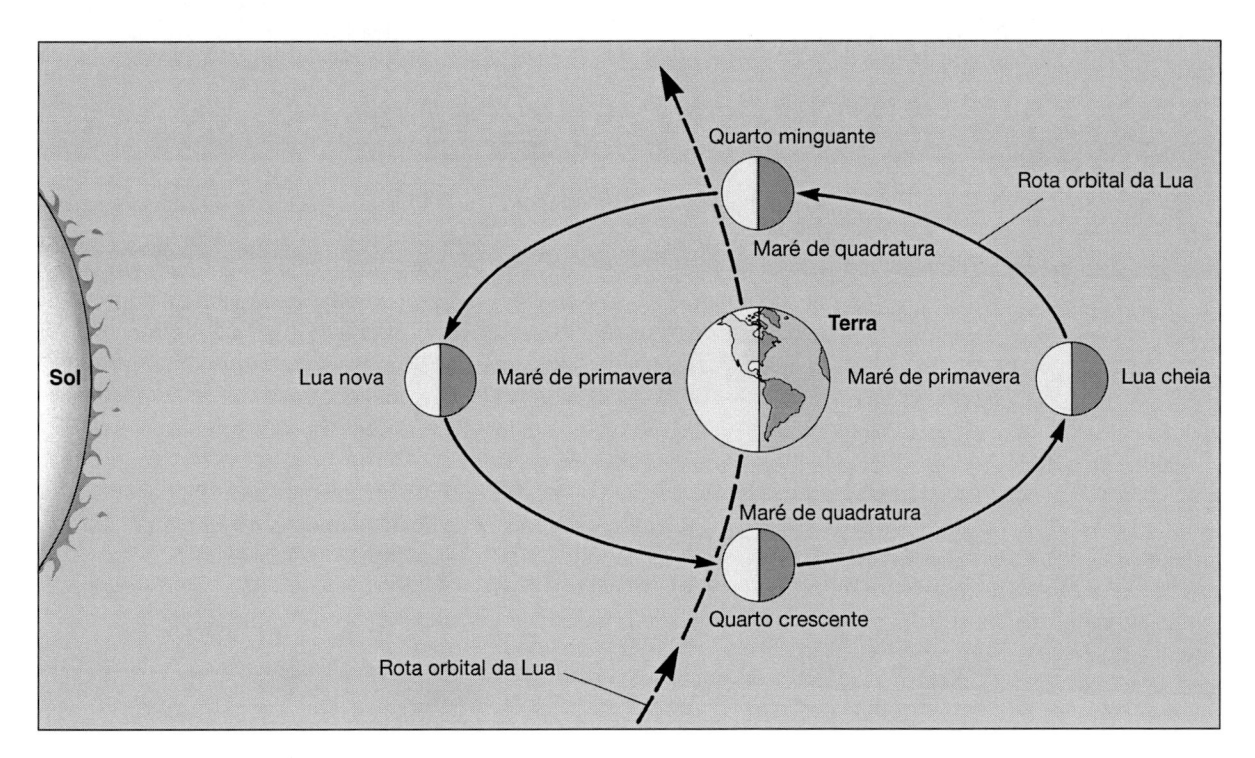

■ **FIGURA 17.3** Máximas amplitudes de maré (maré de sizígia) ocorrem nas luas cheia e nova, quando a Lua e o Sol estão alinhados tanto do mesmo lado da Terra quanto em lados opostos, respectivamente. Mínimas amplitudes de maré (maré de quadratura) ocorrem quando a Lua e o Sol ficam em ângulo reto entre si. **Quantas marés de sizígia e quadratura ocorrem a cada mês?**

da Lua, o centro de gravidade do sistema combinado ocupa um ponto dentro da Terra no lado que está voltado para a Lua. Estando mais próxima da Lua e sendo mais facilmente deformável que a terra, o oceano na superfície da Terra acima do centro de gravidade é atraído em direção à Lua, fazendo a primeira variação de maré (maré alta). Ao mesmo tempo, a água do oceano no lado oposto da Terra experimenta força *centrífuga*, uma força de inércia "para fora da Terra", e forma o outro bojo de maré. Cavados (marés baixas) ocupam os lados da Terra no meio de dois bojos de maré. Conforme a Terra gira em seu eixo a cada dia, esses bojos e cavados varrem a superfície terrestre.

O Sol tem uma influência secundária nas marés oceânicas da Terra, mas, por estar muito mais distante, seu efeito sobre as marés é bem menor que a metade do da Lua. Quando o Sol, a Lua e a Terra estão alinhados, como ficam durante luas novas e luas cheias, a influência adicionada do Sol nas águas oceânicas causa marés altas mais elevadas que a média das marés altas, e marés baixas abaixo da média das marés baixas. A diferença no nível do mar entre a maré alta e a maré baixa é a *amplitude das marés*. A amplitude de maré aumentada durante o alinhamento da Terra, da Lua e do Sol, conhecida como **maré de sizígia**, ocorre a cada duas semanas. Uma semana após a maré de sizígia, quando a Lua revolveu um quarto da distância ao redor da Terra, sua atração gravitacional sobre a Terra é exercida a um ângulo de 90° àquela do Sol. Nessa posição, as forças do Sol e da Lua diminuem os efeitos uma da outra. Nos períodos de quarto crescente e quarto minguante, a força oposta da atração solar diminui o efeito da atração lunar. Consequentemente, as marés altas não são tão altas, e as marés baixas não são tão baixas nesses períodos. Essa situação moderada, que ocorre como a maré de sizígia a cada duas semanas, é chamada **maré de quadratura** (■ Figura 17.3).

A Lua completa sua órbita de 360° em torno da Terra em um mês, viajando cerca de 12° por dia na mesma direção em que a Terra rotacional todos os dias em torno de seu eixo. Quando a Terra completa uma rotação em 24 horas, a Lua terá se movido 12° em sua órbita ao redor da Terra (veja novamente Figura 17.2), assim, para retornar à mesma posição em relação à Lua, são necessários mais 50 minutos. Como resultado, a Lua sobe 50 minutos mais tarde todos os dias em qualquer ponto determinado da Terra, o dia lunar dura 24 horas e 50 minutos, e duas marés altas sucessivas estão idealmente a 12 horas e 25 minutos de intervalo entre si.

O padrão de maré mais comum se aproxima do ideal de duas marés altas e duas marés baixas em um dia lunar. Esse regime de maré *semidiurno* é, por exemplo, característico da costa atlântica dos Estados Unidos. Em algumas regiões oceânicas com acesso restrito ao oceano aberto, tais como o Golfo do México, ocorrem padrões de maré de apenas uma alta e uma baixa ao longo do dia. Esse tipo de maré, chamado *diurna*, não é muito comum. Um terceiro tipo de padrão de maré consiste em duas altas de alturas diferentes, e duas baixas de alturas diferentes. As águas da costa do Pacífico nos Estados Unidos exibem este padrão de *maré mista*.

A amplitude da maré varia de um lugar para outro em resposta ao formato da linha costeira, profundidade da água,

PERSPECTIVA CIENTÍFICA DA GEOGRAFIA FÍSICA
:: PREVISÕES E ALERTAS DE *TSUNAMIS*

Os *tsunamis* (do japonês, *tsu*, porto; *nami*, onda) são o tipo mais perigoso de ondas que impactam áreas costeiras. O termo original "maremoto" foi abandonado décadas atrás, porque os *tsunamis* são causados por massivos e repentinos deslocamentos de água, que não estão relacionados às marés. O termo "onda do mar sísmica" também pode ser enganoso, pois nem todos os *tsunamis* são causados por terremotos. Deslizamentos de terra submarinos, erupção ou colapso de vulcões submarinos e impactos de meteoros também podem causar *tsunamis*.

A velocidade a que um *tsunami* viaja pelo oceano aberto está relacionada à profundidade do oceano. No oceano Pacífico, com uma média de 4 mil metros (13 mil pés) de profundidade, os *tsunamis* com frequência viajam a mais de 700 quilômetros por hora (435 mph). Os *tsunamis* também viajam a grandes distâncias. Em 1960, um *tsunami* originado na costa do Chile viajou por mais de 17 mil quilômetros (10.600 mi) para o Japão, onde matou 200 pessoas.

Ondas oceânicas de superfícies geradas por uma grande tempestade podem chegar à costa em um intervalo de 10 segundos e com um comprimento de 150 metros (500 pés), mas um *tsunami* pode ter um intervalo de uma hora e um comprimento de 100 quilômetros (60 mi). Conforme uma onda se move em direção às águas rasas da costa, sua velocidade diminui e sua altura aumenta. Um *tsunami* de 1 metro (3 pés) de altura no oceano aberto pode atingir 30 metros (100 pés) na

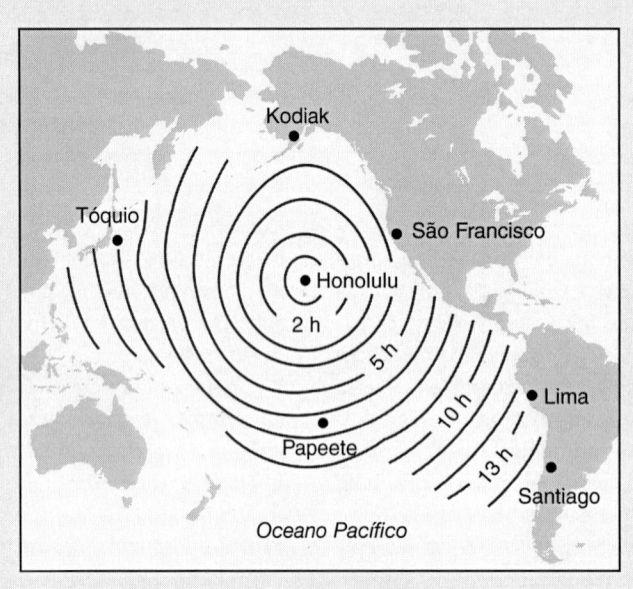

O Pacific *Tsunami* Warning Center (Centro de Alerta de *Tsunami* do Pacífico) localiza epicentros de terremotos e estima o horário de chegada para *tsunamis* na região do Pacífico.

acesso ao oceano aberto, topografia submarina e outros fatores. A amplitude da maré ao longo de costas marinhas de oceano aberto, como a costa do Pacífico nos Estados Unidos, tem uma média de 2 metros a 5 metros (6-15 pés). Em mares restritos ou parcialmente fechados, como o Mar Báltico ou o Mar Mediterrâneo, a amplitude da maré costumar ser 0,7 metro (2 pés) ou menos. Baías de formato afunilado em oceanos maiores, em especial a Baía de Fundy na costa leste do Canadá, produzem amplitudes de maré extremamente altas. A Baía de Fundy é famosa por sua amplitude de maré enorme, que tem média de 15 metros e pode alcançar um máximo de 21 metros (70 pés) (■ Figura 17.4). Outras entradas mais finas e alongadas na costa, que exibem uma grande amplitude de maré, são Cook Inlet, no Alasca, Puget Sound, em Washington, e o Golfo da Califórnia, no México.

Tsunamis

Os *tsunamis* são ondas de comprimento longo que se formam quando uma grande massa de água deslocada para cima ou para baixo por um terremoto, erupção vulcânica, deslizamento de terra ou outro evento súbito trabalha para recuperar sua condição de costa. Como um *tsunami* consiste de uma série de ondas, o perigo pode durar por diversas horas após a chegada da primeira onda.

O *tsunami* devastador que atingiu o oceano Índico em dezembro de 2004 causou morte, destruição e sofrimento humano imensos, em parte porque nenhum sistema de alerta com sensores existia naquela região. Cerca de 230 mil pessoas morreram e 1,2 milhão de pessoas perdeu suas casas quando o oceano encobriu a costa, em alguns lugares com ondas de até 15 metros (50 pés) de altura. Sistemas de alerta avançado de *tsunamis* são críticos para salvar vidas e devem ser capazes de detectar um *tsunami*, sua velocidade e direção e de monitorar seu progresso através do oceano. A Administração Atmosférica e Oceânica Nacional dos Estados Unidos (NOAA) estabeleceu uma lista de instrumentos (tsunâmetros) para monitorar a pressão e temperatura no fundo do oceano e converter esses dados em altura da coluna de água. A lista constitui uma parte importante de uma rede internacional de monitoramento de *tsunamis*. Um grupo de 26 nações, incluindo o Centro de Alerta de *Tsunamis* do Pacífico, no Havaí, compartilham alertas de *tsunamis* por toda a Bacia do Pacífico. O Centro de Alerta de *Tsunamis* do Alasca emite alertas de *tsunamis* para a costa oeste da América do Norte.

A destruição do *tsunami* na costa oeste da província de Aceh, na Indonésia, em dezembro de 2004.

equilíbrio. Oscilações resultantes da superfície da água viajam para fora da origem como uma onda ou uma série de ondas. Em águas profundas, o deslocamento pode causar alturas de onda de um metro ou mais que viaja a velocidades de até 725 quilômetros (450 mi) por hora e ainda passa por baixo de um navio sem ser notado. Conforme essas ondas de comprimento longo se aproximam de águas rasas de uma linha costeira, sua altura pode crescer substancialmente. Quando essas ondas grandes e bastante perigosas atingem áreas de terra baixa, elas incorporam quantidades enormes de detritos e podem causar tremendos danos, prejuízos e perdas de vida, bem como erosão, transporte e deposição de materiais da Terra.

Em 1964, um terremoto no Alasca causou um *tsunami* que atingiu Hilo, no Havaí, com uma altura máxima maior que 10 metros (33 pés) e matando mais de 150 pessoas. Quando o vulcão Krakatoa entrou em erupção em 1883, ele gerou um *tsunami* poderoso de 40 metros (130 pés) de altura que matou mais de 37 mil pessoas nas proximidades das ilhas indonésias. Em dezembro de 2004, o *tsunami* gerado pelo terremoto no oceano Índico atingiu as costas da Indonésia, Tailândia, Mianmar, Sri Lanka, Índia, Somália e outros países, causando aproximadamente 230 mil mortes. Este evento trágico reforçou a importância de sistemas de

■ **FIGURA 17.4** A Baía de Fundy em Nova Escócia, no Canadá, na (a) maré alta e (b) maré baixa.
Por que a Baía de Fundy tem uma amplitude de maré tão grande?

alerta avançado de *tsunamis*. Embora um sistema de alerta tenha sido estabelecido para o oceano Pacífico, nenhum sistema estava operando no oceano Índico em 2004. A Organização das Nações Unidas para a Educação, a Ciência e a Cultura (UNESCO) desde então ajuda membros das nações daquela região a desenvolver sistemas mais abrangentes de alerta avançado de *tsunamis*.

Ondas oceânicas de superfície

A maioria das ondas que vemos na superfície de corpos de água estagnada é criada pelo vento. Quando o vento sopra através da água, o arrasto friccional e as diferenças de pressão causam irregularidades na superfície da água. O vento então empurra o declive da água, que é voltada para o vento, transferindo energia para a água e tornando os declives em ondas maiores.

Se a maioria das ondas é causada pelo vento, por que vemos ondas na praia mesmo em dias tranquilos? A resposta está no fato de que as ondas podem viajar a distâncias desde as tempestades que as criaram, com limitada perda de energia. Ondas chegando à praia em um dia calmo podem ter viajado milhares de quilômetros para finalmente expandir sua energia quando elas quebram ao longo da costa.

Quando uma tempestade se desenvolve no oceano aberto, brisas suaves primeiro formam ondulações pequenas na superfície da água. Se o vento aumenta, ele transforma as ondulações em ondas maiores. Enquanto estão sob a influência da tempestade, as ondas são inclinadas, agitadas e caóticas, chamadas **vagas**. Quando as ondas viajam para fora da área da tempestade, ou quando o vento se encerra, as ondas se tornam mais ordenadas, pois se organizam em grupos de velocidade e comprimento similares. Essas ondas mais suaves e ordenadas que viajaram além da zona de geração são chamadas marulho ou *swell*. O *swell* é o que chega às linhas costeiras mesmo na ausência de ventos costeiros.

A energia em uma onda é energia potencial representada pela altura da onda. Conforme as ondas viajam, elas perdem um pouco de altura e, portanto, energia, por causa da fricção e do espalhamento da crista de onda em razão da curvatura da Terra, mas de modo geral elas são meios eficientes de transporte de energia. Três fatores que determinam a altura das ondas oceânicas de superfície quando elas se formam em corpos de água abertos profundos são (1) velocidade do vento, (2) duração do vento e (3) a área na qual o vento sopra, a **pista de vento** ou ***fetch***. *Fetch* é a extensão de água aberta através da qual o vento sopra sem interrupção. Um aumento em qualquer um desses três fatores produz ondas de maior altura e energia.

Quando a dilatação é originada, por exemplo, em uma tempestade no Pacífico Sul e chega à costa sul da Califórnia, ela é água local, não água do Pacífico Sul, que chega à costa da praia como onda. Lembre-se de que ondas são *formas* viajantes. Elas não transportam a água horizontalmente de um lugar a outro, exceto quando elas quebram ao longo de uma linha costeira. O movimento das ondas no corpo de água aberto pode ser considerado similar ao movimento de hastes de trigo conforme o vento sopra naquele campo, causando ondulações similares a ondas rolando em sua superfície. O trigo retorna a sua posição original após a passagem de cada onda. As partículas de água, do mesmo modo, retornam para muito perto de sua posição original após transmitir uma onda.

Ondas de águas profundas são aquelas viajando através da água profunda (d) igual ou maior que a metade do comprimento da onda (L), $d \geq L/2$. Ondas viajantes não têm impacto no que está abaixo daquela profundidade. Por essa razão, a profundidade $L/2$ é às vezes chamada de **base da onda**. A ■ Figura 17.5 ilustra o que acontece à superfície da água durante a passagem da onda em águas profundas. Há pouco ou nenhum movimento de avanço de moléculas de água durante a passagem da onda. Conforme a crista e o cavado passam, as moléculas de água completam um movimento orbital. Com profundidade crescente sob a superfície da água, o tamanho das órbitas diminui. Com uma profundidade de metade do comprimento da onda, as órbitas são muito pequenas para fazer qualquer trabalho significativo. É

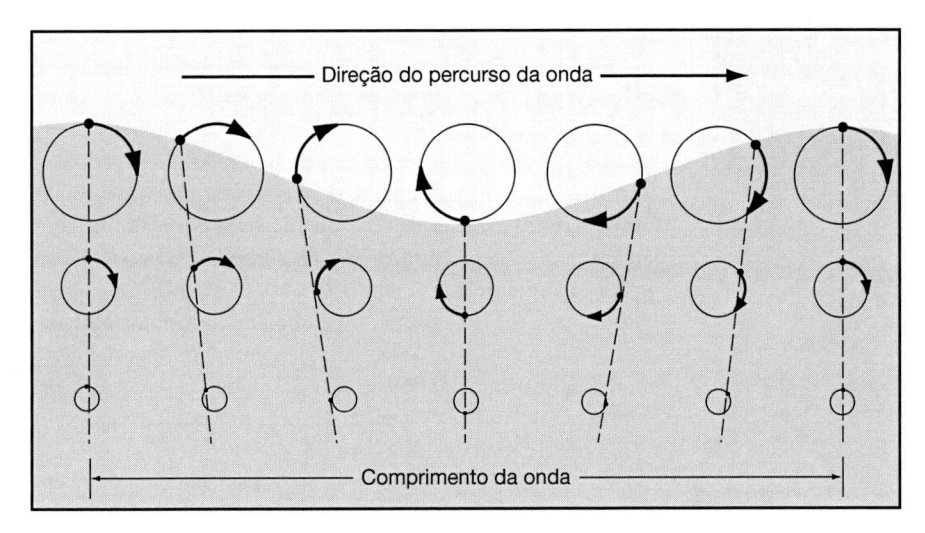

■ **FIGURA 17.5** Caminhos orbitais de moléculas de água em água profunda. O diâmetro da órbita na superfície é o mesmo que a altura da onda.

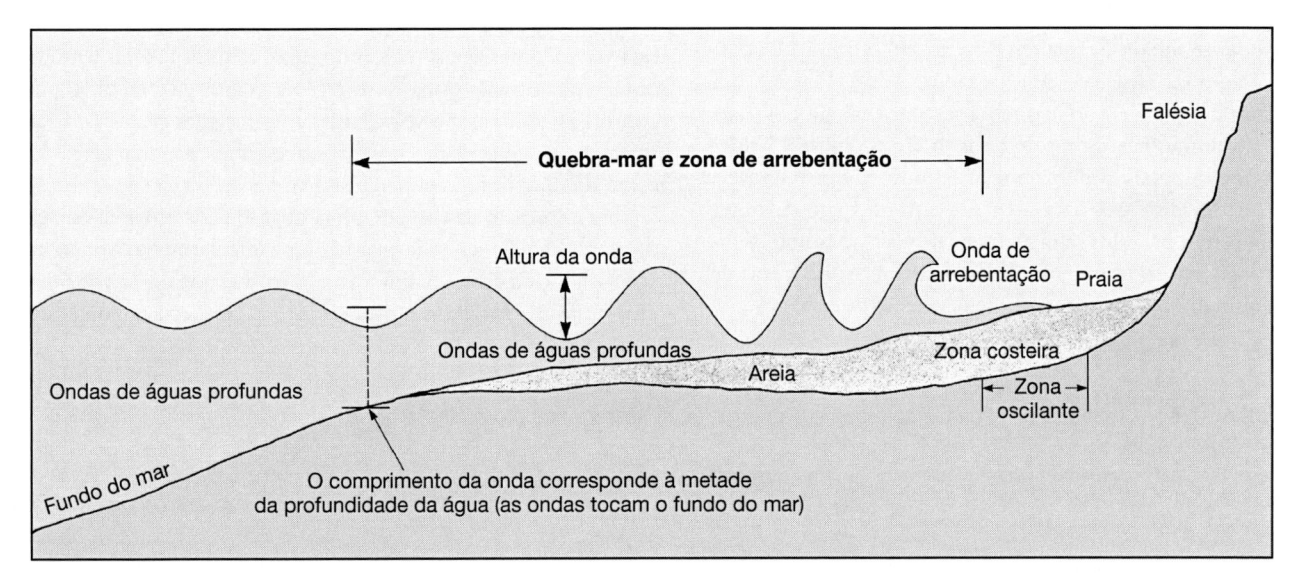

■ **FIGURA 17.6** As ondas começam a "sentir" o fundo quando a profundidade da água se torna metade da distância entre as cristas de onda. Então a velocidade da onda e o comprimento de onda caem, enquanto a altura da onda e sua inclinação aumentam, até que a quebra ocorre.

apenas quando a onda entra em águas de $d < L/2$ que ela começa a interagir com, ou "sentir", o fundo e a ser afetada pela fricção com o leito (■ Figura 17.6).

Quebra das ondas

Enquanto estiverem em água profunda em relação ao seu comprimento de onda, $d \geq L/2$, as ondas deslizam sem perturbar o fundo e com pouca perda de energia. Quando se aproximam da costa e entram em águas mais rasas, $d < L/2$, a fricção com o leito faz com que as ondas sofram uma diminuição na velocidade e no comprimento. A onda se acumula, sofrendo aumento em sua altura (H). Quando a altura da onda aumenta e o comprimento diminui, a inclinação da onda ($S = H/L$) aumenta rapidamente para o valor máximo de 1/7. A essa inclinação, a onda se tornará instável e quebrará, expelindo, por fim, a energia que originalmente obteve em uma tempestade muitas vezes a centenas ou até milhares de quilômetros de distância. Algumas ondas que se quebram parecem se curvar e colidir como se tentando completar uma última forma de onda, mas com água insuficiente para compor uma ondulação final. Uma vez que a onda se quebra, águas turbulentas avançam em direção a terra, afinando conforme fluem até o seu limite e retornando à zona de ressaca como refluxo.

414 FUNDAMENTOS DE GEOGRAFIA FÍSICA

Refração da onda e deriva litorânea

Na visão aérea, ou dentro de um avião e olhando para baixo, com frequência vemos cristas de ondas paralelas, lineares, se aproximando, organizadas da zona costeira a intervalos regulares, de uma direção uniforme, provavelmente tendo sido originadas na mesma tempestade distante. Elas podem se aproximar diretamente do alto-mar ou a um ângulo da linha costeira. Muitas vezes, cristas de ondas sucessivas mudam sua orientação em relação à costa quando elas se movem através de águas rasas. A **refração de onda** é essa curva de onda na visão de mapa conforme se aproxima da linha costeira.

A refração de onda ocorre quando parte de uma onda encontra águas rasas antes de outras partes. Para entender como isso acontece, imagine uma costa irregular de enseadas e penínsulas (■ Figura 17.8). Enquanto em águas profundas, uma onda viajando em direção à costa, a partir do alto-mar, tem uma crista reta na visão aérea. A onda irá sentir o fundo primeiro nas águas mais rasas da península, ao passo que fora das enseadas ela ainda está viajando nas águas mais profundas. Isso torna mais lento o avanço da crista da onda em direção à península à medida que continua a aumentar a velocidade em direção às enseadas. Esta diferença na velocidade converte a tendência da visão aérea da crista de uma linha reta para uma curva que cada vez mais relembra o formato da costa de praia quanto mais próxima estiver da costa. Energia de onda é gasta perpendicularmente à orientação da linha da crista. Assim, quando a onda quebra, sua energia atua de forma focada nos promontórios e dispersa ao longo de

■ **FIGURA 17.7** Correntes de retorno movem a água em direção ao mar a partir da praia. Aqui, a corrente pode ser vista se movendo para o alto-mar, na direção oposta da onda.
Por que essas correntes são uma ameaça para os nadadores?

Correntes de retorno são zonas relativamente estreitas com um forte fluxo de água em direção ao oceano que ocorrem em algumas áreas costeiras (■ Figura 17.7). Elas são um meio para a água de ondas quebradas retornar da costa de volta para o mar. Correntes de retorno são perigosas. Nadadores que são pegos em correntes de retorno, muitas vezes, tentam nadar de volta para a costa contra a forte corrente para não serem puxados para águas profundas, mas nem sempre conseguem. Elas, muitas vezes, são visíveis como faixas de água espumante, fluindo perpendicularmente à costa.

■ **FIGURA 17.8** A refração da onda faz com que sua energia se concentre nos promontórios e se disperse nas enseadas.
Que efeito isso terá eventualmente no formato da linha costeira?

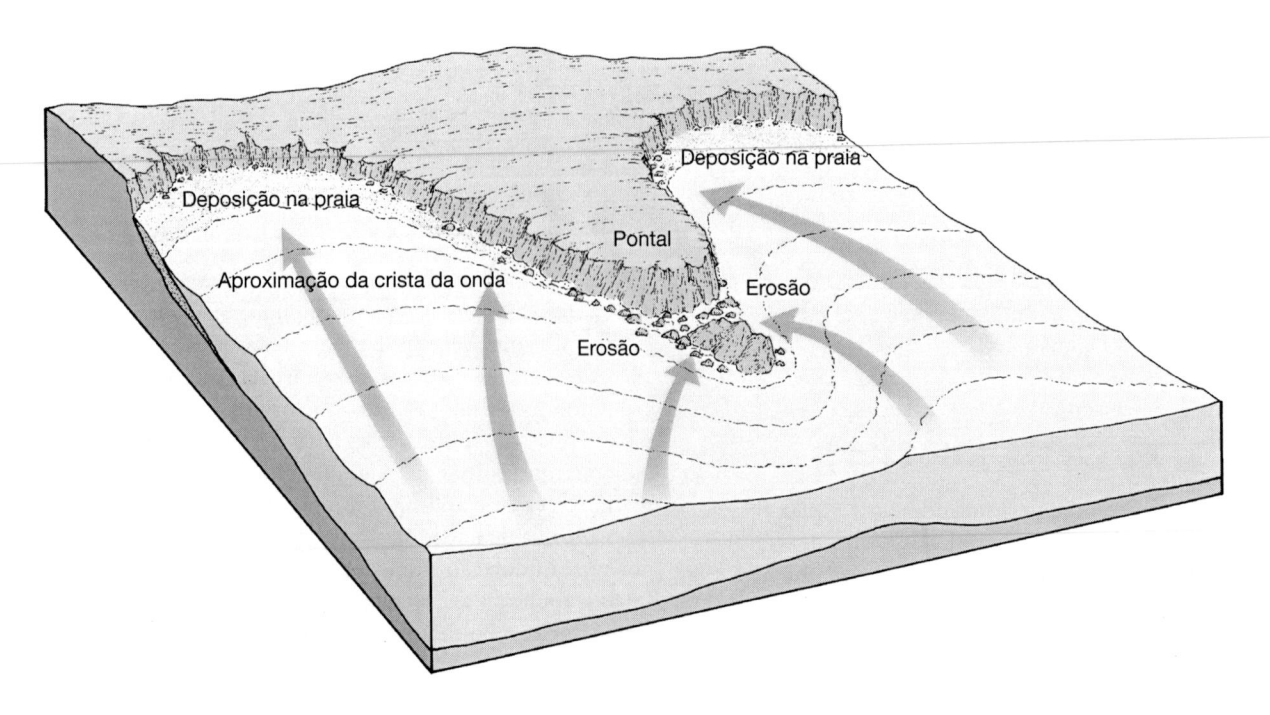

■ **FIGURA 17.9** A refração incompleta da onda faz com que as ondas quebrem em ângulos em relação à orientação da linha costeira, e não paralelas a ela.

enseadas. Com o passar do tempo, os promontórios sofrem erosão de volta ao continente, enquanto a deposição nas enseadas de baixa energia faz que essas áreas cresçam em direção ao corpo de água. Em razão da refração de onda, as linhas costeiras tendem a se tornar mais retas ao longo do tempo.

Nem todas as ondas refratam completamente antes de quebrar (■ Figura 17.9). Cristas de ondas refratadas incompletamente não se ajustam por completo à orientação da linha costeira quando elas quebram. A refração incompleta dá um componente espacial ao transporte de sedimentos dentro da zona *litorânea* (costeira). Esse transporte de sedimentos na zona costeira, chamado **deriva litorânea**, é conseguido de dois modos. Ambos são bem demonstrados utilizando o exemplo de uma praia de areia ao longo de uma costa reta que tem uma topografia suave se inclinando suavemente para águas mais profundas.

Quando uma crista de onda em visão aérea aproxima a linha costeira reta, suavemente inclinada em um ângulo oblíquo em relação à costa, ela interage com o fundo e começa a reduzir a velocidade primeiro onde é mais próxima à costa (■ Figura 17.10). Esta diminuição na velocidade se espalha de modo progressivo ao longo da linha da crista conforme mais água de onda entra em água mais rasa. Com tempo insuficiente para refração completa antes de a quebra começar, a crista fica em ângulo com a praia, não paralela a ela, quando ela quebra. Como resultado, a água da onda quebrada e o sedimento que ela arrastava se apressam na face da praia diagonalmente à linha de costa, e não diretamente na inclinação acima. O refluxo, contudo, que também move sedimento, flui direto de volta à face da praia em direção ao corpo de água pela força da gravidade. Desse modo, conforme uma onda refratada de maneira incompleta, uma após a outra, se quebra, o sedimento se move em zigue-zague pela praia na zona de espraiamento. Esse transporte de sedimento em zigue-zague na zona de espraiamento em razão da refração incompleta de onda é chamado **beach drifting** (ou **deriva de praia**). Com o tempo, essa deriva que ocorre junto à praia transporta toneladas de sedimento ao longo da costa.

Outro resultado de uma onda oblíqua refratada incompletamente é que, quando a crista chega a ponto de quebra em um local, um cavado de onda ocupa uma posição paralela mais distante ao longo da praia, na direção em que as ondas estão viajando. Esta diferença nos níveis da onda inicia uma corrente de água paralela à costa na zona de quebra, chamada *corrente longitudinal* ou *longshore current*. Quantidades consideráveis de sedimentos suspensos são transportadas ao longo da costa na quebra de ondas refratadas incompletas, no processo chamado **longshore drifting** (ou **deriva ao longo da costa**).

Erosão costeira

Como ondas e córregos consistem de água no estado líquido, existem similaridades em como esses dois agentes geomórficos causam erosão em material rochoso. Como água em córregos, a água que se acumulou em bacias erode alguns materiais rochosos quimicamente pela *corrosão*. A corrosão é a remoção de íons que foram separados dos minérios formadores das rochas por solução e outros processos de intemperismo químico. Do mesmo modo, o potencial da *ação hidráulica* da força absoluta da própria água esmaga e remove material rochoso costeiro, às vezes comprimindo ar ou água em fendas para auxiliar no processo. A

■ **FIGURA 17.10** A refração incompleta da onda ocasiona o transporte de sedimento ao longo da costa por deriva de praia e deriva paralela à costa (*beach drifting* e *longshore drifting*). **Por que o refluxo (*backwash*) é perpendicular ao formato da linha costeira e o varrido (*swash*) é angular a ela?**

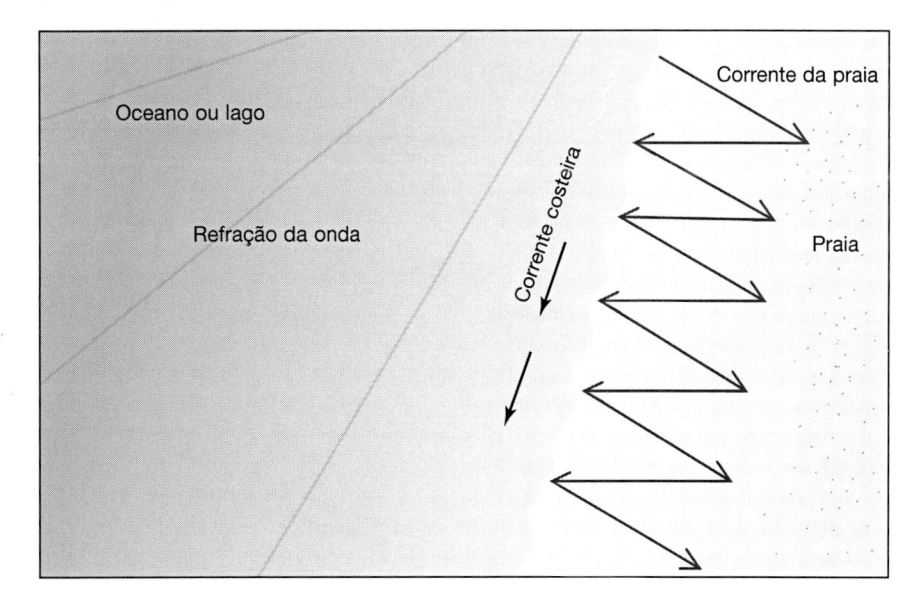

força de ondas de tempestade combinada com a flutuabilidade da água possibilita que elas às vezes desloquem e movam até mesmo grandes pedras. Uma vez que partículas clásticas estão em movimento, ondas têm ferramentas sólidas para trabalhar ainda mais no processo de trituração erosiva de *abrasão*. A abrasão é a forma mais efetiva de erosão que qualquer agente geomórfico pode causar, incluindo ondas.

Intemperismo é um fator importante na quebra de rochas na zona costeira, como é em outros ambientes, preparando peças para remoção pela erosão das ondas. A água é um elemento fundamental na maioria dos processos de intemperismo, e em adição à precipitação normal, as rochas perto da linha de costa estão sujeitas a serem pulverizadas por ondas que se quebram, bem como a alta umidade e condensação relativa. O intemperismo pelo sal é particularmente significativo na preparação de rochas para remoção por meio de intemperismo químico e físico ao longo da costa marítima e lagos de água salgada.

Formas de relevo de erosão costeiras

As costas de relevo alto são dominadas pela erosão (■ Figura 17.11). *Penhascos marinhos* (ou *penhascos de lagos*) são esculpidos onde a água bate diretamente contra a terra inclinada. Se uma encosta íngreme continua a se aprofundar abaixo da água, ela pode refletir muito da energia de onda que chega até que a corrosão e a ação hidráulica finalmente cobrem seu preço. Marés presentes ao longo de costas marinhas permitem que esses processos ataquem uma faixa de elevações costeiras. Uma vez que um recuo, ou **entalhe**, é esculpido na base de um penhasco (■ Figura 17.12a), o intemperismo e a queda de rochas sob a beirada saliente que se forma fornecem clastos que podem ser coletados no fundo do entalhe e ser usados como ferramentas pela água para uma erosão por abrasão mais eficiente. A abrasão aumenta o entalhe em direção a terra, deixando o penhasco acima sujeito à queda de rocha e outras formas de movimento de massa. Pedras usadas como ferramentas na abrasão rapidamente se tornam arredondadas e podem se acumular na base do penhasco como uma **praia de calhau**. Onde os penhascos são bem unidos, mas aderentes, a erosão da onda pode criar *cavernas marinhas* ao longo das linhas de fraqueza (■ Figura 17.12b). *Arcos marinhos* resultam quando duas cavernas se encontram de cada lado de um promontório (■ Figura 17.12c). Quando o topo de um arco colapsa ou uma falésia se retrai e um pilar resistente permanece em pé, o que resta é chamado **roca**.

O recuo de uma falésia para a terra configura um banco de rocha em forma de onda, uma **plataforma de abrasão**, que é às vezes visível em níveis mais baixos de água, tais como na maré baixa (■ Figura 17.12d). A plataforma de abrasão grava a quantidade de recuo do penhasco. Em alguns casos, os depósitos se acumulam como terraços em forma de onda em direção ao mar em uma plataforma de abrasão. Se a atividade tectônica eleva esses bancos e terraços formados pela onda para fora do alcance da ação da onda, eles se tornam **terraços marinhos** (■ Figura 17.12e). Períodos sucessivos de elevação podem criar uma topografia costeira de terraços marinhos que relembra uma série de degraus. Cada degrau representa um período de tempo durante o qual o terraço esteve ao nível do mar. A península de Palos Verdes, ao sul de Los Angeles, tem cerca de dez terraços

■ **FIGURA 17.11** Algumas das principais formas de relevo encontradas em linhas costeiras dominadas pela erosão.

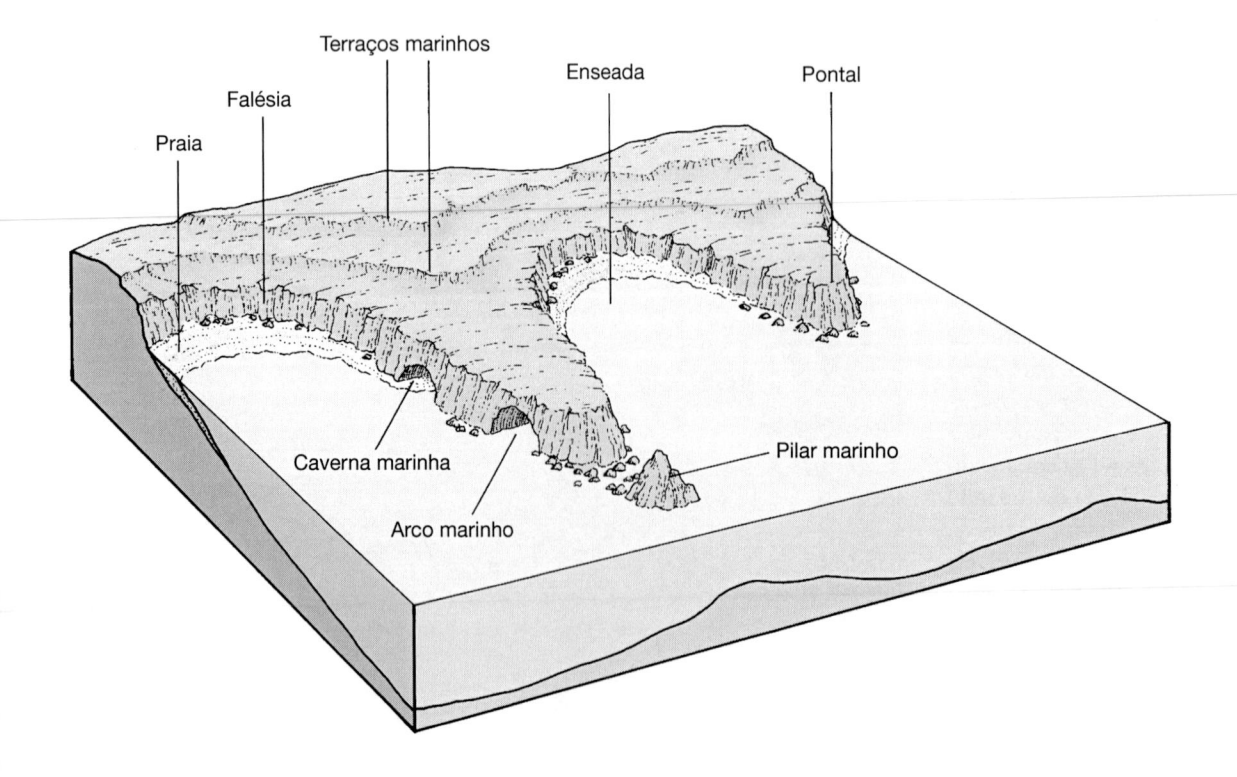

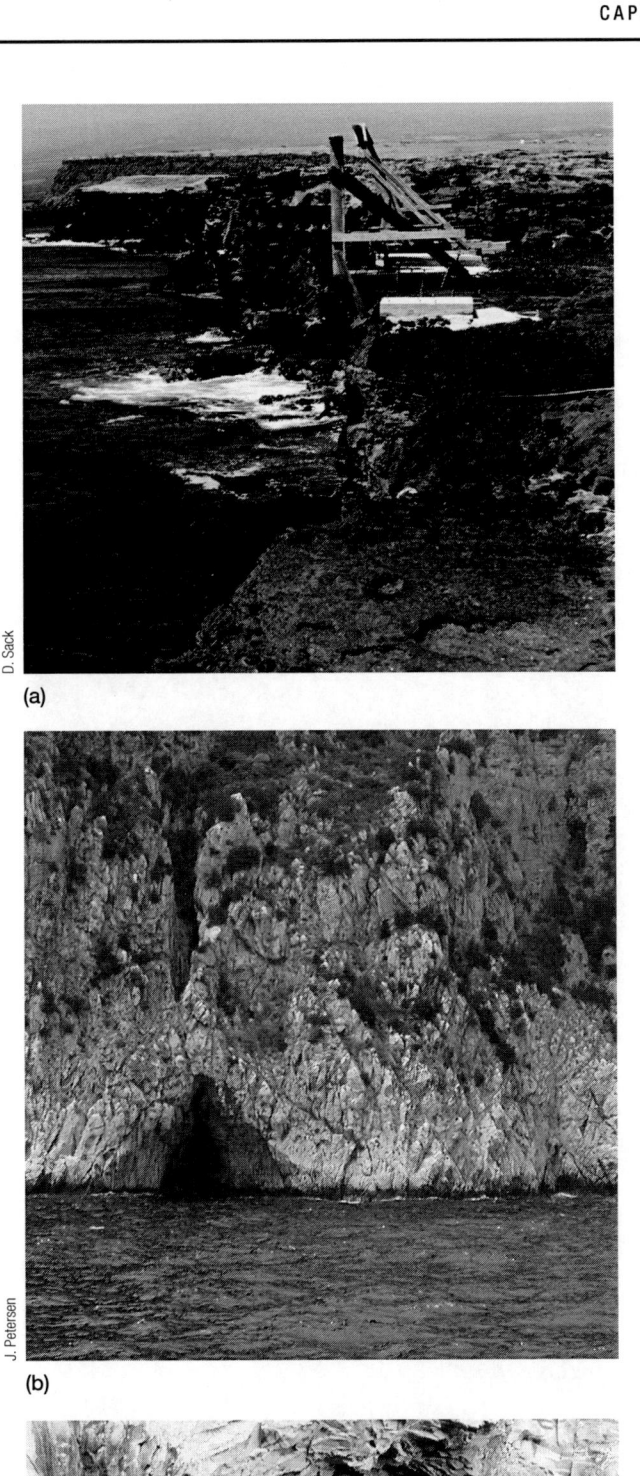

CAPÍTULO 17 • PROCESSOS COSTEIROS E FORMAS DE RELEVO 417

■ **FIGURA 17.12** Exemplos de formas de relevo criadas por erosão da onda. (a) Um entalhe exposto próximo à base de penhascos marinhos basálticos no Havaí. (b) Uma caverna marinha cavada em calcário ao longo da costa do Mar Mediterrâneo na Itália. (c) Um arco marinho no Alasca. (d) Uma plataforma de abrasão ao longo da costa da Califórnia exposta na maré baixa em rochas sedimentárias íngremes mergulhadas. (e) A larga planície no topo da costa sendo erodida é um terraço marinho.
Quais são outras formas de relevo erosionais que você vê na foto (e)?

marinhos, cada um representando um período de formação de plataforma separado por episódios de elevação.

As taxas de erosão costeira são controladas pela interação entre a energia da onda e o tipo de rocha. A erosão costeira é bastante acelerada durante eventos de alta energia, como tempestades severas e *tsunamis*. Ações humanas também podem acelerar as taxas de erosão costeira, como interferindo com sedimento costeiro e sistemas de vegetação que em geral protegeriam alguns segmentos costeiros de taxas de erosão excessivas.

Deposição costeira

Quantidades grandes de sedimento se acumulam ao longo das costas onde a energia das ondas é baixa em relação à quantidade ou tamanho do sedimento existente. Enseadas e cenários onde as ondas quebram a certa distância da linha da costa, tais como áreas de topografia com degraus suaves sob a água, tendem a enfraquecer a energia da onda e encorajar a deposição. A quantidade e o tamanho do sedimento existente na zona costeira variam, como tipo de rocha, taxas de intemperismo e outros elementos, do ambiente climático, biológico e geomórfico.

O sedimento nos depósitos costeiros vem de três fontes principais. A maior parte é trazida para o corpo de água estagnada por córregos. Em sua embocadura, a carga de um córrego pode ser depositada em longo prazo em um delta ou em um *estuário*, uma enseada muito produtiva biologicamente que se forma em algumas nascentes de rios onde o sal e a água fresca se encontram. Em outros lugares, a carga do córrego pode, ao contrário, ser entregue ao oceano ou lago por transporte contínuo. Uma vez no corpo de água estagnada, sedimentos finos que ficam em suspensão por longos períodos podem ser carregados para águas profundas onde eles finalmente assentam no fundo da bacia. Outros clastos são transportados pelas ondas e correntes na zona costeira, sendo depositados quando a energia diminui e, se acessíveis, são reintroduzidos quando a energia da onda aumenta. Isso também é verdade para a segunda maior fonte de sedimento costeiro, a erosão das falésias. De menos importância é o sedimento trazido à costa de fontes de alto-mar. Apesar de costumarmos pensar em sedimentos do tamanho de areia ao pensar em depósitos costeiros, formas de relevo deposicionais costeiras podem ser compostas de silte, areia, ou qualquer classe de cascalho, de grânulos e seixos até calhaus e matacões.

Formas de relevo de deposição costeiras

A forma mais comum de relevo de deposição costeira é a **praia**, um elemento que é contíguo com o continente ao longo de todo o seu comprimento (■ Figura 17.13). Muitas praias são de areia, mas praias de outros tamanhos de grãos também são comuns, como a praia de calhau discutida anteriormente na seção sobre erosão costeira. Nas áreas com alta energia de onda, as partículas tendem a ser maiores e as praias

■ **FIGURA 17.13** As praias são a evidência mais comum de deposição de onda e podem ser feitas de qualquer material depositado por ela. (a) Uma praia de areia em Alameda, Califórnia, na Baía de São Francisco. (b) Uma praia de pedregulhos no Parque Nacional de Acádia, no Maine (observe a pessoa para ver a escala). (c) Areias brancas feitas de pedaços de coral quebrados são comuns em praias tropicais com recifes de coral.

mais inclinadas que quando a energia de onda é baixa. Sedimentos de praia aparecem em uma variedade de cores, dependendo dos tipos de rochas e minerais presentes. Quartzo escuro, basalto preto, coral-branco e mesmo praias de olivina-verde existem na Terra.

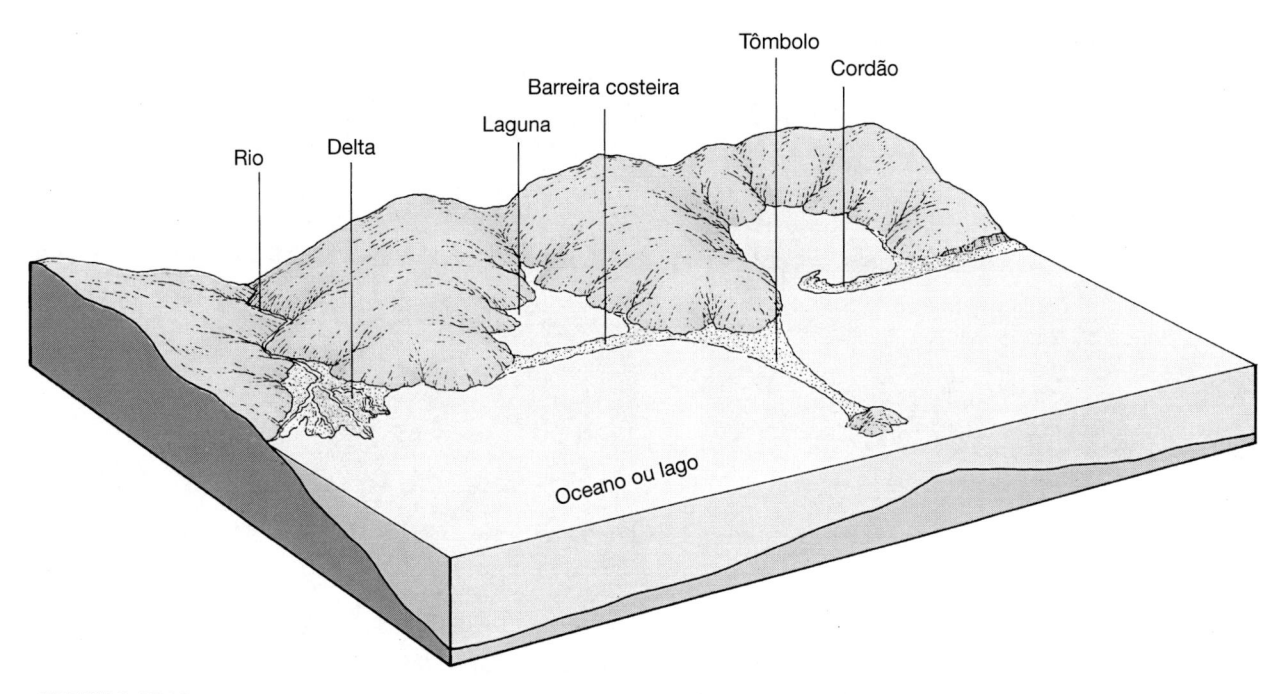

■ **FIGURA 17.14** Algumas das principais formas de relevo encontradas ao longo de linhas costeiras dominadas por depósitos.

Qualquer trecho determinado pode ser uma característica permanente, mas muito do sedimento depositado visível nele não é. Grãos individuais vão e vêm com o varrido e o refluxo (*swash* e *backwash*), se desgastam pela abrasão, são levados para o mar durante tempestades, ou se movem para dentro, para fora, ou ao longo da margem com a deriva. Como as ondas geradas por tempestades mais próximas tendem a ser mais altas que as geradas por tempestades mais distantes, algumas praias sofrem mudanças sazonais na quantidade e tamanho de sedimento presente. Nas médias latitudes, em geral as praias são mais estreitas, mais inclinadas e compostas de materiais mais grossos no inverno do que são no verão. As tempestades maiores do inverno são mais erosivas e destrutivas, enquanto as ondas menores do verão, que frequentemente viajam de outro hemisfério, são deposicionais e construtivas. Na costa do Pacífico dos Estados Unidos, as praias de verão costumam ser acúmulos temporários de areia depositados sobre materiais mais grossos das praias de inverno. Sedimentos do tamanho de areia que sofrem erosão da praia no inverno formam um depósito chamado *banco longitudinal*, que fica submerso em paralelo à praia, com o sedimento retornando para a praia no verão. Nas costas do Atlântico e do Golfo nos Estados Unidos, a temporada de furacões do fim do verão até o início do outono é também um período em que a erosão na praia pode ser severa.

Onde as praias são unidas com o continente em todo o seu comprimento, pontais arenosos ou **cordões drenosos** são formas de relevo de deposição conectadas ao continente em apenas um lado (■ Figura 17.14) e projetam-se para dentro da água como penínsulas de sedimento. Eles se formam onde o continente se curva significativamente para dentro da terra, enquanto o formato da corrente longitudinal permanece em sua orientação original. Os sedimentos se acumulam em um cordão na direção da corrente (■ Figura 17.15a). Onde processos similares depositam um cordão de sedimento conectando o continente a uma ilha, a forma de relevo é chamada **tômbolo** (■ Figura 17.15b).

Outra categoria de formas de relevo costeiras são as **barreiras**, elementos deposicionais alongados construídos em paralelo ao continente. Todas as barreiras têm canais restritos, chamados **lagunas**, que ficam entre elas e o continente. A salinidade na laguna varia em relação àquela do corpo de água aberto, dependendo do fluxo de entrada de água fresca e da evaporação, e afeta organismos que vivem na laguna. Como praias e pontais arenosos, as barreiras têm uma parte submersa e uma porção que está sempre acima da água, exceto em condições de tempestade intensa ou maré extremamente alta. Isso contrasta com os bancos, como nos bancos longitudinais discutidos anteriormente que ficam submersos, exceto em condições extremas.

Há três tipos de barreira. Os **pontais arenosos** se originam como *cordões arenosos*, ligado ao continente em um lado, mas se estendem quase completamente através da entrada da enseada para restringir a circulação de água entre ele e o oceano ou lago. Se o pontal arenoso cruza a embocadura de uma enseada para se conectar com o continente de ambos os lados, ele se torna uma **baía de entrada** (■ Figura 17.15c). Uma conexão limitada se mantém entre a laguna e o corpo de água principal por meio de uma fenda ou passagem cortada através da barreira em algum lugar ao longo de seu comprimento. A posição dessas entradas pode mudar durante tempestades. **Ilhas barreiras** são do mesmo modo alongadas em paralelo ao continente e separam as lagunas e o continente do corpo de água aberto, mas não são ligadas ao continente de nenhum modo (■ Figura 17.16).

Ilhas barreiras são elementos comuns de linhas costeiras de baixo relevo. Elas dominam as costas do Atlântico e do Golfo nos Estados Unidos, de Nova York até o Texas. Alguns

FIGURA 17.15 (a) Um pontal arenoso ligado ao continente em uma ponta. (b) Um tômbolo conecta-se a uma ilha próxima com o continente em Point Sur, Califórnia. (c) Uma barreira de entrada de uma baía cruza a desembocadura de uma enseada, conectando a terra em ambos os lados.

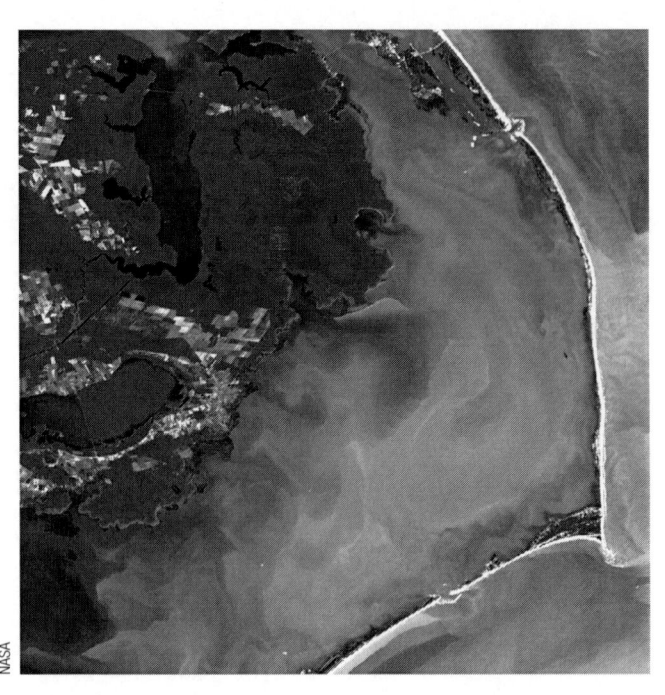

FIGURA 17.16 Ilhas barreiras ficam paralelas com o continente, mas não ligadas a ele. Esta ilha barreira está localizada perto de Pamlico Sound, na costa da Carolina do Norte.
Que elemento separa uma ilha barreira do continente?

podem mudar drasticamente durante tempestades severas, em especiais furacões (■ Figura 17.17).

Sistemas de praia estão em equilíbrio quando a entrada e a saída de sedimento também estão. As pessoas constroem obstruções artificiais à corrente longitudinal para aumentar o tamanho de algumas praias. Um *quebra-mar* é uma obstrução, normalmente uma parede de pedra ou concreto, construída perpendicularmente a uma praia para inibir a remoção de sedimento, enquanto a entrada de sedimento permanece a mesma. Essa obstrução, contudo, faz com que as áreas de praia adjacentes no sentido da corrente fiquem totalmente desprovidas de entrada de material, enquanto elas ainda têm a mesma taxa de remoção de sedimento (■ Figura 17.18). A deposição das praias é também normalmente alterada para manter os portos livres de sedimento ou para encorajar o crescimento de praias recreacionais. Quando as ações humanas esgotam os suprimentos naturais de sedimento represando os rios, as praias se tornam mais estreitas e perdem parte de sua habilidade de proteger as regiões costeiras contra tempestades. Na Flórida, em Nova Jersey e na Califórnia, centenas de milhões de dólares foram gastos para reabastecer as praias de areia. As praias não servem apenas como necessidades recreacionais, mas também ajudam a proteger assentamentos costeiros da erosão e de inundações por ondas de tempestade.

exemplos excelentes de ilhas barreiras são Fire Island (Nova York), Cape Hatteras (Carolina do Norte), Cabo Canaveral e Miami Beach (Flórida) e Padre Island (Texas).

O aumento do nível do mar desde o Pleistoceno parece ter tido um papel fundamental na formação de ilhas barreiras. Elas migram em direção a terra por longos períodos de tempo e

Tipos de costas

As costas são sistemas espetaculares, dinâmicos e complexos que são influenciados por tectonismo, mudança global no nível do

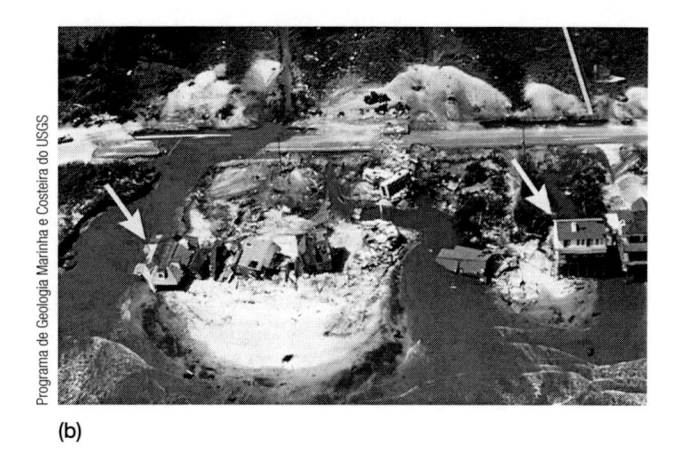

CAPÍTULO 17 • PROCESSOS COSTEIROS E FORMAS DE RELEVO

■ **FIGURA 17.17** Casas ao longo da costa de uma ilha barreira (a) antes e (b) depois de um furacão.
Como este tipo de destruição pode ser evitado no futuro?

■ **FIGURA 17.18** Uma série de quebra-mares na costa atlântica em Norfolk, Virgínia, captura areia para manter a praia ao longo de um trecho da linha costeira.
Como você acha que o trecho de costa além do último quebra-mar seria impactado por essas estruturas?

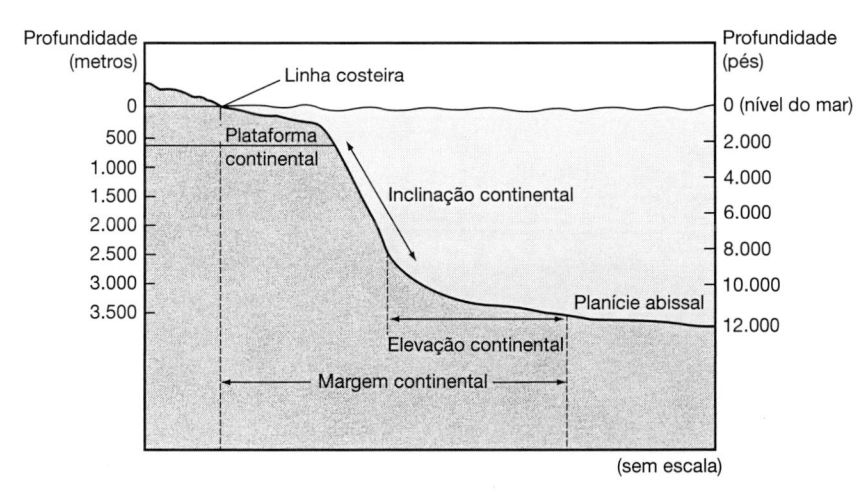

■ **FIGURA 17.19** A natureza geral da fronteira entre os continentes (plataforma continental) e as bacias oceânicas (crosta oceânica). A inclinação suave da plataforma continental varia em largura ao longo de costas diferentes, dependendo da história da placa tectônica e da proximidade com as margens da placa.

mar, tempestades e processos geomórficos e continentais. Por causa dessa complexidade, não há um sistema único de classificação para as costas. Cada forma principal de classificação das costas foca em uma característica diferente dos sistemas costeiros; todas auxiliam na compreensão desses complexos sistemas naturais.

Em escala global, a classificação costeira tem como base as placas tectônicas. Esse sistema tem dois tipos costeiros principais: margens continentais passivas e margens continentais ativas. **Margens continentais passivas** são tranquilas tectonicamente, com pouca construção montanhosa ou atividade vulcânica. Como na margem leste dos Estados Unidos, que é um excelente exemplo, essas costas costumam apresentar baixo relevo, com planícies costeiras e largas plataformas continentais (■ Figura 17.19), mas margens continentais passivas que são relativamente jovens, tais como aquelas do Mar Vermelho e do Golfo da Califórnia, podem ter de algum modo um relevo mais alto. Margens continentais passivas são tipicamente dominadas por formas de relevo deposicionais e bem representadas pelas regiões costeiras dos continentes ao longo do oceano Atlântico (■ Figura 17.20). A maior parte da atividade tectônica no Atlântico ocorre no centro do oceano, ao longo da dorsal mesoatlântica, e não ao longo de suas linhas costeiras.

Margens continentais ativas são mais bem representadas pelas regiões costeiras ao longo do oceano Pacífico (■ Figura 17.21). Lá, a maior parte da atividade tectônica ocorre ao redor das margens oceânicas por causa da subdução ativa e transforma as fronteiras das placas ao longo do "anel de fogo do pacífico". Margens continentais ativas são normalmente caracterizadas por alto relevo com planícies costeiras estreitas, plataformas continentais estreitas, terremotos e vulcanismo. Essas costas tendem a ser erosionais, com pouco tempo na história da Terra para o desenvolvimento de elementos deposicionais marinhos ou continentais. A costa oeste dos Estados Unidos é um ótimo exemplo de uma margem continental ativa.

Em escala regional, as costas podem ser classificadas como linhas costeiras de emergência ou de submergência. **Linhas costeiras de emersão** ocorrem onde o nível da água diminuiu ou a terra sofreu elevação na zona costeira. Em qualquer um dos casos, a terra que esteve em algum momento abaixo do nível do mar emergiu acima da água. A evidência de emersão inclui terraços marinhos e resquícios de falésias, rocas e praias encontradas acima do alcance da atual ação das ondas. Muitas linhas costeiras de emersão teriam existido durante as fases glaciais do Pleistoceno, quando o nível do mar era cerca de 120 metros (400 pés) mais baixo que é hoje. Elementos de emersão são comuns ao longo de margens continentais ativas como a da Califórnia, Oregon e Washington, onde a elevação tectônica aumentou as formas de relevo mais de 370 metros (1.200 pés) acima do nível do mar (■ Figura 17.22). Outras costas emergentes, como aquela ao redor do Mar Báltico e da Baía de Hudson, estão localizadas onde a glacioisostasia elevou a terra após recuo do manto de gelo continental.

Ao longo de **linhas costeiras de submersão,** muitos elementos da antiga margem se encontram sob a água e a costa atual cruza áreas de terra que não estão completamente adaptadas aos processos costeiros. As linhas costeiras de submersão foram criadas conforme o nível do mar subiu em resposta ao recuo do manto de gelo do Pleistoceno. As linhas costeiras de submersão também ocorrem onde as forças tectônicas

■ **FIGURA 17.20** Uma margem continental passiva no oceano Atlântico em Marconi Beach, Costa Nacional de Cape Cod, em Massachusetts.

■ **FIGURA 17.21** A costa acidentada de Point Lobos, na Califórnia, exemplifica uma margem continental ativa, que já experimentou bastante atividade tectônica.
Onde mais no mundo você esperaria encontrar margens continentais ativas?

■ **FIGURA 17.22** Cape Blanco, em Oregon, representa uma linha costeira emergente. A superfície plana na qual a casa do farol foi construída é um terraço marinho.

abaixaram o nível da terra, como na Baía de São Francisco. A grande espessura de depósitos de rio e a compactação de sedimentos aluviais, como ao longo da costa da Louisiana, podem também causar a submersão costeira. Os elementos específicos ao longo de uma linha costeira de submersão estão relacionados ao caráter das terras costeiras anteriores à submergência. As planícies, por exemplo, produzirão uma linha de costa mais regular com a submersão que uma região montanhosa ou uma área de morros e vales. Quando áreas de baixo relevo com rochas sedimentares "macias" estão submersas, ilhas barreiras se formam, com baías rasas e lagunas atrás delas. Os exemplos clássicos desse tipo de linha costeira submersa são as costas Atlântica e do Golfo, nos Estados Unidos.

Dois tipos especiais de linhas costeiras submersas são ria e fiorde. **Rias** são criadas quando vales de rios são inundados por um aumento no nível do mar ou um afundamento da área costeira (■ Figura 17.23). Essas linhas costeiras irregulares resultam quando os vales se tornam baías estreitas e os topos formam penínsulas. A costa do mar Egeu na Grécia e na Turquia é um exemplo marcante de costa ria. Fiordes, que são vales glaciais inundados, formam linhas costeiras espetaculares. Uma linha costeira com fiordes é muito irregular, com enseadas profundas, com lados íngremes penetrando de modo profundo em direção ao continente em vales com forma de U originalmente aprofundados por geleiras. Córregos tributários descem em cascata pelas paredes laterais do fiorde, que podem ter alguns milhares de metros de altura. Em muitos fiordes, as geleiras recuaram para longe no interior do continente, mas geleiras alcançam o mar em outros fiordes, especialmente na Groenlândia e no Alasca, onde soltam *icebergs* nas águas frias do fiorde.

Algumas linhas costeiras, como aquelas compostas de deltas de rios, não podem ser classificadas por submersão ou emersão. Na verdade, elementos de ambos os tipos de áreas costeiras caracterizam muitas linhas de costa porque a elevação da terra e o nível do oceano mudaram muitas vezes durante a história geológica.

■ **FIGURA 17.23** Costas em submersão, como a região da Baía de Chesapeake, se caracterizam por vales de rio inundados (rias), que se desenvolveram conforme o nível do mar subiu no fim do Pleistoceno.

Ilhas e recifes de corais

Dentro do oceano, há três tipos básicos de ilhas: continental, oceânica e atóis. **Ilhas continentais** são geologicamente parte do continente. Geralmente elas são encontradas na parte de um continente submerso pelo oceano, a plataforma continental. Muitas grandes ilhas continentais se separaram do continente por causa das mudanças no nível do mar e atividade tectônica. Algumas ilhas continentais grandes, como a Nova Zelândia e Madagascar, são "fragmentos continentais" isolados que se separaram do continente há milhões de anos. As maiores ilhas do mundo – Groenlândia, Nova Guiné, Bornéu e Grã-Bretanha – são continentais. Ilhas continentais menores incluem as ilhas barreira das costas Atlântica e do Golfo, nos Estados Unidos, Long Island, em Nova York, Channel Islands, na Califórnia, e Vancouver Island, na costa oeste do Canadá.

Ilhas oceânicas são vulcões que se elevam a partir das profundezas do oceano e geologicamente relacionadas à crosta oceânica, e não aos continentes. Muitas ilhas oceânicas, como as Aleutas, Tonga e Marianas, ocorrem em arcos de ilha nas bordas das fossas associadas. Outras, como a Islândia e os Açores, são picos de dorsais oceânicas acima do nível do mar. Muitas ilhas oceânicas, como o Havaí, ocorrem em cadeias. A crosta oceânica que desliza por um "ponto principal" estacionário no manto cria essas cadeias de ilhas. As ilhas havaianas estão se movendo em direção noroeste com a placa litosférica do Pacífico e, eventualmente, submergirão. Uma nova ilha vulcânica, chamada Loihi, está se formando no sudeste (■ Figura 17.24). Evidência de movimento de placas é indicada pelo fato de que as ilhas mais jovens na corrente havaiana, Hawaí e Maui, estão no sudeste, enquanto as ilhas mais antigas, como Kauai e Midway, estão localizadas no nordeste.

Um **atol** é uma ilha que consiste de um anel de recifes de coral que cresceram de uma ilha vulcânica submersa e que rodeiam uma laguna central (■ Figura 17.25a). Para entender os atóis, devemos primeiro considerar os recifes de coral.

Os *recifes de coral* são estruturas rasas, resistentes às ondas, feitas pelo acúmulo de resíduos de pequenos animais marinhos que excretam um esqueleto de carbonato de cálcio. Muitos outros organismos, incluindo algas, esponjas e moluscos, adicionam material à estrutura do recife. Recifes de coral precisam de condições especiais para crescer – água transparente e bem oxigenada, com temperaturas acima de 20 °C, luz do Sol plena e salinidade marinha normal. Essas condições são encontradas em águas rasas de regiões tropicais, incluindo o Havaí, Índias Ocidentais, Indonésia, Mar Vermelho e na costa de Queensland, na Austrália. Hoje, a poluição das águas costeiras, a dragagem, a coleta de corais como *souvenir* e possivelmente o aquecimento global ameaçam a sobrevivência de muitos recifes de coral.

Um **recife franja** é um recife de coral ligado à costa (■ Figura 17.25b). Recifes franja tendem a ser mais largos onde há maior ação das ondas, que trazem suprimento contínuo de água bem oxigenada e nutrientes adicionais para maior crescimento do coral. Eles são normalmente ausentes perto de desembocaduras de rios porque o coral não consegue crescer onde a água é carregada de sedimentos ou onde a água do rio diminui a salinidade do ambiente marinho.

Algumas vezes, o coral forma um **recife barreira**, que fica em alto-mar, separado da terra por uma laguna rasa (■ Figura 17.25c). A maioria dos recifes barreira ocorre em associação com ilhas oceânicas submersas, crescendo a um ritmo que os mantém acima do nível do mar. Outros recifes barreira, incluindo a Grande Barreira de Corais na Austrália, Florida Keys e as Bahamas, foram formados em plataformas continentais e cresceram para fora do nível do mar depois da Era Glacial do Pleistoceno. Com mais de 1.930 quilômetros (120 mi) de comprimento, a maior estrutura orgânica do mundo é a Grande Barreira de Corais na Austrália.

A Figura 17.26 ilustra o modo como os atóis se desenvolvem. Quando uma ilha vulcânica submerge, os recifes franja crescem para cima, mantendo o ritmo com a submersão do piso do mar, tornando-se um recife barreira quando a laguna se desenvolve, e finalmente um atol, quando o único material

■ **FIGURA 17.24** A ilha oceânica do Havaí foi formada sobre um *hot spot* como as outras ilhas havaianas antes desta. Dois grandes vulcões, Mauna Loa e Mauna Kea, dominam a ilha. Ao sul, Loihi, um vulcão submarino ativo, pode alcançar o nível do mar e se tornar a mais nova ilha havaiana em cerca de 50 mil anos.

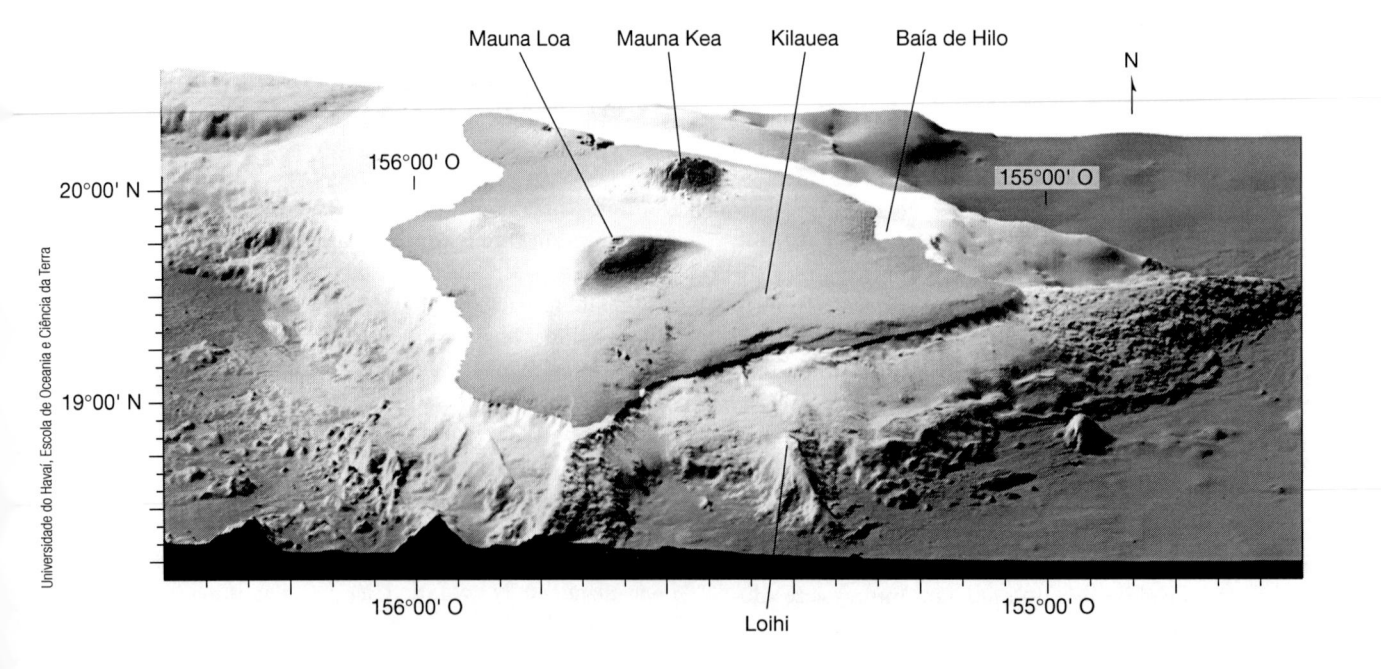

(a)

(b)

(c)

■ **FIGURA 17.25** Os principais tipos de recifes de coral são evidentes na cadeia das ilhas Sociedade na Polinésia Francesa. (a) Atóis são ilhas que consistem de um anel de coral sem nenhuma superfície evidente que tenha restado de seu antigo núcleo vulcânico. (b) Recifes franja são ligados ao continente ou costas de ilhas. (c) Como barreiras costeiras em geral, recifes barreira são separados da terra seca por uma laguna.

(a) Franja de corais

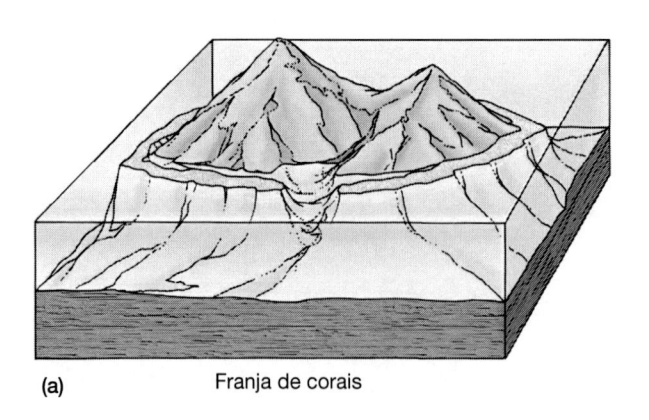

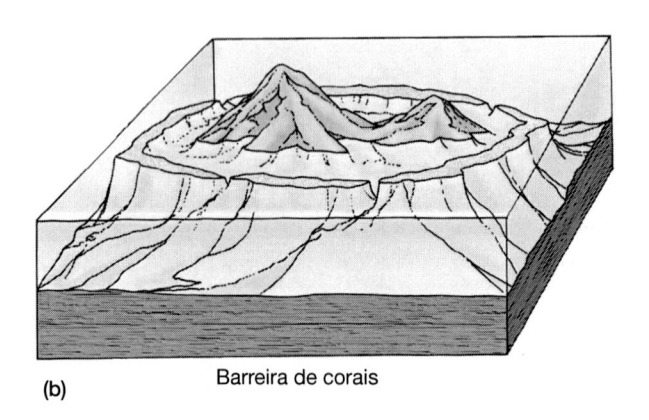

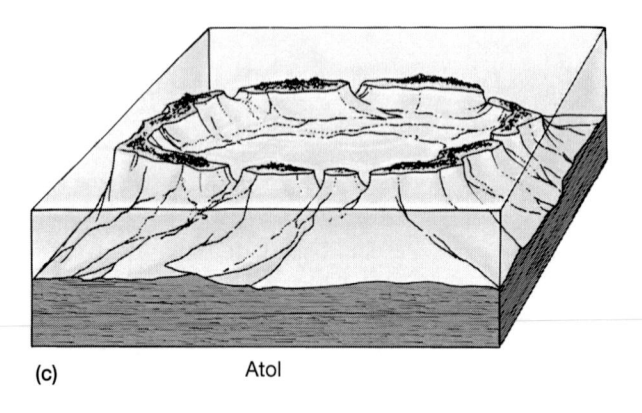

(b) Barreira de corais

(c) Atol

■ **FIGURA 17.26** Charles Darwin propôs a teoria de três partes sobre como os recifes de coral se desenvolvem em torno de ilhas oceânicas por causa da submersão e da construção de recifes de coral. (a) Primeiro, um recife franja cresce ao longo da costa. (b) Depois, conforme a ilha sofre erosão e submerge, um recife barreira se desenvolve. (c) Mais tarde, a submersão faz com que o coral aumente, enquanto o núcleo vulcânico da ilha é completamente submerso sob uma laguna central, formando um atol.

sólido é o anel de coral exterior. Charles Darwin propôs essa explicação de formação de atol nos anos 1830. Forte evidência indica que houve até 1.200 metros (4.000 pés) de submersão e uma quantidade igual de desenvolvimento dos corais nos últimos 60 milhões de anos. Observe que recifes barreira que se formam em plataformas continentais não se tornam atóis. Atóis requerem construção de recifes em associação com uma ilha vulcânica submersa.

:: Termos para revisão

atol	inclinação da onda	praia de calhau
baía de entrada	laguna	recife barreira
barreiras	linha costeira de emersão	recife franja
base de onda	linha costeira de submersão	refluxo (*backwash*)
cordão arenoso	mar	refração de onda
corrente de retorno	maré de quadratura	rias
deriva ao longo da costa (*longshore drifting*)	maré de sizígia	roca
	margem continental ativa	*swell*
deriva de praia (*beach drifting*)	margem continental passiva	terraço marinho
deriva litorânea	período da onda	tômbolo
entalhe	pista de vento (*fetch*)	vagas
ilha barreira	plataforma de abrasão	varrido (*swash*)
ilha continental	pontal arenoso	
ilha oceânica	praia	

:: Questões para revisão

1. Qual é a diferença entre uma linha costeira e uma zona costeira?
2. Descreva os principais fatores que produzem as marés. Quais fatores podem causar variações nos padrões das marés?
3. O que controla o tamanho das ondas de vento?
4. Como e por que as ondas mudam quando elas entram em águas rasas?
5. O que é refração de onda e como está relacionada ao formato da linha costeira?
6. Explique as semelhanças e diferenças entre os dois processos de transporte de sedimento que contribuem para a deriva litorânea.
7. Como são formadas as plataformas de abrasão? O que é uma roca?
8. Explique as semelhanças e as diferenças entre praias e cordões arenosos.
9. Como as margens continentais ativas diferem de margens continentais passivas?
10. O que é um atol e como ele se forma?

:: Aplicações práticas

1. Uma onda de vento com um comprimento de onda de 15 metros e uma altura de 0,8 metro demora 7 segundos para viajar até um determinado ponto. Qual é a inclinação da onda e seu período?
2. Se uma onda de 60 metros de comprimento viaja por água com 25 metros de profundidade, a onda está sentindo o fundo? Conforme a onda se aproxima da terra, qual a altura que ela poderá atingir antes de quebrar?
3. Usando o Google Earth, examine as ilhas barreiras ao norte e ao sul da costa de Maryland (38.325°N, 75.090°O). Qual é a direção de transporte de sedimento principal ao longo da margem e que evidência você enxerga para apoiar sua resposta? Por que você acha que a ilha ao sul está deslocada em direção a terra da ilha mais desenvolvida ao norte?

INTERPRETAÇÃO DE MAPA

MARGEM CONTINENTAL PASSIVA

O mapa

Eastport, em Nova York, Estados Unidos, está localizada no litoral sul de Long Island, a 115 quilômetros (70 mi) a leste da Cidade de Nova York. Long Island é parte da Planície Costeira do Atlântico, que se estende desde Cape Cod, Massachusetts, até o estado da Flórida. Corpos de água, como a Bacia de Delaware, Bacia de Chesapeake e Long Island Sound, rodeiam grande parte da Planície Costeira do Atlântico no leste dos Estados Unidos. O litoral sul de Long Island tem um relevo baixo e sua localização costeira modera seu clima úmido.

Apesar de ser uma região costeira, sua recente história glacial influencia as formas de relevo que existem hoje. Duas morenas glaciais de orientação leste-oeste depositadas durante o avanço da Era Glacial do Pleistoceno formam Long Island. Entre a costa e a morena ao sul há uma planície glacial arenosa de sistemas fluviais entrelaçados que forma elevações mais altas na parte norte da área do mapa. Conforme as geleiras derreteram, o nível do mar subiu, submergindo a terra baixa hoje ocupada por Long Island Sound. Este corpo de água separa Long Island do continente na Planície Costeira do Atlântico.

As costas Atlântica e do Golfo dos Estados Unidos têm aproximadamente 300 ilhas barreiras com um comprimento combinado de mais de 2.500 quilômetros. Nova York, em especial na costa sul de Long Island, tem 15 ilhas barreira com um comprimento total de mais de 240 quilômetros. Ilhas barreiras costeiras protegem o continente de ressacas e contribuem para a formação de terras úmidas costeiras em seu lado voltado para a terra, que são um *habitat* crítico para peixes, mariscos e pássaros.

Você pode comparar este mapa topográfico à apresentação da área no Google Earth. Encontre a área do mapa dando *zoom* nessas coordenadas de latitude e longitude: 40.796111°N, 72.666111°O.

Interpretando o mapa

1. Que tipo de forma de relevo é o elemento longo e fino da costa litorânea reta de Westhampton Beach?
2. Qual é a maior elevação nessa feição linear da costa? O que você acha que compõe a maior parte dessa feição?
3. Quanta evidência de uso humano existe na forma de relevo da Questão 1? A que problemas essas características podem estar sujeitas?
4. Por trás da feição linear existe um corpo de água. Ele é profundo ou raso? É um ambiente de alta energia ou baixa energia? Como é chamado um corpo de água como esse?
5. A linha costeira mostrada no mapa de Eastport é predominantemente erosional ou deposicional? Que características apoiam sua resposta? Essa é uma linha costeira de submersão ou emersão?
6. Observe Beaverdam Creek na parte central superior do mapa. Essa área apresenta um gradiente acentuado ou suave?
7. Com base em seu gradiente, Beaverdam Creek sempre flui na direção do mar? Se não, o que pode influenciar seu fluxo?
8. Que tipo de característica topográfica existe como indicado pelos símbolos do mapa na área ao redor de Oneck?
9. Como você acredita que os processos geomórficos se modificarão na região de Eastport? Que área provavelmente sofrerá as maiores mudanças? Explique.
10. A que tipo de ameaça natural essa área costeira de Long Island está mais suscetível? Por quê?

Imagem de satélite de Long Island, Nova York.

Lado oposto:
Eastport, Nova York
Escala: 1:24,000
Intervalo de contorno = 10 pés
U.S. Geological Survey

Beaverdam Pond
Westhampton
Westhampton Ch
Beaverdam Creek
High Sch
Westhampton Country Club
Westhampton Beach
Tanner Neck
Apacuck Point
Oneck
Moneybogue Bay
Reedy Island
Potunk Pt
Project Depth 4 Feet
Picket Point
Pond Point
Gunning Point
Westhampton Beach
MONTAUK HY
COUNTRY ROAD
DUNE ROAD
O C E A N

Apêndice A

TABELA 1
Sistema Internacional de Unidades (SI), abreviaturas e conversão

Símbolo	Multiplique	por	Para encontrar	Símbolo
Área				
in.^{2}	polegada quadrada	645,2	milímetro quadrado	mm^2
ft^2	pé quadrado	0,093	metro quadrado	m^2
yd^2	jarda quadrada	0,836	metro quadrado	m^2
ac	acre	0,405	hectare	ha
mi^2	milha quadrada	2,59	quilômetro quadrado	km^2
ac	acre	43.560	pé quadrado	ft^2
mm^2	milímetro quadrado	0,0016	polegada quadrada	in.^{2}
m^2	metro quadrado	10,764	pé quadrado	ft^2
m^2	metro quadrado	1,195	jarda quadrada	yd^2
ha	hectare	2,47	acre	ac
km^2	quilômetro quadrado	0,386	milha quadrada	mi^2
Massa				
oz	onça	28,35	grama	g
lb	libra	0,454	quilograma	kg
g	grama	0,035	onça	oz
kg	quilograma	2,202	libra	lb
Comprimento				
in.	polegada	25,4	milímetro	mm
ft	pé	0,305	metro	m
yd	jarda	0,914	metro	m
mi	milha	1,61	quilômetro	km
ft	pé	5.280	milha	mi
mm	milímetro	0,039	polegada	in.
m	metro	3,28	pé	ft
m	metro	1,09	jarda	yd
km	quilômetro	0,62	milha	mi
Volume				
gal	galão líquido (EUA)	3,785	litro	l
ft^3	pé cúbico	0,028	metro cúbico	m^3
yd^3	jarda cúbica	0,765	metro cúbico	m^3
l	litro	0,264	galão líquido (EUA)	gal
m^3	metro cúbico	35,30	pé cúbico	ft^3
m^3	metro cúbico	1,307	jarda cúbica	yd^3
Velocidade				
mph	milha/hora	1,61	quilômetro/hora	km/h
nó	milha náutica/hora	1,85	quilômetro/hora	km/h
km/h	quilômetro/hora	0,62	milha/hora	mph
km/h	quilômetro/hora	0,54	milha náutica/hora	nó

TABELA 1
Sistema Internacional de Unidades (SI), abreviaturas e conversão *(continuação)*

Símbolo	Multiplique	por	Para encontrar	Símbolo
Pressão ou tensão				
mb	milibar	0,75	milímetro de mercúrio	mm Hg
mb	milibar	0,02953	polegada de mercúrio	pol. Hg
mb	milibar	0,01450	libra por polegada	(lb/in.^{2} ou psi)
lb/in.^{2}	libra por polegada quadrada	6,89	quilopascal	kPa
in. Hg	polegada de mercúrio	33,865	milibar	mb
kPa	quilopascal	0,145	libra por polegada quadrada	(lb/in.^{2} ou psi)

Pressão padrão no nível do mar
29,92 in. Hg
14,7 lb/in.^{2}
1013,2 mb
760 mm Hg

Temperatura				
°F	Fahrenheit	(°F − 32)/1,8	Celsius	°C
°C	Celsius	1,8 °C + 32	Fahrenheit	°F
K	Kelvin	K = °C + 273	Celsius	°C

Potência de dez			
nano	bilionésimo	= 10^{-9}	= 0,000000001
micro	milionésimo	= 10^{-6}	= 0,000001
mili	milésimo	= 10^{-3}	= 0,001
centi	centésimo	= 10^{-2}	= 0,01
deci	décimo	= 10^{-1}	= 0,1
hecto	centena	= 10^{2}	= 100
kilo	milhar	= 10^{3}	= 1.000
mega	milhão	= 10^{6}	= 1.000.000
giga	bilhão	= 10^{9}	= 1.000.000.000

Apêndice B

Mapas topográficos

Nos últimos anos, o mapeamento mudou drasticamente e, juntamente com a evolução da capacidade dos computadores em armazenar, reter e exibir gráficos, essa tendência continuará no futuro. O Serviço Geológico dos Estados Unidos (USGS) produz a grande maioria dos mapas topográficos disponíveis atualmente. Esses mapas são as verdadeiras ferramentas já há muito usadas por geógrafos e cientistas em várias disciplinas, que estudam os diversos aspectos do meio ambiente. Hoje, praticamente todos os mapas topográficos do USGS podem ser encontrados em formato digital para *download* e impressão, para salvar em seu computador ou para consultas *on-line*. Os computadores pessoais e a internet permitiram disponibilizar esses mapas, e qualquer pessoa pode acessá-los facilmente. Essa disponibilidade facilita a impressão de mapas inteiros ou partes deles em casa, na escola ou no trabalho. Uma pergunta decorrente disso é, então, se os mapas em papel se tornarão obsoletos em vista dos digitalizados.

Diversos são os motivos pelos quais os mapas em papel ainda continuarão populares e úteis, sejam comprados ou baixados e impressos. Os mapas topográficos são particularmente importantes nos trabalhos em campo. Eles são portáteis, não precisam de baterias nem de eletricidade, que podem ainda falhar, nem apresentam problemas tecnológicos. Esses mapas são confiáveis e fáceis de usar, além de permitir fazer anotações e marcar rotas.

Atualmente, o USGS trabalha na confecção e manutenção de um banco de dados sobre os Estados Unidos, com mapas, imagens e dados espaciais em formato digital. Então, áreas antes divididas em mapas adjacentes agora podem ser impressas numa única folha. Trata-se de uma grande mudança quando comparada à divisão do país em quadrantes (áreas mais ou menos retangulares exibidas num mapa). Os quadrantes topográficos (*quads*), contudo, ainda serão usados por muito tempo. Há diversos quadrantes padrão, cada um com sua escala específica, e muitos outros tipos de mapas topográficos especiais.

Quadrantes de 7°30' – são impressos à escala de 1:24.000 e cobrem 7°30' de longitude e 7°30' de latitude.
Quadrantes de 15 minutos – são impressos à escala de 1:62.500 e cobrem 15 minutos de longitude e 15 minutos de latitude.
Quadrantes 1° × 2° – são impressos à escala de 1:250.000 e cobrem 1 grau de latitude e 2 graus de longitude.
Quadrantes métricos 1:100.000 – são impressos à escala de 1:100.000, cobrem 30 minutos de longitude e 60 minutos de latitude; usam medidas métricas para distância e elevação. Usam-se contornos topográficos marrons para mostrar diferenças de elevação e de terreno. Algumas regras de interpretação de contorno são apresentadas no Capítulo 2.

Medindo distâncias no mapa, distâncias de um mapa ou escala numérica

É importante entender representações por fração, como 1:24.000, que significa que 1 unidade de qualquer medida no mapa representará 24.000 unidades da mesma medida em solo. Esse conhecimento é especialmente importante porque não é possível imprimir os mapas em tamanho real. Mesmo que o mapa tenha sido reduzido ou aumentado, ainda assim a escala gráfica será precisa, mas a escala numérica impressa não. Aumentar ou reduzir um mapa significa alterar a escala numérica.

Como descobrir a razão de representação de um mapa (ou foto aérea ou imagem de satélite) com escala desconhecida

A fórmula é a seguinte:

$$1/RFD = MD/GD$$

O numerador da escala numérica é sempre o número 1. RFD é o denominador da escala (como 24.000, por exemplo). MD é a distância no mapa mensurada em uma dada unidade (centímetros, polegadas). GD é a distância real em solo representada pela distância no mapa (expressa na mesma unidade de medida usada para mensurar a distância no mapa). Nunca use unidades de medida diferentes nesse cálculo. Você pode converter os valores nas unidades desejadas depois.

Exemplo: Qual é a distância em polegadas que 1 milha tem num mapa em escala 1:24.000?

Informação importante: Há 63.360 polegadas em 1 milha.
Para descobrir o MD para uma distância (em milhas) conhecida, num mapa em escala conhecida, use esta fórmula:

$$1/24.000 = MD/63.360 \text{ in (pol.)}$$

$$1 \text{ milha} = 2{,}64 \text{ polegada em } 1{:}24.000$$

Essa afirmação foi expressa como uma **escala informada**, então as unidades podem ser misturadas.

Escala de barra de 1:24.000

Esta é uma escala de barra que pode ser usada para medir distâncias diretamente dos mapas impressos em escala 1:24.000 na seção de Interpretação de mapa. Observação: Verifique a escala numérica, porque nem todos os mapas estão na escala 1:24.000.

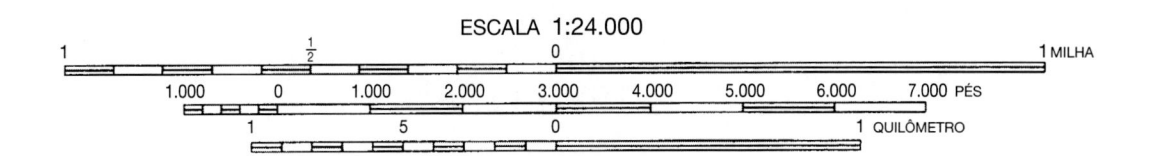

APÊNDICE B

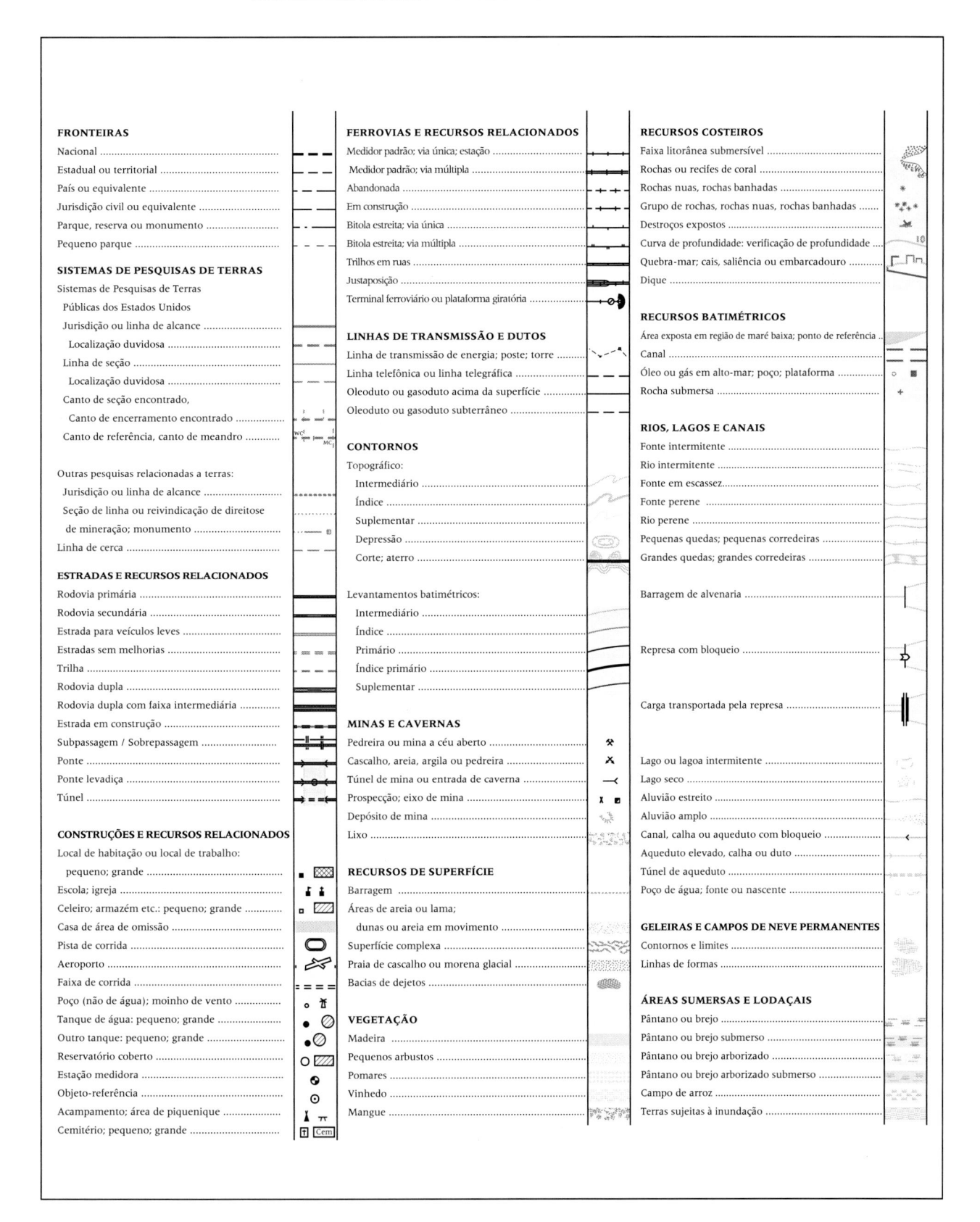

ESCALA 1:24.000

FRONTEIRAS
Nacional
Estadual ou territorial
País ou equivalente
Jurisdição civil ou equivalente
Parque, reserva ou monumento
Pequeno parque

SISTEMAS DE PESQUISAS DE TERRAS
Sistemas de Pesquisas de Terras
  Públicas dos Estados Unidos
   Jurisdição ou linha de alcance
    Localização duvidosa
   Linha de seção
    Localização duvidosa
   Canto de seção encontrado,
    Canto de encerramento encontrado
   Canto de referência, canto de meandro

Outras pesquisas relacionadas a terras:
  Jurisdição ou linha de alcance
  Seção de linha ou reivindicação de direitos
   de mineração; monumento
Linha de cerca

ESTRADAS E RECURSOS RELACIONADOS
Rodovia primária
Rodovia secundária
Estrada para veículos leves
Estradas sem melhorias
Trilha
Rodovia dupla
Rodovia dupla com faixa intermediária
Estrada em construção
Subpassagem / Sobrepassagem
Ponte
Ponte levadiça
Túnel

CONSTRUÇÕES E RECURSOS RELACIONADOS
Local de habitação ou local de trabalho:
  pequeno; grande
Escola; igreja
Celeiro; armazém etc.: pequeno; grande
Casa de área de omissão
Pista de corrida
Aeroporto
Faixa de corrida
Poço (não de água); moinho de vento
Tanque de água: pequeno; grande
Outro tanque: pequeno; grande
Reservatório coberto
Estação medidora
Objeto-referência
Acampamento; área de piquenique
Cemitério; pequeno; grande

FERROVIAS E RECURSOS RELACIONADOS
Medidor padrão; via única; estação
Medidor padrão; via múltipla
Abandonada
Em construção
Bitola estreita; via única
Bitola estreita; via múltipla
Trilhos em ruas
Justaposição
Terminal ferroviário ou plataforma giratória

LINHAS DE TRANSMISSÃO E DUTOS
Linha de transmissão de energia; poste; torre
Linha telefônica ou linha telegráfica
Oleoduto ou gasoduto acima da superfície
Oleoduto ou gasoduto subterrâneo

CONTORNOS
Topográfico:
  Intermediário
  Índice
  Suplementar
  Depressão
  Corte; aterro

Levantamentos batimétricos:
  Intermediário
  Índice
  Primário
  Índice primário
  Suplementar

MINAS E CAVERNAS
Pedreira ou mina a céu aberto
Cascalho, areia, argila ou pedreira
Túnel de mina ou entrada de caverna
Prospecção; eixo de mina
Depósito de mina
Lixo

RECURSOS DE SUPERFÍCIE
Barragem
Áreas de areia ou lama;
  dunas ou areia em movimento
Superfície complexa
Praia de cascalho ou morena glacial
Bacias de dejetos

VEGETAÇÃO
Madeira
Pequenos arbustos
Pomares
Vinhedo
Mangue

RECURSOS COSTEIROS
Faixa litorânea submersível
Rochas ou recifes de coral
Rochas nuas, rochas banhadas
Grupo de rochas, rochas nuas, rochas banhadas
Destroços expostos
Curva de profundidade: verificação de profundidade
Quebra-mar; cais, saliência ou embarcadouro
Dique

RECURSOS BATIMÉTRICOS
Área exposta em região de maré baixa; ponto de referência
Canal
Óleo ou gás em alto-mar; poço; plataforma
Rocha submersa

RIOS, LAGOS E CANAIS
Fonte intermitente
Rio intermitente
Fonte em escassez
Fonte perene
Rio perene
Pequenas quedas; pequenas corredeiras
Grandes quedas; grandes corredeiras

Barragem de alvenaria

Represa com bloqueio

Carga transportada pela represa

Lago ou lagoa intermitente
Lago seco
Aluvião estreito
Aluvião amplo
Canal, calha ou aqueduto com bloqueio
Aqueduto elevado, calha ou duto
Túnel de aqueduto
Poço de água; fonte ou nascente

GELEIRAS E CAMPOS DE NEVE PERMANENTES
Contornos e limites
Linhas de formas

ÁREAS SUMERSAS E LODAÇAIS
Pântano ou brejo
Pântano ou brejo submerso
Pântano ou brejo arborizado
Pântano ou brejo arborizado submerso
Campo de arroz
Terras sujeitas à inundação

Apêndice C

Sistema de classificação climática de Köppen-Geiger

O melhor modo de entender um sistema de classificação é aplicá-lo de fato para compreender seu funcionamento. É por isso que as seções de aplicação prática nos Capítulos 7 e 8 baseiam-se na classificação de dados climáticos de locais selecionados no mundo. Classificá-los corretamente conforme o sistema modificado de Köppen-Geiger pode parecer complexo à primeira vista, mas depois de aplicá-lo a alguns desses locais de exemplo você será capaz de determinar o tipo climático e sua letra correspondente com facilidade.

Antes de começar, leia a Tabela 1. Você encontrará definições precisas de temperatura e precipitação que enquadram um lugar num dos cinco grandes grupos climáticos no sistema Köppen-Geiger (A, tropical; B, árido; C, mesotérmico; D, microtérmico; E, polar). Além disso, observe que as letras adicionais utilizadas para identificar um tipo de clima mais precisamente têm definições específicas que podem ser determinadas usando os gráficos fornecidos no Apêndice. Em outras palavras, a Tabela 1 é tudo que você precisará para classificar um lugar se as médias mensal e anual de precipitação e temperatura forem fornecidas. A Tabela 1 deve ser usada de modo sistemático para determinar primeiramente o grupo climático principal, em seguida, a segunda e a terceira letras (se necessário) que complementam a classificação. Use o procedimento abaixo para classificar o clima. Depois de alguns

TABELA 1
Sistema simplificado de classificação climática de Köppen-Geiger

Primeira letra	Segunda letra	Terceira letra
E Mês mais quente inferior a 10 °C (50 °F) CLIMAS POLARES ET – Tundra EF – Calota polar	T Mês mais quente entre 10 °C (50 °F) e 0 °C (32 °F) F Mês mais quente inferior a 0 °C (32 °F)	NENHUMA TERCEIRA LETRA (com climas polares) SEM VERÃO
B Climas árido ou semiárido CLIMAS ÁRIDOS BS—Estepe BW—Desértico	S Clima semiárido (consulte o Gráfico 1) W Clima árido (consulte o Gráfico 1)	h Temperatura média anual acima de 18 °C (64,4 °F) k Temperatura média anual

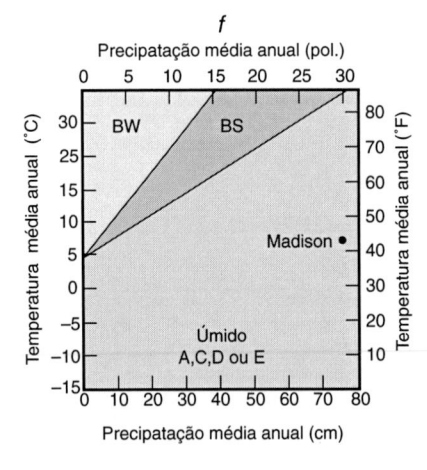

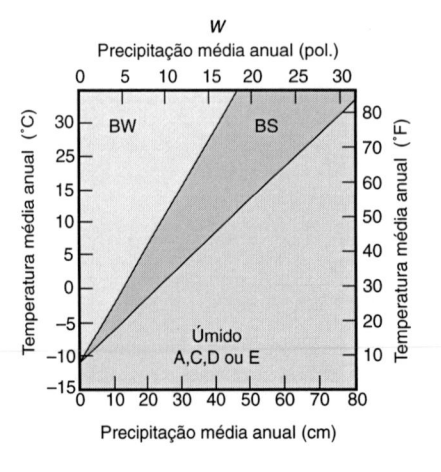

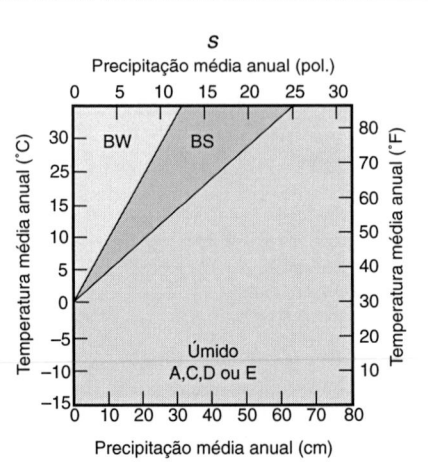

Gráfico 1 Limites dos climas úmido/seco

TABELA 1
Sistema simplificado de classificação climática de Köppen-Geiger (*Continuação*)

Primeira letra	Segunda letra	Terceira letra
A Mês mais frio acima de 18 °C (64,4 °F) **CLIMAS TROPICAIS** *Am*—Monção tropical *Aw*—Savana tropical *Af*—Tropical equatorial	*f* Mês mais seco tem ao menos 6 cm (2,4 pol.) de precipitação *m* Sazonal, excessivamente úmido (consulte o Gráfico 2) *w* Inverno seco, verão úmido (consulte o Gráfico 2)	NENHUMA TERCEIRA LETRA (com climas tropicais) SEM INVERNO
C Mês mais frio entre 18°C (64,4 °F) e 0 °C (32 °F); ao menos um mês acima de 10 °C (50 °F) **CLIMAS MESOTÉRMICOS** *Csa, Csb*—Mediterrâneo *Cfa, Cwa*—Subtropical úmido *Cfb, Cfc*—Oceânico	*s* (VERÃO SECO) Mês mais seco durante o verão, com menos de 3 cm (1,2 pol.) de precipitação e menos de 1/3 da precipitação do mês de inverno mais úmido	*a* Mês mais quente acima de 22 °C (71,6 °F) *b* Mês mais quente inferior a 22 °C (71,6 °F), com ao menos quatro meses acima de 10 °C (50 °F)
D Mês mais frio inferior a 0 °C (32 °F); ao menos um mês acima de 10 °C (50 °F) **CLIMAS MICROTÉRMICOS** *Dfa, Dwa*—Continental com verão quente *Dfb, Dwb*—Continental com verão brando *Dfc, Dwc, Dfd, Dwd*—Subártico	*w* (INVERNO SECO) Mês mais seco durante o inverno, com menos de 1/10 da precipitação do mês de verão mais úmido *f* (SEMPRE ÚMIDO) Não é classificado como *s* nem *w*	*c* Mês mais quente inferior a 22 °C (71,6 °F), com um a três meses acima de 10 °C (50 °F) *d* Mesmo que *c*, mas mês mais frio, inferior a –38 °C (–36,4 °F)

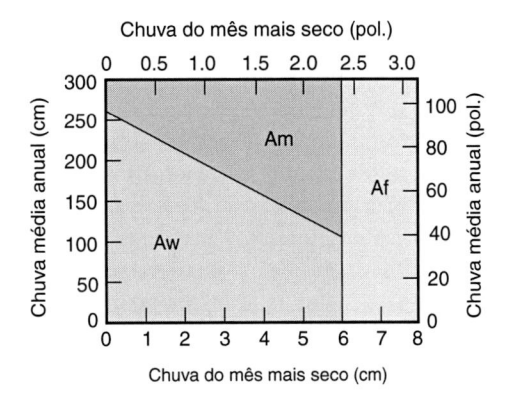

Gráfico 2 Precipitação do mês mais seco (cm)

exemplos, talvez você já consiga omitir alguns passos somente observando as estatísticas do clima.

Passo 1. Pergunte-se: Este clima é glacial (*E*)? A temperatura do mês mais quente é inferior a 10 °C (50 °F)? Caso positivo, a temperatura do mês mais quente está entre 10 °C (50 °F) e 0 °C (32 °F) (*ET*) ou abaixo de 0 °C (32 °F) (*EF*)? Do contrário, vá para:

Passo 2. Pergunte-se: Existe uma concentração sazonal de precipitação? Verifique os dados de precipitação para os meses mais secos e mais quentes do verão e do inverno no local. Tome notas cuidadosamente da temperatura também, porque será preciso especificar se o local fica no Hemisfério Norte ou Sul. (De abril a setembro é verão no Hemisfério Norte, e inverno no Hemisfério Sul. De modo análogo, os meses de inverno no Hemisfério Norte, outubro a março, correspondem ao verão no Hemisfério Sul.) Conforme indicado na tabela, o local tem verões quentes (*s*) se o mês mais quente do verão tiver menos de 3 cm (1,2 pol.) de precipitação e menos de 1/3 da precipitação do mês de inverno mais úmido. O local terá inverno seco (*w*) se o mês mais seco do inverno tiver menos de 1/10 da precipitação do mês de verão mais quente. Se o local não tiver verões nem invernos secos, ele será classificado como apresentando uma distribuição homogênea da precipitação (f). Vá para:

Passo 3. Pergunte-se: O clima em questão é árido (B)? Consulte um dos pequenos gráficos (inclusos em Gráfico 1) para decidir. Baseado em sua resposta no Passo 2, selecione um dos pequenos gráficos e compare a média anual de temperatura com a média anual de precipitação. O gráfico indicará se o local tem clima árido (B) ou não. Em caso positivo, o gráfico indicará a qual subgrupo ele pertence (BW ou BS). Em seguida, você deve classificar o local adicionando a letra h se a temperatura média anual for superior a 18 °C (64,4 °F) e a letra k se for inferior. Se o local não for BW nem BS, trata-se de um clima úmido (A, C ou D). Vá para:

Passo 4a. Pergunte-se: O clima em questão é tropical (A)? O clima do local será tropical se a temperatura do mês mais frio for superior a 18 °C (64,4 °F). Em caso afirmativo, use o Gráfico 2 da Tabela 1 para determinar em qual dos climas tropicais ele se encaixa. (Observe que não é necessário adicionar nenhuma outra letra à classificação.) Do contrário, vá para:

Passo 4b. Pergunte-se: Em qual dos grupos climáticos de média latitude o local se encaixa, mesotérmico (C) ou microtérmico (D)? Se a temperatura do mês mais frio ficar entre 18 °C (64,4 °F) e 0 °C (32 °F), o local tem um clima mesotérmico. Se ficar abaixo de 0 °C (32 °F), ele será microtérmico. Depois de responder à pergunta, vá para:

Passo 5. Pergunte-se: Qual é a distribuição da precipitação? Isso foi determinado no Passo 2. Adicione s, w ou f, se for um clima C, ou w ou f, se for um clima D, à letra do grupo climático. Em seguida, vá para:

Passo 6. Pergunte-se: O que é necessário para expressar os detalhes da temperatura sazonal do local? Consulte a Tabela 1 novamente e as definições das letras. Adicione a, b ou c para climas mesotérmicos (C), ou a, b, c ou d para climas microtérmicos (D) para completar a classificação do tipo climático. Contudo, observe que nem sempre você chega até esse ponto porque sua classificação pode ter sido finalizada já nos Passos 1, 3 ou 4a.

Agora você já deve ser capaz de usar a Tabela 1 seguindo os passos anteriores. Usaremos como exemplo os dados climáticos da cidade de Madison, no estado americano de Wisconsin.

	J	F	M	A	M	J	J	A	S	O	N	D	Ano
T (°C)	−8	−7	−1	7	13	19	21	21	16	10	2	−6	7
P (cm)	3,3	2,5	4,8	6,9	8,6	11,0	9,6	7,9	8,6	5,6	4,8	3,8	77,0

A resposta correta é explicada a seguir:

Passo 1. Determine se o local pertence ao grupo climático E. Pelo fato de Madison registrar médias acima de 10 °C em diversos meses, ela não tem um clima do grupo E.

Passo 2. Determine se existe concentração sazonal de precipitação. Pelo fato de Madison ser mais seco no inverno, você deve comparar a precipitação registrada em fevereiro, de 2,5 cm, com a de junho (1/10 de 11,0 cm, ou 1,1 cm) e concluir que Madison não tem verão nem inverno secos, mas uma distribuição regular de precipitação (f). (*Observação*: A precipitação de 2,5 cm de fevereiro não é menor que 1/10 [1,1 cm] da precipitação de junho.)

Passo 3. Em seguida, avalie, usando os Gráficos 1(f), 1(w) ou 1(s), se o local tem clima árido (BW, BS) ou úmido (A, C ou D). Pelo fato de já termos determinado que Madison tem precipitação relativamente bem distribuída, você deverá usar o Gráfico 1(f). Com base na precipitação média anual para Madison (de 77 cm) e temperatura média anual (de 7 °C), pode-se concluir que Madison tem clima úmido (A, C ou D).

Passo 4. Agora você deve avaliar a qual subgrupo o clima úmido de Madison pertence. Pelo fato de o mês mais frio (−8 °C) registrar temperaturas abaixo de 18 °C, Madison não tem um clima do tipo A. Embora o mês mais quente (com 21 °C) seja acima de 10 °C, o mais frio (−8 °C) não está entre 0 °C e 18 °C, então o clima de Madison *não* é do tipo C. Pelo fato de a temperatura do mês mais quente (21 °C) ser superior a 10 °C, e a do mês mais frio abaixo de 0 °C, o clima de Madison *é* do tipo D.

Passo 5. Pelo fato de o clima de Madison ser do tipo D, a segunda letra será w ou f. Pelo fato de a precipitação no mês mais seco do inverso (2,5 cm) não ser menor que 1/10 do registrado no mês mais úmido de verão (1/10 × 11,0 cm = 1,1 cm), o clima de Madison *não* é do tipo Dw. Por eliminação, o clima de Madison é Df.

Passo 6. Pelo fato de o clima de Madison ser do tipo Df, a terceira letra será a, b, c ou d. Pelo fato de a temperatura média do mês mais quente (21 °C) não ser superior a 22 °C, o clima de Madison *não* é do tipo Dfa. Pelo fato de a temperatura média do mês mais quente ficar abaixo de 22 °C, com ao menos 4 meses acima de 10 °C, o clima de Madison é do tipo Dfb.

Apêndice D

Classificação dos solos em 12 ordens do Serviço de Conservação dos Recursos Naturais (NCRS) dos Estados Unidos

A classificação dos solos feita pelo NCRS baseia-se e estabelece sua nomenclatura conforme as características dos processos que podem ser reconhecidos examinando-se um solo e seus perfis.

Alfissolos (*Al/Fe* - **alumínio/ferro**): solos férteis formados principalmente em regiões de florestas.

Andossolos (**Cordilheira dos** *Andes*): solos desenvolvidos sobre depósitos ígneos, especialmente cinzas vulcânicas.

Aridissolos (*áridos*): solos de desertos e de algumas regiões semiáridas.

Entissolos (*recentes*): pouco ou nenhum desenvolvimento de solo.

Gleissolos (*gelados*): solos formados sobre o *permafrost*.

Organossolos (*orgânicos*): solos pantanosos e de mangue criados especialmente por material orgânico.

Incipientes (em formação): solos jovens com algum desenvolvimento.

Molissolos (moles): solos férteis ricos em matéria orgânica formados principalmente em pradarias.

Oxissolos (*óxido*): solos tropicais, vermelhos ou amarelos, eluviados em condições quentes e úmidas com alta concentração de óxidos de alumínio e ferro.

Espodossolos (*podzol*): solos tipicamente formados em materiais de tipo arenoso e em regiões de coníferas.

Ultissolos (*final*): solos argiluviados vermelhos encontrados especialmente em florestas subtropicais úmidas.

Vertissolos *(vertical)*: solos argilosos formados verticalmente pela alternância de secas e umidade.

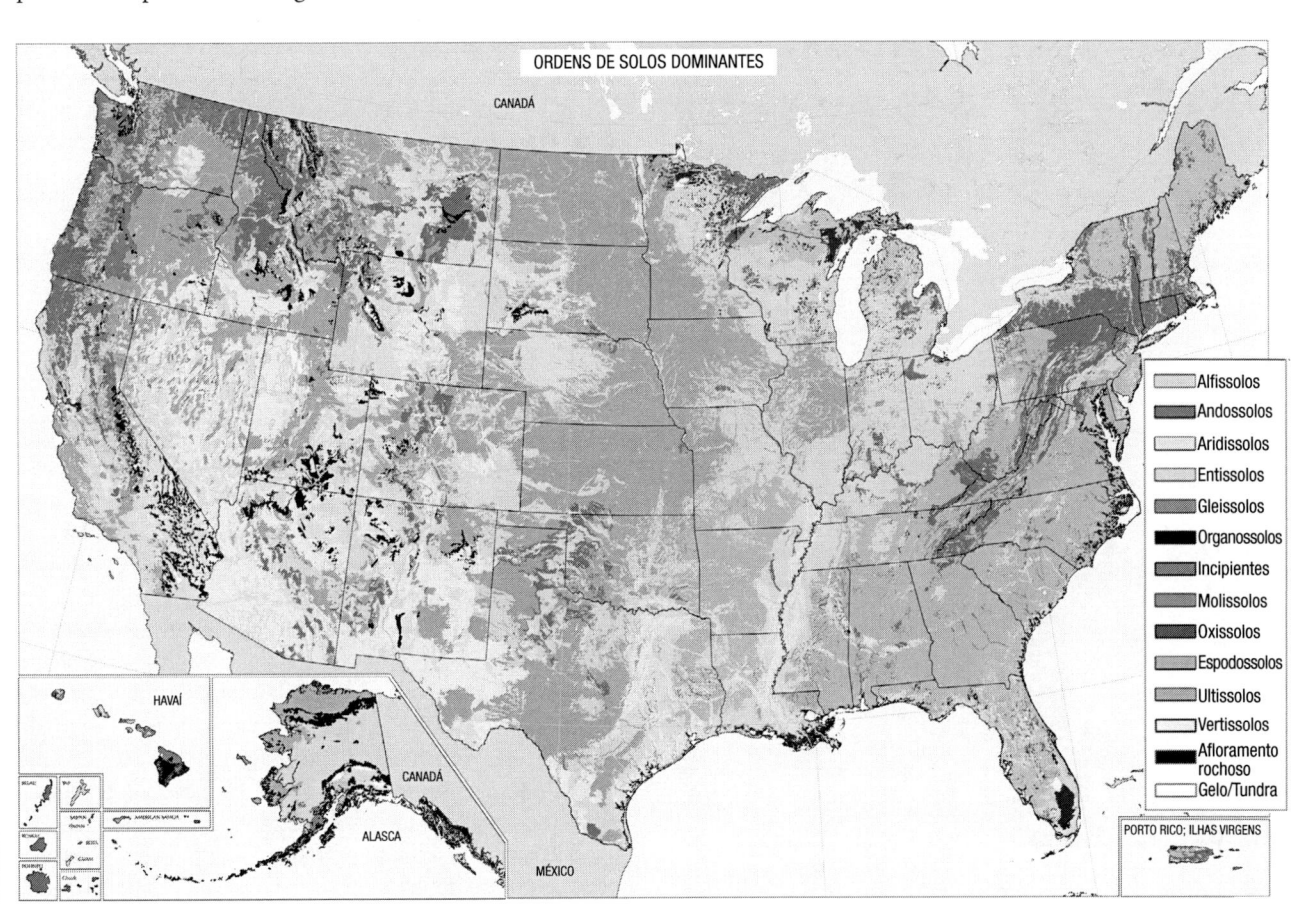

(a) Entissolos

(b) Incipientes

Entissolos são solos recentes de pouco desenvolvimento e ausência de horizontes. Esses solos são geralmente associados à erosão contínua de encostas, rochas resistentes como material de origem, ou a depósitos de aluvião de inundação, coluvião por desgaste de matéria ou por areia carregada pelo vento e loess.

Incipientes são solos jovens com pouco desenvolvimento de horizonte que está no começo, geralmente por conta de climas frios, depósitos aluviais recorrentes ou erosão do solo. Nos Estados Unidos, os solos incipientes são mais comumente encontrados no estado do Alasca, na planície aluvial do rio Mississípi e na parte ocidental da Cordilheira dos Apalaches.

(c) Organossolos

(d) Andossolos

Organossolos desenvolvem-se em pântanos, prados e mangues. São formados principalmente por material vegetal parcialmente decomposto (turfa) em ambientes úmidos e frios. Os organossolos são encontrados no mundo todo em áreas mal drenadas, mas são comuns na tundra ártica e alpina, em áreas glaciais do Alasca, Canadá e do Norte da Europa.

Andossolos desenvolvem-se sobre materiais vulcânicos, geralmente cinza. Esses solos contêm grande proporção de fragmentos vítreos e o produto da erosão de rochas vulcânicas. Erupções vulcânicas recorrentes repõem esses solos, então eles são geralmente férteis. Nos Estados Unidos, os andossolos são comuns nos vulcões na costa noroeste do Pacífico, no Havaí, Alasca e também na direção em que o vento sopra nas Cordilheiras das Cascatas.

(a) Gleissolos

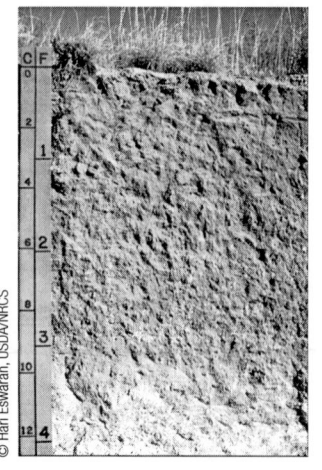

(b) Aridissolos

Gleissolos sofrem congelamento e degelo frequentes sobre o subsolo permanentemente congelado. Quando o solo degela, o solo úmido cede para baixo pela força da gravidade. Esses ciclos contínuos de congelamento-descongelamento misturam o solo. O *permafrost* evita que a água infiltre, então os gleissolos são saturados de água quando não estão congelados. Os gleissolos são encontrados na tundra e nas regiões subárticas do Alasca, Canadá e Sibéria, bem como em tundras de altitude elevada.

Aridissolos formam-se em regiões em que a evapotranspiração é muito maior que a precipitação. Os aridissolos têm pouco desenvolvimento de horizonte por conta do limitado movimento da água. Eles geralmente desenvolvem acúmulos de carbonato de cálcio ou sal sob a superfície. Há pouca quantidade de húmus nos solos, então os aridissolos em geral têm cor clara e são alcalinos. Esse é o tipo mais comum de solo no mundo todo, porque os desertos cobrem grandes áreas no mundo.

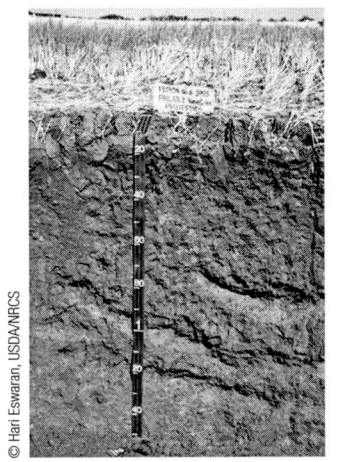

(c) Vertissolos

(d) Molissolos

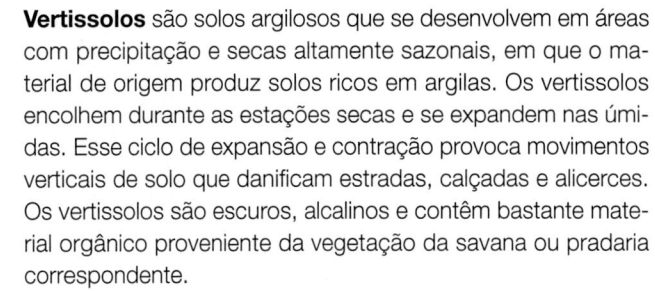

(c) Alfissolos

(d) Espodossolos

(a) Ultissolos

(b) Oxissolos

Vertissolos são solos argilosos que se desenvolvem em áreas com precipitação e secas altamente sazonais, em que o material de origem produz solos ricos em argilas. Os vertissolos encolhem durante as estações secas e se expandem nas úmidas. Esse ciclo de expansão e contração provoca movimentos verticais de solo que danificam estradas, calçadas e alicerces. Os vertissolos são escuros, alcalinos e contêm bastante material orgânico proveniente da vegetação da savana ou pradaria correspondente.

Molissolos são solos de pradaria excelentes para a agricultura. Esses solos têm camadas escuras e espessas, ricas em matéria orgânica proveniente da decomposição de raízes. Encontrado nos climas semiáridos, os molissolos não são muito eluviados e apresentam geralmente teor elevado de cálcio. Nos Estados Unidos, esse tipo de solo é encontrado na região das Grandes Planícies e no oeste, onde as pradarias eram áreas de pastagem de antílopes e bisões.

Alfissolos apresentam-se em diversas configurações, incluindo regiões úmidas ou semiáridas e em climas microtérmicos ou mesotérmicos. Por essa razão, esses solos são subdivididos conforme as condições regionais de clima e vegetação. Os alfissolos compartilham as características de um horizonte B argiloso, de alcalinidade média a alta e uma cobertura de solo clara e pouco profunda, ambas próximas e na superfície.

Espodossolos são relacionados à podzolização de regiões de florestas. Esse tipo de solo tem horizontes bem desenvolvidos, geralmente um horizonte E branco ou cinza-claro, coberto por uma camada fina e escura de húmus, sobre um horizonte B com compostos ferrosos e aluminosos. Muitos espodossolos são ácidos e formam-se em materiais de origem porosos, como depósitos glaciares ou areia. Nos Estados Unidos, esses solos são encontrados no estado de Nova Inglaterra, na região setentrional do centro-oeste, nas montanhas a oeste e no estado da Flórida.

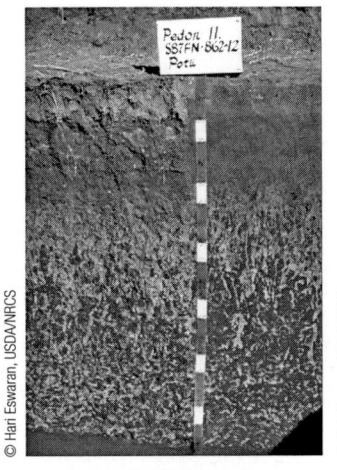

Ultissolos, assim como os espodossolos, desenvolvem-se em regiões em que a vegetação nativa é de florestas. Esses solos representam altos níveis de intemperismo e desenvolvimento. Os ultissolos geralmente têm textura de superfície mais granulada, um horizonte argiloso logo abaixo e são tipicamente amarelos ou vermelhos por conta dos óxidos de ferro e alumínio. Na América do Norte, os ultissolos são majoritariamente encontrados no sudeste dos Estados Unidos.

Oxissolos formam-se em florestas tropicais e regiões de savana sob altas temperaturas e alto índice de precipitação. Bastante eluviados pelo processo de laterização, esses solos contêm grandes quantidades de óxidos de ferro e alumínio. Nos Estados Unidos, oxissolos são encontrados somente no Havaí. Os oxissolos perdem sua fertilidade quando a cobertura vegetal que os recobre é destruída. Regiões com esse tipo de solo, quando desmatadas, geralmente tornam-se erodidas, capazes de reter somente arbustos, gramas e ervas daninhas.

Apêndice E

Entendendo e reconhecendo algumas rochas comuns

Rochas são agregados minerais e, embora existam milhares de tipos de rochas no planeta, elas podem ser classificadas em três grupos básicos conforme sua origem: ígneas, sedimentares e metamórficas. A formação das rochas é detalhada no Capítulo 10. Ter um conhecimento sólido de como funciona o ciclo das rochas (Figura 10.18), além de seus componentes e processos, é fundamental para compreender a Terra sólida. Tipos específicos de rochas são mencionados em diversos capítulos deste livro.

Embora identificar positivamente um tipo de rocha demande o exame de diversas propriedades físicas, ter uma imagem mental das diferentes rochas ajudará a entender os processos do planeta e das massas de terra. As imagens a seguir servem de guia de alguns tipos de rocha para auxiliar na identificação. As rochas ígneas intrusivas são formadas pelo resfriamento e cristalização do magma sem contato com a superfície; o resfriamento é lento, o que permite a formação de cristais observáveis a olho nu.

Rochas ígneas

As rochas ígneas dividem-se em intrusivas e extrusivas, dependendo se o resfriamento do material se deu dentro ou fora da crosta.

Rochas ígneas intrusivas

Granito
O granito se forma em regiões profundas da crosta terrestre e apresenta cristais internos de minerais escuros e claros visíveis a olho nu, no entanto os silicatos de cor clara predominam em sua composição. As rochas de granito são tipicamente cinzas ou rosadas e sua composição mineral é semelhante à da crosta continental.

Diorito
O diorito é uma rocha intrusiva intermediária, o que quer dizer que ela tem praticamente a mesma quantidade de minerais claros e escuros visíveis a olho nu, o que lhe confere uma aparência com pintas. O diorito geralmente se apresenta na cor cinza-escuro.

Gabro
O gabro é uma rocha intrusiva de cor escura que contém predominantemente minerais silicatados pesados e ricos em ferro. Seus cristais são grandes e podem ser vistos facilmente a olho nu, mas, por conta da aparência escura, eles tendem a se misturar. O gabro é negro e pode conter minerais de cor verde-escura.

Rochas ígneas extrusivas

As rochas ígneas extrusivas resfriam na superfície da crosta ou próximo a ela e incluem lava, além de rochas compostas por tefras (piroclastos), fragmentos expelidos pelos vulcões. As rochas extrusivas por vezes conservam bolhas de gás e muitas contêm cristais visíveis, mas em geral a granulação é pequena. O resfriando relativamente rápido na superfície produz lavas de granulação fina. Clástica quer dizer que os fragmentos de rocha, como argila, silte, areia, seixos, grânulos ou até mesmo matacões, estão ligados por um cimento. Os tamanhos e formatos dos clastos da rocha sedimentar fornecem pistas sobre o ambiente em que os fragmentos foram depositados (fluvial, eólico, glacial e costeiro).

Riolito
O riolito é uma rocha ígnea vulcânica bastante densa quando derretida (como o vidro), de cor clara e com alto teor de sílica. Sua cor varia bastante, do cinza, passando pelo marrom-claro, podendo ser de cor rosada ou avermelhada. Essa rocha é a correspondente extrusiva do granito em termos de composição mineral.

Andesito
O andesito, que recebe seu nome das Cordilheiras dos Andes, é uma rocha ígnea vulcânica de composição intermediária em termos de conteúdo mineral e cor. Associada a estratovulcões, essa rocha é relativamente densa quando derretida. Seus cristais são geralmente visíveis numa matriz de grãos finos e de coloração cinza a marrom. Ela é a correspondente extrusiva do diorito.

Basalto
O basalto é escuro, geralmente negro, e mais pesado que outras rochas ígneas. Associado a fluxos de lava e a vulcões escudos, o basalto contém pouca sílica, então sua viscosidade é mais baixa que a de outras lavas. Essa rocha tende a esquentar mais que outras rochas ígneas e é relativamente pouco densa quando derretida, o que permite fluir por muitos quilômetros antes de resfriar e parar. O basalto é a rocha que forma o leito oceânico, sendo a correspondente extrusiva do gabro.

Tufo
O tufo é uma rocha feita de cinza vulcânica ejetada à atmosfera por erupções vulcânicas e consolidada em camadas sobre a superfície. A tefra (detritos soltos) é transformada em tufo por enterramento e compactação ou por fusão sob intenso calor. A coloração do tufo vai de cinza a amarronzada.

Rochas sedimentares

As rochas sedimentares também podem ser clásticas ou não clásticas.

Rochas sedimentares clásticas

Clástica quer dizer que os fragmentos de rocha, como argila, silte, areia, seixos, grânulos ou até mesmo matacões, estão ligados por um cimento. Os tamanhos e formatos dos clastos da rocha sedimentar fornecem pistas sobre o ambiente em que os fragmentos foram depositados (fluvial, eólico, glacial ou costeiro).

Xisto argiloso
O xisto argiloso é uma rocha sedimentar de origem detrítica com grãos finos, que contém argilas litificadas, geralmente depositadas em camadas finas. Essa rocha representa um ambiente de águas calmas, como o leito de lagos e mares. O xisto argiloso é encontrado em coloração variada, sendo a maioria cinza ou negra, além disso é esfoliável e quebra-se em lâminas finas.

Arenito
O arenito é constituído por material granular da dimensão de areia, geralmente composto de quartzo ou outros minerais relativamente duros. Essa rocha é encontrada em praticamente qualquer cor, term o aspecto granulado e pode ser depositada em faixas ou camadas. O arenito pode representar praias antigas, dunas ou depósitos fluviais.

Conglomerado
O conglomerado contém seixos arredondados unidos por um cimento sedimentário. Essa rocha pode representar depósitos de leito de rios ou praia de seixos.

Brecha
A brecha é semelhante ao conglomerado, mas os fragmentos cimentados são angulosos. Essa rocha está associada a fluxos de argila, fluxos piroclásticos e fragmentos depositados por deslocamento de massas rochosas e de solo.

Rochas sedimentares não clásticas

As rochas sedimentares não clásticas são formadas por materiais que não são fragmentos de rochas. Exemplos incluem precipitados químicos, tais como rochas calcárias, sal-gema e depósitos de matéria orgânica, como carvão ou calcários conquíferos formados por conchas e fragmentos de corais. As rochas não clásticas representam o ambiente antigo sob o qual foram depositadas.

Sal-gema
O sal-gema é composto por cloreto de sódio, sal de cozinha, com traços de outros sais. Essa rocha representa depósitos deixados pela evaporação de lagos salgados ou braços de mar isolados do oceano por mudanças no nível do mar ou atividade tectônica. É comumente encontrada na cor branca.

Calcário
O calcário é composto por depósitos de carbonato de cálcio ($CaCO_3$). Essa rocha pode representar uma diversidade de ambientes e varia bastante em cor e aparência. As cores típicas são branco ou cinza. Os depósitos mais comuns são mares tropicais rasos, ricos em carbonato de cálcio. Muitas cavernas e afloramentos rochosos são tipos de calcário.

Carvão mineral
O carvão mineral é uma rocha formada de restos soterrados de antigas plantas. Os depósitos de carvão mineral representam pântanos invadidos pela elevação do nível do mar, que decompôs e comprimiu a densa vegetação.

Rochas metamórficas

As rochas metamórficas também se dividem em dois tipos gerais, foliadas e não foliadas.

Rochas foliadas

As rochas metamórficas foliadas apresentam padrões que podem ser tanto camadas onduladas, mais ou menos paralelos, como faixas de minerais claros e escuros, formadas sob condições de intensa pressão e calor. A natureza dessas filiações indica o grau de metamorfosidade ou a mudança sofrida pela rocha original.

Ardósia
A ardósia é um xisto argiloso metamorfizado que o lembra muito, porém é mais dura e apresenta foliação bastante fina. É comumente encontrada na cor preta.

Xisto
O xisto apresenta foliação nítida e rugosa geralmente coberta por cristais minerais formados durante o processo de metamorfização. Essa rocha representa um alto grau de metamorfismo e pode ter sido uma variedade grande de tipos de rochas, o que lhe confere vasta gama de cores e aparência.

Gnaisse
O gnaisse é uma rocha de origem metamórfica com camadas alternadas de minerais de cor clara e escura. Essa rocha indica um cenário de calor e pressão intensos durante o processo de metamorfização e também pode ser originada de uma diversidade de outros tipos de rocha. O metamorfismo de granitos geralmente produz gnaisse.

Rochas não foliadas

As rochas metamórficas não foliadas não exibem padrões regulares de estratificação nem de foliação planar. Em geral, as rochas metamórficas não foliadas representam rochas que sofreram mudanças por fusão e recristalização de minerais na rocha original, normalmente identificável.

Quartzito
O quartzito é um arenito de quartzo metamorfizado em que os antigos grãos de areia fundiram-se, produzindo uma rocha extremamente dura e resistente.

Mármore
O mármore é um calcário metamorfizado que passou por recristalização. Existem mármores de padrões e cores variados, e sua relativa maciez comparada a outras rochas o torna fácil de cortar e polir.

Glossário

aa superfície maciça e angular de vazão de lava.

abiótico componente natural, sem vida de um ecossistema.

ablação toda e qualquer perda de massa de água congelada de uma geleira.

abóbada de esfoliação massa (em forma de abóbada) grande, macia, convexa de uma rocha exposta sofrendo esfoliação devido a intemperismo por descargas.

abordagem holística considera e examina todos os fenômenos, tanto naturais quanto humanos, relevantes para a compreensão do nosso planeta.

abrasão (corrosão) processo de erosão através do qual partículas conduzidas por um agente geomórfico são utilizadas como ferramenta para auxiliar a erodir mais material do solo.

ação hidráulica erosão resultante da força da água em movimento.

acumulação qualquer adição de água congelada à massa de uma geleira.

advecção transferência horizontal de calor na atmosfera; massas de ar que se movem horizontalmente, geralmente por meio do vento.

afélio posição da órbita Terrestre mais distante do sol, durante cada volta da Terra.

afloramento massa de rocha exposta na superfície da Terra que não está escondida por regolito ou solo.

afluentes correntes de água que deságuam em uma outra corrente de água maior.

agente geomórfico meio que coleta, move e deposita matéria rochosa quebrada; incluindo água, vento e gelo.

agregação aumento de um continente através da adição de grandes pedaços de crosta ao longo de sua extremidade por colisão de placa tectônica.

água capilar água do solo que se gruda a torrões de solo e a partículas isoladas de solo em função da tensão de superfície. A água capilar é capaz de mover-se pelo solo em todas as direções, desde áreas com excesso até aquelas com déficit de água.

água capilar água na zona de aeração, a mais elevada camada de água da subsuperfície.

água geotérmica água aquecida pelo contato com rochas quentes na superfície.

água gravitacional água subterrânea que passa pelo solo sob a influência da gravitação.

água higroscópica água no solo que se adere a partículas minerais.

água subterrânea água do subsolo na zona saturada abaixo do lençol freático.

água superfície termo geral para toda água que corre sob a superfície da Terra, água do solo e águas subterrâneas.

água supergelada água que continua líquida em temperaturas abaixo do ponto de solidificação de 0ºC ou 32ºF.

água-neve forma de precipitação produzida quando as gotas de chuva congelam conforme caem através das camadas de ar frio; pode também se referir à mistura de neve e chuva.

albedo proporção de radiação solar refletida de volta a partir de uma superfície, expressa como porcentagem de radiação recebida naquela superfície.

alísios do nordeste *ver* ventos alísios.

Alta Canadense área com alta pressão atmosférica que geralmente se forma sobre o continente da América do Norte durante o inverno.

Alta das Bermudas célula de alta pressão atmosférica, localizada nos subtrópicos da parte norte do Oceano Atlântico, também conhecida como Alta dos Açores.

Alta do Pacífico célula persistente de pressão atmosférica alta, localizada no subtrópico do Oceano Pacífico Norte, também chamada de Alta do Havaí.

Alta dos Açores *ver* Alta das Bermudas.

Alta Siberiana centro de alta pressão atmosférica intensivamente desenvolvido localizado no norte central da Ásia no inverno.

alta *ver* anticiclone.

altas polares áreas com alta pressão atmosférica que geralmente se formam sobre os polos onde o ar é estável e divergente.

altitérmico intervalo de tempo de aproximadamente 7000 anos atrás quando o clima era mais quente do que é hoje.

altitude alturas de pontos acima da superfície Terrestre.

alto nuvem em altura média (ex. de 2.000 a 6.000 m de altitude).

altura da onda distância vertical entre o vale e a crista adjacente de uma onda.

aluvião categoria que inclui todos os tipos de depósitos de gelo glacial (associados ao degelo, lagos, vento ou sedimentos glaciais).

aluvião termo geral para partículas clásticas depositadas por um rio.

amplitude das marés diferença na elevação do nível das águas entre a maré alta e a baixa.

analema gráfico em forma de número 8 que mostra a declinação do Sol ao longo do ano.

análise de isótopos de oxigênio método de datação usado para reconstruir a história climática; baseia-se nas taxas de evaporação variantes de diferentes isótopos de oxigênio e na proporção variante entre os isótopos revelados em fósseis foraminíferos.

análise de sistemas determinação das partes de um sistema e dos processos envolvidos e o consequente estudo de como mudanças na interação dessas partes e processos podem afetar o sistema e sua operação.

anfiteatro depressão íngreme formada na cabeceira de um vale alpino pela erosão de geleira.

ângulo de inclinação inclinação do eixo polar Terrestre a um ângulo de 23°30' com relação ao plano da eclíptica.

ângulo de repouso ângulo máximo no qual uma saliência de sedimento livre pode permanecer sem partículas caindo ou deslizando pelo declive.

ano-luz a distância que a luz viaja em 1ano – 9.5 trilhões de quilômetros (6 trilhões mi).

anticiclone uma área de pressão atmosférica elevada, também conhecida como uma alta.

anticlínea ou anticlinal envergamento para cima em rochas de estrutura sobreposta.

ápice do leque ponto mais ascendente de um leque aluvial; onde o fluxo que forma o leque emerge do cânion da montanha.

aquecimento adiabático mudança de temperatura num gás devido à compressão (resultante do aquecimento); nenhum calor é adicionado ou subtraído de fora.

aquecimento global mudança de clima que pode causar aumento nas temperaturas da Terra.

aquiclude camada rochosa que restringe o fluxo e o armazenamento de água do lençol freático; é impermeável e não porosa.

aquífero camada rochosa que é um container e transmissor de água do lençol freático; ela é tanto porosa quanto permeável.

arco marinho arco de rocha que se expande de um penhasco costeiro onde a água do mar ou lago passa livremente por baixo.

arcos de ilhas cadeias de ilhas vulcânicas ao longo de uma fossa oceânica profunda; encontrados próximos a limites de placas tectônicas onde ocorre subducção.

área-fonte localizada no alto de uma bacia de drenagem, próximo ao divisor d'águas, onde se inicia o fluxo de uma corrente de água.

areia (arenoso) partículas de sedimento de tamanhos que variam de 0,05 até 2,0 milímetros.

aresta espinha ou parede rochosa pontiaguda que separa dois vales ou anfiteatros glaciais.

argila partícula mineral extremamente fina com tamanho inferior a 0,004 milímetros, frequentemente produto de intemperismo.

arroios correntes de água efêmeras de um clima árido.

ártica continental (cA) massa de ar muito fria e seca que se origina na região ártica.

aspecto de declive a direção de uma encosta de montanha em relação aos raios solares.

assoreamento desenvolvimento de uma área ou topografia que resulte mais de deposição do que de erosão com o passar do tempo.

astenosfera camada maleável densa na camada superior do manto terrestre, que flui devido a sua convecção, induzindo o movimento de placas tectônicas.

asteroides também chamados de planeta secundário; qualquer corpo do sistema solar composto de rochas e/ou metal não excedendo 800 km (500 milhas) de diâmetro.

Atmosfera camada gasosa de ar, composta de vários gases, que envolve a Terra.

atol anéis de recifes de corais e ilhas circundando uma laguna, sem ilhas em seu interior.

atrito a redução no tamanho do sedimento que é transportado a jusante.

atrito processo de erosão no qual uma geleira empurra rochas e sedimentos do solo ao longo de seu leito de rocha para dentro do gelo.

auroras interação colorida de radiação solar com íons na atmosfera superior da Terra; mais comumente vista em altas latitudes. Chamada de aurora boreal no Hemisfério Norte (também conhecida como as luzes nórdicas) e a aurora austral (luzes do sul) no Hemisfério Sul.

autótrofos organismos que, devido a sua capacidade de fotossintetizar, estão na base da cadeia alimentar e são considerados como produtores fundamentais.

avalanche densa corrente de material pulverizado (em pó) viajando rapidamente para baixo devido à força da gravidade.

azimute a direção angular de uma linha ou rota medida em sentido horário a partir do norte de 0–360°.

bacia de drenagem (bacia hidrográfica ou represa) a região que possibilita a drenagem de um corpo d'água.

badland **(terra ruim)** região improdutiva arenosa intensamente erodida em cordilheiras e desfiladeiros devido a várias escavações e erosões.

baixa Aleutiana centro de baixa pressão atmosférica na área das Ilhas Aleutas, que persiste principalmente no inverno.

Baixa Islandesa centro de baixa pressão atmosférica localizado no Atlântico Norte, persistente principalmente no inverno.

baixa *ver* ciclone.

baixas equatoriais (calhas equatoriais) zona de baixa pressão atmosférica, localizada mais ou menos pelo Equador, onde o ar aquecido é ascendente; *ver* também calmaria equatorial.

baixas subpolares células de baixa pressão atmosférica localizadas em regiões de latitude média superior.

bajada extenso declive intermediário de leques aluviais adjacente, que une um declive montanhoso íngreme com uma bacia ou planície.

balanço energético relação entre a entrada, armazenamento e saída de energia solar no sistema terrestre.

banco longitudinal feição que ocorre próxima e paralela à costa, associada à deposição de sedimentos pelas ondas e correntes litorâneas.

bancos acumulo de sedimentos em forma de morro raso, submerso, localizado próximo à costa ou em canais.

barcanas dunas de areia em formato de crescente, com seus braços apontando na direção a favor do vento.

barlavento localização lateral que está voltada para o vento e, portanto, está exposta ou sem proteção; geralmente se refere a montanhas e ilhas.

barômetro instrumento para medir a pressão atmosférica.

barra de pontal depósitos de aluvião encontrados na parte interna de uma curva de rio.

barreira categoria de depósito de terra costeiro, que fica paralelo ao continente, mas separado dele por uma laguna.

basalto rocha de coloração escura, de grãos finos simples, geralmente associados à incrustação oceânica e aos vulcões oceânicos.

base de onda a profundidade da água se iguala a metade de uma determinada onda; em locais de baixa profundidade a onda interage com o substrato embaixo d'água.

batólito grande massa (maior que 100 km2) irregular de rocha simples intrusiva (plutão).

bergschrund grande fenda no topo de uma geleira alpina, abaixo do anfiteatro glacial.

biomas um dos maiores ecossistemas da Terra, classificado pelo tipo de vegetação que domina as comunidades de plantas no ecossistema.

biomassa quantidade de matéria viva ou plantação em um ecossistema ou em um determinado nível trófico dentro de um ecossistema.

biosfera formas de vida, humana, animal ou vegetal da Terra, que formam um dos maiores subsistemas Terrestres.

bloco de falha inclinado bloco da crosta entre duas falhas normais paralelas que foi levantado ao longo de uma e relativamente abaixado ao longo da outra.

blocos de falha regiões discretas de blocos de crostas rochosas situadas entre dois lados opostos de falhas.

blocos erráticos grandes pedras espalhadas sobre depósitos glaciais ou sobre leitos de rocha polido pelas geleiras.

bolsões bacia em área desértica, circundada por montanhas e sem vasão.

brisa da terrestre fluxo de ar noturno da terra em direção ao mar, causado pelo movimento do ar de uma zona de alta pressão associado com temperaturas noturnas mais frescas sobre a terra.

brisa de montanha fluxo de ar descendente das montanhas em direção aos vales durante a noite.

brisa de vale corrente de ar que sopra durante o dia subindo as encostas das montanhas a partir dos vales.

brisa marinha ar que flui pelo dia vindo da direção do mar para a terra; causada pelo movimento do ar em direção a zonas de menor pressão associadas com as temperaturas mais altas da terra durante o dia.

buraco (*pothole*) leito rochoso depressionado no fundo de um riacho gerado pela abrasão de rochas que movimentam em fluxo giratório.

butte remanescente isolado de planalto erodido e que apresenta cume plano, o qual é cercado por escarpas íngremes. Buttes são ligeiramente mais altos do que largos e são comuns em regiões áridas e com deposição plana de sedimentos.

cabeceira da geleira parte superior da geleira alpina.

cadeia alimentar sequência de níveis no padrão de alimentação de um ecossistema.

cadeia meso-oceânica cordilheira sísmica linear que interconecta todos os oceanos principais; é onde um novo material de crosta derretido se eleva pela crosta oceânica.

caducifólia planta, geralmente uma árvore ou arbusto, que perde as folhas (geralmente sazonalmente).

calcificação processo de formação de solo em regiões de clima subúmido e semiárido. Solos da ordem molissol, produtos tipicamente do final do processo, são caracterizados por apresentarem pouca lixiviação ou eluviação e por acumular tanto húmus quanto bases minerais (especialmente carbonato de cálcio, CaCO3).

caldeira vulcânica grande depressão formada por uma erupção vulcânica.

caliche camadas endurecidas de cal (CaCO3) depositadas na superfície do solo em razão de água evaporada por capilaridade.

calmaria equatorial zona de pressão baixa e calmaria ao longo do equador.

calor energia cinética total de todos os átomos que compõem uma substância.

calor latente de condensação liberação de energia em forma de calor à medida que a água é convertida do estado gasoso (vapor) ao estado líquido.

calor latente de evaporação quantidade de calor absorvido pela água para se evaporar desde uma superfície (ou seja, 590 calorias/grama de água).

calor latente de fusão quantidade de calor transferido quando o líquido se converte em gelo e vice-versa; o que equivale a 80 calorias/grama.

calor latente de sublimação quantidade de calor liberada quando o gelo se transforma em vapor antes de entrar na fase líquida; equivalente a 670 calorias/grama.

caloria energia necessária para elevar a temperatura de 1grama de água em 1 °C.

calotas polares geleiras continentais do tamanho de uma região menor que 50.000 km2.

calving desprendimento de grandes blocos de gelo de uma geleira para um lago ou oceano adjacente originando um iceberg.

camada ativa zona da superfície do solo que degela no verão em regiões forradas pelo permafrost.

camada de argila camada rica em argila, densa, compacta encontrada ocasionalmente no subsolo (horizonte B); é o produto final de iluviação excessiva.

camadas de gelo massa de gelo de espessura maior que 50.000 km^2 que abrange uma parte importante de um continente e a enterra, exceto os picos mais altos das montanhas.

campos de dunas (*ergs*) extensa área coberta por dunas de areia.

canais efêmeros canais que fluem apenas em certos momentos, quando uma descarga adequada é alimentada por precipitação, gelo ou neve derretida ou nascentes irregulares.

canais meandrantes canais de fluxo com bancos amplamente sinuosos que se curvam para frente e para trás de forma acentuada.

canal trançado ocorre quando o leito de um rio é composto por diversos subleitos com fluxos simultâneos, que se dividem e reencontram-se (formando uma trança) e frequentemente mudam de posição.

capacidade a quantidade máxima de vapor de água que pode estar em uma dada quantidade de ar a uma dada temperatura.

capacidade de infiltração a maior quantidade de água infiltrada que uma superfície pode suportar.

capacidade do rio quantidade máxima de carregamento que pode haver numa corrente fluvial; varia de acordo com a velocidade do fluxo.

capilaridade o movimento de subida ou descida da água por pequenos poros ou fendas.

caprock (rocha de abertura) camada de rocha horizontal resistente que constitui o topo achatado de uma formação como, por exemplo, uma butte ou uma mesa.

carbonatação processo em que dióxido de carbono e moléculas de água recombinan-se com outras substâncias para formar novos compostos.

carbonato grupo mineral caracterizado por combinações específicas de átomos carbono e oxigênio.

carga dissolvida minerais ou outras substâncias químicas solúveis sendo carregadas pela água em forma de solução.

carga do leito partículas sólidas movidas pelo vento ou água batendo, rolando ou escorregando pelo chão ou curso de um rio.

carga do rio material transportado por uma corrente de água em um determinado instante; inclui a carga de leito, a carga suspensa e a carga dissolvida.

carga suspensa partículas sólidas pequenas o suficiente para serem transportadas a distâncias consideráveis enquanto flutuam por colunas de ar ou água.

carnívoros animais que se alimenta apenas de outros animais.

cársticos (relevo) formação de terras e paisagens únicas derivadas de solução das rochas solúveis, principalmente calcário.

cartografia ciência e profissão de elaborar mapas.

cascalho termo geral para tamanhos sedimentares maiores que a areia (maiores que 2 mm).

cascata de gelo porção de uma geleira que se movimenta para cima e para baixo em um declive íngreme, criando uma cascata rígida branca, cruzando com fendas profundas.

catastrofismo teoria, que já foi muito popular, afirma que as paisagens da Terra foram formadas em curto espaço de tempo por eventos cataclísmicos.

caudal de base água subterrânea que se infiltra na forma de canais nas correntes abaixo da superfície da água; sustenta correntes perenes entre as tempestades.

cavado área alongada ou "cinturão" de baixa pressão atmosférica; também vale glacial, um vale em formato de U entalhado por uma geleira.

cavado da onda parte mais baixa de uma onda.

caverna marinha grande abertura causada pela erosão das ondas próximo ao nível da mar em penhascos costeiros.

caverna vão natural em uma rocha, criado por dissolução de calcário, e grande o bastante para que pessoas entrem nele.

chaparral vegetação da floresta esclerófila encontrada crescendo no clima mediterrânico do oeste dos Estados Unidos; estas plantas sazonais e resistentes à seca são de baixo crescimento, com folhas pequenas, apresentam superfície dura e têm raízes profundas para captação de água.

chifres picos piramidais criados onde três ou mais anfiteatros em expansão se encontram no cume da montanha.

chinook vento seco e quente das encostas leste das Montanhas Rochosas (*ver* vento *foehn*).

chuva ácida chuva com valor de PH menor que 5,6, o pH "normal" da chuva; geralmente relacionada à poluição associada com a queima de combustíveis fósseis.

chuva congelada chuva que se torna gelo ao entrar em contato com uma superfície ou objeto que esteja mais frio que 0 °C (32 °F).

chuva gotas d'água que caem do céu.

ciclo das rochas apresentação dos processos e caminhos nos quais o material terrestre se transforma em diferentes tipos de rocha.

ciclo de excentricidade variação na forma da órbita da Terra de levemente elíptica à mais circular retornando à sua forma anterior a cada 100 mil anos.

ciclo de obliquidade mudança na inclinação do eixo da Terra em relação ao plano da eclíptica em um período de 41 mil anos.

ciclo de precessão mudança no período (data) do ano em que ocorre o periélio; a data é determinada com base em um período principal de 21 mil anos e um secundário de 19.000 anos.

ciclo hidrológico circulação da água de um dos sistemas da Terra para outro; da evaporação à condensação, precipitação, escoamento, armazenamento e reevaporação de volta à atmosfera.

ciclone é o centro de baixa pressão atmosférica, também conhecido como baixa.

ciência espacial termo usado quando se define geografia como ciência que estuda os fenômenos ao longo do espaço terrestre.

cinturões de pressão zonas de altas e baixas que tendem a circular paralelamente à Terra para o equador em um modelo teórico da pressão atmosférica do mundo.

cinza vulcânica fragmentos de rochas vulcânicas erupcionados do tamanho de um grão de areia ou menor (<2 mm).

circulação do vento convergente sistema de pressão e vento em que o fluxo de ar é para dentro no sentido do centro, em que a pressão é a menor.

circulação do vento divergente sistema de pressão e vento em que o fluxo de ar é para fora do centro, onde a pressão maior.

círculo Antártico à latitude 66°30' S; o limite ao norte da região no Hemisfério Sul que possui um período de 24 horas de luz solar e 24 horas de escuridão pelo menos uma vez ao ano.

círculo Ártico à latitude 66°30' N; o limite ao sul da região do Hemisfério Norte que possui um período de 24 horas de luz solar e 24 horas de escuridão pelo menos uma vez ao ano.

círculo de iluminação linha que divide o hemisfério iluminado pelo sol (dia) do hemisfério escuro (noite); vivenciado por indivíduos na superfície terrestre com o nascer/pôr do sol.

cirro nuvens altas, acima de 6.000 m (19.700 pés).

cirros nuvens altas compostas por cristais de gelo; brancas e pouco espessas.

Cl, O, R, P, T Lista de fatores de formação de solos de Hans Jenny: Clima, Orgânicos, Relevo, material Predecessor (de Origem) e Tempo.

clasto fragmento quebrado sólido de rocha, osso ou concha.

clay pan leito de rio efêmero composto principalmente por partículas clásticas extremamente finas.

clima árido região ou condição climática em que o potencial anual de evapotranspiração excede a precipitação anual.

clima continental úmido com verão ameno tipo de clima caracterizado por verões úmidos e amenos e invernos frios e úmidos.

clima continental úmido com verão quente tipo de clima caracterizado por verões quentes e úmidos e invernos amenos e úmidos.

clima de altas altitudes classificação geral dos climas para regiões de elevações altas porém variantes.

clima de calota polar tipo de clima em que a temperatura média de todos os meses do ano é abaixo de zero.

clima de tundra caracterizado por uma vegetação de regiões polares e de altas montanhas que não possui árvores, constituída por musgos, líquen, baixos arbustos e gramíneas.

clima desértico clima que apresenta precipitação total abaixo da metade do seu potencial de evapotranspiração.

clima equatorial clima quente e úmido que promove o crescimento de florestas tropicais.

clima mediterrâneo tipo de clima caracterizado por verões quentes e secos e invernos frios e úmidos.

clima oceânico tipo de clima caracterizado por condições de umidade mais frescas na maior parte do ano.

clima padrões médios de condições meteorológicas de um local ou região; a descrição completa é baseada em estatísticas de longo prazo e inclui extremos ou variações em relação à norma.

clima polar clima de regiões que não possuem uma estação quente e permanecem congelados na maior parte ou durante todo o ano.

clima subártico tipo de clima que produz a paisagem de tundras.

clima tropical de monção clima caracterizado por temperaturas quentes e estações secas e chuvosas alternadas.

clima tropical de savana clima quente, semisseco que promove altas pradarias.

climas mesotérmicos regiões climáticas ou condições com verões quentes ou amenos e que não possuem nenhum mês com média abaixo zero.

climas microtérmicos regiões climáticas ou condições com verões quentes ou amenos que têm meses de inverno com temperaturas médias abaixo de zero.

climas tropicais regiões de clima que são quentes durante todo o ano.

climatologia estudo científico dos climas da Terra e suas distribuições.

climograma gráfico que retrata informações das médias de temperatura ou chuva para um determinado local ou estação.

coivara (corte e queima) também chamada de agricultura itinerante; agricultura de subsistência típica das sociedades indígenas na floresta tropical. Árvores são cortadas, os ramos são queimados e as sementes são plantadas entre as árvores maiores ou tocos antes que a rápida deterioração do solo force uma mudança para uma nova área.

colinas de feno (colinas cônicas ou cerros) montes remanescentes de rocha solúvel permanecendo após rochas adjacentes se dissolverem em áreas cársticas.

colisão continental a fusão de continentes conforme as placas tectônicas convergem.

coluna espeleotema em forma de pilar resultado da junção entre estalactite e estalagmite.

colunas de fluxos basálticos fraturas verticais e poligonais causadas pelo encolhimento da lava ao resfriar.

cometas compostos de objetos rochosos ou ferro unidos por gelo que revolvem em torno do Sol. Quando um cometa passa perto do Sol, parte de seu material evapora formando uma grande cabeça e frequentemente uma cauda.

competência do rio a maior partícula que pode ser carregada por uma corrente fluvial; varia de acordo com a velocidade do fluxo.

comprimento da onda distância horizontal entre duas cristas sucessivas de uma onda.

comunidade clímax o resultado final na sucessão de comunidades de plantas que ocupam determinado local.

comunidade vegetal variedades distintas de plantas vivendo em harmonia umas com as outras e com o meio ambiente ao seu redor.

condensação processo por meio do qual vapor é convertido em líquido e energia é liberada em forma de calor latente.

condução transferência de calor dentro de um mesmo corpo ou entre matérias adjacentes por meio de movimentos moleculares internos.

cones de cinza menores tipos de vulcão; compostos por fragmentos de rocha vulcânica cuja erupção ocorreu na fenda central (piroclásticos).

conjunto de junções sistema de múltiplas rachaduras (juntas) paralelas em uma rocha.

constante solar índice em que a insolação é recebida de fora da atmosfera terrestre em uma superfície na angulação correta para entrada da radiação.

consumidores organismos que consomem material orgânico de outras formas de vida, incluindo todos os animais e plantas parasitas (também chamados heterótrofos).

continentalidade distância de um determinado lugar em relação a um grande corpo d'água; quanto maior a distância, maior a continentalidade.

convecção processo por meio do qual a circulação é produzida dentro de uma massa de ar ou corpo fluido (materiais aquecidos sobem, materiais resfriados descem). E também, na teoria das placas tectônicas, o método pelo qual o calor é transferido para a superfície da Terra das profundezas do manto.

convergência de placas movimento das placas litosféricas em direção umas das outras.

coordenada geográfica conjunto de linhas imaginárias que corre de leste a oeste ao redor do globo para marcar latitude e as linhas que vão de norte a sul de um polo ao outro para indicar longitude.

cordão arenoso ou barreira barreira que se estende pela boca de uma baia, ligada ao continente em ambas as extremidades, para formar uma laguna.

córrego transversal corrente de água que percorre as "veias" da topografia como montanhas ou cadeias de montanhas.

córregos externos córregos que têm origem em uma região úmida e têm volume de água suficiente para cruzar uma região desértica.

córregos secos córregos que tiveram seu fluxo inteiramente transferido ao subsolo.

corrente de jato subtropical corrente de ar de grande velocidade encontrada nas camadas mais elevadas da troposfera com altitude bastante elevada; tem maior frequência durante o inverno.

corrente de retorno correntes fortes de superfícies estreitas que fluem a partir da costa. São produzidas pelo retorno do fluxo de água acumulada perto da costa pelas ondas.

corrente frias correntes marinhas que se movem como um rio pelo oceano e são relativamente mais frias que a água circundante.

corrente longitudinal fluxo de água paralelo à costa dentro da zona de quebra; causada pela refracção incompleta de ondas.

correntes de jato correntes de ar superior de alta velocidade, atingindo 120–640 km/h (75–250 mph).

correntes fluviais termo geral para quaisquer fluxos de água natural canalizados, independente do tamanho.

correntes marítimas movimento horizontal de água oceânica, geralmente em resposta a padrões principais da circulação atmosférica.

correntes quentes fluxo de água marítima que se move como um rio pelo oceano com águas relativamente mais quentes que as águas ao seu redor.

corrosão erosão química de matéria de rochas pela água; a remoção de íons das rochas – formando minerais dentro d'água.

costa primária a costa que desenvolveu sua forma atual principalmente por meio de processos de base terrestres, especialmente processos fluviais e glaciais.

crista da onda a parte mais alta de uma onda.

crosta camada superficial da Terra, é relativamente fina (aproximadamente 8-64 km de profundidade) e tem baixa densidade.

crosta continental porção menos densa (2,7 g/cm^3) e mais espessa da crosta terrestre; fica abaixo dos continentes.

crosta oceânica a porção da crosta basáltica da Terra mais densa (3,0 g/cm^3), mais fina; subjacentes nas bacias oceânicas.

cúmulus nuvens globulares, geralmente com uma base horizontal e desenvolvimento vertical acentuado.

cúmulos-nimbo nuvem de tempestade, tem subida por convecção muito forte e topo achatado em forma de bigorna.

curvas de nível linha em um mapa que conecta pontos de mesma altitude acima do nível do mar.

dados contínuos representações numéricas ou locacionais de um fenômeno que estão presentes em todos os lugares – tais como pressão atmosférica, temperatura e altitude.

dados discretos representações numéricas ou de localização de fenômenos que ocorrem apenas em alguns locais – tais como epicentros de terremotos, rotas de tornados e dolinas.

declinação é a latitude na Terra na qual o sol do meio-dia se encontra exatamente sobre nossa cabeça.

declinação magnética diferença angular entre o norte geográfico e o norte magnético.

decomposição o termo se refere aos processos de intemperismo químico.

decompositor (detritívoro) organismo que promove a decomposição por alimentar-se de material animal ou vegetal morto; após alimentar-se, devolve os nutrientes minerais ao solo ou água, mas de forma que as plantas possam absorver.

defasagem anual da temperatura o atraso de tempo entre a insolação máxima (ou mínima, dependendo do hemisfério) durante os solstícios e as temperaturas mais quentes (ou frias) do ano.

deflação remoção ou recolhimento de sedimento solto na superfície pelo vento.

deformação de superfície transportação gerada pelo vento que consiste na movimentação de sedimentos a favor do vento em contato contínuo com a superfície.

degradação diminuição da paisagem resultante de maior erosão do que deposição ao longo do tempo.

delta relevo deposicional formado onde o curso d'água flui para dentro de um corpo d'água parado (um lago ou oceano).

dendrítico termo usado para descrever o padrão de drenagem em forma de árvore e que tem afluentes juntando-se ao curso principal em ângulos agudos.

dendrocronologia método usado para determinar condições climáticas do passado por meio dos anéis das árvores.

densidade de drenagem a soma dos comprimentos de todos os canais de uma bacia de drenagem por unidade de área.

deposição acúmulo de materiais da Terra em local novo após serem movidos por gravidade, água, vento ou geleira.

depósito glacial depósitos fluviais oriundos do degelo glacial.

depósito glacial detritos depositados além da borda de uma geleira pelo degelo glacial.

depósitos fluvioglaciais depósitos oriundos de água de derretimento do gelo.

depósitos glácio-lacustres depósitos oriundos de água de derretimento do gelo em lagos associados com as margens das geleiras.

depressões de deflação depressão formada pela erosão do vento em área não dominada por areia depositada pelo vento.

deriva ao longo da costa transporte de sedimento paralelo à costa, pela corrente litorânea.

deriva continental teoria proposta por Alfred Wegener; afirma que os continentes juntaram-se, separaram-se e moveram-se pela superfície terrestre; mais tarde foi substituída pela teoria das placas tectônicas.

deriva de praia (beach drifting) tipo de deriva litorânea na qual as ondas quebrando em ângulo em relação à encosta, movimentam sedimentos ao longo da zona de espraiamento em um padrão de zig-zag.

deriva litorânea termo geral para o transporte de sedimentos paralelos à costa, próximos à zona costeira devido à refração incompleta das ondas.

descascamento queda quase que vertical de rochas ou pedaços de rocas empurrados para baixo por meio da força da gravidade.

descontinuidade de Mohorovicic (Moho) zona que marca a transição entre a crosta da Terra e o manto mais denso.

desfiladeiro passagem formada pela erosão causada pela intersecção de dois anfiteatros.

desintegração granular característica de intemperismo de rochas cristalinas grossas em que grãos minerais individuais caem das massas rochosas principais.

deslizamento de rochas unidade rochosa que se move rapidamente encosta abaixo em contato contínuo com a superfície devido à força da gravidade.

deslizamento de terra termo leigo para qualquer perda de massa rápida; usado por cientistas da Terra para deslizamentos maciços que envolvem uma variedade de materiais da Terra.

deslizamentos quando uma unidade coesiva ou semicoesiva de materiais da Terra escorrega encosta abaixo, em contato permanente com a superfície da terra.

deslizamentos movimentos lentos morro-abaixo de fragmentos terrestres que acabam por levantar e soltar partículas de sedimento.

desmoronamentos unidades espessas de material granulado não consolidado que deslizam montanha abaixo em uma superfície côncava, lisa e curvada.

detrito material desestruturado de encosta com larga variedade de tamanhos incluindo cascalho (>2 mm).

dique banco levantado ao longo das margens de um córrego ou canal de detritos.

dique formação ígnea intrusiva com formato vertical semelhante a uma parede.

diques naturais bancos de um canal (ou margens de um fluxo de deslocamento de massa) formados pela deposição de sedimentos do fluido ou fluxo; diques artificiais são construídos algumas vezes ao longo de um córrego para controlar inundações.

discordância interrupção na acumulação de diferentes camadas de rocha; frequentemente representa um período de erosão.

distribuição espacial local e extensão de uma área ou áreas onde existem componentes.

distributários canais menores que conduzem o fluxo para fora do corpo d'água principal, ocorre principalmente em deltas; é o oposto de afluente.

distúrbio atmosférico refere-se à variação na circulação secundária da atmosfera que não pode ser classificada corretamente como uma tempestade; por exemplo, frentes, massa de ar.

distúrbio extratropical *ver* distúrbio de latitude média.

divergência da placa movimento que afasta as placas litosféricas umas das outras.

divisor continental linha de separação que divide a infiltração entre os Oceanos Pacífico e Atlântico. Na América do Norte geralmente segue a crista das Montanhas Rochosas.

divisor de águas a fronteira externa de uma bacia de drenagem.

dobra reclinada dobra causada em rochas devido a forças de compressão assimétrica; o plano axial dessa dobra é horizontal e não vertical.

dobramento curvatura ou enrugamento da crosta da Terra devido a forças tectônicas de compressão.

dobramento da crosta dobramento e entortamento delicados de rochas da crosta.

dobramento elevação ou assentamento de forma ampla e generalizada da crosta terrestre com pequena ou nenhuma distorção local.

dolina aluvial lugar onde uma corrente de água da superfície é desviada para baixo da terra, como em um sistema de cavernas.

dolina de colapso (abatimento) depressão topográfica formada principalmente pelo solo escavado acima de uma caverna.

dolina de colapso depressão topográfica formada principalmente pela solução e remoção da rocha solúvel de uma superfície.

dolinas depressões de superfície rudemente circulares relacionadas à solução de rocha em regiões de formação calcária.

domo de lava tipo de vulcão explosivo com abertura central ou outras aberturas tampadas pelo resfriamento da lava altamente ácida.

drenagem ácida de minas infiltração de água subterrânea numa superfície que tenha se tornado altamente ácida devido a ter escoado por minas de carvão subterrâneas.

drenagem exterior canais ou sistemas de canais que fluem para o oceano.

drenagem interior fluxos e sistemas de fluxos que correm dentro de uma bacia e assim não atingem o oceano.

drumlin colina alongada, moldada pelo movimento glacial nas planícies de tilito.

dunas de areia montes ou colinas de sedimentos de tamanho arenoso depositados e modelados pelo vento.

dunas estrela grandes dunas em formato de pirâmide com faces deslocadas devido às mudanças na direção do vento.

dunas longitudinais dunas de areia lineares como uma crista que estão orientadas paralelamente à direção predominante do vento.

dunas parabólicas duna de areia com forma crescente com os braços apontando para o vento.

dunas seif uma grande, longa, de certa forma sinuosa duna de areia alongada paralelamente à direção do vento.

dunas transversais cadeia linear de dunas que são orientadas para certos ângulos devido à ação e direção dos ventos.

ecologia ciência que estuda as interações entre os organismos e seu ambiente.

ecossistema comunidade de organismos e suas relações uns com os outros e com o meio em que vivem.

ecótono zona de transição de vegetação natural variada ocupando o limite entre duas comunidades de plantas adjacentes e diferentes.

efeito Coriolis efeito aparente da rotação da Terra sobre corpos em movimento horizontal, tais como vento e correntes marítimas; estes corpos tendem a ser defletidos para a direita no Hemisfério Norte e para a esquerda no Hemisfério Sul.

efeito estufa aquecimento da atmosfera que ocorre devido à radiação solar de ondas curtas que aquece a superfície do planeta, porém a perda de radiação de calor de ondas longas é dificultada pelo CO_2 e outros gases.

eixo linha imaginária entre o Polo Norte geográfico e o Polo Sul geográficos, ao redor da qual rodam os planetas.

El Niño contracorrente quente que influencia o centro e o leste do Pacífico.

elementos (tempo e clima) os elementos principais incluem energia solar, temperatura, pressão, ventos e precipitação.

elevação distância vertical desde o nível do mar até um ponto ou objeto na superfície terrestre.

energia cinética energia de movimento; metade da massa (m) vezes a velocidade (v) ao quadrado, $E_k = 1/2mv^2$.

energia eletromagnética todas as formas de energia que compartilham a propriedade de se mover através do espaço (ou outro meio) em um padrão de ondas de campos magnéticos e elétricos, também chamada radiação.

energia solar *ver* insolação.

entalhe recesso, relativamente pequeno em altura, erodido pela ação de ondas ao longo da base de uma falésia costeira.

entradas energia e matéria que entram no sistema da Terra.

eólicas pertinentes ao trabalho de formação de terrenos pelo vento.

epicentro ponto na superfície da Terra que fica diretamente acima do foco de um terremoto.

epífitas plantas que crescem sobre outra planta mas não tomam os nutrientes da planta hospedeira.

Equador um grande círculo da metade da Terra entre os polos; o grau zero paralelo da latitude que divide a Terra nos hemisférios Norte e Sul.

equatorial marítima (mE) massas de ar quentes e úmidas que se originam na região oceânica se estendendo até a linha do Equador.

equidistância propriedade de alguns mapas que retratam as distâncias igualmente, sem variação na escala.

equilíbrio dinâmico mudança constante da relação entre as variáveis de um sistema que produz um equilíbrio entre a quantidade de energia e/ou materiais que entram em um sistema e a quantidade que sai.

equilíbrio estado de equilíbrio entre os componentes interconectados de um sistema e seu total organizado.

equilíbrio glacial posição de equilíbrio de uma geleira que separa a zona de acúmulo da zona de ablação.

equilíbrio hídrico relação entre a evaporação, a condensação e o armazenamento de água no sistema terrestre.

equilíbrio pontuado conceito de que os períodos de estabilidade relativa em vários sistemas terrestres são interrompidos por pequenas explosões de ação intensa causando grandes mudanças.

equinócio ocorre uma ou duas vezes ao ano (aproximadamente 21 de Março e 22 de Setembro), quando a posição do sol do meio dia está sobre (e seus raios verticais atingem) o Equador; o dia e a noite têm a mesma duração em todos os pontos da Terra.

Era do Gelo período da história da Terra quando grande parte de sua superfície estava coberta com geleiras continentais maciças. A Era do Gelo mais recente ocorreu durante a Época do Pleistoceno.

erosão remoção dos materiais de um lugar da Terra pela gravidade, água, vento ou gelo glacial.

erosão remontante corte de ravinas e vales que se estendem em um canal de fluxo de água na direção alta.

Escala Avançada Fujita uma classificação (1–5) da intensidade de um tornado, baseada nas velocidades do vento e, especificamente nos tipos de danos que ocorrem.

escala Celsius (graus centígrados) escala de temperatura na qual 0° e 100° são os pontos de congelamento e de ebulição da água, respectivamente, desde que esteja ao nível do mar.

escala de fração representativa (RF) escala de mapa apresentada como uma fração ou razão entre o tamanho de uma unidade no mapa e o tamanho da mesma unidade no solo, como em 1/24.000 ou 1:24.000.

escala de furacões de Saffir–Simpson escala de intensidade (1–5) dos furacões com base na velocidade do vendo e nos tipos de danos que ocorrem, ou que podem ocorrer.

escala do pH escala de 0 a 14 que descreve a acidez ou alcalinidade de uma substância e que se baseia na medição de íons de hidrogênio; valores de pH inferiores a 7 indicam ácidos; valores de pH acima de 7 indicam substâncias alcalinas.

escala Fahrenheit escala de temperatura em que 32 °F é o ponto de congelamento e 212 °F é o ponto de ebulição da água ao nível do mar.

escala gráfica (barra) marca similar a uma régua colocada nos mapas para fazer medições diretas das distâncias no solo.

escala Kelvin escala de temperatura desenvolvida por Kelvin, igual à escala Celsius mais 273; nenhuma temperatura pode descer abaixo de zero absoluto ou 0 graus Kelvin.

escala razão entre a distância medida num mapa, globo ou outras representações da Terra e a distância real na Terra.

escala verbal definição da escala de um mapa usando palavras como "um centímetro representa um quilômetro".

escarpa de falha de Piemonte penhasco íngreme causado por movimentos ao longo de uma falha que contrabalanceia o sedimento não consolidado na zona de transição entre montanhas e bacias.

escarpa de falha penhasco íngreme ou o face exposta de uma falha em que um bloco de crosta foi deslocado verticalmente em relação ao outro.

esclerófila (folhas duras) tipo de vegetação comumente associado ao clima mediterrâneo; caracterizada por superfícies rígidas, raízes profundas e folhas espessas e brilhantes resistentes à perda de umidade.

escoamento fluxo de água sobre a superfície do solo, geralmente em formato de córregos e rios.

escoamento de superfície água que corre sobre a superfície da Terra.

escoamento em lençol fino lençol de água não canalizada sobre o solo.

escudos continentais parte mais antiga do continente, são formados por rocha cristalina.

esferoide oblata formato da Terra, uma esfera ligeiramente achatada.

esfoliação rupturas sucessivas nas capas ou placas externas de uma massa rochosa por intemperismo.

esker saliência estreita e tipicamente espiralada composta por areia e cascalho fluvioglaciais.

especialista animal que sobrevive somente de um único tipo ou de um tipo limitado de comida devido a sua nutrição.

espeleologia ciência que estuda as cavernas.

espeleotema termo geral para qualquer característica de cavernas criadas por meio da precipitação secundária (recente) de minerais da subsuperfície da água.

espraiamento (*swash*) fino manto de água que avança e recua sobre a praia na zona de espraiamento.

estabilidade condição do ar quando está mais frio do que a atmosfera ao seu redor e resiste à tendência de subir; a taxa de variação térmica da atmosfera ao redor é menor do que a do ar estável.

estalactites espeleotemas em formato de cone que se originam no teto de uma caverna.

estalagmite espeleotema em formato de cone que se origina no chão da caverna.

estratificação camadas distintas dentro de rochas sedimentares.

estratificação cruzada camadas finas dentro de rochas sedimentares que foram depositadas num certo ângulo em relação à camada predominante da rocha.

estrato significa uma nuvem de baixo nível (por exemplo, superfície de 2.000 m de altitude).

estratopausa limite superior da estratosfera, separando-a da mesosfera.

estratosfera camada atmosférica que se localiza abaixo da mesosfera, caracterizada por temperaturas constantes e concentração de ozônio.

estratovulcões são vulcões formados por camadas alternantes de lava e materiais piroclásticos; conhecidos pelas erupções violentas.

estratus (nuvens) camada uniforme de nuvens semelhantes a lençóis, geralmente de aparência acinzentada.

estresse (tensão) força por unidade de área.

estriamento arranhões e estrias causados no leito rochoso devido à abrasão das partículas de rocha embutidas em uma geleira.

estrutura características físicas descritivas e disposição do leito rochoso tais como: dobrado, com falha, superposto, fraturado e massivo.

estrutura da rocha a organização, inclinação e disposição das camadas de rocha na crosta terrestre.

estrutura trófica organização de um ecossistema com base na nutrição de organismos pertencentes a um ecossistema.

estuário enseada costeira onde águas doce e salgada se misturam.

evaporação processo no qual um líquido é convertido ao estado gasoso (vapor) por meio de adição de calor latente.

evaporito sais minerais que são solúveis em água acumulando-se quando a água evapora.

evapotranspiração combinação da perda de água para a atmosfera do solo e superfícies aquáticas por evaporação e das plantas por transpiração.

evapotranspiração potencial taxa de evapotranspiração hipotética caso houvesse uma quantidade de água no solo mais do que o adequado para o crescimento das plantas.

evapotranspiração real a quantidade real de perda de umidade através da evapotranspiração medida de uma superfície.

exagero vertical técnica que aumenta a representação da altura de um terreno para enfatizar os detalhes topográficos.

expansão e contração térmicas noção de que as rochas podem sofrer intemperismo pelos efeitos da expansão e contração causados pelo aquecimento e esfriamento.

expansão oceânica movimento na crosta oceânica em direções opostas a cadeia meso-oceânica, associados com a formação de nova crosta nas cadeias e subducção da antiga crosta às margens do oceano.

exposição direção das encostas das montanhas em relação à direção do vento predominante.

face de deslizamento o lado íngreme a favor do vento de uma duna de areia.

falésia encosta íngreme que sofreu erosão em sua base devido à ação da água.

falha de empurrão ou sobreposição falha de ângulo baixo, com rochas empurradas a uma distância considerável em relação às do lado oposto, por forças de compressão; a cunha de rochas que substituiu outras dessa forma.

falha de empurrão quebra de baixa angulação com rochas de um lado empurradas contra as do outro lado por forças de compressão.

falha de rejeito direcional falha com movimentação horizontal, sendo o plano de falha exclusivamente vertical, com a movimentação ocorrendo ao longo do strike da falha.

falha reversa fenda de angulação elevada entre rochas que em um lado são pressionadas contra as rochas e do outro lado por forças de compressão.

falha zona de ruptura ao longo da qual massas de rocha deslizam umas sobre as outras.

falhamento deslizamento ou deslocamento de rochas ao longo de uma superfície de fratura.

falhas de rejeito de mergulho é uma falha vertical onde o movimento ocorre para cima e para baixo do mergulho de uma falha.

falhas normais zonas de ruptura com rochas de um lado deslizando para baixo em relação às rochas do outro lado, devido a forças tensionais.

farinha de rocha fragmentos de rocha granulados entre a base de uma geleira e o leito de rocha subjacente.

fatores de variação de temperatura fatores que controlam as temperaturas ao redor do mundo, tais como latitude, distribuição de terra e água, correntes oceânicas, altitude, barreiras naturais e atividades humanas.

***feedback* negativo** reação a uma mudança inicial em um sistema que neutraliza essa mudança, e leva a um equilíbrio dinâmico no sistema.

***feedback* positivo** reação a uma mudança inicial em um sistema em que tal mudança é agravada resultando num desequilíbrio dos sistemas.

feedback sequência de alterações nos elementos de um sistema, que acaba afetando o elemento que foi alterado inicialmente para começar a sequência.

fendas rachaduras resultantes da expansão de geleiras, comum ao longo das margens e sopés de geleiras.

fertilização adição de nutrientes ao solo.

fertilização do solo adição de nutrientes ao solo para chegar às condições necessárias do cultivo de certas plantas.

fetch extensão de água aberta por meio da qual o vento sopra sem interrupção.

fiordes profundas e estreitas passagens oceânicas originadas pela invasão do oceano nos vales glaciários abandonados.

firn tipo de neve compactada formada pelo degelo parcial e recristalização de camadas de neve.

fitoplâncton plantas microscópicas, algas e bactérias, que flutuam e se movimentam com as correntes marítimas.

floresta boreal (taiga) floresta de coníferas dominada por esprucas, anetos e pinheiros; cresce em condições subárticas e ao redor do mundo ao norte do 50º paralelo de latitude Norte.

floresta nublada floresta tropical que é produzida pela chuva fina e constante nas encostas das montanhas defronte ao vento.

fluvial termo usado para descrever paisagens e processos associados com o funcionamento dos córregos.

fluxo (movimento de massa) movimento de deslizamento rápido de material da Terra úmido e não consolidado que passa por uma mistura considerável.

fluxo de lava camadas de matéria rochosa fundida que irromperam e escorreram pela paisagem solidificando-se.

fluxo de lava fluxo de lava que emana de uma rachadura (fissura) na superfície ao invés de aberturas ou crateras de um vulcão.

fluxo efêmero fluxo de canais que ocorre apenas ocasionalmente, durante ou um pouco após precipitações ou devido ao derretimento de gelo ou de neve.

fluxo intermitente descreve fluxos que correm somente sazonalmente.

fluxo perene descreve riachos com fluxo contínuo durante todo o ano.

fluxos de detrito movimento rápido, induzido pela gravidade, encosta abaixo de material terrestre molhado e pouco separado.

fluxos de lodo movimento rápido de sedimentos granulares finos e úmidos; pode depositar diques e massas de cascalho.

fluxos piroclásticos corrente aérea de gases quentes e fragmentos de rocha lançados por uma erupção vulcânica explosiva.

foco ponto no interior da crosta da Terra ou de um manto superior onde um terremoto começa.

foehn vento descendente, seco, quente a sota-vento de uma cordilheira, causado por calor adiabático de ar descendente.

folhas pontiagudas (árvore de folhas pontiagudas) árvore com folhas muito finas e pontiagudas, com forma de agulhas.

foliação estrutura curva, ondulada ou em placas nas rochas metamórficas.

fontes termais saídas naturais de água geotérmica do subsolo para a superfície.

força centrífuga força que puxa um objeto em rotação para fora do centro de rotação.

força de cisalhamento força que trabalha para movimentar dois objetos, que estão um em cima do outro, em direções opostas.

força tensional força que age puxando objetos em direções opostas.

forças compressivas pressão realizada ao mesmo tempo por lados opostos (convergência).

forças tectônicas forças que se originam no centro da Terra que quebram e deformam sua superfície.

formas de relevo característica de um terreno, tipos de superfície, como uma montanha, vale, planalto e assim por diante.

fossas oceânicas depressões estreitas e longas, no fundo do mar, geralmente associadas com um arco de ilhas. As fossas oceânicas marcam as porções mais profundas dos oceanos e são associadas à subducção da crosta oceânica.

fotossíntese processo pelo qual os hidratos de carbono (açúcares e amidos) são fabricados nas células das plantas; é necessário dióxido de carbono, água, luz e clorofila (a substância verde das plantas) para que aconteça.

foz término de um rio.

frente estacionária limite entre as massas de ar de força igual; produz a estagnação do ar sobre uma área por um período extenso de tempo.

frente fria ocorre quando uma massa de ar relativamente mais fria e densa avança sobre outra massa de ar mais quente e menos densa.

frente limites inclinados ou superfície de contato entre massas de ar que têm propriedades diferentes de temperatura, conteúdo de umidade, densidade e pressão atmosférica.

frente oclusa limites entre uma massa de ar fria que avança rapidamente e uma massa de ar ascendente cortada da superfície da Terra; denota o último estágio de um ciclone de latitude média.

frente quente borda dianteira de uma massa de ar relativamente mais quente e menos densa que avança sobre uma massa fria e mais densa.

fricção força que age na direção oposta ao movimento ou fluxo, por exemplo, resistência turbulenta da superfície da Terra sobre o fluxo da atmosfera.

furacão ciclone tropical severo de grande tamanho com isóbaras quase concêntricas. Suas chuvas torrenciais e a alta velocidade dos ventos criam sobrelevação do nível do mar incomum e inundações costeiras extensas; também chamados de *willy willies*, ciclones tropicais, *baguios* e tufões.

fuso horário a Terra está dividida em 24 fusos horários (24h) para coordenar o tempo com o movimento de rotação da Terra.

galáxia grande montagem de estrelas; uma galáxia típica contém milhões de centenas de bilhões de estrelas.

galeria de floresta vegetação como a da selva se estendendo ao longo e sobre riachos em regiões de floresta tropical.

garoa névoa ou neblina muito fina composta por gotículas de água e com movimento de queda quase imperceptível.

gás de efeito estufa gás atmosférico que dificulta a fuga de energia térmica da Terra.

geada branca densa camada de geada branca e cristalina.

geada condensação congelada que ocorre quando o ar ao nível do solo é resfriado ao ponto de orvalho de 0 °C (32 °F) ou abaixo; também qualquer outra temperatura próxima ou abaixo do congelamento que ameace plantas sensíveis.

geada cristais de gelo que se formam no barlavento dos galhos das árvores, asa de aviões e afins em condições de superarrefecimento.

gêiser fluxo eruptivo natural de água que se alterna entre água quente e vapor.

geleira alpina de anfiteatro geleira alpina geralmente pequena, restrita a um vale bem elevado (anfiteatro).

geleira continental categoria de geleira grande e espessa que existe devido a condições climáticas resultantes de altas latitudes.

geleira de descarga geleira de vale que flui para fora da massa principal de uma geleira continental.

geleira de piemonte geleira alpina que se estende além dos vales montanhosos até os terrenos mais baixos e planos.

geleiras alpinas massa de gelo que existe nas regiões montanhosas devido a condições climáticas resultantes da altitude elevada.

geleiras de vale geleira alpina que se expande além das zonas dos altos picos montanhosos até o vale de montanha abaixo.

geleiras massas de gelo que fluíram e se acumularam no solo.

generalistas espécies que podem sobreviver com uma grande variedade de fontes de alimentos.

geografia estudo dos fenômenos da Terra; inclui uma análise de padrões de distribuição e inter-relações entre esses fenômenos.

geografia física especialização no estudo sistemático da geografia que foca na localização, distribuição e interação espacial de fenômenos físicos (ambientais).

geografia humana especialização em um estudo sistemático da geografia com foco na localização, distribuição e interação espacial dos fenômenos humanos (culturais).

geografia regional especialização no estudo sistemático da geografia que foca na localização, distribuição e interação do espaço geográfico de fenômeno de certas regiões terrestres.

geomorfologia fluvial estudo da água corrente como processo de modelagem da terra, juntamente com o estudo do relevo resultante.

geomorfologia o estuda a natureza e desenvolvimento das formas do relevo.

giros padrões circulares amplos das principais correntes oceânicas de superfície produzidas por grandes sistemas de alta pressão subtropical.

glaciação intervalo de atividade glacial.

gleização processo de formação de solo de áreas pouco drenadas em ambientes úmidos e frios. Os solos resultantes têm uma camada de superfície pesada de húmus que se sobrepõe a uma camada cinza-azulada de argila pegajosa saturada de água.

graben bloco de crostas rochosas entre duas falhas normais paralelas que deslizaram para baixo em relação aos blocos adjacentes.

gradiente um termo para inclinação frequentemente utilizado para descrever o ângulo de um leito.

gradiente adiabático *ver* taxa de lapso normal.

gradiente adiabático saturado razão em que uma massa crescente de ar é esfriada pela expansão quando ocorre a condensação. O gradiente varia, mas fica na média de 5 °C/1.000 metros (3,2 °F/1.000 pés).

gradiente adiabático seco índice em que uma massa de ar ascendente é arrefecida por expansão quando a condensação não está acontecendo (10 °C/1.000 m ou 5,6 °F/1.000 pol).

gradiente de pressão taxa de variação da pressão atmosférica na horizontal com a distância, medida ao longo de uma linha perpendicular a isóbaras sobre um mapa de distribuição de pressão.

gradiente de rio queda vertical sobre uma determinada distância horizontal, geralmente medida em metros por quilômetros ou pés por milhas.

gradiente de temperatura ambiental (taxa de lapso normal) valor médio da relação entre temperatura e altitude; a temperatura diminui aproximadamente 6,5 °C a cada 1.000 metros (3,6 °F/1.000 pol).

gradiente térmico índice de mudança da temperatura em relação à distância em qualquer direção a partir de um determinado ponto; se refere ao índice de mudança horizontal; o gradiente da temperatura vertical é conhecido como gradiente adiabático.

grande círculo todo círculo formado por uma circunferência completa do globo; o plano de um grande círculo passa pelo centro do globo.

granito rocha ígnea, intrusiva, de granulação grossa geralmente associada à crosta continental.

granizo forma de precipitação que consiste de grânulos ou bolas de gelo com uma estrutura de camadas concêntricas geralmente associadas à forte convecção dos *cumulonimbus*.

grau do solo classificação da textura do solo pelo tamanho das partículas: argila (menor do que 0,002 mm), limo (menor do que 0,05 mm), e areia (0,05–2,0 mm) são as classes do solo.

greenwich mean time **(GMT)** hora a zero grau de longitude usada como hora-base para as 24 zonas de horário da Terra; também chamada de Hora Universal ou Hora Zulu.

guinada na direção dos ventos mudança na direção dos ventos no sentido horário ao redor de um compasso, por exemplo, de leste para sudeste para sul, para sudoeste, para oeste e para noroeste.

habitat local dentro do ecossistema ocupado por um organismo particular.

hemisférios metades de uma esfera; por exemplo, as metades norte e sul da Terra dividida pelo Equador ou a metade leste e oeste dividida por dois meridianos, os meridianos 0° e 180°.

herbívoros animais que se alimentam somente de material vegetativo vivo.

heterótrofos organismos incapazes de produzir seu próprio alimento e que precisam consumir outros organismos para sobreviver.

hidratação intemperismo rochoso devido a substâncias em rachaduras que incham e encolhem com a adição e remoção de moléculas de água.

hidrograma fluvial diagrama que mostra as variações na quantidade de água corrente ao longo do tempo.

hidrólise moléculas de água quimicamente recombinadas com outras substâncias para formar compostos novos.

hidrosfera subsistema principal da Terra, consiste nas águas, incluindo oceanos, gelo, corpos de água doce, água subterrânea, água no interior da atmosfera e biomassas.

holoceno intervalo mais recente de clima relativamente estável e quente que começou com o recuo de grandes geleiras há 10.000 anos.

horizontes de solo camadas distintas de solo características do zoneamento vertical do solo; os horizontes são distinguidos por sua aparência geral e suas propriedades físicas e químicas.

horst bloco de crosta entre duas falhas normais paralelas que se moveu para cima em relação aos blocos adjacentes.

hotspot massa de material rochoso fundido em um local fixo abaixo de uma placa litosférica.

húmus matéria orgânica encontrada nas camadas da superfície do solo que está em vários estágios de decomposição como resultado da ação bacteriana.

iceberg massa flutuante de gelo desprendido de uma geleira de onde deságua em um oceano ou lago.

ilhas barreira barreira em paralelo ao continente, mas não conectada a ele; separada do continente por uma laguna.

ilhas continentais ilhas que, geologicamente, fazem parte de um continente e estão geralmente localizadas na plataforma continental.

ilhas de calor urbanas massas de ar quente sobrejacentes a áreas urbanas.

ilhas de calor urbanas *ver* ilha de calor.

ilhas oceânicas vulcões que se elevam das profundezas do oceano.

iluviação deposição de partículas finas no subsolo (horizonte B) pela água gravitacional.

iluviação remoção descendente de componente de solo pela água.

imageamento de radar sistema de radar projetado para sentir o solo e converter as reflexões em imagens como as de um mapa.

imagem digital imagem feita a partir de dados de computador e dispostos como um mosaico de pequenos quadrados chamados pixels.

inclinação da onda razão da altura de uma onda com o seu comprimento.

infiltração escoamento de água para dentro do solo ou de outros materiais de superfícies.

infravermelho próximo (IVP ou NIR) filme fotográfico que tira fotos usando luz do infravermelho próximo, que não é visível ao olho humano.

infravermelho térmico (IVT ou TIR) imagens feitas por equipamentos de rastreamento que produzem uma imagem das variações de calor.

inselberg monte rochoso remanescente que se eleva acima de uma planície erodida por córregos ou pedimento de uma região árida ou semiárida.

insolação radiação solar recebida, ou seja, energia recebida do sol.

instabilidade condição em que o ar é mais quente que a atmosfera circundante e é flutuante, com uma tendência a subir; o gradiente adiabático da atmosfera circundante é maior que o do ar instável.

instabilidade gravitacional lenta movimento encosta abaixo induzido pela gravidade que ocorre tão lentamente que não pode ser notado pelos homens.

instabilidade gravitacional rápida movimento de deslizamento de materiais da Terra induzido pela gravidade, podendo ser observado diretamente pelas pessoas.

intemperismo e erosão diferentes tipos de rochas têm resistência diferente à intemperização e erosão, de tal maneira que os processos ocorrem em velocidades distintas, e, frequentemente, produzem características geográficas distintas.

intemperismo esferoidal formato arredondado das rochas causado pelo intemperismo preferencial ao longo de juntas em rochas com juntas cruzadas.

intemperismo físico (mecânico) quebra de rochas em pedaços menores (desintegração) por forças físicas sem mudança química.

intemperismo fragmentação física (mecânica) e decomposição química de rochas e minerais próximos e sobre a superfície da Terra.

intemperismo por congelamento-descongelamento quebra de rochas pela força expansiva de água congelando/descongelando nas rachaduras.

intemperismo químico decomposição da rocha por meio de reações químicas que mudam a composição mineral da rocha.

intensidade de terremoto medida do dano causado do grau de impacto de terremotos nos seres humanos e em suas propriedades.

interação espacial processo em que diferentes fenômenos são interligados ou interconectados, e, como consequência, têm impacto uns nos outros através do espaço terrestre.

interceptação a demora da precipitação, que atinge a vegetação, em chegar à superfície do solo.

interflúvio terra entre canais adjacentes em uma paisagem dominada por cursos de água

interglacial período de aumento de temperatura entre cada avanço glacial, durante o qual mantos de gelo continentais, calotas polares e bancos de gelo se retiraram e desapareceram ou tiveram seu tamanho bastante reduzido.

intervalo de contorno diferença constante na elevação entre linhas de contorno adjacente.

intervalo de maré intervalo de tempo entre altas ou baixas de maré sucessivas.

intervalos de recorrência média de tempo entre eventos, como inundações, de igual ou maior magnitude.

intrusões ígneas (rochas plutônicas) massa de rocha ígnea que se resfriou e se solidificou abaixo da superfície da Terra.

inundação de basalto derramamento intenso de lava basáltica.

inundação quantidade de água excessiva em relação ao que o canal pode conter.

inversão de polaridade épocas na história geológica em que o polo magnético sul se transforma no polo magnético norte e vice-versa.

inversão térmica inversão do padrão de uma distribuição vertical da temperatura do ar; na inversão a temperatura aumenta ao invés de diminuir com o aumento da altitude.

inversão *ver* inversão térmica.

ionosfera camada de gases ionizados concentrados entre 80 km (50 mi) e limites externos da atmosfera.

isarítmicos linha em um mapa que liga todos os pontos com o mesmo valor numérico, como isotérmicos, isóbaras e isóbatas.

isóbaras linhas desenhadas em um mapa para conectar todos os pontos com a mesma pressão atmosférica.

isolinhas linhas de um mapa que representa valores da mesma medida numérica, como linhas de temperaturas iguais ou contornos de elevação.

isostasia teoria que diz que a crosta da Terra flutua em um equilíbrio hidrostático sobre as camadas plásticas mais densas do manto.

isotermas linhas desenhadas em um mapa conectando pontos com mesma temperatura.

juntas fraturas simples ou rachaduras na rocha.

kames colinas com formato de cone compostas por depósitos fluvioglaciais; presume-se ter se formado em contato com o gelo glacial, quando os sedimentos acumularam-se em poços de gelo glacial, fendas e entre blocos de gelo isolados.

kettle pequena depressão ou poço formado pelo derretimento de um bloco de gelo soterrado em depósitos glaciais deixados por uma geleira em retração.

La Niña anomalia na temperatura fria da superfície do mar no Pacífico Equatorial (tem efeito oposto ao *El Niño*).

lacólito intrusão de rocha ígnea maciça que se arqueia pressionado para cima as camadas rochosas subjacentes, que tomam a forma de domo.

lacuna área dentro do território ocupado por uma comunidade de plantas quando a vegetação clímax foi destruída ou sofreu danos por algum processo natural como furacão, incêndio florestal ou deslizamento de terra.

lago de *playa* lago temporário que se forma sobre uma *playa* após ou durante uma temporada de chuva.

lago marginal lago ou lagoa encontrados em um meandro cortado em uma planície de inundação.

lagos à margem do gelo lago temporário formado pela interrupção de drenagem de água derretida por deposição ao longo de uma margem glacial, geralmente na área de uma morena terminal.

lagunas áreas costeiras com bloqueio de livre circulação com o oceano ou um lago por uma praia de barreira.

lahars movimento gravitacional rápido de sedimentação vulcânica granular e úmida em um declive.

lama sedimentos granulares finos e úmidos, especificamente argila e silte.

Landsat família de satélites dos Estados Unidos que envia imagens digitais desde 1970.

laterita camada rica de manganês, alumínio e ferro no subsolo (horizonte B) que pode ser um produto final de laterização nos trópicos secos e úmidos (clima tropical de savana).

laterização processo de formação de solo dos climas úmidos e quentes. Os latossolos, o produto final típico do processo, são caracterizados pela presença de pouco ou nenhum húmus, a remoção de componentes de solo solúveis e mais finos e o acúmulo de componentes de alumínio e ferro.

latitude distância angular (distância medida em graus) ao norte ou sul da linha do Equador.

lava matéria rochosa fundida (derretida) que irrompeu na superfície da Terra, se solidifica em rochas (vulcânicas) extrusivas.

legenda anotações-chave para os símbolos usados em um mapa.

lençol freático intermediário zona de saturação menor que recobre uma aquiclude que existe acima do lençol freático regional.

lençol freático limite superior da zona de saturação onde os espaços porosos abaixo estão cheios de água.

leque aluvial depósito de terra em forma de leque, particularmente comum em regiões áridas, que ocorrem onde um rio emerge de um desfiladeiro e deposita sedimentos em uma planície.

leques de detritos formação terrestre de deposição em forma de leque, é bastante comum em regiões áridas, surge onde os fluxos de detritos emergem na planície vindos do cânion da montanha.

levantamento vários meios pelos quais partículas são levantadas perpendicularmente a uma superfície inclinada e depois caem diretamente pela gravidade.

liana cipó, trepadeira lenhosa encontrada principalmente nas florestas tropicais; se enraíza no solo da floresta mas usa as árvores como suporte para crescer (para cima), em direção à luz solar disponível.

limite condição de um sistema que causa mudanças dramáticas e frequentemente irreversíveis por longos períodos de tempo em todas as varáveis do sistema.

linha costeira secundária costa que desenvolveu sua forma atual primeiramente por meio da ação dos processos litorâneos (ondas, correntes, e/ou recife de corais).

linha das árvores elevação nas regiões montanhosas acima da qual as temperaturas frias e estresse do vento impedem o crescimento das árvores.

linha de costa contato entre a margem do solo e um corpo de água.

Linha Internacional de Data linha aproximadamente ao longo do meridiano 180°, onde cada dia começa e termina; é sempre um dia a mais a oeste da linha do que a leste da linha.

linhas costeiras de emersão costas litorâneas previamente submersas que se encontram acima da água devido a uma elevação terrestre ou abaixamento do nível do mar.

linhas costeiras de submersão áreas costeiras que sofreram afundamento ou estão no nível do mar.

linhas de base linhas leste-oeste que dividem o Sistema de Pesquisa de Terras Públicas dos EUA.

linhas de instabilidade linha estreita de rápido avanço das nuvens de tempestade, ventos fortes e precipitação intensa; geralmente desenvolvida frente a uma onda de frio.

litificação processo de compactação e/ou cimentação que transforma os sedimentos em rochas sedimentárias.

litosfera (estrutura planetária) camada externa rígida e frágil que consiste da crosta e manto superior.

lixiviação remoção, pela água gravitacional, de componentes de solo inorgânicos e solúveis das camadas da superfície do solo.

localização absoluta localização de um objeto com base nas coordenadas matemáticas numa grade Terrestre.

localização relativa localização de um objeto em relação à posição de outro objeto.

loess silte depositado pelo vento; geralmente transportado em tempestades de poeira provenientes de regiões áridas ou glaciares.

longitude distância angular (distância medida em graus) à leste ou oeste do meridiano principal.

loop de feedback trajetória de mudanças conforme seus efeitos se movimentam através das variáveis de um sistema até que os efeitos causem um impacto na variável que iniciou a alteração.

loxodromia é a linha que, à superfície da Terra, faz um ângulo constante com todos os meridianos.

magma matéria rochosa fundida (derretida) localizada abaixo da superfície da Terra e a partir da qual as rochas ígneas intrusivas são formadas.

magnitude do terremoto medida representando o tamanho de um terremoto em termos de energia liberada.

manchas solares manchas escuras (mais frias) visíveis na superfície do sol.

manto camada intermédia do interior da Terra, moderadamente densa e relativamente espessa (2.885 km/1.800 mi), que separa a crosta do núcleo externo.

mapa de curvas (mapa topográfico) mapa que usa curvas de nível para mostrar as diferenças de altitude (topografia).

mapa mental modelo conceitual, usado para pensar sobre os lugares as rotas de viagem e a distribuição de características no espaço.

mapa temático mapa designado a apresentar informações ou dados sobre um tema específico como em um mapa de distribuição populacional, um mapa de clima ou de vegetação.

maquis/maqui comunidade de plantas e florestas esclerófilas, semelhante ao chaparral da América do Norte; pode ser encontrada por toda a região mediterrânea.

mar ondas agitadas e caóticas que se formam sob a influência de uma tempestade.

maré de quadratura variação da maré menor que a média, ocorre durante os quartos crescentes e minguantes.

Maré de Sizígia aumento da maré que ocorre devido à lua nova e lua cheia.

maré movimentação periódica do mar que avança e recua da costa devido à interação gravitacional entre a lua, sol e a Terra.

margem cortada declive íngreme do lado externo de uma curva de um córrego sinuoso.

margens continentais ativas regiões costeiras caracterizadas por atividade vulcânica e tectônica.

margens continentais passivas regiões costeiras que estão bastante afastadas do vulcanismo e tectonismo associados aos limites de placas litosféricas.

marítima(o) relativo ao tempo, clima ou condições atmosféricas nas áreas oceânicas ou costeiras.

massa de ar grande corpo de ar, relativamente homogêneo e ocasionalmente de tamanho subcontinental, que pode mover-se na superfície terrestre como uma entidade distinta.

massa medida da quantidade total de matéria em um corpo.

material de origem residual fragmento que forma um solo e que se acumula em um lugar por meio de intemperismo.

material de origem resíduo (derivado da rocha diretamente abaixo) ou transportado (pela água, vento ou gelo) de matéria mineral do qual o solo é formado.

material de origem transportado fragmentos de rochas que formam o solo que se originaram em um lugar e foram transportados ou depositados em um novo lugar.

material piroclásticos (piroclastos) pedaços de rochas vulcânicas, incluindo cinzas e brasa, solidificados no material fundido lançado no ar por meio de uma erupção.

matriz área dominante de um mosaico (ecossistema que dá suporte a uma comunidade vegetativa em particular) onde a vegetação mais importante na comunidade está concentrada.

meandro curva ampla e acentuada de um rio ou fluxo.

meandros isolados curvas de um fluxo de meandro que se tornou isolado do canal ativo.

mecanismo de levantamento método de suspensão do ar da superfície podendo ser: orográfico, frontal, convergente (ciclônico) ou convencional.

meio ambiente aquilo que nos cerca; inclui aspectos físicos, sociais e culturais que afetam o desenvolvimento dos organismos (seres humanos e animais).

mergulho inclinação de uma camada de rocha em relação ao plano horizontal; sempre medido em ângulos retos ao eixo principal (strike).

meridiano primário (meridiano de Greenwich) metade do grande círculo que conecta os Polos norte e sul e marca zero grau de longitude. Conforme um acordo internacional, o meridiano passa pelo Observatório Real em Greenwich, Inglaterra.

meridianos linhas longitudinais que formam metade do grande círculo no globo e conectam todos os pontos de mesma longitude; todos os meridianos conectam os polos norte e sul.

mesas remanescentes erosivos de um planalto de encostas íngremes, com topo achatado, quase tão largo quanto alto, característicos das regiões áridas com rochas sedimentares.

meteorito qualquer fragmento de um meteoro que atinge a superfície da Terra.

meteorologia estudo dos padrões e causas associados às mudanças a curto prazo nos elementos da atmosfera.

microclimas climas associados a uma pequena área na superfície da Terra ou próximos a ela; essa área pode variar de algumas polegadas até 1 milha em tamanho.

migração lateral mudança das laterais de um canal de fluxo ao longo do tempo.

milibar unidade de medida para a pressão atmosférica; 1 milibar é igual à força de 1.000 dinas por centímetro quadrado; 1013,2 milibares é a pressão padrão ao nível do mar.

mineração de água extração de água do solo com o uso de bombas maior do que é reposto pelos processos naturais no mesmo período de tempo.

mineral substância natural inorgânica com composição química e estrutura cristalina específicas.

modelo conceitual imagem mental, fruto de experiências pessoais, de alguma característica ou paisagem da Terra.

modelo digitais de terrenos gráficos que representam uma determinada topografia gerados por um computador.

modelos digitais de elevação (DEM) imagens tridimensionais da topografia.

modelos estatísticos/matemáticos representações geradas por computador de uma área ou sistema da Terra utilizando informação estatística.

modelos físicos representações tridimensionais de toda ou parte da superfície terrestre.

modelos gráficos/pictóricos representação de uma porção da superfície terrestre por mapas, gráficos, desenhos ou diagramas.

modelos simplificações úteis de uma realidade mais complexa que permitem previsões.

molhe estrutura artificial, construída em pares, que se estende para dentro de um corpo de água; construído para proteger um porto, uma entrada ou a boca do rio, da sedimentação costeira excessiva.

monção ventos sazonais cuja direção é invertida durante o ano em resposta a uma inversão de pressão sobre uma grande porção de terra. As monções clássicas do sudeste da Ásia se dirigem para a terra em resposta à baixa pressão sobre a Eurásia no verão e para o mar em resposta à alta pressão no inverno.

morena de retrocesso morena terminal depositada como resultado de uma pausa temporária de uma geleira em retrocesso.

morena lateral sedimento glacial depositado paralelamente à margem de uma montanha.

morena terminal curva deposicional de cordilheiras formada por sedimentos de gelo depositados em um amontoado de materiais.

morena terminal morenas de fundo que marcam o avanço mais distante de uma geleira alpina ou continental.

morenas categoria de relevo glacial com múltiplos subtipos, depositado por baixo ou ao longo das bordas de uma massa de gelo.

morenas de fundo cenário acidentado criado por sedimentos depositados na superfície da Terra por uma geleira erodida.

morenas mediais morenas centrais num grande vale glacial formado onde houve a fusão de morenas interiores laterais de duas geleiras tributárias.

mosaico comunidade vegetativa e o ecossistema onde está baseado, é visto como uma paisagem com partes interligadas pelos ecologistas.

movimento de massa movimento de material da Terra descendente induzido pela gravidade.

movimento glacial expansão da borda da geleira em direção a uma elevação ou altitude mais baixa devido ao seu aumento de tamanho.

movimento transformante deslize horizontal e lateral entre duas placas tectônicas ou passando uma por cima da outra.

muskeg vegetação mal drenada, brejos ou pântanos que estão em áreas de *permafrost* ou pergelissolo nas regiões de clima polar.

nascente artesiana corrente natural do lençol freático para a superfície devido à pressão.

nascentes fluxos naturais de água que brotam na superfície terrestre.

navegação a ciência da localização, de como encontrar um caminho, posição ou direção.

nécton classificação de organismos marinhos que nadam nos oceanos.

nevasca tempestade cuja precipitação cai em formato de neve.

nevasca tempestade de neve severa acompanhada por ventos fortes de 55 k/h (35 mph) ou mais que reduz a visibilidade para menos de meio quilômetro.

neve precipitação em forma de cristais de gelo.

nevoeiro advectivo nevoeiro produzido pelo movimento de ar quente e úmido por uma superfície marítima ou terrestre fria.

nevoeiro de encosta tipo de nevoeiro onde o ar que sobe esfria e forma uma neblina que abraça a encosta das montanhas.

nevoeiro de inversão térmica/de superfície *ver* nevoeiro radiativo.

nevoeiro massa de gotículas de água suspensas na atmosfera que está em contato com o solo.

nevoeiro radioativo nevoeiro produzido pelo resfriamento do ar em contato com uma superfície de solo fria.

nicho ecológico combinação de função e habitat representado por espécies específicas no ecossistema.

nimbo prefixo para tipos de nuvens que significa produção de chuva.

nimbus termo usado na descrição de nuvens para indicar precipitação; assim, cumulonimbus é uma nuvem cumulus da qual a chuva cai.

nível do mar posição média nível da água do mar no litoral.

nível trófico nível de nutrição que se refere à passagem de energia entre os seres vivos de um ecossistema a partir dos autótrofos (por exemplo, vegetais–primeiro nível; herbívoros–segundo nível; carnívoros–terceiro nível etc.).

nível-base elevação abaixo da qual não há fluxo; a maioria das correntes de regiões úmidas correm para o nível do mar (último nível base).

nível-base regional o nível mais baixo que um sistema fluvial em uma bacia de drenagem inferior pode fluir.

núcleo externo a parte superior do núcleo da Terra, composta de ferro fundido liquefeito pelo calor interno da Terra.

núcleo interno a porção sólida mais interna do centro da Terra, provavelmente de ferro e níquel, que forma o centro da Terra.

núcleo parte mais central do interior da Terra, é extremamente quente e denso; o núcleo externo derretido tem 2.400 km de espessura; o núcleo interno sólido tem 1.120 km de espessura.

núcleos de condensação partículas minúsculas da atmosfera (por exemplo, poeira, fumaça, pólen, sal marinho) que fornecem uma superfície sobre a qual a condensação pode ocorrer.

onda de tornados quando um temporal produz mais de um tornado.

ondas de águas profundas onda viajando numa profundidade maior ou igual a metade do seu comprimento de onda.

ondas de leste áreas de baixa pressão, fracas e em forma de calha que vão progredindo lentamente no sentido Leste-Oeste no cinturão dos ventos alísios dos trópicos, podendo formar uma tempestade tropical.

ondas de Rossby ondulações verticais que ocorrem nos ventos de alta atmosfera em latitudes médias e elevadas.

ondas sísmicas ondas de energia liberadas por um terremoto ou outro tipo de abalo.

ondulações pequenas ondas (escalda de centímetros) que se formam na água ou em sedimentos.

onívoros animais que pode se alimentar de plantas e outros animais.

ordem do solo classificação mais abrangente dos solos com base no desenvolvimento e composição do horizonte do solo.

ordenação dos rios índice numérico que expressa a posição de uma corrente fluvial dentro da hierarquia de um sistema fluvial.

orvalho pequenas gotículas de água sobre o solo, folhas ou objetos sólidos. O orvalho é formado por condensação quando o ar na superfície atinge o ponto de orvalho.

Oscilação do Atlântico Norte (NAO) tendências de pressão oscilantes entre o a Alta dos Açores (subtropical) e a Baixa Islandesa (subpolar).

Oscilação Sul sistema de variação da pressão atmosférica entre o leste e oeste do Oceano Pacífico.

oxidação união de oxigênio com outros elementos para formar novos compostos químicos.

óxido grupo mineral composto de oxigênio combinado com outros elementos da Terra, especialmente metais.

ozônio molécula de gás que consiste de três átomos de oxigênio (O_3); forma a camada superior da atmosfera que serve para filtrar a radiação ultravioleta na superfície da Terra.

ozonosfera também conhecida como camada de ozônio; é uma concentração de ozônio em uma camada entre 20 e 50 km (13–50 mi) acima da superfície da Terra.

Padrão espacial disposição de componentes conforme são distribuídos no espaço terrestre.

padrões de drenagem arranjo da rede de canais em um sistema hidrográfico visto em um mapa.

pahoehoe superfície viscosa e macia em um fluxo de lava.

paleogeografia estudo da distribuição geográfica anterior dos ambientes.

paleomagnetismo registros históricos das alterações no campo magnético da Terra.

palinologia método para determinar as condições climáticas passadas utilizando análise de pólen.

Pangeia continente antigo que consistiu de todas as massas de terras continentais de hoje.

paralelismo tendência do eixo polar da Terra de permanecer paralelo a ele mesmo em todas as posições em sua órbita em torno do sol.

paralelos círculos no globo conectando todos os pontos com a mesma latitude.

partícula de solo *ver* partículas.

partículas de solo agregado de torrões de formação natural com forma distinta que caracteriza a estrutura de um solo.

***paternoster* (lagos)** cadeia de lagos conectados por um fluxo pós-glacial ocupando as depressões de um vale de montanhas glaciares.

pavimento de desértico mosaico na superfície do deserto formado por rochas encaixadas bem próximas umas das outras e que cobrem sedimento de granulosidade bastante fina.

pedaços de terra lacuna ou área dentro de uma matriz (território ocupado por uma comunidade vegetativa dominante) onde a vegetação dominante não pode se sustentar devido a causas naturais.

pedimento superfície levemente inclinada de rocha erodida, finamente coberta com sedimentos fluviais, encontrada na base de uma montanha em regiões áridas.

pedregulho fragmento de rocha com diâmetro acima de 256 milímetros.

pedregulhos (cobble) fragmentos de rocha com diâmetro entre 64 e 256 milímetros.

Pequena Idade do Gelo um intervalo de tempo especialmente frio desde o início do século XIV até o século XIX e que causou grandes impactos nas civilizações no Hemisfério Norte.

pequeno círculo qualquer círculo que não tenha a circunferência total do globo. O plano de um pequeno círculo não passa pelo centro do globo.

percolação água subterrânea se movendo para zonas mais inferiores pela força da gravidade.

perenes plantas, geralmente uma árvore ou arbusto, que não perdem suas folhas ao longo das estações.

perfil de solo seção vertical de um solo da superfície abaixo até o material de origem; usado para classificação.

perfil gráfico de mudanças na altura de uma distância linear, assim como o perfil topográfico.

perfil longitudinal a mudança na elevação de um canal de fluxo com distância da jusante da nascente/fonte à foz/desembocadura/entrada.

periélio posição da Terra na distância mais próxima do Sol durante cada translação da Terra.

periglaciais relacionado a paisagens de regiões frias que são impactadas por ação de geadas intensas, mas que não permanecem cobertas pela neve ou gelo durante o ano.

período da onda tempo que uma onda leva para passar totalmente por um determinado ponto.

períodos pluviais períodos muito chuvosos, geralmente relativos a períodos glaciais nos quais os desertos eram mais úmidos do que atualmente.

permafrost subsolo e rochas subjacentes permanentemente congelados encontrados em climas em que o degelo do verão só penetra a camada superficial do solo.

permeabilidade característica de solo ou rocha que determina a facilidade com que a água penetra através do material da Terra.

perturbação de latitude média convergência das massas de ar polares frias e das subtropicais quentes nas latitudes médias.

pescoço de vulcão intrusão ígnea vertical que se solidificou na ventilação de um vulcão.

pesquisas de solo publicações que incluem mapas mostrando a distribuição dos solos dentro de uma determinada área, nos Estados Unidos é geralmente um estado.

piroclastos (tefra) pedaços de rochas vulcânicas, incluindo as cinzas, solidificadas no ar durante uma erupção explosiva.

pixels os menores elementos de uma imagem digital. Pixels, abreviação de "*picture element*", se parecem com pedaços de um mosaico encaixados um no outro para formar uma imagem.

placa de esfoliação camada externa relativamente fina de rocha quebrada de uma massa de rocha principal por intemperismo.

placas litosféricas o exterior da Terra está conformado por essas grandes regiões (placas) de crosta rígida e frágil e um manto superior (litosfera).

plâncton organismos marinhos, incluindo fitoplânctons (vegetais) e zooplânctons (animais), com pouco poder de locomoção que se deixam levar pelas correntezas.

planetas telúricos designam os quatro planetas mais próximos ao sol—Mercúrio, Vênus, Terra e Marte.

planície aluvial piemontesa planície criada por depósitos fluviais na base de formações elevadas como montanhas, regiões de colinas ou um planalto.

planícies aluviais extensa planície de inundação com relevo muito baixo; inundadas por água carregada de sedimentos.

planícies de depósito glacial planície relativamente lisa e de grande extensão coberta com depósitos oriundos do degelo de uma geleira continental.

planícies de inundação terras de baixo gradiente compostas por aluviões adjacentes e muitos canais de rios.

planícies de tilito ampla área de baixo relevo coberta por depósitos glaciais.

planícies esculpidas pelo gelo vasta área de baixo relevo e exposições rochosas erodias por uma geleira continental.

plano da eclíptica plano da órbita da Terra ao redor do Sol e o caminho anual aparente do Sol junto às estrelas.

plano de estratificação limite entre diferentes camadas de sedimento.

plataforma continental margem levemente inclinada de um continente coberta por água do mar.

plataforma de abrasão reentrância cortada nas rochas pelas ondas abaixo do nível do mar; indica a extensão da erosão do rochedo costeiro em direção à terra.

plataforma de gelo grande placa de gelo de topo achatado que cobre o oceano mas continua ligada à terra; uma fonte de icebergs.

platô basáltico área elevada, com irregularidades baixas, formada de camadas de fluxo de basalto.

platô região ou acidente geográfico plano e extenso encontrado em altitudes relativamente elevadas, porém de baixo relevo.

playa leito de um lago seco em uma bacia de região desértica; coberta tipicamente por clasto de granulação fina (*clay pan*) ou sal (crosta salina).

***playas* com crosta de sal (planície de sal)** um leito de lago efêmero composto em maioria por minerais salinos.

Pleistoceno nome dado ao período da história da Terra em que ocorreu a mais recente "era do gelo", ou período em que a Terra sofreu ciclos de glaciação continental; o Pleistoceno teve início há cerca de 2,6 milhões de anos atrás.

plunge pool ou panelas depressão na base de uma queda d'água formada pelo impacto causado pela queda da água.

plutônio *ver* intrusão ígnea.

plutonismo processo associado à formação de rochas a partir do resfriamento de magma abaixo da superfície da Terra.

poço artesiano lençol freático que escoa para a superfície com sua própria pressão através de uma abertura artificial.

poços aberturas artificiais do solo que se estendem até a zona de saturação para a extração de água.

podzolização processo de formação do solo nos climas úmidos junto de longas temporadas de inverno. Espodossolos, o típico resultado desse processo, são caracterizados por uma superfície de acumulação de húmus, forte acidez, e lixiviação ou eluviação das bases solúveis e de componentes de ferro e alumínio.

polar continental (cP) massa de ar seco e frio originário de continentes entre latitudes 40° e 60° N ou S.

polar marítimo (mP) massas de ar frias e úmidas que se originam nos oceanos por volta da latitude 40° a 60° N ou S.

polar refere-se às regiões do Polo Norte ou Sul.

Polo Norte latitude máxima norte (90°N), no ponto que marca o eixo de rotação.

Polo Sul latitude do extremo sul (90° S), no ponto que marca o eixo de rotação.

poluição alteração do equilíbrio físico, químico ou biológico do meio ambiente que apresenta efeitos colaterais na funcionalidade de todas as formas de vida, inclusive humana.

pontais arenosos praias de barreira ligadas ao continente em uma ponta como uma península, mas circundando uma lagoa.

ponto de orvalho temperatura em que uma massa de ar é saturada; qualquer resfriamento além deste valor causará condensação do vapor d'água no ar.

porosidade característica do solo ou leito rochoso que apresenta uma quantidade de poros entre as partículas individuais do solo ou partículas rochosas que determinam a capacidade de armazenamento do material terrestre.

pradarias regiões de pasto de média altitude. Pradarias de grama alta variam de 0,5 até 3 metros (2 até 10 pés) em altura e são nativas das áreas onde há precipitação moderada; Pradarias de grama baixa ou mais baixa são comuns em ambientes subúmidos e semiáridos (estepe).

praia de calhau sedimentos do tamanho de pedregulhos depositados pelas ondas ao longo da linha do mar, frequentemente encontrada na base de morros ou morros de lagos.

praia formação costeira de sedimentos depositados pelas ondas junto a terras secas ao longo de toda sua extensão.

precipitação água em forma líquida ou sólida que cai a partir da atmosfera e atinge a superfície da Terra.

precipitação ciclônica (convergência) precipitação formada pela convecção ciclônica.

precipitação efetiva precipitação real disponível para abastecer as plantas e o solo com umidade utilizável; não leva em conta o escoamento de tempestades ou a evaporação.

precipitação frontal precipitação resultante da condensação de vapor de água pela elevação ou ascendência de um ar mais quente e leve sobre um ar mais frio e denso ao longo de limites frontais.

precipitação orográfica precipitação resultante da condensação de vapor de água em uma massa de ar que é forçada a subir uma cadeia de montanhas ou outras formas de terrenos elevados.

precipitação por convecção precipitação resultante da condensação de vapor d'água em uma massa de ar que está subindo por convecção conforme é aquecida por baixo.

pressão de ar atmosférico (pressão barométrica) força por unidade de área que a atmosfera exerce em qualquer superfície numa determinada altitude.

processo de Bergeron (cristais de gelo) tipo de precipitação em que as gotículas da nuvem iniciam como cristais de gelo e derretem, tornando-se chuva à medida que caem na superfície.

processo de colisão-coalescência processo de formação de chuva em que as gotas de chuva maiores são formadas pela colisão entre gotas maiores e menores.

processo de desagregação processo de intemperismo físico em que a remoção de peso sobrejacente leva a uma expansão das rochas e sua ruptura.

processos endógenos processos geomórficos que se originam dentro da Terra.

processos exógenos processos geomórficos que se originam na superfície da Terra ou próximos a ela.

processos ígneos processo relacionado à solidificação e erupção de matéria rochosa fundida.

processos tectônicos processos que têm sua energia derivada do interior da Terra e atuam na criação dos acidentes geográficos por elevação, rompimento e encrespamento da superfície da Terra.

produtividade índice no qual um novo material orgânico é criado em um nível trófico específico. A produtividade primária através da fotossíntese pelos autótrofos é de nível trófico primário; a produtividade secundária dos seres heterótrofos é de nível trófico subsequente.

produtividade primária *ver* autotrófitos e produtividade.

produtividade secundária formação de nova matéria orgânica pelos heterótrofos, consumidores de outras formas de vida; *ver* produtividade.

produtores organismos que, por causa de sua capacidade de fotossíntese, se localizam na base da cadeia alimentar (também chamados de autótrofos).

projeção afiliática mapas que deformam formas e áreas reais para que ambas possam ser exibidas juntas de maneira razoável.

projeção azimutal projeção que preserva a verdadeira direção do centro do mapa para qualquer outro ponto no mapa.

projeção cartográfica qualquer apresentação da Terra esférica em uma superfície plana.

projeção conforme projeção cartográfica que mantém a forma real de pequenas áreas da superfície da Terra.

projeção de Mercator projeção de mapa conformal, matematicamente produzido, mostrando curvas verdadeiras como linhas retas.

projeção equivalente projeção de mapa em que qualquer área da superfície terrestre é mostrada em tamanho proporcional correto no mapa.

quebra-mar estrutura artificial que se estende até a água em um ângulo direito da praia, construído para inibir a perda de sedimentação.

quedas eventos de instabilidade gravitacional que consistem de os materiais da Terra se precipitando livremente para baixo.

RADAR do inglês *Radio Detection And Ranging* (Detecção e Telemetria pelo Rádio).

radar Doppler tipo avançado de radar que é capaz de detectar movimentação em tempestades, particularmente movimentação para perto e longe do sinal do radar.

radar meteorológico radar usado para rastrear temporais, tornados e furacões.

radiação de ondas curtas energia radiada em uma extensão de onda de cerca de 1 micrometro (um milionésimo de metro); inclusive raios-X, raios-Gama, raios ultravioleta, luz visível e luzes quase infravermelhas.

radiação de ondas longas radiação eletromagnética emitida pela Terra com comprimentos de ondas mais longas que a luz visível, que inclui calor reirradiado pela superfície da Terra.

radiação emissões de ondas de energia eletromagnéticas através do espaço; *ver* também radiação de ondas curtas e de ondas longas.

raio descarga elétrica visível produzida em uma tempestade.

raios verticais (diretos) raios solares que atingem a superfície da Terra em um ângulo de 90º.

ravina canal íngreme de fluxo de água maior que um córrego, que mesmo em climas úmidos flui apenas em resposta direta a eventos de precipitação (fluxo efêmero).

recarga artificial desvio de água da superfície para terrenos permeáveis com objetivo de reabastecer os estoques do lençol freático.

recarregar reposição da quantidade de água armazenada, particularmente dentro da subsuperfície.

recife barreira recife de coral paralelo à costa e separado dela por uma laguna rasa.

recife franja recife de coral incorporado à costa.

recifes de coral estruturas rasas e resistentes às ondas, compostas pelo acúmulo de resíduos de pequenos animais marinhos.

recursos naturais qualquer elemento, material ou organismo existente na natureza que pode ser útil ao ser humano.

refluxo pequeno lençol de água da quebra de ondas que retorna de volta da praia na zona de espraiamento.

refração de onda curvatura das ondas quando se aproximam da costa, como vista em mapas, resultantes das mudanças de velocidade ao interagirem com a topografia abaixo d'água.

região área identificada por determinadas características que a torna distinta e a separa dos arredores.

região de origem superfície quase homogênea de oceano ou terra sobre a qual uma massa de ar adquire suas características de temperatura e umidade.

regimes de formação de solo processo de criação do solo.

regolito material rochoso meteorizado; geralmente cobre o leito rochoso.

rejuvenescidos rio ou córrego que teve seu canal aprofundado pela erosão das elevações tectônicas na bacia de drenagem, ou redução de seu nível-base.

relação simbiótica relação entre dois organismos que se beneficiam mutuamente.

relevo medida ou expressão da diferença entre a altitude mais alta e a mais baixa de uma área específica.

reservatório lago artificial atrás de uma barragem.

resfriamento adiabático mudança de temperatura num gás devido à expansão (resultante do resfriamento); nenhum aquecimento é adicionado ou subtraído de fora.

resolução espacial tamanho de uma área terrestre que é representado por um único pixel.

respiradouro parte de um vulcão que se assemelha a um cano por onde o material rochoso é expelido nas erupções.

ressurgência movimentação ascendente de águas oceânicas frias e ricas em nutrientes situadas abaixo da superfície que substituem a água superficial, a qual é empurrada para longe da costa pelos ventos.

retrocesso da geleira recuo da borda da geleira para uma elevação ou altitude mais alta devido à diminuição de seu tamanho.

riacho entrincheirado um riacho que sofreu erosão para baixo, de forma que seu fluxo corre em vales e desfiladeiros relativamente profundos e íngremes (como uma trincheira).

riacho pequena corrente de água que mesmo em clima úmido conduz o fluxo somente durante eventos de precipitação.

rias tipos de linha costeira submersa criadas. Quando os vales de rios são inundados por um aumento no nível do mar ou um afundamento de área costeira.

rio de yazoo corrente de água afluente que corre paralelamente à corrente principal por uma longa distância antes de juntar-se a ela.

rio principal a maior corrente de água de um sistema de drenagem; recebe o fluxo de afluentes.

roca resistente pilar de rocha que se projeta acima da água próximo ao litoral ao longo de uma costa dominada por erosão.

rocha agregado de vários tipos de minerais ou de várias peças individuais (gãos) do mesmo tipo mineral.

rocha ígnea extrusiva rocha solidificada na superfície da Terra proveniente de lava; também chamada de rocha vulcânica.

rocha ígnea intrusiva rocha solidificada no interior da Terra à partir de magma; também chamada de rocha plutônica.

rocha ígnea uma das três categorias principais de rocha; formada do resfriamento e solidificação de matéria rochosa fundida.

rocha plutônica *ver* rochas ígneas intrusivas.

rocha sedimentar uma das três maiores categorias de rochas; formada por condensação e cimentação de fragmentos de rocha, reminiscências orgânicas ou precipitados químicos.

rochas metamórficas uma das três categorias de rochas mais importantes; formada por calor e pressão alterando uma rocha preexistente.

rochas moutonnées colinas de leito rochoso assimétrico ou saliências levemente arredondadas causadas pela abrasão na superfície da rocha em contato com o gelo com restos do atrito na parte inferior.

rochas sedimentares clásticas rochas formadas pela compactação e/ou sedimentação de osso, rocha ou pedaços de conchas preexistentes.

rochas sedimentares orgânicas rochas formadas por depósitos de material orgânico, como o carbono das plantas (carvão).

rochas sedimentares químicas rochas criadas a partir de minerais dissolvidos que precipitaram fora da água (oceano ou lago).

rotação (Terra) movimento da Terra ao redor de seu próprio eixo; uma rotação completa tem duração de 24 horas e determina um dia terrestre.

rugosidade do canal é a expressão da resistência por fricção ao fluxo do córrego devido a irregularidades nas laterais e no leito do córrego.

rumo direção angular de uma linha, ponto, ou rota medida a partir do norte de um local atual até o local desejado (geralmente em quadrantes de 90°).

ruptura depressão local formada por erosão eólica da superfície em área aonde há predomínio de depósito arenoso pela ação de ventos.

saídas energia e material saindo de um sistema da Terra.

salinas *ver playas* com crosta de sal (planície de sal).

salinização processo de formação do solo de áreas baixas em regiões desérticas; o solo resultante desse processo é caracterizado por alta concentração de sal e como consequência disso há um alto nível de evaporação da água na superfície.

saltação o transporte de partículas por meio da água e vento que são muito grandes para serem levadas de forma suspensa; as partículas são arremessadas ao longo da superfície ou no fundo de um riacho devido ao levantamento e deposição constantes.

Santa Ana vento muito seco que ocorre montanha abaixo no sul da Califórnia; *ver* também vento *foehn*.

saturação (ar saturado) ponto em que é atingido um resfriamento para que uma massa de ar apresente a quantidade máxima de vapor d'água possível. Um resfriamento mais intenso produz a condensação do excesso de vapor.

savana vegetação tropical que consiste basicamente de gramíneas grossas e altas associadas com as árvores de baixo crescimento dispersas.

scala de Mercalli modificada escala de intensidade de um terremoto, com números romanos de I a XII, usada para avaliar variações espaciais do grau de impacto que um tremor gera.

seções parcelas quadradas de terreno com uma área de 1 milha quadrada definida pelo Sistema de Pesquisa de Terras Públicas dos Estados Unidos.

selva emaranhado denso de árvores e videiras em áreas onde a luz do sol atinge a superfície do solo (não é uma floresta verdadeira).

selva floresta tropical que engloba vários andares, árvores de folhagem constantemente verdes com relativamente pouca vegetação rasteira.

sensoriamento remoto informações sobre o meio ambiente coletadas à distância, geralmente de aeronaves ou espaçonaves, por exemplo, fotografias, radares, infravermelho.

sensoriamento remoto multiespectral uso de um número de faixas de ondas para criar imagens.

sextante instrumento de navegação usado para determinar a latitude por meio da posição das estrelas e do sol.

silicatos o maior grupo mineral; é composto de oxigênio e sílica e forma a maioria da crosta terrestre.

silte (siltoso) partículas de sedimento do tamanho de um grão, entre 0,002 milímetros e 0,05 milímetros.

sinclíneas elemento dobrado que exibe camadas que pendem em direção ao centro de uma estrutura rochosa dobrada.

sismógrafos instrumentos usados para medir a amplitude das ondas sísmicas.

sistema de coordenadas sistema preciso formado por linhas em rede; usado para descrever localizações.

sistema de informações geográficas (SIG) programa de computador versátil que combina as características da cartografia com a gestão de uma base de dados para produzir novos mapas de dados para solucionar problemas espaciais.

sistema de Köppen classificação climática com base em médias mensais e anuais de temperatura e precipitação; os limites entre as classes climáticas são projetados para que os tipos de clima coincidam com as regiões de vegetação.

Sistema de Pesquisa de Terras Públicas dos Estados Unidos método para localizar e dividir uma terra bastante usado no centro-oeste e oeste dos Estados Unidos. Esse sistema divide a terra em distritos quadrados de 6x6 milhas contendo 36 seções de terra (1 mi² cada). As seções também podem ser divididas pela metade, em quatro ou em oito partes iguais.

sistema de posicionamento global (GPS) tecnologia utilizada para determinar localizações na Terra; o GPS utiliza satélites e computadores para calcular posições e rotas de viagem em qualquer lugar da Terra.

sistema de suporte à vida unidades interdependentes e de interação (por exemplo, ciclo de oxigênio e nitrogênio) que juntas proporcionam um ambiente no qual possa existir vida.

sistema de Thornthwaite classificação climática com base na disponibilidade de umidade e no maior uso em nível local; tipos de clima são distinguidos por meio da análise e comparação de evapotranspiração potencial e real.

sistema fechado sistema no qual nenhuma quantidade substancial de matéria e/ou energia pode cruzar suas fronteiras.

sistema grupo de unidades interdependentes e de unidades que interagem entre si que juntas formam um conjunto organizado.

sistema solar sistema do sol e seus planetas, seus satélites, cometas, meteoritos e outros objetos que estão ao redor do sol.

sistema terrestre conjunto de componentes, variáveis, processos e subsistemas inter-relacionados (por exemplo, atmosfera, litosfera, biosfera, hidrosfera), que interagem e funcionam de forma conjunta para formar a Terra.

sistemas abertos sistemas em que a energia e/ou materiais podem cruzar suas fronteiras livremente.

SLAR sistema de radar que é usado para fazer mapas das características do terreno.

smog combinação de poluentes e partículas de matéria da atmosfera mais baixa, frequentemente encontrada em áreas urbanas industriais.

sol do meio-dia hora do dia em que a angulação do sol está em seu ponto mais alto acima do horizonte (zênite).

soleira lençol horizontal de rocha ígnea penetrado e solidificado entre outras camadas de rocha.

sólido elástico um sólido que resiste a forças intensas com pouca deformação até que um valor máximo é alcançado, quando então se rompe.

sólido plástico qualquer substância sólida que muda de forma quando sob pressão e mantém a forma deformada mesmo quando a pressão é aliviada.

solifluxão movimento lento de solo de encosta saturado pela força da gravidade; comuns especialmente em regiões de permafrost.

solo (como material de perda de massa) unidade relativamente fina de materiais granulares não consolidados na encosta da montanha.

Solo camada dinâmica natural da superfície terrestre que consiste em uma complexa mistura de minerais inorgânicos, materiais orgânicos, micro-organismos, água e ar.

solo poligonal desenhos naturais e repetitivos, frequentemente poligonais, de sedimento vistos na superfície em ambientes periglaciais.

solos gredosos solo com uma textura em que nenhum dos três tipos de solo (areia, silte e argila) predominam um sobre os outros.

solstício uma das duas épocas do ano quando a posição do sol do meio-dia encontra-se mais distante do equador; isso ocorre quando o sol está em cima do trópico de Câncer (mais ou menos no dia 21 de junho no Hemisfério Norte) ou o trópico de Capricórnio (mais ou menos no dia 21 de dezembro Hemisfério Norte).

sonar sistema que usa ondas sonoras para mapear e localizar objetos embaixo d'água.

sopé da geleira (terminus) limite mais inferior ou de menor latitude da geleira.

sotavento lado abrigado, a favor do vento, voltado para a direção em que o vento sopra.

spits acidente geográfico costeiro de sedimentos depositados por ondas – e correntes – anexado à terra firme por uma extremidade.

stock massa de rocha ígnea irregular (pluton) menor do que um batólito.

storm tracks caminho frequentemente percorrido por uma tempestade de ciclones conforme se movem em uma direção geralmente para o leste de seu ponto de origem.

strike direção da linha formada na intersecção de uma camada de rocha inclinada e um plano horizontal.

subducção processo associado à teoria das placas tectônicas, em que uma placa oceânica é forçada para baixo do manto por uma placa continental mais leve ou outra placa oceânica quando as duas convergem.

sublimação mudança direta do estado de um material, como a água, de sólido para gasoso e vice-versa.

subsistemas sistemas distintos que operam aos arredores de um sistema terrestre maior.

sucessão desenvolvimento da vegetação natural de uma comunidade vegetal para outra até que seja alcançado um equilíbrio com o meio ambiente.

superfície frontal superfície tridimensional com comprimento, largura e altura que separa duas massas de ar diferentes; também conhecido como frente.

surgimento de cristais salinos processo de intemperismo pela expansão do sal que surge nas rachaduras das rochas; comuns em regiões áridas e costeiras.

surgimento glacial súbito avanço de gelo de uma geleira, possivelmente causado pela redução da fricção basal com leito rochoso abaixo.

suspensão processo de transportação que move pequenos sólidos, frequentemente por distâncias consideráveis, enquanto flutuam pelo ar ou águas turbulentas.

swell ondas de forma arredondada, regularmente ordenadas, que se formam em lagos ou oceanos e que viajam muito além da zona tempestuosa onde foram geradas.

taiga floresta de coníferas do norte de regiões subárticas da Eurásia.

tálus (encosta em tálus, cone de tálus) encosta (às vezes em formato de cone) de rochas angulares fragmentadas na base de um penhasco depositadas por deslizamento de rochas.

tarn lago de montanha em uma geleira de anfiteatro.

taxonomia do solo classificação dos nomes dos solos.

tectônica das placas teoria que substituiu a deriva continental; é baseada na ideia de que a litosfera é composta por um grande número de segmentos, ou placas, que se movem independentemente umas das outras em velocidades variadas sobre a superfície da Terra.

teia alimentar mosaico de alimentação formado pelas cadeias alimentares inter-relacionadas e sobrepostas de um ecossistema.

temperatura graduação do calor e sua medição

tempestade de areia vento forte que sopra grandes quantidades de areia ao longo de uma superfície.

tempestade distúrbio de um local atmosférico geralmente associado à chuva, granizo, neve, geada, relâmpagos e ventos fortes.

tempestade marítima aumento do nível do mar devido ao vento e diminuição da pressão do ar durante um furação ou tempestade severa.

tempestades de poeira nuvem de poeira levada pelo vento (geralmente silte).

tempo (clima) condições atmosféricas em um determinado local e tempo.

temporais convectivos temporal produzido pelo mecanismo de elevação por convecção.

temporais frontais tempestade produzida pelo mecanismo de elevação frontal.

temporais orográficos temporais produzidos pelo mecanismo de elevação orográfica.

temporal tempestade convectiva intensa caracterizada por raios e trovões de curta duração e frequentemente acompanhada por chuva forte, granizo e fortes ventos.

termosfera camada mais alta da atmosfera que se estende da mesopausa até o espaço.

terra (como material de perda de massa) unidade espessa de material de superfície não consolidada, predominantemente granular.

terra roxa solo de cor marrom avermelhado rico em cálcio (desenvolvido sobre os lençóis rochosos de calcário) típico das regiões que cercam o mar Mediterrâneo.

terraços de kame acidentes geográficos resultante da acumulação fluvioglacial de areia e cascalho ao longo das margens do gelo que se derreteu pelos vales e regiões montanhosas.

terraços fluviais antiga base de um vale fluvial abandonado e atualmente acima da base do vale atual e da corrente de água.

terraços marinhos plataformas de abrasão que foram elevadas acima do nível do mar e portanto, abandonadas pela ação das ondas.

terremotos conjunto de uma série de ondas de choque em movimento causadas por uma oscilação repentina ao longo de uma falha.

terrenos de microplaca segmento da crosta, de geologia diferente, somado a um continente durante a colisão de placas tectônicas.

textura do solo distribuição de tamanho das partículas no solo que dá a ele texturas distintas.

tilito sedimentos depositados diretamente por gelo glacial.

tolerância habilidade das espécies de sobreviverem a condições específicas do meio ambiente.

tômbolo faixa de sedimentos depositados pelas correntes marítimas que conectam uma ilha com a costa.

topografia disposição dos altos e baixos relevos em uma superfície.

tornado tempestade ciclônica em forma de funil de pequeno porte, mas com pressão muito baixa, violenta movimentação de ar para cima e ventos convergentes com enorme velocidade.

torre cárstica colinas altas e íngremes formadas pela dissolução de pedras calcárias, ou outro tipo de pedras solúveis, em áreas de carste.

tração processo de transporte que consiste na movimentação da água que carrega, rola ou arrasta partículas pesadas em contato contínuo com o leito.

translação (Terra) movimento da Terra ao redor do Sol. Uma translação completa requer aproximadamente 365¼ dias e determina um ano terrestre.

transpiração transferência de umidade das plantas para a atmosfera por meio da emissão de vapor d'água que sai pelos poros das folhas.

transporte movimentação de materiais da Terra de um lugar para outro pela gravidade, pela água, vento ou gelo glacial.

travertino depósitos de carbonato de cálcio (calcário) resultantes de um depósito secundário de carbonato de cálcio em cavernas ou grutas.

tropical continental (cT) massa de ar seca e quente originada nos continentes subtropicais.

tropical marítimo (mT) massas de ar quentes e úmidas que se originam nas regiões oceânicas tropicais.

tropical região na Terra situada entre o Trópico de Câncer (23°30' N de latitude) e o Trópico de Capricórnio (23°30' S de latitude).

Trópico de Câncer paralelo de latitude 23°30' N; o limite norte para a migração dos raios verticais do sol ao longo do ano.

Trópico de Capricórnio paralelo de latitude 23°30' S; o limite sul para a migração dos raios verticais do sol ao longo do ano.

tropopausa camada intermediária entre a troposfera e a estratosfera.

troposfera camada mais baixa da atmosfera que apresenta uma diminuição constante de temperatura com o aumento da altitude e contém virtualmente toda poeira atmosférica e vapor de água.

trovões som produzido pela rápida expansão de ar aquecido ao longo do canal de descarga de um relâmpago.

tsunami ondas que se formam pelo deslocamento de águas oceânicas causadas por terremotos, erupções vulcânicas ou outro evento repentino; adquire altura perigosa nas águas rasas costeiras.

tufões ciclones tropicais encontrados nas águas oeste do Pacífico, igual a um furacão.

tundra ambientes ou regiões climáticas de alta latitude ou grande altitude onde o desenvolvimento de árvores é prejudicado devido ao fato de a temporada de crescimento ser muito fria ou muito curta.

turbulência mistura de fluídos de forma desordenada com, frequentemente, um componente ascendente.

umidade absoluta massa de vapor d'água por unidade de volume de ar, expressa em gramas por metro cúbico, ou gramas por unidade de pé cúbico.

umidade específica massa de vapor d'água presente por unidade de massa do ar; é expressada em gramas por quilômetros de ar úmido.
umidade quantidade de vapor de água em uma massa de ar em um dado momento.
umidade relativa razão entre a quantidade de vapor d'água no ar em determinada temperatura e a quantidade máxima de vapor que o ar pode conter mediante tal temperatura, se saturado; geralmente expressada em porcentagem.
uniformitarianismo teoria amplamente aceita na qual o processo geológico da Terra opera atualmente do mesmo modo que o fazia no passado.
uvalas grandes depressões da superfície resultantes do aglutinamento de dolinas em áreas de carste.
vale de rifte grande baixada que consiste de um ou mais blocos de crosta rachados devido a forças tectônicas tensionais.
vales em V típico formato de um vale cortado por um córrego onde o gradiente é íngreme.
vales glaciais vales em forma de U escavados pela erosão do gelo.
vales suspensos vale glacial afluente que entra em um vale glacial principal em um alto nível acima da base do vale.
valley trains depósito causado pela água de degelo que lembra um cone aluvial cercado pelos paredões do vale.
vapor da água água em formato gasoso.
variação anual da temperatura diferença entre as temperaturas mensais médias dos meses mais quentes e mais frios do ano.
variação anual de temperatura mudança nas temperaturas mensais durante os meses do ano.
variação de temperatura diária (diurna) é a diferença entre as temperaturas máxima e mínima de um determinado dia (geralmente mantém-se registro hora a hora).
variação diária de temperatura mudanças na temperatura diária conforme passa-se de uma baixa durante a noite para uma alta durante o dia e de volta para a baixa de noite.
variáveis conjunto de objetos e/ou características de objetos interligados de tal forma que funcionam juntos como um sistema.
varve emparelhamento de sedimentos do verão ricos em substâncias orgânicas e sedimentos do inverno pobres em substâncias orgânicas encontrados em leitos de lagos expostos; a contagem de varves é utilizada como uma técnica de datação para períodos recentes da história da Terra devido a cada emparelhamento representar 1 ano.
vazão fluvial é a taxa de fluxo de um corpo d'água; medida do volume d'água que passa por uma determinada seção transversal do corpo d'água em questão por unidade de tempo (m^3/s).
vazão fluvial volume de água que flui além do canal fluvial em uma unidade de tempo.
vegetação natural vegetação que pôde se desenvolver naturalmente sem a interferência óbvia ou modificação dos seres humanos.
ventifactos rochas que sofreram corrosão eólica resultando em faces polidas e/ou buracos e ranhuras.
Vento ar que se movimenta de áreas de alta pressão para áreas de baixa pressão; o movimento é geralmente na horizontal relativo à superfície do solo.
ventos alísios do sudeste *ver* ventos alísios.
ventos alísios ventos que sopram nas regiões de baixa latitude da zona subtropical para a zona de convergência intertropical; chamado de alísios do nordeste, quando sopram do nordeste para o sudeste no Hemisfério Norte, e alísios do sudeste, quando sopram do sudeste para o nordeste no Hemisfério Sul.
ventos catabáticos fluxos de ar frio em um declive, ar denso que se acumulou em um vale de montanhas altas ou sobre um planalto elevado ou capa de gelo.

ventos do oeste ventos que se movimentam a partir das porções polares das altas subtropicais carregando frentes, tempestades e condições climáticas variáveis do oeste para o leste em médias latitudes.
ventos geostróficos ventos de altos níveis nos quais o efeito Coriolis e o gradiente de pressão estão equilibrados, resultando em que os ventos soprem paralelamente às isóbaras.
ventos polares do leste ventos da superfície oriental que partem das áreas polares de elevada pressão atmosférica para as de baixa pressão.
ventos prevalecentes tendência dos ventos de soprar mais vindos de uma direção do que de qualquer outra.
ventos tropicais de leste ventos que sopram do leste nas regiões tropicais.
vestígio quantidade ínfima de chuva ou neve (por exemplo, menos do que 1 mm ou 0,01 pol.).
visualizações amplo conjunto de técnicas computacionais usadas para ilustrar com clareza um lugar ou conceito, ou a ilustração produzida por uma dessas técnicas.
vulcanismo erupção de rocha fundida na superfície terrestre.
vulcão-escudo acumulação de várias camadas de lava sucessivas em formato de cúpula expelida por uma ou mais aberturas ou fissuras.
vulcões montanha ou colina criada a partir de matéria rochosa erupcionada.
Yardangs cadeias remanescente do leito rochoso aerodinamicamente esculpido pela erosão eólica ou sedimentos parcialmente consolidados.
zona costeira região geral de interação entre terra e lago ou oceano.
zona de ablação parte baixa de uma geleira onde mais água congelada é removida do que acrescentada durante o ano.
zona de acumulação (glacial) parte alta de uma geleira onde mais água congelada é acrescentada do que removida durante o ano.
zona de aeração camada mais alta de água subterrânea onde os espaços porosos são tipicamente preenchidos por ar e água.
zona de convergência intertropical (ZCIT ou CIT) zona de baixa pressão e calma ao longo da linha do Equador, onde o ar levado pelos ventos alísios, de ambos os lados da linha do Equador, converge e é forçado a subir.
zona de depleção camada superior de um solo caracterizada pela remoção de componentes solúveis e insolúveis do solo pela filtragem e eluviação pela água gravitacional.
zona de espraiamento (zona de *swash*) parte mais perto da terra de uma zona costeira onde um fino manto de água avança e recua sobre a praia.
zona de maré alta a extensão de água aberta para o mar ou para o lago longe da zona de ruptura.
zona de quebra é a parte da região costeira onde as ondas quebram, também conhecida como zona de arrebentação.
zona de saturação zona de água abaixo da superfície onde todos os espaços vazios nas pedras e no solo estão sempre cheios de água; a bacia hidrográfica é o topo dessa zona.
zona de sombra da chuva lado seco a sotavento da cadeia de montanhas, resultante do aquecimento adiabático do ar descendente.
zona de surfe parte da área costeira constituída por águas turbulentas agitadas pela quebra das ondas.
zona de transição área de mudança gradual de uma região para outra.
zona intermediária camada de água subterrânea entre a zona de aeração (superior) e a zona de saturação (inferior); se torna saturada apenas durante épocas de muita precipitação.
zona pré-praia área à margem do mar ou lago do limite de zona de quebra ao limite com a terra.
zooplâncton pequenos animais que flutuam e são levados pelas correntes de água.

Índice

A
Aa, 267
 superfície de escoamento de lava, 267*f*
Ablação, 384
 zona, 388
Abordagem holística, 3
Abrasão, 341, 345, 388. *Veja também* Abrasão eólica
 impacto, 369
 plataforma, 416
  exemplo, 417*f*
Abrasão eólica, 370, 397
Abrasão glacial, resultados, 390*f*
Acadia National Park, praia (exemplo), 418*f*
Ação capilar, 100
Ação hidráulica, 341, 345, 415-416
Acavalamento, 276
Acidentes geográficos, 264
 ambiente dominado por depósitos, evidências, 346
 barreiras, 70
 estrutura da rocha, relação, 275-279
 exemplos de erosão causada por ondas, 417*f*
 forças tectônicas, relação, 275-279
 formação, água no subsolo/solução (impacto), 319-325
 geomorfologia, relação, 264
 impacto, 22
 processos ígneos, 266-273
Acidez/alcalinidade, grau de (pH), 229*f*
Acúmulo, 384
 zona, 389
Advecção, 62
 nevoeiro, 108
Aeração, zona, 313
 zona intermediária, 314
Aerossóis, percentual atmosférico, 57
Afélio, 18
Afloramento, 243
Afluentes, 333
 fluxo, encontro (prevenção), 348
África, savanas (jardim zoológico), 164
Agente geomórfico, 264-265, 368-377
Agricultura de subsistência, 162
Agricultura extensiva, 162
Agricultura itinerante, 162
Água
 agente geomórfico, 362-368
  evidência, 359
 albedo, 65
 aquecimento diferencial, 65, 72

bacia hidrográfica, 314. Veja também Zonas de lençol freático empoleirado, relação, 313-314
balanço, 103
capacidade, 103
cor. *Ver* Riachos
corpos permanentes, 407
deposição, 226
distribuição, 67-68, 113*f*
energia térmica, relação, 61
entrada/saída, 315*f*
estados físicos, 61*f*
expansão, força, 293*f*
fluxo, potência (exemplo), 341*f*
fontes, 101*f*
importância, 226*f*
infiltração, 312-313
mineração, 314
nível, declínio, 316
perdas, infiltração, 360
presença, 103-107
refrigeração diferencial, 72
reposição, 312-313
saída/entrada subterrânea, 314*f*
transporte, 362*f*
travamento gelo/neve, 397
trocas de energia, 61*f*
vapor, 61, 103
 percentual atmosférico, 57
 quantidade máxima, retenção, 103*f*
volume, 338
Água capilar, 225
Água congelada
 ablação, 384
 acumulação, 384
 transformação, 383*f*
Água corrente
 agente geomórfico, eficácia, 360
 proeminência. *Ver* Desertos
 ventos, propriedades geomórficas (comparação), 369
Água corrente, potência geomórfica, 331
Água doce
 recursos naturais, 312
 uso mundial, 312
Água do mar fria, ocorrência, 96*f*
Água geotérmica, 325-327
Água gravitacional, 225
Água salgada, presença, 312*f*
Águas subterrâneas
 distribuição/disponibilidade, 315
 mineração, 314

qualidade, 319
reposição, 312-313
termo, uso, 314
uso, 316-319
Água subterrânea, 312-313
 características, 312-315
 impacto, 319-326
 papel mecânico, 319
 recursos, insubstituíveis, 313
 saída/entrada de rios superficiais, 314*f*
 sistemas ambientais, 313*f*
 zonas, lençol freático (relação), 313-314
Água supergelada, 112
 distribuição, 113*f*
A jusante, perdas de água, 360
Alabama, fazenda de árvores, 177*f*
Alameda, praia (exemplo), 418*f*
Alasca
 avalanches de neve, 305*f*
 geleira de anfiteatro, 386*f*
 tubulação, marco-zero, 194*f*
Alaska Tsunami Warning Center, 411
Albedo, 65. *Veja também* Superfície
Albert Lea, esker, 400*f*
Aleutas, arco insular, 256
Alísios do Nordeste, 85
Alísios do Sudeste, 85
Altitérmico, 205
Altitude. *Ver* Altitude do ar
 temperaturas, 70
Aluvião, 233, 388
 depósitos, 343*f*, 366*f*
 presença, 363*f*
 termo, uso, 342
Ambiente
 danos, 11
 degradação, 11, 11*f*
 perigos, 10
 perspectiva, 9, 11-13
 problemas, avaliação, 11
 sensoriamento remoto, 41-43
Ambientes naturais, ecossistemas, 12*f*
Ambientes tropicais úmidos, solução, 323*f*
AMD. *Ver* Drenagem ácida de mina
América do Norte
 escudo continental, 259*f*
 imagem de satélite noturna, 7*f*
Analema, uso, 56*f*
Análise de isótopo de oxigênio, 200
Análises do manto de gelo, descoberta, 201
AnatahanIsland, modelo de elevação digital, 36-37

Andesito, 246
Anel de Fogo do Pacífico, 422
Anfiteatros, 385
  aresta, 391
  espigão, 391
  desfiladeiro, 391
  paredão, 388
  tarns, 391
Ângulo de repouso, 269, 372-374
  exemplo, 305f
Animais
  adaptação do deserto, 168-169
  plantas, interações, 223
Animais de sangue frio, presença, 221
Animais de sangue quente, presença, 221
Anos quarenta, 27
Antártica
  geleiras continentais, 386f
  icebergs, 100f
  icebergs achatados (icebergs tabulares), 369f
  picos/cumes de montanhas, 386f
  plataformas de gelo, 396f
Anticiclone canadense, 84
Anticiclone da Sibéria, 84
Anticiclone do Havaí, 84
Anticiclone do Pacífico, 84, 87
Anticiclone do Pacífico, posições no inverno/
  verão, 87f
Anticiclone dos Açores, 84
Anticiclones, 77, 80-81, 129
  convergência/ascendência de ventos, 78f
  movimento, 129-130
Anticiclones de Bermuda, 84
Anticiclones polares, 82
Anticiclones Subtropicais, 82, 87
Anticlinais, 276, 279
Ápice do leque, 366
Aquecimento adiabático, 110-111
  instabilidade/estabilidade, 111
Aquecimento global, 205-207
Aquífero, 315
  armazenamento de lençol freático, 316f
  armazenamento de lençol freático, 316
Aquífero Ogallala
  abastecimento de água, 317f
  diminuição do nível da água, 316
Ar
  altitude, 77
  densidade, diminuição, 77f
  massa, 111
  massas, 124-127. *Veja também* Massas de ar da América do Norte
    alteração/estabilidade, 124
    tipos, 125t
  mecanismos de elevação, 114f
  mistura, hélices (uso), 68f
  movimento. *Ver* Movimento horizontal do ar
  resfriamento adiabático, 112f
  resfriamento, impacto, 67f
  subsidência, 129

ArchesNational Park, juntas de arenito vertical, 248f
ArcticNationalWildlifeRefuge, polígonos de geada/chão estampado, 190f
Ardósia, 249
  exemplo de metamórficas, 249f
Areia
  placas, 371
  rochas sedimentares, presença, 246f
  tamanho relativo, 246
Arenito, 246-248
  borda, queda de rochas, 304f
  exposição, 319
  junção vertical, 248f
  transversal, 248f
Arenito não compactado, porosidade/permeabilidade, 315f
Arete, 391
Argentina, diversidade climática, 147f
Argila, 227
  minerais, 294
  partículas, transporte, 341f
  rocha sedimentar, 247f
  suspensão, 369
  tamanho, relação, 246
Argila dos solos, 228
Argilas impermeáveis, terras ruins, 363f
Argônio, percentual atmosférico, 56
Arroios, 362
Ar úmido, presença, 114
Árvores
  crescimento, 303f
  linha, linha anã, 196
Árvores perenes aciculifoliadas, florestas naturais, 180
Aspecto de encosta, 195
Assentamento de fluxo de terra, 308
Assoreamento, 341
Astenosfera, 241
  densidade, 258
Asteroides, evento de impacto, 203
As variações das marés, 409
  máxima, 409f
  variação, 409
Atividade geotérmica, 325
Atividade orgânica, 231
Atividades humanas
  desafios, 161
  impacto, 70
Atividade tectônica, impacto, 361
Atmosfera
  água, presença, 103-106
  aquecimento, 61-62
  balanço energético da terra, 63
  camadas verticais, 59-60
  características, 55-61
  circulação, 85f
  composição, 55-59
  deficiência de ozônio, 59
  energia solar, transferência, 60
  gases, 56
  moléculas de gás de baixa densidade, 239

penetração, radiação solar de comprimento de onda curto (impacto), 58f
  subsistema, 8
Atmosfera superior, camada de ozônio (presença), 59
Atóis, 424, 426
  exemplos, 425f, 426f
Átomos, ligações químicas, 243
Atrito, 80
Autótrofos, 210-211
Avalanches, 305. *Veja também* Detritos; Rochas; Neve
Avanço glacial, 397
  efeitos geomórficos, 397
Ayers Rock. *Ver* Uluru

B

Bacia. *Ver* Desertos; bacias de drenagem; sistemas abertos
  solo (redução), atividade tectônica (impacto), 361
  tempo geomórfico, 279
Bacia de quarta ordem (Hocking River), 336
Bacias de drenagem, 334-336
  regiões naturais crítica, 336
  sistemas abertos, 334
Bacias de falha em bloco, leques aluviais (presença), 367f
Bacias oceânicas, limite, 421f
Baía de Fundy, marés alta/baixa, 412f
Baía de San Francisco, praia (exemplo), 418f
Baixa atmosfera, ozônio (presença), 58
Baixa equatorial (vale equatorial), 81-82
Baixa pressão (baixa), 77
Baixas subpolares, 82, 86
Baixo relevo, regiões úmidas, 314
Bajada, 366
Balanço energético, variação latitudinal, 63f
Balanço glacial, equilíbrio (relação), 389-390
Barcanas, 373
  exemplo, 372f, 377f
Barlavento, 79
  exemplo, 80f
Barômetro de mercúrio, exemplo, 76f
Barras, 420
Barreira Baymouth, 420
  exemplo, 420f
Barreiras costeiras, 425f
BarringerCrater, meteorito, impacto, 203f
Batólitos, 273f
  intrusão, exposição, 273
Bergschrund, 389
Big Bend National Park, diques, 274f
Biogeógrafos, estudo, 3
Biomas, 154. *Veja também* Biomas Floresta
  distribuição, diagrama esquemático. *Ver* Terra
Biomas florestais, 159-164
Biomassa
  fluxo de energia, relação, 212
  pirâmides tróficas, 213f
Biosfera (subsistema), 8
Bjerknes, Jacob, 130

Black Canyon of the Gunnison
  formação de relevo, 331
  intemperismo/desgaste de massa, 332f
Boca. *Ver* Rio principal
Bolsões, 368
  solos, 368f
Bomba de hidrogênio, explosão, 49f
Boratos, 247
Boston, urbanização/suburbanização, 352f
Boulder, gravidade (impacto), 300f
Brahmaputra River, canal trançado, 344f
Brasil
  campos, 162
  diversidade climática, 147f
  dossel da floresta tropical, 160f
Breccia, 247
Brejos, 348f
Bridalveil Falls, cascatas, 393f
Brisa de montanha
  ciclo de brisa de vale, 92
  ventos, inversão, 92f
BryceCanyonNational Park, intemperismo/erosão preferencial, 298f
Buttes, 364-365
  formação, 365f

C
Cabo Blanco, litoral emergente, 423f
Cachoeiras, 346f
Cadeia alimentar, 211
Cadeia alimentar, 211-212
Calcário, 247
  cavernas, 323-325
  distribuição, 320f
  intemperismo por carbonatação, 295f
  lápides, intemperismo químico, 297f
  plataforma, 319f
  solução, 319f
Calcificação, 234-235
Calcita, 243
  cristais minerais, 243f
Calcrete (*hardpan*), 225
Calcretes, formação de, 235
Caldeiras, 272
Calha, 81-82. *Veja também* Baixa Equatorial
Calhas de leitos de rios
  limites, 342
  rede, fotografia aérea, 334f
  saída, 366f
Calhas glaciais, 391
  extensão, 394
Calha sinuosa de córrego (riacho sinuoso), imagem de radar, 345f
Calha sinuosa de rio, características, 347f
Calhas tributárias, vales suspensos, 392
Caliche, camadas, 235
Califórnia
  Anticiclones do Pacífico, posições no inverno/verão, 87f
  zona de transição, 86
Calmaria equatorial, 86
Calor
  forma de energia, 63
  temperatura, relação, 64
Caloria, necessidade energética, 51
Calor latente. *Ver* Condensação; Evaporação; Fusão; Sublimação
  trocas, 70
Camada ativa, 303
Camada de gelo da Antártida, cobertura, 394-396
  área, 395f
Campo Colorado, depósitos brancos (salinização), 235f
Campos (Brasil), 164
Canadá, mantos de gelo, 198f
Canais. *Ver* Canal trançado; canais efêmeros; canais curvados; canais perenes; regatos; canais retos; riachos
  padrões, 343-344
  saída. Veja Canais de córrego
Canais efêmeros, 360
Canais perenes, 360
Canais retos, 343
Canais sinuosos, 344
Canais trançados, 344, 360
  exemplo, 343f
Cânions, boca (rio acima), 365
Canyon de ChellyNationalMonument, riacho trançado, 361f
Capacidade. *Ver* Água, riachos
Captação, 334
Capulin Mountain, exemplo de cone de cinzas, 269
Carbonatação
  impacto, 295f
  processo de intemperismo químico, 295
Carbonato de cálcio ($CaCO_3$), 234, 247, 295
  composição, 319
  precipitação, 324-325
Carga. *Ver* Material de leito; Material dissolvido; Material suspenso
  proporção relativa, 342
Carga de leito, 342
  deposição, relação, 343-344
  ondulações, formação, 369f
Carga dissolvida, 342
Carga suspensa, 342
Carnívoros, 211
Cartas batimétricas, 38
Cartografia, 38-42. *Veja também* Cartografia
Cartografia, 4, 22. *Veja também* Criando um mapa
  tecnologia computacional, impacto, 22
Cascalho,
  rocha sedimentar, 247f
  tamanho relativo, 246
Cascalho Kame, 402
Catástrofes, 222. *Veja também* Desastres naturais
Cavernas, 322-323. *Veja também* Calcário
  características, 323-324
Células, 77. *Veja também* Células de alta pressão; células de baixa pressão
Células de alta pressão, 77

Células de grade, 24
Central de Alarme de Tsunami do Pacífico, 410-411
Central Valley, problemas de subsidência, 316
Chaleiras (*kettles*), 397-400
Chaparral, 173
  vegetação, 174f
Chesapeake Bay, costa submersa, 423f
Chifres, 373, 391
Chile, diversidade climática, 147f
Chinook, 90
  ventos, 90f
Choque, 275
  uso geocientista, 275f
Chuva
  componentes, 113
  dias, número, 116
  sombra, 115-116
  traço, 116
Chuva ácida, danos, 100
Chuva congelada, 113
Ciclo de excentricidade, 201
Ciclo de obliquidade, 201
Ciclo de precessão, 201
Ciclo do carbono, 57
Ciclo hidrológico, 102
  exemplo, 103f
  formação de glaciar, relação, 383
Ciclones, 80-81, 129, 137. *Veja também* Ciclones extratropicais; ciclones de média latitude
  clima local, relação, 131-133
  fluxo de ar superior, relação, 133-134
  movimento, 129-131
  ventos, convergência/ascendência, 78f
Ciclones de média latitude, 130-134
  formação, estágios, 131f
  transferência, 132
Ciclones extratropicais, 130
Ciclones tropicais, 135
  variação, 138
Ciclos de Milankovitch, 19, 201-202
Ciclos de nutrientes, processos, 213f
Cidade do México
  problemas de subsidência, 316
  terremoto, 284
Ciência espacial, 2, 5
Ciência física
  ciências sociais, relação, 2f
  perspectiva, 8-9
Cintos latitudinais, formação, 82
Cinzas vulcânicas, formação, 270
Circulação dos ventos convergentes, 77
Circulação dos ventos divergentes, 77
Círculo Antártico
  escuridão, 55
  zonas latitudinais, 56f
Círculo de iluminação, 17, 23
Círculo Polar Ártico
  escuridão, 54
  zonas latitudinais, 56f

Classes de clima de Köppen, simplificação, 151*t*
Classificação climática de Köppen, categorias de clima úmido (base), 150*f*
Classificação Köppen, simplificação, 149, 151
Clastos, 246, 294
Clima do manto de gelo, 192, 194
   baixas temperaturas, causa, 192
   estações, climográficos, 193*f*
   limite de precipitação, anticiclone polar (impacto), 192
Clima do manto de gelo polar, 150*f*
Clima global, El Niño (relação), 95
Clima marinho da costa Oeste, 176-180
   estação, climográficos, 177*f*
Clima mediterrâneo mesotérmico, 150*f*
Clima microtérmico, 150*f*
   características, 184*t*
   regiões, 183-191
   tipos, 187
Climas, 49
   classificação, 147-154
   diversidade, 147*f*
   exposição, 195
   futuro, 204-207
      previsão, 204
   impacto do intemperismo, 295-296
   importância, 231-233
   influência marítima, impacto, 178*f*
   mapa-múndi, sistema de classificação modificado de Köppen, 152*f*-154*f*
   mudanças rápidas, 200-201
   regiões, 151
   tendências, 204*f*
   vegetação, resposta, 154
Climas áridos, 149, 150*f*
   características, 165*t*
   regiões, 164-166
Climas das montanhas (*highlands*), 149
   adaptação, 197
   controle de elevação, 195
   regiões, 195-197
Climas de estepe, 149, 169-171
   estações, climográficos, 170*f*
Climas desérticos, 149, 164-169
   estações, climográfico, 168*f*
   precipitação, 359
Climas mediterrâneos, 172-174
   adaptações, 173
   estações, climográficos, 173*f*
   uvas, presença, 174
   verões/invernos, características, 172-173
Climas mesotérmicos
   características, 171*t*
   mapa índice, 162*f*
   regiões, 171-180
Climas polares, 149
   características, 191*t*
   regiões, 191-194
Climas tropicais de monção, 150*f*, 155-162
   características contrastantes, 159-160
Climas tropicais úmidos, 149
   classificação, 155*t*
   mapa índice, 158*f*
   regiões, 155-164
Clima subártico, 188-191
   estações, climográficos, 189*f*
Clima subtropical úmido, 174-176
   campos em socalcos, 176*f*
   clima mediterrânico, comparação, 174-175
   climográficos, 175*f*
   influências oceânicas, 178*f*
   nuvens/precipitação, impacto, 178-179
   potencial de recursos, 179-180
   produtividade, 175
   temperaturas, 175
Climas úmidos continentais, 185-188
   climográficos, 186*f*
   mudanças sazonais, 187
   precipitação, quantidade/distribuição, 186
   uso da terra, 187-189
Climas úmidos mesotérmicos, 149
Climas úmidos microtérmicos, 149
   florestas decíduas, aparência, 188*f*
   mapa índice, 183*f*
Climatologia, 49
Climatologistas, estudo da geografia, 3
Clima tropical de savana, 162-164
   estações, climográficos, 163*f*
   exemplo, 163*f*
Clima tropical, lixiviação (impacto), 231*f*
Clorofluorcarbonos (CFCs)
   gases de efeito estufa, 203
   impacto, 59
Coalescência, 112*f*, 247
Cobertura, densidade, 231
Cobertura oceânica, 101*f*
Cobertura vegetal, 303
Colapso de dolinas, 322
   exemplo, 323*f*
Colinas arenosas
   climas de estepe, 170*f*
   dunas de areia ativas, presença, 373*f*
   dunas estabilizadas, 373
Colinas cônicas, 323
Colinas Palheiro, 323
Colisão, 112*f*
Colisão continental, 256. *Veja também* Limites de placas convergentes
Colorado Rocky Mountains
   espécies de árvores, 196*f*
   vegetação krummholz, 222*f*
Colunas, 325
Cometas, evento de impacto, 203
Comunidade pioneira, 215
Comunidades clímax, 216-217
   relação de sucessão, 215-217
Condensação, 107-111
   núcleos, 107
   tamanho relativo, 112*f*
Condensação, calor latente, 61-63
Condução, 62, 63. *Veja também* Condução atmosférica
Condução atmosférica, 62

Cone composto (estratovulcão)
   exemplo, 269*f*
Cone de cinzas, 269
   exemplo, 268*f*
Conglomerado, 246-247
Constante solar, 51
Consumidores, 211
Continental ártico (*cA*), 124
   massas de ar, 126
Continentalidade, 65
   impacto, 178
   relação de latitude, 189
Continental Polar (*cP*), 124
   massas de ar, 126
Continental Tropical (*cT*), 124
   massas de ar, 127
Continentes
   crescimento, 257-259
   limite, 421*f*
Continentes, ajuste, 251*f*
Contornos batimétricos, 36
Contração
   expansão térmica, relação, 292-293
   intemperismo, 292
   repetição do ciclo, 302*f*
Contracorrente, 94
Controles ambientais, 217-223
Convecção, 62-63
   correntes, 251-253
   mecanismo, 253*f*
Convecção térmica, elevação orográfica (relação), 139*f*
Convergência. *Ver* Convergência de placas
Convergência de placas, 255-256
Cordão litoral de barreira, 420
Cordão litorâneo, 419. *Veja também* Barreira litorânea
   exemplo, 420*f*
Cordilheira Nevada-Utah, apoio à floresta, 219
Corpo humano, sistema (exemplo), 15*f*
Corpos permanentes, 353. *Veja também* Água
Corredor, 217
   exemplo, 220*f*
Córregos perenes, fluxo, 332-333
Corrente Circumpolar Antártica, 94
Corrente da Califórnia, 68, 70, 94
Corrente de Humboldt, 94
Corrente de jato de frente polar, 88
Corrente de Kurile, 93
Corrente de Oyashio (Corrente de Kurile), 93
Corrente do golfo
   corrente, 69*f*
   corrente oceânica, exemplo, 68
Corrente do Labrador, 93
Corrente equatorial, 93
Correntes de jato, 88-89
   análise. *Ver* Frente Polar
   ondas, 133*f*
Correntes de retorno, 414
   exemplo, 415*f*
Correntes frias, 93

Correntes frias, mapa, 94f
Correntes oceânicas, 68, 70, 93-94
　correntes quentes/frias, 94f
　fluxo, 93f
Correntes oceânicas superficiais, padrões de circulação, 94
Correntes quentes, 93
　mapa, 94f
Corrosão, 415
Costa atlântica, espigões, 421f
Costa do Golfo do Texas, destruição/danos, 138f
Costas. *Ver* Costas de margem ativa; costas de margem passiva
　tipos, 421-425
　transporte de sedimentos, 415f
Costas, alterações climáticas (impacto), 199
Costas de submersão, 423
Costas emergentes, 422
　exemplo, 423f
Costas submersas, 423
　exemplo, 423f
Crater Lake, caldeira, 272f
Crescimento de cristais de sal, 293
Crestlines, 415
Cristais de dióxido de enxofre (SO_2), aerossóis atmosféricos, 57
Cristais de gelo
　distribuição, 113f
　processo, 113
Crista, termo geomórfico, 279
Cronômetro, uso, 27
Crosta. *Ver* Crosta continental; Terra; Crosta oceânica
　densidade, 242
　elementos, presença, 242t
　manto, interface, 422
　oxigênio, presença, 243
　silício, presença, 243
　tipos, 242f
Crosta continental, 242f
　crosta oceânica, colisão, 255-256
　densidade, 258
　limite, 421f
　porção de terra, 242
Crosta oceânica, 242f
　composição, 242
　crosta continental, colisão, 255-256
　limite, 421f
Cúpula em forma de *plug*, 273
　exemplo, 268f
Curso inferior, características, 346-347
Cursos d'água Yazoo, 347
Curso superior, características, 345-346
Curva ascendente de nevoeiro, 108
Curva de rio, 346

D

Dados contínuos, 35-36
Dados de descarga, coleta/análise. *Ver* Descarga de rio
Dados discretos, 35
Dados espaciais. *Ver* Dados espaciais contínuos; Dados espaciais discretos
Dados espaciais contínuos, 35f
Dados espaciais discretos, 35f
Dakota Sandstone, o sistema aquífero artesiano, 317f
Death Valley
　bacia, 278f
　bloco de falha inclinado, 277
　dunas deposicionais eólicas, 372f
　falha tipo escarpa, 278f
Debilidades estruturais, 297
Decíduo, termo (uso), 163
Declinação magnética, 34-35
Decompositores, 211
Deflação, 369
　cavidades, 371
　impacto, 369, 376
Deflexão, quantidade, 80
Deformação, 302. *Veja também* Superfície taxas. *Ver* Solos
Deformação plástica interna, 387
Degelo, exigência calórica, 61
Degradação, 341
Delta curvado, 347-348
Delta estuário, 348
Deltas, 347-348. *Veja também* Delta curvado; Delta estuário; Deltas cúspide construção. *Ver* Rio Mississippi
　formação, 347-348
　imagens de satélite, 351f
Deltas em cúspide, 348
Dendríticas, semelhança, 337
Denver, clareza/smog, 13f
Deposição costeira, 418-422
Deposição fluvial, relevos de região árida, 365-368
Deposição glacial, preturbação, 401
Deposição, processo geomórfico, 264
Depósitos costeiros, sedimentos, 418
Depósitos de cálcio, 246f
Depósitos de sal, acumulação, 368f
Depósitos fluviais, 342
Depósitos glaciais, exemplo, 399f. *Veja também* Deriva; Till
Depressão, cones, 317f
Depressão da Islândia, 84
Depressão das Aleutas, 84
Depressão Kharga, erosão eólica, 371f
Deriva Circumpolar Antártica, 94
Deriva continental, 251
Deriva do Atlântico Norte, 93
Deriva litoral, 415
　refração das ondas, relação, 414-415
Desastres naturais, 222
Descarga, 291-292
　processo, 292
Descontinuidade de Mohorovicic (Moho), 241
Desertificação, 166
　sobrepastoreio, impacto, 224f
Deserto de Mojave
　tempestade, 168f
　tremor, 283
Deserto do Atacama, adaptação da vegetação, 169f
Desertos
　adaptações de plantas/animais, 168-170
　água corrente, proeminência, 360f
　bacias, remanescentes de litoral, 360f
　colinas, motocicletas (impacto), 376f
　concentração, 164
　córregos, 360
　　origem, 361-363
　drenagem exterior, córregos exóticas (impacto), 362
　escoamento superficial, 359-363
　estruturas geológicas, 378
　evocação, 371
　extremos, 166-168
　paisagem, predominância de relevo, 359
　paisagens
　　formação, 378
　　veículos off-road, impacto, 376
　pavimento, 370
　processos geomórficos, 378
Desfiladeiro, 391
Desintegração granular, 293
Deslizamento basal, 387
Deslizamento de areia, 372
　deposição para cima/transporte, 374f
Deslizamento de rochas causados por terremotos, 306f
Deslizamento de terra, 307
　destruição, 308f
Deslizamento de terra rotacional, 306f
Deslizamentos, 305-307. *Veja também* Detritos; Frank Slide; deslizamentos de terra; deslizamentos de rochas
Deslizamentos de pedras, 305
　depósitos, 306
　suscetibilidade, 306f
Deslizamentos de terra, 306
Desmatamento, 58
Desmoronamento, 384
Detecção de rádio e escopo (radar), 42
Detritívoros, 211
Detritos, 301
　avalanches, 305
　fluxos, 308
　　exemplo, 308f
　slides, 306
Detroit, vento sudeste, 133
Devil'sPostpileNationalMonument, lava de diaclase colunar, 267f
Dias de maré, comprimento, 408f
Dieta vegetariana, vantagens, 215f
Dinâmica atmosférica, 84
Dinossauros, idade, 261
Diorito, 246
Dióxido de carbono atmosférico, medições, 58f
Dióxido de Carbono (CO_2), 57-60
　gases de efeito estufa, 202
　liberação atmosférica, 203f
　medições, 58f
　percentual atmosférico, 56
Dip
　inclinação de camada rochosa, 275
　uso geocientista, 275f
Dique, 273f
　forma de parede, 273
Diques naturais, 342
Discordância, 248
Distribuição espacial, 5
Distributários, 347
Divergência. *Ver* Divergência de placa
Divergência de placas, 254
　movimento lateral das placas, 257

Divisor de águas, 334
   definição, clareza, 336
   urbanização, 352
Divisores de drenagem, 334
   picos de serras, 6
Divisória continental, 334
Dolinas. *Ver* Dolinas de colapso; solução
   depressões de superfície, 320, 322
   tipos, 322*f*
Dolinas, depressões superficiais, 320, 322
Dolomita, 247
Dorsal meso-atlântica, Islândia (relação), 255*f*
Dorsal meso-oceânica, 251
   espalhando do fundo do mar, 253*f*
Drapeados, 39
Drenagem. *Ver* Drenagem exterior; drenagem interior
   densidade, 337, 362
      variação, 337*f*
   padrões, 337
      estruturas rocha matriz, relação, 338*f*
Drenagem ácida da mina (DAM), 318-319
Drenagem de bacia de quarta ordem, 335*f*
Drenagem exterior, 335
Drenagem interior, 335
Drumlins, 399-400
   exemplo, 400*f*
Duna em forma de crescente, 373
Dunas. *Ver* Dunas de areia
Dunas de areia, 371-373
   chifres, 373
   classificação, 372
   estabilização da vegetação, 372
   proteção, 375
   tipos, 372-374
      ilustração, 374*f*
   topografia, 371
Dunas de areia ativas, 372
   exemplo, 372*f*
   migração a favor do vento, 373*f*
   veículos off-road, impacto, 376*f*
Dunas de areia estabilizadas, 373
   exemplo, 372*f*
Dunas longitudinais, 374
   exemplo, 377*f*
   satélite, 375*f*
Dunas parabólicas, 374
   exemplo, 377*f*
Dunas radiais, 374
   exemplo, 377*f*
Dunas transversais, 374-375
   exemplo, 377*f*
Duração, 51-52
Duto, 269

E

Eclíptica, plano, 18, 52
   definição, 19*f*
Ecologia, 12
Ecossistema da floresta tropical, 213*f*
Ecossistemas, 12, 210-216
   ciclos de nutrientes, processos, 213*f*
   componentes, 210-211
   fatores bióticos, 223
   impacto humano, 223-224
   importância, 13*f*
   produtividade, estudos, 213
   produtividade primária líquida, 214*t*
   sistemas abertos, 210
   solos, relação, 236
   variáveis, interdependência, 211*f*
Ecossistemas de água doce de latitude média, 213*f*
Eco tipo gancho, 141*f*
Ecótono, 217
   conceitos, 220*f*
Efeito chuva-sombra, 360
Efeito Coriolis
   fricção, interação, 80
   ilustração esquemática, 80*f*
   impacto, 93
   vento, relação, 80
Efeito estufa, 57, 63
Efeito lago, 353
Efeitos do atrito, 370
Eixo de rotação, 24
Elevação ciclônica (convergência), 114*f*, 129
Elevação de convecção, 114*f*
Elevação de convergência, 129
Elevação endógena, 290*f*
Elevação frontal, 114*f*, 127
Ellesmere Island, gelo (desabamento), 385*f*
El Niño/Oscilação Sul (ENSO), 95
El Niño, 94-95
   afloramento, aumento, 96*f*
   clima global, relação, 95
   imagens de satélite por infravermelho termal, 95*f*
   oscilação sul, relação, 95
   ventos alísios, 96*f*
Eluviação, 225
Enchanted Rock, domo de granito esfoliado, 292*f*
Energia cinética, cálculo, 339
Energia eletromagnética, 51
Energia luminosa, 62
Energia solar, 49. *Veja também* Energia solar passiva
   delimitando, 54-55
   duração, relação, 51-52
   Incidência sazonal, distribuição latitudinal, 55
Energia solar passiva, 50
Energia térmica
   água, relação, 61
   balanço, 58, 62-63. Veja também Atmosfera
   exame, 63
   variações, 63
   mecanismos, 62*f*
   transferência, processos, 61-62
Entalhe, 416
   exemplo, 417*f*
Epicentro, 279
   foco, relação, 282*f*
Epífitas, 160
Épocas, 260
Equador, 24
   zonas latitudinais, 56*f*
Equidistância, 33
Equidistância, 37
Equilíbrio, 15. *Veja também* Equilíbrio dinâmico
   balanço glacial, relação, 389-390
   estado, medição usando dedo, 390
   linha, 389
      localização, fatores, 388
Equilíbrio dinâmico, 15, 341
   exemplo, 16*f*
Equinócio, 53
Era Cenozoica, 260
Era Dust Bowl, 370*f*
Era Mesozoica, 260-261
Eras, 260
Eratóstenes, 22
Ergs, 372
Erosão, 297
   deflação, impacto, 370
   processos geomórficos, 264
   topografia, relação, 299-300
   transporte de vento, relação, 369
Erosão costeira, 415-418
   taxas, 418
Erosão da orla costeira, relevos (exemplos), 416*f*
Erosão de barranco, 346
Erosão de placa, 331-332
   formação, 365
Erosão eólica
   impacto, 371*f*
   taxas, 370-371
Erosão fluvial, 341
   relevos de região árida, 362-365
Erosão fluvial de longo prazo, 332*f*
Erráticas, 401-402
   exemplo, 400*f*
Erupções com gás, 269
Erupções vulcânicas, 267. *Veja também* Erupções vulcânicas efusivas; Erupções vulcânicas explosivas
   exemplo, 57*f*
Erupções vulcânicas efusivas, 266
Erupções vulcânicas explosivas, 266
Escala, 34. *Veja também* Escala de barras; escala gráfica
Escala Celsius (escala de graus centígrados), 63
Escala de furacões Saffir-Simpson, 136
   ranking, 136t
Escala de Mercalli. *Ver* Escala de Mercalli Modificada
Escala de temperatura Celsius (escala de graus centígrados), 64*f*
Escala de temperatura Fahrenheit, 64*f*
Escala de tempo geológico, 260*f*
Escala Fahrenheit, 63

Escala Fujita de Intensidade de Tornados, 141*t*
Escala Fujita Melhorada, 141
   exemplo, 141*t*
Escala gráfica, 34
Escala modificada de intensidade de Mercalli, 282, 283*t*
Escala verbal, 34*f*
   declaração, 34
Escarpa. *Ver* Encostas
Escarpa de falha piemontesa, 278
   movimento, 278*f*
Escarpa (encosta), 278. *Veja também* Falha
Escavação, 388
Escavação glacial, 388
Escoamento. *Ver* Superfície
   quantidade, 332*f*
Escudos continentais, 259
Esfoliação, 292
   domo, 292
   placa, 292
Eskers, 400
   exemplo, 400*f*
Espanha, vegetação chaparral, 174*f*
Especialistas, 215
Espécies de árvores perenes e folhosas, 160
Espeleologia, 325
Espeleotemas, 324-325
   exemplo, 325*f*
Espigões, 420-422
   exemplo, 421*f*
Estação de medição (USGS), 351*f*
Estação Espacial Internacional, sistema de suporte de vida, 12*f*
Estação tropical de monções, climográfico, 159*f*
Estações do ano, 52-54
   Migração latitudinal, 86
Estado de Washington
   floresta de coníferas perenes, 223*f*
   morena terminal, topografia, 399*f*
Estados Unidos da América
   cobertura de neve, número (média), 185*f*
   cursos d'água/arroios, 362
   faixas de tempestade, 130*f*
   mantos de gelo, 198*f*
   perigo de terremoto, 41*f*
Estágio Wisconsiniano, 397
Estalactites, 324*f*
Estepes, vegetação natural (relação), 169-170
estratificação, 225, 248-249
Estratificação cruzada, 248
Estratos (camadas), 248
Estratosfera, 59
Estratos horizontais de rochas, intemperismo diferencial/erosão, 364*f*
Estrias, 390
Estruturas de dobra rochosa, complexidade, 276*f*
Estrutura trófica, 211-212
Estuário, 418
Evaporação, 102

calor latente, 61-62
   perdas, 360
   taxas, 105-106
Evapotranspiração, 106. *Veja também* Evapotranspiração real; evapotranspiração potencial
   potencial, 106*f*
Evapotranspiração média real, distribuição, 105*t*
Evapotranspiração potencial anual, 106*f*
Evapotranspiração potencial (ET potencial), 106. *Veja também* Evapotranspiração potencial anual
   conceito, 148
Evapotranspiração real (ET real), 149
Eventos de impacto, 203-206
Expansão externa, intemperismo, 292*f*
Expansão, repetição do ciclo, 302*f*
Expansão térmica
   contração, relação, 292-293
   intemperismo, 292
Explosão, 372
Explosão eruptiva, 270
Extrapolação vertical
   técnica, 39
   uso, 36

F

Facetas, 371
Faixas de pressão no mundo, 82*f*
Faixa submarina, 419
Falha. *Ver* Falhas normais; falha reversa; falha de acavalamento
   escarpa, 278. Veja também Falha da escarpa piemontesa
   ocorrência, 276
   período geomórfico, 279
   tipos, 277*f*
Falha de acavalamento, 276
   forças de compressão, 277*f*
Falha de deslizamento-choque, 278
Falha de San Andreas
   limite de placa lateral, 256*f*
   movimento, 279*f*
   movimento de choque de deslizamento lateral, 278
Falha inversa, 276
   forças de compressão, 277*f*
Falha lateral, 278
Falhas normais, 277, 279
Falhas tipo dip-deslizante, 278
Fator desencadeante, 303
Fatores bióticos, 223
Fatores climáticos, 220-222
Fator geográfico, representação, 39
Feather River, ruptura de represa, 350*f*
Feedback, 15. *Veja também* Feedback negativo; feedback positivo
   loop, 16, 16*f*
Feedback negativo, 15
   loop, mecanismo de controle, 16*f*
Feedback positivo, 16
Feldspato, hidrólise, 295

Félsicos, 245
Fenda, 387
   exemplo, 387*f*
Ferrum, 246
Fetch, 412
FingerLakes, bacias por fricção de gelo, 401*f*
Fiordes
   exemplo, 423*f*
Fiordes da Groenlândia, exemplo, 423*f*
Fissuras, 268-269
FjordCollege, geleiras (erosão), 393*f*
Floresta de coníferas perenes, 223*f*
Florestas boreais, 190
Florestas decíduas, aparência, 188*f*
Floresta tropical, 155-162
   abertura, 162*f*
   atividade humana, impacto, 161
   características contrastantes, 159-160
   clima, vegetação, 160*f*
   climográficos, 159*f*
   componentes, 160
Fluxo de aluvião, diagrama, 350*f*
Fluxo de energia, biomassa (relação), 212
Fluxo efêmero, 332
Fluxo perene, 332
Fluxos, 307-309. *Veja também* Detritos; Fluxo terrestre; Lama; Fluxo terrestre-depressão
   expectativa, 352
Fluxos de desgaste de massa, 307-309
Fluxos de lama, 308
Fluxos de remoção, 307-309
Fluxos desaparecendo, 322
   comum, 323*f*
Fluxos exóticos, 362
   drenagem exterior, 362
Fluxos piroclásticos, 270
Fluxo terrestre, 308
Foco. *Ver* Terremoto
   epicentro, relação, 282*f*
Foehn, 90
   ventos, descendentes, 90*f*
Folhosas, termo (uso), 161
Foliação, 249*f*
   formação, 250
Fontes termais, 325
Força centrífuga, 409
   exemplo, 409*f*
Força gravitacional, 408*f*
Forças tectônicas, 274-279. *Veja também* Forças tectônicas de compressão; Forças tectônicas por cisalhamento; forças tectônicas de tensão
   aplicação, resposta rochosa, 279*f*
   tipos, 275
Forças tectônicas de compressão, 275-276
   impacto, f. Veja também Rochas sedimentares
Forças tectônicas de tensão, 275-278
   impacto, 275*f*
Forças tectônicas por cisalhamento, 275, 278-279
   impacto, 275*f*

Forças tectônicas tensionais de grande
    escala, impacto, 278
Fotografia aérea em cor natural, 42f
Fotografia aérea em infravermelho próximo
    com cor falsa, 42f
Fotografias, 41
Fotografias aéreas, 42f
Fotografia, uso, 41-42
Fotossíntese
    equação, 57f
    impactos latitudinais, 213
Fração representativa (RF), 34f
    escala, 34
Frank Slide, 307
    escombros, 307
Frente, 115. *Veja também* Frentes frias;
    frentes oclusas; frentes estacionárias;
    frentes quentes
    superfície inclinada, formação, 127
Frente das Montanhas Rochosas, modelo de
    elevação digital, 40f
Frente polar, 130
    análise da corrente de jato, 134f
    convergência, linha, 131
Frente Polar, convergência de massa de ar,
    117
Frentes estacionárias, 128
Frentes frias, 127-128
Frentes oclusas, 128
Frentes quentes, 128
    seção transversal, 128f
Frontão
    formação, 365
    localização, 377-379
    rocha erodida, 365
    superfícies de erosão inclinadas, 365f
Fundo do mar
    espalhamento, 251-253
    fenômeno, 253
    espalhamento da crista oceânica, 253f
    idade, 252f
Furacão Charley, probabilidade de *landfall*/
    rota, 137
Furacão Ike, tempestade, 138f
Furacão Katrina, 136
Furacão Rita, linhas, 35f
Furacões, 134-138
    centro, baixa pressão, 134
    formação, 135
    intensidades/impactos, 136, 138
    landfall, 137f
    mapas de probabilidade, 137
    nomes, desuso, 135
    rotas, 137
    seção transversal, 134f
Fusão, calor latente, 61
Fusos-horários mundiais, 26f

G
Gabro, 245
Garoa, 113
Gases de efeito estufa, 202
    impacto, 58f
Geada

ação, exemplo, 402f
    intemperismo, 293
    inversão de superfície, 67
    polígonos, 190
Gêiser, 325
Geleira de anfiteatro, 385
    exemplo, 386f
Geleiras. *Ver* Geleiras alpinas; geleiras
    de anfiteatro; geleiras continentais;
    placas de gelo; calotas de gelo; geleiras
    piemontesas; geleiras de vale
    ablação, 384
        estação do ano, 389
    abrasão, 388
    acumulação, 384
    agentes geomórficos, 388
    armazenamento de água, 385
    cabeça, 388
    dedo (término), 388
        medição, estabilidade, 390
        retiro de encosta, 389-391
    desmoronamento, 384
    erosão, 392f
    fluxo
        processo, 387-388
        taxa, 387-389
        variação, 388
    formação, ciclo hidrológico (relação),
        383-385
    importância, 383, 385
    movimento, deformação plástica interna,
        387f
    retiro, modificação do terreno de gelo
        marginal, 398f
    sistemas ambientais, 389f
    superfície superior, 387
    tipos, 385-386
    trabalhos geomórficos, realização, 391f
Geleiras alpinas, 385, 388-394
    borda de aclive, 388-389
    características, 386
    expansão, 391
    formação, 390-391
    movimento, compreensão (importância),
        390
    partes/zonas, 388
Geleiras continentais, 386, 394-402
    errático, exemplo, 401f
    estagnação, 398f
    exemplo, 386f
    presença, 396
    relevos deposicionais, 397-402
    relevos erosionais, 397
Geleiras de vale, 385
    exemplo, 386f
    fluxo, fusão, 394f
    geleiras tributárias, relação, 391-393
Geleiras piemontesas, 385
Geleiras tributárias, 391-393
    sistema, 392f
Gelo
    albedo, 65

calotas, 387
    forma, 394
    cunhas, 402
    deformação plástica interna, 387f
    densidade, 258
    desmoronamento, 385f
    formação de cunhas, 293
    idade, 385
    placas, 386
        expansão, 397
        forma, 394
    plataformas, 396
        exemplo, 397f
    taxas de isótopo de oxigênio, análises,
        200f
Gelo glacial
    cor azul, 384
    transformação da neve, 383f
Generalistas, 215
Generalizações úmidas microtermais, 184-
    185
Geografia, 2. *Veja também* Geografia Lunar
    estudo, 2-5
    perspectiva, 20
Geografia física, 3-4
    impacto, 19
    método científico, aplicabilidade, 4f
    perspectiva espacial, 5-8
    perspectivas, 5-13
Geografia lunar, 30f
Geógrafos
    abordagem holística, 3
    tecnologia computacional, uso, 5f
Geógrafos físicos, observações, 4-5
Geomorfologia, 3
    objetivo, 264
    relevos, relação, 264-265
Geomorfologia fluvial, 331
Geomorfologia fluvial quantitativa, 354
Gesso, 247
Giros
    direção, 93f
    fluxo, 93
Glaciação. *Ver* Glaciação alpina; glaciação
    continental; glaciação do Pleistoceno
    máxima, 391f
Glaciação alpina
    relevos causado por erosão, 390-392
    relevos deposicionais, 394
Glaciação continental, 349
Glaciação do Pleistoceno, 395-397
Glaciares temperados, 387
GlacierBayNational Park, encolhimento de
    geleira, 205f
GlacierNational Park
    mosaico vegetacional, 223f
    mudança, fotografias, 8f
    relevos, 404f
Glaciofluvial, termo (uso), 393
Glaciolacustre, 401
Glaciologistas, setor, 3
Glazeamento, 235-236
Globos, 23-25

Gnaisse, 249
 exemplo de metamórficas, 249f
Gobi, pavimento desértico, 370
Golfo do México, manguezal, 221f
Gondwana (Hemisfério Sul), 251
Gotas de chuva
 tamanho relativo, 112f
 temperatura, 113-115
Gotículas de nuvem, tamanho relativo, 112f
GPS. *Ver* Sistema de Posicionamento Global
Graben (blocos de gravidade), 277, 279
 delimitação de falha, 277f
Gradiente, 37
Gradiente adiabático, 111
Gradiente adiabático ambiental, 60, 66, 111
 comparação, 111f
Gráficos climáticos, 151, 154
 temperatura/precipitação mensal, média, 154f
Grand CanyonNational Park
 camadas de rocha, resistência, 299f
 exposição de rocha, intemperismo/erosão diferencial, 299
 planos de estratificação, 248f
Grande Esfinge, solução causada por poluição, 296
Grandes círculos, 23-25
Grandes Lagos
 região, depósitos glaciais, 399f
 sistema, 401
Grand TetonNational Park, diminuição de temperatura, 70f
Granito
 cristais minerais, 243f
 expansão externa, intemperismo, 292f
Granizo, 113
Granizo, tamanhos, 113f
Granulação grossa de rochas, 249
Graus decimais, 25
Gravidade, impacto, 289-290, 301
 fotografia, 300f
Great Basin National Park
 alto relevo, 265f
 rochas, intemperismo por congelamento e descongelamento, 294f
Greensburg, destruição por tornado categoria F5, 140f
Grutas de cristal, sistema de caverna (fraturas), 324f
Gunnison River, erosão fluvial de longo prazo, 332f

H
Habitat, 215
Half Dome, esfoliação de domo, 292
Halita, 247
Havaí
 fonte de lava, 269f
 ilha oceânica, formação, 424f
Hawaii VolcanoesNational Park, 14f
HechoIslands, musgo, 193f
Hemisfério Norte
 anticiclone subtropical, padrão de circulação, 87f
 cobertura de gelo glacial, era pleistocênica, 396f
 permafrost, distribuição, 402f
Hemisférios, 24
Herbívoros, 211
Heterótrofos, 211
Hidratação, 293-294
Hidrogramas, cobertura, 351
Hidrólise, processo de intemperismo, 295
Hidrólogos, serviço, 3
Hidrosfera, 100
 sistema fechado, 103
 subsistema, 8
Hipótese
 Testes, determinação de técnica, 4f
 validade, testes, 4f
HollowsUpland, paisagem preglacial, 391f
Holoceno, 200
 exame, 205
Homes, ilha de barreira (impacto), 421f
Hora local, 26
Hora Universal (UTC), 27
Hora Zulu, 27
Horsts (blocos por suspensão), 277, 279
 delimitação de falhas, 277f
Hot spots, 257, 424. *Veja também* Manto
Huang He. *Ver* Rio Amarelo
Humboldt River, redução do fluxo, 362
Húmus, 227

I
Ica (Peru), oásis, 169f
Icebergs, 100f
 camadas de gelo glacial, 384
Icebergs achatados (icebergs tabulares), 396f
Icebergs tabulares. *Ver* Icebergs achatados
Ideal ecológico, 220f
Ilhas. *Ver* Ilhas continentais; Ilhas oceânicas
 arcos, 256
 biogeografia, teoria, 218-219
 recifes de coral, relação, 424-426
Ilhas continentais, 424
Ilhas de barreiras, 420
 exemplo, 420f
 habitações, presença, 421f
Ilhas Havaianas
 edifício, 257
 hot spot, 257f
 movimento, 424
Ilhas oceânicas, 424
 formação, exemplo, 423f
Ilhas urbanas de calor, 70
Illinois
 nevasca, 138f
 tornado classe F4, 142f
Iluminação, círculo, 23
 exemplo, 17f
Iluviação, 226
Imagem digital, 41-43
Imagens, tecnologias digitais, 43
Impactos de inverno, 204
Incêndios florestais, fatores, 91
Inclinação, 52
 ângulo, 18
Indiana, dolina, 322f
Indianapolis, transferência da frente quente, 132-133
Infiltração, 312-313
 capacidade, 331
Infravermelho. *Ver* Infravermelho próximo; Infravermelho térmico
Infravermelho próximo (NIR)
 energia, 42
 luz, 51
Infravermelho termal (TIR), 51
 imagens, 42
 imagens do tempo, 43f
Inselbergs, 365
Insolação. *Ver* Radiação solar recebida
Intemperismo, 225, 289, 291-295. *Veja também* Intemperismo químico; Intemperismo por congelamento e descongelamento; Intemperismo físico
 clima, impacto, 295-296
 perda de massa/relevo, relação, 309
 processo, 264
 processos exógenos, 290f
 variabilidade, 295-300
Intemperismo diferencial, 297
 topografia, relação, 299-300
Intemperismo esferoidal, 298
Intemperismo físico, 291-294
 dominância, 297f
 processos, 296f
Intemperismo por congelamento e descongelamento, 293
 exemplo, 295f
Intemperismo preferencial, 297-298
Intemperismo químico, 291, 294-295
 dominância, 297f
 processo, ocorrência, 296f
Interação espacial, 7-8
Interações humano-ambiente, 10-14
Interações oceano-atmosfera, 93-97
Interceptação. *Ver* Precipitação
Interflúvio, 331
 crista, 334
Interglacial, ocorrência, 397
Intrusões, plutonismo (relação), 273-275
Inundações de rios, impacto, 341f
Inundações, fluxo de sedimentos, 343f
Inversão. *Ver* Superfície; Temperatura; inversão do ar superior
Inversão superior de ar, 67
Islândia, dorsal meso-atlântica (relação), 255f
Isóbaras, 36. *Veja também* Linhas isóbaras concêntricas, desenho, 78
Isóbaros concêntricos, 129
Isóbatas, 36
Isoietas, 36
Isolinhas, 35-36
Isostasia, 258
Isotermas, 36
 uso, 70

J

JacobshavnGlacier, retração, 389f
Jamaica, clareira na floresta tropical, 162f
Janeiro, distribuição de pressão (variações sazonais), 84
Jato subtropical, corrente, 88f
Julho, distribuição de pressão (variações sazonais), 84
Juntas, 246
    interseções, solução, 322f

K

Kames, 402
Kenosha, padrões de precipitação (imagem de radar Doppler), 141f
Kissimmee River, percurso de escoamento, 13f
Kobe, terremoto, 282
    fotografia, 283f
Krakatoa, erupção, 202, 270, 411
Krummholz (madeira torta), 196f
    vegetação, 222f
Kuriles, arcos insulares, 256

L

Lacólitos, 273f
    formação, 273
La Conchita, fluxo de detritos, 309f
Lagoas, 419-421
Lago em ferradura, 348
Lago Michigan, neve de efeito lago (acumulação), 125f
Lago Missoula, lago represado por gelo, 401
Lagos
    águas interiores (corpos permanentes), 353
    falésias, 416
    importância, 354
Lagos de chaleira (*kettle*), 398
    exemplo, 400f
Lagos glaciais, 401-402
Lagos isolados por gelo, 401
Lagos proglaciares, 401
Lahars, 309
    exemplo, 309f
Lama, indicação, 301
La Plata, destruição por tornado, 141f
LassenPeak, exemplo cúpula em forma de *plug*, 271f
LassenVolcanicNational Park, cone de cinzas, 270f
Laterita, 234
    horizontes de perfil do solo, 234f
Laterização, 234
Latitude, 24-25
    continentalidade, relação, 189
    linhas, energia solar, 54-55
    medição, 24
    paralelos, 32
    temperatura da superfície da terra, controle, 68
    uso, 25f
    variações, 55
Latitudes do cavalo, 86

Laurásia (Hemisfério Norte), 251
Lava, 244
    fluxo, 267-269
        superfícies, composição, 267f
        percurso de rio, aparência, 244f
Lava de diaclase colunar, 267f
Lavagens, 362
Legenda, 33
Leito de rio, aumento, 346-348
Leito seco de rio (lavagem), aluviões (presença), 363
Lençol freático empoleirado, 315
Leques aluviais, 365-366
    borda de areia, 374
    características, 365-366
    coalescência, 367f
    comum, 366
    ocorrência, 378f
    presença, 368f
Levantamento orográfico, 114f, 115f
    convecção térmica, relação, 139f
Lianas, 160
Limiar, 16. *Veja também* Limiar populacional
Limite da placa continental-oceânica convergente, 256
Limite de placa convergente. *Ver* Limite de placa convergente oceano-continente
    colisão continental, 256f
    margens, interação, 254-255
Limite de placa lateral, Falha de San Andreas, 256f
Limite de placas, quebra. *Ver* Limite da placa divergente continental
Limites de placas continentais divergentes, quebra, 255f
Limites de placas divergentes, quebra. *Ver* Limite de placa divergente continental
Linha Internacional de Data, 27
    exemplo, 27f
Linhas, 35f
Linhas de contorno, 37. *Veja também* Linhas de contorno topográfico
Linhas de contorno topográfico, 36-37
Linhas de instabilidade, 128
Litorais
    posição, movimentos tectônicos (impacto), 407
    remanescentes, 360f
Litorais de emergência, 422
Litorais dominados por deposição, relevos (exemplos), 419f
Litoral de margem passiva, 421-422
    exemplo, 422f
Litosfera, 239
    composição, 241f
    equilíbrio, 258
    rigidez/fragilidade, 253
    subsistema, 8
    unidade estrutural, 241
Lixiviação, 225
    impacto, 231f

Llanos (Venezuela), 162
Locais marítimos, 65
Localização, 5, 22-25. *Veja também* Locais marítimos
    encontrando, 25f
    método, U.S. Public Lands Survey System (uso), 28f
    modelo 3D digital, 7f
Localização absoluta, 5
Localização de posição, sistema de coordenadas retangulares (uso), 24f
Localização relativa, 5
Loess, 233
    depósitos, 371, 375
    erosão de rego, 375f
    sedimentos depositados por vento, acumulação, 371f
Longitude, 24-25
    linhas, 26
    medição, 24-25
    meridianos, 32
    tempo, relação, 27
    uso, 25f
Lookout Point Dam, 353f
Los Angeles, inversão térmica e *smog*, 67f
Lua, atração gravitacional, 408-409
Lugares, características, 5
Luz do dia
    duração, 53t, 220
    duração mais longa, 54

M

Machu, Svolvar (comparação), 195f
Máficos, 245, 266
Magma, 244
    composição gasosa, 266
    túneis, 253
Manto, 241
    crosta, interface, 241
    hot spots, 257
    material, aumento, 253
    material fundido, zona estacionária, 257f
Mapa azimutal, 33
    centralização do Polo Norte, 33f
Mapa baseado em sistemas de GPS, 29
Mapa da GreatBasin, lagos, 367f
Mapa de contorno, exemplo, 38f
Mapa mental, modelo conceitual, 14
Mapas, 22-27. *Veja também* Mapa azimutal; Mapas conformais; Mapas equidistantes
    área, 33
    básico, 34
    camadas, 38
        exibição, 38
    desenho, 23f
    digitalização, 41
    direção, 33-35
    distância, 33
    escalas, 34, 34f
    forma, 33
    ilustração, 23f
    informações, 31
    legenda, 33

limitações, 30
ponto de vista, 36
projeções, 29-38
    exemplos, 31-33
    propriedades, 33
símbolo, exemplo, 35*f*
título, 33
vantagens, 29
Mapas de camadas de casa, exibição, 39
Mapas equidistantes, 33
Mapas temáticos, 35-36
    composição, 38
Mapas topográficos, 36-37
    símbolos, uso, 37
Mapeamento, tecnologias digitais, 43
Mar, 413
    arcos, 416
        exemplo, 417*f*
    brisas, 90
        exemplo, 94*f*
    cavernas, 416
        exemplo, 417*f*
    falésias, 416, 422
    gelo, 395
    nível, ascensão, 420
    pilha, 416, 422
Marconi Beach, litoral de margem passiva, 422*f*
Mar de Aral, encolhimento, 11*f*
Maré alta, exemplo, 412*f*
Maré baixa, exemplo, 412*f*
Maré diurna, raridade, 409
Maré morta, 409
    ocorrência, 409*f*
Marés, 408-410
Mares de areia (ergs), 372
Marés de sizígia, 409
    ocorrência, 409*f*
Margem continental ativa, exemplo, 422*f*
Margens construtivas das placas, 254
Margens continentais ativas, 422
Margens em degraus, 350
Marianas, arcos insulares, 256
Marítimo Equatorial (*mE*), 124
Mármore, 249
    exemplo de metamórficas, 249*f*
Marte, ventifatos, 371*f*
Massa polar modificada, influências, 129
Massas de ar norte-americanas, 125-127
    regiões de origem, 126
Massas de terra, mudança, 203
Massas polares, 129
Materiais inorgânicos, 225
Materiais piroclásticos (fragmentos de fogo), 266, 269. *Veja também* tephra
Material de origem, 230-231. *Veja também* Material residual de origem; material de origem transportado
Material de origem residual, 231
Material de origem transportados, 231
Matéria orgânica, 227
Matriz, 217

Matterhorn (Alpes suíços), 392*f*
Mauna Loa
    dióxido de carbono atmosférico, medições, 58*f*
    vulcão em escudo, forma de cúpula/convexa, 269*f*
Meandros
    isolados, 346
    migração lateral, 346
Meandros entrincheirado, 348-349
Médio curso, características, 346
Meio-dia solar, 27
Mercator, Gerhardus, 31-32
Meridiano 0°, 25
    criação, acordo internacional, 27
Meridiano central, 27
Meridiano de Greenwich (GMT), 27
Meridianos, 25-27. *Veja também* Meridiano central; Meridiano 0°; Meridianos principais
    paralelos, cruzamento, 32
Meridianos principais, 28
Mesas
    área de superfície, 364
    formação, 365*f*
Mesa Verde National Park, Cliff Palace, 50
Metamorfismo
    ocorrência, 249
    pressão, aplicação, 249*f*
Meteoroides, 203
Meteorologia, 49
Meteorologistas, estudo da geografia, 3
Método científico
    aplicabilidade, 4*f*
    aplicação, 4
Migração lateral, 346
Migração latitudinal, 86
Milankovitch, Milutin, 19, 201
Minerais, 242-243
    alinhamento, 249*f*
    características físicas, 242-243
    grãos, 293*f*, 294
Minerais portadores de Ferro, coloração, 294*f*
Modelagem, tecnologias digitais, 43
Modelo de circulação atmosférica, 84-85
Modelo de elevação digital (DEM), 36, 39
Modelos, 14-17
    uso, 15*f*
Modelos conceituais, 14
    uso, 15
Modelos de visualização (visualizações), 39
Modelos estatísticos, 14
Modelos físicos, 14
Modelos gráficos, 14
Modelos matemáticos, 14
Modelos pictóricos, 14
Modificação de solo proglaciares, 398*f*
Moléculas de água profunda, caminhos orbitais, 413*f*
Moléculas, ligações químicas, 243
Momento de magnitude, 281-282
Monção, 89

ventos, 89-90
Montana
    deslizamento de rochas induzido por sismo, 306*f*
    drumlins, 400*f*
Montanhas/Vale Apalache
    aquiclude, 315
    intemperismo/erosão, 300*f*
    intemperismo/erosão diferencial, 299-300
Montanhas
    climas, características, 196
    geomórfico, termo, 279
    terra alta, conexão com bacia, 367*f*
Montanhas de falha em bloco, 366
    emergência, 377
    imagens de satélite, 377*f*
Montanhas La Sal, lacólito, 274*f*
Montanhas TienShan, terraços fluviais, 350*f*
Montanhas tropicais, vegetação natural/zonas climáticas verticais/produtos agrícolas, 197*f*
Monte Etna, cinzas vulcânicas, 266*f*
Monte Etna, impacto, 270
Monte Mazama, erupção, 272
Monte Pelée, exemplo de cúpula *plug*, 271
Monte Pinatubo, erupção, 202
Monte Vesúvio, impacto, 270
Montserrat, erupções vulcânicas, 271*f*
Monument Valley, rocha de cobertura, 365*f*
Moraine de solo, 394
Morena final, 393, 397
    exemplo, 394*f*
    topografia, 401*f*
Morena média, 393
Morena recessional, 393
Morenas laterais, 393
    exemplo, 394*f*
Morenas terminais, 394
    presença, 396
Morenas, tipos, 393
Mosaico. *Ver* Mosaico vegetativo
    exemplo, 220*f*
Mosaico vegetativo, 217
Mount Hood, exemplo de cone composto, 270*f*
Mount St. Helens
    atividade vulcânica, 202*f*, 271*f*
    bojo, aumento, 270
    lahars, 309*f*
Movimento galáctico, 17
Movimento horizontal de ar, 66
Movimento lateral das placas, 256-257
Movimento, velocidade. *Ver* Perda de massa
Mudanças atmosféricas, 202-203
Mudanças climáticas, 198-206, 217
    causas, 201-206
    impacto, 199
    registro, 198
Mudanças climáticas globais, modelos de computador, 206*f*
Mudanças no nível básico, tectonismo (relação), 348-351

Mudanças verticais de temperatura, 59f
Municipalidade, 27
  divisão, seções (uso), 28
Municipalidade e Sistema de Alcance, 27-29
Muskeg (paisagem), 191-192
Myakka State Park, floresta, 176f

N

Nascentes, 315
National Oceanic and Atmospheric Administration (NOAA), criação do tsunômetro, 411
National Resources Conservation Service (NRCS), 236
Navegação por som e escopo (sonar), 42
NCL. *Ver* Nível de condensação por levantamento
Neblina, 107, 107-109. *Veja também* Advecção; nevoeiro de curva ascendente
  inversão de superfície, 67
  tipos, 108f
Nevada. *Ver* Sierra Nevada
  escarpa de falha piemontesa, 278f
  montanhas de falha de bloco, imagem de satélite, 377f
Nevasca com vento (*whiteout*), 138
Nevascas, 138
Neve, 113
  albedo, 65
  avalanches, 305
    impacto, 305f
  linha, 197
  transformação do gelo glacial, 383f
Neves de efeito lago, acumulação, 125
Nicho ecológico, 215
Nitrogênio, percentual atmosférico, 56
Nível básico, 335. *Veja também* Nível básico regional; nível básico temporária; nível básico final
  diminuição, 349-351
Nível de base regional, 335
  controle, 361
Nível de base temporário, 335
Nível de condensação por levantamento (NCL), 116
Nível do mar
  determinação, 407
  mudanças, 199
  pressão, 83f
  temperaturas, 71f
Nível trófico, 211
  exemplo, 212f
Nordestinos, 126
Norfolk, espigões, 421f
Norte de África, wadis, 362
Norte magnético, 34-35
Norte verdadeiro, 34
  símbolo no mapa, 35f
NorthwestTerritories, lado do tipo chaleira, 400f
Noruega, erosão glacial, 179f
Núcleo externo, 240
Núcleo interno, 240
Núcleos de congelamento, 113
Nuvens, 107, 109-111
  capa, 65
  formas, 109-111
  nomeação, 109f
Nuvens altocumulus, 110
Nuvens cirrocumulus, 110
Nuvens cirrus, 110
  exemplo, 110f
Nuvens cumulonimbus, 110
  exemplo, 110f
Nuvens cumulus, 110
  exemplo, 110f
Nuvens estratocúmulos, 110
Nuvens nimbo, 110
Nuvens nimbus, 110
Nuvens stratus, 110
  exemplo, 110f

O

OAN. *Ver* Oscilação do Atlântico Norte
Oblato esferoide, 22
Observação
  explicação, necessidade, 4f
  hipótese, correção, 4f
Obsidiana (vidro vulcânico), 245f
Oceano Atlântico, litoral de margem passiva, 422f
Oceanógrafos, serviço, 3
Oceano Pacífico, mapa de correntes, 69f
Oceanos, água salgada (presença), 312f
Ogden, loess, 371f
Ohio River, afluente, 336
Old Faithful (gêiser), 326f
Olivehurst, recuperação de várzea, 350f
Onda de energia, 412
  concentração, 414f
  partículas, presença, 418
  variações sazonais, 419f
Ondas. *Ver* Ondas quebrando; Ondas de verão; Ondas de inverno; Tsunamis; Marés
  altura, aumento, 413f
  base, 412
  comprimento de onda, diminuição, 413f
  crista, abordagem, 415
  declividade, 408
    aumento, 413f
  erosão, exemplos, 417f
  forma/tamanho, terminologia, 408f
  formas de viajar, 412
  formas, viagens, 412
  fundo, 413f
  moléculas, caminhos orbitais, 413f
  origem/características, 409-411
  período, 408
  velocidade, diminuição, 413f
  vento, impacto, 412
Ondas de águas profundas, 411-414
Ondas de inverno, 419
Ondas de vento, 412-414
Ondas de verão, 419
Ondas do Leste, 135
Ondas longas, 88
  formação/dissipação, 89f
Ondas primárias (ondas P), 240f
Ondas quebrando, 413-415
Ondas Rossby, 88
  formação/dissipação, 89f
Ondas secundárias (ondas S), 240f
Ondas sísmicas, 240
Ondulação (swell), 412
Ondulações, 369
  formação, 370f
Ondulações glaciais, 388
Onívoros, 211
Oregon, espeleotemas, 325f
OrganPipeNational Park, precipitação (impacto), 169f
Oscilação do Atlântico Norte (NAO), 95, 97
  fase, ocorrência, 97
Oscilação Sul, 95
  El Niño, relação, 95
Owens Lake, sombra da chuva, 361f
Oxidação, 56, 294
Óxidos de ferro, surgimento, 294
Óxidos de nitrogênio (NOx), impacto, 59
Oxigênio
  crosta, presença, 243
  percentual atmosférico, 56
Ozônio, 58-60
  deficiência, 59
  sensores de satélites, 59f

P

Padrão de maré mista, 409
Padrão de treliça, 337
Padrão espacial, 5
Pahoehoe, 267
  superfície de fluxo de lava, 267f
Painel Intergovernamental sobre Mudanças Climáticas (IPCC), 206-207
Paisagens/relevos cársticos, 320, 323. *Veja também* Torre cárstica
  exemplos, 324f
  formação, 320
  variação, 322f
Paisagens
  intemperismo/desgaste de massa, relação, 309
  township and range system, impacto, 28
Paisagens áridas, mal-entendidos, 378
Paisagens desérticas, 359
Paisagens eólicas, mal-entendidos, 378
Paisagens periglaciais, 402
Paleogeografia, 260-262
  evidência, aumento, 262
Palisades, exemplo de soleira, 274f
PalmyraIsland, palmeiras (estabelecimento), 218
PamlicoSound, ilha barreira, 420f
Panela de argila, 368
Pangeia, supercontinente, 251f
Pão de Açúcar, esfoliação de cúpula, 292
Paquistão, morena terminal, 394f

Paralelismo, 18, 52
Paralelos, 25-26. *Veja também* Latitude
Paricutín, exemplo cone de cinzas, 269
Parque Nacional de Yellowstone
   caldeiras, 272
   conteúdo mineral, 325*f*
Parthenon, a solução para poluição, 296
Partículas de lodo, 227
   suspensão, 369
   tamanho relativo, 246
   transporte, 341
Partículas, porcentagem atmosférica, 57
Pedaços de terra, 217
   exemplo, 220*f*
Península Antártica, HechoIslands (musgo-vegetação), 193*f*
Península do Kenai
   morenas laterais, 394*f*
   vale glaciar, 386*f*
Pensilvânia, seção apalachiana (intemperismo/erosão), 300*f*
Peoria, temperatura (marcha anual), 72*f*
Pequena Idade do Gelo, 205
Pequeno círculo, 23
Percolação, 313
Perda de massa, 290, 300-309. *Veja também* Perda rápida de massa; Perda lenta de massa
   classificação, 301
   envolvimento da água, 303
   expansão/contração, repetição do ciclo, 302*f*
   gravidade, impacto, 301
   impacto cumulativo, 300-302
   Intemperismo/paisagem, relação, 309
   movimento, velocidade, 301-303
   ocorrência, 301
   processos, tipos, 302*t*
Perda lenta de massa, 302-303
   medições, 301
Perda rápida de massa, 303-309
   movimento, 301
Perdas por erosão, exemplo, 224*f*
Perene, termo (uso), 161
Perfil, 37
Perfil do solo, 230
   diagramas, 232*f*
   exame, 230*f*
   horizontes, 234*f*, 235*f*
   arranjo, 230*f*
Perfil longitudinal, 345
Perfil topográfico, 37
   exemplo, 38*f*
Periélio, 18
Periodicidade, cálculo de Milankovitch, 201*f*
Período Cretáceo, 260
Período Quaternário, 260
Períodos, 260
Permafrost, 190
   camada ativa, relação, 303
   distribuição, 402*f*
Permeabilidade, 229, 315

   porosidade, relação, 315*f*
Perturbações atmosféricas, 129-141
   movimento, 129-131
Peru, oásis, 169*f*
PikesPeak, modelo 3D digital, 7*f*
Pirâmides tróficas, 213
Piroclastos, 244
   rochas, 245*f*
Pixels, 41
Placa de gelo da Groenlândia
   ausência, 395*f*
   cobertura, 396
      exemplo, 195*f*
Placa eurasiana, 256
Placas de sal, 368
Placas litosféricas, 251
   movimento, 252*f*
Placas tectônicas, 251-257
   definição, 251
   mecanismo de convecção, 253*f*
   movimento, 254*f*
Placas tectônicas, movimento, 252*f*
Planaltos, 362
   formação, 365*f*
Planaltos Leste-Africanos, clima tropical de savana, 164*f*
Planalto Tibetano, 256
Planície aluvial, 346
Planície aluvial piemontesa, 366
Planície glacial, 393
Planícies. *Ver* Planícies glaciais; Planícies de till
Planícies de till, 397-398
Planícies glaciais, 398-399
Plano da eclíptica. *Ver* Eclíptica
Plano de vista, 36
Plano geométrico, 24*f*
Planos de estratificação, 248
   exemplo, 248*f*
Plantas
   adaptação ao deserto, 168-169
   animais, interações, 223
   comunidades, 215
   sucessão, 215
Plantas xerófitas, existência, 168
Plataforma de geloLarsen B, 396*f*
Plataformas de gelo achatadas, 396*f*
Platô do Colorado
   conjuntos de diaclase transversais, 298*f*
   estratos horizontais de rochas, intemperismo diferencial/erosão, 364*f*
Playas, 366-368
   depósitos de sal, acumulação, 368*f*
   microtopografia, 368*f*
   ocorrência, 378*f*
   presença, 368*f*
Playas de sal, 368
Pleistoceno, 260, 395
   bacias desérticas, 368
   expansão glacial, 397
   período úmido, 360
Plutonismo, 266

   intrusões, relação, 273-275
Pocesso de colisão-coalescência, 111
Poços, 316
   bombeamento, 317*f*
Poços artesianos, 317
Podzol, horizontes de perfil do solo, 235*f*
Podzolização, 234
Point Lobos, litoral de margem ativa, 422*f*
Point Sur, tômbolo, 420*f*
Polar Marítimo (*mP*), 124
   massas de ar, 126
Polo Norte, 24
   mapa azimutal, centralização, 33*f*
Polo Sul, 24
Poluição, resultado, 12
Ponto de orvalho, 104
   temperatura, saturação (relação), 103-104
Pontos, 35*f*
Pontos oblíquos, vista natural, 41*f*
População
   densidade, mapa-múndi, 13
   limiar, 13
Porosidade, 229, 315
   relação de permeabilidade, 315*f*
Pradarias de gramíneas, 170
Praia, 419. *Veja também* Praias de barreira
   deriva, 415
   equilíbrio, 420
   erosão, gravidade, 419
   evidências das ondas de deposição, 418*f*
   sistemas, 420
Praias de areia branca, 418*f*
Praias de barreira, 419
Precipitação
   confiabilidade, 180*f*
   distribuição, 116-120
   distribuição do tempo, 116-117
   distribuição latitudinal, 117
   fatores, 114-117
   formas, 113
   interceptação, 331
   mapa-múndi. *Ver* Precipitação média anual
   média anual
      consideração, 116
      distribuição latitudinal, 120
      mapa-múndi. *Ver* Precipitação média anual
   ocorrência, 111-113
   processos, 111-117
   quantidade média mensal, consideração, 117
   variabilidade, 120
      mapa-múndi, 121*f*
   variação, 196*f*
Precipitação anual, mapa-múndi. *Ver* Precipitação média anual
Precipitação ciclônica, 115
Precipitação de convecção, 114
Precipitação frontal, 115
Precipitação média anual, mapa-múndi, 118*f*-120*f*
Precipitação orográfica, 115-116

Presença marciana, 371*f*
Pressão
　células, 77
　distribuição
　　mapeamento, 78
　　variações sazonais, 82, 84
　gradientes, 78
　　fricção, interação, 80
　　resposta, 81
　　vento, relação, 78-79, 79*f*
　sistemas
　　estrutura horizontal/vertical, 130*f*
　　mapeamento, 129
　　posições, 96*f*
　variação longitudinal, 87
Pressão atmosférica, 76
　variações, 76-78
Pressão barométrica, 76
Pressão de ar, 77
　diminuição, 77*f*
　mudanças induzidas pela temperatura, 77
　processos dinâmicos, impacto, 78
Pressão global
　modelo, 81-82
　sistemas eólicos, relação, 81-87
Pressão padrão no nível do mar, 76-77
Processo Bergeron, 113
Processo de elevação, 302
Processo de estabilidade, 111
Processo de falha, 276
Processo de instabilidade, 111
Processos endógenos, 264-265
Processos eólicos, comum, 368-370
Processos exógenos, 264-265
　características, 289-290
Processos fluviais, 341-344
Processos geomórficos exógenos, 290-291
Processos ígneos, 264
　relevos, relação, 266-275
Processos tectônicos, 264
Produtividade, 212-215. *Veja
　também* Produtividade primária;
　produtividade secundária
Produtividade primária, 213-214. *Veja
　também* Produtividade primária líquida
Produtividade primária líquida, 214*t*
Produtividade secundária, 212, 214-215
Produtores, 210-212
Projeção cilíndrica, exemplo, 31*f*
Projeção conforme, 32
Projeção cônica, exemplo, 31*f*
Projeção de Mercator, 31-32
　projeção, 32*f*
Projeção interrompida, 33
Projeção plana, exemplo, 31*f*
Projeções. *Ver* Projeção cônica; projeção
　cilíndrica; projeção de Mercator;
　projeção plana
　formação, 31*f*
Projeções distorcidas, 33
Projetos de residências, mudanças sazonais
　do Sol (impacto), 50

Província de Aceh, destruição por tsunami,
　411

Q

Quartzito, 249
　exemplo de metamórficas, 249*f*
Queda de pedras, riscos, 304
Queda de rocha, 301, 304-305
　comum, 304
　exemplo, 304*f*
　impacto, 304*f*
Quedas, 306
　deslizamento de terra rotacional, 306*f*
Quedas, 304-305. *Veja
　também* Desprendimento de rocha

R

Radar Doppler, 141
Radares meteorológicos, 42
　exemplo, 43*f*
Radiação, 61-63
　balanço, 61*f*
　nevoeiro, 107-109
Radiação de ondas curtas, 51
Radiação de ondas longas, 51, 63
Radiação solar
　efeitos atmosféricos, 60
　percentuais, 53*f*
Radiação solar de ondas curtas, penetração
　atmosférica, 58*f*
Radiação solar (insolação), 49, 51-52
　efeitos diários, 64
　menor valor, 55
　nível mais alto, 64
　percentuais, 53*f*
　quantidade, 63
　radiação de ondas curtas, 57
　variações
　　atmosfera, impacto, 55
　　latitude, relação, 55
Radiação ultravioleta (UV), 51
　absorção de ozônio, 60
Raios diretos, 54
Raios gama, 51
Raios verticais (raios diretos), 54
Raios-X, 51
Raisz, Erwin (desenho do mapa), 23*f*
Ravinas, 332
　erosão, 224
　　depósitos de loess, 375*f*
　formação, 365
Recifes, 426
　exemplos, 425*f*, 426*f*
Recifes de barreira, 426
　exemplos, 425*f*, 426*f*
Recifes de coral
　ilhas, relação, 424-426
　tipos, 425*f*
Recuperação isostática, 397
Recursos naturais, 12
Rede geográfica, 25-29
　orientação/geometria, 34
Red River, planície glacial, 401

Reflexão, 65
Refluxo e escorrimento, 407
Refração. *Ver* Refração de onda
Refração das ondas, 414
　deriva litorânea, relação, 414-415
　impacto, 414*f*, 415*f*
　incompletude, 415*f*
　ocorrência, 414-416
Regatos, 332
　canal, 333*f*
Região
　área, 35
　modelo espacial, 6
　separação de fronteira, 6
　termo, uso, 6, 151
Região das Montanhas Rochosas, chinook, 90
Região de origem, 124. *Veja também* Massas
　de ar norte-americanas
Região do Sahel, zonas de transição, 166-167
Regime de marés semidiárias, 409
Regimes de for, ação de solo/classificação,
　234-236
Regiões áridas, vazão de rio, 314
Regiões de baixa latitude, climas úmidos, 296
Regiões de clima Thornthwaite, 148*f*
Regiões de montanhas altas, surgimento, 290*f*
Regiões naturais, 6
　tamanho/formato, mudança, 6
Regiões periglaciais, ação da geada
　(impacto), 402*f*
Regiões polares, atividade humana, 194
Regiões semiáridas, fluxo de corrente, 314
Regiões subárticas, restrições climáticas,
　189-191
Regiões teóricas de intemperismo, 296*f*
Registro abissal, ciclos de Milankovitch
　(correlação), 201-202
Registro sedimentar abissal, importância, 200
Regolito, 243, 291
Reg (pavimento desértico), 370
Relações simbióticas, 223
Relevo eólico, 368
Relevos deposicionais, 394, 397-
　400. *Veja também* Relevos litorâneos
　deposicionais
Relevos deposicionais costeiros, 418-422
Relevos de região árida, 362-368
Relevos eólicos, 368
Relevos erosionais costeiros, 416
Relevos por erosão, 391-392, 397. *Veja
　também* Relevos litorâneos por erosão
Relevos vulcânicos, 264, 267-273
Reposição, 312-313
Represas
　presença, 347
　ruptura, 350*f*
Reservatório, equilíbrio dinâmico
　(exemplo), 16*f*
Resfriamento adiabático, 110
　instabilidade/estabilidade, 111
Resolução espacial, 41
Ressurgência, 94
Retrolavagem, 407

Riacho de primeira ordem, 334
Riachos. *Ver* Rios de primeira ordem; rios de segunda ordem; rios de terceira ordem; rio principal
  ação, 331
  afluentes, perspectiva aérea, 337
  água
    cor laranja, 318
    fluxo, 337
    movimento para baixo, 335*f*
  capacidade
    aumento, 340
    diminuição, 365
  cargas, 342
  carga sólida, transporte, 341*f*
  competência, aumento, 340
  conceito, 335*f*
  controle de nível regional de base, 361
  curso inferior, características, 346-347
  curso superior, características, 345-346
  deposição, 342-343
  energia, 339-341
    redução, fatores, 339-341
  erosão, ocorrência, 341
  estação de medição (USGS), 351*f*
  fluxo
    expectativa, 352
    variação, 353
  gradiente
    declividade, 340
    diminuição, 340*f*
  hidrograma, 351
    representação de descarga, 351*f*
  impacto. *Ver* Inundações; Terra
  influência, ausência, 341
  nível básico, 335
    ponto mais baixo, 335*f*
  ordenação, 334
  padrão, 345*f*
  padrão radial, formação, 337
  perfil longitudinal, 345
  perigos, 350-352
  rejuvenescimento, 348
  sistema, 333-337
  sistemas ambientais, 333*f*
  subdivisão, 345
  terraços, 350
    remanescentes, 350*f*
  transporte, 341-342
  urso médio, características, 346
  vale, diagrama, 350f
  velocidade de fluxo
    mudança, 339
    relação, 434*f*
  velocidade, medição, 339*f*
Riacho trançado, exemplo, 361*f*
Rias, criação, 423-424
Richter, Charles F., 281
Rio Amarelo (Huang He)
  leito de rio, subida, 346-348
  lodo, 342
Rio de terceira ordem, 334

Rio Hocking, bacia hidrográfica de quarta ordem, 336
Rio inferior, 345
Riolito, 245
Rio Mississippi
  bacia de drenagem, cobertura, 336
  delta
    construção, 332*f*
    satélite, 351*f*
  deposição fluvial, 331
  várzea, imagem de radar, 348*f*
  vista aérea, 342*f*
Rio Missouri
  calha de rio sinuoso, imagem de radar, 345*f*
  várzea, depósitos aluviais, 343*f*
Rio Nilo
  delta, imagem de satélite, 349*f*
  sinuoso, imagem de satélite em cor falsa, 362*f*
Rio principal, 333
  embocadouro, 335
Rios
  carga de sedimentos, 342*f*
  curso inferior, características, 346-347
  curso superior, características, 345-346
  expectativa de fluxo, 352
  meio curso, características, 346
  ranking mundial, 339t
  vale, vista (exemplo), 38*f*
  várzeas, locais de repouso (exibição), 41
Rios de segunda ordem, 334
Rios glaciares, 395
Rio superior, 345
Rio Usumacinta, selva, 161*f*
Rocha de cobertura, 363
  exemplo, 365*f*
Rocha de deposição, 324-325
Rocha ígnea extrusiva, 244
Rocha ígnea intrusiva, 244
Rocha matriz, 243
  deslizamentos, 305
  encostas, recuo por erosão, 364
  estruturas, padrões de drenagem (relação), 338*f*
  nós resistentes, 365*f*
Rocha partida, resultado, 293*f*
Rocha plutônica, 244
Rochas, 242, 243-250. *Veja também* Rochas ígneas; Rochas metamórficas; Rochas sedimentares
  árvores, impacto, 292*f*
  avalanches, 305
  blocos angulares, 294
  camadas, pressão, 275-276
  ciclo, 250*f*
  coloração, exemplo, 294*f*
  cristais entrelaçados, composição, 315
  debilidades estruturais, 297
  desintegração/decomposição, exemplo, 289*f*
  enfraquecimento, 289-290
  estruturas, 274-279

  complexidade. *Ver* Estruturas rochosas dobradas
  documentação, 275
  topografia, relações, 279
  exposições, 244*f*
  fissura, 225, 290
  fluxo, 388
  fraturas, expansão da água (força), 293*f*
  idade geral, 259*f*
  intemperismo, 225, 243
  material, remoção, 341
  resposta, 279*f*
  tipos, 243, 296-297
  unidades, deslizamento de pedras (suscetibilidade), 306*f*
Rochas ígneas, 273*f*
  exposição de intrusão, 273
Rochas ígneas, 244-246. *Veja também* Rocha ígnea extrusiva; rocha ígnea intrusiva
  composição intermediária, 246
  composição química, 245
  desintegração granular, 293*f*
  formação, 250*f*
  intromissão, 273*f*
  juntas, 246
  textura, 244
    distinção, 245*f*
Rochas metamórficas, 249-250
  exemplos, 249*f*
  foliação, 249
  formação, 250*f*
  superfícies (clivagem), 249
Rochas metamórficas não foliadas, 149*f*
Rochas sedimentares, 246-249. *Veja também* Rochas sedimentares químicas; rochas sedimentares clásticas; rochas sedimentares orgânicas
  classificação, 246*f*, 247
  estratificação, 248-249
  forças tectônicas de compressão, impacto, 276*f*
  formação, 250*f*
  litificação, 248
  origem marinha, 247
  origem terrestre (origem continental), 247
Rochas sedimentares clásticas, 246
Rochas sedimentares orgânicas, 247
Rochas sedimentares químicas, 247
Rocha vulcânica, 244
Roche Moutonée (sheepback rock), 390
  formação, 390*f*
Rotação, 17-19
Rota de furacões, mapa-múndi, 135*f*
Rotas de tempestade, 130
Ruby Mountains, geleiras tributárias, 392*f*

S

Saara
  dunas longitudinais, vista de satélite, 375*f*
  pavimento desértico, 370
Sais minerais, saturação, 247
Salares, 366
Salinização, 235

Saltação, 342
    processo de transporte, 369
Salt Lake City, modelo de elevação digital, 40f
San Francisco
    balanço d'água, 107f
    precipitação mensal, média, 117f
    terremoto
        distribuição de material da Terra, 280
        intensidade Mercalli, padrões geográficos, 281
        ocorrência, 282
San Juan River, rios entrincheirados, 349f
Santa Ana, 90
    fogo, 91
    ventos, 91
        configuração geográfica, 91
        imagens de satélite, 91
São Francisco, delta em cúspide, 349
Saturação
    temperatura do ponto de orvalho, relação, 103-104
    zona, 313-314
        zona intermédia, 314
Savana
    características transitórias, 162-164
    clima. *Ver* Clima tropical de savana
    girafas, presença, 163f
    potencial, 163-164
    vegetação, adaptações (formação), 163
Sawtooth Range, picos de montanha esculpidos, 291f
Scanners multiespectrais, 43
Seções, 28
Seções em quartos, 28
Sedimento
    acumulação litorânea, 418
    carga, 342f
    depósito, 344f
    movimento, vento (impacto), 369f
    pilhas, 305f
    porosidade/permeabilidade, 315f
    transporte, 415f
    transporte, 369
Selva, 161
Sensoriamento remoto, 42-43. *Veja também* Sensoriamento remoto multiespectral; sensoriamento remoto especializado
Sensoriamento remoto especializado, 42-43
Sensoriamento remoto multiespectral, 43
Sierra Nevada
    expansão externa, intemperismo, 292f
    faixa, variação de precipitação, 196f
    geleira alpina, till glacial, 393f
    granito de juntas transversais, 299f
    sombra da chuva, 362f
Sierras, condições de semiárido/sombra de chuva, 115f
Sílica, 243
Silicato, 243
Silício, presença na crosta, 243
Siltito, 247

Símbolos frontais, uso, 128f
Sinclinais, 275, 279
Sismógrafos
    registro, 281-283
    uso, 240f
Sistema abiótico, 210
Sistema de coordenadas, 24
Sistema de coordenadas retangulares, uso, 24f
Sistema de informações geográficas (GIS), 38-41
    função, 38
    informação/armazenamento de dados, 39f
    tecnologia, aplicação, 39
Sistema de Köppen, 149-151, 164
    vantagens/limitações, 149
Sistema de posicionamento global (GPS), 29
    leitura do receptor, 29f
    sinais, uso, 29f
Sistema de suporte à vida, 12
Sistema dorsal oceânico. *Ver* Sistema dorsal oceânico global
Sistema glacial, controle climático, 385
Sistema global de cristas oceânicas, 252f
Sistemas, 8, 14-17. *Veja também* Sistemas fechados; Ecossistema; Sistemas abertos; Subsistemas
    análise, 14
    exemplo, 15f
    função, 15
Sistemas abertos, 15, 210, 225
    bacia de drenagem, 334
    energia/matéria, entradas/saídas, 15f
Sistemas ambientais, 60f, 102f
    córregos, 333f
    geleiras, 389f
    lençol freático, 313f
    movimento das placas tectônicas, 254f
Sistemas artesianos, 317, 319
    condições, 317f
Sistemas ciclônicos de latitude média, 132f
Sistemas de pressão semipermanentes, 84
Sistemas fechados, 15, 102-103
    energia, transferência, 15f
Sistemas regionais de vento, 89-92
Sistema Terra-Sol, 49-55
Sistema Thornthwaite, 148-149
Sobrepastoreio, impacto, 224f
Sociedade, pesquisa/exame, 2f
Society Island, recifes de coral, 425f
Soerguimento tectônico, 349
    exemplo, 290f
Sol
    ângulo, 51-52
    energia
        radiação, 51
        transferência, 61
    fusão termonuclear, 49f
    radiação, 51f
    raios, ângulo, 52f
    raios diretos, migração, 82, 84
    raios verticais (raios diretos), 54
    Terra, relações geométricas, 54f, 55f

Solberg, Halvor, 130
Soleira, 273. *Veja também* Superfície
Sólido de plástico, características, 241
Solifluxão, 302-303
    formação, 303f
Solo calcificado, horizontes de perfil do solo, 235f
Solo fofo, 368f
Solo poligonal, 190, 402
Solos
    acidez/alcalinidade, 229
    acumulação, 298f
    água, 313
        percolação, 225
    ar, 225
    atividade orgânica, 231
    calcificação, 234-235
    características, 227-230
    classificação, 236
    clima, importância, 231-233
    cobertura, ausência, 363f
    componentes, 224-227
        exemplo, 226f
    cor, 227
        sistema de classificação, 227f
    deformação
        efeitos, 303f
        taxas, 302
    degradação, 236f
    ecossistemas, relação, 236
    estrutura, 229
        classificação, 229f
    fertilização, 225
    fluxo, 302-303
    formação, 224-231
        água, relação, 226f
        tempo, 233f
    formação, fatores, 231-235
    grau, 229f
    horizontes
        classificação, 230
        formação, 231
    importância local, regimes, 235-237
    infiltração, 227
    laterização, 234
    material de origem, 230
    ordem, 236
    partículas, 229
    pesquisas, 236
    podzolização, 234
    representação, 228f
    tamanhos de partículas, 227f
    taxonomia, 236
    tempo, 233-235
    textura, 227-229
    topografia, exemplo, 222
    umidade, impacto, 301f
Solos arenosos, características, 228
Solstício de verão, 52-53
Solução
    dolinas, depressões, 322
        exemplo, 323f
    impacto, 319-326

processo, 341-342
processo de intemperismo, 295
Solvente universal, 100
SonomaCounty, uvas (presença), 174f
Sonora Desert, climas áridos, 150f
Sotavento, 79
   exemplo, 80f
St. Croix, floresta tropical, 216f
Status de tempestade tropical, 135
Stone Mountain, esfoliação de cúpula, 292
Sublimação, calor latente, 61
Subsidência, 316
Subsistemas, 8
   características, 8-11
   foco, 14
   ilustração, 9f
   tipos, 8-9
Substituição de água salgada, problemas, 319
Sucessão, 215-216. *Veja também* Plantas; sucessão primária; sucessão secundária
   comunidades clímax, relação, 215-217
Sucessão primária, 215
Sucessão secundária
   forma, 216
   iniciação, 215-216
Sudão, lagoa (represamento de água), 167
Sudeste dos Estados Unidos da América
   imagem meteorológica usando infravermelho termal, 43f
   sucessão vegetal, 216f
Sul da Ásia, monção, 89
Sul da Califórnia, boulder (impacto da gravidade), 300f
Sul da Califórnia, Santa Ana, 90
Sul da Flórida, bosque de mangue, 221f
Sumidouro, 323
   comum, 323f
SunsetCrater, exemplo de cone de cinzas, 269
Superfície
   água. *Ver* Água subsuperficial
      importância, 352-354
   albedo, 70
   deformação, 369
      processo de transporte, 369f
   escoamento, 331-333. *Veja também* Desertos
   inversões, 67
   peitoris, 273f
   topografia, 264
   ventos, movimento, 81f
Superfície da Terra
   atmosfera, composição, 56t
   balanço de energia térmica, 62-63
   cobertura do oceano, 101f
   elevação, variações de relevo, 290
   resfriamento, 67
   Sol, raios (ângulo), 52f
   temperaturas, controles, 68-71
Superfícies, 249
Superfícies desmatadas, sulcos (visibilidade), 333f

Surgimento de chuva por escoamento, 351
Surtsey (Islândia), aparência, 9f
Suskositna, solifluxão (formação), 303f
Suspensão
   impacto, 341-342, 369
   processo de transporte, 369f
Svolvar, Machu (comparação), 195f
Sydney, temperatura (marcha anual), 72f

T
Taiga (floresta boreal), 190
   vegetação, 190f
Taj Mahal, solução para poluição, 296
Tálus, 304
   construção, avalanche (impacto), 305f
Tambora, erupção, 202
Tampa Bay, fotografias oblíquas, 41f
Tarns, 391
TaskinasCreek, vista aérea, 217f
Taxa de lapso adiabático seco, 112
   comparação, 111f
Taxa de variação adiabática. *Ver* Taxa de variação adiabática ambiental; Taxa de variação adiabática normal
   variação, 67
Taxa de variação adiabática úmida, 111
Taxa de variação normal, 59
Taxas de isótopos de oxigênio, análises. *Ver* Gelo
Tecnologia/ferramentas, uso, 4
Tecnologia de satélite, uso, 4
Tectonismo
   impacto, 361
   mudanças de nível básico, relação, 348-351
Temperatura
   calor, relação, 63
   diferenças anuais, 72
   dispositivo de medição, 110
   distribuição vertical, 66-68
   energia cinética, 63
   escalas, 63-64
   inversões, 66-68
      refrigeração de ar, impacto, 68f
      subsidência de ar, impacto, 66f
   marcha anual, 72-73
      exemplo, 72f
      representação, 73
   marcha diária, 64
   tendência leste-oeste, desvios, 72
   variações de curto prazo, 64-67
Temperatura anual
   média, 68t
   variação, 159
Temperatura do ar, 63-73
   gráfico, 105f
   mudanças diurnas, 64f
Temperatura global, avaliação, 202f
Tempestade de gelo, 113-114
   cobertura, 114f
Tempestade, geração, 136f
Tempestade, radar meteorológico, 43f
Tempestades, 138-140. *Veja também* Tempestades por convecção;

tempestades frontais; trovoadas orográficas
   precipitação, 139
   vista transversal, 139f
Tempestades convectivas, 139
Tempestades de areia, 370
   migração de dunas, 372
Tempestades de neve, 138
Tempestades de poeira, 370f
   destrutividade, 370
Tempestades frontais, 139
Tempo, 49
   frente, conceito, 115
   previsão, 142-143
Tempo geológico
   eras/períodos/épocas, 260
   representação, 261f
Teoria da frente polar, 130
Tephra, 267. *Veja também* Materiais piroclásticos
Terminus. *Ver* Geleiras
Termosfera, 60
Terra
   água
      fontes, 101f
      presença, 312f
   aquecimento diferencial, 65, 72
   aquecimento por radiação/arrefecimento (desequilíbrios), vento (impacto), 79
   atmosfera
      circulação, 85f
      efeito estufa, 58
      mudanças verticais de temperatura, 59f
   balanço de energia, 58
   balanço de radiação, 60f
   biomas, distribuição (esquema), 158f
   bojos de maré/calhas, forças, 409f
   brisas, 92f
      maresia, relação, 90
   características/paisagens, mudança, 8
   crosta, 241-242
      densidade, 242
      tipos, 242f
   desregulamentação, 223
   distribuição, 67-68
   energia luminosa, absorção, 62
   entendimento, modelos (uso), 14f
   escultura, córregos (impacto), 344-348
   espaço, vastidão, 17-19
   estrutura interna, 240f
   estrutura planetária, 239-242
   forma, 22
   fotografia, 22f
   hidrosfera, sistema fechado, 103
   história tectônica, 261f
   ilimitada, percepção, 2
   iluminação, círculo, 17f
   impacto, 9
   interior, composição, 239
   litosfera, equilíbrio, 258
   localização, 22-25
   manto, 241
   mapas, 22-27
   materiais
      localização de São Francisco, 280

tipos, 301
modelo gerado por computador, 5f
movimento, 17-18
núcleo, 240-241
núcleo externo, 240
núcleo interno, 240
órbita elíptica, visão oblíqua, 19f
posição do solstício de junho, movimento, 53
processos (impacto), geógrafos (estudo), 2
recursos, disponibilidade, 12-13
refrigeração diferencial, 72
representação tipo globo, 25f
rotação, 17-19, 27, 51, 80
    características, 18
    eixo inclinado, 17f
    impacto, 68
    velocidade, 18f
    velocidade, 18
rotação diária, mudanças diurnas, 64
sistema, 8, 102
    equilíbrio, 15-16
    operação, 10
sistemas de cobertura de nuvens/ tempestade, imagens de satélite, 65f
Sol, relação geométrica, 54f, 55f
subsistema, ilustração, 9f
superfície, 233
    partículas, existência, 369-370
tamanho, 23
temperaturas atmosféricas/climáticas, dióxido de carbono (ligação), 57
translação, 18, 51
    características, 18
    variações orbitais, 201
Terraços marinhos, 416, 422
    exemplo, 417f
Terras áridas
    água, agente geomórfico, 362-368
    mapa-múndi, 165f
Terremoto, 279-285
    colapso estrutural, 284
    epicentro, 279
        localização, Central de Alerta de Tsunami do Pacífico, 410
    falhas
        relação, 285
        visualização, 39
    foco, 279
        epicentro, relação, 282f
    impacto, 282
    intensidade, 282
        distribuição, mapeamento, 280-281
    magnitude, 281-283
    ondas, sismógrafos (uso), 240f
    perigo, 282-285
        exemplo, 41f
        mapa dos Estados Unidos da América, 284f
    tamanho, medida, 280-282
Terremoto de LomaPrieta, 283
Terremoto Northridge, colapso de autoestrada, 284f
Terremoto Sumatra-Andaman, 282f
Terrenos de microplaca, 259
Tetons, exemplo de taxa de elevação, 265f
Texas, era Dust Bowl, 370f
Textura, 244
    distinção, 245f
Tierracaliente (terras quentes), 197
Tierra fria (terras frias), 197
Tierrahelada (terras congeladas), 197
Tierratemplada (zonas temperadas), 197
Till, 389. *Veja também* Till de geleira
Till glacial, 393f
Timpanogos Cave, estalactites, 324f

Tolerância, intervalo, 217
    exemplo, 220f
Tômbolo, 419
    exemplo, 420f
Topografia, 264
    erosão, relação, 299-300
    estrutura da rocha, relação, 279
    intemperismo diferencial, relação, 299-300
    retrato, extrapolação vertical (uso), 36-37
    solos, relação, 223
Topografia das terras baldias, 362
    argilas impermeáveis, 363f
Topografia fluvial preglacial, 391f
Topografia pós-glacial, 391f
Tornado Alley, 141
Tornado, rota, 140-141
Tornados, 140-141
    deflagração, 141
    destruição, 140f
Torre cárstica, 323
Tração, processo de transporte, 342
Translação, 17-18
Transpiração, 105
Transporte, 393
Transporte, processo geomórfico, 264
Transumância, 197
Travertino, 324-326
Treliça de drenagem, 337
Triangulação, princípio, 29
Tropical Marítimo (*mT*), 124
    massas de ar, 126-127
Trópico de Câncer, 54
    Sol, raios diretos (migração), 82, 84
    zonas latitudinais, 56f
Trópico de Capricórnio, 54
    Sol, raios diretos (migração), 82, 84
    zonas latitudinais, 56f
Trópicos, precipitação, 112
Tropopausa, 60
Troposfera, 59
Trovoadas orográficas, 139
Tsunâmetros, criação da NOAA, 411
Tsunamis, 410-412
    destruição, exemplo, 10f, 411
    previsões/avisos, 410
    resultado, 409
    sistemas de alerta precoce, importância, 411
Tufões, 136-137
Tundra, 190
    climas, 191-192
        estações, climográficos, 192f
    vegetação, 192
Tundra de baixo crescimento, 192
Tunguska, impacto, 204
Turbulência, 341
Turtle Mountain, Frank Slide, 307

U

U. S. GeologicalSurvey
    estação de medição de rios, 351f
    medição de fluxo de descarga, 351
U.S. Public Lands Survey System, 27

    padrões retangulares de campo, 29f
Último nível de base, 335
Uluru (Ayers Rock), inselberg de arenito, 378f
Umidade, 104-106. *Veja também* Umidade absoluta; Umidade relativa; Umidade específica
Umidade absoluta, 104
Umidade atmosférica, fontes, 105-106
Umidade específica, 104
Umidade relativa do ar, 104-105
    gráfico, 105f
    variação geográfica, 104
UncompahgreNational Forest, clima de montanha, 150f
Unidades Dobson (du), 59
Urso polar ártico, exemplo de subespécie, 222f
Uruguai, diversidade climática, 147f
Utah
    baixo relevo, 265
    barcana, 373f
    fluxo de detritos, 308f
Uvalas, 322

V

Vale do Rio Ganges, poços (escavação), 316
Vales. *Ver* Vales com formato de V
    brisas, inversão, 92f
    sumidouros, 322
    termo geomórfico, 279
    trens, 393
Vales de córregos de montanhas, paisagem preglacial, 391f
Vales de rift, 278
Vales do Pleistoceno, 349
Vales em forma de V, 345
Vales pendurados, 383
Valles Caldera, 272
Variação diária de temperatura (faixas de temperatura diurna), 159-160
Variações horizontais de pressão, 77-78
    impacto dinâmico, 77
    impacto térmico, 77
Variações orbitais, 201-202
Variáveis, 8
Variáveis discretas, pontos/linhas, 35f
Várzea
    aluvião, 342, 343f
    características, 346-348
    criação, 342-344
    imagem de radar. *Ver* Rio Mississippi
    locais para casa, exibição. *Ver* Rivers
    mapa, camadas (exibição), 39
Vazão fluvial, 337-338
    dados, coleta/análise, 338
    medição (U.S. GeologicalSurvey), 351
    representação de hidrograma, 351f
    variações, 339
Vegetação
    adaptação, Deserto do Atacama, 169f
    clima, relação, 154
    cobertura, 301f

cobertura densa, 369
dispersão, 365
espécies, variação, 231
linhas, 149
mapa-múndi. *Ver* Vegetação natural
mosaico, 223*f*
padrões, índice de cor, 214*f*
Vegetação não xerófita, 168
Vegetação natural
estepes, relação, 169-170
mapa-múndi, 156*f*
Vegetação natural esclerófila, 173
Veículos *off-road* (ORVs), impacto, 376
Velocidade linear, distância (dependência), 18
Veneza, problemas de subsidência, 316
Venezuela, llanos, 162
Ventifatos, 370
Vento geostrófico, 80
exemplo, 80*f*
Ventos, 78-81. *Veja também* Ventos predominantes
circulação. *Ver* Circulação dos ventos convergentes; Circulação dos ventos divergentes
agente geomórfico, 368-377
água corrente, propriedades geomórficas (comparação), 369
convergência, 78*f*
criação, 77
deposição, 371-377
direção, 80-81
Inversões sazonais, 90*f*
efeito Coriolis, relação, 80
exame, escala global, 84
gradientes de pressão, relação, 78-79, 79*f*
importância geomórfica, 359
inversão da noite para o dia, 92*f*
movimento de sedimentos, 369*f*
movimento. *Ver* Superfície
posições, 96*f*
propriedades geomorfológicas, comparação, 369
sistemas. *Ver* Sistemas de vento local; Sistemas de vento regional
pressão global, relação, 81-87
terminologia, 79
Transporte, erosão (relação), 369-371
variação longitudinal, 87
Ventos alísios, 85

faixas, movimento para os polos, 117
Ventos catabáticos, 90
Ventos de drenagem, 90
Ventos do Leste. *Ver* Ventos Polares; Ventos Tropicais
Ventos do Nordeste, 79
Ventos locais, 90, 92
sistemas, 89-92
Ventos Oeste, 85-86
Ventos polares, 86
Ventos polares do Leste, 84-85
Ventos predominantes, 80
Ventos superiores, 88-89
Ventos tropicais do Leste, 85
Vento Sul, 79
Verão quente, verão ameno (comparação), 185-187
Ver Roche Moutonée
Vidro vulcânico (obsidiana), 245*f*
Vulcanismo, 266
Vulcão Soufrière Hills, erupções, 270
Vulcão Stromboli, erupção, 266*f*
Vulcões, 424. *Veja também* Tipos de vulcões do tipo escudo, exemplo, 268*f*
Vulcões em Washington, monitoramento, 30*f*
Vulcões tipo escudo, 368-371
exemplo, 268*f*

W
Wadis, 362
Wegener, Alfred, 251
Western United States, Great Basin (relevo), 6
White Cliffs of Dover, calcário, 247*f*
White River National Forest, 3*f*
Winter Park, dolinas de colapso, 322*f*
Wizard Island, cone de cinzas, 272
Wrangell-St. Elias National Park and Preserve, floresta de taiga, 190*f*
Wyoming, área de deslizamento de rochas, 306*f*

X
Xisto, 249
Xisto, 246-249
exemplo de metamórficas, 249*f*
Xisto não compactado, porosidade/permeabilidade, 315*f*

Y
Yanert Glacier, fenda, 388*f*
Yardangs, 371
erosão eólica, impacto, 371*f*
Yellowstone Canyon, corredeiras/cachoeiras, 346*f*
YosemiteNational Park, Roche Moutonée, 390*f*
Yuba River, calha de rio (subida), 346-348

Z
ZionNational Park, leitos de arenito transversal, 248*f*
Zona Antártica, 55
Zona ártica, 55
Zona costeira, 407
Zona de ablação. *Ver* Ablação
Zona de acumulação. *Ver* Acumulação
Zona de aeração. *Ver* Aeração
Zona de Convergência Intertropical (ZCIT) (ITC), 85-86, 159
chegada, 162
massas de ar, convergência, 117
Zona de latitude média do Sul, 55
Zona de refluxo e escorrimento, 407
Zona de saturação. *Ver* Saturação
Zona de surfe, 407
Zona disjuntora, 407
Zona frígida, 147
Zona intermédia, 314
Zona litoral, 415
Zona polar Norte, 55
Zona polar Sul, 55
Zona próxima à praia, extensão, 407
Zonas costeiras, 407
quebra de rocha, intemperismo (impacto), 416
Zonas de fratura, solução de calcário, 319*f*
Zonas de fronteira, 86
Zonas de latitude média do Norte, 55
Zonas latitudinais, condições, 85-86
Zona temperada, 147
Zona tórrida, 147
Zona tropical Sul, 55
Zumbido, 323

Zonas não habitadas por unidade de área

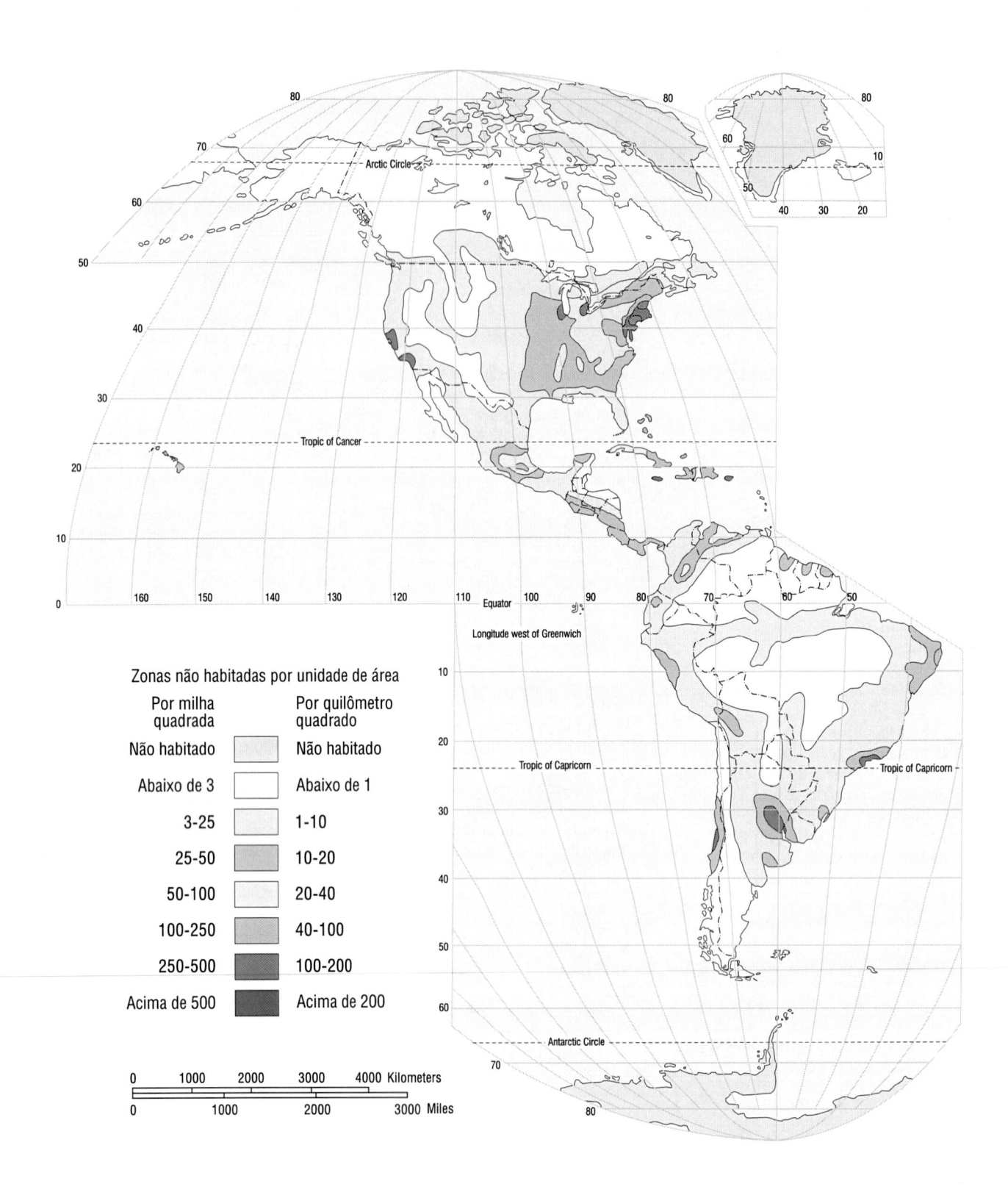

Por milha quadrada	Por quilômetro quadrado
Não habitado	Não habitado
Abaixo de 3	Abaixo de 1
3-25	1-10
25-50	10-20
50-100	20-40
100-250	40-100
250-500	100-200
Acima de 500	Acima de 200

Mapa-múndi da densidade populacional

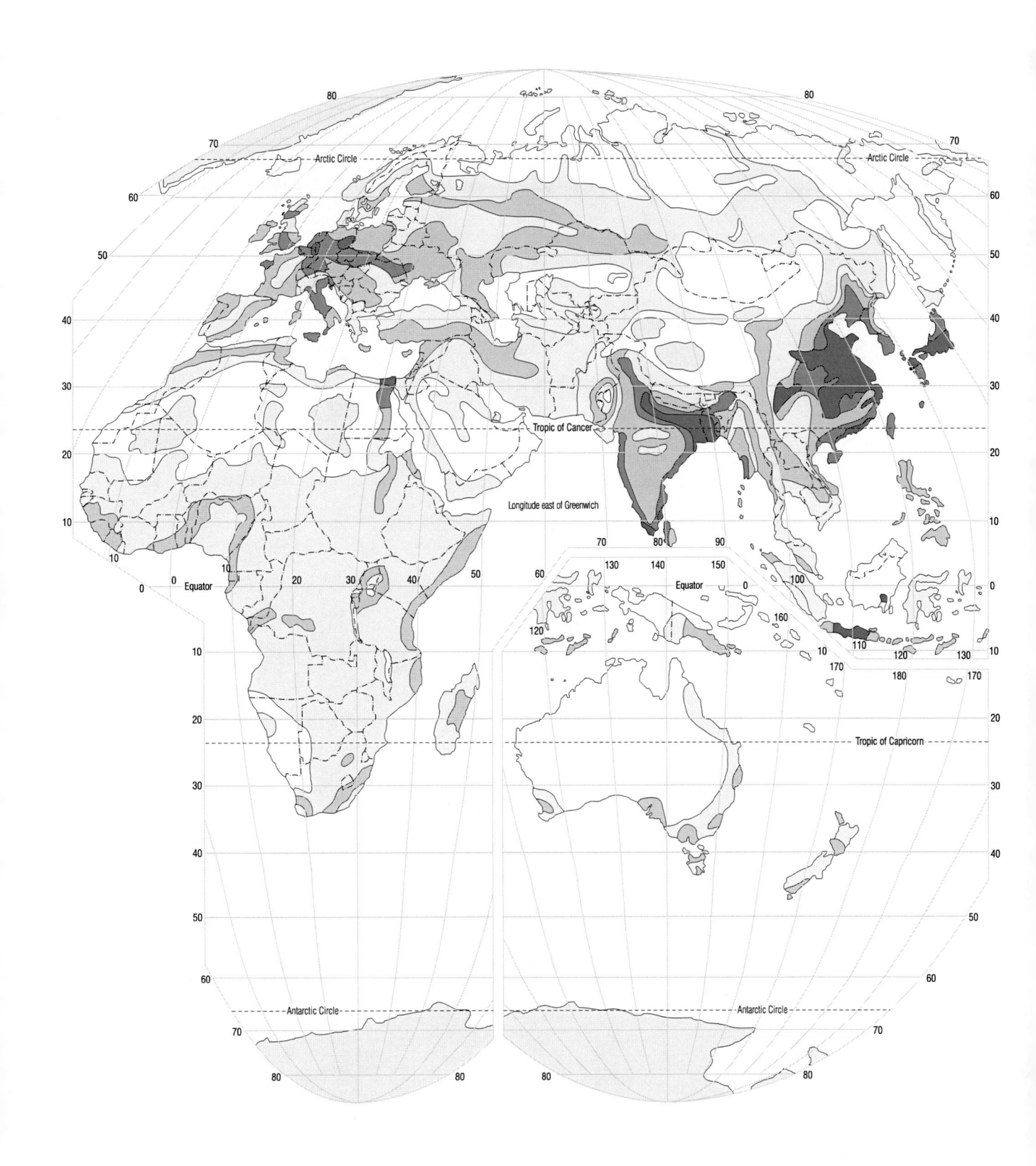

Uma projeção paragráfica à oeste
desenvolvida pela Western Illinois University

Impressão e acabamento